A-Z GREAT BRITAIN NORTHERN IRELAND
Handy Road Atlas

Reference and Tourist Information	2-3
Road Maps at 5 miles to 1" (1:316,800)	4-169
Outer Hebrides at 10 miles to 1" (1:633,600)	170-171
Northern Isles at 10 miles to 1" (1:633,600)	172-173
Northern Ireland at 12 miles to 1" (1:760,320)	174-175
Route Planning Maps	176-179
Index to Towns, Villages & Hamlets	180-256
Mileage Chart	Inside Back Cover

Copyright © Collins Bartholomew Ltd 2024 © Crown Copyright and database rights 2024 Ordnance Survey 100018598.

EDITION 33 2025

2 Reference Légende Zeichenerklärung

Motorway
Autoroute
Autobahn

Motorway Under Construction
Autoroute en construction
Autobahn im Bau

Motorway Proposed
Autoroute prévue
Geplante Autobahn

Motorway Junctions with Numbers
Autoroute échangeur numéroté
Beschränkter Fahrtrichtungswechsel

Unlimited Interchange — 4
Echangeur complet
Autobahnanschlußstelle mit Nummer

Limited Interchange — 5
Echangeur partiel
Unbeschränkter Fahrtrichtungswechsel

Motorway Service Area
with access from one carriageway only
Aire de services d'autoroute accessible d'un seul côté
Rastplatz oder Raststätte Einbahn

Major Road Service Areas with 24 hour facilities
Aire de services sur route prioritaire ouverte 24h sur 24
Raststätte durchgehend geöffnet

Primary Route
Route à grande circulation
Hauptverkehrsstraße

Class A Road
Route de type A
A-Straße

Truckstop (selection of)
Sélection d'aire pour poids lourds
Auswahl von Fernfahrerrastplatz

Major Road Junctions
Jonctions grands routiers
Hauptverkehrsstrasse Kreuzungen

Other Autre Andere

Primary Route
Route à grande circulation
Hauptverkehrsstraße

Primary Route Junction with Number
Echangeur numéroté
Hauptverkehrsstraßenkreuzung mit Nummer

Primary Route Destination
Route prioritaire, direction
Hauptverkehrsstraße Richtung

Dual Carriageways (A & B roads)
Route à double chaussées séparées (route A & B)
Zweispurige Schnellstraße (A- und B- Straßen)

Class A Road
Route de type A
A-Straße

Class B Road
Route de type B
B-Straße

Narrow Major Road (passing places)
Route prioritaire étroite (possibilité de dépassement)
Schmale Hauptverkehrsstraße (mit Überholmöglichkeit)

Major Roads Under Construction
Route prioritaire en construction
Hauptverkehrsstraße im Bau

Major Roads Proposed
Route prioritaire prévue
Geplante Hauptverkehrsstraße

Gradient 1:7 (14%) & steeper
(Descent in direction of arrow)
Pente égale ou supérieure à 14% (dans le sens de la descente)
14% Steigung und steiler (in Pfeilrichtung)

Toll
Barrière de péage
Gebührenpflichtig

Dart Charge
www.gov.uk/pay-dartford-crossing-charge

Park & Ride
Parking avec Service Navette
Parken und Reisen

Mileage between markers
Distence en miles entre les flèches
Strecke zwischen Markierungen in Meilen

Airport
Aéroport
Flughafen

Railway and Station
Voie ferrée et gare
Eisenbahnlinie und Bahnhof

Level Crossing and Tunnel
Passage à niveau et tunnel
Bahnübergang und Tunnel

River or Canal
Rivière ou canal
Fluß oder Kanal

County or Unitary Authority Boundary
Limite de comté ou de division administrative
Grafschafts- oder Verwaltungsbezirksgrenze

National Boundary
Frontière nationale
Landesgrenze

Built-up Area
Agglomération
Geschloßene Ortschaft

Town, Village or Hamlet
Ville, Village ou hameau
Stadt, Dorf oder Weiler

Wooded Area
Zone boisée
Waldgebiet

Spot Height in Feet
Altitude (en pieds)
Höhe in Fuß

Height Above Sea Level 1,400'-2000' 427m-610m
Altitude par rapport au niveau de la mer 2000'+ 610m+
Höhe über Meeresspiegel

National Grid Reference (kilometres)
Coordonnées géographiques nationales (Kilomètres)
Nationale geographische Koordinaten (Kilometer)

Page Continuation
Suite à la page indiquée
Seitenfortsetzung

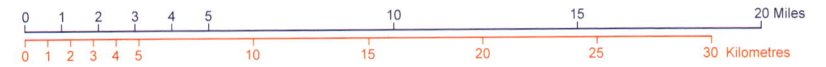

Scale to Map Pages 1:316,800 = 5 miles to 1 inch / 3.1 km to 1 cm

Tourist Information — Information — Touristeninformationen

3

Airfield
Terrain d'aviation
Flugplatz

Heliport
Héliport
Hubschrauberlandeplatz

Abbey, Church, Friary, Priory
Abbaye, église, monastère, prieuré
Abtei, Kirche, Mönchskloster, Kloster

Animal Collection
Ménagerie
Tiersammlung

Aquarium
Aquarium
Aquarium

Arboretum, Botanical Garden
Jardin Botanique
Botanischer Garten

Aviary, Bird Garden
Volière
Volière

Battle Site and Date
Champ de bataille et date
Schlachtfeld und Datum
1066

Blue Flag Beach
Plage Pavillon Bleu
Blaue Flagge Strand

Bridge
Pont
Brücke

Castle (open to public)
Château (ouvert au public)
Schloß / Burg (für die Öffentlichkeit zugänglich)

Castle with Garden (open to public)
Château avec parc (ouvert au public)
Schloß mit Garten (für die Öffentlichkeit zugänglich)

Cathedral
Cathédrale
Kathedrale

Cidermaker
Cidrerie (fabrication)
Apfelwein Hersteller

Country Park
Parc régional
Landschaftspark

Distillery
Distillerie
Brennerei

Farm Park, Open Farm
Park Animalier
Bauernhof Park

Ferry (vehicular, sea)
   (vehicular, river)
   (foot only)
Bac (véhicules, mer)
   (véhicules, rivière)
   (piétons)
Fähre (auto, meer)
   (auto, fluß)
   (nur für Personen)

Fortress, Hill Fort
Château Fort
Festung

Garden (open to public)
Jardin (ouvert au public)
Garten (für die Öffentlichkeit zugänglich)

Golf Course
Terrain de golf
Golfplatz

Historic Building (open to public)
Monument historique (ouvert au public)
Historisches Gebäude (für die Öffentlichkeit zugänglich)

Historic Building with Garden (open to public)
Monument historique avec jardin (ouvert au public)
Historisches Gebäude mit Garten (für die Öffentlichkeit zugänglich)

Horse Racecourse
Hippodrome
Pferderennbahn

Industrial Monument
Monument Industrielle
Industriedenkmal

Leisure Park, Leisure Pool
Parc d'Attraction, Loisirs Piscine
Freizeitpark, Freizeit pool

Lighthouse
Phare
Leuchtturm

Mine, Cave
Mine, Grotte
Bergwerk, Höhle

Monument
Monument
Denkmal

Motor Racing Circuit
Circuit Automobile
Automobilrennbahn

Museum, Art Gallery
Musée
Museum, Galerie

National Park
Parc national
Nationalpark

National Trust Property
National Trust Property
National Trust- Eigentum

Natural Attraction
Attraction Naturelle
Natürliche Anziehung

Nature Reserve or Bird Sanctuary
Réserve naturelle botanique ou ornithologique
Natur- oder Vogelschutzgebiet

Nature Trail or Forest Walk
Chemin forestier, piste verte
Naturpfad oder Waldweg

Place of Interest   *Craft Centre •*
Site, curiosité
Sehenswürdigkeit

Prehistoric Monument
Monument Préhistorique
Prähistorische Denkmal

Railway, Steam or Narrow Gauge
Chemin de fer, à vapeur ou à voie étroite
Eisenbahn, Dampf- oder Schmalspurbahn

Roman Remains
Vestiges Romains
Römischen Ruinen

Theme Park
Centre de loisirs
Vergnügungspark

Tourist Information Centre
Office de Tourisme
Touristeninformationen

Viewpoint (180 degrees)   (360 degrees)
Vue panoramique (180 degrés)   (360 degrés)
Aussichtspunkt (180 Grade)   (360 Grade)

Vineyard
Vignoble
Weinberg

Visitor Information Centre
Centre d'information touristique
Besucherzentrum

Wildlife Park
Réserve de faune
Wildpark

Windmill
Moulin à vent
Windmühle

Zoo or Safari Park
Parc ou réserve zoologique
Zoo oder Safari-Park

Please note: symbols have been enlarged for clarity

ISLES OF SCILLY

Isles of Scilly

- Round Island
- St Helen's
- White Island
- King Charles's Castle, Piper's Hole, Lower Town, Middle Town, Day Mark
- BRYHER
- Cromwell's Castle, TEAN
- The Town, Blockhouse, Higher Town
- Gweal, New Grimsby, Old Grimsby, ST MARTIN'S
- TRESCO
- Maiden Bower, Valhalla Ships Figurehead Collection, Abbey, Halangy Down, EASTERN ISLES
- Mincarlo, Samson, Bant's Carn, Innisidgen Burial Chamber
- The Road, Maypole Crow
- Smith Sound, Porth Hellick Down Burial Chamber
- ISLES OF SCILLY
- Hugh Town, ST MARY'S
- Garrison Walls, Old Town, ISLES OF SCILLY (St Mary's)
- Giant's Castle
- Troy Town Maze, Annet, Gugh
- Nag's Head, Punch Bowl
- Western Rocks, ST AGNES
- North West Passage
- Broad Sound
- Crim Rocks
- Bishop Rock

Hugh Town to Penzance 2hrs. 40mins. (Seasonal)

The Isles of Scilly lie 28 miles WSW of Land's End

Cornwall

- Godrevy Island, Navax Point, Crane Islands, Portreath
- Hell's Mouth, Gwithian, Kehelland, Illogan, Tehidy Park Bottom
- The Carracks, Barbara Hepworth, Tate, Lifeboat Station, St Ives Bay, A30, Tuckingmill, CAMBORNE
- Hellesveor, St Ives, Treswithian, Brea
- Gurnard's Head, Zennor, Panbeagle, Carbis Bay, The Towans, Phillack, Roseworthy, Penponds, Connor Downs
- Cam Galver Engine House, Treen, Towednack, Halsetown, Knill's, Gwinear, Barripper, Carnhell Green, Wall, Praze-an-Beeble
- Pendeen Watch, Porthmeor, Zennor Quoit, West Penwith Dark Sky Park, Crippleseas, Trencrom Hill, A3074, Lelant Downs, Copperhouse, Shire Horse
- Higher Bojewyan, Mulfra Quoit, Nancledra, Lelant, Hayle
- Levant Mine & Beam Engine, Morvah, 9 Maidens Stone Circle, Chysauster Ancient Village, New Mill, Canonstown, St Erth, Paradise Park, Crowan
- Geevor Tin Mine, Chun Castle, Ding Dong Engine House, Bosworthen, A30, Ludgvan, Erth, Praze, A3302, Fraddam, Drym, Releathy
- Trewellard, Carnyorth, Great Bosullow, Lanyon Quoit, Ding Dong, B3311, Crowlas, B3302, Townshend, Nancegollan
- Botallack Count House, Standing Stones, Madron, Trevarrack, Gulval, St Hilary, Rosudgeon, Godolphin Cross, Crowntown, Tre...
- Cape Cornwall, Tregeseal, Newbridge, Heamoor, B3280, Longrock, Goldsithney, Germoe, A394, Trew, Helston, Lowertown
- The Brisons, St Just, A3071, Chyandour, PENZANCE, Marazion, Ashton, Kenneggy Downs, Pengersick, Breage
- Ballowall Barrow, Kelynack, Sancreed, Trengwainton, Newlyn, St Michael's Mount, Perranuthnoe, Prah Sands, Rinsey, Wheal Prosper Engine House, Wheal Trewavas Engine House
- B3306, Cam Euny Ancient Village, Drift Tresidder Reservoir, Trewidden, Tredavoe, Cudden Point, Trewavas Head, HELSTON
- Whitesand Bay, Escalls, Crows-an-wra, Drift, Kerris, Paul, Mousehole, B3301, Porthleven
- Longships, Lifeboat Station, A30, Sennen, Maen Castle, Sennen Cove, St Buryan, Trewoofe, Pipers Standing Stones, Bird Hospital, St Clement's Isle, Loe Bar, The Loe, Loe Pool & Bar, Bereppe
- Land's End, Trevescan, Treviljey, B3315, Boscawen-un Stone Circle, Lamorna, Merry Maidens Stone Circle
- LAND'S END, Porthcurno, Treen, Penberth, Tregiffian Burial Chamber, Cribba Head
- Telegraph, Porthgwarra, St Levan, Minack Theatre, Logan Rock
- Gwennap Head, 736, -828
- Runnel Stone
- MOUNT'S BAY
- Poldhu Point, Marconi Monument, Mullion Cove, Mullion, Mullion Island
- Vellan Head
- Wolf Rock
- Kynanc...

Penzance to Hugh Town 2hrs. 40mins. (Seasonal)

NEWQUAY
Towan Head
Newquay Bay
Watergate Bay
Fistral Bay
Kelsey Head
Holywell Bay
Penhale Point
Ligger or Perran Bay
Perranporth
Bawden Rocks
St Agnes Head
St Agnes
Crantock
Cubert
Goonhavern
St Newlyn East
Mitchell
St Columb Major
Indian Queens
St Dennis
Roche
Bugle
Stenalees
Luxulyan
Lanivet
St Blazey
Tywardreath
Par
ST AUSTELL
Charlestown
St Austell Bay
Polgooth
Black Head
Gribbin Head
Mevagissey
Mevagissey Bay
Chapel Point
Gorran Haven
Dodman Point
Veryan Bay
Veryan
Portloe
Gull Rock
Nare Head
Gerrans Bay
Portscatho
Gerrans
St Mawes
St Anthony
Greeb Point
Zone Point
Pendennis Point
Falmouth Bay
FALMOUTH
Penryn
Flushing
Mylor Bridge
Carrick Roads
St Just in Roseland
TRURO
Tresillian
Probus
Grampound
Tregony
Ladock
Truro
Kenwyn
Chacewater
Scorrier
REDRUTH
St Day
Carharrack
Stithians
Devoran
Perranarworthal
Ponsanooth
Constantine
Mawnan Smith
Rosemullion Head
Helford River
Helford
Manaccan
St Anthony-in-Meneage
Nare Point
St Keverne
Porthoustock
Manacle Point
The Manacles
Coverack
Black Head
Mullion
Ruan Minor
Cadgwith
Lizard
Hot Point
LIZARD POINT
Helston
A30
A39
A390
A391
A392
A393
A394
A3058
A3059
A3075
A3076
A3078
A3082
A3083
B3274
B3275
B3279
B3284
B3285
B3287
B3289
B3292
B3293
B3294
B3296
B3297
B3298
E
F
G
H
1
2
3
4
5
70
80
90
200
10
20
30
40
50
60
35mins. (Seasonal)

A
B
C
D
1
2
3
4
5
70
80
90
200
60
50
Port Isaac Bay
Rumps Point
The Mouls
Newland
Pentire Point
Port Quin Bay
Port Quin
Port Isaac
Port Gaverne
Trewetha
Gulland Rock
Padstow Bay
New Polzeath
Polzeath
Trelights
St Endellion
B3314
B3267
Gunver Head
Trebetherick
Trevanger
Pityme
St Minver
St Kew
TREVOSE HEAD
Quies
Crugmeer
Trevone
Harlyn Bay
Lifeboat Station
Stoptide
Rock
Lower Amble
Chapel Amble
Constantine Bay
B3276
Treator
Padstow
National Lobster Hatchery
St Merryn
Shop
Treyarnon
A389
Little Petherick
Trevance
Edmonton
Whitecross
Trevanson
Bodieve
Wadebridge
Porthcothan
Old MacDonald's Farm
St Issey
Trenance
Royal Cornwall Showground
St Breock
Egloshayle
Sladesbridge
Park Head
Penrose
Treburrick
Rumford
St Ervan
Tredinnick
St Jidgey
A39
Pawton Quoit
Burlawn
Polbrock
Bedruthan Steps
St Eval
Camel Creek
St Breock Downs
Monolith
Nine Maidens Stone Row
Berryl's Point
Trenance
Mawgan Porth
Trevarrian
Tregurrian
Japanese Garden
St Mawgan
Cornish Birds of Prey Centre
B3274
Talskiddy
Rosenannon
Rutherbridge
Withiel
St Wenn
Tremore
Watergate Bay
Vale of Mawgan
CORNWALL NEWQUAY
Gluvian
Winnard's Perch
Tregonetha
Demelza
Retire
Towan Head
NEWQUAY
Newquay Bay
St Columb Minor
Trebarber
A3059
St Columb Major
Trekenning
Fistral Bay
Blue Reef Aquarium
Huer's Hut
Porth
Trebudannon
Castle-an-Dinas
Belowda
Victoria
West Pentire
Pentire
Nansledan
Colan
Porth Resr.
Springfields
Black Cross
Ruthvoes
A30
Tregoss
B3274
Roche
Bilberry
Kelsey Head
Crantock
Trencreek
Lane
Mountjoy
A392
Quintrell Downs
Trevarren
Screech Owl Sanctuary
Roche Rock
Bugle
Holywell Bay
Holywell
Penhale Point
Penhale Camp
Cubert
A3075
Kestle Mill
Trerice
Dairyland Farm World
St Columb Road
Fraddon
Indian Queens
Enniscaven
Hensbarrow Downs
Rosevean
A3058
St Enoder
Penhale
St Dennis
Hendra
Whitemoor
Stenalees
Ligger or Perran Bay
St Piran's Oratory
Mount
Lappa Valley Steam Railway
A3076
Summercourt
Penwithick
St Newlyn East
Newlyn Downs
Rejerrah
St Piran's Round
Treviscoe
Nanpean
Carthew
Wheal Martyn
Perranzabuloe
Rose
Chapel Town
B3275
Goonabarn
Foxhole
B3274
Bawden Rocks
Perranporth
Goonhavern
Mitchell
Brighton
Menna
Trethosa
St Stephen
Carpalla
High Street
ST AUSTELL
Bolingey
Carland Cross
Trelassick
A3058
Trevellas
Carnkief
B3285
Zelah
A39
Trendeal
New Mills
Lanjeth
Trewoon
St Agnes Head
St Agnes
Coombe
St Mewan
Wheal Coates Engine House
Goonbell
Mithian
Callestick
St Allen
Trispen
Tregear
Ladock
Downderry
Polgooth
Tregorrick
London Apprentice
Goonvrea
Coldharbour
St Erme
Grampound Road
A390
Sticker
Hewas Water
Allet
B3284
Porthtowan
Mount Hawke
B3277
Shortlanesend
Probus
Grampound
Creed
Rescorla
Lost Gardens of Heligan
B3273
Blackwater
A30
Idless
Tresillian
P+R
Trewithen
B3287
St Ewe
Pentewan
Portreath
Cambrose
Three Burrows
Greenbottom
A390
Kenwyn
Bosvigo
TRURO
A390
Polmassick
Tregiskey
Crane Islands
Bridge
Mawla
Chacewater
Scorrier
Threemilestone
Highertown
Merther
Tregony
Kestle
Mevagissey
Hell's Mouth
B3301
Illogan
Tehidy
Park Bottom
Mount Ambrose
REDRUTH
St Day
Wheal Busy Engine House
Roseland House
Hugus
Skinner's Brewery
St Clement
A3078
Polmassick Vineyard
Gorran High Lanes
Portmellon
Trevarrick
Pool
Carn Brea Village
B3298
Twelveheads
Kea
Royal Cornwall
Malpas
Ruan Lanihorne
Gorran Churchtown
Kehelland
Tuckingmill
A393
Carharrack
Bissoe
Playing Place
Old Kea
St Michael Penkevil
Lamorran
St Michael Caerhays
Rescassa
Gorran Haven
East Pool Mine
Carn Brea
Gwennap
Cusgarne
Carnon Downs
A39
Coombe
Caerhays
Portholland
Boswinger
Treswithian
Brea
Carnkie
Treskillard
Lanner
Penelewey
Ruan High Lanes
Roseworthy
Pengegon
CAMBORNE
Perranwell
Devoran
Penpol
Trelissick
Philleigh
Veryan Green
Portloe
Veryan Bay
Penare
Cliff Castle
Barripper
Shire Horse Farm
Troon
Four Lanes
Burncoose Nurseries
A393
Perranarworthal
Feock
Treworthal
Trist House
Veryan
Dodman Point
Carnhell Green
B3303
Bolenowe
Penhalvean
Goonlaze
Ponsanooth
Harcourt
B3289
Carne
Beacon
Wall
B3280
828
Stithians
Mylor Bridge
Carrick Roads
St Just in Roseland
Trewithian
Gerrans Bay
Nare Head
Gull Rock
Praze-an-Beeble
Stithians Lake
Stithians Reservoir
B3292
St Gluvias
Mylor Churchtown
A3078
Portscatho
Burras
Penmarth
Enys
Lanterns
Gerrans
Heritage Centre
Leedstown
Crowan
Carnkie
Rame
Penryn
Flushing
St Mawes
Greeb Point
Drym
B3297
Releath
Porkellis
Longdowns
Mabe Burnthouse
A39
FALMOUTH
Lamorran
A394
Treverva
Budock Water
St Anthony
Bohortha
Nancegollan
Trenear
Polgrain Mine
Pendennis
Crowntown
Wendron
Seworgan
Pendennis Point
St Anthony Battery
Zone Point
B3302
Penjerrick
Carleen
Trew
Sithney
Helston
Lowertown
Brill
Constantine
Potager
Carlidnack
Maenporth
Falmouth Bay
Ashton
Mawnan Smith
Rosemullion Head
Breage
Trewennack
Glendurgan
Trebah
Porth Navas
Mawnan
Helston
Gweek
Seal Sanctuary
Flambards
Wheal Trewavas Engine Houses
Helford River
B3304
RNAS Culdrose Viewing Enclosure
Helford
St Anthony-in-Meneage
Porthleven
Mawgan
Bosahan
Gillan
Nare Point

7
Delabole
Rockhead
Treligga
Slate Quarry
Trevia
Tregoodwell
Pengelly
Westdowns
Valley Truckle
Camelford
Trewalder
Helstone
Pencarrow
Charlotte Dymond Monument
Crowdy Resr.
Bowithick
Tresinney
Hut Circles
Rough Tor
St Teath
B3314
B3267
B3266
E
F
G
H
Treveighan
Stannon Stone Circle
Fernacre Stone Circle
1377 Brown Willy
Pendoggett
Michaelstow
Fentonadle
St Breward
King Arthur's Hall
Garrow Tor
Trelill
A39
R. Allen
Row
B O D M I N M O O R
St Tudy
Lank
Smugglers
Bolventor
Jamaica Inn
De Lank R.
Stripple Stones Henge & Circle
Wenfordbridge
St Kew Highway
Penpont
Jubilee Rock
River Fowey
Dozmary Pool
Blisland
Waterloo
Temple
St Mabyn
1109 Brown Gelly Barrows
A30
Croanford
Pencarrow
Hellandbridge
Helland
Colliford Lake
DANGER AREA
Millpool
Maidenwell
Bodmin
Siblyback Lake
10
Washaway
C O R N W A L L
Bury Castle
Warleggan
Cardinham
Churchyard Cross
Fawton
St Neot
St Neot Holy Well
Berry Tower
Bodmin
A389
Jail
Mount
Tredinnick
Ley
Carnglaze Caverns
Lanhydrock
Lanivet
Tregullon
Pinsla
A38
Doublebois
Cutmadoc
West Taphouse
East Taphouse
Middle Taphouse
Dobwalls
Trebyan
Maudlin
A390
Bokiddick
Sweetshouse
Restormel
Lockengate
A391
Polscoe
Lostwithiel
Couch's Mill
Lanlivery
Luxulyan
Milltown
St Winnow
Lerryn
Bocaddon
Porfell
Rescorla
Penpillick
Hidden Valley
B3269
Trethurgy
Eden Project
Tywardreath Highway
Golant
Castle Dore
St Veep
Penpoll
St Blazey
St Blazey Gate
Tregrehan Mills
Par
Boscoppa
Tywardreath
Holmbush
Carlyon Bay
A3082
Charlestown
Polkerris
Fowey
Bodinnick
Readymoney
Polruan
Menabilly
Gribbin Daymark
St Catherine's
Higher Porthpean
St Austell Bay
Gribbin Head
Pencarrow Head
Trenarren
Black Head
35mins. (Seasonal)
Mevagissey Bay
Chapel Point
Lanteglos Highway
Trenewan
Lansallos
Lanreath
B3359
Pelynt
Muchlarnick
Sandplace
Porthallow
Smuggling & Fishing
Model Village
Polperro
Talland Bay
A387
Looe
East Looe
West Looe
Old Guildhall
Looe Bay
St George's or Looe Island
St Martin
Plaidy
Seaton
Monkey Sanctuary
Morval
Widegates
B3253
Duloe
Stone Circle
Tredinnick
Trewidland
St Keyne
B3254
Herodsfoot
Bodrane
St Pinnock
Trevelmond
Liskeard
Lamellion
B3252
B3251
Menheniot
Pengover Green
Merrymeet
Trehunist
Quethiock
St Ive
Parkfield
Keason
A390
Ken-Caro
Gang
Callington
Frogwell
Cadson Bury Fort
Trevigro
Haye
Pensilva
Darite
Common Moor
Caradon Hill
King Doniert's Stone
Redgate
Golitha Falls
Trethevy Quoit
Tremar
St Cleer
St Cleer Well
Minions
1216
Cheesewring
The Hurlers Stone Circles
Heritage Centre
Upton
Upton Cross
Caradon Town
Downgate
Henwood
1280 Kilmar Tor
Middlewood
North Hill
Trebartha
Congdon's Shop
Trevadlock
1082
Codda
1209
Altarnun
Wesley Cottage
Tredaule
Fivelanes
Polyphant
Treween
Laneast
St Clether
St Clether Holy Well
Trewen
R. Inny
Pipers Pool
Trethorne
Tregadillett
Launceston
South Petherwin
Lewannick
B3257
B3254
Illand
Newtown
Coad's Green
Bathpool
Rilla Mill
Linkinhorne
Plushabridge
South Hill
Golberdon
Kelly Bray
Bray Shop
Trebullett
Trekenner
Lezant
Trewarlett
Tregada
Daw's House
Lawrence House
Lawhitton
A30
Lifton
Dippertown
Marystow
Meadwell
Kelly
Bradstone
Countryman
Milton Abbot
Chillaton
A388
Dunterton
Hotel Endsleigh
Chad
Rezare
Treburley
Bealsmill
Tutwell
Sydenham Damerel
B3362
Venterdon
Horsebridge
Stoke Climsland
Old Mill
Downgate
Luckett
Latchley
Chilsworthy
Gunnislake
1096 Kit Hill
St Ann's Chapel
Drakewalls
Tamar Valley Donkey Park
Albaston
Morwellham Quay
Metherell
Harrowbarrow
Dupath Well
Cotehele
St Dominick
Calstock
Cotehele Mill
Bere Alston
A388
St Mellion
Pillaton
Cotts
R. Tamar
Ellbridge
Cargreen
Blunts
Cuttivett
Botus Fleming
Landulph
Tideford Cross
Landrake
Hatt
SALTASH
Budge's Shop
Tideford
Trematon
Saltash
Elliot's Store
Port Eliot
St Erney
Markwell
Burraton
Trerulefoot
A387
Hessenford
Seaton Valley
St Germans
Priory Church
Trehan
Stephens
Budeaux
Narkurs
Polbathic
St Winnolls
A374
Antony Woodland
Maryfield
Wilcove
Devonport
Sheviock
Antony
Torpoint
B3247
Crafthole
Downderry
Portwrinkle
St John
Millbrook
Sharrow Grotto
Freathy
Whitsand Bay
Tregonhawke
Kingsand
Cawsand
Rame
Rame Head
Penlee Point
Eddystone Rocks
1
2
3
4
5
8
10
20
30
40

DARTMOOR NATIONAL PARK
DARTMOOR FOREST
DEVON
PLYMOUTH
TAVISTOCK
Lifton
Lydford
Lydford Gorge
Dippertown
Coryton
Marystow
Liddaton
Chillaton
Lawhitton
Meadwell
Kelly
Bradstone
Milton Abbot
North Brentor
Brentor
Mary Tavy
Horndon
Wheal Betsy
Black Down
Tavy Cleave
DANGER AREA
Grey Wethers Stone Circles
Sittaford Tor
Fernworthy Resr.
Lettaford
North Bovey
Miniature Pony Centre
Cut Hill
Grimspound
Hameldown Tor
Manaton
Bowerman's Nose
Hound Tor Medieval Village
Becky Falls
Lustleigh Clea
Haytor Vale
Haytor Quarry & Granite Tramway
Haytor Rocks
Dartmoor Nat. Park
Cocks Hill
Rough Tor
Dartmoor National Park
Wistman's Wood
Postbridge
Bellever
Church House
Bonehill
Widecombe in the Moor
Higher Dunstone
Rippon Tor
Ponsworthy
Leusdon
Buckland in the Moor
Ten Commandments Stone
Great Mis Tor
Crockern Tor
Two Bridges
Rundlestone
Merrivale
Prehistoric Settlement
Dartmoor Prison
Princetown
West Dart R.
East Dart R.
Dartmeet
Hexworthy
Poundsgate
Venford Resr.
River Dart
Ashburton
Whiteworks
Chaddlehanger
Lamerton
Rushford
Sydenham Damerel
Peter Tavy
Cudlipptown
Dunterton
Hotel Endsleigh
Rezare
Bealsmill
Tutwell
Venterdon
Horsebridge
Stoke Climsland
Old Mill
Downgate
Luckett
Latchley
Chilsworthy
Kit Hill
St Ann's Chapel
Gunnislake
Drakewalls
Gulworthy
Middlemoor
Whitchurch
Sampford Spiney
Grenofen
Horrabridge
Walkhampton
The Garden House
Tamar Valley Donkey Park
Morwellham Quay
Albaston
Harrowbarrow
Metherell
Cotehele
Cotehele Mill
Calstock
St Dominick
Dupath Well
Buckland Monachorum
Buckland Abbey
Dousland
Burrator Resr.
Sheepstor
Yelverton
Crapstone
Meavy
Bere Alston
Cotts
St Mellion
Milton Combe
Clearbrook
Pillaton
Bere Ferrers
Tamar Belle Heritage Centre
Ellbridge
Cargreen
Botus Fleming
Landulph
Hatt
Cuttivett
Tamerton Foliot
Roborough
Bickleigh
Shaugh Prior
Woolwell
Wotter
Lee Moor
Upper Plym Valley Prehistoric Sites
Cater's Beam
William Crossing Memorial
Ryder's Hill
Michelcombe
Holne
River Dart Adventures
Scorriton
Combe
Hembury Castle
Dartmoor Otters & Buckfast Butterflies
Buckfast
Buckfast Abbey
Vallant Soldier
Buckfastleigh
Avon Dam Resr.
Stall Moor Stone Row
Ugborough Moor
Rider's Rings Enclosures
Shell Top
Landscove
Lower Dean
Higher Dean
Dean Prior
Pennywell Farm
South Devon Railway
Rattery
Harbourneford
Didworthy
Lutton
Aish
Hillside
Culverlane
Tigley
South Brent
Butterdon Stone Row
Harford
Ugborough Beacon
Cheston
Cornwood
Moor Cross
Lutton
Dartmoor Zoo
Sparkwell
Lukesland
Bittaford
Ugborough
Avonwick
Belsford
Diptford
North Huish
Landrake
SALTASH
Carkeel
Elliot's Store
Ernesettle
Whitleigh
Estover
Trematon
St Erney
Markwell
Saltash
Burraton
St Budeaux
Pennycross
Eggbuckland
Leigham
Plym Valley Railway
Woodford
Hemerdon
Lee Mill
Ivybridge
Port Eliot
Priory Church
St Germans
Trehan
St Stephens
Ham
Higher Compton
Antony Woodland Garden
Antony
Maryfield
Wilcove
Ford
Devonport
Underwood
Plympton
Saltram
Sheviock
Torpoint
Crafthole
Portwrinkle
St John
Millbrook
Cremyll
The Hoe
Turnchapel
Plymstock
Hooe
Sherford
Elburton
Brixton
Yealmpton
Westlake
Ermington
Penquit
Sharrow Grotto
Whitsand Bay
Freathy
Tregonhawke
Mount Edgcumbe Ho.
Drake's Island
The Sound
Kingsand
Cawsand
Plymouth Breakwater
Goosewell
Staddiscombe
Down Thomas
Knighton
Marine Centre
Heybrook Bay
Wembury
Wembury Bay
Newton Ferrers
Noss Mayo
Netton
Bridgend
Battisborough Cross
Mothecombe
Luson
Holbeton
Ford
Dunstone
Torr
R. Yealm
Modbury
Brownston
East Leigh
Lupridge
Curtisknowle
Boreston
Moreleigh
Great Mew Stone
Rame
Rame Head
Penlee Point
Stoke Point
Plymouth to: Roscoff 6hrs. (Seasonal) Santander 20hrs. (Seasonal)
Great Torr
Kingston
St Ann's Chapel
Ashford
Aveton Gifford
Loddiswell
Woodleigh
East Allington
Ringmore
Challaborough
Bigbury
Bigbury-on-Sea
Burgh Island
Bantham
West Buckland
East Buckland
Thurlestone
Bigbury Bay
Venn
Churchstow
Ledstone
Goveton
Buckland-tout-Saints
Cookworthy
Kingsbridge
Dodbrooke
West Alvington
Frogmore
Upton
South Milton
Woolston
West Charleton
East Charleton
South Huish
Galmpton
South Pool
Outer Hope
Inner Hope
Bolt Tail
Bolberry
Malborough
Collaton
Batson
Salcombe
East Portlemouth
Rew
Overbeck's
Lifeboat Station
Rickham
Bolt Head
Prawle Point
Eddystone Rocks
A30
A388
A390
A386
A38
A374
A379
A3121
A385
A384
A381
A382
B3362
B3257
B3357
B3212
B3357
B3352
B3380
B3373
B3432
B3413
B3214
B3416
B3411
B3213
B3247
B3186
B3392
B3196
P+R
A
B
C
D
1
2
3
4
5
7
8
11

Christow
Ashton
Bennah
Lower Ashton
Haldon Forest Park
Trenchford Resr.
Tottiford Resr.
B3193
Trusham
A38
Exeter
A380
Kenton
Powderham
Lympstone
A la Ronde
Bystock
East Budleigh
B3179
Knowle
Kersbrook
Hulham
Withycombe Raleigh
B3178
Littleham
Fairlynch
Budleigh Salterton
World of Country Life
EXMOUTH
South Town
Starcross
Lifeboat Station
Lustleigh
Wreyland
Canonteign Falls
Hennock
Obelisk
Waddon
Ashcombe
Heritage Centre
Bovey Tracey
Chudleigh
Chudleigh Knighton
B3344
Coburg
Milton Hill
A379
Dawlish Warren
B3387
Ugbrooke
Ideford
Luton
B3192
Little Haldon
Dawlish
Brimley
Lewthorn Cross
House of Marbles
Bovey Heath
Gappah
Ilsington
Heathfield
Stover
Preston
B3195
Sandygate
Humber
Holcombe
Liverton
Coldeast
Trago Mills
Teigngrace
Bishopsteignton
A382
Coombe
Teignmouth
A38
Orchid Paradise
Kingsteignton
Sigford
South Knighton
Highweek
A383
A381
R. Teign
Ringmore
Teign Heritage Centre
Bickington
Newton Abbot
Shaldon
A383
NEWTON ABBOT
Netherton
Combeinteignhead
Goodstone
West Ogwell
Wolborough
Stokeinteignhead
12
Lower Gabwell
East Ogwell
Plant World
Higher Gabwell
A379
Woodland
Abbotskerswell
Decoy
Maidencombe
Denbury
Coffinswell
Forder Green
Two Mile Oak
Kingskerswell
Watcombe
Babbacombe Bay
Barton
Bygones
Torbryan
Ipplepen
North Whilborough
A3022
Model Village
Woolston Green
Broadhempston
A381
Hele
St. Marychurch
Cliff Railway
Compton
Shiphay
Babbacombe
Combe Fishacre
Torre Abbey
TORQUAY
Staverton
A380
Cockington
Kents Cavern
Wellswood
Hope's Nose
Dartington Hall
Littlehempston
Dartington
Marldon
Round Hill
Dinosaur World
Shinner's Bridge
Berry Pomeroy
Shorton
A3022
Berry Pomeroy
Blagdon
TORBAY
Oldway
Cott
Totnes
A385
Ayreville
Kirkham House
PAIGNTON
Bridgetown
Collaton St Mary
Zoo
St. Michaels
Tor Bay
Splashdown Waterpark
Seasonal
Harberton
Aish
Sharpham Wines & Cheeses
Higher Yalberton
A3022
Goodrington
A381
R. Dart
Luscombe
Ashprington
Stoke Gabriel
Galmpton Warborough
Lifeboat Sta.
Berry Head
Churston Ferrers
Waddeton
Tuckenhay
Harbertonford
Cornworthy
Galmpton
Brixham
Washbourne
East Cornworthy
Dittisham
A3022
Greenway
Sharkham Point
Allaleigh
Hillhead
A379
Halwell
Capton
Woodhuish
B3205
Newcomen Engine
A3122
Coleton Fishacre
Woodford
Woodlands
Norton
Kingswear
Blackawton
Dartmouth
Hutcherleigh
Ash
Fast Rabbit Farm
Warfleet
Dartmouth
Mew Stone
Bowden
B3205
Burlestone
Blackpool
Stoke Fleming
Strete
A379
Harleston
Start
Start Bay
Sherford
Frittiscombe
Slapton
Monument
Slapton Ley
Chillington
Sherman Tank Memorial
Stokenham
Torcross
Beeson
Ford
Beesands
Kellaton
Chivelstone
Hallsands
South Allington
Start Point
East Prawle
E
F
G
H
1
2
3
4
5
80
70
60
50
40
30
280
90
300
10

10
A
B
C
D
18
1
2
3
4
5
6
7
Hartland Quay
Stoke
Hartland
B3248
Velly
Clovelly Donkeys
Higher Clovelly
Buck's Cross
Buck's Mills
Docton Mill
Natcott
Philham
Milford
Elmscott
Edistone
Welsford
The Milky Way Adventure Park
North Devon Wake Park
Woolfardisworthy or Woolsery
South Hole
Parkham Ash
Alminstone Cross
Knaps Longpeak
Welcombe
A39
Meddon
R. Torridge
Ashmansworthy
Mead
Gooseham
Woolley
East Youlstone
West Putford
East Putford
Morwenstow
Hawker's Hut
Eastcott
West Youlstone
Dinworthy
Gnome Reserve & Wild Flower Garden
Colscott
Higher Sharpnose Point
Shop
Bradworthy
Woodford
Upper Tamar Lake
Lower Sharpnose Point
Tamar Lakes
Kilkhampton
Sutcombe
Alfardisworthy
Coombe
Thurdon
Lower Tamar Lake
Waldon
Stibb
Soldon Cross
B3254
Dexbeer
A388
Poughill
Hersham
Dunsdon Farm
Holsworthy Beacon
Flexbury
Stratton 1643
Bush
Stratton
Grimscott
Lana
Castle Heritage Centre
Launcells
Chilsworthy
Bude
Bude Bay
Lynstone
Pancrasweek
A3072
Holsworthy
Anvil Corner
Upton
Hobbacott Inclined Plane
Red Post
Derril
Derriton
Whimble
Marhamchurch
Bridgerule
Pyworthy
Chasty
Staddon
Widemouth Bay
Titson
Box's Shop
Coppathorne
Lewothy
Dizzard Point
Poundstock
Bangors
Dizzard
Treskinnick Cross
Whitstone
River Tamar
R. Deer
R. Claw
Clawton
St Gennys
Tregole
Week St Mary
Trewint
Penhallam Manor
Street
Tetcott
Cambeak
Crackington Haven
Wainhouse Corner
Week Green
North Tamerton
Moortown
Lana
Sweets
Jacobstow
A388
High Cliff
Higher Whiteleigh
Tresparrett Posts
West Curry
Luffincott
Henford
Fire Beacon Point
South Wheatley
Maxworthy
Chapmans Well
Trengune
Langdon
Northcott
Beeny
B3263
CORNWALL
Bennacott
East Panson
Witchcraft
Marshgate
Boyton
Tresparrett
Warbstow Bury
Canworthy Water
Hele
Boscastle
Brazacott
West Panson
Rocky Valley
Lesnewth
Trelash
Warbstow
North Petherwin
St Giles on the Heath
Tintagel Head
King Arthur's Great Halls
Trevalga
Otterham
Langdon Cross
Tintagel
Halgabron
B3266
B3262
Tremaine
Petherwin Gate
Tamar Otter & Wildlife Centre
Old Post Office
Bossiney
Tintagel
Hallworthy
Splatt
Treneglos
Ladycross
Trewarmett
Treknow
B3263
Tresmeer
Yeolmbridge
Werrington
Gull Rock
Trebarwith
Davidstow
Tregeare
Egloskerry
Langore
Trewassa
Tremail
Badgall
Launceston Steam Railway
Prince of Wales Quarry
Slaughterbridge
Cold Northcott
A395
St Stephens
Dutson
Newport
Liftondown
Delabole
Rockhead
Trefrew
Trevivian
Hidden Valley
Treligga
Slate Quarry
Trevia
Tregoodwell
St Clether Holy Well
Pipers Pool
Tregadillett
Launceston
Port Isaac Bay
Pengelly
Camelford
Crowdy Resr
St Clether
Laneast
Trethorne
Westdowns
Valley Truckle
Trewalder
Bowithick
Trewen
R. Inny
Pencarrow
Charlotte Dymond Monument
South Petherwin
Daw's House
Lawrence House
Lawhitton
Port Isaac
Port Gaverne
Helstone
Rough Tor
Treween
Port Quin
Lifeboat Station
Tresinney
Hut Circles
Altarnun
Polyphant
A30
Tregada
St Teath
Tredaule
Wesley Cottage
Fivelanes
Lewannick
Long Cross Victorian Gardens
Trewetha
Tregeare Rounds
1377
Brown Willy
Trewarlett
Trelights
Treveighan
Stannon Stone Circle
Fernacre Stone Circle
B3257
Pendoggett
Lezant
A388
Porteath Bee Centre
St Endellion
Michaelstow
Codda
Trevadlock
Illand
Trebullett
Trekenner
B3314
Fentonadle
Garrow Tor
Congdon's Shop
Newtown
Trelill
St Breward
King Arthur's Hall
Coad's Green
Rezare
St Minver
A39
BODMIN MOOR
Trebartha
Treburley
St Kew
Smugglers
Bolventor
North Hill
R. Allen
St Tudy
Row
Jamaica Inn
Lower Amble
Lank
De Lank R.
Bealsmill
Chapel Amble
St Kew Highway
Wenfordbridge
Stripple Stones Henge & Circle
River
Middlewood
Bray Shop
Venterdon
Bodieve
Penpont
Jubilee Rock
Dozmary Pool
Bathpool
Old Mill
Kilmar Tor
Trevanson
Blisland
Linkinhorne
Stoke Climsland
Henwood
Rilla Mill
Waterloo
Fowey
St Mabyn
Temple
Cheesewring
Upton
Upton Cross
South Hill
Downgate
Wadebridge
Egloshayle
Brown Gelly Barrows
The Hurlers Stone Circles
Heritage Centre
Plushabridge
Kelly Bray
Croanford
Hellandbridge
A30
Colliford Lake
Caradon Town
1096
Kit Hill
Breock
Royal Cornwall Showground
Sladesbridge
Culverhouse
Helland
DANGER AREA
Millpool
Maidenwell
Siblyback Lake
Minions
Golberdon
Downgate
Pawton Quoit
A389
Washaway
Common Moor
Caradon Hill
Darite
Pensilva
Haye
Burlawn
Polbrock
Cardinham
Bury Castle
Treggan
King Doniert's Stone
Trethevy Quoit
Ken-Caro
Trevigro
Callington
Camel Valley Vineyard
Bodmin
Berry Tower
Churchyard Cross
Mount
St Neot Holy Well
Redgate
Tremar
Gang
Frogwell
Nanstallon
Fawton
St Neot
Golitha Falls
St Cleer
St Cleer Well
Keason
A390
Bodmin & Wenford Railway
St Lawrence
Tredinnick
Ley
Carnglaze Caverns
B3254
St Ive
Parkfield
Cadson Bury Fort
Rosenannon
Rutherbridge
Merrymeet
Withiel
A38
Liskeard
St Wenn
Tremore
A389
Pinsla
Doublebois
Dobwalls
Pengover
Tregullon
Quethiock
Pillaton

11
Littleham
Landcross
Weare Giffard
Huntshaw
Yarnscombe
Atherington
Umberleigh
Eastacott
Clapworthy
George Nympton
South Molton
Bishop's Nympton
Newtown
Parkham
Buckland Brewer
Monkleigh
Great Torrington
RHS Rosemoor
Frithelstock
Taddiport
Frithelstock Stone
Stevenstone
St Giles in the Wood
Kingscott
High Bullen
Sherwood Green
High Bickington
Ebberley Hill
Roborough
Chittlehamholt
King's Nympton
Romansleigh
Meshaw
Alswear
Mariansleigh
Warkleigh
Satterleigh
Langridgeford
Tythecott
Thornhillhead
Southcott
Langtree
Little Torrington
Beaford
Great Potheridge
Little Potheridge
Berry Cross
Winswell
Peters Marland
Stibb Cross
Haytown
Bulkworthy
Abbots Bickington
Shop
Newton St Petrock
Venngreen
Milton Damerel
Gratton
Caute
Merton
Barometer World
Huish
Dolton
Dowland
Upcott
Iddesleigh
Riddlecombe
Ashreigney
Aylescott
Burrington
Elstone
Chulmleigh
Bridge Reeve
East Ashley
Eggesford
Hollocombe
Wembworthy
Chawleigh
Cheldon
West Worlington
East Worlington
Thelbridge
Drayford
Lutworthy
Week
Venhay
Buckland Filleigh
North Town
Petrockstowe
Meeth
Shebbear
Folly Cross
Thornbury
Bradford
Woodacott
Cookbury
Cookbury Wick
Brandis Corner
Holemoor
Black Torrington
Sheepwash
R. Torridge
Highampton
Hatherleigh
Monkokehampton
Morris Monument
Winkleigh
Ingleigh Green
Broadwoodkelly
Bondleigh
Lowton
Nymet Rowland
Coldridge
Eggesford
Brushford
Lapford
Lapford Cross
Eastington
Filleigh
Morchard Bishop
Oldborough
Brownston
Weeke
West Leigh
East Leigh
Zeal Monachorum
Down St Mary
Newbuildings
Copplestone
Elston
Colebrooke
Knowle
Penstone
Burston
Bow
Nymet Tracey
Hollacombe
Chilla
Graddon Moor
Hannaborough
Honeychurch
Exbourne
Sampford Courtenay
Week
North Tawton
Jacobstowe
Trecott
Winsford Walled
Halwill Junction
Halwill
Whiddon
Beaworthy
Crowden
Northlew
Inwardleigh
Itton
Rowden
Belstone Corner
Heath Cross
Hillerton
Yeoford
Quoditch
Halwill Forest
Patchacott
Ashbury
Padson
Folly Gate
Cruft
Brightley
Chichacott
Okehampton
Spreyton
Taw Green
Hittisleigh Barton
Hittisleigh
Woodland Head
Ashwater
Ashmill
Eworthy
Germansweek
Grindhill
Southcott
Thornton Cross
Boasley Cross
Dartmoor Life
Sticklepath
Finch Foundry
South Tawton
South Zeal
Ramsley
Belstone
Whiddon Down
Cheriton Bishop
Cheriton Cross
Crockernwell
Virginstow
Roadford Lake (Reservoir)
Bratton Clovelly
Meldon
Meldon Viaduct
Meldon Resr.
Okehampton Camp
Cosdon Hill
East Week
Throwleigh
Spinster's Rock Burial Chamber
Stone Lane
Drewsteignton
Castle Drogo
Prestonbury Castle
Grinacombe Moor
Roadford Lake
Broadwoodwidger
Cross Green
Kellacott
Rexon
Black-a-Tor Copse
Yes Tor
High Willhays
Bridestowe
Bridestowe and Sourton Common
Sourton
Bidlake
Combebow
Southerly
Wonson
Gidleigh
Scorhill Stone Circle
Easton
Cranbrook Castle
Dunsford
Thrushelton
Stowford
Lewdown
Lobhillcross
Lewtrenchard
Shortacombe
DANGER AREA
Okement Hill
Cranmere Pool
Amicombe Hill
Shovel Down Stone Rows
Teigncombe
Murchington
Chagford
Frenchbeer
Middlecott
Sloncombe
Moretonhampstead
Doccombe
Dingles Fairground Heritage Centre
Portgate
Lifton
Tinhay
Dippertown
Lydford
Lydford Gorge
Coryton
Liddaton
Marystow
Fernworthy Resr.
Grey Wethers Stone Circles
Sittaford Tor
Cut Hill
Tavy Cleave
Lettaford
Miniature Pony Centre
North Bovey
Lustleigh
Wreyland
Kelly
Meadwell
Chillaton
Bradstone
Countryman Cider
Milton Abbot
Brentor
North Brentor
Black Down
Wheal Betsy
Horndon
Mary Tavy
DARTMOOR
DARTMOOR FOREST
NATIONAL PARK
Grimspound
Hameldown Tor
Bowerman's Nose
Manaton
Water
Lustleigh Cleave
Becky Falls
Hound Tor Medieval Village
Haytor Quarry & Granite Tramway
Haytor Rocks
Haytor Vale
East Dartmoor
Dunterton
Hotel Endsleigh
Chaddlehanger
Cudlipptown
Peter Tavy
Cocks Hill
Rough Tor
Dartmoor National Park
Wistman's Wood
Postbridge
Bellever
Church House
Widecombe in the Moor
Bonehill
Lewthorn Cross
Ilsington
Tutwell
Sydenham Damerel
Lamerton
Rushford
Great Mis Tor
Crockern Tor
Two Bridges
Higher Dunstone
Ripon Tor
Horsebridge
Tavistock
Merrivale
Rundlestone
Prehistoric Settlement
Dartmoor Prison
Princetown
West Dart R.
Ponsworthy
Leusdon
Buckland in the Moor
Sigford
Luckett
Latchley
Chilsworthy
Gulworthy
Middlemoor
Whitchurch
Sampford Spiney
Dartmeet
Hexworthy
Ten Commandments Stone
Poundsgate
Bickington
Caton
St Ann's Chapel
Gunnislake
Drakewalls
Grenofen
Whiteworks
Venford Resr.
Ashburton
Goodstone
Harrowbarrow
Albaston
Morwellham Quay
Metherell
Tamar Valley Donkey Park
Horrabridge
Walkhampton
Holne
River Dart Adventures
Dupath Well
St Dominick
Cotehele
Calstock
Buckland Monachorum
The Garden House
Dousland
Burrator Resr.
Sheepstor
Cater's Beam
Ryder's Hill
Michelcombe
Scorriton
Combe
Hembury Castle
Buckfast Abbey
Buckfast
Valiant Soldier
Dartmoor Otters & Buckfast Butterflies
Woodland
Bere Alston
Buckland Abbey
Crapstone
Yelverton
Meavy
William Crossing Memorial
Buckfastleigh
Landscove
Woolston Green
St Mellion
Cotts
Milton Combe
Clearbrook
Upper Plym Valley Prehistoric Sites
Stall Moor Stone Row
Avon Dam Resr.
Riverford Organic Farm
DEVON
A386
A388
B3227
B3232
B3217
B3226
B3137
A3124
B3096
B3042
A377
B3220
B3216
A3072
A3079
B3215
B3260
A30
A382
B3206
B3212
B3357
A390
B3362
B3257
B3352
A38
B3380
B3387

South Molton
Bishop's Nympton
Knowstone
Exebridge
Oakfordbridge
Bampton
Shillingford
Petton
Clayhanger
Bathealton
Chipley
Stawley
Kittisford
Langford Budville
Runnington
Ashbrittle
Appley
Thorne St Margaret
Payton
Staple Cross
Greenham
Holywell Lake
Westford
Huntsham
Cove
Stoodleigh
Stoodleigh Beacon
Ford Barton
Meshaw
Romansleigh
Alswear
Mariansleigh
Creacombe
Rackenford
Venhay
Bradford Barton
Queen Dart
Mogworthy
Witheridge
Nomansland
Templeton
TIVERTON
Bolham
Knightshayes
Chettiscombe
Chevithorne
Uplowman
Whitnage
Ayshford
Sampford Peverell
Halberton
Ash Thomas
Grand Western Canal
Holcombe Rogus
Westleigh
Burlescombe
Sampford Arundel
Nicholashayne
Appledore
Prescott
Culmstock
Whitehall
Uffculme
Northcott
Craddock
Hackpen Hill
Smithincott
Ashill
Stenhill
Willand
Blackborough
Sheldon
Kentisbeare
Saint Hill
Cullompton
CULLOMPTON
Mutterton
Dulford
Kerswell
Broadhembury
Colliton
Hembury
Stoneyford
Colebrook
Westcott
Norman's Green
Plymtree
Luton
Upton
Payhembury
Lower Cheriton
Buckerell
Feniton
Talaton
Whimple
Fairmile
Alfington
Fenny Bridges
Ottery St Mary
Talaton
Tipton St John
Wiggaton
Metcombe
Coombe
Harpford
Venn Ottery
Southerton
Newton Poppleford
Bowd
Colaton Raleigh
Otterton
East Budleigh
Budleigh Salterton
Knowle
Kersbrook
Fairlynch
Bicton Park Botanical Gardens
Yettington
Hawkerland
Stowford
Woodbury
Woodbury Castle
Woodbury Salterton
Clyst St George
Clyst St Mary
Farringdon
Aylesbeare
Marsh Green
Rockbeare
Allercombe
Broad Oak
Fluxton
West Hill
EXETER
Exeter Airport
Clyst Honiton
Sowton
Pinhoe
Whipton
Heavitree
Pennsylvania
Cowley
Exwick
Wheatley
St Thomas
Alphington
Ide
Topsham
Countess Wear
Exminster
Kenn
Kennford
Kenton
Powderham
Starcross
Lympstone
Exton
Ebford
Woodmanton
Withycombe Raleigh
Littleham
World of Country Life
EXMOUTH
Lifeboat Station
Dawlish Warren
Cockwood
South Town
Dawlish
Holcombe
Teignmouth
Teign Heritage Centre
Shaldon
Ringmore
Bishopsteignton
Coombe
Little Haldon
Luton
Ideford
Chudleigh
Chudleigh Knighton
Ugbrooke
Gappah
Sandygate
Humber
Kingsteignton
Teigngrace
Highweek
NEWTON ABBOT
Wolborough
Netherton
Combeinteignhead
Stokeinteignhead
Lower Gabwell
Higher Gabwell
Maidencombe
Watcombe
Babbacombe
Babbacombe Bay
Coffinswell
Kingskerswell
Abbotskerswell
Two Mile Oak
North Whilborough
Ipplepen
Compton
Shiphay
Marychurch
Bygones
Model Village
Cliff Railway
Denbury
Torbryan
Broadhempston
Woodland
Forder
Ashburton
Buckfast
Buckfastleigh
Landscove
Woolston Green
Dartmoor Otters & Buckfast Butterflies
River Dart Adventures
Bickington
Goodstone
South Knighton
Caton
Liverton
Sigford
Ilsington
Haytor Vale
Heathfield
Coldeast
Stover
Bovey Tracey
Lustleigh
Wreyland
Manaton
Water
Becky Falls
Hound Tor
Haytor Rocks
Hennock
Trusham
Higher Ashton
Lower Ashton
Christow
Bennah
Kennick Resr.
Tottiford Resr.
Trenchford Resr.
Bridford
Doddiscombsleigh
Dunchideock
Shillingford St George
Haldon Belvedere (Lawrence Castle)
Haldon Forest Park
Obelisk
Ashcombe
Waddon
Milton Hill
Moretonhampstead
North Bovey
Miniature Pony Centre
Doccombe
Dunsford
Easton
Cranbrook Castle
Castle Drogo
Prestonbury Castle
Drewsteignton
Crockernwell
Cheriton Bishop
Cheriton Cross
Hittisleigh
Tedburn St Mary
Pathfinder Village
Whitestone
Longdown
Culver
Woodland Head
Oldridge
Venny Tedburn
Yeoford
Uton
Hookway
Fordton
Crediton
Smallbrook
Newton St Cyres
Upton Pyne
Stoke Canon
Huxham
Poltimore
Brampford Speke
Rewe
Nether Exe
Thorverton
Killerton
Budlake Old Post Office
Broadclyst
Marker's Cottage
Dog Village
Cranbrook
Westwood
Clyst St Lawrence
Clyst Hydon
Ellerhayes
Bradninch
Silverton
Up Exe
Hele
Langford
Cadbury
Cadbury Castle
Fursdon
Chitterley
Bickleigh
Devon Railway Centre
Butterleigh
East Butterleigh
Cadeleigh
Cheriton Fitzpaine
Stockleigh English
Stockleigh Pomeroy
Upton Hellions
Chilton
Uppincott
Shobrooke
Efford
Shute
Wyke
Sweetham
Sandford
West Sandford
Elston
Newbuildings
Copplestone
Colebrooke
Penstone
Knowle
Coleford
Bow
Nymet Tracey
Hillerton
Down St Mary
Zeal Monachorum
Burston
Morchard Bishop
Oldborough
Weeke
Kennerleigh
East Village
Poughill
Upham
Hayne
Woolfardisworthy
Black Dog
Brownstone
Puddington
Pennymoor
Cruwys Morchard
Way Village
Withleigh
Cotteylands
Calverleigh
Lurley
Loxbeare
North Coombe
Washfield
Littleborough
Washford Pyne
Thelbridge
East Worlington
West Worlington
Drayford
Cheldon
Chawleigh
Lutworthy
Week
Lapford
Lapford Cross
Nymet Rowland
Eastington
Filleigh
East Leigh
Mid Devon Life
Coldharbour Mill
Diggerland
Cothay Manor
Grand Western Canal
DEVON

13
TAUNTON
TAUNTON DEANE
M5
A3065
A38
A358
A378
A303
A37
A3088
A30
A356
A3066
A35
A375
A3052
B3170
B3168
B3165
B3162
B3167
B3161
B3172
B3174
B3164
B3163
B3151
B3157
B3261
P+R
Bradford-on-Tone
Hillfarrance
Nynehead
East Nynehead
Poole
Ham
Tonedale
Wellington
Rockwell Green
Rumwell
Trull
Staplehay
Galmington
Haydon
Shoreditch
Orchard Portman
Stoke St Mary
Thornfalcon
Henlade
Ruishton
Lillesdon
Newport
Helland
Meare Green
Wrantage
Curry Mallet
Fivehead
Swell
Isle Abbotts
Isle Brewers
Hatch Beauchamp
West Hatch
Thurlbear
Slough Green
Sellick's Green
Corfe
Pitminster
Fulwood
Angersleigh
Howleigh
Blagdon Hill
Lowton
Staple Fitzpaine
Bickenhall
Curland
Curland Common
Hatch Green
Stewley
Beercrocombe
RNAS Merryfield
Ilton
Puckington
Ilford
Rapps
Ashill
Windmill Hill
Broadway
Horton
Horton Cross
Hare
Ilminster
Kingstone
Winterhay Green
Whitelackington
Stocklinch
Barrington
Barrington Court
Shepton Beauchamp
Hurcott
Seavington St Mary
Seavington St Michael
Lopen
Dinnington
Allowenshay
Hinton St George
Merriott
Crewkerne
Misterton
South Perrott
North Perrott
Haselbury Plucknett
Martock
Kingsbury Episcopi
Muchelney
Muchelney Ham
Thorney
Midelney
Town Tree Nature
Lock-up
Somerset Distillery
Stembridge
East Lambrook
West Lambrook
Mid Lambrook
New Cross
Westport
Hambridge
Long Load
Milton
Stapleton
Ash
Sutton
Knole
Ilchester
Northover
Yeovilton
Chilthorne Domer
Tintinhull
Stoke sub Hamdon
Montacute
Montacute House
East Stoke
Norton sub Hamdon
Odcombe
Brympton D'Evercy
West Coker
East Chinnock
West Chinnock
Middle Chinnock
Chiselborough
Hardington Moor
Hardington Mandeville
Hardington Marsh
Halstock
Higher Halstock Leigh
Pendomer
Sutton Bingham
Closworth
Preston Plucknett
South Petherton
Wigborough
Over Stratton
Hurst
Bower Hinton
Treasurer's House
Priory
Prior
Tower
BLACKDOWN HILLS
Staple Hill
Wrangway
Ford Street
Clayhidon
Rosemary Lane
Culm Davy
Millhayes
Hemyock
Churchstanton
Otterford
Stapley
Bolham Water
Madford
Churchinford
Royston Water
Smeatharpe
Abbey
Dunkeswell Abbey
Dunkeswell
Upottery
Rawridge
Luppitt
Beacon
Wick
Monkton
Combe Raleigh
Godford Cross
Awliscombe
Weston
Honiton
Offwell
Gittisham
Wilmington
Widworthy
Cotleigh
Stockland
Millhayes
Heathstock
Ham
Dalwood
Loughwood Meeting House
Burrow Farm
Kilmington
Shute
Shute Barton
Seaton Junction
Whitford
Church Green
Northleigh
Farway
Woodbridge
Southleigh
Broad Down
Blackbury Camp
Sidbury
Sand
Sidford
Harcombe
Sid
Salcombe Regis
Weston
Branscombe
Manor Mill
Old Bakery
The Donkey Sanctuary
Quarry Caves
Pecorama
Beer
Beer Head
Vicarage
Seaton
Seaton Bay
Tramway
Axmouth
Colyton
Colyford
Rousdon
Dowlands
Combpyne
Musbury
Maidenhayne
Axminster
Abbey Gate
Hampton
Axe Valley Wildlife Park
Weycroft
Smallridge
Churchill
Alston
Birchill
Membury
Castle
Turfmoor
Furley
Chardstock
Holy City
Tatworth
Forton
Chard
Crimchard
Chaffcombe
Lydmarsh
Cuttiford's Door
Wadeford
Combe St Nicholas
Northay
Street Ash
Beetham
Newtown
Buckland St Mary
Birchwood
Blindmoor
Blackwater
Bishopswood
Marsh
Whitestaunton
Howley
Newcott
Yarcombe
Crawley
Wambrook
Burridge
Street
Whatley
Winsham
Cricket St Thomas
Lakes & Gdns.
Purtington
Cudworth
Chillington
Cricket Malherbie
Knowle St Giles
Dowlish Wake
Perry's Cider
Sea
Donyatt
Peasmarsh
Nimmer
Hornsbury
Roundham
Hewish
Heritage Centre
Woolminstone
Wayford
Clapton
Seaborough
Mosterton
Drimpton
Littlewindsor
Chedington
Weston
Corscombe
West Chelborough
Benville
Toller Whelme
Dibberford
Beaminster
Newtown
Hursey
Broadwindsor
Burstock
Greenham
Horn Ash
Laymore
Thorncombe
Blackdown
Forde Abbey
Bridge
Perry Street
South Chard
Chard Junction
Tytherleigh
Holditch
Heawood
Wadbrook
South Common
Lower Holditch
Hawkchurch
Birdsmoorgate
Marshalsea
Bettiscombe
Pilsdon
Pilsdon Pen
Marshwood
Blackney
Stoke Abbott
North Bowood
South Bowood
Netherbury
Waytown
Melplash
Mapperton
Mapperton
Loscombe
North Poorton
South Poorton
Kingcombe
Hooke
Oxbridge
Salway Ash
West Milton
Powerstock
Nettlecombe
Mangerton Mill
Eggardon Hillfort
Loders
Uploders
Askerswell
Bradpole
Pymore
Wooth
Dottery
Filford
Broadoak
Moorbath
Symondsbury
Bridport
Watton
Walditch
Bothenhampton
Shipton Gorge
Chilcombe
Litton Cheney
Burton Bradstock
Swyre
West Bexington
Puncknowle
West Bay
Palmers Brewery
Lower Eype
Eype
Seatown
Chideock
Golden Cap
Golden Cap Cliffs
Antrim Monument
North Chideock
Ryall
Whitchurch Canonicorum
Morcombelake
Marshwood Vale
R. Char
Monkwood
Fishpond Bottom
Lambert's Castle
Coney's Castle
Wootton Fitzpaine
Catherston Leweston
Charmouth
Heritage Coast
Penn
Monkton Wyld
Harcombe Bottom
Raymond's Hill
Blackpool Corner
Yawl
Uplyme
Prescott Pinetum
Dinosaurland Fossil
Lyme Regis
Marine Aquarium
Lifeboat Station
LYME BAY
SOMERSET
DORSET
DEVON
Sheppy Cider
Lace
R. Culm
R. Yarty
R. Axe
R. Coly
R. Isle
R. Yeo
R. Brit
SIDMOUTH
14
E
F
G
H
1
2
3
4
5
20
30
40
350
70
80
90
100

14
Sutton
Knole
Podimore
West Camel
Queen Camel
Cadbury
Cheriton
Horsington
Weston
Ilchester
Northover
B3151
Bridgehampton
Sutton Montis
Charlton Horethorne
A357
Abbas Combe
Kington Magna
West Stour
East Stour
B3092
B3081
Long Load
R. Yeo
Yeovilton
Fleet Air Arm
Marston Magna
Corton Denham
Higher Nyland
Lower Nyland
Sherborne Causeway
A303
Limington
Stowell
Templecombe
Gartell
Stour Provost
Stour Row
Stapleton
Milton
A37
Draycott
Chilton Cantelo
A359
Rimpton
Manor House
B3145
Milborne Wick
Henstridge Bowden
Yenston
A30
Fifehead Magdalen
Abbey
Coat
Ash
Tintinhull
Adber
Sandford Orcas
Poyntington
22
Henstridge Ash
Henstridge Marsh
Todber
Guy's Marsh
Martock
Chilthorne Domer
Mudford
Henstridge
Pillwell
Moorside
Twyford
Treasurer's House
Tintinhull
Yeovil Marsh
B3148
Milborne Port
A357
Marnhull
B3092
Margaret Marsh
Stoke sub Hamdon
A3088
Trent
Nether Compton
Oborne
Stalbridge
Walton Elm
B3091
East Orchard
Bedchester
Fontmell Magna
Montacute House
Preston Plucknett
Over Compton
Stallen
Old Castle
Goathill
Purse Caundle
Stalbridge Weston
East Stoke
Montacute
Priory
Sherborne
Sherborne Castle
Hinton St Mary
West Orchard
Sutton Waldron
Norton sub Hamdon
Odcombe
YEOVIL
Haydon
Manston
Farrington
Brympton D'Evercy
Bradford Abbas
R. Yeo
North Wootton
Stourton Caundle
Sturminster Newton
Hammoon
Iwerne Minster
Chiselborough
West Coker
Barwick
Alweston
Bishop's Caundle
Lydlinch
Manor
Mill
Child Okeford
Iwerne Courtney or Shroton
A350
West Chinnock
Thornford
Folke
A3030
BLACKMOOR VALE
Newton
Fiddleford
Middle Chinnock
East Chinnock
North Coker
East Coker
Stoford
Lillington
Longburton
Bishop's Down
Woodbridge
Puxey
Broad Oak
Okeford Fitzpaine
Hanford
Hardington Moor
Beer Hackett
Fifehead Neville
Shillingstone
Haselbury Plucknett
Hardington Mandeville
Sutton Bingham
Ryme Intrinseca
Knighton
Boys Hill
Sandhills
Holwell
King's Stag
Woodrow
Crewkerne
North Perrott
Pendomer
Resr.
Closworth
Yetminster
Crouch Hill
Packers Hill
Kingston
Fifehead St Quintin
Belchalwell
A357
Stourpaine
Hardington Marsh
Woodrow
Hazelbury Bryan
Pidney
Belchalwell Street
A3066
Higher Halstock Leigh
Leigh
Totnell
B3146
Glanvilles Wootton
Durweston
Halstock
Melbury Osmond
Chetnole
Pulham
R. Lydden
Wonston
Droop
Ibberton
South Perrott
Hermitage
Middlemarsh
Turnworth
Weston
East Chelborough
Melbury Sampford
Melbury Bubb
Stoke Wake
Woolland
Bryanston
Chedington
Corscombe
Lyon's Gate
Buckland Newton
Dunshish
Westfields
Mappowder
Bulbarrow Hill
West Chelborough
Evershot
Hilfield
A352
Sharnhill Green
Higher Ansty
Winterborne Houghton
Winterborne Stickland
Dibberford
A356
Batcombe
Minterne Magna
Minterne
Henley
A3066
Holywell
Benville
Uphall
Frome St Quintin
Up Cerne
Minterne Parva
Alton Pancras
Lower Ansty
Hilton
Winterborne Clenston
Thornicombe
Newtown
Rampisham
Up Sydling
Plush
Higher Melcombe
Melcombe Bingham
Abbey
Higher Whatcombe
Stoke Abbott
Beaminster
B3163
Toller Whelme
Lower Wraxall
Cerne Giant
Bingham's Melcombe
Milton Abbas
Lower Whatcombe
Higher Kingcombe
Higher Wraxall
Cerne Abbas
Mapperton
Hooke
Cattistock
Piddletrenthide
Cheselbourne
A354
Winterborne Whitechurch
Netherbury
Mapperton
North Poorton
Lower Kingcombe
Chilfrome
Maiden Newton
Sydling St Nicholas
White Lackington
B3143
Waytown
Loscombe
South Poorton
Toller Porcorum
Nether Cerne
Dewlish
Milborne St Andrew
Winterborne Kingston
13
Oxbridge
West Milton
Powerstock
Toller Fratrum
Cruxton
Piddlehinton
Salway Ash
A3066
Nettlecombe
Notton
Godmanstone
DORSET
A31
Wooth
Mangerton
Wynford Eagle
Forston
Charlton Down
B3142
A35
Martyrs
Pymore
Loders
Eggardon Hillfort
West Compton
A356
Frampton
Grimstone
Puddletown
Burleston
Tolpuddle
Turners Puddle
Bere Regis
Uploders
Eggardon Hill
Compton Valence
Athelhampton
Martyrs Tree
Affpuddle
Bradpole
Muckleford
Stratton
Hardy's Cottage
Athelhampton House
Briantspuddle
Askerswell
Bradford Peverell
Charminster
B3143
Higher Bockhampton
Ilsington
Tincleton
Bothenhampton
Walditch
Shipton Gorge
A35
Kingston Russell
Wolfeton Ho.
Burton
Stinsford
Pallington
B3390
R. Piddle or Trent
Palmers Brewery
Chilcombe
Litton Cheney
Winterbourne Abbas
Nine Stones
Military
Poundbury
Kingston Maurward
Lower Bockhampton
Sculpture By The Lakes
Clouds Hill
West Bay
Burton Bradstock
Black Down
Long Bredy
Winterbourne Poor Lot Barrows
Winterbourne Steepleton
DORCHESTER
Dinosaur
Max Gate
Woodsford
Moreton
Bovington Camp
B3157
Littlebredy
Hardy Monument
Maiden Castle
West Stafford
R. Frome
Tank
Monkey World
Swyre
Puncknowle
Winterborne St Martin or Martinstown
Winterborne Monkton
Maumbury Rings
Whitcombe
Crossways
East Burton
Stokeford
Kingston Russell Stone Circle
A354
Winterborne Herringston
West Knighton
Mill House Cider
West Bexington
Friar Waddon
B3159
Portesham
Broadmayne
Dorset Collection of Clocks
Blacknoll
Wool
East Stoke
Abbotsbury
Coryates
Upwey
Bincombe
A352
Warmwell
Galton
A352
Subtropical
Chapel
Children's Farm
Swannery
Elworth
Rodden
Shilvinghampton
Broadwey
Sutton Poyntz
White Horse
Poxwell
Owermoigne
East Knighton
Coombe Keynes
Winfrith Newburgh
Littlemoor
Osmington
Holworth
Langton Herring
Buckland Ripers
A353
Upton
Toll
West Chaldon
Chaldon Herring or East Chaldon
Shaggs
B3071
Nottington
Preston
Roman Temple
Lodmoor
Overcombe
Osmington Mills
Chaldon Down
Lulworth
B3157
Radipole
Sea Life
Chickerell
Weymouth Bay
Ringstead Bay
Heritage Centre
B3070
Lulworth Camp
East Lulworth
Chesil Beach
Fleet
Melcombe Regis
Durdle Door
West Lulworth
Westham
WEYMOUTH
Lulworth Cove
Worbarrow Bay
Charlestown
Nothe Fort
DANGER AREA
B3156
Rodwell
Sandsfoot Castle
Wyke Regis
Portland Harbour
Chesil Beach
A354
Portland
Castletown
Chiswell
Fortuneswell
West Bay
Tout Quarry Sculpture Park
Grove
Easton
ISLE OF PORTLAND
Weston
Portland
Southwell
BILL OF PORTLAND
Portland Bill Lighthouse
ENGLISH CHANNEL
A
B
C
D
1
2
3
4
5
350
60
70
80
90

15
HAMPSHIRE
NEW FOREST
NATIONAL PARK
NEW FOREST
CRANBORNE CHASE
PURBECK HILLS
ISLE OF PURBECK
POOLE BAY
Christchurch Bay
Swanage Bay
Studland Bay
Durlston Bay
Kimmeridge Bay
HENGISTBURY HEAD
DURLSTON HEAD
ST ALDHELM'S OR ST ALBAN'S HEAD
The Foreland or Handfast Point
THE NEEDLES
Alum Bay
GLISH CHANNEL
Poole to:
Cherbourg 4hrs. 30mins.
Guernsey 3hrs.
(Fast Ferry, Seasonal)
Jersey 4hrs. 30mins.
(Fast Ferry, Seasonal)
St Malo 6hrs.
(Fast Ferry, Seasonal)
POOLE
BOURNEMOUTH
CHRISTCHURCH
Wimborne Minster
Blandford Forum
Ringwood
Wareham
Swanage
Shaftesbury
Fordingbridge
Ferndown
Verwood
West Moors
St Leonards
Highcliffe
New Milton
Barton on Sea
Hordle
Everton
Milford on Sea
Sway
Brockenhurst
Burley
Lyndhurst
Minstead
Cadnam
Landford
Bramshaw
Woodfalls
Redlynch
Downton
Whiteparish
Cranborne
Sixpenny Handley
Alderholt
Three Legged Cross
Ashley Heath
Corfe Castle
Corfe Mullen
Studland
Sandbanks
Brownsea Island
Poole Harbour
Parkstone
Branksome
Canford Cliffs
Boscombe
Southbourne
Mudeford
Hurn
Sopley
Burton
Bransgore
Lytchett Minster
Lytchett Matravers
Upton
Hamworthy
Sturminster Marshall
Spetisbury
Charlton Marshall
Pimperne
Tarrant Hinton
Tarrant Gunville
Chettle
Farnham
Ashmore
Compton Abbas
Melbury Abbas
Berwick St John
Broad Chalke
Bowerchalke
Martin
Damerham
Rockbourne
Whitsbury
Breamore
Woodgreen
Godshill
Harbridge
Ibsley
Ellingham
Blashford
Poulner
Linwood
Picket Post
Burley Street
Bisterne
Sandford
Kingston Lacy
Pamphill
Colehill
Holt
Horton
Woodlands
Wimborne St Giles
Gussage All Saints
Witchampton
Moor Crichel
Hinton Martell
Kinson
Bearwood
Merley
West Parley
Parley Cross
Longham
Broadstone
Creekmoor
Oakdale
Canford Heath
Newtown
Wallisdown
Moordown
Winton
Pokesdown
Tuckton
Holton Heath
Sandford
Stoborough
Furzebrook
Creech
Kimmeridge
Kingston
Worth Matravers
Langton Matravers
Harman's Cross
Acton
Herston
Steeple
Church Knowle
Tyneham
Woolgarston
Ulwell
Arne
Bere Regis
A31
A35
A338
A348
A349
A350
A351
A354
A36
A27
A337
A341
A347
A3049
A3060
A3040
B3081
B3078
B3073
B3074
B3072
B3082
B3075
B3070
B3069
B3351
B3369
B3065
B3068
B3093
B3347
B3058
B3055
B3054
B3079
B3080
B3347
E
F
G
H
1
2
3
4
5

16
A
B
C
D
1
2
3
4
5
15
Whiteparish
Romsey
Chandler's Ford
Eastleigh
Southampton
Totton
Hythe
Fareham
Gosport
Lee-on-the-Solent
Lymington
New Milton
Barton on Sea
Highcliffe
Christchurch Bay
Milford on Sea
Keyhaven
Lyndhurst
Brockenhurst
Beaulieu
Fawley
Calshot
Hamble-le-Rice
Netley Abbey
Bishop's Waltham
Wickham
Titchfield
Stubbington
New Forest National Park
New Forest
Cowes
East Cowes
Newport
Ryde
Brading
Sandown
Shanklin
Ventnor
Niton
Yarmouth
Freshwater
Totland
Brighstone
Shalfleet
Godshill
Isle of Wight
The Solent
Cowes Roads
Ryde Roads
Osborne Bay
Thorness Bay
Gurnard Bay
Newtown Bay
Colwell Bay
Totland Bay
Alum Bay
The Needles
Compton Bay
Brighstone Bay
Chale Bay
Atherfield Point
St Catherine's Point
Dunnose
Stokes Bay
Gilkicker Point
Needs Ore Point
Southampton Water
Sconce Point
Hurst Castle
English
M3
M27
M271
A27
A36
A31
A35
A33
A326
A337
A3090
A3057
A3024
A3025
A3051
A32
A334
A335
A336
A3020
A3021
A3054
A3055
A3056
B3054
B3055
B3056
B3058
B3053
B3399
B3401
B3323
B3330
B3395

17
SOUTH DOWNS
SOUTH DOWNS NATIONAL PARK
WEST SUSSEX
CHANNEL
PETERSFIELD
PORTSMOUTH
CHICHESTER
HAVANT
BOGNOR REGIS
LITTLEHAMPTON
WATERLOOVILLE
HORNDEAN
SOUTH HAYLING
HAYLING ISLAND
Hayling Bay
PORTSEA ISLAND
SELSEY BILL
Selsey
Bracklesham Bay
Whitecliff Bay
FORELAND
Bembridge Point
Bembridge
Nettlestone Point
Nettlestone
Seaview
St Helens
Culver Cliff
Nab Tower
Horse Sand Fort
No Man's Land Fort
Spitbank Fort
Chichester Harbour
Langstone Harbour
Thorney Island
Pagham Harbour
Midhurst
Petworth
Arundel
Emsworth
Cowplain
Purbrook
Cosham
Southsea
Felpham
Middleton -on-Sea
Pagham
East Wittering
West Wittering
Bracklesham
Bosham
Fishbourne
Westhampnett
Tangmere
Boxgrove
Fontwell
Barnham
Yapton
Singleton
West Dean
Mid Lavant
Cocking
Graffham
Duncton
Sutton
Bury
Amberley
Houghton
Stedham
Easebourne
Lodsworth
Tillington
Fittleworth
Stopham
Pulborough
Clanfield
Hambleden
Rowlands Castle
Westbourne
Southbourne
Hermitage
Woodmancote
Funtington
West Ashling
East Ashling
Chidham
Nutbourne
Itchenor
Birdham
Sidlesham
Norton
Church Norton
East Beach
Selsey Lifeboat Station
Goodwood
The Trundle
Kingley Vale
Stansted Park
Uppark
Harting
Rogate
Buriton
East Meon
West Meon
Portsmouth to:
Bilbao 24hrs.
Caen 6hrs.
(Seasonal)
Cherbourg 3hrs.
(Fast Ferry, Seasonal)
Guernsey 7hrs.
Jersey 8hrs.
Le Havre 5hrs. 30mins.
St Malo 9hrs.
Santander 24hrs.
A3(M)
A3
A27
A29
A259
A272
A283
A284
A285
A286
A2030
A3023
M275
E
F
G
H
1
2
3
4
5
70
80
90
500

18

BRISTOL

LUNDY
- North West Point
- Lundy Marine Conservation Zone
- South West Point
- Rat Island

Lundy to:
Bideford 2hrs. (Seasonal)
Ilfracombe 2hrs. (Seasonal)

BARNSTAPLE OR BIDEFORD BAY

HARTLAND POINT — Windbury Point — Blackchurch Rock

- Titchberry
- Hartland Abbey, Cherristow Lavender
- Hartland
- Clovelly Court, Clovelly
- Hartland Quay
- Stoke, Docton Mill
- Velly, Clovelly Donkeys
- Higher Clovelly
- Buck's Cross, Buck's Mills
- Milford, Philham
- Natcott
- The Milky Way Adventure Park
- North Devon Wake Park
- Elmscott, Ediston
- Welsford
- Woolfardisworthy or Woolsery
- Parkham
- South Hole
- Aliminstone Cross
- Knaps Longpeak
- Welcombe
- Meddon
- Tamar R.
- Ashmansworthy
- Mead
- Woolley
- West Putford
- East Putford
- Gooseham
- Woodford
- East Youlstone
- Dinworthy
- Gnome Reserve & Wild Flower Garden
- Morwenstow, Hawker's Hut
- Eastcott, Shop
- West Youlstone
- Colscott
- Higher Sharpnose Point
- Bradworthy
- Lower Sharpnose Point
- **CORNWALL**
- Upper Tamar Lakes
- Kilkhampton
- Alfardisworthy
- Sutcombe
- Lower Tamar Lake
- Venngreen
- Coombe
- Stibb
- Thurdon
- Soldon Cross
- Waldon R.
- Dexbeer
- A388
- Poughill, Hersham
- Dunsdon Farm, Lana
- Holsworthy Beacon
- Bush
- Chilsworthy
- Stratton
- Grimscott
- Pancrasweek
- Holsworthy
- Bude, Castle Heritage Centre
- Lynstone
- Launcells
- Bude Bay
- A3072

C H A N N E L
E
F
G
H
Foreland Point
Countisbury
Lynton
Lynmouth
Woody Bay
Combe Martin Bay
Combe Martin
ILFRACOMBE
Ilfracombe to Lundy 2hrs. (Seasonal)
Bull Point
Rockham Bay
Morte Point
Mortehoe
Woolacombe
Morte Bay
Baggy Point
Croyde Bay
Croyde
Georgeham
Saunton
Braunton
Heanton Punchardon
Ashford
Wrafton
Chivenor
Braunton Burrow
DANGER AREA
Bideford to Lundy 2hrs. (Seasonal)
Fremington
Yelland
Bickington
BARNSTAPLE
Goodleigh
Landkey
Bishop's Tawton
Swimbridge
Appledore
Instow
Northam
Westward Ho!
Abbotsham
BIDEFORD
East-the-Water
Littleham
Weare Giffard
Parkham
Buckland Brewer
Great Torrington
St Giles in the Wood
Langtree
Bulkworthy
Milton Damerel
Shebbear
Petrockstowe
Merton
Dolton
Beaford
Winkleigh
Meeth
Sheepwash
Black Torrington
Cookbury
EXMOOR NATIONAL PARK
E X M O O R F O R E S T
Parracombe
Martinhoe
Brendon
Simonsbath
Challacombe
Bratton Fleming
Kentisbury
Arlington
Loxhore
Shirwell
Berrynarbor
Mullacott
West Down
Bittadon
Muddiford
Milltown
Marwood
Kingsheanton
Chittlehampton
South Molton
George Nympton
King's Nympton
High Bickington
Burrington
Chulmleigh
Chawleigh
Eggesford
Lapford
Morchard Bishop
Romansleigh
Meshaw
North Molton
West Buckland
East Buckland
Filleigh
Umberleigh
Atherington
Ashreigney
Roborough
Alverdiscott
Yarnscombe
Newton Tracey
Horwood
A39
A361
A399
A377
A386
A388
A3123
A3124
B3227
B3230
B3231
B3232
B3233
B3226
B3220
B3042
B3096
B3137
B3358
B3343
B3229
B3234
D E V O N
11
20

BRISTOL CHANNEL
Foreland Point
Lynton
Lynmouth
Countisbury
A39
Brendon
Malmsmead
Oare
Oareford
Porlock Bay
Porlock Weir
West Porlock
Porlock
Bossington
Allerford
Selworthy
Luccombe
Horner
Wootton Courtenay
MINEHEAD
Blue Anchor Bay
Dunster
Carhampton
Watchet
Williton
Washford
Timberscombe
EXMOOR
NATIONAL PARK
EXMOOR FOREST
Simonsbath
Exford
Winsford
Dulverton
Brompton Regis
BRENDON HILLS
Wheddon Cross
Bampton
Skilgate
Wiveliscombe
Milverton
South Molton
North Molton
Molland
Twitchen
Bishop's Nympton
Knowstone
A361
A396
B3227
B3224
B3223
B3222
B3190
Tiverton
Halberton
Sampford Peverell
Uffculme
Culmstock
Willand
Cullompton
Cadeleigh
Bickleigh
Witheridge
Chawleigh
Lapford
Morchard Bishop
Cheriton Fitzpaine
Puddington
Poughill
Templeton
Rackenford
Stoodleigh
Holcombe Rogus
Kentisbeare
M5
A38
A377
DEVON
SOMERSET

21
NORTH SOMERSET
WESTON-SUPER-MARE
Weston Bay
Sand Bay
Steep Holm
Flat Holm
BRIDGWATER BAY
BURNHAM-ON-SEA
BRIDGWATER
TAUNTON
TAUNTON DEANE
SEDGEMOOR
Glastonbury
Street
Cheddar
Axbridge
Wellington
Chard
Crewkerne
Ilminster
Langport
Somerton
Ilchester
Martock
Highbridge
Wedmore
Congresbury
Banwell
Winscombe
Shipham
Blagdon
Sandford
Bleadon
Brean
Berrow
Brent Knoll
East Brent
Huntspill
Puriton
Woolavington
Cossington
Cannington
Stogursey
Kilve
Holford
Nether Stowey
Crowcombe
Bishops Lydeard
Kingston St Mary
North Petherton
Westonzoyland
Middlezoy
Othery
Moorlinch
Ashcott
Walton
Meare
Westbury-sub-Mendip
Wookey
Wookey Hole
Theale
Blackford
Mark
Curry Rivel
Drayton
North Curry
Stoke St Gregory
Ruishton
Creech St Michael
Curry Mallet
Fivehead
Isle Abbotts
Kingsbury Episcopi
Long Sutton
Tintinhull
Stoke sub Hamdon
Montacute
South Petherton
Norton sub Hamdon
Chiselborough
West Chinnock
East Chinnock
Haselbury Plucknett
Hardington Mandeville
Merriott
Hinton St George
Seavington St Michael
Dinnington
Broadway
Horton
Donyatt
Combe St Nicholas
Whitestaunton
Yarcombe
Dunkeswell
Hemyock
Churchstanton
Pitminster
Corfe
Stockland
Winsham
Misterton
South Perrott
North Perrott
BLACKDOWN HILLS
MENDIP HILLS
POLDEN HILLS
QUANTOCK HILLS
M5
A38
A39
A303
A358
A361
A370
A371
A372
A378
A30
A3088
A37
A368
B3139
B3151
B3153
B3165
B3170
E
F
G
H
1
2
3
4
5
13
22
23
24
25
26
33

22
BATH & N.E. SOMERSET
SOMERSET
DORSET
MENDIP HILLS
BLACKMOOR VALE
BATH
Bristol
Bradford-on-Avon
TROWBRIDGE
Westbury
FROME
Wells
Shepton Mallet
Glastonbury
Street
Cheddar
Midsomer Norton
Radstock
Paulton
Bruton
Wincanton
Castle Cary
Ansford
Somerton
Ilchester
YEOVIL
Sherborne
Shaftesbury
Gillingham
Mere
Stalbridge
Henstridge
Milborne Port
Sturminster Newton
Crewkerne
Martock
Langport
Chew Magna
Chew Stoke
Bishop Sutton
Pensford
Blagdon
Clutton
High Littleton
Timsbury
Peasedown St John
Westbury-sub-Mendip
Wookey Hole
Wookey
Evercreech
Pilton
West Pennard
Sparkford
Queen Camel
North Cadbury
South Cadbury
Marston Magna
Montacute
Stoke sub Hamdon
Tintinhull
Templecombe
Nunney
Witham Friary
Maiden Bradley
Kingston Deverill
Zeals
Bourton
Stourton
Cucklington
Buckhorn Weston
Kington Magna
Marnhull
Hinton St Mary
Okeford Fitzpaine
Shillingstone
Durweston
Child Okeford
Yetminster
Chetnole
Leigh
Glanvilles Wootton
Buckland Newton
Longburton
Bishop's Caundle
Milton on Stour
Corsley Heath
Dilton Marsh
Chapmanslade
Beckington
Buckland Dinham
Norton St Philip
Hinton Charterhouse
Freshford
Westwood
Winsley
Combe Hay
Farrington Gurney
Chewton Mendip
Chilcompton
Stratton-on-the-Fosse
Holcombe
Coleford
Mells
Stoke St Michael
Oakhill
Gurney Slade
Croscombe
Dinder
Doulting
West Cranmore
Batcombe
Upton Noble
North Brewham
South Brewham
Pitcombe
Keinton Mandeville
Barton St David
Butleigh
Baltonsbury
Charlton Mackrell
Charlton Adam
Kingsdon
Babcary
Long Sutton
West Camel
Limington
Mudford
Trent
Nether Compton
Bradford Abbas
Thornford
Sandford Orcas
Rimpton
Corton Denham
Charlton Horethorne
North Cheriton
Holton
Abbas Combe
Yenston
Stourton Caundle
Fifehead Magdalen
Stour Provost
East Stour
West Stour
Hardington Mandeville
East Coker
West Coker
East Chinnock
West Chinnock
North Perrott
South Perrott
Haselbury Plucknett
Melbury Osmond
Corscombe
Evershot
Chilthorne Domer
Barwick
Stoford
Longleat House
Longleat Safari & Adventure Park
Stourhead
King Alfred's Tower
White Sheet Hill
Wookey Hole
Ebbor Gorge
Cheddar Gorge
Glastonbury Tor
Glastonbury Abbey
East Somerset Railway
Royal Bath & West Showground
Haynes Motor Museum
Fleet Air Arm Museum
Montacute House
Sherborne Castle
Nunney Castle
Farleigh Hungerford
Chew Valley Lake
Blagdon Lake
DANGER AREA
A36
A37
A39
A30
A303
A350
A352
A357
A359
A361
A362
A366
A367
A368
A371
A372
A3030
A3088
A3098
B3135
B3139
B3151
B3153
B3081
B3092
B3148
B3145
B3143
34
21
14

23
MELKSHAM
DEVIZES
Pewsey
Burbage
WILTSHIRE
SALISBURY PLAIN
WARMINSTER
Tilshead
Shrewton
Larkhill
Durrington
Bulford
Amesbury
Stonehenge
Tidworth
Ludgershall
Upavon
Netheravon
Heytesbury
Codford
Wylye
Steeple Langford
Winterbourne Stoke
Wilton
SALISBURY
Old Sarum
Porton
Tisbury
Fovant
Broad Chalke
Coombe Bissett
Downton
Whiteparish
Fordingbridge
Cranborne
Alderholt
Verwood
Ringwood
Blandford Forum
Wimborne St Giles
Sixpenny Handley
HAMPSHIRE
NEW FOREST
NATIONAL PARK
CRANBORNE CHASE
A36
A303
A338
A345
A350
A354
A360
A30
A342
A346
A361
A365
A31
A27
A3026
A343
A3028
A3094
B390
B3086
B3083
B3098
B3089
B3081
B3078
B3080
B3084
B3101
B3087
B3414
B3079
B3072
B3082

24
36
16
23
WILTSHIRE
H A M P S H I R E
NEW FOREST NATIONAL PARK
N E W F O R E S T
ANDOVER
WINCHESTER
BASINGSTOKE
SOUTHAMPTON
EASTLEIGH
TOTTON
HYTHE
FAREHAM
Burbage
Easton Royal
Grafton
East Grafton
Wilton
Marten
Shalbourne
Ham
Rivar
Buttermere
Combe
Inkpen
West Woodhay
East Woodhay
East End
Ball Hill
Broad Laying
Woolton Hill
Highclere
Burghclere
Newtown
Ecchinswell
Kingsclere
Crookham
Headley
Baughurst
Tadley
Wolverton
Wexcombe
Tidcombe
Oxenwood
Fosbury
Linkenholt
Little Down
Faccombe
Ashmansworth
Vernham Street
Vernham Dean
Netherton
Crux Easton
Highclere Castle
Beacon Hill
Sydmonton
Watership Down
Old Burghclere
Whitway
Brunton
Aughton
Collingbourne Kingston
Collingbourne Ducis
Cadley
Sunton
East Everleigh
Upper Chute
Chute Standen
Lower Chute
Tangley
Upton
Ibthorpe
Hurstbourne Tarrant
Binley
Wadwick
Egbury
Dunley
Litchfield
Woodcott
Hannington
North Oakley
Ibworth
Upper Wootton
Wootton St Lawrence
Winklebury
Worting
Ludgershall
North Tidworth
Tidworth
South Tidworth
Tidworth Camp
Great Shoddesden
Little Shoddesden
Perham Down
Ragged Appleshaw
Appleshaw
Clanville
Duck Street
Hatherden
Penton Mewsey
Enham Alamein
Upper Enham
Little London
Smannell
Wildhern
Doles Wood
Stoke
Swampton
St Mary Bourne
Hurstbourne Priors
Cole Henley
Freefolk Priors
Whitchurch
Laverstoke
Overton
Quidhampton
Southington
Ashe
Deane
Oakley
East Oakley
Kempshott
Steventon
Pardown
Hatch Warren
Shipton Bellinger
Kimpton
Fyfield
Thruxton
Weyhill
Charlton
East Anton
Finkley Down Farm
Picket Piece
Andover Down
East Aston
Tufton
Deadman's Plack
Amport
Monxton
Abbotts Ann
Anna Valley
Upper Clatford
Quarley
Harewood Forest
Longparish
Forton
Middleton
Goodworth Clatford
Bransbury
Newton Stacey
Barton Stacey
Lower Bullington
Upper Bullington
Sutton Scotney
Egypt
Hunton
Wonston
Stoke Charity
Micheldever Station
Micheldever
West Stratton
East Stratton
North Waltham
Popham
Dummer
Farleigh Wallop
Axford
Woodmancott
Preston Candover
Chilton Candover
Brown Candover
Swarraton
Northington
Cholderton
Grateley
Palestine
Newton Tony
Wherwell
Chilbolton
Fullerton
Over Wallop
Middle Wallop
Nether Wallop
Longstock
Leckford
Lopcombe Corner
East Winterslow
Middle Winterslow
West Winterslow
Firsdown
The Common
Stockbridge
Crawley
South Wonston
Kings Worthy
Headbourne Worthy
Abbots Worthy
Martyr Worthy
Itchen Abbas
Itchen Stoke
Abbotstone
Old Alresford
New Alresford
Bighton
Gundleton
Bishop's Sutton
Chilland
Avington
Easton
Ovington
Tichborne
Cheriton
New Cheriton
Bramdean
Hinton Ampner
Kilmeston
Beauworth
Lane End
Broughton
Houghton
Little Somborne
Up Somborne
King's Somborne
Ashley
Sparsholt
Dean
Weeke
Littleton
Horsebridge
West Tytherley
East Tytherley
Farley
Farley Mount
Brook
West Grimstead
East Grimstead
West Dean
East Dean
Lockerley
Mottisfont
Dunbridge
Michelmersh
Timsbury
Braishfield
Awbridge
Kent's Oak
Carter's Clay
Newtown
Ratley
Whiteparish
Sherfield English
East Wellow
Romsey
Whitenap
Cupernham
Ampfield
Knapp
Hursley
Standon
Pitt
Oliver's Battery
Compton
Shawford
Twyford
Owslebury
Morestead
Chilcomb
Stanmore
St Cross
Colden Common
Otterbourne
Hiltingbury
Brambridge
Fisher's Pond
Hensting
Upham
Baybridge
Chandler's Ford
Fryern Hill
Allbrook
Bishopstoke
Crowdhill
Fair Oak
Lower Upham
Dean
Meonstoke
Exton
Corhampton
Warnford
North Baddesley
Chilworth
Ashfield
Toothill
Landford
Redlynch
Lover
Hamptworth
Plaitford
West Wellow
Nomansland
Canada
Furzley
Bramshaw
Wigley
Ower
Lee
Nursling
Rownhams
Upton
Hillstreet
Newbridge
Copythorne
Calmore
Testwood
Winsor
Cadnam
Bartley
Netley Marsh
Woodlands
Ashurst
Hounsdown
Maybush
Shirley
Millbrook
Portswood
Swaythling
Bassett
Bitterne
West End
Moorgreen
Horton Heath
Durley
Durley Street
Bishop's Waltham
Dundridge
Droxford
Swanmore
Shirrell Heath
Soberton
Soberton Heath
Waltham Chase
Curdridge
Shedfield
Newtown
Hedge End
Botley
Wildern
Boorley Green
Long Common
Thornhill
Northam
Itchen
Sholing
Woolston
Netley Abbey
Bursledon
Lowford
Hound
Butlocks Heath
Lower Swanwick
Swanwick
Sarisbury Green
Park Gate
Locks Heath
Warsash
Titchfield
Hook
Hamble-le-Rice
Row Ash
Turkey Island
Wickham
Knowle Village
Hipley
North Boarhunt
Crockerhill
Funtley
Whiteley
Segensworth
Catisfield
Portchester
Fritham
Upper Canterton
Brook
Stoney Cross
Minstead
Emery Down
Pikeshill
Lyndhurst
Bank
Clayhill
Marchwood
Pooksgreen
Eling
Dibden
Dibden Purlieu
Langdown
Applemore
Buttsash
Burley Street
Highcliffe
Stubb
Crofton
Durley
Great Bedwyn
Lower Green
Upper Green
Ashford Hill
Plastow Green
Fair Oak
Wolverton Common
Towns End
West Heath
Charter Alley
Ramsdell
Monk Sherborne
Pamber Heath
Pamber End
Little London
Aldermaston Soke
Heath End
Newfound
Middle Wallop
Army Flying
Danebury Hill Fort
Woolbury
Whiteshoot Hill
Houghton Lodge
Sir Harold Hillier
Mottisfont
King John's
Paultons Park
Rufus Stone
Furzey
Deer Sanctuary
Knightwood Oak
Reptile Centre
Bolderwood Ornamental Drive
Rhinefield Ornamental Drive
Beaulieu R.
Southampton Water
Royal Victoria
Hill Head
Titchfield Abbey
Fort Nelson
Science Centre & Planetarium
Longwood Warren
DANGER AREA
Marwell
Wickham
River Hamble
Itchen Valley
Lakeside
Danger Area
SUTTON SCOTNEY
ROWNHAMS
WINCHESTER
P+R
M3
M27
M271
A30
A303
A31
A33
A34
A35
A36
A27
A272
A32
A335
A336
A337
A338
A339
A340
A342
A343
A346
A3026
A3057
A3090
A3024
A3025
A3051
B3400
B3402
B3404
B3048
B3049
B3047
B3046
B3051
B3035
B3037
B3042
B3054
B3056
B3078
B3079
B3080
B3084
B3335
B3354
B3420
B4640
B2177

25
Mortimer
Swallowfield
Finchampstead
Crowthorne
Windlesham
Bagshot
Silchester
Eversley
Sandhurst
Camberley
Lightwater
Chobham
Woodham
Bramley
Yateley
Frimley
Woking
Sherfield on Loddon
Hartley Wintney
Farnborough
Mayford
Sherborne St John
Hook
Fleet
Mytchett
Pirbright
Send
Old Basing
North Warnborough
Odiham
Crookham Village
Aldershot
Ash Vale
Normandy
Guildford
Cliddesden
Upton Grey
Long Sutton
Crondall
Tongham
Flexford
Puttenham
Shalford
Ellisfield
South Warnborough
NORTH DOWNS
Farnham
Compton
Shackleford
Godalming
Bentley
Upper Froyle
Lower Froyle
Tilford
Elstead
Milford
Bradley
Bentworth
Alton
Holybourne
Binsted
Frensham
Rushmoor
Thursley
Witley
Medstead
Chawton
Beech
East Worldham
Kingsley
Churt
Hambledon
Four Marks
Upper Farringdon
Selborne
Lindford
Bordon
Headley
Beacon Hill
Hindhead
Grayshott
Chiddingfold
Dunsfold
Alfold
Ropley
East Tisted
Greatham
Bramshott
Liphook
Haslemere
Plaistow
Liss
Rake
Fernhurst
Kirdford
Steep
Sheet
Petersfield
Rogate
Trotton
Midhurst
Lodsworth
Tillington
Petworth
Wisborough Green
West Meon
East Meon
Buriton
SOUTH DOWNS
NATIONAL PARK
South Harting
Cocking
West Lavington
Graffham
Duncton
Fittleworth
Pulborough
Clanfield
Hambledon
Horndean
Cowplain
Chilgrove
Singleton
Charlton
East Dean
Bury
Amberley
Waterlooville
Purbrook
Havant
Emsworth
Westbourne
Chichester
Westhampnett
Tangmere
Slindon
Arundel
Cosham
SURREY
WEST SUSSEX
A30
A31
A3
A3(M)
A272
A283
A286
A287
A325
A339
A32
A29
A27
A259
A285
A284
M3
M25
M27

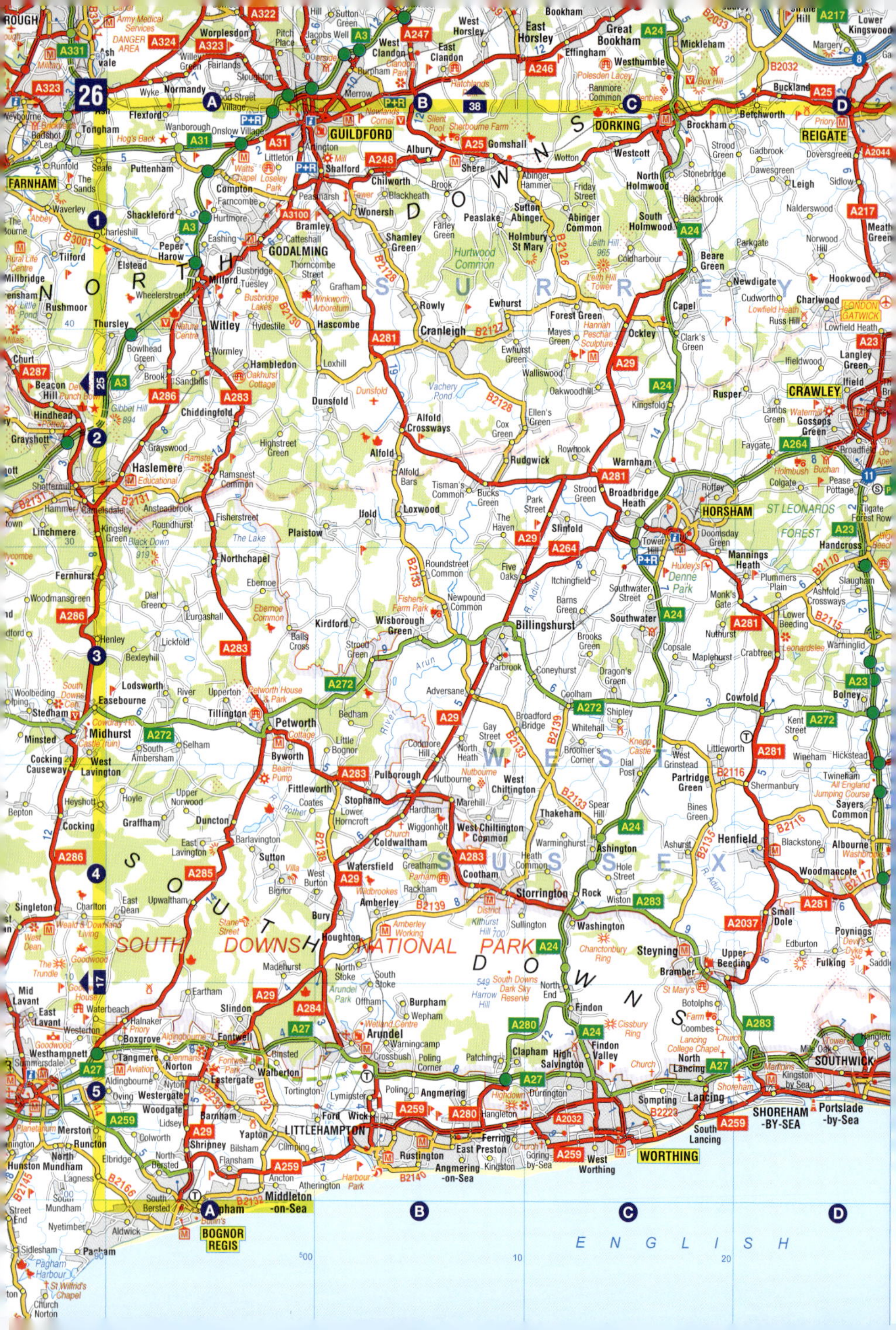
26
GUILDFORD
DORKING
REIGATE
FARNHAM
GODALMING
CRAWLEY
HORSHAM
WORTHING
BOGNOR REGIS
LITTLEHAMPTON
SHOREHAM -BY-SEA
Portslade -by-Sea
SOUTHWICK
Middleton -on-Sea
Angmering -on-Sea
Rustington
Arundel
Chichester
Midhurst
Petworth
Haslemere
Cranleigh
Billingshurst
Storrington
Steyning
Henfield
Pulborough
Lancing
Sompting
Findon
Ashington
Witley
Milford
Shere
Albury
Bramley
Alfold
Wisborough Green
Kirdford
Plaistow
Dunsfold
Chiddingfold
Hindhead
Grayshott
Liphook
Fernhurst
Easebourne
Tillington
Bury
Amberley
Houghton
Slindon
Fontwell
Westergate
Barnham
Yapton
Felpham
Pagham
Aldwick
Bosham
Westhampnett
Boxgrove
Tangmere
Singleton
Charlton
West Dean
Cocking
Heyshott
Graffham
Duncton
Sutton
Fittleworth
Stopham
Coldwaltham
Cootham
Washington
Wiston
Bramber
Upper Beeding
Small Dole
Poynings
Fulking
Edburton
Albourne
Sayers Common
Hickstead
Twineham
Partridge Green
West Grinstead
Cowfold
Bolney
Warninglid
Lower Beeding
Mannings Heath
Southwater
Slinfold
Rudgwick
Ewhurst
Ockley
Capel
Warnham
Rusper
Ifield
Charlwood
Newdigate
Leigh
Brockham
Betchworth
Buckland
Westcott
Wotton
Gomshall
Peaslake
Holmbury St Mary
Abinger Common
Forest Green
Walliswood
Oakwoodhill
Kingsfold
Faygate
Colgate
Roffey
Broadbridge Heath
Christ's Hospital
Itchingfield
Barns Green
Coolham
Shipley
Dial Post
Thakeham
Washington
Bolney
SURREY
WEST SUSSEX
NORTH DOWNS
SOUTH DOWNS
SOUTH DOWNS NATIONAL PARK
ST LEONARDS FOREST
ENGLISH CHANNEL
Gatwick
A3
A24
A25
A27
A29
A31
A272
A281
A283
A264
A259
A285
A286
A287
A246
A247
A248
A322
A323
A324
A331
A217
A23
A2037
A280
A284
A3100
A2032
A2044
A2032
M25

27
28
39
KENT
HIGH WEALD
EAST SUSSEX
SOUTH DOWNS
CHANNEL
CATERHAM
REDHILL
Oxted
Westerham
Limpsfield
Godstone
Bletchingley
Sevenoaks Weald
Ide Hill
Crockham Hill
Hildenborough
TONBRIDGE
Hadlow
East Peckham
Paddock Wood
Southborough
Pembury
ROYAL TUNBRIDGE WELLS
Edenbridge
Lingfield
Dormansland
Felbridge
EAST GRINSTEAD
HORLEY
Copthorne
Crawley Down
Forest Row
Hartfield
Groombridge
Penshurst
Frant
Wadhurst
Ticehurst
Burwash
CROWBOROUGH
Mayfield
Heathfield
Uckfield
Buxted
HAYWARDS HEATH
Cuckfield
Lindfield
BURGESS HILL
Hassocks
Hurstpierpoint
Ditchling
Plumpton
Newick
Chailey
Maresfield
Nutley
LEWES
Ringmer
Glynde
HAILSHAM
Polegate
Herstmonceux
Pevensey
Pevensey Bay
Westham
Willingdon
EASTBOURNE
BEACHY HEAD
Langney Point
Seven Sisters
Birling Gap
East Dean
Friston
Alfriston
SEAFORD
NEWHAVEN
Peacehaven
Telscombe Cliffs
Saltdean
Rottingdean
Woodingdean
BRIGHTON
HOVE
Falmer
Newhaven to: Dieppe 4hrs.
Ashdown Forest
M25
M23
A21
A22
A23
A25
A26
A27
A259
A264
A267
A272
A275

28
MAIDSTONE
Mereworth
Wateringbury
Barming
Nettlestead
Teston
West Farleigh
East Farleigh
Loose
Shepway
Otham
Leeds
Langley
Broomfield
Harrietsham
Lenham
NORTH
Hadlow
Yalding
Coxheath
Linton
Boughton Monchelsea
Chart Sutton
Sutton Valence
Kingswood
Ulcombe
Platt's Heath
Lenham Heath
Charing Heath
Charing
Egerton
Westwell
Boughton Lees
Golden Green
East Peckham
Laddingford
Hunton
Chainhurst
Collier Street
Marden
Staplehurst
Headcorn
Smarden
Pluckley
Hothfield
ASHFORD
Great Chart
TONBRIDGE
Five Oak Green
Paddock Wood
Capel
Pembury
Matfield
Brenchley
Horsmonden
Frittenden
Biddenden
Bethersden
Kingsnorth
Shadoxhurst
Kipping's Cross
ROYAL TUNBRIDGE WELLS
Lamberhurst
Goudhurst
Iden Green
Flishinghurst
Sissinghurst
Cranbrook
Hartley
Hemsted Forest
Three Chimneys
High Halden
St Michaels
Tenterden
Woodchurch
Orlestone
Hamstreet
HIGH WEALD
Kilndown
Bedgebury Forest
Benenden
Rolvenden
Rolvenden Layne
Wadhurst
Flimwell
Hawkhurst
Ticehurst
Stonegate
The Moor
Sandhurst
Newenden
Wittersham
Isle of Oxney
Appledore
Appledore Heath
Brookland
Etchingham
Hurst Green
Bodiam
Northiam
Beckley
Peasmarsh
Iden
Burwash
Robertsbridge
Salehurst
Ewhurst Green
Staplecross
Playden
Rye
WALLAND MARSH
Camber
Rye Harbour
Rye Bay
Punnett's Town
Brightling
Mountfield
Netherfield
Vinehall Street
Cripp's Corner
Broad Oak
Udimore
EAST SUSSEX
Dallington
Whatlington
Sedlescombe
Brede
Winchelsea
Icklesham
Winchelsea Beach
Battle
Penhurst
Catsfield
Telham
Westfield
Three Oaks
Guestling Thorn
Pett
Fairlight
Fairlight Cove
Herstmonceux
Windmill Hill
Ninfield
Crowhurst
Hollington
Baldslow
Ore
HASTINGS
St Leonards
BEXHILL
Sidley
Cooden
Hooe
Pevensey Levels
Pevensey
Pevensey Bay
Westham
Stone Cross
Langney
Langney Point
EASTBOURNE
Norman's Bay
ENGLISH CH
A26
A20
A274
A228
A229
A262
A21
A28
A268
A265
A2100
A271
A269
A2691
A2690
A259
A27
A2070
A252
A251
A2101
M20
B2010
B2015
B2163
B2160
B2162
B2079
B2085
B2086
B2087
B2099
B2096
B2089
B2165
B2244
B2204
B2095
B2182
B2159
B2092
B2093
B2080
B2067
B2082
B2169
B2191
B2103
A
B
C
D
1
2
3
4
5
70
80
90
600
BEACHY HEAD

29
Chartham
Shalmsford Street
Chilham
Bagham
Shottenden
Mountain Street
Molash
Godmersham
A252
A28
Garlinge Green
Petham
Street End
Nackington
Lower Hardres
Bridge
Patrixbourne
Bishopsbourne
Pett Bottom
Kingston
Adisham
Goodnestone Park
Chillenden
Nonington
Aylesham
Womenswold
Frogham
Knowlton
Heronden
Tilmanstone
Elvington
Ham
Finglesham
Betteshanger
Northbourne
Great Mongeham
Sholden
DEAL
Walmer
Timeball Tower
Lifeboat Stn
Sandown Castle
Fowlmead
The Downs
A258
A2
B2046
E
F
G
H
Upper Hardres Court
Woolage Village
Woolage Green
Barfrestone
East Kent Railway
Eythorne
A256
Shepherdswell or Sibertswold
Coldred
Ashley
East Studdal
West Langdon
Sutton
Ripple
Ringwould
Kingsdown
DANGER AREA
Martin
Martin Mill
Dover Patrol Memorial
East Langdon
Guston
Whitfield
Sole Street
Bilting
Boughton Aluph
Crundale
Waltham
Wye
Wye Crown
Hassell Street
North Leigh
Bodsham
Stelling Minnis
Bossingham
B2068
Derringstone
Denton
Wingmore
Wootton
Lydden Hill
Lydden
Temple Ewell
DOWNS
Kempe's Corner
Kennington
Brook
Agricultural
Hastingleigh
Elmsted
Maxted Street
Willesborough Lees
West Brabourne
Hinxhill
Brabourne
Lymbridge Green
Stowting
Rhodes Minnis
Elham
Ottinge
Acrise
Selsted
St John's Commandery
Swingfield Minnis
Swingfield Street
Ewell Minnis
Kearsney
River
Crabble Corn Mill
Alkham
Buckland
West Cliffe
St Margaret's at Cliffe
White Cliffs
Pines
St Margaret's Bay
SOUTH FORELAND
DOVER
A256
A260
Densole
Drellingore
Maxton
Land Army
West Hougham
Church Hougham
Hawkinge
Brabourne Lees
Broad Street
Lyminge
Etchinghill
Paddlesworth
A20
Mersham
Smeeth
Stone Hill
The Forstal
Sellindge
Stanford
Postling
Channel Tunnel
Battle of Britain
Capel-le-Ferne
B2011
Western Docks
Samphire Hoe
Dover to: Calais 1hr. 30mins. Dunkirk 3hrs.
M20
Peene Rly.
Newington
Cheeseman's Green
Clap Hill
Aldington
Westenhanger
Court-at-Street
Newingreen
STOP 24
Pedlinge
Saltwood
Brockhill
Watermill
Cheriton
Battle of Britain
East Wear Bay
East Cliff & Warren
FOLKESTONE
CHANNEL TUNNEL Folkestone to Calais 35mins.
Aldington Frith
Bonnington
Bilsington
B2067
Lympne
A261
Port Lympne
Royal Military Canal
Monument
West Hythe
Seabrook
Sandgate
HYTHE
Metropole Galleries
Ruckinge
Lathe Barn
Donkey Street
Palmarsh
DANGER AREA
Newchurch
Burmarsh
A259
STRAIT OF DOVER
ROMNEY MARSH
Dymchurch
Romney, Hythe & Dymchurch Railway
Martello Tower
St Mary in the Marsh
St Mary's Bay
Old Romney
New Romney
Littlestone-on-Sea
B2071
B2075
East Road
Greatstone-on-Sea
LONDON ASHFORD (Lydd)
Lydd
Town
Denge
Marsh
Lydd-on-Sea
Lifeboat Station
Power Station
Dungeness
Old
DUNGENESS
Road
ANNEL
1
2
3
4
5
10
20
30
40
50
100

New Moat
Llan-y-cefn
Penffordd
Bletherston
Gelly
Bethesda
Robeston Wathen
Canaston Bridge
Narberth
Robeston Back
Narberth Bridge
Templeton
PEMBROKESHIRE
Yerbeston
Reynalton
Thomas Chapel
Ludchurch
Lovesdon
Begelly
Jeffreyston
Kilgetty
Cresselly
Broadmoor
Pentlepoir
East Williamston
Redberth
Sageston
Saundersfoot
Broadfield
Monkstone Point
New Hedges
Heatherton World of Activities
The Dinosaur Park
Manor House
Control Tower
St Florence
Gumfreston
Tenby
Penally
Tudor Merchant's House
Lydstep
Giltar Point
Caldey Sound
Manorbier
DANGER AREA
Old Castle Head
St Margaret's Island
Caldey Island
Abbey
Old Priory
Chapel Point
Llandissilio
Clunderwen
Hiraeth
Login
Cwm-miles
Llanfallteg
Llanfallteg West
Henllan Amgoed
Cwmfelin-boeth
Llanddewi Velfrey
Lampeter Velfrey
Llan-mill
Crinow
Cold Blow
Princes Gate
Tavernspite
Whitland
Trevaughan
Llwyn-y-brain
Hywel Dda Centre
Llanteg
Red Roses
Stepaside
Colby Woodland
Summerhill
Amroth
Sardis
Stepaside Ironworks
Llanboidy
Cwmfelinmynach
Gelli-wen
Caerlleon
Llangynin
Grove Land Adventure World
Glyn-Coch Craft Centre
Pwlltrap
Meidrim
Esgair
Drefach
St Clears
Backe
Llanddowror
Halfpenny Furze
Llandawke
Llansadwrnen
Marros
Pendine
Llanmiloe
Brook
Museum of Speed
DANGER AREA
Dylan Thomas Boathouse
Laugharne
Broadway
Dyffryn
Talog
Aber-nant
Merthyr
Bancyfelin
Llangynog
Llan-y-bri
Llansteffan
Ginst Point
St Ishmael
Ferryside
Broadlay
Llan-saint
Kidwelly
CARMARTHEN BAY
Bwlchnewydd
Newchurch
Ffynnon-ddrain
Bronwydd Arms
Trevaughan
Tanerdy
CARMARTHEN
Llan-llwch
Johnstown
Pibwrlwyd
Llan-gain
Croesyceiliog
Morfa Bach
Cwm-ffrwd
Idole
Abergwili
Llangunnor
Pen-sarn
Merlin's Hill Centre
White Mill
Sarnau
Peniel
Bancycapel
Llangendeirne
Pontantwn
Crwbin
Llandyfaelog
Meincia
Four Roads
Pontyates
Mynydd y Garreg
Llangadog
Pont-newydd
Ffos Las
Trimsaran
Waun y Clyn
Pinged
Mynydd Pen-bre
Cwm Capel
Graig
Pembrey
Pembrey Forest
Burry Port
Whiteford Point
Cheriton
Llanmadoc
Landimore
Samson's Jack Standing Stone
Burry Holms
Llangennith
Burry Green
Hillend
Rhossili Bay
Reynoldston
Llanddewi
Rhossili
Middleton
Scurlage
WORMS HEAD
Gower Coast
Pitton
Pilton Green
Mewslade Bay
Overton
The Salt House
Port-Eynon Point
BRISTOL
A478
A40
A477
A4075
A4115
A4066
A484
A48
A4118
B4313
B4314
B4315
B4328
B4586
B4316
B4318
B4585
B4299
B4298
B4312
B4306
B4309
B4308
B4317
B4311
B4300
B4247
43
10
20
30
40
90
80
70
A
B
C
D
1
2
3
4
5

31
Llandeilo
Ammanford
Llanelli
Gorseinon
Swansea
Neath
Port Talbot
Porthcawl
Maesteg
Pontarddulais
Pontardawe
Ystradgynlais
Glyn-neath
Resolven
Skewen
Morriston
Mumbles
Mumbles Head
Pwlldu Head
Oxwich Point
Oxwich Bay
Port-Eynon Bay
Swansea Bay
Sker Point
Porthcawl Point
Tusker Rock
Channel
Black Mountain
Fforest Fawr
Powys
Bannau Brycheiniog National Park
Neath Port Talbot
Afan Forest Park
Carmarthenshire
Swansea
Nash
Craig-y-nos
Abercrave
Coelbren
Seven Sisters
Crynant
Glais
Clydach
Ystalyfera
Gwaun-cae-Gurwen
Brynaman
Garnant
Glanaman
Tycroes
Llangennech
Loughor
Gowerton
Dunvant
Killay
Sketty
Brynmill
Landore
Briton Ferry
Baglan
Aberavon
Margam
Pyle
Kenfig Hill
North Cornelly
Cefn Cribwr
Ogmore-by-Sea
Southerndown
Nantyffyllon
Caerau
Cymmer
Cwmafan
Tonna
Clyne
Rhos
Alltwen
Llangyfelach
Penllergaer
Pontlliw
Three Crosses
Crofty
Penclawdd
Llanrhidian
Reynoldston
Parkmill
Bishopston
Southgate
Pennard
Nicholaston
Penrice
Oxwich
Port-Eynon
Tumble
Cross Hands
Llanddarog
Pontyberem
Felinfoel
Llandybie
Saron
Capel Hendre
Penygroes
Ffairfach
Trap
Upper Brynaman
Cwmllynfell
Gurnos
Ystradowen
Tairgwaith
Pontamman
Betws
Garnswllt
Cwmgiedd
Penrhos
Pen-y-cae
Glyntawe
A40
A483
A476
A474
A48
A4067
A4068
A4109
A465
A4107
A4063
A4241
A4229
A4106
A4216
A4118
A4240
A484
A4138
A4221
A4069
A4217
A4230
M4
B4297
B4300
B4310
B4556
B4297
B4306
B4309
B4295
B4620
B4296
B4271
B4436
B4242
B4434
B4287
B4282
B4281
B4283
B4524
B4599
E
F
G
H
1
2
3
4
5
32
45
250
60
70
80

32
POWYS
NEATH PORT TALBOT
RHONDDA CYNON TAFF
MERTHYR TYDFIL
BRIDGEND
THE VALE OF GLAMORGAN
BRISTOL CHANNEL
Brecon Beacons Dark Sky Reserve
Ystradgynlais
Ystalyfera
Abercrave
Coelbren
Seven Sisters
Glyn-neath
Pont-Walby
Blaen-gwrach
Resolven
Crynant
Cilmaen-gwyn
Rhos
Clyne
Aberdulais
Tonna
NEATH
Skewen
Briton Ferry
Baglan
Aberavon
PORT TALBOT
Margam
Cwmafan
MAESTEG
Cymmer
Glyncorrwg
Blaengwynfi
Blaenrhondda
Treherbert
Tynewydd
Treorchy
Ferndale
Maerdy
Hirwaun
Penderyn
Pontneddfechan
ABERDARE
Aberaman
MOUNTAIN ASH
Abercynon
MERTHYR TYDFIL
Dowlais
RHYMNEY
Pentre
Ystrad
Tonypandy
Porth
PONTYPRIDD
Treforest
Tonyrefail
Gilfach Goch
Nantyffyllon
Pontycymer
Blaengarw
Ogmore Vale
Llangeinor
Blackmill
Bettws
Sarn
Kenfig Hill
Pyle
North Cornelly
Pen-y-fai
BRIDGEND
Pencoed
Llanharan
Llantrisant
Beddau
Church Village
Talbot Green
Pont-y-clun
Cowbridge
Llanblethian
Llantwit Major
St Athan
Rhoose
BARRY
Penmark
Llancarfan
Bonvilston
St Nicholas
Peterston-super-Ely
Wick
St Brides Major
Ogmore-by-Sea
Southerndown
PORTHCAWL
Porthcawl Point
Sker Point
Tusker Rock
Nash Point
Breaksea Point
Newton
Laleston
Tythegston
Cefn Cribwr
Coychurch
St Donat's
Marcross
Monknash
Broughton
Boverton
M4
A465
A470
A4059
A4061
A4107
A4063
A4064
A4058
A4233
A4119
A473
A48
A4054
A4109
A4221
A4067
A4068
A474
A4241
A4229
A4106
A4222
A4226
A4050
A4232
B4242
B4434
B4287
B4286
B4282
B4281
B4283
B4280
B4181
B4265
B4268
B4270
B4524
B4275
B4273
B4278
B4564
B4595
B4599
A
B
C
D
1
2
3
4
5
20
31
46
80
90
300
10
70
60

33
ABERGAVENNY
MONMOUTH
MONMOUTHSHIRE
BLAENAU GWENT
TORFAEN
CAERPHILLY
NEWPORT
CWMBRAN
PONTYPOOL
CARDIFF
NEWPORT
NORTH SOMERSET
CLEVEDON
WESTON-SUPER-MARE
BRIST
Avonmouth
Tredegar
Ebbw Vale
Beaufort
Brynmawr
Nant-y-glo
Blaina
Blaenavon
Abertillery
Abersychan
Govilon
Gilwern
Clydach
Llanfoist
Blackrock
Raglan
Usk
Caerleon
Llangybi
Llantrisant
Llanvaches
Caldicot
Portskewett
Magor
Undy
Rogiet
Chepstow
St Arvans
Devauden
Tintern
Llandogo
Trellech
Newchurch
Shirenewton
Caer-went
Penhow
Llanmartin
Bishton
Risca
Crosskeys
Newbridge
Abercarn
Blackwood
Oakdale
Crumlin
Bargoed
Hengoed
Ystrad Mynach
Bedwas
Machen
Caerphilly
Rogerstone
Bassaleg
Marshfield
Castleton
St Mellons
Rumney
Penarth
Dinas Powys
Barry Island
Sully
Lavernock Point
Sully Island
Flat Holm
Steep Holm
Sand Point
Sand Bay
Kewstoke
Worle
St George's
Banwell
Sandford
Churchill
Winscombe
Shipham
Congresbury
Yatton
Wrington
Nailsea
Backwell
Portishead
Portbury
Pill
Easton-in-Gordano
Weston in Gordano
Clapton in Gordano
Walton in Gordano
Portishead Point
Severn Tunnel
Second Severn Crossing
SEVERN
THE
MOUTH
OF
M4
M48
M5
A40
A449
A4042
A472
A465
A48
A48(M)
A4810
A469
A470
A467
A4046
A4043
A4048
A4049
A468
A4051
A4232
A4050
A4055
A4160
A369
A370
A371
A368
A38
A403
A466
A4047
B4239
B4245
B4598
B4235
B3124
B3130
B3133
B3440
E
F
G
H
1
2
3
4
5
47
21
34

34
MONMOUTH
Wyesham
Redbrook
Coleford
Broadwell
Cinderford
Littledean
Lydbrook
Ruspidge
FOREST OF DEAN
Parkend
Yorkley
Pillowell
Blakeney
Newnham
Arlingham
Bream
St Briavels
Llandogo
Tintern
Lydney
Aylburton
Alvington
Sharpness
Berkeley
Slimbridge
Cambridge
Frampton on Severn
Stonehouse
STROUD
Nailsworth
Dursley
Uley
Cam
Woodchester
Randwick
Whiteshill
Painswick
GLOUCESTER
Quedgeley
Hardwicke
Brookthorpe
Harescombe
Eastington
King's Stanley
Leonard Stanley
Chepstow
Tutshill
Sedbury
Woodcroft
St Arvans
Itton Common
Devauden
Shirenewton
Caldicot
Portskewett
Rogiet
Caer-went
Severn Bridge
SEVERN VIEW
Beachley
Second Severn Crossing
Severn Tunnel
MOUTH OF THE SEVERN
RIVER SEVERN
Tidal Reservoir
Oldbury-on-Severn
Thornbury
Alveston
Olveston
Tockington
Almondsbury
Pilning
Severn Beach
Easter Compton
Patchway
Bradley Stoke
Stoke Gifford
Winterbourne
Frampton Cotterell
Yate
Chipping Sodbury
Wickwar
Charfield
Wotton-under-Edge
Tortworth
MICHAELWOOD
Stone
Falfield
Hawkesbury Upton
Badminton
Acton Turville
SOUTH GLOUCESTERSHIRE
Avonmouth
Portishead
Portishead Point
Portbury
Easton-in-Gordano
GORDANO
Shirehampton
Henbury
Filton
Harry Stoke
MANGOTSFIELD
Pucklechurch
Kingswood
Oldland
Bitton
Warmley
BRISTOL
Clifton
Bedminster
Knowle
Brislington
Keynsham
Saltford
Whitchurch
Bishopsworth
Long Ashton
Failand
Nailsea
Backwell
Flax Bourton
Winford
Chew Magna
Chew Stoke
Pensford
Bishop Sutton
Blagdon
Clutton
High Littleton
Timsbury
Paulton
Radstock
Peasedown St John
Farmborough
BATH
Bathampton
Batheaston
Bathford
Corsham
Box
Colerne
Marshfield
Cold Ashton
Wick
Doynton
Lansdown
Bradford-on-Avon
Westwood
Freshford
Winsley
TROWBRIDGE
Hilperton
South Wraxall
Atworth
BATH & N.E. SOMERSET
Compton Martin
West Harptree
East Harptree
M4
M5
M48
M49
M32
A38
A46
A48
A4
A36
A37
A39
A368
A369
A370
A420
A432
A4174
33
48
22

35
CIRENCESTER
SWINDON
CHIPPENHAM
Marlborough
Burford
Lechlade on Thames
Faringdon
Highworth
Cricklade
Malmesbury
Tetbury
Royal Wootton Bassett
Wroughton
Calne
DEVIZES
MELKSHAM
Pewsey
Fairford
Shrivenham
Aldbourne
Ramsbury
Chiseldon
Avebury
Lyneham
Purton
Stratton St Margaret
Great Bedwyn
Savernake Forest
Marlborough Downs
W I L T S H I R E
M4
A417
A419
A429
A435
A433
A420
A4
A361
A346
A338
A342
A345
A350
A3102
A4361
A365
A360
A40
B4425
B4040
B4000
B4019
B4508
B4005
B4192
B4069
B4696
B4553
B4507
B3101
B3087
Northleach
Bibury
Barnsley
Ampney Crucis
South Cerney
Ashton Keynes
Kemble
Siddington
Down Ampney
Kempsford
Minety
Brinkworth
Great Somerford
Sutton Benger
Kington Langley
Hilmarton
Bromham
Rowde
Seend
Potterne
Urchfont
All Cannings
Woodborough
Manningford Bruce
Burbage
Ogbourne St George
Ogbourne St Andrew
Mildenhall
Froxfield
Wanborough
Bishopstone
Badbury
Lower Stanton St Quintin
LEIGH DELAMERE

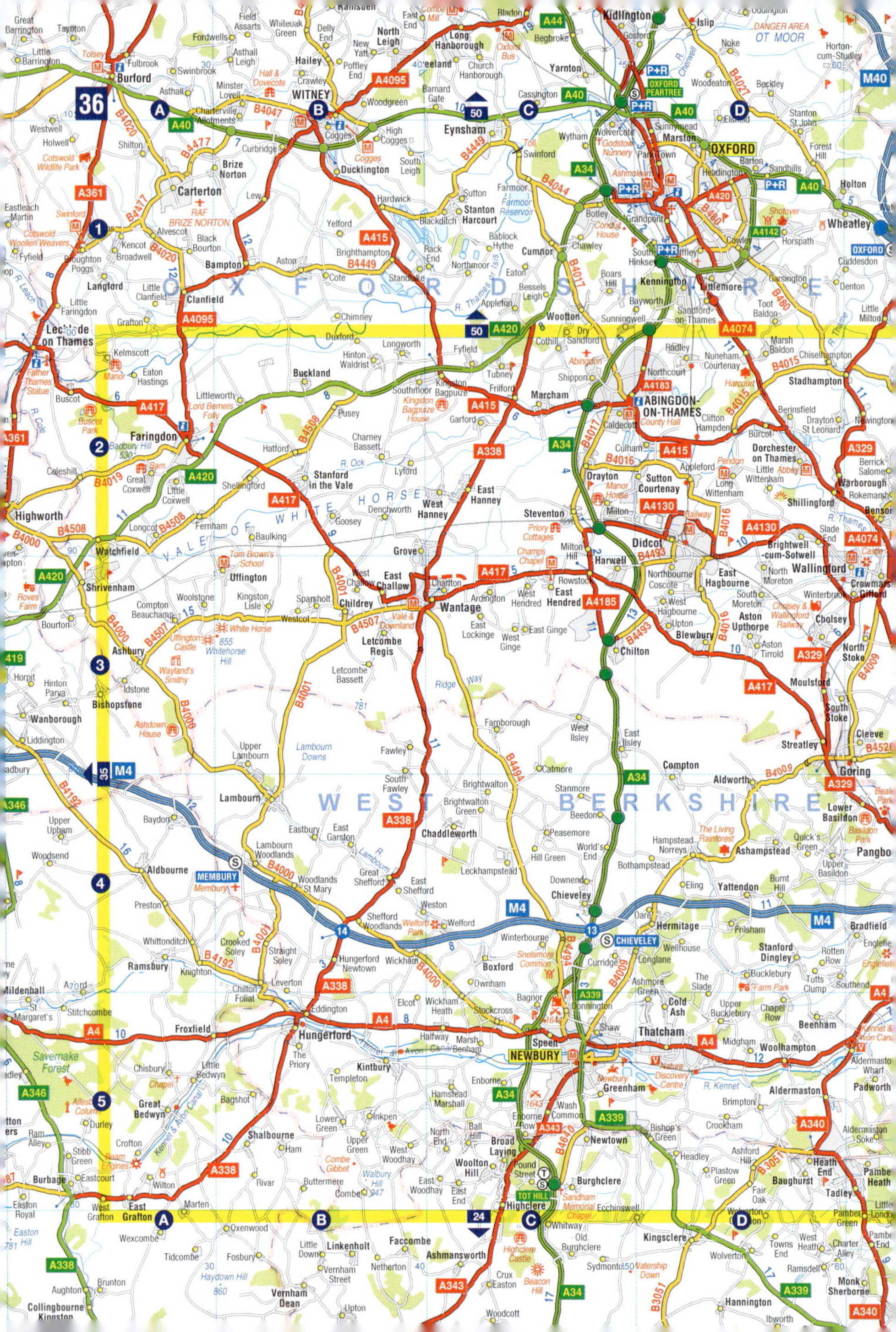
O X F O R D S H I R E
W E S T B E R K S H I R E
V A L E O F W H I T E H O R S E
Burford
Witney
Eynsham
Kidlington
Oxford
Carterton
RAF BRIZE NORTON
Brize Norton
Bampton
Clanfield
Lechlade on Thames
Faringdon
Highworth
Watchfield
Shrivenham
Buckland
Stanford in the Vale
Wantage
Grove
Abingdon-on-Thames
Didcot
Wallingford
Sutton Courtenay
Drayton
Harwell
Chilton
Blewbury
Cholsey
Goring
Streatley
Compton
Lambourn
Hungerford
Newbury
Thatcham
Kintbury
Aldbourne
Ramsbury
Great Bedwyn
Burbage
Savernake Forest
Highclere
Kingsclere
Chieveley
Hermitage
Pangbourne
Woolhampton
Aldermaston
Tadley
Wheatley
Kennington
Cumnor
Botley
Stanton Harcourt
Ducklington
Yarnton
Islip
Woodstock
Long Hanborough
Ashbury
Bishopstone
Membury
Chilton Foliat
Froxfield
Cold Ash
Newtown
Burghclere
Ecchinswell
Whitney
OT MOOR
DANGER AREA
M4
M40
A40
A34
A338
A415
A417
A420
A4095
A4074
A329
A4
A339
A343
A346
A361
B4000
B4001
B4009
B4494
B4507
B4508
OXFORD PEARTREE
CHIEVELEY
MEMBURY
TOT HILL
NEWBURY
ABINGDON-ON-THAMES
Ridge Way
Lambourn Downs
Kennet & Avon Canal
R. Thames or Isis
R. Ock
R. Kennet
White Horse
Uffington Castle
Wayland's Smithy
Ashdown House
Highclere Castle
Beacon Hill
Cotswold Wildlife Park
Buscot Park
Kingston Bagpuize House
Milton Manor House
Basildon Park
The Living Rainforest
Didcot Railway Centre
Nature Discovery Centre
Combe Gibbet
Walbury Hill 947
Haydown Hill 860
Whitehorse Hill 855

37
BUCKINGHAMSHIRE
AYLESBURY
HIGH WYCOMBE
AMERSHAM
BEACONSFIELD
MAIDENHEAD
SLOUGH
READING
WOKINGHAM
BRACKNELL
BERKHAMSTED
CHESHAM
Great Missenden
Princes Risborough
Thame
Chinnor
Watlington
HENLEY-ON-THAMES
MARLOW
Chalfont St Giles
Chalfont St Peter
CHORLEYWOOD
Gerrards Cross
WINDSOR
Eton
EGHAM
Virginia Water
Sunninghill
Ascot
Crowthorne
Sandhurst
CAMBERLEY
Bagshot
Frimley
Yateley
Blackwater
WOKING
Woodham
Windlesham
Lightwater
Bisley
Tring
Wendover
Stokenchurch
Haddenham
Long Crendon
Twyford
Sonning
Caversham
Wargrave
Binfield
Finchampstead
Burnham
Taplow
Datchet
Wraysbury
Old Windsor
Prestwood
Bovingdon
Hughenden Valley
Penn
Chipperfield
M40
M4
M25
M3
A40
A41
A413
A418
A4010
A404
A4155
A4130
A329
A33
A30
A322
A332
A308
A355
A412
A416
A4251
Grand Union Canal
River Thames
Chiltern Hills
THE CHILTERNS
WINDSOR GREAT PARK
Legoland
DANGER AREA
Look Out Discovery Centre

38
CHESHAM
AMERSHAM
CHORLEYWOOD
WATFORD
BUSHEY
BOREHAMWOOD
RADLETT
POTTERS BAR
BARNET
RICKMANSWORTH
NORTHWOOD
PINNER
HARROW
STANMORE
EDGWARE
FINCHLEY
HENDON
KENTON
WEMBLEY
LONDON
HAMPSTEAD
BEACONSFIELD
Chalfont St Giles
Chalfont St Peter
Gerrards Cross
RUISLIP
UXBRIDGE
NORTHOLT
GREENFORD
EALING
ACTON
PADDINGTON
KENSINGTON
SLOUGH
HAYES
SOUTHALL
Yiewsley
West Drayton
HAMMERSMITH
CHELSEA
FULHAM
CHISWICK
Brentford
ISLEWORTH
HOUNSLOW
RICHMOND
WINDSOR
Eton
Datchet
Colnbrook
LONDON HEATHROW
FELTHAM
TWICKENHAM
PUTNEY
WANDSWORTH
WIMBLEDON
MERTON
TEDDINGTON
ASHFORD
STAINES-UPON-THAMES
EGHAM
Virginia Water
SUNBURY
KINGSTON UPON THAMES
NEW MALDEN
MORDEN
SURBITON
CARSHALTON
SUTTON
BRACKNELL
Sunninghill
Ascot
CHERTSEY
WEYBRIDGE
Shepperton
WALTON-ON-THAMES
ESHER
Addlestone
EWELL
EPSOM
BANSTEAD
CAMBERLEY
Frimley
Bagshot
WOKING
Byfleet
Cobham
LEATHERHEAD
Ashtead
Fetcham
Chobham
Ripley
GUILDFORD
DORKING
REIGATE
FARNHAM
MAIDENHEAD
Burnham
Marlow
WINDSOR GREAT PARK
S U R R E Y
N O R T H
M25
M4
M40
M3
M1
A1(M)
A404(M)
A41
A40
A4
A30
A3
A316
A308
A24
A25
A31
A322
A320
A217
A240
A243
A412
A413
A416
A355
A404
A4180
A4020
A312
A406
A5
A1
LONDON GATEWAY
SOUTH MIMMS
BEACONSFIELD
HESTON
COBHAM

39
CHESHUNT
Waltham Cross
WALTHAM ABBEY
EPPING
Chipping Ongar
ENFIELD
EAST BARNET
SOUTHGATE
EDMONTON
TOTTENHAM
CHINGFORD
LOUGHTON
CHIGWELL
WOOD GREEN
HORNSEY
WALTHAMSTOW
WOODFORD
BRENTWOOD
ROMFORD
UPMINSTER
HORNCHURCH
ILFORD
BARKING
DAGENHAM
STRATFORD
HACKNEY
ISLINGTON
STOKE NEWINGTON
LEYTON
WANSTEAD
FINSBURY
CAMDEN TOWN
SHOREDITCH
BETHNAL GREEN
STEPNEY
POPLAR
WEST HAM
EAST HAM
WESTMINSTER
LAMBETH
BERMONDSEY
DEPTFORD
GREENWICH
WOOLWICH
CAMBERWELL
BATTERSEA
CLAPHAM
BRIXTON
LEWISHAM
STREATHAM
CATFORD
ELTHAM
Bexleyheath
Bexley
SIDCUP
CHISLEHURST
BROMLEY
MITCHAM
Penge
BECKENHAM
ORPINGTON
CROYDON
WALLINGTON
PURLEY
COULSDON
WARLINGHAM
CATERHAM
REDHILL
Rainham
ERITH
DARTFORD
Swanley
GRAYS
TILBURY
Chadwell St Mary
GRAVESEND
Northfleet
SEVENOAKS
Westerham
Oxted
Edenbridge
Hildenborough
TONBRIDGE
Dartford-Thurrock River Crossing
Dart Charge
E S S E X
K E N T
D O W N S
M25
M11
M20
M26
M23

40
Great Baddow
Sandon
Margaretting
Ingatestone
Mountnessing
Heybridge
Stock
Billericay
Brentwood
Ingrave
Herongate
Hutton
Shenfield
Wickford
Runwell
Shotgate
Rayleigh
Hockley
Ashingdon
Rochford
Basildon
Laindon
Thundersley
Hadleigh
Leigh-on-Sea
Westcliff-on-Sea
Southend-on-Sea
Shoeburyness
Shoebury Ness
Great Wakering
Little Wakering
Barling
Paglesham Churchend
Paglesham Eastend
Wallasea Island
Foulness Island
Potton Island
Burnham-on-Crouch
Southminster
Asheldham
Mayland
Maylandsea
Latchingdon
Althorne
Tillingham
Steeple
St Lawrence
Dengie
South Woodham Ferrers
Woodham Ferrers
Bicknacre
Hullbridge
North Fambridge
South Fambridge
Canvey Island
South Benfleet
Corringham
Stanford-le-Hope
Fobbing
Orsett
Horndon on the Hill
Bulphan
Chadwell St Mary
Tilbury
Grays
East Tilbury
Gravesend
Northfleet
Cliffe
Higham
Strood
Rochester
Chatham
Gillingham
Rainham
Medway Towns
Walderslade
Grain
Isle of Grain
Thamesport
Sheerness
Minster
Queenborough
Isle of Sheppey
Eastchurch
Elmley Island
Iwade
Sittingbourne
Kemsley
Teynham
Faversham
Newington
Snodland
Aylesford
Maidstone
Bearsted
Hollingbourne
Harrietsham
Lenham
Charing
West Malling
Wateringbury
Yalding
Linton
Headcorn
Marden
Tonbridge
Meopham
Vigo Village
River Thames
River Medway
Blythe Sands
The Swale
North Downs
ESSEX
KENT
SOUTHEND-ON-SEA
LONDON SOUTHEND
M2
M20
M25
A12
A13
A127
A129
A130
A132
A228
A229
A249
A2
A20
A26
A274
A1089
A1014
A1015
A1159
A2500

NORTH
SEA
Holliwell Point
Foulnes Sands
Foulness Point
Courtsend
Maplin Sands
rden Point
Leysdown-on-Sea
Harty
Shell Ness
Whitstable Bay
WHITSTABLE
Swalecliffe
Tankerton
Chestfield
Seasalter
Graveney
Yorkletts
Goodnestone
Hernhill
Dargate
Denstroude
Boughton under Blean
Dunkirk
Preston
Blean
Rough Common
Tyler Hill
Honey Hill
Druidstone Park
Herne Bay
HERNE BAY
Hampton
Eddington
Greenhill
Beltinge
Herne
Hunters Forstal
Herne Common
West End
Radfall
Wildwood
Calcott
Broad Oak
Sturry
Westbere
Fordwich
CANTERBURY
Harbledown
Chartham Hatch
Chartham
Thanington Without
Littlebourne
Bekesbourne
Patrixbourne
Bridge
Nackington
Street End
Lower Hardres
Upper Hardres Court
Pett Bottom
Bishopsbourne
Kingston
Barham
Petham
Reculver
Reculver Towers
Regulbium Roman Fort
Hillborough
Broomfield
Marshside
Maypole
Boyden Gate
Chislet
Upstreet
Hersden
Hoath
Grove
Stodmarsh
Wickhambreaux
Ickham
Wingham
Preston
Elmstone
St Nicholas at Wade
Sarre
Monkton
Minster
West Stourmouth
Plucks Gutter
East Stourmouth
Westmarsh
Paramour Street
Cooper Street
Goldstone
Ware
Hoaden
Nash
Ash
Staple
Woodnesborough
Marshborough
Eastry
Goodnestone
Adisham
Aylesham
Nonington
Chillenden
Knowlton
Hammill
Heronden
Tilmanstone
Elvington
Frogham
Womenswold
Woolage Village
Woolage Green
Barfrestone
Eythorne
Shepherdswell or Sibertswold
Coldred
Lydden
Temple
Whitfield
Wootton
Denton
Wingmore
Selsted
Minnis Bay
Birchington
South Channel
Westgate on Sea
Westbrook
MARGATE
Turner Contemporary
Lifeboat Station
Walpole Bay Hotel
Cliftonville
Drapers
Kingsgate
Foreness Point
Joss Bay
NORTH FORELAND
BROADSTAIRS
St Peter's
Dickens House
Northwood
RAMSGATE
Maritime
ISLE OF THANET
Quex House
Westwood
Lydden
Spitfire & Hurricane
Acol
Manston
Cliffsend
Pegwell Bay
Richborough Port
Richborough Fort
Amphitheatre
Great Stonar
Sandwich
Sandwich Bay
Guildhall
Worth
Ham
Finglesham
Betteshanger
Northbourne
Great Mongeham
The Small Downs
Sandown Castle
Sholden
Fowlmead
Timeball Tower
DEAL
Lifeboat Station
Walmer
The Downs
East Studdal
Ashley
Sutton
Ripple
West Langdon
Ringwould
Kingsdown
Martin
Martin Mill
East Langdon
Guston
Dover Patrol Memorial
St Margaret's
DANGER AREA
Hogben's Hill
Selling
Oversland
South Street
Perrywood
Old Wives Lees
Shottenden
Chilham
Bagham
Shalmsford Street
Mountain Street
Garlinge Green
Molash
Godmersham
Sole Street
Boughton Aluph
Bilting
Crundale
Waltham
Wye
Wye Crown
Hassell Street
North Leigh
Stelling Minnis
Kempe's Corner
Bodsham
Hastingleigh
Maxted Street
East Kent Railway
Lydden Hill
A2
A28
A299
A2990
A290
A291
A2050
A257
A253
A255
A256
A254
A258
A252
A260
B2205
B2068
B2046
B2051
B2052
B2050
B2190
P+R
10
20
30
40
200
90
80
70
60
150
40
E
F
G
H
55
29
1
2
3
4
5

42

Pembrokeshire map

Key locations visible on map:

- STRUMBLE HEAD
- Carregwastad Point
- Pen Brush
- Goodwick
- Fishguard (Fishguard to Rosslare 3hrs. 30mins)
- Llanwnda
- Ocean Lab
- Dyffryn
- Trefasser
- Penbwchdy
- St Nicholas
- Manorowen
- Melin Tregwynt
- Scleddau
- Jordanston
- Llangloffan
- Newbridge
- Abercastle
- Mathry
- Tre-fin
- Penclegyr
- Porth-gain / Blue Lagoon
- Carreg-gwylan-fach
- Penclegyr
- Abereiddy
- Croes-goch
- Llanrhian
- Castlemorris
- Letterston
- Penllechwen
- Tretio
- Treffynnon
- Welsh Hook
- Wolfscastle Pottery
- ST DAVIDS HEAD
- Rhodiad-y-Brenin
- Trelleddyd-fawr
- Carnhedryn
- Caerfarchell
- Wolf's Castle
- Whitesands Bay (Porth Mawr)
- Bishop's Palace
- St Davids
- St Davids Woollen Mill
- Whitchurch
- Llandeloy
- Hayscastle
- Hayscastle Cross
- Brimaston
- Mountain Water
- Treffgarne
- Leweston
- Ramsey Island
- Rhosson
- St Non's Chapel
- Clegyr-y-Parc
- Solva
- Grigrog
- Pen-y-cwm
- Ynys Bery
- Green Scar
- Newgale
- Wood
- Roch
- Simpson Cross
- Dudwells
- Camrose
- Cuttybridge
- Rudbaxton
- Haverfordwest
- Prendergast
- Rickets Head
- Nolton Haven
- Simpson
- Keeston
- Pelcomb Cross
- Pelcomb Bridge
- Tangiers
- Crundale
- Nolton
- Druidston
- Lambston
- Sutton
- Haroldston West
- Portfield Gate
- Albert Town
- Merlin's Bridge
- Boulston
- ST BRIDES BAY
- Dreenhill
- Pope Hill
- Freystrop
- Stack Rocks
- Broad Haven
- Little Haven
- Walton West
- Broadway
- Walwyn's Castle
- Tiers Cross
- Johnston
- Sardis
- Tower Point
- Talbenny
- Hasguard
- Robeston West
- Thornton
- Rosemarket
- Skomer Island
- Wooltack Point
- Harold Stone
- Midland Isle
- Brides
- Marloes
- St Ishmael's
- Herbrandston
- Priory
- Steynton
- Honeyborough
- Grassholm Island
- PEMBROKESHIRE COAST NATIONAL PARK / PARC CENEDLAETHOL ARFORDIR PENFRO
- BROAD SOUND
- Gateholm Island
- Sandy Haven
- Hubberston
- MILFORD HAVEN
- Llanstadwell
- Neyland
- Skokholm Island
- Dale
- Dale Point
- Waterston
- Gun Tower
- Pembroke Dock
- Pennar
- Pembroke to Rosslare 4hrs.
- Thorn Island
- Milford Haven
- Angle
- Angle Bay
- Pwllcrochan
- Monkton
- Hundleton
- Maiden Wells
- St Ann's Head
- Sheep Island
- Rhoscrowther
- Wallaston Green
- DANGER AREA
- Freshwater West
- Castlemartin DANGER AREA
- St Twynnells
- St Petrox
- Warren
- Merrion
- Linney Head
- Crow Rock
- Toes
- Elegug Stacks
- The Wash
- Bosherston DANGER AREA St Govan's Chapel
- St Govan's Head

Roads: A487, A4219, A40, B4331, B4330, A4076, A477, B4325, B4320, B4319, B4341, B4321, B4327

43
44
30
Trwyn-y-bwa
DINAS HEAD
Dinas Island
Newport Bay
Nevern
Gethsemane
Monington
Glan-rhyd
Cilgerran
Llechryd
Llandygwydd
Brongwyn
Cenarth
Newcastle Emlyn
Llandyfriog
Penrhiw-llan
Teifi Valley
National Coracle Centre
Abercych
Newchapel
Penrhiw
Dinas Cross
Parrog
Newport
Felindre Farchog
Castell Henllys Iron Age Fort
Eglwyswrw
Pengelli Forest
Llanfair-Nant-Gwyn
Rhos-hill
Boncath
Cilwendeg Shell House
Penrherber
Caws Cenarth Cheese
Aberarad
Pentrecagal
Waungilwen
National Wool Museum
Felindre
Cwmhiraeth
Llangeler
Dre-fach
Pembrokeshire Candle Centre
Pentre Ifan Burial Chamber
Crosswell
Dyfed Shire Horse Farm
Bro Meigan
Whitechurch
Blaen-ffos
Cilgwyn
Brynberian
Pontyglazier
Penygroes
Bwlch-y-groes
Star
Clydau
Capel Iwan
Cwmcych
Moelfre
Llanychaer
Penlan Uchaf
PEMBROKESHIRE COAST NATIONAL PARK
MYNYDD PRESELI
(PARC CENEDLAETHOL ARFORDIR PENFRO)
Frenni Fawr
Crymych
Cilrhedyn
Cwm-morgan
Pont-faen
Tafarn-y-bwlch
Foeldrygarn
Glan-rhyd
Tegryn
Hermon
Llanfyrnach
Henfeddau Fawr
Dinas
Tre-lech
Hermon
Cwmduad
Cynwyl Elfed
Morvil
Puncheston
Greenway
Rosebush
Mynachlog-ddu
Gors Fawr Stone Circle
Pentre Galar
Glandwr
Little Newcastle
Castlebythe
Tufton
Henry's Moat
Maenclochog
Llandilo
Llangolman
Glandy Cross
Hebron
Blaen-waun
Pen-y-bont
Blaen-y-coed
Ambleston
Wallis
Woodstock Slop
Llys-y-fran Reservoir
Gwastad
New Moat
Efail-wen
Pant-y-Caws
Llanglydwen
Cefn-y-pant
Nomnom Chocolate
Llanwinio
Cwm-bach
Cwmfelinmynach
Talog
CARMARTHENSHIRE
Bwlchnewydd
Golden Hill
Spittal
Llys-y-fran
Walton East
Penffordd
Llan-y-cefn
Login
Llanboidy
Gelli-wen
Aber-nant
Scolton Manor
Pembrokeshire Virtual
Clarbeston
Clarbeston Road
Bletherston
Cwm-miles
Crosshands
Caerlleon
Dyffryn
Merthyr
Llandissilio
Hiraeth
Henllan Amgoed
Meidrim
Esgair
Drefach
Trevaughan
CARMARTHEN
Leachpool
Rudbaxton Rath Hillfort
Gelli
Clunderwen
Llanfallteg
Llanfallteg West
Cwmfelin-boeth
Llangynin
Plain Dealings
Wiston
Bethesda
Llanddewi Velfrey
Grove Land Adventure World
Glyn-Coch Craft Centre
Bancyfelin
Llan-llwch
Llawhaden
Robeston Wathen
Pwlltrap
Clerkenhill Adventure Farm
Canaston Bridge
Whitland
Hywel Dda Centre
Backe
St Clears
Llangynog
Llan-gain
Robeston Back
Narberth
Lampeter Velfrey
Trevaughan
Llwyn-y-brain
Blackpool Mill
Picton
The Rhos
Minwear
Bluestone
Narberth Bridge
Crinow
Llan-mill
Llanddowror
Cold Blow
Princes Gate
Tavernspite
Halfpenny Furze
Morfa Bach
Oakwood
Templeton
Llan-y-bri
Dylan Thomas Boathouse
Landshipping
Ludchurch
Red Roses
Llandawke
Laugharne
Llansteffan
Hook
Martletwy
Llanteg
Llansadwrnen
Broadway
Ferryside
Black Tar
Yerbeston
Reynalton
Thomas Chapel
Marros
Llanmiloe
Brook
Llangwm
Pendine
Broadlay
Port Lion
Loveston
Folly Farm
Begelly
Kilgetty
Stepaside
Colby Woodland
Summerhill
Amroth
Museum of Speed
DANGER AREA
Ginst Point
St Ishmael
Lawrenny
Houghton
Cresselly
Jeffreyston
Stepaside Ironworks
Sardis
Cresswell Quay
Broadmoor
Burton
West Williamston
Carew Newton
Pentlepoir
Saundersfoot
Upton
Upton Castle
Redberth
East Williamston
Pembroke Ferry
Cosheston
Carew
Sageston
Broadfield
Waterloo
Milton
Heatherton World of Activities
Monkstone Point
CARMARTHEN BAY
New Hedges
Pembroke
Upper Nash
Carew Cheriton
Carew Control Tower
Manor House
The Dinosaur Park
Bishop's Palace
Lamphey
St Florence
Gumfreston
Tenby
Manorbier Newton
Carswell Old House
Penally
Tudor Merchant's House
Hodgeston
Jameston
Giltar Point
Lydstep
Cheriton or Stackpole Elidor
Freshwater East
Manorbier
Caldey Sound
Trewent Point
Old Castle Head
St Margaret's Island
Caldey Island
Abbey
Old Priory
Chapel Point
Stackpole
Stackpole Head
Burry Holms
WORMS HEAD
Gower Coast
A487
A478
A484
A40
A477
A4075
A4115
A4066
A4139
B4582
B4332
B4333
B4329
B4313
B4314
B4315
B4316
B4318
B4328
B4299
B4298
B4586
B4584
B4585

Cardigan Island
Cemaes Head
Cardigan Island Coastal Farm Park
Rainforest Centre
Aberporth
Tre-saith
Llangranog
Penbryn
Pontgarreg
Morfa
Blaen Celyn
Brynhoffnant
Sarnau
Pentregat
Felinwynt
Parc-llyn
West Wales (Aberporth)
Internal Fire
Tan-y-groes
Gwbert
Allt-y-goed
Y Ferwig
Blaenannerch
Tre-main
Blaen-porth
Glynarthen
Pwllygranant
Cippyn
Cardigan
St Dogmaels
Pen-parc
Abbey
Castle
Watermill
Moylgrove
Monington
Pantgwyn
Noyadd Trefawr
Beulah
Betws Ifan
Felinwnda
Curlew Weavers Woollen Mill
Troed-yr-aur
Brithdir
Hawen
Ffostrasol
Rhydlewis
Penrhiwpal
Llangoedmor
Pont-hirwaun
Brongest
Llechryd
Llandygwydd
Welsh Wildlife Cen.
Cilgerran
Brongwyn
National Coracle Centre
Cenarth
Falls
Cwm-cou
Adpar
Llandyfriog
Aber-banc
Henllan
Coed-y-bryn
Maes-ll
Trwyn-y-bwa
Glan-rhyd
Pen-y-bryn
Cwm Plysgog
Cnwcau
Bridell
Llantood
Rhos-hill
Newchapel
Abercych
Penrhiw
Newcastle Emlyn
Aberarad
Pentrecagal
Waungilwen
Llangeler
Dre-fach
Felindre
National Wool
Dinas Head
Newport Bay
Gethsemane
Nevern
Berry Hill
Burial Chamber
Castell Henllys Iron Age Fort
Pengelli Forest
Dinas Island
Fishguard Bay
Brynhenllan
Dinas Cross
Parrog
Castle
Newport
Felindre Farchog
Eglwyswrw
Llanfair-Nant-Gwyn
Boncath
Cilwendeg Shell House
Penrherber
Cwmhiraeth
Glynteg
Lower Town
Fishguard
Llanychaer
Pembrokeshire Candle Centre
Ty Canol
Crosswell
Dyfed Shire Horse Farm
Bro Meigan
Whitechurch
Blaen-ffos
Caws Cenarth Cheese
Capel Iwan
Pentre Ifan Burial Chamber
Cilgwyn
Pontyglazier
Penygroes
Brynberian
Mynydd Melyn
Mynydd Caregog
Penlan Uchaf
Bwlch-y-groes
Cwmcych
Star
Clydau
Frenni Fawr
Moelfre
Cilrhedyn
Cwm-morgan
Pont-faen
Tafarn-y-bwlch
PEMBROKESHIRE COAST NATIONAL PARK
(PARC CENEDLAETHOL ARFORDIR PENFRO)
MYNYDD PRESELI
Crymych
Tegryn
Trecwn
Foeleryr
Glan-rhyd
Hermon
Henfeddau Fawr
Llanfyrnach
Dinas
Tre-lech
Hermon
Morvil
Greenway
Foel-cwmcerwyn
Pentre Galar
Puncheston
Rosebush
Mynachlog-ddu
Foel-drych
Gors Fawr Stone Circle
Little Newcastle
Castlebythe
Tufton
Glandwr
Hebron
Henry's Moat
Maenclochog
Llangolman
Glandy Cross
Blaen-waun
Pen-y-bont
Blaen-y-coed
Cynwyl Elfed
Wolf's Castle
Ambleston
Wallis
Woodstock Slop
Llys-y-fran Resr
Llys-y-fran Reservoir
Gwastad
New Moat
Llandilo
Efail-wen
Pant-y-Caws
Llanglydwen
Cefn-y-pant
Nomnom Chocolate
Llanwinio
Cwm-bach
Cwmfelinmynach
Talog
Bwlchnewydd
Golden Hill
Llys-y-fran
Llan-y-cefn
Llanboidy
Aber-nant
Spittal
Walton East
Penffordd
Login
Crosshands
Gelli-wen
Manor
Scolton
Cwm-miles
Caerlleon
Dyffryn
Pembrokeshire Virtual
Rudbaxton
Clarbeston
Bletherston
Llandissilio
Hiraeth
Meidrim
Merthyr
Nant Cynnen
Clarbeston Road
Llanfallteg
Henllan Amgoed
Llangynin
Esgair
Drefach
Haverford-west
Rudbaxton Rath Hillfort
Leachpool
Gelly
Clunderwen
Llanfallteg West
Cwmfelin-boeth
Grove Land Adventure World
Glyn-Coch Craft Centre
Bancyfelin
Crundale
Plain Dealings
Wiston
Bethesda
Llawhaden
Llanddewi Velfrey
Pwlltrap
Llangynog
Prendergast
Robeston Wathen
Clerkenhill Adventure Farm
Canaston Bridge
Whitland
Hywel Dda Centre
St Clears
Haverfordwest
Uzmaston
Robeston Back
Narberth
Afon Marlais
Lampeter Vale
Lampeter Velfrey
Trevaughan
Llwyn-y-brain
Backe
Llanddowror
Morfa Bach
The Rhos
Picton
Blackpool Mill
Minwear
Bluestone
Narberth Bridge
Crinow
Cold Blow
Llan-mill
Princes Gate
Tavernspite
Halfpenny Furze
Llan-y-bri
Boulston
PEMBROKESHIRE COAST NATIONAL PARK
Oakwood
Templeton
Dylan Thomas Boathouse
Hook
Landshipping
Llandawke
Laugharne
Llansteffan
Black Tar
Martletwy
Ludchurch
Llanteg
Red Roses
Llansadwrnen
Broadway
Ferryside
Llangwm
Sardis
Yerbeston
Reynalton
Thomas Chapel
Marros
Llanmiloe
Pendine
Brook
Port Lion
Loveston
Folly Farm
Kilgetty
Stepaside
Colby Woodland
Summerhill
Amroth
Museum of Speed
DANGER AREA
Ginst Point
St Ishmael
Houghton
Lawrenny
Cresswell Quay
Begelly
Jeffreyston
Stepaside Ironworks
Sardis
Honeyborough
Burton
(PARC CENEDLAETHOL ARFORDIR PENFRO)
West Williamston
Cresselly
Broadmoor
Pentlepoir
Neyland
Upton
Upton Castle
Carew Newton
Redberth
East Williamston
Saundersfoot
Pembroke Ferry
Cosheston
Carew
Sageston
Broadfield
Monkstone Point
CARMARTHEN BAY
Pembroke Dock
Waterloo
Milton
Heatherton World of Activities
Pennar
Upper Nash
Carew Cheriton
Control Tower
Manor House
The Dinosaur Park
New Hedges
Monkton
Pembroke
Bishop's Palace
St Florence
Tenby
Hundleton
Lamphey
Gumfreston
Maiden Wells
Manorbier Newton
Penally
Carswell Old House
Hodgeston
Lydstep
Giltar Point
St Petrox
Freshwater East
Caldey Sound
Cheriton or Stackpole Elidor
Manorbier
DANGER AREA
Trewent Point
Old Castle Head
St Margaret's Island
Caldey Island
Old Priory
Abbey
Chapel Point
Stackpole
A487
A484
A478
A475
A40
A477
A4075
A4115
A4066
A4139
B4548
B4546
B4582
B4332
B4333
B4334
B4570
B4571
B4313
B4329
B4299
B4298
B4314
B4315
B4328
B4316
B4318
B4586
B4584
B4585
B4319
B4321
43
56

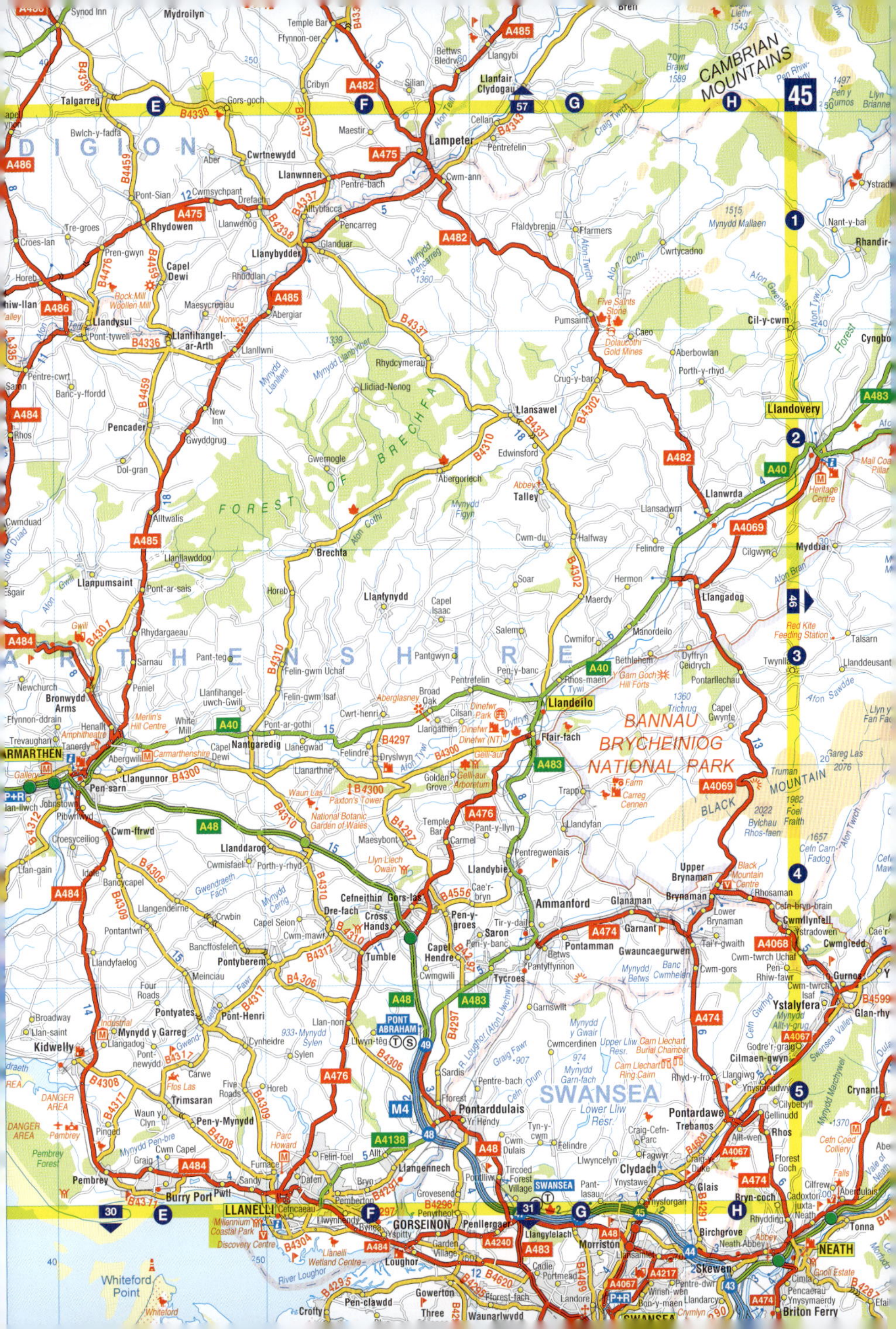
45
57
46
30
CAMBRIAN MOUNTAINS
CEREDIGION
CARMARTHENSHIRE
FOREST OF BRECHFA
BANNAU BRYCHEINIOG NATIONAL PARK
BLACK MOUNTAIN
SWANSEA
Synod Inn
Mydroilyn
Temple Bar
Ffynnon-oer
Cribyn
Silian
Bettws Bledrws
Llangybi
Llanfair Clydogau
Talgarreg
Gors-goch
Bwlch-y-fadfa
Maestir
Lampeter
Cellan
Pentrefelin
Cwrtnewydd
Aber
Llanwnnen
Pentre-bach
Cwm-ann
Pont-Sian
Cwmsychpant
Drefach
Alltyblacca
Tre-groes
Rhydowen
Llanwenog
Pencarreg
Croes-lan
Pren-gwyn
Llanybydder
Glanduar
Ffaldybrenin
Ffarmers
Cwrtycadno
Capel Dewi
Rhuddlan
Horeb
Rock Mill Woollen Mill
Maesycrugiau
Rhiw-llan
Llandysul
Pont-tywell
Llanfihangel-ar-Arth
Abergiar
Norwood
Llanllwni
Mynydd Pencarreg 1360
Mynydd Mallaen 1515
Five Saints Stone
Dolaucothi Gold Mines
Pumsaint
Caeo
Aberbowlan
Porth-y-rhyd
Crug-y-bar
Cil-y-cwm
Nant-y-bai
Rhandir-
Ystradffin
Pentre-cwrt
Banc-y-ffordd
Rhydcymerau
Llidiad-Nenog
Mynydd Llanybydder 1339
Mynydd Llanllwni
New Inn
Gwyddgrug
Pencader
Dol-gran
Gwernogle
Llansawel
Edwinsford
Abergorlech
Llandovery
Mynydd Figyn
Abbey
Talley
Llanwrda
Llansadwrn
Alltwalis
Cwmduad
Halfway
Cwm-du
Felindre
Brechfa
Llanllawddog
Llanpumsaint
Pont-ar-sais
Cilgwyn
Myddfai
Soar
Hermon
Llangadog
Horeb
Llanfynydd
Capel Isaac
Maerdy
Red Kite Feeding Station
Talsarn
Gwili
Rhydargaeau
Salem
Cwmifor
Manordeilo
Twynllanan
Llanddeusant
Pant-teg
Sarnau
Pantgwyn
Pen-y-banc
Bethlehem
Dyffryn Ceidrych
Garn Goch Hill Forts
Newchurch
Peniel
Felin-gwm Uchaf
Pentrefelin
Rhos-maen
Llandeilo
Pontarllechau
Trichrug 1360
Capel Gwynfe
Bronwydd Arms
Llanfihangel-uwch-Gwili
Felin-gwm Isaf
Aberglasney
Broad Oak
Cilsan
Dinefwr Park
Ffynnon-ddrain
Merlin's Hill Centre
White Mill
Pont-ar-gothi
Cwrt-henri
Llangathen
Dinefwr (NT)
Ffair-fach
Trevaughan
Henallt
Amphitheatre
Nantgaredig
Llanegwad
Felindre
Dryslwyn
Gelli Aur
Gareg Las 2076
Carmarthen
Tanerdy
Abergwili
Carmarthenshire
Capel Dewi
Llanarthne
Golden Grove
Gelli Aur Arboretum
Trapp
Farm
Carreg Cennen
Fan Foel 2022
Bylchau Rhos-faen
Foel Fraith 1982
Truman
Pen-sarn
Llangunnor
Gallery
Johnstown
Pibwrlwyd
Waun Las
Paxton's Tower
National Botanic Garden of Wales
Temple Bar
Carmel
Pant-y-llyn
Llandyfan
Cwm-ffrwd
Maesybont
Llanddarog
Cwmisfael
Porth-y-rhyd
Llyn Llech Owain
Llandybie
Pentregwenlais
Upper Brynaman
Cefn Carn-Fadog 1657
Croesyceiliog
Llan-gain
Idole
Bancycapel
Gwendraeth Fach
Mynydd Cerrig
Cefneithin
Gors-las
Cae'r-bryn
Ammanford
Glanaman
Brynaman
Black Mountain Centre
Rhosaman
Cefn-bryn-brain
Llangendeirne
Crwbin
Capel Seion
Dre-fach
Cross Hands
Pen-y-groes
Saron
Tir-y-dail
Pen-y-banc
Pontamman
Gwauncaegurwen
Garnant
Lower Brynaman
Tai'r-gwaith
Cwmllynfell
Ystradowen
Cwmgiedd
Pontantwn
Cwm-mawr
Capel Hendre
Betws
Pantyffynnon
Cwm-twrch Uchaf
Pen-rhiw-fawr
Cwm-gors
Llandyfaelog
Bancffosfelen
Pontyberem
Tumble
Cwmgwili
Tycroes
Mynydd Betws
Banc Cwmhelen
Gurnos
Cwm-twrch Isaf
Four Roads
Meinciau
Pontyates
Pont-Henri
Llan-non
Garnswllt
Ystalyfera
Glan-rhyd
Broadway
Llan-saint
Industrial
Mynydd y Garreg
Llangadog
Cynheidre
933 Mynydd Sylen
Sylen
Pont Abraham
Llwyn-têg
Mynydd y Gwair
Cwmcerdinen
Upper Lliw Resr.
Carn Llechart Burial Chamber
Cwmcerdinen 974
Mynydd Allt-y-grug
Godre'r-graig
Cilmaen-gwyn
Kidwelly
Pont-newydd
Carwe
Sardis
Graig Fawr 907
Carn Llechart Ring Cairn
Mynydd Garn-fach
Rhyd-y-fro
Llangiwg
Ynysmeudwy
Crynant
Danger Area
Ffos Las
Trimsaran
Five Roads
Horeb
Fforest
Pentre-bach
Cefn Drum
Cilybebyll
Gellinudd
Pembrey
Pembrey Forest
Waun y Clyn
Pinged
Pen-y-Mynydd
Mynydd Pen-bre
Parc Howard
Pontarddulais
Yr Hendy
Tyn-y-cwm
Lower Lliw Resr.
Craig-Cefn-Parc
Pontardawe
Trebanos
Rhos
Cefn Coed Colliery
Graig
Cwm Capel
Felin-foel
Allt
Cwm Dulais
Felindre
Llwyncelyn
Fagwyr
Clydach
Alltwen
Craig-y-Duke
Fforest Goch
Aberdulais
Burry Port
Pwll
Furnace
Sandy
Dafen
Llangennech
Pontlliw
Tircoed Forest Village
Swansea
Pant-lasau
Ynystawe
Glais
Cilfrew
Tonna
Bryn-coch
Llanelli
Millennium Coastal Park
Discovery Centre
Cefncaeau
Bryn
Pemberton
Llwynhendy
Bynea
Gorseinon
Grovesend
Penyrheol
Penllergaer
Llangyfelach
Morriston
Ynysforgan
Birchgrove
Rhydding
Cadoxton-juxta-Neath
Neath
Neath Abbey
Whiteford Point
Whiteford
Llanelli Wetland Centre
Loughor
River Loughor
Garden Village
Cadle
Portmead
Llansamlet
Skewen
Pentre-dwr
Winsh-wen
Bon-y-maen
Llandarcy
Cimla
Pencaerau
Ynysymaerdy
Briton Ferry
Gnoll Estate
Pen-clawdd
Crofty
Gowerton
Three Crosses
Waunarlwydd
Fforest-fach
Landore
Afon Teifi
Afon Cothi
Afon Tywi
Afon Twrch
Afon Gwili
Afon Duad
Afon Bran
Afon Sawdde
Afon Gwenlais
Afon Gwydderig
Craig Twrch
Afon Gwenffrwd
Afon Gwrdd
Mynydd Marchywel
Swansea Valley
Vale of Neath
Heritage Centre
Mail Coach Pillar
Brawd 1589
Llethr 1543
Pen Rhiw-ddu
Mynydd Drws
Llyn y Fan Fach
Llyn Brianne
A40
A48
A476
A482
A483
A484
A485
A486
A475
A474
A4069
A4067
A4068
A4138
A4240
A4217
A4070
A4216
M4
B4297
B4300
B4310
B4306
B4309
B4308
B4317
B4311
B4312
B4301
B4336
B4337
B4338
B4343
B4302
B4459
B4476
B4556
B4603
B4291
B4295
B4296
B4304
B4620
B4489
B4287

CAMBRIAN MOUNTAINS
57
Tywi Forest
Abergwesyn
Pentre-llwyn-llwyd
Troedrhiwdalar
Beulah
Garth
Llanfechan
Builth Road
Cilmery
Llywelyn the Last Monument
Royal Welsh Showground
Llanelwedd
Builth Wells
A483
A481
Cregrina
Llanfaredd
58
Llanbadarn-y-garreg
B4567
Aberedw
Aberedw Rocks
Llandeilo Graban
B4594
Erwood
Llanstephan
Alltmawr
Llanddewi'r Cwm
B4520
Maesmynis
DANGER AREA
Caerau Roman Fort
Cambrian Woollen Mill
Llanwrtyd
Llanwrtyd Wells
Llangammarch Wells
Cefngorwydd
Mynydd Trawsnant 1695
Cefn Fannog 1476
Cefn-Coch 1641
Nant Irfon
Ystradffin
Mynydd Mallaen 1515
Nant-y-bai
Rhandir-mwyn
Bryn Nicol
Cefn Llwydlo
Tirabad
Crychan Forest
Cynghordy
Crychan Forest NNR
Cil-y-cwm
Forest
CARMARTHENSHIRE
MYNYDD EPPYNT
B4519
Drum-ddu 1554
Pentre Dolau Honddu
Bryn-du 1519
Twyn Rhyd-car
Gwryd
Upper Chapel
Gwenddwr
Crickadarn
A470
Llaneglwys
Merthyr Cynog
B4520
Lower Chapel
Landefalle Hill
Llandefalle
Ponde
Trawscoed
Felin-fach
Talachddu
Garthbrengy
Pwllgloyw
Sarnau
Llandefaelog Fach
Llan-ddew
POWYS
Llanfihangel Nant Bran
Pont-faen
Llandeilo'r Fan
Pentre-bach
MYNYDD BWLCH-Y-GROES
Babel
Pentre-ty-gwyn
Llandovery
A40
A483
Mail Coach Pillar
Heritage Centre
Pentrebach
Halfway
Llanwrda
A4069
Cilgwyn
Myddfai
Mynydd Myddfai 1443
Usk Resr.
Cwmwysg
R. Usk
Llywel
Trecastle
Pentre'r-felin
Yr Allt 1156
Sennybridge
Defynnog
Trallong
Aberbran
Aberyscir
Soar
Mynydd Aberysgir 1204
Brecon Gaer Roman Fort
Battle
Cradoc
Pen-y-Crug Hillfort
Brecon
Llan-faes
Llanspyddid
Pen-pont
Regimental
Llan-y-wern
Llanfihangel Tal-y-llyn
Llechfaen
Groesffordd
Tredomen
Llandefaelog tre'r-graig
Llangadog
45
Red Kite Feeding Station
Talsarn
Pont ar Hydfer
Mynydd Illtud
Brecon Beacons National Park
Libanus
Cantref Adventure Farm
Llanfrynach
Llanhamlach
Pennorth
Scethrog
Pencelli
Cross Oak
Talybont-on-Usk
B4558
Twynllanan
Llanddeusant
Source of R. Usk
Glas Fynydd Forest
Crai
A4215
Heolsenni
A470
Pen Milan
Allt Ddu 1845
Bryn 1842
Aber
Pontarllechau
Capel Gwynfe
Llyn y Fan Fach
Llyn y Fan-Fawr
Moel Feity 1940
Cray Resr
BANNAU BRYCHEINIOG NATIONAL PARK
(BRECON BEACONS NATIONAL PARK)
PEN Y FAN 2906
BRECON BEACONS
Torpantau
Talybont Reservoir
Twyn-du
Gareg Las 2076
BLACK MOUNTAIN
Fan Hir
FFOREST FAWR
A4067
Fan-Gihirych
Maen Llia Standing Stone
Fan Llia 2071
Fan Fawr 2409
Ystradfellte Reservoir
Beacons Reservoir
Foel Fraith 1982
Bylchau Rhos-faen 2022
Cefn Carn Fadog 1657
Carreg-lem 1832
Castell-y-geifr
National Showcaves Centre for Wales
Glyntawe
Pen-wyllt
Craig-y-nos
Ogof Ffynon Ddu 1763
Carreg-lwyd
Brecon Beacons Dark Sky Reserve
Nant-ddu
Waun Lysiog
Pentwyn Reservoir
Pontsticill Reservoir
Black Mountain Centre
Rhosaman
Cefn-bryn-brain
Cwmllynfell
Lower Brynaman
Ystradowen
Tai'r-gwaith
A4068
Cwmgiedd
Cwm-twrch Uchaf
Cwm-gors
Pen-Rhiw-fawr
Abercrave
Cae'r-lan
Caehopkin
Ynyswen
Wales Ape & Monkey Sanctuary
Henrhyd Waterfall
Coelbren
Pen-y-cae
Ystradfellte
Porth yr Ogof Cave
A4059
Cader Fawr
Garwnant Forest
Llwyn-on Village
Llwyn-on Resr.
Garn Ddu
MERTHYR TYDFIL
Brecon Mountain Railway
Trefil
Tafarnau-bach
Pontsticill
Vaynor
Pen-rhos
Ystradgynlais
A4221
Onllwyn
Gurnos
Cwm-twrch Isaf
B4599
Ystalyfera
Glan-rhyd
Dyffryn Cellwen
Seven Sisters
A4109
Nedd Fechan Waterfalls
Afon Pyrddin Waterfalls
Afon Mellte Waterfalls
Afon Hepste Waterfalls
Pant Sychbant
RHONDDA CYNON TAF
Penderyn
Distillery
Pontbren Llwyd
Mynydd y-glog 1376
A470
Morlais Castle
Trefechan
A465
Cefncoedycymer
Pen-y-darren
Dowlais
Bute Town
Rhymney
Llechryd
A474
A4067
Godre'r-graig
Cilmaen-gwyn
Pontneddfechan
Glyn-neath
Pont-Walby
Morfa Glas
Rhigos
Hirwaun
Clwydfagwyr
Heolgerrig
Cyfarthfa Castle
Joseph Parry's Cottage
MERTHYR TYDFIL
A4060
RHYMNEY
Fochriw
Pontlottyn
A469
Pen-twyn
Pentre-bach
Parc Cwm Darran
Crynant
A4109
Pentreclwydau
B4242
Blaen-gwrach
Cwm-gwrach
Zip World Tower
Pen-y-waun
Llwydcoed
Cynon Valley
Gethin Woodland Park
Abercanaid
Cwmdare
Trecynon
Robertstown
Abernant
ABERDARE
BikePark Wales
Troed-y-rhiw
Rhos
Alltwen
Gellinudd
Cilybebyll
Fforest Goch
Cefn Coed Colliery
Abergarwed
Resolven
Melincwrt
Melincwrt Waterfalls
A465
Mynydd Resolven 1257
Cefn Gwrgi
Craig y Llyn 1969
Hirwaun Common
Lluest-wen Reservoir
Dare Valley
Cwm-bach
A4059
Aberaman
Cwmpennar
Aberfan
A4054
Bedlinog
NEATH
Glais
Bryncoch
Cilfrew
Aberdulais
Clyne
Cadoxton-juxta-Neath
Tonna
B4434
AFAN FOREST PARK
Glyncorrwg
Blaenrhondda
A4061
Tynewydd
Treherbert
A4233
Cwmaman
Abercwmboi
B4275
Merthyr Vale
Rhydding
Birchgrove
Neath Abbey
NEATH
NEATH PORT TALBOT
Blaencwm
Maerdy
Ferndale
Blaenllechau
MOUNTAIN ASH
Newtown
A470
Treharris
Trelewis
Penrhiwceiber
Edwardsville
Skewen
Ton-mawr
Abercregan
Cymmer
Blaengwynfi
Gnoll Estate
Cimla
B4287
Pencaerau
Ynysymaerdy
Efail-fach
A4107
Afon Afan
Treorchy
Ynys-wen
RHONDDA
Pentre
A4058
Cwmparc
St Gwynno Forest
Ynysboeth
Abercynon
Nelson
Llancaiach Fawr Manor
Briton Ferry
A474
Duffryn
Croeserw
Abergwynfi
Cynonville
Ton Pentre
Ystrad
Tylorstown
Pontygwaith
32

HEREFORDSHIRE
MONMOUTHSHIRE
BLAENAU GWENT
TORFAEN
CAERPHILLY
ENGLAND
WALES
BLACK MOUNTAINS
HEREFORD
ABERGAVENNY
MONMOUTH
PONTYPOOL
CWMBRAN
Hay-on-Wye
Talgarth
Crickhowell
Glasbury
Clyro
Cusop
Clifford
Bredwardine
Dorstone
Peterchurch
Madley
Kingstone
Allensmore
Clehonger
Belmont
Staunton on Wye
Weobley
Dilwyn
Almeley
Kington
Eardisley
Hope under Dinmore
Bodenham
Moreton on Lugg
Wellington
Holmer
Lugwardine
Tupsley
Lower Bullingham
Dinedor
King's Thorn
Much Dewchurch
Wormbridge
Kilpeck
Abbey Dore
Ewyas Harold
Pontrilas
Kentchurch
Grosmont
Skenfrith
St Weonards
Welsh Newton
Whitchurch
Llangarron
Llangrove
Ganarew
Wyesham
Redbrook
The Narth
Trellech
Tintern
Llandogo
St Arvans
Devauden
Raglan
Usk
Llangybi
Llantrisant
Llanvihangel Crucorney
Pandy
Longtown
Michaelchurch Escley
St Margarets
Bacton
Vowchurch
Turnastone
Gilwern
Govilon
Llanfoist
Blaenavon
Brynmawr
Nant-y-glo
Beaufort
EBBW VALE
Blaina
Cwm
Abertillery
Abersychan
Llanhilleth
Six Bells
New Tredegar
Bargoed
Blackwood
Oakdale
Newbridge
Crumlin
Griffithstown
Sebastopol
Llangynidr
Llan-gors
Bwlch
Tretower
Pengenffordd
Llanigon
Felindre
Painscastle
Llowes
A438
A479
A4078
A465
A40
A4042
A4077
A4047
A4046
A4043
A467
A4048
A472
A449
A466
A49
A480
A4111
A4112
A4110
A4103
A4137
B4350
B4348
B4352
B4349
B4347
B4521
B4233
B4293
B4598
B4246
B4248
B4558
B4560
Hay Bluff 2220
Twmpa 2263
Waun Fach 2660
Pen Allt-mawr 2360
Pen Cerrig-calch 2300
Sugar Loaf 1955
Blorenge 1811
Offa's Dyke
Golden Valley
Olchon Valley
Vale of Ewyas
Gospel Pass
Mynydd Troed
Cefn Onnau
Llangorse Lake
Tretower Court
Hergest Ridge
Llanvihangel Court
White Castle
Hen Gwrt Moated Site
Kilpeck Castle
Kentchurch Court
Abbey Dore Court
Big Pit National Coal Museum
Blaenavon Ironworks
Clydach Ironworks
Raglan Castle
Chepstow Park Wood
Goodrich
Wye
R. Usk
R. Monnow
R. Dore
R. Arrow
R. Lugg
Monmow Tunnel

48
59
60
47
34
HEREFORDSHIRE
GLOUCESTERSHIRE
MALVERN HILLS
VALE OF GLOUCESTER
VALE OF BERKELEY
RIVER SEVERN
FOREST OF DEAN
Birley
Upper Hill
Hope under Dinmore
Hampton Court
Hegdon Hill
Pencombe
Bowley
Little Cowarne
Bush Bank
Westhope
Queenswood Arboretum
Bodenham
Maund Bryan
Upper Town
Ullingswick
Stoke Cross
Munderfield Row
Munderfield Stocks
Acton Beauchamp
Acton Green
Stanford Bishop
Local History Centre
Linley Green
Bringsty Common
Yearsett
Suckley Knowl
Suckley
Alfrick
Alfrick Pound
Ravenhills Green
Broadwas
Brockamin
Leigh
Leigh Court Barn
Smith End Green
Bransford
Coles Green
Leigh Sinton
Cotheridge
Rushwick
Dawshill
Bowling Green
Powick
Callow End
Kempsey
Pole
Brook End
Bastonford
Pin's Green
Newland
Malvern Link
GREAT MALVERN
Madresfield
Clevelode
Guarlford
Upper Howsell
Storridge
Cradley
West Malvern
Mathon
Worcestershire Beacon 1394
Morgan Motors
Lower Wyche
Upper Wyche
Ham Green
Hanley Swan
Picton
Three Counties Showground
Malvern Wells
Little Malvern
Hanley Castle
Welland
Upton upon Severn
Hook Bank
Brotheridge Green
Heritage Centre
Gilbert's End
Colwall
Colwall Green
Evendine
Herefordshire Beacon Hillfort
Little Malvern Court
Midsummer Hill
Chandler's Cross
Drugger's End
Hollybush
Castlemorton
Birts Street
Rye Street
Birtsmorton
Longdon
Queenhill
Uckinghall
Newbridge Green
Bushley Green
Canon Pyon
Wellington
Auberrow
Moreton on Lugg
Marden
Sutton Walls Hillfort
Sutton St Michael
Sutton St Nicholas
Preston Wynne
Preston Marsh
Felton
Moreton Jeffries
Burley Gate
Ocle Pychard
Stoke Lacy
Much Cowarne
Lower Egleton
Bishops Frome
Halmond's Frome
Five Bridges
Castle Frome
Fromes Hill
Evesbatch
Stony Cross
Ridgeway Cross
Stifford's Bridge
Norbridge
Stanley Hill
Canon Frome
Stretton Grandison
Newtown
Monkhide
Withington
Withington Marsh
Westhide
Shucknall
Yarkhill
White Stone
Lower Town
Ashperton
Swinmore Common
Munsley
Bosbury
Coddington
Burghill
Stretton Sugwas
Holmer
King's Acre
Kenchester Water
Shelwick
Shelwick Green
Swainshill
Upper Breinton
Breinton
HEREFORD
Cider Museum
Waterworks Museum
St John Medieval
Hagley
Lugwardine
Bartestree
Weston Beggard
Dormington
Stoke Edith
Tarrington
Trumpet
Plaistow
Staplow
Wellington Heath
Bradlow
Ledbury
Tupsley
Lower Bullingham
Bullinghope
Clehonger
Grafton
Hampton Bishop
Mordiford
Prior's Frome
Larport
Checkley
Durlow Common
Pixley
Aylton
Putley
Little Marcle
Newbridge Farm Park
Butcher Row Ho
Heritage Centre
Eastnor
Eastnor Castle
Parkway
Gorsty Common
Allensmore
Dinedor
Dinedor Cross
Twyford Common
Holme Lacy
Shipley
Common Hill
Woolhope
Kynaston
Rushall
Preston Cross
Donnington
Bromesberrow
Bromesberrow Heath
Callow
Dewsall Court
Aconbury
Newtown
Fownhope
Sollers Hope
Westons Cider
Hallwood Green
Hellens
King's Thorn
Little Dewchurch
Bolstone
R. Wye
Ballingham
Falcon
Bounds
Much Marcle
Tillers Green
Broom's Green
Ryton
Playley Green
Pendock
Redmarley D'Abitot
Kivernoll
Much Dewchurch
Little Birch
Much Birch
Carey
Brockhampton
Stocking
Lyne Down
Shakesfield
Dymock
Eldersfield
Linkend
Forthampton
Lowbands
Lime Street
Corse Lawn
Chaceley
Wormelow Tump
Violette Szabo
Orcop Hill
Hoarwithy
Llandinabo
King's Caple
Penallt
Fawley Chapel
How Caple
Yatton
Kempley
Kempley Green
Fishpool
Church
Hawcross
Poolhill
Brand Green
Hethelpit Cross
Staunton
Corse
Oridge Street
Tirley
Odda's Chapel
Apperley
Llanwarne
Harewood End
Sellack
Strangford
Foy
Old Gore
Crow Hill
Upton Crews
Upton Bishop
Four Oaks
Botloe's Green
Upleadon
Hasfield
Netherton
Michaelchurch
Upper Grove Common
Brampton Abbotts
Phocle Green
Oxenhall
Picklenash
Newent
Ashleworth
Sandyway
St Weonards
St Owen's Cross
Bridstow
Wilton Castle
ROSS SPUR
Rudhall
Ross-on-Wye
Linton
Gorsley
Gorsley Common
Kilcot
Malswick
Hartpury
Tithe Barn
The Leigh
Bishop's Norton
Norton
Wallsworth
Tretire
Three Ashes
Treaddow
Peterstow
Wilson
Poolmill
Bromsash
Linton Hill
Aston Ingham
International Centre for Birds of Prey
Kent's Green
Highleadon
Woolridge
Sandhurst
Down Hatherley
Garway Common
Glewstone
Hom Green
Ashfield
Tudorville
Weston under Penyard
Ryeford
Aston Crews
Clifford's Mesne
Glasshouse
Nature in Art
Twigworth
Innsworth
Broad Oak
Llangarron
Pencraig
Coughton
Howle Hill
Pontshill
Lea
East Dean
Luxley
Boxbush
Dursley Cross
Taynton
Tibberton
Rudford
Maisemore
Longford
Llancloudy
Ruxton Green
Llangrove
Welsh Newton Common
Whitchurch
Marstow
Goodrich
Walford
Kiln Green
Drybrook
Hope Mansell
Puddlebrook
Longhope
Dick Whittington Farm Park
Huntley
Birdwood
Highnam
Wharf House
Over
GLOUCESTER
High Orchard
Hempsted
Barnwood
Hucclecote
Welsh Newton
St Maughan's Green
Crocker's Ash
Ganarew
Old Forge
Kerne Bridge
Symonds Yat
Maze
Leisure Park
Ruardean
Ruardean Hill
Mitcheldean
Abenhall
Blaisdon
Northwood Green
Oakle Street
Churcham
Minsterworth
Elmore Back
Elmore
Lower Ley
Farleys End
Maypole
Buckholt
Doward
English Bicknor
King Arthur's Cave
Lower Lydbrook
Upper Lydbrook
Ruardean Woodside
Nailbridge
Brierley
Bilson Green
Cinderford
Pope's Hill
Flaxley
Westbury-on-Severn
Chaxhill
Westbury Court
Quedgeley
Hardwicke
Rockfield
Dixton
Nelson Museum
Hillersland
Christchurch
Edge End
The Kymin
Staunton
Berry Hill
Hopewell Colliery
Ruspidge
Littledean
Elton
Broadoak
Newnham
St Augustine's Farm
Rodley
Longney
Epney
Moreton Valence
Brookthorpe
GLOUCESTER
MONMOUTH
Over Monnow
Monnow Tunnel
Wyesham
Buck Stone
Coleford
GWR Museum
Perrygrove Railway
Puzzlewood Caves
Broadwell
Coalway
Cyril Hart Arboretum
Dean Heritage Centre
Upper Soudley
Lower Soudley
Two Bridges
Arlington
Upper Framilode
Saul
Saul Junction
Whitminster
Harescombe
Haresfield
Haresfield Beacon 712
Painswick
Jingle Street
Pen-allt
Mitchel Troy
Redbrook
Newland
Milkwall
Clearwell
Mitcheltroy Common
Cwmcarvan
New Mills
Highbury Wood
Ellwood
Parkend
Roman Road
Awre
Fretherne
Frampton on Severn
Church End
Standish
Nupend
Whiteshill
Pitchcombe
The Narth
Whitebrook
Bream's Meend
Dean Forest Railway
Yorkley
Blakeney
Stowe
Pillowell
Whitecroft
Viney Hill
Allaston
Etloe
Randwick
Stonehouse
Ebley
STROUD
Trellech
Llangovan
Cotland
St Briavels
Bream
Primrose Hill
Purton
Slimbridge
Moorend
Cambridge
Eastington
Middle Street
King's Stanley
Leonard Stanley
Selsley
Dudbridge
Rodborough
Bowbridge
Llandogo
Harold's Stones
Lower Meend
Coldharbour
Hewelsfield
Aylburton Common
Lydney
Lydney Park
Aylburton
Sharpness
Vale of Berkeley Railway
Brookend
Halmore
Gossington
Frocester
Tithe Barn
Coaley
Middleyard
Nympsfield
Woodchester Mansion
Dunkirk Mill
Woodchester
Brimscombe
Llanishen
Parkhouse
Catbrook
Offa's Dyke
Tintern
Brockweir
Trelleck Grange
Angiddy Furnace
Old Station
Abbey
Netherend
Alvington
Newtown
Wanswell
Breadstone
The Quarry
Lower Cam
Cam
Far Green
Hetty Pegler's Tump
Uley Bury
Nympsfield
Amberley
New Inn
Devauden
Veddw House
Chapel Hill
Woolaston
Hook
Berkeley
Dr Jenner's House
Ashmead Green
Dursley
Uley
Forest Green
Nailsworth
Horsley
Chepstow Park Wood
St Arvans
Itton Common
Woodcroft
Chepstow
Tutshill
Boughspring
Stroat
Wibdon
Tidenham
Shepperdine
Hill
Tidal
Ham
Newport
Bevington
Woodford
Stone
Stinchcombe
Millend
Pitt Court
North Nibley
Southend
Tyndale
Kingscote
Tiltups End
Chavenage House
Newington
MICHAELWOOD
OLDBURY
GLOUCESTER
M5
M50
A49
A417
A465
A4103
A4110
A438
A4172
A449
A40
A466
A4137
A4136
A4151
A48
A38
A430
A419
A46
A4173
A4135
A44
A4440
B4224
B4399
B4348
B4521
B4347
B4233
B4293
B4228
B4231
B4234
B4227
B4226
B4215
B4216
B4221
B4222
B4024
B4214
B4220
B4218
B4232
B4208
B4211
B4213
B4071
B4008
B4066
B4058
B4060
B4509
B4503
B4424
B4349
B4235
B4293
B4228
P+R

STRATFORD-UPON-AVON
WORCESTERSHIRE
EVESHAM
VALE OF EVESHAM
CHELTENHAM
CIRCENCESTER
COTSWOLD HILLS
Pershore
Upton Snodsbury
Bishampton
Church Lench
Harvington
Salford Priors
Bidford-on-Avon
Welford-on-Avon
Clifford Chambers
Cleeve Prior
Long Marston
Lower Quinton
Pinvin
Wyre Piddle
Lower Moor
Fladbury
Charlton
Cropthorne
Offenham
South Littleton
Middle Littleton
North Littleton
Bretforton
Badsey
Pebworth
Mickleton
Honeybourne
Aston Subedge
Weston-sub-Edge
Chipping Campden
Ebrington
Ilmington
Halford
Tredington
Honington
Shipston-on-Stour
Defford
Eckington
Elmley Castle
Bredon
Kemerton
Beckford
Ashton under Hill
Sedgeberrow
Childswickham
Broadway
Willersey
Saintbury
Broad Campden
Blockley
Paxford
Stretton-on-Fosse
Todenham
Moreton-in-Marsh
Bourton-on-the-Hill
Little Compton
Toddington
Stanway
Winchcombe
Temple Guiting
Stow-on-the-Wold
Bishop's Cleeve
Southam
Prestbury
Charlton Kings
Leckhampton
Shurdington
Brockworth
Andoversford
Shipton
Withington
Northleach
Bourton-on-the-Water
Upper Slaughter
Lower Slaughter
Naunton
Guiting Power
Kingham
Bledington
Milton-under-Wychwood
Shipton-under-Wychwood
Burford
Sherborne
Bibury
Barnsley
Ampney Crucis
Fairford
Lechlade on Thames
Eastleach Turville
Duntisbourne Abbots
North Cerney
Coates
Siddington
South Cerney
Down Ampney
Kemble
Avening
Minchinhampton
Chalford
Bisley
Faringdon
Carterton
A44
A46
A429
A435
A436
A40
A417
A419
A424
A361
A3400
A422
A4104
A38
A433
B4035
B4077
B4632
M5

50
STRATFORD-UPON-AVON
Bridge Town
Wellesbourne Mountford
Watermill
Loxley
Walton
Compton Verney
Gaydon
Chadshunt
Knightcote
Wormleighton
Upper Boddington
Westhorp
Byfield
Woodford Halse
Little Preston
Farthingstone
Maidford
Fenny Compton
Northend
Burton Dassett Hills
Wormleighton Resr.
Lower Boddington
Boddington Resr.
Hinton
Adstone
Combrook
Butlers Marston
Kineton
Little Kineton
Pillerton Hersey
Ettington
Alderminster
Wimpstone
Crimscote
Newbold on Stour
Halford
Edgehill 1642
Radway
Arlescote
Avon Dassett
Farnborough
Farnborough Hall
Claydon
Bygones
Aston le Walls
Appletree
Chipping Warden
West Farndon
Canons Ashby House
Canons Ashby
Eydon
Woodend
Moreton Pinkney
Plumpton
Culworth
Weston
Milthorpe
Weedon Lois
NORTHAMPTONSHIRE
WARWICKSHIRE
Pillerton Priors
Redwings Horse Sanctuary (Oxhill Rescue Centre)
Ratley
Warmington
National Herb Centre
Mollington
Cropredy
Wardington
Cropredy Bridge 1644
Upper Wardington
Thorpe Mandeville
Sulgrave
Sulgrave Manor
Oxhill
Idlicote
Whatcote
Lower Tysoe
Middle Tysoe
Upper Tysoe
Upton House
Hornton
Shotteswell
Great Bourton
Little Bourton
Williamscot
Chacombe
Horley
Hanwell
BANBURY
Tredington
Blackwell
Honington
Darlingscott
Ilmington
Shenington
Alkerton
Wroxton
Drayton
Grimsbury
Balscote
Abbey Gardens
Neithrop
Middleton Cheney
Overthorpe
Warkworth
Marston St Lawrence
Thenford
Greatworth
Helmdon
Crowfield
Radstone
Halse
Shipston-on-Stour
Upper Brailes
Winderton
Lower Brailes
Epwell
Shutford
North Newington
Easington
Farthinghoe
Brackley
Whitfield
Turweston
Barcheston
Willington
Stretton-on-Fosse
Tidmington
Burmington
Sutton-under-Brailes
Sibford Gower
Sibford Ferris
Burdrop
Swalcliffe
Swalcliffe Barn
Broughton Castle
Tadmarton
Bodicote
Upper Astrop
Newbottle
Hinton-in-the-Hedges
Todenham
Cherington
Stourton
Little Wolford
Great Wolford
Lower Lemington
Moreton-in-Marsh
Four Shire Stone
Barton-on-the-Heath
Long Compton
Whichford
Pottery
Scotland End
Hook Norton
Hook Norton Brewery
Waterfowl Sanctuary & Children's Farm
Milcombe
Bloxham
Village
Adderbury
Milton
King's Sutton
Astrop
Charlton
Evenley
Mixbury
Westbury
Aynho
Croughton
Barford St John
Barford St Michael
South Newington
Wiggington
Swerford
Great Rollright
Little Compton
Little Rollright
Rollright Stones
Over Norton
Chastleton
Chastleton House
Evenlode
Salford
Nether Worton
Over Worton
Great Tew
Little Tew
Hempton
Deddington
Clifton
Souldern
Fritwell
Baynard's Green
Stoke Lyne
Hardwick
Hethe
Fringford
Cottisford
Newton Purcell
Broadwell
Stow-on-the-Wold
Lower Oddington
Upper Oddington
Daylesford
Cornwell
Chipping Norton
Heythrop
Ledwell
Sandford St Martin
Duns Tew
North Aston
Middle Aston
Steeple Aston
Somerton
Fewcott
Ardley
Upper Heyford
Lower Heyford
CHERWELL VALLEY
Bucknell
Bainton
Stratton Audley
Caversfield
Bicester
Woodfield
Launton
Churchill
Kingham
Icomb
Bledington
Foscot
Lidstone
Church Enstone
Enstone
Cleveley
Gagingwell
Westcott Barton
Middle Barton
Steeple Barton
Radford
Rousham
Rousham House
Caulcott
Middleton Stoney
Sarsden
Chadlington
Dean
Taston
Spelsbury
Kiddington
Over Kiddington
Glympton
Northbrook
Nethercott
Chesterton
Church Westcote
Nether Westcote
Bruern Abbey
Lyneham
Shorthampton
Charlbury
Chilson
Tackley
Kirtlington
Weston-on-the-Green
Wendlebury
Ambrosden
Lower Arncott
Upper Arncott
Upper Rissington
Little Rissington
Idbury
Fifield
Milton-under-Wychwood
Shipton-under-Wychwood
Ascott-under-Wychwood
OXFORDSHIRE
Wootton
Stonesfield
Fawler
Soldiers of Oxfordshire
Old Woodstock
Shipton-on-Cherwell
Bletchingdon
Charlton-on-Otmoor
Merton
Fencott
Murcott
Duck Decoy
Finstock
Mount Skippett
Combe
Woodstock
North Leigh Roman Villa
Blenheim Palace
London Oxford
Thrupp
Hampton Poyle
Leafield
Ramsden
Combe Mill
East End
Bladon
Kidlington
Islip
Oddington
DANGER AREA OT MOOR
Horton-cum-Studley
Great Barrington
Taynton
Field Assarts
Whiteoak Green
Delly End
North Leigh
Long Hanborough
Oxford Bus
Begbroke
Gosford
Noke
Little Barrington
Tolsey
Fulbrook
Burford
Fordwells
Asthall Leigh
Hailey
New Yatt
Poffley End
Freeland
Church Hanborough
Yarnton
Woodeaton
Beckley
Swinbrook
Asthall
Minster Lovell
Hall & Dovecote
Crawley
WITNEY
Barnard Gate
Cassington
OXFORD PEARTREE
Stanton St John
Forest Hill
Signet
Charterville Allotments
Woodgreen
Elsfield
Westwell
Holwell
Cotswold Wildlife Park
Shilton
Curbridge
Cogges
High Cogges
Eynsham
Wytham
Wolvercote
Godstow Nunnery
Marston
OXFORD
Barton
Headington
Sandhills
Holton
Brize Norton
Ducklington
South Leigh
Swinford
Toll
Ashmolean
Park Town
Carterton
RAF BRIZE NORTON
Lew
Hardwick
Sutton
Farmoor
Farmoor Reservoir
Botley
Grandpont
Shotover
Wheatley
Eastleach Martin
Swinford
Cotswold Woollen Weavers
Fyfield
Alvescot
Kencot
Broadwell
Black Bourton
Yelford
Blackditch
Stanton Harcourt
Bablock Hythe
Cumnor
Chawley
Conduit House
South Hinksey
Iffley
Cowley
Horspath
OXFORD
Cuddesdon
Broughton Poggs
Langford
Bampton
Aston
Brighthampton
Rack End
Standlake
Northmoor
Eaton
Boars Hill
Kennington
Littlemore
Garsington
Denton
Little Faringdon
Little Clanfield
Clanfield
Cote
Appleton
Bessels Leigh
Bayworth
Sandford-on-Thames
Toot Baldon
Little Milton
Lechlade on Thames
Grafton
Chimney
Wootton
Sunningwell
Kelmscott
Radley
Marsh Baldon
Duxford
Longworth
Fyfield
Cothill
Dry Sandford
Nuneham Courtenay
Chiselhampton
Father Thames Statue
Eaton Hastings
Hinton Waldrist
Buckland
Tubney
Shippon
Northcourt
Abingdon
Harcourt
Stadhampton
Buscot
Buscot Park
Littleworth
Lord Berners Folly
Pusey
Southmoor
Kingston Bagpuize
Kingston Bagpuize House
Fyfield
Frilford
Marcham
ABINGDON-ON-THAMES
County Hall
Caldecott
Clifton Hampden
Berinsfield
Drayton St Leonard
Chalgrove
Newington
Faringdon
Badbury Hill
Hatford
Charney Bassett
Garford
Culham
Burcot
Dorchester
M40
A422
A3400
A429
A44
A436
A424
A361
A40
A415
A417
A420
A34
A4095
A4260
A4421
A41
A43
A421
A423
A4074
A4142
A338
A329
B4086
B4100
B4455
B4035
B4031
B4022
B4026
B4450
B4437
B4030
B4027
B4047
B4020
B4477
B4449
B4044
B4017
B4015
B4480
B4525
B4508
Stour
Evenlode
River Windrush
River Thames or Isis
River Cherwell
River Dorn
River Glyme
Oxford Canal
R. Swere
River Tove
River Ray
Swalcliffe
P+R
61
62
36
49

51
BUCKINGHAMSHIRE
THE CHILTERN HILLS
THE THREE HUNDREDS OF AYLESBURY
MILTON KEYNES
AYLESBURY
DUNSTABLE
Litchborough
Pattishall
Dalscote
Eastcote
Astcote
Grimscote
Cold Higham
Foxley
Blisworth
Roade
Courteenhall
Quinton
Piddington
Horton
Salcey Forest
Eakley Lanes
Church Oak
Hartwell
Shutlanger
Stoke Bruerne
Canal Museum
Rookery Open Farm
Towcester
Greens Norton
Caldecote
Duncote
Tiffield
Hulcote
Ashton
Stoke Goldington
Long Street
Bradden
Slapton
Heathencote
Wood Burcote
Pury End
Alderton
Grafton Regis
Towcester Racecourse
Stoke Park Pavilions
Abthorpe
Wappenham
Paulerspury
Yardley Gobion
Hanslope
Castlethorpe
Tathall End
Gayhurst
Silverstone
Whittlebury
Potterspury
Cosgrove
Whittlewood Forest
Syresham
Brackley Hatch
Silverstone Experience
Lillingstone Dayrell
Lillingstone Lovell
Old Stratford
Wolverton
Stony Stratford
Deanshanger
Passenham
Wicken
Biddlesden
Dadford
Stowe House
Stowe Landscape
Akeley
Leckhampstead
Calverton
Beachampton
Upper Weald
Shalstone
Chackmore
Buffler's Holt
Foxcote Res.
Maids Moreton
Water Stratford
Radclive
Chantry Chapel
Old Gaol
Buckingham
Thornton
Thornborough
Nash
Whaddon
Finmere
Tingewick
Mount Pleasant
Barton Hartshorn
Preston Bissett
Gawcott
Padbury
Singleborough
Great Horwood
Little Horwood
Adstock
Chetwode
Hillesden
Addington
Winslow
Shipton
Swanbourne
Mursley
Drayton Parslow
Stewkley Dean
Stewkley
Soulbury
Hollingdon
Steeple Claydon
Middle Claydon
East Claydon
Claydon
Claydon Brook
Twyford
Poundon
Grebe Lake
Charndon
Calvert
Botolph Claydon
Granborough
Hoggeston
Dunton
Littlecote
North Marston
Cublington
Marsh Gibbon
Edgcott
Grendon Underwood
Oving
Whitchurch
Pitchcott
Quainton
Aston Abbotts
Blackthorn
Kingswood
Buckinghamshire Railway Centre
Hardwick
Weedon
Ludgershall
Piddington
The Lake
Wotton House
Wotton Underwood
Westcott
Waddesdon
Waddesdon Manor
Boarstall
Brill
Ashendon
Upper Winchendon
Nether Winchendon
Nether Winchendon House
Little London
Dorton
Pollicott
Oakley
Chilton
Chearsley
Cuddington
Gibraltar
Dinton
Upton
Stone
Westlington
Easington
Long Crendon
Courthouse
Worminghall
Ickford
Shabbington
Waterperry
Haddenham
Aston Sandford
Tiggywinkles Wildlife Hospital
Aylesbury (Thame)
Ford
Thame
Kingsey
Towersey
Moreton
Tiddington
Rycote Chapel
Milton Common
Great Haseley
Latchford
Little Haseley
Tetsworth
Sydenham
Emmington
Henton
Kingston Stert
Chinnor
Kingston Blount
Postcombe
Aston Rowant
Adwell
Stoke Talmage
South Weston
Chalgrove
Easington
Brightwell Baldwin
Cuxham
Pyrton
Shirburn
Watlington
Stokenchurch
Radnage
The City
Bledlow Ridge
Bledlow
Bledlow Cross
Chinnor & Princes Risborough Railway
Saunderton
Walter's Ash
Bradenham
West Wycombe
Naphill
Downley
Hughenden Valley
Hughenden Manor
Ilmer
Longwick
Pitch Green
Horsenden
Skittle Green
Monks Risborough
Princes Risborough
Loosley Row
Lacey Green
Speen
Whiteleaf Cross
Askett
Great Kimble
Little Kimble
Meadle
Owlswick
Kimble Wick
Ellesborough
Coombe Hill Monument
Chequers
Dunsmore
Little Hampden
Great Hampden
Hampden Monument
Prestwood
Great Missenden
Bryant's Bottom
Great Kingshill
Little Kingshill
Widmer End
Cryers Hill
Hazlemere
Holmer Green
Little Missenden
Beamond End
Penn Street
Coleshill
Amersham
Chesham Bois
Little Chalfont
Chorleywood
Chenies
Chenies Manor
Latimer
Flaunden
Sarratt
Mickfield Green
Ley Hill
Botley
Chesham
Bellingdon
Chartridge
Ballinger Common
South Heath
Hyde Heath
The Lee
Lee Clump
Kingsash
Wendover
Wendover Woods
Terrick
Nash Lee
North Lee
Marsh
Bucks Goat Centre
Stoke Mandeville
Bishopstone
Southcourt
Halton
RAF Halton
Weston Turville
Aston Clinton
Buckland
Drayton Beauchamp
Tring
West Leith
Hastoe
Wigginton
Natural History
St Leonards
Cholesbury
Cholesbury Camp
Buckland Common
Northchurch
Berkhamsted
Ashley Green
Whelpley Hill
Lye Green
Bovingdon
Chipperfield
Belsize
Felden
Boxmoor
Bourne End
Potten End
Frithsden
Nettleden
Warners End
Chaulden
Bulbourne
New Mill
Upper Dunsley
Aldbury
Little Gaddesden
Great Gaddesden
St Margaret's
Ringshall
Bridgewater Monument
Studham
Jockey End
Dagnall
Whipsnade
Whipsnade Tree Cathedral
Kensworth
Kensworth Common
Chilterns Gateway
Ivinghoe
Ivinghoe Beacon
Ivinghoe Aston
Pitstone
Pitstone Green
Ford End Watermill
Cheddington
Marsworth
Wilstone
Puttenham
Long Marston
Gubblecote
Bierton
Hulcott
Quarrendon
Watermead
Rowsham
Wingrave
Crafton
Mentmore
Horton
Slapton
Northall
Edlesborough
Eaton Bray
Totternhoe
Church End
Honeywick
Billington
Little Billington
Ledburn
Ascott
Wing
Burcott
Linslade
Leighton Buzzard
Leighton Buzzard Railway
Stanbridge
Tilsworth
Eggington
Hockliffe
Tebworth
Wingfield
Chalton
Houghton Regis
Sewell
Mead Open Farm
Ouzel
Toddington
Watergate Farm
Milton Bryan
Battlesden
Potsgrove
Heath and Reach
Stockgrove
Great Brickhill
Little Brickhill
Stoke Hammond
Bow Brickhill
Aspley Heath
Aspley Guise
Woburn Sands
Woburn
Woburn Abbey
Woburn Safari Park
Froxfield
Eversholt
Tingrith
Birchmoor Green
Heritage Centre
Husborne Crawley
Ridgmont
Segenhoe Church
Steppingley
Flitwick
Westoning
Harlington
Lidlington
Brogborough
Millbrook
Marston Moretaine
Katherine's Cross
Houghton Conquest
Marston Vale Millennium
How End
Stewartby
Lower Shelton
Upper Shelton
Wootton
Kempston
Kempston Hardwick
Hall End
Keeley Green
Green End
Box End
Biddenham
Bedford
Bromham
Bromham Mill
Oakley
Clapham
Glenn Miller
West End
Stevington
River Great Ouse
Turvey
Cold Brayfield
Lavendon
Warrington
Olney
Clifton Reynes
Newton Blossomville
Cowper & Newton
Weston Underwood
Ravenstone
Emberton
Petsoe End
Filgrave
Tyringham
Sherington
Chicheley
Hardmead
Astwood
Stagsden
Little Crawley
North Crawley
Bourne End
Broad Green
Cranfield
Whartley End
Moulsoe
Salford
Newport Pagnell
Lathbury
Historical Society
Little Linford
Haversham
Great Linford
Willen
Willen Lake
Bradwell
Bradwell Abbey
Concrete Cows
Gulliver's
Xscape
Broughton
Milton Keynes Village
Wavendon
Walton
Loughton
Shenley Church End
Shenley Brook End
Bletchley
Bletchley Park
Fenny Stratford
Newton Longville
Thrift Farm
Grand Union Canal
River Thame
River Great Ouse
River Tove
M1
M40
A5
A41
A43
A413
A418
A421
A422
A428
A4146
A4012
A505
A509
A4010
A4128
A4129
A4251
A416
A404
A40
A329
B4011
B4033
B4032
B4034
B488
B489
B440
B4506
B4505
B4009
B4445
B4012
B485
B5388
B565
B526
B560
B531
B530
B5704
A507
A5120
A5505
B4540
B4541
P+R
NEWPORT PAGNELL S
TODDINGTON S

52
BEDFORD
Kempston
Sandy
Biggleswade
Royston
Ampthill
Flitwick
Toddington
Houghton Regis
DUNSTABLE
LUTON
Barton-le-Clay
HITCHIN
LETCHWORTH GARDEN CITY
BALDOCK
STEVENAGE
Knebworth
Welwyn
WELWYN GARDEN CITY
HERTFORD
WARE
HODDESDON
HARPENDEN
Wheathampstead
Redbourn
ST ALBANS
HATFIELD
HEMEL HEMPSTEAD
BERKHAMSTED
Kings Langley
Abbots Langley
WATFORD
CHORLEYWOOD
RADLETT
BOREHAMWOOD
POTTERS BAR
CHESHUNT
ENFIELD
BARNET
BUSHEY
Chesham Bois
Shefford
Henlow
Stotfold
Arlesey
Buntingford
CENTRAL BEDFORDSHIRE
HERTFORDS
C A M B
M1
A1(M)
M25
A1
A6
A5
A10
A421
A428
A507
A505
A600
A602
A414
A1081
A5183
A6001
A1198
63
64
LONDON LUTON
TODDINGTON
BALDOCK
FLAMSTEAD
SOUTH MIMMS

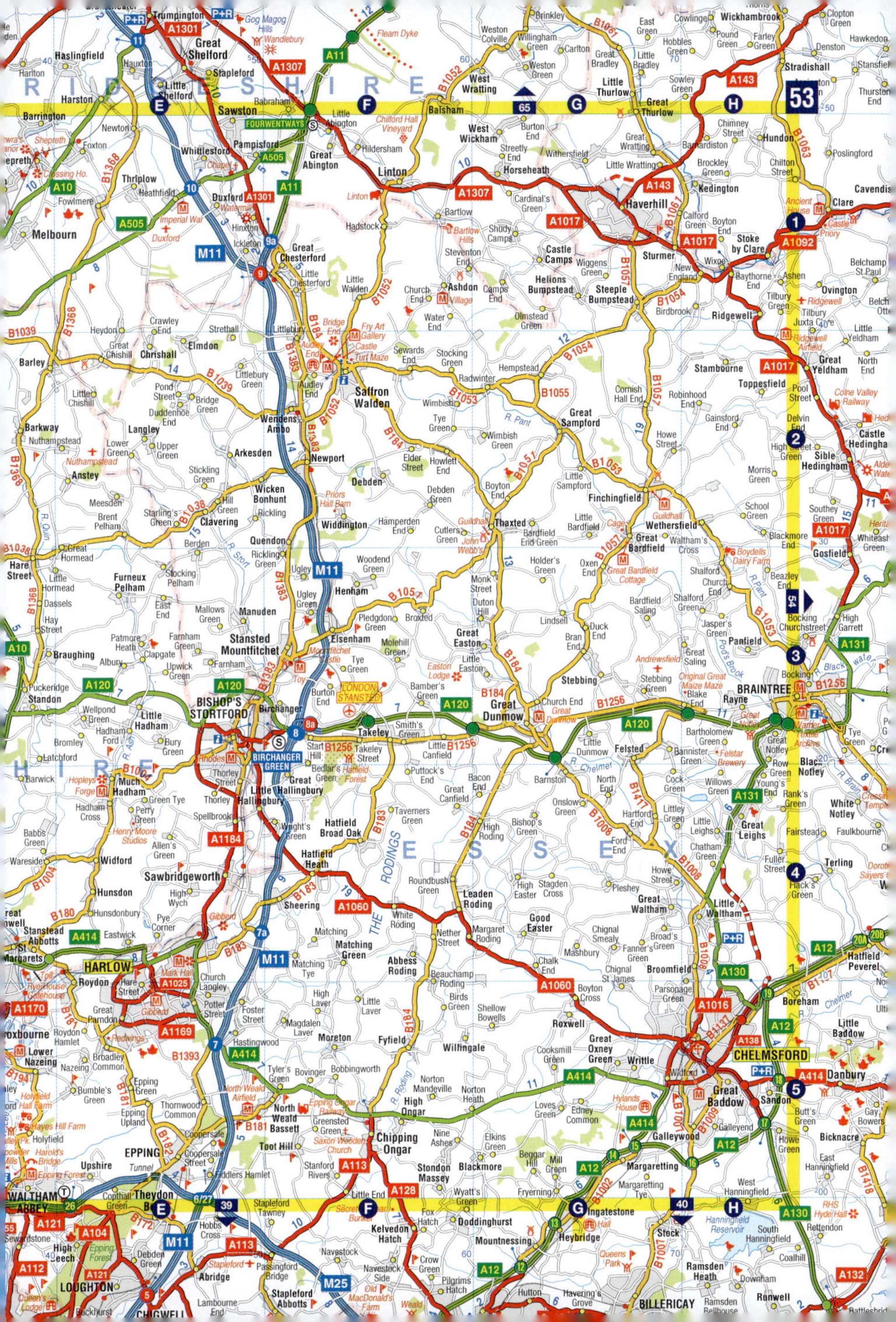
CAMBRIDGESHIRE
ESSEX
HERTFORDSHIRE
Trumpington
Great Shelford
Haslingfield
Harlton
Harston
Barrington
Sawston
FOURWENTWAYS
Little Abington
Great Abington
Pampisford
Whittlesford
Thriplow
Fowlmere
Heathfield
Duxford
Hinxton
Ickleton
Melbourn
Great Chesterford
Little Chesterford
Linton
Hildersham
Balsham
West Wratting
West Wickham
Horseheath
Haverhill
Kedington
Great Thurlow
Little Thurlow
Stradishall
Clare
Cavendish
Stoke by Clare
Sturmer
Steeple Bumpstead
Helions Bumpstead
Castle Camps
Ashdon
Saffron Walden
Audley End
Littlebury
Elmdon
Chrishall
Barley
Barkway
Nuthampstead
Anstey
Langley
Wendens Ambo
Newport
Arkesden
Debden
Clavering
Wicken Bonhunt
Quendon
Rickling Green
Widdington
Thaxted
Great Sampford
Finchingfield
Wethersfield
Great Bardfield
Ridgewell
Stambourne
Toppesfield
Great Yeldham
Sible Hedingham
Castle Hedingham
Gosfield
Henham
Elsenham
Ugley
Manuden
Stansted Mountfitchet
Furneux Pelham
Braughing
Standon
Puckeridge
Little Hadham
Much Hadham
BISHOP'S STORTFORD
Birchanger
BIRCHANGER GREEN
LONDON STANSTED
Takeley
Great Dunmow
Great Easton
Stebbing
Felsted
BRAINTREE
Rayne
Black Notley
White Notley
Great Leighs
Terling
Little Hallingbury
Hatfield Broad Oak
Hatfield Heath
Sawbridgeworth
Widford
Hunsdon
Sheering
HARLOW
Roydon
Stanstead Abbotts
Matching Green
Leaden Roding
Good Easter
Pleshey
Great Waltham
Little Waltham
Broomfield
Boreham
Hatfield Peverel
CHELMSFORD
Writtle
Roxwell
Great Baddow
Sandon
Danbury
Galleywood
Margaretting
Ingatestone
Stock
Billericay
Chipping Ongar
North Weald Bassett
Toot Hill
Epping
Theydon Bois
Waltham Abbey
Loughton
Chigwell
Abridge
Kelvedon Hatch
Doddinghurst
Mountnessing
Blackmore
Fyfield
Moreton
Abbess Roding
Nazeing
Lower Nazeing
Broxbourne
Hoddesdon
Upshire
Stanford Rivers
Stondon Massey
Ramsden Heath
Runwell
South Hanningfield
Hanningfield Reservoir
Bicknacre
Little Baddow
M11
M25
A10
A11
A12
A120
A130
A131
A1017
A1060
A1092
A1184
A1307
A414
A505
B1052
B1053
B1054
B1057
B1383
B184
53
54
65
40
39

Wickhambrook
Clopton Green
Lawshall
Thorpe Green
Brettenham
Battisford
Needham Market
Pound Green
Farley Green
Denston
Hawkedon
Somerton
Hartest
Shimpling Street
Smithwood Green
Thorpe Morieux
Rooksey Green
Battisford Tye
Charles Tye
Ringshall
Barking Tye
Barking
Darmsden
Baylham
Stradishall
Stansfield
Assington Green
Thurston End
Boxted
Shimpling
Alpheton
Hitcham
Cross Green
Wattisham
Ringshall Stocks
Great Bricett
Willisham
Great Blakenham
Chimney Street
Hundon
Stanstead
Lavenham
Little Hall
Preston
Kettlebaston
Bildeston
Nedging Tye
Greenstreet Green
Offton
Blakenham Woodland
Poslingford
Glemsford
Bridge Street
Kentwell
Brent Eleigh
Monks Eleigh
Chelsworth
Nedging
Naughton
Somersham
Little Blakenham
Chilton Street
Brockley Green
Guildhall
Kedington
Cavendish
Long Melford
Melford Hall
Swingleton Green
Semer
Ash Street
Whatfield
Elmsett
Flowton
Bramford
Clare
A1092
Ancient House
Castle Priory
Liston
Milden
Lindsey
Lindsey Tye
Kersey
Aldham
Sproughton
Calford Green
Boyton End
Stoke by Clare
Pentlow
Foxearth
Acton
Little Waldingfield
Rose Green
Round Maple
Chapel
Rowland Taylor Monument
Burstall
Newman's Green
Great Waldingfield
Wixoe
Baythorne End
Ashen
Belchamp St Paul
Borley
Borley Green
Sudbury
Mill Green
Wicker Street Green
Hadleigh
Hintlesham
Washbrook
Ovington
Belchamp Otten
Belchamp Walter
Gainsborough's Ho
Great Cornard
Edwardstone
Groton
Guildhall
Hadleigh Heath
Lower Layham
Upper Layham
Chattisham
Copdock
Tilbury Green
Ridgewell
Tilbury Juxta Clare
Ballingdon
Newton
Boxford
Calais Street
Ridgewell
Little Yeldham
Puttock End
Bulmer
Middleton
Henny Street
Little Cornard
Stone Street
Whitestreet Green
Polstead Heath
Little Wenham
Ridgewell Airfield
Great Yeldham
North End
Bulmer Tye
Great Henny
Assington
Polstead
Shelley
Raydon
Great Wenham
Capel St Mary
Stambourne
Toppesfield
Gestingthorpe
Workhouse Green
Leavenheath
Withermarsh Green
Lower Raydon
Holton St Mary
Bentley
Pool Street
Colne Valley Railway
Hedingham
Wickham St Paul
Twinstead Green
Twinstead
Stoke-by-Nayland
Thorington Street
Higham
Gainsford End
Delvin End
High Street Green
Castle Hedingham
Great Maplestead
Long Gardens
Lamarsh
Dorking Tye
Honey Tye
Stratford St Mary
East Bergholt
East Bergholt Place
East End
Sible Hedingham
Alderford Watermill
Little Maplestead
Cross End
Alphamstone
Bures
Nayland
Boxted
Bridge Cottage
Brantham
Morris Green
Pebmarsh
Dedham Vale
Dedham
Cattawade
School Green
Southey Green
Countess Cross
Mount Bures
Little Horkesley
Boxted Cross
Langham
Sir Alfred Munnings
Mistley
Manningtree
Blackmore End
Heritage
Whiteash Green
Bunting's Green
Colne Engaine
Wormingford
Great Horkesley
Lamb Corner
Dedham Heath
New Mistley
Gosfield
Halstead
East Anglian Railway
Hemp's Green
Boxted Airfield
Gnome Magic
Lawford
Boydells Dairy Farm
White Colne
Wakes Colne
Rose Green
Fordham
West Bergholt
P+R
Ardleigh
Little Bromley
Horsleycross Street
Shalford Church End
Beazley End
Greenstead Green
Earls Colne
Chappel
Fordham Heath
Mile End
High Woods
Ardleigh Resr.
Burnt Heath
Horsley Cross
Burton's Green
Earls Colne
Swan Street
Fordstreet
Fox Street
Crockleford Heath
Great Bromley
Jasper's Green
Bocking Churchstreet
High Garrett
Tumbler's Green
Marks Hall
Great Tey
Aldham
Eight Ash Green
COLCHESTER
Elmstead
Beth Chatto
Little Bentley
Panfield
Great Saling
Stisted
Pattiswick
East Gores
Marks Tey
Beacon End
Lexden Earthworks
Elmstead Market
Hare Green
BRAINTREE
Bocking
Bradwell
Coggeshall
Surrex
Stanway
Copford
Shrub End
St John's Abbey Gate
Bourne Mill
Frating Green
Great Bentley
Rayne
Stockstreet
Skye Green
Little Tey
Copford Green
Blackheath
Elmstead Heath
Alresford
Bartholomew Green
Great Notley
Warner Textile Archive
Perry Green
Paycocke's
Grange Barn
Coggeshall Hamlet
Feeringbury Manor
Heckfordbridge
Colchester Zoo
Wivenhoe
Rowhedge
Feering
Easthorpe
Fingringhoe
Thorrington
Felstar Brewery
Black Notley
Row Green
Cressing
Hardy's Green
Birch
Layer-de-la-Haye
Tide Mill
Willows Green
Young's End
Rank's Green
Silver End
Kelvedon
Messing
Birch Green
Abberton
South Green
Little Leighs
White Notley
Cressing Temple
Rivenhall
Inworth
Smythe's Green
Layer Marney
Layer Breton
Abberton Resr.
Langenhoe
Brightlingsea
Great Leighs
Fairstead
Faulkbourne
Local History
Layer Marney Tower
Peldon
Chatham Green
Chipping Hill
Rivenhall End
Tiptree
Tolleshunt Knights
MERSEA ISLAND
Hurst Green
St Osyth
Terling
Dorothy L Sayers Centre
Blue Row
Cudmore Grove
Flack's Green
WITHAM
Great Braxted
Tiptree Heath
Oxley Green
Great Wigborough
East Mersea
Point Clear
Little Waltham
Salcott
P+R
Wickham Bishops
Great Totham North
Little Totham
Tolleshunt D'Arcy
Blackwater Estuary
West Mersea
Colne Point
Hatfield Peverel
Great Totham South
Tolleshunt Major
Tollesbury
Virley Channel
Nounsley
Sales Point
Boreham
Chelmer
Langford
Power
Broad Street Green
Goldhanger
St Peter's Chapel
Ulting
Heybridge
Little Baddow
Woodham Walter
Maeldune Heritage Centre
Heybridge Basin
Osea Island
RIVER BLACKWATER
Bradwell Waterside
Bradwell-on-Sea
CHELMSFORD
Moot Hall
MALDON
Northey Island
Great Baddow
Danbury
Maldon 991
Ramsey Island
St Lawrence
Sandon
Woodham Mortimer
Gay Bowers
Rudley Green
Rural Discovery Church
Butt's Green
Hazeleigh
Tillingham
Galleyend
Bicknacre
Cock Clarks
New Hall Vineyards
Steeple
Howe Green
Purleigh
Mundon
Dengie
East Hanningfield
Maylandsea
Mayland
Howegreen
Cold Norton
Asheldham
West Hanningfield
Latchingdon
Woodham Ferrers
Stow Maries
Southminster
Hanningfield Reservoir
Hyde Hall
Althorne
Mangapps Railway
Rettendon
South Hanningfield
South Woodham Ferrers
North Fambridge
Stoneyhills
Holliwell Point
Coalhill
Ostend
Ramsden Heath
Downham
Burnham-on-Crouch
Foulness Sands
Runwell
Marsh Farm
South Fambridge
Ramsden Bellhouse
Battlesbridge
Hullbridge
Canewdon
River Crouch
Foulness
S U F F O L K
E S S E X

Woodbridge
Ipswich
Felixstowe
Harwich
Clacton-on-Sea
Walton-on-the-Naze
Frinton-on-Sea
Holland-on-Sea
Orford
Orford Ness
Rendlesham
Sudbourne
Tunstall
Pettistree
Debach
Bredfield
Melton
Bromeswell
Eyke
Ufford
Chillesford
Butley
Capel Green
Capel St Andrew
Butley High Corner
Boyton
Hollesley
Hollesley Bay
Shottisham
Sutton
Sutton Hoo
Tide Mill
Shingle Street
Alderton
Bawdsey
Martello Tower
Martlesham
Martlesham Heath
Waldringfield
Newbourne
Hemley
Kesgrave
Rushmere St Andrew
Playford
Little Bealings
Great Bealings
Tuddenham St Martin
Grundisburgh
Witnesham
Hasketon
Burgh
Gibraltar
Swilland
Hemingstone
Bell's Cross
Barham
Henley
Claydon
Akenham
Westerfield
Castle Hill
California
Chantry
Gainsborough
Belstead
Wherstead
Freston
Tattingstone
Tattingstone White Horse
Holbrook
Alton Water
Lower Holbrook
Harkstead
Stutton
Woolverstone
Chelmondiston
Pin Mill
Erwarton
Shotley
Shotley Gate
Levington
Nacton
Bucklesham
Brightwell
Kirton
Falkenham
Trimley St Martin
Trimley St Mary
Trimley Lower Street
Thorpe Common
Walton
Old Felixstowe
Felixstowe Ferry
Martello Towers
Landguard Fort
Harwich Harbour
Parkeston
Dovercourt
Upper Dovercourt
Ramsey
Wrabness
Bradfield
Bradfield Heath
Mistley Heath
Little Oakley
Great Oakley
Wix
Stones Green
Tendring Green
Beaumont
Tendring
Thorpe Green
Weeley
Thorpe-le-Soken
Weeley Heath
Kirby-le-Soken
Kirby Cross
Great Holland
Little Clacton
Row Heath
St Osyth Heath
Great Clacton
Jaywick
Seawick
Hamford Water
Horsey Island
The Naze
River Stour
River Orwell
River Deben
River Ore
R. Alde
Butley R.
Danger Area
Harwich to: Hook of Holland 7hrs. 15mins.
NORTH SEA
A12
A14
A120
A133
A137
A154
A1152
A1156
A1189
A1214
B1027
B1032
B1033
B1034
B1035
B1036
B1077
B1078
B1079
B1080
B1083
B1084
B1352
B1414
B1438
B1442
B1456
E F G H
1 2 3 4 5
41
67

56

CARDIGAN BAY

Cemaes Head · Pwllygranant · Cardigan Island · St Dogmaels · Moylgrove · Cippyn · Allt-y-goedo · Cardigan · Y Ferwig · Pen-parc · Parc-llyn · Felinwynt · Tre-main · Blaen-porth · Rainforest Centre · Aberporth · Tre-saith · Penbryn · Morfa · Blaen Celyn · Llangranog · Ynys-Lochdyn · Cwmtudu · Maen-y-groes · New Quay · Cross Inn · Nanternis · Caerwedros · Llwyndafydd · Pontgarreg · Brynhoffnant · Sarnau · Tan-y-groes · Bettws Ifan · Cwrtnewydd · Beulah · Noyadd Trefawr · Pantgwyn · Llangoedmor · Pont-hirwaun · Brongest · Coed-y-bryn · Penrhiwpal · Troed-yr-aur · Hawen · Rhydlewis · Felinwnda · Brithdir · Synod Inn · Pen-cae · Oakford · Geneva · Llanarth · Gilfachreda · Llwyncelyn · Ffos-y-ffin · Aberaeron · Mydroilyn · Talgarreg · Capel Cynon · Bwlch-y-fadfa · Rhydowen · Pont-Sian · Tre-groes · Cwm · Maes-llyn

A487 · A484 · A486 · A475 · A482 · B4333 · B4334 · B4338 · B4342 · B4457 · B4459 · B4570 · B4548

57
POWYS
CARMARTHENSHIRE
CAMBRIAN MOUNTAINS
CEREDIGION
Tonfanau
Bryn-crug
Pandy
Rhydyronnen
Dol-goch Falls
Aber Dysynni
Broad Water
Tywyn
Narrow Gauge Railway
Trum Gelli
Corlan-fraith
Pennal
Machynlleth
Dyffryn Dyfi
Pantperthog
Centre for Alternative Technology
Llanwrin
Abercegir
Commins Coch
Darowen
Tafolwern
Penegoes
Tal-y-Wern
Forge
Melinbyrhedyn
Afon Dulas
Derwen-las
Glandyfi
Glaspwll
Aberhosan
Moelfre 1537
Pennant
Llan
Penhelig
Aberdovey
Snowdonia National Park
Dyfi Furnace
Eglwys-fach
Furnace
Pencarreggopa 1467
Dylife
Glaslyn
Ynys-las
Llancynfelyn
Tre'r-ddol
Tre Taliesin
Llyn Dwfn
Llyn Conach
Moel y-Llyn 1708
Llyn Plas-y-mynydd
Bugeilyn
Llwynygog
Borth
Station
Animal Kingdom
Upper Borth
Tal-y-bont
Afon Leri
Dol-y-Bont
Llandre
Rhyd-meirionydd
Bontgoch
Llyn Craigypistyll
Drosgol 1806
Nant-y-moch Reservoir
Source of R. Severn
Pen Pumlumon Arwystli 2431
Source of R. Wye (Afon Gwy)
PLYNLIMON (PUMLUMON FAWR) 2467
Drum Peithnant
Hafren Forest
Esgair y Maesnant
R. Severn
Llyn Clywedog (Reservoir)
Bow Street
Pen-y-garn
Garth
Salem
Penrhyn-coch
Llyn Syfydrin
Afon Rheidol
Y Foel
Afon Biga
Afon Bidno
Llangorwen
Camera Obscura
National Library
Cliff Railway
Cefn-llwyd
Pen-bont Rhydybeddau
Cwmsymlog
Cwmerfyn
Bwlch Nant yr Arian Forest
Dinas Resr.
ABERYSTWYTH
Comins-coch
Capel Dewi
Waunfawr
Llanbadarn Fawr
Blaen-geuffordd
Dollwen
Goginan
Ponterwyd
Dyffryn Castell
Wye Valley
R. Wye (Afon Gwy)
The Bar
Penparcau
Southgate
Afon Rheidol
Capel Bangor
Cwmbrwyno
Llywernog
Rheidol Power Station
Llywernog Silver-Lead Mine
Esgair Ychion
Rhydyfelin
Moriah
Capel Seion
Aber-ffrwd
Vale of Rheidol
Rheidol Falls
Ystumtuen
Ysbyty Cynfyn
Mynach Falls
Three Bridges
Llanfarian
Y Gors
Devil's Bridge
Jubilee Arch
Bryn Garw
Banc Nant Rhys
Yr Allt
Elan Valley
Chancery
New Cross
Llanfihangel-y-Creuddyn
Trisant
Blaen-plwyf
Llanilar
Cnwch-coch
New Row
Cwmystwyth
Rhos-y-garth
Crosswood
Llanafan
Afon Ystwyth
Pont-rhyd-y-groes
Afon Elan
Llanddeiniol
Wenallt
Ysbyty Ystwyth
Geifas 1878
Nant Hirin
Carreg Ti-pw
Llangwyryfon
Lledrod
Mynydd Bach 1092
Marchnant
Trawsallt
Llyn Fyrddon-Fawr
Llyn Fyrddon-Fach 1944
Llyn Du
Llyn Cerrigllwydion Isaf
Llyn Cerrigllwydion Uchaf
Trumau
Llanrhystud
Tyn-y-graig
Ystradmeurig
Ffair Rhos
Trefenter
Rhydroser
Llansantffraed
Llan-non
Rhydfudr
Bronant
Swyddffynnon
Pontrhydfendigaid
Llyn Teifi
Llyn Hir
Llyn Egnant
Llyn y Gorlan
Bontnewydd
MYNYDD BACH
Cors-goch Gran Teifi
Afon Teifi
Strata Florida
Abbey
Dibyn Du 1738
Esgair Garthen
Claerwen Reservoir
Rhos Haminiog
Nebo
Blaenpennal
Cors Caron
Llyn Gynon
Pen-y-bwlch
Aber-arth
Pennant
Cross Inn
Bethania
Ty'n-yr-eithin
Monachty
Pen-uwch
Afon Aeron
Esgair Llyn-du
Bryn Garw 1827
Afon Claerwen
Llanerchaeron
Llanaeron
Cilcennin
Llangeitho
Tregaron
Tregaron Red Kite Centre & Museum
Y Drum 1668
Esgair Ambor
Drum yr Eira
Ciliau Aeron
Newbridge
Bwlch-Llan
Capel Betws Lleucu
Bryn Crwn 1732
2104 Drygarn Fawr
Trefilan
Abermeurig
Gartheli
Esgair Fraith 1592
LlynBerwyn
Esgair Cerrig 1588
Gamallt
Ystradaeron
Talsarn
Llundain-fach
Llwyn-y-groes
Camddwr
Dihewyd
Felin-fach
Olmarch
Llanddewi Brefi
Esgair Llethr 1543
Temple Bar
Ffynnon-oer
Cefn-Coch 1641
Nant Irfon
Abergwesyn
Bettws Bledrws
Llangybi
Bryn Brawd 1589
Pen Rhiw-clochdy
Cribyn
Silian
Llanfair Clydogau
Cefn Fannog 1476
Gors-goch
Pen y Gurnos 1497
Llyn Brianne
Tywi Forest
Maes
Cellan
Afon Teifi
Craig Twrch
Lampeter
Pentrefelin
Mynydd Trawsnant 1695
Cambrian Woollen Mill
Cwrtnewydd
Llanwrtyd
Llanwnnen
Pentre-bach
Cwm-ann
Ystradffin
Llanwrtyd Wells
Drefach
Alltyblacca
Pencarreg
Mynydd Mallaen 1515
Llanwenog
Ffaldybrenin
Ffarmers
Nant-y-bai
A470
A487
A489
A493
A4159
A44
A4120
A485
A482
A475
B4404
B4353
B4572
B4343
B4340
B4576
B4575
B4574
B4337
B4577
B4571
B4578
B4342
B4339
B4338
E
F
G
H
1
2
3
4
5
45
46
58
69

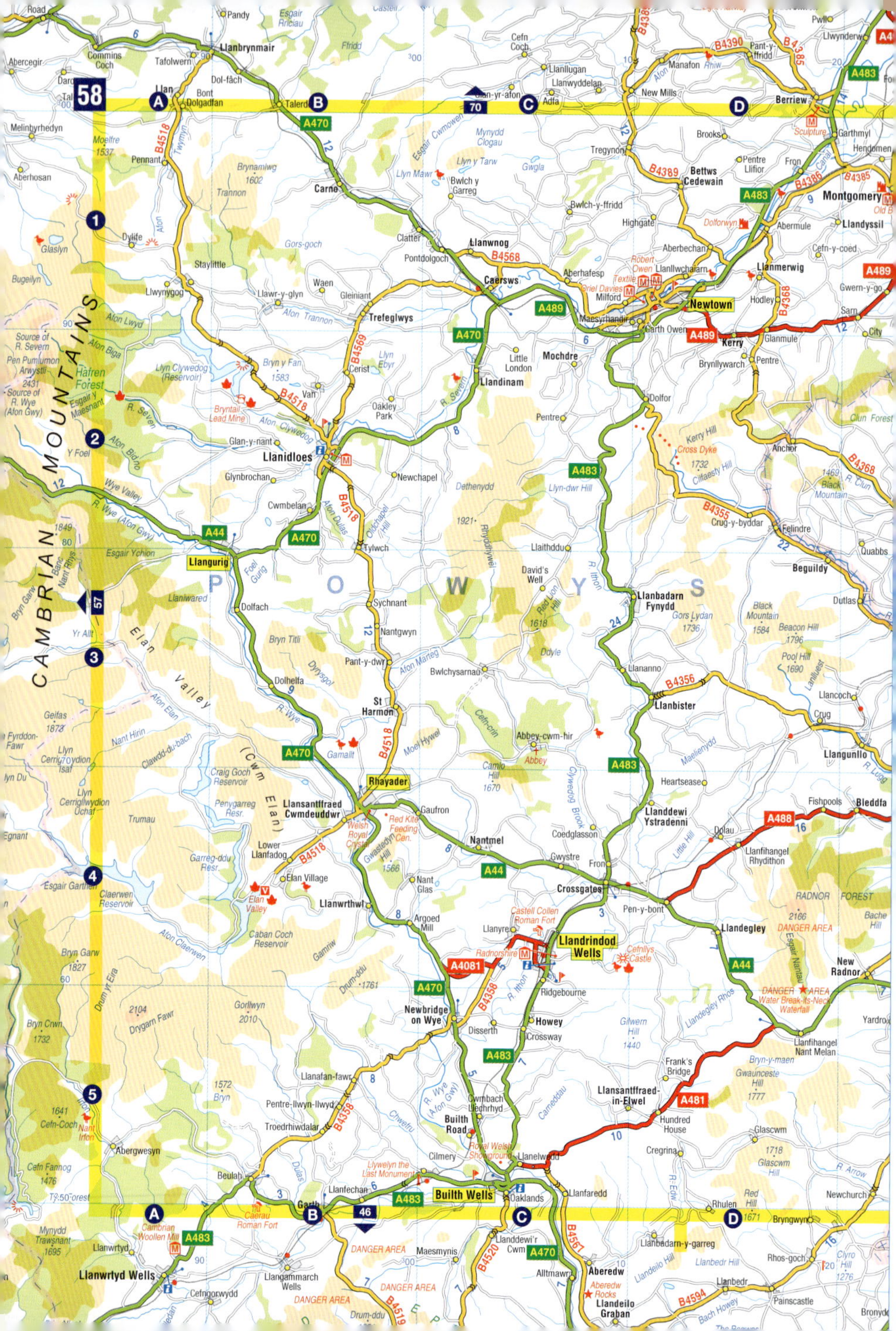
58
CAMBRIAN MOUNTAINS
POWYS
Llanbrynmair
Commins Coch
Tafolwern
Abercegir
Dolgadfan
Bont
Dol-fâch
Talerddig
Pandy
Esgair Rhiciau
Cefn Coch
Llanllugan
Llanwyddelan
Adfa
Manafon
Pant-y-ffridd
Pwll
Llwynderw
Berriew
New Mills
Melinbyrhedyn
Pennant
Moelfre 1537
Brynamlwg 1602
Trannon
Carno
Mynydd Clogau
Llyn y Tarw
Llyn Mawr
Bwlch y Garreg
Gwgia
Tregynon
Brooks
Pentre Llifior
Fron
Garthmyl
Hendomen
Bettws Cedewain
Montgomery
Llandyssil
Aberhosan
Dylife
Glaslyn
Staylittle
Gors-goch
Bwlch-y-ffridd
Highgate
Dolforwyn
Abermule
Cefn-y-coed
Llanwnog
Clatter
Pontdolgoch
Caersws
Aberbechan
Llanllwchaiarn
Llanmerwig
Aberhafesp
Robert Owen
Textile
Oriel Davies
Milford
Newtown
Hodley
Gwern-y-go
Bugeilyn
Llwynygog
Llawr-y-glyn
Waen
Gleiniant
Trefeglwys
Maesyrhandir
Garth Owen
Kerry
Glanmule
Sarn
City
Source of R. Severn
Pen Pumlumon Arwystli 2431
Source of R. Wye (Afon Gwy)
Hafren Forest
Esgair y Maesnant
Llyn Clywedog (Reservoir)
Bryn y Fan 1583
Van
Cerist
Llyn Ebyr
Little London
Mochdre
Bryllywarch
Pentre
Llandinam
Dolfor
Bryntail Lead Mine
Oakley Park
Pentre
Kerry Hill
Cross Dyke
Clun Forest
Anchor
Glan-y-nant
Llanidloes
Y Foel
Glynbrochan
Newchapel
Dethenydd
Llyn-dwr Hill
Cilfaesty Hill
Black Mountain
Cwmbelan
Wye Valley
Esgair Ychion
Llangurig
Tylwch
Llaithddu
Crug-y-byddar
Felindre
Quabbs
Beguildy
Llaniwared
Dolfach
Foel Fawr
David's Well
Llanbadarn Fynydd
Dutlas
Sychnant
Nantgwyn
Bryn Titli
Gors Lydan 1736
Black Mountain 1584
Beacon Hill 1796
Pool Hill 1690
Yr Allt
Elan Valley
Pant-y-dwr
Bwlchysarnau
Llananno
Dolhelfa
St Harmon
Llanbister
Llancoch
Crug
Geifas 1878
Fyrddon-Fawr
Llyn Cerrigllwydion Isaf
Llyn Cerrigllwydion Uchaf
Nant Hirin
Clawdd-du-bach
Craig Goch Reservoir
Gamallt
Moel Hywel
Abbey-cwm-hir
Abbey
Camlo Hill 1670
Maelienydd
Llangunllo
Rhayader
Heartsease
Llansantffraed Cwmdeuddwr
Gaufron
Red Kite Feeding Cen.
Welsh Royal Crystal
Llanddewi Ystradenni
Fishpools
Bleddfa
Penygarreg Resr.
Trumau
Coedglasson
Dolau
Nantmel
Lower Llanfadog
Gwastedyn Hill 1566
Gwystre
Fron
Llanfihangel Rhydithon
Egnant
Garreg-ddu Resr.
Elan Village
Nant Glas
Crossgates
Radnor Forest
Esgair Garthen
Claerwen Reservoir
Llanwrthwl
Argoed Mill
Pen-y-bont
2166
Danger Area
Bache Hill
Elan Valley
Caban Coch Reservoir
Llanyre
Castell Collen Roman Fort
Llandrindod Wells
Cefnllys Castle
Llandegley
Bryn Garw 1827
Gamriw
Radnorshire
New Radnor
Drum-ddu 1761
Ridgebourne
Water Break-its-Neck Waterfall
Drum yr Eira
Drygarn Fawr 2104
Gorllwyn 2010
Newbridge on Wye
Disserth
Howey
Crossway
Gilwern Hill 1440
Llandegley Rhos
Yardro
Bryn Crwn 1732
Llanfihangel Nant Melan
Bryn-y-maen
Frank's Bridge
Gwaunceste Hill 1777
Llanafan-fawr
1572 Bryn
Cefn-Coch 1641
Nant Irfon
Pentre-llwyn-llwyd
Cwmbach Llechrhyd
Llansantffraed-in-Elwel
Hundred House
Troedrhiwdalar
Chwefru
Builth Road
Carneddau
Glascwm
Abergwesyn
Royal Welsh Showground
Cregrina
Glascwm Hill 1718
Cefn Fannog 1476
Cilmery
Llywelyn the Last Monument
Llanelwedd
Beulah
Llanfechan
Garth
Builth Wells
Oaklands
Llanfaredd
Red Hill 1671
Rhulen
Newchurch
Bryngwyn
Caerau Roman Fort
Cambrian Woollen Mill
Mynydd Trawsnant 1695
Llanwrtyd
Llanwrtyd Wells
Danger Area
Maesmynis
Llanddewi'r Cwm
Alltmawr
Aberedw
Aberedw Rocks
Llanbadarn-y-garreg
Llandeilo Hill
Llanbedr Hill
Rhos-goch
Clyro Hill 1276
Llangammarch Wells
Cefngorwydd
Llandeilo Graban
Llanbedr
Painscastle
Bronydd
Drum-ddu
Bach Howey
A470
A483
A489
A44
A4081
A488
A481
B4518
B4569
B4568
B4389
B4390
B4385
B4386
B4368
B4355
B4356
B4358
B4520
B4567
B4519
B4594
70
57
46

59
71
60
47
48
Worthen
Brockton
B4499
Binweston
Trelystan
Fron
Kingswood
Marton
Leigh
Ploxgreen
Snailbeach
Hope
Habberley
Pulverbatch
Pulverbatch Castle
Church Pulverbatch
Wrentnall
Oaks
Longden Common
Stapleton
Dorrington
Great Ryton
Little Ryton
Pitchford
Upper Cound
Cound
Harnage
Golding
Acton Burnell
Acton Pigott
Row Brook
Cressage
Sheinton
Buildwas
Abbey
A4169
A458
Harley
Much Wenlock
Priory
Stockton
Meadowtown
Bentlawnt
Stiperstones
Netley
A49
Longnor
Frodesley
Ruckley
Kenley
Offa's Dyke
Wotherton
Rorrington
Langley Chapel
The Bank
Guildhall
Mitchell's Fold Stone Circle
Shelve
Pennerley
Stiperstones
Pickelscott
Woolstaston
Leebotwood
Broome
Chatwall
Church Preen
Hughley
Stretton Westwood
Presthope
Atterley
Callaughton
Chirbury
B4386
A488
The Bog
The Marsh
A490
Dudston
Priest Weston
1683 Corndon Hill
Kinnerton
Ratlinghope
Long Mynd
All Stretton
Comley
Enchmarsh
1236
Plaish
Caer Caradoc
1506
Cardington
Gretton
Longville in the Dale
Easthope
B4371
B4378
Bourton
Muckley
Acton Round
Church Stoke
Alport
Hurdley
Hyssington
Llanerch
Linley Hill
1349
Medlicott
1694
Ashbrook
Church Stretton
Stoneacton
Brockton
River Corve
Weston
B4368
Monkhopton
Astonlane
A489
B4385
Snead
Norbury
Wentnor
Worldsend
Hazler
Hope Bowdler
Wall under Heywood
East Wall
Wilderhope Manor
Shipton
Upper Netchwood
Lower Netchwood
Bacheldre
Pentre
Owlbury
Linley
More
Whitcot
Little Stretton
Chelmick
Ragdon
Soudley
Rushbury
Shipton Hall
Stanton Long
Derrington
Hopton
Cwm
Lydham
Hardwick
Asterton
Minton
Long Mynd
Hatton
Historic Working Farm
Ticklerton
Roman Bank
Broadstone
Ashfield
Middleton Priors
Offa's Dyke
Castle
Railway
B4383
Lea
Eaton
Choulton
Eyton
A489
Marshbrook
Hamperley
Acton Scott
Eaton
Harton
Middlehope
Upper Millichope
Hungerford
Holdgate
Ditton Priors
Bishop's Castle
Edenhope Hill
Mainstone
Reilth
Colebatch
Plowden
B4370
Whittingslow
Bushmoor
Henley
Alcaston
Munslow
Aston Munslow
Broncroft
Tugford
Hillside
Neenton
Cleobury North
Churchtown
Cefn Einion
Lydbury North
Horderley
Edgton
Woolston
Wistanstow
Felhampton
Upper Affcot
Westhope
Diddlebury
Heath Chapel
Upper Heath
Abdon
1771
Cockshutford
Bryn
Brockton
Lower Down
Round Oak
Cheney Longville
Strefford
Corfton
Peaton
Bouldon
Clee St Margaret
Nordy Bank
Burwarton
Aston Botterell
Mardu
A488
Acton
Walcot Hall Arboretum
Hopesay
Sibdon Carwood
Halford
Upper Dinchope
B4368
Seifton
Culmington
Great Sutton
Brown Clee
Newcastle
Whitcott Keysett
Bicton
Gulden Down
Bury Ditches
Kempton
Long Meadowend
Craven Arms
Stokesay
Shropshire Hills Discovery Centre
Lower Hayton
Upper Hayton
Stoke St Milborough
Weston Hill
Blackford
Loughton
Wheathill
B4368
Clunton
Little Brampton
Aston on Clun
Broome
Norton Camp
Norton
Hopton Cangeford
Clun
Purslow
Rowton
B4367
A49
Vernolds Common
Hayton's Bent
B4365
B4364
Bromdon
Farlow
Cleedownton
Silvington
Cleestanton
Clunbury
Aldon
Brandhill
Onibury
Stanton Lacy
Titterstone Clee Hill
1750
Cleeton St Mary
Crumpsbrook
Hobarris
Black Hill
Twitchen
Abcott
Clungunford
Hopton Castle
Hoptonheath
Wootton
Bitterley
Offa's Dyke
Llanfair Waterdine
New Invention
Pentre Hodre
1300 Hopton Titterhill
Hopton Castle
Shelderton
Ludlow
Middleton
Henley
A4117
Angelbank
Foxwood
Doddington
Purlogue
Chapel Lawn
Marlow
A4113
Bromfield
Rockgreen
Snitton
Cleehill
B4355
Lloyney
A488
Bedstone
Todding
Priors Halton
Ludlow
Lower Ledwyche
Knowbury
Knowle
Heyop
Knucklas Castle
Skyborry Green
Caer Caradoc
B4367
Coxall
Kinton
Downton on the Rock
R. Teme
P+R
Hope Bagot
Haybridge
Coreley
Knucklas
Offa's Dyke Centre
Stowe
Weston
Bucknell
Leintwardine
Buckton
Bringewood Chase
Ludford
Caynham
Whitton
Garth
Knighton
Milebrook
A4113
Brampton Bryan
Walford
B4361
Burrington
Pipe Aston
Overton
A49
Nash
1373 Bailey Hill
A488
Offa's Dyke
B4355
Spaceguard Centre
WALES
ENGLAND
B4530
Grange
Adforton
Elton
Richard's Castle
Ashford Carbonel
Ashford Bowdler
Greete
Whatmore
Knighton Common
B4356
Monaughty
Rhos-y-meirch
Llan-wen Hill
Birtley
Letton
A4110
Leinthall Starkes
Richards Castle
Middleton
Woofferton
Little Hereford
Burford
Dean Park
Boraston
Newnham Bridge
Glog Hill
B4357
Pilleth
Wigmore
Leinthall Earls
Orleton Common
B4362
Wyson
A456
Brimfield
Burford House
Tenbury Wells
Kyrewood
Newnham Mill
Pilleth 1402
Whitton
Norton
Ongar Street
Ashley Moor
Comberton
Berrington
Upper Rochford
Cascob
Dolley Green
B4355
Lingen
Yatton
Croft Ambrey
Hillfort
Cock Gate
Bircher
Orleton
Stony Cross
Berrington Green
Oldwood Common
Sutton
Beggar's Bush
Discoed
Stapleton
Priory
Upper Lye
Lower Lye
Aymestrey
Water Mill
Croft
Yarpole
B4361
Moreton
Middleton on the Hill
Laysters Pole
Miles Hope
St Michaels
Kinnerton
Presteigne
Judge's Lodging
Kinsham
Byton
Uphampton
Mortimer's Cross
B4362
Lucton
Bicton
Luston
Eye
Ashton
The Hundred
A4112
Romers Common
Kyre Park
Thorn
Evenjobb
Rodd
Combe
B4362
Combe Moor
Easthampton
Mortimer's Cross 1461
Lugg Green
Aston
Berrington Hall
Kimbolton
Woonton
Kyre Green
Bank Street
B4372
B4357
Nash
Staunton on Arrow
Shobdon
Ledicot
Kingsland
B4360
Eyton
The Broad
Whyle
Grafton
Pie Corner
Four Stones
Womaston
Knill
Burcher
Stansbatch
Mortimer's Cross Battle Monument
Cobnash
Lugg
Stockton
Hatfield
Old Radnor
Walton
Offa's Dyke
Bradnor Hill 1284
Flintsham
Titley
Staunton Park
Shobdon
Rowe Ditch
Shirl Heath
Lawton
Cholstrey
Leominster
Pudleston
Thornbury
Edwyn Ralph
Dolyhir
Burlingjobb
B4355
The Forge
Eardisland
B4529
Barons Cross
Stretford
Docklow
Grendon Green
Weythel
A44
Kington
Nextend
Marston
Pembridge
Old Chapel
Upper Hardwick
A44
Monkland
A44
Folk
B4361
Steen's Bridge
Humber
A44
Bredenbury
Hergest Croft
Hergest Ridge
Penrhos
New Street
Weston
Westonbury Mill Water
Lower Hardwick
Ivington Green
Ivington
A49
Stoke Prior
Buckland
Gladestry
Upper Hergest
Offa's Dyke
Lyonshall
Moorcot
Bearwood
B4457
Sollers Dilwyn
Brierley
Risbury
Marston Stannett
Bromyard
Lower Hergest
Small Breeds Farm Park & Owl Centre
Holme Marsh
Broxwood
Haven
Dilwyn
Aulden
Wharton
Huntington Castle
Huntington
Kingswood
Chickward
HEREFORDSHIRE
Hopley's Green
A480
Woonton
A4112
Knapton Green
Birley
Upper Hill
Newton
Hope under Dinmore
Hampton Court
Bowley
Hegdon Hill
Pencombe
A4111
Almeley Wootton
Almeley
Logaston
Weobley
Weobley Marsh
Bush Bank
King's Pyon
Westhope
Queenswood
Queenswood Arboretum
Bodenham
A417
Little Cowarne
A465
Lower Welson
Upcott
Newchurch
Sarnesfield
A4110
Pool Head
Maund Bryan
Stoke Lacy
Ullingswick
Upper Town
Munderfield Stocks
Michaelchurch-on-Arrow
Woods Eaves
Hurstway Common
Eardisley
Kinnersley
Kinnersley Castle
A480
B4230
Ledgemoor
Highway
Urdimarsh
Marden
The Vauld
Venn's Green
Felton
Moreton Jeffries
Stoke Lacy
Rhydspence
Millhalf
Ailey
Hurstley
Ecles Green
Norton Canon
Wormsley
Canon Pyon
Wellington
Walker's Green
Preston Wynne
Burley Gate
Toll
Whitney-on-Wye
A438
Winforton
Willersley
Waterloo
Moorhampton
Yazor
Mansell Lacy
Tillington Common
Auberrow
Moreton on Lugg
Marden
Sutton Walls Hillfort
Preston Marsh
Ocle Pychard
Much Cowarne
Lower Egleton
Clifford
Castle
Priory Wood
B4352
Merbach
Letton
Bredwardine
Brobury House
Staunton on Wye
B4230
Mansell Gamage
Tillington
Portway
Sutton St Michael
Sutton St Nicholas
A465
A417
Pipe and Lyde
Stretton
SHROPSHIRE

60
72
59
48
A
B
C
D
1
2
3
4
5
SHROPSHIRE
WORCESTERSHIRE
WYRE FOREST
WOLVERHAMPTON
DUDLEY
BRIERLEY HILL
STOURBRIDGE
HALESOWEN
KIDDERMINSTER
BROMSGROVE
DROITWICH SPA
WORCESTER
GREAT MALVERN
Malvern Link
WILLENHALL
WEDNESFIELD
BILSTON
COSELEY
SEDGLEY
TIPTON
Bridgnorth
Much Wenlock
Ironbridge
Madeley
Broseley
Cleobury Mortimer
Tenbury Wells
Bewdley
Stourport-on-Severn
Bromyard
Ombersley
Hartlebury
Hagley
Kingswinford
Wombourne
Albrighton
Codsall
Tettenhall
Pattingham
Worfield
Highley
Kinver
Cradley
Pershore
Upton Snodsbury
Stoke Prior
Wychbold
Hanbury
Great Witley
Clows Top
Rock
Upper Arley
Enville
Bishops Frome
Ledbury
Much Cowarne
Cradley
Leigh Sinton
Bransford
Powick
Fernhill Heath
Kempsey
Wyre Piddle
A41
A454
A458
A442
A449
A4117
A456
A443
A451
A450
A491
A4123
A4101
A459
A463
A457
A4124
A4126
A4036
A4025
A4133
A38
A4538
A44
A465
A4103
A4440
A4169
A4117
A417
A448
M5
B4176
B4363
B4364
B4194
B4190
B4189
B4202
B4203
B4204
B4214
B4197
B4196
B4220
B4211
B4083
B4084
B4090
B4091

61
BIRMINGHAM
COVENTRY
TAMWORTH
WALSALL
WEDNESBURY
WEST BROMWICH
SMETHWICK
ALDRIDGE
BLOXWICH
ROYAL SUTTON COLDFIELD
ATHERSTONE
NUNEATON
BEDWORTH
SOLIHULL
KENILWORTH
WARWICK
ROYAL LEAMINGTON SPA
REDDITCH
STRATFORD -UPON-AVON
Henley-in -Arden
Alcester
Studley
Coleshill
Shirley
Knowle
Dorridge
Hockley Heath
Meriden
Polesworth
Hartshill
Mancetter
Longbridge
Northfield
Edgbaston
Harborne
Erdington
Castle Bromwich
Chelmsley Wood
Hampton in Arden
Balsall Common
Berkswell
Whitnash
Wellesbourne
Kineton
Gaydon
Shipston
Bidford-on-Avon
Ettington
Alveston
Barford
Southam
Alvechurch
Rowington
Lapworth
Claverdon
Wootton Wawen
WARWICKSHIRE
W A R W I C K S H I R E
M6
M6 Toll
M42
M40
M5
A38
A45
A46
A452
A435
A3400
A429
A422
A444
A5
A34
A41
A4177
A439
A4189
A441
A448

62
A
B
C
D
74
61
50
LEICESTER
COVENTRY
NUNEATON
HINCKLEY
RUGBY
BEDWORTH
DAVENTRY
ROYAL LEAMINGTON SPA
WIGSTON
ATHERSTONE
LEICESTERSHIRE
WARWICKSHIRE
WEST NORTHAMPTONSHIRE
LEICESTER FOREST EAST
WATFORD GAP
NORTHAMPTON
WARWICK
CORLEY
M1
M6
M69
M45
M40
A5
A6
A14
A45
A46
A47
A361
A423
A425
A426
A428
A444
A4071
A4303
A4304
A5199
A563
A4114
A4600
A4500
A452
A422
A413
A43
Twycross
Market Bosworth
Newbold Verdon
Desford
Kirby Fields
Braunstone Town
Thurnby
Houghton on the Hill
Sheepy Magna
Sibson
Kirkby Mallory
Peckleton
Enderby
Earl Shilton
Barwell
Stapleton
Narborough
Huncote
Glen Parva
Blaby
Whetstone
Oadby
Great Glen
Burton Overy
Stoke Golding
Higham on the Hill
Stoney Stanton
Croft
Sutton in the Elms
Cosby
Countesthorpe
Kibworth Harcourt
Kibworth Beauchamp
Hartshill
Burbage
Sapcote
Sharnford
Broughton Astley
Willoughby Waterleys
Peatling Magna
Arnesby
Fleckney
Saddington
Mowsley
Laughton
Gumley
Foxton
Claybrooke Magna
Ullesthorpe
Leire
Dunton Bassett
Ashby Magna
Ashby Parva
Gilmorton
Peatling Parva
Bruntingthorpe
Shearsby
Walton
Kimcote
Lubenham
Theddingworth
Husbands Bosworth
Marston Trussell
East Farndon
Lutterworth
Misterton
Walcote
North Kilworth
South Kilworth
Swinford
Stanford on Avon
Welford
Sibbertoft
Clipston
Naseby
Haselbech
Cold Ashby
Thornby
Elkington
Yelvertoft
Clay Coton
Lilbourne
Catthorpe
Clifton upon Dunsmore
Newton
Shawell
Cotesbach
Churchover
Pailton
Monks Kirby
Stretton under Fosse
Brinklow
Harborough Magna
Newbold on Avon
Long Lawford
Little Lawford
Church Lawford
King's Newnham
Easenhall
Withybrook
Shilton
Ansty
Wolvey
Bulkington
Keresley
Longford
Hawkesbury
Foleshill
Walsgrave on Sowe
Binley
Brandon
Wolston
Bretford
Ryton-on-Dunsmore
Willenhall
Baginton
Stoneleigh
Bubbenhall
Knightlow Hill
Stretton-on-Dunsmore
Bourton on Dunsmore
Frankton
Draycote
Thurlaston
Dunchurch
Cawston
Bilton
Hillmorton
Houlton
Barby
Barby Nortoft
Kilsby
Crick
West Haddon
Guilsborough
Hollowell
Cottesbrooke
Creaton
Spratton
Teeton
Ravensthorpe
East Haddon
Holdenby
Watford
Ashby St Ledgers
Long Buckby
Long Buckby Wharf
Welton
Braunston
Willoughby
Grandborough
Woolscott
Kites Hardwick
Leamington Hastings
Birdingbury
Marton
Princethorpe
Wappenbury
Eathorpe
Hunningham
Weston under Wetherley
Cubbington
Offchurch
Long Itchington
Bascote
Stockton
Broadwell
Sawbridge
Nethercote
Flecknoe
Lower Shuckburgh
Napton on the Hill
Southam
Ufton
Radford Semele
Whitnash
Bishop's Tachbrook
Harbury
Chesterton Green
Bishop's Itchington
Ladbroke
Marston Doles
Priors Marston
Priors Hardwick
Hellidon
Upper Catesby
Lower Catesby
Staverton
Drayton
Badby
Newnham
Norton
Dodford
Weedon Bec
Flore
Brockhall
Muscott
Whilton
Great Brington
Little Brington
Nobottle
Harlestone
Church Brampton
Harpole
Upper Heyford
Nether Heyford
Bugbrooke
Kislingbury
Everdon
Little Everdon
Upper Weedon
Church Stowe
Upper Stowe
Charwelton
Preston Capes
Farthingstone
Litchborough
Pattishall
Gayton
Rothersthorpe
Eastcote
Dalscote
Cold Higham
Grimscote
Tiffield
Caldecote
Duncote
Foxley
Blakesley
Maidford
Adstone
Woodford Halse
Byfield
Hinton
West Farndon
Eydon
Canons Ashby
Moreton Pinkney
Plumpton
Woodend
Greens Norton
Towcester
Bradden
Slapton
Weston
Weedon Lois
Abthorpe
Wappenham
Sulgrave
Culworth
Thorpe Mandeville
Chipping Warden
Upper Wardington
Cropredy
Mollington
Williamscot
Great Bourton
Shotteswell
Farnborough
Avon Dassett
Fenny Compton
Wormleighton
Upper Boddington
Lower Boddington
Aston le Walls
Claydon
Appletree
Northend
Knightcote
Gaydon
Lighthorne
Chadshunt
Kineton
Little Kineton
Radway
Arlescote
Ratley
Warmington
Oxhill
Lower Tysoe
Butlers Marston
Combrook
Moreton Morrell
Galley Common
Whittleford
Stockingford
Ansley
Attleborough
Weddington
Caldecote
Burton Hastings
Marston Jabbett
Bramcote
Griff
Weston in Arden
Ryton
Wolvey Heath
Copston Magna
Wibtoft
Smockington
Willey
Magna Park
Bitteswell
Claybrooke Parva
Aston Flamville
Sketchley
Wykin
Elmesthorpe
Witherley
Atterton
Fenny Drayton
Mancetter
Dadlington
Sutton Cheney
Cadeby
Upton
Ratcliffe Culey
Market End
Ash Green
Neal's Green
Keresley Newland
Little Heath
Radford
Great Heath
Wyken
Stoke
Stoke Pinley
Stivichall
Earlsdon
Spon End
Stareton
Ashow
Thurlaston
Knighton
Aylestone
South Wigston
Stoughton
Evington
Gaulby
Frisby
Little Stretton
King's Norton
Illston on the Hill
Carlton Curlieu
Shangton
Tur Langton
Newton Harcourt
Kilby
Foston
Smeeton Westerby
Bushby
North Evington
Thurlaston
Glen Parva
Littlethorpe
Primethorpe
Frolesworth
Bosworth Battlefield
Mallory Park
Tropical Birdland
Gibbet Post
Triumph
Parsonage Project
Arbury Hall
Caludon Castle
Coombe Pool
Midland Air
Ryton Pools
Stoneleigh Abbey
Stoneleigh Park
Draycote Water
Warwickshire Exhibition Cen.
Stanford Hall
Stanford Resr.
Naseby 1645
Battlefield Monument
Obelisk
Coton Manor
Hollowell Resr.
Ravensthorpe Resr.
Holdenby Ho. Gdns. & Falconry
Althorp
Drayton Resr.
Borough Hill
Arbury Hill 734
Canons Ashby House
Sulgrave Manor
Boddington Resr.
Wormleighton Resr.
Burton Dassett Hills
British Motor
Compton Verney
Edgehill 1642
Farnborough Hall
National Herb Centre
Cropredy Bridge 1644
Catanger Llamas
Towcester Racecourse
Redwings Horse Sanctuary (Oxhill Rescue Centre)
Upton House
Wistow Rural Centre
Saddington Resr.
Foxton Locks
Foxton Locks (South)
Husbands Bosworth
Grand Union Canal
Oxford Canal
Ashby-de-la-Zouch Canal
Coventry Canal
R. Avon
R. Soar
R. Swift
R. Nene
R. Sence
R. Anker

63
NORTHAMPTONSHIRE
NORTH
ROCKINGHAM
FOREST
BEDFORD
YARDLEY
CHASE
CORBY
KETTERING
WELLINGBOROUGH
NORTHAMPTON
BEDFORD
MARKET HARBOROUGH
RUSHDEN
PETERBOROUGH
Uppingham
Oundle
Thrapston
Desborough
Rothwell
Raunds
Higham Ferrers
Irthlingborough
Finedon
Burton Latimer
Olney
Kempston
Wollaston
Earls Barton
Moulton
Wansford
Castor
Elton
Skeffington
Rolleston
Wing
Morcott
Barrowden
Duddington
Tixover
Ketton
Wittering
Stibbington
Sutton
Ailsworth
Alwalton
Belton-in-Rutland
Hallaton
Medbourne
Rockingham
Cottingham
Middleton
Great Easton
Caldecott
Gretton
Harringworth
Laxton
Bulwick
Deene
Deenethorpe
King's Cliffe
Apethorpe
Nassington
Woodnewton
Fotheringhay
Southwick
Glapthorn
Cotterstock
Warmington
Weldon
Stanion
Brigstock
Great Oakley
Little Oakley
Geddington
Newton
Weekley
Warkton
Barton Seagrave
Cranford St John
Cranford St Andrew
Woodford
Denford
Ringstead
Great Addington
Little Addington
Stanwick
Chelveston
Caldecott
Titchmarsh
Clopton
Aldwincle
Wadenhoe
Sudborough
Lowick
Slipton
Twywell
Islip
Bythorn
Keyston
Molesworth
Brington
Catworth
Little Catworth
Spaldwick
Kimbolton
Tilbrook
Covington
Hargrave
Shelton
Lower Dean
Upper Dean
Yielden
Newton Bromswold
Melchbourne
Swineshead
Pertenhall
Riseley
Knotting
Knotting Green
Sharnbrook
Souldrop
Podington
Wymington
Irchester
Little Irchester
Great Doddington
Wilby
Mears Ashby
Sywell
Overstone
Ecton
Great Billing
Little Billing
Boughton
Pitsford
Brixworth
Holcot
Walgrave
Hannington
Orlingbury
Pytchley
Isham
Broughton
Great Cransley
Mawsley Village
Loddington
Orton
Thorpe Malsor
Harrington
Arthingworth
Braybrooke
Kelmarsh
Maidwell
Draughton
Lamport
Hanging Houghton
Old
Scaldwell
Little Harrowden
Great Harrowden
Hardwick
Cogenhoe
Whiston
Castle Ashby
Grendon
Lower End
Strixton
Bozeat
Easton Maudit
Yardley Hastings
Denton
Little Houghton
Great Houghton
Hardingstone
Wootton
Far Cotton
Collingtree
Milton Malsor
Blisworth
Courteenhall
Quinton
Horton
Hackleton
Piddington
Roade
Hartwell
Ashton
Stoke Bruerne
Ravenstone
Weston Underwood
Olney
Emberton
Filgrave
Petsoe End
Tyringham
Sherington
Gayhurst
Lathbury
Chicheley
Hardmead
Astwood
Little Crawley
Stagsden
Turvey
Clifton Reynes
Newton Blossomville
Lavendon
Cold Brayfield
Warrington
Harrold
Odell
Chellington
Carlton
Pavenham
Felmersham
Radwell
Milton Ernest
Oakley
Clapham
Bromham
Stevington
West End
Biddenham
Bletsoe
Thurleigh
Bolnhurst
Colmworth
Keysoe
Keysoe Row
Ravensden
Wilden
Salph End
Renhold
Great Barford
Goldington
Cardington
Cople
Harrowden
Shortstown
Elstow
Wootton
Hall End
Keeley Green
Bourne End
Great Staughton
Little Staughton
Staughton Green
Hemington
Lutton
Polebrook
Armston
Barnwell
Luddington in the Brook
Thurning
Great Gidding
Little Gidding
Winwick
Old Weston
Leighton Bromswold
Barham
Buckworth
Easton
Stow Longa
Newtown
Stonely
Pilton
Achurch
Wigsthorpe
Thorpe Waterville
Lower Benefield
Upper Benefield
Stoke Doyle
Blatherwycke
Grafton Underwood
Stoke Albany
Wilbarston
East Carlton
Dingley
Brampton Ash
Pipewell
Little Bowden
Great Bowden
Sutton Bassett
Weston by Welland
Ashley
Welham
Drayton
Bringhurst
Blaston
Horninghold
Stockerston
Stoke Dry
Lyddington
Thorpe by Water
Seaton
Bisbrooke
Glaston
Ayston
Preston
Ridlington
Manton
Lyndon
South Luffenham
North Luffenham
Pilton
Wakerley
Collyweston
Easton on the Hill
East Norton
Allexton
Tugby
Loddington
Noseley
Goadby
Glooston
Cranoe
Slawston
Stonton Wyville
Church Langton
Thorpe Langton
East Langton
Yardley Gobion
Hanslope
Castlethorpe
Long Street
Grafton Regis
Tathall End
A1
A6
A14
A43
A45
A47
A427
A428
A509
A510
A605
A6003
A6116
A4300
A4500
A5076
A5123
A5028
A508
A421
A422
A4280
A603
A6121
A6014
A6183
A6030
B664
B670
B672
B669
B576
B574
B571
B569
B573
B526
B5388
B565
B560
B531
B660
B663
B645
B662
B671
M1
Eyebrook Reservoir
Blatherwycke Lake
Thorpe Malsor Resr.
Cransley Resr.
Pitsford Resr.
Sywell Res.
River Welland
River Chater
River Ise
River Nene
River Great Ouse
River Til
Rockingham Motor Speedway
Kirby Hall
Deene Park
Lyddington Bede House
Southwick Hall
Prebendal Manor House
East of England Showground
Boughton
384th Bombardment Group Memorial
Lyveden New Bield
Fermyn Woods
Fermynwoods Contemporary Art
Triangular Lodge
Eleanor Cross
Wicksteed Park
West Lodge Rural Centre
Harrington Aviation
Lamport Hall
Sywell Aviation
Brixworth
Northampton & Lamport
Delapre Abbey
Irchester Railway
Chichele College
Transport
Santa Pod Raceway
306th Bombardment Group
Thurleigh Farm Centre
Glenn Miller
John Bunyan
Cowper & Newton
Salcey Forest
Church Path Oak
Three Shire Stone
Sacrewell Farm
Nene Valley Railway
Peterborough (Sibson)
RAF Wittering
White Water Resr.
Woodland Park
East Carlton
Rockingham
Harborough
Higgins

64
76
63
52
A
B
C
D
1
2
3
4
5
PETERBOROUGH
HUNTINGDON
BEDFORD
C A M B R I D G E S
Barnack
Ufford
Southorpe
Hills & Holes
Clare Cottage
Werrington
Gunthorpe
Walton
Marholm
Eye Green
Eye
(NORTH LEVEL)
Thorney
Thorney Toll
Guyhirn Gull
Guyhirn
Ring's End
Coldham
Friday Bridge
Upton
Sacrewell Farm
New England
Dogsthorpe
Newark
Millfield
Paston
Stone Bridge Corner
Chainbridge
Wansford
Stibbington
Sutton
Ailsworth
Castor
Westwood
Longthorpe
Flag Fen
Eldernell
Coates
Whittlesey
Eastrea
Oldeamere
Twenty Foot R.
West Fen
Westry
Norwoodside
West End
March
Yarwell
Sibson
Nene Valley Railway
Ferry Meadows
Orton Wistow
Woodston
Old Fletton
Stanground
Water Newton
Alwalton
Orton Longueville
Orton Waterville
Peterborough (Sibson)
Prebendal Manor House
Chesterton
East of England Showground
Hampton Hargate
Farcet
Crown Lakes
King's Delph
Flag Fen
Chapelbridge
Town End
Knight's End
Flood's Ferry
Elton
Over End
Elton Hall
Haddon
Norman Cross
Yaxley
Pondersbridge
White Fen
Hook
Stonea Camp
Stonea
Eastwood End
Wimblington
Eaglethorpe
Warmington
Morborne
Gallery
Farcet Fen
Whittlesey Mere
Copalder Corner
New World
Doddington
Benwick
Folksworth
Stilton
The Herne
Middle Moor
Ramsey Mereside
BEDFORD (MIDDLE LEVEL)
Swingbrow
Wimblington Fen
Chatteris
Ashton
Polebrook
Caldecote
Lutton
Denton
Holme
Holme Fen
Ramsey St Mary's
Mere Side
Forty Foot Drain or Vermudens Drain
Slade Field
Armston
Glatton
Peterborough Airport (Conington)
Conington
Ramsey Forty Foot
Ramsey Hollow
Horseway
Welches Dam
Barnwell
Hemington
Luddington in the Brook
Ramsey Heights
Ramsey
Rural
Abbey Gatehouse
Woodwalton Fen
Upwood Meadows
Upwood
Langwood Fen
Sawtry
Great Gidding
Little Gidding
Steeple Gidding
Church End
Bury
Ferry Hill
Tick Fen
Thurning
Upwood
Wistow
Somersham High North Fen
Horseley Fen
Ward Hill
Great Raveley
Woodwalton
Clopton
Winwick
Hamerton
Coppingford
Monks Wood
Wennington
Little Raveley
Warboys
Fenton
Pidley Fen
Mepal
Sutton Gault
Witcham
Upton
Alconbury Weston
Abbots Ripton
RAF Alconbury
Broughton
Oldhurst
Pidley
Somersham
Sutton
Old Weston
Buckworth
Little Stukeley
Kings Ripton
Raptor Foundation
Colne
Haddenham End Field
Bythorn
Molesworth
Brington
Leighton Bromswold
Barham
Alconbury
Great Stukeley
Woodhurst
Bluntisham
Earith
Haddenham
Great Mill
RAF Wyton
Woolley
Sapley
Hartford
Houghton
St Ives
East End
Aldreth
Catworth
Little Catworth
Spaldwick
Cromwell
Wyton
Needingworth
Great Ouse
Smithey Fen
Easton
Hinchingbrooke House
Mill
Hemingford Grey
Bridge Chapel
Holywell
Church End
Covington
Stow Longa
Ellington
Ellington Thorpe
Brampton
War
Godmanchester
Hemingford Abbots
The Manor
Norris
Willingham
Cattell's
Over
Lower Dean
Tilbrook
Newtown
Grafham
Grafham Water
Fenstanton
Fen Drayton
Swavesey
Kimbolton
East Perry
Towers
Buckden
Offord Cluny
Boxworth End
Rampton
Wood End
Stonely
West Perry
Diddington
Offord D'Arcy
Turf Maze
Hilton
Conington
Northstowe
Longstanton
Cottenham
Staughton Green
Dillington
CAMBRIDGE
Westwick
Pertenhall
Great Staughton
Staughton Highway
Southoe
Graveley
Papworth St Agnes
Papworth Everard
Elsworth
Boxworth
Lolworth
Oakington
Histon
Landbeach
Green End
Keysoe
Little Staughton
Hail Weston
Great Paxton
Little Paxton
Toseland
Yelling
Knapwell
Bar Hill
Impington
Girton
Little Staughton
Priory
Keysoe Row
Staploe
Duloe
St Neots
Eynesbury
Dry Drayton
Bolnhurst
Bushmead
Upper Staploe
Croxton
Eltisley
Caxton Gibbet
Cambourne
Bourn
Madingley
Hardwick
Chesterton
Colmworth
Honeydon
Eaton Socon
Caxton
Crow End
Highfields Caldecote
Cambridge American Cem.
Coton
The Backs
Barnwell
Thurleigh Farm Centre
Roxton's Green
Wyboston
Little Barford
Abbotsley
Great Gransden
Bourn
Caldecote
Comberton
Tott
Newnham
Botanic
Channel's End
Chawston
Colesden
Longstowe
Wilden
Ravensden
Roxton
Waresley
Little Gransden
Kingston
Barton
Grantchester
Trumpington
Salph End
Renhold
Tempsford
Gamlingay Cinques
Little Gransden
Little Eversden
Great Eversden
Haslingfield
Great Shelford
Great Barford
Blunham
Gamlingay Great Heath
Gamlingay
Hatley St George
Wimpole Home Farm
Harlton
Hauxton
John Bunyan
Goldington
Danish Camp
Riverside
Chalton
Everton
Roman Sandy Story
Cockayne Hatley
East Hatley
Arrington
Wimpole Hall
Orwell
Harston
Little Shelford
Dovecote & Stables
Priory
Willington
Moggerhanger
Sandy
Caesar's Camp
Potton
Croydon
Barrington
Newton
Cople
Moggerhanger Park
Hatch
The Lodge RSPB
Wrestlingworth
Tadlow
Wendy
Docwra's Manor
Shepreth
Foxton
Whittlesford
Cardington
Harrowden
Shortstown
Thorncote Green
Beeston
Northill
Upper Caldecote
Sutton
Shingay
DANGER AREA
Meldreth
Whaddon
Chissing Ho.
Thriplow
Heathfield
Elstow
Cotton End
Airship Hangars
Ickwell
Shuttleworth Collection
Biggleswade
Eyeworth
Abington Pigotts
Fowlmere
Melbourn
Imperial War
A1
A1(M)
A14
A15
A47
A141
A142
A421
A428
A505
A603
A605
A1123
A1096
A1198
A1303
A1307
A1309
A1134
A1301
A1139
A1421
A4280
A10
M11
B660
B662
B645
B661
B671
B1040
B1043
B1046
B1042
B1050
B1090
B1091
B1093
B1095
B1096
B1098
B1099
B1101
B1167
B1381
B1368
B1428
B7043
PETERBOROUGH
CAMBRIDGE

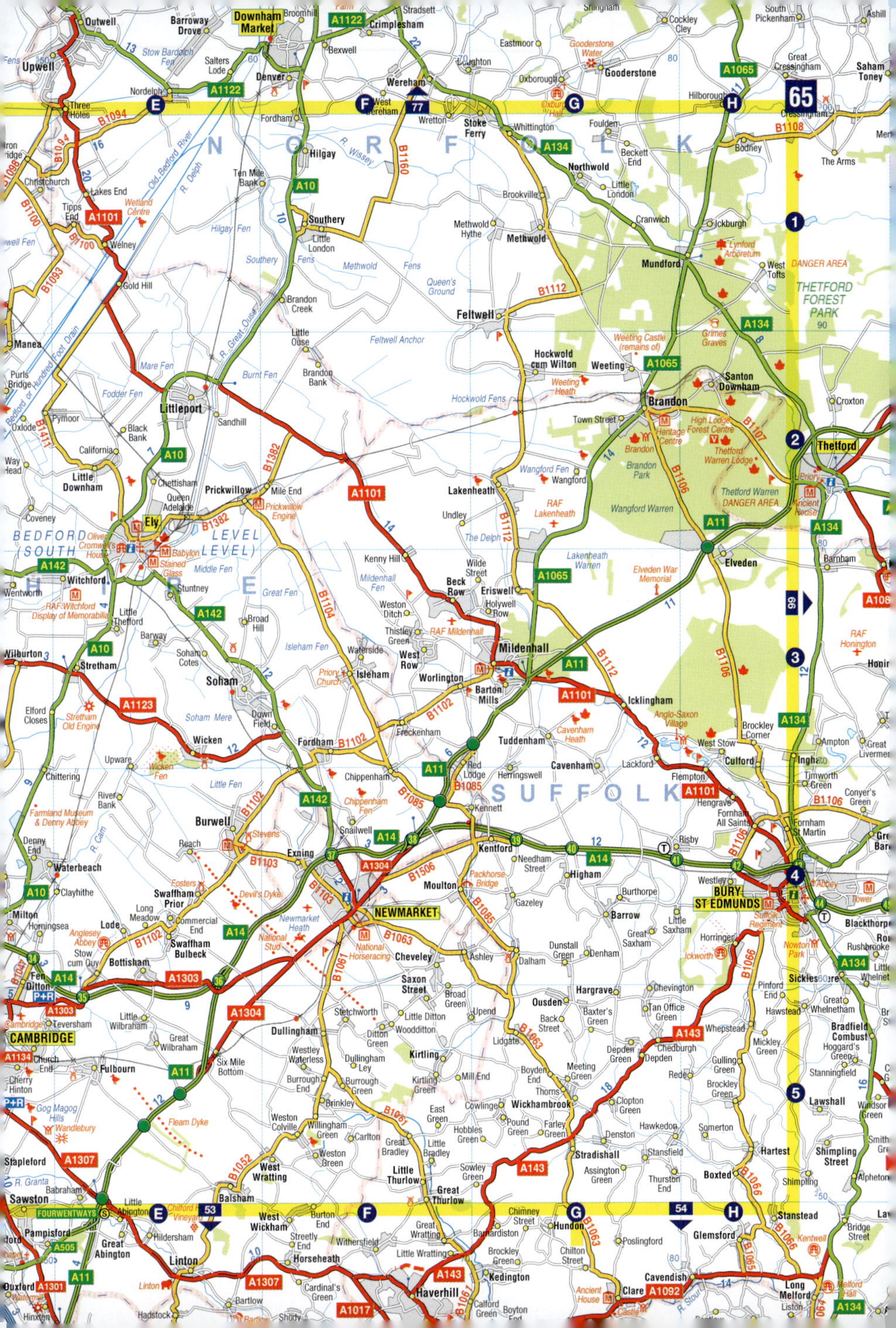
65
NORFOLK
SUFFOLK
Outwell
Upwell
Barroway Drove
Downham Market
Broomhill
Stradsett
Crimplesham
Bexwell
Stow Bardolph Fen
Salters Lode
Denver
Nordelph
Three Holes
Fordham
Wereham
West Dereham
Wretton
Stoke Ferry
Whittington
Eastmoor
Oxborough
Oxburgh Hall
Gooderstone Water
Gooderstone
Cockley Cley
South Pickenham
Ashill
Great Cressingham
Saham Toney
Hilborough
Cressingham
Foulden
Beckett End
Bodney
The Arms
Northwold
Little London
Hilgay
Ten Mile Bank
Southery
Little London
Christchurch
Lakes End
Tipps End
Welney
Wetland Centre
Gold Hill
Hilgay Fen
Southery Fens
Methwold Fens
Methwold Hythe
Methwold
Brookville
Cranwich
Ickburgh
Lynford Arboretum
Mundford
West Tofts
DANGER AREA
THETFORD FOREST PARK
Queen's Ground
Feltwell
Brandon Creek
Little Ouse
Feltwell Anchor
Brandon Bank
Hockwold cum Wilton
Weeting
Weeting Castle (remains of)
Grimes Graves
Weeting Heath
Santon Downham
Hockwold Fens
Brandon
Town Street
Heritage Centre
High Lodge Forest Centre
Thetford Warren Lodge
Brandon Park
Croxton
Thetford
Manea
Purls Bridge
Mare Fen
Burnt Fen
Fodder Fen
Littleport
Sandhill
Pymoor
Oxlode
Black Bank
California
Little Downham
Chettisham
Queen Adelaide
Prickwillow
Mile End
Prickwillow Engine
Lakenheath
Wangford Fen
Wangford
RAF Lakenheath
Wangford Warren
Thetford Warren DANGER AREA
Priory
Ancient House
Undley
The Delph
Coveney
Ely
Oliver Cromwell's House
Babylon
Stained Glass
BEDFORD LEVEL (SOUTH LEVEL)
Middle Fen
Witchford
RAF Witchford Display of Memorabilia
Wentworth
Stuntney
Great Fen
Kenny Hill
Mildenhall Fen
Beck Row
Wilde Street
Eriswell
Holywell Row
Lakenheath Warren
Elveden War Memorial
Elveden
Barnham
Little Thetford
Barway
Broad Hill
Weston Ditch
Thistley Green
RAF Mildenhall
West Row
Mildenhall
Isleham Fen
Waterside
Isleham
Priory Church
Soham Cotes
Soham
Wilburton
Stretham
Worlington
Barton Mills
Icklingham
RAF Honington
Elford Closes
Stretham Old Engine
Soham Mere
Down Field
Wicken
Fordham
Freckenham
Tuddenham
Cavenham Heath
Anglo-Saxon Village
West Stow
Brockley Corner
Ampton
Great Livermere
Upware
Wicken Fen
Chittering
Little Fen
Chippenham
Chippenham Fen
Red Lodge
Herringswell
Cavenham
Lackford
Flempton
Culford
Ingham
Timworth Green
Conyer's Green
River Bank
Farmland Museum & Denny Abbey
Burwell
Stevens
Snailwell
Kennett
Hengrave
Fornham All Saints
Fornham St Martin
Denny End
Waterbeach
Reach
Exning
Kentford
Needham Street
Higham
Risby
Westley
BURY ST EDMUNDS
Abbey
Suffolk Regiment
Clayhithe
Swaffham Prior
Fosters
Devil's Dyke
Newmarket Heath
NEWMARKET
Moulton
Packhorse Bridge
Gazeley
Burthorpe
Barrow
Little Saxham
Great Saxham
Horringer
Ickworth
Nowton Park
Blackthorpe
Rushbrooke
Milton
Horningsea
Long Meadow
Commercial End
Lode
Anglesey Abbey
Stow cum Quy
Swaffham Bulbeck
National Stud
National Horseracing
Cheveley
Ashley
Dalham
Dunstall Green
Denham
Hargrave
Chevington
Sicklesmere
Pinford End
Hawstead
Great Whelnetham
Bottisham
Fen Ditton
P+R
Teversham
Little Wilbraham
Great Wilbraham
CAMBRIDGE
Church End
Cherry Hinton
Fulbourn
Six Mile Bottom
Saxon Street
Broad Green
Upend
Stetchworth
Little Ditton
Woodditton
Ditton Green
Dullingham
Westley Waterless
Dullingham Ley
Burrough End
Burrough Green
Kirtling
Kirtling Green
Mill End
Lidgate
Ousden
Back Street
Baxter's Green
Tan Office Green
Whepstead
Bradfield Combust
Hoggard's Green
Stanningfield
Mickley Green
Gulling Green
Brockley Green
Depden Green
Depden
Chedburgh
Rede
Boyden End
Meeting Green
Thorns
Wickhambrook
Gog Magog Hills
Wandlebury
Fleam Dyke
Brinkley
Weston Colville
Willingham Green
Carlton
Weston Green
Great Bradley
Little Bradley
East Green
Cowlinge
Hobbles Green
Pound Green
Farley Green
Clopton Green
Denston
Hawkedon
Somerton
Lawshall
Stapleford
Sawston
Babraham
Little Abington
FOURWENTWAYS
Chilford Vineyard
Balsham
West Wratting
Little Thurlow
Great Thurlow
Sowley Green
Stradishall
Assington Green
Stansfield
Thurston End
Boxted
Hartest
Shimpling Street
Shimpling
Alpheton
Pampisford
Great Abington
Hildersham
Linton
West Wickham
Burton End
Streetly End
Horseheath
Withersfield
Great Wratting
Barnardiston
Little Wratting
Chimney Street
Hundon
Poslingford
Glemsford
Stanstead
Bridge Street
Kentwell
Brockley Green
Kedington
Chilton Street
Haverhill
Cardinal's Green
Calford Green
Boyton End
Bartlow
Hadstock
Linton
Hinxton
Duxford
Ancient House
Clare
Castle
Cavendish
Long Melford
Melford Hall
Liston
A1122
A1065
A134
A10
A1101
A11
A142
A1123
A14
A1304
A1303
A1307
A143
A1092
A1017
A505
A1301
A1134
B1094
B1160
B1112
B1382
B1104
B1102
B1106
B1107
B1085
B1506
B1103
B1063
B1061
B1052
B1066
B1065
B1108
77
99
53
54
E
F
G
H
1
2
3
4
5

66
South Pickenham
Ashill
Saham Hills
A1075
Cranworth
Southburgh
Hardingham
Kimberley
Forehoe
Kidd's Moor
Hethersett
Intwood
P+R
Great Cressingham
Saham Toney
Ovington
Carbrooke
Woodrising
Hingham
Crownthorpe
Wicklewood
Wymondham
B1135
Kett's Oak
Ketteringham
Lower East Carleton
East Carleton
Swardeston
Swainsthorpe
A1065
Hilborough
Little Cressingham
Neaton
Watton
Scoulton
B1108
Hackford
Heritage
Abbey
A11
Mulbarton
Deopham
Morley St Botolph
Hethel Old Thorn
B1113
Bodney
B1108
Merton
Griston
Northacre
Caston
Melsop Farm Park
Little Ellingham
Suton
Silfield
Wreningham
Bracon Ash
A140
Newton Flotman
The Arms
Bush Green
Deopham Green
Rockland St Peter
B1077
B1172
Ashwellthorpe
Toprow
Saxlingham Thorpe
Thompson
Stow Bedon
Rockland All Saints
Great Ellingham
Spooner Row
Fundenhall
Hapton
Flordon
Thompson Common
Besthorpe
Attleborough
Tasburgh
Lower Stow Bedon
Black Carr
Tacolneston
Ickburgh
Breckles
Mount Pleasant
Shropham
B1111
A11
Old Buckenham
Bunwell
Forncett St Mary
Industrial Steam
Forncett End
Tharston
Stratton St Michael
Lynford Arboretum
DANGER AREA
West Tofts
N O R F O L K
North End
Puddledock
Upgate Street
Forncett St Peter
Long Stratton
Morningthorpe
THETFORD FOREST PARK
Great Hockham
World Horse Welfare Hall Farm
Fen Street
Old Buckenham
Carleton Rode
Pottergate Street
Wacton
East Wretham
Snetterton
Eccles Road
Stacksford
Castle
Hargate
Aslacton
Grimes Graves
Larling
Wilby
New Buckenham
B1113
Tibenham
Great Moulton
Hardwick
A134
Illington
A1075
Snetterton
Hunt's Corner
Pristow Green
Tibenham
Colegate End
Santon Downham
A11
English Whisky Company
Harling Road
Quidenham
Banham
Croxton
East Harling
Banham
Short Green
B1134
Tivetshall St Margaret
Bush Green
Bridgham
Kenninghall
High Lodge Forest Centre
B1107
Middle Harling
Winfarthing
Gissing
Tivetshall St Mary
Pulham Market
Pulham St Mary
Thetford Warren Lodge
Dam Green
Mill Green
Hall Green
Priory
Thetford
Brettenham
Shadwell
R. Thet
B1111
Shelfanger
North Lopham
Fersfield
Burston
A140
Thetford Warren DANGER AREA
Ancient House
A1066
Garboldisham
South Lopham
Wilney Green
B1077
Strike School
Shimpling
Rushall
Dickleburgh
A11
Rushford
Bressingham
Snow Street
Walcot Green
Thelveton
A143
A134
Gasthorpe
Smallworth
A1066
100th Bomb Group Memorial
Elveden
Barnham
Euston
Knettishall Heath
Euston Hall
Blo' Norton
Steam Gardens
Roydon
Diss
Frenze
Scole
Thorpe Abbotts
Brockdish
Hopton
Coney Weston
Magpie Green
Palgrave
Billingford
Syleham
B1113
Redgrave
Stuston
Oakley
Hoxne
Green Street
A1088
Market Weston
Thelnetham
Wortham
Great Green
Brome
St Edmund's Monument
B1118
Chickering
Fakenham Magna
Barningham
Hinderclay
Botesdale
Burgate Great Green
Thrandeston
Brome Street
Cross Street
Heckfield Green
Battlesea Green
RAF Honington
Hepworth
Rickinghall
A143
B1077
Denham
B1106
Honington
Sapiston
Stanton Chare
B1111
Burgate Little Green
Yaxley
Eye
Reading Green
Bardwell
Stanton
Wattisfield
Candle Street
Mellis
B1117
Cranley
95th Bomb Group
Ixworth Thorpe
Thornham Parva
Denham Street
Horham
Troston
Upthorpe
Walsham le Willows
Cranmer Green
Little Green
Braiseworth
Athelington
Brockley Corner
A134
B1113
Walled
West Stow
Ampton
Great Livermere
Ixworth
Wyken Hall
Crownland
Gislingham
Thornham Magna
Stoke Ash
Stanwell Green
Occold
Redlingfield
Fingal Street
Culford
Ingham
Four Ashes
Westhorpe
Rakenham Water Mill
Langham
Wickham Street
Wickham Green
Thorndon
Timworth Green
Pakenham
Finningham
Bedingfield
A1101
Conyer's Green
Grimstone End
Hunston
Badwell Ash
Wyverstone Street
Wyverstone
Wickham Skeith
A140
Rishangles
Southolt
Hengrave
B1106
A143
Stowlangtoft
Great Ashfield
Long Thurlow
Bacton
Mechanical Music
Thwaite
B1077
Fornham All Saints
Fornham St Martin
Great Barton
Pakenham
Stanton Street
A1088
Cotton
Wetheringsett
Bedfield
Brockford Street
Blacksmith's Green
Monk Soham Green
B1106
Earl's Green
Canham's Green
Norton Little Green
Mendlesham
Mid-Suffolk Light Railway
Kenton
BURY ST EDMUNDS
Thurston
Norton
Westley
Abbey
Haughley Green
Ward Green
Monk Soham
Tower
A14
Tostock
Elmswell
Gipping
Mendlesham Green
Suffolk Regiment
Blackthorpe
Beyton
Wetherden
Wetherup Street
Debenham
Ashfield
Horringer
Rougham
Kingshall Street
Woolpit
Old Newton
Teapot Pottery
Ickworth
Nowton Park
Rushbrooke
Drinkstone
Village
A14
Haughley
Saxham Street
Middlewood Green
Mickfield
Winston
A1120
A134
Little Whelnetham
Hessett
Borley Green
Forward Green
Little Stonham
Peats Corner
Sicklesmere
Bradfield St George
Drinkstone Green
Harleston
Onehouse
Stowupland
Stonham Aspal
Pinford End
Great Whelnetham
Maypole Green
Rattlesden
A1120
Creeting St Peter
Earl Stonham
Pettaugh
Framsden
Hawstead
Bradfield St Clare
Gedding
Granary Crafts
Stowmarket
Suffolk Owl Sanctuary
Whepstead
Bradfield Combust
Bradfield Woods
Poystreet Green
Buxhall
East Anglian Life
Helmingham Hall
A143
Hoggard's Green
Felsham
Great Finborough
Combs Ford
A14
Crowfield
Helmingham
Mickley Green
Bush Green
Hightown Green
Combs
R. Gipping
Creeting St Mary
A140
B1079
Gulling Green
Cross Green
Great Green
Rattlesden
Moats Tye
Coddenham Green
Gosbeck
Otley Hall
Brockley Green
Stanningfield
Cockfield
High Street Green
B1115
B1113
Coddenham
Clopton Corner
Lawshall
Windsor Green
Thorpe Green
Battisford
Needham Market
Otley
Brettenham
Battisford Tye
B1078
Hemingstone
Ashbocking
Gibraltar
Somerton
Smithwood Green
Thorpe Morieux
Charles Tye
Ringshall
Barking Tye
Barking
Darmsden
Baylham House Rare Breeds Farm
Bell's Cross
Swilland
Hartest
Shimpling Street
A1141
Rooksey Green
Cross Green
Wattisham
Ringshall Stocks
Baylham
A14
Barham
Boxted
Shimpling
A134
Alpheton
Hitcham
Great Bricett
Willisham Tye
Great Blakenham
Henley
Witnesham
Grundisburgh
Kettlebaston
Nedging Tye
B1078
Claydon
Preston
Green Street
Offton
Stanstead
Lavenham
Little Hall
Bildeston
Blakenham Woodland
Akenham
Tuddenham St Martin
Brent Eleigh
Monks Eleigh
Chelsworth
Somersham
Glemsford
Bridge Street
Guildhall
Kentwell
Nedging
Naughton
Little Blakenham
Westerfield
Playford
B1066
B1071
B1115
B1115
Castle
Rushmere St Andrew
Long Melford
Melford Hall
Swingleton Green
Semer
Elmsett
Flowton
Bramford
IPSWICH
A1156
Milden
Whatfield
A1214
Liston
Little Waldingfield
Lindsey
Lindsey Tye
Ash Street
Acton
A1141
Rowland Taylor
Aldham
Sproughton
Mansion
Kesgrave
NORFOLK
SUFFOLK

St Mary
Freethorpe
Burgh Castle
Bradwell
A143
Arminghall
Caistor St Edmund
Framingham Pigot
Claxton
Cantley
Langley Green
Limpenhoe
Pettitts
R. Yare
Belton
Gorleston-on-Sea
Lifeboat Station
Roads
Dunston
Upper Stoke
Framingham Earl
Hellington
Ashby St Mary
Carleton St Peter
Langley Street
Hardley Street
Reedham
Browston Green
B1534
Poringland
Yelverton
Alpington
A146
Bergh Apton
Thurton
Nogdam End
Redwings Horse Sanctuary
Fritton
The Dell
Bunker's Hill
Hopton on Sea
Stoke Holy Cross
West Poringland
Hawes Green
B1332
Howe
Chet & Waveney Valley
R. Chet
Chedgrave
Loddon
Norton Subcourse
Lower Thurlton
Fritton Lake
St Olaves
Lound
A47
Corton
Brooke
Mundham
Sisland
Thurlton
Thorpe
Herringfleet
Blundeston
Shotesham
Hales
Somerleyton
Saxlingham Nethergate
Kirstead Green
Seething
Stubbs Green
B1136
Raveningham
Haddiscoe
Windpump
B1074
Pleasurewood Hills
Saxlingham Green
Seething Control Tower
Maypole Green
A146
Brundish
Toft Monks
B1375
B1385
Maritime
Hempnall
B1527
Road Green
Thwaite St Mary
Kirby Green
A143
Wheatacre
Burgh St Peter
Oulton
A1117
Royal Naval Patrol
Hempnall Green
Woodton
Hedenham
Stockton
Aldeby
Oulton Broad
A1144
Lifeboat Station
LOWESTOFT
Fritton
Silver Green
Topcroft
Bedingham Green
B1332
Ellingham
Kirby Cane
Lundy Green
Shelton
Topcroft Street
Great Green
Ditchingham
Broome
A143
Geldeston
Gillingham
R. Waveney
A146
A1145
Oulton
B1532
Shelton Green
93rd Bomb Group
Bungay
Mettingham
Shipmeadow
Worlingham
Barnby
Pakefield
Carlton Colville
Pakefield Holiday Centre
Darrow Green
Denton
Earsham
B1062
Barsham
Beccles
North Cove
East Anglia Transport
Mutford
Gisleham
A12
Castle
Ilketshall St Andrew
Ringsfield
A145
Beccles
Alburgh
Norfolk & Suffolk Aviation
Weston
B1127
Rushmere
Black Street
Kessingland
Kessingland Beach
Piccadilly Corner
B1062
Flixton
St Peter's Brewery
A144
Ringsfield Corner
Ellough
Hulver Street
Henstead
Homersfield
Ilketshall St Margaret
High Street
Cider Place
Africa Alive!
B1437
Starston
Wortwell
St Margaret South Elmham
Ilketshall St Lawrence
Redisham
Sotterley
Benacre
Redenhall
St Cross South Elmham
St Michael South Elmham
Shadingfield
Harleston
Mendham
Minster (ruins)
All Saints South Elmham
Stone Street
Cox Common
Church Corner
Wrentham
Benacre
St Andrew's
Withersdale Street
St Nicholas South Elmham
Brampton
Stoven
Clay Common
Covehithe
Needham
B1123
Rumburgh
Mill Common
Westhall
South Cove
Weybread
Metfield
St James South Elmham
Spexhall
Uggeshall
A12
B1127
Earsham Street
B1116
Wissett
Halesworth Airfield
B1124
Wangford
B1126
Chediston Green
Broadway
Little Whittingham Green
Chediston
A145
Reydon
Wingfield
Halesworth
B1123
Blyford
A1095
Southwold
Fressingfield
North Green
Linstead Parva
Gallery
Holton
Wenhaston
Sailor's Reading Room
Pixey Green
Silverley's Green
Cratfield
Cookley
Old Chapel
Blackheath
Blythburgh
R. Blyth
Alfred Corry
B1387
Ashfield Green
Huntingfield
B1117
A144
Walberswick
Lifeboat Station
Stradbroke
Russel's Green
Banyard's Green
Queen's Oak
Walpole
Bramfield
Thorington
A12
Heveningham
Wilby
Brundish Street
Laxfield
Ubbeston Green
High Street
B1125
Dunwich
Greyfriars
Crown Corner
Brundish
Darsham
Worlingworth
Goddard's Corner
Badingham
A1120
Sibton
Peasenhall
Yoxford
B1122
Middleton
Westleton
B1118
Tannington
Rotten End
Dennington
Bruisyard
North Green
Eastbridge
Minsmere
Minsmere Haven
Saxtead
Bruisyard Street
Theberton
Saxtead Green
Brabling Green
B1120
Cransford
Rendham
Kelsale
Carlton
B1121
Leiston Abbey
NORTH SEA
Post Mill
B1119
Saxmundham
Power Station
Framlingham
B1119
Swefling
B1119
Leiston
Sizewell
Earl Soham
North Green
Great Glemham
Knodishall
Long Shop
Aldringham
Parham Airfield
Sternfield
Coldfair Green
B1353
Brandeston
B1116
Stratford St Andrew
Benhall Green
Friston
B1121
B1069
B1122
Thorpeness
Kettleburgh
Parham
Windmill
Cretingham
A12
Farnham
Hacheston
A1094
Hoo
Easton
Marlesford
Little Glemham
Gromford
Snape
Easton Farm Park
Monewden
Letheringham
Blaxhall
Maltings
R. Alde
Aldeburgh
Charsfield
B1069
Iken
Aldeburgh
Lifeboat Station
Wickham Market
Campsea Ashe
High Street
Aldeburgh Bay
B1078
Dallinghoo
Tunstall Forest
Martello Tower
Debach
Pettistree
Tunstall
Bentwaters Cold War
B1078
Sudbourne
493rd Bomb Group
Bredfield
A1152
Rendlesham
Ufford
Chillesford
A12
Burgh
B1438
Eyke
Dunwich Underwater Exploration
Hasketon
Melton
Bromeswell
Butley
B1084
B1079
B1084
R. Alde
Orford
Orford Ness
WOODBRIDGE
Capel Green
DANGER AREA
Capel St Andrew
Butley High Corner
Little Bealings
Sutton Hoo
Tide Mill
Orford Ness
Boyton
Martlesham
Sutton
P+R
Martlesham Heath
Shottisham
River Ore
Hollesley

CAERNARFON BAY
CARDIGAN
LLEYN PENINSULA
A
B
C
D
80
56
1
2
3
4
5
10
20
30
40
350
300
Inigo Jones' Slate Works
Pen-y-groes
Pontllyfni
Llanllyfni
Aberdesach
Capel Uchaf
Tal-y-lon
Nasareth
Clynnog Fawr
St Beuno
St Beuno's Well
1671
Bwlch Mawr
Pant-glas
Trefor
Gyrn Ddu
1712
Bwlchderwin
Trwyn y Gorlech
Yr Eifl
Tre'r Ceiri Hill Fort
Llanaelhaearn
Cennin
Nant Gwrtheyrn
Llithfaen
Carreg Ddu
Porth Dinllaen
Morfa Nefyn
Nefyn
Pistyll
B4417
St Cybi's Well
Pencaenewydd
Llangybi
Lleyn Historical & Maritime
Garn Boduan
Fron
B4354
Rhos-fawr
Y Ffor
Llanarmon
Llanystumdwy
Groesffordd
Edern
B4412
Pentre-uchaf
Chwilog
Porth Ysgolaig
Rhos-y-llan
Glanrhyd
A497
Boduan
Penarth Fawr Medieval House
Dwyfor Ranch
Llannor
A499
Aber-erch
Tudweiliog
Dinas
Efailnewydd
Denio
Garn Fadryn Fort
Rhos-ddu
Porth Colmon
Penllech
Garnfadryn
Pwllheli
Pen-ychain
Rhydyclafdy
Bryn-mawr
Llaniestyn
Marian-y-de
Carreg yr Imbill
Llangwnnadl
Penrhos
Marian-y-mor
Sarn Mellteyrn
Pen-y-graig
Y Gamlas
Penrhyn Mawr
B4415
Bryncroes
Botwnnog
B4413
Mynytho
Llanbedrog
Rhydlios
Porth Oer
Trwyn Llanbedrog
Rhoshirwaun
St Tudwal's Road
Plas yn Rhiw
Llangian
Braich Anelog
Rhiw
Llawr Dref
Abersoch
Anelog
Penycaerau
Porth Neigwl or Hell's Mouth
Llanengan
Sarn Bach
Aberdaron
Llanfaelrhys
Machroes
Braich y Pwll
Aberdaron Bay
Bwlchtocyn
St Tudwal's Islands
Uwchmynydd
BARDSEY SOUND
Pen y Cil
Ynys Gwylan-fawr
Cilan Uchaf
Trwyn yr Wylfa
Trwyn Cilan
St Mary's Abbey
Bardsey Island
Dark Sky Sanctuary

Talysarn
Nantlle
B4418
Rhyd-ddu
YR WYDDFA (SNOWDON)
3560
Hafod Eryri
Llyn Cwellyn
Llyn Llydaw
Llynau Diwaunydd
2861 Llyn y Foel
Pont-y-pant
Cribau
Fairy Glen
Capel Garmon Burial Chamber
Conwy Falls
Machno Falls
Pont-Rhyd-y-Gynnen
Rhydlanfair
Glan-Conwy
Pentrefoelas Castle
Dolwyddelan
Pentre-bont
Ty Mawr Wybrnant
Tyn-y-Coed Uchaf
B4406
Bethania Waterfalls
Llyn Gwynant
Yr Aran 2451
A498
A4085
Blaenau Dolwyddelan
A470
Penmachno
Pentrefoelas
Rhydlydan
A5
Nebo
Craig Cwm Silyn 2408
2299
Garnedd-goch
Beddgelert Forest
Castell Dinas Emrys
Bethania
Llyn Dinas
Yr Arddu
Moel Penamnen 1978
Ysbyty Ifan
Garn Prys 1751
Beddgelert
Sygun Copper Mine
Snowdonia National Park
Gelert's Grave
2566
Moel Hebog
Pass of Aberglaslyn
Nantmor
Tal-y-waenydd
Llechwedd / Zip World Slate Caverns
Llyn Conglog
Rhiwbryfdir
Blaenau Ffestiniog
Llyn Newydd
Carrog
Cwm Penmachno
CONWY
Afon Machno
Afon Conwy
B4407
A487
Cnicht 2265
Llyn Cwmorthin
Llyn Bowydd
Llyn Conwy
Gylchedd
2196 Carnedd y Filiast
Bryncir
Garndolbenmaen
Llanfihangel-y-Pennant
Llyn Cwmystradllyn
Moel-ddu 1814
A498
A4085
Croesor
Tanygrisiau
Go Below
Bethania
Congl-y-wal
2527 Moelwyn Mawr
Llyn Stwlan
Llyn y Manod
Llynnau Gamallt
Dolbenmaen
Glan-Dwyfach
Golan
Ffestiniog Railway
Tanygrisiau Resr.
Plas Brondanw
The Slate Landscape of NW Wales
A496
Rhyd-y-sarn
Llyn Morwynion
Snowdonia Dark Sky Reserve
Migneint
Tan-lan
Garreg
Rhyd
Llan Ffestiniog
B4391
Arenig Fach 2259
Llyn Arenig Fach
Rhos-lan
Afon Dwyfor
Pren-teg
Llanfrothen
B4410
Afon Dwyryd
Rhaeadr Cynfal
Afon Cynfal
Rhaeadr Y Cwm
Penmorfa
Tremadog
Welsh Highland Heritage Railway
A487
Tan-y-bwlch
Maentwrog
Bont Newydd
Graig Wen 1824
B4391
Ciltalgarth
Llyn Celyn
Pentrefelin
Wern
Porthmadog
Penrhyndeudraeth
Gellilydan
National Whitewater Rafting Centre
Lloyd George
Minffordd
Garth
A497
Craig Gyfynys
Tomen y Mur
Llidiardau
Frongoch
Y Dref
Criccieth
Morfa Bychan
Borth-y-Gest
Portmeirion
Llandecwyn
A470
Castell Prysor
Craig yr Hyrddod
A4212
Arennig Fawr 2801
Llyn Arennig Fawr
Traeth Bach
A496
Talsarnau
Soar
Llyn Trawsfynydd
Trawsfynydd
Fronoleu
Cwm Prysol
Moel Llyfnant 2461
Llanfihangel-y-traethau
Glan-y-wern
Eisingrug
Moel Ysgyfarnogod 2004
PARC CENEDLAETHOL ERYRI
Morfa Harlech
GWYNEDD
Parc
A494
TREMADOG BAY
B4573
Moel Goedog Hillfort
Craig Ddrwg
Bronaber
Llech Idris Standing Stone
Mynydd Bach
Moel y Feidiog
Mynydd Bryn-llech
Bala Lake Railway
Harlech
Llyn Cwm Bychan
Roman Steps
(ERYRI NATIONAL PARK)
Llanuwchllyn
Castell Carndochan
Pandy
Llanfair
Llanfair Slate Caverns
Rhinog Fawr 2362
Rhinog
Bryn Eden
Afon Mawddach
Drysgol
Rhosdylluan
Llandanwg
Pen-sarn
Afon Ar
Pentre Gwynfryn
Llyn Hywel
Coed y Brenin
Pistyll Cain
Rhaeadr Mawddach
COED Y BRENIN FOREST PARK
Rhobell Fawr 2408
Cwm Cynllwyd
Llanbedr
Y Llethr 2475
Afon Eden
Llanbedr
Morfa Dyffryn
Moelfre 1932
Llyn Bodlyn
Afon Gamlan
Rhaeadr Ddu
Ganllwyd
Aran Benllyn 2901
Cwm Croes
Coedystumgwern
Diffwys 2462
Llyn Cwm-Mynach
Craig-y-cae
Glasdir Forest Garden
Llanenddwyn
Dyffryn Ardudwy
Dyffryn Ardudwy Burial Chamber
Llyn Irddyn
2063 Y Garn
A470
Llanfachreth
Rhyd-y-main
Afon Wnion
Aran Fawddwy 2971
Llanddwywe
Tal-y-bont
Llawlech
A494
Cymer Abbey
A496
BAY
Bontddu
Llanelltyd
Brithdir
B4416
MOUNTAINS
Cywarch
Caerdeon
Llanaber
Cutiau
Toll
Wildlife Centre
Penmaenpool
Dolgellau
Barmouth
Afon Mawddach
A493
Cross Foxes
A470
Afon Cerist
Barmouth Bay
The Bar
Lifeboat
FB (Toll)
Arthog Waterfalls
Snowdonia Dark Sky Reserve
Waun-oer 2197
Cribin Fawr 2111
Cae Afon
Dinas Mawddwy
Minllyn
Aber-Cywarch
Pont Minllyn
Cwmcewydd
Fairbourne Steam Railway
Fairbourne
Nature Centre
Friog
CADAIR IDRIS
2928
Cadair Idris
2040
Llyn Cau
Mynydd Ceiswyn
Mynydd Dolgoed
CAMBRIAN
Mallwyd
Foel-y-ffridd
Esgair Afon Ddu 1523
Clipiau
Mynydd Pennant
Mary Jones Monument (Tyn-y-ddol)
Esgair Berfa
Tal-y-llyn Lake
A487
Corris Uchaf
Aberllefenni
Aberangell
DYFI FOREST
Llwyngwril
Llanfihangel-y-Pennant
Tal-y-llyn
1882
Corris
POWYS
Cwm-Llinau
A493
Castell y Bere
Afon Dysynni
Graig Goch
King Arthur's Labyrinth
Railway
Corris
A470
Llangelynin
Abergynolwyn
Bards' Quest
Cemmaes
Rhoslefain
Peniarth
B4405
Esgairgeiliog
Llanfendigaid
Llanegryn
Dol-goch
Talyllyn Railway (The Slate Landscape of NW Wales)
Centre for Alternative Technology
Cemmaes Road
A470
Tonfanau
Bryn-crug
Dol-goch Falls
2076 Torrenhendre
Pantperthog
Llanwrin
Aber Dysynni
Broad Water
Pandy
B4404
Vale of Dovey
Commins Coch
Tafolwern
Rhydyronnen
Abercegir
Darowen
Tywyn
Trum Gelli
A493
Dyffryn Dyfi
A489
Penegoes
Llan
Tal-y-Wern
Narrow Gauge Railway
Corlan-fraith
Cwrt
Pennal
Machynlleth
Forge
Melinbyrhedyn
Moelfre 1537
B4518
Pennant
Twymyn
Derwen-las
Afon Dulas
Penhelig
Glandyfi
Glaspwll
Aberhosan
Aberdovey
Snowdonia National Park
Dyfi Furnace
A487
Eglwys-fach
Pencarreggopa
Furnace

70
A
B
C
D
1
2
3
4
5
82
69
58
DENBIGHSHIRE
GWYNEDD
POWYS
BERWYN
CAMBRIAN MOUNTAINS
CLOCAENOG FOREST
Capel Garmon Burial Chamber
Rhydlanfair
Glan-Conwy
Tyn-y-Coed Uchaf
Pentrefoelas Castle
Pentrefoelas
Rhydlydan
Glasfryn
Cefn-brith
Alwen Resr.
Llyn Brenig
Pentre-llyn-cymmer
Cefn Du
Clocaenog
Pwll-glas
Graigfechan
Pentrecelyn
Bird Gardens
Llandegla
Nant y Garth Pass
Pen-y-stryt
Clawddnewydd
Churchyard Cross
Derwen
Llanelidan
Rhyd-y-meudwy
Bryn-Saith Marchog
Melin-y-wig
Ysbyty Ifan
Garn Prys 1751
Cerrigydrudion
Llanfihangel Glyn Myfyr
Afon Alwen
Afon Conwy
Afon Ceirw
Gylchedd 2196
Carnedd y Filiast
Ewe-phoria Sheepdog Centre
Llangwm
Ty-nant
Dinmael
Maerdy
Bettws Gwerfil Goch
Gwyddelwern
Bryneglwys
Horseshoe Pass
Llantysilio Mountain
Moel Morfydd
Rhewl
Llandynan
Eliseg's Pillar
Valle Crucis
Rug Chapel
Druid
Carrog
Afon Dyfrdwy
Llangollen
Berwyn
Corwen
Llangar Church
Glassblobbery
Llidiart y Parc
Glyndyfrdwy
Cynwyd Forest
Cynwyd
Plas Newydd
Llyn Arenig Fach
Arenig Fach 2259
Foel Goch 2004
Wenallt
Glanyrafon
Llyn Celyn
Ciltalgarth
National Whitewater Rafting Centre
Frongoch
Llidiardau
Craig yr Hyrddod
Arennig Fawr 2801
Llyn Arennig Fawr
Rhyduchaf
Rhiwlas
Llanfor
Sarnau
Bethel
Cefn-ddwysarn
Llandderfel
River Dee
Llandrillo
Moel Fferna
Ceiriog Forest
Glyn Ceiriog
Tyn-y-celyn
Bryn Du 1848
Pandy
Pentre
Bala
Pale
Cefn Coch
Llanycil
Rhosygwaliau
Cadwst
Pennant
Llyn Tegid or Bala Lake
Parc
Llangower
Bala Lake Railway
Llanuwchllyn
Pentre-piod
Castell Carndochan
Pandy
Rhosdylluan
Drysgol
Penllyn Forest
Foel Figenau
Foel y Geifr 2054
Foel Wen 2265
Mynydd Tarw
Tyn-y-ffridd
Llanarmon Dyffryn Ceiriog
Tregeiriog
Llechrydau
Foel Rhiwlas 1490
Rhiwlas
Llangadwaladr
Ty Issa
Pistyll Rhaeadr
Y Clogydd
Tan-y-pistyll
Tyn-y-wern
Felin Newydd
Moelfre
Llansilin
Tai-bach
Commins
Cefn-coch
Llanrhaeadr-ym-Mochnant
Efail-rhyd
Mynydd-y-briw
Sycharth Castle
Golfa
Sycharth
Talardd
Cwm Cynllwyd
Cwm Croes
Aran Benllyn 2901
Foel Rhudd
Aran Fawddwy 2971
Bwlch y Groes
Pencraig
Llangynog
Pennant Melangell
Afon Tanat
Tanat Valley
Pen-y-bont-fawr
Pedair-ffordd
Llangedwyn
Pen-y-bont
Hirnant
Penygarnedd
Rhosybrithdir
Bwlch-y-ddar
Llansantffraid-ym-Mechain
Pennant
Llyn Efyrnwy (Lake Vyrnwy)
Lake Vyrnwy
Llanwddyn
Abertridwr
Llanfyllin
Llanfechain
Tycrwyn
Bwlchycibau
Waun-fach
Llanymawddwy
Cywarch
Afon Dyfi
Pen-y-ffridd Cownwy
Ddol Cownwy
Dyfnant Forest
Llanfihangel-yng-Ngwynfa
Nant-y-meichiaid
Aber-Cywarch
Tir Rhiwiog 1787
Pont Llogel
Mynydd y Gadfa
Afon Twrch
Afon Efyrnwy
Dolanog
Pontrobert
Meifod
Dyffryn Meifod Efyrnwy
Pentre'r beirdd
Geuffordd
Guilsfield
Maesgwyn-Isaf
Broniarth Hill
Fawr 2111
Cae Afon
Dinas Mawddwy
Minllyn
Pont Minllyn
Cwmcewydd
Nant-y-dugoed
Mallwyd
Foel-y-ffridd
Dugoed
Wern
Foel
Llangadfan
Tyn-y-rhyd
Esgair Ddu 1523
Clipiau
Aberangell
Llyn Coch-hwyad
Llanerfyl
Pen Coed
Groes-lwyd
Cloddiau
Frochas
Powysland
Welshpool
Heniarth
Four Crosses
Cwm-Llinau
Neuadd
Melin-y-ddol
Llyn Gwyddior
Sychtyn
Afon Banwy
Einion
Llanfair Caereinion
Welshpool & Llanfair Light Railway
Sylfaen
Castle Caereinion
Powis Castle
Cemmaes
Mynydd Rhiw-Saeson
Nant yr Eira
Bryn y Castell
Mynydd Waun Fawr
Llyn Hir
Cemmaes Road
Pandy
Esgair Rhiciau
Pwll
Llwynderw
Llanbrynmair
Commins Coch
Abercegir
Tafolwern
Cefn Coch
Pant-y-ffridd
Manafon
Llanllugan
Llanwyddelan
Darowen
Dol-fâch
Llan
Bont Dolgadfan
Talerddig
Glan-yr-afon
Adfa
New Mills
Berriew
Tal-y-Wern
Melinbyrhedyn
Moelfre 1537
Pennant
Aberhosan
Brynamlwg 1602
Trannon
Carno
Esgair Cwmowen
Mynydd Clogau
Llyn Mawr
Llyn y Tarw
Llwyn y Garreg
Gwgia
Tregynon
Bettws Cedewain
Bwlch-y-ffridd
Brooks
Pentre Llifior
Fron
Garthmyl
Hendomen
Sculpture
Montgomery
Old Bell
Abermule
Dolforwyn
Llandyssil
Highgate
A5
A494
A4212
A470
A458
A495
A490
A483
A5104
A525
A542
A5105
B4501
B4407
B4402
B4401
B4391
B4403
B4396
B4393
B4580
B4500
B4395
B4382
B4389
B4392
B4385
B4390
B4518
B4386
B5105
B5429
B5437
B5436
B5431
B4429

71
WREXHAM
W R E X H A M
S H R O P S H I R E
CHESHIRE EAST
WALES
ENGLAND
SHREWSBURY
OSWESTRY
Whitchurch
NANTWICH
Farndon
Holt
Bwlchgwyn
Brymbo
Moss
Minera
Coedpoeth
Rhostyllen
Marchwiel
Bangor-is-y-coed
Rhosllanerchrugog
Ruabon
Acrefair
Cefn-mawr
Froncysyllte
Chirk
Pontfadog
Overton
Penley
Hanmer
Malpas
Threapwood
Tallarn Green
No Man's Heath
Grindley Brook
Wrenbury
Aston
Ellesmere
Welshampton
Bettisfield
Prees Higher Heath
Prees
Moreton Say
Bletchley
Weston Rhyn
St Martin's
Gobowen
Selattyn
Whittington
Hordley
Tetchill
Cockshutt
Loppington
Wem
Lee Brockhurst
Marchamley
Hodnet
Morda
Trefonen
West Felton
Knockin
Ruyton-XI-Towns
Baschurch
Myddle
Burlton
Clive
Grinshill
Stanton upon Hine Heath
Shawbury
Llanyblodwel
Pant
Llanymynech
Kinnerley
Llandysilio
Four Crosses
Llandrinio
Melverley
Little Ness
Wilcott
Bomere Heath
Hadnall
High Ercall
Shrawardine
Montford
Ford
Alberbury
Bicton
Harlescott
Withington
Wrockwardine
Upton Magna
Middletown
Wollaston
Westbury
Yockleton
Hanwood
Bayston Hill
Atcham
Cross Houses
Uppington
Condover
Pontesbury
Minsterley
Worthen
Acton Burnell
Dorrington
Cressage
Much Wenlock
Harley
Chirbury
Woolstaston
Leebotwood
Longnor
Church Preen
Hughley
Shelve
Cardington
All Stretton
Bourton
A5
A41
A49
A53
A442
A458
A483
A488
A490
A495
A525
A528
A534
A539

72
84
60
NANTWICH
CHESHIRE EAST
SHROPSHIRE
STOKE-ON-TRENT
NEWCASTLE-UNDER-LYME
MARKET DRAYTON
STAFFORD
TELFORD
WOLVERHAMPTON
WEDNESFIELD
STONE
Newport
Wellington
Shifnal
Albrighton
Codsall
Tettenhall
Eccleshall
Penkridge
Loggerheads
Audley
Madeley
Betley
Wybunbury
Audlem
Woore
Hodnet
Much Wenlock
Ironbridge
Dawley
Oakengates
Donnington
Hadley
Madeley
Tunstall
Burslem
Hanley
Longton
Fenton
Stoke Town
Trentham
Barlaston
Silverdale
Kidsgrove
Whitchurch
Prees
Wem
Shawbury
High Ercall
Gnosall
Haughton
Brewood
Coven
Essington
Bilston
Coseley
M6
M54
A5
A41
A49
A51
A53
A34
A50
A500
A519
A525
A529
A442
A518
A449
A454
A464
A4169
A458
A520
A5013
A5182
STAFFORD NORTH
STAFFORD SOUTH
KEELE
HILTON PARK
M6 Toll

DERBYSHIRE
STAFFORDSHIRE
DERBY
Ashbourne
Uttoxeter
BURTON UPON TRENT
LICHFIELD
TAMWORTH
RUGELEY
CANNOCK
WALSALL
ROYAL SUTTON COLDFIELD
ALDRIDGE
BROWNHILLS
SWADLINCOTE
Ashby-de-la-Zouch
ATHERSTONE
BELPER
Duffield
Allestree
Mickleover
Chellaston
Wirksworth
Cheadle
Barton-Under-Needwood
Alrewas
Polesworth
Kingsbury
Tutbury
Hilton
Melbourne
Stanton by Bridge
Measham
Newhall
Stapenhill
Winshill
Mackworth
Sudbury
Doveridge
Rocester
Alton
Hednesford
Great Wyrley
Bloxwich
Walsall Wood
Streetly
Middleton
Dordon
Grendon
Shenstone
Fazeley
Wilnecote
Armitage
Handsacre
Yoxall
Abbots Bromley
Colwich
Little Haywood
Great Haywood
CANNOCK CHASE
NEEDWOOD FOREST
THE NATIONAL FOREST
Kirk Langley
Brailsford
Repton
Willington
Etwall
Hatton
Findern
Ticknall
Hartshorne
Woodville
Overseal
Clifton Campville
Elford
Whittington
Hopwas
Blithfield Resr.
Foremark Reservoir
Carsington Water
Staunton Harold Resr.
A38
A50
A52
A515
A5
A444
A511
A514
A513
A517
A518
A522
A6
A51
A453
A42
M42
M6
M6 Toll
A5132
A5111
A516
A4091
A5127
A5190
A461
A454
A452
A460
A523
B5017
B5016
B5018
B5013
B5014
B5030
B5032
B5033
B5023
B5020
B5008
B5234
B5006
B4116
B585
B5000
B5493
B4151
B4152
B4154
B4155
B4148
B4138
T4
T5
T6
T7
T8
85
61
74

74
NOTTINGHAM
DERBY
LEICESTER
LOUGHBOROUGH
HUCKNALL
ARNOLD
CARLTON
WEST BRIDGFORD
BEESTON
STAPLEFORD
ILKESTON
EASTWOOD
HEANOR
BELPER
LONG EATON
COALVILLE
Ashby-de-la-Zouch
ATHERSTONE
HINCKLEY
WIGSTON
Oadby
Ripley
Duffield
Chellaston
Melbourne
Castle Donington
Kegworth
Shepshed
Quorn
Mountsorrel
Birstall
Syston
Thurmaston
Glenfield
Braunstone Town
Blaby
Earl Shilton
Barwell
Ibstock
Market Bosworth
Bingham
Cotgrave
Ruddington
Keyworth
Radcliffe on Trent
Calverton
Kimberley
Alfreton
Sileby
Rothley
Anstey
Groby
Measham
Ravenstone
Whitwick
NOTTINGHAMSHIRE
CHARNWOOD
FOREST
EAST MIDLANDS
DONINGTON PARK
M1
M69
A52
A6
A60
A46
A453
A6006
A50
A38
A42
A47
A444
A447
A511
A512
A514
A607
A610
A612
A563
A6005
A6096
A608
A609

75
87
63
NEWARK-ON-TRENT
GRANTHAM
Sleaford
Bourne
STAMFORD
MELTON MOWBRAY
Oakham
Uppingham
LINCOLNSHIRE
RUTLAND
Rutland Water
A1
A17
A15
A52
A153
A607
A151
A6121
A606
A6003
A47
A1175
A43
A46
B6403
B1429
B676
Coddington
Balderton
Claypole
Long Bennington
Foston
Fenton
Fulbeck
Leadenham
Caythorpe
Hough-on-the-Hill
Normanton-on-Cliffe
Ancaster
Wilsford
Honington
Barkston
Cranwell
Leasingham
North Rauceby
South Rauceby
Quarrington
Heckington
Bottesford
Sedgebrook
Allington
Barrowby
Great Gonerby
Redmile
Belvoir
Woolsthorpe By Belvoir
Denton
Harlaxton
Little Ponton
Great Ponton
Old Somerby
Ropsley
Pickworth
Folkingham
Billingborough
Horbling
Croxton Kerrial
Waltham on the Wolds
Skillington
Colsterworth
Buckminster
North Witham
South Witham
Corby Glen
Swinstead
Edenham
Castle Bytham
Little Bytham
Clipsham
Greetham
Cottesmore
Exton
Empingham
Great Casterton
Ryhall
Carlby
Greatford
Market Deeping
Thurlby
Baston
Wymondham
Whissendine
Langham
Burley
Upper Hambleton
Edith Weston
North Luffenham
South Luffenham
Ketton
Easton on the Hill
Barnack
Wansford
Castor
Harringworth
Duddington
Barrowden
Morcott
Wing
Manton
Belton-in-Rutland
Skeffington
Hallaton
Great Dalby
Burton Lazars
Somerby
Knossington
Braunston-in-Rutland
Tilton on the Hill
King's Cliffe
Apethorpe
Nassington
Woodnewton

76
88
75
64
A
B
C
D
1
2
3
4
5
Ashby de la Launde
Digby
Billinghay
Dogdyke
Chapel Hill
Scrub Hill
Bunker's Hill
Lade Bank
Bloxholm
Dorrington
North Kyme
North Ings Farm
Hundle Houses
Haven Bank
West Fen
Northlands
Sibsey Fen Side
Leake Common Side
Leake Fold Hill
Wrangle Lowgate
Old Leake
Wrangle
Trader
Sibsey
Frithville
Anwick
South Kyme
Tower
Holland Fen
Bubblecar
Langrick
Gipsey Bridge
Fishtoft Drove
High Ferry
Leake Hurn's End
Leverton Outgate
Leverton Lucasgate
Evedon
Ewerby
Kirkby la Thorpe
Howell
Cogglesford Watermill
Sleaford
Asgarby
Amber Hill
Brothertoft
Anton's Gowt
Frith Bank
Hilldyke
Leverton
West End
Benington
Benington Sea End
Quarrington
Heckington
Garwick
East Heckington
Swineshead Bridge
Hubbert's Bridge
Boston
Maud Foster
Guildhall
Burton Corner
Halltoft End
Brand End
Butterwick
Freiston
BOSTON
Skirbeck
Chain Bridge
Tamworth Green
Freiston Shore
Silk Willoughby
Burton Pedwardine
Great Hale
Little Hale
North End
Baythorpe
Kirton Holme
Frampton West End
Skirbeck Quarter
Hussey Tower
Fishtoft
Scrane End
Northbeck
North Beck
Helpringham
Swineshead
Fenhouses
Wyberton
Havenside
The Haven
Pilgrim Fathers Memorial
Scredington
Thorpe Latimer
Aswarby
Drayton
Blackjack
Kirton End
Bicker Gauntlet
Bicker Bar
Kirton
Frampton
THE
Osbournby
Spanby
Swaton
Bicker
Donington Eaudike
Hoffleet Stow
Asperton
Sandholme
Skeldyke
Northorpe
Wigtoft
Struggs Hill
Seadyke
Newton
Walcot
Threekingham
Horbling
Bridge End
Donington
Sutterton
Bucklegate
Algarkirk
Church End
Quadring Eaudike
Burtoft
kworth
Folkingham
Birthorpe
Billingborough
Sempringham
Donington South Ing
Quadring
Sutterton Dowdyke
Fosdyke
Holbeach St Matthew
Laughton
Pointon
Little Wisbeach
Gosberton
Westhorpe
Belnie
Holbeach St Marks
LINCOLNSHIRE
Aslackby
Graby
Millthorpe
Dowsby
Risegate
Wargate
Welland
Holbeach Marsh
Gedney Marsh
Dawsmere
Gedney Drove End
Kirkby Underwood
Rippingale
Gosberton Clough
Gosberton Cheal
Surfleet
Surfleet Seas End
Moulton Seas End
Black Barn
Burtey Fen Collection
Dunsby
Northgate
Bulb
Wykeham
Pinchbeck
Pinchbeck Engine
Halesgate
Saracen's Head
Holbeach Bank
Penny Hill
Holbeach Hurn
Gedney Dyke
Sutton Corner
Bulby
Haconby
Stainfield
Pinchbeck Bars
Loosegate
Holbeach Clough
Lutton
Chapelgate
Lutton Gowts
Elsthorpe
Pinchbeck West
Springfields
Baytree Owl Centre
Weston
Holbeach
Fleet Hargate
Gedney
Little London
Morton
Hanthorpe
Dyke
SPALDING
Moulton
Whaplode
Fleet
Cawthorpe
Guthram Gowt
Fulney
Ayscoughfee Hall
Clay Lake
Low Fulney
Gedney Broadgate
Garnsgate
Long Sutton
Little Sutton
Sutton Bridge
Bourne
Pode Hole
Little London
Fen End
Gordon Boswell Romany
Whaplode St Catherine
Clark's Hill
Sutton Crosses
Abbey Church
Bourne Eau
Twenty
Weston Hills
Tydd St Mary
Tydd Gote
Lound
Northorpe
Tongue End
North Drove Drain
Cowbit
Moulton Chapel
Holbeach St Johns
Sutton St James
Toft
Thurlby
Glen
Deeping St Nicholas
Peak Hill
Moulton Eaugate
Fenland
Tydd St Giles
Four Gotes
Foul Anchor
Manthorpe
Deeping Fen
Brotherhouse Bar
Tydd St. Giles Fen
Newton
West Walton
Thetford
Cross Drain
Crowland
Whaplode Drove
Baston
Hop Pole
South Drove Drain
Braceborough
Wilsthorpe
Langtoft
Great Postland
Holbeach Drove
Sutton St Edmund
Fitton End
Greatford
Shepeau Stow
Gorefield
Leverington
Towngate
Market Deeping
Deeping St James
Frognall
Gedney Hill
Barholm
Cranmore
Dowsdale
Walsoken
Peckover House
Throckenholt
Church End
WISBECH
Elgood's Brewery
Uffington
Tallington
West Deeping
Maxey
Deeping Gate
Trinity Bridge
Nene Terrace
North Fen
Sutton St Edmund's Common
Parson Drove
The Cage
Murrow
Bunker's Hill
Wisbech St Mary
Elm
Northborough
Welland
Morris Fen
Heritage
Pigeons Farm
Wryde Croft
Tholomas Drove
Begdale
Barnack
Bainton
Pilsgate
Ashton
Ufford
Etton
Glinton
Peakirk
Newborough
Helpston
Clare Cottage
Hills & Holes
BEDFORD LEVEL
(NORTH LEVEL)
Rogue's Alley
Southorpe
Werrington
Gunthorpe
Eye Green
Eye
Thorney
Thorney Toll
Guyhirn Gull
Guyhirn
Friday Bridge
Coldham
Marholm
Walton
New England
Dogsthorpe
Newark
Millfield
Ring's End
Laddus
Sacrewell Farm
Upton
Bretton
Stone Bridge Corner
R. Nene
Chainbridge
Wansford
Stibbington
Ailsworth
Castor
Sutton
Westwood
Longthorpe
Eldernell
Eximoor Fen
Sibson
Nene Valley Railway
Ferry Meadows
Orton
Woodston
PETERBOROUGH
Flag Fen
Whittlesey
Coates
West Fen
Westry
Norwoodside
Yarwell
Water Newton
Alwalton
Orton Longueville
Old Fletton
Stanground
Eastrea
Twenty Foot R.
West End
March
Binnimoor Fen
ssington
Peterborough (Sibson)
Chesterton
Orton Waterville
Oldeamere
King's Delph
Flag Fen
Town End
Knight's End
Prebendal Manor House
East of England
Farcet
Cranwell
A153
A17
A1121
A52
A16
A152
A151
A15
A1175
A1101
A47
A141
A1139
A605
A1
B1188
B1209
B1518
B1517
B1395
B1192
B1184
B1183
B1394
B1391
B1397
B1181
B1177
B1180
B1173
B1356
B1357
B1168
B1515
B1359
B1390
B1165
B1166
B1525
B1443
B1162
B1040
B1167
B1187
B1169
B1542
B1101
B1099
B671

Boston Deeps
WASH
Scolt Head Island
Holkham Bay
Brancaster Bay
Holme Dunes
Holme next the Sea
Titchwell Marsh
Titchwell
Marsh Side
Brancaster
Brancaster Staithe
Burnham Deepdale
Burnham Norton
Burnham Overy Staithe
Burnham Market
Burnham Overy Town
Burnham Thorpe
Holkham
Friary
New Holkham
Lifeboat Station
Cliffs
Old Hunstanton
Hunstanton
Sea Life Sanctuary
Ringstead
Thornham
Heacham
Norfolk Lavender
Sedgeford
Eaton
Burntstalk
Docking
Stanhoe
Muckleton
North Creake
Creake Abbey
Forge
South Creake
Southgate
Barmer
Syderstone
Fring
Bircham Newton
Bircham
Great Bircham
Bircham Tofts
Bagthorpe
Shepherd's Port
Snettisham
Snettisham Park
Ingoldisthorpe
Shernborne
Dersingham
Doddshill
Anmer
Wolferton
Sandringham
West Newton
Babingley
Babingley River
Flitcham
Hillington
Houghton Hall
New Houghton
East Rudham
West Rudham
Tattersett
Coxford
Priory
Wicken Green Village
Sculthorpe
Dunton Patch
Dunton
Shereford
Tofftrees
Helhoughton
Harpley
Little Massingham
Great Massingham
West Raynham
South Raynham
Weasenham St Peter
Weasenham All Saints
Wellingham
Tittleshall
N O R F O L K
North Wootton
Castle Rising
South Wootton
Congham
Roydon
Grimston
Pott Row
Gaywood
Massingham Heath
Rougham
Ongar Hill
Guy's Head
Terrington Marsh
Bellmount
Terrington St Clement
Clenchwarton
Walpole Cross Keys
West Lynn
True's Yard Fisherfolk
KING'S LYNN
Fairstead
Bawsey
Leziate
Ashwicken
Gayton
Gayton Thorpe
Litcham
West Lexham
East Lexham
Walpole Marsh
Walpole St Andrew
Hay Green
Shepherd's Gate
Tilney All Saints
Tilney High End
Walpole Water
Walpole St Peter
Church End
Eau Brink
Saddle Bow
West Winch
Fair Green
Tower End
East Winch
North Runcton
Middleton
East Walton
Castle Acre
Newton
Great Dunham
Ingleborough
Terrington St John
Walpole Highway
Walton Highway
Tilney St Lawrence
Wiggenhall St Mary the Virgin
Wiggenhall St Germans
Setchey
Blackborough End
Blackborough
West Bilney
Pentney
Narborough
West Acre
South Acre
Great Fransham
Little Dunham
Walpole Gate
St John's Fen End
Tilney Fen End
Fenland & West Norfolk Aviation
The Smeeth
Wiggenhall St Peter
Wiggenhall St Mary Magdalen
Tottenhill Row
Watlington
Tottenhill
Wormegay
West Briggs
R. Nar
Marham
Sporle
Green Britain Centre
Swaffham
Necton
Chequers Corner
Porter's Fen Corner
Runcton Holme
Thorpland
South Runcton
Shouldham
Shouldham Thorpe
RAF Marham
Beachamwell Warren
North Pickenham
Emneth
Emneth Hungate
Gaultree
Holly End
Marshland
Stowbridge
Stow Bardolph
Church Farm
Fincham
Barton Bendish
Beachamwell
Shingham
DANGER AREA
South Pickenham
Ashill
A1101
Outwell
West Head
Wimbotsham
Barroway Drove
Downham Market
Broomhill
Stradsett
Crimplesham
Cockley Cley
Eastmoor
Gooderstone Water
Gooderstone
Great Cressingham
Saham Toney
Fens
Upwell
Stow Bardolph Fen
Salters Lode
Denver
Bexwell
Boughton
Oxborough
Oxburgh Hall
Hilborough
Little Cressingham
Nordelph
Three Holes
Wereham
West Dereham
Fordham
Wretton
Stoke Ferry
Whittington
Foulden
Bodney
The Arms
Iron Bridge
Hilgay
R. Wissey
Beckett End
Northwold
Little London
Christchurch
Lakes End
Tipps End
Wetland Centre
Old Bedford River
R. Delph
Ten Mile Bank
Southery
Brookville
Methwold
Cranwich
Ickburgh
Hilgay Fen
Middle Level Main Drain
R. Great Ouse
A149
A148
A1078
A1076
A10
A47
A17
A134
A1122
A1065
B1153
B1155
B1454
B1355
B1161
B1440
B1439
B1145
B1094
B1108
B1160
B198
E F G H
89
65
78
1 2 3 4 5

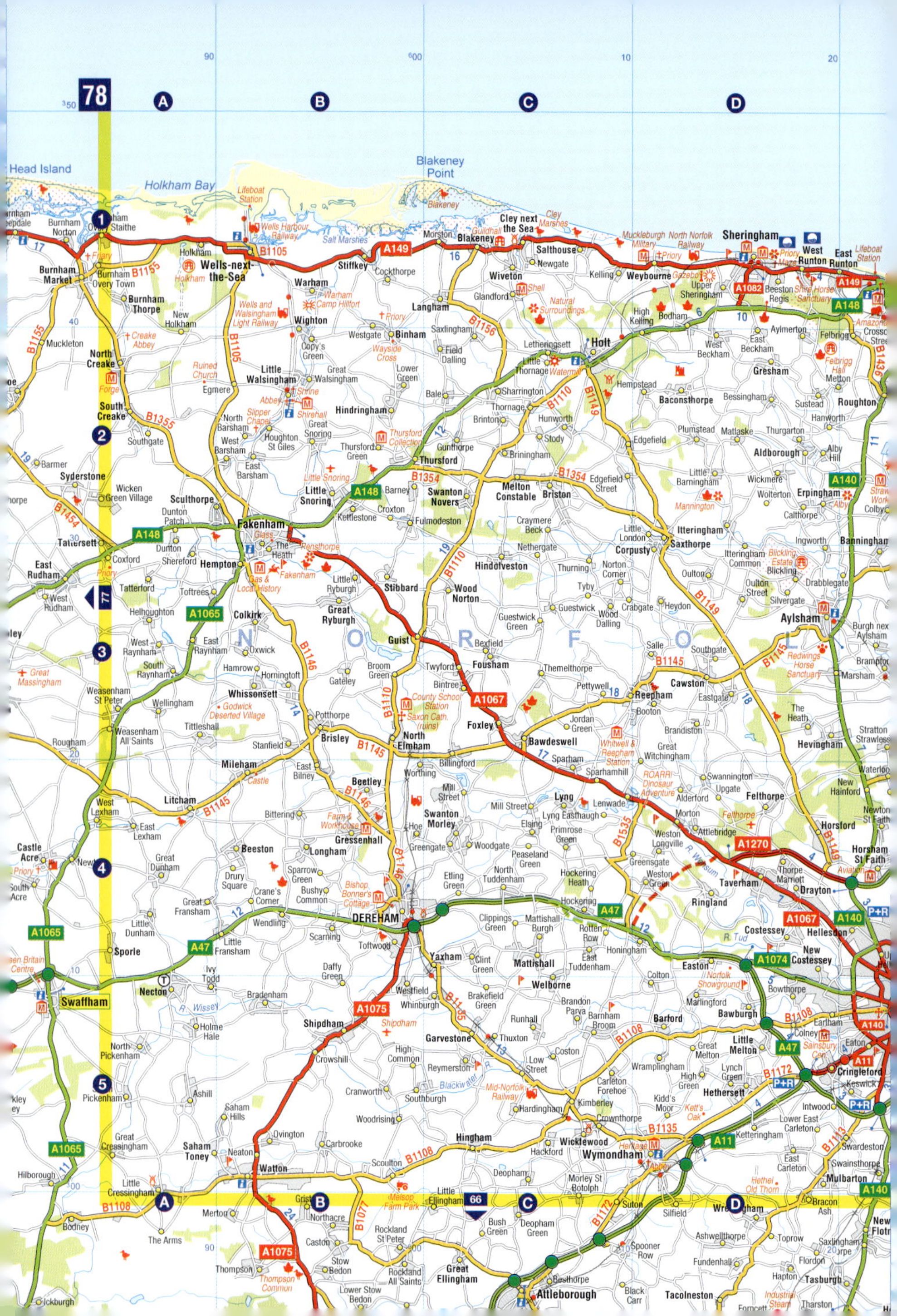
A
B
C
D
1
2
3
4
5
77
66
Head Island
Holkham Bay
Lifeboat Station
Blakeney Point
Blakeney
Cley Marshes
Salt Marshes
Wells Harbour Railway
Burnham Norton
Overy Staithe
Burnham Market
Burnham Overy Town
Burnham Thorpe
Holkham
Wells-next-the-Sea
New Holkham
Friary
Warham
Warham Camp Hillfort
Wells and Walsingham Light Railway
Stiffkey
Cockthorpe
Morston
Cley next the Sea
Guildhall
Salthouse
Newgate
Kelling
Weybourne
Muckleburgh Military
North Norfolk Railway
Sheringham
Upper Sheringham
Beeston Regis
West Runton
East Runton
Shire Horse Sanctuary
Priory
Maze
Gazebo
Wiveton
Glandford
Shell
Natural Surroundings
Langham
Binham
Wighton
Copy's Green
Westgate
Saxlingham
Field Dalling
Letheringsett
Holt
High Kelling
Bodham
West Beckham
East Beckham
Aylmerton
Felbrigg
Felbrigg Hall
Metton
Gresham
Roughton
Muckleton
North Creake
Creake Abbey
Ruined Church
Forge
South Creake
Egmere
Little Walsingham
Great Walsingham
Shrine
Abbey
Shirehall
Slipper Chapel
Wayside Cross
Lower Green
Bale
Little Thornage
Watermill
Sharrington
Thornage
Hempstead
Baconsthorpe
Bessingham
Sustead
Hanworth
Hindringham
Brinton
Hunworth
Stody
Edgefield
Plumstead
Matlaske
Thurgarton
Alby Hill
Aldborough
Southgate
North Barsham
West Barsham
East Barsham
Houghton St Giles
Great Snoring
Thursford
Thursford Green
Thursford Collection
Gunthorpe
Briningham
Barmer
Syderstone
Wicken Green Village
Sculthorpe
Dunton Patch
Little Snoring
Barney
Swanton Novers
Melton Constable
Briston
Edgefield Street
Little Barningham
Wickmere
Wolterton
Erpingham
Calthorpe
Colby
Mannington
Kettlestone
Croxton
Fulmodeston
Craymere Beck
Fakenham
Glass
Tatterford
Tattersett
Coxford
Dunton
Shereford
Hempton
The Heath
Fakenham
Gas & Local History
Pensthorpe
Little Ryburgh
Great Ryburgh
Stibbard
Wood Norton
Nethergate
Hindolveston
Thurning
Norton Corner
Little London
Corpusty
Saxthorpe
Itteringham
Itteringham Common
Blickling
Blickling Estate
Oulton
Oulton Street
Drabblegate
Ingworth
Banningham
East Rudham
West Rudham
Priory
Toftrees
Helhoughton
Colkirk
Tyby
Guestwick
Guestwick Green
Wood Dalling
Crabgate
Heydon
Silvergate
Aylsham
Burgh next Aylsham
Brampton
Marsham
West Raynham
East Raynham
South Raynham
Oxwick
Hamrow
Horningtoft
Great Massingham
Weasenham St Peter
Weasenham All Saints
Wellingham
Whissonsett
Godwick Deserted Village
Tittleshall
Guist
Bexfield
Twyford
Fousham
Broom Green
Gateley
Themelthorpe
Salle
Southgate
Cawston
Eastgate
Pettywell
Reepham
Booton
Redwings Horse Sanctuary
The Heath
Hevingham
Stratton Strawless
County School Station
Saxon Cath. (ruins)
Bintree
Foxley
Jordan Green
Bawdeswell
Brandiston
Whitwell & Reepham Station
Great Witchingham
Potthorpe
Brisley
North Elmham
Billingford
Stanfield
Roughham
Mileham
Castle
East Bilney
Beetley
Worthing
Sparham
Sparhamhill
ROARR! Dinosaur Adventure
Swannington
Upgate
Alderford
Felthorpe
Waterloo
New Hainford
Newton St Faith
Litcham
West Lexham
East Lexham
Bittering
Farm & Workhouse
Gressenhall
Mill Street
Swanton Morley
Hoe
Greengate
Lyng
Lyng Easthaugh
Lenwade
Elsing
Primrose Green
Morton
Weston Longville
Attlebridge
Felthorpe
Horsford
Horsham St Faith
Castle Acre
Priory
South Acre
Newton
Great Dunham
Beeston
Longham
Drury Square
Sparrow Green
Bushy Common
Crane's Corner
Bishop Bonner's Cottage
Woodgate
Peaseland Green
North Tuddenham
Etling Green
Hockering Heath
Hockering
Greensgate
Weston Green
Ringland
Taverham
Thorpe Marriott
Drayton
Aviation
Great Fransham
Little Dunham
Wendling
Scarning
DEREHAM
Toftwood
Clippings Green
Mattishall Burgh
Rotten Row
East Tuddenham
Honingham
Costessey
Hellesdon
New Costessey
Easton
Norfolk Showground
Sporle
Little Fransham
Ivy Todd
Daffy Green
Yaxham
Clint Green
Mattishall
Welborne
Colton
Bowthorpe
Green Britain Centre
Swaffham
Necton
R. Wissey
Bradenham
Westfield
Whinburgh
Brakefield Green
Brandon Parva
Barnham Broom
Marlingford
Bawburgh
Earlham
Holme Hale
Shipdham
Shipdham
Garvestone
Thuxton
Runhall
Barford
Colney
Eaton
Cringleford
Keswick
North Pickenham
Crowshill
High Common
Reymerston
Low Street
Coston
Wramplingham
Great Melton
Little Melton
Sainsbury Cen.
Pickenham
Ashill
Saham Hills
Cranworth
Blackwater
Southburgh
Mid-Norfolk Railway
Hardingham
Kimberley
Carleton Forehoe
Kidd's Moor
Kett's Oak
High Green
Lynch Green
Hethersett
Intwood
Lower East Carleton
Woodrising
Crownthorpe
Great Cressingham
Saham Toney
Ovington
Neaton
Carbrooke
Hingham
Hackford
Wicklewood
Wymondham
Heritage
Abbey
Ketteringham
Swardeston
East Carleton
Swainsthorpe
Mulbarton
Hilborough
Little Cressingham
Watton
Scoulton
Deopham
Morley St Botolph
Hethel Old Thorn
Bodney
Merton
Griston
Northacre
Melsop Farm Park
Little Ellingham
Bush Green
Deopham Green
Suton
Silfield
Wreningham
Bracon Ash
New Flordon
The Arms
Caston
Rockland St Peter
Spooner Row
Ashwellthorpe
Toprow
Saxlingham Thorpe
Thompson
Thompson Common
Stow Bedon
Rockland All Saints
Great Ellingham
Besthorpe
Fundenhall
Flordon
Hapton
Tasburgh
Ickburgh
Lower Stow Bedon
Attleborough
Black Carr
Tacolneston
Forncett
Industrial Steam
Tharston
N O R F O L K
A149
A148
A1065
A1067
A1082
A140
A1270
A47
A1074
A1075
A11
B1105
B1155
B1355
B1454
B1156
B1110
B1354
B1149
B1436
B1146
B1145
B1535
B1135
B1108
B1077
B1172
B1113
B1135
P+R
90
600
10
20
350
40
30
20
10
300

NORTH SEA
CROMER
Overstrand
Sidestrand
Northrepps
Trimingham
Frogshall
Gimingham
Cliftonville
Southrepps
Maritime
Mundesley
Thorpe Market
Lower Street
Trunch
Paston
Bacton Green
Bacton
Keswick
Walcott
Ostend
Bradfield
Knapton
Old Hall Street
Broomholm
Edingthorpe
Pollard Street
Witton Bridge
Priory
Antingham
Swafield
Lyngate
Little London
Spa Common
Gunton Sawmill
Happisburgh
Ridlington
Whimpwell Green
Happisburgh Lifeboat Station
Eccles on Sea
North Walsham
White Horse Common
Crostwight
Felmingham
Tungate
Meeting House Hill
Happisburgh Common
Hempstead
Norfolk Motorcycle
Honing
Old Vicarage
Lessingham
Skeyton Corner
Ingham Corner
Sea Palling
Westwick
Withergate
East Ruston
Waxham
Skeyton
Bengate
Lyngate
Briggate
Ingham
Swanton Abbott
Worstead
Dilham
Calthorpe Street
Stalham
Stalham Green
Hickling
Smallburgh
Sloley
Frankfort
RAF Coltishall
Lamas
Anchor Street
Broads
Sutton
Hickling Heath
Hickling Green
Scottow
Pennygate
Barton Turf
Wood Street
Horsey
Buxton
Little Hautbois
Sco Ruston
Tunstead
Neatishead
Catfield
Catfield Common
Hickling Broad
Horsey Mere
The Heath
Bure Valley Railway
Ashmanhaugh
Irstead
Sharp Street
Potter Heigham
East Somerton
West Somerton
Winterton-on-Sea
Horstead
Coltishall
Wroxham Barns
Cangate
Threehammer Common
How Hill
Ludham
Damgate
Miniature Worlds
Hoveton Hall
Radar
Hemsby Hole
Hainford
Belaugh
BeWILDerwood
Cess
Martham
Frettenham
Wroxham
Hoveton
Upper Street
Horning
Toad Hole Cott
Johnson Street
Bastwick
Hemsby
Newport
Repps
Rollesby
Scratby
Crostwick
Thurne
Upper Street
R. Bure
California
Spixworth
Woodbastwick
St Benet's Abbey
Fleggburgh
Ormesby St Margaret
Ormesby St Michael
Ranworth
Clippesby
Rackheath
Salhouse
Pilson Green
Cargate Green
Caister Roman Fort
NORWICH
Old Catton
Panxworth
South Walsham
Upton
Billockby
Filby
Caister-on-Sea
Fairhaven
Thrigby
Mautby
Motor
Caister Castle
New Rackheath
Blofield Heath
Pedham
Fishley
Thrigby Hall
West End
West Caister
Little Plumstead
Hemblington
Runham
Great Yarmouth
Sprowston
Thorpe End
Great Plumstead
North Burlington
Acle
Stokesby
R. Bure
Thorpe St Andrew
Witton
Stracey Arms
THE BROADS
Blofield
Damgate
GREAT YARMOUTH
Thorpe Hamlet
Brundall
Beighton
Moulton St Mary
Tunstall
Halvergate Marshes
Broads
Postwick
Strumpshaw
Lingwood
South Burlington
Halvergate
Breydon Water
Sea Life
Lakenham
Trowse Newton
Strumpshaw Steam
Model Village
Kirby Bedon
Winibirri
Surlingham
Buckenham
Southwood
Wickhampton
Berney Arms
Burgh Castle
Southtown
Yarmouth Roads
Bramerton
Rockland St Mary
Hassingham
Freethorpe
Burgh Castle
Bradwell
Arminghall
Claxton
Cantley
Limpenhoe
Lifeboat Station
Caistor St Edmund
Framingham Pigot
Hellington
Ashby St Mary
Langley Green
Pettitts
Bunston
Framingham Earl
Carleton St Peter
Abbey
Langley Street
R. Yare
Belton
Gorleston-on-Sea
Upper Stoke
Yelverton
Hardley Street
Reedham
Browston Green
Stoke Holy Cross
Poringland
Thurton
Redwings Horse Sanctuary
Fritton
Priory
The Dell
Bunker's Hill
Hopton on Sea
West Poringland
Alpington
Bergh Apton
Nogdam End
Hawes Green
Howe
Chet & Waveney Valley
R. Chet
Norton Subcourse
Fritton Lake
Brooke
Shotesham
Mundham
Sisland
Chedgrave
Loddon
Thurlton
Thorpe
Haddiscoe
St Olaves
Herringfleet
Loud
Blundeston
Saxlingham Nethergate
Seething
Stubbs Green
Hales
Windpump
Somerleyton
Corton
Kirstead Green
Raveningham
Maypole Green
B1074
Pleasurewood Hills
Saxlingham Green
Seething
Seething Control Tower
Thwaite St Mary
Raveningham
Brundish
Toft Monks
Kirby
Maritime
A149
A1151
A1062
A1064
A1270
A47
A146
A143
A1243
A1042
B1145
B1159
B1150
B1354
B1152
B1140
B1332
B1534
B1370
B1375
B1385
B1136
P+R
E
F
G
H
1
2
3
4
5
67
30
40
50
60

Middle Mouse
West Mouse
The Skerries
East Mouse
Porth Wen
Bull Bay
Cemaes Bay
Cemlyn Bay
Llanbadrig
Penrhyn
Wylfa
Carmel Head
Tregele
Cemaes
A5025
Burwen
B5111
Amlwch
Amlwch Port
Llaneilian
Pengorffwysfa
Llanfairynghornwy
Llanfechell
Bodewryd
Thomas Mon.
Mynydd Mechell
Rhosgoch
Parys Mountain
Gadfa
Holyhead to:
Dublin 3hrs. 15mins.
Dublin 1hr. 50mins.
(Fast Ferry)
Church Bay
Swtan
Llanrhyddlad
Rhyd-wyn
Llyn Llygeirian
Llanfflewyn
Carreg-lefn
Rhosybol
Penygraigwen
City Dulas
HOLYHEAD BAY
Llanfaethlu
Llanbabo
Llyn Alaw
Gwredog
Llandyfrydog
A5025
Llanddeusant
Llyn Alaw
Llynnon
Melin Hywel
Llanerchymedd
Bachau
Maenaddwyn
Breakwater
Gogarth Bay
Caer Y Twr Hillfort
Porthyfelin
Salt Island
HOLYHEAD
Llanfwrog
Ellins Tower
Fort
Arch
Llain-goch
Stryd
Penrhos
Llanfachraeth
Tregwehelydd Standing Stone
Pen-llyn
Carmel
Llanerchymedd Station
ANGLESEY
Capel Coch
Holyhead Mountain Hut Circles
HOLY ISLAND
Kingsland
A5
Newlands Park
Llanynghenedl
Llyn Llywenan
Presaddfed Burial Chambers
Tryfil
Penrhos Feilw Standing Stones
Trefignath Burial Chamber
Ty Mawr Standing Stone
Valley
Bodedern
B5109
Trefor
B5112
ISLE OF
Porth Dafarch Ancient Huts
Trearddur
B4545
A55
Caergeiliog
A5
Bryngwran
Llangwyllog
Llynfaes
B5109
Cefni Reservoir
Four Mile Bridge
Llyn Penrhyn
Llanfihangel yn Nhowyn
ANGLESEY
Oriel Ynys Môn
Llyn Dinam
Llanfair-yn-Neubwll
Llyn Traffwll
Capel Gwyn
Mona
Bodffordd
Heneglwys
A5
Rhescolyn
Gwalchmai
Rhostrehwfa
St Gwenfaen's Well
Cymyran Bay
Ty Newydd Burial Chamber
A4080
Dotham
Llangefni
Rhosneigr
Llanfaelog
Pencarnisiog
Cerrigceinwen
Llangristiolus
A55
Llyn Maelog
Bryn Du
Din Dryfol Chambered Tomb
B4422
Soar
Capel Mawr
Pentre Berw
Afon Cefni
Malltraeth Marsh
Barclodiad Y Gawres Grave
Llyn Coron
Bethel
Trefdraeth
B4419
Llangwyfan-isaf
Llangadwaladr
Malltraeth
Bodowyr Burial Chamber
Anglesey
Aberffraw
Hermon
Llangaffo
St Cwyfan's 'The Church in the Sea'
A4080
Castell Bryn Gwyn
Aberffraw Bay
Bodorgan
Malltraeth Sands
B4421
Tacla Taid
Dwyran
Newborough
B4419
Malltraeth Bay
Newborough Forest
Anglesey Model Village
Foel Farm Park
Llanddwyn Island
Llanddwyn Bay
Abermenai Point
Llanfaglan
Foryd Bay
Caernarfon
Saron
CAERNARFON BAY
Airworld
A487
Dinas Dinlle
Llandwrog
Glynllifon
A499
Inigo Jones Slate Works
Pen-y-groes
Pontllyfni
Llanllyfni
Aberdesach
Capel Uchaf
Clynnog Fawr
Tai'n Lon
St Beuno
St Beuno's Well
Bwlch Mawr
Pant-glas
Trefor
Gyrn Ddu
Bwlchderwin
Trwyn y Gorlech
Yr Eifl
Tre'r Ceiri Hill Fort
Llanaelhaearn
Cenin
Nant
A

68

E
F
G
H
Point Lynas
Ynys Dulas
Dulas Bay
Dulas
Lligwy Bay
Moelfre
Seawatch Centre
Llanallgo
Marian-glas
Brynteg
Tynygongl
Benllech
Red Wharf Bay
A5025
Llanbedr-goch
Llanddona
Pentrellwyn
Mariandyrys
Caim
Penmon
Penmon Priory
Puffin Island
Glanyrafon
Llangoed
Haulfre Stables
Castell Aberlleiniog
Llanfaes
Llanddyfnan
Pentraeth
B5109
Pen-y-garnedd
Rhoscefnhir
Talwrn
Beaumaris
Courthouse
Gaol
Llansadwrn
A545
Llandegfan
B5420
Penmynydd
Llanfair Pwllgwyngyll
Pili Palas
Menai Bridge
Upper Bangor
Penrhyn Castle
BANGOR
A5
Llanddaniel-fab
Lord Nelson Statue
Penrhosgarnedd
A55
Llandygai
Tal-y-bont
Glasinfryn
Bryn Celli Ddu Burial Chamber
Plas Newydd
A4080
Y Felinheli
Greenwood Family Park
Llanddeiniolen
B4547
Tre-garth
Llanllechid
Rachub
Bethesda
Gerlan
Braichmelyn
Brynsiencyn
A487
Saron
Bethel
B4366
Pentir
Mynydd Llandegai
Bryn Eglwys
B4409
Zip World
Rhiwlas
A4244
Pont-Rhythallt
Penisa'r waun
A4086
Deiniolen
MENAI STRAIT
Roman Fort
CAERNARFON
Pont-rug
Llanrug
Cwm-y-glo
Clwt-y-bont
Brynrefail
Dinorwig
The Slate Landscape of NW Wales
Marchlyn Mawr Resr.
Mynydd Perfedd
Caeathro
Gypsy Wood
Bontnewydd
Ceunant
Llanberis Lake Railway
Llyn Padarn
Padarn
Llanberis
Electric Mountain
National Slate
Dinorwig Power Station
Waunfawr
Croes-y-waun
Bryn Pistyll
A4085
Waterfall
Dolbadarn
Llyn Peris
Nant Peris
Dinas
Rhostryfan
Llanwnda
Rhosgadfan
Pen-y-ffridd
Betws Garmon
Llyn Dwythwch
Snowdon Mountain Railway
Pass of Llanberis
GWYNEDD
Groeslon
Welsh Highland Railway
Carmel
Y Fron
Llyn Cwellyn
Glaslyn
Hafod Eryri
YR WYDDFA (SNOWDON)
3560
Talysarn
Nantlle
B4418
Rhyd-ddu
Llyn-y-Gader
Yr Aran 2451
Bethania Waterfalls
Llyn Gwynant
PARC CENEDLAETHOL ERYRI
(ERYRI NATIONAL PARK)
Craig Cwm Silyn
2408
Cwm Silyn
2229
Beddgelert Forest
Garnedd-goch
Nebo
Castell Dinas Emrys
Bethania
Llyn Dinas
Beddgelert
Sygun Copper Mine
Gelert's Grave
Snowdonia National Park
Moel Hebog
2566
Pass of Aberglaslyn
Nantmor
Llyn Cwmystradllyn
A498
A4085
Croesor
Garndolbenmaen
A487
Penrhyn Swatch
Penmaen Swatch
Lavan Sands
Nant-y-felin
Llanfairfechan
Nant-y-pandy
Cefn Coch Stone Circle
Abergwyngregyn
Penmaenmawr
Dwygyfylchi
Moel Wnion
1902
Aber Falls
Llyn Anafon
Drum
2526
Tal y fan
2000
Maen y bardd Burial Chamber
Drosgl
2484
FOEL-FRAS
3091
Dulyn Resr.
Melynllyn
Llyn Eigiau Resr.
Afon Dulyn
Afon Porth-llwyd
CAMBRIAN MOUNTAINS
CARNEDD LLEWELYN
3485
3425
CARNEDD DAFYDD
Pont Pen-y-benglog
Llyn Ogwen
Tryfan
3002
Llyn Idwal
Cwm Idwal
GLYDER FAWR
3279
Llyn Cwmffynnon
Llynnau Mymbyr
Capel Curig
Plas-y-Brenin National Mountaineering Centre
A4086
Carnedd Moel-Siabod
2861
Llyn y Foel
Llynau Diwaunedd
Y Cribau
Blaenau Dolwyddelan
Dolwyddelan
Pentre-bont
A470
Moel Penamnen
1978
Tal-y-waenydd
Llechwedd / Zip World Slate Caverns
Llyn Conglog
Rhiwbryfdir
Blaenau Ffestiniog
Llyn Cwmorthin
Tanygrisiau
Bethania
Cnicht
2265
Moelwyn
2527
Llyn Newydd
Llyn Bowydd
Cwm Penmachno
Carrog
Llyn Conwy
Great Ormes Head
Great Orme
Cable Cars
Happy Valley
Ormes Bay or Llandudno Bay
Little Ormes Head
Penrhyn-side
Penrhyn Bay
LLANDUDNO
Great Orme Mostyn Gallery
St Trillo's
Rhos-on-Sea
Colwyn
CONWY BAY
Conwy Sands
Llanrhos
Deganwy
A470
COLWYN BAY
A55
Llandudno Junction
Mochdre
Welsh Mountain
Old Colwyn
Tywyn
A546
Conwy
Gyffin
A547
Llansanffraid Glan Conwy
Bryn-y-maen
Llanelian-yn-Rhos
B5383
B5381
Henryd
B5106
Afon Conwy
Pentrefelin
Dawn
Rowen
Bodnant
Graig
Brymbo
Eglwys-bach
Ty'n-y-groes
Pontwgan
Llanbedrycennin
Pen-y-Gaer Hillfort
Tal-y-Bont
Tal-y-cafn
Canovium Roman Fort
Castell
Mwdwl Eithin
1277
Gell
B5113
CONWY
Dolgarrog
A470
Llangernyw
Afon Ddu
Trefriw Wells Spa
A548
Tan-lan
Llanddoged
Pandy Tudur
Trefriw
Woollen Mills
Llyn Cowlyd Resr.
Penllithrig-y-wrach
2620
Llyn Crafnant Resr.
Llanrwst
Pentre-tafarn-y-fedw
Grey Mare's Tail
Gwydir Castle
Gwytherin
Llyn Geirionydd
Gwydir Uchaf Chapel
Melin-y-coed
GWYDYR FOREST PARK
Llyn y Parc
Swallow Falls
Ty Hyll
Snowdonia National Park
World Forest
A5
B5427
Conwy Valley Railway
Moel Seisiog
1514
Pont-Cyfyng
Betws-y-Coed
Waterloo Br.
Nebo
B5113
Capel Garmon
Mynydd Cribau
1132
Llyn Elsi Resr.
Fairy Glen
Capel Garmon Burial Chamber
Pont-y-pant
Conwy Falls
Machno Falls
Rhydlanfair
Glan-Conwy
Pentrefoelas Castle
Pont Rhyd-y-Gynnen
B4406
Ty'n-y-Coed Uchaf
Ty Mawr Wybrnant
Penmachno
Pentrefoelas
A5
Ysbyty Ifan
Afon Machno
Garn Prys
1751
Gylchedd
2196
B4407
Afon Conwy
Betws-yn-Rhos
Llandd
Llysfa
Dolwe
69

LIVERPOOL BAY
HOYLAKE
Hilbre Islands
West Kirby
Lifeboat Sta.
A540
Point of Ayr
Talacre
Llawndy
Prestatyn
A548
Gronant
Gwespyr
Llanasa
Picton
Ffynnongroyw
Pen-y-ffordd
Mostyn Quay
Mostyn
Glan-y-don
Trelogan
Rhewl-Mostyn
Berthengam
Whitford
Maen Achwyfan Cross
Greenfield
Basingwerk Abbey (remains)
Whelston
Holywell
Carmel
Pantasaph
Gorsedd
Pant y Wacco
Lloc
A5026
Brynford
Babell
Dolphin
Pentre Halkyn
Halkyn
Halkyn Mountain
Lixwm
Ysceifiog
Caerwys
Afon-wen
Nannerch
Ddol
Rhosesmor
Rhydymwyn
Cilcain
Pont-newydd
Cefn-bychan
Gwernaffield
Cadole
Loggerheads
Tafarn-y-Gelyn
Maes-hafn
Eryrys
Llanarmon-yn-Ial
Graianrhyd
Llandegla
Pen-y-stryt
A5104
Pen-Y-Ffrith Bird Gardens
Nant y Garth Pass
A525
Rhyd-y-meudwy
Llanelidan
Derwen
Clawddnewydd
Churchyard Cross
Pentrecelyn
Graigfechan
Llanfair Dyffryn Clwyd
Pwll-glas
Efenechtyd
Ruthin
Ruthin Gaol
Nantclwyd y Dre
Llanfwrog
Bontuchel
Llanbedr-Dyffryn Clwyd
Llanferres
A494
Moel Famau
Jubilee Tower
Hirwaen
Gellifor
Llangynhafal
Moel Llys-y-Coed
Llangwyfan
Llandyrnog
Llanynys
Rhewl
Bachymbyd Fawr
Pentre-Llanrhaeadr
Llanrhaeadr
Waen
Aberwheeler
Castell
Bodfari
Tremeirchion
Graig
Sodom
Waen Goleugoed
Rhuallt
Pen-y-cefn
Cwm
Marian Cwm
Llyn Helyg
Offa's Dyke
Trelawnyd
Gwaenysgor
Bryn-llwyn
Tan-yr-allt
Dyserth
Bodrhyddan Hall
Meliden
RHYL
Kinmel Bay
SeaQuarium
Towyn
Belgrano
Rhuddlan
Abergele Roads
Colwyn Bay
Abergele
Llanddulas
Penmaen Rhos
Old Colwyn
Glyn
Llysfaen
Terfyn
Rhyd-y-foel
St George
KINMEL PARK
Bodelwyddan
'Marble' Church
Pengwern
Moelfre
Glascoed
St Asaph
Trefnant
Plas yn Cefn
Bontnewydd
Llannefydd
Cefn Berain
Dolwen Resr.
Henllan
Denbigh
Friary (remains)
Town Walls
Gwaenynog Bach
Groes
Tan-y-fron
Bylchau
Waen
Nantglyn
Prion
Pant-pastynog
Ffridd Fawr
Cyffylliog
Clocaenog
Cefn Du
CLOCAENOG FOREST
DENBIGHSHIRE
CONWY
Llyn Brenig
Llyn Bran
Mynydd Hiraethog
Bryn Trillyn 1627
Alwen Resr.
Pentre-llyn-cymmer
Llansannan
Llanfair Talhaiarn
Mynydd Bodrochwyn
Moelfre Uchaf 1298
Betws-yn-Rhos
Dawn
Dolwen
Llanelian-yn-Rhos
Bryn-y-maen
Mochdre
Glan Conwy
Llansanffraid
Pentrefelin
Bodnant
Graig
Brymbo
Eglwys-bach
Mwdwl Eithin 1277
Gell
Llangernyw
Pandy Tudur
Gwytherin
Llanddoged
Pentre-tafarn-y-fedw
Gwydir Castle
Melin-y-coed
Zip World Fforest
Conwy Valley Railway
Nebo
Capel Garmon
Capel Garmon Burial Chamber
Rhydlanfair
Glan-Conwy
Tyn-y-Coed Uchaf
Pentrefoelas
Pentrefoelas Castle
Rhydlydan
Glasfryn
Cefn-brith
Aled Isaf Resr.
Moel Llyn 1528
Moel Seisiog 1514
Llyn Aled
Llyn Alwen
Ysbyty Ifan
Garn Prys 1751
Cerrigydrudion
Llanfihangel Glyn Myfyr
Melin-y-wig
Bryn-Saith Marchog
Gwyddelwern
Bryneglwys
Horseshoe Pass
Llandynan
Eliseg's Pillar
Betws Gwerfil Goch
Maerdy
Dinmael
Ewe-phoria Sheepdog Centre
Gylchedd 2196
Little Ormes Head
Penrhyn-side
Penrhyn Bay
St Trillo's
Rhos-on-Sea
COLWYN BAY
Welsh Mountain Zoo
A55
A547
A548
A525
A541
A543
A544
A5151
A494
A5
A470
A542
B5119
B5429
B5381
B5382
B5383
B5384
B5428
B5435
B4501
B5113
B5105
B4529
B5430
B5431
B5121
B5123
B5122
70
81

LIVERPOOL
BIRKENHEAD
WALLASEY
BOOTLE
CROSBY
LITHERLAND
ST HELENS
PRESCOT
HUYTON
KIRKBY
WIDNES
RUNCORN
WARRINGTON
HAYDOCK
GOLBORNE
ASHTON-IN-MAKERFIELD
NEWTON-LE-WILLOWS
ELLESMERE PORT
FRODSHAM
CHESTER
WREXHAM
CONNAH'S QUAY
BUCKLEY
Queensferry
NESTON
HESWALL
BEBINGTON
NORTHWICH
WINSFORD
NANTWICH
HINDLEY
Garston
Speke
RIVER MERSEY
CHESHIRE WEST & CHESTER
ENGLAND
WALES
Liverpool to Dublin 8hrs.
Liverpool to Douglas 2hrs. 30mins. (Fast Ferry, Seasonal)
Birkenhead to: Belfast 8hrs. Douglas 4hrs. 15mins. (Seasonal)
LIVERPOOL JOHN LENNON
Manchester Ship Canal
DELAMERE FOREST PARK
M53
M56
M57
M58
M62
M6
90
71
84

84
MANCHESTER
STOCKPORT
ALTRINCHAM
WARRINGTON
NORTHWICH
KNUTSFORD
WILMSLOW
MACCLESFIELD
CONGLETON
CREWE
NANTWICH
STOKE-ON-TRENT
NEWCASTLE-UNDER-LYME
SALFORD
OLDHAM
ASHTON-UNDER-LYNE
LEIGH
ASHTON-IN-MAKERFIELD
GOLBORNE
NEWTON-LE-WILLOWS
ECCLES
STRETFORD
URMSTON
SALE
CHEADLE
HYDE
DENTON
DROYLSDEN
FAILSWORTH
DUKINFIELD
SWINTON
WORSLEY
PRESTWICH
ATHERTON
HINDLEY
Tyldesley
Irlam
Partington
Lymm
Romiley
Marple
Hazel Grove
Bramhall
Gatley
Hale
Poynton
BOLLINGTON
Alderley Edge
WINSFORD
Middlewich
SANDBACH
Alsager
KIDSGROVE
BIDDULPH
Tunstall
Burslem
Hanley
Audley
Holmes Chapel
Weaverham
Frodsham
Sandiway
Davenham
Wharton
Little Budworth
Tarporley
Wybunbury
Madeley
Silverdale
Fenton
M6
M56
M60
M62
M602
M67
A34
A50
A54
A556
A523
A500
A51
A49
A57
A6

85
92
73
PEAK DISTRICT
PEAK DISTRICT NATIONAL PARK
DERBYSHIRE
STAFFORDSHIRE
SHEFFIELD
CHESTERFIELD
DRONFIELD
MATLOCK
BUXTON
Ashbourne
Bakewell
LEEK
GLOSSOP
STALYBRIDGE
HOYLAND
WOMBWELL
WORSBOROUGH
BELPER
STOCKSBRIDGE
Mossley
Hadfield
Hollingworth
Chapel-en-le-Frith
Whaley Bridge
New Mills
Hayfield
Castleton
Hope
Bamford
Hathersage
Penistone
Chapeltown
Ecclesfield
Grenoside
Oughtibridge
Stannington
Wirksworth
Cromford
Matlock Bath
Darley Bridge
Rowsley
Youlgreave
Hartington
Tideswell
Eyam
Baslow
Calver
Curbar
Froggatt
Grindleford
Hulland
Kniveton
Ipstones
Cauldon
Waterhouses
Alstonefield
Warslow
Longnor
Monyash
Taddington
Chelmorton
Ashford in the Water
Great Longstone
Stoney Middleton
Bradwell
Edale
Kinder Scout 2088
Bleaklow Hill 2077
Snake Pass
Howden Resr.
Derwent Resr.
Ladybower Resr.
Chatsworth
Haddon Hall
M1
A57
A6
A61
A616
A628
A623
A624
A625
A621
A619
A632
A615
A6020
A6013
A6187
A6102
A6135
A6018
A5004
A5012
A515
A517
A52
A523
A53
A54
A537
A5270
B6049
B6465
B6001
B6012
B5056
B5053
B5054
B5055
B5057

WORSBROUGH
WOMBWELL
Darfield
Goldthorpe
Bolton upon Dearne
DONCASTER
A1(M)
M18
Bessacarr
Cantley
Branton
Auckley
HOYLAND
WATH UPON DEARNE
MEXBOROUGH
Warmsworth
Sprotbrough
SWINTON
CONISBROUGH
New Edlington
Loversall
New Rossington
DONCASTER SHEFFIELD
Finningley
Chapeltown
RAWMARSH
Wadworth
Grenoside
Ecclesfield
Greasbrough
ROTHERHAM
MALTBY
Tickhill
Bawtry
Harworth
Bircotes
Parson Cross
Brinsworth
Thurcroft
Catcliffe
Treeton
Aughton
Laughton Common
Dinnington
Langold
Blyth
Carlton in Lindrick
North Anston
SHEFFIELD
Hackenthorpe
Beighton
Wales
Kiveton Park
South Anston
Worksop
WORKSOP
Ranby
RETFORD
Mosborough
Eckington
Killamarsh
DRONFIELD
Harthill
Barlborough
Whitwell
Clowne
Creswell
Staveley
Brimington
DERBYSHIRE
Bolsover
CHESTERFIELD
Holymoorside
Wingerworth
Temple Normanton
Shirebrook
Church Warsop
Warsop
Edwinstowe
Ollerton
New Ollerton
THE DUKERIES
Elkesley
North Wingfield
Clay Cross
Ashover
Tibshelf
Pilsley
Pleasley
MANSFIELD WOODHOUSE
Clipstone
MANSFIELD
NOTTINGH
Rainworth
South Normanton
SUTTON IN ASHFIELD
KIRKBY-IN-ASHFIELD
Blidworth
Ravenshead
MATLOCK
Wessington
ALFRETON
Somercotes
Selston
Annesley Woodhouse
Southwell
Ripley
Codnor
HUCKNALL
Calverton
BELPER
HEANOR
EASTWOOD
Bulwell
ARNOLD
Lowdham
Burton
M1
A1
A57
A60
A61
A614
A617
A619
A631
A638
A6
SHERWOOD PINES FOREST PARK

87
Epworth
Epworth Turbary
Old Rectory
Low Burnham
A161
Haxey
Owston Ferry
East Ferry
Butterwick
Messingham
Manton
Scotter
Scotterthorpe
Susworth
Kelfield
Scotton
Kirton in Lindsey
Mount Pleasant Mill
Hibaldstow
Redbourne
Howsham
Cadney
Owmby
Clixby
North Kelsey Moor
North Kelsey
Caistor
Cabourne
Nettleton
Rothwell
Pelham's Pillar
South Kelsey
Moortown
Holton le Moor
Brandy Wharf
Waddingham
Thornton le Moor
North Owersby
South Owersby
Usselby
Osgodby
Kingerby
Kirkby
Normanby le Wold
Otby
Walesby
Claxby
Graiseloud
Gunthorpe
Wildsworth
Heckdyke
Misterton
West Stockwith
East Stockwith
Walkerith
Laughton
Northorpe
Grayingham
Blyton
Blyborough
Pilham
Aisby
Willoughton
Snitterby
Atterby
Bishop Norton
Bishopbridge
Glentham
Gringley on the Hill
Walkeringham
Beckingham
Morton
GAINSBOROUGH
Old Hall
Corringham
Hemswell
Harpswell
Hemswell Cliff
Spital in the Street
Caenby
West Rasen
Middle Rasen
Market Rasen
A631
A1103
Springthorpe
Sturgate
Heapham
Upton
Kexby
Glentworth
Normanby-by-Spital
Owmby-by-Spital
Toft next Newton
Newton by Toft
Linwood
Legsby
Clayworth
Saundby
Bole
North Wheatley
South Wheatley
Hayton
Clarborough
Welham
Sturton le Steeple
Fenton
North Leverton
Habblesthorpe
Littleborough
Lea
Knaith Park
Knaith
Gate Burton
Marton
Willingham by Stow
Stow
Coates
Fillingham
Ingham
Cammeringham
Saxby
Spridlington
Hackthorn
Cold Hanworth
Faldingworth
Buslingthorpe
Friesthorpe
Lissington
Bleasby Moor
West Torrington
Snarford
Wickenby
Holton cum Beckering
South Leverton
Cottam
Torksey
Brampton
Sturton by Stow
Thorpe le Fallows
Brattleby
Aisthorpe
RAF Scampton
Scampton
Welton
Dunholme
Welton Hill
Reasby
Snelland
Fulnetby
Rand
Grove
Treswell
Rampton
Sundown Adventureland
Bransby Home of Rest for Horses
Broxholme
North Carlton
South Carlton
Lincolnshire Showground
Stainton by Langworth
Scothern
Langworth
Woodbeck
Headon
Upton
Stokeham
Church Laneham
Laneham
Laughterton
Fenton
Kettlethorpe
Newton on Trent
Dunham-on-Trent
Saxilby
Fossdyke Navigation
R. Till
Burton-by-Lincoln
Riseholme
Nettleham
Sudbrooke
Barlings
Apley
Kingthorpe
Askham
East Drayton
Darlton
Ragnall
North Clifton
Thorney
Broadholme
Skellingthorpe
Ermine
LINCOLN
North Greetwell
Reepham
Cherry Willingham
Fiskerton
Low Barlings
Abbey
Stainfield
East Markham
Tuxford
A6075
Fledborough
High Marnham
Low Marnham
Skegby
Normanton on Trent
Weston
South Clifton
Spalford
Wigsley
Harby
Doddington Hall
Boddington
Birchwood
Swanpool
New Boulton
Boultham
Canwick
Washingborough
Heighington
Branston Booths
Bardney
Young Wood
Egmanton
Grassthorpe
Sutton on Trent
Girton
Weecar
North Scarle
Eagle Moor
Eagle
Eagle Barnsdale
Whisby
Natural World Centre
Road Transport
Swallow Beck
Bracebridge
Bracebridge Heath
Branston
Potterhanworth
Potterhanworth Booths
Southrey
North Hykeham
South Hykeham
Thorpe on the Hill
Moorhouse
Ossington
Besthorpe
Carlton-on-Trent
South Scarle
Morton
Haddington
Waddington
RAF Waddington
Harmston
Nocton
Wasps Nest
Dunston
Sots Hole
Tanvats
Norwell Woodhouse
Norwell
Cromwell
Collingham
Swinderby
Witham St Hughs
Aubourn
Thurlby
Coleby
Metheringham
Blankney
Metheringham Airfield
Martin
Timberland
Caunton
Bathley
Holme
North Muskham
South Muskham
Little Carlton
Langford
Brough
Norton Disney
Bassingham
Stapleford
Carlton-le-Moorland
Boothby Graffoe
Navenby
Wellingore
Scopwick
Kirkby Green
Thorpe Tilney
Rowston
Walcott
Kelham
NEWARK-ON-TRENT
Winthorpe
Newark Showground
Newark Air
Coddington
Averham
Staythorpe
Upton
Rolleston
Farndon
New Balderton
Balderton
Beckingham
Brant Broughton
Heritage Room
Welbourn
Temple Bruer Tower
Ashby de la Launde
Bloxholm
Digby
Dorrington
North Ings Farm
Billinghay
Stragglethorpe
Barnby in the Willows
Leadenham
Fiskerton
Morton
Hawton
East Stoke
Thorpe
Fenton
Manor
Fulbeck
Cranwell
Ruskington
Anwick
Leasingham
Holdingham
Evedon
Ewerby
Kirkby la Thorpe
Asgarby
Howell
Elston
Syerston
Flintham
Sibthorpe
Shelton
Cotham
Stubton
Claypole
Dry Doddington
Brandon
Caythorpe
Frieston
Hough-on-the-Hill
Gelston
Westborough
Hougham
Carlton Scroop
Normanton-on-Cliffe
Sudbrook
Cranwell Aviation Heritage Centre
North Rauceby
South Rauceby
Sleaford
Cogglesford Watermill
LINCOLNSHIRE
NOTTINGHAMSHIRE
A15
A46
A57
A156
A1133
A1500
A1434
A1192
A158
A607
A17
A1
A616
A617
A612
A620
A159
A153
B1205
B1206
B1398
B1400
B1396
B1403
B1430
B1241
B1190
B1378
B1178
B1188
B1202
B1189
B1191
B1429
B1209
B1399
B1434
B6325
B6326
B6166
B6403
B1164
R. Trent
R. Witham
R. Brant
R. Idle
R. Devon
R. Slea
75
88
94

Owmby
Clixby
Pelham's Pillar
A1084
A1173
Irby upon Humber
Waltham
Rural Lincolnshire Life
New Waltham
A1031
High Sands
DANGER AREA
North Kelsey Moor
Swallow
A18
Barnoldby le Beck
A16
Holton le Clay
North Cotes
Tetney Lock
Cabourne
A46
Beelsby
Brigsley
Caistor
Hatcliffe
Ashby cum Fenby
88
94
Nettleton
A
Cuxwold
B
Waithe
95
Tetney
North Cotes
C
D
Donna Nook
Moortown
Rothwell
West Ravendale
East Ravendale
Grainsby
Marshchapel
Eskham
B1201
Holton le Moor
Croxby
North Thoresby
Fulstow
Thorganby
Grainthorpe
North Somercotes
DANGER AREA
Thoresway
Lincolnshire Wolds Railway
Grainthorpe Fen
Swinhope
Wold Newton
Ludborough
Covenham Resr.
Skidbrooke North End
Normanby le Wold
Brookenby
Covenham St Bartholomew
Conisholme
Church End
Stainton le Vale
Covenham St Mary
Austin Fen
South Somercotes
A1031
Saltfleet
Claxby
South Owersby
Usselby
Otby
Kirmond le Mire
Binbrook
North Ormsby
Utterby
Osgodby
Kirkby
Horse World
Walesby
Yarburgh
Skidbrooke
Fotherby
A1103
Alvingham
Little Grimsby
North Cockerington
Saltfleetby St Clement
West Rasen
Middle Rasen
B1203
Tealby
Great Tows
Kelstern
North Elkington
Keddington Corner
Saltfleetby St Peter
Saltfleetby All Saints
A631
Market Rasen
A631
Ludford
South Cockerington
Keddington
A46
North Willingham
Welton le Wold
South Elkington
Grimoldby
Newton by Toft
Sixhills
Burgh on Bain
LOUTH
Stewton
B1200
Three Bridges
Theddlethorpe All Saints
Linwood
A157
Legsby
Gayton le Wold
Hallington
Manby
Buslingthorpe
Great Carlton
Raithby
Legbourne
Little Carlton
Gayton le Marsh
Bleasby
Hainton
South Willingham
Friesthorpe
Bleasby Moor
East Torrington
Donington on Bain
Withcall
Little Cawthorpe
South Reston
A157
Lissington
A157
West Torrington
Withern
Strubby
Wickenby
Tathwell
East Barkwith
Benniworth
Holton cum Beckering
Stenigot
Cadwell Park
Haugham
Muckton
Authorpe
Tothill
Snelland
West Barkwith
Market Stainton
Asterby
Cawkwell
Maidenwell
Burwell
Woodthorpe
Reasby
Fulnetby
Beesby
Claythorpe
Rand
Panton
Sotby
Goulceby
Scamblesby
Belleau
A158
Farforth
Ruckland
Claythorpe Watermill & Wildfowl Gardens
Wragby
Ranby
A16
White Pit
Aby
Saleby
Oxcombe
Swaby
South Thoresby
Langworth
Langton by Wragby
Great Sturton
Hatton
A153
Ketsby
Manor House
Bilsby
LINCOLNSHIRE
Apley
A158
Tetford
South Ormsby
Calceby
Alford
Barlings
Kingthorpe
Hemingby
Belchford
Haugh
Rigsby
Baumber
Driby
A1104
Well
Low Barlings
Abbey
Chambers Farm Wood
Minting
Farthorpe
Fulletby
Brinkhill
Stainfield
R. Bain
Salmonby
Somersby
Ulceby
Mawthorpe
West Ashby
Harrington
Skendleby Psalter
Claxby
Gautby
Wispington
Edlington
Bag Enderby
Sutterby
A16
Young Wood
Low Toynton
Greetham
Ashby Puerorum
Fordington
Abbey
Thimbleby
Aswardby
Langton
A1028
Branston Booths
Bardney
Bucknall
B1190
Langton
High Toynton
Hagworthingham
A158
Sausthorpe
Skendleby
Welton le Marsh
B1190
Horsington
Horncastle
Winceby
Snipe Dales
Grebby
Potterhanworth Booths
Woodhall
Thornton
Scrafield
Lusby
Partney
Scremby
Abbey
Canal
Mareham on the Hill
Raithby by Spilsby
A158
Potterhanworth
Southrey
Martin
Asgarby
Mavis Enderby
Ashby by Partney
Candlesby
Dalderby
Hameringham
Old Bolingbroke
Spilsby
R. Witham
Stixwould
Wellington Mon.
Reeds Beck
Scrivelsby
Low Hameringham
Hundleby
Halton Holegate
Monksthorpe
Gunby Hall
Nocton
Wasps Nest
Sots Hole
B1191
Roughton
Hareby
Bratoft
Tanvats
Woodhall Spa
Haltham
Woods Enderby
Moorby
Bolingbroke
West Keal
Toynton All Saints
Great Steeping
Northcote Heavy Horse Centre
Dunston
Dales Head Dike
Cottage
Tower on the Moor
Wilksby
Miningsby
East Keal
B1195
Irby in the Marsh
Metheringham
Kirkby on Bain
A153
Mareham le Fen
East Kirkby
Hagnaby
Toynton St Peter
Halton Fenside
Firsby
Little Steeping
B1189
Martin Dales
Abbey
Chapel
B1192
A155
Aviation Heritage Centre
Keal Cotes
Toynton Fen Side
Steeping R.
Blankney
Martin
B1191
Revesby
Kirkby Fenside
East Kirkby
Thorpe Fendykes
Metheringham Airfield
Timberland
Timberland Delph
Thorpe Camp
Tattershall Thorpe
Tumby
Stickford
A16
Wainfleet Bank
B1191
Tattershall
Coningsby
Tumby Woodside
New Bolingbroke
Scopwick
Kirkby Green
Thorpe Tilney
College
Tattershall
Coningsby
Moorhouses
New Leake
Stickney
Midville
Friskney Eaudyke
Rowston
Walcott
Tattershall Bridge
Battle of Britain Memorial Flight
Steam Drainage Sta.
Reedham
Eastville
Ashby de la Launde
Digby
B1189
Billinghay
Dogdyke
New York
Sandy Bank
Medlam
East Fen
Friskney
Hawthorn Hill
Scrub Hill
Carrington
Bloxholm
B1188
Dorrington
Chapel Hill
Bunker's Hill
Lade Bank
North Ings Farm
North Kyme
Hundle Houses
West Fen
Northlands
Leake Common Side
Haven Bank
Sibsey Fen Side
Wrangle Lowgate
Ruskington
A153
B1192
Leake Fold Hill
Old Leake
Wrangle
South Kyme
Frithville
Trader
Sibsey
B1184
Anwick
A
Holland Fen
B
Gipsey Bridge
76
B1184
Fishtoft Drove
C
Hilldyke
A52
Leake Hurn's End
D
B1209
R. Slea
Tower
B1395
Langrick
Leverton Outgate
Evedon
Ewerby
Frith Bank
Leverton
West End
Leverton Lucasgate
Kirkby la Thorpe
Howell
Amber Hill
Brothertoft
Anton's Gowt
B1183
Benington
Cogglesford Watermill
Asgarby
A17
Burton Corner
Haltoft End
Benington Sea End
Sleaford
Garwick
Guildhall
Brand End
Butterwick

89

NORTH SEA

Theddlethorpe St Helen
Seal Sanctuary & Wildlife Centre
Mees Bridge
Lifeboat Station
Mablethorpe
Ye Olde Curiosity
Trusthorpe
A1104
Thorpe
tby arsh
Sutton on Sea
Sandilands
A1111
Hannah
A52
Markby
Thurlby
Huttoft
B1449
Anderby
Anderby Creek
Drainage
arlesthorpe
Mumby
On Your Marques
Cumberworth
Authorpe Row
Bonthorpe
Helsey
Chapel St Leonards
Willoughby
Hogsthorpe
A52
Sloothby
Ashley's Field
Hardys Animal Farm
Hasthorpe
Stackholme End
Ingoldmells
Addlethorpe
Ingoldmells Point
Orby
Skegness (Ingoldmells)
Butlin's
Orby Marsh
Water Leisure Park
A158
Burgh le Marsh
Winthorpe
Seathorne
Natureland Seal Sanctuary
Church Farm
Bottons Pleasure Beach
SKEGNESS
Croft
Model Village
Thorpe St Peter
A52
Seacroft
Croft Marsh
Bateman's Brewery
Magdalen
Wainfleet All Saints
Gibraltar
Wainfleet St Mary
Key's Toft
Gibraltar Point

DANGER AREA

Boston Deeps

Holme Dunes
Titchwell
Marsh
Brancaster Bay
Scolt Head Island
Burnham Overy
Burnham Staithe
Holkham Bay
Burnham

CLEVELEYS
Thornton
Poulton-le-Fylde
BLACKPOOL
Pleasure Beach
South Shore
St Anne's
LYTHAM ST ANNE'S
Lytham
Kirkham
Freckleton
Warton
Great Eccleston
Bilsborrow
Barton
Longridge
Goosnargh
Grimsargh
Broughton
FULWOOD
PRESTON
Higher Penwortham
Bamber Bridge
Hutton
Longton
Hesketh Bank
Much Hoole
LEYLAND
Clayton-le-Woods
CHORLEY
Eccleston
Tarleton
Croston
Banks
Southport Sands
SOUTHPORT
Churchtown
Birkdale
Ainsdale-on-Sea
Rufford
Mawdesley
Burscough Bridge
Burscough
Scarisbrick
Halsall
ORMSKIRK
Parbold
Coppull
Adlington
STANDISH
Appley Bridge
Shevington
SKELMERSDALE
Up Holland
WIGAN
Ince-in-Makerfield
ORRELL
FORMBY
Hightown
MAGHULL
Lydiate
Aughton
Rainford
Billinge
LIVERPOOL BAY
CROSBY
LITHERLAND
Waterloo
Seaforth
BOOTLE
KIRKBY
Aintree
Fazakerley
ST HELENS
Eccleston
HAYDOCK
GOLBORNE
ASHTON-IN-MAKERFIELD
NEWTON-LE-WILLOWS
Knowsley
PRESCOT
HUYTON
Whiston
Rainhill
WALLASEY
New Brighton
BIRKENHEAD
LIVERPOOL
Walton
Toxteth
Allerton
Woolton
Halewood
Cronton
WARRINGTON
WIDNES
Great Sankey
Moreton
Upton
West Kirby
Hoylake
Greasby
Prenton
Thingwall
Liverpool to Dublin 8hrs.
Liverpool to Douglas 2hrs. 30mins. (Fast Ferry, Seasonal)
Birkenhead to: Belfast 8hrs. Douglas 4hrs. 15mins. (Seasonal)
M6
M55
M58
M57
M62
M53
M61
A6
A59
A565
A570
A580
A49

MANCHESTER
BLACKBURN
ACCRINGTON
BURNLEY
NELSON
Colne
Clitheroe
Padiham
Great Harwood
Clayton-le-Moors
Oswaldtwistle
Haslingden
RAWTENSTALL
Bacup
Todmorden
Hebden Bridge
Mytholmroyd
RAMSBOTTOM
Whitworth
LITTLEBOROUGH
ROCHDALE
Milnrow
HEYWOOD
BURY
Tottington
BOLTON
HORWICH
DARWEN
BLACKBURN WITH DARWEN
FARNWORTH
RADCLIFFE
WHITEFIELD
MIDDLETON
ROYTON
SHAW
CHADDERTON
OLDHAM
FAILSWORTH
PRESTWICH
SWINTON
WORSLEY
ATHERTON
Tyldesley
LEIGH
WESTHOUGHTON
ECCLES
SALFORD
URMSTON
STRETFORD
SALE
ALTRINCHAM
Hale
Gatley
CHEADLE
Cheadle Hulme
STOCKPORT
Bredbury
Romiley
Marple
DENTON
HYDE
DUKINFIELD
STALYBRIDGE
ASHTON-UNDER-LYNE
DROYLSDEN
Mossley
SADDLEWORTH
Uppermill
Greenfield
Marsden
Ripponden
Sowerby
Haworth
Oxenhope
KEIGHLEY MOOR
THE FOREST OF TRAWDEN
THE FOREST OF PENDLE
FOREST OF ROSSENDALE
ROSSENDALE
Trawden
Brierfield
Barrowford
Whalley
Wiswell
Sabden
Billington
Rishton
Church
Shadsworth
Edenfield
Stubbins
Irlam
Cadishead
Partington
Carrington
Lymm
Glazebury
Culcheth
Bramhall
Hazel Grove
Mellor
Hadfield
Hollingworth
Denshaw
Newhey
Cowling
Glusburn
Sutton-in-Craven
Laneshaw Bridge
Waddington
Downham
Worston
Chatburn
M65
M66
M62
M61
M60
M602
M67
M6
M56
A56
A59
A671
A682
A646
A58
A62
A627(M)
A6
A34
A57
A580
A666
A676
A6068
A6033
A680
A679
A681
A635
A628
A560
E
F
G
H
84
85
97
98
92
1
2
3
4
5

92
KEIGHLEY
BRADFORD
LEEDS
HALIFAX
HUDDERSFIELD
DEWSBURY
WAKEFIELD
BARNSLEY
SHEFFIELD
PEAK DISTRICT
DERBYSHIRE NATIONAL PARK
HIGH PEAK
SADDLEWORTH
KEIGHLEY MOOR
Glusburn
Cowling
Sutton-in-Craven
Steeton
Riddlesden
East Morton
Burley Woodhead
Menston
GUISELEY
YEADON
Bramhope
Arthington
Weardley
East Keswick
Bardsey
Micklethwaite
BINGLEY
BAILDON
Rawdon
HORSFORTH
Oakworth
Haworth
Oxenhope
Harden
Cullingworth
Wilsden
Saltaire
SHIPLEY
Calverley
Shadwell
Scarcroft
Hebden Bridge
Mytholmroyd
Heptonstall
Denholme
Thornton
Queensbury
PUDSEY
Tyersal
Shelf
Northowram
Birkenshaw
Gildersome
MORLEY
Middleton
ROTHWELL
CLECKHEATON
LIVERSEDGE
Gomersal
Birstall
BATLEY
Heckmondwike
Ossett
Horbury
Luddenden
SOWERBY BRIDGE
Sowerby
Greetland
BRIGHOUSE
Elland
Mirfield
Ripponden
Rishworth
Barkisland
Stainland
Outwood
Stanley
NORMANTON
Slaithwaite
Marsden
Meltham
Golcar
Lepton
Kirkburton
Skelmanthorpe
Clayton West
Emley
Flockton
Thornhill
Denby Dale
Darton
Royston
Staincross
Holmfirth
Honley
Netherthong
New Mill
Hepworth
Holmbridge
Penistone
Thurlstone
Oxspring
Dodworth
Silkstone Common
WORSBROUGH
HOYLAND
Denshaw
Delph
Diggle
Uppermill
Dobcross
Greenfield
Mossley
STALYBRIDGE
Tintwistle
Hollingworth
Hadfield
GLOSSOP
HYDE
Mottram in Longdendale
Crowden
STOCKSBRIDGE
Deepcar
Chapeltown
Grenoside
Ecclesfield
Oughtibridge
Stannington
Hayfield
New Mills
Edale
Kinder Scout
Hathersage
M62
M1
M606
M621
A629
A644
A58
A62
A635
A628
A616
A57
A6024
A61

93
NORTH YORKSHIRE
Tadcaster
Clifford
Bramham
Thorner
Ulleskelf
Stillingfleet
Escrick
Thorganby
Melbourne
Seaton Ross
Cawood
Riccall
Barwick in Elmet
Aberford
Scholes
Garforth
Sherburn in Elmet
South Milford
SELBY
Barlby
Osgodby
Howden
Thorpe Willoughby
Brayton
Hambleton
Hemingbrough
Barmby on the Marsh
Kippax
Castleford
Monk Fryston
Camblesforth
Drax
Knottingley
Ferrybridge
Eggborough
Snaith
Rawcliffe
GOOLE
Swinefleet
Pontefract
Featherstone
Womersley
Askern
Moorends
Thorne
Crowle
Stainforth
Hatfield
Dunscroft
Adwick le Street
Carcroft
Bentley
Armthorpe
DONCASTER
Bessacarr
Hemsworth
South Elmsall
South Kirkby
Grimethorpe
Cudworth
Wombwell
Mexborough
Wath upon Dearne
Conisbrough
Swinton
Rawmarsh
ROTHERHAM
Maltby
Tickhill
Bawtry
Harworth
Bircotes
New Rossington
Edlington
Warmsworth
Epworth
ISLE OF AXHOLME
Haxey
Misson
Gringley on the Hill
Beckingham
Dinnington
Langold
Blyth
Thurcroft
Aughton
Brinsworth
Finningley
Wroot
Westwoodside
DONCASTER SHEFFIELD
M62
M18
M180
A1(M)

94
A
B
C
D
100
93
87
1
2
3
4
5
EAST RIDING OF YORKSHIRE
NORTH LINCOLNSHIRE
LINCOLN
KINGSTON UPON HULL
SCUNTHORPE
GOOLE
GAINSBOROUGH
BEVERLEY
COTTINGHAM
HESSLE
Melbourne
Seaton Ross
Everingham
Bielby
Thorpe le Street
Shiptonthorpe
Market Weighton
Goodmanham
Kiplingcotes
South Dalton
Etton
Gardham
Arras
Cherry Burton
Leconfield
Arram
Leven
Routh
Tickton
Molescroft
Grovehill
Weel
Meaux
Woodmansey
Thearne
Wawne
Bishop Burton
Walkington
Bentley
Risby
Dunswell
Skidby
Little Weighton
Rowley
Riplingham
Eppleworth
Willerby
Kirk Ella
West Ella
Anlaby
Anlaby Park
Swanland
East Ella
Newland
Sculcoates
Stoneferry
Inglemire
New Village
Bransholme
Laytham
Harswell
Holme-on-Spalding-Moor
Moor End
Water End
Sand Hole
Rascal Moor
Foggathorpe
Harlthorpe
Highfield
Bubwith
Gunby
Breighton
Willitoft
Gribthorpe
Spaldington
Bursea
Sancton
North Newbald
South Newbald
North Cliffe
South Cliffe
Hotham
High Hunsley
North Cave
Everthorpe
South Cave
West End
Brantingham
Wauldby
Ellerker
Elloughton
Welton
Melton
Brough
North Ferriby
Wressle
Brind
Portington
Hive
Sandholme
Newsholme
Eastrington
Scalby
Newport
Gilberdyke
Staddlethorpe
Walling Fen
Balkholme
Broomfleet
Asselby
Knedlington
Howden
Kilpin Pike
Kilpin
Skelton
Laxton
Little Airmyn
Airmyn
Hook
Saltmarshe
Yokefleet
Blacktoft
Faxfleet
Whitton
Reedness
Ousefleet
Whitgift
Swinefleet
Old Goole
Adlingfleet
Alkborough
Winteringham
West Halton
Walcot
Coleby
Garthorpe
Fockerby
Burton Stather
Burton upon Stather
Thealby
Normanby
Normanby Hall
Roxby
Winterton
Luddington
Eastoft
Flixborough
Risby
Appleby
Amcotts
Dragonby
Crowle
Keadby
Ealand
Gunness
Crosby
Frodingham
Althorpe
Old Brumby
Burringham
Derrythorpe
Ashby
Yaddlethorpe
Bottesford
Holme
Broughton
Wressle
Brigg
Scawby
Scawby Brook
Sturton
Messingham
Manton
Hibaldstow
Redbourne
Scotter
Scotterthorpe
Susworth
Kelfield
Owston Ferry
East Ferry
East Butterwick
West Butterwick
Belton
Grey Green
Bracon
Beltoft
Church Town
Carrhouse
Westgate
Sandtoft
West Carr
Hatfield Moors
ISLE OF AXHOLME
Epworth
Epworth Turbary
Low Burnham
Wroot
Haxey
Westwoodside
Upperthorpe
East Lound
Graiselound
Wildsworth
Gunthorpe
Heckdyke
West Stockwith
East Stockwith
Walkerith
Misterton
Walkeringham
Gringley on the Hill
Beckingham
Morton
Blyton
Laughton
Pilham
Aisby
Corringham
Northorpe
Scotton
Kirton in Lindsey
Grayingham
Blyborough
Willoughton
Hemswell
Hemswell Cliff
Spital in the Street
Snitterby
Waddingham
Atterby
Bishop Norton
Glentham
Caenby
Normanby-by-Spital
Owmby-by-Spital
Saxby
Glentworth
Fillingham
Springthorpe
Sturgate
Heapham
Upton
Kexby
Willingham
Knaith Park
Lea
Saundby
Clayworth
Wiseton
North Wheatley
South Wheatley
Sturton le Steeple
Barton-upon-Humber
Barton Waterside
Barrow Haven
Barrow upon Humber
New Holland
Goxhill
The Hallands
South Ferriby
Ferriby Sluice
Horkstow
Horkstow Bridge
Kingsforth
Deepdale
Burnham
Thornton Curtis
Wootton
Ulceby
Ulceby Skitter
Saxby All Saints
Bonby
Worlaby
Elsham
Elsham Hall
Croxton
Kirmington
Melton Ross
New Barnetby
Barnetby le Wold
Wrawby
Bigby
Somerby
Searby
Owmby
Grasby
Clixby
Howsham
Cadney
North Kelsey
North Kelsey Moor
South Kelsey
Moortown
Holton le Moor
Brandy Wharf
Thornton le Moor
North Owersby
South Owersby
Usselby
Kingerby
Osgodby
Kirkby
Bishopbridge
West Rasen
Middle Rasen
Market Rasen
Toft next Newton
Newton by Toft
Linwood
Buslingthorpe
Faldingworth
Caistor
Nettleton
Normanby le Wold
Claxby
South Field
Humber Bridge
Read's Island
Redcliff Channel
HUMBERSIDE
M62
M180
M181
A63
A1079
A1034
A164
A1174
A1035
A1033
A1105
A614
A161
A163
A18
A1077
A1029
A159
A15
A631
A156
A620
A1084
A46
A180
A1103
B1230
B1228
B1206
B1207
B1208
B1218
B1204
B1211
B1216
B1392
B1430
B1450
B1501
B1400
B1398
B1205
B1396
B1403
B1433
B1434

NORTH SEA
RIVER HUMBER
Mouth of the Humber
NORTH EAST LINCOLNSHIRE
LINCOLNSHIRE
THE WOLDS
Hull to: Rotterdam (Europoort) 10hrs.
Roiston
Mappleton
Long Riston
Rise
Little Hatfield
Great Hatfield
Great Cowden
Arnold
Withernwick
Skirlaugh
New Ellerby
Marton
Aldbrough
East Newton
West Newton
Old Ellerby
Burton Constable
Hall
Flinton
Coniston
Ganstead
Thirtleby
Sproatley
Humbleton
Garton
Grimston
Fitling
Hilston
Owstwick
Wyton
Bilton
Elstronwick
Lelley
Burton Pidsea
Tunstall
West End
Preston
North End
Roos
Waxholme
Salt End
Marfleet
Hedon
Burstwick
Rimswell
Owthorne
Withernsea
Halsham
East End
Paull
Fort Paull
Thorngumbald
Camerton
Ryehill
Keyingham
Ottringham
Winestead
Hollym
Holmpton
Patrington
Patrington Haven
Paull Holme Sands
Foulholme Sands
RAF Holmpton
Out Newton
Welwick
Weeton
Skeffling
Easington
Sunk Island
East Halton
North Killingholme
South Killingholme
Immingham Dock
Immingham
Sunk Island Sands
Kilnsea
Spurn Heritage Coast
Trinity Sands
Grimsby Roads
Spurn
SPURN HEAD
Habrough
Brocklesby
Stallingborough
Healing
Pyewipe
Great Coates
GRIMSBY
West Marsh
Keelby
Pelham Mausoleum
Great Limber
Wybers Wood
Little Coates
Old Clee
CLEETHORPES
Discovery Centre
Jungle
Cleethorpes Coast Light Railway
Aylesby
Riby
Laceby
R. Freshney
Nunsthorpe
Bradley
Scartho
Humberston
Tetney High Sands
Pelham's Pillar
Irby upon Humber
Waltham
Rural Lincolnshire Life
New Waltham
Swallow
Barnoldby le Beck
Brigsley
Holton le Clay
DANGER AREA
North Cotes
Tetney Lock
Cabourne
Beelsby
Hatcliffe
Ashby cum Fenby
Cuxwold
Waithe
Tetney
North Cotes
Donna Nook
Rothwell
Grainsby
Marshchapel
West Ravendale
East Ravendale
Eskham
Croxby
Thorganby
North Thoresby
Fulstow
Grainthorpe
North Somercotes
Thoresway
Lincolnshire Wolds Railway
Swinhope
Wold Newton
Grainthorpe Fen
Brookenby
Ludborough
Covenham Resr.
Canal
Skidbrooke North End
Stainton le Vale
Covenham St Bartholomew
Covenham St Mary
Austin Fen
Conisholme
Church End
South Somercotes
Saltfleet
Otby
Walesby
Kirmond le Mire
Binbrook
North Ormsby
Utterby
Yarburgh
Skidbrooke
Fotherby
Little Grimsby
Alvingham
North Cockerington
Saltfleetby St Clement
Tealby
Great Tows
North Elkington
Kelstern
Keddington Corner
South Cockerington
Saltfleetby St Peter
Saltfleetby All Saints
Theddlethorpe St Helen
Ludford
Keddington
North Willingham
Welton le Wold
South Elkington
Grimoldby
Three Bridges
Theddlethorpe All Saints
Seal Sanctuary & Wildlife Centre
Market Rasen
Sixhills
Burgh on Bain
LOUTH
Stewton
Manby
Great Carlton
Meers Bridge
Lifeboat Station
Mablethorpe
Legsby
Gayton le Wold
Hallington
Raithby
Legbourne
Little
Bleasby
Hainton
DANGER AREA
A165
A1033
B1362
B1242
B1243
B1238
B1240
B1239
B1237
B1445
A160
A1173
A180
A18
B1210
A1136
B1213
A46
A1098
A1243
B1203
B1219
A1031
A16
B1201
B1225
A631
A157
B1520
B1200
101
88
89
95

96
LAKE DISTRICT NATIONAL PARK
FURNESS
CUMBERLAND
WESTMORLAND
Selker Bay
DANGER AREA
Broad Oak
Stainton Fell
Newbiggin
Waberthwaite
Corney Fell
Whitfell 1880
Corney
Hycemoor
Bootle
Hyton
Annaside
Stoneside Hill
Swinside Stone Circle
Bootle Fell
Black Combe 1969
Whitbeck
Silecroft
Giant's Grave
Whicham
Kirksanton
Millom
Lacra Stone Circles
Heritage and Arts Cen.
Haverigg
Dunningwell
The Green
The Hill
Broadgate
Lady Hall
Foxfield
Hallthwaites
Ulpha
Ulpha Park
Caw 1735
Stickle Pike 1231
Duddon Bridge
Duddon Ironworks
Beckfoot
Broughton Mills
Broughton in Furness
Lower Hawthwaite
Torver
Sunny Bank
Beacon 836
Woodland Fell
Blawith
Grizebeck
Chapels
Wall End
Kirkby-in-Furness
Soutergate
Beck Side
Gawthwaite
Netherhouses
Shooting House Hill 1088
Broughton Beck
Penny Bridge
Greenodd
Arrad Foot
Mansriggs
Barrow Mon.
Laurel & Hardy
Cumbria Crystal
ULVERSTON
Pennington
Swarthmoor
Sandside
Conishead Priory
Askam in Furness
Ireleth
Marton
Lindal in Furness
South Lakes
Great Urswick
Birkrigg Stone Circle
Little Urswick
Bardsea
Chapel Island
Dalton Castle
Dalton-in-Furness
Stainton with Adgarley
Baycliff
Newton
Scales
Aldingham
Hawcoat
Ormsgill
Furness Abbey
Gleaston
Castle
Water Mill
Dendron
Barrow (Walney)
Walney Island
North Scale
North Walney
Dock
Vickerstown
BARROW-IN-FURNESS
Leece
Roosecote
Newbiggin
Roosebeck
Biggar
Rampside
Roa Island
Lifeboat Station
Foulney Island
Piel Island
South End
Piel Bar
Hilpsford Scar
Lancaster Sound
Coniston Water
Grizedale
Grizedale Go Ape!
Top o' Sawrey
Far Sawrey
Cunsey Beck Forge
Satterthwaite
Graythwaite Hall
Force Mills
Force Falls
Force Forge
Thwaite Head
High Nibthwaite
Water Yeat
Ickenthwaite
Crosslands
Rusland
Stott Park Bobbin Mill
Finsthwaite
Oxen Park
Tannery
Lakes Aquarium
Lakeside
Town End
Lakeside & Haverthwaite Railway
Lowick Bridge
Lowick
Lowick Green
Colton
Bouth
Spark Bridge
Lakeland Motor
Newby Bridge
Backbarrow
Haverthwaite
Low Wood
Windermere
Storrs
Blackwell
Winster
Crosthwaite
Ludderburn
Bowland Bridge
Row
The Howe
Cartmel Fell
Fell Foot Park
Staveley-in-Cartmel
Witherslack
Mill Side
Town End
Seatle
Ayside
High Newton
Barber Green
Field Broughton
Beck Side
Hampsfell Hospice
Meathop
Lindale
Kent Viaducts
Priory Gatehouse
Cartmel
Leven Viaduct
Grange-over-Sands
Holker Hall
Holker
Cark
Allithwaite
Ornamental
Holme Island
Arnside
Arnside Tower
Flookburgh
Ravenstown
Kents Bank
Miniature Village
Flookburgh Adventure Park
Cark
Silverdale
Silverdale Green
Humphrey Head Point
MORECAMBE BAY
Hest Bank
Lifeboat Station
Bare
Torrisholme
MORECAMBE
Sandylands
West End
Lower Heysham
Heysham
Higher Heysham
LANCASTER
Aldcliffe
Heaton
Power Station
Heysham to Douglas 3hrs. 30mins.
Middleton
Overton
Sunderland
River Lune
Glasson
Conder Green
Heysham Lake
Sunderland Point
Lower Thurnham
Upper Thurnham
Cockerham
Braides
Wyre
Pilling Lane
Knott End-on-Sea
FLEETWOOD
Rossall Point
Preesall
Pilling
Fisher's Row
Stake Pool
Winmarleigh
Smallwood Hey
Scronkey
Preesall Park
Stalmine
Ford
Eagland Hill
Nateby
Burn Naze
Staynall
Cold Row
CLEVELEYS
Trunnah
Sower Carr
Skitham
Stanah
Hambleton
Out Rawcliffe
Little Bispham
Thornton
Ratten Row
St Michael's on Wyre
Norbreck
Anchorsholme
Little Thornton
Whin Lane End
Little Eccleston
Great Eccleston
Toll
Bispham
Norcross
Skippool
Little Singleton
Carleton
Copp
Ladies
Warbreck
Hoohill
Poulton-le-Fylde
Singleton
Thistleton
Elswick
Crossmoor
Inskip
North Shore
Queenstown
Normoss
Newton
Blackpool
BLACKPOOL
THE FYLDE
Roseacre
Esprick
Greenhalgh
Great Marton
Staining
Weeton
Corner Row
Wharles
Blackleach
A595
A5093
A5092
A593
A5084
A590
A592
A5074
A5087
B5281
B5278
B5277
B5271
B5282
A5105
A589
B5273
A683
B5290
A588
B5270
B5377
A585
A587
B5268
B5412
A586
A584
B5266
B5260
B5269
A583
102
90
A
B
C
D
1
2
3
4
5

97
KENDAL
Kentrigg
Plumgarths
Fisher Tarn Resr.
Fell 1109
A684
Fox's Pulpit
B6257
Cautley
Winder 1552
Sedbergh
Marthwaite
Fairfield Mill
Briggflatts
Hallbank
Millthrop
Holme Open Farm
Garsdale
West Baugh Fell
Baugh Fell
East Baugh Fell 2217
Garsdale Head
Cotterdale
High Shaw
Hardraw
Cotter Force
Hardraw Force
Sedbusk
Dales Countryside Museum
Yorkshire National
Appersett
Hawes
Wensleydale Creamery
Gayle
Outhwaites Ropemakers
Aysgill Force
Wether
Mossdale Moor
Widdale Fell
Oxenholme
New Hutton
Millholme
KILLINGTON LAKE
B6256
Lenacre
Rise Hill 1825
A6
103
104
Brigsteer
Natland
Middleshaw
Killington
FURNESS
A591
Sizergh Castle
Barrows Green
Halfpenny
Old Hutton
M6
Beckside
B6254
Sedgwick
Cotes
Levens
Levens Hall
Lakeland Maze
Force Falls
A65
Gatebeck
Stainton
Endmoor
Hincaster
Leasgill
A590
Crooklands
Goose Green
Warth Hill
Heversham
Milton
36
Nook
Scout Hill 935
Mansergh
R. Lune
Middleton
A683
Barbon
Gawthrop
Dent
R. Dee
Cowgill
Lea Yeat
Stone House
Calf Top
Crag Hill 2250
YORKSHIRE DALES
NATIONAL PARK
Deepdale
Wold Fell 1829
B6255
Dodd Fell 2192
Gayle Moor
WHERNSIDE 2414
Blea Moor
Oughtershaw
Cam Beck
Deepdale
Ackenthwaite
Milnthorpe
B6385
Whasset
Farleton
Lupton
Lupton Beck
Heron Corn Mill
Storth
Beetham
B6384
A6070
Kearstwick
Ruskin's View
Casterton
Kirkby Lonsdale
Leck Beck
Leck Fell 2057
Ribblehead Viaduct
Ribblehead Station
LANGSTROTHDALE CHASE
Sike Moor
Yockenthwaite
Halton Gill
Fairy Steps
Slack Head
Hale
Lakeland Wildlife Oasis
Holme
Hutton Roof
High Biggins
Cowan Bridge
Leck
Chapel-le-Dale
High Birkwith
Foxup
Yealand Storrs
Yealand Redmayne
Leighton Hall
Burton-in-Kendal
BURTON-IN-KENDAL
Whittington
R. Keer
Overtown
Ireby
Masongill
Thornton Force
Selside
Horton Moor
Pen-y-ghent Side
Hull Pot
Pen-y-ghent 2277
Yealand Conyers
Priest Hutton
Newton
Nether Burrow
Pecca Falls
Westhouse
Thornton in Lonsdale
B6255
White Scar Cave
Ingleborough 2376
Simon Fell
New Houses
New Inn
Crag Foot
Old Rectory
Warton
Borwick
Arkholme
Tunstall
A683
Cantsfield
A687
Ingleton
Skirwith
Ingleborough Common
Gaping Gill
NORTH
Horton in Ribblesdale
B6479
Darnbrook Fell
Fountains Fell 2191
Millhead
35a
A601(M)
Capernwray
Canal
35
Carnforth
Over Kellet
Bolton-le-Sands
Melling
Wrayton
R. Greta
Burton in Lonsdale
Cold Cotes
Newby Cote
Newby
Ingleborough Cave
YORKSHIRE
Gressingham
Wennington
Low Bentham
High Bentham
B6480
Clapham
Austwick
Wharfe
Helwith Bridge
Nether Kellet
Hornby
Tatham
Farleton
Butt Yeats
Wray
R. Hindburn
R. Wenning
Yorkshire Dales Falconry Centre
Feizor
Little Stainforth
Stainforth
Stainforth Force
Malham Tarn
Bolton Town End
Aughton
Great Stone of Fourstones
Keasden
Lawkland
Stackhouse
M6
Slyne
Halton
A683
Claughton
Whit Moor
Tatham Fells 1318
Lowgill
Eldroth
B6480
Langcliffe
Craven Life
Settle
Giggleswick
Scaleber Force
Kirkby Fell
Malham
Caton
Brookhouse
Caton Moor
34
P+R
Goodber Common
Burn Moor Fell
Skerton
Salter
Thrushgill
Botton Head
Catlow Fell 1595
Mearbeck
Crossgill
Scotforth
Quernmore
Blanch Fell
Haylot Fell
Clougha Pike
Ward's Stone 1839
Mallowdale Fell
White Hill 1786
Black Hill
Rathmell
A65
Kirkby Malham
Airton
Long Preston
Otterburn
Bailrigg
R. Conder
Lee Fell
Crossdale Fell
LANCASHIRE
Stocks Resr.
Wigglesworth
Hellifield
Bell Busk
Ellel
Smith Green
Tarnbrook
Tosside
B6478
A682
Halton West
Galgate
33
Lee
Abbeystead
FOREST
OF
BOWLAND
Tosside Beck
Nappa
Four Lane Ends
R. Wyre
Dolphinholme
Marshaw
Trough of Bowland
Whins Brow 1561
Slaidburn
Paythorne
Newsholme
LANCASTER
Potters Brook
Street
Hawthornthwaite Fell Top 1572
Sykes Fell
Sykes
Dunsop Bridge
Hareden
Newton
R. Hodder
Lane Ends
Holden
Horton
A59
West Marton
Forton
Calder Fell
Easington Fell 1300
Bolton-by-Bowland
Gisburn
Bracewell
Thornton-in-Craven
B5272
Scorton
R. Calder
R. Ribble
B6251
B6252
Cabus
Oakenclough
Whitewell
Sawley
Barnoldswick
B6383
M6
Fair Snape Fell
Browsholme Hall
Grindleton
Abbey
Rimington
Howgill
Bancroft Mill Engine
Salterforth
Garstang
Calder Vale
Bonds
Bowgreave
B6430
Bowland Wild Boar Park
B6478
West Bradford
Chatburn
Downham
Twiston
A682
Weets Hill
A6
Beacon Fell
Bowland
Chipping
Bashall Eaves
Waddington
Coronation Platform
Horrocksford
A59
Worston
Whitemoor Resr.
Churchtown
Catterall
873 Beacon Fell
Walker Fold
Bashall Town
Low Moor
Clitheroe
Pendle Hill 1827
Blacko
Claughton
Brock
The Flower Bowl
Whitechapel
Hesketh Lane
Longridge Fell
B6243
Barley
PENDLE
Higherford
Roughlee
Bilsborrow
Inglewhite
Cromwell's Bridge
91
A671
Pendleton
Barrowford
A6247
14
Myerscough
Knowle Green
Woodfields
Mitton
Barrow
B6246
Newchurch in Pendle
A56
British in India
Cuddy Hill
Barton
A6
Longridge
Resrs.
Ward Green Cross
B6243
Hurst Green
Wiswell
Sabden
THE FOREST OF PENDLE
Wheatley Lane
Fence
13
NELSON
12
Goosnargh
B5269
B6245
Stydd
Dinckley
Whalley
Higham
A6068
M65
Brierfield
Lane Bottom
Newsham
Haighton Green
B6243
Alston Resrs.
Little Town
Ribchester
Roman
A59
Abbey
Billington
A671
Read
Gawthorpe Hall
R. Calder
A682
Haggate
Woodplumpton
Broughton
32
Copster
E
F
G
H
1
2
3
4
5
98

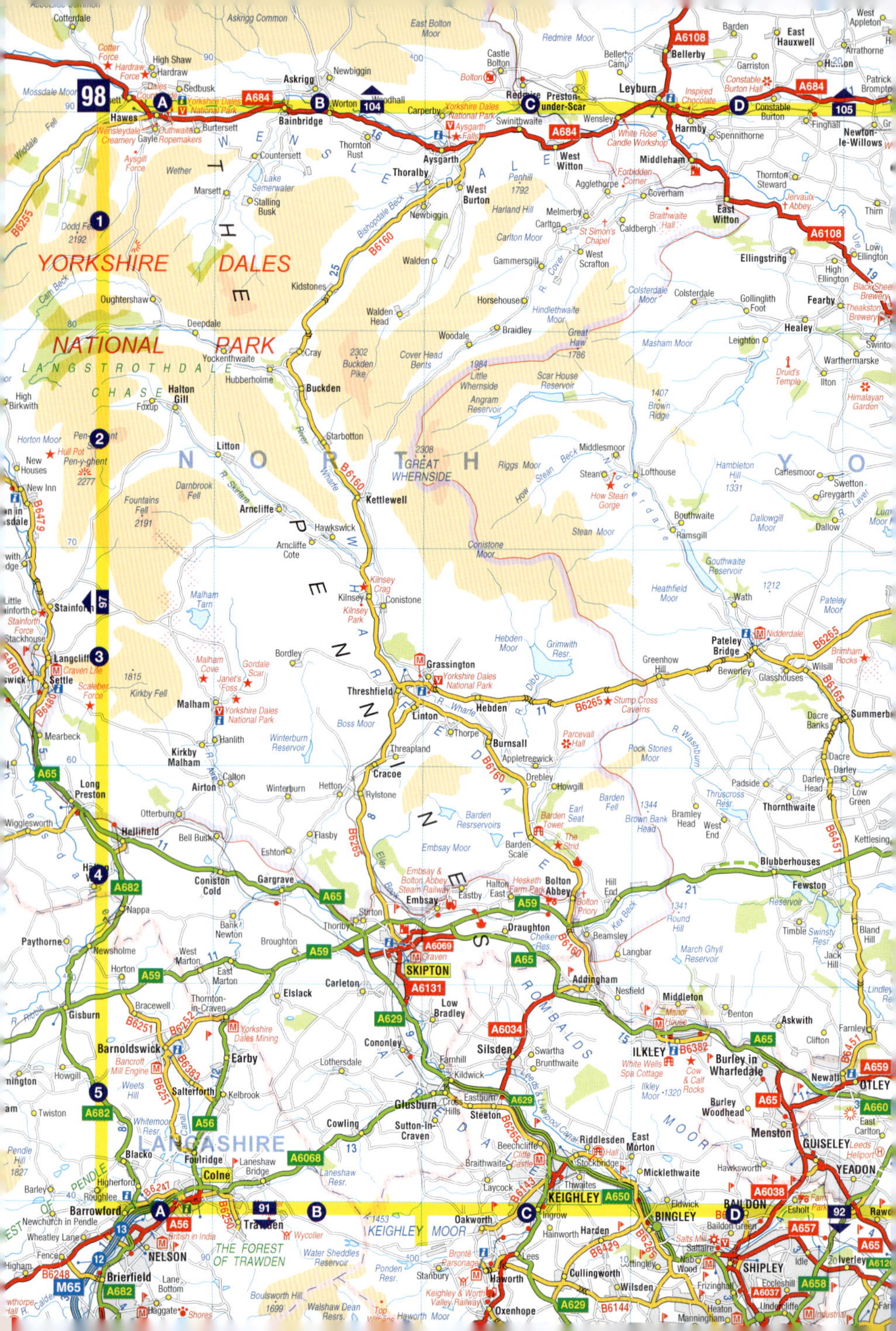
98
YORKSHIRE DALES NATIONAL PARK
NORTH YO
THE PENNINE
WENSLEYDALE
LANGSTROTHDALE CHASE
NIDDERDALE
WHARFEDALE
AIREDALE
RIBBLESDALE
ROMBALDS MOOR
KEIGHLEY MOOR
THE FOREST OF TRAWDEN
FOREST OF PENDLE
LANCASHIRE
Cotterdale
Askrigg Common
East Bolton Moor
Redmire Moor
Barden
West Appleton
East Hauxwell
Arrathorne
Cotter Force
High Shaw
Hardraw
Hardraw Force
Sedbusk
Askrigg
Newbiggin
Castle Bolton
Bolton
Bellerby Camp
Bellerby
Garriston
Hunton
Patrick Brompton
Mossdale Moor
Hawes
Dales Countryside Museum
Yorkshire Dales National Park
Bainbridge
Worton
Woodhall
Carperby
Yorkshire Dales National Park
Redmire
Preston-under-Scar
Leyburn
Inspired Chocolate
Constable Burton Hall
Constable Burton
Finghall
Harmby
Spennithorne
Newton-le-Willows
Wensleydale Creamery
Gayle
Outhwaite Ropemakers
Burtersett
Countersett
Thornton Rust
Aysgarth
Aysgarth Falls
Swinithwaite
Wensley
White Rose Candle Workshop
West Witton
Middleham
Forbidden Corner
Aysgill Force
Wether Fell
Lake Semerwater
Marsett
Stalling Busk
Thoralby
West Burton
Penhill 1792
Agglethorpe
Coverham
Thornton Steward
Jervaulx Abbey
East Witton
Thirn
Dodd Fell 2192
Newbiggin
Harland Hill
Melmerby
Carlton
Carlton Moor
St Simon's Chapel
Caldbergh
Braithwaite Hall
Low Ellington
Ellingstring
High Ellington
Bishopdale Beck
Walden
Gammersgill
West Scrafton
Cam Beck
Kidstones
Oughtershaw
Walden Head
Horsehouse
Hindlethwaite Moor
Colsterdale Moor
Colsterdale
Gollinghith Foot
Fearby
Black Sheep Brewery
Theakston Brewery
Deepdale
Woodale
Braidley
Great Haw 1786
Masham Moor
Leighton
Healey
Swinton
Yockenthwaite
Cray
2302 Buckden Pike
Cover Head Bents
1984 Little Whernside
Scar House Reservoir
Warthermarske
Druid's Temple
Ilton
High Birkwith
Hubberholme
Halton Gill
Foxup
Buckden
Angram Reservoir
1407 Brown Ridge
Himalayan Garden
Horton Moor
Pen-y-ghent 2277
Hull Pot
New Houses
Litton
Starbotton
2308 GREAT WHERNSIDE
Middlesmoor
Riggs Moor
Stean
Lofthouse
Hambleton Hill 1331
Carlesmoor
Swetton
Greygarth
New Inn
Darnbrook Fell
Fountains Fell 2191
Arncliffe
Kettlewell
How Stean Gorge
Bouthwaite
Ramsgill
Dallowgill Moor
Dallow
Hawkswick
Arncliffe Cote
Stean Moor
Conistone Moor
Gouthwaite Reservoir
Heathfield Moor
Pateley Moor
Little Stainforth
Stainforth
Stainforth Force
Malham Tarn
Kilnsey Crag
Kilnsey
Kilnsey Park
Conistone
Wath
Stackhouse
Langcliffe
Craven Lime
Settle
Scaleber Force
Malham Cove
Gordale Scar
Janet's Foss
Bordley
Hebden Moor
Grimwith Resr.
Greenhow Hill
Pateley Bridge
Nidderdale
Brimham Rocks
Wilsill
Bewerley
Glasshouses
1815
Kirkby Fell
Malham
Yorkshire Dales National Park
Grassington
Threshfield
Linton
Hebden
Stump Cross Caverns
Dacre Banks
Summerbridge
Mearbeck
Hanlith
Winterburn Reservoir
Boss Moor
Thorpe
Burnsall
Parcevall Hall
Pock Stones Moor
Kirkby Malham
Threapland
Appletreewick
Dacre
Darley
A65
Long Preston
Calton
Airton
Winterburn
Hetton
Cracoe
Rylstone
Drebley
Howgill
Padside
Darley Head
Low Green
Barden Fell
1344
Thruscross Resr.
Thornthwaite
Wigglesworth
Otterburn
Hellifield
Bell Busk
Flasby
Barden Reservoirs
Barden Tower
Earl Seat
The Strid
Brown Bank Head
Bramley Head
West End
Kettlesing
Eshton
Embsay Moor
Barden Scale
Blubberhouses
Hellifield
Nappa
Coniston Cold
Gargrave
Embsay & Bolton Abbey Steam Railway
Embsay
Eastby
Halton East
Hesketh Farm Park
Bolton Abbey
Bolton Priory
Hill End
Fewston
Paythorne
Bank Newton
Stirton
Thorlby
Draughton
1341 Round Hill
Timble
Swinsty Resr.
Bland Hill
Newsholme
West Marton
Broughton
Skipton
Craven Museum
Chelker Res.
Beamsley
Langbar
March Ghyll Reservoir
Jack Hill
Horton
East Marton
Carleton
Addingham
Nesfield
Middleton
Lindley
Gisburn
Bracewell
Thornton-in-Craven
Elslack
Low Bradley
Manor House
Denton
Askwith
Farnley
Barnoldswick
Bancroft Mill Engine
Yorkshire Dales Mining
Earby
Cononley
Silsden
Swartha
Brunthwaite
Ilkley
White Wells Spa Cottage
Cow & Calf Rocks
Burley in Wharfedale
Newall
Otley
Howgill
Weets Hill
Salterforth
Kelbrook
Lothersdale
Farnhill
Kildwick
Ilkley Moor 1320
Twiston
Whitemoor Resr.
Glusburn
Cross Hills
Eastburn
Steeton
Burley Woodhead
Menston
East Carleton
Pendle Hill 1827
Blacko
Foulridge
Cowling
Sutton-in-Craven
Riddlesden
East Morton
Guiseley
Yeadon
Leeds Helipor
Barley
Higherford
Roughlee
Colne
Laneshaw Bridge
Laneshaw Resr.
Beechcliffe
Cliffe Castle
Stockbridge
Braithwaite
Micklethwaite
Hawksworth
Barrowford
Newchurch in Pendle
Laycock
Thwaites
Keighley
Eldwick
Baildon
Esholt
Wheatley Lane
Trawden
Wycoller
Oakworth
Ingrow
Bingley
Baildon Green
Rawdon
British in India
Nelson
Water Sheddles Reservoir
Hainworth
Harden
Salts Mill
Saltaire
Idle
Calverley
Fence
Higham
Brierfield
Ponden Resr.
Brontë Parsonage
Lees
Cottingley
Nab Wood
Frizinghall
Shipley
Eccleshill
Lane Bottom
Boulsworth Hill 1699
Walshaw Dean Resrs.
Stanbury
Haworth
Keighley & Worth Valley Railway
Cullingworth
Wilsden
Undercliffe
Haggate
Top Withens
Haworth Moor
Oxenhope
Heaton
Manningham
Wheatley Lane
A684
A6108
A682
A59
A6069
A6131
A629
A6034
A6068
A56
A6382
A660
A659
A6038
A658
A650
A657
A6037
A6177
A65
M65
B6255
B6160
B6479
B6480
B6265
B6165
B6451
B6251
B6252
B6383
B6247
B6250
B6248
B6143
B6429
B6144
B6265
104
105
97
91
92

99
100
NORTH YORK MOORS
NATIONAL PARK
NORTHALLERTON
Thirsk
RIPON
HARROGATE
KNARESBOROUGH
Wetherby
YORK
LEEDS
HORSFORTH
Tadcaster
Helmsley
Bedale
Leeming Bar
Masham
Easingwold
Boroughbridge
A1(M)
A19
A61
A168
A167
A170
A59
A64
A658
A661
A659
A6055
A6108
A684
A1237
A6120
A660
A162
A58
B1363
B1257
B1224
B6265
B6267
Kirkby Malzeard
West Tanfield
North Stainley
Sutton Howgrave
Skipton-on-Swale
Topcliffe
Dishforth
Kirby Hill
Aldborough
Bishop Monkton
Ripley
Spofforth
Collingham
Boston Spa
Bramham
Thorner
Barwick in Elmet
Aberford
Sherburn
Church Fenton
Cawood
Riccall
Bishopthorpe
Copmanthorpe
Haxby
Huntington
Strensall
Shipton
Tollerton
Alne
Husthwaite
Coxwold
Ampleforth
Ampleforth College
Oswaldkirk
Gilling East
Rievaulx
Kilburn
Sutton Bank
Bagby
Sowerby
South Kilvington
Knayton
Borrowby
Cowesby
Hawnby
Over Silton
Crakehall
Leeming
Sutton-on-the-Forest
Stillington
Crayke
Brandsby
Raskelf
Linton-on-Ouse
Great Ouseburn
Little Ouseburn
Green Hammerton
Kirk Hammerton
Whixley
Marston Moor
Long Marston
Tockwith
Hessay
Rufforth
Askham Bryan
Askham Richard
Acomb
Heslington
Fulford
Naburn
Acaster Malbis
Appleton Roebuck
Bramhope
Pool
Harewood
East Keswick
Bardsey
Scarcroft
Shadwell
Moortown
Roundhay
Kirkstall
Headingley
Arthington
Pannal
Follifoot
Beckwithshaw
Killinghall
Hampsthwaite
Birstwith
Burnt Yates
Markington
Sawley
Fountains Abbey
Studley Royal
Newby Hall
Lightwater Valley
Norton Conyers
Thorp Perrow Arboretum
Mouseman
Newburgh Priory
Byland Abbey
Kilburn White Horse
Duncombe Park
Sutton Park
Beningbrough Hall & Gardens
Harewood House
Bramham Park
Lotherton Hall
Temple Newsam
Stockeld Park
Spofforth Castle
Mother Shipton's Cave
RHS Harlow Carr
Eccup Resr.
Towton 1461
Marston Moor 1644
Myton 1319
Boroughbridge 1322
Bramham Moor 1408
LEEDS BRADFORD

NORTH YORK MOORS NATIONAL PARK
106
A
Gillamoor
B
Lastingham
MOORS
Levisham
C
107
D
Hackness
East Moors
Rudland Rigg
Spaunton Moor
Hartoft End
Stape
Hole of Horcum
Blakey Topping
Skelton Tower
A169
Bridestones
Bickley
Langdale End
Silpho
Broxa
Helmsley Moor
Rievaulx Moor
Fadmoor
Hutton-le-Hole
Ryedale Folk
St Mary's
Spaunton
Newton-on-Rawcliffe
Lockton
Dalby Forest Drive
Everley
Cropton Brewery
Cropton
Cawthorne
Cawthorne Roman Camps
Appleton-le-Moors
Low Dalby
Dalby Forest
Wykeham Forest
Stain Dale
Trouts Dale
B1257
Old Byland
Carlton
Pockley
Kirkbymoorside
Keldholme
Wrelton
Aislaby
North Yorkshire Moors Railway
North Moor
Forge Valley Woods
Rievaulx
Terrace
Abbey
Wytherstone Gardens
Kirkdale Cave
Kirkby Mills
Sinnington
A170
Middleton
Beck Isle Rural Life
Newbridge
Pickering
Ellerburn
Sawdon
Hutton Buscel
Scawton
Rye Dale
Beadlam
Nawton
Wombleton
Welburn
Great Edstone
Marton
Costa Beck
Wilton
Thornton-le-Dale
Allerston
Ebberston
Wykeham
Ruston
Sproxton
Helmsley
Duncombe Park
Harome
Wombleton
Normanby
Spaunton
Brompton
A170
Sproxton
R. Riccal
NORTH
YORKS
B1415
B1258
Little Barugh
Flamingo Land
Muscoates
East Newton
Nunnington
Nunnington Hall
Salton
Kirby Misperton
Ampleforth
Ampleforth College
Oswaldkirk
West Ness
East Ness
Great Barugh
High Marishes
Yedingham
Stonegrave
Butterwick
Brawby
A169
Low Marishes
River Derwent
East Heslerton
South Holme
Little Habton
Great Habton
East Knapton
A64
Sherburn
Newburgh Priory
Thorpe Hall
Gilling East
Cawton
Hovingham Hall
Ryton
Scampston
West Heslerton
Yearsley
Hovingham
Fryton
Slingsby
West Knapton
Wykeham
Rillington
Scampston Hall
Coulton
B1363
Barton-le-Street
B1257
Amotherby
River Rye
Eden Camp
Wintringham
Brandsby
Scackleton
Appleton-le-Street
Swinton
Broughton
Old Malton
Thorpe Bassett
Place Newton
HOWARDIAN HILLS
Stearsby
Malton
Scagglethorpe
Weaverthorpe
Skewsby
Terrington
Coneysthorpe
B1248
Norton-on-Derwent
Settrington
Crayke
Yorkshire Lavender
Ganthorpe
Castle Howard
Whitewall Corner
Helperthorpe
Marton Abbey
Whenby
A64
High Hutton
B1248
West Lutton
East Lutton
Stillington
Farlington
Bulmer
Welburn
Menethorpe
North Grimston
Kirby Grindalythe
99
Crambeck
Huttons Ambo
Langton
Duggleby
B1253
Huby
Sheriff Hutton
Castle
West Lilling
Whitwell-on-the-Hill
Kirkham
Firby
Kennythorpe
Wharram le Street
Foston
Westow
Birdsall
Waggoners' Memorials
Cowlam
Sutton-on-the-Forest
Sutton Park
Thornton-le-Clay
Crambe
Priory
Burythorpe
Sledmere
Barton Hill
Sledmere House
Wharram Percy Deserted Medieval Village
Barton-le-Willows
Howsham
Leavening
Towthorpe
B1251
B1252
Flaxton
Harton
Acklam
Burdale
Strensall
Bossall
Leppington
Thixendale
Sir Tatton Sykes's Monument
DANGER AREA
Scrayingham
B1251
B1248
Fimber
Strensall Camp
Claxton
Towthorpe
Sand Hutton
Painsthorpe
Fridaythorpe
Wetwang
Shipton
Wigginton
A64
Kirby Underdale
A19
Haxby
Buttercrambe
Bugthorpe
A166
Skelton
B1363
Earswick
Stockton-on-the-Forest
Skirpenbeck
A1237
Upper Helmsley
B1248
A1237
Huntington
Gate Helmsley
Full Sutton
Youlthorpe
Nether Poppleton
Warthill
Huggate
Brockfield Hall
Stamford Bridge
Bishop Wilton
Tibthorpe
Rawcliffe
New Earswick
P+R
A1036
A166
Stamford Bridge 1066
Gowthorpe
Heworth
Holtby
Low Catton
Full Sutton
The Wolds
A19
Clifton
Yorkshire Farm
High Catton
Fangfoss
Great Givendale
A59
Murton
Knapton
Acomb
Tang Hall
Dunnington
Bolton
Meltonby
North Dalton
Bainton
Osbaldwick
Millington
YORK
A1079
P+R
Grimston
Yapham
A1079
Kexby
Wilberfoss
EAST
B1246
Middleton-on-the-Wolds
A1036
Heslington
Barmby Moor
B1246
Pocklington
Warter
Woodthorpe
A19
Fulford
Newton upon Derwent
Bumby Hall
Nunburnholme
R. Derwent
A614
Elvington
Pocklington
A64
Yorkshire Air
Bishopthorpe
P+R
Elvington
Allerthorpe
Lund
Copmanthorpe
Crockey Hill
Brickyard Windpump
Sutton upon Derwent
B1247
Burnby
Holme on the Wolds
B1228
Thornton
Pocklington Canal
Acaster Malbis
Naburn
Hayton
Wheldrake
OF
A1079
Londesborough
YOR
South Dalton
Deighton
Storwood
Kiplingcotes
Melbourne
Bielby
Thorpe le Street
Goodmanham
Appleton Roebuck
River Ouse
Shiptonthorpe
Escrick
Everingham
Market Weighton
B1222
Acaster Selby
Thorganby
East Cottingwith
Melbourne
Seaton Ross
Arras
Gardham
A19
Harswell
Stillingfleet
A1079
Ryther
A
93
Ellerton
Laytham
B
Holme-on-Spalding-Moor
C
Sancton
94
D
Kelfield
Aughton
A163
Moor End
Skipwith
North Duffield
A1034
North Newbald
Cawood
Riccall
Harlthorpe
Water End
Sand Hole
North Cliffe
A163
Foggathorpe
Rascal Moor
Bubwith
Highfield
A614
South Cliffe
Wistow
Gribthorpe
Market Weighton Canal
South Newbald
Gunby
Breighton
Willitoft

NORTH SEA
FLAMBOROUGH HEAD
Cayton Bay
The Wyke
Bridlington Bay
Cloughton
Burniston
Scalby Mills
Sea Life
Railway
Suffield
Scalby
Newby
Rotunda
Throxenby
Barrowcliff
Art Gallery
Falsgrave
SCARBOROUGH
East Ayton
Betton Farm
Osgodby
West Ayton
Crossgates
Eastfield
Irton
Seamer
Cayton
Lebberston
Gristhorpe
Newbiggin
Lifeboat Station
Filey
Flixton
Folkton
Muston
Primrose Valley
Willerby
Staxton
Royal Oak
Hunmanby Sands
Ganton
Potter Brompton
Hunmanby
Reighton
Speeton
Fordon
Wold Newton
Foxholes
Burton Fleming
Buckton
Bempton
Danes Dyke
Grindale
Butterwick
Octon
Thwing
Marton
Flamborough
Sewerby Hall
Sewerby
Bondville Model Village
Boynton
Rudston
Monolith
Gypsey Race
Bayle
BRIDLINGTON
Harbour Heritage
Lifeboat Station
Langtoft
West Hill
Carnaby
Bessingby
Hilderthorpe
Haisthorpe
Wilsthorpe
Cottam
Thornholme
John Bull World of Rock
Bridlington Birds of Prey
West End
Kilham
Norman Manor House
Burton Agnes
Ruston Parva
Harpham
Fraisthorpe
Great Kendale
Garton-on-the-Wolds
Lowthorpe
Little Kelk
Gransmoor
Barmston
Nafferton
Great Kelk
Lissett
Elmswell
Little Driffield
DRIFFIELD
Gembling
East End
Wansford
Foston on the Wolds
West End
Ulrome
Skipsea
Kirkburn
Dringhoe
Skipsea
Southburn
Skerne
Upton
Beeford
Skipsea Brough
Hutton
Driffield Canal
Brigham
Church End
North Frodingham
Hutton Cranswick
Rotsea
Dunnington
Atwick
Watton
Bewholme
Kilnwick
Hempholme
Beswick
Burshill
Little Burton
Hornsea
Lockington
Brandesburton
Hornsea Burton
Hornsea Mere
Thorpe
Seaton
Little Leven
Aike
Sigglesthorpe
Goxhill
Scorborough
Leven Canal
Leven
Catwick
Rolston
Arram
Little Catwick
Mappleton
Leconfield
Long Riston
Little Hatfield
Great Cowden
Etton
Rise
Great Hatfield
Routh
Cherry Burton
Tickton
Arnold
Withernwick
DANGER AREA
Molescroft
BEVERLEY
Grovehill
Meaux
Skirlaugh
New Ellerby
Marton
Aldbrough
Bishop Burton
Weel
West Newton
East Newton
Walkington
Woodmansey
Old Ellerby
Burton Constable Hall
Flinton
Thearne
Wawne
Bentley
Swine
Garton
Grimston
Risby
Dunswell
Coniston
HIRE
RIDING
KSHIRE
OLDS
A165
A171
A170
A64
A1039
A614
A1038
A166
A164
A1035
A1174
A1079
B1261
B1249
B1253
B1229
B1255
B1259
B1242
B1244
B1243
B1248
B1238
B1230
95
E
F
G
H
1
2
3
4
5

LAKE
CUMBERLAND
CUMBRIAN
NATIONAL
MOUNTAINS
FURNESS
Allonby
Allonby Bay
Maryport
Workington
Moss Bay
Whitehaven
Saltom Bay
St Bees Head
St Bees
Egremont
Cleator Moor
Frizington
Distington
Harrington
Flimby
Seaton
Cockermouth
Papcastle
Brigham
Aspatria
Bothel
Plumbland
Blennerhasset
Mealsgate
Ireby
Keswick
Braithwaite
Portinscale
Thornthwaite
Bassenthwaite
Bassenthwaite Lake
Derwent Water
Castlerigg
Threlkeld
SKIDDAW FOREST
SKIDDAW
3054
WHINLATTER FOREST PARK
Buttermere
Crummock Water
Loweswater
Ennerdale Water
Ennerdale Bridge
Lamplugh
Borrowdale
Seathwaite
Great Gable
SCAFELL PIKE
3209
COPELAND FOREST
Wast Water
Wasdale Head
Nether Wasdale
Gosforth
Seascale
Drigg
Holmrook
Ravenglass
Muncaster Castle
Eskdale Green
Boot
Hardknott Pass
Wrynose Pass
Ulpha
Broughton in Furness
Duddon Bridge
Bootle
Selker Bay
Coniston
THE OLD MAN OF CONISTON
2635
FURNESS FELLS
Torver
Calder Bridge
Beckermet
Thornhill
Haile
Moor Row
Bigrigg
Kells
Hensingham
Parton
Lowca
A595
A596
A66
A591
A594
A597
A5086
A593
A5084
A5092
B5300
B5299
B5301
B5292
B5289
B5295
B5294
B5345
B5344
B5306
B5343
B5322
112
96

103
113
104
97
GILDERDALE FOREST
INGLEWOOD FOREST
MILBURN FOREST
Melmerby Fell
Cross Fell 2930
Alston Moor
Kirkoswald
Kirkoswald Castle
Lazonby
Gamblesby
Glassonby
Lacy's Caves
Long Meg & Her Daughters Stone Circle
Great Salkeld
Melmerby
Langwathby
Hunsonby
Plumpton
Hutton in the Forest
PENRITH
Penrith & Eden
Brougham Hall
Eamont Bridge
Clifton
Whinfell Forest
Temple Sowerby
Kirkby Thore
Long Marton
Dufton
Appleby-in-Westmorland
Culgaith
Skirwith
Milburn
Greystoke Forest
Greystoke
Penruddock
Dacre
Dalemain
Pooley Bridge
Askham
Lowther Castle
Lakeland Bird of Prey Centre
Great Strickland
Morland
Cliburn
Bolton
Colby
Sleagill
Crosby Ravensworth
Great Asby
Orton
Gamelands Stone Circle
Tebay
TEBAY (EAST)
TEBAY (WEST)
Old Tebay
Shap
Shap Abbey
Keld Chapel
Bampton
Bampton Common
Haweswater Reservoir
Wet Sleddale Reservoir
Mardale Common
Shap Fells
Ullswater
Aira Force
Glenridding
Patterdale
Lake District National Park
HELVELLYN 3117
Striding Edge
Brothers Water
Hartsop
High Street 2717
Harter Fell 2552
Gatescarth Pass
Kentmere Reservoir
Kirkstone Pass
Sadgill
Kentmere
DISTRICT
PARK
LAKE DISTRICT
WESTMORLAND AND FURNESS
YORKSHIRE DALES NATIONAL PARK
HOWGILL FELLS
The Calf 2219
Cautley Spout
Sedbergh
Ravenstonedale
Kirkby Stephen
Grasmere
Dove Cottage
Wordsworth
Rydal Mount
Rydal Hall
Ambleside
Clappersgate
Troutbeck
Troutbeck Bridge
Windermere
Bowness-on-Windermere
World of Beatrix Potter
Hawkshead
Grizedale Forest
Satterthwaite
Staveley
Burneside
KENDAL
Oxenholme
Natland
Sedgwick
Levens
Brigsteer
Crook
Underbarrow
Crosthwaite
Grayrigg
Killington Lake
KILLINGTON LAKE
Whinfell Beacon
Lambrigg Fell
Fisher Tarn Resr.
Newby Bridge
Lakeside
Stott Park Bobbin Mill
M6
A6
A66
A591
A592
A593
A683
A684
A685
A686
A5091
A5074
A590
A65
B5288
B5305
B5320
B6412
B6413
B6260
B6261
B6542
B5284
B5285
B5286
B5360
B6256
B6257
B6254
B6277
B6542
B5299

104
GILDERDALE FOREST
A686
Leadgate
Fell
Nenthead
Nenthead Mines Heritage Centre
A689
Killhope Lead Mining
B6295
B6277
Garrigill
Alston Moor
Burnhope Seat 2448
Round Hill 2249
Cross Fell 2930
R. Tees
Moor House
MILBURN FOREST
Viewing Hill 2099
Harwood
Three Pikes
Lanehead
Cornriggs
Copthill
Cowshill
Wearhead
West Blackdene
Weardale
Burnhope Reservoir
Ireshopeburn
High House Chapel
Ireshope Moor
St John's Chapel
Daddry Shield
Westgate
Eastgate
Brotherlee
Middlehope Moor
Lintzgarth
Rookhope
Stanhope Common
Crawley Side
Stanhope
Durham Dales
B6278
Waskerley
Waskerley Reservoir
Collier Law 1694
Wolsingham
Frosterley
Hill End
White Kirkley
Weardale Railway
114
Chapelfell Top 2284
Snowhope Hill
Bollihope Common
Newbiggin Common
Pikeston Fell
Pawlaw Pike 1599
Hamsterley Forest Drive
HAMSTERLEY FOREST
Eggleston Common
Woodland
Woodland Fell 1511
Widdybank Fell
Langdon Beck
Forest-in-Teesdale
Ettersgill
Summerhill Force
Gibson's Cave
Bowlees
Newbiggin
High Force
Low Force
Wynch Suspension Bridge
Holwick
Skears Limekilns
Middleton-in-Teesdale
B6282
Hill Top
Eggleston
Eggleston Hall
Mickleton
Laithkirk
Bowbank
Thringarth
B6276
B6281
B6279
Romaldkirk
Hunderthwaite
Kinninvie
Grassholme
Grassholme Reservoir
Selset Reservoir
Hury
Hury Reservoir
East Briscoe
Blackton Reservoir
Cotherstone
Stainton
Balderhead Reservoir
Cotherstone Moor
DANGER AREA
Lartington
BARNARD CASTLE
Startforth
Bowes
Westwick
Boldron
A67
A66
Egglestone Abbey
Cross Lanes
Gilmonby
Lavatrae Roman Fort
Bowes Moor
Deep Dale
Old Spital
God's Bridge
Stainmore Forest
Brignall
Thwaite
Scargill
Sleightholme
Sleightholme Moor
Cleasby Hill 1674
Milburn
Dufton Fell
2518
Cow Green Reservoir
Cauldron Snout
Cronkley Fell
Upper Teesdale
Knock
Dufton
Long Marton
High Cup Nick
Mickle Fell 2591
Lune Moor
Keisley
Murton Fell 2207
Brampton
Watermill
Crackenthorpe
Appleby-in-Westmorland
Murton
Hilton
LUNE FOREST
River Lune
Colby
B6542
Warcop Fell
Brackenber
Coupland
Burrells
Great Ormside
Eden Valley
103
Hoff
A66
Little Ormside
Sandford
Warcop
DANGER AREA
Dow Crag 1843
Stainmore Common
Hunderthwaite Moor
River Balder
Helbeck
North Stainmore
Brough
Great Musgrave
Church Brough
South Stainmore
Drybeck
Rutter Force
Great Asby
Town Head
Little Musgrave
Brough Sowerby
A685
Kaber
Rookby
Moudy Mea
WESTMORLAND
Soulby
Winton
Great Asby Scar
Little Asby
Crosby Garrett
Kirkby Stephen
Hartley
Winton Fell
Nettle Hill 1253
Smardale
Waitby
Smardale Gill
Nateby
Tan Hill Inn
Tan Hill
Arkengarthdale Moor
Kelleth
Newbiggin-on-Lune
Wath
B6259
B6270
Stonesdale Moor
Bowderdale
Weasdale
Ravenstonedale
Ash Fell 1264
Ravenseat
West Stonesdale
Rogan's Seat 2203
Whaw
Arkengarthdale
FURNESS
Pendragon
Great Pinseat 1914
Langthwaite
Arkle Town
Booze
Washfold
Hurst
West Fell
Shoregill
Outhgill
Keld
YORKSHIRE DALES
Ravenstonedale Common
Melbecks Moor
Yorkshire Dales National Park
Kearton
Healaugh
Swaledale
Reeth
Fremington
A683
Old Working Smithy
Gunnerside
Feetham
Grinton
Fell End
Angram
2324
Mallerstang Common
Angram Common
Muker
Ivelet
Thwaite
Hazel Brow Farm
Low Row
Maiden Castle
Harkerside Moor
Gibbon Hill
HOWGILL FELLS
Northwaite
The Calf 2219
Cautley Spout
Great Shunner Fell 2349
Satron
Crackpot
SWALEDALE
The Buttertubs
NATIONAL PARK
Whitaside Moor
Brant Fell
West Baugh Fell
Abbotside Common
Cotterdale
Askrigg Common
East Bolton Moor
Redmire Moor
NORTH
Baugh Fell
Sedbergh
Fairfield Mill
Hallbank
Millthrop
East Baugh Fell 2217
Garsdale Head
Cotter Force
High Shaw
Hardraw
Hardraw Force
Sedbusk
Askrigg
Newbiggin
Castle Bolton
Bolton Castle
Redmire
Preston-under-Scar
Garsdale
Mossdale Moor
A684
Appersett
Dales Countryside Museum
Yorkshire Dales National Park
Hawes
Worton
Woodhall
Carperby
Lenacre
Rise Hill 1825
Garsdale
97
Wensleydale Creamery
Outhwaite Ropemakers
Gayle
Burtersett
Bainbridge
Thornton Rust
Aysgarth
Swinithwaite
West Witton
98
B6160
Dent
Gawthrop
Widdale Fell
Aysgill Force
Countersett
WENSLEYDALE
Cowgill
Lea Yeat
2205
B6255
Wether Fell
Semerwater
Thoralby
Penhill 1792
Calf Top
Stone House
Marsett
Stalling Busk
West Burton
Bishopdale Beck
Newbiggin
Harland Hill
Melmerby
Carlton
Wold Fell
Dodd Fell

105
Butsfield
Satley
Cornsay
Cornsay Colliery
Quebec
Esh
Langley Park
HillTop
Ushaw Moor
Bearpark
DURHAM
Framwellgate Moor
Aykley Heads
Carrville
Pittington
High Haswell
Haswell
Easington Colliery
Easington
Horden Point
Horden
Esh Winning
New Brancepeth
Broompark
Sherburn
Sherburn Hill
Haswell Plough
Shotton Colliery
PETERLEE
Castle Eden Dene
Blackhall Colliery
High Stoop
East Hedleyhope
Waterhouses
Brandon
Meadowfield
University Botanic Garden
Shincliffe
High Shincliffe
Ludworth
Thornley
Wheatley Hill
Shotton
Castle Eden
Blackhall Rocks
Dan's Castle
Sunniside
Tow Law
Stanley Crook
Brancepeth
Sunderland Bridge
Bowburn
Old Cassop
Quarrington
Cassop
Quarrington Hill
Wingate
Station Town
Deaf Hill
Eden Vale
Hesleden
High Hesleden
Crimdon Park
Hart Station
Thornley
Billy Row
Oakenshaw
Croxdale
Hett
Town Kelloe
Monk Hesleden
River Wear
Roddymoor
Helmington Row
Page Bank
Tudhoe
Tudhoe Grange
Tursdale
Coxhoe
Kelloe
Trimdon Grange
Trimdon Colliery
Hutton Henry
Sheraton
Hart
Crook
Willington
Byers Green
Spennymoor
Garmondsway
Cornforth
Trimdon
High Throston
Fir Tree
Howden-le-Wear
North Bitchburn
Lane Ends
Newfield
Middlestone Moor
Dean Bank
West Cornforth
Ferryhill
Fishburn
Elwick
West Park
Hamsterley Forest
Witton-le-Wear
Hunwick
Binchester
North Close
Middlestone
Mainsforth
Dalton Piercy
Rift House
Bedburn
Hamsterley
High Grange
BISHOP AUCKLAND
Westerton
Kirk Merrington
Ferryhill Station
Chilton Lane
Bishop Middleham
Summerhill
Redford
Toronto
Escomb
Leasingthorne
Embleton
Witton Park
Etherley Dene
Coundon
Great Chilton
Chilton
Hardwick Hall
Butterwick
Owton Manor
Low Etherley
Woodside
Coundon Grange
Sedgefield
High Etherley
Tindale Crescent
Old Eldon
Rushyford
Bradbury
Morley
Toft Hill
St Helen Auckland
South Church
Eldon
Newton Bewley
Greatham
Lynesack
Butterknowle
West Auckland
Middridge
Shildon
Thorpe Larches
Wynyard Village
Cowpen Bewley Woodland
Copley
High Lands
Evenwood
NEWTON AYCLIFFE
Mordon
Wolviston
The Slack
Cockfield
Locomotion
School Aycliffe
Shotton
Foxton
Wynyard Woodland Park
BILLINGHAM
Copley Chimney Gaunless Smeltmill
Evenwood Gate
Bildershaw
Royal Oak
Redworth
Houghton Bank
Aycliffe Village
Preston-le-Skerne
Elstob
Stillington
Thorpe Thewles
Fulthorpe
Cowpen Bewley
Burnt Houses
Wackerfield
Bolam
Heighington
Whitton
Haverton Hill
Raby
Hilton
Morton Tinmouth
Great Stainton
Bishopton
Carlton
Norton
Port Clarence
Staindrop
Ingleton
Killerby
Houghton-le-Side
Walworth Gate
Brafferton
Redmarshall
Hardwick
Roseworth
Coatham Mundeville
Newton Ketton
Little Stainton
Whinney Hill
STOCKTON-ON-TEES
MIDD
South Cleatlam
Langton
Denton
Walworth
Beaumont Hill
Barmpton
Headlam
Summerhouse
Cleatlam
Archdeacon Newton
Harrowgate Hill
Great Burdon
Sadberge
Hartburn
Elton
Acklam
Little Newsham
Gainford
Faverdale
Haughton le Skerne
Long Newsham
Urlay Nook
Thornaby-on-Tees
Winston
Carlbury
High Coniscliffe
Butterfly World
Preston Park
East Shaws
Piercebridge
Roman Bridge
Cliffe
Merrybent
DARLINGTON
Eaglescliffe
Whorlton
Suspension Bridge
Rokeby Park
Wycliffe
Ovington
Manfield
Mowden
Low Coniscliffe
Eastbourne
TEESSIDE INTERNATIONAL
Ingleby Barwick
Egglescliffe
Hemlington
Stainton
Thornton
Greta Bridge
Eppleby
Caldwell
Cleasby
Blackwell
Middleton St George
Oak Tree
Aislaby
Yarm
Maltby
Hutton Magna
Stanwick Fortifications
Stapleton
Middleton One Row
High Leven
Lane Head
Forcett
Hurworth -on-Tees
Low Dinsdale
Hilton
Barningham
West Layton
East Layton
Aldbrough St John
Croft-on-Tees
Neasham
Low Worsall
Kirklevington
Middleton-on-Leven
Newsham
Hurworth Place
High Worsall
Dalton
Ravensworth
Melsonby
Newton Morrell
Barton
Eryholme
Girsby
Crathorne
Dalton-on-Tees
Sockburn
Picton
Gayles
BARTON PARK
Croft
Rudby
Kirby Hill
Whashton
SCOTCH CORNER
Middleton Tyas
Scotch Corner
Hornby
Appleton Wiske
Hutton Rudby
Gilling West
DANGER AREA
Moulton
North Cowton
Great Smeaton
West Rounton
East Rounton
Potto
Helwith
Skeeby
Uckerby
R. Wiske
East Cowton
Welbury
Whorlton
Birkby
Swainby
Ingleby Arncliffe
Richmond
Pepper Arden
Deighton
Skelton
Marske
Easby
Abbey
Hutton Bonville
Scorton
Forest
East Harlsey
Hudswell
Holly Hill
Brompton-on-Swale
Bolton-on-Swale
Whitwell
Streetlam
Harlsey Castle
Catterick Bridge
Mount Grace Priory
Cod Beck
Colburn
Hipswell
Catterick
Danby Wiske
Battle of the Standard 1138
Battle of the Standard Monument
Marrick
Downholme
Catterick Garrison
Walkerville
Ellerton-on-Swale
Brompton
Osmotherley
Kiplin Hall
Ellerbeck
Stainton
Tunstall
East Appleton
Great Langton
Kirby Sigston
Foxton
Thimbleby
Hipswell Moor
Scotton
Kirkby Fleetham
Bullamoor
West Appleton
Yafforth
YORKSHIRE
Barden
East Hauxwell
Hackforth
Great Fencote
Thrintoft
Romanby
NORTHALLERTON
Over Silton
Hornby
Little Fencote
Ainderby Steeple
Bellerby
Bellerby Camp
Arrathorne
Scruton
Nether Silton
Garriston
Hunton
Langthorne
Morton-on-Swale
Warlaby
Crosby Court
Kepwick
Leyburn
Constable Burton Hall
Patrick Brompton
Little Crakehall
Leake
Inspired Chocolate
Constable Burton
Kirkbridge
Leeming Bar
North Otterington
Thornton-le-Beans
Cowesby
HAMBLETON
Wensley
Harmby
Finghall
Great Crakehall
Aiskew
Leeming
Borrowby
Thornton-le-Moor
White Rose Candle Workshop
Spennithorne
Newton-le-Willows
Wensleydale Railway
LEEMING BAR
Leeming
Londonderry
Newby Wiske
South Otterington
Knayton
Upsall
Kirby Knowle
Middleham
Bedale
Cowling
Burrill
Big Sheep & Little Cow Farm
Exelby
Gatenby
Maunby
Thornton-le-Street
Hidden Corner
Thornton Steward
Firby
North Kilvington
Coverham
Jervaulx Abbey
Thornton Watlass
Thorp Perrow Arboretum
Kirby Wiske
Braithwaite Hall
East Witton
Thirn
Theakston
Newsham
Felixkirk
Caldbergh
Snape
Burneston
A1(M)
A19
A66
A66(M)
A67
A68
A167
A177
A181
A684
A688
A689
A690
A691
A1027
A1032
A1044
A1045
A1046
A1086
A1185
A135
A168
A172
A174
A179
A6055
A6072
A6108
A6136
B1278
B1280
B1281
B1283
B1274
B1275
B1380
B1264
B1263
B1265
B6275
B6279
B6282
B6286
B6287
B6288
B6291
B6297
B6299
B6300
B6301
B6302
B6443
B6444
B6271
B6270
B6268
B6285
B6280
B6296
B1333
B7279
P+R
106
115
99

106
HARTLEPOOL
Hartlepool Bay
STOCKTON-ON-TEES
MIDDLESBROUGH
DARLINGTON
BILLINGHAM
TEESSIDE
REDCAR
GUISBOROUGH
NORTHALLERTON
DURHAM
NORTH YORKSHIRE
REDCAR & CLEVELAND
CLEVELAND HILLS
HAMBLETON HILLS
Tees Bay
Dene Mouth
Horden Point
PETERLEE
Easington Colliery
Horden
Blackhall Colliery
Blackhall Rocks
Crimdon Park
Hart Station
Hart
Sheraton
Wingate
Station Town
Trimdon Grange
Trimdon Colliery
Trimdon
Fishburn
Sedgefield
Bishop Middleham
Ferryhill
Cornforth
Coxhoe
Bowburn
Chilton
NEWTON AYCLIFFE
Aycliffe Village
Preston-le-Skerne
Great Stainton
Bishopton
Stillington
Thorpe Thewles
Wolviston
Greatham
Seaton Carew
Elwick
Dalton Piercy
Brierton
Owton Manor
Norton
Hartburn
Elton
Long Newton
Thornaby-on-Tees
Eaglescliffe
Ingleby Barwick
Yarm
Kirklevington
Middleton St George
TEESSIDE INTERNATIONAL
Hurworth-on-Tees
Croft-on-Tees
Dalton-on-Tees
Low Worsall
High Worsall
Girsby
Sockburn
Neasham
Eryholme
Picton
Crathorne
Hutton Rudby
Rudby
Appleton Wiske
Hornby
Great Smeaton
Welbury
West Rounton
East Rounton
Deighton
Birkby
Hutton Bonville
East Cowton
North Cowton
Danby Wiske
Brompton
Romanby
Yafforth
Osmotherley
Ingleby Arncliffe
Swainby
Potto
Faceby
Whorlton
Carlton in Cleveland
Stokesley
Great Broughton
Kirkby
Great Ayton
Ingleby Greenhow
Battersby
Kildale
Commondale
Westerdale
Seave Green
Chop Gate
Urra
Hutton Village
Nunthorpe
Marton
Ormesby
Normanby
Eston
South Bank
Grangetown
Teesport
Dormanstown
Kirkleatham
Yearby
New Marske
Marske-by-the-Sea
Saltburn-by-the-Sea
Upleatham
Skelton
Lingdale
Boosbeck
Acklam
Hemlington
Stainton
Coulby Newham
Maltby
Thornton
Hilton
Seamer
Tanton
Newby
Middleton-on-Leven
Northallerton
North Otterington
Thornton-le-Moor
Thornton-le-Beans
South Otterington
Newby Wiske
Borrowby
Knayton
Kirby Knowle
Upsall
Boltby
Cowesby
Kepwick
Nether Silton
Over Silton
Thimbleby
Leake
Leeming Bar
Leeming
Scruton
Kirkby Fleetham
Great Langton
Bolton-on-Swale
Old Byland
Rievaulx
Fadmoor
A1(M)
A19
A66
A66(M)
A167
A177
A178
A179
A689
A688
A1086
A1049
A1085
A1185
A1046
A1027
A1130
A1032
A135
A67
A174
A1045
A1044
A172
A171
A173
A1043
A1053
A1042
A684
A168
A1150
A68
A181
A6055

NORTH SEA
Runswick Bay
Saltwick Bay
Ness Point or North Cheek
Old Peak or South Cheek
Brotton
Skinningrove
Boulby Cliffs
Cleveland Ironstone Mining
Lifeboat Station
Captain Cook & Staithes Heritage
Boulby
Cowbar
Carlin How
Loftus
A174
Staithes
Easington
Liverton Mines
Kilton Thorpe
Dalehouse
Port Mulgrave
Hinderwell
Liverton
Stanghow
Roxby
Borrowby
Runswick Bay
Kettleness
Goldsborough
Newton Mulgrave
Ellerby
B1366
B1266
Moorsholm
Scaling Dam
Scaling
Lythe
Sandsend
East Row
Mickleby
West Barnby
East Barnby
A171
Moorsholm Moor
Scaling Dam Reservoir
Roxby High Moor
Ugthorpe
Dracula Experience
WHITBY
Raithwaite
Dunsley
Castle Park
Newholm
Abbey
Captain Cook Memorial
P+R
Ruswarp
Danby Low Moor
Danby Beacon
Lealholm Moor
Stonegate
Hutton Mulgrave
Briggswath
Golden Grove
Long Lease
High Hawsker
Danby
Moors NP Centre
Houlsyke
Aislaby
Stainsacre
Castleton
Ainthorpe
Lealholm
Iburndale
Sneaton
Low Hawsker
B1447
Duck Bridge
Sleights
Ugglebarnby
Victorian Science
Egton
Sneatonthorpe
Raw
Robin Hood's Bay
Danby Botton
Glaisdale
Egton Bridge
Grosmont
A169
B1416
Fylingthorpe
Old Coastguard Station
Street
Lease Rigg
Key Green
Esk Valley
Boggle Hole
Botton
Glaisdale Rigg
Green End
The Hermitage
Falling Foss (Waterfall)
Robin Hood's Bay & Fylingdales
NORTH YORK MOORS
Thomason Foss Waterfall
Beck Hole
Coastal Centre
Peak Alum Works
Ravenscar
North York Moors Dark Sky Reserve
Mallyan Spout
Goathland
Loose Howe
Rosedale Moor
Pike Hill Moor
Fylingdales Moor
NATIONAL PARK
Nelly Ayre Foss Waterfall
Lilla Cross
Staintondale
YORK
MOORS
Wheeldale Roman Road
Burn Howe Rigg
Crowdon
Wheeldale Moor
Low Bell End
North Yorkshire Moors Railway
Harwood Dale Forest
Rosedale Abbey
Goathland Moor
Harwood Dale
Cloughton Newlands
Thorgill
Newton Dale Spring
LANGDALE FOREST
Saltergate
Rosedale Chimney Ironworks
Malo Cross
Cloughton
Mauley Cross
Blakey Topping
Toft
Blakey Ridge
River Seven
Hole of Horcum
Burniston
Stape
Spaunton Moor
Skelton Tower
Bridestones
Bickley
Broxa
Silpho
A165
Hartoft End
Scalby Mills
Cawthorne Roman Camps
Levisham
Suffield
Langdale End
Sea Life
Gillamoor
Ryedale Folk
Lastingham
St Mary's
Hackness
Scalby
North Bay Railway
Hutton-le-Hole
Spaunton
Newton-on-Rawcliffe
Lockton
Dalby Forest Drive
Everley
Throxenby
Rotunda
Cawthorne
Cropton Brewery
Cropton
Barrowcliff
Art Gallery
Wykeham Forest
Falsgrave
SCARBOROUGH
Appleton-le-Moors
Low Dalby
Dalby Forest
North Yorkshire Moors Railway
North Moor
Kirkbymoorside
Keldholme
Wrelton
Sinnington
Aislaby
East Ayton
A170
Kirkby Mills
Middleton
Beck Isle Rural Life
Newbridge
Forge Valley Woods
Hutton
Betton Farm
Osgodby
Cayt

108

SOUTH AYRSHIRE
DUMFRIES & GALLOWAY
PAGE NOT CONTINUED
Cairnryan (Loch Ryan Port) to Belfast 2hrs. 15mins. (Fast Ferry, Seasonal)
Cairnryan to Larne 2hrs.
Tormitchell
Barr
CHANGUE FOREST
Grey Hill 975
Pinmore
Lendalfoot
Strait
Merkland
Stinchar River
Knockdaw Hill
Bennane Head
Poundland
Pinwherry
Bellamore
Pindonnan Craigs 1098
Knockinlochie
Polmaddie Hill 1854
David Bell Memorial
Cairn Hill 1572
Knockdolian
Colmonell
Ballantrae Bay
Heronsford
Knockdhu 756
Water of Tig
Pinwherry Hill
Duisk River
Black Clauchrie
Standard
R. Cree
Ballantrae
Garleffin
Barrhill
Corwar House
752 Shiel Hill
GLENTROOL
Downan Point
1041 Strawarren Fell
Beneraird 1439
Drumlamford Loch
Drumlamford House
Loch Dornal
Currarie Port
Low Ballochdowan
1046 Carlock Hill
1321 Milljoan Hill
Penderry Hill
Water of App
Chirmorie
Loch Maberry
Milleur Point
High Murdonochee
Craig Airie Fell
Polbae
Loch Ochiltree
Glen App
725 Stab Hill
Loch Derry
Corsewall Point
Portencalzie
Finnarts Bay
844 Mid Moile
Barnhills
Glenwhilly
Laggangairn Standing Stones
Knowe
605 Urrall Fell
Quarter Fell
Main Water of Luce
Cairnryan
Penwhirn Resr.
Kirkcolm
Knockcoid
742 Eldrig Fell
888 Artfield Fell
Carseriggan
Dounan Bay
Loch Connell
Loch Doon Hill 780
The Wig
Ervie
Airies
Braid Fell
Balmurrie
Portobello
Black Loch
Tarf Bridge
Loch Heron
West Culvennan
Loch Ronald
Shennanton
Loch Ryan
Cairnscarrow
New Luce
Slouchnawen Bay
Leswalt
Galdenoch Castle
Innermessan
Lochinch Castle
Glenstockadale
Stranraer
Black Loch
White Loch
Castle Kennedy
Craig Fell 538
Bught Fell 672
Gleniron Fell
Tarf Water
Kirkcowan
Water of Luce
Carscreugh Castle
Carscreugh
Aird
St John
Broadsea Bay
Soulseat Loch
Glenwhan
Challoch Hill 484
Glenluce Abbey
Motor
Dernaglar Loch
Craigenlee Fell
Lochans
Mark
Dunragit
Glenluce
Knock Moss
Black Head
Cairn Pat 596
Dunskey Estate
Torrs Warren
Whitefield Loch
Portpatrick
Lifeboat Station
Bean Hill
DANGER AREA
Kilfillan
Milton
Castle Loch
Dunskey Castle
Stoneykirk
Stairhaven
Craignarget Hill
Port of Spittal Bay
Kildonan
Auchenmalg
Mochrum Loch
Kirklauchline
Auchenmalg Bay
LUCE BAY
Sandhead
Cairngarroch
Cairngarroch Bay
Kirkmadrine Stones
Garheugh Port
Chapel
646 Mochrum Fell
Loch Head
Money Head
Elrig
Float Bay
Low Ardwell
Ardwell
Milton Point
Mochrum
Ardwell Point
Chapel Rossan Bay
Port William
Balgowan Point
Logan House
Logan Botanic Garden
Mull of Logan
Logan Fish Pond
Port Logan
Port Logan Bay
Terally Point
Barsalloch Point
Monreith Bay
INSET
Cairnywellan Head
Kilstay Bay
Clanyard Bay
Drummore
Kirkmaiden
Laggantalluch Head
Cailiness Point
Maryport
Clanyard Bay
Crammag Head
Maryport Bay
Port Kemin
MULL OF GALLOWAY
A714
A77
B734
B7027
A718
B738
B798
B7043
A751
B737
A75
B733
B735
B7077
B7084
A716
B7042
A747
B7005
B7065
B7041
116
110

110
116
117
109
Barr
CHANGUE FOREST
Eldrick Hill
FOREST
Carrick Forest Drive
Loch Riecawr
Black Craig
Carsphairn
Heritage Centre
B729
Marscallock Hill
Water of Ken
Manquhill Hill
Polmaddie Hill 1854
Waterhead
Rig of the Shalloch
David & Memorial
1637
Macaterick
Loch Macaterick
Gala Lane
Meaul 2280
DUNDEUGH FOREST
A713
Knowehead
Stroanfreggan
High Bridge of Ken
Culmark Hill
Knockinlochie
Tarfessock
SOUTH AYRSHIRE
Kirriereoch Hill 2565
THE GLENKENS
Kendoon Loch
Polmaddy Settlement
Butterhole Bridge
Pindonnan Craigs 1098
GALLOWAY FOREST PARK
MERRICK
Mullwharchar 2270
Corserine 2669
Forrest Lodge
Lochinvar
Standard
R. Cree
Loch Moan
Merrick 2766
Loch Enoch
Round Loch of the Dungeon
RHINNS OF KELLS
Loch Harrow
Loch Minnoch
B7000
Black Clauchrie
Garwall Hill
Palgowan
Benyellary
Silver Flowe
Millfire
Loch Dungeon
Earlstoun
Loch Neldricken
Buchan Burn
Cooran Lane
A702
Water of Minnoch
GLENTROOL FOREST
Loch Valley
Drumbuie
St John's Town of Dalry
Corwar House
A714
Bruce's Stone
Glen of Trool
Buchan Hill
Bogue
Glentrool Lodge
Glen Trool 1307
Loch Dee
Mid Garrary
Bennan 1249
Glenlee
B7075
Glentrool Village
Loch Trool
A762
Ken Br.
Balmaclellan
B7027
Drumlamford Loch
Galloway Forest Park Glentrool
Martyr's Tomb
Cairngarroch
Bruce's Stone
Raploch Moss 1307
A712
New Galloway
Drumlamford House
Bargrennan
2350 Lamachan Hill
Darnaw
Clatteringshaws Loch
Kenmure Castle
Loch Dornal
Clatteringshaws
Benbrack
Loch Maberry
Larg Hill
Brockloch Hill
CAIRN EDWARD
Loch Ochiltree
KIRROUGHTREE FOREST
Garlick Hill
Red Deer Range
Raiders Road Forest Drive
Loch Ken
Polbae
Grey Mare's Tail Waterfalls
Wild Goat Park
Knocknevis
R. Dee or Blackwater of Dee
Murray's Monument
Round Fell
1255 Shaw Hill
Knowe
Auchinleck
Dunkitterick Cottage (Murray's Birthplace)
Loch Grannoch
Mossdale
605 Fell
Fell of Fleet 1544
Stroan Loch
Castle Stewart
GALLOWAY
742
Carserigggan
Challoch
Penkiln Burn
Palnure Burn
CAIRNSMORE OF FLEET
Craiglowrie
Loch Skerrow
947 Airie Hill
Woodhall Loch
Minnigaff
2331
PENNINGHAME FOREST
Newton Stewart
Black Loch
West Culvennan
Galloway Forest Park Kirroughtree
Cairnsmore of Fleet
Clints of Dromore
Big Water of Fleet Viaduct
White Top of Culreoch 1129
LAURIESTON FOREST
Loch Heron
Loch Ronald
A75
Creebridge
Palnure
DUMFRIES
Shennanton
Crafty Distillery
R. Cree
Big Water of Fleet
Tarf Water
Barraer Fell 402
Baltersan
Tropic House
Upper Rusko
Rusko Castle
Loch Whinyeon
Loch Mannoch
B735
Kirkcowan
B733
High Moor of Killiemore
Pibble Hill
Stey Fell
GLENGAP FOREST
1202 Bengray
Glengap
Dernaglar Loch
Carsegowan
Creetown
Gem Rock
Heritage
B796
Knock Moss
Spittal
Glen
Mill on the Fleet
Gatehouse of Fleet
R. Bladnoch
Torhouse Stone Circle
Martyrs' Monument
Martyrs' Stake
Kirkmabreck
Cairnharrow 1496
Anwoth
Cardoness
THE MACHARS
B7052
Wigtown
Carsluith
Cairn Holy Chambered Cairns
Kirkdale Water Driven Sawmill
Fleet Br.
Cally
B727
Castle Loch
B7005
Distillery
Bladnoch
Girthon
Twynholm
Craignarget Hill
Carsluith
Barharrow
A755
Mochrum Loch
Braehead
Kirkinner
Ravenshall Point
Sandgreen
Cream o' Galloway
B7085
North Balfern
South Balfern
Fleet Bay
Murray's Isles
Islands of Fleet
Plunton Castle
646 Mochrum Fell
Loch Head
Whauphill
Innerwell Port
MacLellan's Castle
Chapel
Barrachan
A746
Wigtown Bay
Borgue
Kirkandrews
Elrig
Druchtag Motte
Sorbie Tower
B7004
Sorbie
Eggerness Point
Milton Point
Mochrum
Drumtroddan Cup & Ring Marked Rocks
Drummoddie
Garlieston
Galloway House
A747
Ross
Kirkcudbright Bay
Port William
Drumtroddan Standing Stones
Fell of Barhullion
B7021
B7063
Borness Point
Little Ross
Barsalloch Fort
Bishopton
Port Allen
Barsalloch Point
Gavin Maxwell Memorial
Priory
Whithorn
Monreith
Monreith Bay
Rispain Camp
Craiglemine
Whithorn Story
Portyerrock Bay
Monreith Animal World
Glasserton
Cairn Head
Point of Cairndoon
480 Fell of Carleton
St Ninian's Cave
Port Castle Bay
BURROW HEAD
Isle of Whithorn
Chapel
A
B
C
D
1
2
3
4
5

NITHSDALE
GALLOWAY
SOLWAY FIRTH
FOREST OF AE
Penpont
Tynron
James Renwick Monument
Moniaive
Kirkland
Keir Mill
1172 Keir Hills
Closeburn
Cample
1157 Great Hill
Park
Kirkpatrick
118
Brownmoor Hill
St Ann's
Johnstonebridge
Courance
Glenmaid Moor
Ae
Parkgate
Nethermill
Templand
Millhouse
Lochmaben
Wallaceton
Blackwood
High Auldgirth
Glenmidge
Auldgirth
Craigmuie
Bogrie Hill 1471
Loch Urr
Dalswinton
Auchencairn
Shieldhill
Marjoriebanks
Dunscore
Throughgate
Glenesslin
Cairn Water
Ellisland Farm
Duncow
Amisfield
Craigenputtock
Stepford
Morrington
787 Steilston Hill
Newtonairds
Kirkton
Tinwald
Castle Loch
Barr Hill
Holywood
Locharbriggs
Brockloch Hill
Garcrogo Forest
Twelve Apostles Stone Circle
Glenkiln Resr.
Glenkiln
Heathhall
Dalscone Farm Fun
Dumfries & Galloway Aviation
Cruck Cottage
Torthorwald
Torthorwald Castle
Mossburn Animal Centre
New Bridge
Lincluden
The Grove
Terregles
Robert Burns House
Collin
Craig
Corsock
Lochenkit Loch
Shawhead
Maxwelltown
Greenlea
Woodside
Cargenbridge
DUMFRIES
Elizafield
Racks
Troqueer
Crofts
Lochfoot
Drumsleet
Crichton Grounds
Kingholm Quay
Mouswald
Crocketford or Ninemile Bar
Auchenreoch Loch
Milton Loch
Lochrutton Loch
Isle steps
Lochar Water
Knockvennie
Mabie Farm Park
Kelton
Parton
Milton
Lochaber Loch
Mabie
Mabie Forest
River Nith
Springholm
Kirkpatrick Durham
Loch Roan
Beeswing
Drumcoltran Tower
Loch Arthur
Glencaple
Bankend
Clarencefield
Loch Ken
Old Bridge of Urr
Lotus Hill
Kirkconnell
Crossmichael
Erncrogo Loch
Hardgate
Kirkgunzeon
Shearington
Brow Well
Ruthwell
Dornell Loch
Clarebrand
Corn Mill
Sweetheart Abbey
Blackshaw
Laurieston
Glenlochar
Townhead of Greenlaw
Haugh of Urr
Corra
Waterloo Monument
New Abbey
Caerlaverock
Caerlaverock Wetland Centre
Mote of Urr
Long Fell 1256
Loch Kindar
Castle Douglas
Leaths
Meikle Hard Hill
Glentoo Loch
Threave
Kelton Mains Open Farm
Old Buittle Tower
1032 Maidenpap
Criffel 1868
Drumburn
Bargatton Loch
Sulwath Brewery
Boreland Hill
Bridge of Dee
Carlingwark Loch
Craignair
Dalbeattie
Rhonehouse or Kelton Hill
Carsethorn
Kirkbean
Gelston
DALBEATTIE FOREST
Caulkerbush
Prestonmill
Barnbarroch
John Paul Jones Birthplace
Palnackie
Mainsriddle
Orchardton Tower
Loaningfoot
1283 Bengairn
Screel Hill
Kippford or Scaur
Mote of Mark
Colvend
Sandyhills
Southerness
Tongland
Tongland Bridge
Portling
Southerness Point
Rough Island
Rockcliffe
Barclay Hill
Castlehill Point
Lifeboat Station
Kirkcudbright
Auchencairn
Auchencairn Bay
Hestan Island
Broughton House
Mutehill
Balcary Point
Beckfoot
Rascarrel
Dundrennan
Abbey
Rascarrel Bay
Townhead
Mawbray
Salta
Netherlaw
Port Mary
Dubmill Point
DANGER AREA
Abbey Head
Allonby
Allonby Bay
Salt Pans
Milefortlet 21
Allerby
Crosscanonby
Senhouse Roman Museum
Alauna Roman Fort
Crosby
Crosby Villa
Birkby
Maritime Museum
Maryport
Ellen
Dearham
Netherton
Townhead
Ellenborough
A702
A76
B729
B731
A701
A709
B7020
A712
A75
A780
B724
B725
A711
A710
A713
B794
B795
A762
A745
B727
B736
B793
A596
B5300
A594
E
F
G
H
1
2
3
4
5
112

112
A
B
C
D
118
111
102
1
2
3
4
5
Cample
Whiteside Hill
St Ann's
B7076
Fell
CASTLE O'ER FOREST
B709
ESK
Meggat Water
FOREST OF AE
300
1157 Great Hill
A701
Johnstonebridge
ANNANDALE WATER
16
B723
Black Esk
Castle O'er
Park
Kirkpatrick
Brownmoor Hill
Broomhillbank
Boreland
Bentpath
Courance
Glenmaid Moor
Ae
Parkgate
Kinnel Water
B7020
B7076
Dryfe Water
Hart Fell 1087
The Shin
Telford Memorial
High Auldgirth
NITHSDALE
Water of Ae
Nethermill
Sibbaldbie
Claydaubing Bridge
Calkin Rig 1478
Auldgirth
DUMFRIES & GALLOWAY
Corrie Common
Dalswinton
Shieldhill
Templand
Millhousebridge
Glentenmont Height
Auchencairn
Applegarthtown
Paddockhole
Ellisland Farm
R. Nith
Amisfield
Marjoriebanks
A74(M)
17
Water of Milk
B7068
Duncow
A709
Lochmaben
Lockerbie
Bankshill
Raes Knowes
A76
Tinwald
Dryfesdale Lodge
1047 Grange Fell
B729
Kirkton
Castle Loch
B7068
17
Holywood
A701
Heck
Kirtleton
Locharbriggs
18
Twelve Apostles Stone Circle
Dalscone Farm Fun
Heathhall
Cruck Cottage
Greenhill
Howat's Hill
New Bridge
Lincluden
Dumfries & Galloway Aviation
Hightae
Burnswark
Craigs
Terregles
The Grove
Torthorwald
Mossburn Animal Centre
Torthorwald Castle
Smallholm
Church
Robert Burns House
Waterbeck
Kettleholm
B725
Maxwelltown
Collin
B7076
Middlebie
A75
A780
Greenlea
Kirkconnell
Cargenbridge
Troqueer
DUMFRIES
Elizafield
Woodside
19
B7076
B722
Eaglesfield
Drumsleet
Racks
A75
Dalton Pottery
Dalton
Ecclefechan
20
B725
Crichton Grounds
B724
Annan
B723
Hoddomcross
Carlyle's Birthplace
Kirtlebridge
Merkland Cross
Chapelknowe
A711
Islesteps
Kingholm Quay
Lochar Water
Dino Park
Mouswald
B725
Repentance Tower
B6357
Mabie Farm Park
A710
Carrutherstown
Lochaber Loch
Kelton
River Nith
B7020
Brydekirk
Moorend
Newton
21
A74(M)
Mabie
Creca
Kirkpatrick Fleming
Loch Arthur
Mabie Forest
B725
King Robert the Bruce's Cave
B7076
Charlesfield
Warmanbie
Bankend
GRETNA GREEN
Glencape
Clarencefield
Ruthwell Cross
B723
Annandale Distillery
Lotus Hill
Kirkconnell
B6357
Gretna Green
Shearington
Brow Well
Ruthwell
Savings Banks
A75
Howes
ANNAN
Eastriggs
Gretna
Waterloo Monument
Corn Mill
Sweetheart Abbey
B725
Blackshaw
Cummertrees
B724
Welldale
B721
Rigg
New Abbey
Caerlaverock
Caerlaverock Wetland Centre
Powfoot
Dornock
B721
Old Graitney
Long Fell 1256
Newbie
Devil's Porridge
Loch Kindar
Barnkirk Point
SCOTLAND
ENGLAND
Redkirk Point
Meikle Hard Hill
Torduff Point
Criffel 1868
Drumburn
Bowness-on-Solway
Port Carlisle
Boreland Hill
King Edward I Monument
SOLWAY FIRTH
60
Glasson
Drumburgh
Dykesfield
Carsethorn
Easton
Cardurnock
Anthorn
Boustead Hill
Longburgh
B793
Kirkbean
Whitrigg
Caulkerbush
Prestonmill
A710
Longcroft
Angerton
B5307
Thurstonfield
Mainsriddle
John Paul Jones Birthplace
Fingland
Woods
Skinburness
Newton Arlosh
Kirkbride
Kirkbampton
Loaningfoot
Little Bampton
Oughterby
Southerness
Kirkbride
Wampool
Southerness Point
Silloth
Calvo
Wedholme Flow
Lifeboat Station
Seaville
Biglands
Aikton
Greenrow
Moss Side
Gamelsby
Wiggonby
Blitterlees
Blackdyke
B5302
B5307
South Solway Mosses
Raby
Knoxwood Wildlife Rescue Trust
R. Waver
Thornby
Moorhouse
Parton
A596
50
Wolsty
Highlaws
Abbeytown
Kelsick
Oulton
Low Whinnow
Beckfoot
The Gincase
Pelutho
B5302
Dundraw
Lessonhall
Micklethwaite
Crofton
Aikhead
Standingstone
Thornby Moor Dairy
Moor Row
Southerfield
Waverbridge
Kirkland
Newtown
Aldoth
West Woodside
Tarns
Blencogo
Waverton
Wigton
Holme St Cuthbert
Bromfield
Parkgate
B5302
Brackenlands
Highmoor
A595
B5300
B5301
Mawbray
Langrigg
High Scales
Waterside
High Longthwaite
Old Carlisle Roman Fort
Brackenthwaite
Salta
Mealrigg
A596
Woodrow
Red Dial
Dubmill Point
Edderside
New Cowper
Low Row
Bolton Low Houses
B5305
Rosley
Westnewton
Yearngill
Heathfield
Westward
Crookdake
Bolton Wood Lane
Allonby
Watchhill
Fletchertown
Bolton New Houses
Allonby Bay
Aspatria
CUMBERLAND
Hayton
B5299
Blennerhasset
Mealsgate
Prospect
Harriston
Howk Bobbin Mill
Salt Pans
Milefortlet 21
Oughterside
Kirkland Guards
Boltongate
40
A595
Sandale
The Howk
Allerby
Westmoor
Threapland
Torpenhow
Whelpo
Crosscanonby
Parsonby
Plumbland
Bothel
Whitrigg
Ireby
B5299
Upton
Senhouse Roman Museum
A596
Crosby Villa
Crosby
Bullgill
Gilcrux
Aughertree
Alauna Roman Fort
Birkby
300
B5301
High Ireby
Fell Side
Maritime Museum
Maryport
Ellen
Greengill
Uldale
Branthwaite
Netherton
Dearham
Moota Hill
Ruthwaite
Townhead
Tallentire
Sunderland
Binsey 1467
Longlands
Ellenborough
A594
Blindcrake
Bewaldeth
Over Water
High Pike 2159

113
119
120
114
103
KIELDER FOREST
KIELDER WATER & FOREST PARK
NORTHUMBERLAND
CUMBERLAND
WESTMORLAND & FURNESS
ESKDALE
KERSHOPE FOREST
Newcastleton Forest
INGLEWOOD FOREST
GILDERDALE FOREST
King's Forest of Geltsdale
Middle Shield Park
DANGER AREA
Kielder
Kielder Castle
Butteryhaugh
Kielder Viaduct
Deadman Cairn
Dinmont Lairs
Leaplish Waterside Park
Kielder Water
Birds of Prey Centre
Tower Knowe
Yarrow
Falstone
Stannersburn
Earl's Seat 1303
Foulmire Heights
Steele Road
Newcastleton or Copshaw Holm
Liddesdale Heritage Centre
Milnholm Cross
Kershopefoot
Kershope Bri.
Langholm
New Langholm
Clan Armstrong
MacDiarmid Memorial
Malcolm Monument
Skipper's Bridge
Kirkstile or Ewes
Broad Head 1614
Crumpton Hill 1575
Pike Fell
Roan Fell 1862
North Birny Fell 902
Black Edge 1464
Tinnis Hill 1326
Earshaw Hill 921
Bruntshiel Hill
Glendhu Hill 1685
Wilson's Pike
Black Knowe
Black Knowe 1615
Reeker Pike
The Rigg
Rough Pike
Lewis Burn
Bewcastle Fells
Sighty Crag
Paddaburn Moor
Churnsike Lodge
Butterburn
Gowk Bank
Black Fell
Baileyhead
The Flatt
Blackpool Gate
Bewcastle
Bew Castle
Cross
Shopford
Caulside
Claygate
Gilnockie Tower
Hollows
Harelaw
Nook
Canonbie
Rowanburn
Catlowdy
Crossings
Oakshaw Ford
Kinkry Hill
Roughsike
Roadhead
Evertown
Milltown
Glenzierfoot
Scot's Dyke
Moat
Scuggate
Haggbeck
Carwinley
Easton
Scotsdike
Netherby
Lyneholmeford
Stapleton
Oakbank
Famous Blacksmith's Shop
Springfield
Longtown
Kirklinton Hall
Kirklinton
Solway Moss 1542
Boltonfellend
Mossedge
Hethersgill
Kirkcambeck
West Hall
Hetherside
Skitby
Smithfield
Westlinton
Scaleby
Scaleby Hill
Rockcliffe Cross
Rockcliffe
Todhills
Blackford
Barclose
Laversdale
Longpark
Oldwall
Newtown
Irthington
Solway Aviation
Carlisle Lake District
Walby
Harker
High Crosby
Low Crosby
Newby East
Linstock
Houghton
Burgh by Sands
Beaumont
Cargo
Monkhill
Grinsdale
Kirkandrews-on-Eden
Moorhouse
Knowefield
Stainton
Rickerby
Aglionby
Warwick Bridge
Warwick-on-Eden
Hayton
How
Fenton
Heads Nook
Greenwell
Faugh
CARLISLE
Scotby
Wetheral
Great Corby
Priory Gatehouse
Broadwath
Great Orton
Little Orton
Newby West
Morton
Harraby
Cummersdale
Carleton
Carlisle
Brisco
Durdar
Baldwinholme
Lingy Close
Cardewlees
Thursby
Dalston
Ratten Row
Burthwaite
Buckabank
Unthank
Cumwhinton
Cumwhitton
Cotehill
Hornsby Gate
Hornsby
Cumdivock
Bridge End
Sprunston
Hawksdale
Foulbridge
Wreay
Raughton
Gaitsgill
Raughton Head
Nether Welton
Skiprigg
Stockdalewath
Southwaite
Mellguards
Low Hesket
Aiketgate
Armathwaite
High Hesket
Nunclose
Old Town
Lockhills
Holmwrangle
Towngate
Ainstable
Longdales
Ruckcroft
Dale
Welton
Thethwaite
Highbridge
Ivegill
Middlesceugh
Low Braithwaite
Thomas Close
Churchtown
Sebergham
Parkhead
Sowerby Row
Sour Nook
Calthwaite
Morton
Caldbeck
Newlands
Hesket Newmarket
Millhouse
Haltcliff Bridge
Calebreck
High Row
Hutton End
Fieldhead
Plumptonfoot
Lamonby
New Rent
Hutton in the Forest
Unthank
Skelton
Ellonby
Brocklemoor
Plumpton
Plumpton
Townhead
Lazonby
Lacy's Caves
Great Salkeld
Salkeld Dykes
Little Salkeld
Long Meg & Her Daughters Stone Circle
Hunsonby
Glassonby
Glassonby Cairn Circle
Kirkoswald
Kirkoswald Castle
Staffield
High Bankhill
Gamblesby
Busk
Unthank
Melmerby
Melmerby Fell 2331
Scale Houses
Renwick
Haresceugh
Croglin
Croglin Water
Watch Hill 1999
Newbiggin
Cumrew
Albyfield
Castle Carrock
Talkin
Talkin Tarn
Farlam
Hallbankgate
Forest Head
Brampton
Milton
Walton
Lanercost Priory
Burtholme
Banks
Low Row
Pike Hill Signal Tower
Nether Denton
Piper Sike Turret
Hadrian's Wall
Birdoswald Roman Fort
Gilsland
Greenhead
Thirlwall Castle
Walltown Crags
Aesica Roman Fort
Roman Army
Cawfields Roman Wall
Haltwhistle
Melkridge
Plenmeller
Park Village
Featherstone Castle
Rowfoot
Coanwood
Lambley
Lambley Viaduct
Stonehouse
Tindale
Tindale Tarn
Midgeholme
Halton Lea Gate
Tindale Fells
Cold Fell 2037
Glendue Fell
Knarsdale
Eals
Slaggyford
Whitfield Moor 1723
Geltsdale Middle
Denton Fell
Wiley Sike
Thirlwall Common
Whiteside
River Irthing
Ayle
South Tynedale Railway
Whitley Castle Epiacum Roman Fort
The Hub
Alston
Blagill
Raise
Bayles
Leadgate
Middle Fell
Garrigill
Alston Moor
Round Hill 2249
Ashgill Force
Shire
A7
A6071
A689
A69
A6
A595
A686
M6
B6318
B6357
B6399
B709
B7068
B720
B7201
B6264
B5307
B5299
B5305
B6413
B6263
B6294
B6277
TODHILLS
SOUTHWAITE

114
120
113
104
A
B
C
D
1
2
3
4
5
Otterburn
Otterburn 1388
Elsdon
Castle
HARWOOD FOREST
Fontburn Reservoir
Blakehope Fell
Padon Hill 1240
Earl's Seat 1303
Blackburn Common
Highgreen Manor
Trougher Common
Black Middens Bastle House
Gatehouse
Greenhaugh
Lanehead
Charlton
Hesleyside
Bellingham
Heritage Centre
Redesmouth
Old Town
Raylees
Winter's Gibbet
Rothley
Herterton House
Eweslev
Scots Gap
Cambo
Middleton
Wansbeck
River
Kirkwhelpington
Wallington
Kirkharle Courtyard
Kirkharle
Capheaton
Sir Edward's Lake
Great Bavington
Little Bavington
Thockrington
Sweethope Loughs
Colt Crag Reservoir
Knowesgate
East Woodburn
West Woodburn
Chesterhope
Ridsdale
DANGER AREA
REDESDALE
Leaplish Waterside Park
Kielder Water
Birds of Prey Centre
Yarrow
Falstone
Stannersburn
North Tyne
Tower Knowe
KIELDER WATER & FOREST PARK
Bower
Chirdon Burn
NORTHUMBERLAND
WARK FOREST
Churnsike Lodge
Star Gazing Pavilion
Warks Burn
Whygate
Stonehaugh
Butterburn
Gowk Bank
Black Fell
NORTHUMBERLAND NATIONAL PARK
Haughton Common
Birtley
Wark
Park End
Chipchase Castle
Gunnerton
Nunwick
Simonburn
Barrasford
Uppertown
Little Swinburne
Great Swinburne
Colwell
Hallington Reservoirs
Hallington
Kirkheaton
Ryal
Ingoe
Fenwick
Bingfield
Great Whittington
Matfen
Ouston
Chollerton
Humshaugh
Chollerford
Cocklaw
Low Brunton
Heavenfield 635
Walwick
Chesters Roman Fort
Wall
Brunton Turret
Planetrees Roman Wall
Halton Shields
High House Farm Brewery
Halton
Aydon Castle
Aydon
Sandhoe
Anick
Acomb
Fourstones
Newbrough
Warden
Brocolitia Roman Fort
Black Carts Turret
Temple of Mithras (Mithraeum)
Broomlee Lough
Sewingshields Wall
Greenlee Lough
Housesteads Roman Fort
Whiteside
Thirlwall Common
Cawfields Roman Wall
Winshields Wall
Crag Lough
Walltown Crags
Thirlwall Castle
Hadrian's Wall
Aesica Roman Fort
Roman Army
Greenhead
The Sill
Vindolanda
Roman
Thorngrafton
Haltwhistle
Henshaw
Bardon Mill
Redburn
Ridley
Melkridge
Plenmeller
Plenmeller Common
Park Village
Featherstone Castle
Rowfoot
Coanwood
Lambley
Stonehouse
Viaduct
Haydon Bridge
Chesterwood
Low Gate
HEXHAM
Old Gaol
Abbey
Roman Town
Corbridge
Dilston
Dilston Castle & Chapel
Newton
Newton Hall
Ovington
Eltringham
Cherryburn
Bywell
Branch End
Stocksfield
Riding Mill
Broomhaugh
R. Tyne
Broomley
Hindley
Painshawfield
New Ridley
Healey
Apperley Dene
Whittonstall
Hexham
Hexham 1464
Ordley
Juniper
Dalton
Steel
Slaley
Whitley Chapel
Dukesfield
Rawgreen
Strothers Dale
Slaley Forest
Colpitts Grange
Minsteracres
Kiln Pit Hill
Shotleyfield
Langley
The Garden Station
Stublick Chimney & Flue
Whitfield
Bearsbridge
Catton
Thornley Gate
Allendale Town
Classic Sci-Fi
Hexhamshire Common
Broadwell House
Whitfield Moor 1723
Ninebanks
Ouston
Allendale Chimneys & Allen Smeltmill Flues
Sinderhope
Allendale Common 1640
River East Allen
River West Allen
Keirsleywell Row
Limestone Brae
Spartylea
Green Hill
Carr Shield
Coalcleugh
Dirt Pot
Allenheads
Heritage Centre
Eals
Knarsdale
Slaggyford
Ayle
South Tynedale Railway
Whitley Castle Epiacum Roman Fort
The Hub
Alston
Raise
Blagill
Nenthall
Middle Fell
Bayles
Leadgate
GILDERDALE FOREST
Nenthead
Nenthead Mines Heritage Centre
Killhope Lead Mining
Garrigill
Ashgill Force
Lanehead
Cornriggs
Copthill
Cowshill
Wearhead
Burnhope Reservoir
Burnhope Seat 2448
Ireshopeburn
High House Chapel
Ireshope Moor
Weardale
St John's Chapel
Daddry Shield
Westgate
Brotherlee
Eastgate
Stanhope
Durham Dales
Crawley Side
Lintzgarth
Rookhope
Stanhope Common
Middlehope Moor
Nookton Fell 1567
Bolt's Law 1773
Blanchland
Blanchland Moor 1345
Derwent Resr.
Pow Hill
Baybridge
Newbiggin
Hunstanworth
Townfield
Ramshaw
Edmundbyers
Muggleswick
Muggleswick Common
Hisehope Reservoir
Healeyfield
Horsleyhope
Smiddy Shaw Reservoir
Waskerley
Waskerley Reservoir
Tunstall Reservoir
Collier Law 1694
Wolsingham Park Moor
Wolsingham
Frosterley
White Kirkley
Hill End
Weardale Railway
Carterway Heads
Snods Edge
Mosswood
Allensford
R. Derwent
Alston Moor
Round Hill 2249
DURHAM
A68
A696
A69
A6079
A695
A686
A689
B6341
B6342
B6343
B6320
B6318
B6319
B6321
B6309
B6305
B6306
B6307
B6295
B6303
B6531
B6530
B6277
B6278
B6294

NORTH SEA
Newcastle to: Amsterdam (IJmuiden) 16hrs. 45mins.
NEWCASTLE UPON TYNE
SUNDERLAND
GATESHEAD
DURHAM
MORPETH
ASHINGTON
TYNEMOUTH
SOUTH SHIELDS
CONSETT
WASHINGTON
NEWCASTLE INTERNATIONAL
Tyne Tunnel
Blyth
Bedlington
Cramlington
Whitley Bay
Seaton Delaval
Newbiggin-by-the-Sea
Beacon Point
Marsden Bay
Lizard Point
Horden Point
Dene Mouth
Blackhall Rocks
Seaham
Peterlee
Chester-le-Street
Houghton-le-Spring
Hetton-le-Hole
Stanley
Blaydon
Whickham
Jarrow
Hebburn
Felling
Wallsend
Gosforth
Longbenton
Ponteland
Prudhoe
Ryton
Newburn
Lanchester
Sacriston
Brandon
Esh Winning
Easington Colliery
Murton
Boldon
Roker
Ryhope
Netherwitton
Widdrington Station
Cresswell
Ellington
Lynemouth
Pegswood
Stannington
Darras Hall
Stamfordham
A1
A1(M)
A19
A68
A69
A167
A184
A189
A191
A192
A193
A194(M)
A690
A691
A692
A693
A694
A696
A697
A1018
A1068

116
Ardrossan
Horse Isle
Saltcoats
Stevenston
Kilwinning
Ardrossan to Brodick 55mins.
Campbeltown to Brodick 2hrs. 20mins. (Seasonal)
Ardrossan to Campbeltown 2hrs. 40mins. (Seasonal)
Clauchlands Point
Holy Island
Kingscross Point
Whiting Bay
Largybeg Point
Irvine Bay
IRVINE
Kilmaurs
KILMARNOCK
Dreghorn
Springside
Stanecastle
Crosshouse
Riccarton
Dundonald
Barassie
Troon
Loans
Symington
Lady Isle
Monkton
GLASGOW PRESTWICK
Tarbolton
Prestwick
Mossblown
AYR
Annbank
Heads of Ayr
Dunure
Culzean Bay
Maidenhead Bay
Maidens
Turnberry Bay
Turnberry
Matthew's Port
Maybole
Kirkoswald
Crosshill
Kirkmichael
Straiton
Dalrymple
Patna
Waterside
Dalmellington
Girvan
Woodland Bay
Glendoune
Dailly
Old Dailly
Barr
Pinmore
Lendalfoot
Pinwherry
Colmonell
Bennane Head
Ballantrae Bay
SOUTH AYRSHIRE
CARRICK
CARRICK FOREST
CHANGUE FOREST
GALLOWAY FOREST PARK
A77
A78
A719
A70
A713
A714
A759
A737
A71
A76
B734
B741
B7023
B7024
B7035
126
123
109

117
Whitelee Forest
Whitelee Hill 927
Waterside
Strathaven
Flemington
Sandford
Caldermill
A71
A719
127
128
E
F
G
H
Moscow
Drumclog
Kype Muir
Kype Reservoir
Dunside Resr.
Loudoun Hill 1036
Loudoun Castle
Galston
Newmilns
Darvel
Priestland
Greenholm
B744
B745
B743
Hawkwood Hill
Logan Reservoir
Logan Water
SOUTH
LANARKSHIRE
Mill Rig 1099
Glengavel Resr.
Sornhill
Bibblon Hill
Nutberry Hill 1712
Tod Law
R. Nethan
Coalburn
Bellfield
Braehead
Little Hartmidden
Twopenny Knowe
B7037
Cessnock Water
Blackside
Middlefield Law
1530
Crosshands
Auchmillan
Montgarswood
Greenock Bridge
Black Hill
Glenbuck
Glenbuck Loch
Hareshaw Hill 1532
Hagshaw Hill
Glespin
Douglas
St Bride's Church
Heritage
Castle
Douglas Water
Greenock Mains
Smallburn
Muirkirk
Kames
A70
Mauchline
Burns House
Ballochmyle
Catrine
Sorn
B713
B705
River Ayr
Haugh
Kingencleugh Castle
Shawwood
Roddenloft
Crosshill
Airds Moss
EAST
KYLE
A76
B7036
Auchinleck
Cronberry
Lugar
Ochiltree
Holmhead
Cumnock
Logan
Dumfries House
Terringzean Castle
Baird Institute
B7083
Craigens
Netherthird
Garrallan
Dalblair
Cairn Table 1945
Wardlaw Hill 1631
Urit Hill
Mount Stuart 1568
Cairn Kinny
Auchtitench Hill 1527
Fingland
Kirkland Hill 1675
Common Hill
Duneaton Water
Spango Hill 1392
Spango Bridge
B740
White Hill
Rake Law 1621
118
Crawfordjohn
Heritage Venture
Skares
B7046
AYRSHIRE
Burnock Water
Carsgailoch Hill
Stannery Knowe 1192
Coyle
Pathhead
Mansfield
New Cumnock
Bankglen
Connel Park
River Nith
R. Nith
Waterhead
Kirkland
Kirkconnel
Kelloholm
Crawick
Crawick Water
Wedder Dod 1460
UPLANDS
Leadhills
LOWTHER
Conrig Hill 1591
Stood Hill 1926
Beam Engine
Lead Mining
Wanlockhead
B741
Burnside
Dalleagles
Kyle Forest
The Knipe 1886
Hare Hill
Quintin Knowe 2298
Blackcraig Hill
Afton Water
Kello Water
Mid Hill
SOUTHERN
Sanquhar
Post Office
Barr
Tolbooth
Sanquhar Castle
B797
1912 Thirstane Hill
Mennock
1473 Cairn Hill
Benbeoch 1522
Benty Cowan Hill
1866 Enoch Hill
Milray Hill
Pennyvenie
Dalmellington
Heritage Centre
Benbrack
Prickeny Hill
Craignane 1646
Craigdarroch
Euchan Water
Shiel Hill 1567
NITHSDALE
Enterkinfoot
A76
Windy Standard
Campbell's Hill 1485
A713
Brockloch Rig
Water of Deugh
2290 Windy Standard
Afton Resr.
Blackorg Hill 2232
Corse Hill
Polskeoch
Alhang
Countam
1639 Blackcraig Hill
Ox Hill 1657
Cairnkinna Hill 1817
Chanlockfoot
Loch Muck
Waterhead Hill 1768
Cairnsmore of Carsphairn 2614
Carsphairn Forest
DUMFRIES
Colt Hill 1963
1640 Countam
Holm of Drumlanrig
Drumlanrig Castle
Tibbers Castle
Carronbridge
Loch Doon
Lamford Hill
Dodd Hill
Beninner
Corlae
Benbrack 1906
&
Benbuie
Shinnel Water
Auchenbrack
Scaur Water
Bennan
Burnhead
Penpont
B732
Thornhill
B731
Craigmalloch
Black Craig
THE GLENKENS
Carsphairn
B729
Marscallock Hill
Water of Ken
Manquhill Hill
Wether Hill 1747
Dalwhat Water
GALLOWAY
Tynron
A702
Keir Mill
Closeburn
James Renwick Monument
1172 Keir Hills
Meaul 2280
DUNDEUGH FOREST
Knowehead
Stroanfreggan
High Bridge of Ken
Moniaive
Kirkland
110
111
Kendoon Loch
Culmark
Butterhole Bridge
Corserine 2669
Polmaddy Settlement
Forrest Lodge
Loch Harrow
Loch Minnoch
RHINNS
Craigmuie
Bogrie Hill 1471
Wallaceton
Glenmidge
Lochinvar
B700
Kirkmuirhill
Blackwood
Auchenheath
Draffan
Hazelbank
Nemphlar
Kirkfieldbank
LANARK
Lanark
New Lanark
New Lanark World Heritage Site
Falls of Clyde
Stonebyres Holdings
Dillarburn
B7086
B7018
Boghead
Lesmahagow
Turfholm
Brocketsbrae
Auchlochan
M74
B7078
Douglas Water
Rigside
CAIRN LODGE SERVICES
Happendon
Uddington
Scaur Hill
Pagie Hill

118
A
B
C
D
128
111
112
117
1
2
3
4
5
Hazelbank
Nemphlar
Lanark
LANARK
Kirkfieldbank
Ravenstruther
Carstairs Junction
Lanark Moor
A70
Auchenheath
Stonebyres Holdings
Bankhead
New Lanark
New Lanark World Heritage Site
Falls of Clyde
Hyndford Bridge
B7018
B7086
M74
B7078
Pettinain
Libberton
South Medwin
Walston
Elsrickle
A721
B7016
A702
A72
Kirkurd
Broughton Heights 1874
Candy Mill
Kaimrig End
Shieldhill
Covington
Covington Tower
Quothquan
Thankerton
Carmichael
Discover Carmichael
A73
Gasworks
Albion Motors
Skirling
A701
Hallyne
Lyne
Lyne Water
Black Law 1334
B712
Kirkton Manor
Trahenna Hill 1792
Dreva Wood
Stobo
Stobo Castle
R. Tweed
Douglas Water
Rigside
CAIRN LODGE SERVICES
Bellfield
Braehead
Happendon
Uddington
Cormiston
Coulter Motte
Biggar
Puppet Theatre
Causewayend
Kilbucho Place
Broughton
Dawyck Botanic Garden
Bellspool
Whitelaw Hill
Drumelzier
Howgate Hill 1456
Tinto Hills
Tinto 2334
B7055
Symington
Goseland Hill 1427
Rachan Mill
Glenholm Wildlife Project
Glenholm
Coulter
Common Law
Fingleu Rig
Pykestone Hill 2417
Horse Hope Hill
Garf Water
Wiston
Lamington
River Clyde
Snaip Hill
Holms Water
Douglas Water
Castle
Heritage
St Bride's Church
Douglas
Scaur Hill
Newton
Dungavel Hill 1673
SOUTH
LANARKSHIRE
Broad Hill
Startup Hill
Culter Fell 2455
Glenkirk
Blakehope Head 1783
Glenlood Hill
Stanhope
Taberon Law 2089
Dollar Law 2682
Black Law 2285
Pagie Hill
Robertson
Roberton Law 1238
Backstane Hill
Culter Waterhead Reservoir
Kingledores
Wandel
Duncangill Head
Gathersnow Hill 2257
Tewsgill Hill 1868
Tweedsmuir
Glenmuck Height
BORDERS
ABINGTON
Crawfordjohn
Heritage Venture
Abington
Common Hill
Duneaton Water
Camps Water
Culter Cleuch Shank
Broad Law 2756
Megget Reservoir
Drake Law 1586
Crawford Castle
Kirkton
Crawford
Camps Resr.
Glenbreck
Talla Resr.
B740
White Hill
A74(M)
Talla Linnfoots
Fruid Resr.
Spango Hill 1392
Spango Bridge
B797
1814 Wellgrain Dod
B7040
Craigmaid 1813
Lochcraig Head 2625
Rake Law 1621
Elvanfoot
Clyde Law 1790
Birk Craigs
Loch Skeen
Herman
Wedder Dod 1460
LOWTHER
Leadhills
Miners' Library
SOUTHERN
UPLANDS
Dun Law
Cape Law
White Coomb 2696
Grey Mare's Tail Waterfall
Leadhills & Wanlockhead Railway
Postie Stone (Mail Coach Memorial)
Devil's Beef Tub
Hart Fell 2651
Blackhope Burn
Saddle Yoke 2413
Corrig Hill 1591
Beam Engine
Wanlockhead
Nether Howcleugh
John Hunter Memorial
Bell Craig
Stood Hill 1926
Lead Mining
Green Lowther 2403
Nunnerie
Ericstane
Swatte Fell
Wintercleuch Fell
B719
B7076
Capplegill
Bodesbeck Law
1912 Thirstane Hill
Birnock Water
Auldton Fell
A708
Ettrick Pen 2270
Comb Law 2108
Potrail Water
Daer Resr.
Capel Fell 2223
White Shank
1473 Cairn Hill
1987 Well Hill
Ballencleuch Law 2268
Kirkhope
Auldton Mote
Moffat
Craigieburn
Selcoth Burn
Moffat Water
Loch Fell 2256
Croft Head
Enterkinfoot
Durisdeermill
Church
Durisdeer
Holmend
Woollen Mill
Craiglochan
Cornal Burn
ESKDALEMUIR
NITH
A76
Wedder Law
Gana Hill 2191
Craighoar Hill 1898
Kinnelhead
Beattock
Broomlands
Ewelairs Hill
Wamphray Water
Garwaldwa
Enoch
Bellybought Hill 1453
Lochan Burn
Black Hill
Drumlanrig Castle
Holm of Drumlanrig
Morton
Queensberry 2286
Wee Queensberry
DUMFRIES & GALLOWAY
Dinning
Tibbers Castle
Carronbridge
Locherben
Minnygap Height 1308
Laverhay
Milne Height
Black Esk Reservoir
Burnhead
Gatelawbridge
Scaur Water
B732
Thornhill
Holehouse Hill
Whitefauld Hill
Newton
Fingland Fell
Penpont
B731
Cample
FOREST OF AE
St Ann's
ANNANDALE WATER
B723
Tynron
A702
Keir Mill
1157 Great Hill
Closeburn
1172 Keir Hills
Brownmoor Hill
Johnstonebridge
Park
Kirkland
Kirkpatrick
Broomhillbank
Berryscaur
Boreland
B729
Glenmaid Moor
Ae
Parkgate
B7020
Dryfe Water
High Auldgirth
Wallaceton
Blackwood
Glenmidge
Nethermill
Water of Ae
Kinnel Water
Sibbaldbie
Claydaubing Bridge
Corrie Common
Auldgirth
Dalswinton
Templand
Millhousebridge
Shieldhill
ANNANDALE
NITHSDALE

Peebles
Innerleithen
Walkerburn
Galashiels
Melrose
Selkirk
Hawick
Denholm
St Boswells
Earlston
Newtown St Boswells
Ancrum
Bonchester Bridge
Newcastleton
Stow
Clovenfords
Caddonfoot
Gattonside
Tweedbank
Darnick
Lowood
Lindean
Philiphaugh
Yarrow
Yarrow Feus
Mountbenger
Cappercleuch
Ettrickbridge
Tushielaw
Ettrick
Buccleuch
Redfordgreen
Roberton
Burnfoot
Deanburnhaugh
Branxholme
Newmill
Teviothead
Mosspaul
Kirkstile or Ewes
Craik
Glenkerry
Davington
Eskdalemuir
Jamestown
Bentpath
Castle O'er
Hermitage
Steele Road
Saughtree
Deadwater
Kielder
Stobs Castle
Skelfhill
Langburnshiels
Hobkirk
Chesters
Southdean
Kirkton
Cauldmill
Wilton
Appletreehall
Clarilaw
Horsleyhill
Hassendean
Minto
Spittal-on-Rule
Bedrule
Lanton
Newton
Bloomfield
Lilliesleaf
Midlem
Ashkirk
Longnewton
Sandystones
Maxton
Bowden
Eildon
Dryburgh
Bemersyde
Clintmains
Redpath
Leaderfoot
Newstead
Dingleton
Boleside
Peel
Buckholm
Langshaw
Legerwood
Nether Blainslie
Huntlywood
Kirkhouse
Traquair
Glen House
Kings Muir
Horsbrugh Ford
Glentress
LAUDERDALE
ETTRICK FOREST
TEVIOTDALE
ESKDALE
LIDDESDALE
WAUCHOPE FOREST
CRAIK FOREST
CASTLE O'ER FOREST
KIELDER FOREST
Glentress Forest
Cardrona Forest
Elibank and Traquair Forest
Yair Hill Forest
Newcastleton Forest
SCOTLAND
ENGLAND
A7
A68
A72
A699
A698
A708
A703
A707
A6088
A6091
A6105
B709
B710
B711
B7009
B7062
B7060
B6359
B6400
B6399
B6357
B6405
B6453
B6360
B6374
B6356
B6397
B6398
B6404
129
130
120
113

120
130
119
113
114
A B C D
1 2 3 4 5
SCOTTISH
BORDERS
SCOTLAND
ENGLAND
THE CHEVIOT 2674
CHEVIOT HILLS
NORTHUMBERLAND
NATIONAL PARK
KIELDER FOREST
KIELDER WATER & FOREST PARK
WAUCHOPE FOREST
REDESDALE FOREST
Kidland Forest
Legerwood
Huntlywood
Greenknowe Tower
Gordon
Fans
Earlston
Redpath
Newstead
Leaderfoot
Melrose
Bemersyde
Eildon
Newtown St Boswells
Dryburgh Abbey
Clintmains
St Boswells
Mertoun Bridge
Maxton
Mellerstain House
Smailholm
Smailholm Tower
Nenthorn
Hume
Hume Castle
Sweethope Hill 730
Stichill
Ednam
James Thomson Obelisk
Kelso
Kelso Abbey
Floors
Roxburgh Castle
Maxwellheugh
Makerstoun
Roxburgh
Heiton
Lambden
Eccles
Leitholm
Birgham
Wark Castle
Carham
Wark
Hadden
Sprouston
Lempitlaw
Hoselaw Loch
Coldstream
Hirsel
Lennel
Cornhill-on-Tweed
Melkington
Twizel Bridge
Castle Heaton
Duddo Stone Circle
Duddo
Felkington
Etal
Heatherslaw Light Railway
Lady Waterford Hall
Barelees
Crookham
Branxton
Ford
West Learmouth
East Learmouth
Flodden Field Monument
Flodden Field 1513
Pressen
Flodden
Kimmerston
Maelmin Heritage Trail
Fenton
Downham
Thornington
Howtel
Milfield
Mindrum
Pawston
Kilham
Housedon Hill 877
Lanton
Westnewton
Kirknewton
Coupland
Yeavering
Yeavering 1415
Yeavering Bell
Akeld
Humbleton
Shotton
Kirk Yetholm
Town Yetholm
Linton Hill 926
Linton
Primsidemill
Coldsmouth Hill
Hethpool
White Law
Steer Rig
The Schil 1985
The Curr
1761 Newton Tors
Fredden Hill
Preston Hill
Cold Law 1485
Langleeford
Hedgehope Hill
Comb Fell
Dunmoor Hill 1860
Longnewton
Longnewton Forest
Ancrum Moor 1545
Peniel Heugh
Waterloo Monument
Nisbet
Sandystones
Bowmont Forest
Eckford
Morebattle
Cessford
Castle
Crookedshaws Hill
Ancrum
Monteviot House
Harestanes Countryside
Bonjedward
Crailing
Crailinghall
Bloomfield
Whitton
Hownam Law 1472
Mary, Queen of Scots'
Lanton
Jedburgh
Castle Jail
Jedburgh Abbey
Minto Hills 905
Minto
Fatlips
Spittal-on-Rule
Newton
Denholm
Leyden Monument
Bedrule
Dunion Hill
Whitton Loch
Mowhaugh
Sourhope
Hownam
Craik Moor 1496
Oxnam
Swinside Hall
Ferniehirst
Rubers Law 1391
Mossburnford
Mozie Law
Cock Law
Windy Gyle 2032
Whitestone Hill
1842 Beefstand Hill
Loft Hill
Bloodybush Edge
Cushat Law 2020
Shill Moor
High Knowes
Leyden Obelisk
Jedforest Deer & Farm Park
Camptown
Bonchester Bridge
Hobkirk
Chesters
Woden Law 1388
Blindburn
Barrowburn
Wether Cairn
Southdean
Jed Water
Deerlee Knowe
Leithope Forest
Upper Hindhope
Grindstone Law
Redeswire Fray 1575
Carter Bar
Hungry Law 1644
Leap Hill
Bell Hill
DANGER AREA
Shillmoor
Biddlestone
Clennell
Alwinton
Linshiels
Castle Ruins
Harbottle
Sharperton
Green Law
Fanna Hill 1688
Carlin Tooth
Needs Law
Catcleugh
Catcleugh Resr.
Byrness
Dour Hill
Lady's Well
Holystone
Lamblair Hill
Hartshorn Pike
Girdle Fell
Ellis Crag
North Yardhope
Kielderhead Moor
Sills
Redesdale Camp
Brigantium
Peel Fell 1975
Rochester
Horsley
1065 Rushy Knowe
Deadwater
Saughtree
Hindhope Law
Kielder Forest Drive
Emblehope Moor
Rooken Edge
Blakeman's Law
Otterburn Camp
Elishaw
Otterburn Hall
Otterburn 1388
Blakehope Fell
Foulmire Heights
Kielder
Toll
Kielder Castle
Butteryhaugh
Kielder Viaduct
Deadman Cairn
Blackburn Common
Earl's Seat 1303
Padon Hill 1240
Otterburn
Elsdon
Raylees
Winter's Gibbet
Lamisfon Fells 1678
Black Knowe
Dinmont Lairs
Highgreen Manor
Troughend Common
Old Town
Black Middens Bastle House
Leaplish Waterside Park
Kielder Water
Birds of Prey Centre
Tower Knowe
Yarrow
Falstone
Stannersburn
North Tyne
Gatehouse
Greenhaugh
Lanehead
Charlton
West Woodburn
East Woodburn
Chesterhope
Glendhu Hill 1685
Rough Pike
Lewis Burn
A68 A697 A698 A699 A6088 A6089 A6105 A6112 A696
B6364 B6461 B6437 B6354 B6397 B6356 B6360 B6404 B6350 B6396 B6352 B6351 B6398 B6436 B6401 B6400 B6405 B6358 B6357 B6341 B6320

HOLY ISLAND
Keel Head
Holy Island
Lindisfarne Centre
Lindisfarne Castle
Lindisfarne Priory
Castle Point
Burrows Hole
Budle Bay
Bamburgh
Grace Darling
Longstone
Staple Sound
FARNE ISLANDS
Inner Sound
Seahouses
Carr End
North Sunderland
Beadnell
Lime Kilns
Beadnell Bay
Snook Point
High Newton-by-the-Sea
Low Newton-by-the-Sea
Embleton Bay
Embleton
Dunstanburgh
Craster
NORTH SEA
Howick
Howick Hall
Longhoughton
Boulmer
Lesbury
Alnmouth
Alnmouth Bay
Birling
Warkworth
Coquet Island
Amble
Hauxley Haven
Druridge Bay
Hadston
Widdrington
Cresswell
Ellington
Lynemouth
Beacon Point
Newbiggin-by-the-Sea
ASHINGTON
MORPETH
Berrington Law
Berrington
Bowsden
Barmoor
Lowick
West Kyloe
East Kyloe
Kyloe Hills
Fenwick
Buckton
Beal
Haggerston
Goswick
Elwick
Ross
Holburn
St Cuthbert's Cave
Detchant
Middleton
Belford
Easington
Waren Mill
Budle
Spindlestone
Bradford
Burton
New Shoreston
Hetton Steads
North Hazelrigg
South Hazelrigg
Nesbit
Doddington
West Horton
East Horton
Lyham
Warenton
Bellshill
ADDERSTONE
Adderstone
Lucker
Elford
Homildon Hill 1402
Weetwood Hall
Wooler
Greendykes
Chatton
Warenford
Newham
Swinhoe
West Fleetham
Chathill
Ellingham
Preston
Tughall
Brunton
Haugh Head
Chillingham
Wild Cattle
Ros Castle
Newtown
Earle
North Middleton
South Middleton
Lilburn Tower
Hepburn
East Lilburn
876 Cateran Hill
Middle Moor
North Charlton
Doxford
Christon Bank
Langlee Crags
Ilderton
Roseden
Old Bewick
Armstrong's Household & Farming
Roddam
Wooperton
Hedgeley Moor 1464
New Bewick
Percy's Cross
Harehope
Eglingham
South Charlton
Rock
Rennington
Dunstan
Stamford
Littlemill
Beanley
Heiferlaw Tower
Brandon
Ingram
Northumberland National Park
Greensidehill
Branton
Powburn
East Bolton
Shipley
Hulne Priory
Hulne Park
Littlehoughton
Glanton Pyke
Glanton
Titlington
Abbey
Bailiffgate
ALNWICK
Denwick
1093
Great Ryle
Eslington Hall
Bolton
Abberwick
House of Hardy
Prendwick
Whittingham
Hipsburn
Aln Valley
Bilton
Alnham
Little Ryle
Yetlington
Thrunton
Scrainwood
Callaly
Netherton
Edlingham
Shilbottle
Shilbottle Grange
High Buston
Burradon
Lorbottle
Eastfield Hall
Hermitage
High Trewhitt
Newton on the Moor
UMBERLAND
Cartington
Hazon
Morwick
Gloster Hill
Snitter
Cragside
FOREST
Swarland
Guyzance
Radcliffe
Warton
Flotterton
Rothbury
Thropton
Old Swarland
Acklington
Togston
Hepple
Caistron
Newtown
Whitton
Longframlington
Felton
West Thirston
North Broomhill
Bickerton
Great Tosson
Pauperhaugh
South Broomhill
Swindon
ROTHBURY
Brinkburn Priory
Weldon
East Thirston
Red Row
1444 Tosson Hill
Low Hesleyhurst
Eshott
West Chevington
Forestburn Gate
HARWOOD FOREST
Fontburn Reservoir
Wingates
Causey Park
Longhorsley
Stobswood
Widdrington Station
Rayburn Lake
Fallowlees Burn
Nunnykirk
Fenrother
Tritlington
Ulgham
Linton Colliery
Ewesley
Sanctuary Wildlife Care Centre
Netherwitton
Stanton
Bide-a-Wee Cottage
Hebron
Longhirst
Pegswood
Queen Elizabeth II
Woodhorn
Heritage
North Seaton
Herterton House
Longwitton
Pigdon
Rothley
Wansbeck Riverside
Bothal
Hirst
Scots Gap
Hartburn
Throphill
Mitford
Sheepwash
West Sleekburn
Stakeford
North Seaton Colliery
Cambo
High Angerton
Middleton
Low
Molesden
Kirkwhelpington
High Church
Castle
Guide Post
A1
A697
A1068
A189
A197
A192
A196
B6525
B6353
B6349
B6348
B1342
B1340
B1341
B1339
B6347
B6341
B6346
B1338
B6345
B1330
B6344
B6342
B6343
B1337
B1334
131
115
E
F
G
H
1
2
3
4
5
10
20
30
40
90
600

122
ISLE OF GIGHA
Eilean Garbh
West Tarbert Bay
East Tarbert Bay
Gamhna Gigha
Druimyeon Bay
Mill Loch
Ardminish
Ardminish Bay
Craro Island
Achamore
20mins.
Sound of Gigha
Gigalum Island
Cara Island
Mull of Cara
A' Chleit
Point
Ballochroy
Rhunahaorine
Tayinloan
Killean
A83
Clachaig Water
Muasdale
Glenacardoch Point
Port a' Bhorrain
Glenbarr
Glenbarr Abbey
Bellochantuy Bay
Bellochantuy
Port Corbert
Machrihanish Bay
Kilchenzie
CAMPBELTOWN
Machrihanish
Campbeltown
Springbank Distillery
Glen Scotia Distillery
Mill Knowe
Drumlemble
B843
Stewarton
B842
Cross
Heritage Centre
Island Davaar
Campbeltown to Ballycastle 1hr. 30 mins. (Seasonal)
Earadale Point
Killypole Loch
Tirfergus Hill 854
The Slate 1263
Cnoc Moy 1465
Chiscan Water
Beinn Ghuilean 1155
Balnabraid Glen
Achinhoan Head
Killellan
Rubha Dùin Bhàin
Rubha' a' Mharaiche
Dalsmirren
Remuil Hill
Cnoc Odhar 908
Conie Glen
Conieglen Water
Kerran Hill 788
Feochaig
Johnston's Point
Tod Hill
A' Chruach
Glen Breackerie
Breackerie Water
Beinn na Lice 1404
Cnoc Mór
Polliwilline Bay
Macharioch
766 Lephenstrath
Glemanuilt Hill
Southend
Carskiey
High Keil
Feorlan
Cove Point
Brunerican Bay
MULL OF KINTYRE
Port Mean
Rubha Chlachan
Sheep Island
Black Point
Sanda Island
175
Cnoc Donn 660
Loch Ciaran
Loch Garasdale
Leth Uillt
Cruach Mhic Gougain 813
Loch a' Ghatha
125
Fraoich
Fuar Larach
Creagach
Loch Romain
Crossaig Glen
Crossaig
B842
Eascairt Point
Loch nam Breac
Cour Bay
Cour
791 Beinn Bhreac
Loch Tana
Loch an Fhraoich
Loch Ulagadale
Loch Dirigadale
1058 Cnoc nan Craobh
Carradale Water
Grogport
Cruach nan Gabhar 1161
KINTYRE
Cnoc nan Gabhar
Network Carradale Heritage Centre
Carradale
B879
Port Righ
Carradale Point
Dippen
Torrisdale
Torrisdale Castle Organic Tannery
Carradale Bay
Diollaid Mhor
Arnicle
Barr Water
Barr Glen
Beinn Bhreac 1398
Blary Hill 930
Beinn an Tuirc 1490
Rubha nan Sgarbh
Saddell Glen
Saddell Water
Saddell
Abbey
Meall Buidhe 1228
Bordadubh Water
1120 A'Chruach
Cnoc Buidhe 1023
Lussa Loch
Sgreadan Hill 1302
Saddell Bay
Tangy Loch
Ugadale
Ugadale Point
Skeroblingarry
Glen Lussa
Lussa Water
Black Bay
Ranachan Hill 696
Peninver
Ardnacross Bay
Aucha Lochy
KILBRANNAN SOUND
Whitefarland Point
Dougarie Point
Drumadoon Point
Drumadoon Bay
Brown Head
30mins. (Seasonal)
Tarbert to
Loch Ranza
Rubha Creagan Dubha
South Newton
Torr Meadhonach 1089
Lochranza
A841
Catacol
Arran Distillery
1057 Torr Nead an Eoin
Rubha Airigh Bheirg
Lenimore
Thundergay
Coire Fhionn Lochan
Pirnmill
Alltgobhlach
Loch Tanna
2366 Mullach Buidhe
Whitefarland
Imachar
Sail Chalmadale
Beinn Tarsuinn 2710
ISLE OF
Iorsa Water
Iorsa Glen
Dougarie
Beinn Lochain 749
Auchencar
Machrie Bay
Auchagallon Stone Circle
Machrie
Garbh Thorr
Machrie Moor Stone Circles
Tormore
Moss Farm Road Stone Circle
Ballymichael
B880
Shedog
Shiskine
Torbeg
Birchburn
North Feorline
Blackwaterfoot
South Feorline
Kilpatrick
Kilpatrick Dun
The Torr
Cnoc Reamhar 737
Corriecravie
Torr A'chaisteal Fort
Sliddery
Sliddery Water
Glenree
Bennecarrigan
Torrylin Creamery
Lagg
Torrylin Cairn
Kilmory
Loch Cnoc an Loch
Beinn Bhreac 1649
Cnoc a Chapuil 1371
An Tunna 1184
Garbh Allt
Burn
A' Chruach 1686
NORTH AYRSHIRE

Map: Ayrshire Coast and Isle of Arran

North Ayrshire / Cunninghame

- Millstone Point
- Dunagoil Bay
- Garroch Head
- Little Cumbrae Island
- Gull Point
- Farland Head
- Ardneil Bay
- Portencross
- West Kilbride
- Seamill
- Crosbie
- Southannan
- Kaim Hill 1271
- Knockendon Resr.
- Baidland Hill 1102
- Fairlie Roads
- Kilbirnie
- Glengarnock
- Beith
- Gateside
- Hessilhead
- Longbar
- Highfield
- The Den
- Dalry
- Auchenmade
- Auchentiber
- Munnoch Resr.
- Mill Glen Resr.
- Craft Town
- Ashgrove Loch
- Dalgarven
- Ayrshire Country Life & Costume
- Kilwinning
- Lylestone
- Torranyard
- Montgreenan
- Cunninghamhead
- Doura
- Ardrossan
- Stevenston
- Saltcoats
- Horse Isle
- North Ayrshire
- Eglinton
- Girdle Toll
- Pero
- Stanecastle
- Springside
- Dreghorn
- Crosshouse
- IRVINE
- Beach Park
- Scottish Maritime
- Mains
- Drybridge
- Laigh Milton Viaduct
- Gatehe

Isle of Arran (North Ayrshire)

- Glen Sannox
- North Sannox
- Sannox Bay
- Sannox
- Corrie
- GOATFELL 2866
- Merkland Point
- Isle of Arran Brewery
- Brodick Castle
- Isle of Arran Heritage
- Glenrosa
- Brodick Bay
- Brodick
- Strathwhillan
- Corrygills
- Clauchlands Point
- Margnaheglish
- Lamlash
- Holy Island
- Lamlash Bay
- Monamore Br
- Cordon
- Urie Loch
- Tighvein 1503
- Cam Ban
- Kingscross Point
- Knockenkelly
- Kingscross
- Whiting Bay
- Whiting Bay
- Glenashdale Falls
- Largymore
- Largybeg
- Largybeg Point
- Largymeanoch
- Dippin
- Kildonan
- Dippin Head
- Shannochie
- Levencorroch
- East Bennan
- West Bennan
- Bennan Head
- Sound of Pladda
- Pladda

Ferry notes:
- Ardrossan to Brodick 55mins
- Campbeltown to Brodick 2hrs 20mins (Seasonal)
- Ardrossan to Campbeltown 2hrs 40mins (Seasonal)

South Ayrshire

- Irvine Bay
- Barassie
- Troon
- Loans
- Symington
- Dundonald
- Monktonhill
- Lady Isle
- Monkton
- GLASGOW PRESTWICK
- New Prestwick
- Prestwick
- Newton upon Ayr
- Whitletts
- St Quivox
- Dalmilling
- AYR
- Annb
- Wallacetown
- Belston
- Seafield
- Greenan Castle
- Cunning Park
- Belmont
- Rozelle House
- Heads of Ayr
- Heads of Ayr Farm Park
- Doonfoot
- Belleisle Estate
- Robert Burns Birthplace
- Alloway
- Brig o'Doon
- Doonholm
- Dunure
- Fisherton
- Brown Carrick Hill 943
- Culroy
- Knockdon
- Carcluie
- Dalrymple
- Minishant
- Electric Brae
- Knoweside
- Culzean Bay
- Culzean Castle
- Maidenhead Bay
- Maidens
- Whitefaulds
- Maybole
- Kirkmichael
- Turnberry Castle
- Turnberry Bay
- Turnberry
- Kirkoswald
- Crossraguel Abbey
- Souter Johnnie's Cottage
- Crosshill
- Matthew's Port
- Dipple
- Wallacetown
- Kilgrammie
- Rugley
- Kirkarran
- Straiton
- Dailly
- Dalquharran Castle
- Old Dailly
- Bargany
- Hadyard Hill 1060
- Penkill
- Penwhapple Reservoir
- Glenalla Field 1395
- Garleffin Fell 1408
- Tallaminno
- Girvan
- McKechnie Institute
- Glendoune
- Saugh Hill 971
- Mull of Miljoan 1165
- Woodland Bay
- Byne
- Dalquhairn
- Linfern Loch
- Stinchar Falls
- Black Hill

- Ailsa Craig 1109

Firth of Clyde

COLONSAY
Scalasaig
Eilean a' Chladaich
Colonsay
Loch Staosnaig
Garvard
Rubha Dubh
Eilean Leathann
Dubh Eilean
Priory
ORONSAY
Caolas Mór
Eilean Ghaoideamal
Eilean nan Ron
Ceann Riobha
Colonsay to Port Askaig 1hr. 10mins. (Seasonal)
Corpach Bay
Shian Bay
Rainberg Mór
Loch an Tuim Uaine
Loch Righ Mor
Loch Righ Beag
Rubh'an t-Sailein
Rubh' a' chrois-aoinidh
Post Rocks
RUBHA A'MHAIL
Rubha Bholsa
JURA
Loch an Aircill
Loch an Oir
Beinn an Oir
PAPS OF JURA
JURA FOREST
Nave Island
Eilean Beag
Ardnave Point
Sgarbh Breac
Gortantaoid
ARGYLL
Bunnahabhain
Loch Gruinart
Kilnave
Sanaigmore
Braigo
Rubha Lamanais
Saligo Bay
Port Askaig
Feolin Ferry
Sound of Islay
Finlaggan
Caol Ila Distillery
Ardnahoe Distillery
Craighouse
Isle of Jura Distillery
Small Isles
Leargybreck
Knockrome
Ardfernal
ISLAY
Coul Point
Machir Bay
Kilchoman
Kilchiaran Bay
Bridgend
Bowmore
Port Charlotte
Loch Indaal
Islay Life
Natural History Centre
Bruichladdich
Carraigo Dhubh
Ballygrant
Kilmeny
Esknish
Islay Ales Brewery
Islay Woolen Mill
Dun Nosebridge Hillfort
Brosdale Island
Rubha na Tràille
Port na Birlinne
Am Fraoch Eilean
Glas Eilean
McArthur's Head
Kennacraig to Port Askaig 2hrs.
RHINNS OF ISLAY
Portnahaven
Port Wemyss
Orsay
RHINNS POINT
Port Gleann na Gaoidh
Cultoon Stone Circle
Laggan Point
Laggan Bay
Glenegedale
ISLAY
Carraig Mhór
Claggain Bay
Ardtalla
Ardmore Point
Kildalton Cross
Eilean Craobhach
Eilean a' Chuirn
Eilean Bhride
Rubha na Gainmhich
Eilean Imersay
Kennacraig to Port Ellen 2hrs. 20mins.
Port Alsaig
Slugaide Glas
Dùn Mór Ghil
THE OA
Port Ellen
Laphroaig
Lagavulin
Ardbeg
Dunyvaig Castle
Texa
MULL OF OA
American Monument
Rubha na Meise Bàine
Rubha nan Leacan
Port Ellen to Ballycastle 1hr. (Seasonal)
A846
A847
B8016
B8017
B8018
132

125
126
122
133
E
F
G
H
1
2
3
4
5
Ardnoe Point
Crinan
Loch Crinan
Kilmahumaig
Bellanoch
Islandadd Bri.
Dunadd
Kilmichael Glassary
Bridgend
Cup & Ring Marks
Achnabreck Cup & Ring Marks
Cairnbaan
KNAPDALE
FOREST
Lochgilphead
Kilmory Woodland Park
Port Ann
Castleton
Ardrishaig
Lochgair
Loch Gair
Loch Glashan
Largiemore
Otter Ferry
Kilmodan Sculptured Stones
Lochan Chuilceachan
Tayvallich
Achnamara
Kilmichael of Inverlussa
Carsaig Bay
Eilean Dubh
Eilean nan Coinean
Eilean Loain
Barrahormid
Taynish
Daltot
Keills Chapel
Keillmore
Island of Danna
Sween
Dunrostan
Achahoish
St Columba's Cave
Ellary
Clachbreck
Loch Caolisport
B U T E
Baile Boidheach
Ormsary
Kilmory
Chapel
Eilean Mor
Bàgh na Dojde
Point of Knap
Port Doir' a' Chrorain
An Dùnan
Skervuile
SOUND OF JURA
Craighouse to Tayvallich 1hr. (Seasonal)
Miller's Bay
Kilberry Head
Kilberry
Sculptured Stones
Carse House
Port Mór
Dunmore
Ardpatrick
Ardpatrick Point
Loch Stornoway
West Loch Tarbert
Portachoillan
Dunskeig Bay
An Dubh-sgeir
Clachan
Ronachan Point
Gamhna Gigha
Eilean Garbh
West Tarbert Bay
East Tarbert Bay
ISLE OF GIGHA
Druimyeon Bay
Ardminish
Ardminish Bay
Achamore
Craro Island
Gigalum Island
Cara Island
Mull of Cara
Sound of Gigha
A' Chleit
Tayinloan
Killean
Rhunahaorine
Ballochroy
Muasdale
Glenacardoch Point
Port a' Bhorrain
Glenbarr
Glenbarr Abbey
Arnicle
Torrisdale
Torrisdale Castle Organic Tannery
Carradale
Network Carradale Heritage Centre
Port Righ
Carradale Point
Dippen
Crossaig
Cour
Cour Bay
Grogport
Eascairt Point
Claonaig
Claonaig Bay
Skipness
Skipness Point
Skipness Bay
Kennacraig
Whitehouse
Tarbert
West Tarbert
East Loch Tarbert
Torinturk
Inverneil House
Bàgh an Tailleir
Erines
Barmore Island
Eilean Mór
Liath Eilean
LOCH FYNE
Kilfinan
Kilfinan Bay
Port Leathan
Auchalick Bay
Ardmarnock Bay
Melldalloch
Tighnabruaich
Kames
Millhouse
Portavadie
Eilean Aoidhe
Asgog Bay
Fionn Phort
Kilbride Bay
Ardlamont Bay
Ardlamont House
Camas na Ceardaich
Rubha Leathan
Rubha Creagan Dubha
Cock of Arran
Lochranza
South Newton
Catacol
Arran Distillery
Rubha Airigh Bheirg
Lenimore
Thundergay
Pirnmill
Alltgobhlach
Whitefarland
Whitefarland Point
Imachar
Dougarie Point
Dougarie
ISLE OF ARRAN
KILBRANNAN SOUND
Tarbert to Lochranza 1hr. 25mins. (Seasonal)
Goatfell
Caisteal Abhail
Cir Mhòr
Beinn Tarsuinn
Glenrosa
Ardlussa
Inverlussa
Lussagiven
Ardlussa Bay
Lussa Point
Gob Dubh
Tarbert
Lagg
Lealt
Port nan Laogh
Ruadh Sgeir
Rubha nam Bàrr
JURA
A83
A816
A846
A841
A8003
A8015
B8025
B8024
B8000
B8001
B842
B879
B880

A83
Loch Fyne
Lachlan Bay
Strathlachlan
Lephinmore
Lochgair
Minard
Otter Ferry
Largiemore
Kilfinan
Kilfinan Bay
Melldalloch
Tighnabruaich
Port Driseach
Auchenlochan
Kames
Millhouse
Portavadie
Eilean Aoidhe
Asgog Bay
Fionn Phort
Kilbride Bay
Ardlamont Bay
Ardlamont Point
Ardlamont House
Camas na Ceardaich
Rubha Leathan
Skipness
Skipness Point
Skipness Bay
Rubha Creagan Dubha
Cock of Arran
Millstone Point
South Newton
Lochranza
Catacol
Arran Distillery
North Sannox
Sannox
Sannox Bay
Corrie
ISLE OF ARRAN
Beinn Tarsuinn 2710
GOATFELL 2866
Cir Mhòr 2621
Caisteal Abhail 2817
Merkland Point
Brodick Castle
Isle of Arran Brewery
Isle of Arran Heritage
Brodick
Brodick Bay
Strathwhillan
B880
A841
Ardrossan to Brodick 55mins.
Garvie
Conchra
Glendaruel Forest
Clachan of Glendaruel
Kilmodan Sculptured Stones
A886
B836
Auchenbreck
A8003
Craig Lodge
Colintraive
Rhubodach
Altgaltraig
Kyles of Bute
ARGYLL
Glenstriven
Loch Striven
Iverchaolain
Coustonn
Strone Point
Port Lamont
Glecknabae
ISLE OF BUTE
St Colmac
Port Bannatyne
Kames Bay
Ardbeg
Ettrick Bay
Rothesay Bay
Bogany Point
Craigmore
Montford
ROTHESAY
Ascog
Kerrycroy
Scoulag Point
Mount Stuart
Kilchattan Butts
Kingarth
Kilchattan Bay
Straad
A844
B875
B878
B881
Loch Fad
Loch Quien
Inchmarnock
Ardscalpsie Point
Scalpsie Bay
Stravanan Bay
SOUND OF BUTE
Dunagoil Bay
Dunagoil
Garroch Head
Little Cumbrae Island
Gull Point
GREAT CUMBRAE ISLAND
Millport
Upper Kirkton
Mid Kirkton
The Tan
B896
B899
FIRTH OF CLYDE
Toward
Toward Point
Innellan
Corlarach Forest
Bullwood
DUNOON
Kirn
Hunter's Quay
Sandbank
A815
A885
Holy Loch
Kilmun
Strone
Strone Point
Blairmore
A880
Ardentinny
Benmore Forest
Benmore Botanic
Glenfinart Walled
Loch Eck
Rashfield
Ardbeg
Invereck
Clachaig
Glenlean
Balliemore
Glenmassan
Gairletter
Carrick Castle
Portincaple
Garelochhead
Coulport
Peaton
Clynder
Rosneath
Cove
Kilcreggan
Rhu
HELENSBURGH
Craigendoran
A814
A817
A818
Shandon
Gare Loch
Auchenvennel
Rosneath Point
Gourock
Fort Matilda
GREENOCK
A8
A770
Ashton
Midton
Larkfield
Braeside
Cloch Point
Lunderston Bay
Inverkip
A78
Wemyss Bay
Upper Skelmorlie
Skelmorlie
INVERCLYDE
Lilybank
Garvock
Quarter
Largs
Largs Bay
A760
Fairlie
Southannan
Kelburn Castle & Country Centre
CLYDE MUIRSHIEL REGIONAL PARK
Kilbirnie
Glengarnock
NORTH AYRSHIRE
Whitehill
Campbelton
Portencross
Farland Head
Ardneil Bay
Seamill
West Kilbride
Crosbie
Dalry
Drakemyre
Highfield
B781
B780
B7048
B7047
B714
A737
Dalgarven
Kilwinning
Ardrossan
Horse Isle
Saltcoats
Stevenston
A738
IRVINE
Irvine Bay
125
123
133
134
116

127
90
135
117
128
E
F
G
H
1
2
3
4
5
STIRLING
WEST DUNBARTONSHIRE
EAST DUNBARTONSHIRE
RENFREWSHIRE
EAST RENFREWSHIRE
SOUTH LANARKSHIRE
EAST AYRSHIRE
NORTH AYRSHIRE
GLASGOW
LOCH LOMOND
CAMPSIE FELLS
KILPATRICK HILLS
Kilsyth Hills
CLYDE
Inchlonaig
Luss
Aldochlay
Inchfad
Inchcailloch
Inchmurrin
Balmaha
Drymen
Buchanan Smithy
Gartocharn
Croftamie
Arden
Duntocher
Balloch
Alexandria
Jamestown
Bonhill
Renton
Dumbarton
Cardross
Port Glasgow
Milton
Bowling
Old Kilpatrick
Erskine Bridge
Erskine
Bishopton
Langbank
Kilmacolm
Houston
Bridge of Weir
Kilbarchan
Johnstone
Elderslie
Linwood
Paisley
Renfrew
Clydebank
Bearsden
Milngavie
Strathblane
Blanefield
Killearn
Balfron
Buchlyvie
Kippen
Gargunnock
Fintry
Lennoxtown
Milton of Campsie
Kilsyth
Kirkintilloch
Lenzie
Bishopbriggs
Torrance
Stepps
Coatbridge
Rutherglen
Cambuslang
Uddingston
Bothwell
Hamilton
Blantyre
East Kilbride
Carmunnock
Busby
Clarkston
Newton Mearns
Giffnock
Barrhead
Neilston
Uplawmoor
Howwood
Lochwinnoch
Beith
Dunlop
Stewarton
Kilmaurs
Fenwick
Eaglesham
Strathaven
Kilmarnock
Galston
Newmilns
Darvel
Hurlford
Riccarton
Crosshouse
Dreghorn
Springside
Moscow
Whitelee Forest
Carron Valley Forest
Carron Valley Resr.
Garadhban Forest
Moor Park
Earl's Seat 1897
Glasgow Airport
M8
M73
M74
M77
M80
M898
A77
A71
A725
A726
A736
A737
A761
A8
A81
A82
A803
A809
A811
A813
A814
A875
A879
A89
A891
A723
A719
A735
A760
A806
A807
A752
A724
A749
A763
A728
A759
A76
B818
B822
B835
B8037
B837

128
Kippen
Gargunnock
Gargunnock House
A811
M9
P+R
Raploch
Craigmill
A907
Cambuskenneth
STIRLING
Cambus
ALLOA
New Sauchie
Gartmorn Dam
Forest Mill
Balgonar
Knock Hill
Knockhill
Killernie Castle
B914
Carleath 1592
Touch Hills
Cambusbarron
Gillies Hill
St Ninians
Borestone Brae
Bannockburn
Fallin
Alloa Tower
Clackmannan Tower
Clackmannan
Kennet
A977
Saline
Steelend
Craigluscar Hill
A905
Clackmannanshire Bridge
Kilbagie
A907
Cowstrum
Comrie
Gowkhall
Blairhall
Oakley
Carnock
Milesmark
DUNFERMLINE
135
136
Earl's Hill 1442
North Third Resr.
Earlsburn Resrs.
Cringate Law 1301
Cowie
Dunmore
Peppermill Dam
Devilla Forest
A977
Kincardine
High Valleyfield
Newmills
Shires Mill
A985
A994
STIRLING
Loch of Fintry
Loch Walton
Water
Milnholm
Plean
West Plean
Bruce's Castle
Pineapple
B9124
Airth
Letham
M9
A876
River Forth
Kincardine Bridge
Culross Palace
Abbey
Culross
Low Valleyfield
Low Torry
Torryburn
Carneyhill
Crossford
Easter Buckieburn
Loch Coulter Resr.
Carron
A872
A9
A88
Torwood
Torwood Castle
Stenhousemuir
Carronshore
A905
Skinflats
Longannet Point
Torry Bay
Crombie
Charlestown
A985
Carron Valley Resr.
Carron Valley Forest
B818
Carron Bridge
Fankerton
Dunipace
Denny
Larbert
South Broomage
Bainsford
Carron
M876
M80
GRANGEMOUTH
A904
BO'NESS
Scottish Railway
Grangepans
Motor
Bridgeness
Carriden
House of The Binns
Blackness
Tomtain 1487
Birkenburn Resr.
High Banton
Head of Muir
Bonnybridge
FALKIRK
Laurieston
Polmont
Roman Fortlet
Kinneil
Borrowstoun
Newtown
Muirhouses
A904
Champany
Blackness
B903
Manerston
Midhope Castle
Colzium Walled Garden
Kilsyth 1645
Banton
Banknock
Dennyloanhead
Longcroft
Antonine Wall
Camelon
Rough Castle
Falkirk Wheel
Callendar House
Redding
Reddingmuirhead
Brightons
Rumford
Whitecross
Linlithgow Bridge
Linlithgow Palace
Union Canal
Kingscavil
Philpstoun
KILSYTH
Balmalloch
A803
Castlecary
Greenfoot
Bonnybridge
Glen Village
B810
Shieldhill
California
B805
Maddiston
B825
Linlithgow
Annet House
Canal
B9080
Bridgend
Burnside
Queenzieburn
Twechar
A803
Kelvin
Auchinstarry
Dullatur
Cumbernauld Village
Abronhill
M80
FALKIRK
B803
B8028
Loan
Muiravonside
A706
Standburn
A801
Birdston
Croy
Bar Hill Fort
Forth & Clyde Canal
KIRKINTILLOCH
B8048
Westfield
Balloch
CUMBERNAULD
Palacerigg
Fannyside Lochs
Slamannan
B8022
Binniehill
Avonbridge
Westfield
Torphichen
Preceptory
Beecraigs
Ecclesmachan
Broxburn
Uphall
Waterside
A806
M80
Moodiesburn
Condorrat
A73
Luggiebank
B803
B825
Limerigg
B8028
Cairnpapple Hill
Dechmont
Wester Dechmont
A89
Chryston
Muirhead
Mollinsburn
Annathill
Riggend
Greengairs
Longriggend
Wattston
Ballencrieff Toll
A800
Bennie Museum
BATHGATE
A89
M8
Uphall Station
A899
Deans
LIVINGSTON
Craigshill
M73
B802
Greenfoot
Marnock
Glenboig
Stand
Eastfield
Black Loch
Armadale
Windyknowe
Boghall
Whiteside
A89
A779
Stepps
Millerston
Garnkirk
Gartcosh
B806
Garthamlock
Provan Hall
Easterhouse
A752
Glenmavis
Thrashbush
Caldercruix
A89
Hillend Resr.
Blackridge
Westrigg
Bathville
A801
A7066
Seafield
A705
Almond Valley Heritage Centre
Livingston Village
Gartsherrie
COATBRIDGE
Drumgelloch
Plains
Hillend
Forrestfield
HEART OF SCOTLAND
Forestburn Resr.
B718
Polkemmet
Harthill
East Whitburn
Blackburn
Five Sisters
Bellsquarry
Murieston
Summerlee
A89
AIRDRIE
Craigneuk
B8054
NORTH LANARKSHIRE
Roughrigg Resr.
Lilly Loch
Gartness
Coatdyke
Whitburn
Scottish Owl Centre
B7066
Eastfield
B792
B7015
Polbeth
A71
Baillieston
Old Monkland
Calderbank
Chapelhall
M8
Hirst
Kirk of Shotts
Salsburgh
A706
Stoneyburn
Longridge
Bents
Addiewell
West Calder
Birkenshaw
Tannochside
M74
M8
Newhouse
B7066
B7057
Fauldhouse
Loganlea
WEST LOTHIAN
Uddingston
Viewpark
A725
Mossend
Holytown
A775
Hareshaw
Dykehead
Heritage Centre
Shotts
Torbothie
Stane
B7010
Greenburn
Breich
A704
B7008
Flemington
BOTHWELL
Bellshill
New Stevenston
Yett
A73
Hartwood
Bowhousebog or Liquo
A71
Hendreys Course 1177
Cobbinshaw Resr.
Bothwell Castle
Livingstone
A721
Newarthill
Parkside
Allanbank
A724
Bothwell
Stonefield
Blantyre
HAMILTON
Forgewood
Carfin
Cleekhimin
Cleland
Bellside
Allanton
Woolfords
Crosswood Resr.
MOTHERWELL
Craigneuk
Coltness
Bonkle
Cambusnethan
Newmains
B715
Wilsontown
Tarbrax
A725
Calderwood
High Blantyre
Shieldmuir
WISHAW
Morningside
Climpy
Rootpark
Haywood
EAST KILBRIDE
HAMILTON
Ferniegair
Chatelherault
Dalzell Estate
A721
Netherton
Waterloo
Bogside
Gair Reservoir
Wildmanbridge
Auchengray
Calderglen
Fairhill
M74
Overtown
Law
A73
Hare Hill 1029
Springfield Resr.
Forth
A70
Meikle Earnock
Eddlewood
A72
A72
A71
CLYDESDALE
Castlehill
B7056
Mouse Water
A706
Braehead
North Medwin
Bleak Law 1460
A726
Limekilnburn
Larkhall
Millheugh
Machan
Dalserf
Carluke
Yieldshields
A723
Quarter
Struthernill
B7078
A71
Swinhill
Ashgill
Rosebank
Crawforddyke
Roadmeetings
B7016
Chapelton
SOUTH
Udstonhead
Glassford
Stonehouse
Netherburn
A72
Braidwood
Kilncadzow
A721
LANARKSHIRE
Anston
Weston
Dunsyre
Nethanfoot
Crossford
A73
Cartland
A706
Carstairs
West End
Carnwath
Kaimend
Newbigging
A71
Craignethan
Draffan
Hazelbank
Nemphlar
Lanark
Ravenstruther
Carstairs Junction
A721
Walston
Strathaven
Flemington
B7078
B7086
Kirkfieldbank
A70
Medwin
Elsrickle
Sandford
Blackwood
Kirkmuirhill
Auchenheath
LANARK
Lanark Moor
Pettinain
Libberton
B7016
Caldermill
Avon Water
B7086
Stonebyres Holdings
Bankhead
New Lanark
New Lanark World Heritage Site
Falls of Clyde
Hyndford Bridge
Candy Mill
Boghead
Dillarburn
Shieldhill
Ewe Hill 1177
B743
Kype Muir
117
Lesmahagow
Turfholm
Brocketsbrae
A73
Covington Tower
Covington
Quothquan
118
Kype Reservoir
Dunside Resr.
Auchlochan
M74
Carmichael
Thankerton
Gasworks Museum
Hawkwood Hill
Logan Reservoir
Logan Water
Douglas Water
Rigside
A70
Discover Carmichael
Cormiston
Biggar
Puppet Theatre
Coulter Motte
A72
Causewayend
Goseland Hill
Nutberry
Tod Law
Coalburn
Bellfield
CAIRN LODGE SERVICES
Howgate Hill 1456
Tinto Hills
Symington
A
B
C
D

129
EDINBURGH
FIRTH OF FORTH
SCOTTISH BORDERS
SOUTHERN UPLANDS
MOORFOOT HILLS
MIDLOTHIAN
KIRKCALDY
Kelty
Lochgelly
Cardenden
Dysart
West Wemyss
Cowdenbeath
Auchtertool
Crossgates
Halbeath
Burntisland
Kinghorn
Pettycur
Aberdour
Dalgety Bay
Inverkeithing
Rosyth
North Queensferry
South Queensferry
Dalmeny
Forth Road Bridge
Queensferry Crossing
Inchkeith
Inchcolm
Inchmickery
Cramond Island
Cramond
Kirkliston
Winchburgh
Newbridge
Ratho
Currie
Balerno
Kirknewton
East Calder
Juniper Green
Newhaven
Granton
Leith
Portobello
Joppa
MUSSELBURGH
Inveresk
Wallyford
Prestonpans
Cockenzie and Port Seton
Longniddry
Tranent
Macmerry
Gladsmuir
Aberlady
Aberlady Bay
Gullane
Gullane Bay
Eyebroughy
Gosford Bay
Elphinstone
Ormiston
Pencaitland
Dalkeith
Eskbank
Bonnyrigg
Lasswade
Loanhead
Roslin
Rosewell
Newtongrange
Gorebridge
Mayfield
Easthouses
Pathhead
Crichton
Fala
Humbie
Gilston
Heriot
Fountainhall
Stow
Penicuik
Silverburn
Carlops
West Linton
Leadburn
Howgate
Lamancha
Cowdenburn
Macbiehill
Romannobridge
Eddleston
Peebles
Innerleithen
Walkerburn
Clovenfords
Caddonfoot
Broughton
Skirling
Kirkurd
Blyth Bridge
Dolphinton
Kaimrig End
Hallyne
Lyne
Glentress
Horsburgh Ford
Kirkton Manor
Stobo
Stobo Castle
Kilbucho Place
Bellspool
M8
M9
M90
A1
A68
A7
A72
A701
A702
A703
A720
A71
A70
A90
A921
A6093
A199
A198

137
119
120
129
A
B
C
D
1
2
3
4
5
Bass Rock
Craigleith
Fidra
Lamb
Eyebroughy
North Berwick
Scottish Seabird Centre
A198
Tantallon
Gullane Bay
Dirleton
North Berwick Law
613
Gullane
Kingston
Whitekirk
Aberlady Bay
Saltcoats Castle
Fenton Barns
B1345
B1347
Aberlady
Craigielaw
Gosford Bay
Myreton Motor
Drem
Chesters Hill Fort
National Flag Heritage Centre
East Fortune
Flight
Tyninghame
B1407
B1377
Preston
Mill
Phantassie Doocot
Knowes
Tyne Mouth
John Muir
East Links Family Pk.
West Barns
Belhaven
Dunbar Castle
Town House
Dunbar
A1087
Barns Ness
Broxburn
Ballencrieff
Spittal
Camptoun
B1377
B1343
Athelstaneford
Barnes Castle
Garleton Hills
610
Peffer Burn
A199
East Linton
A6137
Hopetoun Monument
Cockenzie and Port Seton
Longniddry
Church
Huntington
Elvington
Haddington
A1
Hailes
R. Tyne
Meadowmill
Tranent
Macmerry
Gladsmuir
Penston
B6363
A199
B6471
St Martin's Kirk
St Mary's Pleasance
EAST
LOTHIAN
Luggate Burn
Stenton
Pitcox
Spott
Dunbar 1650
Doonhill Homestead
Brunt Hill 737
Dry Burn
Pinkerton
East Barns
Skateraw
Power Station
Thorntonloch
Innerwick
Reed Point
Cove
Sicca
Cocklaw Hill 1046
Dunglass Collegiate Church
Cockburnspath
Oldhamstocks
Bransly Hill 1301
B6355
B6371
New Winton
New Town
Samuelston
Lennoxlove House
Colstoun House
B6369
B6368
Morham
Papple
Whitelaw Hill
Garvald
B6370
Bolton
A6093
Pencaitland
Cross
Nunraw Abbey
White Castle Hillfort
Dunbar Common
Clints Dod 1307
Gifford
Yester Castle
East Saltoun
West Saltoun
Peastonbank
Peaston
Pathhead
Gilchriston
Longyester
Hopes Water
B6355
Spartleton Edge
Bothwell Water
Monynut Edge
Monynut Water
1283
Heart Law
Blackburn Rig
A1
Grantshouse
Humbie
Birns Water
HILLS
Whiteadder Resr.
Cranshaws Hill 1245
Cranshaws
Abbey St Bathans
A6112
Fala Dam
Fala
B6457
B6458
Stobshiel Resr.
Lammer Law 1734
Hopes Resr.
Meikle Says Law 1755
Crib Law 1670
LAMMERMUIR
Ellemford
Edin's Hall Broch
Whiteadder
Whitchester
Mutiny Stones
Hunt Law 1625
1593
Blythe Edge
Dye Water
Longformacus
Millburn Bridge
B6355
Preston
Cumledge Mill
B6365
Manderston
A68
Soutra Aisle
Dere Street Roman Road
Fala Moor
Gilston
B6368
Soonhope Burn
Carfrae
Hogs Law 1470
Watch Water Resr.
Dirrington Great Law 1307
Jim Clark Room
Duns
Oxton
Addinston
Cleekhimin Bridge
SOUTHERN
UPLANDS
SCOTTISH
BORDERS
Dirrington Little Law
B6456
Gavinton
Edgarhope Wood
Scoured Rig
Collie Law 1254
A697
Westruther
Polwarth
A6112
Nisbet Hill
Fountainhall
Thirlestane
Halliburton
A6105
Fogo
Fogorig
B6460
A7
Lauder
B6362
Houndslow
Blackadder Water
Leet Water
Killochyett
B6362
A6089
Bassendean
Eden
Greenlaw
Charterhall
MERSE
Stow
Lugate Water
Pack Bridge
Old Kirk & Bishop's House
Leader Water
Legerwood
Greenknowe Tower
A697
B6461
Leitholm
Nether Blainslie
Huntlywood
Gordon
B6364
Lambden
Great Law 1666
A6105
Hume
Hume Castle
Sweethope Hill 730
Eccles
Fans
William Law 1314
Langshaw
Knowes Hill 1222
Buckholm
B710
A7
A72
Earlston
Mellerstain House
A6089
B6397
Birgham
Wark Castle
A698
Carham
R. Tweed
Stichill
Nenthorn
Clovenfords
GALASHIELS
Meigle Hill 1389
B6374
B6356
Smailholm
Ednam
Kelso
James Thomson Obelisk
B6350
Hadden
Caddonfoot
Old Gala House
Tweedbank
Lowood
Gattonside
B6360
Redpath
Smailholm Tower
B6397
Sprouston
B6396
Newstead
Leaderfoot
LAUDERDALE

131

NORTH SEA

Fast Castle Point
Fast Castle Head
Fast Castle
Telegraph Hill
Lumsdaine
Cross Law
Coldingham Moor
A1107
St Abbs
Lifeboat Station
Coldingham Priory
Coldingham Bay
Lifeboat Station
Gunsgreen House
Houndwood
B6438
Eyemouth
Gunsgreenhill
B6355
B6438
B6437
Eye Water
Horseley Hill
Auchencraw
Reston
A1107
Ayton
Burnmouth
Linthaw
B6438
Ross
Chirnside
B6355
Lamberton
A1
Edrom
Allanton
Whiteadder Water
Foulden
Marshall Meadows
B6105
Hutton
B6460
A6105
Paxton
B6461
Tithe Barn
Haldon Hill
1333
Bell Tower
Cell Block
BERWICK-UPON-TWEED
Castle
Whitsome
B6461
Tweed
Loanend
Tweedmouth
Union Bridge
Fishwick
Lifeboat Station
Spittal
Horncliffe
Chain Bridge Honey Farm
A698
East Ord
A1167
Horndean
Murton
Scremerston
Redshin Cove
Ladykirk
Norham
B6470
Thornton
B6525
West Allerdean
Cheswick
Swinton
Upsettlington
Shoresdean
Shoreswood
Goswick
B6470
Grindon
Ancroft
LINDISFARNE
Simprim
Felkington
Berrington Law
Haggerston
HOLY ISLAND
A6112
Twizel Bridge
Duddo Stone Circle
Berrington
Beal
Holy Island
Keel Head
Castle Heaton
Duddo
Bowsden
Lindisfarne Centre
Lindisfarne Castle Point
Lennel
Melkington
B6353
West Kyloe
Lindisfarne Priory
Burrows Hole
stream
A698
Cornhill-on-Tweed
Barmoor
Fenham
Bareless
A697
Heatherslaw Light Railway
Etal
Waterford Hall
B6353
Lowick
East Kyloe
A1
121
Fenwick
Kyloe Hills
West Learmouth
Flodden Field Monument
Crookham
Ford
Bucton
Elwick
Staple Sound
East Learmouth
Flodden
Branxton
B6354
Holburn
Ross
Budle Bay
Chapel Point
FARNE ISLAND
Pressen
Flodden
St Cuthbert's Cave
Easington
Waren Mill
Bamburgh
Inner Sound
Kimmerston
Hetton Steads
Detchant
Middleton

Fingal's Cave
Erisgeir
Gribun
BEN MORE
3171
ISLE OF MULL
Corra-bheinn 2311
Coirc Bheinn 1837
Beinn Talaidh 2502
Sgurr Dearg 2429
Lochan an Doire Dharaich
Oakbank
Loch Bearnach
A849
A
B
C
D
139
Beinn na Greine 1704
Creach Bheinn 1613
ARDMEANACH
B8035
Glen
Coladoir River
Lussa River
Strathcoil
Loch Sguabain
Loch Airdeglais
Creach Beinn 2290
Ben Buie 2354
Carn Ban 812
Rubha na h Uamha
MacCulloch's Fossil Tree
Tiroran
Kilfinichen Bay
Tavool House
Port na Croise
Loch Scridain
Loch Fuaran
Pennyghael
Loch Spelve
Kinlochspelve
Croggan
Lochbuie
Moy Castle
Standing Stone Circle
Loch Uisg
Loch an t-sithein
Beinn na Croise 1649
Rubha nan Cearc
Garbh Phort
Kintra
Creich
Columba Centre
Aridhglas
Fionnphort
Loch Poit na h-I
1
INSET
Eorabus
Knockan
Loch na Lathaich
Bun an Leoib
Ardchrishnish
Torrans
A849
12
Lendie River
BROLASS
Beach River
Beinn Chreagach 1235
Carsaig
Loch Buie
Druim Fada 1329
Bunessan
Beinn a' Ghlinne Mhoir
369
Ross of Mull Historical Centre
Loch Assopol
ROSS OF MULL
Cruachan Min 1232
Aoineadh Mòr
Carsaig Bay
Knockvologan
Ardalanish
Uisken
Ardchiavaig
Beinn a' Chaol-Airigh 411
Ardalanish Bay
Rubha nam Bràithrean
Carsaig Arches
Malcolm's Point
Frank Lockwood's Island
Scottish Slate Heritage Centre
Easdale
Rubh' Ardalanish
2
FIRTH OF
Dubh-fheith
SLATE ISLANDS
Belnahua
Garbh Eileach
Fladda
Garvellachs
Eilean Dubh Mór
Eileach an Naoimh
Lunga
Sound of Luing
Guirasdeal
Réidh Eilean
Eilean Annraidh
Rubha nan Cearc
Garbh Phort
IONA
Maclean's Cross
Abbey & Nunnery
Iona Heritage
Kintra
Creich
Columba Centre
Baile Mór
10mins
Sound of Iona
Aridhglas
A849
Fionnphort
Stac an Aoineidh
Loch Poit na h-I
Eilean nah-Aon Chaorach
Fidden
Greave
Sound
Erraid
Knockvologan
Soa Island
3
Eilean nam Muc
Eilean a' Chalmain
Oban to Colonsay 2hrs 20mins
Kilmory Lodge
Rubha nam Faoilean
Cruach Scarba 1474
SCARBA
Corryvreckan Whirlpool
Gulf of Corryvreckan
Port na Cuilce
Glengarrisdale Bay
An Cruachan 619
Kiloran Bay
Balnahard
Port Ceann a' Gharraidh
469 Carnan Eoin
Uragaig
Cruach na Seilcheig 971
Loch an Sgoltaire
B8086
COLONSAY
Kiloran
Colonsay House
Loch na Conaire
Loch Doire na h-Achlaise
Loch a Bhurra
Rubh' a' Bhacain
Sgreadan
Port a' Bhàta
Kilchattan
4
B8086
Loch Fada
Glas Aird
Glendebadel Bay
Ben Garrisdale 1198
Loch a' Gheoidh
Eilean a' Chladaich
Scalasaig
Colonsay
Loch Staosnaig
Lochanan Tana
Lealt Burn
Loch Fada Cul na Beinne
Cruach Ionnastail 967
Port nan Laogh
Ruadh Sgeir
Eilean Leatham
Garvard
B8085
Rubha Dubh
Corpach Bay
Lussa River
Lealt
Beinn Bhreac 1532
1106 Cruach an Uillt Fhearna
Dubh Eilean
Priory
124
Dubh Bheinn
Fishing Loch
ORONSAY
Allt an Tairbh
Rainberg Mòr 1487
Maol nam Damh 887
Ardlussa
Ardlussa Bay
SOUND OF
Eilean Dubh
Caolas Mòr
Eilean Ghaoideamal
Shian Bay
Shian River
Loch Cathar nan Eun
Inverlussa
Lussagiven
Lussa Point
Carsaig Bay
Eilean nan Ron
5
Ceann Riobha
Colonsay to Port Askaig 1hr. 10mins. (Seasonal)
Caves
Loch an Tuim Uaine
Loch Righ Mor
Loch Fad'a Chruib
Aoistail
Gleann
Eilean nan Coinean
Cruib 1036
622 Beinn Sgaillinish
Gob Dubh
Barrahormid
Loch Righ Beag
Loch Lùbanach
Rubh'an t-Sailein
Loch Tarbert
Tarbert
Keills Chapel
B8025
Linne Mhuirich
Post Rocks
RUBHA A'MHAIL
Rubh' a' chrois-aoinidh
124
Cnoc an Ime 927
A846
Keillmore
Rubha Bholsa
Loch na Maol an Fhaich
Glen Batrick
JURA
Lagg
16
Loch na Cille
Island of Danna
Sween Castle
Allt na Gile
Loch an Aircill
1439 Beinn Bhreac
Loch Lesgamaill
Cnoc Stighseir 792
Sgarbh Breac 1195
Bachlaig
Loch an Oir
Loch na Fudarlaich
Bàgh na Dojde
Sgarbh Dubh 965
Loch Smigeadail
Beinn an Oir
2477
Port Doir' a' Chrorain
Eilean Mor
Chapel
Kilmory

Musdile
Lochdon
Duart
Oban to Craignure 45mins.
Dunstaffnage
Oban
Crofts
Connel
A85
Dunbeg
Achaleven
Achnacloich
Stonefield
Bonawe
Glennoe
Bonawe Historic Iron Furnace
Inverawe Smokery
Airds Bay
Beinn Eunaich 3242
Ganavan
Dunollie
McCaig's Tower
War Mem.
Black Lochs
Fearnoch Forest
Taynuilt
Eilean nan Gamhna
140
141
133
CRUACHAN
Grass Point
OBAN
Distillery
Pulpit Hill
Dalintart
KERRERA
Balliemore
Bach Island
Carn Breugach
Gylen Castle
Sound of Kerrera
LORN
Dubh Sgeir
Rubha Seanach
Minard Point
Deadh Croimhead 1257
Glen Lonan
Angus's
Airdeny
Bridge of Awe
Pass of Brander
River Awe
Cruachan Reservoir
Beinn a' Bhuiridh 2941
Falls of Cruachan
Cruachan Power Station
Lochawe
Kilchurn
St Conan's Kirk
Eilean Castle
A819
B8077
Kinchrai
Loch Seil
Kilbride
Cleigh
Kilmore
Glen Feochan
Loch Nell
Beinn Ghlas 1691
B845
Glen Nant
Loch Tromlee
Loch Nant
Sior Loch
Kilchrenan
North Port
Annat
Portsonachan
Upper Sonachan
South Port
B840
Cladich
Cladich River
Eilean Dùin
Beinn Mhor 689
Kilninver
Loch Feochan
A816
A' Chruach 1208
Feochan Bheag
Allt a' Chonnaig
Insh Island
Sound of Insh
Bridge over the Atlantic
B844
SEIL
Clachan-Seil
Ellenabeich
An Cala
Balvicar
Ardmaddy Castle
Folk
B8003
Cuan
Cullipool
Torsa
LUING
Euchar
Loch Scammadale
Bragleenbeg
Beinn Chapull 1690
Carn Dearg 1436
Cruach Rarey 876
Braes of Lorn
Loch Tralaig
Meall Odhar 1255
Inverinan
Allt Beochlich
Lochan Dubh
Tullich
Beinn Ghlas 1804
Pass of Melfort
Melfort
Loch a' Phearsain
Loch Dubh-mor
Cruach Maolachy 1239
Lochavich
Loch Avich
Tom an t-Saighdeir 993
Dun Crutagain 895
An Coire
Kilmelford
Loch Melfort
Loch an Losgainn Mòr
Dalavich
Ardchonnell
Loch an Eilean Dubh
1932 Cruach Mhòr
Scardan 1599
A819
Glen Aray
Three Bridges
Kilblaan
Barr Mor 837
Dubh Loch
Rubh' a' Chnaip
Arduaine
Tom Soilleir 1199
Loch an Daimh
Carn Ducharra 1610
River Liever
Lochan a' Bhruic
Inverliever Forest
Portinnisherrich
Loch nan Car
Beinn Bhreac 1726
Lochan Long
Carloonan
Malt Lane
Inveraray
134
Shira
Bell Tower
Inveraray Jail
A83
Toberonochy
Shuna Sound
Shuna
Craobh Haven
Barravullin
Barbreck River
ARGYLL
Eredine
Durran
Braevallich
Cruach an Eachlaich 1148
Inverliever Lodge
Loch Awe
Eredine Forest
An Suidhe 1687
Douglas Water
Am Buachaille 1060
Argyll
St Catherines
Laglingar
Sorobe Hill 549
Ardfern
Kintraw
Loch Fada
B8002
Loch Mhic Mhairtein
Eilean Mhic Chrion
Creag Mhór 745
Ford
B840
Fincharn
Fincharn Loch
Loch Leacha
Loch Geoidh
Lochan Gaineamhach
Beinn Dearg 1583
Achnagoul
A83
Auchindrain
Township
A815
Creagan an Eich 1070
Creggans
Strachur Bay
Strachur Smiddy
Clachan Strachur
Loch Fyne
Eilean Ona
Rèisa Mhic Phaidean
Eilean Righ
Carnasserie
Loch Ederline
Loch nan Ceard Mor
Cruach Mhic Fhionnlaidh 1503
Sidh Mòr 1339
Loch Gaineamhach
Dun Leacainn 1179
Furnace
Beinn Ghlas 1378
Tombuidhe
Glenshuain
A886
A815
Aird
Island Mcaskin
Kilmartin House
Kilmartin
Lochan Leathan
Lochan Anama
BUTE
KILMICHAEL FOREST
Leachd
Cruach nan Capull 1577
Glenbranter
Rèisa an t-Sruith
Garbh Rèisa
Slockavullin
Kilmartin Glen Prehistoric Sites
Lochan Add
Dùn Dubh 758
Minard Forest
Crarae
Minard
Newton
B8000
Castle Lachlan
Forest
Glenbranter Forest
Rubha Garbh-ard
Ardnoe Point
Loch Crinan
Crinan
Kilmahumaig
Killinochonoch
A816
Cup & Ring Marks
River Add
Blackmill Loch
Tullochgorm
Lachan Bay
Cruach an Lochain 1666
Beinn Bheag 2029
B8025
Islandadd Bri.
Cup & Ring Marks
Dunadd
Kilmichael Glassary
Bridgend
Gleann Airigh
Loch Glashan
A83
Strathlachlan
Strath nan Lub
Glen Ghleann
Rubha nam Bàrr
B841
Bellanoch
Cnoc Reamhar 870
Loch Linne
Achnabreck Cup & Ring Marks
Scotston Hill 698
Lochgair
Loch Gair
Lephinmore
Lephinchapel
Caol Ghleann
Garvie
Bernice
Beinn Mhòr 2432
KNAPDALE
Cairnbaan
Crinan Canal
125
126
Loch Coille-Bharr
FOREST
Daill Loch
Lochgilphead
Lochan Chuilceachan
Cruach Chuilceachan 1428
Conchra
Meall Dubh 2103
Glenmassan
Benmore Forest
A81
Tayvallich
Achnamara
Loch an Add
Gleann Loch
Cam Loch
Loch Clachaig
Kilmory Woodland Park
Port Ann
Largiemore
A886
An Socach 1345
Eilean Loain
Kilmichael of Inverlussa
Loch nam Breac Buidhe
Cruach nam Fiadh 1071
Ardrishaig
Castleton
Loch Gilp
Tom na h-Iolaire 679
Glendaruel Forest
Cruach nan Cuilean 1416
Balliemore
Loch Tarsan
Sgorach Mòr 1972
Benmore Botanic
Glenlean
Rashfield
Taynish
Daltot
Cruach Lusach 1530
Cruach Brenfield 1044
Eilean Mór
Liath Eilean
Otter Ferry
B8000
Kilmodan Sculptured Stones
Clachan of Glendaruel
Glen Lean
Inverneill House
A83
Loch na Craige Grainde
Cruach nan Tarbh 1144
B836
Clachaig
Inverneck
Dunrostan 1247
An Stuchd
Bàgh an Tailleir
Barr Ganuisg 507
Cruach nan Caorach 1503
Auchenbreck
Dun Mór 1329
B836
Cruach nan Capull 2005
Loch na h-Earrainn
KNAPDALE
Loch Arail
B8024
Kilfinan Bay
Kilfinan
A8003
Craig Lodge
Lochan na Leirg
Glenstriven
St Columba's Cave
Achahoish
Loch Fuar-Bheinne
Cruach a' Phubuill 1564
Port Leathan
Auchalick
Beinn Bhreac 1488
A886
Beinn Bhreac 1662
Inverchaolain
Ellary
Clachbreck
Loch a'
Erines
Melldalloch
Loch Melldalloch
Loch Striven
Loch Riddon
Loch Eck

141
126
133
A
B
C
D
1
2
3
4
5
A85
A82
A819
A83
A815
A886
A814
A817
A818
A880
A885
A770
A813
A811
B8074
B8077
B840
B839
B828
B838
B872
B833
B832
B829
B837
B857
B7054
LOCH LOMOND & THE TRO
NATIONAL PARK
Tyndrum
Clifton
Crianlarich
Dalmally
Stronmilchan
Edendonich
Lochawe
Kilchurn
Kinchrackine
Achnafalnich
Cladich
Upper Sonachan
Tullich
Inveraray
Malt Land
Cairndow
Clachan Farm
St Catherines
Laglingarten
Strachur
Clachan Strachur
Creggans
Glenbranter
Craigbrack
Lochgoilhead
Carrick Castle
Arrochar
Succoth
Tarbet
Ardgartan
Ardmay
Inveruglas
Inversnaid
Inverarnan
Ardlui
Glenfyne Lodge
Rob Roy's House
Ardkinglas Woodland
Rest and be thankful
Stronachlachar
Inverlochlarig
Rowardennan
Inverbeg
Edentaggart
Luss
Aldochlay
Inchlonaig
Inchfad
Inchcailloch
Inchmurrin
Balmaha
Milton
Buchanan Smithy
Gartocharn
Croftamie
Portincaple
Garelochhead
Greenfield
Auchenvennel
Shandon
Coulport
Peaton
Clynder
Rhu
Rosneath
HELENSBURGH
Craigendoran
Callendoun
Arden
Dumfin
Auchendennan
Balloch
Jamestown
Alexandria
Bonhill
Renton
Cardross
Geilston
Castlehill
DUMBARTON
Silverton
Townend
Brucehill
Cove
Kilcreggan
Blairmore
Strone
Ardentinny
Glenmassan
Benmore Forest
Gairletter
Rashfield
Ardbeg
Invereck
Clachaig
Glenlean
Sandbank
Kilmun
Ardnadam
Hunter's Quay
Kirn
DUNOON
Glenstriven
Gourock
Ashton
Fort Matilda
GREENOCK
PORT GLASGOW
Larkfield
Braeside
Cloch Point
Strone Point
Rosneath Point
LOCH LOMOND
LOCH FYNE
ARGYLL & BUTE
ARGYLL FOREST PARK
QUEEN ELIZABETH FOREST PARK
BEN LOMOND 3194
BEN MORE 3852
BEN VORLICH 3093
BEINN IME 3318
Ben Lui 3708
Ben Arthur 2891
Ben Vane 3004
Stob Binnein 3821
Ben Glas
Falls of Falloch
Falls of Cruachan
Cruachan Power Station
St Conan's Kirk
Fraoch Eilean Castle
Duncan Ban MacIntyre Monument
Eagle's Fall
Rob Roy's Cave
Inversnaid Waterfall
Ben Lomond National Memorial Park
Loch Ard Forest
Rowardennan Forest
Glen Croe Forest
Benmore Botanic
Kilmun Arboretum
Glenfinart Walled
Strachur Smiddy
Inveraray Jail
Bell Tower
Lennox Castle
Balloch Castle
Bird of Prey Centre
Sea Life Shores
Motoring Heritage Centre
Robert the Bruce Heritage Centre
Kilmarnock Castle
Linn Botanic
Holy Loch
Cove Bay
Gare Loch
Loch Long
Loch Goil
Loch Eck
Loch Sloy
Loch Katrine
Loch Arklet
Loch Shira
Loch Awe
Loch Lubhair
Loch Dochart
RIVER CLYDE
DANGER AREA

Killin
Falls of Dochart
Finlarig Castle
Moirlanich Longhouse
Creag Mhor 2359
Falls of Lochay
Creag Gharbh 2090
Lochan Breaclaich
Creag Uchdag 2883
Auchnafree
Meall Reamhar 2188
River Almond
Ben Chonzie 3048
Auchnafree Hill 2589
Meall Tarsuinn 2126
Loch Lednock Reservoir
Loch Turret Reservoir
Glen Turret
Ardchyle
Luib
Beinn Leabhain 2312
Glen Ogle
Invergeldie
Spout Rolla
Carn Chois
Creag Each 2205
Loch Boltachan
Meall a' Mhadaidh
St Fillans
Lochearnhead
Loch Earn
Ardvorlich
Falls of Edinample
Dunira
Melville Monument
Deil's Cauldron
Comrie
Earthquake House
Ross
Dalginross
Cultybraggan Camp
PERTH
&
KINROSS
Fordie
Clathick
Ochtertyre
Famous Grouse Experience
Hosh
Loch Monzievaird
Monzie
Castle
Gilmerton
Crieff
Tomaknock
Lochlane
Balloch
Dargill
Innerpeffray Library
Innerpeffray Chapel
Meall an t-Seallaidh 2794
Rob Roy's Grave
Balquhidder
Auchtubh
Kingshouse
Bygones
Loch Voil
STRATHYRE
FOREST
BEN VORLICH 3231
Meall Reamhar 2225
Ben Halton 2033
FOREST OF GLENARTNEY
Tomtum 1291
Torlum Wood
Drummond
Auchingarrich
Culloch
Dalchruin
Ballimore
Strathyre
TROSSACHS
QUEEN ELIZABETH FOREST PARK
Lochan a' Chroin
Beinn Each 2660
Meall Odhar 2066
DANGER AREA
Ben Clach 1748
Ochtertyre
Muthill
Old Church & Tower
Bishop's Bridge
Coire Odhar
Benvane 2685
Meall Cala 2212
Ardchullarie
Loch Lubnaig
2072 Creag Beinn nan Eun
Uamh Bheag 2181
Glenlichorn
Blackhall Camps
Braco Castle
Ardoch Roman Fort
Braco
Cromlet
Glen Finglas
Glen Finglas Reservoir
BEN LEDI 2882
1851 Meall Gainmheich
Pass of Leny
Falls of Leny
Hamilton Toy Collection
Bracklinn Falls
Callander
Kilmahog
Brig o' Turk
Lendrick
BEN VENUE 2386
Loch Achray
Loch Venachar
Loch Drunkie
Lochan Balloch
Achray Forest Drive
ACHRAY FOREST
Beinn Dearg 1396
Menteith Hills
Loch Mahaick
Braes of Doune
Greenloaning
Blackford
Kinbuck
Ashfield
Core Hill 1780
Sheriffmuir 1715
Blairdenon Hill 2073
Torrie Forest
Drumvaich
Burn of Cambus
Buchany
Deanston
Doune
Argaty Red Kites
Dunblane
Chapel
Leighton Library
Pisgah
Loch Rusky
Ruskie
Muir Dam
Port of Menteith
Go Ape!
Milton
The Lodge
Aberfoyle
Aberfoyle iCentre
Braeval
Inchmahome Priory
Lake of Menteith
Goodie Water
Flanders Moss
Thornhill
Distillery
Kilmadock Heritage Centre
Blair Drummond
Blair Drummond Safari & Adventure Park
Loch Watston
Scottish Wool Centre
Cunninghame Graham Memorial
FOREST
560 Drum of Clashmore
Gartmore
Dykehead
River Forth
Blairdrummond Moss
Bridge of Allan
Sunnylaw
Blairlogie
Menstrie
Alva
Mill Trail
Alva Glen
Wallace Monument
Causewayhead
Craigmill
Menstrie Castle
King o' Muirs
Tullibody
Drip Moss
Raploch
Cambuskenneth
Abbey
STIRLING
Cambus
ALLOA
Alloa Tower
Moor Park
Kelty Water
Arnprior
Kippen
Cauldhame
Gargunnock
Gargunnock House
Buchlyvie
Loch Laggan
Mill Dam
Carleatheran 1592
Gargunnock Hills
Touch Hills
Cambusbarron
Gillies Hill
Robert the Bruce
St Ninians
Borestone Brae
Bannockburn
Fallin
Throsk
South Alloa
Muir Park Resr.
Forest
Drymen
Endrick Bridge
Balfron
Stronend 1678
Earlsburn Resrs.
Earl's Hill 1442
North Third Resr.
Bannockburn 1314
Cowie
Dunmore
Bruce's Castle
Pineapple
Airth
Killearn Bridge
Boquhan
Drymen Bridge
Gartness
Killearn
Fintry
Fintry Hills
Cringate Law 1301
Loup of Fintry
Loch Walton
Endrick Water
Cairnoch Hill 1356
Milnholm
Plean
West Plean
Easter Buckieburn
Loch Coulter Resr.
Torwood
Torwood Castle
Stenhousemuir
Earl's Seat 1897
Dumgoyne
Glengoyne Distillery
CAMPSIE FELLS
Carron Valley Resr.
Carron Bridge
Fankerton
Dunipace
Denny
Larbert
South Broomage
FALKIRK
Carron
The Whangie
1172 Auchineden Hill
Strathblane Hills
EAST DUNBARTONSHIRE
Carron Valley Forest
Tomtain 1487
High Banton
Head of Muir
Bonnybridge
Antonine Wall
Dennyloanhead
Longcroft
Blanefield
Netherton
Strathblane
Clachan of Campsie
Birkenburn Resr.
Kilsyth Hills
Kilsyth 1645
Colzium Walled Garden
Banton
High Bonnybridge
Rough Castle
Falkirk Wheel
Camelon
Burncrooks Resr.
Craigallian Loch
Kilmannan Resr.
Mugdock Castle
Mugdock
Lennoxtown
Milton of Campsie
KILSYTH
Balmalloch
Castlecary
Queenzieburn
Auchinstarry
Dullatur
Twechar
Croy
Cumbernauld Village
Abronhill
Greenhill
Glen Village
Shieldhill
Jaw Resr.
Greenside Resr.
Mugdock Res.
Lillie Gallery
Balgrochan
Birdston
Balloch
CUMBERNAULD
A85
A84
A827
A821
A81
A873
A811
A875
A820
A9
A91
A907
A905
A872
A88
A809
A891
A803
A822
A823
M9
M80
M876
B8062
B827
B8033
B822
B8032
B826
B824
B8031
B8075
B8034
B8037
B835
B829
B834
B818
B821
B998
B823
B9124
B816
P+R
142
143
136
127
128

Auchnafree
Meall Reamhar 2188
Meall nan Caorach 2045
Little Glenshee
Newton Bridge
Glen Almond
Meall Tarsuinn 2126
Loch Turret Reservoir
143
Chapelhill
Harrietfield
Moneydie
Buchanty
Tulchan
Glenalmond
STRATHORD FOREST
Stanley
Luncarty
Stormontfield
Wolfhill
Guildtown
Saucher
Kinrossie
Collace
Dunsinane Hill
Kirkton of Collace
St Martins
Newmiln
Balbeggie
Pitcairngreen
Bertha Loch
Busby
Almondbank
Old Scone
Scone
Scone Palace
PERTH
Pole Hill 945
Kilspindie
Pitroddie
Nether Durdie
Monzie
Loch Meallbrodden
Fowlis Wester
Keillour
Braegrum
Methven
Huntingtower
Noah's Perth
Tulloch
Muirton
Gannochy
Bridgend
Kinnoull Hill Woodland Park
Famous Grouse Experience
Gilmerton
Ochtertyre
Hosh
Clathick
Loch Monzievaird
Crieff
Lochlane
Sculptured Stone
KEILLOUR FOREST
Tibbermore
Tibbermore 1644
Hillyland
Craigie
Barnhill
Kinfauns
Glendoick
Glencarse
Leetown
Milton of Cultoquhey
Tomaknock
Madderty
Inchaffray Abbey
S T R A T H E A R N
Milltown of Aberdalgie
Cherrybank
Walnut Grove
Tarsappie
Elcho
Chapelhill
St Madoes
Inchyra
Balloch
Dargill
Torlum 1291
Torlum Wood
Drummond
St David's
Clathy
Findo Gask
Mayfield
Dupplin Lake
Dupplin Moor 1332
Aberdalgie
Craigend
Moncreiffe Hill
Rhynd
Innerpeffray Library
Innerpeffray Chapel
Ardunie Roman Signal Station
Muir o' Fauld Roman Signal Station
Dalreoch Bridge
Forgandenny
Bridge of Earn
Easter Rhynd
Ochtermuthill
Muthill
Old Church & Tower
Caerlaverock
Innerpeffray Castle
Millearn
Kinkell Bridge
Dalreoch
Forteviot
Kintillo
Dron
Aberargie
Abernethy
Round Tower
Glenfoot
Pitversie
Pitcaithly Hill
PITMEDDEN FOREST
Bishop's Bridge
Strathallan
Tullibardine
Aberuthven
P E R T H
Church & Dupplin Cross
Dunning
Newton of Pitcairns
Balmanno Hill 751
Coire Odhar
Chapel
West Mains
Castleton
Maggie Wall's Memorial
Muirtown
Auchterarder
Heritage Centre
Marcassie Bridge
Craig Rossie 1346
Thorter Bridge
Pathstruie
Path of Condie
Balvaird
Blackhall Camps
Braco Castle
Braco
Roman Fort
Loch Rhynd
Carsebreck Loch
Blackford
Tullibardine Distillery
Castle
Gleneagles
Common of Dunning
Corb Bridge
Water of May
Stronachie
Dochrie Hill 1198
Glenfarg Reservoir
Glenfarg
Newton of Balcanquhal
Duncrievie
Strathmiglo
Gateside
Cash Feus
Nether Urquhart
Upper Urquhart
Kilgour
Greenloaning
Braes of Ogilvie
Steele's Knowe 1592
Sim's Hill 1583
Innerdouny Hill 1630
Middleton
Burnside
West Lomond 1713
Wether Hill 1647
Glen Eagles
K I N R O S S
Glendevon Forest
Upper Tillyrie
STRATHALLAN
Core Hill 1780
Glendevon
Dalqueich
Milnathort
Orwell Stones
Bishop Hill
Harperleas Resr.
Wester Balgedie
Easter Balgedie
Sheriffmuir 1715
Glen Devon
Glensherup Reservoir
Burnfoot
South Queich
Carnbo
Kinross
Burleigh
Michael Bruce
Kinnesswood
Glendevon Resrs.
Blairdenon Hill 2073
Ben Cleuch 2364
Commonedge Hill 1549
Glenquey Reservoir
Lendrick Hill 1496
Yetts o' Muckhart
Kinross
Lochleven
LOCH LEVEN
Arnot Resr.
Scotlandwell
Pool o' Muckhart
Drum
Coldrain
Auchmuirbridge
King's Seat Hill 2126
Castle Campbell
Rumbling Bridge
Crook of Devon
Portmoak
Gairney Bank
New Gullet Bridge
CLACKMANNANSHIRE
Alva Glen
Ochil Hills Woodland Park
Dollar Glen
Dollar
Gorge
Vicar's Bridge
Cauldron Linn
Powmill
Cleish
Cleish Hills
Benarty Hill 1168
Ballingry
Blairlogie
Menstrie
Mill Trail
Alva
Tillicoultry
Devonside
Blairingone
Cult Hill 866
Hill End
Dowhill Castle
Blairadam Forest
Lochore
Lochore Meadows Castle
Loch Ore
Auchterderran
Crosshill
Glencraig
Causewayhead
Wallace
Menstrie Castle
King o' Muirs
Sauchie Tower
Fishcross
Coalsnaughton
Loch Glow
Kelty
Lower Oakfield
Lochgelly
Craigmill
Abbey
Cambuskenneth
STIRLING
Tullibody
Cambus
New Sauchie
Gartmorn Dam
Keilarsbrae
Forest Mill
Balgonar
Killernie Castle
Knock Hill 1194
Knockhill
Scottish Vintage Bus
Lumphinnans
Cantsdam
Cowdenbeath
Auchtertool
ALLOA
Clackmannan
Fallin
Alloa Tower
South Alloa
Clackmannan Tower
Kennet
Saline
Steelend
Loch Fitty
St Ninians
Plean
Torbrex
Bannockburn
Throsk
Clackmannanshire Bridge
Kilbagie
Cowstrandburn
Craigluscar Hill
Craigluscar Resrs.
Bowershall
Kingseat
Hill of Beath
Cowie
Dunmore
Peppermill Dam
128
Blairhall
Comrie
Gowkhall
Townhill
Cowdenend
Crossgates
Bruce's Castle
Pineapple
River Forth
Devilla Forest
Oakley
Carnock
Milesmark
Wellwood
Halbeath
Fordell
Cullaloe Resr.
West Plean
Kincardine
Shires Mill
High Valleyfield
DUNFERMLINE
Newmills
Airth
Letham
Culross Palace
Abbey
Low Torry
Torryburn
Cairneyhill
Crossford
Torwood
Torwood Castle
Kincardine Bridge
Culross
Low Valleyfield
Torry Bay
Crombie
Pattiesmuir
Aberdour
Stenhousemuir
Carronshore
Longannet Point
Charlestown
Limekilns
Hillend
St Bridget's Kirk
Dunipace
Skinflats
Scottish Railway
Rosyth
Dalgety Bay
Mortimer's Deep
Inchcolm Abbey
Larbert
Carron
South Broomage
Bainsford
GRANGEMOUTH
Grangepans
Motor Museum
Bo'NESS
Bridgeness
Carriden
House of The Binns
Blackness
St Margaret's Hope
Jamestown
Inverkeithing
Inverkeithing Bay
Inchcolm
Denny
Bonnybridge
FALKIRK
Roman Fortlet
Newtown
Borrowstoun
Muirhouses
Blackness
Queensferry Crossing
North Queensferry
Deep Sea World
Forth Bridge
Forth Road Bridge
Inchmickery
Camelon
Laurieston
Polmont
Champany
Kinnerston
Midhope Castle
Hopetoun
Abercorn
Dalmeny House
Cramond Island
High Bonnybridge
Rough Castle
Falkirk Wheel
Callendar House
Redding
Reddingmuirhead
Linlithgow Bridge
Linlithgow Palace
Brightons
Rumford
Whitecross
Kingscavil
Philpstoun
Old Philpstoun
Dalmeny
South Queensferry
Eagle Rock
Greenhill
Glen Village
Shieldhill
California
Maddiston
Loanhead
Annet House
Linlithgow
Bridgend
Burnside
Newbigging
Craighall
Cramond
Cramond Bridge
Lauriston
Davidson's Mains
Muiravonside
Canal
Union Canal
Turnhouse
Kirkliston
M9
M90
M876
A9
A85
A93
A94
A90
A912
A913
A91
A822
A823
A824
A977
A908
A907
A905
A985
A994
A921
A909
A92
A876
A88
A872
A904
A905
A706
A800
A823(M)
B8063
B8062
B9112
B934
B935
B9141
B8081
B827
B996
B919
B918
B9097
B920
B913
B9140
B908
B9096
B910
B914
B915
B912
B9037
B9156
B916
B981
B925
B9157
B902
B9132
B810
B805
B825
B803
B9080
B903
B8033
B998
B8028
P+R
KINROSS

DUNDEE
Tay Road Bridge
Broughty Ferry
Monifieth
Carnoustie
Barry
DANGER AREA
BUDDON NESS
FIRTH OF TAY
Newport-on-Tay
Tayport
Wormit
Tay Bridge
TENTSMUIR FOREST
Tentsmuir Sands
Invergowrie
Longforgan
Kingoodie
Inchture
Abernyte
Errol
CARSE OF GOWRIE
Balmerino
Gauldry
Pickletillem
Leuchars
Guardbridge
Eden Estuary Centre
ST ANDREWS BAY
St Andrews
Aquarium
British Golf
Buddo Ness
Boarhills
Kingsbarns
FIFE NESS
Craighead
Crail
Newburgh
Lindores
Auchtermuchty
Collessie
Monimail
Cupar
Dairsie or Osnaburgh
Strathkinness
Kemback
Ceres
Pitscottie
Springfield
Ladybank
Pitlessie
HOWE OF FIFE
Kingskettle
Falkland
Freuchie
Kettlebridge
FIFE
Largoward
Lathones
Peat Inn
Backmuir of New Gilston
Kilrenny
Anstruther Wester
Anstruther Easter
Pittenweem
St Monans
Arncroach
Carnbee
Colinsburgh
Kilconquhar
Earlsferry
Elie
Chapel Ness
Sauchar Point
Ruddons Point
Largo Bay
Lower Largo
Lundin Links
Kirkton of Largo or Upper Largo
Kennoway
Leven
Methil
Buckhaven
Windygates
Markinch
Leslie
GLENROTHES
Milton of Balgonie
Coaltown of Balgonie
Thornton
East Wemyss
Coaltown of Wemyss
West Wemyss
Dysart
KIRKCALDY
Kinghorn
Pettycur
Burntisland
FIRTH OF FORTH
Inchkeith
Fidra
Lamb
Craigleith
Bass Rock
Eyebroughy
North Berwick
Dirleton
Gullane
Gullane Bay
Aberlady
Aberlady Bay
Gosford Bay
EAST LOTHIAN
Kingston
Whitekirk
Tyninghame
East Fortune
Athelstaneford
East Linton
Haddington
Longniddry
Cockenzie and Port Seton
Prestonpans
EDINBURGH
Leith
Newhaven
A90
A92
A91
A914
A915
A916
A917
A913
A911
A912
A921
A955
A198
A199
A1

138

Oban to Lochboisdale 5hrs. 20mins. (Seasonal)

Oban to Castlebay 5hrs.

Tiree to Barra 2hrs. 45mins. (Seasonal)

COLL

Cairns of Coll
Eag na Maoile
Eilean Mór
Rubha Mór
Bousd
Rubh'a' Bhinnein
Cornaigmore
Sorisdale
Loch Fada
Cliad Bay
Grishipoll
Rubha Hogh
Clabhach
Loch Cliad
Bagh Feisdlum
Hogh Bay
Ben Nogh 340
Arinagour
Stables
Totronald
Loch nan Cinneachan
Loch Anlaimh
Feall Bay
Loch Coll
Acha
Uig
Eilean Ornsay
Port na h-Eathar
Calgary Point
Loch Breachacha
Oban to Tiree 2hrs. 40mins. (Seasonal)
Gunna
Caolas Bay
Crossapol Bay
Soa
Port a' Mhurain
Gunna Sound

TIREE

Hough Skerries
Sraid Ruadh
Cornaigmore
Balephetrish Bay
Vaul Bay
Miodar
Carnan
Rubha Dubh
Treshnish
Coll to Tiree 55mins
Balevullin
Kilmoluaig
Hough
Cornaigbeg
Balephetrish
Salum
Vaul
Ruaig
Gaolas
Kenovay
TIREE (Port Adhair Thiodh)
Gott
Kirkapol
Cairn na Burgh Beg
Kilkenneth
Moss
An Iodhlann
Gott Bay
Sandaig
Loch an Eilein
Scarinish
Fladda
Middleton
Crossapol
Baugh
Heanish
Rubha Tràigh an Duin
Port Mor
Berrapol
Heylipol
Hynish Bay
Island Life
Loch a Phuill
Balephuil
Balemartine
Mannal
Lunga
Balephuil Bay
West Hynish
Hynish
Treshnish Isles
Skerryvore Lighthouse
Port Snoig
Bac Mor or Dutchman's Cap
Bac Beag

INNER HEBRIDES

Staffa
Fingal's Cave

Réidh Eilean
Eilean Annraidh
Rubha nan Cearc
Maclean's Cross
Abbey & Nunnery
Kintra
Creich

An Sgurr 1292
Galmisdale
Rubha na Crannaig
Eilean Chathastail
Sgeir Eskernish
Sound of Eigg
Eigg to Muck 35mins
Mallaig to Muck
Eilean nan Each
Gòdag
146
MUCK
Port Mòr
Dubh Sgeir
Rubh' Arisaig
Eilean a' Ghaill
Eilean an t-Snidhe
Camas Ghaoideil
Sound of Arisaig
Eilean nan Gobhar
Glen Cottage
Druimindarroch
Loch nan Uamh
Prince's Cairn
Polnish
Loch Doire
Loch Ailort
Roshven
A861
Samalaman Island
Glenuig Bay
Samalaman
Smirisary
Glenuig
Loch na Bairness
Lochan na Cloiche Sgoilte
Sgurr Dhomhuill Mòr
Loch nam Paitean
Rubh' Aird an Fheidh
Eilean Shona
Baramore
Arean
MOIDART
Loch Moidart
Castle Tioram
Kinlochmoidart
Ardmolich
Brunery
Rubha Aird Druimnich
Ockle Point
Farquhar's Point
Ardtoe
Newton of Ardtoe
Shielfoot
Dalnabreck
Dalelia
Blain
Kentra
Langal
Mingarrypark
Moss
Shiel Br.
Kentra Bay
B8044
Arivegaig
Acharacle
Ardshealach
Gorteneorn
Port Bàn
Kilmory
Fascadale
Achateny
Branault
Ockle
Acarsad
Beinn Bhraec 1171
Gortenfern
Sanna Point
Sanna Bay
Sanna
Portuairk
Achnaha
Ardnamurchan Lighthouse
Point of Ardnamurchan
Achosnich
Meall nan Con 1433
ARDNAMURCHAN
B8007
Loch Mudle
1026 Beinn nan Losgann
Leac Shoilleir
Lochan Sligneach
Meall nan Each 1607
Salen
Resipole
Loch Caorach
Beinn Na Seilg 1123
Kilchoan
Mingary
Mingary Castle
Ormsaigmore
Ormsaigbeg
Ben Hiant 1731
Lochan nam Fiann
Loch Laga
Ben Laga 1679
An Acairseid
Kilchoan Bay
Maclean's Nose
Cladh Chiarain Burial Ground
Glenmore
Glenbeg
Ardnamurchan Natural History Centre
Glenborrodale
Ardslignish
Laga
Loch Sunart
Oronsay
Risga
Carna
Coll to Oban 2hrs. 45mins.
35mins
Ardmore Bay
Ardmore Point
Rubha nan Gall
Auliston Point
Glencripesdale
Meall an Damhain 1693
Quinish Point
Glengorm Castle
Meall an Inbhire 865
An Tobar
Mull
Tobermory
Hebridean Whale and Dolphin Trust
Tobermory Distillery
Isle of Mull Cheese
Nc'nean Distillery
HIGHLAND
Beinn Iadain 1873
Kinloch
Loch Teacuis
Caliach Point
Croig
'S Airde Beinn 959
Calve Island
Drimnin
B849
Beinn Bhuidhe 1481
Loch Doire nam Mart
Lochanan Dubha
Rahoy Hills
Loch an Torr
Loch a' Chumhainn
Dervaig
B8073
Loch Peallach
Sound of Mull
MORVERN
Sithean na Raplaich
1806
An t-Aoineadh Mòr Deserted Village
Beinn na h-Uamha
Calgary
Cruachan Druim na Croise 866
Rhemore
Loch Arienas
Claggan
Calgary Bay
Old Byre Heritage Centre
AROS
Killundine
A884
Carn Mòr 1122
Speinne Mòr 1458
Loch Frisa
Ardnacross
Ensay
Kengharair
Lettermore
Salen Forest
A848
Calsteal nan Con
Larachbeg
Fiunary Forest
Ardtornish
Haunn
River Bellart
Tenga
Fiunary
Achranich
B8073
Kilninian
Aros River
Aros Mains
Aros Castle
Lochaline
Loch Aline
Rubh a' Chaoil
Burg
Achleck
Cnoc an da Chinn
Crannich
Fanmore 1280
ARGYLL
Rubha Mòr
Glenforsa
Glais Bheinn 1570
Lochan Mar a' Chullaich
Loch Tuath
Ballygown
Beinn na Drise 1392
Salen
Fishnish Bay
Eilean Dioghlum
Eas Fors Waterfall
Fishnish
Ardtornish Castle
Inninmore Bay
Gometra House
Laggan Bay
Lagganulva
Killiechronan
Bailemeanach
Gometra
Beinn Chreagach 1026
Kellan
Gruline
Loch na Dàinidh
Garmony
Isle of Ulva Heritage Centre
Ulva House
ULVA
Oskamull
Macquarie Mausoleum
Beinn Bhuidhe 1352
Beinn Chreagach Mhòr 1903
Salen Forest
Scallastle Bay
Màisgeir
Sound of Ulva
Eorsa
Loch na Keal
Knock
Loch Bà
Glen Forsa
Eilean na Creiche
Samalan Island
Beinn a' Ghràig 1939
Tomsléibhe
Craignure Bay
Craignure
Little Colonsay
Inch Kenneth
Chapel
B8035
Derryguaig
Clachaig
Glen Cannel
Beinn Talaidh 2502
Dùn da Ghaoithe 2512
Wings Over Mull
Duart Bay
Gribun
BUTE
ISLE OF MULL
Glen
Sgurr Dearg 2429
Lochan an Doire Dharaich
Lochdon
BEN MORE 3171
Glen More
Oakbank
Loch Bearnach
Coirc Bheinn 1837
Corra-bheinn 2311
Lussa River
A849
Erisgeir
Gleann Seilisdeir
Bein na Srèine 1704
Strathcoil
Loch Don
Creach Bheinn 1613
Glen More
Coladoir River
Loch Sguabain
Carn Ban 812
ARDMEANACH
132
Loch Airdeglais
Creach Beinn 2290
Rubha na h Uamha
MacCulloch's Fossil Tree
Tiroran
Kilfinichen Bay
Ben Buie 2354
Kinlochspelve
Loch Spelve
Croggan
Tavool House
Port na Croise
Loch Scridain
Loch Fuaran
Garbh Phort
Pennyghael
Beinn na Croise
Lochbuie
Moy Castle
Loch Uisg

Sound of Arisaig
Rubh' Arisaig
Eilean a' Ghaill
Eilean an t-Snidhe
Glen Cottage
Druimindarroch
Loch nan Uamh
Prince's Cairn
Polnish
Loch na Creige Duibhe
Lochailort
A830
Ranochan
Glas-cham 2076
Sgurr an Utha 2610
Slios Garbh
Beoraid
Loch Eilt
Inverailort
Loch Doire a' Ghearrain
The Jacobite
Glenfinnan
Glenfinnan Monument
Station
Viaduct
Eilean nan Gobhar
Samalaman Island
Glenuig Bay
Roshven
A861
ROIS-BHEINN 2895
Druim Fiaclach 2852
Croit Bheinn 2175
Beinn Odhar Bheag 2895
Samalaman
Smirisary
Glenuig
Loch na Bairness
Lochan na Cloiche Sgoilte
Sgurr Dhomhuill Mor
River Moidart
Beinn Gàire 2179
Loch nam Paitean
Rubh' Aird an Fheidh
Meall nan Creag Leac
Sgorr Craobh a' Chaorainn
Shiel
Baramore
M O I D A R T
Eilean Shona
Rubha Aird Druimnich
Arean
Moidart
Kinlochmoidart
Ardmolich
Brunery
Gaskan
Scamodale
Loch
Farquhar's Point
Castle Tioram
Newton of Ardtoe
Ardtoe
Sgorr an Tarmachain 2474
Beinn Mheadhoin 2579
Lochan Dubh
Cona Glen
Cona River
Druim Leathad nam Fias 1893
Ockle
Beinn Bhraec 1171
Shielfoot
Kentra
Kentra Bay
Blain
Dalnabreck
Langal
Dalelia
Gortenfern
Shiel Br.
Mingarrypark
Moss
B8044
Arivegaig
Acharacle
Polloch
Loch Doilet
Glenhurich
Glen Hurich
River Hurich
Gorteneorn
Ardshealach
U R C H A N
Sgurr Dhomhnuill
Glen Scaddle
A R D G O U R
Lochan na Beinne Bàine
Leac Shoilleir
Lochan Sligneach
S U N A R T
2775
Beinn Resipol
Meall nan Each 1607
A861
Salen
Resipole
Ariundle
Lochan nam Fiann
Loch Laga
Scotstown
Strontian River
Glen Gour
River Gour
Glenmore
Glenbeg
Ardnamurchan Natural History Centre
Glenborrodale
Ben Laga 1679
Ardery
Sunart
Anaheilt
Strontian
Garbh Bheinn 2903
Ardslignish
B8007
Laga
Loch
Ardnastang
Glen Tarbert
Oronsay
Risga
Carna
Glencripesdale Burn
Meall an Damhain 1693
Laudale House
A884
River Tarbert
Inversanda
Inversanda Bay
Beinn nam Beathrach 1911
Creach Bheinn 2798
Beinn Iadain 1873
Lochuisge
B8043
Fuar Bheinn 2511
Kilmalieu
Bun Allt na Criche
Nc'nean Distillery
Kinloch
Dubh
Loch Uisge
Beinn Chlaonleud 1569
Camas Chil-Mhalieu
Rubha Mor
Drimnin
B849
Beinn Bhuidhe 1481
Lochanan Dubha
Rahoy Hills
Loch Doire nam Mart
Beitheach
Kingairloch
Bheinn na Cille 2136
Loch a' Choire
Camasnacroise
Eilean Bainagowan
M O R V E R N
1806
Sìthean na Raplaich
An t-Aoineadh Mor Deserted Village
Beinn Mheadhoin 2423
Rhemore
Loch Arienas
Claggan
Gleann Geal
Killundine
Caisteal nan Con
A884
Funary Forest
Larachbeg
Ardtornish
Loch Tearnait
Beinn a' Chaisil 1431
Glensanda Castle
Camas Airigh Shamhraidh
Shuna Island
Castle Shuna
Sound of Shuna
Stalker
Portnacroish
Aros Mains
Aros Castle
Sound of Mull
Fiunary
Achranich
Rannoch River
Loch nan Clach
Glensanda
Port a' Chaisteil
Eilean nan Caorach
Port Ramsay
Port Appin
Kinlochlaich
Appin
Lochaline
Loch Aline
Eilean Loch Oscair
Drumneil House
Salen
Glenforsa
Rubha Mòr
Fishnish Bay
Fishnish
Glais Bheinn 1570
Lochan Mam a' Chullaich
An Sleaghach 1684
Eignaig
Castle Coeffin
B8045
North Shian
Clachan
Tirefour Castle Broch
Isle of Lismore Gaelic Heritage
Eriska
A849
Bailemeonach
Garmony
Ardtornish Castle
Inninmore Bay
Camas Gorn
LISMORE
Balliveolan
Killandrist
Achnacroish
Scottish Sea Life Sanctuary
Loch Creran
Barcaldine
B8035
Loch na Dairidh
Beinn Bhuidhe 1352
Macquarie Mausoleum
Beinn Chreagach Mhor 1903
Scallastle Bay
RUBHA AN RIDIRE
Bernera Island
Achadun Castle
Achinduin
Kilcheran
Eilean Dubh
Baravullin
Park
A828
Kiel Crofts
Benderloch
Ledaig
I S L E
Craignure Bay
Craignure
Tomsléibhe
Dùn da Ghaoithe 2512
Barr Mor
Loch Fiart
Creag Island
Pladda Island
Oban to Lismore 50mins.
Camas Nathais
Ardmucknish Bay
Rubha Garbh-àird
O F
Beinn Talaidh 2502
Sgurr Dearg 2429
Wings over Mull
Duart Bay
Duart
Duart Point
Eilean Musdile
Oban to Craignure 45mins.
Dunstaffnage
Oban
South Ledaig
Falls of Lora
Black Crofts
Connel
A85
Achaleven
Stonefield
Ardchattan Priory
M U L L
Corra-bheinn 2311
Lochan an Doire Dharaich
Lochdon
Oakbank
Loch Beanach
Loch Don
Ganavan
Dunbeg
Lusragan Burn
A R G Y L L
Black Lochs
Fearnoch Forest
Glen Lussa River
A849
Grass Point
Eilean nan Gramhna
Dunollie
War & Peace
McCaig's Tower
OBAN
Strathcoil
Coladoir River
Loch Sguabain
Carn Ban 812
Balliemore
KERRERA
Pulpit Hill
Distillery
Dalintart
Croinhead 1257
Glen Lonan
Loch Airdeglais
Creach Beinn 2290
Loch Spelve
Bach Island
Carn Breugach
Gylen Castle
Sound of Kerrera
Ben Buie 2354
Loch Fuaron
Kinlochspelve
Croggan
Loch Nell
Beinn Ghlas 1691
Beinn na Croise 1649
Lochbuie
Moy Castle
Standing
Loch Uisg
Dubh Sgeir
Rubha Seanach
Loch Seil
Kilbride
Cleigh
Kilmore

FORT WILLIAM
Corpach
Caol
Banavie
Lochyside
Inverlochy
Claggan
Camaghael
Torlundy
Spean Bridge
Gairlochy
Stronenaba
Brackletter
Highbridge
Commando Memorial
Commando
Muirshearlich
Inverroy
Roybridge
Bunroy
Achluachrach
Glen Spean
Monessie Falls
Inverlair Falls
Braes o' Lochaber
Bohenie
Creag Dhubh 2160
Allt Glas Dhoire
Fersit
Beinn Chlianaig 2343
Leanachan Forest
Crofting
Creag Aoil
Nevis Range Gondola
Tor Castle
Neptune's Staircase
Treasures of the Earth
The Jacobite
Loch Eil
A830
A861
A82
A86
B8004
Caledonian Canal
River Loy
Glen Loy
Druim Fada
Stob a' Ghrianain
Gleann Suileag
An t-Suileag
Beinn an t-Sneachda
Fassfern
Achdalieu
Locheil
Corriebeg
South Garvan
Duisky
Blaich
Achaphubuil
Camusnagaul
Trislaig
Stronchreggan
Stob Coire a' Chearcaill 2528
Ben Nevis Distillery
Victoria Bridge
Inverlochy 1645
Bridge of Nevis
Glen Nevis
West Highland
Lime Tree Gallery
Rocking Stone
Nevis Forest
Ach'an Todhair
Druimarbin
Blarmachfoldach
River Kiachnish
Conaglen
Inverscaddle Bay
Lochan Meall an t-Suidhe
BEN NEVIS 4411
AONACH BEAG 4048
Killiechonate Forest
Stob Choire Claurigh 3858
Stob Coire Easain
Stob Coire Easain 3658
Loch Treig
Chno Dearg 3433
Loch Na Lap
Beinn na Lap
Loch Ossian
Allt Coire an Eoin
The Cour
Allt Laire
Lairig Leacach
Creaguaineach Lodge
Abhainn Rath
Glen Nevis Waterslide
Uamh Shomhairle
Water of Nevis
Steall Falls
Achriabhach
Achriabhach Falls
Glen Nevis Lower Falls
Sgurr a' Mhàim 3601
Mullach nan Coirean
MAMORE FOREST
Binnein Mòr 3700
Loch Eilde Beag
Loch Eilde Mòr
Loch na Sgeallaig
Leum Uilleim 2971
Sgurr na h-Eanchainne 2395
A861
Narrows
Lochan Lùnn Dà-Bhrà
Beinn na Gucaig 2022
Glenrigh Forest
Ardgour
Corran
Clovullin
Inchree
Inchree Falls
Bunree
Onich
Sallachan Point
Mam na Gualainn 2611
Lairig Mòire
Grey Mare's Tail
Kinlochmore
Kinlochleven
Aluminium Story
River Leven
Loch Leven
B863
North Ballachulish
Glencoe & North Lorn Folk
Bridge of Coe
Glencoe
South Ballachulish
Ballachulish
Monument
Garbh Bheinn 2844
Pap of Glencoe 2430
Aonach Eagach
Clachaig
Blackwater Reservoir
Ciaran Water
Black Water
Meall nan Ruadhag 2120
Stob a' Ghruaiche 2423
A' CHRUACH
Black Corries
Beinn a' Chrùlaiste 2811
Altnafeadh
Kingshouse
Coe
The Three Sisters
Ossian's Cave
Glencoe Gorge
Bidean nam Bian 3766
Buachaille Etive Beag
Buachaille Etive Mòr
River Coupall
Royal Forest
Kentallen
A828
Duror
Achindarroch
Beinn a' Bheithir
Glenduror Forest
Glen Duror
Gleann an Fhiodh
Meall Mòr
Fraochaidh 2883
Creran Forest
Sgurr na h-Ulaidh 3258
Beinn Maol Chaluim 2774
Dalness
Etive
White Corries
Lochan Gaineamhach
RANNOCH
Loch Laidon
Lochan Coire na Mèinne
Loch Bà
Clach Leathad 3602
Salachan Glen
Glen Creran
Beinn Fhionnlaidh 3145
Elleric
Fasnacloich
Glen Ure
Loch Baile Mhic Chailein
Invercreran
An Iola
Beinn Churalain 1792
3059
2807
Beinn Sgulaird
Invercharnan
Stob Dubh 2897
Aonach Mòr
Allt Coire a' Chaorain
River Bà
Lochan na h-Achlaise
BLACK MOUNT
Water of Tulla
Gualachulain
Glen Etive
Beinn Trilleachan 2752
Stob Coir an Albannaich 3425
Allt Dochard
3565 Stob Ghabhar
Achallader
Beinn Achaladair 3404
Beinn a' Chreachain 3540
South Creagan
Allt Easach
Creach Bheinn 2656
Abhainn Dalach
Ben Starav 3541
Loch Dochard
Black Mount
Loch Tulla
Victoria Bri.
Beinn an Dòthaidh 3267
Beinn Mhanach 3125
Beinn nan Aighenan 3141
Allt Hallater
Beinn Suidhe 2215
Allt Tolaghan
Bridge of Orchy
Dail
Glenkinglass Lodge
Beinn Inverveigh 2087
Beinn Dorain 3524
B845
River Esragan
Beinn Mheadhonach 2344
2327 Beinn nan Lus
Kinglass
2283 Meall Garbh
Allt Chonoghlais
Creag Mhòr 3387
Inveresragan
Inverliver
Glen Liver
Loch Etive
Craig
Glennoe
Glen Noe
Beinn Mhic-Mhonaidh 2602
Glen Orchy
B8074
Beinn Udlaidh 2759
Beinn Bhreac-liath 2633
Beinn Odhar 2948
Ben Challum 3354
Bonawe
Airds Bay
Bonawe Historic Iron Furnace
Inverawe Smokery
A85
Beinn Eunaich 3242
Glen Strae
River Strae
Beinn Donachain 2127
Allt Mhoille
3695 BEN CRUACHAN
ARGYLL & BUTE
River Lochy
Lochan na Bi
Clifton
Tyndrum
The Green Welly Stop
Taynuilt
Ichrachan
Airdeny
Bridge of Awe
Glen Nant
Cruachan Reservoir
Beinn a' Bhuiridh 2941
Pass of Brander
River Awe
Falls of Cruachan
Cruachan Power Station
Loch Tromlee
B8077
Stronmilchan
Lochawe
Kilchurn
St Conan's Kirk
Kinchrackine
Dalmally
Duncan Ban MacIntyre Monument
Edendonich
Achnafalnich
River Orchy
Beinn na Sròine
Eas a' Ghaill
Ben Lui 3708
Beinn Dubhchraig 3204
Fiarach 2132
Cononish
Strath Fillan
Loch Dochart
Fraoch
148
149
134
142

142
A
B
C
D
149
28
A86
A9
Moy Forest
Moy Lodge
Loch Laggan Resr.
Chaorainn 3437
Creag Dhubh 2160
Bohenie
Achluachrach
Tulloch
Fersit
Binnein Shuas
Ardverikie Forest
Geal Charn 3443
Lochan an Turic
Meall Luidh Mòr
Loch a' Bhealaich Leamhain
Beinn a' Chlachair 3569
Loch Pattack
River Pattack
Meall Cruaidh 2941
Loch Ericht Forest
Creagan Mòr 2522
Carn na Caim 3087
Loch an Duin
Ben Alder Lodge
Geal Charn 3005
A' Bhuidheanach Bheag 3072
Sronphadruig Lodge
Glas Mheall Mòr 3037
HIGHLAND
Loch Treig
Stob Coire Easain 3658
Chno Dearg 3433
Loch Ghuilbinn
Aonach Beag 3647
Loch An Sgòir
An Lairig 3391
Càrn Dearg
An Torc or Boar of Badenoch 3174
The Sow of Atholl
Pass of Drumochter
Beinn Udlamain 3306
FOREST
Dalnacardoch Forest
Dalnaspidal Lodge
Edendon Water
Loch Na Lap
River Ossian
Ben Alder 3765
Loch a' Bhealaich Bheithe
Ben Alder Forest
Loch Ericht
Corrievarkie Lodge
GLEN
Beinn na Lap
Corrour Shooting Lodge
Loch Ossian
Corrour Forest
Uisge Labhair
Sgòr Gaibhre 3124
Stob an Aonaich Mhòir 2805
Talla Bheith Forest
Loch Garry
2544 Meall na Leitreach
Dalnacardoch Lodge
Loch Con
Carn Dearg 3080
Loch na Sgeallaig
Leum Uilleim 2971
Rannoch Forest
Beinn Mholach 2759
Loch Errochty
Allt Sleibh
Trinafour
Craiganour Forest
Sròn Bheag 1631
Loch Mheugaidh
Loch na Caillich
2927 Beinn a' Chuallaich
B847
Reservoir
Black Water
Lochan Sròn Smeur
Lochan Lòin nan Donnlaich
River Ericht
Killichonan
Craiganour Lodge
B846
Bridge of Ericht
Loch Rannoch
Kinloch Rannoch
Dunalastair
Dunalastair Water
Tempar
141
Stob na Cruaiche 2423
Rannoch Station
Loch Eigheach
River Gaur
Bridge of Gaur
Finnart
Loch Finnart
Camghouran
Carie
Dall House
A' CHRUACH
Loch Laidon
Lochan Coire na Mèinne
Loch Monaghan
TAY FOREST PARK
Schiehallion 3554
RANNOCH MOOR
GRAMPIAN
Meall a' Mhuic 2444
Meall Buidhe 3054
Carn Gorm 3377
Carn Mairg 3419
Cam Chreag 2823
Meall Cruinn 2717
Bridge of Balgie
Innerwick
Camusvrachan
Invervar
Carnbane Castle
River Lyon
Bridge of Lyon
MOUNT
Water of Tulla
Loch an Daimh
Stuchd an Lochain 3144
Gallin
Glen Lyon
Achallader
Beinn a' Chreachain 3540
Beinn Achaladair 3404
Meall Buidhe
Meall Luaidhe 2558
Meall Garbh 3661
Lochan nan Cat
BEN LAWERS 3984
Fearnan
Beinn Mhanach 3125
Beinn an Dòthaidh 3267
Bridge of Orchy
Cashlie
Stronuich Reservoir
Loch Lyon
Sgiath Bhuidhe
Meall Taurnie
Meall Ghaordie 3410
3421 Meall nan Tarmachan
Lochan na Lairige
Ben Lawers
Lawers
Meall Odhar
Ardtalnaig
Carie
Beinn Dorain 3524
Beinn Heasgarnich 3530
Kenknock
Glen Lochay
Creag Mhor 3387
Forest of Mamlorn
River Lochay
BREADALBANE
A82
A827
Morenish
Milton Morenish
Loch Tay
Ardeonaig
Tullich Hill
Falls of Lochay
Moirlanich Longhouse
Finlarig Castle
Killin
Falls of Dochart
Creag Mhor 2359
Beinn Cheathaich 3076
3007 Meall a' Churain
Ben Challum 3354
Beinn nan Imirean 2769
Creag Gharbh 2090
Creag Uchdag 2883
Lochan Breaclaich
STIRLING
Clifton
The Green Welly Stop
Tyndrum
Auchtertyre
Auchlyne West Burn
R. Dochart
134
135
A85
Beinn Lebhain 2312
Lochdochart House
Glen Dochart
Luib
Ardchyle
Loch Lubhair
Strath Fillan
Loch Dochart
Glen Ogle
Creag Each 2205
Glen Tarken
Loch Boltachan
Beinn Dubhchraig 3204
Fiarach 2132
BEN MORE
Meall a' Mhadaidh
St Fillans

143
144
150
151
136
CAIRNGORMS NATIONAL PARK
MOUNTAINS
FOREST OF ATHOLL
GARRY
PERTH
ROSS
APPIN OF DULL
STRATH TAY
STRATHARDLE
TAY FOREST PARK
Tummel Forest
Dalnamein Forest
Forest of Clunie
Blackcraig Forest
Craigvinean Forest
STRATHORD FOREST
BEINN DEARG 3307
Beinn Bhreac 2992
Uchd a' Chlarsair 2587
An Sgarsoch 3300
Carn Bhac 3014
Baddoch
Beinn Iutharn Mhòr 3424
Carn an Righ 3377
Glas Tulaichean 3449
Beinn a' Ghlo 3673
Ben Vuirich 2962
Carn Liath 3197
Ben Vrackie 2760
Ben Gulabin 2641
Carn an Daimh 2470
The Cairnwell 3059
Glenlochsie Lodge
Spittal of Glenshee
Bruar Lodge
Forest Lodge
Dalnamein Lodge
Calvine
Struan
Pitagowan
Blair Atholl
Old Blair
Old Bridge of Tilt
Ballentoul
Tirinie
Falls of Bruar
Clan Donnachaidh
Blair Castle
Atholl Country Life
Aldclune
Killiecrankie
Pass of Killiecrankie
Claverhouse Stone
1689
Tenandry
Straloch
Enochdhu
Dirnanean
Whitefield Castle
Kirkmichael
Loch Tummel
Tummel Bridge
Tressait
Queen's View Centre
Foss
Linn of Tummel
Moulin
Pitlochry
Caisteal Dubh
Edradour Distillery
Loch Faskally
Explorers
Pitlochry Hydro Electric
Dunfallandy Stone
Craigower Hill
Ballinluig
Tulliemet
Pitnacree
Strathtay
Grandtully
Haugh of Ballechin
Little Ballinluig
Balnaguard
Logierait
Derculich
Cluny House
Castle Menzies
Weem
Boltachan
Pitcairn
Aberfeldy
Dewar's Aberfeldy
Black Watch Memorial
Wade's Bridge
Camserney
Dull
Keltneyburn
Comrie Castle
Fortingall
Fortingall Yew Tree
Fortingall Standing Stones
Drummond Hill
Kenmore
Scottish Crannog Centre
Acharn
Falls of Acharn
Bolfracks
Falls of Moness
Kindallachan
Guay
Dowally
Kincraigie
Dalguise
Riemore Lodge
Butterstone
Forneth
Clunie
Clunie Castle
Craigie
Kirkton of Lethendy
Dunkeld
Little Dunkeld
Birnam
Inver
Ossian's Hall
Hermitage
Ossian's Cave
Beatrix Potter Centre
Caputh
Spittalfield
Kingswood
Gellyburn
Murthly
Ardoch
Waterloo
Bankfoot
Airntully
Stanley
Luncarty
Stormontfield
Tullybeagles Lodge
Little Glenshee
Trochry
Strathbraan
Amulree
Wester Shian
Garrow
Croftmill
Auchnafree
Newton Bridge
Chapelhill
Moneydie
Harrietfield
Buchanty
Tulchan
Glenalmond
Pitcairngreen
Almondbank
Methven
Huntingtower
Busby
Keillour
Braegrum
Fowlis
Invergeldie
Monzie
Scone Palace
Old Scone
Muirton
PERTH
Ben Chonzie 3048
Loch Turret Reservoir
A9
A93
A924
A827
A826
A822
A923
A984
A85
B8079
B847
B8019
B846
B898
B8063
B867
B9099
B950
E
F
G
H
1
2
3
4
5

144
151
143
136
137
CAIRNGORMS
NATIONAL PARK
PERTH
&
KINROSS
ANGUS
SIDLAW HILLS
STRATHARDLE
GLAS MAOL
Balmoral Estate
Loch Callater
White Mouth
Dubh Loch
Glas-allt Shiel
Loch Muick
Water of Mark
Ladder Burn
Burn of Brany
North Esk
Glen Lee
Creag nan Gabhar
Baddoch
Sgor Mór
Cairn Bannoch
Cairn an Tuirc
Broad Cairn
Tolmount
Loch Esk
Black Hill of Mark
Easter Balloch
Monawee
Kirkton
Invermark Castle
Loch Lee
Carlochy
Loch Vrotachan
Loch nan Eun
The Cairnwell
Devil's Elbow
Caenlochan Forest
Creag Leacach
Glen Doll
Glendoll Forest
Acharn
Lair of Aldararie
Water of Unich
Muckle Cairn
Cruys
Loch Brandy
Loch Wharral
Ben Tirran
Glenlochsie Lodge
Cam a' Gheoidh
Ben Gulabin
Carn an Daimh
Monamenach
Finalty Hill
Mayar
Driesh
Cairn Inks
Clova
Cairn of Barns
White Hill
Hunthill Lodge
Hill of Berran
Meall a' Choire Bhuidhe
Ben Earb
Spittal of Glenshee
Auchavan
Loch Beanie
Cairn Baddoch
Rottal
Finbracks
Hill of Glansie
Badandum Hill
Glen Finlet
Glen Damff
Runtaleave
Glen Prosen
Balnaboth
Hill of Couternach
Glenprosen Village
Glenmoy
Auld Darkney
Hill of Garbet
Meall Uaine
Mealna Letter or Duchray Hill
Eskielawn
Clach na Coileach
Cray
Folda
Auchintaple Loch
Glenhead Farm
Easter Lednathie
Pinderachy
Auchnacree
Glenogil
Deuchar
Easter Ogil
Noranside
Dirnanean
Enochdhu
Whitefield Castle
Lamh Dearg
Mount Blair
Loch Shandra
Backwater Reservoir
Kirkton of Glenisla
Brewlands Bridge
Blacklunans
Captain Scott & Dr Wilson Cairn
Cat Law
Dykehead
Cortachy
Redwings Horse Sanctuary (Mountains)
Kirkmichael
Cairn Gibbs
Creigh Hill
Balintore
Pearsie
Prosen Bridge
Memus
Shielhill Bridge
Shielhill
Oathlaw
Knock of Balmyle
Forest of Alyth
Dykend
Braes of Coul
Mile Hill
Kirkton of Kingoldrum
Camera Obscura
Northmuir
Kinnordy
Bogindollo
Ballintuim
River Ardle
Drumderg
Loch of Lintrathen
Bridgend of Lintrathen
Bridge of Craigisla
Milnacraig
Reekie Linn
J M Barrie's Birthplace
Kirriemuir
Westmuir
Maryton
Gateway to the Glens
Ballinshoe Tower
Padanaram
Meffan
Whitehills
Blackcraig Hill
Netherton
Stone Bridge
Tullymurdoch
Baldruff Hill
Kirkton of Airlie
Craigton
Roundyhill
Drumgley
Forfar Loch
FORFAR
Forest of Clunie
Loch Benachally
Bridge of Cally
Blackcraig Forest
Cochrage Muir
Hill of Alyth
Alyth
Ruthven
Gateside
St Orland's Stone
Dean Water
Eassie Sculptured Stone
Eassie
Bridgend
Glamis
Douglastown
Fothringham Hill
Glasclune Castle
Westfields of Rattray
New Alyth
Leitfie
Bridge of Crathies
Kirkton
Thornton
Foffarty
Carterhaugh
Charleston
Butterstone
Loch of Butterstone
Forneth
Blairgowrie
Kinloch
Rattray
Balkeerie
Kinkinch
Eassie and Nevay
Milton
Gateside
Inverarity
Clunie
Castle
Loch of Clunie
Loch of Drumellie
Craigie
Loch of Craiglush
Rosemount
Muirton of Ardblair
River Ericht
Meigle
Arthurstone
Sculptured Stone
Newbigging
Ardler
Ark Hill
Kinpurney Hill
Gallowfauld
Over Finlarg
Happas
Snaigow House
Kirkton of Lethendy
Lunan Burn
Monk Myre
Coupar Angus
Keillor
Hill of Keillor
Newtyle
Gallow Hill
Carrot Hill
Caputh
Spittalfield
Meikleour
Beech Hedge
Bridge of Isla
River Tay
Markethill
Kettins
Leys
Long Loch
Bonnyton
Kirkton of Auchterhouse
Hillside of Prieston
Tealing
Dovecot
Gellyburn
Murthly
Ardoch
Kinclaven Castle
Woodside
Campmuir
Burrelton
Pitcur
Lundie
Auchterhouse
North Dronley
Dronley
Earth House
Newbigging
Westhall Terrace
Wellbank
Cargill
Gallowhill
Laird's Loch
Piperdam Osprey Centre
Bridgefoot
Templeton Woods
Clatto
Clatto Res
Kellas
Murroes
Airntully
Wolfhill
Saucher
Muirhead
Fowlis
Birkhill
Downfield
Fintry
Whitfield
Stanley
Guildtown
Kinrossie
Collace
Dunsinane Hill
Kirkton of Collace
St Marnoch's Church
Liff
Benvie
Lochee
Camperdown
Mills Observatory
Claypotts Castle
Broughty Ferry
St Martins
Newmiln
Abernyte
Carse of Gowrie
Knapp
Castlehill
DUNDEE
Luncarty
Moneydie
Stormontfield
Perth Airport
Balbeggie
Kinnaird
Craigdallie
Inchture
Longforgan
Invergowrie
Kingoodie
Dundee Airport
V & A Dundee
Tay Road Bridge
Newport-on-Tay
Tayport
Bertha Loch
Pitcairngreen
Scone
Scone Palace
Old Scone
Huntingtower
Murton
Gannochy
PERTH
Westown
Rait
Pole Hill
Kilspindie
Pitroddie
Cairn o'Mohr Winery
Grange
Inchmichael
Firth of Tay
Tay Bridge
Wormit
Woodhaven
Balmerino
Kirkton
Bottomcraig
Pickletillem
Forest of Athole
A93
A924
A923
A926
A94
A984
A928
A932
A90
A85
A930
A92
A914
A9
B951
B950
B955
B954
B952
B953
B947
B9099
B957
B9128
B9127
B960
B961
B978
B946
B945
B8063

NORTH SEA
ABERDEENSHIRE
HOWE OF THE MEARNS
A N G U S
M E A R N S
Mount Battock
Hill of Fingray
Melncart
Cairn o' Mount
Glenfarquhar Lodge
Drumtochty Castle
Drumtochty Forest
Glenbervie
Drumlithie
Burnes Memorial
Brae of Glenbervie
Dunnottar
Thornyhive Bay
Crawton
Crawton Bay
Roadside of Catterline
Catterline
Braidon Bay
Fernieflatt
Todhead Point
Milton of Barras
Roadside of Kinneff
Kinneff
Little John's Haven
Bridge of Mondynes
Auchenblae
Glensaugh
Deer Dyke
Strathfinella Hill
Fordoun
Parkneuk
Bridge of Kair
Arbuthnott House
Grassic Gibbon Centre
Arbuthnott
Inverbervie
Bervie Bay
Knox Hill
Maggie Law Lifeboat
Gourdon
Easter Tulloch
Garvock
Benholm
Mill
Johnshaven
Chapelfield
Fettercairn
Distillery
Arch
Bent
Laurencekirk
West Burnside
Luthermuir
Inglismaldie Forest
Capo Long Barrow
Edzell
Dalhousie Memorial Arch
Gannochy
Auchmull
Hill of Wirren
Bulg
Glen Esk
Glenesk Folk
Tarfside
Cairncross
Millden Lodge
Colmeallie Stone Circle
Sturdy Hill
Burn of Calletar
Bridgend
Balfield
Brown Caterthun
White Caterthun
Peat Hill
Dunlappie
Hill of Menmuir
Kirkton of Menmuir
Tigerton
Tullo Hill
Balnamoon
Bellichill
Little Brechin
West Muir
Fern
Careston
Brechin Castle Centre
Inchbare
North Water Bridge
Marykirk
Craigo
North Craigo
Logie Pert
Logie
Pathhead
Lochside
St Cyrus
Hillside
Trinity
Maison Dieu
BRECHIN
Caledonian Railway
House of Dun
Dun
Kirkhill
Air Station
William Lamb Sculpture Studio
MONTROSE
Montrose Basin
Bridge of Dun
Barnhead
Inchbraoch
Ferryden
Kirkton of Craig
Usan
Maryton
Vayne Castle
Nether Careston
Tannadice
River South Esk
Netherton
Middle Drums
Montreathmont Forest
Montreathmont Moor
Finavon
Milton of Finavon
Crosston
Hill of Finavon
Aberlemno
Sculptured Stones
Turin Hill
Pitkennedy
Farnell
Westerton
Rossie Moor
Dunninald
Boddin Point
Braehead
Lunan
Lunan Bay
Red Castle
Lunanhead
Restenneth Priory
Rescobie
Rescobie Loch
Balgavies Loch
Dubton
Glasterlaw
Bolshan
Braikie Castle
Burnside
Guthrie
Kinnell
Kingsmuir
Dunnichen
Letham
Milldens
Pitmuies
Friockheim
Middleton
Inverkeilor
Ethie Haven
Red Head
Memorial Cairn
Lownie Moor
Craichie
Bowriefauld
Leysmill
Chapelton
Cononsyth
Colliston
Drunkendub
Whigstreet
Greystone
Redford
Kirkbuddo
Carmyllie
Marywell
Auchmithie
RM Condor
St Vigeans
Hayshead
Cliffburn
ARBROATH
Arbroath Signal Tower
Crombie
Arbirlot
Bonnington
Balcathie
Elliot
Kirkton of Monikie
Monikie
Monikie Reservoir
Craigton
Salmond's Muir
Muirdrum
Newbigging
Drumsturdy
Carlungie Earth House
Panbride
East Haven
Clayholes
Ardestie Earth House
Barry
Mill
CARNOUSTIE
Barnhill
Monifieth
DANGER AREA
Broughty Castle
BUDDON NESS
Tentsmuir
Tentsmuir Sands
TENTSMUIR FOREST
Bell Rock
A90
A92
A937
A935
A933
A934
A932
A930
B966
B974
B9120
B967
B9134
B9113
B965
B961
B978
B9127
B9128
B962
152
153
E
F
G
H
1
2
3
4
5

Bracadale
Rubha nan Clach
Fiskavaig
Dun Ard an t-Sabhail
Fernilea
B8009
Loch Harport
A863
Drynoch
Arnaval 1210
Carbost
Gleann Oraid
Talisker Distillery
Merkadale
Talisker Bay
154
River Drynoch
A87
Balmeanach
1456 Ben Lee
Peinchorran
Suisnish
Sconser to Raasay 25mins.
Loch Sligachan
Sconser
GLAMAIG 2542
Moll
Sligachan
Beinn nan Cuithean
Loch Sleadale
Eynort River
Beinn Bhreac 1468
Eynort
Glen Brittle Forest
Beinn Bhreac
ISLE OF SKYE
Glen Sligachan
River Sligachan
Loch Ainort
Luib
Glas Bheinn Mhòr 1852
MINGINISH
Loch Eynort
River Brittle
Glen Brittle
Sgurr nan Gillean 3167
Marsco 2414
An Dubh-sgeir
Stac an Tuill
Sgurr a' Ghreadaidh 3197
Harta Corrie
CUILLIN HILLS
Garbh-bheinn 2649
BLA BHEINN 3046
Bualintur
Glenbrittle
Sgurr Alasdair 3257
3037
Sgurr nan Eag
Loch Coruisk
Loch na Crèitheach
Sgurr na Stri 1623
Camasunary
Loch Brittle
Ceann na Beinne 736
Na Clachan Bhreige Stone Circle
Kirkibost
Kilmarie
Cnocan nan Gobhar Chambered Cairn
Ben Meabost 1128
Rubh' an Dunain Chambered Cairn
Soay Sound
464 Beinn Bhreac
Loch Scavaig
B8083
Elgol
Mol-chlach
SOAY
Glasnakille
Prince Charlie's Cave
Dun Grugaig
Eilean na h-Airde
Rubha na h-Easgainne
Tarskavaig Point
SEA OF THE HEBRIDES
INNER HEBRIDES
HIGH
170
CANNA
Carn a' Ghaill 693
Castle
Ceann Creag-airighe 426
A' Chill
An Coroghon
Garrisdale Point
Canna Harbour
Rùm to Canna 55mins.
Rubha Shamhnan Insir
Inver Dalavil
Mallaig to Canna 2hrs. (Seasonal)
Sanday
Kilmory
Camas Pliasgaig
Rubha Charn nan Cearc
Guirdil Bay
Sound of Canna
Kilmory Glen
Mullach Mòr 997
Muck to Canna 1hr. 35mins. (Seasonal)
Sgorr Mhòr 1273
Kinloch Glen
Kinloch Castle
Geur Rubha
Mallaig to Rùm 1hr. 20mins.
Loch Scresort
Kinloch
Orval 1874
Point of Sleat
Schooner Point
Sgorr Reidh
Long Loch
Loch Gainmhich
Eigg to Rùm 1hr. (Seasonal)
Oigh-sgeir
Glen Harris
Hallival
Askival 2663
Loch Fiachanis
RÙM
NATIONAL NATURE RESERVE
Ainshval 2552
Ruinsival
Sgurr nan Gillean
Loch Papadil
SOUND OF RÙM
Rubha nam Meirleach
Rùm to Muck 1hr. 10mins. (Seasonal)
Bay of Laig
Cleadale
Rubha nan Tri Chlach
Loch Beinn Tighe
Rubha an Fhasaidh
EIGG
Sandavore
Kildonnan
An Sgurr 1292
Rubha na Crannaig
Sgeir Eskernish
Galmisdale
Eilean Chathastail
1hr. 40mins. (Seasonal)
Sound of Eigg
Eigg to Muck 35mins.
Mallaig to Muck
Eilean nan Each
Gòdag
Port Mor
138
139
MUCK
Dubh Sgeir

CROWLIN ISLANDS
Eyre Point
Sgeir Dhearg
Eilean Mòr
Loch
Stromeferry
Achmore
Plockton
Highland Farm
Craig
Loch nan Gillean
Longay
155
E
F
G
H
SCALPAY
Black Islands
Drumbuie
Duirinish
Loch Lundie
Loch Achaidh na h-Inich
Loch na Leitire
Sallachy
Killilan
Loch na h-Onaich
Mullach na Càrn 1298
Scalpay House
Dunan
Guillamon Island
Pabay
Kyle of Lochalsh
Erbusaig
Badicaul
Balmacara Square
Auchtertyre Hill
Auchtertyre
A890
Conchra
Loch Beinn a' Mheadhoin
Camas-luinie
Caolas Scalpay
A87
Plock of Kyle
Bright Water
Kyleakin
Caisteal Maol
Kyle Akin
Donald Murchison's Monument
Lochalsh Woodland
Balmacara
Kirkton
Nostie
Ardelve
Bundalloch
Carndu
Dornie
Loch Bhuic Mhòir
Loch nan Eun
Broadford Bay
Isle of Skye
Corry
Lower Breakish
Waterloo
Broadford
Breakish
Harrapool
Skulamus
Liveras Chambered Cairn
Loch Alsh
Ardintoul Point
Glas Eilean
Eilean Donan
Caisteal Grugaig Broch
Keppoch
Letterfearn
Sgurr an Airgid 2759
Inverinate
2403 Beinn na Caillich
Lochan na Sàile
Sgurr na Coinnich 2424
Kylerhea Otter Haven
Kyle Rhea
Glen Arroch
Beinn a' Chuirn 1977
Loch Duich
Ruarach
Lienassie
Countryside Centre
Morvich
Torrin
Loch Cill Chriosd
Suardal Chambered Cairn
Lochain Dubha
Kylerhea
Bernera
Galltair
Ratagan Forest
Ratagan
Invershiel
Ault a' chruinn
Kilbride
B8083
Clach na h'Annait
Loch Lonachan
Beinn nan Carn 983
A851
Ben Aslak 1984
Glenelg Bay
Glenelg
Dun Troddan Broch
Beinn a' Chaoinich
Shiel Bridge
Sgurr Mhic Bharraich 2553
Kintail Forest
Dun Kearstack Hillfort
Heaste
Beinn na Seamraig
Eilanreach
Chambered Cairn
Dun Telve Broch
Balvraid
Sgurr Fhuarain 3505
Drumfearn
Loch na Dal
Upper Sandaig
Beinn a' Chapuill 2434
Dun Grugaig Broch
FIVE SISTERS
Rubha Suisnish
Eilean Heast
Loch Eishort
Loch an Iasgaich
Sandaig Islands
Glenmore River
Glenshiel Forest
Ord
Sgorach Breac 981
Lochan Fada
Duisdalemore
Gallery an Talla Dearg
Màm an Staing
BEINN SGRITHEALL 3194
The Saddle 3319
Dunscaith Castle
Ord River
Ornsay
Isleornsay
Beinn nan Caorach 2539
Sgurr na Sgine 3098
Tokavaig
Camuscross
Eilean Ràrsaidh
Arnisdale
Tarskavaig
Achnacloich
Loch nan Uamh
Teangue
Knock Castle
Camas Baravaig
Camas Garbh
Dubh Lochain
Glen Arnisdale 2327
Druim Fada
Corran
Buidhe Bheinn 2884
Saasaig
Knock Bay
SLEAT
Loch Hourn
Loch Dhùghaill
Kilmore
Ferindonald
Inverguseran
Beinn na Caillich 2573
148
Kinloch Hourn
Sgurr a' Mhaoraich 3365
Loch a' Ghlinne
Kilbeg
Isles
Armadale Castle
Barrisdale Bay
Airor
Gleann Meadhonach
Ladhar Bheinn 3343
Sgurr nan Caorach 920
Armadale
Armadale Bay
Ardvasar
Bay Pottery
Gleann na Guiserein
Glen Barrisdale
Barrisdale River
Calligarry
An Fhaochag
KNOYDART
Sgurr a' Choire-bheithe 2994
Abhainn Chosaidh
Tormore
Sandaig
Sgurr Coire Choinnichean 2612
Luinne Bheinn 3083
Glean Cosaidh
Aird
Sandaig Bay
Scottas
Inverie
Gleann an Dubh-Lochain
Loch
Ard Thurinish
SOUND OF SLEAT
Inverie Bay
Loch an Dubh-Lochain
Meall Buidhe 3107
Lochan nam Breac
Mallaig to Armadale 25mins.
45mins.
30mins.
Kilchoan
Mallaig to Lochboisdale 3hrs. 30mins. (Seasonal)
Mallaig Bheag
Mallaig
1713 Sgurr an Eilein Ghiubhais
2hrs.
Loch Nevis
Sgurr Mòr 3290
Courteachan
Loch Bhraomisaig
Beinn Bhuidhe 2805
Sgurr na Ciche 3412
Heritage Centre
Glasnacardoch
Loch Eireagoraidh
Sgurr Coire nan Gobhar
A830
Loch an Nostarie
Stoul
Finiskaig
Mallaig to Eigg 1hr. 10mins.
Loch a' Ghille Ghobaich
NORTH
Lochan Stole
Ardnamurach
Glen Dessarry
River Dessarry
Lochan a' Mhàim
Beoraidbeg
Morar
Bracara
Sgurr Breac 2387
Glenancross
Kylesmorar
Tarbet
MORAR
Strathan
Camusdarach
Loch Morar
Carn Mòr 2718
Lòn Liath
The Jacobite
River Pean
Glen Pean
Portnaluchaig
B8008
Bunacaimb
SOUTH MORAR
An Stac 2356
Sgurr nan Coireachan 3136
Sgurr Thuilm 3164
Eilean Ighe
Back of Keppoch
Kinloid
Burn Sidhean Mòr 1970
Beinn nan Cabar 1888
River Meoble
Meith Bheinn 2328
Lochan a' Bhrodainn
Sgurr an Ursainn
Allt Cuirnean
Luinga Bheag
Loch nan Ceall
ARISAIG
Lochan Tain Mhic Dhughaill
River Finnan
Luinga Mhor
Arisaig
Borrodale
Glen Beasdale
Gleann Màma
Creag Bhàn 1675
Loch Beoraid
Land, Sea and Islands Centre
Loch nan Eala
Glen Cottage
Drumindarroch
Loch na Creige Duibhe
Slios Garbh
Glas-charn 2076
Sgurr an Utha 2610
Gleann Dubh Lighe
Rubh' Arisaig
Prince's Cairn
Polnish
Loch nan Uamh
Glen Finnan
Eilean a' Ghaill
Camas Ghaoideil
Lochailort
A830
Ranochan
Gleann Fionnlighe
Eilean an t-Snidhe
Sound of Arisaig
Loch Doire a' Ghearrain
Loch Eilt
Station
Viaduct
Inverailort
The Jacobite
Glenfinnan
Eilean nan Gobhar
Loch Ailort
140
Druim Fiaclach 2852
Glenfinnan Monument
Kinlocheil
Samalaman Island
Glenuig Bay
Roshven
A861
ROIS-BHEINN 2895
Beinn Odhar Bheag 2895
Callop River
Dubh Lighe
Samalaman
Croit Bheinn 2175
Loch Shiel
South Garvan
Smirisary
Glenuig
Sgurr Dhomhnuill Mòr
River Moidart
Sgorr Craobh a' Chaorainn
Glen Garvan
Rubh' Aird an Fheidh
Loch na Bairness
Lochan na Cloiche Sgoilte
Loch nam Paitean
Beinn Gàire 2179
Meall nan Creag Leac
1
2
3
4
5

148
156
147
140
141
A
B
C
D
1
2
3
4
5
Stromeferry
Achmore
Highland Farm
Craig
Loch nan Gillean
Loch na Leitire
Loch Lundie
A890
Gleann Udalain
Allt Gleann Udalain
Loch na h-Oanaich
Sallachy
Killilan
Long
Loch Beinn a' Mheadhoin
Sgùman Coinntich
2883
Killilan Forest
Aonach Buidhe
2949
Loch Mhoicean
An Riabhachan
3696
3508
3775
Glencannich Forest
Loch Mullardoch
Glen Cannich
Balmacara Square
Auchtertyre Hill
Auchtertyre
Balmacara
A87
Conchra
Bundalloch
Carndu
Camas-luinie
Glen Elchaig
River Elchaig
Loch nan Ealachan
Carnach
Allt na Doire Cairbhe
West Benula Forest
Coire Lochan
Carn Eighe
3880
Toll Creagach
3457
Doire Tana
Tom a' Chòinich
3646
Gleann nam Fiadh
Kirkton
Nostie
Ardelve
Dornie
Loch Alsh
Glas Eilean
Ardintoul Point
Eilean Donan
Caisteal Grugaig Broch
Keppoch
Letterfearn
Loch nan Eun
Loch Bhuic Mhòir
Inverinate Forest
Falls of Glomach
Loch na Leitreach
Gleann Sìthidh
Abhainn Sìthidh
Gleann a' Choilich
Abhainn a' Choilich
Sgurr na Lapaich
3401
Affric Lodge
Loch Beinn a' Mheadhoin
Loch Affric
Glen Affric
Guisachan
Beinn a' Chuirn
1977
Loch Duich
Inverinate
Sgurr an Airgid
2759
A' Ghlas-bheinn
3006
Loch a' Bhealaich
Sgurr nan Ceathreamhnan
3771
Ruarach
Lienassie
Countryside Centre
Morvich
Carn-gorm
Ault a' chruinn
Invershiel
Ratagan
Ratagan Forest
Shiel Bridge
Bernera
Galltair
Glenelg
Dun Troddan Broch
Chambered Cairn
Dun Telve Broch
Balvraid
Dun Grugaig Broch
Beinn a' Chaoinich
Glen More
Glenmore River
Beinn a' Chapuill
2434
BEINN FHADA OR BEN ATTOW
3385
Gleann Gniomhaidh
River Affric
Glenaffric Forest
Kintail Forest
Sgurr Mhic Bharraich
2553
Sgurr Fhuaran
3505
FIVE SISTERS
River Shiel
Glen Shiel
1719
Ciste Dhubh
3218
Mullach Fraoch-choire
3614
Allt Garbh
Aonach Shasuinn
2913
A' Chràlaig
3673
Sgurr nan Conbhairean
3634
Ceannacroc Forest
River Doe
NORTH WEST HIGHLANDS
BEINN SGRITHEALL
3194
Beinn nan Caorach
2539
Glenshiel Forest
The Saddle
3319
Sgurr na Sgine
3098
3282
Sgurr an Lochain
GLEN SHIEL
Cluanie Inn
Cluanie Lodge
Loch Cluanie
Arnisdale
Eilean Rarsaidh
Dubh Lochain
Corran
Glen Arnisdale
2327
Druim Fada
Buidhe Bheinn
2884
Glen Quoich
Cluanie Forest
Aonach air Chrith
3342
Maol Chinn-dearg
Beinn Loinne
Loch Hourn
Kinloch Hourn
Sgurr a' Mhaoraich
3365
Glenquoich Forest
Barrisdale Bay
Ladhar Bheinn
3343
Gleouraich
3394
River Loyne
Bunloinn Forest
Loch Loyne
Glen Loyne
HIGHLAND
East Glenquoich Forest
Loch Fearna
Glen Barrisdale
River Barrisdale
Sgurr a' Choire-bheithe
2994
Abhainn Chosaidh
Gleann Cosaidh
Loch Quoich
Luinne Bheinn
3083
Gleann an Dubh-Lochain
Loch an Dubh-Lochain
Meall Buidhe
3107
Lochan nam Breac
Gairich
3015
Gearr Garry
Kingie
Beinn Bheag
Lochan nan Sgùd
Ardochy House
Inchlaggan
Tomdoun
River Garry
Glen Garry
Loch Garry
Allt Choire a' Bhalachain
Glas Bheinn
1825
Sgurr Mòr
3290
Beinn Bhuidhe
2805
Sgurr na Ciche
3412
River Kingie
Glen Kingie
Lochan Dubh
Glengarry
Sron a' Choire Ghairbh
3066
Geal Charn
Finiskaig
Ardnamurach
Sgurr Breac
2387
Meall Blàir
2154
Loch Blàir
Sgurr Mhurlagain
2885
LOCHABER
Lochan a' Mhaim
Glen Dessarry
River Dessarry
Murlaggan
Strathan
Loch Arkaig
Ardechive
MORAR
Carn Mòr
2718
River Pean
Glen Pean
Gleann Camgharaidh
Allt Camgharaidh
Chia-aig Falls
Clunes
Clunes Forest
An Stac
2356
Sgurr nan Coireachan
3136
Sgurr Thuilm
3164
Allt Cuirnean
Locheil Forest
Inver Mallie
Achnacarry
Clan Cameron
Bunarkaig
B8005
Loch Lochy
Glen Mallie
River Mallie
Meith Bheinn
2328
Lochan a' Bhrodainn
Lochan Tain Mhic Dhughaill
Sgurr an Ursainn
Gleann Dubh Lighe
Gaor Bheinn or Gulvain
Meall a' Phubuill
2533
Druim Gleann Laoigh
Beinn Bhàn
2612
Glenfintaig Lodge
Achnanellan
Glen Loy
River Loy
Gairlochy
B8004
Stronenaba
Loch Beoraid
Slios Garbh
Glas-charn
2076
Sgurr an Utha
2610
River Finnan
Glen Finnan
Gleann Fionnlighe
Fionn Lighe
Gleann Suileag
An t-Suileag
Druim Fada
Stob a' Ghrianain
Caledonian Canal
Brackletter
Commando Memorial
Highbridge
Alltour
Ranochan
A830
Station
The Jacobite
Viaduct
Glenfinnan
Glenfinnan Monument
Dubh Lighe
Beinn an t-Sneachda
Muirshearlich
River Lochy
Kinlocheil
Corribeg
Fassfern
Achdalieu
Loch Eil
The Jacobite
A861
South Garvan
Duisky
Blaich
A82
Leanachan Forest
Tor Castle
Treasures of the Earth
FORT WILLIAM
Banavie
Neptune's Staircase
Caol
Camaghael
Torlundy
Crofting
Creag Aoil
Nevis Range Gondola
Corpach
Lochyside
Inverlochy
Ben Nevis Distillery
Victoria Bridge
Achaphubuil
Camusnagaul
Claggan
Beinn Odhar Bheag
2895
Croit Bheinn
2175
Loch Shiel
Callop River
Sgorr Craobh a' Chaorainn
Glen Garvan
Meall nan Creag Leac

149
150
157
142
Glassburn
Muchrachd
Liatrie
Balmore Forest
River Cannich
River Glass
Cannich
Loch Sealbhanach
Fasnakyle Forest
Kerrow
Corrimony
Corrimony Chambered Cairn
Buntait
Braefindon
A831
Balnain
Glen Urquhart
Loch Meiklie
River Enrick
Carn Mòr 1497
Lochan an Tairt
Balnaglaic
Balbeg
Rychraggan
Balnagrantach
Polmaily
Loch Gorm
1401
A833
Achmony
Loch Ness Centre
Drumnadrochit
Milton
Drum Farm Centre
Nessieland
Borlum
Urquhart Bay
Lewiston
Strone
Urquhart
Meall na h-Eilrig 1526
Abriachan
Dores
A82
B852
B862
Tom Bailgeann 1522
Stac na Cath 1463
Ashie
Loch Ceo Glais
Loch a' Choire
Loch Ruthven
Torness
River Nairn
Aberarder
B851
River Affric
Tomich
Abhainn Deabhag
Suidhe Ghuirmain 1896
Balmacaan Forest
River Coiltie
Divach
Falls of Divach
Upper Lenie
Lower Lenie
John Cobb Memorial
Bunloit
Balbeg
Inverfarigaig
Dun Deardail
River Farigaig
Dunmaglass Lodge
Loch nan Sean-each
Loch na Ruighe Duibhe
Loch a' Mhuilinn
Meall a' Chràthaich 2226
Loch ma Stac
Loch Aslaich
Loch nam Breac Dearga
Loch nam Meur
Loch a' Chràthaich
Loch nan Eun
Creag-nan-Eun Forest
Errogie
Farraline
Farigaig Forest
Foyers
Falls of Foyers
Lyne of Gorthleck
Wester Aberchalder
Loch Conagleann
Loch na Beinne Bàine
Levishie Forest
Alltsigh
Carn a' Chaochain 2314
Levishie
Achnaconeran
Lochgarthside
Loch Mhòr
Bunkegivie
Aberchalder Burn
Allt Uisg an t-Sidhein
Carn Odhar 2618
Dundreggan Forest
Glen Moriston
Invermoriston
Invermoriston Falls
Portclair Forest
Dundreggan Rewilding Cen.
A887
Dundreggan
Dundreggan Reservoir
River Moriston
Torgyle
Dalchreichart
Burach 1986
Whitebridge
Strath Errick
Carn Saobhaidhe 2658
Loch Knockie
Lochan nan Lann
Knockie Lodge
Upper Knockchoilum
River Fechlin
Garrogie Lodge
Inverwick Forest
Allt na Muic
Ceannacroc Lodge
Ceannacroc Bridge
Beinneun Forest
Meall Dubh 2581
Allt Phocaichain
Glenbrein Lodge
Carn na Laraiche Maoile 2658
Coignafearn
MONADH
Loch Tarff
Loch nan Eun
Caledonian Canal
Bunoich
Jenkins Park
Fort Augustus
Glendoebeg
Clansman Centre
Inchnacardoch Forest
Auchteraw
Culachy Falls
Loch Killin
Killin Lodge
Glen Markie
Burrach Mòr 2686
Carn Coire na Creiche 2702
Glen Brein
Allt Breineag
2554
Carn Easgann Bàna
Coire Odhar
Lochan na Stàirne
Allt Doe
Glendoe Forest
Loch Carn a' Chuilinn
Resr.
Carn a' Chuilinn 2677
Lochan Dearg Uillt
River Oich
Newtown
Bridge of Oich
Aberchalder
Loch a' Bhainne
Loch Lundie
Munerigie
Garry
Faichem
Invergarry
Invergarry Castle
Allt na Cailliche Falls
Wester Mandally
Heritage Centre
Well of Seven Heads
Laggan Swing Bridge
Loch Oich
Calder Burn
River Tarff
Glen Tarff
Culachy Forest
Allt Odhar
Allt Cam Ban
Crom Allt
Abhainn Cro Chlach
Carn Ban 3087
Carn Dearg
Loch Dubh
Loch na Lairige
Meall na h-Aisre 2828
Geal Charn 3036
Allt Coire Iain Oig
Fèith Talagain
Allt Madagain
Marg na Craige 2731
Loch an Aonaich Odhair
Corrieyairack Pass
Gairbeinn 2929
Creag Mhòr 2498
Carn Leac 2889
Ben Tee 2957
Laggan
Kilfinnan
Carn Dearg 2677
Corrieyairack Forest
Melgarve
Drummin
River Spey
Garva Bridge
Garvamore
Crathie
Laggan
Balgowan
South Laggan Forest
Loch Lochy
River Turret
Loch Spey
Loch Crunachdan
Glenshero Lodge
Drumgask
Catlodge
Strath Mashie
Strathmashie House
Feagour
A86
A889
River Gloy
Glen Gloy
Altrua
Brae Roy Lodge
Burn of Agie
Loch a' Bhànain
Carn Liath 3298
Coille Coire Chrannaig
Allt Crunachdain
Kinloch Laggan
Cromra
Loch Caoldair
River Mashie
Beinn Iaruinn 2636
Glen Roy
Carn Dearg 2736
Lochan a' Choire
Lochan Coire Choille-rais
Creag Meagaidh 3700
Upper Glenfintaig
New Bridge
Coire Ceirsle Hill
Caol Lairig
Parallel Roads
Beinn Teallach 2994
Loch Laggan
Lochan na h-Earba
Lochan na Doire-uaine
Beinn Eilde 2207
River Pattack
Distillery
Dalwhinnie
Cua
Allt Glas Dhoire
Beinn a' Chaorainn 3437
Moy Forest
Binnein Shuas
Ardverikie Forest
Loch Ericht Forest
Bohenie
Creag Dhubh 2160
Moy Lodge
Geal Charn 3443
Meall Cruaidh 2941
Creagan Mòr 2780
Spean Bridge
Inverroy
Roybridge
Glen Spean
Achluachrach
Loch Laggan Resr.
Lochan an Tuirc
Commando
Bunroy
Monessie Falls
Tulloch
Inverlair Falls
River Spean
Braes o' Lochaber
Meall Luidh Mòr
Beinn a' Chlachair 3569
Meall a' Bhealaich
Loch Pattack
A9
Beinn Chlianaig 2343
Allt Lorgach
Allt Cam
Fersit
Ben Alder Lodge
Geal Charn 3005
An Lairig 3391
Càrn Dearg
Allt a' Chaoil-réidhe
River Truim
Pass of Drumochter
2422
An Torc or Boar of Badenoch
Stob Choire
Allt Laire

150
158
149
142
143
A
B
C
D
1
2
3
4
5
Dores
Inverarnie
Farr
Strathnairn Forest
Dunlichity Lodge
Loch Duntelchaig
Creag a' Chliachain 1196
Carn na h-Easgainn 2022
Moy
Loch Moy
Moy Castle
Ruthven
Balvraid Lodge
Carn an t-Sean-liathanaich 2076
Loch an t-Sidhein
Slac na Cailleach 1463
Loch Farr
Torness
Loch Ceo Glais
Loch a' Choire
Loch Ruthven
East Croachy
Aberarder
River Nairn
River Farigaig
Dunmaglass Lodge
Erogie
Farraline
Loch Conagleann
Wester Aberchalder
Distillery
Tomatin
Corrybrough
Raigbeg
Findhorn Bridge
Beinn Bhreac 1969
Carn a' Choire Mhòir 2057
Carn Glas-choire 2162
Carn nam Bain-tighearna 2082
Clune
Glen Kyllachy
Corrievorrie
Carn na Saobhaidh 2321
Glenmazeran Lodge
Glen Mazeran
Carn Phris Mhòir 2021
Slochd
A9
A938
A95
A86
A889
B9007
B851
B862
B9153
B970
B9152
Duthil
River Dulnain
Carrbridge
Landmark Forest Adventure Park
Ellan
Sluggan
Speyside Centre
Drumuillie
Boat of Garten
Chapelton
Kinveachy
Avielochan
Strathspey Railway
West Croftmore
Loch Garten
Granish
Cairngorm Brewery
Aviemore
Loch Pityoulish
Rothiemurchus Centre
Coylumbridge
GLENMORE
Glenmore
Carn Ghriogair 2637
Beinn Bhreac Mhòr 2647
Carn Odhar 2618
Carn Dubh'Ic an Deòir 2461
Dalmigavie
River Findhorn
H I G H L A N D
Beinn Ghuilbin 1895
Carn Sleamhuinn 2217
Coignafearn Lodge
Carn Coire na h-Easgainn 2591
Cnoc Fraing 2444
Geal-charn Mòr 2703
Coignafearn Forest
River Eskin
Elrick Burn
Carn na Làraiche Maoile 2658
Calpa Mòr 2668
MONADHLIATH MOUNTAINS
Carn Sgulain 2665
Lynwilg
Doune
Inverdruie
Loch Alvie
Alvie
Delfour
Polchar
Loch an Eilein
Castle
Duke of Gordon's Monument
Duchess of Gordon's Monument
Inshriach Nursery
Loch Gamhna
Loch Morlich
Reindeer Centre
Glenmore National Nature Reserve
Castle Hill 2366
Carn Eilrig 2435
Carn Creiche 2702
Burrach Mòr 2686
Carn an Fhreiceadain 2879
An Suidhe 1775
Leault Working Sheepdogs
Speybank
Kincraig
Feshiebridge
Lagganlia
Loch Insh
Highland
CAIRNGORMS
Invereshie & Inshriach National Nature Reserve
A Chailleach 3045
Carn Ban 3087
Carn Dearg
Raitts Burn
Allt Mòr
Loch Gynack
Creag an Loin 1788
Kingussie
Lynchat
Insh
Inshriach Forest
Loch Mhic Ghille-chaoil
Loch Dubh
Clan Macpherson
Strone
Ruthven Barracks
Newtonmore
Highland Folk
Ruthven
Drumguish
Sgoran Dubh Mòr 3635
Sgòr Gaoith 3658
Loch Einich
BRAERIACH 4248
CAIRN TOUL 4236
Geal Charn 3036
River Calder
Glen Banchor
Creag Dhubh
Balla
Marg na Craige 2731
Allt Madagain
Glen Markie
Creag nam Bodach 1610
Glentromie Lodge
Meall Buidhe 2058
Carn Bàn Mòr 3443
Monadh Mòr 3651
Lynaberack Lodge
Laggan
Balgowan
Crathie
Glentruim House
Drumgask
Catlodge
Strathmashie House
Feagour
Cromra
Cruban Beag 1935
Crubenbeg
Falls of Truim
Etteridge
Garbh-mheall Mòr 1944
Glen Tromie
Glen Feshie
Glenfeshie Lodge
Mullach Clach a' Bhlèir 3338
River Eidart
Beinn Bhrotain 3795
Carn Dearg Mòr 2813
GLENFESHIE FOREST
Meallach Mhòr 2521
Allt Bhran
Crubenmore Lodge
Loch Caoldair
B A D E N O C H
Cuaich
Loch Cuaich
Allt Cuaich
Loch an t-Seilich
River Feshie
Lochan na Doire-uaine
Beinn Eilde 2207
Distillery
Dalwhinnie
Gaick Lodge
Loch Bhrodainn
Carn an Fhidhleir or Carn Ealar 3276
An Sgarsoch 3300
Gaick Forest
Carn na Caim 3087
Uchd a' Chlarsair 2587
Beinn Bhreac 2992
Loch Ericht Forest
Meall Cruaidh 2941
Creagan Mòr 2522
Loch an Duin
Tarf
Loch Mhairc
Ben Alder Lodge
Gealm Charn 3005
A' Bhuidheanach Bheag 3072
Glas Mheall Mòr 3037
Sronphadruig Lodge
Dalnamein Forest
Sròn a' Chleirich 2678
BEINN DEARG 3307
2882 Braigh Coire Chruinn-bhalgain
PERTH & KINROSS
Bruar Lodge
Bruar Water
Pass of Drumochter
An Torc or Boar of Badenoch 2422
FOREST OF ATHOLL

151
Grantown-on-Spey
Nethy Bridge
Dulnain Bridge
Tomintoul
Tomnavoulin
Glenlivet
Braemar
Crathie
Ballater
Bridge of Gairn
Cock Bridge
Corgarff
Strathdon
NATIONAL PARK
GRAMPIAN
MOUNTAINS
ABERDEENSHIRE
BRAEMAR
HILLS OF CROMDALE
LADDER HILLS
CAIRN GORM
4085
CAIRNGORM
BEN MACDUI
4296
BEN AVON
3843
LOCHNAGAR
3789
FOREST OF MAR
Balmoral Castle
Royal Lochnagar Distillery
Linn of Dee
Mar Lodge
Inverey
Invercauld Bridge
Gairnshiel Lodge
Lecht Mine
Well of the Lecht
Corgarff
Bridge of Brown
Milton
Knockandhu
Chapeltown
Braes of Glenlivet
Tomintoul Distillery
Glenlivet Distillery
Tomintoul & Glenlivet - Cairngorms Dark Sky Park
Blackwater Forest
Hill of Three Stones
2073
Glenbuchat Lodge
Kirkton of Glenbuchat
Bellabeg
Forbestown
Glenmore Forest Park
Cairngorm Mountain Railway
Mountain Exhibition
Spittal of Glenmuick
Balmoral Estate
Loch Muick
Glas-allt Shiel
Gelder Shiel
Balmoral Forest
Ballochbuie Forest
Keiloch
Castleton
Inver
Easter Balmoral
Balnacroft
Birkhall
Littlemill
Morrone or Morven
Glen Clunie
Baddoch
AN SOCACH
3073
GLAS MAOL
3504
Devil's Elbow
Caenlochan Forest
Acharn
Glendoll Forest
A939
A95
A938
A93
A944
A941
B976
B972
B9008
B9009
B9136
B9102
B970
152
144
159
E
F
G
H
1
2
3
4
5

MORAY
ABERDEENSHIRE
GARIOCH
ANGUS
CAIRNGORMS NATIONAL PARK
CORREEN HILLS
HOWE OF ALFORD
PITFICHIE FOREST
HILL OF FARE
Clashindarroch Forest
Bennachie Forest
160
151
144
145
A941
A97
A944
A980
A93
A939
A920
A96
B9002
B992
B993
B9119
B9094
B976
B972
B974
B977
B966
Bridgend
Inverharroch
Ardwell
Cabrach
Elrick
Belhinnie
Rhynie
Milton of Lesmore
Tap o' Noth
Clashindarroch
Coynachie
Kirkney
Gartly
Cults
Knockandy Hill
Leith Hall
Kennethmont
Wardhouse
Duncanston
Clatt
Leslie
Insch
Pitmachie
Knockenbaird
Kirkton of Culsalmond
Colpy
Largie
Lenchie
Upper Boddam
Cairnhill
Tocher
Newseat
Meikle Wartle
Kirkton of Rayne
Old Rayne
Durno
Oyne
Kirkton of Oyne
Old Westhall
Whiteford
Pitcaple
Chapel of Garioch
Kirkton
Auchleven
Picardy Symbol Stone
Dunnideer Castle
Maiden Stone
Craw Stane
St Mary's Kirk
Clova
Lumsden
Lord Arthur's Cairn
Coldwells Croft
Whitehaugh Forest
Tullynessle
Keig
Glenton
Bennachie Centre
Millstone Hill
Donview
Bograxie
Mossat
Kildrummy
Milltown
Rinmore
Creag an Eunan
Belnacraig
Kirkton of Glenbuchat
Glenbuchat
Glenbuchat Lodge
Ladylea Hill
Moss Hill
Bridge of Alford
Montgarrie
Grampian Transport
Haughton
Alford Valley Railway
Muir of Alford
Alford
Heritage
Rorandle
Pitfichie
Ramstone
Grantlodge
Monymusk
Arts Centre
Whitehouse
Whitehill Stone Circle
Craigearn
Castle Fraser
Tillyfourie
Kirkton
Black Hill
Ordhead
Sauchen
Kinnernie
Old Kinnernie
Glenkindie
Towie
Sinnahard
Milltown of Towie
Frosty Hill
Milton of Cushnie
Leochel Cushnie
Muir of Fowlis
Mill of Craigievar
Craigievar
Benaquhallie
Correnie Moor
Correnie Forest
Pressendye
Bellabeg
Forbestown
Strathdon
Doune of Invernochty
Heugh-head
Tornashean Forest
Craig of Bunzeach
Breagach Hill
Cairn Mona Gowan
Morven
Migvie
Coynach
Logie Coldstone
Tarland
Culsh Earth-house
Craiglich
Corse Castle
Tornaveen
Bankhead
Comers
Tillybirloch
Midmar Kirk Stone Circle
Sunhoney Stone Circle
Midmar Forest
Drumlasie
Lumphanan
Peel Ring of Lumphanan
Milton of Auchinhove
Milton of Auchlossan
Torphins
Mid Beltie
Milltown of Campfield
Cluny Crichton Castle
Craigton
Kincardine O'Neil
Tomnaverie Stone Circle
Coull Castle
Mortlich
Loch of Aboyne
Scar Hill
Peter's Hill
Culblean Hill
Lary
Glen Gairn
Burn o' Vat
Cambus o' May
Loch Davan
Loch Kinord
New Kinord Settlement
Ordie
Dinnet
Aboyne
Belwade Farm
Birsemore
Birse
Marywell
Potarch
Bridge of Canny
Brathens
East Mains
Arbeadie
Upper Lochton
Banchory
Silverbank
Deebank
Scolty Woodland Park
Scolty Tower
Auchattie
Bridge of Feugh
Blackhall Forest
Tom's Cairn
Finzean
Whitestone
Strachan
Waulkmill
Belts of Collonach
Nine Stanes Stone Circle
McEwan Gallery
Milton of Tullich
Pannanich
Pannanich Wells
Muir of Dinnet
Oakwood
Millfield
Glen Tanar
Braeloine
Glen Tanar House
Forest of Glen Tanar
Bridge of Gairn
Ballater
Littlemill
Knock Castle
Birkhall
Black Craig
Pannanich Hill
The Coyles of Muick
Aucholzie
Cairn Leuchan
Clachan Yell
Craigmahandle
Ballochan
Forest of Birse
Camferg
Glencat
Lamahip
Peter Hill
White Hill
Cock Hill
Mount Shade
Craig of Dalfro
Kerloch
Bridge of Dye
Tipperweir
Cock Cairn
Hill of Cat
Mount Keen
Hill of Saughs
Mudlee Bracks
Hill of Cammie
Mount Battock
Hill of Edendocher
Fasheilach
Hill of Fingray
Melancart
Cairn o' Mount
Drumtochty Forest
Goyle Hill
Glenfarquhar Lodge
Drumtochty Castle
Finalla
Auchenblae
Glensaugh
Deer Dyke
Strathfinella Hill
Monawee
Kirkton
Invermark Castle
Tarfside
Caimcross
Millden Lodge
Colmeallie Stone Circle
Glenesk Folk
Carlochy
Glen Effock
Glen Esk
Sturdy Hill
Bulg
Auchmull
Muckle Cairn
Cruys
West Knock
Lair of Aldararie
Loch Brandy
Loch Wharral
Black Hill of Mark
Easter Balloch
Glen Lee
Glen Mark
Water of Mark
Water of Tarf
Water of Feugh
Water of Aven
Water of Dye
River Dee
River Don
Water of Nochty
Water of Buchat
Black Water
Deskry Water
Hill of Three Stones
Cairnbrallan
The Buck
Round Hill
Mount of Haddoch
Glenfiddich Forest
HOWE OF THE MEARNS

FORMARTINE
ABERDEEN
NORTH SEA
Aberdeen to:
Kirkwall (Hatston) 6hrs.
Lerwick (Holmsgarth) 12hrs. 30mins.
Bay of Cruden
Whinnyfold
Ellon
Oldmeldrum
Inverurie
Port Elphinstone
Kintore
Pitmedden
Newmachar
Newburgh
Hackley Head or Forvie Ness
Newburgh Bar
Collieston
Balmedie
Blackdog
Dyce
Bridge of Don
Bucksburn
Westhill
Kirkton of Skene
Cults
Peterculter
Nigg Bay
Souter Head
Cove Bay
Portlethen
Cammachmore Bay
Muchalls
Doonie Point
Garron Point
Stonehaven
Castle Haven
Dunnottar
Thornyhive Bay
Crawton
Crawton Bay
Catterline
Braidon Bay
Todhead Point
Drumlithie
Durris Forest
Kirkton of Durris
Echt
Dunecht
Kemnay
Lyne of Skene
Daviot
Tarves
Udny Green
Udny Station
Blackburn
Kingswells
Findon
Newtonhill
Stonehaven
Kinneff
Fordoun
ABERDEEN INTERNATIONAL
A90
A92
A96
A944
A93
A947
A920
A975
A956
A957
B9077
B979
B977
B999
B9000
B9005
B9119
B993

THE LITTLE MINCH
Fladda-chùain
Sgeir nam Maol
Eilean Trodday
Rubha Hunish
Rubha na h-Aiseig
Loch Hunish
Tulm Bay
An t-Iasgair
Kilmaluag Bay
Duntulm
Duntulm Castle
Shulista
Balmacqueen
Kilmaluag
Connista
Lùb Score
Skye Island Life
Camas Mór
Clachan
Hungladder
Flora Macdonald Monument
Flodigarry
Borneskitaig
Heribusta
Kilmuir
Kilvaxter
Dùn Liath
Quiraing
Meall na Suiramach
Digg
Glashvin
Brogaig
Uig to Tarbert 1hr. 40mins.
Balgown
Carn Liath
Hut Circles
Loch Sneosdal
Linicro
A855
Uig to Lochmaddy 1hr. 40mins.
WATERNISH POINT
Totscore
Bioda Buidhe
Loch Cleap
Eilean Iosal
Eilean Creagach
Dun Skudiburgh
Uig
River Rha
Dun Gearymore Broch
Healaval
Ascrib Islands
Pottery
Idrigill
R. Conon
Dun Borrafiach Broch
WATERNISH
Balnaknock
Beinn Edra
Uig Bay
Standing Stone
The Trial Stone
Church
931 Ben Geary
Geary
Knockbreck
LOCH SNIZORT
Trumpan
Earlish
Ardmore Point
Halistra
Gillen
Loch Losait
Loch Mor
Hallin
Dun Hallin
Score Horan
A87
Hinnisdal Hut Circle
Peinlich
Creag a' Lain
Mingay
Beinn Chreagach Bheag
Hinnisdal
DUNVEGAN HEAD
Sgeir nam Biast
Skyeskyns
Lyndale Point
Eilean Mór
Isay
Greshornish Point
Hinnisdal Bridge
Stein
Lusta
Loch Bay
Loch Greshornish
Loch Snizort
Beinn a' Sgà
Kingsburgh
Galtrigill
TROTTERNISH
Loch Dunvegan
Claigan
Beinn Bhreac
Bay
B886
Beinn Chreagach
Greshornish
Knott
Romesdal
Borreraig
Dun Borreraig
Claigan Souterrain
Bay River
Annait
Kildonan
Treaslane
Eyre
Flashader
Clachamish
Sornaichean Coir' Fhinn Standing Stones
Ben Ettow
Uig
Dun Flashader Broch
Trekking & Therapy Cen.
The Aird
Kensaleyre
An Ceannaich
Loch Pooltiel
Fairy Bridge
Bear
Carn Liath
Rhenetra
Haultin
Totaig
Edinbane
Lower Milovaig
Feriniquarrie
Suardal Hut Circle
A850
Loch Eyre
Blackhill
Bernisdale
Beinn a' Chearcaill
Glendale
Dun Fiadhairt
Edinbane Pottery
Clach Ard
Oisgill Bay
Upper Milovaig
Lephin
Colbost
Ben Uigshader
Glen Bernisdale
Tote
Crepkill
Borve
Waterstein
Borrodale
Holmisdale
B884
Dunvegan
Giant Angus Macaskill
Colbost Croft
Loch Niarsco
St Columba's Isle
Skeabost
Carbost
Borve Standing Stones
Loch Mór
Skinidin
Dunvegan
Hamara River
Glen Dale
Kilmuir
Lonmore
Cruachan Beinn a' Chearcaill
A87
Drumuie
Moonen Bay
Ben Corkeval
Dun Osdale Broch
Uigshader
HEALABHAL MHOR
A863
Beinn a' Ghlinne Bhig
Loch Ravag
Glengrasco
B885
Ramasaig
Roskhill
Roag
Vatten
Shulishadermor
Hoe Rape
Orbost
Ardroag
Chambered Cairns
Loch Connan
The Hoe
Loch Glen Ionadal
HEALABHAL BHEAG
Loch Bharcasaig
Loch Vatten
Harlosh
Loch Caroy
ISLE OF SKYE
Aros Centre
Beinn na Greine
Ben Connan
Beinn na Boineid
Balmore
Tungadal Souterrain
Glenmore
Hoe Point
Harlosh Point
Colbost Point
Ose
Dun Mor
Dun Beag
B885
Stroc-bheinn
Totardor
Bracadale
Ben Duagrich
Tungadal River
Mugeary
Am Bi-bogha Mór
Harlosh Island
Tarner Island
Ullinish
Struan
Struanmore
Coillore
Ben Idrigill
Loch
Cnoc Ullinish Chambered Cairn
Carn Liath Chambered Cairn
An Dubh-sgeir
Macleod's Maidens
Wiay
Oronsay
IDRIGILL POINT
Dun Ardtreck
Portnalong
Roineval
Meall an Fhuarain
Varragill River
Bracadale
Loch Harport
A863
B8009
Rubha nan Clach
Fiskavaig
Fernilea
A87
Dun Ard an t-Sabhail
Arnaval
Carbost
Drynoch
Glen Oraid
Talisker
Talisker Distillery
Merkadale
River Drynoch
Talisker Bay
Beinn nan Cuithean
Eynort River
Beinn Bhreac
Beinn Bhreac
Eynort
Glen Brittle Forest
MINGINISH

155
162
147
156
E
F
G
H
1
2
3
4
5
150
60
70
Seana Charnas
Peterburn
Cnoc Breac 962
Brae
Loch Ewe
Naast
Inverewe
Poolewe
Port Erradale
North Erradale
Big Sand
River Sand
Caolas Beag
Longa Island
Loch na Curra
Loch Bad a' Chrotha
Lonemore
Mial
Strath
Heritage
Smithstown
Gairloch
A832
B8057
B8021
B8056
A855
A896
A890
A87
B883
Loch Gairloch
Eilean Horrisdale
Charlestown
Port Henderson
Aird
Badachro
Gairloch Marine Life Centre
Loch Shieldaig
Shieldaig
Opinan
Loch nan Eun
Loch Clàir
South Erradale
Loch Bràigh Horrisdale
River Kerry
Loch Bad an Sgalaig
Redpoint
River Erradale
WESTER ROSS
Loch Gaineamhach
Sgeir Ghlas
Sgeir na Trian
Meall na h-Uamha
Shieldaig Forest
Baosbheinn 2869
Beinn Bhreac 2031
Craig
Craig River
Lochan Sgeireach
Loch a' Bhealaich
Beinn Alligin 3232
Lower Diabaig
Upper Diabaig
Loch Diabaigas Airde
Alligin Shuas
Inveralligin
Torridon
Upper Loch Torridon
Fasag
Rubha na Fearn
Loch Torridon
Fearnmore
Fearnbeg
Rubha Chuaig
Arinacrinachd
Kenmore
Loch a' Chracaich
Cuaig
Ardheslaig
Loch Shieldaig
Shieldaig Island
Shieldaig
Balgy
Falls of Balgy
Ben-damph Forest
Callakille
Lonbain
Loch Gaineamhach
Cròic-bheinn 1619
An Dubh-loch
Glenshieldaig Forest
Loch Damh
Ben Shieldaig
Beinn Damh 2957
Loch Lundie
Loch nan Eun
River Applecross
Applecross Forest
Heritage Centre
Loch Coire Attadale
Beinn Bhan 2938
Loch Gaineamhach
Loch Coultrie
Sgurr a' Gharaidh 2396
Applecross Bay
Applecross
Milton
Sgurr a' Chaorachain 2539
Bealach na Bà
Loch Coire nan Arr
Rassal Ashwood
Camusteel
Camusterrach
Ard-dhubh
Culduie
Loch Braigh an Achaidh
Meall Gorm
Kishorn
Ardarroch
Achintraid
Loch Kishorn
Kishorn Island
Toscaig
River Toscaig
Loch Maol Fharochaidh
Meall Loch Airigh Alasdair
Uags
Bad a' Chreamha 1296
Stromemore
Strome Castle
Ardaneaskan
Stromeferry
Achmore
Loch Carron
Plockton
Highland Farm
Craig
Loch nan Gillean
Loch na Leitire
Port Cam
Drumbuie
Duirinish
Loch Lundie
Loch Achaidh na h-Inich
Erbusaig
Badicaul
Kyle of Lochalsh
Black Islands
Balmacara Square
Auchtertyre Hill
Auchtertyre
Balmacara
Kirkton
Nostie
Ardelve
Conchra
Dornie
Plock of Kyle
Bright Water
Kyleakin
Caisteal Maol
Kyle Line
Lochalsh Woodland
Kyle Akin
Donald Murchison's Monument
Loch Alsh
Ardintoul
Glas Eilean
Eilean Donan
Sgeir Eirin
Eilean Flodigarry
Staffin Bay
Staffin Island
Carn Ban
Garafad
Staffin
Staffin Dinosaur
Kilt Rock
Mealt Falls
Ellishadder
Dun Grianan
Maligar
Loch Mealt
Valtos
Marishader
Garros
Rubha nam Brathairean
Shilasdair Natural Dye Co.
Culnacnoc
Grealin
Lealt
Lealt Falls
Lealt River
Loch Liuravay
Leac Tressirnish
THE STORR
Old Man of Storr 2358
Bearreraig Bay
Holm Island
Loch Leathan
Loch Fada
Achachork
Dun Gerashader
Torvaig
Portree
Loch Portree
Penifiler
1355 Ben Tianavaig
Heatherfield
Camastianavaig
Conordan
Tianavaig Bay
Lower Ollach
Upper Ollach
Gedintailor
Balmeanach
Peinchorran
1456 Ben Lee
Glen Varragill
Loch Sligachan
Sconser
Sconser to Raasay 25mins
GLAMAIG 2542
Sligachan
Glen Sligachan
River Sligachan
Marsco 2414
Moll
Loch Ainort
Luib
Glas Bheinn Mhòr 1852
Dunan
Caolas Scalpay
SOUND OF RAASAY
Loch a' Bhràige
Port an Fhearainn
RONA
Eilean Garbh
Caol Rona
Garbh Eilean
Eilean Tigh
Loch a' Squirr
Eilean Fladday
Torran
Manish Point
Loch Arnish
Arnish
Brochel
Brochel Castle
RAASAY
Glam
Glame
Balachuirn
Dun Caan 1455
Holoman Bay
Rubha nà Leac
Oskaig
St Moluag's Chapel
Clachan
Inverarish
North Fearns
Narrows of Raasay
Suisnish Hill
Suisnish
Eyre
Eyre Point
Caol Mòr
INNER SOUND
ISLAND
Eilean na Bà
Eilean Beag
Caolas Mòr
CROWLIN ISLANDS
Eilean Mòr
Sgeir Dhearg
Longay
Mullach na Càrn 1298
Loch an Leòid
Scalpay House
SCALPAY
Guillamon Island
Pabay
Broadford Bay
Isle of Skye

Loch Ewe
Naast
Inverewe
Londubh
Poolewe
Loch Maree
Letterewe
Talladale
Victoria Falls
Eilean Sùbhainn
Loch Maree Islands
Bridge of Grudie
Beinn Eighe & Loch Maree Islands
Beinn Eighe
Kinlochewe
Incheril
Heights of Kinlochewe
W E S T E R R O S S
Flowerdale Forest
Letterewe Forest
Fisherfield Forest
Strathnasheallag Forest
Dundonnell Forest
TEALLACH
3484
Braemore
Corrieshalloch Gorge
Falls of Measach
Braemore Forest
Lael Forest
Auchlunachan
Fannich Forest
Kinlochewe Forest
SLIOCH
3215
BEINN EIGHE
LIATHACH
Torridon Forest
Torridon
Countryside Centre
Deer
Fasag
Inveralligin
Rechullin
Alligin Shuas
Upper Loch Torridon
Upper Diabaig
Shieldaig
Shieldaig Forest
Balgy
Falls of Balgy
Annat
Ben-damph Forest
Beinn Damh
2957
Coulin Forest
Coulin Lodge
Loch Clair
Glen Torridon
Achnasheen
Badavanich
Loch a' Chroisg
Ledgowan
Ledgowan Forest
Glen Carron
Glencarron Lodge
Craig
Achnashellach
Achnashellach Forest
Glencarron & Glenuig Forest
H I G H
N O R T H W E S T
West Monar Forest
East Monar Forest
Loch Monar
Monar Lodge
Balnacra
Coulags
New Kelso
Strathcarron
Achintee
Tullich
Kirkton
Smithy Heritage Centre
Lochcarron
Kishorn
Ardarroch
Achintraid
Loch Kishorn
Rassal Ashwood
Glenshieldaig Forest
Attadale
Attadale Forest
Bendronaig Lodge
Ardnarff
Stromemore
Strome Castle
Ardaneaskan
Stromeferry
Achmore
Craig
Highland Farm
Killilan Forest
Killilan
Sallachy
Loch Mullardoch
Glen Cannich
Glencannich Forest
West Benula Forest
Carnach
Camas-luinie
Glen Elchaig
Inverinate Forest
Falls of Glomach
Balmacara Square
Balmacara
Auchtertyre
Kirkton
Nostie
Ardelve
Conchra
Bundalloch
Carndu
Dornie
Eilean Donan
Loch Alsh
Ardintoul
Glas Eilean
A832
A835
A896
A890
A87
155
162
163
148
A B C D
1 2 3 4 5

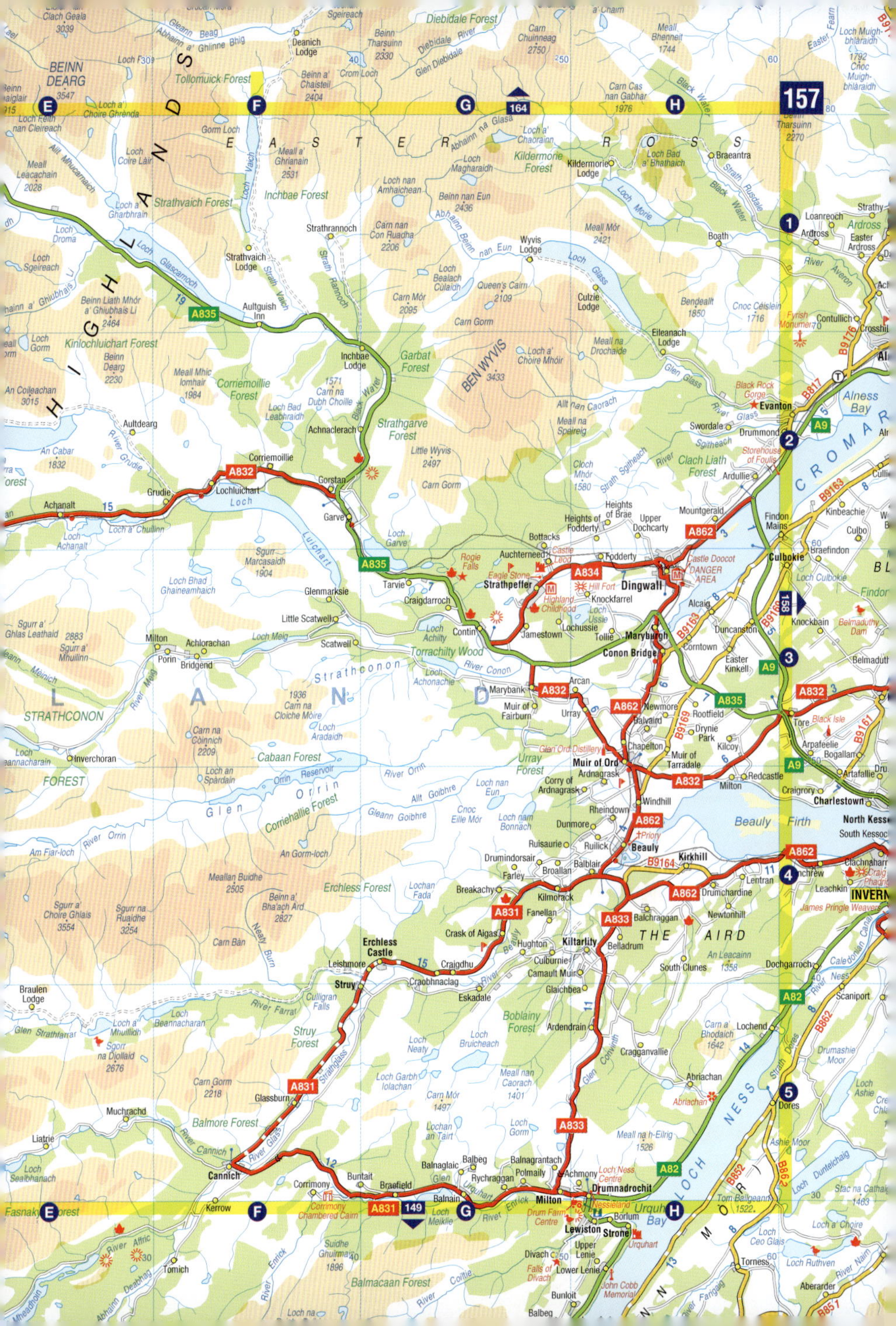

E
F
G
H
164
149
1
2
3
4
5
158
Clach Geala
3039
Gleann Beag
Abhainn a' Ghlinne Bhig
Deanich Lodge
Sgeireach
Diebidale Forest
Beinn Tharsuinn
2330
Carn Chuinneag
2750
Meall Bhenneit
1744
Easter Fearn
Loch Mugh-bhlàraidh
1792
Cnoc Muigh-bhlàraidh
BEINN DEARG
3547
Loch F
Tollomuick Forest
Beinn a' Chaisteil
2404
Crom Loch
Diebidale River
Glen Diebidale
Carn Cas nan Gabhar
1976
Black Water
Beinn Tharsuinn
2270
Beinn Enaiglair
Loch a' Choire Ghrànda
Loch Feith nan Cleireach
Gorm Loch
EASTER ROSS
Abhainn na Glasa
Loch a' Chaorainn
Kildermorie Forest
Kildermorie Lodge
Loch Bad a' Bhathaich
Braeantra
Strath Rusdale
Loch Coire Làir
Meall a' Ghrianain
2531
Loch Magharaidh
Meall Leacachain
2028
Allt Mhucarnaich
Loch Vaich
Inchbae Forest
Loch nan Amhaichean
Beinn nan Eun
2436
Loch Morie
Black Water
Strathy
Loanreoch
Ardross
Easter Ardross
Loch a' Gharbhrain
Strathvaich Forest
Strathrannoch
Carn nan Con Ruadha
2206
Abhainn Beinn nan Eun
Meall Mór
2421
Boath
Loch Droma
Loch Glascarnoch
Strathvaich Lodge
Strath Vaich
Strath Rannoch
Wyvis Lodge
Loch Glass
River Averon
Loch Sgeireach
Loch Bealach Cùlaidh
Queen's Cairn
2109
Culzie Lodge
Bendeallt
1850
Cnoc Céislein
1716
Fyrish Monument
Contullich
Beinn Liath Mhór a' Ghiubhais Li
2464
Aultguish Inn
A835
Carn Mór
2095
Carn Gorm
Crosshill
Loch Gorm
Kinlochluichart Forest
Inchbae Lodge
Garbat Forest
BEN WYVIS
3433
Loch a' Choire Mhóir
Meall na Drochaide
Eileanach Lodge
Glen Glass
Beinn Dearg
2230
Meall Mhic Iomhair
1984
Corriemoillie Forest
1571
Carn na Dubh Choille
Black Water
An Coileachan
3015
Loch Bad Leabhraidh
Black Rock Gorge
Evanton
B817
Alness Bay
Allt nan Caorach
Aultdearg
Achnaclerach
Strathgarve Forest
Meall na Speireig
Swordale
River Glass
A9
Drummond
CROMARTY
River Grudie
An Cabar
1832
Corriemoillie
Little Wyvis
2497
Cloch Mhór
1580
Strath Sgitheach
River Sgitheach
Storehouse of Foulis
Clach Liath Forest
Ardullie
A832
Lochluichart
Gorstan
Carn Gorm
Heights of Brae
Upper Dochcarty
Mountgerald
B9163
Kinbeachie
Achanalt
Grudie
Loch Luichart
Garve
Heights of Fodderty
A862
Findon Mains
Culbo
Loch a' Chuilinn
Loch Achanalt
Loch Garve
Bottacks
Sgurr Marcasaidh
1904
Auchterneed
Castle Leod
Fodderty
Castle Doocot
DANGER AREA
Culbokie
Braefindon
A835
Rogie Falls
Eagle Stone
Strathpeffer
A834
Dingwall
Loch Culbokie
Loch Bhad Ghaineamhaich
Tarvie
Hill Fort
Knockfarrel
Alcaig
Findon
Glenmarksie
Craigdarroch
Highland Childhood
Loch Ussie
B9163
Duncanston
B9169
Knockbain
Belmaduthy Dam
Sgurr a' Ghlas Leathaid
2883
Sgurr a' Mhuilinn
Little Scatwell
Loch Achilty
Contin
Jamestown
Lochussie
Tollie
Maryburgh
Milton
Achlorachan
Loch Meig
Scatwell
Torrachilty Wood
Conon Bridge
Corntown
Easter Kinkell
Belmaduthy
Porin
Bridgend
Strathconon
River Conon
Loch Achonachie
Marybank
A832
Arcan
Muir of Fairburn
Urray
A862
Newmore
Rootfield
A835
River Meig
1936
Carn na Cloiche Móire
Balvaird
Drynie Park
Tore
Black Isle
B9161
STRATHCONON
Carn na Còinnich
2209
Loch Aradaidh
Glen Ord Distillery
Chapelton
Kilcoy
Arpafeelie
Bogallan
Loch Beannacharain
Inverchoran
Cabaan Forest
Urray Forest
Muir of Ord
Muir of Tarradale
Redcastle
Artafallie
FOREST
Loch an Spàrdain
Orrin Reservoir
River Orrin
Corry of Ardnagrask
Ardnagrask
A832
Milton
Craigrory
Charlestown
Glen Orrin
Allt Goibhre
Loch nan Eun
Windhill
Corriehallie Forest
Gleann Goibhre
Cnoc Eille Mór
Loch nam Bonnach
Rheindown
A862
Beauly Firth
North Kessock
South Kessock
Am Fiar-loch
River Orrin
Dunmore
Priory
Ruisaurie
Ruilick
Beauly
An Gorm-loch
Drumindorsair
Balblair
B9164
Kirkhill
A862
Clachnaharry
Craig Phadrig
Meallan Buidhe
2505
Farley
Broallan
Lentran
Inchmore
Erchless Forest
Lochan Fada
Breakachy
Kilmorack
Drumchardine
Leachkin
INVERNESS
Beinn a' Bha'ach Ard
2827
A831
Fanellan
A862
Newtonhill
James Pringle Weavers
Sgurr a' Choire Ghlais
3554
Sgurr na Ruaidhe
3254
Crask of Aigas
A833
Balchraggan
THE AIRD
Caledonian Canal
Carn Bàn
Neaty Burn
Erchless Castle
Hughton
Kiltarlity
Belladrum
An Leacainn
1358
Leishmore
Craigdhu
Culburnie
Camault Muir
South Clunes
Dochgarroch
Braulen Lodge
Struy
Craobhnaclag
River Beauly
Eskadale
Glaichbea
A82
River Ness
Scaniport
Culligran Falls
Loch Beannacharan
River Farrar
Boblainy Forest
Loch a' Mhuilidh
Glen Strathfarrar
Struy Forest
Loch Neaty
Loch Bruicheach
Ardendrain
Carn a' Bhodaich
1642
Lochend
B862
Sgorr na Diollaid
2676
Strathglass
Cragganvallie
Drumashie Moor
Loch Garbh Iolachan
Meall nan Caorach
1401
Abriachan
Strath Dores
Carn Gorm
2218
Glen Convinth
A831
Carn Mór
1497
Loch Ashie
Glassburn
LOCH NESS
Dores
Muchrachd
Balmore Forest
A833
Meall na h-Eilrig
1526
Liatrie
Lochan an Tairt
Loch Gorm
Ashie Moor
River Cannich
River Glass
Loch Duntelchaig
Loch Sealbhanach
Cannich
Buntait
Balnaglaic
Balbeg
Balnagrantach
Rychraggan
Polmaily
Achmony
Loch Ness Centre
Drumnadrochit
A82
B852
B862
Stac na Cathaig
1483
Corrimony
Braefield
Glen Urquhart
Nessieland
Tom Bailgeann
1522
Fasnakyle Forest
Kerrow
Corrimony Chambered Cairn
A831
Balnain
Loch Meikle
Milton
River Enrick
Drum Farm Centre
Borlum
Urquhart Bay
Lewiston
Strone
Urquhart
Loch Ceo Glais
Loch a' Choire
River Affric
Tomich
Suidhe Ghuirmain
1896
Divach
Falls of Divach
Upper Lenie
Lower Lenie
Loch Ruthven
Torness
River Nairn
Abhainn Deabhag
Balmacaan Forest
Bunloit
John Cobb Memorial
River Farigaig
Aberarder
Mheadhoin
River Coiltie
Loch na
Balbeg
B851

Edderton
A836
Glenmorangie Distillery
Morangie
Tarlogie
B9174
Tain
Tain Through Time
DANGER AREA
Portmahomack
Bindal
Tarbat Discovery Centre
Seafield
Rockfield
Inver
Lower Arboll
Toulvaddie
Tarrel
Aultnamain Inn
Loch Muigh-bhlàraidh
Cnoc Muigh-bhlàraidh
Beinn Tharsuinn 2270
Morangie Forest
Hilton
Lochslin
Loch Eye
Lower Pitkerrie
Geanies
B9165
Hill of Fearn
Fearn
Loch Sheilah
Cnoc an t-Sabhail 1243
Glen Aldie
Hartmount Holdings
A9
Braeantra
Strath Rusdale
Black Water
Lamington
Brenachie
Scotsburn
Marybank
Pitmaduthy
Arabella
B9166
Tulloch
Hilton of Cadboll Chapel
Hilton of Cadboll
Balintore
Shandwick
Clach a' Charridh
Strathy
Cnoc Corr Guinie 1301
Kinrive Hill 1056
Kinrive
Kildary
Ankerville
Wester Rarichie
Loanreoch
Ardross
Ardross Forest
Stittenham
Boath
Easter Ardross
Dalnavie
Tullich Muir
Milton
River Averon
Badachonacher
Kilmuir
Delny
Nigg Bay
Pitcalnie
Bayfield Loch
Port an Righ
Achandunie
Newmore
Coillemore
Polio
Barbaraville
Nigg
Hill of Nigg 665
Nonikiln
Rhicullen
Broomhill
Bendeallt 1850
Cnoc Ceislein 1716
Fyrish Monument
Contullich
Achnagarron
Tomich
B817
Balintraid
Crosshills
Obsdale
Rosskeen
Saltburn
Balnabruaich
Balnapaling
Castlecraig
Nigg Ferry
(Seasonal)
B9176
Alness
Invergordon
A9
Distillery
Dalmore
FIRTH
Black Rock Gorge
Evanton
Alness Bay
Balblair
Udale Bay
Cromarty Bay
Cromarty
Hugh Miller
Blue Head
Sutors of Cromarty
Courthouse
Ferryton
Newton
Swordale
Drummond
River Glass
CROMARTY
A832
McFarquhar's Cave
Storehouse of Foulis
Alnessferry
Resolis
B9163
Jemimaville
Davidston
Cromarty Brewing
Clach Liath Forest
Newmills
Ardullie
Cullicudden
Springfield
Muirton
Mount High
Easter Brae
Millbuie Forest
Mountgerald
Kinbeachie
Wester Brae
B9160
A862
Findon Mains
Culbo
Whitebog
Braefindon
Mount Eagle
Culbokie
BLACK ISLE
Castle Doocot
DANGER AREA
Loch Culbokie
Whiteness Head
Cran Loch
Loch Loy
Killen
DANGER AREA
B9169
Findon Forest
Rosemarkie
Rosemarkie Bay
Fort George
Druim
Alcaig
Groam House
NAIRN
Kingsteps
Knockbain
Belmaduthy Dam
Fortrose
Tradespark
Duncanston
157
Aulderan Motte
A96
Easter Suddie
Avoch
B9092
Cornton
A9
Belmaduthy
A832
Chanonry Point
Ardersier
Moss-side
Househill
Auldearn
Easter Kinkell
Avoch Bay
Connage Highland Dairy
Gollanfield
B9101
Blackhills
A835
Munlochy
Munlochy Bay
Milton of Gollanfield
Muir of the Clans
Foynesfield
Rootfield
Tore
Black Isle
B9161
B9039
Lochside
Loch Flemington
River Nairn
Geddes
Drynie Park
Highland Aviation
INVERNESS
B9091
Brackla
B9090
Kilcoy
A832
Arpafeelie
Bogallan
Fisherton
Lalken Forest
Muir of Farradale
Alturlie Point
Clephanton
Piperhill
Regoul
A939
Redcastle
A9
Artafallie
Drumsmittal
Kilmuir
Tornagrain
Cawdor
Culcharry
Milton
Craigrory
Craigton
Croy
Urchany
Littlemill
Charlestown
Lifeboat Station
Newton
Dalcross
Cantray
Easter Galcantray
Beauly Firth
North Kessock
A96
Balloch
Cantraywood
Wester Galcantray
South Kessock
Inverness CT FC
Assich Forest
Redburn
Kirkhill
A82
Culloden
Cantraybruich
Clunas
Loch Belivat
Bunchrew
Clachnaharry
A862
Westhill
Smithton
Newlands
Memorial Cairn
Clunas Reservoir
Ardclach Bell Tower
Drumchardine
Leachkin
Craig Phadrig
INVERNESS
Culcabock
B9006
Well of the Dead
Culloden
Clava Cairns
Saddle Hill 1227
Glenferness Mains
Newtonhill
James Pringle Weavers
HIGHLAND
Carn a' Chrasgie
AIRD
Lochardil
A8082
Milton of Leys
B851
Loch Kirkaldy
An Leacainn 1358
Caledonian Canal
Carn Sgùmain 1370
Dochgarroch
Beinn Bhuidhe Mhòr 1799
Drynachan Lodge
River Ness
B862
Scaniport
Essich
Craggiemore
Carn nan Tri-tighearnan 2016
Daviot
Carn a' Bhodaich 1642
Lochend
A82
B861
Beinn Bhreac 1675
B9154
Drumashie Moor
River Findhorn
Lochindorb Lodge
Abriachan
Gask Ring Cairn
Moy Burn
Meall a' Bhreacraibh 1809
Loch Ashie
Meall Mòr 1611
Moy
Loch Moy
Moy Castle
Dores
Creag a' Chlachain 1196
Inverarnie
Ashie Moor
Carn na h-Easgainn 2022
Funtack Burn
Ruthven
Carn an t-Sean-liathanaich 2076
Dunlichity Lodge
Farr
Strathnairn Forest
Balvraid Lodge
Loch Duntelchaig
Stac na Cathaig 1483
Loch Farr
Tom Bailgeann 1522
150
Distillery
Corrybrough
Raigbeg
Tomatin
Carn Glas-choire 2162
Loch a' Choire
Loch Ceo Glais
Carn a' Choire Mhòir
Beinn Bhreac 1969
Findhorn Bridge
Torness
Loch Ruthven
River Nairn
East Croachy
A9
Carn nam Bain-tighearna 2082
Aberarder
River Farigaig
Carn na Saobhaidh
Glen Kyllachy
Clune
B9007
River Dulnain
Dulnain Burn
Leonach Burn
Tomlachlan Burn
Newlands of Fleenas Wood
164
165

E
F
G
H
1
2
3
4
5
Branderburgh
Fisheries & Community
Caves
Covesea
Stotfield
Seatown
Lossiemouth
Hopeman
Well
Burghead
Cummingstown
Duffus
St Peter's Kirk
Duffus
Roseisle
Burghead Bay
Roseisle Forest
College of Roseisle
Loch Spynie
Lossie Forest
Spynie Palace
Spey Bay
Tugnet Ice House
Scottish Dolphin Centre
DANGER AREA
Kingston
Garmouth
Spey Viaduct
Bogmoor
Nether Dallachy
Porttannachy
Lower Auchenreath
Upper Dallachy
Auchenhalrig
Newlands of Tynet
Lochhill
Urquhart Stone Circle
Urquhart
Findhorn
Heritage Centre
Findhorn Foundation
Culbin Forest
Findhorn Bay
Kinloss
Kinloss Abbey
Morayvia
Coltfield
Alves
Newton
Quarrywood
Elgin
Moray Motor
Bishopmill
Castle
Quarrel Wood Woodland Park
Glen Moray Distillery
Ashgrove
New Elgin
Linkwood
Glassgreen
Moss of Barmuckity
Sheriffston
Lhanbryde
Scotsburn
Loch na Bo
Cranloch
Cowfords
Mosstodloch
Baxters
Folk
Crofts of Dipple
Fochabers
Speymouth Forest
Whiteash Hill Wood
Ordiquish
Wood of Ordiequish
Inchberry
Teindland
Teindland Forest
Forgie
Hoddymoss
Kintessack
Benromach Distillery
Sueno's Stone
Broom of Moy
Dyke
Brodie
FORRES
Nelson Tower
Lochaber
Balnageith
Whiterow
Falconer
Dallas Dhu Historic Distillery
Califer
Rafford
Moor of Granary
Loch of Blairs
Monaughty Forest
Miltonduff
Muir of Miltonduff
Heldon Hill
Pluscarden Abbey
Foresterseat
Barnhill
Black Burn
Pluscarden
Thomshill
Upper Bogside
Longmorn
Whitewreath
Millbuies
Clackmarras
Coleburn
Whitemire
Conicaval
Altyre Woods
Damhead
Hill of the Wangie 1046
Dallas Forest
Kellas
Romach Loch
Branchill
Dallas
Glenlatterach Reservoir
Pikey Hill 1164
Glen of Rothes
Orton
Auchroisk Distillery
Malcolmburn
Hill of Mulderie
1019
Mulben
Logie
Logie Steading
Drumine Forest
Newtyle Forest
Meikle Hill 932
Cairn Uish 1197
Leanoch Burn
Mill Buie 1218
Hill of Tomechole 1129
Carnach
Relugas
Dunphail
MORAY
Carn na Cailliche 1324
Burn of Rothes
Glen Grant Distillery
Rothes
Ben Aigan 1546
Mount Pleasant
1111 Hill of Towie
Glenernie
Loch Dallas
Cairn Cattoch 1210
Elchies Forest
Loch Noir
River Lossie
Braehead
Craigellachie Bridge
Maggieknockater
Craigellachie
& Dufftown (Whisky Line)
Drummuir
Dorback Burn
River Divie
Archiestown
Cardhu Distillery
Upper Knockando
Gardow
Robertstown
Macallan Distillery
Speyside Cooperage
Tullich
Lock Park
Carn Kitty 1712
Knockando
Dalmunach
Speyside
Charlestown of Aberlour
Speyview
Carron
Distillery
Balvenie
Knock of Braemoray 1495
Larig Hill 1783
Allt a' Gheallaidh
Dufftown
Glenfiddich Distillery
Milltown of Auchindoun
Milltown of Edinvillie
Kirktown of Mortlach
Dava
Scotmore Forest
Birchview
Inveravon Stones
Marypark
Glenfarclas Distillery
Giant's Chair
Belleheiglash
Meikle Conval 1867
Auchindoun
Laggan
1599 The Scalp
Carn na Loine 1800
Burn of Tulchan
Cragganmore Distillery
Ballindalloch Castle
Bridge of Avon
BEN RINNES 2759
Glen Rinnes
Dullan Water
Glen Fiddich
Carn Ruigh Chorrach 1587
Upper Derraid
Auchnagallin
Advie
STRATHSPEY
Glaschoil
1605 Carnacay
Glenfiddich Lodge
Bridgend
Inverharroch
Creag Liath 1473
Ballieward
Cottartown
Delliefure
Dalvey
Drumin Castle
Packhorse Bridge
Drumin
Glenlivet
Shenval
Glen 1594
Corryhabbie Hill 2561
Fiddich
Glen
Grantown-on-Spey
Beinn Mhòr 1545
Cromdale
Haughs of Cromdale
HILLS OF CROMDALE
Glenlivet Distillery
Castleton
Auchbreck
Tomintoul & Glenlivet - Cairngorms Dark Sky Park
Glenfiddich Forest
Black Water
1872 Round Hill
Cabrach
Knock Earth House
Carn Liath 1795
Cairn Muldonich 1857
Carn an t-Suidhe 2401
Craggan
Speybridge
Balmenach Distillery
1690
Strath Avon
Tomnavoulin
Tomintoul Distillery
Carn Daimh
Blackwater Forest
2029
Dulnain Bridge
Revack Highland Estate
Creagan a' Chaise
A96
A941
A98
A95
A940
A939
A938
A920
B9040
B9135
B9012
B9013
B9089
B9011
B9010
B9015
B9014
B9016
B9007
B9102
B9138
B9137
B9008
B9009
B9136
160
151

NORTH
Spey Bay
Cullen Bay
Logie Head
Sandend Bay
Redhythe Point
Boyne Bay
Knock Head
Boyndie Bay
Portknockie
Findochty
Bauds of Cullen
Portessie
Buckpool
Buckie
Ianstown
Rathven
Portgordon
Cullen
Seatown
Sandend
Portsoy
Whitehills
Inverboyndie
Banff
Macduff
Boyndie
Kingston
Garmouth
Spey Bay
Fochabers
Mosstodloch
Keith
Newmill
Huntly
Aberchirder
Cornhill
Fordyce
Kirktown of Deskford
Milltown of Rothiemay
Cairnie
Ruthven
Dufftown
Kirktown of Mortlach
Rhynie
Insch
Kennethmont
Gartly
Drumblade
Forgue
Inverkeithny
Kirkton of Culsalmond
Old Rayne
Oyne
Leslie
Tillathrowie
Clashindarroch Forest
STRATHBOGIE
MORAY
ABERDEENSHIRE
Bin of Cullen 1051
Knock Hill 1412
The Bin 1027
Tap o' Noth 1848
Strathisla Distillery
Glenfiddich Distillery
Balvenie
Glendronach Distillery
Duff House Country Gallery
Macduff Marine Aquarium
Scottish Dolphin Centre
Tugnet Ice House
Findlater Castle
Findochty Castle
Deskford Church
Leith Hall
Picardy Symbol Stone
Dunnideer Castle
Eden Castle
A96
A95
A98
A97
A920
A941
A942
A990
A947
152
159

SEA
Troup Head
Head of Garness
Gamrie Bay
Fort Fiddes
Pennan Head
Quarry Head
Rosehearty
Pittulie
Scottish Lighthouses
Kinnaird Head
Heritage Centre
Broadsea
Fraserburgh
Fraserburgh Bay
Cairnbulg Point
Cairnbulg
Maggie's Hoosie
Inverallochy
Charlestown
St Combs
Inzie Head
Sandhaven
Pitsligo Castle
Peathill
Mounthooly Doocot
Percyhorner
Kirktown
Gardenstown
Crovie
Pennan
Silverhillocks
Longmanhill
Dubford
New Aberdour
Upper Boyndlie
Tyrie
Mid Ardlaw
Cardno
Memsie
Memsie Cairn
Cairnbulg Castle
Gowanhill
Moss-side of Cairness
Inverallochy Castle
Rathen
Cairness
Loch of Strathbeg
Crimonmogate
Rattray Head
Crimond
Rattray
Woodhead
Blackhills
Ladysford
Corsehill
Hillhead of Auchentumb
Windyheads Hill
759
Hill of Overbrae
Netherbrae
Hill of Fishrie
745
Clochforbie
Craigmaud
Middlemuir
Waughton Hill
768
White Stag
White Horse
Dartfield
Crudie
Cauldwells
Balnamoon
New Pitsligo
Strichen
Cockmuir
Belfatton
Longhill
Keyhead
Plaidy
Craigston
Fintry
Litterty
New Byth
Willows Animal Sanctuary
Strichen Stone Circle
New Leeds
Balearn
Rowanhill
St Fergus Moss
Middle Essie
Shielhill
Bonnykelly
Whitestones
Balthangie
Oldwhat
Adziel
North Ugie Water
Denhead
Hythie
Backfolds
Gallowhills
Kirktown
St Fergus
Garmond
Muiryfold
Forest of Deer
Fetterangus
Rora Moss
Cuttyhill
Rora
Hill of Corsegight
618
Brucklay
Delgatie
Turriff
Cuminestown
North Common
Fedderate Castle
Owl & Pussycat Centre
Loudon Wood Stone Circle
Drinnie's Wood Observatory
Dunshillock
Ravenscraig Castle
Inverugie
River Ugie
Buchanhaven
Darra
Howe of Teuchar
Greens
Slacks of Cairnbanno
Culsh Monument
New Deer
Auchreddie
Maud
Railway
Backhill of Clackriach
Deer Abbey
Old Deer
Aden
Aberdeenshire Farming
Quartalehouse
Mintlaw
South Ugie Water
Longside
Flushing
Peterhead
Keith Inch
Delgatty Forest
Birkenhills
Deer's Hill
584
Drymuir
Bulwark
Stuartfield
Inverquhomery
Millbreck
Little Dens
Cocklaw
Burnhaven
Invernettie
BUCHAN
ENSHIRE
FORMARTINE
Middlemuir
Little Water
Kirkton
Knaven
Kinnadie
Clola
Nether Kinmundy
Blackhill
Boddam
Steinmanhill
Seggat
Reemshill
Inverythan
Tifty
Monkshill
Lethenty
Cottown
Cairnorrie
Auchnagatt
Mains of Auchnagatt
Kinknockie
Stirling
Sandfordhill
Boddam Castle
Backhill
Parkburn
Fyvie
Woodhead
Gight Castle
River Ythan
Little Ardo
Hill of Skilmafilly
578
Braeside
Quilquox
Milton of Coldwells
Coldwells
Long Haven
Upper Kirkton
Haddo
Methlick
Drumwhindle
Hill of Dudwick
570
Muirtack
Hatton
Bullers of Buchan
North Haven
Cruden Bay
Bridgend
Twa Havens
Slains Castle
Hillbrae
Haddo House
Haddo
Arthrath
Bogbrae Croft
Chapel Hill
Port Erroll
Bay of Cruden
St Katherines
Barthol Chapel
Earlsford
Ythanbank
Folla Rule
Core Hill
804
Cross of Jackston
Wedderlairs
Thornroan
Inverebrie
Yonderton
Broomfield
Whinnyfold
Tulloch
Medieval Tomb
Tarves
Prop of Ythsie
Stone Circle
Craigdam
Kinharrachie
Ellon
Castle
Denhead
Meikle Loch
Old Slains Castle
Esslemont Castle
Heritage
Tolquhon
Tolquhon Gallery
Pitmedden
Kirkton of Logie Buchan
Kirktown of Slains
Collieston
Daviot
Glen Garioch Distillery
Oldmeldrum
Hill of Barra
634
Udny Green
Tipperty
Meikle Tarty
Knockhall Castle
Forvie
Hackley Head or Forvie Ness
Hattoncrook
Udny Station
Hill of Fiddes
Newburgh
A98
A981
A90
A950
A952
A948
A947
A920
A975
A982
B9031
B9032
B9033
B9107
B9123
B9105
B9027
B9093
B9170
B9029
B9028
B9106
B9030
B9005
B9000
B9003
B9001
B9170
153
P+R
E
F
G
H
1
2
3
4
5
80
90
400
10
70
60
50
30
20

Map: Gairloch, Poolewe, Gruinard Bay area

Grid reference: 162

Place names

- Seisiadar
- Rubha Reidh
- Camas Mór
- Eilean Furadh Mór
- Melvaig
- Aultgrishan
- An Cuaidh 972
- Loch an Draing
- Slaggan Bay
- Greenstone Point
- Rubha Beag
- Opinan
- Mellon Udrigle
- Loch na Doire Dunne
- Loch nan Clachan Geala
- Loch an t-Slagain
- Loch a' Choire
- Beinn Dearg Mhór 513
- Achgarve
- Laide
- Gruinard Island
- Stattic Point
- Gruinard Bay
- Mungasdale
- Gruinard House
- Rubha nan Sasan
- Mellon Charles
- Ormiscaig
- Aultbea
- Sand
- First Coast
- Second Coast
- A832
- Drumchork
- Cove
- Mellangaun
- Isle of Ewe
- Loch Ewe
- Loch a' Bhaid Luachraich
- Loch Fada
- Beinn Dearg Bad Chailleach 897
- Camas Eilean Ghlais
- Reiff
- Eilean Mullagrach
- Isle Ristol
- Glas-leac Mór
- Tanera Beg
- Summer
- Glas-leac Beag
- Eilean Dubh
- Priest Island
- Bottle Island
- Ullapool to Stornoway 2hrs. 40mins.
- Loch Sguod
- Midtown
- Brae
- Naast
- Inverewe
- Loch Mhic Ille Riabhaich
- Loch na Moine Buige
- Loch na Ghiuragarstidh
- Aird Dubh
- Meall na Méine 820
- Bad Bog
- Seana Chamas
- Cnoc Breac 962
- Peterburn
- Loch nan Liagh
- Loch Bad a' Chreamh
- Poolewe
- Londubh
- Loch Kernsary
- Beinn a' Chàisgein Beag 2230
- Port Erradale
- North Erradale
- Big Sand
- 155
- Gairloch
- Lonemore
- Mial
- Strath
- Smithstown
- Heritage
- A832
- Tollie Farm
- Loch Tollaidh
- Loch Airigh a' Phuill
- Meall an Doirein 1381
- Loch Beannach Mór
- Beinn Airigh Charr
- Caolas Beag
- Longa Island
- Loch Gairloch
- Eilean Horrisdale
- Charlestown
- Loch Airigh na Curra

Reference: 171

Cluas Deas
Eilean Chrona
Oldany Island
Culkein Drumbeg
Culkein
Rhubha Stoer
Achnacarnin
Clashnessie Bay
Clashmore
Balchladich
Clashnessie
Oldany
Drumbeg
Nedd
Loch Nedd
Glenleraig
B869
Loch Poll
Kylestrome
Kylesku
Loch a' Chàirn Bhàin
Unapool
Newton
A894
Loch Glencoul
Glendhu Forest
Loch Glendhu
Beinn a' Bhuta
Gleann Dubh
Beinn Aird da Loch 1722
Kinloch
A838
Loch Merkland
Merkland Lodge
166
QUINAG 2651
Loch an Leothaid
Gorm Loch Mór
Loch nan Lub
Loch na Loinne
Stoer
Bay of Stoer
Clachtoll Broch
Clachtoll
Loch Beannach
Lochassynt Lodge
Loch Crocach
Loch na Gainmhich
Glen Coul
Beinn Leoid 2599
Dubh a' Chuail
Loch an Eircill
Eas a' Chual Aluinn (Waterfall)
Glas Bheinn 2541
Loch nan Caorach
Loch a' Ghriama
Corriekinloch
Abhainn a' Choire
Achmelvich Bay
Rhicarn
Achmelvich
A837
Loch Assynt
Beinn Uidhe 2410
Gorm Loch Mór
Rubha Rodha
Baddidarach
Brackloch
Ardvreck Castle
Lochinver
Assynt
Soyea Island
Loch Inver
Kirkaig Point
A' Chleit
Badnaban
Strathan
Loch Culag
Loch Fèith an Leòthaid
Glencanisp Forest
Beinn Gharbh 1769
Inchnadamph
Inchnadamph Forest
Fionn Loch Mór
BEN MORE ASSYNT 3273
Maovally 1673
Loch Kirkaig
Inverkirkaig
Gleann Dubh
River Traligill
Rubha Coigeach
Fionn Loch
SUILVEN 2399
Loch na Gainimh
CANISP 2779
Falls of Kirkaig
River Kirkaig
Loch Carn nan Conbhairean
Duchally
Eilean Mór
Loch na Totaig
Camas Coille
Enard Bay
Loch a' Ghille
Lochan Fada
Inchnadamph Bone Caves
Meall an Aonaich 2344
Breabag 2670
2338
Benmore Forest
Rubha Mòr
Inverpolly Lodge
Loch Buine Moire
Loch Awe
Brae of Achnahaird
Altandhu
Loch Raa
Loch Osgaig
Loch Doire na h-Airbhe
Loch Sionascaig
Loch Veyatie
Cam Loch
Ledbeg
River
Loch Vatachan
Inverpolly Forest
R. Polly
CUL MOR 2787
Elphin
Ledmore
Altnacealgach
Loch Ailsh
Benmore Lodge
Loch Meall a' Bhuirich
Polbain
Badentarbat
Aird of Coigach
Stac Pollaidh 2009
Loch an Doire Dhuibh
Drumrunie Forest
A835
Knockan
Loch Borralan
Loch Urigill
Badentarbat Bay
Loch Bad a' Ghaill
Linneraineach
Cùl Beag 2523
Lochan an Ais
Knockan Crag
Cnoc na Glas Choille 1006
An Stùc 1195
Glen Oykel
River Oykel
Beinn an Eoin 1786
Achiltibuie
Polglass
Tanera Mór
Isles
Badenscallie
Lochan Dearg
Lochan Tuath
Loch Lurgainn
Clar Loch Mór
CROMALT HILLS
Crom Allt
Eileag
164
Horse Sound
COIGACH
Lochanan Dubha
Drumrunie
Loch Craggie
Allt a' Chaoruinn
Horse Island
Achduart
Culnacraig
Ben More Coigach (Beinn Mhór na Còigich) 2438
Loch Eadar dha Bheinn
Strath Canaird
Loch a' Chroisg
Meall an Fhuarain 1895
Fionn Bheinn Mhór 1084
Carn nan Sgeir
River Runie
Strathcanaird
River Canaird
Na Dromannan 1337
Strath nan Lòn
Rappach
Coire a' Chonachair
Lubcroy
Oykel Bridge
Cailleach Head
Leac Dhonn
Camas Mór
Isle Martin
Loch Kanaird
Loch Dubh
Loch na Maoile
Lochanan nan Sàilean Mòra
Allt Beinn Donuill
Rappach Water
River Einig
Glen Einig
Ardmair
Creag na h-Iolaire 947
Loch ob an Lochain
Loch a' Choire Bhuig
Rhidorroch Forest
Annat Bay
Scoraig
Achmore
Rhue
HIGHLAND
Meall Liath Choire 1798
Creag Loisgte 1353
Little Loch Broom
Cadaich
Rireavach
Beinn Ghobhlach 2082
Morefield
Ullapool River
Rhidorroch
Loch an Daimh
Clar Lochan
Glen Achall
Badluarach
Village Clock
Ullapool
Loch Achall
Rhidorroch River
East Rhidorroch Lodge
Cormeulzie River
Loch na h-Uidhe
Allt na h' Airbhe
Loch Broom
A835
Beinn Eilideach 1830
Lochan Badan Glasliath
Strath Mulzie
Sidhean Raireag 1769
Glasha Burn
Durnamuck
Badcaul
Badrallach
Dun an Ruigh Ruadh
Blarnalearoch
Loggie
Leckmelm
Glen Douchary
Meall nam Bràdhan 2221
Ardessie
Camusnagaul
Dun Lagaidh
Rhiroy
Loch Lagaidh
Meall Dubh 2105
Loch a' Choire Mhóir
NORTHWEST HIGHLANDS
Sàil Mhór 2508
Ardessie Falls
A832
Strath Beag
Ardindrean
Ardcharnich
Seana Bhraigh 3040
Freevater Forest
Càrn Bàn 2772
Alladale River
Carn nam Buailtean 1283
Lochan Gaineamhaich
Dundonnell
Letters
Broom
Loch Reidh Creagain
Càrn Mór 2122
River Douchary
Loch Mór Bad an Ducharaich
Loch an Eich Dhuibh
Loch a' Chàirn Mor
Inverlael Forest
AN TEALLACH 3484
Inverlael
River Lael
Eididh nan Clach Geala 3039
Loch Sruban Móra
Lochan Sgeireach
Strathnasheallag Forest
Càrn a' Bhiorain 1665
Loch Coire Chaorachain
Loch Allt Eigin
Auchlunachan
Lael Forest
Loch an Airceil
River Broom
Gleann Beag
Abhainn a' Ghlinne Bhig
Deanich Lodge
Loch na Sealga
Loch Toll an Lochain
Loch Ghiubsachain
Fisherfield Forest
Dundonnell Forest
Lochan Fraoich
Loch an t-Sìdhein
BEINN DEARG 3547
Loch Prille
Tollomuick Forest
Beinn a' Chaisteil 2404
Beinn Dearg Mór 2974
Strath na Sealga
Lochan Fada
Dundonnell River
Càrn Breac Beag 1270
Beinn Enaiglair 2915
Loch a' Choire Ghrànda
156
157
Lochan na Bearta
Beinn a' Chlaidheimh
Loch Beinn Dearg
Braemore
Corrieshalloch Gorge
Falls of Measach
Abhainn Cuileig
Loch Coire Lair
Meall a' Ghrianain 2531
Meall an t-Sithe 1971
A832
A835
Meall Leacachain 2028
Allt Mhucarnaich
Lochan Feith Mhic'illean
Fuar Loch Mór
Loch a' Bhrisidh
Braemore Forest
Strathvaich Forest
Inchbae Forest
Loch a' Gharbhrain
Loch Vaich

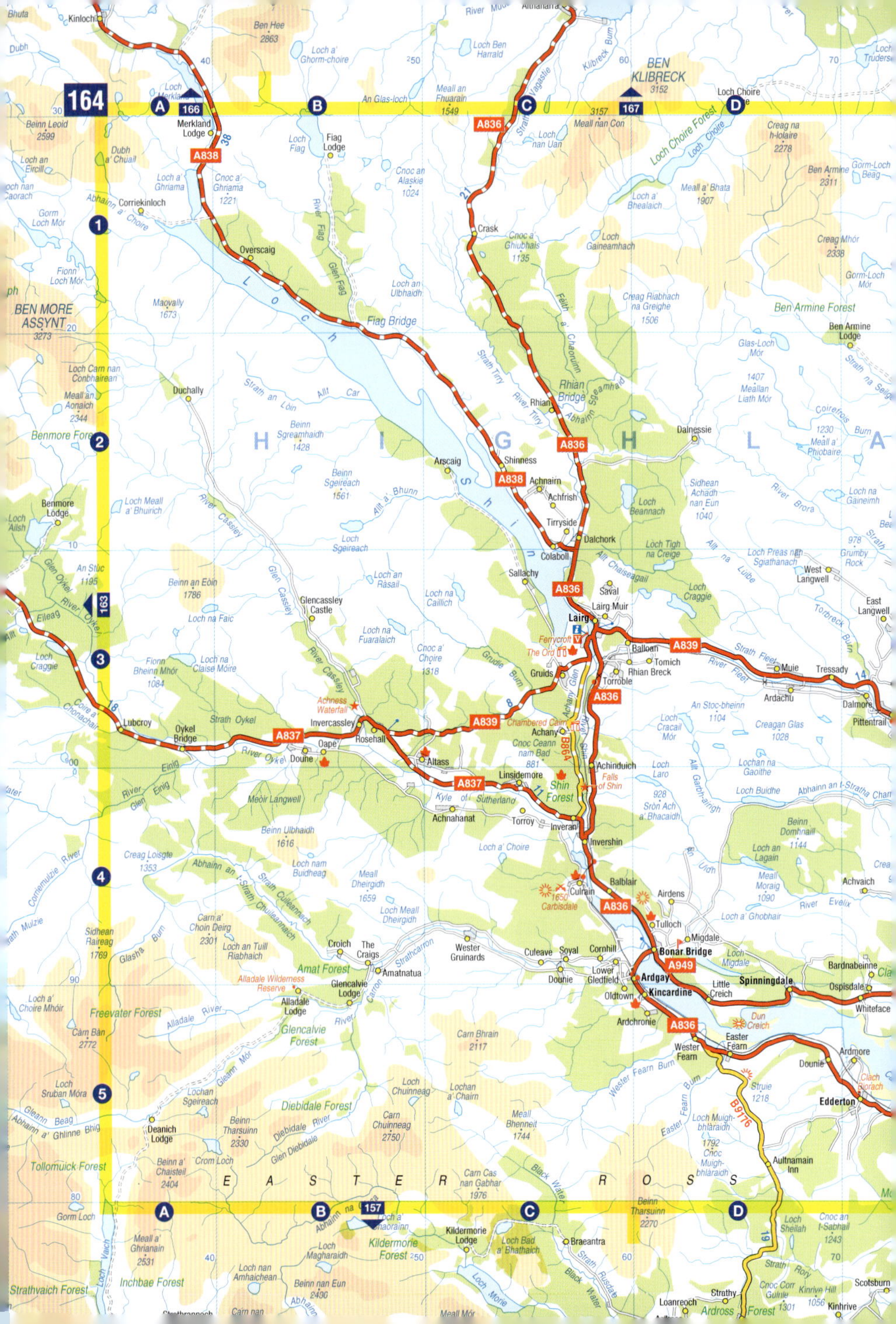

Kinloch
Ben Hee
2863
Loch a' Ghorm-choire
Loch Ben Harrald
Altnaharra
BEN KLIBRECK
3152
Loch Merkland
166
An Glas-loch
Meall an Fhuarain
1549
3157
Meall nan Con
167
Loch Choire Lodge
Beinn Leoid
2599
Merkland Lodge
Loch Fiag
Fiag Lodge
A836
Loch nan Uan
Loch Choire Forest
Creag na h-Iolaire
2278
A838
Dubh a' Chuail
Loch an Eircill
Cnoc an Alaskie
1024
Ben Armine
2311
Gorm-Loch Beag
Loch a' Ghriama
Cnoc a' Ghriama
1221
Loch a' Bhealaich
Meall a' Bhata
1907
Corriekinloch
Abhainn a' Choire
Gorm Loch Mòr
Crask
Cnoc a' Ghiubhais
1135
Loch Gaineamhach
Creag Mhòr
2338
Overscaig
River Fiag
Glen Fiag
Fionn Loch Mòr
Gorm-Loch Mòr
Loch an Ulbhaidh
Creag Riabhach na Greighe
1506
BEN MORE ASSYNT
3273
Maovally
1673
Fiag Bridge
Loch Shin
Fèith a' Chaorainn
Ben Armine Forest
Ben Armine Lodge
Loch Carn nan Conbhairean
Glas-Loch Mòr
Duchally
Strath an Lòin
Allt Car
Strath Tirry
River Tirry
Rhian
Rhian Bridge
Abhainn Sgeamhaidh
1407
Meallan Liath Mòr
Meall an Aonaich
2344
Coirefrois Burn
Benmore Forest
Beinn Sgreamhaidh
1428
HIGHLAND
Arscaig
Shinness
Dalnessie
1230
Meall a' Phiobaire
Beinn Sgeireach
1561
Allt a' Bhunn
Achnairn
Achfrish
Sidhean Achadh nan Eun
1040
Loch na Gaineimh
River Brora
Benmore Lodge
Loch Meall a' Bhuirich
River Cassley
Loch Beannach
Loch Ailsh
Tirryside
Dalchork
Colaboll
Loch Tigh na Creige
Allt na Lùibe
978
Grumby Rock
Loch Sgeireach
Loch Preas nan Sgiathanach
An Stùc
1195
Beinn an Eòin
1786
Flag an Ràsail
Sallachy
Allt Chaiseagail
West Langwell
Glen Oykel
River Oykel
Glen Cassley
Loch na Caillich
Saval
Loch Craggie
East Langwell
Eileag
163
Loch na Faic
Glencassley Castle
Lairg
Lairg Muir
Torbreck Burn
Loch na Fuaralaich
Ferrycroft
The Ord
Balloan
A839
Strath Fleet
Loch Craggie
Fionn Bheinn Mhòr
1084
Loch na Claise Mòire
Cnoc a' Choire
1318
Grudie Burn
Gruids
Tomich
Rhian Breck
Torroble
River Fleet
Muie
Tressady
Ardachu
Dalmore
Pittentrail
Coire a' Chonachair
Achness Waterfall
Achany Glen
An Stoc-bheinn
1104
Lubcroy
Oykel Bridge
Strath Oykel
A837
Invercassley
Rosehall
Chambered Cairn
Achany
Loch Cracail Mòr
Creagan Glas
1028
Oape
Doune
River Oykel
Altass
Cnoc Ceann nam Bad
881
B864
River Shin
Achinduich
Loch Laro
Lochan na Gaoithe
River Einig
Glen Einig
Linsidemore
Shin Forest
Falls of Shin
928
Sròn Ach a' Bhacaidh
Allt Garbh-airigh
Loch Buidhe
Abhainn an t-Stratha Chair
Meòir Langwell
Kyle of Sutherland
Achnahanat
Torroy
Inveran
Invershin
Beinn Domhnaill
1144
Beinn Ulbhaidh
1616
Loch a' Choire
Loch an Lagain
Creag Loisgte
1353
Abhainn an t-Strath Chuileannaich
Strath Cuileannach
Loch nam Buidheag
Meall Dheirgidh
1659
Balblair
Culrain
1650 Carbisdale
Airdens
Meall Moraig
1090
Achvaich
Corriemulzie River
Strath Mulzie
Carn a' Choin Deirg
2301
Loch Meall Dheirgidh
Tulloch
River Evelix
Loch a' Ghobhair
Sidhean Raireag
1769
Glasha Burn
Loch an Tuill Riabhaich
Croich
The Craigs
Strathcarron
Wester Gruinards
Culeave
Soyal
Cornhill
Migdale
Bonar Bridge
Loch Migdale
A949
Bardnabeinne
Amat Forest
Amatnatua
Lower Gledfield
Ardgay
Little Creich
Spinningdale
Ospisdale
Alladale Wilderness Reserve
Glencalvie Lodge
River Carron
Douchie
Oldtown
Kincardine
Whiteface
Loch a' Choire Mhòir
Freevater Forest
Alladale Lodge
Alladale River
Ardchronie
Dun Creich
Glencalvie Forest
Càrn Bàn
2772
Carn Bhrain
2117
Easter Fearn
Wester Fearn
Ardmore
Dounie
Wester Fearn Burn
Struie
1218
Clach Biorach
Loch Sruban Mòra
Lochan Sgeireach
Loch Chuinneag
Lochan a' Chairn
Diebidale Forest
Easter Fearn Burn
B9176
Edderton
Gleann Beag
Abhainn a' Ghlinne Bhig
Deanich Lodge
Beinn Tharsuinn
2330
Diebidale River
Carn Chuinneag
2750
Glen Diebidale
Meall Bhenneit
1744
Loch Muigh-bhlaraidh
1792
Cnoc Muigh-bhlaraidh
Tollomuick Forest
Beinn a' Chaisteil
2404
Crom Loch
Carn Cas nan Gabhar
1976
Black Water
Aultnamain Inn
EASTER ROSS
Gorm Loch
157
Loch a' Chnaorainn
Beinn Tharsuinn
2270
Loch Sheilah
Cnoc an t-Sabhail
1243
Meall a' Ghrianain
2531
Loch Magharaidh
Kildermorie Forest
Kildermorie Lodge
Loch Bad a' Bhathaich
Braeantra
Strath Rory
Strathvaich Forest
Loch Vaich
Inchbae Forest
Loch nan Amhaichean
Beinn nan Eun
2436
Loch Morie
Strath Rusdale
Cnoc Corr Guinne
1301
Kinrive Hill
1056
Scotsburn
Strathy
Loanreoch
Ardross Forest
Kinrhive
Meall Mòr
Carn nan

Loch Badanloch
Loch Arichlinie
Achentoul
Badanloch Lodge
Loch an Alltan Fhearna
B871
Kinbrace
Fèith Gaineimh Mhòr
Cnoc Loch Mhadadh
Dunbeath Water
Loch Achnamoine
River Helmsdale
Loch na Gaineimh
A897
Garvault
Gearnuisgeach
168
Cnoc Coire na Fearna 1434
Braemore
Badr
Balnabruich
Knockally
Cnoc an Liath-bhaid Mhòir 1423
Allt nan Achaidhean
Kinbrace Burn
Berriedale Water
1587 Maiden Pap
Morven 2313
Cnoc an Eireannaich 1699
Abhainn na Frithe
Scaraben 2055
Meall na Caorach 1301
Ramscraigs
Allt an Ealaidh
Altanduin
Borrobol Lodge
Wag
Borrobol Forest
Cnoc na Breun-choille 1194
Loch Ascaig
Creag nam Fiadh 1271
Suisgill Burn
Kildonan Burn
Creag Scalabsdale 1819
Borgue
Newport
Langwell Forest
Aultibea
Langwell Water
Berriedale
Berriedale Castle
Garvary Burn
Kildonan
A9
River Skinsdale
Strath Skinsdale
Beinn Dubhain 1365
Cnoc na Maoile 1315
Tuarie Burn
Craggie
Craggie Water
River Helmsdale
Boch-ailean
Ousdale
Badbea Clearance Village
Ousdale Broch
Torrish
Strath of Kildonan or Strath Ullie
Cnoc Meadhonach 1134
Eldrable Hill 1338
Marrel
Navidale
Ord Point
East Helmsdale
West Helmsdale
Helmsdale
Gartymore
Timespan
Portgower
Loch Bad an t-Sean-tighe
Mealian Liath Beag 1512
Beinn Dhorain 2060
Black Water
Allt Ach a' Bhathaich
Allt a' Mhuilinn
Smeorail
Glen Sletdale
Glen Loth
Cnoc Leamhnachd 961
Balnacoil
Col-bheinn 1765
Lothmore
Kilmote
Lothbeg
Crackaig
River Brora
Gordonbush
Lothbeg Point
Dalreavoch
Kilbrau Hill 1063
Loch Brora
Loch an Tubairnaich
Rhilochan
Knockarthur
Scottarie Burn
Ben Horn 1706
Loch Horn
Achrimsdale
East Clyne
West Clyne
Distillery
Dalchalm
Achvoan
Clynelish
Badnellan
Cagar Feosaig 1239
Heritage Centre
Brora
Rogart
Little Rogart
Doll
Uppat
Backies
Golspie Burn
Beinn Lunndaidh 1463
Beinn a' Bhragaidh 1293
Orcadian Stone Company
N O R T H
S E A
A839
Morvich
Carn Liath
Duke of Sutherland Monument
Dunrobin
River Fleet
Mound Rock
Golspie
Kirkton
Little Torboll
Loch Laoigh
Loch Fleet
Littleferry
Skelbo
Badninish
Skelbo Street
Lednabirichen
Birichen
Embo
Rearquhar
Poles
Embo Street
Astle
Fleuchary
B9168
Evelix
A949
Pitgrudy
Camore
Dornoch
Littletown
Clashmore
Loch Evelix
Carnegie Courthouse
Historylinks
Lonemore
Dornoch
TARBAT NESS
Wilkhaven
DORNOCH FIRTH
Bindal
Glenmorangie Distillery
Morangie
DANGER AREA
Portmahomack
Tarbat Discovery Centre
A836
Tarlogie
Seafield
B9174
Inver
Rockfield
B9165
Tain
Tain Through Time
Lower Arboll
Toulvaddie
Tarrel
Lochslin
Lower Pitkerrie
Hilton
Morangie Forest
Loch Eye
Geanies
158
159
Hartmount Holdings
B9165
Hill of Fearn
Hilton of Cadboll Chapel
Lamington
Brenachie
Fearn
B9166
Marybank
Pitmaduthy
Arabella
Hilton of Cadboll
Tullich
Balintore
Kildary
Shandwick
E
F
G
H
1
2
3
4
5

A
B
C
D
1
2
3
4
5
Duslic
CAPE WRATH
Stack Clò Kearvaig
Kearvaig
Clo Mor Cliffs
A' Ghoil
Faraid Head
Sgribhis-bheinn 1216
DANGER AREA
Inshore
Cnoc a' Ghiubhais 976
Bay of Keisgaig
Loch Keisgaig
Kearvaig River
Loch Inshore
Balnakeil Bay
Balnakeil
Durness
Craft Village
Smoo Cave
Achiemore
Fashven 1498
Loch Airigh na Beinne
Loch Borralie
Sangomore
Leirinmore
Keoldale
Loch a' Gheodha Ruaidh
Beinn Dearg 1390
Beinn an Amair 911
Loch Caladail
Loch na Gainmhich
Kyle of Durness
Sandwood Loch
Creag Riabhach 1592
Loch Meadaidh
Meall Meadhonach 1387
Grudie River
An Grianan 1527
Strath Shinary
Loch na Gainimh
Ghlas-bheinn 1085
Abhainn an t-Strathain
Sheigra
Balchrick
Blairmore
Droman
Loch Aisir Mor
Oldshore Beg
Oldshoremore
Farrmheall 1709
A838
Laid
An Socach 1165
Eilean Choraidh
Eilean an Ròin Mór
Beinn Spionnaidh 2534
Loch Innis na Ba Buidhe
Loch na Gainimh
Gualin House
Loch Clash
Kinlochbervie
Badcall
B801
Inshegra
Achriesgill
Rhuvoult
Loch Inchard
Lochan Sgeireach
Cranstackie 2630
Polla
Bàgh Loch an Ròin
River Dionard
Strath Beag
Loch Crocach
Loch na Claise Carnaich
Achlyness
Rhiconich
Loch Dughaill
Ardmore Point
Ardmore
Loch na Thull
Mathair a' Gharbh Uilt
Ganu Mór 2980
FOINAVEN
Strath Dionard
Skerricha
Fanagmore
Loch Dionard
Foindle
Tarbet
H
I
G
H
Loch Staonsaid
Loch a' Gharbh-bhaid Mór
Loch na Tuadh
Laxford Bridge
Sound of Handa
Handa Island
Loch a' Bhadaidh Daraich
Badnabay
River Laxford
Arkle 2580
Loch an Easain Uaine
Lochan Sgeireach
Scourie Bay
A894
Scourie
Loch an Nighe Leathaid
Loch na Seilge
Scourie More
Gorm Loch
Lochstack Lodge
Rubh' Aird an t-Sionnaich
Upper Badcall
Lower Badcall
Ben Stack 2356
Loch Stack
Lone
Sàbhal Beag 2393
Loch a' Mhuilinn
Clàr Loch
Cnoc Thormaid
Abhainn an Loin
Badcall Bay
Ben Auskaird 1265
Reay Forest
Meallan Liath Coire Mhic Dhughaill 2627
Coire Loch
Eilean a Bhreitheimh
Achfary
Loch na Mucnaich
Loch Crocach
Loch More
Meall Mór
Allt nan Ramh
Loch na Creige Duibhe
Loch Ulbhach Coire
Duartmore Bridge
Point of Stoer
Sgeir nan Gall
Calbha Beag
Calbha Mór
Ben Strome 1374
Old Man of Stoer
Oldany Island
Eddrachillis Bay
Kylestrome
Loch an Leathiad Bhuain
Beinn a' Bhutha 1777
Glendhu Forest
Loch Cùl Fraioch
Eilean Chrona
Culkein Drumbeg
Loch a' Chàirn Bhàin
Kylesku
Kinloch
Culkein
Loch Nedd
Loch Glendhu
Gleann Dubh
Rhubha Stoer
Clashnessie Bay
Oldany
Drumbeg
B869
Unapool
Beinn Aird da Loch 1722
Achnacarnin
Nedd
Loch Glencoul
Clashmore
Glenleraig
Newton
Loch Merkland
B869
Balchladich
Clashnessie
Loch Poll
Loch an Leothaid
163
Beinn Leoid 2599
Merkland Lodge
Loch nan Lub
Loch na Loinne
Gleann Leireag
Glen Coul
Stoer
Dubh a' Chuail
Bay of Stoer
Clachtoll Broch
Clachtoll
Loch Beannach
Lochassynt Lodge
Eas a' Chual Aluinn (Waterfall)
Loch an Eircill
Gorm a' Ghriama
Cnoc a' Ghriama 1221
Glas Bheinn 2541
Loch nan Caorach
Loch Cròcach
Corriekinloch
Abhainn a' Choire
Achmelvich Bay
Rhicarn
A837
Gorm Loch Mór
Beinn Uidhe 2410

E
F
G
H
1
2
3
4
5
STRATHY POINT
Totegan
Port Allt a' Mhuilinn
Aultivullin
Strathy Bay
Brawl
Aultiphurst
Strathy
Armadale Bay
Ardmore Point
Kirtomy Point
Armadale
Lednagullin
Strathy Forest
Farr Point
Bay of Swordly
Farr Bay
Farr
Swordly
Kirtomy
Clerkhill
Crask
Clachan
Strathnaver
A836
Bettyhill
Achina
Invernaver
Leckfurin
Coille na Borgie Chambered Tomb
Skelpick
Torrisdale Bay
Torrisdale
Achtoty
Skerray
Clasheddy
Modsarie
Borgie
Neave or Coombe Island
Eilean nan Ron
Caol Raineach
Strathan Skerray
Rabbit Islands
Skullomie
Coldbackie
Blandy
Rhitongue
Dalcharn
Tongue Bay
Kyle of Tongue
Tongue
Braetongue
Caisteal Bharraich
Beinn Bhreac 1018
Ribigill
Kinloch Lodge
Lochan Hakel
Kinloch River
Cnoc Craggie 1043
Loch Craggie
Loch Cormaic
Borgie Forest
River Borgie
Na Caol Lochan
Loch Stephan
Lochan nan Carn
Loch nan Ealachan
B871
Archargary
River Naver
Carnachy
Rhifail
Rough Haugh
963 Beinn Rifa-gil
Skail Chambered Cairn
Skail
Syre
Rosal Clearance Village
Navar Forest
B873
Whiten Head or An Ceann Geal
Eilean Hoan
Eilean Clùimhrig
Sangobeg
Rispond
Loch Eriboll
Portnancon
Hope
River Hope
A838
Loch Maovally
Ben Hutig 1338
Port Vasgo
Achininver
Midfield
Lubinvullin
Strathan
West Strathan
Achinahuagh
Talmine
Skinnet
Midtown
Strath Melness
Loch a' Mhuilinn
Achuvoldrach
756 Ben Arnaboll
Eriboll
Loch Hope
Druim nan Cliar
Loch Fhionnaich
Loch na Seilg
Meallan Liath 1962
3040 BEN HOPE
Cashel Dhu
Loch Crocach
Ben Loyal 2509
Loch an Dherue
Beinn Stumanadh 1728
Loch nam Breac
Loch Meleag
Loch Loyal
Loch Loyal Lodge
1828 Cnoc nan Cuilean
Loch Haluim
Loch nan Ealachan
Loch Coulside
Loch Syre
Loch Bad na Gallaig
Pole Hill 965
Rhifail Loch
Allt Lon a Chuil
L A N D
THE FLOW COUNTRY
1519 Feinne-bheinn Mhòr
Alltnacaillich
Dun Dornaigil
Strathmore River
Gobernuisgach Lodge
Loch Meadie
Loch Eileanach
Grumbeg Settlement
Grummore
Loch Naver
Meadie Burn
Mudale
River Mudale
Altnaharra
Allt Coire na Saidhe Duibhe
Loch Coire na Saidhe Duibhe
Allt a' Chraois
Loch a' Ghorm-choire
Loch Ben Harrald
Klibreck Burn
BEN KLIBRECK 3152
Meall an Fhuarain 1549
An Glas-loch
Vagastie
Loch Choire Lodge
Meall nan Con 3157
Loch Choire Forest
Creag na h-Iolaire 2278
Loch nan Uan
Loch a' Bhealaich
Meall a' Bhata 1907
Ben Armine 2311
Gorm-Loch Beag
Allt an Ealaidh
Crask
Cnoc 50n Alaskie 1024
Loch Fiag
Fiag Lodge
Mallart River
Loch Rimsdale
Rimsdale
Garvault
Badanloch Forest
Loch nan Clàr
Loch Badanloch
Badanloch Lodge
Loch Truderscaig
Loch an Alltan Fheàrna
Loch na Gaineimh
Loch Achnamoine
River Helmsdale
Allt an Liath Mhòir 1423
Allt na h-Airbhe
Borrobol Forest
Cnoc na Breun-choille
Altanduin
Loch Ascaig
Abhainn
Loch Gaineimh
Clachan Burn
Loch Meadie
Loch Buidhe Beag
Beinn nam Bò 751
Loch Buidhe Mòr
Loch Meala
Loch Mòr na Caorach
Skelpick Burn
Loch nan Clach
Dunviden Lochs
Loch Strathy
Loch na Saobhaidhe
Loch Crocach
Caol-loch Mòr
1133 Cnoc nan Tri-chlach
Loch Druim a' Chliabhain
1902 Ben Griam Beg
Ben Griam Mòr 1938
Rimsdale Burn
Garbh-allt
River Strathy
Armadale Burn
Bowside Lodge
The Uair
Cnoc Badaidh na Gaoithe 698
RSPB Forsinard NNR
164
165
168
B871
A836

Stromness 1hr. 30mins.
STRATHY POINT
Totegan
Port Allt a' Mhuilinn
Ardmore Point
Aultivullin
Strathy Bay
Brawl
Baligill
Portskerra
Armadale Bay
Aultiphurst
Strathy
Melvich Bay
Armadale
Lednagullin
A836
Melvich
Bighouse
Red Point
Fresgoe
Sandside Bay
Reay
Isauld
Strathy Forest
River Strathy
Loch Baligill
Bowside Lodge
Armadale Burn
Loch Gaineimh
Loch Buidhe Beag
Beinn nam Bò
751
Loch Buidhe Mòr
Loch Meala
167
Strathy Forest
The Uair
Loch Mòr na Caorach
Loch nan Clach
Dunviden Lochs
Brims Ness
Spear Head
Holborn Head
Clardon Head
St Mary's Chapel
Crosskirk
Scrabster
Thurso Bay
West Murkle
Bridge of Forss
Caithness Horizons
A9
Thurso East
Lower Dounreay
Forss
Janetstown
Thurso
Murkle
Dixonfield
Millbank
15
Skiall
Buldoo
Achreamie
Lythmore
Upper Dounreay
Stemster
Newlands of Geise
Glengolly
B874
B870
Cnoc Freiceadain Long Cairns
Westfield
Geise
Weydale
Hilliclay
Shebster
Knockglass
Achscrabster
Drum Hollistan
608
Caol-loch
Beinn Ràtha
795
Loch Akran
Sandside Burn
Achvarasdal Burn
Loch Saorach
Loch Thormaid
Broubster
Loch Calder
Calder Mains
Sordale
Knockdee
Braal Castle
Roadside
Gerston
Clayock
Halkirk
Loch nan Gall
Halladale River
A897
Loch na Seilge
Upper Bighouse
Achiemore
Forss Water
Shurrery
Allt Forsiescye
Brawlbin
Loch Olginey
Banniskirk
Craigtown
Smigel Burn
Loch Scye
Loch Shurrery
Harpsdale
H I G H L A N D
Dalhalvaig
Croick
Caol-loch
River Dyke
747
Cnoc an Fhuarain Bhain
953
Beinn nam Bad Mòr
Olgrinmore
Dorrery
Torran Water
River Thurso
Spittal
Mybster
Trantlemore
Trantlebeg
Cnoc Badaireach na Gaoithe
698
Loch Sàinn
Loch Saird
Loch Tuim Ghlais
Blàr Dearg
524
Loch Caluim
B870
Westerdale
Dyke
Strath Halladale
21
Lochan Ealach Beag
Cnoc Preas a' Mhadaidh
665
Skyline Loch
Caol Loch
Loch Meadie
Loch nam Breac
RSPB Forsinard Flows NNR
Forsinain Burn
Loch Sletill
Sletill Hill
918
Loch na Cloiche
Loch Gaineimh
Loch Eileanach
Strathmore Lodge
Beinn Châiteag
446
Little River
Loch Strathy
Loch na Saobhaidhe
The Cross Lochs
Loch Leir
Lochan Cròc nan Làir
Sleach Water
Altnabreac
Rangag
Caol-loch Mòr
1133
Cnoc nan Tri-chlach
Loch Crocach
Forsinard
Loch Dubh
Loch More
THE FLOW COUNTRY
Loch nam Fear
Loch Ruard
Loch Dubh
Loch Druim a' Chliabhain
Forsinard Flows
Loch Rumsdale
Rumsdale Water
Loch a' Mhuilinn
River Thurso
Lochan Thulachan
1902
Ben Griam Beg
Dalnawillan Lodge
Loch Sand
Coire na Beinne
741
Garvault
Gart Allt
16
Ben Griam Mòr
1938
Allt Aingh-dhamh
Achentoul Forest
Glutt Water
Ben Alisky
1144
Badanloch Forest
Loch an Ruathair
Loch Breac
Cnocan Conachreag
881
Loch nan Clàr
Loch Dubh
Knockfin Heights
1437
Glutt Lodge
Lochside
Housty
Loch Badanloch
Loch Arichlinie
Burn of Houstry
Dunbeath Water
Achentoul
Cnoc Loch Mhadadh
1040
Badanloch Lodge
Smerra
Féith Gaineimh Mhòr
B871
Kinbrace
Loch Achnamoine
River Helmsdale
Loch na Gaineimh
Gobernuisgeach
Badnagie
Cnoc Coire na Feàrna
1434
Braemore
Berriedale Water
Dunbeath
Balnabruich
Port
Knockally
Heritage
Castle
Maiden Pap
165
Cnoc an Liath-aid Mhòir
1423
Allt nan Achaidhean
Kinbrace Burn
Cnoc an Eireannaich
1699
Morven
2313
Abhainn na Frithe
A897
Burn
Scaraben
2055
Meall na Caorach
1301
Ramscraigs
Altanduin
Borrobol Forest
Borrobol Lodge
Loch Ascaig
Suisgill Burn
Wag
Cnoc na Breun-choille
Creag
Langwell Forest
Borgue
19
A B C D
1 2 3 4 5
80 90 300 10
70 60 50 40 30
18

Swona
PENTLAND FIRTH
Burwick
B9041
Brough
Liddle
Tomb of the Eagles
E
F
G
H
172
Gills Bay to St Margaret's Hope, Orkney 1hr. 40mins. (Seasonal)
Nethertown
Island of Stroma
Uppertown
Pentland Skerries
DUNNET HEAD
Long Loch
374 Burifa Hill
B855
Dunnet Hill 398
Brough
Ham
Scarfskerry
St John's Loch
Loch of Bushta
Hunspow
West Dunnet
Mary-Ann's Cottage
Dunnet
Dunnet Bay
Seadrift Dunnet
Castlehill
Castletown
Tang Head
Castle of Mey
Loch of Mey
Rattar
Mey
St John's Point
East Mey
Gills
Gills Bay
Boars of Duncansby
Last House
DUNCANSBY HEAD
Kirkstyle
Huna
John o' Groats
Duncansby Stacks
A836
Seater
Canisbay
Upper Gills
Warse
Stacks of Duncansby
Corsback
Barrock
Inkstack
Brabster
Warth Hill 406
A99
Loch Heilen
Gill Burn
Skirza
Skirza Head
Greenland
Greenland Mains
Lochend
Tofts
Freswick
Freswick Bay
Ness Head
Olrig
Tain
B876
Slickly
Reaster
Alterwall
Kirk Burn
Durran
Bowermadden
Sortat
Lyth Arts Centre
Caithness Broch Centre
Auckengill
Nybster
Brough Head
Lyth
Bowertower
Howe
Burn of Lyth
Keiss
Keiss Castle
Tang Head
Stemster
Halcro
Hastigrow
Mireland
Corsback
Gillock
Loch Scarmclate
North Watten
Kirk
Myrelandhorn
Loch of Wester
Westerloch
B874
Larel
A882
B870
Knapperfield
Killimster
Sinclair's Bay
Oldhall
Loch Watten
B876
Sinclair Girnigoe
Noss Head
Reiss
B874
Winless
Ackergillshore
Watten
B870
Bilbster
Sibster
Ackergill
Sealky Head
Loch of Toftingall
Strath
Wick River
WICK
Staxigoe
Heritage
Papigoe
Broadhaven
Acharole
Burn of Acharole
Strath Burn
Haster
Milton
Janetstown
Wick
Wick Bay
Pulteney Distillery
Badlipster
Achairn Burn
Newton
South Head
Whiterow
Castle of Old Wick
Gote o' Tram
Camster Burn
Loch Hempriggs
Tannach
Hempriggs
Helman Head
Hill of Olicleit 462
Hill of Rangag 623
Raggra
Gansclet
Thrumster
Grey Cairns of Camster
Loch of Yarrows
South Yarrows Broch
Sarclet
Sarclet Head
Achavanich
Loch Stemster
Standing Stones
815 Stemster Hill
South Yarrows North Long Cairn
Borrowston
Cnoc an Earrannaiche 692
South Yarrows South Long Cairn
Camster
Cairn o'Get
Ulbster
Sheppardstown
Roster
East Clyth
Bruan
Crofts of Benachielt
Oscaly
Hill o' Many Stanes
A9
Rumster Forest
Reisgill Burn
Upper Lybster
Mid Clyth
Halberry Head
Achow
A99
Clyth
Overton
Swiney
Lybster
Upper Latheron
Standing Stones
Burrigill
Forse
Invershore
Waterlines
Forse Castle
Latheron
Clan Gunn Heritage Centre
Latheronwheel
Knockinnon
Laidhay Croft
N
D
1
2
3
4
5
20
30
40
350
80
70
60
950
30

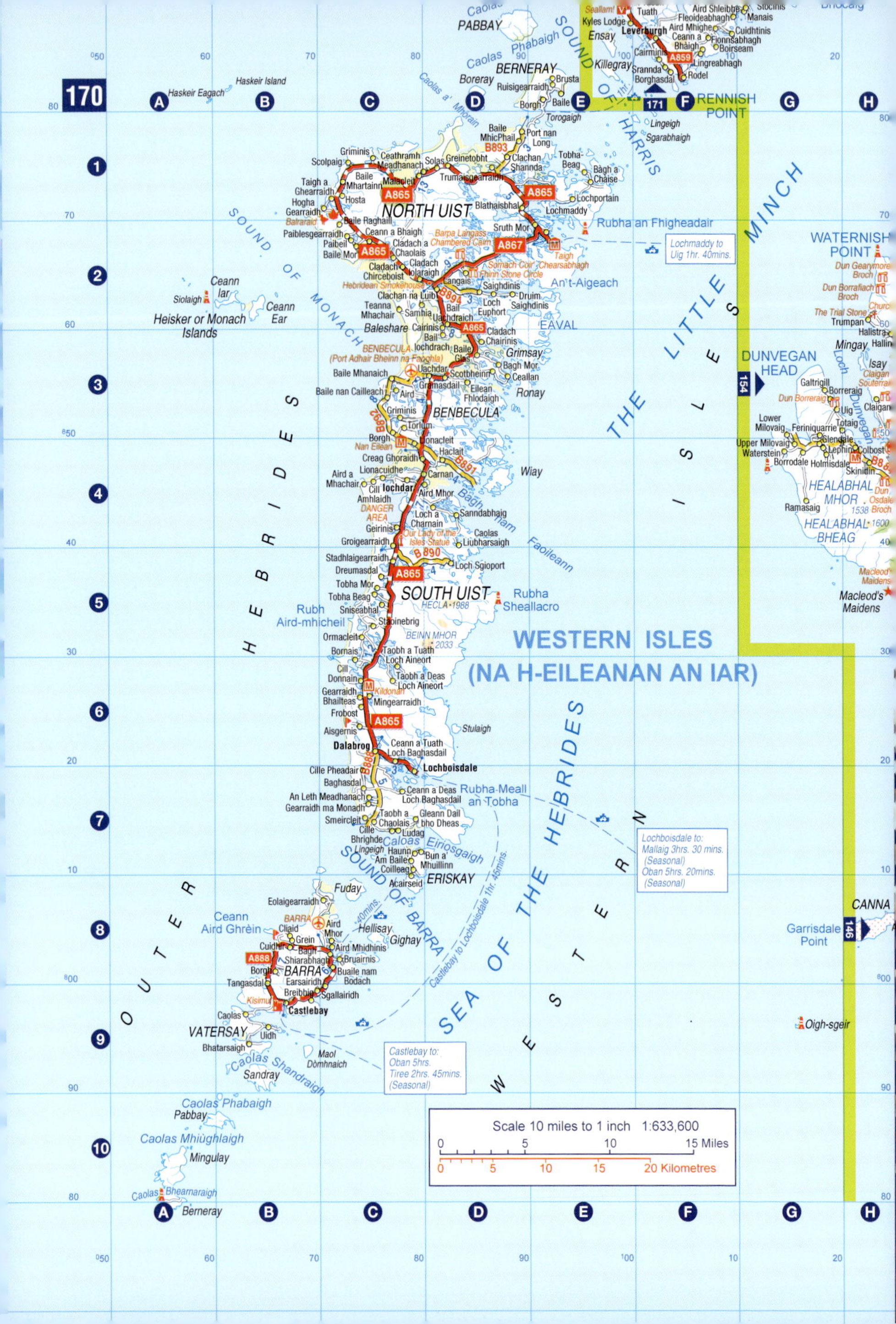

PABBAY
BERNERAY
Boreray
Caolas Phabaigh
SOUND OF HARRIS
Leverburgh
Ensay
Killegray
Rodel
A859
171
RENNISH POINT
Haskeir Island
Haskeir Eagach
NORTH UIST
A865
A867
B893
Lochmaddy
Rubha an Fhigheadair
Lochmaddy to Uig 1hr. 40mins.
THE LITTLE MINCH
WATERNISH POINT
SOUND OF MONACH
Heisker or Monach Islands
Ceann Iar
Ceann Ear
Siolaigh
EAVAL
Baleshare
BENBECULA (Port Adhair Bheinn na Faoghla)
BENBECULA
Grimsay
Ronay
B892
B891
B894
Wiay
DUNVEGAN HEAD
154
Lower Milovaig
Upper Milovaig
Waterstein
HEALABHAL MHOR
HEALABHAL BHEAG
Macleod's Maidens
HEBRIDES
B 890
SOUTH UIST
HECLA 1988
BEINN MHOR 2033
Rubha Sheallacro
Rubh Aird-mhicheil
WESTERN ISLES
(NA H-EILEANAN AN IAR)
Lochboisdale
Dalabrog
B888
Stulaigh
Rubha Meall an Tobha
Lochboisdale to: Mallaig 3hrs. 30 mins. (Seasonal) Oban 5hrs. 20mins. (Seasonal)
ERISKAY
SOUND OF BARRA
SEA OF THE HEBRIDES
WESTERN
Fuday
Hellisay
Gighay
BARRA
A888
Castlebay
VATERSAY
Sandray
Caolas Shandraigh
Castlebay to Lochboisdale 1hr. 45mins.
Castlebay to: Oban 5hrs. Tiree 2hrs. 45mins. (Seasonal)
CANNA
Garrisdale Point
146
Oigh-sgeir
OUTER
Caolas Phabaigh
Pabbay
Caolas Mhiughlaigh
Mingulay
Caolas Bhearnaraigh
Berneray
Scale 10 miles to 1 inch 1:633,600
0 5 10 15 Miles
0 5 10 15 20 Kilometres

WESTERN ISLES
(NA H-EILEANAN AN IAR)
OUTER HEBRIDES
BUTT OF LEWIS
Europaidh
Coig Peighinnean
An Cnoc Ard
Port Nis
Adabroc
Lional
Tabost
B8013
B8015
Ness Heritage Centre
Suainebost
Sgiogarstaigh
Aird Dhail
A857
Dail bho Dheas
Cros
NIS
Meall Geal
Gabhsann bho Dheas
Gabhsann bho Thuath
Mealabost
Borgh
Cuidhsiadar
Cellar Head
Siadar
Coig Peighinnean Bhuirgh
Siadar Uarach
Steinacleit Cairn & Stone Circle
Baile an Truiseil
DANGER AREA
Diaval 520
Barbhas Uarach
Barabhas
Brù
Barabhas Iarach
Labost
Blackhouse
Bragar
Arnol
Siabost bho Thuath
Siabost
A858
Bail' Ur Tholastaidh
Muirneag 813
TOLSTA HEAD
Tolstadh bho Thuath
Gleann Tholastaidh
Gearrannan Blackhouse Village
Siabost bho Dheas
Shawbost
Pairc Shiaboist
Dail Beag
Dail Mor
Shawbost Norse Mill and Kiln
Na Gearrannan
A857
Mullach Charlabhaigh
Borghastan
Carlabhagh
Dun
Cirbhig
Charlabhaigh
Dun Carloway
ISLE OF LEWIS
Griais
B895
Bac
Gallan Head
Bostadh
Tobson
Crothair
Aird Uig
Bhaltos
GREAT BERNERA
Bernera
Breacleit
Tolastadh a Chaolais
Cliobh
Crip
955 Beinn Mholach
Col
Col Uarach
Breibhig
Broad Bay
Port Nan Giuran
TIUMPAN HEAD
Cnoc Amhlaigh
Port Mholair
Tunga
Aird Thunga
Fleisirin
Aird
Timsgearraidh
Tacleit
Barraglom
Breascleit
Griarian
Newmarket
Sulaisiadar
Cradhlastadh
Miabhaig
Riof
Iarsiadar
Circebost
Calanais Standing Stones
An Gleann Ur
Lacasdail
Garrabost
Seisiadar
Carnais
Cairisiadar
Flodaigh
Crulabhig
Tobhtarol
Calanais
Bruach Mairi
STORNOWAY
Aiginis
A866
EYE PENINSULA
Mangurstadh
Eadar Dha Fhadhail
Geisiadar
B8059
Coire an Fhuarain
Loch Urabhal
Nan Eilean
Sanndabhaig
Mealabost
Tolm
An Cnoc
Pabail Uarach
Aird Feinis
1404 Suaineabhal
Abhainn Dearg Distillery
Linsiadar
B8011
Gearraidh na h-Aibhne
A859
Suardail
Pabail Iarach
Loch a Ghainmhich
Acha Mor
B897
Islibhig
Mealaisbhal 1883
1348 Tarain
Einacleit
A858
Beinn Casgro
Stornoway to Ullapool 2hrs. 40mins.
Aird Bhreinis
Breanais
Giosla
Liurbost
Griomsidar
Greineim
Mealasta
Soval Lodge
Crosbost
Ranais
Rubha Raerinis
Eilean Mhealasta
Griomabhal 1631
Kinloch
Glib Cheois
Baile Ailein
Lacasaidh
Ceos
Cromor
Roineval 922
Cearsiadar
Cabharstadh
A859
Tabost
Gearraidh Bhaird
Marbhig
Morsgail Forest
Ceann Tarabhaigh
Sildinis
B8060
Ravenspoint Centre
NORTH HARRIS
Calbost
Cearstaigh
Sron Romul 1012
Airidh a Bhruaich
Ceann Shiphoirt
Taobh a Ghlinne
Grabhair
SCARP
Huiseabhal Mor 1603
Tiorga Mor 2227
Ullabhal 2153
Liuthaid 1611
Aline Lodge
Mor Mhonadh
Mhonadh 1315
PARK
Orasaigh
B8060
A' Chabag
Gàisgeir
Huisinis
Stuabhal 1901
Aird a Mhulaidh
Eisgein
Leumrabhagh
B887
Forest of Harris
Scaladal
Beinn Mhòr 1874
Horsanais
Gobhaig
Abhainn Suidhe
Uisgneabhal Mor 2392
An Cliseam 2622
Eilean Liubhaird
Rubha Leacach
Cliasmol
Miabhaig
Gormol 1542
Uisinis 1217
Loch Siar
Bun Abhainn Eadarra
A859
Maraig
Loch Seaforth
SOUND OF SHIANT
B887
1829 Sgaoth Aird
Aird Asaig
HARRIS
Gob Rubh' Uisinis
TARANSAY
Sound of Taransay
Paibeil
Tarbert
Oban
Reinigeadal
Rubh' a' Bhaird
Losgaintir
Distillery
Urgha
Caolas Scalpaigh
Rubha Sgeirigin
South Harris Forest
Carragraich
Carnach
Shiant Islands
Seilebost
Miabhag
Scalpaigh
SCALPAY
TOE HEAD
Taigh Bhuirgh
Horgabost
A859
Drinisiadar
Aird Mhighe
Greosabhagh
Ceann-na-Cleithe
Ceann a Bhaigh
Eilean Glas
Sgarasta Mhor
Na Buirgh
Scarasta
Ceann a Bhaigh
Liceasto
Leac a Li
Scadabhagh
Plocrapol
Harris Tweed and Knitwear
SOUTH HARRIS
Geocrab
Collam
Siolaigh Bheag
MacGillivray Centre
Beacrabhaic
Caolas
Cluthar
Caolas Shiolaigh
SOUND OF HARRIS
An Taobh Tuath
Aird Shleibhe
Stocinis
Manais
Seallam!
Kyles Lodge
Leverburgh
Aird Mhighe
Fleoideabhagh
PABBAY
Ensay
Cuidhtinis
Fionnsabhagh
Boirseam
Caolas Phabaigh
Killegray
Tarbert to Uig 1hr. 40mins.
Scale 10 miles to 1 inch 1:633,600
0 5 10 15 Miles
0 5 10 15 20 Kilometres
Caiminis
A859
Ceann a Bhàigh
BERNERAY
Srannda
Lingreabhagh
Borghasdal
Rodel
Ruisigearraidh
Brusta
Baile
Borgh
Gilsaigh
RENNISH POINT
Fladda-chùain
Eilean Trodday
Rubha Hunish
Port nan Long
Clachan Shannda
Baile MhicPhail
B893
Tobha-Beag
Bàgh a Chaise
Trumaisgearraidh
A865
Lochportain
Rubha an Dùine
Blathaisbhal
Lochmaddy
Sruth Mor
A867
Taigh Chearsabhagh
Lochmaddy to Uig 1hr. 40mins.
Loch Euphort
Druim Saighdinis
Saighdinis
Eigneig Mhòr
Cladach
THE LITTLE MINCH
WESTERN ISLES
Uig to Tarbert 1hr. 40mins.
Uig to Lochmaddy 1hr. 40mins.
WATERNISH POINT
Dun Gearymore Broch
Dun Borrafiach Broch
The Trial Stone
Church
Trumpan
Halistra
Geary
Knockbreck
Gillen
LOCH SNIZORT
Tulm Bay
Shulista
Kilmaluag Bay
Duntulm
Balmacqueen
Duntulm Castle
Kilmaluag
Skye Island Life
Hungladder
Flora Macdonald Monument
Connista
A855
Flodigarry
Dùn Liath
Borneskeitaig
Heribusta
Quiraing
Digg
Kilmuir
Kilvaxter
Balgown
Glenvin
Stenscholl
Staffin Dinosaur
Linicro
Hut Circles
Brogaig
Garafad
Staffin
Mealt Falls
Totscore
Cam Ban
Clachan
Ellishadder
Kilt Rock
Dun Skeabost
Pottery
Uig
Balnaknock
Maligar
Marishader
Valtos
Idrigill
Standing Stone
Culnacnoc
Earlish
A87
Creag
Grealin
Lealt
Lealt Falls
Rubha
170
154
155
162
A B C D E F G H
1 2 3 4 5 6 7 8 9 10

ORKNEY ISLANDS
Fair Isle
Skroo
FAIR ISLE
Stonybreck
Leogh
SHETLAND ISLANDS
Fair Isle to: Lerwick 5hrs. (Seasonal) Sumburgh 2hrs. 30mins
Fair Isle lies approx. 27 miles ENE of North Ronaldsay
Mull Head
Papa Westray
PAPA WESTRAY
Knap of Howar
Holm of Papa Westray Chambered Cairn
WESTRAY
Holland
Backaskaill
Rackwick
Gayfield
Noup Head
Noltland
Pierowall
Westray Heritage Centre
Broughton
Braehead
Cleat
B9067
WESTRAY
Midbea
Skelwick
Westside Church
Bay of Tuquoy
B9066
Rapness
North Ronaldsay
Seal Skerry
NORTH RONALDSAY
Linklet Bay
Hollandstoun
Papa Westray to North Ronaldsay 1hr. 10mins. (Seasonal)
NORTH RONALDSAY FIRTH
THE NORTH SOUND
40mins.
Kirkwall to North Ronaldsay 2hrs. 40mins.
Scar
Burness
B9068
Otters Wick
Northwall
Lettan
Start Point
Newark
SANDAY
Lady
B9069
Broughtown
B9070
Overbister
Calf of Eday
Carrick Ho
Calfsound
Kettletoft
Tres Ness
Benstonhall
Braeswick
Laminess
Quoyness Chambered Cairn
Millbounds
Stove
Sanday Sound
WESTRAY FIRTH
Kirkwall to Westray 1hr. 25mins.
EDAY
B9063
EDAY
Backaland
Southside
Veness
STRONSAY
Odie
Whitehall
B9060
B9062
Samsonslane
Everbay
Rothiesholm
Grobister
Kirbuster
Dishes
Cott
Holland
STRONSAY
STRONSAY FIRTH
Kirkwall to Papa Westray 1hr. 50mins.
Kirkwall to Eday, Sanday & Stronsay
Wasbister
B9064
Midhowe Broch
Midhowe Chambered Cairn
ROUSAY
Sourin
St Magnus Kirk
Westside
Westness
Brinian
Egilsay
Frotoft
Earl's Palace
Brough of Birsay
Abune-the-Hill
The Barony
Costa
Church
Broch of Gurness
Kitchener Memorial
A967
Kirbuster Museum
Geoth
Evie
Cubbie Row's Castle
St Mary's Chapel
Wyre
Marwick
Twatt
Hillside
Stenso
Redland
B9056
A967
Beaquoy
B9057
Woodwick
Tingwall
Quoyloo
Skelbrae
Dounby
Click Mill
Gairsay
Northdyke
Hackland
Mirbister
Corrigall Farm
A966
Skara Brae Prehistoric Village
Skaill
Sandwick
Corrigall
Gorseness
Skaill House
Hestwall
Ness of Tenston
Brough
Isbister
Settiscarth
Wide Firth
Russland
Yesnaby
Netherbrough
Bimbister
Rennibister Earth House
Voy
B9055
Grimeston
A986
Finstown
Kirbister
Brodgar
Cuween Hill
A965
Grimbister
Quholm
Cairn
Stenness
Tormiston Mill
Heddle
Wideford Hill
Orkney
Kirkwall
Outertown
Cairston
Clouston
MAINLAND
Stromness
A964
Scapa
Tradespark
Kirbister
A964
Greenigoe
Clestrain
Graemsay
DANGER AREA
Hobbister
Orphir
Petertown
Swanbister
Smoogro
Moaness
Houton
Earl's Bu
Midland
Murra
Orgil
Highland Park Distillery
Stromness to Scrabster 1hr. 30mins.
Quoyness
Old Man of Hoy
Dwarfie Stane
Rora Head
Rackwick
Scapa Flow
Cava
35mins.
B9047
HOY
Fara
Scapa Flow
Lyness
Flotta
B9045
Rinnigill
Flotta
B9046
North Ness
Longhope
Saltness
Melsetter
Hurliness
Hackness
B9047
Wyng
Osmondwall
Brims
South Walls
Swona
PENTLAND FIRTH
KIRKWALL
Borrowstonehill
A961
A960
Yinstay
Linksness
Tankerness
Deerness
Skaills
Toab
B9050
Gritley
Foubister
B9052
Upper Sandwick
St Mary's
Greenwall
Cornquoy
Italian Chapel
Copinsay
Northtown
Burray
Fossil & Heritage Cen.
Burray Village
Southtown
Lowertown
Grimness
Uppertown
Ronaldsvoe
St Margaret's Hope
Herston
Quindry
Widewall
Aikers
B9042
Sandwick
Lythes
SOUTH RONALDSAY
A961
Linklater
Cleat
Tomb of the Eagles
Burwick
Liddle
Brough
Burwick to John o' Groats
Gills Bay to St Margaret's Hope, Orkney 1hr.
40mins. (Seasonal)
SHAPINSAY
Burroughston
Edmonstone
B9058
Crossgate
Balfour
B9059
Newlot
Auskerry Sound
ORKNEY ISLANDS
Auskerry
Work
Kirkwall (Hatston) to: Aberdeen 7hrs. 15mins. Lerwick (Holmsgarth) 7hrs. 45mins.
PAGE NOT CONTINUED
169
Island of Stroma
Nethertown
Uppertown
Pentland Skerries
Stromness 1hr. 30mins.
DUNNET HEAD
DUNCANSBY HEAD
Scale 10 miles to 1 inch 1:633,600
0 5 10 15 Miles
0 5 10 15 20 Kilometres
Brims Ness
Castle of Mey
Scarfskerry
Ham
Rattar
East Mey
A836
Last House
Kirkstyle
Huna
John o' Groats
Duncansby Stacks
Brough
Hunspow
Corsback
Gills
Canisbay
Caithness Horizons
West Dunnet
Dunnet
Barrock
Upper Gills
Warse
Crosskirk
Forss
A836
A9
Thurso
Murkle
Seadrift
Inkstack
Brabster
A99
Skaill
Janetstown
Castletown
Castlehill
Greenland
Lochend
Tofts
Skirza
Achreamie
Lythmore
Millbank
Glengolly
Dixonfield
Olrig
Tain
Greenland
Mains
Slickly
Freswick
Stemster
Newlands of Geise
Weydale
Reaster
Alterwall
Westfield
Geise
A9
Hillclay
Durran
Bowermadden
Sortat
Caithness Broch Centre
Knockglass
Achscrabster
Sordale
Bowertower
Lyth
Lyth Arts Centre
Nybster
Auckengill
B870
Braal
Knockdee
Halcro
Howe
Keiss
Keiss Castle
Broubster
Gerston
Castle
Roadside
Corsback
Hastigrow
Kirk
Mireland
A99
Calder

PAGE NOT CONTINUED
SHETLAND ISLANDS
SHETLAND ISLANDS
Scale 10 miles to 1 inch 1:633,600
0 5 10 15 Miles
0 5 10 15 20 Kilometres
Herma Ness
Hermaness
UNST
Burrafirth
Norwick
Valsgarth
Haroldswick
Clibberswick
Quoys
Gardie
Baliasta
Baltasound
Buness
Balta
Caldback
Ordale
Westing
Underhoull
Burragarth
Uyeasound
Muness
Clivocast
Ramnageo
Uyea
Belmont
Haa of Houlland
Greenbank
Gloup
Moarfield
Cullivoe
Stronganess
Wick
Bayanne House
Gutcher
Sellafirth
Colvister
Mid Ho
Cunnister
Basta
YELL
Efstigarth
Grimister
Camb
Mid Yell
Harkland
West Sandwick
Vatsetter
Moorbrae
Aywick
Otterswick
Swarister
Gossabrough
West Yell
Newtown
Setter
Upper Neepaback
Ulsta
Hamnavoe
Houlland
Burravoe
Littlester
Copister
FETLAR
Oddsta
Brough Lodge
Herra
Fetlar
Houbie
Tresta
Aith
Funzie
Colgrave Sound
Yell Sound
Uyea
Isbister
Sandvoe
North Roe
Burravoe
Skelberry
Housetter
Ronnas Hill 1476
North Collafirth
Fladda
Voe
Ollaberry
Swinister
Hogaland
Eastwick
Urafirth
Hamnavoe
Ure
Braehoulland
Burnside
West Heogaland
Tangwick
Haa
Hillswick
Bardister
South Gluss
North Gluss
Brough
Booth of Toft
Mossbank
Sullom
Scatsta
Firth
Graven
Haggrister
Voxter
Trondavoe
Islesburgh
Brae
Busta
Burravoe
Roesound
Wetherstta
MUCKLE ROE
Grobsness
Mulla
Hillside
Voe
ST MAGNUS BAY
Hamnavoe
Lunna
Lunning
SKERRIES
Housay
Out Skerries
Skaw
Challister
Muckle Breck
Whalsay
Brough
Isbister
Marrister
Symbister
Hamister
Hxter
Sandwick
Sodom
Clate
WHALSAY
Vidlin
Levaneap
Laxo
Quoys
Laxfirth
Dury
Housabister
Kirkabister
Brettabister
Papa Stour
Gardie
Biggings
PAPA STOUR
Melby
Norby
Garth
Huxter
Sandness
Bousta
West Burrafirth
Brindister
Clousta
Ponton
Braewick
East Burrafirth
Cole
Gonfirth
MAINLAND
Twatt
Aith
Houlland
Dale of Walls
Bridge of Walls
Wallacetown
Effirth
Bixter
Tresta
Sound
Heglibister
Cuckron
Hestaford
Stanydale
Sefster
Semblister
Browland
Mid Walls
Walls
Gruting
West Houlland
Omunsgarth
Saltness
Stanydale Temple
Ayres of Selivoe
Garderhouse
Sandsound
Leeans
Sand
Hestinsetter
Culswick
Vaila
Wester Skeld
Easter Skeld
Reawick
Westerwick
Scarvister
Skellister
Brough
Eswick
Catfirth
Garth
Benston
Freester
Girlsta
Gletness
Hellister
Wadbister
Haggersta
Breiwick
Whiteness
Gott
Bod of Gremista
Hoove
Veensgarth
LERWICK (Tingwall)
Fitch
Gremista
BRESSAY
Heogan
Gunnista
South View
Holmsgarth
Shetland
Gardie Ho
Brough
Isle of Noss
Lerwick
Sound
Fort Charlotte
Grindiscol
Kirkabister
Scalloway
Cutts
Wick
Gulberwick
Burland
Hamnavoe
Wester Quarff
Brindister
Easter Quarff
Southerhouse
Bridge End
Papil
Newton
Houss
Fladdabister
Okraquoy
Aithsetter
Cunningsburgh
Gord
Clapphoull
Greenmow
Mail
Leebotten
Maywick
Stove
Sandwick
Hoswick
Channerwick
Broch
Ireland
Cumlewick
Noness
Williamsetter
Levenwick
Bigton
Southpunds
Scousburgh
Noss
Skelberry
Longfield
Boddam
Ringasta
Croft House
Hillwell
Fleck
Quendale Watermill
North Town
Quendale
Exnaboe
Toab
Eastshore
SUMBURGH
Scatness
Grutness
Sumburgh
Ness of Burgi
Jarlshof Prehistoric & Norse Settlement
SUMBURGH ROOST
FOULA
Ham
Walls to Foula 2hrs.
Scalloway to Foula 3hrs. 30mins. (Seasonal)
Lerwick to Out Skerries 2hrs. 30mins.
Lerwick to Fair Isle 5hrs. (Seasonal)
Lerwick (Holmsgarth) to: Aberdeen 12hrs. Kirkwall (Hatston) 5hrs. 30mins.
Grutness / Sumburgh to Fair Isle 2hrs. 30mins.
1hr. 30mins.
45mins.
40mins.
30mins.
25mins.
20mins.
A968
A970
A971
B9086
B9087
B9083
B9082
B9088
B9081
B9078
B9079
B9076
B9071
B9075
B9074
B9122
A B C D E F G H
1 2 3 4 5 6 7 8 9 10

NORTHERN IRELAND
Scale 12 miles to 1 inch 1:760,320
0 5 10 15 Miles
0 5 10 15 20 Kilometres
Carndonagh
Moville
PORTSTEWART
CASTLEROCK
COLERAINE
Buncrana
LOUGH FOYLE
CITY OF DERRY
LIMAVADY
BALLYKELLY
GREYSTEEL
EGLINTON
LONDONDERRY (DERRY)
NEW BUILDINGS
CLAUDY
DUNGIVEN
Binevenagh Forest
Loughermore Forest
Gortnamoyagh Forest
Banagher Forest
Learmount Wood
White Mountain 1762
Mullagmore 1804
Letterkenny
STRABANE
SPERRIN MOUNTAINS
Sawel Mountain 2224
Mullaghaneany 2057
Crockbrack Rock Hill 1725
Stranorlar
Ballybofey
CROAGHGORM OR BLUE STACK MOUNTAINS
SION MILLS
Glenlark Forest
Goles Forest
Davagh Forest
OM Dark Sky Park & Observatory
CASTLEDERG
NEWTOWNSTEWART
Killeter Forest
Mullaghcarn 1778
Cashel Wood
Ulster American Folk Park
Gortin Glen Forest Park
Drum Manor Forest Park
Donegal
Carrickaholten Forest
Lough Bradan Forest
Lack Forest
OMAGH
Drumnakilly
Altmore Forest
Pettigoe
Lough Derg
FINTONA
Dromore
DUNGANNON
Moygashel
Ballyshannon
Bundoran
Belleek Pottery
LOWER LOUGH ERNE
Boa Island
IRVINESTOWN
Lough Navar Forest
Dunmoyle Forest
Knockmany Forest
Conagher Forest
BALLINAMALLARD
Enniskillen St. Angelo
Carrigan Forest
Ballintempo Forest
FIVEMILETOWN
Fardross Forest
ENNISKILLEN
Castle Coole
Lisbellaw
Belmore Forest
Jenkin Forest
Manorhamilton
Lough Macnean Lower
Marble Arch Caves Global Geopark
Cuilcagh Boardwalk
Florence Court
Florence Court Forest
Lisnaskea Forest
Tully Forest
LISNASKEA
Upper Lough Erne
Monaghan
Derrylin Wood
LOUGH ALLEN
Belturbet
Cootehill
Garadice Lough
Lough Melvin
A B C D E
1 2 3 4 5 6

RATHLIN SOUND
Rathlin Island
Bull Point
Benbane Head
Giant's Causeway
White Park Bay
Carrick-a-Rede Rope Bridge
Ballycastle to Campbeltown 1hr. 30mins. (Seasonal)
Port Ellen 1hr. (Seasonal)
Benmore or Fair Head
Murlough Bay
Torr Head
Black Point
Sanda Island
PORTBALLINTRAE
PORTRUSH
BUSHMILLS
BALLYCASTLE
Ramore Head
Portrush Coastal Zone
Cloonty Wood
Ballypatrick Forest
Knocklayd
Breen Forest
BALLYMONEY
Slieveanorra
CUSHENDALL
Garron Point
NORTH
CHANNEL
ANTRIM
MOUNTAINS
Trostan
Altnahinch Dam
Glenariff Forest Park
Hunters Point
CARNLOUGH
Glenarm Bay
Whitebay Point
DUNLOY
CLOGHMILLS
GARVAGH
Craigs Wood
RASHARKIN
KILREA
Cleggan Forest
Larne to: Cairnryan 2hrs.
CULLYBACKEY
BROUGHSHANE
Great Deer Park
Carnfunnock Country Park
Drains Bay
LARNE
Capanagh Wood
Shillanavogy Wood
MAGHERA
PORTGLENONE
BALLYMENA
AHOGHILL
BELLAGHY
CASTLEDAWSON
KELLS
Kells Water
Ballyboley Forest
Tardree Forest
Island Magee
The Gobbins
Black Head
Belfast to: Birkenhead 8hrs. Douglas 2hrs. 45mins. (Fast Ferry, Seasonal) Cairnryan (Loch Ryan Port) 2hrs. 15mins. (Fast Ferry, Seasonal)
RANDALSTOWN
Burnside
DOAGH
BALLYCLARE
CARRICKFERGUS
Andrew Jackson Cott. & US Rangers Cen.
MAGHERAFELT
ANTRIM
Light House Island
Mew Island
BELFAST LOUGH
TEMPLE-PATRICK
TEMPLEPATRICK
NEWTOWNABBEY
Traad Point
MONEYMORE
Copeland Island
BANGOR
BELFAST INTERNATIONAL
Foreland Point
DONAGHADEE
COOKSTOWN
Kinlurk Flat
Ardmore Point
HOLYWOOD
CRUMLIN
MILLISLE
LOUGH NEAGH
BELFAST
GEORGE BEST BELFAST CITY
NEWTOWNARDS
Glenavy
DUNDONALD
Rams Island
Barn Bay
Mount Stewart House
BALLYWATER
Blackers Rock
Hog Park Point
DUNMURRY
COMBER
Greyabbey
Chapel Island
COALISLAND
CARRYDUFF
STRANGFORD LOUGH
South Island
PENINSULA
ARDS
Washing Bay
Ardmore Point
Coney Island
Lough Neagh Discovery Centre
Maghaberry
LISBURN
BALLYGOWAN
Mahee Island
Burr Point
LURGAN
MOIRA
ROYAL HILLSBOROUGH
SAINTFIELD
Pawle Island
PORTAVOGIE
MAGHERALIN
DOLLINGSTOWN
Ringboy Point
MOY
The Argory
CRAIGAVON
WARINGSTOWN
ANNAHILT
Lough Aghery
Wine Port
PORTADOWN
BLEARY
DROMORE
BALLYNAHINCH
KILLYLEAGH
PORTAFERRY
CROSSGAR
Exploris Aquarium
Castle Ward
Quintin Bay
RICHHILL
GILFORD
Begny Lake
DRUMANESS
Loughinisland Lake
Craigcurragh
South Bay
Armagh Planetarium
TANDRAGEE
BANBRIDGE
Slieve Croob
St Patrick Centre
Ballyquintin Point
ARMAGH
FE McWilliam Gallery
DOWNPATRICK
Killard Point
MARKETHILL
Gosford Forest Park
Lough Shark
Seagahan Dam
Castlewellan Forest Park
DUNDRUM
ARDGLASS
Lambs Lough
CASTLEWELLAN
Rathmullan Point
Ringfad Point
RATHFRILAND
St. John's Point
Fews Forest
Tollymore Forest Park
NEWCASTLE
DUNDRUM BAY
BESSBROOK
NEWRY
Slieve Beamagh
Spelga Dam
Dunmore Head
IRISH SEA
Castleblayney
Camlough
Eagle Mountain
MOURNE MOUNTAINS
Silent Valley Reservoir
ANNALONG
Lough Ross
WARRENPOINT
ROSTREVOR
Mourne Wood
KILKEEL
CROSSMAGLEN
CARLINGFORD LOUGH
Mill Bay
Kilkeel Bay
Greenore Point
Cranfield Point

IRISH SEA
ISLE OF MAN
CARDIGAN BAY
BRISTOL CHANNEL
WALES (CYMRU)
ENG
Dundalk Bay
Brittas Bay
Wexford Bay
Ballyteige Bay
LAND'S END
ISLES OF SCILLY
LUNDY
Roscoff Santander
Monaghan
Keady
Clones
Newry
Warrenpoint
Newcastle
Dundalk
Kells
Drogheda
Navan
Balbriggan
Rush
Swords
Leixlip
Lucan
DUBLIN
Edenderry
Dun Laoghaire
Newbridge
Naas
Bray
Athy
Wicklow
Carlow
Tullow
Arklow
Gorey
Enniscorthy
New Ross
Wexford
Rosslare Harbour
Ramsey
Peel
Douglas
Castletown
Ravenglass
Coniston
Kendal
Kirkby Lonsdale
Barrow-in-Furness
Morecambe
Heysham
Lancaster
Settle
Fleetwood
Clitheroe
Colne
Blackpool
Blackburn
Preston
Burnley
Southport
Chorley
Darwen
Rochdale
Bolton
Bury
Ormskirk
Formby
Wigan
St Helens
LIVERPOOL
Wallasey
Birkenhead
Runcorn
Warrington
Stockport
Macclesfield
Amlwch
Holyhead (Caergybi)
Llangefni
Beaumaris
Llandudno
Colwyn Bay
Rhyl
Conwy
Bangor
Flint (Y Fflint)
Ellesmere Port
Queensferry
Denbigh (Dinbych)
Northwich
Chester
Congleton
Caernarfon
Ruthin (Rhuthun)
Mold (Yr Wyddgrug)
Crewe
Betws-y-Coed
Wrexham (Wrecsam)
Nantwich
Llan Ffestiniog
Bala (Y Bala)
Whitchurch
Newcastle-under-Lyme
Pwllheli
Porthmadog
Llangollen
Oswestry (Croesoswallt)
Ellesmere
Market Drayton
Stafford
Barmouth (Abermaw)
Dolgellau
Shrewsbury
Telford
Wolverhampton
Welshpool (Y Trallwng)
Machynlleth
Montgomery (Trefaldwyn)
Dudley
Newtown (Y Drenewydd)
Bridgnorth
Stourbridge
Aberystwyth
Llangurig
Kidderminster
Rhayader (Rhaeadr Gwy)
Ludlow
Bromsgrove
New Quay (Ceinewydd)
Llandrindod Wells
Leominster
Worcester
Cardigan (Aberteifi)
Builth Wells (Llanfair-ym-Muallt)
Great Malvern
Lampeter (Llanbedr Pont Steffan)
Hereford
Fishguard (Abergwaun)
Llandovery (Llanymddyfri)
St David's (Tyddewi)
Brecon (Aberhonddu)
Tewkesbury
Carmarthen (Caerfyrddin)
Llandeilo
Abergavenny (Y Fenni)
Ross-on-Wye
Haverfordwest (Hwlffordd)
St Clears
Merthyr Tydfil (Merthyr Tudful)
Gloucester
Milford Haven (Aberdaugleddau)
Monmouth (Trefynwy)
Stroud
Pembroke (Penfro)
Tenby (Dinbych-y-Pysgod)
Aberdare (Aberdâr)
Abertillery
Llanelli
Neath (Castell-nedd)
Pontypool (Pontypŵl)
Chepstow (Cas-gwent)
Pontypridd
Cwmbran
SWANSEA (Abertawe)
Caerphilly
Port Talbot
Newport (Casnewydd)
Malmesbury
Porthcawl
Bridgend (Pen-y-Bont Ar Ogwr)
CARDIFF (Caerdydd)
Chippenham
BRISTOL
Barry (Barri)
Bath
Weston-super-Mare
Trowbridge
Lynton
Ilfracombe
Minehead
Burnham-on-Sea
Wells
Frome
Warminster
Glastonbury
Shepton Mallet
Barnstaple
Bridgwater
Bideford
Taunton
Shaftesbury
Yeovil
Tiverton
Chard
Bude
Honiton
Blandford Forum
Okehampton
Exeter
Bridport
Launceston
Sidmouth
Lyme Regis
Dorchester
Poole
Exmouth
Weymouth
Padstow
Wadebridge
Tavistock
Newton Abbot
Bodmin
Liskeard
Buckfastleigh
Fortuneswell
Newquay
Saltash
Torquay
Paignton
St Austell
Looe
Brixham
PLYMOUTH
Dartmouth
St Ives
Redruth
Truro
Kingsbridge
Salcombe
St Just
Penzance
Helston
Falmouth

REFERENCE
MOTORWAY WITH NUMBER
Service Area
MOTORWAY (Under Construction / Proposed)
MOTORWAY JUNCTIONS
Limited
PRIMARY ROUTE
A ROAD
NATIONAL BOUNDARY
TOWNS SHOWN IN THE MILEAGE CHART
NORWICH
SCALE
0 10 20 30 Miles
0 10 20 30 40 Kilometres
NORTH SEA
THE WASH
ENGLAND
FRANCE
STRAIT OF DOVER
Channel Tunnel
ISLE OF WIGHT
ENGLISH CHANNEL
LEEDS
YORK
KINGSTON UPON HULL
SHEFFIELD
Lincoln
NOTTINGHAM
DERBY
LEICESTER
BIRMINGHAM
COVENTRY
NORWICH
Cambridge
Ipswich
Harwich
OXFORD
LONDON
Southend-on-Sea
READING
SOUTHAMPTON
PORTSMOUTH
BRIGHTON
Dover
Scarborough
Bridlington
Grimsby
Doncaster
Peterborough
King's Lynn
Great Yarmouth
Lowestoft
Northampton
Bedford
Milton Keynes
Luton
Colchester
Chelmsford
Canterbury
Margate
Ramsgate
Folkestone
Hastings
Eastbourne
Swindon
Salisbury
Bournemouth
Rotterdam Zeebrugge
Hook of Holland
Dieppe
Bilbao Caen Cherbourg Guernsey Jersey Le Havre St Malo Santander
Cherbourg Guernsey Jersey St Malo
Oostende
Dunkerque
Calais
Boulogne-s-Mer
St Omer
Ieper
Béthune
Lens
Arras
Le Touquet-Paris-Plage
Abbeville
Amiens
Dieppe

UNST
YELL
FETLAR
SHETLAND ISLANDS
WHALSAY
FOULA
Lerwick
Scalloway
BRESSAY
Sumburgh
FAIR ISLE
WESTRAY
EDAY
SANDAY
ROUSAY
STRONSAY
SHAPINSAY
Kirkwall
Stromness
ORKNEY ISLANDS
HOY
SOUTH RONALDSAY
John o'Groats
Thurso
OUTER HEBRIDES
Stornoway
(Steòrnabhagh)
ISLE OF LEWIS
(EILEAN LEODHAIS)
Tarbert
(Tairbeart)
Leverburgh
(An t-Ob)
HARRIS
(NA HEARADH)
Lochmaddy
(Loch nam Madadh)
NORTH UIST
(UIBHIST A TUATH)
BENBECULA
(BEINN NA FAOGHLA)
Uig
Dunvegan
Portree
RAASAY
SOUTH UIST
(UIBHIST A DEAS)
ISLE OF SKYE
Lochboisdale
(Loch Baghasdail)
BARRA
(BARRAIGH)
CANNA
Castlebay
(Bàgh a' Chaisteil)
RÙM
Mallaig
EIGG
MUCK
INNER HEBRIDES
Kilchoan
Acharacle
COLL
Tobermory
Lochaline
TIREE
ISLE OF MULL
IONA
COLONSAY
JURA
ISLAY
Port Ellen
Tayinloan
GIGHA
Campbeltown
North Channel
Tory Sound
Buncrana
Portrush
Portstewart
Ballycastle
Lough Foyle
Coleraine
Limavady
Ballymoney
Gweebara Bay
Letterkenny
Londonderry
(Derry)
Dungiven
NORTHERN
Lifford
Strabane
Ardara
Ballymena
Larne
Donegal
Magherafelt
Ballyclare
Carrickfergus
Antrim
Donegal Bay
Omagh
Cookstown
Lough Neagh
Crumlin
Bangor
Ballyshannon
IRELAND
Newtownards
Broad Haven
Dungannon
Lisburn
BELFAST
Sligo Bay
Lurgan
Craigavon
Belcoo
Enniskillen
Armagh
Banbridge
Sligo
Downpatrick
Blacksod Bay
Monaghan
Ballina
Keady

Stromness
Scrabster
Thurso
John o'Groats
Wick
Tongue
Scourie
Lochinver
Helmsdale
Lairg
Ullapool
Bonar Bridge
Tain
Poolewe
Kinlochewe
Achnasheen
Dingwall
Cromarty
Nairn
Moray Firth
Lossiemouth
Elgin
Banff
Fraserburgh
Peterhead
Keith
Huntly
Dufftown
Shieldaig
Strathcarron
Kyle of Lochalsh
(Caol Loch Ailse)
Inverness
Loch Ness
Grantown-on-Spey
Oldmeldrum
Inverurie
Invermoriston
Aviemore
Invergarry
Newtonmore
Peterculter
ABERDEEN
Ballater
Banchory
Braemar
Stonehaven
Spean Bridge
Fort William
SCOTLAND
NORTH SEA
Glencoe
Pitlochry
Brechin
Montrose
Blairgowrie
Forfar
Dunkeld
Arbroath
Dundee
Carnoustie
Oban
Crianlarich
Crieff
Perth
St Andrews
Inveraray
Kinross
Glenrothes
Pittenweem
Loch Lomond
Doune
Dunblane
Stirling
Dunfermline
Kirkcaldy
Cowdenbeath
Firth of Forth
North Berwick
Lochgilphead
Dunbar
Dunoon
Greenock
GLASGOW
Falkirk
EDINBURGH
Clydebank
Musselburgh
Airdrie
Livingston
Rothesay
Paisley
Dalkeith
Eyemouth
Kennacraig
ISLE OF BUTE
Largs
Hamilton
Motherwell
Penicuik
Duns
Berwick-upon-Tweed
East Kilbride
Ardrossan
Lauder
Peebles
Galashiels
Coldstream
Irvine
Kilmarnock
Biggar
Kelso
Wooler
Brodick
Troon
Prestwick
ISLE OF ARRAN
Ayr
Selkirk
Cumnock
Hawick
Jedburgh
Alnwick
Sanquhar
Moffat
Amble
Girvan
Ashington
Morpeth
Blyth
New Galloway
Langholm
Lockerbie
Whitley Bay
Amsterdam
Tynemouth
NEWCASTLE UPON TYNE
South Shields
Cairnryan
Dumfries
Newton Stewart
Castle Douglas
Dalbeattie
Annan
Brampton
Hexham
Corbridge
Gateshead
Washington
Stranraer
Carlisle
SUNDERLAND
Consett
Seaham
Kirkcudbright
Solway Firth
Alston
Durham
Peterlee
Whithorn
Penrith
HARTLEPOOL
Cockermouth
Bishop Auckland
Workington
STOCKTON-ON-TEES
Keswick
Whitehaven
Brough
MIDDLESBROUGH
Whitby
Barnard Castle
Darlington
Egremont
Ambleside
Richmond
Windermere
Catterick
Ravenglass
Coniston
Ramsey
Northallerton
Kendal
Leyburn
Scarborough

INDEX TO CITIES, TOWNS, VILLAGES, HAMLETS & AIRPORTS

(1) A strict alphabetical order is used e.g. An Dùnan follows Andreas but precedes Andwell.

(2) The map reference given refers to the actual map square in which the town spot or built-up area is located and not to the place name.

(3) Where two or more places of the same name occur in the same County or Unitary Authority, the nearest large town is also given;
e.g. Achiemore. *High* nr. Durness . . . .2D **166** indicates that Achiemore is located in square 2D on page **166** and is situated near Durness in the Unitary Authority of Highland.

(4) Only one reference is given although due to page overlaps the place may appear on more than one page.

(5) Major towns and destinations are shown in bold, i.e. **Aberdeen**. Aber 3G **153**

COUNTIES and UNITARY AUTHORITIES with the abbreviations used in this index

Aberdeen : *Aber*
Aberdeenshire : *Abers*
Angus : *Ang*
Antrim & Newtownabbey : *Ant*
Ards & North Down : *Ards*
Argyll & Bute : *Arg*
Armagh, Banbridge & Craigavon : *Arm*
Bath & N E Somerset : *Bath*
Bedford : *Bed*
Belfast : *Bel*
Blackburn with Darwen : *Bkbn*
Blackpool : *Bkpl*
Blaenau Gwent : *Blae*
Bournemouth : *Bour*
Bracknell Forest : *Brac*
Bridgend : *B'end*
Brighton & Hove : *Brig*
Bristol : *Bris*
Buckinghamshire : *Buck*
Caerphilly : *Cphy*
Cambridgeshire : *Cambs*
Cardiff : *Card*
Carmarthenshire : *Carm*
Causeway Coast & Glens : *Caus*
Central Bedfordshire : *C Beds*
Ceredigion : *Cdgn*
Cheshire East : *Ches E*
Cheshire West & Chester : *Ches W*
Clackmannanshire : *Clac*
Conwy : *Cnwy*
Cornwall : *Corn*
Cumbria : *Cumb*

Darlington : *Darl*
Denbighshire : *Den*
Derby : *Derb*
Derbyshire : *Derbs*
Derry & Strabane : *Derr*
Devon : *Devn*
Dorset : *Dors*
Dumfries & Galloway : *Dum*
Dundee : *D'dee*
Durham : *Dur*
East Ayrshire : *E Ayr*
East Dunbartonshire : *E Dun*
East Lothian : *E Lot*
East Renfrewshire : *E Ren*
East Riding of Yorkshire : *E Yor*
East Sussex : *E Sus*
Edinburgh : *Edin*
Essex : *Essx*
Falkirk : *Falk*
Fermanagh & Omagh : *Ferm*
Fife : *Fife*
Flintshire : *Flin*
Glasgow : *Glas*
Gloucestershire : *Glos*
Greater London : *G Lon*
Greater Manchester : *G Man*
Gwynedd : *Gwyn*
Halton : *Hal*
Hampshire : *Hants*
Herefordshire : *Here*
Hertfordshire : *Herts*

Highland : *High*
Inverclyde : *Inv*
Isle of Anglesey : *IOA*
Isle of Man : *IOM*
Isle of Wight : *IOW*
Isles of Scilly : *IOS*
Kent : *Kent*
Kingston upon Hull : *Hull*
Lancashire : *Lanc*
Leicester : *Leic*
Leicestershire : *Leics*
Lincolnshire : *Linc*
Lisburn & Castlereagh : *Lis*
Luton : *Lutn*
Medway : *Medw*
Merseyside : *Mers*
Merthyr Tydfil : *Mer T*
Mid & East Antrim : *ME Ant*
Middlesbrough : *Midd*
Midlothian : *Midl*
Mid Ulster : *M Ulst*
Milton Keynes : *Mil*
Monmouthshire : *Mon*
Moray : *Mor*
Neath Port Talbot : *Neat*
Newport : *Newp*
Newry, Mourne & Down : *New M*
Norfolk : *Norf*
Northamptonshire : *Nptn*
North Ayrshire : *N Ayr*
North East Lincolnshire : *NE Lin*
North Lanarkshire : *N Lan*

North Lincolnshire : *N Lin*
North Somerset : *N Som*
Northumberland : *Nmbd*
North Yorkshire : *N Yor*
Nottingham : *Nott*
Nottinghamshire : *Notts*
Orkney : *Orkn*
Oxfordshire : *Oxon*
Pembrokeshire : *Pemb*
Perth & Kinross : *Per*
Peterborough : *Pet*
Plymouth : *Plym*
Poole : *Pool*
Portsmouth : *Port*
Powys : *Powy*
Reading : *Read*
Redcar & Cleveland : *Red C*
Renfrewshire : *Ren*
Rhondda Cynon Taff : *Rhon*
Rutland : *Rut*
Scottish Borders : *Bord*
Shetland : *Shet*
Shropshire : *Shrp*
Slough : *Slo*
Somerset : *Som*
Southampton : *Sotn*
South Ayrshire : *S Ayr*
Southend-on-Sea : *S'end*
South Gloucestershire : *S Glo*
South Lanarkshire : *S Lan*
South Yorkshire : *S Yor*
Staffordshire : *Staf*

Stirling : *Stir*
Stockton-on-Tees : *Stoc T*
Stoke-on-Trent : *Stoke*
Suffolk : *Suff*
Surrey : *Surr*
Swansea : *Swan*
Swindon : *Swin*
Telford & Wrekin : *Telf*
Thurrock : *Thur*
Torbay : *Torb*
Torfaen : *Torf*
Tyne & Wear : *Tyne*
Vale of Glamorgan, The : *V Glam*
Warrington : *Warr*
Warwickshire : *Warw*
West Berkshire : *W Ber*
West Dunbartonshire : *W Dun*
Western Isles : *W Isl*
West Lothian : *W Lot*
West Midlands : *W Mid*
West Sussex : *W Sus*
West Yorkshire : *W Yor*
Wiltshire : *Wilts*
Windsor & Maidenhead : *Wind*
Wokingham : *Wok*
Worcestershire : *Worc*
Wrexham : *Wrex*
York : *York*

INDEX

A

Abbas Combe. *Som* 4C **22**
Abberley. *Worc* 4B **60**
Abberley Common. *Worc* 4B **60**
Abberton. *Essx* 4D **54**
Abberton. *Worc* 5D **61**
Abberwick. *Nmbd* 3F **121**
Abbess Roding. *Essx* 4F **53**
Abbey. *Devn* 1E **13**
Abbey-cwm-hir. *Powy* 3C **58**
Abbeydale. *S Yor* 2H **85**
Abbeydale Park. *S Yor* 2H **85**
Abbey Dore. *Here* 2G **47**
Abbey Gate. *Devn* 3F **13**
Abbey Hulton. *Stoke* 1D **72**
Abbey St Bathans. *Bord* 3D **130**
Abbeystead. *Lanc* 4C **97**
Abbeytown. *Cumb* 4C **112**
Abbey Village. *Lanc* 2E **91**
Abbey Wood. *G Lon* 3F **39**
Abbots Bickington. *Devn* 1D **11**
Abbots Bromley. *Staf* 3E **73**
Abbotsbury. *Dors* 4A **14**
Abbotsham. *Devn* 4E **19**
Abbotskerswell. *Devn* 2E **9**
Abbots Langley. *Herts* 5A **52**
Abbots Leigh. *N Som* 4A **34**
Abbotsley. *Cambs* 5B **64**
Abbots Morton. *Worc* 5E **61**
Abbots Ripton. *Cambs* 3B **64**

Abbot's Salford. *Warw* 5E **61**
Abbotstone. *Hants* 3D **24**
Abbots Worthy. *Hants* 3C **24**
Abbotts Ann. *Hants* 2B **24**
Abcott. *Shrp* 3F **59**
Abdon. *Shrp* 2H **59**
Abenhall. *Glos* 4B **48**
Aber. *Cdgn* 1E **45**
Aberaeron. *Cdgn* 4D **56**
Aberafan. *Neat* 3G **31**
Aberaman. *Rhon* 5D **46**
Aberangell. *Gwyn* 4H **69**
Aberarad. *Carm* 1H **43**
Aberarder. *High* 1A **150**
Aberargie. *Per* 2D **136**
Aber-arth. *Cdgn* 4D **57**
Aberavon. *Neat* 3G **31**
Aber-banc. *Cdgn* 1D **44**
Aberbargoed. *Cphy* 2E **33**
Aberbechan. *Powy* 1D **58**
Aberbeeg. *Blae* 5F **47**
Aberbowlan. *Carm* 2G **45**
Aberbran. *Powy* 3C **46**
Abercanaid. *Mer T* 5D **46**
Aber-carn. *Cphy* 2F **33**
Abercastle. *Pemb* 1C **42**
Abercegir. *Powy* 5H **69**
Aberchalder. *High* 3F **149**
Aberchirder. *Abers* 3D **160**
Aberchwiler. *Den* 4C **82**
Abercorn. *W Lot* 2D **129**

Abercrave. *Powy* 4B **46**
Abercregan. *Neat* 2B **32**
Abercrombie. *Fife* 3H **137**
Abercwmboi. *Rhon* 2D **32**
Abercych. *Pemb* 1C **44**
Abercynon. *Rhon* 2D **32**
Aber-Cywarch. *Gwyn* 4A **70**
Aberdalgie. *Per* 1C **136**
Aberdar. *Rhon* 5C **46**
Aberdare. *Rhon* 5C **46**
Aberdaron. *Gwyn* 3A **68**
Aberdaugleddau. *Pemb* 4D **42**
Aberdeen. *Aber* 3G **153**
Aberdeen International
  Airport. *Aber* 2F **153**
Aberdesach. *Gwyn* 5D **80**
Aberdour. *Fife* 1E **129**
Aberdovey. *Gwyn* 1F **57**
Aberdulais. *Neat* 5A **46**
Aberdyfi. *Gwyn* 1F **57**
Aberedw. *Powy* 1D **46**
Abereiddy. *Pemb* 1B **42**
Aber-erch. *Gwyn* 2C **68**
Aberfan. *Mer T* 5D **46**
Aberfeldy. *Per* 4F **143**
Aberffraw. *IOA* 4C **80**
Aber-ffrwd. *Cdgn* 3F **57**
Aberford. *W Yor* 1E **93**
Aberfoyle. *Stir* 3E **135**
Abergarw. *B'end* 3C **32**
Abergarwed. *Neat* 5B **46**
Abergavenny. *Mon* 4G **47**

Abergele. *Cnwy* 3B **82**
Abergiar. *Carm* 1F **45**
Abergorlech. *Carm* 2F **45**
Abergwaun. *Pemb* 1D **42**
Abergwesyn. *Powy* 5A **58**
Abergwili. *Carm* 3E **45**
Abergwynfi. *Neat* 2B **32**
Abergwyngregyn. *Gwyn* 3F **81**
Abergynolwyn. *Gwyn* 5F **69**
Aberhafesp. *Powy* 1C **58**
Aberhonddu. *Powy* 3D **46**
Aberhosan. *Powy* 1H **57**
Aberkenfig. *B'end* 3B **32**
Aberlady. *E Lot* 1A **130**
Aberlemno. *Ang* 3E **145**
Aberllefenni. *Gwyn* 5G **69**
Abermaw. *Gwyn* 4F **69**
Abermeurig. *Cdgn* 5E **57**
Aber-miwl. *Powy* 1D **58**
Abermule. *Powy* 1D **58**
Aber-nant. *Carm* 2H **43**
Abernant. *Rhon* 5D **46**
Abernethy. *Per* 2D **136**
Abernyte. *Per* 5B **144**
Aber-oer. *Wrex* 1E **71**
Aberpennar. *Rhon* 2D **32**
Aberporth. *Cdgn* 5B **56**
Abersoch. *Gwyn* 3C **68**
Abersychan. *Torf* 5F **47**
Abertawe. *Swan* 3F **31**
Aberteifi. *Cdgn* 1B **44**

Aberthin. *V Glam* 4D **32**
Abertillery. *Blae* 5F **47**
Abertridwr. *Cphy* 3E **32**
Abertyleri. *Blae* 5F **47**
Abertysswg. *Cphy* 5E **47**
Aberuthven. *Per* 2B **136**
Aberwheeler. *Den* 4C **82**
Aberysgir. *Powy* 3C **46**
Aberystwyth. *Cdgn* 2E **57**
Abhainn Suidhe. *W Isl* 7C **171**
Abingdon-on-Thames.
  Oxon 2C **36**
Abinger Common. *Surr* 1C **26**
Abinger Hammer. *Surr* 1B **26**
Abington. *S Lan* 2B **118**
Abington Pigotts. *Cambs* 1D **52**
Ab Kettleby. *Leics* 3E **74**
Ab Lench. *Worc* 5E **61**
Ablington. *Glos* 5G **49**
Ablington. *Wilts* 2G **23**
Abney. *Derbs* 3F **85**
Aboyne. *Abers* 4C **152**
Abram. *G Man* 4E **90**
Abriachan. *High* 5H **157**
Abridge. *Essx* 1F **39**
Abronhill. *N Lan* 2A **128**
Abson. *S Glo* 4C **34**
Abthorpe. *Nptn* 1E **51**
Abune-the-Hill. *Orkn* 5B **172**
Aby. *Linc* 3D **88**
Acairseid. *W Isl* 8C **170**
Acaster Malbis. *York* 5H **99**

Acaster Selby. N Yor 5H 99
Accott. Devn 3G 19
Accrington. Lanc 2F 91
Acha. Arg 3C 138
Achachork. High 4D 155
Achadh a' Chuirn. High 1E 147
Achahoish. Arg 2F 125
Achaleven. Arg 5D 140
Achallader. Arg 4H 141
Acha Mor. W Isl 5F 171
Achanalt. High 2E 157
Achandunie. High 1A 158
Ach' an Todhair. High 1E 141
Achany. High 3C 164
Achaphubuil. High 1E 141
Acharacle. High 2A 140
Acharn. Ang 1B 144
Acharn. Per 4E 143
Acharole. High 3E 169
Achateny. High 2G 139
Achavanich. High 4D 169
Achdalieu. High 1E 141
Achduart. High 3E 163
Achentoul. High 5A 168
Achfary. High 5C 166
Achfrish. High 2C 164
Achgarve. High 4C 162
Achiemore. High
nr. Durness 2D 166
nr. Thurso 3A 168
A' Chill. High 3A 146
Achiltibuie. High 3E 163
Achina. High 2H 167
Achinahuagh. High 2F 167
Achindarroch. High 3E 141
Achinduich. High 3C 164
Achinduin. Arg 5C 140
Achininver. High 2F 167
Achintee. High 4B 156
Achintraid. High 5H 155
Achleck. Arg 4F 139
Achlorachan. High 3F 157
Achluachrach. High 5E 149
Achlyness. High 3C 166
Achmelvich. High 1E 163
Achmony. High 5H 157
Achmore. High
nr. Stromeferry 5A 156
nr. Ullapool 4E 163
Achnacarnin. High 1E 163
Achnacarry. High 5D 148
Achnaclerach. High 2G 157
Achnacloich. High 3D 147
Ach na Cloiche. High 3D 147
Achnaconeran. High 2G 149
Achnacroish. Arg 4C 140
Achnafalnich. Arg 1B 134
Achnagarron. High 1A 158
Achnagoul. Arg 3H 133
Achnaha. High 2F 139
Achnahanat. High 4C 164
Achnahannet. High 1D 151
Achnairn. High 2C 164
Achnamara. Arg 1F 125
Achnanellan. High 5C 148
Achnasheen. High 3D 156
Achnashellach. High 4C 156
Achosnich. High 2F 139
Achow. High 5E 169
Achranich. High 4B 140
Achreamie. High 2C 168
Achriabhach. High 2F 141
Achriesgill. High 3C 166
Achrimsdale. High 3G 165
Achscrabster. High 2C 168
Achtoty. High 2G 167
Achurch. Nptn 2H 63
Achuvoldrach. High 3F 167
Achvaich. High 4E 164
Achvoan. High 3E 165
Ackenthwaite. Cumb 1E 97
Ackergill. High 3F 169
Ackergillshore. High 3F 169
Acklam. Midd 3B 106
Acklam. N Yor 3B 100
Ackleton. Shrp 1B 60
Acklington. Nmbd 4G 121
Ackton. W Yor 2E 93
Ackworth Moor Top
W Yor 3E 93
Acle. Norf 4G 79
Acocks Green. W Mid 2F 61
Acol. Kent 4H 41
Acomb. Nmbd 3C 114
Acomb. York 4H 99
Aconbury. Here 2A 48
Acre. G Man 4H 91
Acre. Lanc 2F 91
Acrefair. Wrex 1E 71
Acrise. Kent 1F 29
Acton. Ches E 5A 84
Acton. Dors 5E 15
Acton. G Lon 2C 38
Acton. Shrp 2F 59
Acton. Staf 1C 72
Acton. Suff 1B 54
Acton. Worc 4C 60
Acton. Wrex 5F 83
Acton Beauchamp. Here 5A 60
Acton Bridge. Ches W 3H 83
Acton Burnell. Shrp 5H 71
Acton Green. Here 5A 60
Acton Pigott. Shrp 5H 71
Acton Round. Shrp 1A 60
Acton Scott. Shrp 2G 59
Acton Trussell. Staf 4D 72
Acton Turville. S Glo 3D 34
Adabroc. W Isl 1H 171
Adam's Hill. Worc 3D 60
Adbaston. Staf 3B 72
Adber. Dors 4B 22
Adderbury. Oxon 2C 50
Adderley. Shrp 2A 72
Adderstone. Nmbd 1F 121
Addiewell. W Lot 3C 128
Addingham. W Yor 5C 98
Addington. Buck 3F 51
Addington. G Lon 4E 39
Addington. Kent 5A 40
Addinston. Bord 4B 130
Addiscombe. G Lon 4E 39
Addlestone. Surr 4B 38
Addlethorpe. Linc 4E 89
Adeney. Telf 4B 72
Adfa. Powy 5C 70
Adforton. Here 3G 59
Adgestone. IOW 4D 16
Adisham. Kent 5G 41
Adlestrop. Glos 3H 49
Adlingfleet. E Yor 2B 94
Adlington. Ches E 2D 84
Adlington. Lanc 3E 90
Admaston. Staf 3E 73
Admaston. Telf 4A 72
Admington. Warw 1H 49
Adpar. Cdgn 1D 44
Adsborough. Som 4F 21
Adstock. Buck 2F 51
Adstone. Nptn 5C 62
Adversane. W Sus 3B 26
Advie. High 5F 159
Adwalton. W Yor 2C 92
Adwell. Oxon 2E 37
Adwick le Street. S Yor 4F 93
Adwick upon Dearne
S Yor 4E 93
Adziel. Abers 3G 161
Ae. Dum 1A 112
Affleck. Abers 1F 153
Affpuddle. Dors 3D 14
Affric Lodge. High 1D 148
Afon-wen. Flin 3D 82
Agglethorpe. N Yor 1C 98
Aglionby. Cumb 4F 113
Ahoghill. ME Ant 2F 175
Aigburth. Mers 2F 83
Aiginis. W Isl 4G 171
Aike. E Yor 5E 101
Aikers. Orkn 8D 172
Aiketgate. Cumb 5F 113
Aikhead. Cumb 5D 112
Aikton. Cumb 4D 112
Ailey. Here 1G 47
Ailsworth. Pet 1A 64
Ainderby Quernhow. N Yor 1F 99
Ainderby Steeple. N Yor 5A 106
Aingers Green. Essx 3E 54
Ainsdale. Mers 3B 90
Ainsdale-on-Sea. Mers 3B 90
Ainstable. Cumb 5G 113
Ainsworth. G Man 3F 91
Ainthorpe. N Yor 4E 107
Aintree. Mers 1F 83
Aird. Arg 3E 133
Aird. Dum 3F 109
Aird. High
nr. Port Henderson 1G 155
nr. Tarskavaig 3D 147
Aird. W Isl
on Benbecula 3C 170
on Isle of Lewis 4H 171
The Aird. High 3D 154
Àird a Bhasair. High 3E 147
Aird a Mhachair. W Isl 4C 170
Aird a Mhulaidh. W Isl 6D 171
Aird Asaig. W Isl 7D 171
Aird Dhail. W Isl 1G 171
Airdens. High 4D 164
Airdeny. Arg 1G 133
Aird Mhidhinis. W Isl 8C 170
Aird Mhighe. W Isl
nr. Ceann a Bhaigh 8D 171
nr. Fionnsabhagh 9C 171
Aird Mhor. W Isl on Barra 8C 170
on South Uist 4D 170
Airdrie. N Lan 3A 128
Aird Shleibhe. W Isl 9D 171
Aird Thunga. W Isl 4G 171
Aird Uig. W Isl 4C 171
Airedale. W Yor 2E 93
Airidh a Bhruaich. W Isl 6E 171
Airies. Dum 3E 109
Airmyn. E Yor 2H 93
Airntully. Per 5H 143
Airor. High 3F 147
Airth. Falk 1C 128
Airton. N Yor 4B 98
Aisby. Linc
nr. Gainsborough 1F 87
nr. Grantham 2H 75
Aisgernis. W Isl 6C 170
Aish. Devn
nr. Buckfastleigh 2C 8
nr. Totnes 3E 9
Aisholt. Som 3E 21
Aiskew. N Yor 1E 99
Aislaby. N Yor
nr. Pickering 1B 100
nr. Whitby 4F 107
Aislaby. Stoc T 3B 106
Aisthorpe. Linc 2G 87
Aith. Shet
on Fetlar 3H 173
on Mainland 6E 173
Aithsetter. Shet 8F 173
Akeld. Nmbd 2D 120
Akeley. Buck 2F 51
Akenham. Suff 1E 55
Albaston. Corn 5E 11
Alberbury. Shrp 4F 71
Albert Town. Pemb 3D 42
Albert Village. Leics 4H 73
Albourne. W Sus 4D 26
Albrighton. Shrp
nr. Shrewsbury 4G 71
nr. Telford 5C 72
Alburgh. Norf 2E 67
Albury. Herts 3E 53
Albury. Surr 1B 26
Albyfield. Cumb 4G 113
Alby Hill. Norf 2D 78
Alcaig. High 3H 157
Alcaston. Shrp 2G 59
Alcester. Warw 5E 61
Alciston. E Sus 5G 27
Alcombe. Som 2C 20
Alconbury. Cambs 3A 64
Alconbury Weston. Cambs 3A 64
Aldborough. Norf 2D 78
Aldborough. N Yor 3G 99
Aldbourne. Wilts 4A 36
Aldbrough. E Yor 1F 95
Aldbrough St John. N Yor 3F 105
Aldbury. Herts 4H 51
Aldcliffe. Lanc 3D 96
Aldclune. Per 2G 143
Aldeburgh. Suff 5G 67
Aldeby. Norf 1G 67
Aldenham. Herts 1C 38
Alderbury. Wilts 4G 23
Aldercar. Derbs 1B 74
Alderford. Norf 4D 78
Alderholt. Dors 1G 15
Alderley. Glos 2C 34
Alderley Edge. Ches E 3C 84
Aldermaston. W Ber 5D 36
Aldermaston Soke. Hants 5E 36
Aldermaston Wharf. W Ber 5E 36
Alderminster. Warw 1H 49
Alder Moor. Staf 3G 73
Aldersey Green. Ches W 5G 83
Aldershot. Hants 1G 25
Alderton. Glos 2F 49
Alderton. Nptn 1F 51
Alderton. Shrp 3G 71
Alderton. Suff 1G 55
Alderton. Wilts 3D 34
Alderton Fields. Glos 2F 49
Alderwasley. Derbs 5H 85
Aldfield. N Yor 3E 99
Aldford. Ches W 5G 83
Aldgate. Rut 5G 75
Aldham. Essx 3C 54
Aldham. Suff 1D 54
Aldingbourne. W Sus 5A 26
Aldingham. Cumb 2B 96
Aldington. Kent 2E 29
Aldington. Worc 1F 49
Aldington Frith. Kent 2E 29
Aldochlay. Arg 4C 134
Aldon. Shrp 3G 59
Aldoth. Cumb 5C 112
Aldreth. Cambs 3D 64
Aldridge. W Mid 5E 73
Aldringham. Suff 4G 67
Aldsworth. Glos 4G 49
Aldsworth. W Sus 2F 17
Aldwark. Derbs 5G 85
Aldwark. N Yor 3G 99
Aldwick. W Sus 3H 17
Aldwincle. Nptn 2H 63
Aldworth. W Ber 4D 36
Alexandria. W Dun 1E 127
Aley. Som 3E 21
Aley Green. C Beds 4A 52
Alfardisworthy. Devn 1C 10
Alfington. Devn 3E 12
Alfold. Surr 2B 26
Alfold Bars. W Sus 2B 26
Alfold Crossways. Surr 2B 26
Alford. Abers 2C 152
Alford. Linc 3D 88
Alford. Som 3B 22
Alfreton. Derbs 5B 86
Alfrick. Worc 5B 60
Alfrick Pound. Worc 5B 60
Alfriston. E Sus 5G 27
Algarkirk. Linc 2B 76
Alhampton. Som 3B 22
Aline Lodge. W Isl 6D 171
Alkborough. N Lin 2B 94
Alkerton. Oxon 1B 50
Alkham. Kent 1G 29
Alkington. Shrp 2H 71
Alkmonton. Derbs 2F 73
Alladale Lodge. High 5B 164
Allaleigh. Devn 3E 9
Allanbank. N Lan 4B 128
Allanton. N Lan 4B 128
Allanton. Bord 4E 131
Allaston. Glos 5B 48
Allbrook. Hants 4C 24
All Cannings. Wilts 5F 35
Allendale Town. Nmbd 4B 114
Allen End. Warw 1F 61
Allenheads. Nmbd 5B 114
Allensford. Dur 5D 115
Allen's Green. Herts 4E 53
Allensmore. Here 2H 47
Allenton. Derb 2A 74
Aller. Som 4H 21
Allerby. Cumb 1B 102
Allercombe. Devn 3D 12
Allerford. Som 2C 20
Allerston. N Yor 1C 100
Allerthorpe. E Yor 5B 100
Allerton. Mers 2G 83
Allerton. W Yor 1B 92
Allerton Bywater. W Yor 2E 93
Allerton Mauleverer. N Yor 4G 99
Allesley. W Mid 2G 61
Allestree. Derb 2H 73
Allet. Corn 4B 6
Allexton. Leics 5F 75
Allgreave. Ches E 4D 84
Allhallows. Medw 3C 40
Allhallows-on-Sea. Medw 3C 40
Alligin Shuas. High 3H 155
Allimore Green. Staf 4C 72
Allington. Kent 5B 40
Allington. Linc 1F 75
Allington. Wilts
nr. Amesbury 3H 23
nr. Devizes 5F 35
Allithwaite. Cumb 2C 96
Alloa. Clac 4A 136
Allonby. Cumb 5B 112
Allostock. Ches W 3B 84
Alloway. S Ayr 3C 116
Allowenshay. Som 1G 13
All Saints South Elmham
Suff 2F 67
Allscott. Shrp 1B 60
Allscott. Telf 4A 72
All Stretton. Shrp 1G 59
Allt. Carm 5F 45
Alltami. Flin 4E 83
Alltgobhlach. N Ayr 5G 125
Alltmawr. Powy 1D 46
Alltnacaillich. High 4E 167
Allt na h' Airbhe. High 4F 163
Alltour. High 5E 148
Alltsigh. High 2G 149
Alltwalis. Carm 2E 45
Allt-wen. Neat 5H 45
Alltyblacca. Cdgn 1F 45
Allt-y-goed. Pemb 1B 44
Almeley. Here 5F 59
Almeley Wootton. Here 5F 59
Almer. Dors 3E 15
Almholme. S Yor 4F 93
Almington. Staf 2B 72
Alminstone Cross. Devn 4D 18
Almodington. W Sus 3G 17
Almondbank. Per 1C 136
Almondbury. W Yor 3B 92
Almondsbury. S Glo 3B 34
Alne. N Yor 3G 99
Alness. High 2A 158
Alnessferry. High 2A 158
Alnham. Nmbd 3D 121
Alnmouth. Nmbd 3G 121
Alnwick. Nmbd 3F 121
Alphamstone. Essx 2B 54
Alpheton. Suff 5A 66
Alphington. Devn 3C 12
Alpington. Norf 5E 79
Alport. Derbs 4G 85
Alport. Powy 1E 59
Alpraham. Ches E 5H 83

Alresford – Ashbury

Place	Ref
Alresford. Essx	3D 54
Alrewas. Staf	4F 73
Alsager. Ches E	5B 84
Alsagers Bank. Staf	1C 72
Alsop en le Dale. Derbs	5F 85
Alston. Cumb	5A 114
Alston. Devn	2G 13
Alstone. Glos	2E 49
Alstone. Som	2G 21
Alstonefield. Staf	5F 85
Alston Sutton. Som	1H 21
Alswear. Devn	4H 19
Altandhu. High	2D 163
Altanduin. High	1F 165
Altarnun. Corn	4C 10
Altass. High	3B 164
Alterwall. High	2E 169
Altgaltraig. Arg	2B 126
Altham. Lanc	1F 91
Althorne. Essx	1D 40
Althorpe. N Lin	4B 94
Altnabreac. High	4C 168
Altnacealgach. High	2G 163
Altnafeadh. High	3G 141
Altnaharra. High	5F 167
Altofts. W Yor	2D 93
Alton. Derbs	4A 86
Alton. Hants	3F 25
Alton. Staf	1E 73
Alton Barnes. Wilts	5G 35
Altonhill. E Ayr	1D 116
Alton Pancras. Dors	2C 14
Alton Priors. Wilts	5G 35
Altrincham. G Man	2B 84
Altrua. High	4E 149
Alva. Clac	4A 136
Alvanley. Ches W	3G 83
Alvaston. Derb	2A 74
Alvechurch. Worc	3E 61
Alvecote. Warw	5G 73
Alvediston. Wilts	4E 23
Alveley. Shrp	2B 60
Alverdiscott. Devn	4F 19
Alverstoke. Hants	3D 16
Alverstone. IOW	4D 16
Alverthorpe. W Yor	2D 92
Alverton. Notts	1E 75
Alves. Mor	2F 159
Alvescot. Oxon	5A 50
Alveston. S Glo	3B 34
Alveston. Warw	5G 61
Alvie. High	3C 150
Alvingham. Linc	1C 88
Alvington. Glos	5B 48
Alwalton. Cambs	1A 64
Alweston. Dors	1B 14
Alwington. Devn	4E 19
Alwinton. Nmbd	4D 120
Alwoodley. W Yor	5E 99
Alyth. Per	4B 144
Amatnatua. High	4B 164
Am Baile. W Isl	7C 170
Ambaston. Derbs	2B 74
Ambergate. Derbs	5H 85
Amber Hill. Linc	1B 76
Amberley. Glos	5D 48
Amberley. W Sus	4B 26
Amble. Nmbd	4G 121
Amblecote. W Mid	2C 60
Ambler Thorn. W Yor	2A 92
Ambleside. Cumb	4E 103
Ambleston. Pemb	2E 43
Ambrosden. Oxon	4E 50
Amcotts. N Lin	3B 94
Amersham. Buck	1A 38
Amerton. Staf	3D 73
Amesbury. Wilts	2G 23
Amisfield. Dum	1B 112
Amlwch. IOA	1D 80
Amlwch Port. IOA	1D 80
Ammanford. Carm	4G 45
Amotherby. N Yor	2B 100
Ampfield. Hants	4B 24
Ampleforth. N Yor	2H 99
Ampleforth College. N Yor	2H 99
Ampney Crucis. Glos	5F 49
Ampney St Mary. Glos	5F 49
Ampney St Peter. Glos	5F 49
Amport. Hants	2A 24
Ampthill. C Beds	2A 52
Ampton. Suff	3A 66
Amroth. Pemb	4F 43
Amulree. Per	5G 143
Amwell. Herts	4B 52
Anaheilt. High	2C 140
An Aird. High	3D 147
An Camus Darach. High	4E 147
Ancaster. Linc	1G 75
Anchor. Shrp	2D 58
Anchorsholme. Lanc	5C 96
Anchor Street. Norf	3F 79
An Cnoc. W Isl	4G 171
An Cnoc Ard. W Isl	1H 171
An Coroghon. High	3A 146
Ancroft. Nmbd	5G 131
Ancrum. Bord	2A 120
Ancton. W Sus	5A 26
Anderby. Linc	3E 89
Anderby Creek. Linc	3E 89
Anderson. Dors	3D 15
Anderton. Ches W	3A 84
Andertons Mill. Lanc	3D 90
Andover. Hants	2B 24
Andover Down. Hants	2B 24
Andoversford. Glos	4F 49
Andreas. IOM	2D 108
An Dùnan. High	1D 147
Andwell. Hants	1E 25
Anelog. Gwyn	3A 68
Anfield. Mers	1F 83
Angarrack. Corn	3C 4
Angelbank. Shrp	3H 59
Angersleigh. Som	1E 13
Angerton. Cumb	4D 112
Angle. Pemb	4C 42
An Gleann Ur. W Isl	4G 171
Angmering. W Sus	5B 26
Angmering-on-Sea. W Sus	5B 26
Angram. N Yor	
nr. Keld	5B 104
nr. York	5H 99
Anick. Nmbd	3C 114
Ankerbold. Derbs	4A 86
Ankerville. High	1C 158
Anlaby. E Yor	2D 94
Anlaby Park. Hull	2D 94
An Leth Meadhanach. W Isl	7C 170
Anmer. Norf	3G 77
Anmore. Hants	1E 17
Annahilt. Lis	5G 175
Annalong. New M	6H 175
Annan. Dum	3D 112
Annaside. Cumb	1A 96
Annat. Arg	1H 133
Annat. High	3A 156
Annathill. N Lan	2A 128
Anna Valley. Hants	2B 24
Annbank. S Ayr	2D 116
Annesley. Notts	5C 86
Annesley Woodhouse. Notts	5C 86
Annfield Plain. Dur	4E 115
Annscroft. Shrp	5G 71
An Sailean. High	2A 140
Ansdell. Lanc	2B 90
Ansford. Som	3B 22
Ansley. Warw	1G 61
Anslow. Staf	3G 73
Anslow Gate. Staf	3F 73
Ansteadbrook. Surr	2A 26
Anstey. Herts	2E 53
Anstey. Leics	5C 74
Anston. S Lan	5D 128
Anstruther Easter. Fife	3H 137
Anstruther Wester. Fife	3H 137
Ansty. Warw	2A 62
Ansty. W Sus	3D 27
Ansty. Wilts	4E 23
An Taobh Tuath. W Isl	1E 170
An t-Aodann Ban. High	3C 154
An t Ath Leathann. High	1E 147
An Teanga. High	3E 147
Anthill Common. Hants	1E 17
Anthorn. Cumb	4C 112
Antingham. Norf	2E 79
An t-Ob. W Isl	9C 171
Anton's Gowt. Linc	1B 76
Antony. Corn	3A 8
Antrim. Ant	3G 175
Antrobus. Ches W	3A 84
Anvil Corner. Devn	2D 10
Anwick. Linc	5A 88
Anwoth. Dum	4C 110
Apethorpe. Nptn	1H 63
Apeton. Staf	4C 72
Apley. Linc	3A 88
Apperknowle. Derbs	3A 86
Apperley. Glos	3D 48
Apperley Dene. Nmbd	4D 114
Appersett. N Yor	5B 104
Appin. Arg	4D 140
Appleby-in-Westmorland Cumb	2H 103
Appleby Magna. Leics	5H 73
Appleby Parva. Leics	5H 73
Applecross. High	4G 155
Appledore. Devn	
nr. Bideford	3E 19
nr. Tiverton	1D 12
Appledore. Kent	3D 28
Appledore Heath. Kent	2D 28
Appleford. Oxon	2D 36
Applegarthtown. Dum	1C 112
Applemore. Hants	2B 16
Appleshaw. Hants	2B 24
Applethwaite. Cumb	2D 102
Appleton. Hal	2H 83
Appleton. Oxon	5C 50
Appleton-le-Moors. N Yor	1B 100
Appleton-le-Street. N Yor	2B 100
Appleton Roebuck. N Yor	5H 99
Appleton Thorn. Warr	2A 84
Appleton Wiske. N Yor	4A 106
Appletree. Nptn	1C 50
Appletreehall. Bord	3H 119
Appletreewick. N Yor	3C 98
Appley. Som	4D 20
Appley Bridge. Lanc	3D 90
Apse Heath. IOW	4D 16
Apsley End. C Beds	2B 52
Apuldram. W Sus	2G 17
Arabella. High	1C 158
Arasaig. High	5E 147
Arbeadie. Abers	4D 152
Arberth. Pemb	3F 43
Arbirlot. Ang	4F 145
Arborfield. Wok	5F 37
Arborfield Cross. Wok	5F 37
Arborfield Garrison. Wok	5F 37
Arbourthorne. S Yor	2A 86
Arbroath. Ang	4F 145
Arbuthnott. Abers	1H 145
Arcan. High	3H 157
Archargary. High	3H 167
Archdeacon Newton. Darl	3F 105
Archiestown. Mor	4G 159
Arclid. Ches E	4B 84
Arclid Green. Ches E	4B 84
Ardachu. High	3D 164
Ardalanish. Arg	2A 132
Ardaneaskan. High	5H 155
Ardarroch. High	5H 155
Ardbeg. Arg	
nr. Dunoon	1C 126
on Islay	5C 124
on Isle of Bute	3B 126
Ardcharnich. High	5F 163
Ardchiavaig. Arg	2A 132
Ardchonnell. Arg	2G 133
Ardchrishnish. Arg	1B 132
Ardchronie. High	5D 164
Ardchullarie. Stir	2E 135
Ardchyle. Stir	1E 135
Ard-dhubh. High	4G 155
Arddleen. Powy	4E 71
Arddlîn. Powy	4E 71
Ardechive. High	4D 148
Ardeley. Herts	3D 52
Ardelve. High	1A 148
Arden. Arg	1E 127
Ardendrain. High	5H 157
Arden Hall. N Yor	5C 106
Ardens Grafton. Warw	5F 61
Ardentinny. Arg	1C 126
Ardeonaig. Stir	5D 142
Ardersier. High	3B 158
Ardery. High	2B 140
Ardessie. High	5E 163
Ardfern. Arg	3F 133
Ardfernal. Arg	2D 124
Ardgartan. Arg	3C 124
Ardgartan. Arg	3B 134
Ardgay. High	4D 164
Ardglass. New M	6J 175
Ardgour. High	2E 141
Ardheslaig. High	3G 155
Ardindrean. High	5F 163
Ardingly. W Sus	3E 27
Ardington. Oxon	3C 36
Ardlamont House. Arg	3A 126
Ardleigh. Essx	3D 54
Ardler. Per	4B 144
Ardley. Oxon	3D 50
Ardlui. Arg	2C 134
Ardlussa. Arg	1E 125
Ardmair. High	4F 163
Ardmay. Arg	3B 134
Ardminish. Arg	5E 125
Ardmolich. High	1B 140
Ardmore. High	
nr. Kinlochbervie	3C 166
nr. Tain	5E 164
Ardnacross. Arg	4G 139
Ardnadam. Arg	1C 126
Ardnagrask. High	4H 157
Ardnamurach. High	4B 148
Ardnarff. High	5A 156
Ardnastang. High	2C 140
Ardoch. Per	5H 143
Ardochy House. High	3E 148
Ardpatrick. Arg	3F 125
Ardrishaig. Arg	1G 125
Ardroag. High	4B 154
Ardross. High	1A 158
Ardrossan. N Ayr	5D 126
Ardshealach. High	2A 140
Ardsley. S Yor	4D 93
Ardslignish. High	2G 139
Ardtalla. Arg	4C 124
Ardtalnaig. Per	5E 142
Ardtoe. High	1A 140
Arduaine. Arg	2E 133
Ardullie. High	2H 157
Ardvasar. High	3E 147
Ardverikie. High	5H 149
Ardvorlich. Per	1F 135
Ardwell. Dum	5G 109
Ardwell. Mor	5A 160
Arean. High	1A 140
Areley Common. Worc	3C 60
Areley Kings. Worc	3C 60
Arford. Hants	3G 25
Argoed. Cphy	2E 33
Argoed Mill. Powy	4B 58
Aridhglas. Arg	2B 132
Arinacrinachd. High	3G 155
Arinagour. Arg	3D 138
Arisaig. High	5E 147
Ariundle. High	2C 140
Arivegaig. High	2A 140
Arkendale. N Yor	3F 99
Arkesden. Essx	2E 53
Arkholme. Lanc	2E 97
Arkle Town. N Yor	4D 105
Arkley. G Lon	1D 38
Arksey. S Yor	4F 93
Arkwright Town. Derbs	3B 86
Arlecdon. Cumb	3B 102
Arlescote. Warw	1B 50
Arlesey. C Beds	2B 52
Arleston. Telf	4A 72
Arley. Ches E	2A 84
Arlingham. Glos	4C 48
Arlington. Devn	2G 19
Arlington. E Sus	5G 27
Arlington. Glos	5G 49
Arlington Beccott. Devn	2G 19
Armadail. High	3E 147
Armadale. High	
nr. Isleornsay	3E 147
nr. Strathy	2H 167
Armadale. W Lot	3C 128
Armagh. Arm	5E 175
Armathwaite. Cumb	5G 113
Arminghall. Norf	5E 79
Armitage. Staf	4E 73
Armitage Bridge. W Yor	3B 92
Armley. W Yor	1C 92
The Arms. Norf	1A 66
Armscote. Warw	1H 49
Armston. Nptn	2H 63
Armthorpe. S Yor	4G 93
Arncliffe. N Yor	2B 98
Arncliffe Cote. N Yor	2B 98
Arncroach. Fife	3H 137
Arne. Dors	4E 15
Arnesby. Leics	1D 62
Arnicle. Arg	2B 122
Arnisdale. High	2G 147
Arnish. High	4E 155
Arniston. Midl	3G 129
Arnol. W Isl	3F 171
Arnold. E Yor	5F 101
Arnold. Notts	1C 74
Arnprior. Stir	4F 135
Arnside. Cumb	2D 96
Aros Mains. Arg	4G 139
Arpafeelie. High	3A 158
Arrad Foot. Cumb	1C 96
Arram. E Yor	5E 101
Arras. E Yor	5D 100
Arrathorne. N Yor	5E 105
Arreton. IOW	4D 16
Arrington. Cambs	5C 64
Arrochar. Arg	3B 134
Arrow. Warw	5E 61
Arscaig. High	2C 164
Artafallie. High	4A 158
Arthingworth. Nptn	2E 63
Arthog. Gwyn	4F 69
Arthrath. Abers	5G 161
Arthurstone. Per	4B 144
Artington. Surr	1A 26
Arundel. W Sus	5B 26
Asby. Cumb	2B 102
Ascog. Arg	3C 126
Ascot. Wind	4A 38
Ascott-under-Wychwood Oxon	4B 50
Asenby. N Yor	2F 99
Asfordby. Leics	4E 74
Asfordby Hill. Leics	4E 74
Asgarby. Linc	
nr. Horncastle	4C 88
nr. Sleaford	1A 76
Ash. Devn	4E 9
Ash. Dors	1D 14
Ash. Kent	
nr. Sandwich	5G 41
nr. Swanley	4H 39
Ash. Som	4H 21
Ash. Surr	1G 25
Ashampstead. W Ber	4D 36
Ashbocking. Suff	5D 66
Ashbourne. Derbs	1F 73
Ashbrittle. Som	4D 20
Ashbrook. Shrp	1G 59
Ashburton. Devn	2D 8
Ashbury. Devn	3F 11

Ashbury – Badachro

Ashbury. Oxon 3A 36
Ashby. N Lin 4B 94
Ashby by Partney. Linc 4D 88
Ashby cum Fenby. NE Lin 4F 95
Ashby de la Launde. Linc 5H 87
Ashby-de-la-Zouch. Leics 4A 74
Ashby Folville. Leics 4E 74
Ashby Magna. Leics 1C 62
Ashby Parva. Leics 2C 62
Ashby Puerorum. Linc 3C 88
Ashby St Ledgars. Nptn 4C 62
Ashby St Mary. Norf 5F 79
Ashchurch. Glos 2E 49
Ashcombe. Devn 5C 12
Ashcott. Som 3H 21
Ashdon. Essx 1F 53
Ashe. Hants 2D 24
Asheldham. Essx 5C 54
Ashen. Essx 1H 53
Ashendon. Buck 4F 51
Ashey. IOW 4D 16
Ashfield. Hants 1B 16
Ashfield. Here 3A 48
Ashfield. Shrp 2H 59
Ashfield. Stir 3G 135
Ashfield. Suff 4E 66
Ashfield Green. Suff 3E 67
Ashfold Crossways. W Sus 3D 26
Ashford. Devn
nr. Barnstaple 3F 19
nr. Kingsbridge 4C 8
Ashford. Hants 1G 15
Ashford. Kent 1E 28
Ashford. Surr 3B 38
Ashford Bowdler. Shrp 3H 59
Ashford Carbonel. Shrp 3H 59
Ashford Hill. Hants 5D 36
Ashford in the Water
Derbs 4F 85
Ashgill. S Lan 5A 128
Ash Green. Warw 2H 61
Ashgrove. Mor 2G 159
Ashill. Devn 1D 12
Ashill. Norf 5A 78
Ashill. Som 1G 13
Ashingdon. Essx 1C 40
Ashington. Nmbd 1F 115
Ashington. W Sus 4C 26
Ashkirk. Bord 2G 119
Ashleworth. Glos 3D 48
Ashley. Cambs 4F 65
Ashley. Ches E 2B 84
Ashley. Dors 2G 15
Ashley. Glos 2E 35
Ashley. Hants
nr. New Milton 3A 16
nr. Winchester 3B 24
Ashley. Kent 1H 29
Ashley. Nptn 1E 63
Ashley. Staf 2B 72
Ashley. Wilts 5D 34
Ashley Green. Buck 5H 51
Ashley Heath. Dors 2G 15
Ashley Heath. Staf 2B 72
Ashley Moor. Here 4G 59
Ash Magna. Shrp 2H 71
Ashmanhaugh. Norf 3F 79
Ashmansworth. Hants 1C 24
Ashmansworthy. Devn 1D 10
Ashmead Green. Glos 2C 34
Ash Mill. Devn 4A 20
Ashmill. Devn 3D 11
Ashmore. Dors 1E 15
Ashmore Green. W Ber 5D 36
Ashorne. Warw 5H 61
Ashover. Derbs 4A 86
Ashow. Warw 3H 61
Ash Parva. Shrp 2H 71
Ashperton. Here 1B 48
Ashprington. Devn 3E 9
Ash Priors. Som 4E 21
Ashreigney. Devn 1G 11
Ash Street. Suff 1D 54
Ashtead. Surr 5C 38
Ash Thomas. Devn 1D 12
Ashton. Corn 4D 4
Ashton. Here 4H 59
Ashton. Inv 2D 126
Ashton. Nptn
nr. Oundle 2H 63
nr. Roade 1F 51
Ashton. Pet 5A 76
Ashton Common. Wilts 1D 23
Ashton Hayes. Ches W 4H 83
Ashton-in-Makerfield
G Man 1H 83
Ashton Keynes. Wilts 2F 35
Ashton under Hill. Worc 2E 49
Ashton-under-Lyne. G Man 1D 84
Ashton upon Mersey
G Man 1B 84
Ashurst. Hants 1B 16
Ashurst. Kent 2G 27
Ashurst. Lanc 4C 90
Ashurst. W Sus 4C 26
Ashurst Wood. W Sus 2F 27
Ash Vale. Surr 1G 25
Ashwater. Devn 3D 11
Ashwell. Herts 2C 52
Ashwell. Rut 4F 75
Ashwellthorpe. Norf 1D 66
Ashwick. Som 2B 22
Ashwicken. Norf 4G 77
Ashwood. Staf 2C 60
Askam in Furness. Cumb 2B 96
Askern. S Yor 3F 93
Askerswell. Dors 3A 14
Askett. Buck 5G 51
Askham. Cumb 2G 103
Askham. Notts 3E 87
Askham Bryan. York 5H 99
Askham Richard. York 5H 99
Askrigg. N Yor 5C 104
Askwith. N Yor 5D 98
Aslackby. Linc 2H 75
Aslacton. Norf 1D 66
Aslockton. Notts 1E 75
Aspatria. Cumb 5C 112
Aspenden. Herts 3D 52
Asperton. Linc 2B 76
Aspley Guise. C Beds 2H 51
Aspley Heath. C Beds 2H 51
Aspull. G Man 4E 90
Asselby. E Yor 2H 93
Assington. Suff 2C 54
Assington Green. Suff 5G 65
Astbury. Ches E 4C 84
Astcote. Nptn 5D 62
Asterby. Linc 3B 88
Asterley. Shrp 5F 71
Asterton. Shrp 1F 59
Asthall. Oxon 4A 50
Asthall Leigh. Oxon 4B 50
Astle. High 4E 165
Astley. G Man 4F 91
Astley. Shrp 4H 71
Astley. Warw 2H 61
Astley. Worc 4B 60
Astley Abbotts. Shrp 1B 60
Astley Bridge. G Man 3F 91
Astley Cross. Worc 4C 60
Aston. Ches E 1A 72
Aston. Ches W 3H 83
Aston. Derbs
nr. Hope 2F 85
nr. Sudbury 2F 73
Aston. Flin 4F 83
Aston. Here 4G 59
Aston. Herts 3C 52
Aston. Oxon 5B 50
Aston. Shrp
nr. Bridgnorth 1C 60
nr. Wem 3H 71
Aston. S Yor 2B 86
Aston. Staf 1B 72
Aston. Telf 5A 72
Aston. W Mid 1E 61
Aston. Wok 3F 37
Aston Abbotts. Buck 3G 51
Aston Botterell. Shrp 2A 60
Aston-by-Stone. Staf 2D 72
Aston Cantlow. Warw 5F 61
Aston Clinton. Buck 4G 51
Aston Crews. Here 3B 48
Aston Cross. Glos 2E 49
Aston End. Herts 3C 52
Aston Eyre. Shrp 1A 60
Aston Fields. Worc 4D 60
Aston Flamville. Leics 1B 62
Aston Ingham. Here 3B 48
Aston juxta Mondrum
Ches E 5A 84
Astonlane. Shrp 1A 60
Aston le Walls. Nptn 5B 62
Aston Magna. Glos 2G 49
Aston Munslow. Shrp 2H 59
Aston on Carrant. Glos 2E 49
Aston on Clun. Shrp 2F 59
Aston-on-Trent. Derbs 3B 74
Aston Pigott. Shrp 5F 71
Aston Rogers. Shrp 5F 71
Aston Rowant. Oxon 2F 37
Aston Sandford. Buck 5F 51
Aston Somerville. Worc 2F 49
Aston Subedge. Glos 1G 49
Aston Tirrold. Oxon 3D 36
Aston Upthorpe. Oxon 3D 36
Astrop. Nptn 2D 50
Astwick. C Beds 2C 52
Astwood. Mil 1H 51
Astwood Bank. Worc 4E 61
Aswarby. Linc 2H 75
Aswardby. Linc 3C 88
Atcham. Shrp 5H 71
Atch Lench. Worc 5E 61
Athelhampton. Dors 3C 14
Athelington. Suff 3E 66
Athelney. Som 4G 21
Athelstaneford. E Lot 2B 130
Atherfield Green. IOW 5C 16
Atherington. Devn 4F 19
Atherington. W Sus 5B 26
Athersley. S Yor 4D 92
Atherstone. Warw 1H 61
Atherstone on Stour. Warw 5G 61
Atherton. G Man 4E 91
Ath-Tharracail. High 2A 140
Atlow. Derbs 1G 73
Attadale. High 5B 156
Attenborough. Notts 2C 74
Atterby. Linc 1G 87
Atterley. Shrp 1A 60
Atterton. Leics 1A 62
Attleborough. Norf 1C 66
Attleborough. Warw 1A 62
Attlebridge. Norf 4D 78
Atwick. E Yor 4F 101
Atworth. Wilts 5D 34
Auberrow. Here 1H 47
Aubourn. Linc 4G 87
Aucharnie. Abers 4D 160
Auchattie. Abers 4D 152
Auchavan. Ang 2A 144
Auchbreck. Mor 1G 151
Auchenback. E Ren 4G 127
Auchenblae. Abers 1G 145
Auchenbrack. Dum 5G 117
Auchenbreck. Arg 1B 126
Auchencairn. Dum
nr. Dalbeattie 4E 111
nr. Dumfries 1A 112
Auchencarroch. W Dun 1F 127
Auchencrow. Bord 3E 131
Auchendennan. Arg 1E 127
Auchendinny. Midl 3F 129
Auchengray. S Lan 4C 128
Auchenhalrig. Mor 2A 160
Auchenheath. S Lan 5B 128
Auchenlochan. Arg 2A 126
Auchenmade. N Ayr 5E 127
Auchenmalg. Dum 4H 109
Auchentiber. N Ayr 5E 127
Auchenvennel. Arg 1D 126
Auchindrain. Arg 3H 133
Auchininna. Abers 4D 160
Auchinleck. Dum 2B 110
Auchinleck. E Ayr 2E 117
Auchinloch. N Lan 2H 127
Auchinstarry. N Lan 2A 128
Auchleven. Abers 1D 152
Auchlochan. S Lan 1H 117
Auchlunachan. High 5F 163
Auchmillan. E Ayr 2E 117
Auchmithie. Ang 4F 145
Auchmuirbridge. Fife 3E 136
Auchmull. Ang 1E 145
Auchnacree. Ang 2D 144
Auchnafree. Per 5F 143
Auchnagallin. High 5E 159
Auchnagatt. Abers 4G 161
Aucholzie. Abers 4H 151
Auchreddie. Abers 4F 161
Auchterarder. Per 2B 136
Auchteraw. High 3F 149
Auchterderran. Fife 4E 136
Auchterhouse. Ang 5C 144
Auchtermuchty. Fife 2E 137
Auchterneed. High 3G 157
Auchtertool. Fife 4E 136
Auchtertyre. High 1G 147
Auchtubh. Stir 1E 135
Auckengill. High 2F 169
Auckley. S Yor 4G 93
Audenshaw. G Man 1D 84
Audlem. Ches E 1A 72
Audley. Staf 5B 84
Audley End. Essx 2F 53
Audmore. Staf 3C 72
Auds. Abers 2D 160
Aughertree. Cumb 1D 102
Aughton. E Yor 1H 93
Aughton. Lanc
nr. Lancaster 3E 97
nr. Ormskirk 4B 90
Aughton. S Yor 2B 86
Aughton. Wilts 1H 23
Aughton Park. Lanc 4C 90
Auldearn. High 3D 158
Aulden. Here 5G 59
Auldgirth. Dum 1G 111
Auldhouse. S Lan 4H 127
Ault a' chruinn. High 1B 148
Aultbea. High 5C 162
Aultdearg. High 2E 157
Aultgrishan. High 5B 162
Aultguish Inn. High 1F 157
Ault Hucknall. Derbs 4B 86
Aultibea. High 1H 165
Aultiphurst. High 2A 168
Aultivullin. High 2A 168
Aultmore. Mor 3B 160
Aultnamain Inn. High 5D 164
Aunby. Linc 4H 75
Aunsby. Linc 2H 75
Aust. S Glo 3A 34
Austerfield. S Yor 1D 86
Austin Fen. Linc 1C 88
Austrey. Warw 5G 73
Austwick. N Yor 3G 97
Authorpe. Linc 2D 88
Authorpe Row. Linc 3E 89
Avebury. Wilts 5G 35
Avebury Trusloe. Wilts 5F 35
Aveley. Thur 2G 39
Avening. Glos 2D 35
Averham. Notts 5E 87
Aveton Gifford. Devn 4C 8
Avielochan. High 2D 150
Aviemore. High 2C 150
Avington. Hants 3D 24
Avoch. High 3B 158
Avon. Hants 3G 15
Avonbridge. Falk 2C 128
Avon Dassett. Warw 5B 62
Avonmouth. Bris 4A 34
Avonwick. Devn 3D 8
Awbridge. Hants 4B 24
Awliscombe. Devn 2E 13
Awre. Glos 5C 48
Awsworth. Notts 1B 74
Axbridge. Som 1H 21
Axford. Hants 2E 24
Axford. Wilts 5H 35
Axminster. Devn 3G 13
Axmouth. Devn 3F 13
Aycliffe Village. Dur 2F 105
Aydon. Nmbd 3D 114
Aykley Heads. Dur 5F 115
Aylburton. Glos 5B 48
Aylburton Common. Glos 5B 48
Ayle. Nmbd 5A 114
Aylesbeare. Devn 3D 12
Aylesbury. Buck 4G 51
Aylesby. NE Lin 4F 95
Aylescott. Devn 1G 11
Aylesford. Kent 5B 40
Aylesham. Kent 5G 41
Aylestone. Leic 5C 74
Aylmerton. Norf 2D 78
Aylsham. Norf 3D 78
Aylton. Here 2B 48
Aylworth. Glos 3G 49
Aymestrey. Here 4G 59
Aynho. Nptn 2D 50
Ayot Green. Herts 4C 52
Ayot St Lawrence. Herts 4B 52
Ayot St Peter. Herts 4C 52
Ayr. S Ayr 2C 116
Ayres of Selivoe. Shet 7D 173
Ayreville. Torb 2E 9
Aysgarth. N Yor 1C 98
Ayshford. Devn 1D 12
Ayside. Cumb 1C 96
Ayston. Rut 5F 75
Ayton. Bord 3F 131
Aywick. Shet 3G 173
Azerley. N Yor 2E 99

B

Babbacombe. Torb 2F 9
Babbinswood. Shrp 2F 71
Babbs Green. Herts 4D 53
Babcary. Som 4A 22
Babel. Carm 2B 46
Babell. Flin 3D 82
Babingley. Norf 3F 77
Bablock Hythe. Oxon 5C 50
Babraham. Cambs 5E 65
Babworth. Notts 2D 86
Bac. W Isl 3G 171
Bachau. IOA 2D 80
Bacheldre. Powy 1E 59
Bachymbyd Fawr. Den 4C 82
Backaland. Orkn 4E 172
Backaskaill. Orkn 2D 172
Backbarrow. Cumb 1C 96
Backe. Carm 3G 43
Backfolds. Abers 3H 161
Backford. Ches W 3G 83
Backhill. Abers 5E 161
Backhill of Clackriach
Abers 4G 161
Backies. High 3F 165
Backmuir of New Gilston
Fife 3G 137
Back of Keppoch. High 5E 147
Back Street. Suff 5G 65
Backwell. N Som 5H 33
Backworth. Tyne 2G 115
Bacon End. Essx 4G 53
Baconsthorpe. Norf 2D 78
Bacton. Here 2G 47
Bacton. Norf 2F 79
Bacton. Suff 4C 66
Bacton Green. Norf 2F 79
Bacup. Lanc 2G 91
Badachonacher. High 1A 158
Badachro. High 1G 155

Badanloch Lodge. High 5H 167
Badavanich. High 3D 156
Badbury. Swin 3G 35
Badby. Nptn 5C 62
Badcall. High 3C 166
Badcaul. High 4E 163
Baddeley Green. Stoke 5D 84
Baddesley Clinton. W Mid 3G 61
Baddesley Ensor. Warw 1G 61
Baddidarach. High 1E 163
Baddoch. Abers 5F 151
Badenscallie. High 3E 163
Badenscoth. Abers 5E 160
Badentarbat. High 2E 163
Badgall. Corn 4C 10
Badgers Mount. Kent 4F 39
Badgeworth. Glos 4E 49
Badgworth. Som 1G 21
Badicaul. High 1F 147
Badingham. Suff 4F 67
Badlesmere. Kent 5E 40
Badlipster. High 4E 169
Badluarach. High 4D 163
Badminton. S Glo 3D 34
Badnaban. High 1E 163
Badnabay. High 4C 166
Badnagie. High 5D 168
Badnellan. High 3F 165
Badninish. High 4E 165
Badrallach. High 4E 163
Badsey. Worc 1F 49
Badshot Lea. Surr 2G 25
Badsworth. W Yor 3E 93
Badwell Ash. Suff 4B 66
Bae Cinmel. Cnwy 2B 82
Bae Colwyn. Cnwy 3A 82
Bae Penrhyn. Cnwy 2H 81
Bagby. N Yor 1G 99
Bag Enderby. Linc 3C 88
Bagendon. Glos 5F 49
Bagginswood. Shrp 2A 60
Bàgh a Chàise. W Isl 1E 170
Bàgh a' Chaisteil. W Isl 9B 170
Bagham. Kent 5E 41
Baghasdal. W Isl 7C 170
Bagh Mor. W Isl 3D 170
Bagh Shiarabhagh. W Isl 8C 170
Bagillt. Flin 3E 82
Baginton. Warw 3H 61
Baglan. Neat 2A 32
Bagley. Shrp 3G 71
Bagley. Som 2H 21
Bagnall. Staf 5D 84
Bagnor. W Ber 5C 36
Bagshot. Surr 4A 38
Bagshot. Wilts 5B 36
Bagstone. S Glo 3B 34
Bagthorpe. Norf 2G 77
Bagthorpe. Notts 5B 86
Bagworth. Leics 5B 74
Bagwy Llydiart. Here 3H 47
Baildon. W Yor 1B 92
Baildon Green. W Yor 1B 92
Baile. W Isl 1E 170
Baile Ailein. W Isl 5E 171
Baile an Truiseil. W Isl 2F 171
Baile Boidheach. Arg 2F 125
Baile Glas. W Isl 3D 170
Bailemeonach. Arg 4A 140
Baile Mhanaich. W Isl 3C 170
Baile Mhartainn. W Isl 1C 170
Baile MhicPhail. W Isl 1D 170
Baile Mor. W Isl 2C 170
Baile Mór. Arg 2A 132
Baile nan Cailleach. W Isl 3C 170
Baile Raghaill. W Isl 2C 170
Bailey Green. Hants 4E 25
Baileyhead. Cumb 1G 113
Bailiesward. Abers 5B 160
Bail' lochdrach. W Isl 3D 170
Baillieston. Glas 3H 127
Bailrigg. Lanc 4D 97
Bail Uachdraich. W Isl 2D 170
Bail' Ur Tholastaidh. W Isl 3H 171
Bainbridge. N Yor 5C 104
Bainsford. Falk 1B 128
Bainshole. Abers 5D 160
Bainton. E Yor 4D 100
Bainton. Oxon 3D 50
Bainton. Pet 5H 75
Baintown. Fife 3F 137
Baker Street. Thur 2H 39
Bakewell. Derbs 4G 85
Bala. Gwyn 2B 70
Y Bala. Gwyn 2B 70
Balachuirn. High 4E 155
Balbeg. High
nr. Cannich 5G 157
nr. Loch Ness 1G 149
Balbeggie. Per 1D 136
Balblair. High
nr. Bonar Bridge 4C 164
nr. Invergordon 2B 158
nr. Inverness 4H 157
Balby. S Yor 4F 93
Balcathie. Ang 5F 145
Balchladich. High 1E 163
Balchraggan. High 4H 157
Balchrick. High 3B 166
Balcombe. W Sus 2E 27
Balcombe Lane. W Sus 2E 27
Balcurvie. Fife 3F 137
Baldersby. N Yor 2F 99
Baldersby St James. N Yor 2F 99
Balderstone. Lanc 1E 91
Balderton. Ches W 4F 83
Balderton. Notts 5F 87
Baldinnie. Fife 2G 137
Baldock. Herts 2C 52
Baldrine. IOM 3D 108
Baldslow. E Sus 4C 28
Baldwin. IOM 3C 108
Baldwinholme. Cumb 4E 113
Baldwin's Gate. Staf 2B 72
Bale. Norf 2C 78
Balearn. Abers 3H 161
Balemartine. Arg 4A 138
Balephetrish. Arg 4B 138
Balephuil. Arg 4A 138
Balerno. Edin 3E 129
Balevullin. Arg 4A 138
Balfield. Ang 2E 145
Balfour. Orkn 6D 172
Balfron. Stir 1G 127
Balgaveny. Abers 4D 160
Balgonar. Fife 4C 136
Balgowan. High 4A 150
Balgown. High 2C 154
Balgrochan. E Dun 2H 127
Balgy. High 3H 155
Balhalgardy. Abers 1E 153
Baliasta. Shet 1H 173
Baligill. High 2A 168
Balintore. Ang 3B 144
Balintore. High 1C 158
Balintraid. High 1B 158
Balk. N Yor 1G 99
Balkeerie. Ang 4C 144
Balkholme. E Yor 2A 94
Ball. Shrp 3F 71
Ballabeg. IOM 4B 108
Ballacannell. IOM 3D 108
Ballacarnane Beg. IOM 3C 108
Ballachulish. High 3E 141
Ballagyr. IOM 3B 108
Ballajora. IOM 2D 108
Ballaleigh. IOM 3C 108
Ballamodha. IOM 4B 108
Ballantrae. S Ayr 1F 109
Ballards Gore. Essx 1D 40
Ballasalla. IOM
nr. Castletown 4B 108
nr. Kirk Michael 2C 108
Ballater. Abers 4A 152
Ballaugh. IOM 2C 108
Ballencrieff. E Lot 2A 130
Ballencrieff Toll. W Lot 2C 128
Ballentoul. Per 2F 143
Ball Hill. Hants 5C 36
Ballidon. Derbs 5G 85
Balliemore. Arg
nr. Dunoon 1B 126
nr. Oban 1F 133
Ballieward. High 5E 159
Ballig. IOM 3B 108
Ballimore. Stir 2E 135
Ballinamallard. Ferm 5B 174
Ballingdon. Suff 1B 54
Ballinger Common. Buck 5H 51
Ballingham. Here 2A 48
Ballingry. Fife 4D 136
Ballinluig. Per 3G 143
Ballintuim. Per 3A 144
Balliveolan. Arg 4C 140
Balloan. High 3C 164
Balloch. High 4B 158
Balloch. N Lan 2A 128
Balloch. Per 2H 135
Balloch. W Dun 1E 127
Ballochan. Abers 4C 152
Ballochgoy. Arg 3B 126
Ballochmyle. E Ayr 2E 117
Ballochroy. Arg 4F 125
Balls Cross. W Sus 3A 26
Ball's Green. E Sus 2F 27
Ballycastle. Caus 1G 175
Ballyclare. Ant 3G 175
Ballygowan. Ards 4H 175
Ballygown. Arg 4F 139
Ballygrant. Arg 3B 124
Ballykelly. Caus 1D 174
Ballymena. ME Ant 2G 175
Ballymichael. N Ayr 2D 122
Ballymoney. Caus 1F 175
Ballynahinch. New M 5H 175
Ballywater. Ards 4J 175
Balmacara. High 1G 147
Balmaclellan. Dum 2D 110
Balmacqueen. High 1D 154
Balmaha. Stir 4D 134
Balmalcolm. Fife 3F 137
Balmalloch. N Lan 2A 128
Balmeanach. High 5E 155
Balmedie. Abers 2G 153
Balmerino. Fife 1F 137
Balmerlawn. Hants 2B 16
Balmore. E Dun 2H 127
Balmore. High 4B 154
Balmullo. Fife 1G 137
Balmurrie. Dum 3H 109
Balnaboth. Ang 2C 144
Balnabruaich. High 1B 158
Balnabruich. High 5D 168
Balnacoil. High 2F 165
Balnacra. High 4B 156
Balnacroft. Abers 4G 151
Balnageith. Mor 3E 159
Balnaglaic. High 5G 157
Balnagrantach. High 5G 157
Balnaguard. Per 3G 143
Balnahard. Arg 4B 132
Balnain. High 5G 157
Balnakeil. High 2D 166
Balnaknock. High 2D 154
Balnamoon. Abers 3G 161
Balnamoon. Ang 2E 145
Balnapaling. High 2B 158
Balornock. Glas 3H 127
Balquhidder. Stir 1E 135
Balsall. W Mid 3G 61
Balsall Common. W Mid 3G 61
Balscote. Oxon 1B 50
Balsham. Cambs 5E 65
Balstonia. Thur 2A 40
Baltasound. Shet 1H 173
Balterley. Staf 5B 84
Baltersan. Dum 3B 110
Balthangie. Abers 3F 161
Baltonsborough. Som 3A 22
Balvaird. High 3H 157
Balvaird. Per 2D 136
Balvenie. Mor 4H 159
Balvicar. Arg 2E 133
Balvraid. High 2G 147
Balvraid Lodge. High 5C 158
Bamber Bridge. Lanc 2D 90
Bamber's Green. Essx 3F 53
Bamburgh. Nmbd 1F 121
Bamford. Derbs 2G 85
Bamfurlong. G Man 4D 90
Bampton. Cumb 3G 103
Bampton. Devn 4C 20
Bampton. Oxon 5B 50
Bampton Grange. Cumb 3G 103
Banavie. High 1F 141
Banbridge. Arm 5G 175
Banbury. Oxon 1C 50
Bancffosfelen. Carm 4E 45
Banchory. Abers 4D 152
Banchory-Devenick
Abers 3G 153
Bancycapel. Carm 4E 45
Bancyfelin. Carm 3H 43
Banc-y-ffordd. Carm 2E 45
Banff. Abers 2D 160
Bangor. Ards 3J 175
Bangor. Gwyn 3E 81
Bangor-is-y-coed. Wrex 1F 71
Bangors. Corn 3C 10
Bangor's Green. Lanc 4B 90
Banham. Norf 2C 66
Bank. Hants 2A 16
The Bank. Ches E 5C 84
The Bank. Shrp 1A 60
Bankend. Dum 3B 112
Bankfoot. Per 5H 143
Bankglen. E Ayr 3F 117
Bankhead. Aber 2F 153
Bankhead. Abers 3D 152
Bankhead. S Lan 5B 128
Bankland. Som 4G 21
Bank Newton. N Yor 4B 98
Banknock. Falk 2A 128
Banks. Cumb 3G 113
Banks. Lanc 2B 90
Bankshill. Dum 1C 112
Bank Street. Worc 4A 60
Bank Top. Lanc 4D 90
Banners Gate. W Mid 1E 61
Banningham. Norf 3E 78
Banniskirk. High 3D 168
Bannister Green. Essx 3G 53
Bannockburn. Stir 4H 135
Banstead. Surr 5D 38
Bantham. Devn 4C 8
Banton. N Lan 2A 128
Banwell. N Som 1G 21
Banyard's Green. Suff 3F 67
Bapchild. Kent 4D 40
Bapton. Wilts 3E 23
Barabhas. W Isl 2F 171
Barabhas Iarach. W Isl 3F 171
Baramore. High 1A 140
Barassie. S Ayr 1C 116
Baravullin. Arg 4D 140
Barbaraville. High 1B 158
Barber Booth. Derbs 2F 85
Barber Green. Cumb 1C 96
Barbhas Uarach. W Isl 2F 171
Barbieston. S Ayr 3D 116
Barbon. Cumb 1F 97
Barbourne. Worc 5C 60
Barbridge. Ches E 5A 84
Barbrook. Devn 2H 19
Barby. Nptn 3C 62
Barby Nortoft. Nptn 3C 62
Barcaldine. Arg 4D 140
Barcheston. Warw 2A 50
Barclose. Cumb 3F 113
Barcombe. E Sus 4F 27
Barcombe Cross. E Sus 4F 27
Barden. N Yor 5E 105
Barden Scale. N Yor 4C 98
Bardfield End Green. Essx 2G 53
Bardfield Saling. Essx 3G 53
Bardister. Shet 4E 173
Bardnabeinne. High 4E 164
Bardney. Linc 4A 88
Bardon. Leics 4B 74
Bardon Mill. Nmbd 3A 114
Bardowie. E Dun 2G 127
Bardrainney. Inv 2E 127
Bardsea. Cumb 2C 96
Bardsey. W Yor 5F 99
Bardsley. G Man 4H 91
Bardwell. Suff 3B 66
Bare. Lanc 3D 96
Barelees. Nmbd 1C 120
Barewood. Here 5F 59
Barford. Hants 3G 25
Barford. Norf 5D 78
Barford. Warw 4G 61
Barford St John. Oxon 2C 50
Barford St Martin. Wilts 3F 23
Barford St Michael. Oxon 2C 50
Barfrestone. Kent 5G 41
Bargeddie. N Lan 3H 127
Bargod. Cphy 2E 33
Bargoed. Cphy 2E 33
Bargrennan. Dum 2A 110
Barham. Cambs 3A 64
Barham. Kent 5G 41
Barham. Suff 5D 66
Barharrow. Dum 4D 110
Bar Hill. Cambs 4C 64
Barholm. Linc 4H 75
Barkby. Leics 5D 74
Barkestone-le-Vale. Leics 2E 75
Barkham. Wok 5F 37
Barking. G Lon 2F 39
Barking. Suff 5C 66
Barking Riverside. G Lon 2F 39
Barkingside. G Lon 2F 39
Barking Tye. Suff 5C 66
Barkisland. W Yor 3A 92
Barkston. Linc 1G 75
Barkston Ash. N Yor 1E 93
Barkway. Herts 2D 53
Barlanark. Glas 3H 127
Barlaston. Staf 2C 72
Barlavington. W Sus 4A 26
Barlborough. Derbs 3B 86
Barlby. N Yor 1G 93
Barlestone. Leics 5B 74
Barley. Herts 2D 53
Barley. Lanc 5H 97
Barley Mow. Tyne 4F 115
Barleythorpe. Rut 5F 75
Barling. Essx 2D 40
Barlings. Linc 3H 87
Barlow. Derbs 3H 85
Barlow. N Yor 2G 93
Barlow. Tyne 3E 115
Barmby Moor. E Yor 5B 100
Barmby on the Marsh E Yor 2G 93
Barmer. Norf 2H 77
Barming. Kent 5B 40
Barming Heath. Kent 5B 40
Barmoor. Nmbd 1E 121
Barmouth. Gwyn 4F 69
Barmpton. Darl 3A 106
Barmston. E Yor 4F 101
Barmulloch. Glas 3H 127
Barnack. Pet 5H 75
Barnacle. Warw 2A 62
Barnard Castle. Dur 3D 104
Barnard Gate. Oxon 4C 50
Barnardiston. Suff 1H 53
Barnbarroch. Dum 4F 111
Barnburgh. S Yor 4E 93
Barnby. Suff 2G 67
Barnby Dun. S Yor 4G 93
Barnby in the Willows
Notts 5F 87
Barnby Moor. Notts 2D 86
Barnes. G Lon 3D 38
Barnes Street. Kent 1H 27
Barnet. G Lon 1D 38
Barnetby le Wold. N Lin 4D 94
Barney. Norf 2B 78

Barnham – Belmont

Barnham. *Suff* 3A 66
Barnham. *W Sus* 5A 26
Barnham Broom. *Norf* 5C 78
Barnhead. *Ang* 3F 145
Barnhill. *D'dee* 5D 145
Barnhill. *Mor* 3F 159
Barnhill. *Per* 1D 136
Barnhills. *Dum* 2E 109
Barningham. *Dur* 3D 105
Barningham. *Suff* 3B 66
Barnoldby le Beck. *NE Lin* 4F 95
Barnoldswick. *Lanc* 5A 98
Barns Green. *W Sus* 3C 26
Barnsley. *Glos* 5F 49
Barnsley. *Shrp* 1B 60
Barnsley. *S Yor* 4D 92
Barnstaple. *Devn* 3F 19
Barnston. *Essx* 4G 53
Barnston. *Mers* 2E 83
Barnstone. *Notts* 2E 75
Barnt Green. *Worc* 3E 61
Barnton. *Ches W* 3A 84
Barnwell. *Cambs* 5D 64
Barnwell. *Nptn* 2H 63
Barnwood. *Glos* 4D 48
Barons Cross. *Here* 5G 59
The Barony. *Orkn* 5B 172
Barr. *Dum* 4G 117
Barr. *S Ayr* 5B 116
Barra Airport. *W Isl* 8B 170
Barrachan. *Dum* 5A 110
Barraglom. *W Isl* 4D 171
Barrahormid. *Arg* 1F 125
Barrapol. *Arg* 4A 138
Barrasford. *Nmbd* 2C 114
Barravullin. *Arg* 3F 133
Barregarrow. *IOM* 3C 108
Barrhead. *E Ren* 4G 127
Barrhill. *S Ayr* 1H 109
Barri. *V Glam* 5E 32
Barrington. *Cambs* 1D 53
Barrington. *Som* 1G 13
Barripper. *Corn* 3D 4
Barrmill. *N Ayr* 4E 127
Barrock. *High* 1E 169
Barrow. *Lanc* 1F 91
Barrow. *Rut* 4F 75
Barrow. *Shrp* 5A 72
Barrow. *Som* 3C 22
Barrow. *Suff* 4G 65
Barroway Drove. *Norf* 5E 77
Barrow Bridge. *G Man* 3E 91
Barrowburn. *Nmbd* 3C 120
Barrowby. *Linc* 2F 75
Barrowcliff. *N Yor* 1E 101
Barrow Common. *N Som* 5A 34
Barrowden. *Rut* 5G 75
Barrowford. *Lanc* 1G 91
Barrow Gurney. *N Som* 5A 34
Barrow Haven. *N Lin* 2D 94
Barrow Hill. *Derbs* 3B 86
Barrow-in-Furness. *Cumb* 3B 96
Barrow Nook. *Lanc* 4C 90
Barrow's Green. *Hal* 2H 83
Barrows Green. *Cumb* 1E 97
Barrow Street. *Wilts* 3D 22
Barrow upon Humber
N Lin 2D 94
Barrow upon Soar. *Leics* 4C 74
Barrow upon Trent. *Derbs* 3A 74
Barry. *Ang* 5E 145
Barry. *V Glam* 5E 32
Barry Island. *V Glam* 5E 32
Barsby. *Leics* 4D 74
Barsham. *Suff* 2F 67
Barston. *W Mid* 3G 61
Bartestree. *Here* 1A 48
Barthol Chapel. *Abers* 5F 161
Bartholomew Green. *Essx* 3H 53
Barthomley. *Ches E* 5B 84
Bartley. *Hants* 1B 16
Bartley Green. *W Mid* 2E 61
Bartlow. *Cambs* 1F 53
Barton. *Cambs* 5D 64
Barton. *Ches W* 5G 83
Barton. *Cumb* 2F 103
Barton. *Glos* 3G 49
Barton. *IOW* 4D 16
Barton. *Lanc*
nr. Ormskirk 4B 90
nr. Preston 1D 90
Barton. *N Som* 1G 21
Barton. *N Yor* 4F 105
Barton. *Oxon* 5D 50
Barton. *Torb* 2F 9
Barton. *Warw* 5F 61
Barton Bendish. *Norf* 5G 77
Barton Gate. *Staf* 4F 73
Barton Green. *Staf* 4F 73
Barton Hartshorn. *Buck* 2E 51
Barton Hill. *N Yor* 3B 100
Barton in Fabis. *Notts* 2C 74
Barton in the Beans. *Leics* 5A 74
Barton-le-Clay. *C Beds* 2A 52
Barton-le-Street. *N Yor* 2B 100
Barton-le-Willows. *N Yor* 3B 100
Barton Mills. *Suff* 3G 65
Barton on Sea. *Hants* 3H 15
Barton-on-the-Heath
Warw 2A 50
Barton St David. *Som* 3A 22
Barton Seagrave. *Nptn* 3F 63
Barton Stacey. *Hants* 2C 24
Barton Town. *Devn* 2G 19
Barton Turf. *Norf* 3F 79
Barton-Under-Needwood
Staf 4F 73
Barton-upon-Humber. *N Lin* 2D 94
Barton Waterside. *N Lin* 2D 94
Barugh Green. *S Yor* 4D 92
Barway. *Cambs* 3E 65
Barwell. *Leics* 1B 62
Barwick. *Herts* 4D 53
Barwick. *Som* 1A 14
Barwick in Elmet. *W Yor* 1D 93
Baschurch. *Shrp* 3G 71
Bascote. *Warw* 4B 62
Basford Green. *Staf* 5D 85
Bashall Eaves. *Lanc* 5F 97
Bashall Town. *Lanc* 5G 97
Bashley. *Hants* 3H 15
Basildon. *Essx* 2B 40
Basingstoke. *Hants* 1E 25
Baslow. *Derbs* 3G 85
Bason Bridge. *Som* 2G 21
Bassaleg. *Newp* 3F 33
Bassendean. *Bord* 5C 130
Bassenthwaite. *Cumb* 1D 102
Bassett. *Sotn* 1C 16
Bassingbourn. *Cambs* 1D 52
Bassingfield. *Notts* 2D 74
Bassingham. *Linc* 4G 87
Bassingthorpe. *Linc* 3G 75
Bassus Green. *Herts* 3D 52
Basta. *Shet* 2G 173
Baston. *Linc* 4A 76
Bastonford. *Worc* 5C 60
Bastwick. *Norf* 4G 79
Batchley. *Worc* 4E 61
Batchworth. *Herts* 1B 38
Batcombe. *Dors* 2B 14
Batcombe. *Som* 3B 22
Bate Heath. *Ches E* 3A 84
Bath. *Bath* 5C 34
Bathampton. *Bath* 5C 34
Bathealton. *Som* 4D 20
Batheaston. *Bath* 5C 34
Bathford. *Bath* 5C 34
Bathgate. *W Lot* 3C 128
Bathley. *Notts* 5E 87
Bathpool. *Corn* 5C 10
Bathpool. *Som* 4F 21
Bathville. *W Lot* 3C 128
Bathway. *Som* 1A 22
Batley. *W Yor* 2C 92
Batsford. *Glos* 2G 49
Batson. *Devn* 5D 8
Battersby. *N Yor* 4C 106
Battersea. *G Lon* 3D 39
Battisborough Cross. *Devn* 4C 8
Battisford. *Suff* 5C 66
Battisford Tye. *Suff* 5C 66
Battle. *E Sus* 4B 28
Battle. *Powy* 2D 46
Battleborough. *Som* 1G 21
Battledown. *Glos* 3E 49
Battlefield. *Shrp* 4H 71
Battlesbridge. *Essx* 1B 40
Battlesden. *C Beds* 3H 51
Battlesea Green. *Suff* 3E 66
Battleton. *Som* 4C 20
Battram. *Leics* 5B 74
Battramsley. *Hants* 3B 16
Batt's Corner. *Surr* 2G 25
Bauds of Cullen. *Mor* 2B 160
Baugh. *Arg* 4B 138
Baughton. *Worc* 1D 49
Baughurst. *Hants* 5D 36
Baulking. *Oxon* 2B 36
Baumber. *Linc* 3B 88
Baunton. *Glos* 5F 49
Baverstock. *Wilts* 3F 23
Bawburgh. *Norf* 5D 78
Bawdeswell. *Norf* 3C 78
Bawdrip. *Som* 3G 21
Bawdsey. *Suff* 1G 55
Bawsey. *Norf* 4F 77
Bawtry. *S Yor* 1D 86
Baxenden. *Lanc* 2F 91
Baxterley. *Warw* 1G 61
Baxter's Green. *Suff* 5G 65
Bay. *High* 3B 154
Baybridge. *Hants* 4D 24
Baybridge. *Nmbd* 4C 114
Baycliff. *Cumb* 2B 96
Baydon. *Wilts* 4A 36
Bayford. *Herts* 5D 52
Bayford. *Som* 4C 22
Bayles. *Cumb* 5A 114
Baylham. *Suff* 5D 66
Baynard's Green. *Oxon* 3D 50
Bayston Hill. *Shrp* 5G 71
Baythorne End. *Essx* 1H 53
Baythorpe. *Linc* 1B 76
Bayton. *Worc* 3A 60
Bayton Common. *Worc* 3B 60
Bayworth. *Oxon* 5D 50
Beach. *S Glo* 4C 34
Beachampton. *Buck* 2F 51
Beachamwell. *Norf* 5G 77
Beachley. *Glos* 2A 34
Beacon. *Devn* 2E 13
Beacon End. *Essx* 3C 54
Beacon Hill. *Surr* 3G 25
Beacon's Bottom. *Buck* 2F 37
Beaconsfield. *Buck* 1A 38
Beacrabhaic. *W Isl* 8D 171
Beadlam. *N Yor* 1A 100
Beadnell. *Nmbd* 2G 121
Beaford. *Devn* 1F 11
Beal. *Nmbd* 5G 131
Beal. *N Yor* 2F 93
Bealsmill. *Corn* 5D 10
Beam Hill. *Staf* 3G 73
Beamhurst. *Staf* 2E 73
Beaminster. *Dors* 2H 13
Beamish. *Dur* 4F 115
Beamond End. *Buck* 1A 38
Beamsley. *N Yor* 4C 98
Bean. *Kent* 3G 39
Beanacre. *Wilts* 5E 35
Beanley. *Nmbd* 3E 121
Beaquoy. *Orkn* 5C 172
Beardwood. *Bkbn* 2E 91
Beare Green. *Surr* 1C 26
Bearley. *Warw* 4F 61
Bearpark. *Dur* 5F 115
Bearsbridge. *Nmbd* 4A 114
Bearsden. *E Dun* 2G 127
Bearsted. *Kent* 5B 40
Bearstone. *Shrp* 2B 72
Bearwood. *Pool* 3F 15
Bearwood. *W Mid* 2E 61
Beattock. *Dum* 4C 118
Beauchamp Roding. *Essx* 4F 53
Beauchief. *S Yor* 2H 85
Beaufort. *Blae* 4E 47
Beaulieu. *Hants* 2B 16
Beauly. *High* 4H 157
Beaumaris. *IOA* 3F 81
Beaumont. *Cumb* 4E 113
Beaumont. *Essx* 3E 55
Beaumont Hill. *Darl* 3F 105
Beaumont Leys. *Leic* 5C 74
Beausale. *Warw* 3G 61
Beauvale. *Notts* 1B 74
Beauworth. *Hants* 4D 24
Beaworthy. *Devn* 3E 11
Beazley End. *Essx* 3H 53
Bebington. *Mers* 2F 83
Bebside. *Nmbd* 1F 115
Beccles. *Suff* 2G 67
Becconsall. *Lanc* 2C 90
Beckbury. *Shrp* 5B 72
Beckenham. *G Lon* 4E 39
Beckermet. *Cumb* 4B 102
Beckett End. *Norf* 1G 65
Beck Foot. *Cumb* 5H 103
Beckfoot. *Cumb*
nr. Broughton in Furness 1A 96
nr. Seascale 4C 102
nr. Silloth 5B 112
Beckford. *Worc* 2E 49
Beckhampton. *Wilts* 5F 35
Beck Hole. *N Yor* 4F 107
Beckingham. *Linc* 5F 87
Beckingham. *Notts* 1E 87
Beckington. *Som* 1D 22
Beckley. *E Sus* 3C 28
Beckley. *Hants* 3H 15
Beckley. *Oxon* 4D 50
Beck Row. *Suff* 3F 65
Beck Side. *Cumb*
nr. Cartmel 1C 96
nr. Ulverston 1B 96
Beckside. *Cumb* 1F 97
Beckton. *G Lon* 2F 39
Beckwithshaw. *N Yor* 4E 99
Becontree. *G Lon* 2F 39
Bedale. *N Yor* 1E 99
Bedburn. *Dur* 1E 105
Bedchester. *Dors* 1D 14
Beddau. *Rhon* 3D 32
Beddgelert. *Gwyn* 1E 69
Beddingham. *E Sus* 5F 27
Beddington. *G Lon* 4E 39
Bedfield. *Suff* 4E 66
Bedford. *Bed* 1A 52
Bedford. *G Man* 1A 84
Bedham. *W Sus* 3B 26
Bedhampton. *Hants* 2F 17
Bedingfield. *Suff* 4D 66
Bedingham Green. *Norf* 1E 67
Bedlam. *N Yor* 3E 99
Bedlar's Green. *Essx* 3F 53
Bedlington. *Nmbd* 1F 115
Bedlinog. *Mer T* 5D 46
Bedminster. *Bris* 4A 34
Bedmond. *Herts* 5A 52
Bednall. *Staf* 4D 72
Bedrule. *Bord* 3A 120
Bedstone. *Shrp* 3F 59
Bedwas. *Cphy* 3E 33
Bedwellty. *Cphy* 5E 47
Bedworth. *Warw* 2A 62
Beeby. *Leics* 5D 74
Beech. *Hants* 3E 25
Beech. *Staf* 2C 72
Beechcliffe. *W Yor* 5C 98
Beech Hill. *W Ber* 5E 37
Beechingstoke. *Wilts* 1F 23
Beedon. *W Ber* 4C 36
Beeford. *E Yor* 4F 101
Beeley. *Derbs* 4G 85
Beelsby. *NE Lin* 4F 95
Beenham. *W Ber* 5D 36
Beeny. *Corn* 3B 10
Beer. *Devn* 4F 13
Beer. *Som* 3H 21
Beercrocombe. *Som* 4G 21
Beer Hackett. *Dors* 1B 14
Beesands. *Devn* 4E 9
Beesby. *Linc* 2D 88
Beeson. *Devn* 4E 9
Beeston. *C Beds* 1B 52
Beeston. *Ches W* 5H 83
Beeston. *Norf* 4B 78
Beeston. *Notts* 2C 74
Beeston. *W Yor* 1C 92
Beeston Regis. *Norf* 1D 78
Beeswing. *Dum* 3F 111
Beetham. *Cumb* 2D 97
Beetham. *Som* 1F 13
Beetley. *Norf* 4B 78
Beffcote. *Staf* 4C 72
Began. *Card* 3F 33
Begbroke. *Oxon* 4C 50
Begdale. *Cambs* 5D 76
Begelly. *Pemb* 4F 43
Beggar Hill. *Essx* 5G 53
Beggar's Bush. *Powy* 4E 59
Beggearn Huish. *Som* 3D 20
Beguildy. *Powy* 3D 58
Beighton. *Norf* 5F 79
Beighton. *S Yor* 2B 86
Beighton Hill. *Derbs* 5G 85
Beinn Casgro. *W Isl* 5G 171
Beith. *N Ayr* 4E 127
Bekesbourne. *Kent* 5F 41
Belaugh. *Norf* 4E 79
Belbroughton. *Worc* 3D 60
Belchalwell. *Dors* 2C 14
Belchalwell Street. *Dors* 2C 14
Belchamp Otten. *Essx* 1B 54
Belchamp St Paul. *Essx* 1A 54
Belchamp Walter. *Essx* 1B 54
Belchford. *Linc* 3B 88
Belfast. *Bel* 4H 175
Belfast City George Best Airport
Bel 4H 175
Belfast International Airport
Ant 3G 175
Belfatton. *Abers* 3H 161
Belford. *Nmbd* 1F 121
Belgrano. *Cnwy* 3B 82
Belhaven. *E Lot* 2C 130
Belhelvie. *Abers* 2G 153
Belhinnie. *Abers* 1B 152
Bellabeg. *Abers* 2A 152
Belladrum. *High* 4H 157
Bellaghy. *M Ulst* 3F 175
Bellamore. *S Ayr* 1H 109
Bellanoch. *Arg* 4F 133
Bell Busk. *N Yor* 4B 98
Belleau. *Linc* 3D 88
Belleheiglash. *Mor* 5F 159
Bell End. *Worc* 3D 60
Bellerby. *N Yor* 5E 105
Bellerby Camp. *N Yor* 5D 105
Bellever. *Devn* 5G 11
Belle Vue. *Cumb* 1C 102
Belle Vue. *Shrp* 4G 71
Bellfield. *S Lan* 1H 117
Belliehill. *Ang* 2E 145
Bellingdon. *Buck* 5H 51
Bellingham. *Nmbd* 1B 114
Bellmount. *Norf* 3E 77
Bellochantuy. *Arg* 2A 122
Bellsbank. *E Ayr* 4D 117
Bell's Cross. *Suff* 5D 66
Bellshill. *N Lan* 4A 128
Bellshill. *Nmbd* 1F 121
Bellside. *N Lan* 4B 128
Bellspool. *Bord* 1D 118
Bellsquarry. *W Lot* 3D 128
Bells Yew Green. *E Sus* 2H 27
Belmaduthy. *High* 3A 158
Belmesthorpe. *Rut* 4H 75
Belmont. *Bkbn* 3E 91

Belmont. *Shet* 1G 173
Belmont. *S Ayr* 2C 116
Belnacraig. *Abers* 2A 152
Belnie. *Linc* 2B 76
Belowda. *Corn* 2D 6
Belper. *Derbs* 1A 74
Belper Lane End. *Derbs* 1H 73
Belph. *Derbs* 3C 86
Belsay. *Nmbd* 2E 115
Belsford. *Devn* 3D 8
Belsize. *Herts* 5A 52
Belstead. *Suff* 1E 55
Belston. *S Ayr* 2C 116
Belstone. *Devn* 3G 11
Belstone Corner. *Devn* 3G 11
Belthorn. *Lanc* 2F 91
Beltinge. *Kent* 4F 41
Beltoft. *N Lin* 4B 94
Belton. *Leics* 3B 74
Belton. *Linc* 2G 75
Belton. *Norf* 5G 79
Belton. *N Lin* 4A 94
Belton-in-Rutland. *Rut* 5F 75
Beltring. *Kent* 1A 28
Belts of Collonach. *Abers* 4D 152
Belvedere. *G Lon* 3F 39
Belvoir. *Leics* 2F 75
Bembridge. *IOW* 4E 17
Bemersyde. *Bord* 1H 119
Bemerton. *Wilts* 3G 23
Bempton. *E Yor* 2F 101
Benacre. *Suff* 2H 67
Ben Alder Lodge. *High* 1C 142
Ben Armine Lodge. *High* 2E 164
Benbecula Airport. *W Isl* 3C 170
Benbuie. *Dum* 5G 117
Benchill. *G Man* 2C 84
Benderloch. *Arg* 5D 140
Bendish. *Herts* 3B 52
Bendronaig Lodge. *High* 5C 156
Benenden. *Kent* 2C 28
Benfieldside. *Dur* 4D 115
Bengate. *Norf* 3F 79
Bengeworth. *Worc* 1F 49
Benhall Green. *Suff* 4F 67
Benholm. *Abers* 2H 145
Beningbrough. *N Yor* 4H 99
Benington. *Herts* 3C 52
Benington. *Linc* 1C 76
Benington Sea End. *Linc* 1D 76
Benllech. *IOA* 2E 81
Benmore Lodge. *High* 2H 163
Bennacott. *Corn* 3C 10
Bennah. *Devn* 4B 12
Bennecarrigan. *N Ayr* 3D 122
Bennethead. *Cumb* 2F 103
Benniworth. *Linc* 2B 88
Benover. *Kent* 1B 28
Benson. *Oxon* 2E 36
Benston. *Shet* 6F 173
Benstonhall. *Orkn* 4E 172
Bent. *Abers* 1F 145
Benthall. *Shrp* 5A 72
Bentham. *Glos* 4E 49
Bentlawnt. *Shrp* 5F 71
Bentley. *E Yor* 1D 94
Bentley. *Hants* 2F 25
Bentley. *S Yor* 4F 93
Bentley. *Suff* 2E 54
Bentley. *Warw* 1G 61
Bentley. *W Mid* 1D 61
Bentley Heath. *Herts* 1D 38
Bentley Heath. *W Mid* 3F 61
Bentpath. *Dum* 5F 119
Bents. *W Lot* 3C 128
Bentworth. *Hants* 2E 25
Benvie. *D'dee* 5C 144
Benville. *Dors* 2A 14
Benwell. *Tyne* 3F 115
Benwick. *Cambs* 1C 64
Beoley. *Worc* 4E 61
Beoraidbeg. *High* 4E 147
Bepton. *W Sus* 1G 17
Berden. *Essx* 3E 53
Bere Alston. *Devn* 2A 8
Bere Ferrers. *Devn* 2A 8
Berepper. *Corn* 4D 4
Bere Regis. *Dors* 3D 14
Bergh Apton. *Norf* 5F 79
Berinsfield. *Oxon* 2D 36
Berkeley. *Glos* 2B 34
Berkhamsted. *Herts* 5H 51
Berkley. *Som* 2D 22
Berkswell. *W Mid* 3G 61
Bermondsey. *G Lon* 3E 39
Bernera. *High* 1G 147
Bernice. *Arg* 4A 134
Bernisdale. *High* 3D 154
Berrick Salome. *Oxon* 2E 36
Berriedale. *High* 1H 165
Berrier. *Cumb* 2E 103
Berriew. *Powy* 5D 70
Berrington. *Nmbd* 5G 131
Berrington. *Shrp* 5H 71
Berrington. *Worc* 4H 59
Berrington Green. *Worc* 4H 59
Berrington Law. *Nmbd* 5F 131
Berrow. *Som* 1G 21
Berrow Green. *Worc* 5B 60
Berry Cross. *Devn* 1E 11
Berry Down Cross. *Devn* 2F 19
Berry Hill. *Glos* 4A 48
Berry Hill. *Pemb* 1A 44
Berryhillock. *Mor* 2C 160
Berrynarbor. *Devn* 2F 19
Berry Pomeroy. *Devn* 2E 9
Berryscaur. *Dum* 5D 118
Berry's Green. *G Lon* 5F 39
Bersham. *Wrex* 1F 71
Berthengam. *Flin* 3D 82
Berwick. *E Sus* 5G 27
Berwick Bassett. *Wilts* 4G 35
Berwick Hill. *Nmbd* 2E 115
Berwick St James. *Wilts* 3F 23
Berwick St John. *Wilts* 4E 23
Berwick St Leonard. *Wilts* 3E 23
Berwick-upon-Tweed
Nmbd 4F 131
Berwyn. *Den* 1D 70
Bescaby. *Leics* 3F 75
Bescar. *Lanc* 3B 90
Besford. *Worc* 1E 49
Bessacarr. *S Yor* 4G 93
Bessbrook. *New M* 6F 175
Bessels Leigh. *Oxon* 5C 50
Bessingby. *E Yor* 3F 101
Bessingham. *Norf* 2D 78
Best Beech Hill. *E Sus* 2H 27
Besthorpe. *Norf* 1C 66
Besthorpe. *Notts* 4F 87
Bestwood Village. *Notts* 1C 74
Beswick. *E Yor* 5E 101
Betchworth. *Surr* 5D 38
Bethania. *Cdgn* 4E 57
Bethania. *Gwyn*
nr. Blaenau Ffestiniog 1G 69
nr. Caernarfon 5F 81
Bethel. *Gwyn*
nr. Bala 2B 70
nr. Caernarfon 4E 81
Bethel. *IOA* 3C 80
Bethersden. *Kent* 1D 28
Bethesda. *Gwyn* 4F 81
Bethesda. *Pemb* 3E 43
Bethlehem. *Carm* 3G 45
Bethnal Green. *G Lon* 2E 39
Betley. *Staf* 1B 72
Betsham. *Kent* 3H 39
Betteshanger. *Kent* 5H 41
Bettiscombe. *Dors* 3H 13
Bettisfield. *Wrex* 2G 71
Betton. *Shrp* 2A 72
Betton Strange. *Shrp* 5H 71
Bettws. *B'end* 3C 32
Bettws. *Newp* 2F 33
Bettws Bledrws. *Cdgn* 5E 57
Bettws Cedewain. *Powy* 1D 58
Bettws Gwerfil Goch. *Den* 1C 70
Bettws Ifan. *Cdgn* 1D 44
Bettws Newydd. *Mon* 5G 47
Bettyhill. *High* 2H 167
Betws. *Carm* 4G 45
Betws Garmon. *Gwyn* 5E 81
Betws-y-Coed. *Cnwy* 5G 81
Betws-yn-Rhos. *Cnwy* 3B 82
Beulah. *Cdgn* 1C 44
Beulah. *Powy* 5B 58
Beul an Atha. *Arg* 3B 124
Bevendean. *Brig* 5E 27
Bevercotes. *Notts* 3E 86
Beverley. *E Yor* 1D 94
Beverston. *Glos* 2D 34
Bevington. *Glos* 2B 34
Bewaldeth. *Cumb* 1D 102
Bewcastle. *Cumb* 2G 113
Bewdley. *Worc* 3B 60
Bewerley. *N Yor* 3D 98
Bewholme. *E Yor* 4F 101
Bexfield. *Norf* 3C 78
Bexhill. *E Sus* 5B 28
Bexley. *G Lon* 3F 39
Bexleyheath. *G Lon* 3F 39
Bexleyhill. *W Sus* 3A 26
Bexwell. *Norf* 5F 77
Beyton. *Suff* 4B 66
Bhalton. *W Isl* 4C 171
Bhatarsaigh. *W Isl* 9B 170
Bibbington. *Derbs* 3E 85
Bibury. *Glos* 5G 49
Bicester. *Oxon* 3D 50
Bickenhall. *Som* 1F 13
Bickenhill. *W Mid* 2F 61
Bicker. *Linc* 2B 76
Bicker Bar. *Linc* 2B 76
Bicker Gauntlet. *Linc* 2B 76
Bickershaw. *G Man* 4E 91
Bickerstaffe. *Lanc* 4C 90
Bickerton. *Ches E* 5H 83
Bickerton. *Nmbd* 4D 121
Bickerton. *N Yor* 4G 99
Bickford. *Staf* 4C 72
Bickington. *Devn*
nr. Barnstaple 3F 19
nr. Newton Abbot 5A 12
Bickleigh. *Devn*
nr. Plymouth 2B 8
nr. Tiverton 2C 12
Bickleton. *Devn* 3F 19
Bickley. *N Yor* 5G 107
Bickley Moss. *Ches W* 1H 71
Bickmarsh. *Worc* 1G 49
Bicknacre. *Essx* 5A 54
Bicknoller. *Som* 3E 20
Bicknor. *Kent* 5C 40
Bickton. *Hants* 1G 15
Bicton. *Here* 4G 59
Bicton. *Shrp*
nr. Bishop's Castle 2E 59
nr. Shrewsbury 4G 71
Bicton Heath. *Shrp* 4G 71
Bidborough. *Kent* 1G 27
Biddenden. *Kent* 2C 28
Biddenden Green. *Kent* 1C 28
Biddenham. *Bed* 5H 63
Biddestone. *Wilts* 4D 34
Biddisham. *Som* 1G 21
Biddlesden. *Buck* 1E 51
Biddlestone. *Nmbd* 4D 120
Biddulph. *Staf* 5C 84
Biddulph Moor. *Staf* 5D 84
Bideford. *Devn* 4E 19
Bidford-on-Avon. *Warw* 5E 61
Bidlake. *Devn* 4F 11
Bidston. *Mers* 2E 83
Bielby. *E Yor* 5B 100
Bieldside. *Aber* 3F 153
Bierley. *IOW* 5D 16
Bierley. *W Yor* 1B 92
Bierton. *Buck* 4G 51
Bigbury. *Devn* 4C 8
Bigbury-on-Sea. *Devn* 4C 8
Bigby. *Linc* 4D 94
Biggar. *Cumb* 3A 96
Biggar. *S Lan* 1C 118
Biggin. *Derbs*
nr. Hartington 5F 85
nr. Hulland 1G 73
Biggin. *N Yor* 1F 93
Biggings. *Shet* 5C 173
Biggin Hill. *G Lon* 5F 39
Biggleswade. *C Beds* 1B 52
Bighouse. *High* 2A 168
Bighton. *Hants* 3E 24
Biglands. *Cumb* 4D 112
Bignall End. *Staf* 5C 84
Bignor. *W Sus* 4A 26
Bigrigg. *Cumb* 3B 102
Big Sand. *High* 1G 155
Bigton. *Shet* 9E 173
Bilberry. *Corn* 3E 6
Bilborough. *Nott* 1C 74
Bilbrook. *Som* 2D 20
Bilbrook. *Staf* 5C 72
Bilbrough. *N Yor* 5H 99
Bilbster. *High* 3E 169
Bilby. *Notts* 2D 86
Bildershaw. *Dur* 2F 105
Bildeston. *Suff* 1C 54
Billericay. *Essx* 1A 40
Billesdon. *Leics* 5E 74
Billesley. *Warw* 5F 61
Billingborough. *Linc* 2A 76
Billinge. *Mers* 4D 90
Billingford. *Norf*
nr. Dereham 3C 78
nr. Diss 3D 66
Billingham. *Stoc T* 2B 106
Billinghay. *Linc* 5A 88
Billingley. *S Yor* 4E 93
Billingshurst. *W Sus* 3B 26
Billingsley. *Shrp* 2B 60
Billington. *C Beds* 3H 51
Billington. *Lanc* 1F 91
Billington. *Staf* 3C 72
Billockby. *Norf* 4G 79
Billy Row. *Dur* 1E 105
Bilsborrow. *Lanc* 5E 97
Bilsby. *Linc* 3D 88
Bilsham. *W Sus* 5A 26
Bilsington. *Kent* 2E 29
Bilson Green. *Glos* 4B 48
Bilsthorpe. *Notts* 4D 86
Bilston. *Midl* 3F 129
Bilston. *W Mid* 1D 60
Bilstone. *Leics* 5A 74
Bilting. *Kent* 1E 29
Bilton. *E Yor* 1E 95
Bilton. *Nmbd* 3G 121
Bilton. *N Yor* 4F 99
Bilton. *Warw* 3B 62
Bilton in Ainsty. *N Yor* 5G 99
Bimbister. *Orkn* 6C 172
Binbrook. *Linc* 1B 88
Binchester. *Dur* 1F 105
Bincombe. *Dors* 4B 14
Bindal. *High* 5G 165
Binegar. *Som* 2B 22
Bines Green. *W Sus* 4C 26
Binfield. *Brac* 4G 37
Binfield Heath. *Oxon* 4F 37
Bingfield. *Nmbd* 2C 114
Bingham. *Notts* 2E 74
Bingham's Melcombe
Dors 2C 14
Bingley. *W Yor* 1B 92
Bings Heath. *Shrp* 4H 71
Binham. *Norf* 2B 78
Binley. *Hants* 1C 24
Binley. *W Mid* 3A 62
Binnegar. *Dors* 4D 15
Binniehill. *Falk* 2B 128
Binsoe. *N Yor* 2E 99
Binstead. *IOW* 3D 16
Binsted. *Hants* 2F 25
Binsted. *W Sus* 5A 26
Binton. *Warw* 5F 61
Bintree. *Norf* 3C 78
Binweston. *Shrp* 5F 71
Birch. *Essx* 4C 54
Birch. *G Man* 4G 91
Birchall. *Staf* 5D 85
Bircham Newton. *Norf* 2G 77
Bircham Tofts. *Norf* 2G 77
Birchanger. *Essx* 3F 53
Birchburn. *N Ayr* 3D 122
Birch Cross. *Staf* 2F 73
Bircher. *Here* 4G 59
Birch Green. *Essx* 4C 54
Birchgrove. *Card* 3E 33
Birchgrove. *Swan* 3G 31
Birch Heath. *Ches W* 4H 83
Birch Hill. *Ches W* 3H 83
Birchill. *Devn* 2G 13
Birchington. *Kent* 4G 41
Birchley Heath. *Warw* 1G 61
Birchmoor. *Warw* 5G 73
Birchmoor Green. *C Beds* 2H 51
Birchover. *Derbs* 4G 85
Birch Vale. *Derbs* 2E 85
Birchview. *Mor* 5F 159
Birchwood. *Linc* 4G 87
Birchwood. *Som* 1F 13
Birchwood. *Warr* 1A 84
Bircotes. *Notts* 1D 86
Birdbrook. *Essx* 1H 53
Birdham. *W Sus* 2G 17
Birdholme. *Derbs* 4A 86
Birdingbury. *Warw* 4B 62
Birdlip. *Glos* 4E 49
Birdsall. *N Yor* 3C 100
Birds Edge. *W Yor* 4C 92
Birds Green. *Essx* 5F 53
Birdsgreen. *Shrp* 2B 60
Birdsmoorgate. *Dors* 2G 13
Birdston. *E Dun* 2H 127
Birdwell. *S Yor* 4D 92
Birdwood. *Glos* 4C 48
Birgham. *Bord* 1B 120
Birichen. *High* 4E 165
Birkby. *Cumb* 1B 102
Birkby. *N Yor* 4A 106
Birkdale. *Mers* 3B 90
Birkenhead. *Mers* 2F 83
Birkenhills. *Abers* 4E 161
Birkenshaw. *N Lan* 3H 127
Birkenshaw. *W Yor* 2C 92
Birkhall. *Abers* 4H 151
Birkhill. *Ang* 5C 144
Birkholme. *Linc* 3G 75
Birkin. *N Yor* 2F 93
Birley. *Here* 5G 59
Birling. *Kent* 4A 40
Birling. *Nmbd* 4G 121
Birling Gap. *E Sus* 5G 27
Birlingham. *Worc* 1E 49
Birmingham. *W Mid* 2E 61
Birmingham Airport
W Mid 2F 61
Birnam. *Per* 4H 143
Birse. *Abers* 4C 152
Birsemore. *Abers* 4C 152
Birstall. *Leics* 5C 74
Birstall. *W Yor* 2C 92
Birstall Smithies. *W Yor* 2C 92
Birstwith. *N Yor* 4E 99
Birthorpe. *Linc* 2A 76
Birtle. *G Man* 3G 91
Birtley. *Here* 4F 59
Birtley. *Nmbd* 2B 114
Birtley. *Tyne* 4F 115
Birtsmorton. *Worc* 2D 48
Birts Street. *Worc* 2C 48
Bisbrooke. *Rut* 1F 63
Bisham. *Wind* 3G 37
Bishampton. *Worc* 5D 61
Bish Mill. *Devn* 4H 19
Bishop Auckland. *Dur* 2F 105
Bishopbridge. *Linc* 1H 87
Bishopbriggs. *E Dun* 2H 127
Bishop Burton. *E Yor* 1C 94

Bishopdown. *Wilts* 3G 23
Bishop Middleham. *Dur* 1A 106
Bishopmill. *Mor* 2G 159
Bishop Monkton. *N Yor* 3F 99
Bishop Norton. *Linc* 1G 87
Bishopsbourne. *Kent* 5F 41
Bishops Cannings. *Wilts* 5F 35
Bishop's Castle. *Shrp* 2F 59
Bishop's Caundle. *Dors* 1B 14
Bishop's Cleeve. *Glos* 3E 49
Bishop's Down. *Dors* 1B 14
Bishop's Frome. *Here* 1B 48
Bishop's Green. *Essx* 4G 53
Bishop's Green. *Hants* 5D 36
Bishop's Hull. *Som* 4F 21
Bishop's Itchington. *Warw* 5A 62
Bishops Lydeard. *Som* 4E 21
Bishop's Norton. *Glos* 3D 48
Bishop's Nympton. *Devn* 4A 20
Bishop's Offley. *Staf* 3B 72
Bishop's Stortford. *Herts* 3E 53
Bishop's Sutton. *Hants* 3E 24
Bishop's Tachbrook. *Warw* 4H 61
Bishop's Tawton. *Devn* 3F 19
Bishopsteignton. *Devn* 5C 12
Bishopstoke. *Hants* 1C 16
Bishopston. *Swan* 4E 31
Bishopstone. *Buck* 4G 51
Bishopstone. *E Sus* 5F 27
Bishopstone. *Here* 1H 47
Bishopstone. *Swin* 3H 35
Bishopstone. *Wilts* 4F 23
Bishopstrow. *Wilts* 2D 23
Bishop Sutton. *Bath* 1A 22
Bishop's Waltham. *Hants* 1D 16
Bishops Wood. *Staf* 5C 72
Bishopswood. *Som* 1F 13
Bishopsworth. *Bris* 5A 34
Bishop Thornton. *N Yor* 3E 99
Bishopthorpe. *York* 5H 99
Bishopton. *Darl* 2A 106
Bishopton. *Dum* 5B 110
Bishopton. *N Yor* 2E 99
Bishopton. *Ren* 2F 127
Bishopton. *Warw* 5F 61
Bishop Wilton. *E Yor* 4B 100
Bishton. *Newp* 3G 33
Bishton. *Staf* 3E 73
Bisley. *Glos* 5E 49
Bisley. *Surr* 5A 38
Bispham. *Bkpl* 5C 96
Bispham Green. *Lanc* 3C 90
Bissoe. *Corn* 4B 6
Bisterne. *Hants* 2G 15
Bisterne Close. *Hants* 2H 15
Bitchfield. *Linc* 3G 75
Bittadon. *Devn* 2F 19
Bittaford. *Devn* 3C 8
Bittering. *Norf* 4B 78
Bitterley. *Shrp* 3H 59
Bitterne. *Sotn* 1C 16
Bitteswell. *Leics* 2C 62
Bitton. *S Glo* 5B 34
Bix. *Oxon* 3F 37
Bixter. *Shet* 6E 173
Blaby. *Leics* 1C 62
Blackawton. *Devn* 3E 9
Black Bank. *Cambs* 2E 65
Black Barn. *Linc* 3D 76
Blackborough. *Devn* 2D 12
Blackborough. *Norf* 4F 77
Blackborough End. *Norf* 4F 77
Black Bourton. *Oxon* 5A 50
Blackboys. *E Sus* 3G 27
Blackbrook. *Derbs* 1H 73
Blackbrook. *Mers* 1H 83
Blackbrook. *Staf* 2B 72
Blackbrook. *Surr* 1C 26
Blackburn. *Abers* 2F 153
Blackburn. *Bkbn* 2E 91
Blackburn. *W Lot* 3C 128
Black Callerton. *Tyne* 3E 115
Black Carr. *Norf* 1C 66
Black Clauchrie. *S Ayr* 1H 109
Black Corries. *High* 3G 141
Black Crofts. *Arg* 5D 140
Black Cross. *Corn* 2D 6
Blackden Heath. *Ches E* 3B 84
Blackditch. *Oxon* 5C 50
Black Dog. *Devn* 2B 12
Blackdog. *Abers* 2G 153
Blackdown. *Dors* 2G 13
Blackdyke. *Cumb* 4C 112
Blacker Hill. *S Yor* 4D 92
Blackfen. *G Lon* 3F 39
Blackfield. *Hants* 2C 16
Blackford. *Cumb* 3E 113
Blackford. *Per* 3A 136
Blackford. *Shrp* 2H 59
Blackford. *Som*
nr. Burnham-on-Sea 2H 21
nr. Wincanton 4B 22
Blackfordby. *Leics* 4H 73
Blackgang. *IOW* 5C 16
Blackhall. *Edin* 2F 129
Blackhall. *Ren* 3F 127
Blackhall Colliery. *Dur* 1B 106
Blackhall Mill. *Tyne* 4E 115
Blackhall Rocks. *Dur* 1B 106
Blackham. *E Sus* 2F 27
Blackheath. *Essx* 3D 54
Blackheath. *G Lon* 3E 39
Blackheath. *Suff* 3G 67
Blackheath. *Surr* 1B 26
Blackheath. *W Mid* 2D 61
Black Heddon. *Nmbd* 2D 115
Black Hill. *Warw* 5G 61
Blackhill. *Abers* 4H 161
Blackhill. *High* 3C 154
Blackhills. *Abers* 2G 161
Blackhills. *High* 3D 158
Blackjack. *Linc* 2B 76
Blackland. *Wilts* 5F 35
Black Lane. *G Man* 4F 91
Blackleach. *Lanc* 1C 90
Blackley. *G Man* 4G 91
Blackley. *W Yor* 3B 92
Blacklunans. *Per* 2A 144
Blackmill. *B'end* 3C 32
Blackmoor. *G Man* 4E 91
Blackmoor. *Hants* 3F 25
Blackmoor Gate. *Devn* 2G 19
Blackmore. *Essx* 5G 53
Blackmore End. *Essx* 2H 53
Blackmore End. *Herts* 4B 52
Black Mount. *Arg* 4G 141
Blackness. *Falk* 2D 128
Blacknest. *Hants* 2F 25
Blackney. *Dors* 3H 13
Blacknoll. *Dors* 4D 14
Black Notley. *Essx* 3A 54
Blacko. *Lanc* 5A 98
Black Pill. *Swan* 3F 31
Blackpool. *Bkpl* 1B 90
Blackpool. *Devn* 4E 9
Blackpool Corner. *Dors* 3G 13
Blackpool Gate. *Cumb* 2G 113
Blackridge. *W Lot* 3B 128
Blackrock. *Arg* 3B 124
Blackrock. *Mon* 4F 47
Blackrod. *G Man* 3E 90
Blackshaw. *Dum* 3B 112
Blackshaw Head. *W Yor* 2H 91
Blackshaw Moor. *Staf* 5E 85
Blacksmith's Green. *Suff* 4D 66
Blacksnape. *Bkbn* 2F 91
Blackstone. *W Sus* 4D 26
Black Street. *Suff* 2H 67
Black Tar. *Pemb* 4D 43
Blackthorn. *Oxon* 4E 50
Blackthorpe. *Suff* 4B 66
Blacktoft. *E Yor* 2B 94
Blacktop. *Aber* 3F 153
Black Torrington. *Devn* 2E 11
Blacktown. *Newp* 3F 33
Blackwall Tunnel. *G Lon* 2E 39
Blackwater. *Corn* 4B 6
Blackwater. *Hants* 1G 25
Blackwater. *IOW* 4D 16
Blackwater. *Som* 1F 13
Blackwaterfoot. *N Ayr* 3C 122
Blackwell. *Darl* 3F 105
Blackwell. *Derbs*
nr. Alfreton 5B 86
nr. Buxton 3F 85
Blackwell. *Som* 4D 20
Blackwell. *Warw* 1H 49
Blackwell. *Worc* 3D 61
Blackwood. *Cphy* 2E 33
Blackwood. *Dum* 1G 111
Blackwood. *S Lan* 5A 128
Blackwood Hill. *Staf* 5D 84
Blacon. *Ches W* 4F 83
Bladnoch. *Dum* 4B 110
Bladon. *Oxon* 4C 50
Blaenannerch. *Cdgn* 1C 44
Blaenau Dolwyddelan
Cnwy 5F 81
Blaenau Ffestiniog. *Gwyn* 1G 69
Blaenavon. *Torf* 5F 47
Blaenawey. *Mon* 4F 47
Blaen Celyn. *Cdgn* 5C 56
Blaenclydach. *Rhon* 2C 32
Blaencwm. *Rhon* 2C 32
Blaendulais. *Neat* 5B 46
Blaen-ffos. *Pemb* 1F 43
Blaengarw. *B'end* 2C 32
Blaen-geuffordd. *Cdgn* 2F 57
Blaen-gwrach. *Neat* 5B 46
Blaengwynfi. *Neat* 2B 32
Blaenllechau. *Rhon* 2C 32
Blaenpennal. *Cdgn* 4F 57
Blaen-plwyf. *Cdgn* 3E 57
Blaen-porth. *Cdgn* 1C 44
Blaenrhondda. *Rhon* 5C 46
Blaen-waun. *Carm* 2G 43
Blaen-y-coed. *Carm* 2H 43
Blagdon. *N Som* 1A 22
Blagdon. *Torb* 2E 9
Blagdon Hill. *Som* 1F 13
Blagill. *Cumb* 5A 114
Blaguegate. *Lanc* 4C 90
Blaich. *High* 1E 141
Blain. *High* 2A 140
Blaina. *Blae* 5F 47
Blair Atholl. *Per* 2F 143
Blair Drummond. *Stir* 4G 135
Blairgowrie. *Per* 4A 144
Blairhall. *Fife* 1D 128
Blairingone. *Per* 4B 136
Blairlogie. *Stir* 4H 135
Blairmore. *Abers* 5B 160
Blairmore. *Arg* 1C 126
Blairmore. *High* 3B 166
Blairquhanan. *W Dun* 1F 127
Blaisdon. *Glos* 4C 48
Blakebrook. *Worc* 3C 60
Blakedown. *Worc* 3C 60
Blake End. *Essx* 3H 53
Blakemere. *Here* 1G 47
Blakeney. *Glos* 5B 48
Blakeney. *Norf* 1C 78
Blakenhall. *Ches E* 1B 72
Blakeshall. *Worc* 2C 60
Blakesley. *Nptn* 5D 62
Blanchland. *Nmbd* 4C 114
Blandford Camp. *Dors* 2E 15
Blandford Forum. *Dors* 2D 15
Blandford St Mary. *Dors* 2D 15
Bland Hill. *N Yor* 4E 98
Blandy. *High* 2G 167
Blanefield. *Stir* 2G 127
Blankney. *Linc* 4H 87
Blantyre. *S Lan* 4H 127
Blarmachfoldach. *High* 2E 141
Blarnalearoch. *High* 4F 163
Blashford. *Hants* 2G 15
Blaston. *Leics* 1F 63
Blatchbridge. *Som* 2C 22
Blathaisbhal. *W Isl* 1D 170
Blatherwycke. *Nptn* 1G 63
Blawith. *Cumb* 1B 96
Blaxhall. *Suff* 5F 67
Blaxton. *S Yor* 4G 93
Blaydon. *Tyne* 3E 115
Bleadney. *Som* 2H 21
Bleadon. *N Som* 1G 21
Blean. *Kent* 4F 41
Bleary. *Arm* 5F 175
Bleasby. *Linc* 2A 88
Bleasby. *Notts* 1E 74
Bleasby Moor. *Linc* 2A 88
Blebocraigs. *Fife* 2G 137
Bleddfa. *Powy* 4E 58
Bledington. *Glos* 3H 49
Bledlow. *Buck* 5F 51
Bledlow Ridge. *Buck* 2F 37
Blencarn. *Cumb* 1H 103
Blencogo. *Cumb* 5C 112
Blendworth. *Hants* 1F 17
Blennerhasset. *Cumb* 5C 112
Bletchingdon. *Oxon* 4D 50
Bletchingley. *Surr* 5E 39
Bletchley. *Mil* 2G 51
Bletchley. *Shrp* 2A 72
Bletherston. *Pemb* 2E 43
Bletsoe. *Bed* 5H 63
Blewbury. *Oxon* 3D 36
Blickling. *Norf* 3D 78
Blidworth. *Notts* 5C 86
Blindburn. *Nmbd* 3C 120
Blindcrake. *Cumb* 1C 102
Blindley Heath. *Surr* 1E 27
Blindmoor. *Som* 1F 13
Blisland. *Corn* 5B 10
Blissford. *Hants* 1G 15
Bliss Gate. *Worc* 3B 60
Blists Hill. *Telf* 5A 72
Blisworth. *Nptn* 5E 63
Blithbury. *Staf* 3E 73
Blitterlees. *Cumb* 4C 112
Blockley. *Glos* 2G 49
Blofield. *Norf* 5F 79
Blofield Heath. *Norf* 4F 79
Blo' Norton. *Norf* 3C 66
Bloomfield. *Bord* 2H 119
Blore. *Staf* 1F 73
Blount's Green. *Staf* 2E 73
Bloxham. *Oxon* 2C 50
Bloxholm. *Linc* 5H 87
Bloxwich. *W Mid* 5D 73
Bloxworth. *Dors* 3D 15
Blubberhouses. *N Yor* 4D 98
Blue Anchor. *Som* 2D 20
Blue Anchor. *Swan* 3E 31
Blue Bell Hill. *Kent* 4B 40
Blue Row. *Essx* 4D 54
Bluetown. *Kent* 5D 40
Blundeston. *Suff* 1H 67
Blunham. *C Beds* 5A 64
Blunsdon St Andrew
Swin 3G 35
Bluntington. *Worc* 3C 60
Bluntisham. *Cambs* 3C 64
Blunts. *Corn* 2H 7
Blurton. *Stoke* 1C 72
Blyborough. *Linc* 1G 87
Blyford. *Suff* 3G 67
Blymhill. *Staf* 4C 72
Blymhill Lawns. *Staf* 4C 72
Blyth. *Nmbd* 1G 115
Blyth. *Notts* 2D 86
Blyth. *Bord* 5E 129
Blyth Bank. *Bord* 5E 129
Blyth Bridge. *Bord* 5E 129
Blythburgh. *Suff* 3G 67
The Blythe. *Staf* 3E 73
Blythe Bridge. *Staf* 1D 72
Blythe Marsh. *Staf* 1D 72
Blyton. *Linc* 1F 87
Boarhills. *Fife* 2H 137
Boarhunt. *Hants* 2E 16
Boar's Head. *G Man* 4D 90
Boarshead. *E Sus* 2G 27
Boars Hill. *Oxon* 5C 50
Boarstall. *Buck* 4E 51
Boasley Cross. *Devn* 3F 11
Boath. *High* 1H 157
Boat of Garten. *High* 2D 150
Bobbing. *Kent* 4C 40
Bobbington. *Staf* 1C 60
Bobbingworth. *Essx* 5F 53
Bocaddon. *Corn* 3F 7
Bocking. *Essx* 3A 54
Bocking Churchstreet
Essx 3A 54
Boddam. *Abers* 4H 161
Boddam. *Shet* 10E 173
Boddington. *Glos* 3D 49
Bodedern. *IOA* 2C 80
Bodelwyddan. *Den* 3C 82
Bodenham. *Here* 5H 59
Bodenham. *Wilts* 4G 23
Bodewryd. *IOA* 1C 80
Bodfari. *Den* 3C 82
Bodffordd. *IOA* 3D 80
Bodham. *Norf* 1D 78
Bodiam. *E Sus* 3B 28
Bodicote. *Oxon* 2C 50
Bodieve. *Corn* 1D 6
Bodinnick. *Corn* 3F 7
Bodle Street Green. *E Sus* 4A 28
Bodmin. *Corn* 2E 7
Bodnant. *Cnwy* 3H 81
Bodney. *Norf* 1H 65
Bodorgan. *IOA* 4C 80
Bodrane. *Corn* 2G 7
Bodsham. *Kent* 1F 29
Boduan. *Gwyn* 2C 68
Bodymoor Heath. *Warw* 1F 61
The Bog. *Shrp* 1F 59
Bogallan. *High* 3A 158
Bogbrae Croft. *Abers* 5H 161
Bogend. *S Ayr* 1C 116
Boghall. *Midl* 3F 129
Boghall. *W Lot* 3C 128
Boghead. *S Lan* 5A 128
Bogindollo. *Ang* 3D 144
Bogmoor. *Mor* 2A 160
Bogniebrae. *Abers* 4C 160
Bognor Regis. *W Sus* 3H 17
Bograxie. *Abers* 2E 152
Bogside. *N Lan* 4B 128
Bogton. *Abers* 3D 160
Bogue. *Dum* 1D 110
Bohenie. *High* 5E 149
Bohortha. *Corn* 5C 6
Boirseam. *W Isl* 9C 171
Bokiddick. *Corn* 2E 7
Bolam. *Dur* 2E 105
Bolam. *Nmbd* 1D 115
Bolberry. *Devn* 5C 8
Bold Heath. *Mers* 2H 83
Boldon. *Tyne* 3G 115
Boldon Colliery. *Tyne* 3G 115
Boldre. *Hants* 3B 16
Boldron. *Dur* 3D 104
Bole. *Notts* 2E 87
Bolehall. *Staf* 5G 73
Bolehill. *Derbs* 5G 85
Bolenowe. *Corn* 5A 6
Boleside. *Bord* 1G 119
Bolham. *Devn* 1C 12
Bolham Water. *Devn* 1E 13
Bolingey. *Corn* 3B 6
Bollington. *Ches E* 3D 84
Bolney. *W Sus* 3D 26
Bolnhurst. *Bed* 5H 63
Bolshan. *Ang* 3F 145
Bolsover. *Derbs* 3B 86
Bolsterstone. *S Yor* 1G 85
Bolstone. *Here* 2A 48
Boltachan. *Per* 3F 143
Boltby. *N Yor* 1G 99
Bolton. *Cumb* 2H 103
Bolton. *E Lot* 2B 130
Bolton. *E Yor* 4B 100
Bolton. *G Man* 4F 91
Bolton. *Nmbd* 3F 121
Bolton Abbey. *N Yor* 4C 98

Bolton-by-Bowland. *Lanc* 5G **97**
Boltonfellend. *Cumb* 3F **113**
Boltongate. *Cumb* 5D **112**
Bolton Green. *Lanc* 3D **90**
Bolton-le-Sands. *Lanc* 3D **97**
Bolton Low Houses *Cumb* 5D **112**
Bolton New Houses *Cumb* 5D **112**
Bolton-on-Swale. *N Yor* 5F **105**
Bolton Percy. *N Yor* 5H **99**
Bolton Town End. *Lanc* 3D **97**
Bolton upon Dearne *S Yor* 4E **93**
Bolton Wood Lane *Cumb* 5D **112**
Bolventor. *Corn* 5B **10**
Bomarsund. *Nmbd* 1F **115**
Bomere Heath. *Shrp* 4G **71**
Bonar Bridge. *High* 4D **164**
Bonawe. *Arg* 5E **141**
Bonby. *N Lin* 3D **94**
Boncath. *Pemb* 1G **43**
Bonchester Bridge. *Bord* 3H **119**
Bonchurch. *IOW* 5D **16**
Bond End. *Staf* 4F **73**
Bondleigh. *Devn* 2G **11**
Bonds. *Lanc* 5D **97**
Bonehill. *Devn* 5H **11**
Bonehill. *Staf* 5F **73**
Bo'ness. *Falk* 1C **128**
Boney Hay. *Staf* 4E **73**
Bonham. *Wilts* 3C **22**
Bonhill. *W Dun* 2E **127**
Boningale. *Shrp* 5C **72**
Bonjedward. *Bord* 2A **120**
Bonkle. *N Lan* 4B **128**
Bonnington. *Ang* 5E **145**
Bonnington. *Edin* 3E **129**
Bonnington. *Kent* 2E **29**
Bonnybank. *Fife* 3F **137**
Bonnybridge. *Falk* 1B **128**
Bonnykelly. *Abers* 3F **161**
Bonnyrigg. *Midl* 3G **129**
Bonnyton. *Ang* 5C **144**
Bonnytown. *Fife* 2H **137**
Bonsall. *Derbs* 5G **85**
Bont. *Mon* 4G **47**
Bontddu. *Gwyn* 4F **69**
Bont Dolgadfan. *Powy* 5A **70**
Y Bont-Faen. *V Glam* 4C **32**
Bontgoch. *Cdgn* 2F **57**
Bonthorpe. *Linc* 3D **89**
Bont Newydd. *Gwyn* 1G **69**
Bontnewydd. *Cnwy* 3C **82**
Bontnewydd. *Cdgn* 4F **57**
Bontnewydd. *Gwyn* 4D **81**
Bontuchel. *Den* 5C **82**
Bonvilston. *V Glam* 4D **32**
Bon-y-maen. *Swan* 3F **31**
Booker. *Buck* 2G **37**
Booley. *Shrp* 3H **71**
Boorley Green. *Hants* 1D **16**
Boosbeck. *Red C* 3D **106**
Boot. *Cumb* 4C **102**
Booth. *W Yor* 2A **92**
Boothby Graffoe. *Linc* 5G **87**
Boothby Pagnell. *Linc* 2G **75**
Booth Green. *Ches E* 2D **84**
Booth of Toft. *Shet* 4F **173**
Boothstown. *G Man* 4F **91**
Boothville. *Nptn* 4E **63**
Bootle. *Cumb* 1A **96**
Bootle. *Mers* 1F **83**
Booton. *Norf* 3D **78**
Booze. *N Yor* 4D **104**
Boquhan. *Stir* 1G **127**
Boraston. *Shrp* 3A **60**
Borden. *Kent* 4C **40**
Borden. *W Sus* 4G **25**
Bordlands. *Bord* 5E **129**
Bordley. *N Yor* 3B **98**
Bordon. *Hants* 3F **25**
Boreham. *Essx* 5A **54**
Boreham. *Wilts* 2D **23**
Boreham Street. *E Sus* 4A **28**
Borehamwood. *Herts* 1C **38**
Boreland. *Dum* 5D **118**
Boreston. *Devn* 3D **8**
Borestone Brae. *Stir* 4G **135**
Boreton. *Shrp* 5H **71**
Borgh. *W Isl*
on Barra 8B **170**
on Benbecula 3C **170**
on Berneray 1E **170**
on Isle of Lewis 2G **171**
Borghasdal. *W Isl* 9C **171**
Borghastan. *W Isl* 3D **171**
Borgh na Sgiotaig. *High* 1C **154**
Borgie. *High* 3G **167**
Borgue. *Dum* 5D **110**
Borgue. *High* 1H **165**
Borley. *Essx* 1B **54**
Borley Green. *Essx* 1B **54**
Borley Green. *Suff* 4B **66**
Borlum. *High* 1H **149**
Bornais. *W Isl* 6C **170**
Bornesketaig. *High* 1C **154**
Boroughbridge. *N Yor* 3F **99**
Borough Green. *Kent* 5H **39**
Borreraig. *High* 3A **154**
Borrobol Lodge. *High* 1F **165**
Borrodale. *High* 4A **154**
Borrowash. *Derbs* 2B **74**
Borrowby. *N Yor*
nr. Northallerton 1G **99**
nr. Whitby 3E **107**
Borrowston. *High* 4F **169**
Borrowstonehill. *Orkn* 7D **172**
Borrowstoun. *Falk* 1C **128**
Borstal. *Medw* 4B **40**
Borth. *Cdgn* 2F **57**
Borthwick. *Midl* 4G **129**
Borth-y-Gest. *Gwyn* 2E **69**
Borve. *High* 4D **154**
Borwick. *Lanc* 2E **97**
Bosbury. *Here* 1B **48**
Boscastle. *Corn* 3A **10**
Boscombe. *Bour* 3G **15**
Boscombe. *Wilts* 3H **23**
Boscoppa. *Corn* 3E **7**
Bosham. *W Sus* 2G **17**
Bosherston. *Pemb* 5D **42**
Bosley. *Ches E* 4D **84**
Bossall. *N Yor* 3B **100**
Bossiney. *Corn* 4A **10**
Bossingham. *Kent* 1F **29**
Bossington. *Som* 2B **20**
Bostadh. *W Isl* 3D **171**
Bostock Green. *Ches W* 4A **84**
Boston. *Linc* 1C **76**
Boston Spa. *W Yor* 5G **99**
Boswarthen. *Corn* 3B **4**
Boswinger. *Corn* 4D **6**
Botallack. *Corn* 3A **4**
Botany Bay. *G Lon* 1D **39**
Botcheston. *Leics* 5B **74**
Botesdale. *Suff* 3C **66**
Bothal. *Nmbd* 1F **115**
Bothampstead. *W Ber* 4D **36**
Bothamsall. *Notts* 3D **86**
Bothel. *Cumb* 1C **102**
Bothenhampton. *Dors* 3H **13**
Bothwell. *S Lan* 4A **128**
Botley. *Buck* 5H **51**
Botley. *Hants* 1D **16**
Botley. *Oxon* 5C **50**
Botloe's Green. *Glos* 3C **48**
Botolph Claydon. *Buck* 3F **51**
Botolphs. *W Sus* 5C **26**
Bottacks. *High* 2G **157**
Bottesford. *Leics* 2F **75**
Bottesford. *N Lin* 4B **94**
Bottisham. *Cambs* 4E **65**
Bottlesford. *Wilts* 1G **23**
Bottomcraig. *Fife* 1F **137**
Bottom o' th' Moor *G Man* 3E **91**
Botton. *N Yor* 4D **107**
Botton Head. *Lanc* 3F **97**
Bottreaux Mill. *Devn* 4B **20**
Botus Fleming. *Corn* 2A **8**
Botwnnog. *Gwyn* 2B **68**
Bough Beech. *Kent* 1F **27**
Boughrood. *Powy* 2E **47**
Boughspring. *Glos* 2A **34**
Boughton. *Norf* 5F **77**
Boughton. *Nptn* 4E **63**
Boughton. *Notts* 4D **86**
Boughton Aluph. *Kent* 1E **29**
Boughton Green. *Kent* 5B **40**
Boughton Lees. *Kent* 1E **28**
Boughton Malherbe. *Kent* 1C **28**
Boughton Monchelsea *Kent* 5B **40**
Boughton under Blean *Kent* 5E **41**
Boulby. *Red C* 3E **107**
Bouldnor. *IOW* 4B **16**
Bouldon. *Shrp* 2H **59**
Boulmer. *Nmbd* 3G **121**
Boulston. *Pemb* 3D **42**
Boultham. *Linc* 4G **87**
Boulton. *Derb* 2A **74**
Boundary. *Staf* 1D **73**
Bounds. *Here* 2B **48**
Bourn. *Cambs* 5C **64**
Bournbrook. *W Mid* 2E **61**
Bourne. *Linc* 3H **75**
The Bourne. *Surr* 2G **25**
Bourne End. *Bed* 4H **63**
Bourne End. *Buck* 3G **37**
Bourne End. *C Beds* 1H **51**
Bourne End. *Herts* 5A **52**
Bournemouth. *Bour* 3F **15**
Bournemouth Airport *Dors* 3G **15**
Bournes Green. *Glos* 5E **49**
Bournes Green. *S'end* 2D **40**
Bournheath. *Worc* 3D **60**
Bournmoor. *Dur* 4G **115**
Bournville. *W Mid* 2E **61**
Bourton. *Dors* 3C **22**
Bourton. *N Som* 5G **33**
Bourton. *Oxon* 3H **35**
Bourton. *Shrp* 1H **59**
Bourton. *Wilts* 5F **35**
Bourton on Dunsmore *Warw* 3B **62**
Bourton-on-the-Hill. *Glos* 2G **49**
Bourton-on-the-Water *Glos* 3G **49**
Bousd. *Arg* 2D **138**
Bousta. *Shet* 6D **173**
Boustead Hill. *Cumb* 4D **112**
Bouth. *Cumb* 1C **96**
Bouthwaite. *N Yor* 2D **98**
Boveney. *Buck* 3A **38**
Boveridge. *Dors* 1F **15**
Boverton. *V Glam* 5C **32**
Bovey Tracey. *Devn* 5B **12**
Bovingdon. *Herts* 5A **52**
Bovingdon Green. *Buck* 3G **37**
Bovinger. *Essx* 5F **53**
Bovington Camp. *Dors* 4D **14**
Bow. *Devn* 2H **11**
Bowbank. *Dur* 2C **104**
Bow Brickhill. *Mil* 2H **51**
Bowbridge. *Glos* 5D **48**
Bowburn. *Dur* 1A **106**
Bowcombe. *IOW* 4C **16**
Bowd. *Devn* 4E **12**
Bowden. *Devn* 4E **9**
Bowden. *Bord* 1H **119**
Bowden Hill. *Wilts* 5E **35**
Bowdens. *Som* 4H **21**
Bowderdale. *Cumb* 4H **103**
Bowdon. *G Man* 2B **84**
Bower. *Nmbd* 1A **114**
Bowerchalke. *Wilts* 4F **23**
Bowerhill. *Wilts* 5E **35**
Bower Hinton. *Som* 1H **13**
Bowermadden. *High* 2E **169**
Bowers. *Staf* 2C **72**
Bowers Gifford. *Essx* 2B **40**
Bowershall. *Fife* 4C **136**
Bowertower. *High* 2E **169**
Bowes. *Dur* 3C **104**
Bowgreave. *Lanc* 5D **97**
Bowhousebog. *N Lan* 4B **128**
Bowithick. *Corn* 4B **10**
Bowland Bridge. *Cumb* 1D **96**
Bowlees. *Dur* 2C **104**
Bowley. *Here* 5H **59**
Bowlhead Green. *Surr* 2A **26**
Bowling. *W Dun* 2F **127**
Bowling. *W Yor* 1B **92**
Bowling Bank. *Wrex* 1F **71**
Bowling Green. *Worc* 5C **60**
Bowlish. *Som* 2B **22**
Bowmanstead. *Cumb* 5E **102**
Bowmore. *Arg* 4B **124**
Bowness-on-Solway *Cumb* 3D **112**
Bowness-on-Windermere *Cumb* 5F **103**
Bow of Fife. *Fife* 2F **137**
Bowriefauld. *Ang* 4E **145**
Bowscale. *Cumb* 1E **103**
Bowsden. *Nmbd* 5F **131**
Bowside Lodge. *High* 2A **168**
Bowston. *Cumb* 5F **103**
Bow Street. *Cdgn* 2F **57**
Bowthorpe. *Norf* 5D **78**
Box. *Glos* 5D **48**
Box. *Wilts* 5D **34**
Boxbush. *Glos* 3B **48**
Box End. *Bed* 1A **52**
Boxford. *Suff* 1C **54**
Boxford. *W Ber* 4C **36**
Boxgrove. *W Sus* 5A **26**
Box Hill. *Wilts* 5D **34**
Boxley. *Kent* 5B **40**
Boxmoor. *Herts* 5A **52**
Box's Shop. *Corn* 2C **10**
Boxted. *Essx* 2C **54**
Boxted. *Suff* 5H **65**
Boxted Cross. *Essx* 2D **54**
Boxworth. *Cambs* 4C **64**
Boxworth End. *Cambs* 4C **64**
Boyden End. *Suff* 5G **65**
Boyden Gate. *Kent* 4G **41**
Boylestone. *Derbs* 2F **73**
Boylestonfield. *Derbs* 2F **73**
Boyndie. *Abers* 2D **160**
Boynton. *E Yor* 3F **101**
Boys Hill. *Dors* 1B **14**
Boythorpe. *Derbs* 4A **86**
Boyton. *Corn* 3D **10**
Boyton. *Suff* 1G **55**
Boyton. *Wilts* 3E **23**
Boyton Cross. *Essx* 5G **53**
Boyton End. *Essx* 2G **53**
Boyton End. *Suff* 1H **53**
Bozeat. *Nptn* 5G **63**
Braaid. *IOM* 4C **108**
Braal Castle. *High* 3D **168**
Brabling Green. *Suff* 4E **67**
Brabourne. *Kent* 1F **29**
Brabourne Lees. *Kent* 1E **29**
Brabster. *High* 2F **169**
Bracadale. *High* 5C **154**
Bracara. *High* 4F **147**
Braceborough. *Linc* 4H **75**
Bracebridge. *Linc* 4G **87**
Bracebridge Heath. *Linc* 4G **87**
Braceby. *Linc* 2H **75**
Bracewell. *Lanc* 5A **98**
Brackenber. *Cumb* 3A **104**
Brackenfield. *Derbs* 5A **86**
Brackenlands. *Cumb* 5D **112**
Brackenthwaite. *Cumb* 5D **112**
Brackenthwaite. *N Yor* 4E **99**
Brackla. *B'end* 4C **32**
Brackla. *High* 3C **158**
Bracklesham. *W Sus* 3G **17**
Brackletter. *High* 5D **148**
Brackley. *Nptn* 2D **50**
Brackley Hatch. *Nptn* 1E **51**
Brackloch. *High* 1F **163**
Bracknell. *Brac* 5G **37**
Braco. *Per* 3H **135**
Bracobrae. *Mor* 3C **160**
Bracon. *N Lin* 4A **94**
Bracon Ash. *Norf* 1D **66**
Bradbourne. *Derbs* 5G **85**
Bradbury. *Dur* 2A **106**
Bradda. *IOM* 4A **108**
Bradden. *Nptn* 1E **51**
Bradenham. *Buck* 2G **37**
Bradenham. *Norf* 5B **78**
Bradenstoke. *Wilts* 4F **35**
Bradfield. *Essx* 2E **55**
Bradfield. *Norf* 2E **79**
Bradfield. *W Ber* 4E **36**
Bradfield Combust. *Suff* 5A **66**
Bradfield Green. *Ches E* 5A **84**
Bradfield Heath. *Essx* 3E **55**
Bradfield St Clare. *Suff* 5B **66**
Bradfield St George. *Suff* 4B **66**
Bradford. *Derbs* 4G **85**
Bradford. *Devn* 2E **11**
Bradford. *Nmbd* 1F **121**
Bradford. *W Yor* 1B **92**
Bradford Abbas. *Dors* 1A **14**
Bradford Barton. *Devn* 1B **12**
Bradford Leigh. *Wilts* 5D **34**
Bradford-on-Avon. *Wilts* 5D **34**
Bradford-on-Tone. *Som* 4E **21**
Bradford Peverell. *Dors* 3B **14**
Bradiford. *Devn* 3F **19**
Brading. *IOW* 4E **16**
Bradley. *Ches W* 3H **83**
Bradley. *Derbs* 1G **73**
Bradley. *Glos* 2C **34**
Bradley. *Hants* 2E **25**
Bradley. *NE Lin* 4F **95**
Bradley. *N Yor* 1C **98**
Bradley. *Staf* 4C **72**
Bradley. *W Mid* 1D **60**
Bradley. *W Yor* 2B **92**
Bradley. *Wrex* 5F **83**
Bradley Cross. *Som* 1H **21**
Bradley Green. *Ches W* 1H **71**
Bradley Green. *Som* 3F **21**
Bradley Green. *Warw* 5G **73**
Bradley Green. *Worc* 4D **61**
Bradley in the Moors. *Staf* 1E **73**
Bradley Mount. *Ches E* 3D **84**
Bradley Stoke. *S Glo* 3B **34**
Bradlow. *Here* 2C **48**
Bradmore. *Notts* 2C **74**
Bradmore. *W Mid* 1C **60**
Bradninch. *Devn* 2D **12**
Bradnop. *Staf* 5E **85**
Bradpole. *Dors* 3H **13**
Bradshaw. *G Man* 3F **91**
Bradstone. *Devn* 4D **11**
Bradwall Green. *Ches E* 4B **84**
Bradway. *S Yor* 2H **85**
Bradwell. *Derbs* 2F **85**
Bradwell. *Essx* 3B **54**
Bradwell. *Mil* 2G **51**
Bradwell. *Norf* 5H **79**
Bradwell-on-Sea. *Essx* 5D **54**
Bradwell Waterside. *Essx* 5C **54**
Bradworthy. *Devn* 1D **10**
Brae. *High* 5C **162**
Brae. *Shet* 5E **173**
Braeantra. *High* 1H **157**
Braefield. *High* 5G **157**
Braefindon. *High* 3A **158**
Braegrum. *Per* 1C **136**
Braehead. *Ang* 3F **145**
Braehead. *Dum* 4B **110**
Braehead. *Mor* 4G **159**
Braehead. *Orkn* 3D **172**
Braehead. *S Lan*
nr. Coalburn 1H **117**
nr. Forth 4C **128**

Braehoulland. *Shet* 4D **173**
Braemar. *Abers* 4F **151**
Braemore. *High*
nr. Dunbeath 5C **168**
nr. Ullapool 1D **156**
Brae of Achnahaird. *High* 2E **163**
Brae Roy Lodge. *High* 4F **149**
Braeside. *Abers* 5G **161**
Braeside. *Inv* 2D **126**
Braes of Coul. *Ang* 3B **144**
Braeswick. *Orkn* 4F **172**
Braetongue. *High* 3F **167**
Braeval. *Stir* 3E **135**
Braevallich. *Arg* 3G **133**
Braewick. *Shet* 6E **173**
Brafferton. *Darl* 2F **105**
Brafferton. *N Yor* 2G **99**
Brafield-on-the-Green
Nptn 5F **63**
Bragar. *W Isl* 3E **171**
Bragbury End. *Herts* 3C **52**
Bragleenbeg. *Arg* 1G **133**
Braichmelyn. *Gwyn* 4F **81**
Braides. *Lanc* 4D **96**
Braidwood. *S Lan* 5B **128**
Braigo. *Arg* 3A **124**
Brailsford. *Derbs* 1G **73**
Braintree. *Essx* 3A **54**
Braiseworth. *Suff* 3D **66**
Braishfield. *Hants* 4B **24**
Braithwaite. *Cumb* 2D **102**
Braithwaite. *S Yor* 3G **93**
Braithwaite. *W Yor* 5C **98**
Braithwell. *S Yor* 1C **86**
Brakefield Green. *Norf* 5C **78**
Bramber. *W Sus* 4C **26**
Brambridge. *Hants* 4C **24**
Bramcote. *Notts* 2C **74**
Bramcote. *Warw* 2B **62**
Bramdean. *Hants* 4E **24**
Bramerton. *Norf* 5E **79**
Bramfield. *Herts* 4C **52**
Bramfield. *Suff* 3F **67**
Bramford. *Suff* 1E **54**
Bramhall. *G Man* 2C **84**
Bramham. *W Yor* 5G **99**
Bramhope. *W Yor* 5E **99**
Bramley. *Hants* 1E **25**
Bramley. *S Yor* 1B **86**
Bramley. *Surr* 1B **26**
Bramley. *W Yor* 1C **92**
Bramley Green. *Hants* 1E **25**
Bramley Head. *N Yor* 4D **98**
Bramley Vale. *Derbs* 4B **86**
Bramling. *Kent* 5G **41**
Brampford Speke. *Devn* 3C **12**
Brampton. *Cambs* 3B **64**
Brampton. *Cumb*
nr. Appleby-in-Westmorland
2H **103**
nr. Carlisle 3G **113**
Brampton. *Linc* 3F **87**
Brampton. *Norf* 3E **78**
Brampton. *S Yor* 4E **93**
Brampton. *Suff* 2G **67**
Brampton Abbotts. *Here* 3B **48**
Brampton Ash. *Nptn* 2E **63**
Brampton Bryan. *Here* 3F **59**
Brampton en le Morthen
S Yor 2B **86**
Bramshall. *Staf* 2E **73**
Bramshaw. *Hants* 1A **16**
Bramshill. *Hants* 5F **37**
Bramshott. *Hants* 3G **25**
Branault. *High* 2G **139**
Brancaster. *Norf* 1G **77**
Brancaster Staithe. *Norf* 1G **77**
Brancepeth. *Dur* 1F **105**
Branch End. *Nmbd* 3D **114**
Branchill. *Mor* 3E **159**
Brand End. *Linc* 1C **76**
Branderburgh. *Mor* 1G **159**
Brandesburton. *E Yor* 5F **101**
Brandeston. *Suff* 4E **67**
Brand Green. *Glos* 3C **48**
Brandhill. *Shrp* 3G **59**
Brandis Corner. *Devn* 2E **11**
Brandish Street. *Som* 2C **20**
Brandiston. *Norf* 3D **78**
Brandon. *Dur* 1F **105**
Brandon. *Linc* 1G **75**
Brandon. *Nmbd* 3E **121**
Brandon. *Suff* 2G **65**
Brandon. *Warw* 3B **62**
Brandon Bank. *Cambs* 2F **65**
Brandon Creek. *Norf* 1F **65**
Brandon Parva. *Norf* 5C **78**
Brandsby. *N Yor* 2H **99**
Brandy Wharf. *Linc* 1H **87**
Brane. *Corn* 4B **4**
Bran End. *Essx* 3G **53**
Branksome. *Pool* 3F **15**
Bransbury. *Hants* 2C **24**
Bransby. *Linc* 3F **87**
Branscombe. *Devn* 4E **13**
Bransford. *Worc* 5B **60**
Bransgore. *Hants* 3G **15**
Bransholme. *Hull* 1E **94**
Bransley. *Shrp* 3A **60**
Branston. *Leics* 3F **75**
Branston. *Linc* 4H **87**
Branston. *Staf* 3G **73**
Branston Booths. *Linc* 4H **87**
Branstone. *IOW* 4D **16**
Bransty. *Cumb* 3A **102**
Brant Broughton. *Linc* 5G **87**
Brantham. *Suff* 2E **54**
Branthwaite. *Cumb*
nr. Caldbeck 1D **102**
nr. Workington 2B **102**
Brantingham. *E Yor* 2C **94**
Branton. *Nmbd* 3E **121**
Branton. *S Yor* 4G **93**
Branton Green. *N Yor* 3G **99**
Branxholme. *Bord* 3G **119**
Branxton. *Nmbd* 1C **120**
Brassington. *Derbs* 5G **85**
Brasted. *Kent* 5F **39**
Brasted Chart. *Kent* 5F **39**
The Bratch. *Staf* 1C **60**
Brathens. *Abers* 4D **152**
Bratoft. *Linc* 4D **88**
Brattleby. *Linc* 2G **87**
Bratton. *Som* 2C **20**
Bratton. *Telf* 4A **72**
Bratton. *Wilts* 1E **23**
Bratton Clovelly. *Devn* 3E **11**
Bratton Fleming. *Devn* 3G **19**
Bratton Seymour. *Som* 4B **22**
Braughing. *Herts* 3D **53**
Braulen Lodge. *High* 5E **157**
Braunston. *Nptn* 4C **62**
Braunstone Town. *Leics* 5C **74**
Braunston-in-Rutland. *Rut* 5F **75**
Braunton. *Devn* 3E **19**
Brawby. *N Yor* 2B **100**
Brawl. *High* 2A **168**
Brawlbin. *High* 3C **168**
Bray. *Wind* 3A **38**
Braybrooke. *Nptn* 2E **63**
Brayford. *Devn* 3G **19**
Bray Shop. *Corn* 5D **10**
Braystones. *Cumb* 4B **102**
Brayton. *N Yor* 1G **93**
Bray Wick. *Wind* 4G **37**
Brazacott. *Corn* 3C **10**
Brea. *Corn* 4A **6**
Breach. *W Sus* 2F **17**
Breachwood Green. *Herts* 3B **52**
Breacleit. *W Isl* 4D **171**
Breaden Heath. *Shrp* 2G **71**
Breadsall. *Derbs* 1A **74**
Breadstone. *Glos* 5C **48**
Breage. *Corn* 4D **4**
Breakachy. *High* 4G **157**
Breakish. *High* 1E **147**
Bream. *Glos* 5B **48**
Breamore. *Hants* 1G **15**
Bream's Meend. *Glos* 5B **48**
Brean. *Som* 1F **21**
Breanais. *W Isl* 5B **171**
Brearton. *N Yor* 3F **99**
Breascleit. *W Isl* 4E **171**
Breaston. *Derbs* 2B **74**
Brecais Àrd. *High* 1E **147**
Brecais Iosal. *High* 1E **147**
Brechfa. *Carm* 2F **45**
Brechin. *Ang* 3F **145**
Breckles. *Norf* 1B **66**
Brecon. *Powy* 3D **46**
Bredbury. *G Man* 1D **84**
Brede. *E Sus* 4C **28**
Bredenbury. *Here* 5A **60**
Bredfield. *Suff* 5E **67**
Bredgar. *Kent* 4C **40**
Bredhurst. *Kent* 4B **40**
Bredicot. *Worc* 5D **60**
Bredon. *Worc* 2E **49**
Bredon's Norton. *Worc* 2E **49**
Bredwardine. *Here* 1G **47**
Breedon on the Hill. *Leics* 3B **74**
Breibhig. *W Isl*
on Barra 9B **170**
on Isle of Lewis 4G **171**
Breich. *W Lot* 3C **128**
Breightmet. *G Man* 4F **91**
Breighton. *E Yor* 1H **93**
Breinton. *Here* 2H **47**
Breinton Common. *Here* 2H **47**
Breiwick. *Shet* 7F **173**
Brelston Green. *Here* 3A **48**
Bremhill. *Wilts* 4E **35**
Brenachie. *High* 1B **158**
Brenchley. *Kent* 1A **28**
Brendon. *Devn* 2A **20**
Brent Cross. *G Lon* 2D **38**
Brent Eleigh. *Suff* 1C **54**
Brentford. *G Lon* 3C **38**
Brentingby. *Leics* 4E **75**
Brent Knoll. *Som* 1G **21**
Brent Pelham. *Herts* 2E **53**
Brentwood. *Essx* 1G **39**
Brenzett. *Kent* 3E **28**
Brereton. *Staf* 4E **73**
Brereton Cross. *Staf* 4E **73**
Brereton Green. *Ches E* 4B **84**
Brereton Heath. *Ches E* 4C **84**
Bressingham. *Norf* 2C **66**
Bretby. *Derbs* 3G **73**
Bretford. *Warw* 3B **62**
Bretforton. *Worc* 1F **49**
Bretherdale Head. *Cumb* 4G **103**
Bretherton. *Lanc* 2C **90**
Brettabister. *Shet* 6F **173**
Brettenham. *Norf* 2B **66**
Brettenham. *Suff* 5B **66**
Bretton. *Flin* 4F **83**
Bretton. *Pet* 5A **76**
Brewlands Bridge. *Ang* 2A **144**
Brewood. *Staf* 5C **72**
Briantspuddle. *Dors* 3D **14**
Bricket Wood. *Herts* 5B **52**
Bricklehampton. *Worc* 1E **49**
Bride. *IOM* 1D **108**
Bridekirk. *Cumb* 1C **102**
Bridell. *Pemb* 1B **44**
Bridestowe. *Devn* 4F **11**
Brideswell. *Abers* 5C **160**
Bridford. *Devn* 4B **12**
Bridge. *Corn* 4A **6**
Bridge. *Kent* 5F **41**
Bridge. *Som* 2G **13**
Bridge End. *Bed* 5H **63**
Bridge End. *Cumb*
nr. Broughton in Furness
5D **102**
nr. Dalston 5E **113**
Bridge End. *Linc* 2A **76**
Bridge End. *Shet* 8E **173**
Bridgefoot. *Ang* 5C **144**
Bridgefoot. *Cumb* 2B **102**
Bridge Green. *Essx* 2E **53**
Bridgehampton. *Som* 4A **22**
Bridge Hewick. *N Yor* 2F **99**
Bridgehill. *Dur* 4D **115**
Bridgemary. *Hants* 2D **16**
Bridgemere. *Ches E* 1B **72**
Bridgemont. *Derbs* 2E **85**
Bridgend. *Abers*
nr. Huntly 5C **160**
nr. Peterhead 5H **161**
Bridgend. *Ang*
nr. Brechin 2E **145**
nr. Kirriemuir 4C **144**
Bridgend. *Arg*
nr. Lochgilphead 4F **133**
on Islay 3B **124**
Bridgend. *B'end* 3C **32**
Bridgend. *Cumb* 3E **103**
Bridgend. *Devn* 4B **8**
Bridgend. *Fife* 2F **137**
Bridgend. *High* 3F **157**
Bridgend. *Mor* 5A **160**
Bridgend. *Per* 1D **136**
Bridgend. *W Lot* 2D **128**
Bridgend of Lintrathen
Ang 3B **144**
Bridgeness. *Falk* 1D **128**
Bridge of Alford. *Abers* 2C **152**
Bridge of Allan. *Stir* 4G **135**
Bridge of Avon. *Mor* 5F **159**
Bridge of Awe. *Arg* 1H **133**
Bridge of Balgie. *Per* 4C **142**
Bridge of Brown. *High* 1F **151**
Bridge of Cally. *Per* 3A **144**
Bridge of Canny. *Abers* 4D **152**
Bridge of Dee. *Dum* 3E **111**
Bridge of Don. *Aber* 2G **153**
Bridge of Dun. *Ang* 3F **145**
Bridge of Dye. *Abers* 5D **152**
Bridge of Earn. *Per* 2D **136**
Bridge of Ericht. *Per* 3C **142**
Bridge of Feugh. *Abers* 4E **152**
Bridge of Gairn. *Abers* 4A **152**
Bridge of Gaur. *Per* 3C **142**
Bridge of Muchalls
Abers 4F **153**
Bridge of Oich. *High* 3F **149**
Bridge of Orchy. *Arg* 5H **141**
Bridge of Walls. *Shet* 6D **173**
Bridge of Weir. *Ren* 3E **127**
Bridge Reeve. *Devn* 1G **11**
Bridgerule. *Devn* 2C **10**
Bridge Sollers. *Here* 1H **47**
Bridge Street. *Suff* 1B **54**
Bridge Town. *Warw* 5G **61**
Bridgetown. *Devn* 2E **9**
Bridgetown. *Som* 3C **20**
Bridge Trafford. *Ches W* 3G **83**
Bridgeyate. *S Glo* 4B **34**
Bridgham. *Norf* 2B **66**
Bridgnorth. *Shrp* 1B **60**
Bridgtown. *Staf* 5D **73**
Bridgwater. *Som* 3G **21**
Bridlington. *E Yor* 3F **101**
Bridport. *Dors* 3H **13**
Bridstow. *Here* 3A **48**
Brierfield. *Lanc* 1G **91**
Brierley. *Glos* 4B **48**
Brierley. *Here* 5G **59**
Brierley. *S Yor* 3E **93**
Brierley Hill. *W Mid* 2D **60**
Brierton. *Hart* 1B **106**
Briestfield. *W Yor* 3C **92**
Brigg. *N Lin* 4D **94**
Briggate. *Norf* 3F **79**
Briggswath. *N Yor* 4F **107**
Brigham. *Cumb* 1B **102**
Brigham. *E Yor* 4E **101**
Brighouse. *W Yor* 2B **92**
Brighstone. *IOW* 4C **16**
Brightgate. *Derbs* 5G **85**
Brighthampton. *Oxon* 5B **50**
Brightholmlee. *S Yor* 1G **85**
Brightley. *Devn* 3G **11**
Brightling. *E Sus* 3A **28**
Brightlingsea. *Essx* 4D **54**
Brighton. *Brig* 5E **27**
Brighton. *Corn* 3D **6**
Brighton Hill. *Hants* 2E **24**
Brightons. *Falk* 2C **128**
Brightwalton. *W Ber* 4C **36**
Brightwalton Green
W Ber 4C **36**
Brightwell. *Suff* 1F **55**
Brightwell Baldwin. *Oxon* 2E **37**
Brightwell-cum-Sotwell
Oxon 2D **36**
Brigmerston. *Wilts* 2G **23**
Brignall. *Dur* 3D **104**
Brig o' Turk. *Stir* 3E **135**
Brigsley. *NE Lin* 4F **95**
Brigsteer. *Cumb* 1D **97**
Brigstock. *Nptn* 2G **63**
Brill. *Buck* 4E **51**
Brill. *Corn* 4E **5**
Brilley. *Here* 1F **47**
Brimaston. *Pemb* 2D **42**
Brimfield. *Here* 4H **59**
Brimington. *Derbs* 3B **86**
Brimley. *Devn* 5B **12**
Brimpsfield. *Glos* 4E **49**
Brimpton. *W Ber* 5D **36**
Brims. *Orkn* 9B **172**
Brimscombe. *Glos* 5D **48**
Brimstage. *Mers* 2F **83**
Brincliffe. *S Yor* 2H **85**
Brind. *E Yor* 1H **93**
Brindister. *Shet*
nr. West Burrafirth 6D **173**
nr. West Lerwick 8F **173**
Brindle. *Lanc* 2D **90**
Brindley. *Ches E* 5H **83**
Brindley Ford. *Stoke* 5C **84**
Brineton. *Staf* 4C **72**
Bringhurst. *Leics* 1F **63**
Bringsty Common. *Here* 5A **60**
Brington. *Cambs* 3H **63**
Brinian. *Orkn* 5D **172**
Briningham. *Norf* 2C **78**
Brinkhill. *Linc* 3C **88**
Brinkley. *Cambs* 5F **65**
Brinklow. *Warw* 3B **62**
Brinkworth. *Wilts* 3F **35**
Brinscall. *Lanc* 2E **91**
Brinscombe. *Som* 1H **21**
Brinsley. *Notts* 1B **74**
Brinsworth. *S Yor* 2B **86**
Brinton. *Norf* 2C **78**
Brisco. *Cumb* 4F **113**
Brisley. *Norf* 3B **78**
Brislington. *Bris* 4B **34**
Brissenden Green. *Kent* 2D **28**
Bristol. *Bris* 4A **34**
Bristol Airport. *N Som* 5A **34**
Briston. *Norf* 2C **78**
Britannia. *Lanc* 2G **91**
Britford. *Wilts* 4G **23**
Brithdir. *Cphy* 5E **47**
Brithdir. *Cdgn* 1D **44**
Brithdir. *Gwyn* 4G **69**
Briton Ferry. *Neat* 3G **31**
Britwell Salome. *Oxon* 2E **37**
Brixham. *Torb* 3F **9**
Brixton. *Devn* 3B **8**
Brixton. *G Lon* 3E **39**
Brixton Deverill. *Wilts* 3D **22**
Brixworth. *Nptn* 3E **63**
Brize Norton. *Oxon* 5B **50**
The Broad. *Here* 4G **59**
Broad Alley. *Worc* 4C **60**
Broad Blunsdon. *Swin* 2G **35**
Broadbottom. *G Man* 1D **85**
Broadbridge. *W Sus* 2G **17**
Broadbridge Heath
W Sus 2C **26**
Broad Campden. *Glos* 2G **49**
Broad Chalke. *Wilts* 4F **23**
Broadclyst. *Devn* 3C **12**
Broadfield. *Inv* 2E **127**

Broadfield – Buckland

Broadfield. *Pemb* 4F 43
Broadfield. *W Sus* 2D 26
Broadford. *High* 1E 147
Broadford Bridge. *W Sus* 3B 26
Broadgate. *Cumb* 1A 96
Broad Green. *Cambs* 5F 65
Broad Green. *C Beds* 1H 51
Broad Green. *Worc*
nr. Bromsgrove 3D 61
nr. Worcester 5B 60
Broad Haven. *Pemb* 3C 42
Broadhaven. *High* 3F 169
Broad Heath. *Staf* 3C 72
Broadheath. *G Man* 2B 84
Broadheath. *Worc* 4A 60
Broadheath Common. *Worc* 5C 60
Broadhembury. *Devn* 2E 12
Broadhempston. *Devn* 2E 9
Broad Hill. *Cambs* 3E 65
Broad Hinton. *Wilts* 4G 35
Broadholme. *Derbs* 1A 74
Broadholme. *Linc* 3F 87
Broadlay. *Carm* 5D 44
Broad Laying. *Hants* 5C 36
Broadley. *Lanc* 3G 91
Broadley. *Mor* 2A 160
Broadley Common. *Essx* 5E 53
Broad Marston. *Worc* 1G 49
Broadmayne. *Dors* 4C 14
Broadmere. *Hants* 2E 24
Broadmoor. *Pemb* 4E 43
Broad Oak. *Carm* 3F 45
Broad Oak. *Cumb* 5C 102
Broad Oak. *Devn* 3D 12
Broad Oak. *Dors* 1C 14
Broad Oak. *E Sus*
nr. Hastings 4C 28
nr. Heathfield 3H 27
Broad Oak. *Here* 3H 47
Broad Oak. *Kent* 4F 41
Broadoak. *Dors* 3H 13
Broadoak. *Glos* 4B 48
Broadoak. *Hants* 1D 16
Broadrashes. *Mor* 3B 160
Broadsea. *Abers* 2G 161
Broad's Green. *Essx* 4G 53
Broadshard. *Som* 1H 13
Broadstairs. *Kent* 4H 41
Broadstone. *Pool* 3F 15
Broadstone. *Shrp* 2H 59
Broad Street. *E Sus* 4C 28
Broad Street. *Kent*
nr. Ashford 1F 29
nr. Maidstone 5C 40
Broad Street Green. *Essx* 5B 54
Broad Town. *Wilts* 4F 35
Broadwas. *Worc* 5B 60
Broadwath. *Cumb* 4F 113
Broadway. *Carm*
nr. Kidwelly 5D 45
nr. Laugharne 4G 43
Broadway. *Pemb* 3C 42
Broadway. *Som* 1G 13
Broadway. *Suff* 3F 67
Broadway. *Worc* 2F 49
Broadwell. *Glos*
nr. Cinderford 4A 48
nr. Stow-on-the-Wold 3H 49
Broadwell. *Oxon* 5A 50
Broadwell. *Warw* 4B 62
Broadwell House. *Nmbd* 4C 114
Broadwey. *Dors* 4B 14
Broadwindsor. *Dors* 2H 13
Broadwoodkelly. *Devn* 2G 11
Broadwoodwidger. *Devn* 4E 11
Broallan. *High* 4G 157
Brobury. *Here* 1G 47
Brochel. *High* 4E 155
Brockamin. *Worc* 5B 60
Brockbridge. *Hants* 1E 16
Brockdish. *Norf* 3E 66
Brockencote. *Worc* 3C 60
Brockenhurst. *Hants* 2A 16
Brocketsbrae. *S Lan* 1H 117
Brockford Street. *Suff* 4D 66
Brockhall. *Nptn* 4D 62
Brockham. *Surr* 1C 26
Brockhampton. *Glos*
nr. Bishop's Cleeve 3E 49
nr. Sevenhampton 3F 49
Brockhampton. *Here* 2A 48
Brockhill. *Bord* 2F 119
Brockholes. *W Yor* 3B 92
Brockhurst. *Hants* 2D 16
Brocklesby. *Linc* 3E 95
Brockley. *N Som* 5H 33
Brockley Corner. *Suff* 3H 65
Brockley Green. *Suff*
nr. Bury St Edmunds 1H 53
nr. Haverhill 5H 65
Brockleymoor. *Cumb* 1F 103
Brockmoor. *W Mid* 2D 60
Brockton. *Shrp*
nr. Bishop's Castle 2F 59
nr. Madeley 5B 72
nr. Much Wenlock 1H 59
nr. Pontesbury 5F 71
Brockton. *Staf* 2C 72
Brockton. *Telf* 4B 72
Brockweir. *Glos* 5A 48
Brockworth. *Glos* 4D 49
Brocton. *Staf* 4D 72
Brodick. *N Ayr* 2E 123
Brodie. *Mor* 3D 159
Brodiesord. *Abers* 3C 160
Brodsworth. *S Yor* 4F 93
Brogaig. *High* 2D 154
Brogborough. *C Beds* 2H 51
Brokenborough. *Wilts* 3E 35
Broken Cross. *Ches E* 3C 84
Bromborough. *Mers* 2F 83
Bromdon. *Shrp* 2A 60
Brome. *Suff* 3D 66
Brome Street. *Suff* 3D 66
Bromeswell. *Suff* 5F 67
Bromfield. *Cumb* 5C 112
Bromfield. *Shrp* 3G 59
Bromford. *W Mid* 1F 61
Bromham. *Bed* 5H 63
Bromham. *Wilts* 5E 35
Bromley. *G Lon* 4F 39
Bromley. *Herts* 3E 53
Bromley. *Shrp* 1B 60
Bromley Cross. *G Man* 3F 91
Bromley Green. *Kent* 2D 28
Bromley Wood. *Staf* 3F 73
Brompton. *Medw* 4B 40
Brompton. *N Yor*
nr. Northallerton 5A 106
nr. Scarborough 1D 100
Brompton. *Shrp* 5H 71
Brompton-on-Swale
N Yor 5F 105
Brompton Ralph. *Som* 3D 20
Brompton Regis. *Som* 3C 20
Bromsash. *Here* 3B 48
Bromsberrow. *Glos* 2C 48
Bromsberrow Heath. *Glos* 2C 48
Bromsgrove. *Worc* 3D 60
Bromstead Heath. *Staf* 4B 72
Bromyard. *Here* 5A 60
Bromyard Downs. *Here* 5A 60
Bronaber. *Gwyn* 2G 69
Bronant. *Cdgn* 4F 57
Broncroft. *Shrp* 2H 59
Brongest. *Cdgn* 1D 44
Brongwyn. *Cdgn* 1C 44
Bronington. *Wrex* 2G 71
Bronllys. *Powy* 2E 47
Bronwydd Arms. *Carm* 3E 45
Bronydd. *Powy* 1F 47
Bronygarth. *Shrp* 2E 71
Brook. *Carm* 4G 43
Brook. *Hants*
nr. Cadnam 1A 16
nr. Romsey 4B 24
Brook. *IOW* 4B 16
Brook. *Kent* 1E 29
Brook. *Surr*
nr. Guildford 1B 26
nr. Haslemere 2A 26
Brooke. *Norf* 1E 67
Brooke. *Rut* 5F 75
Brookenby. *Linc* 1B 88
Brook End. *Worc* 1D 48
Brookend. *Glos* 5B 48
Brookfield. *Lanc* 1D 90
Brookfield. *Ren* 3F 127
Brookhouse. *Lanc* 3E 97
Brookhouse. *S Yor* 2C 86
Brookhouse Green
Ches E 4C 84
Brookhouses. *Staf* 1D 73
Brookhurst. *Mers* 2F 83
Brookland. *Kent* 3D 28
Brooklands. *G Man* 1B 84
Brooklands. *Shrp* 1H 71
Brookmans Park. *Herts* 5C 52
Brooks. *Powy* 1D 58
Brooksby. *Leics* 4D 74
Brooks Green. *W Sus* 3C 26
Brook Street. *Essx* 1G 39
Brook Street. *Kent* 2D 28
Brook Street. *W Sus* 3E 27
Brookthorpe. *Glos* 4D 48
Brookville. *Norf* 1G 65
Brookwood. *Surr* 5A 38
Broom. *C Beds* 1B 52
Broom. *Fife* 3F 137
Broom. *Warw* 5E 61
Broome. *Norf* 1F 67
Broome. *Shrp*
nr. Cardington 1H 59
nr. Craven Arms 2G 59
Broome. *Worc* 3D 60
Broomedge. *Warr* 2B 84
Broomend. *Abers* 2E 153
Broomer's Corner. *W Sus* 3C 26
Broomfield. *Abers* 5G 161
Broomfield. *Essx* 4H 53
Broomfield. *Kent*
nr. Herne Bay 4F 41
nr. Maidstone 5C 40
Broomfield. *Som* 3F 21
Broomfleet. *E Yor* 2B 94
Broom Green. *Norf* 3B 78
Broomhall. *Ches E* 1A 72
Broomhall. *Wind* 4A 38
Broomhaugh. *Nmbd* 3D 114
Broom Hill. *Dors* 2F 15
Broom Hill. *Worc* 3D 60
Broomhill. *High*
nr. Grantown-on-Spey
1D 151
nr. Invergordon 1B 158
Broomhill. *Norf* 5F 77
Broomhill. *S Yor* 4E 93
Broomhillbank. *Dum* 5D 118
Broomholm. *Norf* 2F 79
Broomlands. *Dum* 4C 118
Broomley. *Nmbd* 3D 114
Broom of Moy. *Mor* 3E 159
Broompark. *Dur* 5F 115
Broom's Green. *Glos* 2C 48
Brora. *High* 3G 165
Broseley. *Shrp* 5A 72
Brotherhouse Bar. *Linc* 4B 76
Brotheridge Green. *Worc* 1D 48
Brotherlee. *Dur* 1C 104
Brothertoft. *Linc* 1B 76
Brotherton. *N Yor* 2E 93
Brotton. *Red C* 3D 107
Broubster. *High* 2C 168
Brough. *Cumb* 3A 104
Brough. *Derbs* 2F 85
Brough. *E Yor* 2C 94
Brough. *High* 1E 169
Brough. *Notts* 5F 87
Brough. *Orkn*
nr. Finstown 6C 172
nr. St Margaret's Hope
9D 172
Brough. *Shet*
nr. Benston 6F 173
nr. Booth of Toft 4F 173
on Bressay 7G 173
on Whalsay 5G 173
Broughall. *Shrp* 1H 71
Brougham. *Cumb* 2G 103
Brough Lodge. *Shet* 2G 173
Broughshane. *ME Ant* 2G 175
Brough Sowerby. *Cumb* 3A 104
Broughton. *Cambs* 3B 64
Broughton. *Flin* 4F 83
Broughton. *Hants* 3B 24
Broughton. *Lanc* 1D 90
Broughton. *Mil* 2G 51
Broughton. *Nptn* 3F 63
Broughton. *N Lin* 4C 94
Broughton. *N Yor*
nr. Malton 2B 100
nr. Skipton 4B 98
Broughton. *Orkn* 3D 172
Broughton. *Oxon* 2C 50
Broughton. *Bord* 1D 118
Broughton. *Staf* 2B 72
Broughton. *V Glam* 4C 32
Broughton Astley. *Leics* 1C 62
Broughton Beck. *Cumb* 1B 96
Broughton Cross. *Cumb* 1B 102
Broughton Gifford. *Wilts* 5D 35
Broughton Green. *Worc* 4D 60
Broughton Hackett. *Worc* 5D 60
Broughton in Furness. *Cumb* 1B 96
Broughton Mills. *Cumb* 5D 102
Broughton Moor. *Cumb* 1B 102
Broughton Park. *G Man* 4G 91
Broughton Poggs. *Oxon* 5H 49
Broughtown. *Orkn* 3F 172
Broughty Ferry. *D'dee* 5D 144
Browland. *Shet* 6D 173
Brownbread Street. *E Sus* 4A 28
Brown Candover. *Hants* 3D 24
Brown Edge. *Lanc* 3B 90
Brown Edge. *Staf* 5D 84
Brownhill. *Bkbn* 1E 91
Brownhill. *Shrp* 3G 71
Brownhills. *Shrp* 2A 72
Brownhills. *W Mid* 5E 73
Brown Knowl. *Ches W* 5G 83
Brownlow. *Ches E* 4C 84
Brownlow Heath. *Ches E* 4C 84
Brown's Green. *W Mid* 1E 61
Brownshill. *Glos* 5D 49
Brownston. *Devn* 3C 8
Brownstone. *Devn* 2A 12
Browston Green. *Norf* 5G 79
Broxa. *N Yor* 5G 107
Broxbourne. *Herts* 5D 52
Broxburn. *E Lot* 2C 130
Broxburn. *W Lot* 2D 128
Broxholme. *Linc* 3G 87
Broxted. *Essx* 3F 53
Broxton. *Ches W* 5G 83
Broxwood. *Here* 5F 59
Broyle Side. *E Sus* 4F 27
Brù. *W Isl* 3F 171
Bruach Mairi. *W Isl* 4G 171
Bruairnis. *W Isl* 8C 170
Bruan. *High* 5F 169
Bruar Lodge. *Per* 1F 143
Brucehill. *W Dun* 2E 127
Brucklay. *Abers* 3G 161
Bruera. *Ches W* 4G 83
Bruern Abbey. *Oxon* 3A 50
Bruichladdich. *Arg* 3A 124
Bruisyard. *Suff* 4F 67
Bruisyard Street. *Suff* 4F 67
Brund. *Staf* 4F 85
Brundall. *Norf* 5F 79
Brundish. *Norf* 1F 67
Brundish. *Suff* 4E 67
Brundish Street. *Suff* 3E 67
Brunery. *High* 1B 140
Brunswick Village. *Tyne* 2F 115
Brunthwaite. *W Yor* 5C 98
Bruntingthorpe. *Leics* 1D 62
Brunton. *Fife* 1F 137
Brunton. *Nmbd* 2G 121
Brunton. *Wilts* 1H 23
Brushford. *Devn* 2G 11
Brushford. *Som* 4C 20
Brusta. *W Isl* 1E 170
Bruton. *Som* 3B 22
Bryanston. *Dors* 2D 14
Bryant's Bottom. *Buck* 2G 37
Brydekirk. *Dum* 2C 112
Brymbo. *Cnwy* 3H 81
Brymbo. *Wrex* 5E 83
Brympton D'Evercy. *Som* 1A 14
Bryn. *Carm* 5F 45
Bryn. *G Man* 4D 90
Bryn. *Neat* 2B 32
Bryn. *Shrp* 2E 59
Brynaman. *Carm* 4H 45
Brynberian. *Pemb* 1F 43
Brynbryddan. *Neat* 2A 32
Bryn-cae. *Rhon* 3C 32
Bryncethin. *B'end* 3C 32
Bryncir. *Gwyn* 1D 69
Bryn-coch. *Neat* 3G 31
Bryncroes. *Gwyn* 2B 68
Bryn-crug. *Gwyn* 5F 69
Bryn Du. *IOA* 3C 80
Bryn Eden. *Gwyn* 3G 69
Bryn Eglwys. *Gwyn* 4F 81
Bryneglwys. *Den* 1D 70
Brynford. *Flin* 3D 82
Bryn Gates. *G Man* 4D 90
Bryn Golau. *Rhon* 3D 32
Bryngwran. *IOA* 3C 80
Bryngwyn. *Mon* 5G 47
Bryngwyn. *Powy* 1E 47
Brynhenllan. *Pemb* 1E 43
Brynhoffnant. *Cdgn* 5C 56
Bryn-llwyn. *Den* 2C 82
Brynllywarch. *Powy* 2D 58
Bryn-mawr. *Gwyn* 2B 68
Bryn-mawr. *Blae* 4E 47
Brynmenyn. *B'end* 3C 32
Brynmill. *Swan* 3F 31
Brynna. *Rhon* 3C 32
Brynrefail. *Gwyn* 4E 81
Brynrefail. *IOA* 2D 81
Brynsadler. *Rhon* 3D 32
Bryn-Saith Marchog. *Den* 5C 82
Brynsiencyn. *IOA* 4D 81
Brynteg. *IOA* 2D 81
Brynteg. *Wrex* 5F 83
Brynygwenyn. *Mon* 4G 47
Bryn-y-maen. *Cnwy* 3H 81
Buaile nam Bodach
W Isl 8C 170
Bualintur. *High* 1C 146
Bubbenhall. *Warw* 3A 62
Bubwith. *E Yor* 1H 93
Buccleuch. *Bord* 3F 119
Buchanan Smithy. *Stir* 1F 127
Buchanhaven. *Abers* 4H 161
Buchanty. *Per* 1B 136
Buchany. *Stir* 3G 135
Buchley. *E Dun* 2G 127
Buchlyvie. *Stir* 4E 135
Buckabank. *Cumb* 5E 113
Buckden. *Cambs* 4A 64
Buckden. *N Yor* 2B 98
Buckenham. *Norf* 5F 79
Buckerell. *Devn* 2E 12
Buckfast. *Devn* 2D 8
Buckfastleigh. *Devn* 2D 8
Buckhaven. *Fife* 4F 137
Buckholm. *Bord* 1G 119
Buckholt. *Here* 4A 48
Buckhorn Weston. *Dors* 4C 22
Buckhurst Hill. *Essx* 1F 39
Buckie. *Mor* 2B 160
Buckingham. *Buck* 2E 51
Buckland. *Buck* 4G 51
Buckland. *Glos* 2F 49
Buckland. *Here* 5H 59

Buckland. Herts 2D 52
Buckland. Kent 1H 29
Buckland. Oxon 2B 36
Buckland. Surr 5D 38
Buckland Brewer. Devn 4E 19
Buckland Common. Buck 5H 51
Buckland Dinham. Som 1C 22
Buckland Filleigh. Devn 2E 11
Buckland in the Moor. Devn 5H 11
Buckland Monachorum
Devn 2A 8
Buckland Newton. Dors 2B 14
Buckland Ripers. Dors 4B 14
Buckland St Mary. Som 1F 13
Buckland-tout-Saints. Devn 4D 8
Bucklebury. W Ber 4D 36
Bucklegate. Linc 2C 76
Buckleigh. Devn 4E 19
Buckler's Hard. Hants 3C 16
Bucklesham. Suff 1F 55
Buckley. Flin 4E 83
Buckley Green. Warw 4F 61
Buckley Hill. Mers 1F 83
Bucklow Hill. Ches E 2B 84
Buckminster. Leics 3F 75
Bucknall. Linc 4A 88
Bucknall. Stoke 1D 72
Bucknell. Oxon 3D 50
Bucknell. Shrp 3F 59
Buckpool. Mor 2B 160
Bucksburn. Aber 3F 153
Buck's Cross. Devn 4D 18
Bucks Green. W Sus 2B 26
Buckshaw Village. Lanc 2D 90
Bucks Hill. Herts 5A 52
Bucks Horn Oak. Hants 2G 25
Buck's Mills. Devn 4D 18
Buckton. E Yor 2F 101
Buckton. Here 3F 59
Buckton. Nmbd 1E 121
Buckton Vale. G Man 4H 91
Buckworth. Cambs 3A 64
Budby. Notts 4D 86
Bude. Corn 2C 10
Budge's Shop. Corn 3H 7
Budlake. Devn 2C 12
Budle. Nmbd 1F 121
Budleigh Salterton. Devn 4D 12
Budock Water. Corn 5B 6
Buerton. Ches E 1A 72
Buffler's Holt. Buck 2E 51
Bugbrooke. Nptn 5D 62
Buglawton. Ches E 4C 84
Bugle. Corn 3E 6
Bugthorpe. E Yor 4B 100
Buildwas. Shrp 5A 72
Builth Road. Powy 5C 58
Builth Wells. Powy 5C 58
Bulbourne. Herts 4H 51
Bulby. Linc 3H 75
Bulcote. Notts 1D 74
Buldoo. High 2B 168
Bulford. Wilts 2G 23
Bulford Camp. Wilts 2G 23
Bulkeley. Ches E 5H 83
Bulkington. Warw 2A 62
Bulkington. Wilts 1E 23
Bulkworthy. Devn 1D 11
Bullamoor. N Yor 5A 106
Bull Bay. IOA 1D 80
Bullbridge. Derbs 5A 86
Bullgill. Cumb 1B 102
Bull Hill. Hants 3B 16
Bullinghope. Here 2A 48
Bull's Green. Herts 4C 52
Bullwood. Arg 2C 126
Bulmer. Essx 1B 54
Bulmer. N Yor 3A 100
Bulmer Tye. Essx 2B 54
Bulphan. Thur 2H 39
Bulverhythe. E Sus 5B 28
Bulwark. Abers 4G 161
Bulwell. Nott 1C 74
Bulwick. Nptn 1G 63
Bumble's Green. Essx 5E 53
Bun Abhainn Eadarra
W Isl 7D 171
Bunacaimb. High 5E 147
Bun a' Mhuillinn. W Isl 7C 170
Bunarkaig. High 5D 148
Bunbury. Ches E 5H 83
Bunchrew. High 4A 158
Bundalloch. High 1A 148
Buness. Shet 1H 173
Bunessan. Arg 1A 132
Bungay. Suff 2F 67
Bunkegivie. High 2H 149
Bunker's Hill. Cambs 5D 76
Bunker's Hill. Suff 5H 79
Bunkers Hill. Linc 5B 88
Bunloit. High 1H 149
Bunnahabhain. Arg 2C 124
Bunny. Notts 3C 74
Bunoich. High 3F 149
Bunree. High 2E 141
Bunroy. High 5E 149
Buntait. High 5G 157
Buntingford. Herts 3D 52
Bunting's Green. Essx 2B 54
Bunwell. Norf 1D 66
Burbage. Derbs 3E 85
Burbage. Leics 1B 62
Burbage. Wilts 5H 35
Burcher. Here 4F 59
Burchett's Green. Wind 3G 37
Burcombe. Wilts 3F 23
Burcot. Oxon 2D 36
Burcot. Worc 3D 61
Burcote. Shrp 1B 60
Burcott. Buck 3G 51
Burcott. Som 2A 22
Burdale. N Yor 3C 100
Burdrop. Oxon 2B 50
Bures. Suff 2C 54
The Burf. Worc 4C 60
Burford. Oxon 4A 50
Burford. Shrp 4H 59
Burg. Arg 4E 139
Burgate Great Green. Suff 3C 66
Burgate Little Green. Suff 3C 66
Burgess Hill. W Sus 4E 27
Burgh. Suff 5E 67
Burgh by Sands. Cumb 4E 113
Burgh Castle. Norf 5G 79
Burghclere. Hants 5C 36
Burghead. Mor 2F 159
Burghfield. W Ber 5E 37
Burghfield Common. W Ber 5E 37
Burghfield Hill. W Ber 5E 37
Burgh Heath. Surr 5D 38
Burghill. Here 1H 47
Burgh le Marsh. Linc 4E 89
Burgh Muir. Abers 2E 153
Burgh next Aylsham. Norf 3E 78
Burgh on Bain. Linc 2B 88
Burgh St Margaret. Norf 4G 79
Burgh St Peter. Norf 1G 67
Burghwallis. S Yor 3F 93
Burham. Kent 4B 40
Buriton. Hants 4F 25
Burland. Ches E 5A 84
Burland. Shet 8E 173
Burlawn. Corn 2D 6
Burleigh. Glos 5D 48
Burleigh. Wind 4G 37
Burlescombe. Devn 1D 12
Burleston. Dors 3C 14
Burlestone. Devn 4E 9
Burley. Hants 2H 15
Burley. Rut 4F 75
Burley. W Yor 1C 92
Burleydam. Ches E 1A 72
Burley Gate. Here 1A 48
Burley in Wharfedale
W Yor 5D 98
Burley Street. Hants 2H 15
Burley Woodhead. W Yor 5D 98
Burlingjobb. Powy 5E 59
Burlington. Shrp 4B 72
Burlton. Shrp 3G 71
Burmantofts. W Yor 1D 92
Burmarsh. Kent 2F 29
Burmington. Warw 2A 50
Burn. N Yor 2F 93
Burnage. G Man 1C 84
Burnaston. Derbs 2G 73
Burnbanks. Cumb 3G 103
Burnby. E Yor 5C 100
Burncross. S Yor 1H 85
Burneside. Cumb 5G 103
Burness. Orkn 3F 172
Burneston. N Yor 1F 99
Burnett. Bath 5B 34
Burnfoot. E Ayr 4D 116
Burnfoot. Per 3B 136
Burnfoot. Bord
nr. Hawick 3H 119
nr. Roberton 3G 119
Burngreave. S Yor 2A 86
Burnham. Buck 2A 38
Burnham. N Lin 3D 94
Burnham Deepdale. Norf 1H 77
Burnham Green. Herts 4C 52
Burnham Market. Norf 1H 77
Burnham Norton. Norf 1H 77
Burnham-on-Crouch. Essx 1D 40
Burnham-on-Sea. Som 2G 21
Burnham Overy Staithe
Norf 1H 77
Burnham Overy Town
Norf 1H 77
Burnham Thorpe. Norf 1A 78
Burnhaven. Abers 4H 161
Burnhead. Dum 5A 118
Burnhervie. Abers 2E 153
Burnhill Green. Staf 5B 72
Burnhope. Dur 5E 115
Burnhouse. N Ayr 4E 127
Burniston. N Yor 5H 107
Burnlee. W Yor 4B 92
Burnley. Lanc 1G 91
Burnmouth. Bord 3F 131
Burn Naze. Lanc 5C 96
Burn of Cambus. Stir 3G 135
Burnopfield. Dur 4E 115
Burnsall. N Yor 3C 98
Burnside. Ang 3E 145
Burnside. Ant 3G 175
Burnside. E Ayr 3E 117
Burnside. Per 3D 136
Burnside. Shet 4D 173
Burnside. S Lan 4H 127
Burnside. W Lot
nr. Broxburn 2D 129
nr. Winchburgh 2D 128
Burntcommon. Surr 5B 38
Burnt Heath. Essx 3D 54
Burntheath. Derbs 2G 73
Burnt Hill. W Ber 4D 36
Burnt Houses. Dur 2E 105
Burntisland. Fife 1F 129
Burnt Oak. G Lon 1D 38
Burnton. E Ayr 4D 117
Burntstalk. Norf 2G 77
Burntwood. Staf 5E 73
Burntwood Green. Staf 5E 73
Burnt Yates. N Yor 3E 99
Burnwynd. Edin 3E 129
Burpham. Surr 5B 38
Burpham. W Sus 5B 26
Burradon. Nmbd 4D 121
Burradon. Tyne 2F 115
Burrafirth. Shet 1H 173
Burragarth. Shet 1G 173
Burras. Corn 5A 6
Burraton. Corn 3A 8
Burravoe. Shet
nr. North Roe 3E 173
on Mainland 5E 173
on Yell 4G 173
Burray Village. Orkn 8D 172
Burrells. Cumb 3H 103
Burrelton. Per 5A 144
Burridge. Hants 1D 16
Burridge. Som 2G 13
Burrigill. High 5E 169
Burrill. N Yor 1E 99
Burringham. N Lin 4B 94
Burrington. Devn 1G 11
Burrington. Here 3G 59
Burrington. N Som 1H 21
Burrough End. Cambs 5F 65
Burrough Green. Cambs 5F 65
Burrough on the Hill
Leics 4E 75
Burroughston. Orkn 5E 172
Burrow. Devn 4D 12
Burrow. Som 2C 20
Burrowbridge. Som 4G 21
Burrowhill. Surr 4A 38
Burry. Swan 3D 30
Burry Green. Swan 3D 30
Burry Port. Carm 5E 45
Burscough. Lanc 3C 90
Burscough Bridge. Lanc 3C 90
Bursea. E Yor 1B 94
Burshill. E Yor 5E 101
Bursledon. Hants 2C 16
Burslem. Stoke 1C 72
Burstall. Suff 1D 54
Burstock. Dors 2H 13
Burston. Devn 2H 11
Burston. Norf 2D 66
Burston. Staf 2D 72
Burstow. Surr 1E 27
Burstwick. E Yor 2F 95
Burtersett. N Yor 1A 98
Burtholme. Cumb 3G 113
Burthorpe. Suff 4G 65
Burthwaite. Cumb 5F 113
Burtle. Som 2H 21
Burtoft. Linc 2B 76
Burton. Ches W
nr. Kelsall 4H 83
nr. Neston 3F 83
Burton. Dors
nr. Christchurch 3G 15
nr. Dorchester 3B 14
Burton. Nmbd 1F 121
Burton. Pemb 4D 43
Burton. Som 2E 21
Burton. Wilts
nr. Chippenham 4D 34
nr. Warminster 3D 22
Burton. Wrex 5F 83
Burton Agnes. E Yor 3F 101
Burton Bradstock. Dors 4H 13
Burton-by-Lincoln. Linc 3G 87
Burton Coggles. Linc 3G 75
Burton Constable. E Yor 1E 95
Burton Corner. Linc 1C 76
Burton End. Cambs 1G 53
Burton End. Essx 3F 53
Burton Fleming. E Yor 2E 101
Burton Green. Warw 3G 61
Burton Green. Wrex 5F 83
Burton Hastings. Warw 2B 62
Burton-in-Kendal. Cumb 2E 97
Burton in Lonsdale. N Yor 2F 97
Burton Joyce. Notts 1D 74
Burton Latimer. Nptn 3G 63
Burton Lazars. Leics 4E 75
Burton Leonard. N Yor 3F 99
Burton on the Wolds
Leics 3C 74
Burton Overy. Leics 1D 62
Burton Pedwardine. Linc 1A 76
Burton Pidsea. E Yor 1F 95
Burton Salmon. N Yor 2E 93
Burton's Green. Essx 3B 54
Burton Stather. N Lin 3B 94
Burton upon Stather
N Lin 3B 94
Burton upon Trent. Staf 3G 73
Burton Wolds. Leics 3D 74
Burtonwood. Warr 1H 83
Burwardsley. Ches W 5H 83
Burwarton. Shrp 2A 60
Burwash. E Sus 3A 28
Burwash Common. E Sus 3H 27
Burwash Weald. E Sus 3A 28
Burwell. Cambs 4E 65
Burwell. Linc 3C 88
Burwen. IOA 1D 80
Burwick. Orkn 9D 172
Bury. Cambs 2B 64
Bury. G Man 3G 91
Bury. Som 4C 20
Bury. W Sus 4B 26
Burybank. Staf 2C 72
Bury End. Worc 2F 49
Bury Green. Herts 3E 53
Bury St Edmunds. Suff 4H 65
Burythorpe. N Yor 3B 100
Busbridge. Surr 1A 26
Busby. E Ren 4G 127
Busby. Per 1C 136
Buscot. Oxon 2H 35
Bush. Corn 2C 10
Bush Bank. Here 5G 59
Bushbury. W Mid 5D 72
Bushby. Leics 5D 74
Bushey. Dors 4E 15
Bushey. Herts 1C 38
Bushey Heath. Herts 1C 38
Bush Green. Norf
nr. Attleborough 1C 66
nr. Harleston 2E 66
Bush Green. Suff 5B 66
Bushley. Worc 2D 49
Bushley Green. Worc 2D 48
Bushmead. Bed 4A 64
Bushmills. Caus 1F 175
Bushmoor. Shrp 2G 59
Bushton. Wilts 4F 35
Bushy Common. Norf 4B 78
Busk. Cumb 5H 113
Buslingthorpe. Linc 2H 87
Bussage. Glos 5D 49
Bussex. Som 3G 21
Busta. Shet 5E 173
Butcher's Cross. E Sus 3G 27
Butcombe. N Som 5A 34
Bute Town. Cphy 5E 46
Butleigh. Som 3A 22
Butleigh Wootton. Som 3A 22
Butlers Marston. Warw 1B 50
Butley. Suff 5F 67
Butley High Corner. Suff 1G 55
Butlocks Heath. Hants 2C 16
Butterburn. Cumb 2H 113
Buttercrambe. N Yor 4B 100
Butterknowle. Dur 2E 105
Butterleigh. Devn 2C 12
Buttermere. Cumb 3C 102
Buttermere. Wilts 5B 36
Buttershaw. W Yor 2B 92
Butterstone. Per 4H 143
Butterton. Staf
nr. Leek 5E 85
nr. Stoke-on-Trent 1C 72
Butterwick. Dur 2A 106
Butterwick. Linc 1C 76
Butterwick. N Yor
nr. Malton 2B 100
nr. Weaverthorpe 2D 101
Butteryhaugh. Nmbd 5A 120
Butt Green. Ches E 5A 84
Buttington. Powy 5E 71
Buttonbridge. Shrp 3B 60
Buttonoak. Shrp 3B 60
Buttsash. Hants 2C 16
Butt's Green. Essx 5A 54
Butt Yeats. Lanc 3E 97
Buxhall. Suff 5C 66
Buxted. E Sus 3F 27
Buxton. Derbs 3E 85
Buxton. Norf 3E 79
Buxworth. Derbs 2E 85
Bwcle. Flin 4E 83

Bwlch. *Powy* 3E **47**
Bwlchderwin. *Gwyn* 1D **68**
Bwlchgwyn. *Wrex* 5E **83**
Bwlch-Llan. *Cdgn* 5E **57**
Bwlchnewydd. *Carm* 3D **44**
Bwlchtocyn. *Gwyn* 3C **68**
Bwlchycibau. *Powy* 4D **70**
Bwlch-y-ddar. *Powy* 3D **70**
Bwlch-y-fadfa. *Cdgn* 1E **45**
Bwlch-y-ffridd. *Powy* 1C **58**
Bwlch y Garreg. *Powy* 1C **58**
Bwlch-y-groes. *Pemb* 1G **43**
Bwlchysarnau. *Powy* 3C **58**
Bybrook. *Kent* 1E **28**
Byermoor. *Tyne* 4E **115**
Byers Garth. *Dur* 5G **115**
Byers Green. *Dur* 1F **105**
Byfield. *Nptn* 5C **62**
Byfleet. *Surr* 4B **38**
Byford. *Here* 1G **47**
Bygrave. *Herts* 2C **52**
Byker. *Tyne* 3F **115**
Byland Abbey. *N Yor* 2H **99**
Bylchau. *Cnwy* 4B **82**
Byley. *Ches W* 4B **84**
Bynea. *Carm* 3E **31**
Byram. *N Yor* 2E **93**
Byrness. *Nmbd* 4B **120**
Bystock. *Devn* 4D **12**
Bythorn. *Cambs* 3H **63**
Byton. *Here* 4F **59**
Bywell. *Nmbd* 3D **114**
Byworth. *W Sus* 3A **26**

C

Cabharstadh. *W Isl* 6F **171**
Cabourne. *Linc* 4E **95**
Cabrach. *Arg* 3C **124**
Cabrach. *Mor* 1A **152**
Cabus. *Lanc* 5D **97**
Cadbury. *Devn* 2C **12**
Cadder. *E Dun* 2H **127**
Caddington. *C Beds* 4A **52**
Caddonfoot. *Bord* 1G **119**
Cadeby. *Leics* 5B **74**
Cadeby. *S Yor* 4F **93**
Cadeleigh. *Devn* 2C **12**
Cade Street. *E Sus* 3H **27**
Cadgwith. *Corn* 5E **5**
Cadham. *Fife* 3E **137**
Cadishead. *G Man* 1B **84**
Cadle. *Swan* 3F **31**
Cadley. *Lanc* 1D **90**
Cadley. *Wilts*
nr. Ludgershall 1H **23**
nr. Marlborough 5H **35**
Cadmore End. *Buck* 2F **37**
Cadnam. *Hants* 1A **16**
Cadney. *N Lin* 4D **94**
Cadole. *Flin* 4E **82**
Cadoxton-juxta-Neath
Neat 2A **32**
Cadwell. *Herts* 2B **52**
Cadwst. *Den* 2C **70**
Caeathro. *Gwyn* 4E **81**
Caehopkin. *Powy* 4B **46**
Caenby. *Linc* 2H **87**
Caeo. *Carm* 2G **45**
Caerau. *B'end* 2B **32**
Caerau. *Card* 4E **33**
Cae'r-bryn. *Carm* 4F **45**
Caerdeon. *Gwyn* 4F **69**
Caerdydd. *Card* 4E **33**
Caerfarchell. *Pemb* 2B **42**
Caerffili. *Cphy* 3E **33**
Caerfyrddin. *Carm* 4E **45**
Caergeiliog. *IOA* 3C **80**
Caergwrle. *Flin* 5F **83**
Caer Gybi. *IOA* 2B **80**
Cae'r-lan. *Powy* 4B **46**
Caerlaverock. *Per* 2A **136**
Caerleon. *Newp* 2G **33**
Caerlleon. *Carm* 2G **43**
Caerllion. *Newp* 2G **33**
Caernarfon. *Gwyn* 4D **81**
Caerphilly. *Cphy* 3E **33**
Caersws. *Powy* 1C **58**
Caerwedros. *Cdgn* 5C **56**
Caer-went. *Mon* 2H **33**
Caerwys. *Flin* 3D **82**
Caim. *IOA* 2F **81**
Cairinis. *W Isl* 2D **170**
Cairisiadar. *W Isl* 4C **171**
Cairminis. *W Isl* 9C **171**
Cairnbaan. *Arg* 4F **133**
Cairnbulg. *Abers* 2H **161**
Cairncross. *Ang* 1D **145**
Cairndow. *Arg* 2A **134**
Cairness. *Abers* 2H **161**
Cairneyhill. *Fife* 1D **128**
Cairngarroch. *Dum* 5F **109**
Cairnhill. *Abers* 5D **160**
Cairnie. *Abers* 4B **160**
Cairnorrie. *Abers* 4F **161**
Cairnryan. *Dum* 3F **109**
Cairston. *Orkn* 6B **172**
Caister-on-Sea. *Norf* 4H **79**
Caistor. *Linc* 4E **94**
Caistor St Edmund. *Norf* 5E **79**
Caistron. *Nmbd* 4D **121**
Cakebole. *Worc* 3C **60**
Calais Street. *Suff* 1C **54**
Calanais. *W Isl* 4E **171**
Calbost. *W Isl* 6G **171**
Calbourne. *IOW* 4C **16**
Calceby. *Linc* 3C **88**
Calcot. *Glos* 4F **49**
Calcot Row. *W Ber* 4E **37**
Calcott. *Kent* 4F **41**
Calcott. *Shrp* 4G **71**
Caldback. *Shet* 1H **173**
Caldbeck. *Cumb* 1E **102**
Caldbergh. *N Yor* 1C **98**
Caldecote. *Cambs*
nr. Cambridge 5C **64**
nr. Peterborough 2A **64**
Caldecote. *Herts* 2C **52**
Caldecote. *Nptn* 5D **62**
Caldecote. *Warw* 1A **62**
Caldecott. *Nptn* 4G **63**
Caldecott. *Oxon* 2C **36**
Caldecott. *Rut* 1F **63**
Calderbank. *N Lan* 3A **128**
Calder Bridge. *Cumb* 4B **102**
Calderbrook. *G Man* 3H **91**
Caldercruix. *N Lan* 3B **128**
Calder Grove. *W Yor* 3D **92**
Calder Mains. *High* 3C **168**
Caldermill. *S Lan* 5H **127**
Calder Vale. *Lanc* 5E **97**
Calderwood. *S Lan* 4H **127**
Caldicot. *Mon* 3H **33**
Caldwell. *Derbs* 4G **73**
Caldwell. *N Yor* 3E **105**
Caldy. *Mers* 2E **83**
Calebrack. *Cumb* 1E **103**
Calf Heath. *Staf* 5D **72**
Calford Green. *Suff* 1G **53**
Calfsound. *Orkn* 4E **172**
Calgary. *Arg* 3E **139**
Califer. *Mor* 3E **159**
California. *Cambs* 2E **65**
California. *Falk* 2C **128**
California. *Norf* 4H **79**
California. *Suff* 1E **55**
Calke. *Derbs* 3A **74**
Callakille. *High* 3F **155**
Callaly. *Nmbd* 4E **121**
Callander. *Stir* 3F **135**
Callaughton. *Shrp* 1A **60**
Callendoun. *Arg* 1E **127**
Callestick. *Corn* 3B **6**
Calligarry. *High* 3E **147**
Callington. *Corn* 2H **7**
Callingwood. *Staf* 3F **73**
Callow. *Here* 2H **47**
Callowell. *Glos* 5D **48**
Callow End. *Worc* 1D **48**
Callow Hill. *Wilts* 3F **35**
Callow Hill. *Worc*
nr. Bewdley 3B **60**
nr. Redditch 4E **61**
Calmore. *Hants* 1B **16**
Calmsden. *Glos* 5F **49**
Calne. *Wilts* 4E **35**
Calow. *Derbs* 3B **86**
Calshot. *Hants* 2C **16**
Calstock. *Corn* 2A **8**
Calstone Wellington
Wilts 5F **35**
Calthorpe. *Norf* 2D **78**
Calthorpe Street. *Norf* 3G **79**
Calthwaite. *Cumb* 5F **113**
Calton. *N Yor* 4B **98**
Calton. *Staf* 5F **85**
Calveley. *Ches E* 5H **83**
Calver. *Derbs* 3G **85**
Calverhall. *Shrp* 2A **72**
Calverleigh. *Devn* 1C **12**
Calverley. *W Yor* 1C **92**
Calvert. *Buck* 3E **51**
Calverton. *Mil* 2F **51**
Calverton. *Notts* 1D **74**
Calvine. *Per* 2F **143**
Calvo. *Cumb* 4C **112**
Cam. *Glos* 2C **34**
Camaghael. *High* 1F **141**
Camas-luinie. *High* 1B **148**
Camasnacroise. *High* 3C **140**
Camastianavaig. *High* 5E **155**
Camasunary. *High* 2D **146**
Camault Muir. *High* 4H **157**
Camb. *Shet* 2G **173**
Camber. *E Sus* 4D **28**
Camberley. *Surr* 5G **37**
Camberwell. *G Lon* 3E **39**
Camblesforth. *N Yor* 2G **93**
Cambo. *Nmbd* 1D **114**
Cambois. *Nmbd* 1G **115**
Camborne. *Corn* 5A **6**
Cambourne. *Cambs* 5C **64**
Cambridge. *Cambs* 5D **64**
Cambridge. *Glos* 5C **48**
Cambrose. *Corn* 4A **6**
Cambus. *Clac* 4A **136**
Cambusbarron. *Stir* 4G **135**
Cambuskenneth. *Stir* 4H **135**
Cambuslang. *S Lan* 3H **127**
Cambusnethan. *N Lan* 4B **128**
Cambus o' May. *Abers* 4B **152**
Camden Town. *G Lon* 2D **39**
Cameley. *Bath* 1B **22**
Camelford. *Corn* 4B **10**
Camelon. *Falk* 1B **128**
Camelsdale. *W Sus* 3G **25**
Camer's Green. *Worc* 2C **48**
Camerton. *Bath* 1B **22**
Camerton. *Cumb* 1B **102**
Camerton. *E Yor* 2F **95**
Camghouran. *Per* 3C **142**
Camlough. *New M* 6F **175**
Cammachmore. *Abers* 4G **153**
Cammeringham. *Linc* 2G **87**
Camore. *High* 4E **165**
The Camp. *Glos* 5E **49**
Campbelton. *N Ayr* 4C **126**
Campbeltown. *Arg* 3B **122**
Campbeltown Airport
Arg 3A **122**
Cample. *Dum* 5A **118**
Campmuir. *Per* 5B **144**
Campsall. *S Yor* 3F **93**
Campsea Ashe. *Suff* 5F **67**
Camps End. *Cambs* 1G **53**
Campton. *C Beds* 2B **52**
Camptoun. *E Lot* 2B **130**
Camptown. *Bord* 3A **120**
Camrose. *Pemb* 2D **42**
Camserney. *Per* 4F **143**
Camster. *High* 4E **169**
Camus Croise. *High* 2E **147**
Camuscross. *High* 2E **147**
Camusdarach. *High* 4E **147**
Camusnagaul. *High*
nr. Fort William 1E **141**
nr. Little Loch Broom
5E **163**
Camusteel. *High* 4G **155**
Camusterrach. *High* 4G **155**
Camusvrachan. *Per* 4D **142**
Canada. *Hants* 1A **16**
Canadia. *E Sus* 4B **28**
Canaston Bridge. *Pemb* 3E **43**
Candlesby. *Linc* 4D **88**
Candle Street. *Suff* 3C **66**
Candy Mill. *S Lan* 5D **128**
Cane End. *Oxon* 4E **37**
Canewdon. *Essx* 1D **40**
Canford Cliffs. *Pool* 4F **15**
Canford Heath. *Pool* 3F **15**
Canford Magna. *Pool* 3F **15**
Cangate. *Norf* 4F **79**
Canham's Green. *Suff* 4C **66**
Canholes. *Derbs* 3E **85**
Canisbay. *High* 1F **169**
Canley. *W Mid* 3H **61**
Cann. *Dors* 4D **22**
Cann Common. *Dors* 4D **23**
Cannich. *High* 5F **157**
Cannington. *Som* 3F **21**
Cannock. *Staf* 4D **73**
Cannock Wood. *Staf* 4E **73**
Canonbie. *Dum* 2E **113**
Canon Bridge. *Here* 1H **47**
Canon Frome. *Here* 1B **48**
Canon Pyon. *Here* 1H **47**
Canons Ashby. *Nptn* 5C **62**
Canonstown. *Corn* 3C **4**
Canterbury. *Kent* 5F **41**
Cantley. *Norf* 5F **79**
Cantley. *S Yor* 4G **93**
Cantlop. *Shrp* 5H **71**
Canton. *Card* 4E **33**
Cantray. *High* 4B **158**
Cantraybruich. *High* 4B **158**
Cantraywood. *High* 4B **158**
Cantsdam. *Fife* 4D **136**
Cantsfield. *Lanc* 2F **97**
Canvey Island. *Essx* 2B **40**
Canwick. *Linc* 4G **87**
Canworthy Water. *Corn* 3C **10**
Caol. *High* 1F **141**
Caolas. *Arg* 4B **138**
Caolas. *W Isl* 9B **170**
Caolas Liubharsaigh
W Isl 4D **170**
Caolas Scalpaigh. *W Isl* 8E **171**
Caolas Stocinis. *W Isl* 8D **171**
Caol Ila. *Arg* 2C **124**
Caol Loch Ailse. *High* 1F **147**
Caol Reatha. *High* 1F **147**
Capel. *Kent* 1H **27**
Capel. *Surr* 1C **26**
Capel Bangor. *Cdgn* 2F **57**
Capel Betws Lleucu. *Cdgn* 5F **57**
Capel Coch. *IOA* 2D **80**
Capel Curig. *Cnwy* 5G **81**
Capel Cynon. *Cdgn* 1D **45**
Capel Dewi. *Carm* 3E **45**
Capel Dewi. *Cdgn*
nr. Aberystwyth 2F **57**
nr. Llandysul 1E **45**
Capel Garmon. *Cnwy* 5H **81**
Capel Green. *Suff* 1G **55**
Capel Gwyn. *IOA* 3C **80**
Capel Gwynfe. *Carm* 3H **45**
Capel Hendre. *Carm* 4F **45**
Capel Isaac. *Carm* 3F **45**
Capel Iwan. *Carm* 1G **43**
Capel-le-Ferne. *Kent* 2G **29**
Capel Llanilltern. *Card* 4D **32**
Capel Mawr. *IOA* 3D **80**
Capel Newydd. *Pemb* 1G **43**
Capel St Andrew. *Suff* 1G **55**
Capel St Mary. *Suff* 2D **54**
Capel Seion. *Carm* 4F **45**
Capel Seion. *Cdgn* 3F **57**
Capel Uchaf. *Gwyn* 1D **68**
Capel-y-ffin. *Powy* 2F **47**
Capenhurst. *Ches W* 3F **83**
Capernwray. *Lanc* 2E **97**
Capheaton. *Nmbd* 1D **114**
Cappercleuch. *Bord* 2E **119**
Capplegill. *Dum* 4D **118**
Capton. *Devn* 3E **9**
Capton. *Som* 3D **20**
Caputh. *Per* 5H **143**
Caradon Town. *Corn* 5C **10**
Carbis Bay. *Corn* 3C **4**
Carbost. *High*
nr. Loch Harport 5C **154**
nr. Portree 4D **154**
Carbrook. *S Yor* 2A **86**
Carbrooke. *Norf* 5B **78**
Carburton. *Notts* 3D **86**
Carcluie. *S Ayr* 3C **116**
Car Colston. *Notts* 1E **74**
Carcroft. *S Yor* 4F **93**
Cardenden. *Fife* 4E **136**
Cardeston. *Shrp* 4F **71**
Cardewlees. *Cumb* 4E **113**
Cardiff. *Card* 4E **33**
Cardiff Airport. *V Glam* 5D **32**
Cardigan. *Cdgn* 1B **44**
Cardinal's Green. *Cambs* 1G **53**
Cardington. *Bed* 1A **52**
Cardington. *Shrp* 1H **59**
Cardinham. *Corn* 2F **7**
Cardno. *Abers* 2G **161**
Cardow. *Mor* 4F **159**
Cardross. *Arg* 2E **127**
Cardurnock. *Cumb* 4C **112**
Careby. *Linc* 4H **75**
Careston. *Ang* 2E **145**
Carew. *Pemb* 4E **43**
Carew Cheriton. *Pemb* 4E **43**
Carew Newton. *Pemb* 4E **43**
Carey. *Here* 2A **48**
Carfin. *N Lan* 4A **128**
Carfrae. *Bord* 4B **130**
Cargate Green. *Norf* 4F **79**
Cargenbridge. *Dum* 2G **111**
Cargill. *Per* 5A **144**
Cargo. *Cumb* 4E **113**
Cargreen. *Corn* 2A **8**
Carham. *Nmbd* 1C **120**
Carhampton. *Som* 2D **20**
Carharrack. *Corn* 4B **6**
Carie. *Per*
nr. Loch Rannah 3D **142**
nr. Loch Tay 5D **142**
Carisbrooke. *IOW* 4C **16**
Cark. *Cumb* 2C **96**
Carkeel. *Corn* 2A **8**
Carlabhagh. *W Isl* 3E **171**
Carland Cross. *Corn* 3C **6**
Carlbury. *Darl* 3F **105**
Carlby. *Linc* 4H **75**
Carlecotes. *S Yor* 4B **92**
Carleen. *Corn* 4D **4**
Carlesmoor. *N Yor* 2D **98**
Carleton. *Cumb*
nr. Carlisle 4F **113**
nr. Egremont 4B **102**
nr. Penrith 2G **103**
Carleton. *Lanc* 5C **96**
Carleton. *N Yor* 5B **98**
Carleton. *W Yor* 2E **93**
Carleton Forehoe. *Norf* 5C **78**
Carleton Rode. *Norf* 1D **66**
Carleton St Peter. *Norf* 5F **79**
Carlidnack. *Corn* 4E **5**
Carlingcott. *Bath* 1B **22**
Carlin How. *Red C* 3E **107**
Carlisle. *Cumb* 4F **113**
Carloonan. *Arg* 2H **133**
Carlops. *Bord* 4E **129**
Carlton. *Bed* 5G **63**

Carlton. Cambs 5F 65
Carlton. Leics 5A 74
Carlton. N Yor
nr. Helmsley 1A 100
nr. Middleham 1C 98
nr. Selby 2G 93
Carlton. Notts 1D 74
Carlton. S Yor 3D 92
Carlton. Stoc T 2A 106
Carlton. Suff 4F 67
Carlton. W Yor 2D 92
Carlton Colville. Suff 1H 67
Carlton Curlieu. Leics 1D 62
Carlton Husthwaite. N Yor 2G 99
Carlton in Cleveland
N Yor 4C 106
Carlton in Lindrick. Notts 2C 86
Carlton-le-Moorland. Linc 5G 87
Carlton Miniott. N Yor 1F 99
Carlton-on-Trent. Notts 4F 87
Carlton Scroop. Linc 1G 75
Carluke. S Lan 4B 128
Carlyon Bay. Corn 3E 7
Carmarthen. Carm 4E 45
Carmel. Carm 4F 45
Carmel. Flin 3D 82
Carmel. Gwyn 5D 81
Carmel. IOA 2C 80
Carmichael. S Lan 1B 118
Carmunnock. Glas 4H 127
Carmyle. Glas 3H 127
Carmyllie. Ang 4E 145
Carnaby. E Yor 3F 101
Carnach. High
nr. Lochcarron 1C 148
nr. Ullapool 4E 163
Carnach. Mor 4E 159
Carnach. W Isl 8E 171
Carnachy. High 3H 167
Carnain. Arg 3B 124
Carnais. W Isl 4C 171
Carnan. Arg 4B 138
Carnan. W Isl 4C 170
Carnbee. Fife 3H 137
Carnbo. Per 3C 136
Carn Brea Village. Corn 4A 6
Carndu. High 1A 148
Carne. Corn 5D 6
Carnell. S Ayr 1D 116
Carnforth. Lanc 2E 97
Carn-gorm. High 1B 148
Carnhedryn. Pemb 2C 42
Carnhell Green. Corn 3D 4
Carnie. Abers 3F 153
Carnkie. Corn
nr. Falmouth 5B 6
nr. Redruth 5A 6
Carnkief. Corn 3B 6
Carno. Powy 1B 58
Carnock. Fife 1D 128
Carnon Downs. Corn 4B 6
Carnoustie. Ang 5E 145
Carntyne. Glas 3H 127
Carnwath. S Lan 5C 128
Carnyorth. Corn 3A 4
Carol Green. W Mid 3G 61
Carpalla. Corn 3D 6
Carperby. N Yor 1C 98
Carradale. Arg 2C 122
Carragraich. W Isl 8D 171
Carrbridge. High 1D 150
Carr Cross. Lanc 3B 90
Carreg-lefn. IOA 2C 80
Carrhouse. N Lin 4A 94
Carrick Castle. Arg 4A 134
Carrickfergus. ME Ant 3H 175
Carrick Ho. Orkn 4E 172
Carriden. Falk 1D 128
Carrington. G Man 1B 84
Carrington. Linc 5C 88
Carrington. Midl 3G 129
Carrog. Cnwy 1G 69
Carrog. Den 1D 70
Carron. Falk 1B 128
Carron. Mor 4G 159
Carronbridge. Dum 5A 118
Carronshore. Falk 1B 128
Carrow Hill. Mon 2H 33
Carr Shield. Nmbd 5B 114
Carrutherstown. Dum 2C 112
Carr Vale. Derbs 4B 86
Carrville. Dur 5G 115
Carryduff. Lis 4H 175
Carsaig. Arg 1C 132
Carscreugh. Dum 3H 109
Carsegowan. Dum 4B 110
Carse House. Arg 3F 125
Carseriggan. Dum 3A 110
Carsethorn. Dum 4A 112
Carshalton. G Lon 4D 39
Carsington. Derbs 5G 85
Carskiey. Arg 5A 122
Carsluith. Dum 4B 110
Carsphairn. Dum 5E 117
Carstairs. S Lan 5C 128
Carstairs Junction. S Lan 5C 128
Cartbridge. Surr 5B 38
Carterhaugh. Ang 4D 144
Carter's Clay. Hants 4B 24
Carterton. Oxon 5A 50
Carterway Heads. Nmbd 4D 114
Carthew. Corn 3E 6
Carthorpe. N Yor 1F 99
Cartington. Nmbd 4E 121
Cartland. S Lan 5B 128
Cartmel. Cumb 2C 96
Cartmel Fell. Cumb 1D 96
Cartworth. W Yor 4B 92
Carwath. Cumb 5E 112
Carwe. Carm 5E 45
Carwinley. Cumb 2F 113
Cascob. Powy 4E 59
Cas-gwent. Mon 2A 34
Cash Feus. Fife 3E 136
Cashlie. Per 4B 142
Cashmoor. Dors 1E 15
Cas-Mael. Pemb 2E 43
Casnewydd. Newp 3G 33
Cassington. Oxon 4C 50
Cassop. Dur 1A 106
Castell. Cnwy 4G 81
Castell. Den 4D 82
Castell Hendre. Pemb 2E 43
Castell-Nedd. Neat 2A 32
Castell Newydd Emlyn
Carm 1D 44
Castell-y-bwch. Torf 2F 33
Casterton. Cumb 2F 97
Castle. Som 2A 22
Castle Acre. Norf 4H 77
Castle Ashby. Nptn 5F 63
Castlebay. W Isl 9B 170
Castle Bolton. N Yor 5D 104
Castle Bromwich. W Mid 2F 61
Castle Bytham. Linc 4G 75
Castlebythe. Pemb 2E 43
Castle Caereinion. Powy 5D 70
Castle Camps. Cambs 1G 53
Castle Carrock. Cumb 4G 113
Castle Cary. Som 3B 22
Castlecary. N Lan 2A 128
Castle Combe. Wilts 4D 34
Castlecraig. High 2C 158
Castledawson. M Ulst 3F 175
Castlederg. Derr 3B 174
Castle Donington. Leics 3B 74
Castle Douglas. Dum 3E 111
Castle Eaton. Swin 2G 35
Castle Eden. Dur 1B 106
Castleford. W Yor 2E 93
Castle Frome. Here 1B 48
Castle Green. Surr 4A 38
Castle Green. Warw 3G 61
Castle Gresley. Derbs 4G 73
Castle Heaton. Nmbd 5F 131
Castle Hedingham. Essx 2A 54
Castle Hill. Kent 1A 28
Castle Hill. Suff 1E 55
Castlehill. Per 5B 144
Castlehill. S Lan 4B 128
Castlehill. W Dun 2E 127
Castle Kennedy. Dum 4G 109
Castle Lachlan. Arg 4H 133
Castlemartin. Pemb 5D 42
Castlemilk. Glas 4H 127
Castlemorris. Pemb 1D 42
Castlemorton. Worc 2C 48
Castle O'er. Dum 5E 119
Castle Park. N Yor 3F 107
Castlerigg. Cumb 2D 102
Castle Rising. Norf 3F 77
Castlerock. Caus 1E 174
Castleside. Dur 5D 115
Castlethorpe. Mil 1F 51
Castleton. Abers 4F 151
Castleton. Arg 1G 125
Castleton. Derbs 2F 85
Castleton. G Man 3G 91
Castleton. Mor 1F 151
Castleton. Newp 3F 33
Castleton. N Yor 4D 107
Castleton. Per 2B 136
Castletown. Cumb 1G 103
Castletown. Dors 5B 14
Castletown. High 2D 169
Castletown. IOM 5B 108
Castletown. Tyne 4G 115
Castlewellan. New M 6H 175
Castley. N Yor 5E 99
Caston. Norf 1B 66
Castor. Pet 1A 64
Caswell. Swan 4E 31
Catacol. N Ayr 5H 125
Catbrook. Mon 5A 48
Catchems End. Worc 3B 60
Catchgate. Dur 4E 115
Catcleugh. Nmbd 4B 120
Catcliffe. S Yor 2B 86
Catcott. Som 3G 21
Caterham. Surr 5E 39
Catfield. Norf 3F 79
Catfield Common. Norf 3F 79
Catfirth. Shet 6F 173
Catford. G Lon 3E 39
Catforth. Lanc 1C 90
Cathcart. Glas 3G 127
Cathedine. Powy 3E 47
Catherine-de-Barnes
W Mid 2F 61
Catherington. Hants 1E 17
Catherston Leweston
Dors 3G 13
Catherton. Shrp 3A 60
Catisfield. Hants 2D 16
Catlodge. High 4A 150
Catlowdy. Cumb 2F 113
Catmore. W Ber 3C 36
Caton. Devn 5A 12
Caton. Lanc 3E 97
Catrine. E Ayr 2E 117
Cat's Ash. Newp 2G 33
Catsfield. E Sus 4B 28
Catsgore. Som 4A 22
Catshill. Worc 3D 60
Cattal. N Yor 4G 99
Cattawade. Suff 2E 54
Catterall. Lanc 5E 97
Catterick. N Yor 5F 105
Catterick Bridge. N Yor 5F 105
Catterick Garrison
N Yor 5E 105
Catterlen. Cumb 1F 103
Catterline. Abers 1H 145
Catterton. N Yor 5H 99
Catteshall. Surr 1A 26
Catthorpe. Leics 3C 62
Cattistock. Dors 3A 14
Catton. Nmbd 4B 114
Catton. N Yor 2F 99
Catwick. E Yor 5F 101
Catworth. Cambs 3H 63
Caudle Green. Glos 4E 49
Caulcott. Oxon 3D 50
Cauldhame. Stir 4F 135
Cauldmill. Bord 3H 119
Cauldon. Staf 1E 73
Cauldon Lowe. Staf 1E 73
Cauldwells. Abers 3E 161
Caulkerbush. Dum 4G 111
Caulside. Dum 1F 113
Caunsall. Worc 2C 60
Caunton. Notts 4E 87
Causewayend. S Lan 1C 118
Causewayhead. Stir 4H 135
Causey Park. Nmbd 5F 121
Caute. Devn 1E 11
Cautley. Cumb 5H 103
Cavendish. Suff 1B 54
Cavendish Bridge. Leics 3B 74
Cavenham. Suff 3G 65
Caversfield. Oxon 3D 50
Caversham. Read 4F 37
Caversham Heights
Read 4F 37
Caverswall. Staf 1D 72
Cawdor. High 3C 158
Cawkwell. Linc 2B 88
Cawood. N Yor 1F 93
Cawsand. Corn 3A 8
Cawston. Norf 3D 78
Cawston. Warw 3B 62
Cawthorne. N Yor 1B 100
Cawthorne. S Yor 4C 92
Cawthorpe. Linc 3H 75
Cawton. N Yor 2A 100
Caxton. Cambs 5C 64
Caynham. Shrp 3H 59
Caythorpe. Linc 1G 75
Caythorpe. Notts 1D 74
Cayton. N Yor 1E 101
Ceallan. W Isl 3D 170
Ceann a Bhaigh. W Isl
on North Uist 2C 170
on Scalpay 8E 171
on South Harris 8D 171
Ceann a Bhàigh. W Isl 9C 171
Ceannacroc Lodge. High 2E 149
Ceann a Deas Loch Baghasdail
W Isl 7C 170
Ceann an Leothaid. High 5E 147
Ceann a Tuath Loch
Baghasdail. W Isl 6C 170
Ceann Loch Ailleart. High 5F 147
Ceann Loch Muideirt
High 1B 140
Ceann-na-Cleithe. W Isl 8D 171
Ceann Shiphoirt. W Isl 6E 171
Ceann Tarabhaigh. W Isl 6E 171
Cearsiadar. W Isl 5F 171
Ceathramh Meadhanach
W Isl 1D 170
Cefn Berain. Cnwy 4B 82
Cefn-brith. Cnwy 5B 82
Cefn-bryn-brain. Carm 4H 45
Cefn Bychan. Cphy 2F 33
Cefn-bychan. Flin 4D 82
Cefncaeau. Carm 3E 31
Cefn Canol. Powy 2E 71
Cefn Coch. Powy 5C 70
Cefn-coch. Powy 3D 70
Cefncoedycymer
Mer T 5D 46
Cefncribwr. B'end 3B 32
Cefn-ddwysarn. Gwyn 2B 70
Cefn Einion. Shrp 2E 59
Cefneithin. Carm 4F 45
Cefn Glas. B'end 3B 32
Cefngorwydd. Powy 1C 46
Cefnllwyd. Cdgn 2F 57
Cefn-mawr. Wrex 1E 71
Cefn-y-bedd. Flin 5F 83
Cefn-y-coed. Powy 1D 58
Cefn-y-pant. Carm 2F 43
Cegidfa. Powy 4E 70
Ceinewydd. Cdgn 5C 56
Cellan. Cdgn 1G 45
Cellardyke. Fife 3H 137
Cellarhead. Staf 1D 72
Cemaes. IOA 1C 80
Cemmaes. Powy 5H 69
Cemmaes Road. Powy 5H 69
Cenarth. Cdgn 1C 44
Cenin. Gwyn 1D 68
Ceos. W Isl 5F 171
Ceres. Fife 2G 137
Ceri. Powy 2D 58
Cerist. Powy 2B 58
Cerne Abbas. Dors 2B 14
Cerney Wick. Glos 2F 35
Cerrigceinwen. IOA 3D 80
Cerrigydrudion. Cnwy 1B 70
Cess. Norf 4G 79
Cessford. Bord 2B 120
Ceunant. Gwyn 4E 81
Chaceley. Glos 2D 48
Chacewater. Corn 4B 6
Chackmore. Buck 2E 51
Chacombe. Nptn 1C 50
Chadderton. G Man 4H 91
Chaddesden. Derb 2A 74
Chaddesden Common
Derb 2A 74
Chaddesley Corbett. Worc 3C 60
Chaddlehanger. Devn 5E 11
Chaddleworth. W Ber 4C 36
Chadlington. Oxon 3B 50
Chadshunt. Warw 5H 61
Chadstone. Nptn 5F 63
Chad Valley. W Mid 2E 61
Chadwell. Leics 3E 75
Chadwell. Shrp 4B 72
Chadwell Heath. G Lon 2F 39
Chadwell St Mary. Thur 3H 39
Chadwick End. W Mid 3G 61
Chadwick Green. Mers 1H 83
Chaffcombe. Som 1G 13
Chafford Hundred. Thur 3H 39
Chagford. Devn 4H 11
Chailey. E Sus 4E 27
Chain Bridge. Linc 1C 76
Chainbridge. Cambs 5D 76
Chainhurst. Kent 1B 28
Chalbury. Dors 2F 15
Chalbury Common. Dors 2F 15
Chaldon. Surr 5E 39
Chaldon Herring. Dors 4C 14
Chale. IOW 5C 16
Chale Green. IOW 5C 16
Chalfont Common. Buck 1B 38
Chalfont St Giles. Buck 1A 38
Chalfont St Peter. Buck 2B 38
Chalford. Glos 5D 49
Chalgrove. Oxon 2E 37
Chalk. Kent 3A 40
Chalk End. Essx 4G 53
Chalk Hill. Glos 3G 49
Challaborough. Devn 4C 8
Challacombe. Devn 2G 19
Challister. Shet 5G 173
Challoch. Dum 3A 110
Challock. Kent 5E 40
Chalton. C Beds
nr. Bedford 5A 64
nr. Luton 3A 52
Chalton. Hants 1F 17
Chalvington. E Sus 5G 27
Champany. Falk 2D 128
Chance Inn. Fife 2F 137
Chancery. Cdgn 3E 57
Chandler's Cross. Herts 1B 38
Chandler's Cross. Worc 2C 48
Chandler's Ford. Hants 4C 24
Chanlockfoot. Dum 4G 117
Channel's End. Bed 5A 64
Channel Tunnel. Kent 2F 29
Channerwick. Shet 9F 173
Chantry. Som 2C 22
Chantry. Suff 1E 55
Chapel. Cumb 1D 102
Chapel. Fife 4E 137

Chapel Allerton. *Som* 1H 21
Chapel Allerton. *W Yor* 1C 92
Chapel Amble. *Corn* 1D 6
Chapel Brampton. *Nptn* 4E 63
Chapelbridge. *Cambs* 1B 64
Chapel Chorlton. *Staf* 2C 72
Chapel Cleeve. *Som* 2D 20
Chapel End. *C Beds* 1A 52
Chapel-en-le-Frith. *Derbs* 2E 85
Chapelfield. *Abers* 2G 145
Chapelgate. *Linc* 3D 76
Chapel Green. *Warw*
nr. Coventry 2G 61
nr. Southam 4B 62
Chapel Haddlesey. *N Yor* 2F 93
Chapelhall. *N Lan* 3A 128
Chapel Hill. *Abers* 5H 161
Chapel Hill. *Linc* 5B 88
Chapel Hill. *Mon* 5A 48
Chapelhill. *Per*
nr. Glencarse 1E 136
nr. Harrietfield 5H 143
Chapelknowe. *Dum* 2E 112
Chapel Lawn. *Shrp* 3F 59
Chapel le Dale. *N Yor* 2G 97
Chapel Milton. *Derbs* 2E 85
Chapel of Garioch. *Abers* 1E 152
Chapel Row. *W Ber* 5D 36
Chapels. *Cumb* 1B 96
Chapel St Leonards. *Linc* 3E 89
Chapel Stile. *Cumb* 4E 102
Chapelthorpe. *W Yor* 3D 92
Chapelton. *Ang* 4F 145
Chapelton. *Devn* 4F 19
Chapelton. *High*
nr. Grantown-on-Spey 2D 150
nr. Inverness 3H 157
Chapelton. *S Lan* 5H 127
Chapel Town. *Corn* 3C 6
Chapeltown. *Bkbn* 3F 91
Chapeltown. *Mor* 1G 151
Chapeltown. *S Yor* 1A 86
Chapmanslade. *Wilts* 2D 22
Chapmans Well. *Devn* 3D 10
Chapmore End. *Herts* 4D 52
Chappel. *Essx* 3B 54
Chard. *Som* 2G 13
Chard Junction. *Dors* 2G 13
Chardstock. *Devn* 2G 13
Charfield. *S Glo* 2C 34
Charing. *Kent* 1D 28
Charing Heath. *Kent* 1D 28
Charing Hill. *Kent* 5D 40
Charingworth. *Glos* 2H 49
Charlbury. *Oxon* 4B 50
Charlcombe. *Bath* 5C 34
Charlcutt. *Wilts* 4E 35
Charlecote. *Warw* 5G 61
Charles. *Devn* 3G 19
Charlesfield. *Dum* 3C 112
Charleshill. *Surr* 2G 25
Charleston. *Ang* 4C 144
Charleston. *Ren* 3F 127
Charlestown. *Aber* 3G 153
Charlestown. *Abers* 2H 161
Charlestown. *Corn* 3E 7
Charlestown. *Dors* 5B 14
Charlestown. *Fife* 1D 128
Charlestown. *G Man* 4G 91
Charlestown. *High*
nr. Gairloch 1H 155
nr. Inverness 4A 158
Charlestown. *W Yor* 2H 91
Charlestown of Aberlour
Mor 4G 159
Charles Tye. *Suff* 5C 66
Charlesworth. *Derbs* 1E 85
Charlton. *G Lon* 3F 39
Charlton. *Hants* 2B 24
Charlton. *Herts* 3B 52
Charlton. *Nptn* 2D 50
Charlton. *Nmbd* 1B 114
Charlton. *Oxon* 3C 36
Charlton. *Som*
nr. Radstock 1B 22
nr. Shepton Mallet 2B 22
nr. Taunton 4F 21
Charlton. *Telf* 4H 71
Charlton. *W Sus* 1G 17
Charlton. *Wilts*
nr. Malmesbury 3E 35
nr. Pewsey 1G 23
nr. Shaftesbury 4E 23
Charlton. *Worc*
nr. Evesham 1F 49
nr. Stourport-on-Severn 3C 60
Charlton Abbots. *Glos* 3F 49
Charlton Adam. *Som* 4A 22
Charlton All Saints. *Wilts* 4G 23
Charlton Down. *Dors* 3B 14
Charlton Horethorne. *Som* 4B 22
Charlton Kings. *Glos* 3E 49
Charlton Mackrell. *Som* 4A 22
Charlton Marshall. *Dors* 2E 15
Charlton Musgrove. *Som* 4C 22
Charlton-on-Otmoor. *Oxon* 4D 50
Charlton on the Hill. *Dors* 2D 15
Charlwood. *Hants* 3E 25
Charlwood. *Surr* 1D 26
Charlynch. *Som* 3F 21
Charminster. *Dors* 3B 14
Charmouth. *Dors* 3G 13
Charndon. *Buck* 3E 51
Charney Bassett. *Oxon* 2B 36
Charnock Green. *Lanc* 3D 90
Charnock Richard. *Lanc* 3D 90
Charsfield. *Suff* 5E 67
The Chart. *Kent* 5F 39
Chart Corner. *Kent* 5B 40
Charter Alley. *Hants* 1D 24
Charterhouse. *Som* 1H 21
Charterville Allotments
Oxon 4B 50
Chartham. *Kent* 5F 41
Chartham Hatch. *Kent* 5F 41
Chartridge. *Buck* 5H 51
Chart Sutton. *Kent* 5B 40
Charvil. *Wok* 4F 37
Charwelton. *Nptn* 5C 62
Chase Terrace. *Staf* 5E 73
Chasetown. *Staf* 5E 73
Chastleton. *Oxon* 3H 49
Chasty. *Devn* 2D 10
Chatburn. *Lanc* 5G 97
Chatcull. *Staf* 2B 72
Chatham. *Medw* 4B 40
Chatham Green. *Essx* 4H 53
Chathill. *Nmbd* 2F 121
Chatley. *Worc* 4C 60
Chattenden. *Medw* 3B 40
Chatteris. *Cambs* 2C 64
Chattisham. *Suff* 1D 54
Chatton. *Nmbd* 2E 121
Chatwall. *Shrp* 1H 59
Chaulden. *Herts* 5A 52
Chaul End. *C Beds* 3A 52
Chawleigh. *Devn* 1H 11
Chawley. *Oxon* 5C 50
Chawston. *Bed* 5A 64
Chawton. *Hants* 3F 25
Chaxhill. *Glos* 4C 48
Cheadle. *G Man* 2C 84
Cheadle. *Staf* 1E 73
Cheadle Hulme. *G Man* 2C 84
Cheam. *G Lon* 4D 38
Cheapside. *Wind* 4A 38
Chearsley. *Buck* 4F 51
Chebsey. *Staf* 3C 72
Checkendon. *Oxon* 3E 37
Checkley. *Ches E* 1B 72
Checkley. *Here* 2A 48
Checkley. *Staf* 2E 73
Chedburgh. *Suff* 5G 65
Cheddar. *Som* 1H 21
Cheddington. *Buck* 4H 51
Cheddleton. *Staf* 5D 84
Cheddon Fitzpaine. *Som* 4F 21
Chedglow. *Wilts* 2E 35
Chedgrave. *Norf* 1F 67
Chedington. *Dors* 2H 13
Chediston. *Suff* 3F 67
Chediston Green. *Suff* 3F 67
Chedworth. *Glos* 4F 49
Chedzoy. *Som* 3G 21
Cheeseman's Green. *Kent* 2E 29
Cheetham Hill. *G Man* 4G 91
Cheglinch. *Devn* 2F 19
Cheldon. *Devn* 1H 11
Chelford. *Ches E* 3C 84
Chellaston. *Derb* 2A 74
Chellington. *Bed* 5G 63
Chelmarsh. *Shrp* 2B 60
Chelmick. *Shrp* 1G 59
Chelmondiston. *Suff* 2F 55
Chelmorton. *Derbs* 4F 85
Chelmsford. *Essx* 5H 53
Chelsea. *G Lon* 3D 38
Chelsfield. *G Lon* 4F 39
Chelsham. *Surr* 5E 39
Chelston. *Som* 4E 21
Chelsworth. *Suff* 1C 54
Cheltenham. *Glos* 3E 49
Chelveston. *Nptn* 4G 63
Chelvey. *N Som* 5H 33
Chelwood. *Bath* 5B 34
Chelwood Common. *E Sus* 3F 27
Chelwood Gate. *E Sus* 3F 27
Chelworth. *Wilts* 2E 35
Chelworth Lower Green
Wilts 2F 35
Chelworth Upper Green
Wilts 2F 35
Chelynch. *Som* 2B 22
Cheney Longville. *Shrp* 2G 59
Chenies. *Buck* 1B 38
Chepstow. *Mon* 2A 34
Chequerfield. *W Yor* 2E 93
Chequers Corner. *Norf* 5D 77
Cherhill. *Wilts* 4F 35
Cherington. *Glos* 2E 35
Cherington. *Warw* 2A 50
Cheriton. *Devn* 2H 19
Cheriton. *Hants* 4D 24
Cheriton. *Kent* 2G 29
Cheriton. *Pemb* 5D 43
Cheriton. *Swan* 3D 30
Cheriton Bishop. *Devn* 3A 12
Cheriton Cross. *Devn* 3A 12
Cheriton Fitzpaine. *Devn* 2B 12
Cherrington. *Telf* 3A 72
Cherrybank. *Per* 1D 136
Cherry Burton. *E Yor* 5D 101
Cherry Green. *Herts* 3D 52
Cherry Hinton. *Cambs* 5D 65
Cherry Willingham. *Linc* 3H 87
Chertsey. *Surr* 4B 38
Cheselbourne. *Dors* 3C 14
Chesham. *Buck* 5H 51
Chesham. *G Man* 3G 91
Chesham Bois. *Buck* 1A 38
Cheshunt. *Herts* 5D 52
Cheslyn Hay. *Staf* 5D 73
Chessetts Wood. *Warw* 3F 61
Chessington. *G Lon* 4C 38
Chester. *Ches W* 4G 83
Chesterblade. *Som* 2B 22
Chesterfield. *Derbs* 3A 86
Chesterfield. *Staf* 5F 73
Chesterhope. *Nmbd* 1B 114
Chester-le-Street. *Dur* 4F 115
Chester Moor. *Dur* 5F 115
Chesters. *Bord* 3A 120
Chesterton. *Cambs*
nr. Cambridge 4D 64
nr. Peterborough 1A 64
Chesterton. *Glos* 5F 49
Chesterton. *Oxon* 3D 50
Chesterton. *Shrp* 1B 60
Chesterton. *Staf* 1C 72
Chesterton Green. *Warw* 5H 61
Chesterwood. *Nmbd* 3B 114
Chestfield. *Kent* 4F 41
Cheston. *Devn* 3C 8
Cheswardine. *Shrp* 2B 72
Cheswell. *Telf* 4B 72
Cheswick. *Nmbd* 5G 131
Cheswick Green. *W Mid* 3F 61
Chetnole. *Dors* 2B 14
Chettiscombe. *Devn* 1C 12
Chettisham. *Cambs* 2E 65
Chettle. *Dors* 1E 15
Chetton. *Shrp* 1A 60
Chetwode. *Buck* 3E 51
Chetwynd Aston. *Telf* 4B 72
Cheveley. *Cambs* 4F 65
Chevening. *Kent* 5F 39
Chevington. *Suff* 5G 65
Chevithorne. *Devn* 1C 12
Chew Magna. *Bath* 5A 34
Chew Moor. *G Man* 4E 91
Chew Stoke. *Bath* 5A 34
Chewton Keynsham. *Bath* 5B 34
Chewton Mendip. *Som* 1A 22
Chichacott. *Devn* 3G 11
Chicheley. *Mil* 1H 51
Chichester. *W Sus* 2G 17
Chickerell. *Dors* 4B 14
Chickering. *Suff* 3E 66
Chicklade. *Wilts* 3E 23
Chicksands. *C Beds* 2B 52
Chickward. *Here* 5E 59
Chidden. *Hants* 1E 17
Chiddingfold. *Surr* 2A 26
Chiddingly. *E Sus* 4G 27
Chiddingstone. *Kent* 1G 27
Chiddingstone Causeway
Kent 1G 27
Chiddingstone Hoath. *Kent* 1F 27
Chideock. *Dors* 3H 13
Chidgley. *Som* 3D 20
Chidham. *W Sus* 2F 17
Chieveley. *W Ber* 4C 36
Chignal St James. *Essx* 5G 53
Chignal Smealy. *Essx* 4G 53
Chigwell. *Essx* 1F 39
Chigwell Row. *Essx* 1F 39
Chilbolton. *Hants* 2B 24
Chilcomb. *Hants* 4D 24
Chilcombe. *Dors* 3A 14
Chilcompton. *Som* 1B 22
Chilcote. *Leics* 4G 73
Childer Thornton. *Ches W* 3F 83
Child Okeford. *Dors* 1D 14
Childrey. *Oxon* 3B 36
Child's Ercall. *Shrp* 3A 72
Childswickham. *Worc* 2F 49
Childwall. *Mers* 2G 83
Childwick Green. *Herts* 4B 52
Chilfrome. *Dors* 3A 14
Chilgrove. *W Sus* 1G 17
Chilham. *Kent* 5E 41
Chilhampton. *Wilts* 3F 23
Chilla. *Devn* 2E 11
Chilland. *Hants* 3D 24
Chillaton. *Devn* 4E 11
Chillenden. *Kent* 5G 41
Chillerton. *IOW* 4C 16
Chillesford. *Suff* 5F 67
Chillingham. *Nmbd* 2E 121
Chillington. *Devn* 4D 9
Chillington. *Som* 1G 13
Chilmark. *Wilts* 3E 23
Chilmington Green. *Kent* 1D 28
Chilson. *Oxon* 4B 50
Chilsworthy. *Corn* 5E 11
Chilsworthy. *Devn* 2D 10
Chiltern Green. *C Beds* 4B 52
Chilthorne Domer. *Som* 1A 14
Chilton. *Buck* 4E 51
Chilton. *Devn* 2B 12
Chilton. *Dur* 2F 105
Chilton. *Oxon* 3C 36
Chilton Candover. *Hants* 2D 24
Chilton Cantelo. *Som* 4A 22
Chilton Foliat. *Wilts* 4B 36
Chilton Lane. *Dur* 1A 106
Chilton Polden. *Som* 3G 21
Chilton Street. *Suff* 1A 54
Chilton Trinity. *Som* 3F 21
Chilwell. *Notts* 2C 74
Chilworth. *Hants* 1C 16
Chilworth. *Surr* 1B 26
Chimney. *Oxon* 5B 50
Chimney Street. *Suff* 1H 53
Chineham. *Hants* 1E 25
Chingford. *G Lon* 1E 39
Chinley. *Derbs* 2E 85
Chinnor. *Oxon* 5F 51
Chipley. *Som* 4E 20
Chipnall. *Shrp* 2B 72
Chippenham. *Cambs* 4F 65
Chippenham. *Wilts* 4E 35
Chipperfield. *Herts* 5A 52
Chipping. *Herts* 2D 52
Chipping. *Lanc* 5F 97
Chipping Campden. *Glos* 2G 49
Chipping Hill. *Essx* 4B 54
Chipping Norton. *Oxon* 3B 50
Chipping Ongar. *Essx* 5F 53
Chipping Sodbury. *S Glo* 3C 34
Chipping Warden. *Nptn* 1C 50
Chipstable. *Som* 4D 20
Chipstead. *Kent* 5G 39
Chipstead. *Surr* 5D 38
Chirbury. *Shrp* 1E 59
Chirk. *Wrex* 2E 71
Chirmorie. *S Ayr* 2H 109
Chirnside. *Bord* 4E 131
Chirnsidebridge. *Bord* 4E 131
Chirton. *Wilts* 1F 23
Chisbridge Cross. *Buck* 3G 37
Chisbury. *Wilts* 5A 36
Chiselborough. *Som* 1H 13
Chiseldon. *Swin* 4G 35
Chiselhampton. *Oxon* 2D 36
Chiserley. *W Yor* 2A 92
Chislehurst. *G Lon* 3F 39
Chislet. *Kent* 4G 41
Chiswell. *Dors* 5B 14
Chiswell Green. *Herts* 5B 52
Chiswick. *G Lon* 3D 38
Chisworth. *Derbs* 1D 85
Chitcombe. *E Sus* 3C 28
Chithurst. *W Sus* 4G 25
Chittering. *Cambs* 4D 65
Chitterley. *Devn* 2C 12
Chitterne. *Wilts* 2E 23
Chittlehamholt. *Devn* 4G 19
Chittlehampton. *Devn* 4G 19
Chittoe. *Wilts* 5E 35
Chivelstone. *Devn* 5D 9
Chivenor. *Devn* 3F 19
Chobham. *Surr* 4A 38
Cholderton. *Wilts* 2H 23
Cholesbury. *Buck* 5H 51
Chollerford. *Nmbd* 2C 114
Chollerton. *Nmbd* 2C 114
Cholsey. *Oxon* 3D 36
Cholstrey. *Here* 5G 59
Chop Gate. *N Yor* 5C 106
Choppington. *Nmbd* 1F 115
Chopwell. *Tyne* 4E 115
Chorley. *Ches E* 5H 83
Chorley. *Lanc* 3D 90
Chorley. *Shrp* 2A 60
Chorley. *Staf* 4E 73
Chorleywood. *Herts* 1B 38
Chorlton. *Ches E* 5B 84
Chorlton-cum-Hardy
G Man 1C 84
Chorlton Lane. *Ches W* 1G 71
Choulton. *Shrp* 2F 59
Chrishall. *Essx* 2E 53
Christchurch. *Cambs* 1D 65
Christchurch. *Dors* 3G 15
Christchurch. *Glos* 4A 48
Christian Malford. *Wilts* 4E 35
Christleton. *Ches W* 4G 83

Christmas Common – Cloughton

Christmas Common. Oxon 2F 37
Christon. N Som 1G 21
Christon Bank. Nmbd 2G 121
Christow. Devn 4B 12
Chryston. N Lan 2H 127
Chuck Hatch. E Sus 2F 27
Chudleigh. Devn 5B 12
Chudleigh Knighton. Devn 5B 12
Chulmleigh. Devn 1G 11
Chunal. Derbs 1E 85
Church. Lanc 2F 91
Churcham. Glos 4C 48
Church Aston. Telf 4B 72
Church Brampton. Nptn 4E 62
Church Brough. Cumb 3A 104
Church Broughton. Derbs 2G 73
Church Corner. Suff 2G 67
Church Crookham. Hants 1G 25
Churchdown. Glos 3D 49
Church Eaton. Staf 4C 72
Church End. Cambs
nr. Cambridge 5D 65
nr. Over 3C 64
nr. Sawtry 2B 64
nr. Wisbech 5C 76
Church End. C Beds
nr. Stotfold 2B 52
nr. Totternhoe 3H 51
Church End. E Yor 4E 101
Church End. Essx
nr. Braintree 3H 53
nr. Great Dunmow 3G 53
nr. Saffron Walden 1F 53
Church End. Glos 5C 48
Church End. Hants 1E 25
Church End. Linc
nr. Donington 2B 76
nr. North Somercotes 1D 88
Church End. Norf 4E 77
Church End. Warw
nr. Coleshill 1G 61
nr. Nuneaton 1G 61
Church End. Wilts 4F 35
Churchend. Essx 1E 40
Church Enstone. Oxon 3B 50
Church Fenton. N Yor 1F 93
Church Green. Devn 3E 13
Church Gresley. Derbs 4G 73
Church Hanborough. Oxon 4C 50
Church Hill. Ches W 4A 84
Church Hill. Worc 4E 61
Church Hougham. Kent 1G 29
Church Houses. N Yor 5D 106
Churchill. Devn
nr. Axminster 2G 13
nr. Barnstaple 2F 19
Churchill. N Som 1H 21
Churchill. Oxon 3A 50
Churchill. Worc
nr. Kidderminster 3C 60
nr. Worcester 5D 60
Churchinford. Som 1F 13
Church Knowle. Dors 4E 15
Church Laneham. Notts 3F 87
Church Langley. Essx 5E 53
Church Langton. Leics 1E 62
Church Lawford. Warw 3B 62
Church Lawton. Ches E 5C 84
Church Leigh. Staf 2E 73
Church Lench. Worc 5E 61
Church Mayfield. Staf 1F 73
Church Minshull. Ches E 4A 84
Church Norton. W Sus 3G 17
Churchover. Warw 2C 62
Church Preen. Shrp 1H 59
Church Pulverbatch. Shrp 5G 71
Churchstanton. Som 1E 13
Church Stoke. Powy 1E 59
Churchstow. Devn 4D 8
Church Stowe. Nptn 5D 62
Church Street. Kent 3B 40
Church Stretton. Shrp 1G 59
Church Town. Leics 4A 74
Church Town. N Lin 4A 94
Churchtown. Cumb 5E 113
Churchtown. Derbs 4G 85
Churchtown. Devn 2G 19
Churchtown. IOM 2D 108
Churchtown. Lanc 5D 97
Churchtown. Mers 3B 90
Churchtown. Shrp 2E 59
Church Village. Rhon 3D 32
Church Warsop. Notts 4C 86
Church Westcote. Glos 3H 49
Church Wilne. Derbs 2B 74
Churnsike Lodge. Nmbd 2H 113
Churston Ferrers. Torb 3F 9
Churt. Surr 3G 25
Churton. Ches W 5G 83
Churwell. W Yor 2C 92
Chute Standen. Wilts 1B 24
Chwilog. Gwyn 2D 68
Chwittfordd. Flin 3D 82
Chyandour. Corn 3B 4
Cilan Uchaf. Gwyn 3B 68
Cilcain. Flin 4D 82
Cilcennin. Cdgn 4E 57
Cilfrew. Neat 5A 46
Cilfynydd. Rhon 2D 32
Cilgerran. Pemb 1B 44
Cilgeti. Pemb 4F 43
Cilgwyn. Carm 3H 45
Cilgwyn. Pemb 1E 43
Ciliau Aeron. Cdgn 5D 57
Cill Amhlaidh. W Isl 4C 170
Cill Donnain. W Isl 6C 170
Cille a' Bhacstair. High 2C 154
Cille Bhrighde. W Isl 7C 170
Cille Pheadair. W Isl 7C 170
Cilmaen-gwyn. Neat 5H 45
Cilmeri. Powy 5C 58
Cilmery. Powy 5C 58
Cilrhedyn. Pemb 1G 43
Cilsan. Carm 3F 45
Ciltalgarth. Gwyn 1A 70
Ciltwrch. Powy 1E 47
Cilybebyll. Neat 5H 45
Cil-y-cwm. Carm 2A 46
Cimla. Neat 2A 32
Cinderford. Glos 4B 48
Cinderhill. Derbs 1A 74
Cippenham. Slo 2A 38
Cippyn. Pemb 1B 44
Cirbhig. W Isl 3D 171
Circebost. W Isl 4D 171
Cirencester. Glos 5F 49
City. Powy 1E 58
City. V Glam 4C 32
The City. Buck 2F 37
City Airport. G Lon 2F 39
City Centre. Stoke 1C 72
City Dulas. IOA 2D 80
City of Derry Airport. Derr 1D 174
City of London. G Lon 2E 39
Clabhach. Arg 3C 138
Clachaig. Arg 1C 126
Clachaig. High
nr. Kinlochleven 3F 141
nr. Nethy Bridge 2E 151
Clachamish. High 3C 154
Clachan. Arg
on Kintyre 4F 125
on Lismore 4C 140
Clachan. High
nr. Bettyhill 2H 167
nr. Staffin 2D 155
nr. Uig 1D 154
on Raasay 5E 155
Clachan Farm. Arg 2A 134
Clachan na Luib. W Isl 2D 170
Clachan of Campsie
E Dun 2H 127
Clachan of Glendaruel
Arg 1A 126
Clachan-Seil. Arg 2E 133
Clachan Shannda. W Isl 1D 170
Clachan Strachur. Arg 3H 133
Clachbreck. Arg 2F 125
Clachnaharry. High 4A 158
Clachtoll. High 1E 163
Clackmannan. Clac 4B 136
Clackmannanshire Bridge
Clac 1C 128
Clackmarras. Mor 3G 159
Clacton-on-Sea. Essx 4E 55
Cladach a Chaolais. W Isl 2C 170
Cladach Chairinis. W Isl 3D 170
Cladach Chirceboist. W Isl 2C 170
Cladach Iolaraigh. W Isl 2C 170
Cladich. Arg 1H 133
Cladswell. Worc 5E 61
Claggan. High
nr. Fort William 1F 141
nr. Lochaline 3B 140
Claigan. High 3B 154
Clandown. Bath 1B 22
Clanfield. Hants 1E 17
Clanfield. Oxon 5A 50
Clanville. Hants 2B 24
Clanville. Som 3B 22
Claonaig. Arg 4G 125
Clapgate. Dors 2F 15
Clapgate. Herts 3E 53
Clapham. Bed 5H 63
Clapham. Devn 4B 12
Clapham. G Lon 3D 39
Clapham. N Yor 3G 97
Clapham. W Sus 5B 26
Clap Hill. Kent 2E 29
Clappers. Bord 4F 131
Clappersgate. Cumb 4E 103
Clapphoull. Shet 9F 173
Clapton. Som
nr. Crewkerne 2H 13
nr. Radstock 1B 22
Clapton in Gordano
N Som 4H 33
Clapton-on-the-Hill. Glos 4G 49
Clapworthy. Devn 4G 19
Clara Vale. Tyne 3E 115
Clarbeston. Pemb 2E 43
Clarbeston Road. Pemb 2E 43
Clarborough. Notts 2E 87
Clare. Suff 1A 54
Clarebrand. Dum 3E 111
Clarencefield. Dum 3B 112
Clarilaw. Bord 3H 119
Clark's Green. Surr 2C 26
Clark's Hill. Linc 3C 76
Clarkston. E Ren 4G 127
Clasheddy. High 2G 167
Clashindarroch. Abers 5B 160
Clashmore. High
nr. Dornoch 5E 165
nr. Stoer 1E 163
Clashnessie. High 5A 166
Clashnoir. Mor 1G 151
Clate. Shet 5G 173
Clathick. Per 1H 135
Clathy. Per 2B 136
Clatt. Abers 1C 152
Clatter. Powy 1B 58
Clatterford. IOW 4C 16
Clatworthy. Som 3D 20
Claudy. Derr 2D 174
Claughton. Lanc
nr. Caton 3E 97
nr. Garstang 5E 97
Claughton. Mers 2E 83
Claverdon. Warw 4F 61
Claverham. N Som 5H 33
Clavering. Essx 2E 53
Claverley. Shrp 1B 60
Claverton. Bath 5C 34
Clawdd-côch. V Glam 4D 32
Clawddnewydd. Den 5C 82
Clawson Hill. Leics 3E 75
Clawton. Devn 3D 10
Claxby. Linc
nr. Alford 3D 88
nr. Market Rasen 1A 88
Claxton. Norf 5F 79
Claxton. N Yor 3A 100
Claybrooke Magna. Leics 2B 62
Claybrooke Parva. Leics 2B 62
Clay Common. Suff 2G 67
Clay Coton. Nptn 3C 62
Clay Cross. Derbs 4A 86
Claydon. Oxon 5B 62
Claydon. Suff 5D 66
Clay End. Herts 3D 52
Claygate. Dum 2E 113
Claygate. Kent 1B 28
Claygate. Surr 4C 38
Claygate Cross. Kent 5H 39
Clayhall. Hants 3E 16
Clayhanger. Devn 4D 20
Clayhanger. W Mid 5E 73
Clayhidon. Devn 1E 13
Clay Hill. Bris 4B 34
Clayhill. E Sus 3C 28
Clayhill. Hants 2B 16
Clayhithe. Cambs 4E 65
Clayholes. Ang 5E 145
Clay Lake. Linc 3B 76
Claylock. High 3D 168
Claypits. Glos 5C 48
Claypole. Linc 1F 75
Claythorpe. Linc 3D 88
Clayton. G Man 1C 84
Clayton. S Yor 4E 93
Clayton. Staf 1C 72
Clayton. W Sus 4E 27
Clayton. W Yor 1B 92
Clayton Green. Lanc 2D 90
Clayton-le-Moors. Lanc 1F 91
Clayton-le-Woods. Lanc 2D 90
Clayton West. W Yor 3C 92
Clayworth. Notts 2E 87
Cleadale. High 5C 146
Cleadon. Tyne 3G 115
Clearbrook. Devn 2B 8
Clearwell. Glos 5A 48
Cleasby. N Yor 3F 105
Cleat. Orkn
nr. Braehead 3D 172
nr. St Margaret's Hope
9D 172
Cleatlam. Dur 3E 105
Cleator. Cumb 3B 102
Cleator Moor. Cumb 3B 102
Cleckheaton. W Yor 2B 92
Cleedownton. Shrp 2H 59
Cleehill. Shrp 3H 59
Cleekhimin. N Lan 4A 128
Clee St Margaret. Shrp 2H 59
Cleestanton. Shrp 3H 59
Cleethorpes. NE Lin 4G 95
Cleeton St Mary. Shrp 3A 60
Cleeve. N Som 5H 33
Cleeve. Oxon 3E 36
Cleeve Hill. Glos 3E 49
Cleeve Prior. Worc 1F 49
Clehonger. Here 2H 47
Cleigh. Arg 1F 133
Cleish. Per 4C 136
Cleland. N Lan 4B 128
Clench Common. Wilts 5G 35
Clenchwarton. Norf 3E 77
Clennell. Nmbd 4D 120
Clent. Worc 3D 60
Cleobury Mortimer. Shrp 3A 60
Cleobury North. Shrp 2A 60
Clephanton. High 3C 158
Clerkhill. High 2H 167
Clestrain. Orkn 7C 172
Clevancy. Wilts 4F 35
Clevedon. N Som 4H 33
Cleveley. Oxon 3B 50
Cleveleys. Lanc 5C 96
Clevelode. Worc 1D 48
Cleverton. Wilts 3E 35
Clewer. Som 1H 21
Cley next the Sea. Norf 1C 78
Cliaid. W Isl 8B 170
Cliasmol. W Isl 7C 171
Clibberswick. Shet 1H 173
Cliburn. Cumb 2G 103
Cliddesden. Hants 2E 25
Clieves Hills. Lanc 4B 90
Cliff. Warw 1G 61
Cliffburn. Ang 4F 145
Cliffe. Medw 3B 40
Cliffe. N Yor
nr. Darlington 3F 105
nr. Selby 1G 93
Cliff End. E Sus 4C 28
Cliffe Woods. Medw 3B 40
Clifford. Here 1F 47
Clifford. W Yor 5G 99
Clifford Chambers. Warw 5F 61
Clifford's Mesne. Glos 3C 48
Cliffsend. Kent 4H 41
Clifton. Bris 4A 34
Clifton. C Beds 2B 52
Clifton. Cumb 2G 103
Clifton. Derbs 1F 73
Clifton. Devn 2G 19
Clifton. G Man 4F 91
Clifton. Lanc 1C 90
Clifton. Nmbd 1F 115
Clifton. N Yor 5D 98
Clifton. Nott 2C 74
Clifton. Oxon 2C 50
Clifton. S Yor 1C 86
Clifton. Stir 5H 141
Clifton. W Yor 2B 92
Clifton. Worc 1D 48
Clifton. York 4H 99
Clifton Campville. Staf 4G 73
Clifton Hampden. Oxon 2D 36
Clifton Hill. Worc 4B 60
Clifton Reynes. Mil 5G 63
Clifton upon Dunsmore
Warw 3C 62
Clifton upon Teme. Worc 4B 60
Cliftonville. Kent 3H 41
Cliftonville. Norf 2F 79
Climping. W Sus 5A 26
Climpy. S Lan 4C 128
Clink. Som 2C 22
Clint. N Yor 4E 99
Clint Green. Norf 4C 78
Clintmains. Bord 1A 120
Cliobh. W Isl 4C 171
Clipiau. Gwyn 4H 69
Clippesby. Norf 4G 79
Clippings Green. Norf 4C 78
Clipsham. Rut 4G 75
Clipston. Nptn 2E 62
Clipston. Notts 2D 74
Clipstone. Notts 4C 86
Clitheroe. Lanc 5G 97
Cliuthar. W Isl 8D 171
Clive. Shrp 3H 71
Clivocast. Shet 1G 173
Clixby. Linc 4D 94
Clocaenog. Den 5C 82
Clochan. Mor 2B 160
Clochforbie. Abers 3F 161
Clock Face. Mers 1H 83
Cloddiau. Powy 5E 70
Cloddymoss. Mor 2D 159
Clodock. Here 3G 47
Cloford. Som 2C 22
Cloghmills. Caus 2F 175
Clola. Abers 4H 161
Clophill. C Beds 2A 52
Clopton. Nptn 2H 63
Clopton Corner. Suff 5E 66
Clopton Green. Suff 5G 65
Closeburn. Dum 5A 118
Close Clark. IOM 4B 108
Closworth. Som 1A 14
Clothall. Herts 2C 52
Clotton. Ches W 4H 83
Clough. G Man 3H 91
Clough. W Yor 3A 92
Clough Foot. W Yor 2H 91
Cloughton. N Yor 5H 107

Cloughton Newlands – Coniston Cold

Cloughton Newlands N Yor 5H 107
Clousta. Shet 6E 173
Clouston. Orkn 6B 172
Clova. Abers 1B 152
Clova. Ang 1C 144
Clovelly. Devn 4D 18
Clovenfords. Bord 1G 119
Clovenstone. Abers 2E 153
Clovullin. High 2E 141
Clowne. Derbs 3B 86
Clows Top. Worc 3B 60
Cloy. Wrex 1F 71
Cluanie Inn. High 2C 148
Cluanie Lodge. High 2C 148
Cluddley. Telf 4A 72
Clun. Shrp 2F 59
Y Clun. Neat 5B 46
Clunas. High 4C 158
Clunbury. Shrp 2F 59
Clunderwen. Pemb 3F 43
Clune. High 1B 150
Clunes. High 5E 148
Clungunford. Shrp 3F 59
Clunie. Per 4A 144
Clunton. Shrp 2F 59
Cluny. Fife 4E 137
Clutton. Bath 1B 22
Clutton. Ches W 5G 83
Clwt-y-bont. Gwyn 4E 81
Clwydfagwyr. Mer T 5D 46
Clydach. Mon 4F 47
Clydach. Swan 5G 45
Clydach Vale. Rhon 2C 32
Clydau. Pemb 1G 43
Clydebank. W Dun 3G 127
Clyffe Pypard. Wilts 4F 35
Clynder. Arg 1D 126
Clyne. Neat 5B 46
Clynelish. High 3F 165
Clynnog Fawr. Gwyn 1D 68
Clyro. Powy 1F 47
Clyst Honiton. Devn 3C 12
Clyst Hydon. Devn 2D 12
Clyst St George. Devn 4C 12
Clyst St Lawrence. Devn 2D 12
Clyst St Mary. Devn 3C 12
Clyth. High 5E 169
Cnip. W Isl 4C 171
Cnoc Amhlaigh. W Isl 4H 171
Cnwcau. Pemb 1C 44
Cnwch-coch. Cdgn 3F 57
Coad's Green. Corn 5C 10
Coal Aston. Derbs 3A 86
Coalbrookdale. Telf 5A 72
Coalbrookvale. Blae 5E 47
Coalburn. S Lan 1H 117
Coalburns. Tyne 3E 115
Coalcleugh. Nmbd 5B 114
Coaley. Glos 5C 48
Coalford. Abers 4F 153
Coalhall. E Ayr 3D 116
Coalhill. Essx 1B 40
Coalisland. M Ulst 4E 175
Coalpit Heath. S Glo 3B 34
Coal Pool. W Mid 5E 73
Coalport. Telf 5B 72
Coalsnaughton. Clac 4B 136
Coaltown of Balgonie. Fife 4F 137
Coaltown of Wemyss. Fife 4F 137
Coalville. Leics 4B 74
Coalway. Glos 4A 48
Coanwood. Nmbd 4H 113
Coat. Som 4H 21
Coatbridge. N Lan 3A 128
Coatdyke. N Lan 3A 128
Coate. Swin 3G 35
Coate. Wilts 5F 35
Coates. Cambs 1C 64
Coates. Glos 5E 49
Coates. Linc 2G 87
Coates. W Sus 4A 26
Coatham. Red C 2C 106
Coatham Mundeville. Darl 2F 105
Cobbaton. Devn 4G 19
Coberley. Glos 4E 49
Cobhall Common. Here 2H 47
Cobham. Kent 4A 40
Cobham. Surr 5C 38
Cobnash. Here 4G 59
Coburg. Devn 5B 12
Cockayne. N Yor 5D 106
Cockayne Hatley. C Beds 1C 52
Cock Bank. Wrex 1F 71
Cock Bridge. Abers 3G 151
Cockburnspath. Bord 2D 130
Cock Clarks. Essx 5B 54
Cockenzie and Port Seton
E Lot 2H 129
Cockerham. Lanc 4D 96
Cockermouth. Cumb 1C 102
Cockernhoe. Herts 3B 52
Cockfield. Dur 2E 105
Cockfield. Suff 5B 66
Cockfosters. G Lon 1D 39
Cock Gate. Here 4G 59
Cock Green. Essx 4G 53
Cocking. W Sus 1G 17
Cocking Causeway. W Sus 1G 17
Cockington. Torb 2E 9
Cocklake. Som 2H 21
Cocklaw. Abers 4H 161
Cocklaw. Nmbd 2C 114
Cockley Beck. Cumb 4D 102
Cockley Cley. Norf 5G 77
Cockmuir. Abers 3G 161
Cockpole Green. Wok 3F 37
Cockshutford. Shrp 2H 59
Cockshutt. Shrp 3G 71
Cockthorpe. Norf 1B 78
Cockwood. Devn 4C 12
Cockyard. Derbs 3E 85
Cockyard. Here 2H 47
Codda. Corn 5B 10
Coddenham. Suff 5D 66
Coddenham Green. Suff 5D 66
Coddington. Ches W 5G 83
Coddington. Here 1C 48
Coddington. Notts 5F 87
Codford. Wilts 3E 23
Codicote. Herts 4C 52
Codmore Hill. W Sus 3B 26
Codnor. Derbs 1B 74
Codrington. S Glo 4C 34
Codsall. Staf 5C 72
Codsall Wood. Staf 5C 72
Coed Duon. Cphy 2E 33
Coedely. Rhon 3D 32
Coedglasson. Powy 4C 58
Coedkernew. Newp 3F 33
Coed Morgan. Mon 4G 47
Coedpoeth. Wrex 5E 83
Coedway. Powy 4F 71
Coed-y-bryn. Cdgn 1D 44
Coed-y-paen. Mon 2G 33
Coedystumgwern. Gwyn 3E 69
Coelbren. Powy 4B 46
Coffinswell. Devn 2E 9
Cofton Hackett. Worc 3E 61
Cogan. V Glam 4E 33
Cogenhoe. Nptn 4F 63
Cogges. Oxon 5B 50
Coggeshall. Essx 3B 54
Coggeshall Hamlet. Essx 3B 54
Coggins Mill. E Sus 3G 27
Coignafearn Lodge. High 2A 150
Coig Peighinnean. W Isl 1H 171
Coig Peighinnean Bhuirgh
W Isl 2G 171
Coilleag. W Isl 7C 170
Coillemore. High 1A 158
Coillore. High 5C 154
Coire an Fhuarain. W Isl 4E 171
Coity. B'end 3C 32
Cokhay Green. Derbs 3G 73
Col. W Isl 3G 171
Colaboll. High 2C 164
Colan. Corn 2C 6
Colaton Raleigh. Devn 4D 12
Colbost. High 4B 154
Colburn. N Yor 5E 105
Colby. Cumb 2H 103
Colby. IOM 4B 108
Colby. Norf 2E 78
Colchester. Essx 3D 54
Cold Ash. W Ber 5D 36
Cold Ashby. Nptn 3D 62
Cold Ashton. S Glo 4C 34
Cold Aston. Glos 4G 49
Coldbackie. High 3G 167
Cold Blow. Pemb 3F 43
Cold Brayfield. Mil 5G 63
Cold Cotes. N Yor 2G 97
Coldean. Brig 5E 27
Coldeast. Devn 5B 12
Colden. W Yor 2H 91
Colden Common. Hants 4C 24
Coldfair Green. Suff 4G 67
Coldham. Cambs 5D 76
Coldham. Staf 5C 72
Cold Hanworth. Linc 2H 87
Cold Harbour. Dors 3E 15
Coldharbour. Corn 4B 6
Coldharbour. Glos 5A 48
Coldharbour. Kent 5G 39
Coldharbour. Surr 1C 26
Cold Hatton. Telf 3A 72
Cold Hatton Heath. Telf 3A 72
Cold Hesledon. Dur 5H 115
Cold Hiendley. W Yor 3D 92
Cold Higham. Nptn 5D 62
Coldingham. Bord 3F 131
Cold Kirby. N Yor 1H 99
Coldmeece. Staf 2C 72
Cold Northcott. Corn 4C 10
Cold Norton. Essx 5B 54
Cold Overton. Leics 4F 75
Coldrain. Per 3C 136
Coldred. Kent 1G 29
Coldridge. Devn 2G 11
Cold Row. Lanc 5C 96
Coldstream. Bord 5E 131
Coldwaltham. W Sus 4B 26
Coldwell. Here 2H 47
Coldwells. Abers 5H 161
Coldwells Croft. Abers 1C 152
Cole. Shet 5E 173
Cole. Som 3B 22
Colebatch. Shrp 2F 59
Colebrook. Devn 2D 12
Colebrooke. Devn 3A 12
Coleburn. Mor 3G 159
Coleby. Linc 4G 87
Coleby. N Lin 3B 94
Cole End. Warw 2G 61
Coleford. Devn 2A 12
Coleford. Glos 4A 48
Coleford. Som 2B 22
Colegate End. Norf 2D 66
Cole Green. Herts 4C 52
Cole Henley. Hants 1C 24
Colehill. Dors 2F 15
Coleman Green. Herts 4B 52
Coleman's Hatch. E Sus 2F 27
Colemere. Shrp 2G 71
Colemore. Hants 3F 25
Colemore Green. Shrp 1B 60
Coleorton. Leics 4B 74
Coleraine. Caus 1E 175
Colerne. Wilts 4D 34
Colesbourne. Glos 4F 49
Colesden. Bed 5A 64
Coles Green. Worc 5B 60
Coleshill. Buck 1A 38
Coleshill. Oxon 2H 35
Coleshill. Warw 2G 61
Colestocks. Devn 2D 12
Colethrop. Glos 4D 48
Coley. Bath 1A 22
Colgate. W Sus 2D 26
Colinsburgh. Fife 3G 137
Colinton. Edin 3F 129
Colintraive. Arg 2B 126
Colkirk. Norf 3B 78
Collace. Per 5B 144
Collam. W Isl 8D 171
Collaton. Devn 5D 8
Collaton St Mary. Torb 2E 9
College of Roseisle. Mor 2F 159
Collessie. Fife 2E 137
Collier Row. G Lon 1F 39
Colliers End. Herts 3D 52
Collier Street. Kent 1B 28
Colliery Row. Tyne 5G 115
Collieston. Abers 1H 153
Collin. Dum 2B 112
Collingbourne Ducis. Wilts 1H 23
Collingbourne Kingston
Wilts 1H 23
Collingham. Notts 4F 87
Collingham. W Yor 5F 99
Collingtree. Nptn 5E 63
Collins Green. Warr 1H 83
Collins Green. Worc 5B 60
Colliston. Ang 4F 145
Colliton. Devn 2D 12
Collydean. Fife 3E 137
Collyweston. Nptn 5G 75
Colmonell. S Ayr 1G 109
Colmworth. Bed 5A 64
Colnbrook. Slo 3B 38
Colne. Cambs 3C 64
Colne. Lanc 5A 98
Colne Engaine. Essx 2B 54
Colney. Norf 5D 78
Colney Heath. Herts 5C 52
Colney Street. Herts 5B 52
Coln Rogers. Glos 5F 49
Coln St Aldwyns. Glos 5G 49
Coln St Dennis. Glos 4F 49
Colpitts Grange. Nmbd 4C 114
Colpy. Abers 5D 160
Colscott. Devn 1D 10
Colsterdale. N Yor 1D 98
Colsterworth. Linc 3G 75
Colston Bassett. Notts 2E 74
Colstoun House. E Lot 2B 130
Coltfield. Mor 2F 159
Colthouse. Cumb 5E 103
Coltishall. Norf 4E 79
Coltness. N Lan 4B 128
Colton. Cumb 1C 96
Colton. Norf 5D 78
Colton. N Yor 5H 99
Colton. Staf 3E 73
Colton. W Yor 1D 92
Colt's Hill. Kent 1H 27
Col Uarach. W Isl 4G 171
Colvend. Dum 4F 111
Colvister. Shet 2G 173
Colwall. Here 1C 48
Colwall Green. Here 1C 48
Colwell. Nmbd 2C 114
Colwich. Staf 3E 73
Colwick. Notts 1D 74
Colwinston. V Glam 4C 32
Colworth. W Sus 5A 26
Colwyn Bay. Cnwy 3A 82
Colyford. Devn 3F 13
Colyton. Devn 3F 13
Combe. Devn 2D 8
Combe. Here 4F 59
Combe. Oxon 4C 50
Combe. W Ber 5B 36
Combe Almer. Dors 3E 15
Combebow. Devn 4E 11
Combe Down. Bath 5C 34
Combe Fishacre. Devn 2E 9
Combe Florey. Som 3E 21
Combe Hay. Bath 5C 34
Combeinteignhead. Devn 5C 12
Combe Martin. Devn 2F 19
Combe Moor. Here 4F 59
Comber. Ards 4H 175
Combe Raleigh. Devn 2E 13
Comberbach. Ches W 3A 84
Comberford. Staf 5F 73
Comberton. Cambs 5C 64
Comberton. Here 4G 59
Combe St Nicholas. Som 1G 13
Combpyne. Devn 3F 13
Combridge. Staf 2E 73
Combrook. Warw 5H 61
Combs. Derbs 3E 85
Combs. Suff 5C 66
Combs Ford. Suff 5C 66
Combwich. Som 2F 21
Comers. Abers 3D 152
Comhampton. Worc 4C 60
Comins-coch. Cdgn 2F 57
Comley. Shrp 1G 59
Commercial End. Cambs 4E 65
Commins. Powy 3D 70
Commins Coch. Powy 5H 69
The Common. Wilts
nr. Salisbury 3H 23
nr. Swindon 3F 35
Commondale. N Yor 3D 106
Common End. Cumb 2B 102
Common Hill. Here 2A 48
Common Moor. Corn 2G 7
Common Side. Derbs 3H 85
Commonside. Ches W 3H 83
Commonside. Derbs 1G 73
Compstall. G Man 1D 84
Compton. Devn 2E 9
Compton. Hants 4C 24
Compton. Staf 2C 60
Compton. Surr 1A 26
Compton. W Ber 4D 36
Compton. W Sus 1F 17
Compton. Wilts 1G 23
Compton Abbas. Dors 1D 15
Compton Abdale. Glos 4F 49
Compton Bassett. Wilts 4F 35
Compton Beauchamp
Oxon 3A 36
Compton Bishop. Som 1G 21
Compton Chamberlayne
Wilts 4F 23
Compton Dando. Bath 5B 34
Compton Dundon. Som 3H 21
Compton Greenfield. S Glo 3A 34
Compton Martin. Bath 1A 22
Compton Pauncefoot. Som 4B 22
Compton Valence. Dors 3A 14
Comrie. Fife 1D 128
Comrie. Per 1G 135
Conaglen. High 2E 141
Conchra. Arg 1B 126
Conchra. High 1A 148
Conder Green. Lanc 4D 96
Conderton. Worc 2E 49
Condicote. Glos 3G 49
Condorrat. N Lan 2A 128
Condover. Shrp 5G 71
Coneyhurst. W Sus 3C 26
Coneysthorpe. N Yor 2B 100
Coneythorpe. N Yor 4F 99
Coney Weston. Suff 3B 66
Conford. Hants 3G 25
Congdon's Shop. Corn 5C 10
Congerstone. Leics 5A 74
Congham. Norf 3G 77
Congleton. Ches E 4C 84
Congl-y-wal. Gwyn 1G 69
Congresbury. N Som 5H 33
Congreve. Staf 4D 72
Conham. S Glo 4B 34
Conicaval. Mor 3D 159
Coningsby. Linc 5B 88
Conington. Cambs
nr. Fenstanton 4C 64
nr. Sawtry 2A 64
Conisbrough. S Yor 1C 86
Conisby. Arg 3A 124
Conisholme. Linc 1D 88
Coniston. Cumb 5E 102
Coniston. E Yor 1E 95
Coniston Cold. N Yor 4B 98

Conistone. *N Yor* 3B 98
Connah's Quay. *Flin* 3E 83
Connel. *Arg* 5D 140
Connel Park. *E Ayr* 3F 117
Connista. *High* 1D 154
Connor Downs. *Corn* 3C 4
Conock. *Wilts* 1F 23
Conon Bridge. *High* 3H 157
Cononley. *N Yor* 5B 98
Cononsyth. *Ang* 4E 145
Conordan. *High* 5E 155
Consall. *Staf* 1D 73
Consett. *Dur* 4E 115
Constable Burton. *N Yor* 5E 105
Constantine. *Corn* 4E 5
Constantine Bay. *Corn* 1C 6
Contin. *High* 3G 157
Contullich. *High* 1A 158
Conwy. *Cnwy* 3G 81
Conyer. *Kent* 4D 40
Conyer's Green. *Suff* 4A 66
Cooden. *E Sus* 5B 28
Cooil. *IOM* 4C 108
Cookbury. *Devn* 2E 11
Cookbury Wick. *Devn* 2D 11
Cookham. *Wind* 3G 37
Cookham Dean. *Wind* 3G 37
Cookham Rise. *Wind* 3G 37
Cookhill. *Worc* 5E 61
Cookley. *Suff* 3F 67
Cookley. *Worc* 2C 60
Cookley Green. *Oxon* 2E 37
Cookney. *Abers* 4F 153
Cooksbridge. *E Sus* 4F 27
Cooksey Green. *Worc* 4D 60
Cookshill. *Staf* 1D 72
Cooksmill Green. *Essx* 5G 53
Cookstown. *M Ulst* 4E 175
Coolham. *W Sus* 3C 26
Cooling. *Medw* 3B 40
Cooling Street. *Medw* 3B 40
Coombe. *Corn*
  nr. Bude 1C 10
  nr. St Austell 3D 6
  nr. Truro 4C 6
Coombe. *Devn*
  nr. Sidmouth 3E 12
  nr. Teignmouth 5C 12
Coombe. *Glos* 2C 34
Coombe. *Hants* 4E 25
Coombe. *Wilts* 1G 23
Coombe Bissett. *Wilts* 4G 23
Coombe Hill. *Glos* 3D 49
Coombe Keynes. *Dors* 4D 14
Coombes. *W Sus* 5C 26
Coopersale. *Essx* 5E 53
Coopersale Street. *Essx* 5E 53
Cooper's Corner. *Kent* 1F 27
Cooper Street. *Kent* 5H 41
Cootham. *W Sus* 4B 26
Copalder Corner. *Cambs* 1C 64
Copdock. *Suff* 1E 54
Copford. *Essx* 3C 54
Copford Green. *Essx* 3C 54
Copgrove. *N Yor* 3F 99
Copister. *Shet* 4F 173
Cople. *Bed* 1B 52
Copley. *Dur* 2D 105
Coplow Dale. *Derbs* 3F 85
Copmanthorpe. *York* 5H 99
Copp. *Lanc* 1C 90
Coppathorne. *Corn* 2C 10
Coppenhall. *Ches E* 5B 84
Coppenhall. *Staf* 4D 72
Coppenhall Moss. *Ches E* 5B 84
Copperhouse. *Corn* 3C 4
Coppicegate. *Shrp* 2B 60
Coppingford. *Cambs* 2A 64
Copplestone. *Devn* 2A 12
Coppull. *Lanc* 3D 90
Coppull Moor. *Lanc* 3D 90
Copsale. *W Sus* 3C 26
Copshaw Holm. *Bord* 1F 113
Copster Green. *Lanc* 1E 91
Copston Magna. *Warw* 2B 62
Copt Green. *Warw* 4F 61
Copthall Green. *Essx* 5E 53
Copt Heath. *W Mid* 3F 61
Copt Hewick. *N Yor* 2F 99
Copthill. *Dur* 5B 114
Copthorne. *W Sus* 2E 27
Coptiviney. *Shrp* 2G 71
Copy's Green. *Norf* 2B 78
Copythorne. *Hants* 1B 16
Corbridge. *Nmbd* 3C 114
Corby. *Nptn* 2F 63
Corby Glen. *Linc* 3G 75
Cordon. *N Ayr* 2E 123
Coreley. *Shrp* 3A 60
Corfe. *Som* 1F 13
Corfe Castle. *Dors* 4E 15
Corfe Mullen. *Dors* 3E 15
Corfton. *Shrp* 2G 59
Corgarff. *Abers* 3G 151
Corhampton. *Hants* 4E 24
Corlae. *Dum* 5F 117
Corlannau. *Neat* 2A 32
Corley. *Warw* 2H 61
Corley Ash. *Warw* 2G 61
Corley Moor. *Warw* 2G 61
Cormiston. *S Lan* 1C 118
Cornaa. *IOM* 3D 108
Cornaigbeg. *Arg* 4A 138
Cornaigmore. *Arg*
  on Coll 2D 138
  on Tiree 4A 138
Corner Row. *Lanc* 1C 90
Corney. *Cumb* 5C 102
Cornforth. *Dur* 1A 106
Cornhill. *Abers* 3C 160
Cornhill. *High* 4C 164
Cornhill-on-Tweed. *Nmbd* 1C 120
Cornholme. *W Yor* 2H 91
Cornish Hall End. *Essx* 2G 53
Cornquoy. *Orkn* 7E 172
Cornriggs. *Dur* 5B 114
Cornsay. *Dur* 5E 115
Cornsay Colliery. *Dur* 5E 115
Corntown. *High* 3H 157
Corntown. *V Glam* 4C 32
Cornwall Airport Newquay
  Corn 2C 6
Cornwell. *Oxon* 3A 50
Cornwood. *Devn* 3C 8
Cornworthy. *Devn* 3E 9
Corpach. *High* 1E 141
Corpusty. *Norf* 3D 78
Corra. *Dum* 3F 111
Corran. *High*
  nr. Arnisdale 2E 141
  nr. Fort William 3A 148
Corrany. *IOM* 3D 108
Corribeg. *High* 1D 141
Corrie. *N Ayr* 5B 126
Corrie Common. *Dum* 1D 112
Corriecravie. *N Ayr* 3D 122
Corriekinloch. *High* 1A 164
Corriemoillie. *High* 2F 157
Corrievarkie Lodge. *Per* 1C 142
Corrievorrie. *High* 1B 150
Corrigall. *Orkn* 6C 172
Corrimony. *High* 5F 157
Corringham. *Linc* 1F 87
Corringham. *Thur* 2B 40
Corris. *Gwyn* 5G 69
Corris Uchaf. *Gwyn* 5G 69
Corrour Shooting Lodge
  High 2B 142
Corry. *High* 1E 147
Corrybrough. *High* 1C 150
Corrygills. *N Ayr* 2E 123
Corry of Ardnagrask. *High* 4H 157
Corsback. *High*
  nr. Dunnet 1E 169
  nr. Halkirk 3E 169
Corscombe. *Dors* 2A 14
Corse. *Abers* 4D 160
Corse. *Glos* 3C 48
Corsehill. *Abers* 3G 161
Corse Lawn. *Worc* 2D 48
Corse of Kinnoir. *Abers* 4C 160
Corsham. *Wilts* 4D 34
Corsley. *Wilts* 2D 22
Corsley Heath. *Wilts* 2D 22
Corsock. *Dum* 2E 111
Corston. *Bath* 5B 34
Corston. *Wilts* 3E 35
Corstorphine. *Edin* 2F 129
Cortachy. *Ang* 3C 144
Corton. *Suff* 1H 67
Corton. *Wilts* 2E 23
Corton Denham. *Som* 4B 22
Corwar House. *S Ayr* 1H 109
Corwen. *Den* 1C 70
Coryates. *Dors* 4B 14
Coryton. *Devn* 4E 11
Coryton. *Thur* 2B 40
Cosby. *Leics* 1C 62
Coscote. *Oxon* 3D 36
Coseley. *W Mid* 1D 60
Cosgrove. *Nptn* 1F 51
Cosham. *Port* 2E 17
Cosheston. *Pemb* 4E 43
Coskills. *N Lin* 3D 94
Cosmeston. *V Glam* 5E 33
Cossall. *Notts* 1B 74
Cossington. *Leics* 4D 74
Cossington. *Som* 2G 21
Costa. *Orkn* 5C 172
Costessey. *Norf* 4D 78
Costock. *Notts* 3C 74
Coston. *Leics* 3F 75
Coston. *Norf* 5C 78
Cote. *Oxon* 5B 50
Cotebrook. *Ches W* 4H 83
Cotehill. *Cumb* 4F 113
Cotes. *Cumb* 1D 97
Cotes. *Leics* 3C 74
Cotes. *Staf* 2C 72
Cotesbach. *Leics* 2C 62
Cotes Heath. *Staf* 2C 72
Cotford St Luke. *Som* 4E 21
Cotgrave. *Notts* 2D 74
Cothal. *Abers* 2F 153
Cotham. *Notts* 1E 75
Cothelstone. *Som* 3E 21
Cotheridge. *Worc* 5B 60
Cotherstone. *Dur* 3D 104
Cothill. *Oxon* 2C 36
Cotland. *Mon* 5A 48
Cotleigh. *Devn* 2F 13
Cotmanhay. *Derbs* 1B 74
Coton. *Cambs* 5D 64
Coton. *Nptn* 3D 62
Coton. *Staf*
  nr. Gnosall 3C 72
  nr. Stone 2D 73
  nr. Tamworth 5F 73
Coton Clanford. *Staf* 3C 72
Coton Hayes. *Staf* 2D 73
Coton Hill. *Shrp* 4G 71
Coton in the Clay. *Staf* 3F 73
Coton in the Elms. *Derbs* 4G 73
Cotonwood. *Shrp* 2H 71
Cotonwood. *Staf* 3C 72
Cott. *Devn* 2D 9
Cott. *Orkn* 5F 172
Cottam. *E Yor* 3D 101
Cottam. *Lanc* 1D 90
Cottam. *Notts* 3F 87
Cottartown. *High* 5E 159
Cottarville. *Nptn* 4E 63
Cottenham. *Cambs* 4D 64
Cotterdale. *N Yor* 5B 104
Cottered. *Herts* 3D 52
Cotterstock. *Nptn* 1H 63
Cottesbrooke. *Nptn* 3E 62
Cottesmore. *Rut* 4G 75
Cotteylands. *Devn* 1C 12
Cottingham. *E Yor* 1D 94
Cottingham. *Nptn* 1F 63
Cottingley. *W Yor* 1B 92
Cottisford. *Oxon* 2D 50
Cotton. *Staf* 1E 73
Cotton. *Suff* 4C 66
Cotton End. *Bed* 1A 52
Cottown. *Abers* 4F 161
Cotts. *Devn* 2A 8
Cotwalton. *Staf* 2D 72
Couch's Mill. *Corn* 3F 7
Coughton. *Here* 3A 48
Coughton. *Warw* 4E 61
Coulags. *High* 4B 156
Coulby Newham. *Midd* 3C 106
Coulderton. *Cumb* 4A 102
Coulin Lodge. *High* 3C 156
Coull. *Abers* 3C 152
Coulport. *Arg* 1D 126
Coulsdon. *G Lon* 5D 39
Coulston. *Wilts* 1E 23
Coulter. *S Lan* 1C 118
Coultings. *Som* 2F 21
Coulton. *N Yor* 2A 100
Cound. *Shrp* 5H 71
Coundon. *Dur* 2F 105
Coundon Grange. *Dur* 2F 105
Countersett. *N Yor* 1B 98
Countess. *Wilts* 2G 23
Countess Cross. *Essx* 2B 54
Countesthorpe. *Leics* 1C 62
Countisbury. *Devn* 2H 19
Coupar Angus. *Per* 4B 144
Coupe Green. *Lanc* 2D 90
Coupland. *Cumb* 3A 104
Coupland. *Nmbd* 1D 120
Cour. *Arg* 5G 125
Courance. *Dum* 5C 118
Court-at-Street. *Kent* 2E 29
Courteachan. *High* 4E 147
Courteenhall. *Nptn* 5E 63
Courtsend. *Essx* 1E 41
Courtway. *Som* 3F 21
Cousland. *Midl* 3G 129
Cousley Wood. *E Sus* 2A 28
Coustonn. *Arg* 2B 126
Cove. *Arg* 1D 126
Cove. *Devn* 1C 12
Cove. *Hants* 1G 25
Cove. *High* 4C 162
Cove. *Bord* 2D 130
Cove Bay. *Aber* 3G 153
Covehithe. *Suff* 2H 67
Coven. *Staf* 5D 72
Coveney. *Cambs* 2D 65
Covenham St Bartholomew
  Linc 1C 88
Covenham St Mary. *Linc* 1C 88
Coven Heath. *Staf* 5D 72
Coventry. *W Mid* 3H 61
Coverack. *Corn* 5E 5
Coverham. *N Yor* 1D 98
Covesea. *Mor* 1F 159
Covingham. *Swin* 3G 35
Covington. *Cambs* 3H 63
Covington. *S Lan* 1B 118
Cowan Bridge. *Lanc* 2F 97
Cowan Head. *Cumb* 5F 103
Cowbar. *Red C* 3E 107
Cowbeech. *E Sus* 4H 27
Cowbit. *Linc* 4B 76
Cowbridge. *V Glam* 4C 32
Cowden. *Kent* 1F 27
Cowdenbeath. *Fife* 4D 136
Cowdenburn. *Bord* 4F 129
Cowdenend. *Fife* 4D 136
Cowers Lane. *Derbs* 1H 73
Cowes. *IOW* 3C 16
Cowesby. *N Yor* 1G 99
Cowfold. *W Sus* 3D 26
Cowfords. *Mor* 2H 159
Cowgill. *Cumb* 1G 97
Cowie. *Abers* 5F 153
Cowie. *Stir* 1B 128
Cowlam. *E Yor* 3D 100
Cowley. *Devn* 3C 12
Cowley. *Glos* 4E 49
Cowley. *G Lon* 2B 38
Cowley. *Oxon* 5D 50
Cowley. *Staf* 4C 72
Cowleymoor. *Devn* 1C 12
Cowling. *Lanc* 3D 90
Cowling. *N Yor*
  nr. Bedale 1E 99
  nr. Glusburn 5B 98
Cowlinge. *Suff* 5G 65
Cowmes. *W Yor* 3B 92
Cowpe. *Lanc* 2G 91
Cowpen. *Nmbd* 1F 115
Cowpen Bewley. *Stoc T* 2B 106
Cowplain. *Hants* 1E 17
Cowshill. *Dur* 5B 114
Cowslip Green. *N Som* 5H 33
Cowstrandburn. *Fife* 4C 136
Cowthorpe. *N Yor* 4G 99
Coxall. *Here* 3F 59
Coxbank. *Ches E* 1A 72
Coxbench. *Derbs* 1A 74
Cox Common. *Suff* 2G 67
Coxford. *Norf* 3H 77
Cox Green. *Surr* 2B 26
Cox Green. *Tyne* 4G 115
Coxgreen. *Staf* 2C 60
Coxheath. *Kent* 5B 40
Coxhoe. *Dur* 1A 106
Coxley. *Som* 2A 22
Coxwold. *N Yor* 2H 99
Coychurch. *B'end* 3C 32
Coylton. *S Ayr* 3D 116
Coylumbridge. *High* 2D 150
Coynach. *Abers* 3B 152
Coynachie. *Abers* 5B 160
Coytrahen. *B'end* 3B 32
Crabbs Cross. *Worc* 4E 61
Crabgate. *Norf* 3C 78
Crab Orchard. *Dors* 2F 15
Crabtree. *W Sus* 3D 26
Crabtree Green. *Wrex* 1F 71
Crackaig. *High* 2G 165
Crackenthorpe. *Cumb* 2H 103
Crackington Haven. *Corn* 3B 10
Crackley. *Staf* 5C 84
Crackley. *Warw* 3G 61
Crackleybank. *Shrp* 4B 72
Crackpot. *N Yor* 5C 104
Cracoe. *N Yor* 3B 98
Craddock. *Devn* 1D 12
Cradhlastadh. *W Isl* 4C 171
Cradley. *Here* 1C 48
Cradley. *W Mid* 2D 60
Cradoc. *Powy* 2D 46
Crafthole. *Corn* 3H 7
Crafton. *Buck* 4G 51
Cragabus. *Arg* 5B 124
Crag Foot. *Lanc* 2D 97
Craggan. *High* 1E 151
Cragganmore. *Mor* 5F 159
Cragganvallie. *High* 5H 157
Craggie. *High* 2F 165
Craggiemore. *High* 5B 158
Cragg Vale. *W Yor* 2A 92
Craghead. *Dur* 4F 115
Crai. *Powy* 3B 46
Craichie. *Ang* 4E 145
Craig. *Arg* 5E 141
Craig. *Dum* 2D 111
Craig. *High*
  nr. Achnashellach 4C 156
  nr. Lower Diabaig 2G 155
  nr. Stromeferry 5H 155
Craiganour Lodge. *Per* 3D 142
Craigavon. *Arm* 5F 175
Craigbrack. *Arg* 4A 134
Craig-Cefn-Parc. *Swan* 5G 45
Craigdallie. *Per* 1E 137
Craigdam. *Abers* 5F 161
Craigdarroch. *E Ayr* 4F 117
Craigdarroch. *High* 3G 157
Craigdhu. *High* 4G 157
Craigearn. *Abers* 2E 152
Craigellachie. *Mor* 4G 159

Craigend. Per 1D 136
Craigendoran. Arg 1E 126
Craigends. Ren 3F 127
Craigenputtock. Dum 1E 111
Craigens. E Ayr 3E 117
Craighall. Edin 2E 129
Craighead. Fife 2H 137
Craighouse. Arg 3D 124
Craigie. Abers 2G 153
Craigie. D'dee 5D 144
Craigie. Per
nr. Blairgowrie 4A 144
nr. Perth 1D 136
Craigie. S Ayr 1D 116
Craigielaw. E Lot 2A 130
Craiglemine. Dum 5B 110
Craig-llwyn. Shrp 3E 71
Craiglockhart. Edin 2F 129
Craig Lodge. Arg 2B 126
Craigmalloch. E Ayr 5D 117
Craigmaud. Abers 3F 161
Craigmill. Stir 4H 135
Craigmillar. Edin 2F 129
Craigmore. Arg 3C 126
Craigmuie. Dum 1E 111
Craignair. Dum 3F 111
Craignant. Shrp 2E 71
Craigneuk. N Lan
nr. Airdrie 3A 128
nr. Motherwell 4A 128
Craignure. Arg 5B 140
Craigo. Ang 2F 145
Craigrory. High 4A 158
Craigrothie. Fife 2F 137
Craigs. Dum 2D 112
The Craigs. High 4B 164
Craigshill. W Lot 3D 128
Craigton. Aber 3F 153
Craigton. Abers 3E 152
Craigton. Ang
nr. Carnoustie 5E 145
nr. Kirriemuir 3C 144
Craigton. High 4A 158
Craigtown. High 3A 168
Craig-y-Duke. Neat 5H 45
Craig-y-nos. Powy 4B 46
Craik. Bord 4F 119
Crail. Fife 3H 137
Crailing. Bord 2A 120
Crailinghall. Bord 2A 120
Crakehill. N Yor 2G 99
Crakemarsh. Staf 2E 73
Crambe. N Yor 3B 100
Crambeck. N Yor 3B 100
Cramlington. Nmbd 2F 115
Cramond. Edin 2E 129
Cramond Bridge. Edin 2E 129
Cranage. Ches E 4B 84
Cranberry. Staf 2C 72
Cranborne. Dors 1F 15
Cranbourne. Brac 3A 38
Cranbrook. Devn 3D 12
Cranbrook. Kent 2B 28
Cranbrook Common. Kent 2B 28
Crane Moor. S Yor 4D 92
Crane's Corner. Norf 4B 78
Cranfield. C Beds 1H 51
Cranford. G Lon 3C 38
Cranford St Andrew. Nptn 3G 63
Cranford St John. Nptn 3G 63
Cranham. Glos 4D 49
Cranham. G Lon 2G 39
Crank. Mers 1H 83
Cranleigh. Surr 2B 26
Cranley. Suff 3D 66
Cranloch. Mor 3G 159
Cranmer Green. Suff 3C 66
Cranmore. IOW 3C 16
Cranmore. Linc 5A 76
Crannich. Arg 4G 139
Crannoch. Mor 3B 160
Cranoe. Leics 1E 63
Cransford. Suff 4F 67
Cranshaws. Bord 3C 130
Cranstal. IOM 1D 108
Crantock. Corn 2B 6
Cranwell. Linc 1H 75
Cranwich. Norf 1G 65
Cranworth. Norf 5B 78
Craobh Haven. Arg 3E 133
Craobhnaclag. High 4G 157
Crapstone. Devn 2B 8
Crarae. Arg 4G 133
Crask. High
nr. Bettyhill 2H 167
nr. Lairg 1C 164
Crask of Aigas. High 4G 157
Craster. Nmbd 2G 121
Craswall. Here 2F 47
Cratfield. Suff 3F 67
Crathes. Abers 4E 153
Crathie. Abers 4G 151
Crathie. High 4H 149
Crathorne. N Yor 4B 106
Craven Arms. Shrp 2G 59
Crawcrook. Tyne 3E 115
Crawford. Lanc 4C 90
Crawford. S Lan 2B 118
Crawforddyke. S Lan 4B 128
Crawfordjohn. S Lan 2A 118
Crawick. Dum 3G 117
Crawley. Devn 2F 13
Crawley. Hants 3C 24
Crawley. Oxon 4B 50
Crawley. W Sus 2D 26
Crawley Down. W Sus 2E 27
Crawley End. Essx 1E 53
Crawley Side. Dur 5C 114
Crawshawbooth. Lanc 2G 91
Crawton. Abers 5F 153
Cray. N Yor 2B 98
Cray. Per 2A 144
Crayford. G Lon 3G 39
Crayke. N Yor 2H 99
Craymere Beck. Norf 2C 78
Crays Hill. Essx 1B 40
Cray's Pond. Oxon 3E 37
Crazies Hill. Wok 3F 37
Creacombe. Devn 1B 12
Creagan. Arg 4D 140
Creag Aoil. High 1F 141
Creag Ghoraidh. W Isl 4C 170
Creaguaineach Lodge
High 2H 141
Creamore Bank. Shrp 2H 71
Creaton. Nptn 3E 62
Creca. Dum 2D 112
Credenhill. Here 1H 47
Crediton. Devn 2B 12
Creebridge. Dum 3B 110
Creech. Dors 4E 15
Creech Heathfield. Som 4F 21
Creech St Michael. Som 4F 21
Creed. Corn 4D 6
Creekmoor. Pool 3E 15
Creekmouth. G Lon 2F 39
Creeting St Mary. Suff 5C 66
Creeting St Peter. Suff 5C 66
Creeton. Linc 3H 75
Creetown. Dum 4B 110
Creggans. Arg 3H 133
Cregneash. IOM 5A 108
Cregrina. Powy 5D 58
Creich. Arg 2B 132
Creich. Fife 1F 137
Creighton. Staf 2E 73
Creigiau. Card 3D 32
Cremyll. Corn 3A 8
Crendell. Dors 1F 15
Crepkill. High 4D 154
Cressage. Shrp 5H 71
Cressbrook. Derbs 3F 85
Cresselly. Pemb 4E 43
Cressing. Essx 3A 54
Cresswell. Nmbd 5G 121
Cresswell. Staf 2D 73
Cresswell Quay. Pemb 4E 43
Creswell. Derbs 3C 86
Creswell Green. Staf 4E 73
Cretingham. Suff 4E 67
Crewe. Ches E 5B 84
Crewe-by-Farndon. Ches W 5G 83
Crew Green. Powy 4F 71
Crewkerne. Som 2H 13
Crews Hill. G Lon 5D 52
Crewton. Derb 2A 74
Crianlarich. Stir 1C 134
Cribbs Causeway. S Glo 3A 34
Cribyn. Cdgn 5E 57
Criccieth. Gwyn 2D 69
Crich. Derbs 5A 86
Crichton. Midl 3G 129
Crick. Mon 2H 33
Crick. Nptn 3C 62
Crickadarn. Powy 1D 46
Cricket Hill. Hants 5G 37
Cricket Malherbie. Som 1G 13
Cricket St Thomas. Som 2G 13
Crickham. Som 2H 21
Crickheath. Shrp 3E 71
Crickhowell. Powy 4F 47
Cricklade. Wilts 2G 35
Cricklewood. G Lon 2D 38
Cridling Stubbs. N Yor 2F 93
Crieff. Per 1A 136
Criftins. Shrp 2F 71
Criggion. Powy 4E 71
Crigglestone. W Yor 3D 92
Crimchard. Som 2G 13
Crimdon Park. Dur 1B 106
Crimond. Abers 3H 161
Crimonmogate. Abers 3H 161
Crimplesham. Norf 5F 77
Crimscote. Warw 1H 49
Crinan. Arg 4E 133
Cringleford. Norf 5D 78
Crinow. Pemb 3F 43
Cripplesease. Corn 3C 4
Cripplestyle. Dors 1F 15
Cripp's Corner. E Sus 3B 28
Croanford. Corn 5A 10
Crockenhill. Kent 4G 39
Crocker End. Oxon 3F 37
Crockerhill. Hants 2D 16
Crockernwell. Devn 3A 12
Crocker's Ash. Here 4A 48
Crockerton. Wilts 2D 22
Crocketford. Dum 2F 111
Crockey Hill. York 5A 100
Crockham Hill. Kent 5F 39
Crockhurst Street. Kent 1H 27
Crockleford Heath. Essx 3D 54
Croeserw. Neat 2B 32
Croes-goch. Pemb 1C 42
Croes hywel. Mon 4G 47
Croes-lan. Cdgn 1D 45
Croesor. Gwyn 1F 69
Croesoswallt. Shrp 3E 71
Croesyceiliog. Carm 4E 45
Croesyceiliog. Torf 2G 33
Croesymwyalch. Torf 2G 33
Croes-y-waun. Gwyn 5E 81
Croford. Som 4E 20
Croft. Leics 1C 62
Croft. Linc 4E 89
Croft. Warr 1A 84
Croftamie. Stir 1F 127
Croftfoot. Glas 3G 127
Croftmill. Per 5F 143
Crofton. Cumb 4E 112
Crofton. W Yor 3D 93
Crofton. Wilts 5A 36
Croft-on-Tees. N Yor 4F 105
Crofts. Dum 2E 111
Crofts of Benachielt. High 5D 169
Crofts of Dipple. Mor 3H 159
Crofty. Swan 3E 31
Croggan. Arg 1E 132
Croglin. Cumb 5G 113
Croich. High 4B 164
Croick. High 3A 168
Croig. Arg 3E 139
Cromarty. High 2B 158
Crombie. Fife 1D 128
Cromdale. High 1E 151
Cromer. Herts 3C 52
Cromer. Norf 1E 78
Cromford. Derbs 5G 85
Cromhall. S Glo 2B 34
Cromor. W Isl 5G 171
Cromra. High 5H 149
Cromwell. Notts 4E 87
Cronberry. E Ayr 2F 117
Crondall. Hants 2F 25
The Cronk. IOM 2C 108
Cronk-y-Voddy. IOM 3C 108
Cronton. Mers 2G 83
Crook. Cumb 5F 103
Crook. Dur 1E 105
Crookdake. Cumb 5C 112
Crooke. G Man 4D 90
Crookedholm. E Ayr 1D 116
Crooked Soley. Wilts 4B 36
Crookes. S Yor 2H 85
Crookgate Bank. Dur 4E 115
Crookhall. Dur 4E 115
Crookham. Nmbd 1D 120
Crookham. W Ber 5D 36
Crookham Village. Hants 1F 25
Crooklands. Cumb 1E 97
Crook of Devon. Per 3C 136
Crookston. Glas 3G 127
Cropredy. Oxon 1C 50
Cropston. Leics 4C 74
Cropthorne. Worc 1E 49
Cropton. N Yor 1B 100
Cropwell Bishop. Notts 2D 74
Cropwell Butler. Notts 2D 74
Cros. W Isl 1H 171
Crosbie. N Ayr 4D 126
Crosbost. W Isl 5F 171
Crosby. Cumb 1B 102
Crosby. IOM 4C 108
Crosby. Mers 1F 83
Crosby. N Lin 3B 94
Crosby Court. N Yor 5A 106
Crosby Garrett. Cumb 4A 104
Crosby Ravensworth
Cumb 3H 103
Crosby Villa. Cumb 1B 102
Croscombe. Som 2A 22
Crosland Moor. W Yor 3B 92
Cross. Som 1H 21
Crossaig. Arg 4G 125
Crossapol. Arg 4A 138
Cross Ash. Mon 4H 47
Cross-at-Hand. Kent 1B 28
Crossbush. W Sus 5B 26
Crosscanonby. Cumb 1B 102
Crossdale Street. Norf 2E 79
Cross End. Essx 2B 54
Crossens. Mers 2B 90
Crossford. Fife 1D 128
Crossford. S Lan 5B 128
Cross Foxes. Gwyn 4G 69
Crossgar. New M 5H 175
Crossgate. Orkn 6D 172
Crossgate. Staf 2D 72
Crossgatehall. E Lot 3G 129
Cross Gates. W Yor 1D 92
Crossgates. Fife 1E 129
Crossgates. N Yor 1E 101
Crossgates. Powy 4C 58
Crossgill. Lanc 3E 97
Cross Green. Devn 4D 11
Cross Green. Staf 5D 72
Cross Green. Suff
nr. Cockfield 5A 66
nr. Hitcham 5B 66
Cross Hands. Carm 4F 45
Crosshands. Carm 2F 43
Crosshands. E Ayr 1D 117
Cross Hill. Derbs 1B 74
Cross Hill. Glos 2A 34
Crosshill. E Ayr 2D 117
Crosshill. Fife 4D 136
Crosshill. S Ayr 4C 116
Cross Hills. N Yor 5C 98
Crosshills. High 1A 158
Cross Holme. N Yor 5C 106
Crosshouse. E Ayr 1C 116
Cross Houses. Shrp 5H 71
Crossings. Cumb 2G 113
Cross in Hand. E Sus 3G 27
Cross Inn. Cdgn
nr. Aberaeron 4E 57
nr. New Quay 5C 56
Cross Inn. Rhon 3D 32
Crosskeys. Cphy 2F 33
Crosskirk. High 2C 168
Crosslands. Cumb 1C 96
Cross Lane Head. Shrp 1B 60
Cross Lanes. Corn 4D 5
Cross Lanes. Dur 3D 104
Cross Lanes. N Yor 3H 99
Cross Lanes. Wrex 1F 71
Crosslanes. Shrp 4F 71
Crosslee. Ren 3F 127
Crossmaglen. New M 6F 175
Crossmichael. Dum 3E 111
Crossmoor. Lanc 1C 90
Cross Oak. Powy 3E 46
Cross of Jackston. Abers 5E 161
Cross o' th' Hands. Derbs 1G 73
Crossroads. Abers
nr. Aberdeen 3G 153
nr. Banchory 4E 153
Crossroads. E Ayr 1D 116
Cross Side. Devn 4B 20
Cross Street. Suff 3D 66
Crosston. Ang 3E 145
Cross Town. Ches E 3B 84
Crossway. Mon 4H 47
Crossway. Powy 5C 58
Crossway Green. Mon 2A 34
Crossway Green. Worc 4C 60
Crossways. Dors 4C 14
Crosswell. Pemb 1F 43
Crosswood. Cdgn 3F 57
Crosthwaite. Cumb 5F 103
Croston. Lanc 3C 90
Crostwick. Norf 4E 79
Crostwight. Norf 3F 79
Crothair. W Isl 4D 171
Crouch. Kent 5H 39
Croucheston. Wilts 4F 23
Crouch Hill. Dors 1C 14
Croughton. Nptn 2D 50
Crovie. Abers 2F 161
Crow. Hants 2G 15
Crowan. Corn 3D 4
Crowborough. E Sus 2G 27
Crowcombe. Som 3E 21
Crowcroft. Worc 5B 60
Crowdecote. Derbs 4F 85
Crowden. Derbs 1E 85
Crowden. Devn 3E 11
Crowdhill. Hants 1C 16
Crowdon. N Yor 5G 107
Crow Edge. S Yor 4B 92
Crow End. Cambs 5C 64
Crowfield. Nptn 1E 50
Crowfield. Suff 5D 66
Crow Green. Essx 1G 39
Crow Hill. Here 3B 48
Crowhurst. E Sus 4B 28
Crowhurst. Surr 1E 27
Crowhurst Lane End. Surr 1E 27
Crowland. Linc 4B 76
Crowland. Suff 3C 66
Crowlas. Corn 3C 4
Crowle. N Lin 3A 94
Crowle. Worc 5D 60
Crowle Green. Worc 5D 60
Crowmarsh Gifford. Oxon 3E 36
Crown Corner. Suff 3E 67
Crownthorpe. Norf 5C 78
Crowntown. Corn 3D 4
Crows-an-wra. Corn 4A 4
Crowshill. Norf 5B 78

Crowthorne– Darnford

Crowthorne. Brac 5G 37
Crowton. Ches W 3H 83
Croxall. Staf 4F 73
Croxby. Linc 1A 88
Croxdale. Dur 1F 105
Croxden. Staf 2E 73
Croxley Green. Herts 1B 38
Croxton. Cambs 4B 64
Croxton. Norf
nr. Fakenham 2B 78
nr. Thetford 2A 66
Croxton. N Lin 3D 94
Croxton. Staf 2B 72
Croxtonbank. Staf 2B 72
Croxton Green. Ches E 5H 83
Croxton Kerrial. Leics 3F 75
Croy. High 4B 158
Croy. N Lan 2A 128
Croyde. Devn 3E 19
Croydon. Cambs 1D 52
Croydon. G Lon 4E 39
Crubenbeg. High 4A 150
Crubenmore Lodge. High 4A 150
Cruckmeole. Shrp 5G 71
Cruckton. Shrp 4G 71
Cruden Bay. Abers 5H 161
Crudgington. Telf 4A 72
Crudie. Abers 3E 161
Crudwell. Wilts 2E 35
Cruft. Devn 3F 11
Crug. Powy 3D 58
Crughywel. Powy 4F 47
Crugmeer. Corn 1D 6
Crug-y-bar. Carm 2G 45
Crug-y-byddar. Powy 2D 58
Crulabhig. W Isl 4D 171
Crumlin. Ant 4G 175
Crumlin. Cphy 2F 33
Crumpsall. G Man 4G 91
Crumpsbrook. Shrp 3A 60
Crundale. Kent 1E 29
Crundale. Pemb 3D 42
Cruwys Morchard. Devn 1B 12
Crux Easton. Hants 1C 24
Cruxton. Dors 3B 14
Crwbin. Carm 4E 45
Cryers Hill. Buck 2G 37
Crymych. Pemb 1F 43
Crynant. Neat 5A 46
Crystal Palace. G Lon 3E 39
Cuaich. High 5A 150
Cuaig. High 3G 155
Cuan. Arg 2E 133
Cubbington. Warw 4H 61
Cubert. Corn 3B 6
Cubley. S Yor 4C 92
Cubley Common. Derbs 2F 73
Cublington. Buck 3G 51
Cublington. Here 2G 47
Cuckfield. W Sus 3E 27
Cucklington. Som 4C 22
Cuckney. Notts 3C 86
Cuckron. Shet 6F 173
Cuddesdon. Oxon 5E 50
Cuddington. Buck 4F 51
Cuddington. Ches W 3A 84
Cuddington Heath. Ches W 1G 71
Cuddy Hill. Lanc 1C 90
Cudham. G Lon 5F 39
Cudlipptown. Devn 5F 11
Cudworth. Som 1G 13
Cudworth. S Yor 4D 93
Cudworth. Surr 1D 26
Cuerdley Cross. Warr 2H 83
Cuffley. Herts 5D 52
Cuidhir. W Isl 8B 170
Cuidhsiadar. W Isl 2H 171
Cuidhtinis. W Isl 9C 171
Culbo. High 2A 158
Culbokie. High 3A 158
Culburnie. High 4G 157
Culcabock. High 4A 158
Culcharry. High 3C 158
Culcheth. Warr 1A 84
Culduie. High 4G 155
Culeave. High 4C 164
Culford. Suff 3H 65
Culgaith. Cumb 2H 103
Culham. Oxon 2D 36
Culkein. High 1E 163
Culkein Drumbeg. High 5B 166
Culkerton. Glos 2E 35
Cullen. Mor 2C 160
Cullercoats. Tyne 2G 115
Cullicudden. High 2A 158
Cullingworth. W Yor 1A 92
Cullipool. Arg 2E 133
Cullivoe. Shet 1G 173
Culloch. Per 2G 135
Culloden. High 4B 158
Cullompton. Devn 2D 12
Cullybackey. ME Ant 2F 175
Culm Davy. Devn 1E 13
Culmington. Shrp 2G 59
Culmstock. Devn 1E 12
Cul na Caepaich. High 5E 147
Culnacnoc. High 2E 155
Culnacraig. High 3E 163
Culrain. High 4C 164
Culross. Fife 1C 128
Culroy. S Ayr 3C 116
Culswick. Shet 7D 173
Cults. Aber 3F 153
Cults. Abers 5C 160
Cults. Fife 3F 137
Cultybraggan Camp. Per 1G 135
Culver. Devn 3B 12
Culverlane. Devn 2D 8
Culverstone Green. Kent 4H 39
Culverthorpe. Linc 1H 75
Culworth. Nptn 1D 50
Culzie Lodge. High 1H 157
Cumberlow Green. Herts 2D 52
Cumbernauld. N Lan 2A 128
Cumbernauld Village
N Lan 2A 128
Cumberworth. Linc 3E 89
Cumdivock. Cumb 5E 113
Cuminestown. Abers 3F 161
Cumledge Mill. Bord 4D 130
Cumlewick. Shet 9F 173
Cummersdale. Cumb 4E 113
Cummertrees. Dum 3C 112
Cummingstown. Mor 2F 159
Cumnock. E Ayr 2E 117
Cumnor. Oxon 5C 50
Cumrew. Cumb 4G 113
Cumwhinton. Cumb 4F 113
Cumwhitton. Cumb 4G 113
Cundall. N Yor 2G 99
Cunninghamhead. N Ayr 5E 127
Cunning Park. S Ayr 3C 116
Cunningsburgh. Shet 9F 173
Cunnister. Shet 2G 173
Cupar. Fife 2F 137
Cupar Muir. Fife 2F 137
Cupernham. Hants 4B 24
Curbar. Derbs 3G 85
Curborough. Staf 4F 73
Curbridge. Hants 1D 16
Curbridge. Oxon 5B 50
Curdridge. Hants 1D 16
Curdworth. Warw 1F 61
Curland. Som 1F 13
Curland Common. Som 1F 13
Curridge. W Ber 4C 36
Currie. Edin 3E 129
Curry Mallet. Som 4G 21
Curry Rivel. Som 4G 21
Curtisden Green. Kent 1B 28
Curtisknowle. Devn 3D 8
Cury. Corn 4D 5
Cusgarne. Corn 4B 6
Cushendall. Caus 1G 175
Cusop. Here 1F 47
Cusworth. S Yor 4F 93
Cutcombe. Som 3C 20
Cuthill. E Lot 2G 129
Cutiau. Gwyn 4F 69
Cutlers Green. Essx 2F 53
Cutmadoc. Corn 2E 7
Cutnall Green. Worc 4C 60
Cutsdean. Glos 2F 49
Cutthorpe. Derbs 3H 85
Cuttiford's Door. Som 1G 13
Cuttivett. Corn 2H 7
Cutts. Shet 8E 173
Cuttybridge. Pemb 3D 42
Cuttyhill. Abers 3H 161
Cuxham. Oxon 2E 37
Cuxton. Medw 4B 40
Cuxwold. Linc 4E 95
Cwm. Blae 5E 47
Cwm. Den 3C 82
Cwm. Powy 1E 59
Cwmafan. Neat 2A 32
Cwmaman. Rhon 2C 32
Cwm-ann. Carm 1F 45
Cwm-bach. Carm 2G 43
Cwm-bach. Powy 2E 47
Cwm-bach. Rhon 5D 46
Cwmbach Llechrhyd
Powy 5C 58
Cwmbelan. Powy 2B 58
Cwmbran. Torf 2F 33
Cwmbrwyno. Cdgn 2G 57
Cwm Capel. Carm 5E 45
Cwm-carn. Cphy 2F 33
Cwmcarvan. Mon 5H 47
Cwm-celyn. Blae 5F 47
Cwmcerdinen. Swan 5G 45
Cwmcewydd. Gwyn 4A 70
Cwm-cou. Cdgn 1C 44
Cwmcych. Pemb 1G 43
Cwmdare. Rhon 5C 46
Cwm-du. Carm 2G 45
Cwmdu. Powy 3E 47
Cwmduad. Carm 2D 45
Cwm Dulais. Swan 5G 45
Cwmerfyn. Cdgn 2F 57
Cwmfelin. B'end 3B 32
Cwmfelin boeth. Carm 3F 43
Cwmfelin-fach. Cphy 2E 33
Cwmfelinmynach. Carm 2G 43
Cwm-ffrwd. Carm 4E 45
Cwmgiedd. Powy 4A 46
Cwm-gors. Neat 4H 45
Cwmgwili. Carm 4F 45
Cwm-gwrach. Neat 5B 46
Cwmhiraeth. Carm 1H 43
Cwmifor. Carm 3G 45
Cwmisfael. Carm 4E 45
Cwm-Llinau. Powy 5H 69
Cwmllynfell. Neat 4H 45
Cwm-mawr. Carm 4F 45
Cwm-miles. Carm 2F 43
Cwm-morgan. Carm 1G 43
Cwmparc. Rhon 2C 32
Cwm Penmachno. Cnwy 1G 69
Cwmpennar. Rhon 5D 46
Cwm Plysgog. Pemb 1B 44
Cwmrhos. Powy 3E 47
Cwmsychpant. Cdgn 1E 45
Cwmsyfiog. Cphy 5E 47
Cwmsymlog. Cdgn 2F 57
Cwmtillery. Blae 5F 47
Cwm-twrch Isaf. Powy 5A 46
Cwm-twrch Uchaf. Powy 4A 46
Cwmwysg. Powy 3B 46
Cwm-y-glo. Gwyn 4E 81
Cwmyoy. Mon 3G 47
Cwmystwyth. Cdgn 3G 57
Cwrt. Gwyn 5F 69
Cwrt-henri. Carm 3F 45
Cwrtnewydd. Cdgn 1E 45
Cwrtycadno. Carm 1G 45
Cydweli. Carm 5E 45
Cyffylliog. Den 5C 82
Cymau. Flin 5E 83
Cymer. Neat 2B 32
Cymmer. Neat 2B 32
Cymmer. Rhon 2D 32
Cyncoed. Card 3E 33
Cynghordy. Carm 2B 46
Cynheidre. Carm 5E 45
Cynonville. Neat 2B 32
Cynwyd. Den 1C 70
Cynwyl Elfed. Carm 3D 44
Cywarch. Gwyn 4A 70

D

Dacre. Cumb 2F 103
Dacre. N Yor 3D 98
Dacre Banks. N Yor 3D 98
Daddry Shield. Dur 1B 104
Dadford. Buck 2E 51
Dadlington. Leics 1B 62
Dafen. Carm 5F 45
Daffy Green. Norf 5B 78
Dagdale. Staf 2E 73
Dagenham. G Lon 2F 39
Daggons. Dors 1G 15
Daglingworth. Glos 5E 49
Dagnall. Buck 4H 51
Dagtail End. Worc 4E 61
Dail. Arg 5E 141
Dail Beag. W Isl 3E 171
Dail bho Dheas. W Isl 1G 171
Dailly. S Ayr 4B 116
Dail Mor. W Isl 3E 171
Dairsie. Fife 2G 137
Daisy Bank. W Mid 1E 61
Daisy Hill. G Man 4E 91
Daisy Hill. W Yor 1B 92
Dalabrog. W Isl 6C 170
Dalavich. Arg 2G 133
Dalbeattie. Dum 3F 111
Dalblair. E Ayr 3F 117
Dalbury. Derbs 2G 73
Dalby. IOM 4B 108
Dalby Wolds. Leics 3D 74
Dalchalm. High 3G 165
Dalcharn. High 3G 167
Dalchork. High 2C 164
Dalchreichart. High 2E 149
Dalchruin. Per 2G 135
Dalcross. High 4B 158
Dalderby. Linc 4B 88
Dale. Cumb 5G 113
Dale. Pemb 4C 42
Dale Abbey. Derbs 2B 74
Dalebank. Derbs 4A 86
Dale Bottom. Cumb 2D 102
Dale Head. Cumb 3F 103
Dalehouse. N Yor 3E 107
Dalelia. High 2B 140
Dale of Walls. Shet 6C 173
Dalgarven. N Ayr 5D 126
Dalgety Bay. Fife 1E 129
Dalginross. Per 1G 135
Dalguise. Per 4G 143
Dalhalvaig. High 3A 168
Dalham. Suff 4G 65
Dalintart. Arg 1F 133
Dalkeith. Midl 3G 129
Dallas. Mor 3F 159
Dalleagles. E Ayr 3E 117
Dall House. Per 3C 142
Dallinghoo. Suff 5E 67
Dallington. E Sus 4A 28
Dallow. N Yor 2D 98
Dalmally. Arg 1A 134
Dalmarnock. Glas 3H 127
Dalmellington. E Ayr 4D 117
Dalmeny. Edin 2E 129
Dalmigavie. High 2B 150
Dalmilling. S Ayr 2C 116
Dalmore. High
nr. Alness 2A 158
nr. Rogart 3E 164
Dalmuir. W Dun 2F 127
Dalmunach. Mor 4G 159
Dalnabreck. High 2B 140
Dalnacardoch Lodge. Per 1E 142
Dalnamein Lodge. Per 2E 143
Dalnaspidal Lodge. Per 1D 142
Dalnatrat. High 3D 140
Dalnavie. High 1A 158
Dalnawillan Lodge. High 4C 168
Dalness. High 3F 141
Dalnessie. High 2D 164
Dalqueich. Per 3C 136
Dalquhairn. S Ayr 5C 116
Dalreavoch. High 3E 165
Dalreoch. Per 2C 136
Dalry. Edin 2F 129
Dalry. N Ayr 5D 126
Dalrymple. E Ayr 3C 116
Dalscote. Nptn 5D 62
Dalserf. S Lan 4B 128
Dalsmirren. Arg 4A 122
Dalston. Cumb 4E 113
Dalswinton. Dum 1G 111
Dalton. Dum 2C 112
Dalton. Lanc 4C 90
Dalton. Nmbd
nr. Hexham 4C 114
nr. Ponteland 2E 115
Dalton. N Yor
nr. Richmond 4E 105
nr. Thirsk 2G 99
Dalton. S Lan 4H 127
Dalton. S Yor 1B 86
Dalton-in-Furness. Cumb 2B 96
Dalton-le-Dale. Dur 5H 115
Dalton Magna. S Yor 1B 86
Dalton-on-Tees. N Yor 4F 105
Dalton Piercy. Hart 1B 106
Daltot. Arg 1F 125
Dalvey. High 5F 159
Dalwhinnie. High 5A 150
Dalwood. Devn 2F 13
Damerham. Hants 1G 15
Damgate. Norf
nr. Acle 5G 79
nr. Martham 4G 79
Dam Green. Norf 2C 66
Damhead. Mor 3E 159
Danaway. Kent 4C 40
Danbury. Essx 5A 54
Danby. N Yor 4E 107
Danby Botton. N Yor 4D 107
Danby Wiske. N Yor 5A 106
Danderhall. Midl 3G 129
Danebank. Ches E 2D 85
Danebridge. Ches E 4D 84
Dane End. Herts 3D 52
Danehill. E Sus 3F 27
Danesford. Shrp 1B 60
Daneshill. Hants 1E 25
Danesmoor. Derbs 4B 86
Danestone. Aber 2G 153
Dangerous Corner. Lanc 3D 90
Daniel's Water. Kent 1D 28
Dan's Castle. Dur 1E 105
Danzey Green. Warw 4F 61
Dapple Heath. Staf 3E 73
Daren. Powy 4F 47
Darenth. Kent 3G 39
Daresbury. Hal 2H 83
Darfield. S Yor 4E 93
Dargate. Kent 4E 41
Dargill. Per 2A 136
Darite. Corn 2G 7
Darlaston. W Mid 1D 61
Darley. N Yor 4E 98
Darley Abbey. Derb 2H 73
Darley Bridge. Derbs 4G 85
Darley Dale. Derbs 4G 85
Darley Head. N Yor 4D 98
Darlingscott. Warw 1H 49
Darlington. Darl 3F 105
Darliston. Shrp 2H 71
Darlton. Notts 3E 87
Darmsden. Suff 5C 66
Darnall. S Yor 2A 86
Darnford. Abers 4E 153
Darnford. Staf 5F 73

Darnhall – Dormans Park

Darnhall. *Ches W* 4A 84
Darnick. *Bord* 1H 119
Darowen. *Powy* 5H 69
Darra. *Abers* 4E 161
Darracott. *Devn* 3E 19
Darras Hall. *Nmbd* 2E 115
Darrington. *W Yor* 2E 93
Darrow Green. *Norf* 2E 67
Darsham. *Suff* 4G 67
Dartfield. *Abers* 3H 161
Dartford. *Kent* 3G 39
Dartford-Thurrock River Crossing. *Kent* 3G 39
Dartington. *Devn* 2D 9
Dartmeet. *Devn* 5G 11
Dartmouth. *Devn* 3E 9
Darton. *S Yor* 3D 92
Darvel. *E Ayr* 1E 117
Darwen. *Bkbn* 2E 91
Dassels. *Herts* 3D 53
Datchet. *Wind* 3A 38
Datchworth. *Herts* 4C 52
Datchworth Green. *Herts* 4C 52
Daubhill. *G Man* 4F 91
Dauntsey. *Wilts* 3E 35
Dauntsey Green. *Wilts* 3E 35
Dauntsey Lock. *Wilts* 3E 35
Dava. *Mor* 5E 159
Davenham. *Ches W* 3A 84
Daventry. *Nptn* 4C 62
Davidson's Mains. *Edin* 2F 129
Davidston. *High* 2B 158
Davidstow. *Corn* 4B 10
David's Well. *Powy* 3C 58
Davington. *Dum* 4E 119
Daviot. *Abers* 1E 153
Daviot. *High* 5B 158
Davyhulme. *G Man* 1B 84
Daw Cross. *N Yor* 4E 99
Dawdon. *Dur* 5H 115
Dawesgreen. *Surr* 1D 26
Dawley. *Telf* 5A 72
Dawlish. *Devn* 5C 12
Dawlish Warren. *Devn* 5C 12
Dawn. *Cnwy* 3A 82
Daws Heath. *Essx* 2C 40
Dawshill. *Worc* 5C 60
Daw's House. *Corn* 4D 10
Dawsmere. *Linc* 2D 76
Dayhills. *Staf* 2D 72
Dayhouse Bank. *Worc* 3D 60
Daylesford. *Glos* 3H 49
Daywall. *Shrp* 2E 71
Ddol. *Flin* 3D 82
Ddol Cownwy. *Powy* 4C 70
Deadman's Cross. *C Beds* 1B 52
Deadwater. *Nmbd* 5A 120
Deaf Hill. *Dur* 1A 106
Deal. *Kent* 5H 41
Dean. *Cumb* 2B 102
Dean. *Devn*
  nr. Combe Martin 2G 19
  nr. Lynton 2H 19
Dean. *Dors* 1E 15
Dean. *Hants*
  nr. Bishop's Waltham 1D 16
  nr. Winchester 3C 24
Dean. *Oxon* 3B 50
Dean. *Som* 2B 22
Dean Bank. *Dur* 1F 105
Deanburnhaugh. *Bord* 3F 119
Dean Cross. *Devn* 2F 19
Deane. *Hants* 1D 24
Deanich Lodge. *High* 5A 164
Deanland. *Dors* 1E 15
Deanlane End. *W Sus* 1F 17
Dean Park. *Shrp* 4A 60
Dean Prior. *Devn* 2D 8
Dean Row. *Ches E* 2C 84
Deans. *W Lot* 3D 128
Deanscales. *Cumb* 2B 102
Deanshanger. *Nptn* 1F 51
Deanston. *Stir* 3G 135
Dearham. *Cumb* 1B 102
Dearne Valley. *S Yor* 4D 93
Debach. *Suff* 5E 67
Debden. *Essx* 2F 53
Debden Green. *Essx*
  nr. Loughton 1F 39
  nr. Saffron Walden 2F 53
Debenham. *Suff* 4D 66
Dechmont. *W Lot* 2D 128
Deddington. *Oxon* 2C 50
Dedham. *Essx* 2D 54
Dedham Heath. *Essx* 2D 54
Deebank. *Abers* 4D 152
Deene. *Nptn* 1G 63
Deenethorpe. *Nptn* 1G 63
Deepcar. *S Yor* 1G 85
Deepcut. *Surr* 5A 38
Deepdale. *Cumb* 1G 97
Deepdale. *N Lin* 3D 94
Deepdale. *N Yor* 2A 98
Deeping Gate. *Pet* 5A 76
Deeping St James. *Linc* 4A 76
Deeping St Nicholas. *Linc* 4B 76
Deerhill. *Mor* 3B 160
Deerhurst. *Glos* 3D 48
Deerhurst Walton. *Glos* 3D 49
Deerness. *Orkn* 7E 172
Defford. *Worc* 1E 49
Defynnog. *Powy* 3C 46
Deganwy. *Cnwy* 3G 81
Deighton. *N Yor* 4A 106
Deighton. *W Yor* 3B 92
Deighton. *York* 5A 100
Deiniolen. *Gwyn* 4E 81
Delabole. *Corn* 4A 10
Delamere. *Ches W* 4H 83
Delfour. *High* 3C 150
The Dell. *Suff* 1G 67
Delliefure. *High* 5E 159
Delly End. *Oxon* 4B 50
Delny. *High* 1B 158
Delph. *G Man* 4H 91
Delves. *Dur* 5E 115
The Delves. *W Mid* 1E 61
Delvin End. *Essx* 2A 54
Dembleby. *Linc* 2H 75
Demelza. *Corn* 2D 6
The Den. *N Ayr* 4E 127
Denaby Main. *S Yor* 1B 86
Denbeath. *Fife* 4F 137
Denbigh. *Den* 4C 82
Denbury. *Devn* 2E 9
Denby. *Derbs* 1A 74
Denby Common. *Derbs* 1B 74
Denby Dale. *W Yor* 4C 92
Denchworth. *Oxon* 2B 36
Dendron. *Cumb* 2B 96
Deneside. *Dur* 5H 115
Denford. *Nptn* 3G 63
Dengie. *Essx* 5C 54
Denham. *Buck* 2B 38
Denham. *Suff*
  nr. Bury St Edmunds 4G 65
  nr. Eye 3D 66
Denham Green. *Buck* 2B 38
Denham Street. *Suff* 3D 66
Denhead. *Abers*
  nr. Ellon 5G 161
  nr. Strichen 3G 161
Denhead. *Fife* 2G 137
Denholm. *Bord* 3H 119
Denholme. *W Yor* 1A 92
Denholme Clough. *W Yor* 1A 92
Denholme Gate. *W Yor* 1A 92
Denio. *Gwyn* 2C 68
Denmead. *Hants* 1E 17
Dennington. *Suff* 4E 67
Denny. *Falk* 1B 128
Denny End. *Cambs* 4D 65
Dennyloanhead. *Falk* 1B 128
Den of Lindores. *Fife* 2E 137
Denshaw. *G Man* 3H 91
Denside. *Abers* 4F 153
Densole. *Kent* 1G 29
Denston. *Suff* 5G 65
Denstone. *Staf* 1F 73
Denstroude. *Kent* 4F 41
Dent. *Cumb* 1G 97
Denton. *Cambs* 2A 64
Denton. *Darl* 3F 105
Denton. *E Sus* 5F 27
Denton. *G Man* 1D 84
Denton. *Kent* 1G 29
Denton. *Linc* 2F 75
Denton. *Norf* 2E 67
Denton. *Nptn* 5F 63
Denton. *N Yor* 5D 98
Denton. *Oxon* 5D 50
Denver. *Norf* 5F 77
Denwick. *Nmbd* 3G 121
Deopham. *Norf* 5C 78
Deopham Green. *Norf* 1C 66
Depden. *Suff* 5G 65
Depden Green. *Suff* 5G 65
Deptford. *G Lon* 3E 39
Deptford. *Wilts* 3F 23
Derby. *Derb* 2A 74
Derbyhaven. *IOM* 5B 108
Derculich. *Per* 3F 143
Dereham. *Norf* 4B 78
Deri. *Cphy* 5E 47
Derril. *Devn* 2D 10
Derringstone. *Kent* 1G 29
Derrington. *Shrp* 1A 60
Derrington. *Staf* 3C 72
Derriton. *Devn* 2D 10
Derry. *Derr* 2C 174
Derryguaig. *Arg* 5F 139
Derry Hill. *Wilts* 4E 35
Derrythorpe. *N Lin* 4B 94
Dersingham. *Norf* 2F 77
Dervaig. *Arg* 3F 139
Derwen. *Den* 5C 82
Derwen Gam. *Cdgn* 5D 56
Derwen-las. *Powy* 1G 57
Desborough. *Nptn* 2F 63
Desford. *Leics* 5B 74
Detchant. *Nmbd* 1E 121
Dethick. *Derbs* 5H 85
Detling. *Kent* 5B 40
Deuchar. *Ang* 2D 144
Deuddwr. *Powy* 4E 71
Devauden. *Mon* 2H 33
Devil's Bridge. *Cdgn* 3G 57
Devitts Green. *Warw* 1G 61
Devizes. *Wilts* 5F 35
Devonport. *Plym* 3A 8
Devonside. *Clac* 4B 136
Devoran. *Corn* 5B 6
Dewartown. *Midl* 3G 129
Dewlish. *Dors* 3C 14
Dewsall Court. *Here* 2H 47
Dewsbury. *W Yor* 2C 92
Dexbeer. *Devn* 2C 10
Dhoon. *IOM* 3D 108
Dhoor. *IOM* 2D 108
Dhowin. *IOM* 1D 108
Dial Green. *W Sus* 3A 26
Dial Post. *W Sus* 4C 26
Dibberford. *Dors* 2H 13
Dibden. *Hants* 2C 16
Dibden Purlieu. *Hants* 2C 16
Dickleburgh. *Norf* 2D 66
Didbrook. *Glos* 2F 49
Didcot. *Oxon* 2D 36
Diddington. *Cambs* 4A 64
Diddlebury. *Shrp* 2H 59
Didley. *Here* 2H 47
Didling. *W Sus* 1G 17
Didmarton. *Glos* 3D 34
Didsbury. *G Man* 1C 84
Didworthy. *Devn* 2C 8
Digby. *Linc* 5H 87
Digg. *High* 2D 154
Diggle. *G Man* 4A 92
Digmoor. *Lanc* 4C 90
Digswell. *Herts* 4C 52
Dihewyd. *Cdgn* 5D 57
Dilham. *Norf* 3F 79
Dilhorne. *Staf* 1D 72
Dillarburn. *S Lan* 5B 128
Dillington. *Cambs* 4A 64
Dilston. *Nmbd* 3C 114
Dilton Marsh. *Wilts* 2D 22
Dilwyn. *Here* 5G 59
Dimmer. *Som* 3B 22
Dimple. *G Man* 3F 91
Dinas. *Carm* 1G 43
Dinas. *Gwyn*
  nr. Caernarfon 5D 81
  nr. Tudweiliog 2B 68
Dinas Cross. *Pemb* 1E 43
Dinas Dinlle. *Gwyn* 5D 80
Dinas Mawddwy. *Gwyn* 4A 70
Dinas Powys. *V Glam* 4E 33
Dinbych. *Den* 4C 82
Dinbych-y-Pysgod. *Pemb* 4F 43
Dinckley. *Lanc* 1E 91
Dinder. *Som* 2A 22
Dinedor. *Here* 2A 48
Dinedor Cross. *Here* 2A 48
Dingestow. *Mon* 4H 47
Dingle. *Mers* 2F 83
Dingleden. *Kent* 2C 28
Dingleton. *Bord* 1H 119
Dingley. *Nptn* 2E 63
Dingwall. *High* 3H 157
Dinmael. *Cnwy* 1C 70
Dinnet. *Abers* 4B 152
Dinnington. *Som* 1H 13
Dinnington. *S Yor* 2C 86
Dinnington. *Tyne* 2F 115
Dinorwig. *Gwyn* 4E 81
Dinton. *Buck* 4F 51
Dinton. *Wilts* 3F 23
Dinworthy. *Devn* 1D 10
Dipley. *Hants* 1F 25
Dippen. *Arg* 2B 122
Dippenhall. *Surr* 2G 25
Dippertown. *Devn* 4E 11
Dippin. *N Ayr* 3E 123
Dipple. *S Ayr* 4B 116
Diptford. *Devn* 3D 8
Dipton. *Dur* 4E 115
Dirleton. *E Lot* 1B 130
Dirt Pot. *Nmbd* 5B 114
Discoed. *Powy* 4E 59
Diseworth. *Leics* 3B 74
Dishes. *Orkn* 5F 172
Dishforth. *N Yor* 2F 99
Disley. *Ches E* 2D 85
Diss. *Norf* 3D 66
Disserth. *Powy* 5C 58
Distington. *Cumb* 2B 102
Ditchampton. *Wilts* 3F 23
Ditcheat. *Som* 3B 22
Ditchingham. *Norf* 1F 67
Ditchling. *E Sus* 4E 27
Ditteridge. *Wilts* 5D 34
Dittisham. *Devn* 3E 9
Ditton. *Hal* 2G 83
Ditton. *Kent* 5B 40
Ditton Green. *Cambs* 5F 65
Ditton Priors. *Shrp* 2A 60
Divach. *High* 1G 149
Dixonfield. *High* 2D 168
Dixton. *Glos* 2E 49
Dixton. *Mon* 4A 48
Dizzard. *Corn* 3B 10
Doagh. *Ant* 3G 175
Dobcross. *G Man* 4H 91
Dobs Hill. *Flin* 4F 83
Dobson's Bridge. *Shrp* 2G 71
Dobwalls. *Corn* 2G 7
Doccombe. *Devn* 4A 12
Dochgarroch. *High* 4A 158
Docking. *Norf* 2G 77
Docklow. *Here* 5H 59
Dockray. *Cumb* 2E 103
Doc Penfro. *Pemb* 4D 42
Dodbrooke. *Devn* 4D 8
Doddenham. *Worc* 5B 60
Doddinghurst. *Essx* 1G 39
Doddington. *Cambs* 1C 64
Doddington. *Kent* 5D 40
Doddington. *Linc* 3G 87
Doddington. *Nmbd* 1D 121
Doddington. *Shrp* 3A 60
Doddiscombsleigh. *Devn* 4B 12
Doddshill. *Norf* 2G 77
Dodford. *Nptn* 4D 62
Dodford. *Worc* 3D 60
Dodington. *Som* 2E 21
Dodington. *S Glo* 3C 34
Dodleston. *Ches W* 4F 83
Dods Leigh. *Staf* 2E 73
Dodworth. *S Yor* 4D 92
Doe Lea. *Derbs* 4B 86
Dogdyke. *Linc* 5B 88
Dogmersfield. *Hants* 1F 25
Dogsthorpe. *Pet* 5B 76
Dog Village. *Devn* 3C 12
Dolanog. *Powy* 4C 70
Dolau. *Powy* 4D 58
Dolau. *Rhon* 3D 32
Dolbenmaen. *Gwyn* 1E 69
Doley. *Staf* 3B 72
Dol-fâch. *Powy* 5B 70
Dolfach. *Powy* 3B 58
Dolfor. *Powy* 2D 58
Dolgarrog. *Cnwy* 4G 81
Dolgellau. *Gwyn* 4G 69
Dol-goch. *Gwyn* 5F 69
Dol-gran. *Carm* 2E 45
Dolhelfa. *Powy* 3B 58
Doll. *High* 3F 165
Dollar. *Clac* 4B 136
Dolley Green. *Powy* 4E 59
Dollingstown. *Arm* 5G 175
Dollwen. *Cdgn* 2F 57
Dolphin. *Flin* 3D 82
Dolphinholme. *Lanc* 4E 97
Dolphinton. *S Lan* 5E 129
Dolton. *Devn* 1F 11
Dolwen. *Cnwy* 3A 82
Dolwyddelan. *Cnwy* 5G 81
Dol-y-Bont. *Cdgn* 2F 57
Dolyhir. *Powy* 5E 59
Domgay. *Powy* 4E 71
Donaghadee. *Ards* 4J 175
Doncaster. *S Yor* 4F 93
Doncaster Sheffield Airport *S Yor* 1D 86
Donhead St Andrew. *Wilts* 4E 23
Donhead St Mary. *Wilts* 4E 23
Doniford. *Som* 2D 20
Donington. *Linc* 2B 76
Donington. *Shrp* 5C 72
Donington Eaudike. *Linc* 2B 76
Donington le Heath. *Leics* 4B 74
Donington on Bain. *Linc* 2B 88
Donington South Ing. *Linc* 2B 76
Donisthorpe. *Leics* 4H 73
Donkey Street. *Kent* 2F 29
Donkey Town. *Surr* 4A 38
Donna Nook. *Linc* 1D 88
Donnington. *Glos* 3G 49
Donnington. *Here* 2C 48
Donnington. *Shrp* 5H 71
Donnington. *Telf* 4B 72
Donnington. *W Ber* 5C 36
Donnington. *W Sus* 2G 17
Donyatt. *Som* 1G 13
Doomsday Green. *W Sus* 3C 26
Doonfoot. *S Ayr* 3C 116
Doonholm. *S Ayr* 3C 116
Dorback Lodge. *High* 2E 151
Dorchester. *Dors* 3B 14
Dorchester on Thames *Oxon* 2D 36
Dordon. *Warw* 5G 73
Dore. *S Yor* 2H 85
Dores. *High* 5H 157
Dorking. *Surr* 1C 26
Dorking Tye. *Suff* 2C 54
Dormansland. *Surr* 1F 27
Dormans Park. *Surr* 1E 27

Dormanstown – Dunstan

Dormanstown. Red C 2C 106
Dormington. Here 1A 48
Dormston. Worc 5D 61
Dorn. Glos 2H 49
Dorney. Buck 3A 38
Dornie. High 1A 148
Dornoch. High 5E 165
Dornock. Dum 3D 112
Dorrery. High 3C 168
Dorridge. W Mid 3F 61
Dorrington. Linc 5H 87
Dorrington. Shrp 5G 71
Dorsington. Warw 1G 49
Dorstone. Here 1G 47
Dorton. Buck 4E 51
Dosthill. Staf 5G 73
Dotham. IOA 3C 80
Dottery. Dors 3H 13
Doublebois. Corn 2F 7
Dougarie. N Ayr 2C 122
Doughton. Glos 2D 35
Douglas. IOM 4C 108
Douglas. S Lan 1H 117
Douglastown. Ang 4D 144
Douglas Water. S Lan 1A 118
Doulting. Som 2B 22
Dounby. Orkn 5B 172
Doune. High
nr. Kingussie 2C 150
nr. Lairg 3B 164
Doune. Stir 3G 135
Dounie. High
nr. Bonar Bridge 4C 164
nr. Tain 5D 164
Dounreay, Upper & Lower
High 2B 168
Doura. N Ayr 5E 127
Dousland. Devn 2B 8
Dovaston. Shrp 3F 71
Dove Holes. Derbs 3E 85
Dovenby. Cumb 1B 102
Dover. Kent 1H 29
Dovercourt. Essx 2F 55
Doverdale. Worc 4C 60
Doveridge. Derbs 2F 73
Doversgreen. Surr 1D 26
Dowally. Per 4H 143
Dowbridge. Lanc 1C 90
Dowdeswell. Glos 4F 49
Dowlais. Mer T 5D 46
Dowland. Devn 1F 11
Dowlands. Devn 3F 13
Dowles. Worc 3B 60
Dowlesgreen. Wok 5G 37
Dowlish Wake. Som 1G 13
The Down. Shrp 1A 60
Downall Green. Mers 4D 90
Down Ampney. Glos 2G 35
Downderry. Corn
nr. Looe 3H 7
nr. St Austell 3D 6
Downe. G Lon 4F 39
Downend. IOW 4D 16
Downend. S Glo 4B 34
Downend. W Ber 4C 36
Down Field. Cambs 3F 65
Downfield. D'dee 5C 144
Downgate. Corn
nr. Kelly Bray 5D 10
nr. Upton Cross 5C 10
Downham. Essx 1B 40
Downham. Lanc 5G 97
Downham. Nmbd 1C 120
Downham Market. Norf 5F 77
Down Hatherley. Glos 3D 48
Downhead. Som
nr. Frome 2B 22
nr. Yeovil 4A 22
Downholland Cross. Lanc 4B 90
Downholme. N Yor 5E 105
Downies. Abers 4G 153
Downley. Buck 2G 37
Downpatrick. New M 5H 175
Down St Mary. Devn 2H 11
Downside. Som
nr. Chilcompton 1B 22
nr. Shepton Mallet 2B 22
Downside. Surr 5C 38
Down Thomas. Devn 3B 8
Downton. Hants 3A 16
Downton. Wilts 4G 23
Downton on the Rock
Here 3G 59
Dowsby. Linc 3A 76
Dowsdale. Linc 4B 76
Dowthwaitehead. Cumb 2E 103
Doxey. Staf 3D 72
Doxford. Nmbd 2F 121
Doynton. S Glo 4C 34
Drabblegate. Norf 3E 78
Draethen. Cphy 3F 33
Draffan. S Lan 5A 128
Dragonby. N Lin 3C 94
Dragon's Green. W Sus 3C 26
Drakelow. Worc 2C 60
Drakemyre. N Ayr 4D 126
Drakes Broughton. Worc 1E 49
Drakes Cross. Worc 3E 61
Drakewalls. Corn 5E 11
Draperstown. M Ulst 3E 174
Draughton. Nptn 3E 63
Draughton. N Yor 4C 98
Drax. N Yor 2G 93
Draycot. Oxon 5E 51
Draycote. Warw 3B 62
Draycot Foliat. Swin 4G 35
Draycott. Derbs 2B 74
Draycott. Glos 2G 49
Draycott. Shrp 1C 60
Draycott. Som
nr. Cheddar 1H 21
nr. Yeovil 4A 22
Draycott. Worc 1D 48
Draycott in the Clay. Staf 3F 73
Draycott in the Moors
Staf 1D 73
Drayford. Devn 1A 12
Drayton. Leics 1F 63
Drayton. Linc 2B 76
Drayton. Norf 4D 78
Drayton. Nptn 4C 62
Drayton. Oxon
nr. Abingdon 2C 36
nr. Banbury 1C 50
Drayton. Port 2E 17
Drayton. Som 4H 21
Drayton. Warw 5F 61
Drayton. Worc 3D 60
Drayton Bassett. Staf 5F 73
Drayton Beauchamp. Buck 4H 51
Drayton Parslow. Buck 3G 51
Drayton St Leonard. Oxon 2D 36
Drebley. N Yor 4C 98
Dreenhill. Pemb 3D 42
Y Dref. Gwyn 2D 69
Dre-fach. Carm
nr. Newcastle Emlyn 2D 44
nr. Tumble 4F 45
Drefach. Carm 2G 43
Drefach. Cdgn 1E 45
Dreghorn. N Ayr 1C 116
Drellingore. Kent 1G 29
Drem. E Lot 2B 130
Y Drenewydd. Powy 1D 58
Dreumasdal. W Isl 5C 170
Drewsteignton. Devn 3H 11
Driby. Linc 3C 88
Driffield. E Yor 4E 101
Driffield. Glos 2F 35
Drift. Corn 4B 4
Drigg. Cumb 5B 102
Drighlington. W Yor 2C 92
Drimnin. High 3G 139
Drimpton. Dors 2H 13
Dringhoe. E Yor 4F 101
Drinisiadar. W Isl 8D 171
Drinkstone. Suff 4B 66
Drinkstone Green. Suff 4B 66
Drointon. Staf 3E 73
Droitwich Spa. Worc 4C 60
Droman. High 3B 166
Dromore. Arm 5G 175
Dromore. Ferm 4C 174
Dron. Per 2D 136
Dronfield. Derbs 3A 86
Dronfield Woodhouse
Derbs 3H 85
Drongan. E Ayr 3D 116
Dronley. Ang 5C 144
Droop. Dors 2C 14
Drope. V Glam 4E 32
Droxford. Hants 1E 16
Droylsden. G Man 1C 84
Druggers End. Worc 2C 48
Druid. Den 1C 70
Druid's Heath. W Mid 5E 73
Druidston. Pemb 3C 42
Druim. High 3D 158
Druimarbin. High 1E 141
Druim Fhearna. High 2E 147
Druimindarroch. High 5E 147
Druim Saighdinis. W Isl 2D 170
Drum. Per 3C 136
Drumaness. New M 5H 175
Drumbeg. High 5B 166
Drumblade. Abers 4C 160
Drumbuie. Dum 1C 110
Drumbuie. High 5G 155
Drumburgh. Cumb 4D 112
Drumburn. Dum 3A 112
Drumchapel. Glas 2G 127
Drumchardine. High 4H 157
Drumchork. High 5C 162
Drumclog. S Lan 1F 117
Drumeldrie. Fife 3G 137
Drumelzier. Bord 1D 118
Drumfearn. High 2E 147
Drumgask. High 4A 150
Drumgelloch. N Lan 3A 128
Drumgley. Ang 3D 144
Drumguish. High 4B 150
Drumin. Mor 5F 159
Drumindorsair. High 4G 157
Drumlamford House
S Ayr 2H 109
Drumlasie. Abers 3D 152
Drumlemble. Arg 4A 122
Drumlithie. Abers 5E 153
Drummoddie. Dum 5A 110
Drummond. High 2A 158
Drummore. Dum 5E 109
Drummuir. Mor 4A 160
Drumnadrochit. High 5H 157
Drumnagorrach. Mor 3C 160
Drumnakilly. Ferm 4D 174
Drumoak. Abers 4E 153
Drumrunie. High 3F 163
Drumry. W Dun 2G 127
Drums. Abers 1G 153
Drumsleet. Dum 2G 111
Drumsmittal. High 4A 158
Drums of Park. Abers 3C 160
Drumsturdy. Ang 5D 145
Drumtochty Castle. Abers 5D 152
Drumuie. High 4D 154
Drumuillie. High 1D 150
Drumvaich. Stir 3F 135
Drumwhindle. Abers 5G 161
Drunkendub. Ang 4F 145
Drury. Flin 4E 83
Drury Square. Norf 4B 78
Drybeck. Cumb 3H 103
Drybridge. Mor 2B 160
Drybridge. N Ayr 1C 116
Drybrook. Glos 4B 48
Drybrook. Here 4A 48
Dryburgh. Bord 1H 119
Dry Doddington. Linc 1F 75
Dry Drayton. Cambs 4C 64
Drym. Corn 3D 4
Drymen. Stir 1F 127
Drymuir. Abers 4G 161
Drynachan Lodge. High 5C 158
Drynie Park. High 3H 157
Drynoch. High 5D 154
Dry Sandford. Oxon 5C 50
Dryslwyn. Carm 3F 45
Dry Street. Essx 2A 40
Dryton. Shrp 5H 71
Dubford. Abers 2E 161
Dubiton. Abers 3D 160
Dubton. Ang 3E 145
Duchally. High 2A 164
Duck End. Essx 3G 53
Duckington. Ches W 5G 83
Ducklington. Oxon 5B 50
Duckmanton. Derbs 3B 86
Duck Street. Hants 2B 24
Dudbridge. Glos 5D 48
Duddenhoe End. Essx 2E 53
Duddingston. Edin 2F 129
Duddington. Nptn 5G 75
Duddleswell. E Sus 3F 27
Duddo. Nmbd 5F 131
Duddon. Ches W 4H 83
Duddon Bridge. Cumb 1A 96
Dudleston. Shrp 2F 71
Dudleston Heath. Shrp 2F 71
Dudley. Tyne 2F 115
Dudley. W Mid 2D 60
Dudston. Shrp 1E 59
Dudwells. Pemb 2D 42
Duffield. Derbs 1H 73
Duffryn. Neat 2B 32
Dufftown. Mor 4H 159
Duffus. Mor 2F 159
Dufton. Cumb 2H 103
Duggleby. N Yor 3C 100
Duirinish. High 5G 155
Duisdalemore. High 2E 147
Duisdeil Mòr. High 2E 147
Duisky. High 1E 141
Dukesfield. Nmbd 4C 114
Dukestown. Blae 5E 47
Dukinfield. G Man 1D 84
Dulas. IOA 2D 81
Dulcote. Som 2A 22
Dulford. Devn 2D 12
Dull. Per 4F 143
Dullatur. N Lan 2A 128
Dullingham. Cambs 5F 65
Dullingham Ley. Cambs 5F 65
Dulnain Bridge. High 1D 151
Duloe. Bed 4A 64
Duloe. Corn 3G 7
Dulverton. Som 4C 20
Dulwich. G Lon 3E 39
Dumbarton. W Dun 2F 127
Dumbleton. Glos 2F 49
Dumfin. Arg 1E 127
Dumfries. Dum 2A 112
Dumgoyne. Stir 1G 127
Dummer. Hants 2D 24
Dumpford. W Sus 4G 25
Dun. Ang 2F 145
Dunagoil. Arg 4B 126
Dunalastair. Per 3E 142
Dunan. High 1D 147
Dunball. Som 2G 21
Dunbar. E Lot 2C 130
Dunbeath. High 5D 168
Dunbeg. Arg 5C 140
Dunblane. Stir 3G 135
Dunbog. Fife 2E 137
Dunbridge. Hants 4B 24
Duncanston. Abers 1C 152
Duncanston. High 3H 157
Dun Charlabhaigh. W Isl 3D 171
Dunchideock. Devn 4B 12
Dunchurch. Warw 3B 62
Duncote. Nptn 5D 62
Duncow. Dum 1A 112
Duncrievie. Per 3D 136
Duncton. W Sus 4A 26
Dundee. D'dee 5D 144
Dundee Airport. D'dee 1F 137
Dundon. Som 3H 21
Dundonald. Lis 4H 175
Dundonald. S Ayr 1C 116
Dundonnell. High 5E 163
Dundraw. Cumb 5D 112
Dundreggan. High 2F 149
Dundrennan. Dum 5E 111
Dundridge. Hants 1D 16
Dundrum. New M 6H 175
Dundry. N Som 5A 34
Dunecht. Abers 3E 153
Dunfermline. Fife 1D 129
Dunford Bridge. S Yor 4B 92
Dungannon. M Ulst 4E 174
Dungate. Kent 5D 40
Dunge. Wilts 1D 23
Dungeness. Kent 4E 29
Dungiven. Caus 2D 174
Dungworth. S Yor 2G 85
Dunham-on-the-Hill
Ches W 3G 83
Dunham-on-Trent. Notts 3F 87
Dunhampton. Worc 4C 60
Dunham Town. G Man 2B 84
Dunham Woodhouses
G Man 2B 84
Dunholme. Linc 3H 87
Dunino. Fife 2H 137
Dunipace. Falk 1B 128
Dunira. Per 1G 135
Dunkeld. Per 4H 143
Dunkerton. Bath 1C 22
Dunkeswell. Devn 2E 13
Dunkeswick. N Yor 5F 99
Dunkirk. Kent 5E 41
Dunkirk. S Glo 3C 34
Dunkirk. Staf 5C 84
Dunkirk. Wilts 5E 35
Dunk's Green. Kent 5H 39
Dunlappie. Ang 2E 145
Dunley. Hants 1C 24
Dunley. Worc 4B 60
Dunlichity Lodge. High 5A 158
Dunlop. E Ayr 5F 127
Dunloy. Caus 2F 175
Dunmaglass Lodge
High 1H 149
Dunmore. Arg 3F 125
Dunmore. Falk 1B 128
Dunmore. High 4H 157
Dunmurry. Bel 4G 175
Dunnet. High 1E 169
Dunnichen. Ang 4E 145
Dunning. Per 2C 136
Dunnington. E Yor 4F 101
Dunnington. Warw 5E 61
Dunnington. York 4A 100
Dunningwell. Cumb 1A 96
Dunnockshaw. Lanc 2G 91
Dunoon. Arg 2C 126
Dunphail. Mor 4E 159
Dunragit. Dum 4G 109
Dunrostan. Arg 1F 125
Duns. Bord 4D 130
Dunsby. Linc 3A 76
Dunscar. G Man 3F 91
Dunscore. Dum 1F 111
Dunscroft. S Yor 4G 93
Dunsdale. Red C 3D 106
Dunsden Green. Oxon 4F 37
Dunsfold. Surr 2B 26
Dunsford. Devn 4B 12
Dunshalt. Fife 2E 137
Dunshillock. Abers 4G 161
Dunsley. N Yor 3F 107
Dunsley. Staf 2C 60
Dunsmore. Buck 5G 51
Dunsop Bridge. Lanc 4F 97
Dunstable. C Beds 3A 52
Dunstal. Staf 3E 73
Dunstall. Staf 3F 73
Dunstall Green. Suff 4G 65
Dunstall Hill. W Mid 5D 72
Dunstan. Nmbd 3G 121

Dunster – East Markham

Dunster. Som 2C 20
Duns Tew. Oxon 3C 50
Dunston. Linc 4H 87
Dunston. Norf 5E 79
Dunston. Staf 4D 72
Dunston. Tyne 3F 115
Dunstone. Devn 3B 8
Dunston Heath. Staf 4D 72
Dunsville. S Yor 4G 93
Dunswell. E Yor 1D 94
Dunsyre. S Lan 5D 128
Dunterton. Devn 5D 11
Duntisbourne Abbots
Glos 5E 49
Duntisbourne Leer. Glos 5E 49
Duntisbourne Rouse. Glos 5E 49
Duntish. Dors 2B 14
Duntocher. W Dun 2F 127
Dunton. Buck 3G 51
Dunton. C Beds 1C 52
Dunton. Norf 2A 78
Dunton Bassett. Leics 1C 62
Dunton Green. Kent 5G 39
Dunton Patch. Norf 2A 78
Duntulm. High 1D 154
Dunure. S Ayr 3B 116
Dunvant. Swan 3E 31
Dunvegan. High 4B 154
Dunwich. Suff 3G 67
Dunwood. Staf 5D 84
Durdar. Cumb 4F 113
Durgates. E Sus 2H 27
Durham. Dur 5F 115
Durham Tees Valley Airport
Darl 3A 106
Durisdeer. Dum 4A 118
Durisdeermill. Dum 4A 118
Durkar. W Yor 3D 92
Durleigh. Som 3F 21
Durley. Hants 1D 16
Durley. Wilts 5H 35
Durley Street. Hants 1D 16
Durlow Common. Here 2B 48
Durnamuck. High 4E 163
Durness. High 2E 166
Durno. Abers 1E 152
Durns Town. Hants 3A 16
Duror. High 3D 141
Durran. Arg 3G 133
Durran. High 2D 169
Durrant Green. Kent 2C 28
Durrants. Hants 1F 17
Durrington. W Sus 5C 26
Durrington. Wilts 2G 23
Dursley. Glos 2C 34
Dursley Cross. Glos 4B 48
Durston. Som 4F 21
Durweston. Dors 2D 14
Dury. Shet 6F 173
Duston. Nptn 4E 63
Duthil. High 1D 150
Dutlas. Powy 3E 58
Duton Hill. Essx 3G 53
Dutson. Corn 4D 10
Dutton. Ches W 3H 83
Duxford. Cambs 1E 53
Duxford. Oxon 2B 36
Dwygyfylchi. Cnwy 3G 81
Dwyran. IOA 4D 80
Dyce. Aber 2F 153
Dyffryn. B'end 2B 32
Dyffryn. Carm 2H 43
Dyffryn. Pemb 1D 42
Dyffryn. V Glam 4D 32
Dyffryn Ardudwy. Gwyn 3E 69
Dyffryn Castell. Cdgn 2G 57
Dyffryn Ceidrych. Carm 3H 45
Dyffryn Cellwen. Neat 5B 46
Dyke. Linc 3A 76
Dyke. Mor 3D 159
Dykehead. Ang 2C 144
Dykehead. N Lan 3B 128
Dykehead. Stir 4E 135
Dykend. Ang 3B 144
Dykesfield. Cumb 4E 112
Dylife. Powy 1A 58
Dymchurch. Kent 3F 29
Dymock. Glos 2C 48
Dyrham. S Glo 4C 34
Dysart. Fife 4F 137
Dyserth. Den 3C 82

E

Eachwick. Nmbd 2E 115
Eadar Dha Fhadhail. W Isl 4C 171
Eagland Hill. Lanc 5D 96
Eagle. Linc 4F 87
Eagle Barnsdale. Linc 4F 87
Eagle Moor. Linc 4F 87
Eaglescliffe. Stoc T 3B 106
Eaglesfield. Cumb 2B 102
Eaglesfield. Dum 2D 112
Eaglesham. E Ren 4G 127
Eaglethorpe. Nptn 1H 63
Eagley. G Man 3F 91
Eairy. IOM 4B 108
Eakley Lanes. Mil 5F 63
Eakring. Notts 4D 86
Ealand. N Lin 3A 94
Ealing. G Lon 2C 38
Eallabus. Arg 3B 124
Eals. Nmbd 4H 113
Eamont Bridge. Cumb 2G 103
Earby. Lanc 5B 98
Earcroft. Bkbn 2E 91
Eardington. Shrp 1B 60
Eardisland. Here 5G 59
Eardisley. Here 1G 47
Eardiston. Shrp 3F 71
Eardiston. Worc 4A 60
Earith. Cambs 3C 64
Earlais. High 2C 154
Earle. Nmbd 2D 121
Earlesfield. Linc 2G 75
Earlestown. Mers 1H 83
Earley. Wok 4F 37
Earlham. Norf 5D 78
Earlish. High 2C 154
Earls Barton. Nptn 4F 63
Earls Colne. Essx 3B 54
Earls Common. Worc 5D 60
Earl's Croome. Worc 1D 48
Earlsdon. W Mid 3H 61
Earlsferry. Fife 3G 137
Earlsford. Abers 5F 161
Earl's Green. Suff 4C 66
Earlsheaton. W Yor 2C 92
Earl Shilton. Leics 1B 62
Earl Soham. Suff 4E 67
Earl Sterndale. Derbs 4E 85
Earlston. E Ayr 1D 116
Earlston. Bord 1H 119
Earl Stonham. Suff 5D 66
Earlstoun. Dum 1D 110
Earlswood. Mon 2H 33
Earlswood. Warw 3F 61
Earlyvale. Bord 4F 129
Earnley. W Sus 3G 17
Earsairidh. W Isl 9C 170
Earsdon. Tyne 2G 115
Earsham. Norf 2F 67
Earsham Street. Suff 3E 67
Earswick. York 4A 100
Eartham. W Sus 5A 26
Earthcott Green. S Glo 3B 34
Easby. N Yor
nr. Great Ayton 4C 106
nr. Richmond 4E 105
Easdale. Arg 2E 133
Easebourne. W Sus 4G 25
Easenhall. Warw 3B 62
Eashing. Surr 1A 26
Easington. Buck 4E 51
Easington. Dur 5H 115
Easington. E Yor 3G 95
Easington. Nmbd 1F 121
Easington. Oxon
nr. Banbury 2C 50
nr. Watlington 2E 37
Easington. Red C 3E 107
Easington Colliery. Dur 5H 115
Easington Lane. Tyne 5G 115
Easingwold. N Yor 2H 99
Eassie. Ang 4C 144
Eassie and Nevay. Ang 4C 144
East Aberthaw. V Glam 5D 32
Eastacombe. Devn 4F 19
Eastacott. Devn 4G 19
East Allington. Devn 4D 8
East Anstey. Devn 4B 20
East Anton. Hants 2B 24
East Appleton. N Yor 5F 105
East Ardsley. W Yor 2D 92
East Ashley. Devn 1G 11
East Ashling. W Sus 2G 17
East Aston. Hants 2C 24
East Ayton. N Yor 1D 101
East Barkwith. Linc 2A 88
East Barnby. N Yor 3F 107
East Barnet. G Lon 1D 39
East Barns. E Lot 2D 130
East Barsham. Norf 2B 78
East Beach. W Sus 3G 17
East Beckham. Norf 2D 78
East Bedfont. G Lon 3B 38
East Bennan. N Ayr 3D 123
East Bergholt. Suff 2D 54
East Bierley. W Yor 2C 92
East Bilney. Norf 4B 78
East Blatchington. E Sus 5F 27
East Bloxworth. Dors 3D 15
East Boldre. Hants 2B 16
East Bolton. Nmbd 3F 121
Eastbourne. Darl 3F 105
Eastbourne. E Sus 5H 27
East Brent. Som 1G 21
East Bridge. Suff 4G 67
East Bridgford. Notts 1D 74
East Briscoe. Dur 3C 104
East Buckland. Devn
nr. Barnstaple 3G 19
nr. Thurlestone 4C 8
East Budleigh. Devn 4D 12
Eastburn. W Yor 5C 98
East Burnham. Buck 2A 38
East Burrafirth. Shet 6E 173
East Burton. Dors 4D 14
Eastbury. Herts 1B 38
Eastbury. W Ber 4B 36
East Butsfield. Dur 5E 115
East Butterleigh. Devn 2C 12
East Butterwick. N Lin 4B 94
Eastby. N Yor 4C 98
East Calder. W Lot 3D 129
East Carleton. Norf 5D 78
East Carlton. Nptn 2F 63
East Carlton. W Yor 5E 98
East Chaldon. Dors 4C 14
East Challow. Oxon 3B 36
East Charleton. Devn 4D 8
East Chelborough. Dors 2A 14
East Chiltington. E Sus 4E 27
East Chinnock. Som 1H 13
East Chisenbury. Wilts 1G 23
Eastchurch. Kent 3D 40
East Clandon. Surr 5B 38
East Claydon. Buck 3F 51
East Clevedon. N Som 4H 33
East Clyne. High 3F 165
East Clyth. High 5E 169
East Coker. Som 1A 14
East Combe. Som 3E 21
Eastcombe. Glos 5D 49
East Common. N Yor 1G 93
East Compton. Som 2B 22
East Cornworthy. Devn 3E 9
Eastcote. G Lon 2C 38
Eastcote. Nptn 5D 62
Eastcote. W Mid 3F 61
Eastcott. Corn 1C 10
Eastcott. Wilts 1F 23
East Cottingwith. E Yor 5B 100
Eastcourt. Wilts
nr. Pewsey 5H 35
nr. Tetbury 2E 35
East Cowes. IOW 3D 16
East Cowick. E Yor 2G 93
East Cowton. N Yor 4A 106
East Cramlington. Nmbd 2F 115
East Cranmore. Som 2B 22
East Creech. Dors 4E 15
East Croachy. High 1A 150
East Dean. E Sus 5G 27
East Dean. Glos 3B 48
East Dean. Hants 4A 24
East Dean. W Sus 4A 26
East Down. Devn 2G 19
East Drayton. Notts 3E 87
East Dundry. N Som 5A 34
East Ella. Hull 2D 94
East End. Cambs 3C 64
East End. Dors 3E 15
East End. E Yor
nr. Ulrome 4F 101
nr. Withernsea 2F 95
East End. Hants
nr. Lymington 3B 16
nr. Newbury 5C 36
East End. Herts 3E 53
East End. Kent
nr. Minster 3D 40
nr. Tenterden 2C 28
East End. N Som 4H 33
East End. Oxon 4B 50
East End. Som 1A 22
East End. Suff 2E 54
Easter Ardross. High 1A 158
Easter Balgedie. Per 3D 136
Easter Balmoral. Abers 4G 151
Easter Brae. High 2A 158
Easter Buckieburn. Stir 1A 128
Easter Compton. S Glo 3A 34
Easter Fearn. High 5D 164
Easter Galcantray. High 4C 158
Eastergate. W Sus 5A 26
Easterhouse. Glas 3H 127
Easter Howgate. Midl 3F 129
Easter Kinkell. High 3H 157
Easter Lednathie. Ang 2C 144
Easter Ogil. Ang 2D 144
Easter Ord. Abers 3F 153
Easter Quarff. Shet 8F 173
Easter Rhynd. Per 2D 136
Easter Skeld. Shet 7E 173
Easter Suddie. High 3A 158
Easterton. Wilts 1F 23
Eastertown. Som 1G 21
Easter Tulloch. Abers 1G 145
East Everleigh. Wilts 1H 23
East Farleigh. Kent 5B 40
East Farndon. Nptn 2E 62
East Ferry. Linc 1F 87
Eastfield. N Lan
nr. Caldercruix 3B 128
nr. Harthill 3B 128
Eastfield. N Yor 1E 101
Eastfield. S Lan 3H 127
Eastfield Hall. Nmbd 4G 121
East Fortune. E Lot 2B 130
East Garforth. W Yor 1E 93
East Garston. W Ber 4B 36
Eastgate. Dur 1C 104
Eastgate. Norf 3D 78
East Ginge. Oxon 3C 36
East Gores. Essx 3B 54
East Goscote. Leics 4D 74
East Grafton. Wilts 5A 36
East Green. Suff 5F 65
East Grimstead. Wilts 4H 23
East Grinstead. W Sus 2E 27
East Guldeford. E Sus 3D 28
East Haddon. Nptn 4D 62
East Hagbourne. Oxon 3D 36
East Halton. N Lin 2E 95
East Ham. G Lon 2F 39
Eastham. Mers 2F 83
Eastham. Worc 4A 60
Eastham Ferry. Mers 2F 83
Easthampstead. Brac 5G 37
Easthampton. Here 4G 59
East Hanney. Oxon 2C 36
East Hanningfield. Essx 5A 54
East Hardwick. W Yor 3E 93
East Harling. Norf 2B 66
East Harlsey. N Yor 5B 106
East Harptree. Bath 1A 22
East Hartford. Nmbd 2F 115
East Harting. W Sus 1G 17
East Hatch. Wilts 4E 23
East Hatley. Cambs 5B 64
Easthaugh. Norf 4C 78
East Hauxwell. N Yor 5E 105
East Haven. Ang 5E 145
Eastheath. Wok 5G 37
East Heckington. Linc 1A 76
East Hedleyhope. Dur 5E 115
East Helmsdale. High 2H 165
East Hendred. Oxon 3C 36
East Heslerton. N Yor 2D 100
East Hoathly. E Sus 4G 27
East Holme. Dors 4D 15
Easthope. Shrp 1H 59
Easthorpe. Essx 3C 54
Easthorpe. Leics 2F 75
East Horrington. Som 2A 22
East Horsley. Surr 5B 38
East Horton. Nmbd 1E 121
Easthouses. Midl 3G 129
East Howe. Bour 3F 15
East Huntspill. Som 2G 21
East Hyde. C Beds 4B 52
East Ilsley. W Ber 3C 36
Eastington. Devn 2H 11
Eastington. Glos
nr. Northleach 4G 49
nr. Stonehouse 5C 48
East Keal. Linc 4C 88
East Kennett. Wilts 5G 35
East Keswick. W Yor 5F 99
East Kilbride. S Lan 4H 127
East Kirkby. Linc 4C 88
East Knapton. N Yor 2C 100
East Knighton. Dors 4D 14
East Knowstone. Devn 4B 20
East Knoyle. Wilts 3D 23
East Kyloe. Nmbd 1E 121
East Lambrook. Som 1H 13
East Langdon. Kent 1H 29
East Langton. Leics 1E 63
East Langwell. High 3E 164
East Lavant. W Sus 2G 17
East Lavington. W Sus 4A 26
East Layton. N Yor 4E 105
Eastleach Martin. Glos 5H 49
Eastleach Turville. Glos 5G 49
East Leake. Notts 3C 74
East Learmouth. Nmbd 1C 120
East Leigh. Devn
nr. Crediton 2G 11
nr. Modbury 3C 8
Eastleigh. Devn 4E 19
Eastleigh. Hants 1C 16
East Lexham. Norf 4A 78
East Lilburn. Nmbd 2E 121
Eastling. Kent 5D 40
East Linton. E Lot 2B 130
East Liss. Hants 4F 25
East Lockinge. Oxon 3C 36
East Looe. Corn 3G 7
East Lound. N Lin 1E 87
East Lulworth. Dors 4D 14
East Lutton. N Yor 3D 100
East Lydford. Som 3A 22
East Lyng. Som 4G 21
East Mains. Abers 4D 152
East Malling. Kent 5B 40
East Marden. W Sus 1G 17
East Markham. Notts 3E 87

East Marton. *N Yor* 4B **98**
East Meon. *Hants* 4E **25**
East Mersea. *Essx* 4D **54**
East Mey. *High* 1F **169**
East Midlands Airport. *Leics* 3B **74**
East Molesey. *Surr* 4C **38**
Eastmoor. *Norf* 5G **77**
East Morden. *Dors* 3E **15**
East Morton. *W Yor* 5D **98**
East Ness. *N Yor* 2A **100**
East Newton. *E Yor* 1F **95**
East Newton. *N Yor* 2A **100**
Eastney. *Port* 3E **17**
Eastnor. *Here* 2C **48**
East Norton. *Leics* 5E **75**
East Nynehead. *Som* 4E **21**
East Oakley. *Hants* 1D **24**
Eastoft. *N Lin* 3B **94**
East Ogwell. *Devn* 5B **12**
Easton. *Cambs* 3A **64**
Easton. *Cumb*
nr. Burgh by Sands 4D **112**
nr. Longtown 2F **113**
Easton. *Devn* 4H **11**
Easton. *Dors* 5B **14**
Easton. *Hants* 3D **24**
Easton. *Linc* 3G **75**
Easton. *Norf* 4D **78**
Easton. *Som* 2A **22**
Easton. *Suff* 5E **67**
Easton. *Wilts* 4D **35**
Easton Grey. *Wilts* 3D **35**
Easton-in-Gordano. *N Som* 4A **34**
Easton Maudit. *Nptn* 5F **63**
Easton on the Hill. *Nptn* 5H **75**
Easton Royal. *Wilts* 5H **35**
East Orchard. *Dors* 1D **14**
East Ord. *Nmbd* 4F **131**
East Panson. *Devn* 3D **10**
East Peckham. *Kent* 1A **28**
East Pennard. *Som* 3A **22**
East Perry. *Cambs* 4A **64**
East Pitcorthie. *Fife* 3H **137**
East Portlemouth. *Devn* 5D **8**
East Prawle. *Devn* 5D **9**
East Preston. *W Sus* 5B **26**
East Putford. *Devn* 1D **10**
East Quantoxhead. *Som* 2E **21**
East Rainton. *Tyne* 5G **115**
East Ravendale. *NE Lin* 1B **88**
East Raynham. *Norf* 3A **78**
Eastrea. *Cambs* 1B **64**
East Rhidorroch Lodge *High* 4G **163**
Eastriggs. *Dum* 3D **112**
East Rigton. *W Yor* 5F **99**
Eastrington. *E Yor* 2A **94**
East Rounton. *N Yor* 4B **106**
East Row. *N Yor* 3F **107**
East Rudham. *Norf* 3H **77**
East Runton. *Norf* 1D **78**
East Ruston. *Norf* 3F **79**
Eastry. *Kent* 5H **41**
East Saltoun. *E Lot* 3A **130**
East Shaws. *Dur* 3D **105**
East Shefford. *W Ber* 4B **36**
Eastshore. *Shet* 10E **173**
East Sleekburn. *Nmbd* 1F **115**
East Somerton. *Norf* 4G **79**
East Stockwith. *Linc* 1E **87**
East Stoke. *Dors* 4D **14**
East Stoke. *Notts* 1E **75**
East Stoke. *Som* 1H **13**
East Stour. *Dors* 4D **22**
East Stourmouth. *Kent* 4G **41**
East Stowford. *Devn* 4G **19**
East Stratton. *Hants* 2D **24**
East Studdal. *Kent* 1H **29**
East Taphouse. *Corn* 2F **7**
East-the-Water. *Devn* 4E **19**
East Thirston. *Nmbd* 5F **121**
East Tilbury. *Thur* 3A **40**
East Tisted. *Hants* 3F **25**
East Torrington. *Linc* 2A **88**
East Tuddenham. *Norf* 4C **78**
East Tytherley. *Hants* 4A **24**
East Tytherton. *Wilts* 4E **35**
East Village. *Devn* 2B **12**
Eastville. *Linc* 5D **88**
East Wall. *Shrp* 1H **59**
East Walton. *Norf* 4G **77**
East Week. *Devn* 3G **11**
Eastwell. *Leics* 3E **75**
East Wellow. *Hants* 4B **24**
East Wemyss. *Fife* 4F **137**
East Whitburn. *W Lot* 3C **128**
Eastwick. *Herts* 4E **53**
Eastwick. *Shet* 4E **173**
East Williamston. *Pemb* 4E **43**
East Winch. *Norf* 4F **77**
East Winterslow. *Wilts* 3H **23**
East Wittering. *W Sus* 3F **17**
East Witton. *N Yor* 1D **98**
Eastwood. *Notts* 1B **74**
Eastwood. *S'end* 2C **40**
East Woodburn. *Nmbd* 1C **114**
Eastwood End. *Cambs* 1D **64**
East Woodhay. *Hants* 5C **36**
East Woodlands. *Som* 2C **22**
East Worldham. *Hants* 3F **25**
East Worlington. *Devn* 1A **12**
East Wretham. *Norf* 1B **66**
East Youlstone. *Devn* 1C **10**
Eathorpe. *Warw* 4A **62**
Eaton. *Ches E* 4C **84**
Eaton. *Ches W* 4H **83**
Eaton. *Leics* 3E **75**
Eaton. *Norf*
nr. Heacham 2F **77**
nr. Norwich 5E **78**
Eaton. *Notts* 3E **86**
Eaton. *Oxon* 5C **50**
Eaton. *Shrp*
nr. Bishop's Castle 2F **59**
nr. Church Stretton 2H **59**
Eaton Bishop. *Here* 2H **47**
Eaton Bray. *C Beds* 3H **51**
Eaton Constantine. *Shrp* 5H **71**
Eaton Hastings. *Oxon* 2A **36**
Eaton Socon. *Cambs* 5A **64**
Eaton upon Tern. *Shrp* 3A **72**
Eau Brink. *Norf* 4E **77**
Eaves Green. *W Mid* 2G **61**
Ebberley Hill. *Devn* 1F **11**
Ebberston. *N Yor* 1C **100**
Ebbesbourne Wake. *Wilts* 4E **23**
Ebblake. *Dors* 2G **15**
Ebbsfleet. *Kent* 3H **39**
Ebbsfleet Valley. *Kent* 3H **39**
Ebbw Vale. *Blae* 5E **47**
Ebchester. *Dur* 4E **115**
Ebernoe. *W Sus* 3A **26**
Ebford. *Devn* 4C **12**
Ebley. *Glos* 5D **48**
Ebnal. *Ches W* 1G **71**
Ebrington. *Glos* 1G **49**
Ecchinswell. *Hants* 1D **24**
Ecclefechan. *Dum* 2C **112**
Eccles. *G Man* 1B **84**
Eccles. *Kent* 4B **40**
Eccles. *Bord* 5D **130**
Ecclesall. *S Yor* 2H **85**
Ecclesfield. *S Yor* 1A **86**
Eccles Green. *Here* 1G **47**
Eccleshall. *Staf* 3C **72**
Eccleshill. *W Yor* 1B **92**
Ecclesmachan. *W Lot* 2D **128**
Eccles on Sea. *Norf* 3G **79**
Eccles Road. *Norf* 1C **66**
Eccleston. *Ches W* 4G **83**
Eccleston. *Lanc* 3D **90**
Eccleston. *Mers* 1G **83**
Eccup. *W Yor* 5E **99**
Echt. *Abers* 3E **153**
Eckford. *Bord* 2B **120**
Eckington. *Derbs* 3B **86**
Eckington. *Worc* 1E **49**
Ecton. *Nptn* 4F **63**
Edale. *Derbs* 2F **85**
Eday Airport. *Orkn* 4E **172**
Edburton. *W Sus* 4D **26**
Edderside. *Cumb* 5C **112**
Edderton. *High* 5E **164**
Eddington. *Kent* 4F **41**
Eddington. *W Ber* 5B **36**
Eddleston. *Bord* 5F **129**
Eddlewood. *S Lan* 4A **128**
Edenbridge. *Kent* 1F **27**
Edendonich. *Arg* 1A **134**
Edenfield. *Lanc* 3F **91**
Edenhall. *Cumb* 1G **103**
Edenham. *Linc* 3H **75**
Edensor. *Derbs* 3G **85**
Edentaggart. *Arg* 4C **134**
Edenthorpe. *S Yor* 4G **93**
Eden Vale. *Dur* 1B **106**
Edern. *Gwyn* 2B **68**
Edgarley. *Som* 3A **22**
Edgbaston. *W Mid* 2E **61**
Edgcott. *Buck* 3E **51**
Edgcott. *Som* 3B **20**
Edge. *Glos* 5D **48**
Edge. *Shrp* 5F **71**
Edgebolton. *Shrp* 3H **71**
Edge End. *Glos* 4A **48**
Edgefield. *Norf* 2C **78**
Edgefield Street. *Norf* 2C **78**
Edge Green. *Ches W* 5G **83**
Edgehead. *Midl* 3G **129**
Edgeley. *Shrp* 1H **71**
Edgeside. *Lanc* 2G **91**
Edgeworth. *Glos* 5E **49**
Edgiock. *Worc* 4E **61**
Edgmond. *Telf* 4B **72**
Edgmond Marsh. *Telf* 3B **72**
Edgton. *Shrp* 2F **59**
Edgware. *G Lon* 1C **38**
Edgworth. *Bkbn* 3F **91**
Edinbane. *High* 3C **154**
Edinburgh. *Edin* 2F **129**
Edinburgh Airport. *Edin* 2E **129**
Edingale. *Staf* 4G **73**
Edingley. *Notts* 5D **86**
Edingthorpe. *Norf* 2F **79**
Edington. *Som* 3G **21**
Edington. *Wilts* 1E **23**
Edingworth. *Som* 1G **21**
Edistone. *Devn* 4C **18**
Edithmead. *Som* 2G **21**
Edith Weston. *Rut* 5G **75**
Edlaston. *Derbs* 1F **73**
Edlesborough. *Buck* 4H **51**
Edlingham. *Nmbd* 4F **121**
Edlington. *Linc* 3B **88**
Edmondsham. *Dors* 1F **15**
Edmondsley. *Dur* 5F **115**
Edmondthorpe. *Leics* 4F **75**
Edmonstone. *Orkn* 5E **172**
Edmonton. *Corn* 1D **6**
Edmonton. *G Lon* 1E **39**
Edmundbyers. *Dur* 4D **114**
Ednam. *Bord* 1B **120**
Ednaston. *Derbs* 1G **73**
Edney Common. *Essx* 5G **53**
Edrom. *Bord* 4E **131**
Edstaston. *Shrp* 2H **71**
Edstone. *Warw* 4F **61**
Edwalton. *Notts* 2C **74**
Edwardstone. *Suff* 1C **54**
Edwardsville. *Mer T* 2D **32**
Edwinsford. *Carm* 2G **45**
Edwinstowe. *Notts* 4D **86**
Edworth. *C Beds* 1C **52**
Edwyn Ralph. *Here* 5A **60**
Edzell. *Ang* 2F **145**
Efail-fach. *Neat* 2A **32**
Efailisaf. *Rhon* 3D **32**
Efailnewydd. *Gwyn* 2C **68**
Efail-rhyd. *Powy* 3D **70**
Efail-wen. *Carm* 2F **43**
Efenechtyd. *Den* 5D **82**
Effingham. *Surr* 5C **38**
Effingham Common. *Surr* 5C **38**
Effirth. *Shet* 6E **173**
Efflinch. *Staf* 4F **73**
Efford. *Devn* 2B **12**
Efstigarth. *Shet* 2F **173**
Egbury. *Hants* 1C **24**
Egdon. *Worc* 5D **60**
Egerton. *G Man* 3F **91**
Egerton. *Kent* 1D **28**
Egerton Forstal. *Kent* 1C **28**
Eggborough. *N Yor* 2F **93**
Eggbuckland. *Plym* 3A **8**
Eggesford. *Devn* 1G **11**
Eggington. *C Beds* 3H **51**
Egginton. *Derbs* 3G **73**
Egglescliffe. *Stoc T* 3B **106**
Eggleston. *Dur* 2C **104**
Egham. *Surr* 3B **38**
Egham Hythe. *Surr* 3B **38**
Egleton. *Rut* 5F **75**
Eglingham. *Nmbd* 3F **121**
Eglinton. *Derr* 1D **174**
Egloshayle. *Corn* 5A **10**
Egloskerry. *Corn* 4C **10**
Eglwys-bach. *Cnwy* 3H **81**
Eglwys-Brewis. *V Glam* 5D **32**
Eglwys-fach. *Cdgn* 1F **57**
Eglwyswrw. *Pemb* 1F **43**
Egmanton. *Notts* 4E **87**
Egmere. *Norf* 2B **78**
Egremont. *Cumb* 3B **102**
Egremont. *Mers* 1F **83**
Egton. *N Yor* 4F **107**
Egton Bridge. *N Yor* 4F **107**
Egypt. *Buck* 2A **38**
Egypt. *Hants* 2C **24**
Eight Ash Green. *Essx* 3C **54**
Eight Mile Burn. *Midl* 4E **129**
Eignaig. *High* 4B **140**
Eilanreach. *High* 2G **147**
Eildon. *Bord* 1H **119**
Eileanach Lodge. *High* 2H **157**
Eilean Fhlodaigh. *W Isl* 3D **170**
Eilean Iarmain. *High* 2F **147**
Einacleit. *W Isl* 5D **171**
Eisgein. *W Isl* 6F **171**
Eisingrug. *Gwyn* 2F **69**
Elan Village. *Powy* 4B **58**
Elberton. *S Glo* 3B **34**
Elbridge. *W Sus* 5A **26**
Elburton. *Plym* 3B **8**
Elcho. *Per* 1D **136**
Elcombe. *Swin* 3G **35**
Elcot. *W Ber* 5B **36**
Eldernell. *Cambs* 1C **64**
Eldersfield. *Worc* 2D **48**
Elderslie. *Ren* 3F **127**
Elder Street. *Essx* 2F **53**
Eldon. *Dur* 2F **105**
Eldroth. *N Yor* 3G **97**
Eldwick. *W Yor* 5D **98**
Elfhowe. *Cumb* 5F **103**
Elford. *Nmbd* 1F **121**
Elford. *Staf* 4F **73**
Elford Closes. *Cambs* 3D **65**
Elgin. *Mor* 2G **159**
Elgol. *High* 2D **146**
Elham. *Kent* 1F **29**
Elie. *Fife* 3G **137**
Eling. *Hants* 1B **16**
Eling. *W Ber* 4D **36**
Elishaw. *Nmbd* 5C **120**
Elizafield. *Dum* 2B **112**
Elkesley. *Notts* 3D **86**
Elkington. *Nptn* 3D **62**
Elkins Green. *Essx* 5G **53**
Elkstone. *Glos* 4E **49**
Ellan. *High* 1C **150**
Elland. *W Yor* 2B **92**
Ellary. *Arg* 2F **125**
Ellastone. *Staf* 1F **73**
Ellbridge. *Corn* 2A **8**
Ellel. *Lanc* 4D **97**
Ellemford. *Bord* 3D **130**
Ellenabeich. *Arg* 2E **133**
Ellenborough. *Cumb* 1B **102**
Ellenbrook. *Herts* 5C **52**
Ellenhall. *Staf* 3C **72**
Ellen's Green. *Surr* 2B **26**
Ellerbeck. *N Yor* 5B **106**
Ellerburn. *N Yor* 1C **100**
Ellerby. *N Yor* 3E **107**
Ellerdine. *Telf* 3A **72**
Ellerdine Heath. *Telf* 3A **72**
Ellerhayes. *Devn* 2C **12**
Elleric. *Arg* 4E **141**
Ellerker. *E Yor* 2C **94**
Ellerton. *E Yor* 1H **93**
Ellerton. *Shrp* 3B **72**
Ellerton-on-Swale. *N Yor* 5F **105**
Ellesborough. *Buck* 5G **51**
Ellesmere. *Shrp* 2G **71**
Ellesmere Port. *Ches W* 3G **83**
Ellingham. *Hants* 2G **15**
Ellingham. *Norf* 1F **67**
Ellingham. *Nmbd* 2F **121**
Ellingstring. *N Yor* 1D **98**
Ellington. *Cambs* 3A **64**
Ellington. *Nmbd* 5G **121**
Ellington Thorpe. *Cambs* 3A **64**
Elliot. *Ang* 5F **145**
Ellisfield. *Hants* 2E **25**
Ellishadder. *High* 2E **155**
Ellistown. *Leics* 4B **74**
Ellon. *Abers* 5G **161**
Ellonby. *Cumb* 1F **103**
Ellough. *Suff* 2G **67**
Elloughton. *E Yor* 2C **94**
Ellwood. *Glos* 5A **48**
Elm. *Cambs* 5D **76**
Elmbridge. *Glos* 4D **48**
Elmbridge. *Worc* 4D **60**
Elmdon. *Essx* 2E **53**
Elmdon. *W Mid* 2F **61**
Elmdon Heath. *W Mid* 2F **61**
Elmesthorpe. *Leics* 1B **62**
Elmfield. *IOW* 3E **16**
Elm Hill. *Dors* 4D **22**
Elmhurst. *Staf* 4F **73**
Elmley Castle. *Worc* 1E **49**
Elmley Lovett. *Worc* 4C **60**
Elmore. *Glos* 4C **48**
Elmore Back. *Glos* 4C **48**
Elm Park. *G Lon* 2G **39**
Elmscott. *Devn* 4C **18**
Elmsett. *Suff* 1D **54**
Elmstead. *Essx* 3D **54**
Elmstead Heath. *Essx* 3D **54**
Elmstead Market. *Essx* 3D **54**
Elmsted. *Kent* 1F **29**
Elmstone. *Kent* 4G **41**
Elmstone Hardwicke
Glos 3E **49**
Elmswell. *E Yor* 4D **101**
Elmswell. *Suff* 4B **66**
Elmton. *Derbs* 3C **86**
Elphin. *High* 2G **163**
Elphinstone. *E Lot* 2G **129**
Elrick. *Abers* 3F **153**
Elrick. *Mor* 1B **152**
Elrig. *Dum* 5A **110**
Elsdon. *Nmbd* 5D **120**
Elsecar. *S Yor* 1A **86**
Elsenham. *Essx* 3F **53**
Elsfield. *Oxon* 4D **50**
Elsham. *N Lin* 3D **94**
Elsing. *Norf* 4C **78**
Elslack. *N Yor* 5B **98**
Elsrickle. *S Lan* 5D **128**
Elstead. *Surr* 1A **26**
Elsted. *W Sus* 1G **17**
Elsted Marsh. *W Sus* 4G **25**
Elsthorpe. *Linc* 3H **75**
Elstob. *Dur* 2A **106**
Elston. *Devn* 2A **12**
Elston. *Lanc* 1E **90**
Elston. *Notts* 1E **75**
Elston. *Wilts* 2F **23**
Elstone. *Devn* 1G **11**

Elstow. *Bed* 1A 52
Elstree. *Herts* 1C 38
Elstronwick. *E Yor* 1F 95
Elswick. *Lanc* 1C 90
Elswick. *Tyne* 3F 115
Elsworth. *Cambs* 4C 64
Elterwater. *Cumb* 4E 103
Eltham. *G Lon* 3F 39
Eltisley. *Cambs* 5B 64
Elton. *Cambs* 1H 63
Elton. *Ches W* 3G 83
Elton. *Derbs* 4G 85
Elton. *Glos* 4C 48
Elton. *G Man* 3F 91
Elton. *Here* 3G 59
Elton. *Notts* 2E 75
Elton. *Stoc T* 3B 106
Elton Green. *Ches W* 3G 83
Eltringham. *Nmbd* 3D 115
Elvanfoot. *S Lan* 3B 118
Elvaston. *Derbs* 2B 74
Elveden. *Suff* 3H 65
Elvetham Heath. *Hants* 1F 25
Elvingston. *E Lot* 2A 130
Elvington. *Kent* 5G 41
Elvington. *York* 5B 100
Elwick. *Hart* 1B 106
Elwick. *Nmbd* 1F 121
Elworth. *Ches E* 4B 84
Elworth. *Dors* 4A 14
Elworthy. *Som* 3D 20
Ely. *Cambs* 2E 65
Ely. *Card* 4E 33
Emberton. *Mil* 1G 51
Embleton. *Cumb* 1C 102
Embleton. *Hart* 2B 106
Embleton. *Nmbd* 2G 121
Embo. *High* 4F 165
Emborough. *Som* 1B 22
Embo Street. *High* 4F 165
Embsay. *N Yor* 4C 98
Emery Down. *Hants* 2A 16
Emley. *W Yor* 3C 92
Emmbrook. *Wok* 5F 37
Emmer Green. *Read* 4F 37
Emmington. *Oxon* 5F 51
Emneth. *Norf* 5D 77
Emneth Hungate. *Norf* 5E 77
Empingham. *Rut* 5G 75
Empshott. *Hants* 3F 25
Emsworth. *Hants* 2F 17
Enborne. *W Ber* 5C 36
Enborne Row. *W Ber* 5C 36
Enchmarsh. *Shrp* 1H 59
Enderby. *Leics* 1C 62
Endmoor. *Cumb* 1E 97
Endon. *Staf* 5D 84
Endon Bank. *Staf* 5D 84
Enfield. *G Lon* 1E 39
Enfield Wash. *G Lon* 1E 39
Enford. *Wilts* 1G 23
Engine Common. *S Glo* 3B 34
Englefield. *W Ber* 4E 37
Englefield Green. *Surr* 3A 38
Englesea-brook. *Ches E* 5B 84
English Bicknor. *Glos* 4A 48
Englishcombe. *Bath* 5C 34
English Frankton. *Shrp* 3G 71
Enham Alamein. *Hants* 2B 24
Enmore. *Som* 3F 21
Ennerdale Bridge. *Cumb* 3B 102
Enniscaven. *Corn* 3D 6
Enniskillen. *Ferm* 5B 174
Enoch. *Dum* 4A 118
Enochdhu. *Per* 2H 143
Ensay. *Arg* 4E 139
Ensbury. *Bour* 3F 15
Ensdon. *Shrp* 4G 71
Ensis. *Devn* 4F 19
Enson. *Staf* 3D 72
Enstone. *Oxon* 3B 50
Enterkinfoot. *Dum* 4A 118
Enville. *Staf* 2C 60
Eolaigearraidh. *W Isl* 8C 170
Eorabus. *Arg* 1A 132
Eoropaidh. *W Isl* 1H 171
Epney. *Glos* 4C 48
Epperstone. *Notts* 1D 74
Epping. *Essx* 5E 53
Epping Green. *Essx* 5E 53
Epping Green. *Herts* 5C 52
Epping Upland. *Essx* 5E 53
Eppleby. *N Yor* 3E 105
Eppleworth. *E Yor* 1D 94
Epsom. *Surr* 4D 38
Epwell. *Oxon* 1B 50
Epworth. *N Lin* 4A 94
Epworth Turbary. *N Lin* 4A 94
Erbistock. *Wrex* 1F 71
Erbusaig. *High* 1F 147
Erchless Castle. *High* 4G 157
Erdington. *W Mid* 1F 61
Eredine. *Arg* 3G 133
Eriboll. *High* 3E 167
Ericstane. *Dum* 3C 118
Eridge Green. *E Sus* 2G 27
Erines. *Arg* 2G 125
Eriswell. *Suff* 3G 65
Erith. *G Lon* 3G 39
Erlestoke. *Wilts* 1E 23
Ermine. *Linc* 3G 87
Ermington. *Devn* 3C 8
Ernesettle. *Plym* 3A 8
Erpingham. *Norf* 2D 78
Erriott Wood. *Kent* 5D 40
Errogie. *High* 1H 149
Errol. *Per* 1E 137
Errol Station. *Per* 1E 137
Erskine. *Ren* 2F 127
Erskine Bridge. *Ren* 2F 127
Ervie. *Dum* 3F 109
Erwarton. *Suff* 2F 55
Erwood. *Powy* 1D 46
Eryholme. *N Yor* 4A 106
Eryrys. *Den* 5E 82
Escalls. *Corn* 4A 4
Escomb. *Dur* 1E 105
Escrick. *N Yor* 5A 100
Esgair. *Carm*
nr. Carmarthen 3D 45
nr. St Clears 3G 43
Esgairgeiliog. *Powy* 5G 69
Esh. *Dur* 5E 115
Esher. *Surr* 4C 38
Esholt. *W Yor* 5D 98
Eshott. *Nmbd* 5G 121
Eshton. *N Yor* 4B 98
Esh Winning. *Dur* 5E 115
Eskadale. *High* 5G 157
Eskbank. *Midl* 3G 129
Eskdale Green. *Cumb* 4C 102
Eskdalemuir. *Dum* 5E 119
Eskham. *Linc* 1C 88
Esknish. *Arg* 3B 124
Esk Valley. *N Yor* 4F 107
Eslington Hall. *Nmbd* 3E 121
Esprick. *Lanc* 1C 90
Essendine. *Rut* 4H 75
Essendon. *Herts* 5C 52
Essich. *High* 5A 158
Essington. *Staf* 5D 72
Eston. *Red C* 3C 106
Estover. *Plym* 3B 8
Eswick. *Shet* 6F 173
Etal. *Nmbd* 1D 120
Etchilhampton. *Wilts* 5F 35
Etchingham. *E Sus* 3B 28
Etchinghill. *Kent* 2F 29
Etchinghill. *Staf* 4E 73
Etherley Dene. *Dur* 2E 105
Ethie Haven. *Ang* 4F 145
Etling Green. *Norf* 4C 78
Etloe. *Glos* 5B 48
Eton. *Wind* 3A 38
Eton Wick. *Wind* 3A 38
Etteridge. *High* 4A 150
Ettersgill. *Dur* 2B 104
Ettiley Heath. *Ches E* 4B 84
Ettington. *Warw* 1A 50
Etton. *E Yor* 5D 101
Etton. *Pet* 5A 76
Ettrick. *Bord* 3E 119
Ettrickbridge. *Bord* 2F 119
Etwall. *Derbs* 2G 73
Eudon Burnell. *Shrp* 2B 60
Eudon George. *Shrp* 2A 60
Euston. *Suff* 3A 66
Euxton. *Lanc* 3D 90
Evanstown. *B'end* 3C 32
Evanton. *High* 2A 158
Evedon. *Linc* 1H 75
Evelix. *High* 4E 165
Evendine. *Here* 1C 48
Evenjobb. *Powy* 4E 59
Evenley. *Nptn* 2D 50
Evenlode. *Glos* 3H 49
Even Swindon. *Swin* 3G 35
Evenwood. *Dur* 2E 105
Evenwood Gate. *Dur* 2E 105
Everbay. *Orkn* 5F 172
Evercreech. *Som* 3B 22
Everdon. *Nptn* 5C 62
Everingham. *E Yor* 5C 100
Everleigh. *Wilts* 1H 23
Everley. *N Yor* 1D 100
Eversholt. *C Beds* 2H 51
Evershot. *Dors* 2A 14
Eversley. *Hants* 5F 37
Eversley Centre. *Hants* 5F 37
Eversley Cross. *Hants* 5F 37
Everthorpe. *E Yor* 1C 94
Everton. *C Beds* 5B 64
Everton. *Hants* 3A 16
Everton. *Mers* 1F 83
Everton. *Notts* 1D 86
Evertown. *Dum* 2E 113
Evesbatch. *Here* 1B 48
Evesham. *Worc* 1F 49
Evington. *Leic* 5D 74
Ewden Village. *S Yor* 1G 85
Ewdness. *Shrp* 1B 60
Ewell. *Surr* 4D 38
Ewell Minnis. *Kent* 1G 29
Ewelme. *Oxon* 2E 37
Ewen. *Glos* 2F 35
Ewenny. *V Glam* 4C 32
Ewerby. *Linc* 1A 76
Ewes. *Dum* 5F 119
Ewesley. *Nmbd* 5E 121
Ewhurst. *Surr* 1B 26
Ewhurst Green. *E Sus* 3B 28
Ewhurst Green. *Surr* 2B 26
Ewlo. *Flin* 4E 83
Ewloe. *Flin* 4E 83
Ewood Bridge. *Lanc* 2F 91
Eworthy. *Devn* 3E 11
Ewshot. *Hants* 1G 25
Ewyas Harold. *Here* 3G 47
Exbourne. *Devn* 2G 11
Exbury. *Hants* 2C 16
Exceat. *E Sus* 5G 27
Exebridge. *Som* 4C 20
Exelby. *N Yor* 1E 99
Exeter. *Devn* 3C 12
Exeter Airport. *Devn* 3D 12
Exford. *Som* 3B 20
Exfords Green. *Shrp* 5G 71
Exhall. *Warw* 5F 61
Exlade Street. *Oxon* 3E 37
Exminster. *Devn* 4C 12
Exmouth. *Devn* 4D 12
Exnaboe. *Shet* 10E 173
Exning. *Suff* 4F 65
Exton. *Devn* 4C 12
Exton. *Hants* 4E 24
Exton. *Rut* 4G 75
Exton. *Som* 3C 20
Exwick. *Devn* 3C 12
Eyam. *Derbs* 3G 85
Eydon. *Nptn* 5C 62
Eye. *Here* 4G 59
Eye. *Pet* 5B 76
Eye. *Suff* 3D 66
Eye Green. *Pet* 5B 76
Eyemouth. *Bord* 3F 131
Eyeworth. *C Beds* 1C 52
Eyhorne Street. *Kent* 5C 40
Eyke. *Suff* 5F 67
Eynesbury. *Cambs* 5A 64
Eynort. *High* 1B 146
Eynsford. *Kent* 4G 39
Eynsham. *Oxon* 5C 50
Eyre. *High*
on Isle of Skye 3D 154
on Raasay 5E 155
Eythorne. *Kent* 1G 29
Eyton. *Here* 4G 59
Eyton. *Shrp*
nr. Bishop's Castle 2F 59
nr. Shrewsbury 4F 71
Eyton. *Wrex* 1F 71
Eyton on Severn. *Shrp* 5H 71
Eyton upon the Weald
Moors. *Telf* 4A 72

F

Faccombe. *Hants* 1B 24
Faceby. *N Yor* 4B 106
Faddiley. *Ches E* 5H 83
Fadmoor. *N Yor* 1A 100
Fagwyr. *Swan* 5G 45
Faichem. *High* 3E 149
Faifley. *W Dun* 2G 127
Fail. *S Ayr* 2D 116
Failand. *N Som* 4A 34
Failford. *S Ayr* 2D 116
Failsworth. *G Man* 4H 91
Fairbourne. *Gwyn* 4F 69
Fairbourne Heath. *Kent* 5C 40
Fairburn. *N Yor* 2E 93
Fairfield. *Derbs* 3E 85
Fairfield. *Kent* 3D 28
Fairfield. *Worc*
nr. Bromsgrove 3D 60
nr. Evesham 1F 49
Fairford. *Glos* 5G 49
Fair Green. *Norf* 4F 77
Fair Hill. *Cumb* 1G 103
Fairhill. *S Lan* 4A 128
Fair Isle Airport. *Shet* 1B 172
Fairlands. *Surr* 5A 38
Fairlie. *N Ayr* 4D 126
Fairlight. *E Sus* 4C 28
Fairlight Cove. *E Sus* 4C 28
Fairmile. *Devn* 3D 12
Fairmile. *Surr* 4C 38
Fairmilehead. *Edin* 3F 129
Fair Oak. *Devn* 1D 12
Fair Oak. *Hants*
nr. Eastleigh 1C 16
nr. Kingsclere 5D 36
Fairoak. *Staf* 2B 72
Fair Oak Green. *Hants* 5E 37
Fairseat. *Kent* 4H 39
Fairstead. *Essx* 4A 54
Fairstead. *Norf* 4F 77
Fairwarp. *E Sus* 3F 27
Fairwater. *Card* 4E 33
Fairy Cross. *Devn* 4E 19
Fakenham. *Norf* 2B 78
Fakenham Magna. *Suff* 3B 66
Fala. *Midl* 3H 129
Fala Dam. *Midl* 3H 129
Falcon. *Here* 2B 48
Faldingworth. *Linc* 2H 87
Falfield. *S Glo* 2B 34
Y Fali. *IOA* 3B 80
Falkenham. *Suff* 2F 55
Falkirk. *Falk* 1B 128
Falkland. *Fife* 3E 137
Fallin. *Stir* 4H 135
Fallowfield. *G Man* 1C 84
Falmer. *E Sus* 5E 27
Falmouth. *Corn* 5C 6
Falsgrave. *N Yor* 1E 101
Falstone. *Nmbd* 1A 114
Fanagmore. *High* 4B 166
Fancott. *C Beds* 3A 52
Fanellan. *High* 4G 157
Fangdale Beck. *N Yor* 5C 106
Fangfoss. *E Yor* 4B 100
Fankerton. *Falk* 1A 128
Fanmore. *Arg* 4F 139
Fanner's Green. *Essx* 4G 53
Fannich Lodge. *High* 2E 156
Fans. *Bord* 5C 130
Farcet. *Cambs* 1B 64
Far Cotton. *Nptn* 5E 63
Fareham. *Hants* 2D 16
Farewell. *Staf* 4E 73
Far Forest. *Worc* 3B 60
Farforth. *Linc* 3C 88
Far Green. *Glos* 5C 48
Far Hoarcross. *Staf* 3F 73
Faringdon. *Oxon* 2A 36
Farington. *Lanc* 2D 90
Farlam. *Cumb* 4G 113
Farleigh. *N Som* 5H 33
Farleigh. *Surr* 4E 39
Farleigh Hungerford. *Som* 1D 22
Farleigh Wallop. *Hants* 2E 24
Farleigh Wick. *Wilts* 5D 34
Farlesthorpe. *Linc* 3D 88
Farleton. *Cumb* 1E 97
Farleton. *Lanc* 3E 97
Farley. *High* 4G 157
Farley. *Shrp*
nr. Shrewsbury 5F 71
nr. Telford 5A 72
Farley. *Staf* 1E 73
Farley. *Wilts* 4H 23
Farley Green. *Suff* 5G 65
Farley Green. *Surr* 1B 26
Farley Hill. *Wok* 5F 37
Farley's End. *Glos* 4C 48
Farlington. *N Yor* 3A 100
Farlington. *Port* 2E 17
Farlow. *Shrp* 2A 60
Farmborough. *Bath* 5B 34
Farmcote. *Glos* 3F 49
Farmcote. *Shrp* 1B 60
Farmington. *Glos* 4G 49
Far Moor. *G Man* 4D 90
Farmoor. *Oxon* 5C 50
Farmtown. *Mor* 3C 160
Farnah Green. *Derbs* 1H 73
Farnborough. *G Lon* 4F 39
Farnborough. *Hants* 1G 25
Farnborough. *Warw* 1C 50
Farnborough. *W Ber* 3C 36
Farncombe. *Surr* 1A 26
Farndish. *Bed* 4G 63
Farndon. *Ches W* 5G 83
Farndon. *Notts* 5E 87
Farnell. *Ang* 3F 145
Farnham. *Dors* 1E 15
Farnham. *Essx* 3E 53
Farnham. *N Yor* 3F 99
Farnham. *Suff* 4F 67
Farnham. *Surr* 2G 25
Farnham Common
Buck 2A 38
Farnham Green. *Essx* 3E 53
Farnham Royal. *Buck* 2A 38
Farnhill. *N Yor* 5C 98
Farningham. *Kent* 4G 39
Farnley. *N Yor* 5E 98
Farnley Tyas. *W Yor* 3B 92
Farnsfield. *Notts* 5D 86
Farnworth. *G Man* 4F 91
Farnworth. *Hal* 2H 83
Far Oakridge. *Glos* 5E 49
Farr. *High*
nr. Bettyhill 2H 167
nr. Inverness 5A 158
nr. Kingussie 3C 150
Farraline. *High* 1H 149
Farringdon. *Devn* 3D 12

Farrington. *Dors* 1D 14
Farrington Gurney. *Bath* 1B 22
Far Sawrey. *Cumb* 5E 103
Farsley. *W Yor* 1C 92
Farthinghoe. *Nptn* 2D 50
Farthingstone. *Nptn* 5D 62
Farthorpe. *Linc* 3B 88
Fartown. *W Yor* 3B 92
Farway. *Devn* 3E 13
Fasag. *High* 3A 156
Fascadale. *High* 1G 139
Fasnacloich. *Arg* 4E 141
Fassfern. *High* 1E 141
Fatfield. *Tyne* 4G 115
Faugh. *Cumb* 4G 113
Fauld. *Staf* 3F 73
Fauldhouse. *W Lot* 3C 128
Faulkbourne. *Essx* 4A 54
Faulkland. *Som* 1C 22
Fauls. *Shrp* 2H 71
Faverdale. *Darl* 3F 105
Faversham. *Kent* 4E 40
Fawdington. *N Yor* 2G 99
Fawfieldhead. *Staf* 4E 85
Fawkham Green. *Kent* 4G 39
Fawler. *Oxon* 4B 50
Fawley. *Buck* 3F 37
Fawley. *Hants* 2C 16
Fawley. *W Ber* 3B 36
Fawley Chapel. *Here* 3A 48
Fawton. *Corn* 2F 7
Faxfleet. *E Yor* 2B 94
Faygate. *W Sus* 2D 26
Fazakerley. *Mers* 1F 83
Fazeley. *Staf* 5F 73
Feagour. *High* 4H 149
Fearann Dhomhnaill
High 3E 147
Fearby. *N Yor* 1D 98
Fearn. *High* 1C 158
Fearnan. *Per* 4E 142
Fearnbeg. *High* 3G 155
Fearnhead. *Warr* 1A 84
Fearnmore. *High* 2G 155
Featherstone. *Staf* 5D 72
Featherstone. *W Yor* 2E 93
Featherstone Castle
Nmbd 3H 113
Feckenham. *Worc* 4E 61
Feering. *Essx* 3B 54
Feetham. *N Yor* 5C 104
Feizor. *N Yor* 3G 97
Felbridge. *Surr* 2E 27
Felbrigg. *Norf* 2E 78
Felcourt. *Surr* 1E 27
Felden. *Herts* 5A 52
Felhampton. *Shrp* 2G 59
Felindre. *Carm*
nr. Llandeilo 3F 45
nr. Llandovery 2G 45
nr. Newcastle Emlyn 2D 44
Felindre. *Powy*
nr. Beguildy 2D 58
nr. Talgarth 2E 47
Felindre. *Swan* 5G 45
Felindre Farchog. *Pemb* 1F 43
Felin-fach. *Cdgn* 5E 57
Felin-fach. *Powy* 2D 46
Felin-foel. *Carm* 5F 45
Felin-gwm Isaf. *Carm* 3F 45
Felin-gwm Uchaf. *Carm* 3F 45
Y Felinheli. *Gwyn* 4E 81
Felin Newydd. *Powy*
nr. Newtown 5C 70
nr. Oswestry 3E 70
Felinwnda. *Cdgn* 1D 44
Felinwynt. *Cdgn* 5B 56
Felixkirk. *N Yor* 1G 99
Felixstowe. *Suff* 2F 55
Felixstowe Ferry. *Suff* 2G 55
Felkington. *Nmbd* 5F 131
Fell End. *Cumb* 5A 104
Felling. *Tyne* 3F 115
Fell Side. *Cumb* 1E 102
Felmersham. *Bed* 5G 63
Felmingham. *Norf* 3E 79
Felpham. *W Sus* 3H 17
Felsham. *Suff* 5B 66
Felsted. *Essx* 3G 53
Feltham. *G Lon* 3C 38
Felthamhill. *Surr* 3B 38
Felthorpe. *Norf* 4D 78
Felton. *Here* 1A 48
Felton. *N Som* 5A 34
Felton. *Nmbd* 4F 121
Felton Butler. *Shrp* 4F 71
Feltwell. *Norf* 1G 65
Fenay Bridge. *W Yor* 3B 92
Fence. *Lanc* 1G 91
Fence Houses. *Tyne* 4G 115
Fencott. *Oxon* 4D 50
Fen Ditton. *Cambs* 4D 65
Fen Drayton. *Cambs* 4C 64
Fen End. *Linc* 3B 76
Fen End. *W Mid* 3G 61
Fenham. *Nmbd* 5G 131
Fenham. *Tyne* 3F 115
Fenhouses. *Linc* 1B 76
Feniscowles. *Bkbn* 2E 91
Feniton. *Devn* 3D 12
Fenn Green. *Shrp* 2B 60
Y Fenni. *Mon* 4G 47
Fenn's Bank. *Wrex* 2H 71
Fenn Street. *Medw* 3B 40
Fenny Bentley. *Derbs* 5F 85
Fenny Bridges. *Devn* 3E 12
Fenny Compton. *Warw* 5B 62
Fenny Drayton. *Leics* 1H 61
Fenny Stratford. *Mil* 2G 51
Fenrother. *Nmbd* 5F 121
Fenstanton. *Cambs* 4C 64
Fen Street. *Norf* 1C 66
Fenton. *Cambs* 3C 64
Fenton. *Cumb* 4G 113
Fenton. *Linc*
nr. Caythorpe 5F 87
nr. Saxilby 3F 87
Fenton. *Nmbd* 1D 120
Fenton. *Notts* 2E 87
Fenton. *Stoke* 1C 72
Fentonadle. *Corn* 5A 10
Fenton Barns. *E Lot* 1B 130
Fenwick. *E Ayr* 5F 127
Fenwick. *Nmbd*
nr. Berwick-upon-Tweed
5G 131
nr. Hexham 2D 114
Fenwick. *S Yor* 3F 93
Feochaig. *Arg* 4B 122
Feock. *Corn* 5C 6
Feolin Ferry. *Arg* 3C 124
Feorlan. *Arg* 5A 122
Ferindonald. *High* 3E 147
Feriniquarrie. *High* 3A 154
Fern. *Ang* 2D 145
Ferndale. *Rhon* 2C 32
Ferndown. *Dors* 2F 15
Ferness. *High* 4D 158
Fernham. *Oxon* 2A 36
Fernhill. *W Sus* 1E 27
Fernhill Heath. *Worc* 5C 60
Fernhurst. *W Sus* 4G 25
Fernieflatt. *Abers* 1H 145
Ferniegair. *S Lan* 4A 128
Fernilea. *High* 5C 154
Fernilee. *Derbs* 3E 85
Ferrensby. *N Yor* 3F 99
Ferriby Sluice. *N Lin* 2C 94
Ferring. *W Sus* 5B 26
Ferrybridge. *W Yor* 2E 93
Ferryden. *Ang* 3G 145
Ferry Hill. *Cambs* 2C 64
Ferryhill. *Aber* 3G 153
Ferryhill. *Dur* 1F 105
Ferryhill Station. *Dur* 1A 106
Ferryside. *Carm* 4D 44
Ferryton. *High* 2A 158
Fersfield. *Norf* 2C 66
Fersit. *High* 1A 142
Y Ferwig. *Cdgn* 1B 44
Feshiebridge. *High* 3C 150
Fetcham. *Surr* 5C 38
Fetterangus. *Abers* 3G 161
Fettercairn. *Abers* 1F 145
Fewcott. *Oxon* 3D 50
Fewston. *N Yor* 4D 98
Ffair-fach. *Carm* 3G 45
Ffair Rhos. *Cdgn* 4G 57
Ffaldybrenin. *Carm* 1G 45
Ffarmers. *Carm* 1G 45
Ffawyddog. *Powy* 4F 47
Y Fflint. *Flin* 3E 83
Ffodun. *Powy* 5E 71
Ffont-y-gari. *V Glam* 5D 32
Y Ffor. *Gwyn* 2C 68
Fforest. *Carm* 5F 45
Fforest-fach. *Swan* 3F 31
Fforest Goch. *Neat* 5H 45
Ffostrasol. *Cdgn* 1D 44
Ffos-y-ffin. *Cdgn* 4D 56
Ffrith. *Flin* 5E 83
Ffwl-y-mwn. *V Glam* 5D 32
Ffynnon-ddrain. *Carm* 3E 45
Ffynnongroyw. *Flin* 2D 82
Ffynnon Gynydd. *Powy* 1E 47
Ffynnon-oer. *Cdgn* 5E 57
Fiag Lodge. *High* 1B 164
Fidden. *Arg* 2B 132
Fiddington. *Glos* 2E 49
Fiddington. *Som* 2F 21
Fiddleford. *Dors* 1D 14
Fiddlers Hamlet. *Essx* 5E 53
Field. *Staf* 2E 73
Field Assarts. *Oxon* 4B 50
Field Broughton. *Cumb* 1C 96
Field Dalling. *Norf* 2C 78
Field Head. *Leics* 5B 74
Fieldhead. *Cumb* 1F 103
Fifehead Magdalen. *Dors* 4C 22
Fifehead Neville. *Dors* 1C 14
Fifehead St Quintin. *Dors* 1C 14
Fife Keith. *Mor* 3B 160
Fifield. *Oxon* 4H 49
Fifield. *Wilts* 1G 23
Fifield. *Wind* 3A 38
Fifield Bavant. *Wilts* 4F 23
Figheldean. *Wilts* 2G 23
Filby. *Norf* 4G 79
Filey. *N Yor* 1F 101
Filford. *Dors* 3H 13
Filgrave. *Mil* 1G 51
Filkins. *Oxon* 5H 49
Filleigh. *Devn*
nr. Crediton 1H 11
nr. South Molton 4G 19
Fillingham. *Linc* 2G 87
Fillongley. *Warw* 2G 61
Filton. *S Glo* 4B 34
Fimber. *E Yor* 3C 100
Finavon. *Ang* 3D 145
Fincham. *Norf* 5F 77
Finchampstead. *Wok* 5F 37
Fincharn. *Arg* 3G 133
Finchdean. *Hants* 1F 17
Finchingfield. *Essx* 2G 53
Finchley. *G Lon* 1D 38
Findern. *Derbs* 2H 73
Findhorn. *Mor* 2E 159
Findhorn Bridge. *High* 1C 150
Findochty. *Mor* 2B 160
Findo Gask. *Per* 1C 136
Findon. *Abers* 4G 153
Findon. *W Sus* 5C 26
Findon Mains. *High* 2A 158
Findon Valley. *W Sus* 5C 26
Finedon. *Nptn* 3G 63
Fingal Street. *Suff* 3E 66
Fingest. *Buck* 2F 37
Finghall. *N Yor* 1D 98
Fingland. *Cumb* 4D 112
Fingland. *Dum* 3G 117
Finglesham. *Kent* 5H 41
Fingringhoe. *Essx* 3D 54
Finiskaig. *High* 4A 148
Finmere. *Oxon* 2E 51
Finnart. *Per* 3C 142
Finningham. *Suff* 4C 66
Finningley. *S Yor* 1D 86
Finnygaud. *Abers* 3D 160
Finsbury. *G Lon* 2E 39
Finstall. *Worc* 4D 61
Finsthwaite. *Cumb* 1C 96
Finstock. *Oxon* 4B 50
Finstown. *Orkn* 6C 172
Fintona. *Ferm* 4C 174
Fintry. *Abers* 3E 161
Fintry. *D'dee* 5D 144
Fintry. *Stir* 1H 127
Finwood. *Warw* 4F 61
Finzean. *Abers* 4D 152
Fionnphort. *Arg* 2B 132
Fionnsabhagh. *W Isl* 9C 171
Firbeck. *S Yor* 2C 86
Firby. *N Yor*
nr. Bedale 1E 99
nr. Malton 3B 100
Firgrove. *G Man* 3H 91
Firle. *E Sus* 5F 27
Firsby. *Linc* 4D 88
Firsdown. *Wilts* 3H 23
First Coast. *High* 4D 162
Firth. *Shet* 4F 173
Fir Tree. *Dur* 1E 105
Fishbourne. *IOW* 3D 16
Fishbourne. *W Sus* 2G 17
Fishburn. *Dur* 1A 106
Fishcross. *Clac* 4A 136
Fisherford. *Abers* 5D 160
Fisherrow. *E Lot* 2G 129
Fisher's Pond. *Hants* 4C 24
Fisher's Row. *Lanc* 5D 96
Fisherstreet. *W Sus* 2A 26
Fisherton. *High* 3B 158
Fisherton. *S Ayr* 3B 116
Fisherton de la Mere
Wilts 3E 23
Fishguard. *Pemb* 1D 42
Fishlake. *S Yor* 3G 93
Fishley. *Norf* 4G 79
Fishnish. *Arg* 4A 140
Fishpond Bottom. *Dors* 3G 13
Fishponds. *Bris* 4B 34
Fishpool. *Glos* 3B 48
Fishpool. *G Man* 3G 91
Fishpools. *Powy* 4D 58
Fishtoft. *Linc* 1C 76
Fishtoft Drove. *Linc* 1C 76
Fishwick. *Bord* 4F 131
Fiskavaig. *High* 5C 154
Fiskerton. *Linc* 3H 87
Fiskerton. *Notts* 5E 87
Fitch. *Shet* 7E 173
Fitling. *E Yor* 1F 95
Fittleton. *Wilts* 2G 23
Fittleworth. *W Sus* 4B 26
Fitton End. *Cambs* 4D 76
Fitz. *Shrp* 4G 71
Fitzhead. *Som* 4E 20
Fitzwilliam. *W Yor* 3E 93
Fiunary. *High* 4A 140
Five Ash Down. *E Sus* 3F 27
Five Ashes. *E Sus* 3G 27
Five Bells. *Som* 2D 20
Five Bridges. *Here* 1B 48
Fivehead. *Som* 4G 21
Fivelanes. *Corn* 4C 10
Fivemiletown. *M Ulst* 5C 174
Five Oak Green. *Kent* 1H 27
Five Oaks. *W Sus* 3B 26
Five Roads. *Carm* 5E 45
Five Ways. *Warw* 3G 61
Flack's Green. *Essx* 4A 54
Flackwell Heath. *Buck* 3G 37
Fladbury. *Worc* 1E 49
Fladda. *Shet* 3E 173
Fladdabister. *Shet* 8F 173
Flagg. *Derbs* 4F 85
Flamborough. *E Yor* 2G 101
Flamstead. *Herts* 4A 52
Flansham. *W Sus* 5A 26
Flasby. *N Yor* 4B 98
Flash. *Staf* 4E 85
Flashader. *High* 3C 154
The Flatt. *Cumb* 2G 113
Flaunden. *Herts* 5A 52
Flawborough. *Notts* 1E 75
Flawith. *N Yor* 3G 99
Flax Bourton. *N Som* 5A 34
Flaxby. *N Yor* 4F 99
Flaxholme. *Derbs* 1H 73
Flaxley. *Glos* 4B 48
Flaxley Green. *Staf* 4E 73
Flaxpool. *Som* 3E 21
Flaxton. *N Yor* 3A 100
Fleck. *Shet* 10E 173
Fleckney. *Leics* 1D 62
Flecknoe. *Warw* 4C 62
Fledborough. *Notts* 3F 87
Fleet. *Dors* 4B 14
Fleet. *Hants*
nr. Farnborough 1G 25
Fleet. *Hants*
nr. South Hayling 2F 17
Fleet. *Linc* 3C 76
Fleet Hargate. *Linc* 3C 76
Fleetville. *Herts* 5B 52
Fleetwood. *Lanc* 5C 96
Fleggburgh. *Norf* 4G 79
Fleisirin. *W Isl* 4H 171
Flemingston. *V Glam* 5D 32
Flemington. *S Lan*
nr. Glasgow 3H 127
nr. Strathaven 5A 128
Flempton. *Suff* 4H 65
Fleoideabhagh. *W Isl* 9C 171
Fletcher's Green. *Kent* 1G 27
Fletchertown. *Cumb* 5D 112
Fletching. *E Sus* 3F 27
Fleuchary. *High* 4E 165
Flexbury. *Corn* 2C 10
Flexford. *Surr* 1A 26
Flimby. *Cumb* 1B 102
Flimwell. *E Sus* 2B 28
Flint. *Flin* 3E 83
Flintham. *Notts* 1E 75
Flint Mountain. *Flin* 3E 83
Flinton. *E Yor* 1F 95
Flintsham. *Here* 5F 59
Flishinghurst. *Kent* 2B 28
Flitcham. *Norf* 3G 77
Flitton. *C Beds* 2A 52
Flitwick. *C Beds* 2A 52
Flixborough. *N Lin* 3B 94
Flixton. *G Man* 1B 84
Flixton. *N Yor* 2E 101
Flixton. *Suff* 2F 67
Flockton. *W Yor* 3C 92
Flodden. *Nmbd* 1D 120
Flodigarry. *High* 1D 154
Flood's Ferry. *Cambs* 1C 64
Flookburgh. *Cumb* 2C 96
Flordon. *Norf* 1D 66
Flore. *Nptn* 4D 62
Flotterton. *Nmbd* 4D 121
Flowton. *Suff* 1D 54
Flushing. *Abers* 4H 161
Flushing. *Corn* 5C 6
Fluxton. *Devn* 3D 12
Flyford Flavell. *Worc* 5D 61
Fobbing. *Thur* 2B 40
Fochabers. *Mor* 3H 159
Fochriw. *Cphy* 5E 46
Fockerby. *N Lin* 3B 94
Fodderty. *High* 3H 157
Foddington. *Som* 4A 22
Foel. *Powy* 4B 70
Foffarty. *Ang* 4D 144
Foggathorpe. *E Yor* 1A 94
Fogo. *Bord* 5D 130
Fogorig. *Bord* 5D 130

Foindle – The Fylde

Foindle. *High* 4B 166
Folda. *Ang* 2A 144
Fole. *Staf* 2E 73
Foleshill. *W Mid* 2A 62
Foley Park. *Worc* 3C 60
Folke. *Dors* 1B 14
Folkestone. *Kent* 2G 29
Folkingham. *Linc* 2H 75
Folkington. *E Sus* 5G 27
Folksworth. *Cambs* 2A 64
Folkton. *N Yor* 2E 101
Folla Rule. *Abers* 5E 161
Follifoot. *N Yor* 4F 99
The Folly. *Herts* 4B 52
Folly Cross. *Devn* 2E 11
Folly Gate. *Devn* 3F 11
Fonmon. *V Glam* 5D 32
Fonthill Bishop. *Wilts* 3E 23
Fonthill Gifford. *Wilts* 3E 23
Fontmell Magna. *Dors* 1D 14
Fontwell. *W Sus* 5A 26
Font-y-gary. *V Glam* 5D 32
Foodieash. *Fife* 2F 137
Foolow. *Derbs* 3F 85
Footdee. *Aber* 3G 153
Footherley. *Staf* 5F 73
Foots Cray. *G Lon* 3F 39
Forbestown. *Abers* 2A 152
Force Forge. *Cumb* 5E 103
Force Mills. *Cumb* 5E 103
Forcett. *N Yor* 3E 105
Ford. *Arg* 3F 133
Ford. *Buck* 5F 51
Ford. *Derbs* 2B 86
Ford. *Devn*
nr. Bideford 4E 19
nr. Holbeton 3C 8
nr. Salcombe 4D 9
Ford. *Glos* 3F 49
Ford. *Nmbd* 1D 120
Ford. *Plym* 3A 8
Ford. *Shrp* 4G 71
Ford. *Som*
nr. Wells 1A 22
nr. Wiveliscombe 4D 20
Ford. *Staf* 5E 85
Ford. *W Sus* 5B 26
Ford. *Wilts*
nr. Chippenham 4D 34
nr. Salisbury 3G 23
Forda. *Devn* 3E 19
Ford Barton. *Devn* 1C 12
Fordcombe. *Kent* 1G 27
Fordell. *Fife* 1E 129
Forden. *Powy* 5E 71
Ford End. *Essx* 4G 53
Forder Green. *Devn* 2D 9
Ford Green. *Lanc* 5D 97
Fordham. *Cambs* 3F 65
Fordham. *Essx* 3C 54
Fordham. *Norf* 1F 65
Fordham Heath. *Essx* 3C 54
Ford Heath. *Shrp* 4G 71
Fordhouses. *W Mid* 5D 72
Fordie. *Per* 1G 135
Fordingbridge. *Hants* 1G 15
Fordington. *Linc* 3D 88
Fordon. *E Yor* 2E 101
Fordoun. *Abers* 1G 145
Ford Street. *Essx* 3C 54
Ford Street. *Som* 1E 13
Fordton. *Devn* 3B 12
Fordwells. *Oxon* 4B 50
Fordwich. *Kent* 5F 41
Fordyce. *Abers* 2C 160
Forebridge. *Staf* 3D 72
Foremark. *Derbs* 3H 73
Forest. *N Yor* 4F 105
Forestburn Gate. *Nmbd* 5E 121
Foresterseat. *Mor* 3F 159
Forest Green. *Glos* 2D 34
Forest Green. *Surr* 1C 26
Forest Hall. *Cumb* 4G 103
Forest Head. *Cumb* 4G 113
Forest Hill. *Oxon* 5D 50
Forest-in-Teesdale. *Dur* 2B 104
Forest Lodge. *Per* 1G 143
Forest Mill. *Clac* 4B 136
Forest Row. *E Sus* 2F 27
Forestside. *W Sus* 1F 17
Forest Town. *Notts* 4C 86
Forfar. *Ang* 3D 144
Forgandenny. *Per* 2C 136
Forge. *Powy* 1G 57
The Forge. *Here* 5F 59
Forge Side. *Torf* 5F 47
Forgewood. *N Lan* 4A 128
Forgie. *Mor* 3A 160
Forgue. *Abers* 4D 160
Formby. *Mers* 4B 90
Forncett End. *Norf* 1D 66
Forncett St Mary. *Norf* 1D 66
Forncett St Peter. *Norf* 1D 66
Forneth. *Per* 4H 143
Fornham All Saints. *Suff* 4H 65
Fornham St Martin. *Suff* 4A 66
Forres. *Mor* 3E 159
Forrestfield. *N Lan* 3B 128
Forrest Lodge. *Dum* 1C 110
Forsbrook. *Staf* 1D 72
Forse. *High* 5E 169
Forsinard. *High* 4A 168
Forss. *High* 2C 168
The Forstal. *Kent* 2E 29
Forston. *Dors* 3B 14
Fort Augustus. *High* 3F 149
Forteviot. *Per* 2C 136
Fort George. *High* 3B 158
Forth. *S Lan* 4C 128
Forthampton. *Glos* 2D 48
Forthay. *Glos* 2C 34
Fortingall. *Per* 4E 143
Fort Matilda. *Inv* 2D 126
Forton. *Hants* 2C 24
Forton. *Lanc* 4D 97
Forton. *Shrp* 4G 71
Forton. *Som* 2G 13
Forton. *Staf* 3B 72
Forton Heath. *Shrp* 4G 71
Fortrie. *Abers* 4D 160
Fortrose. *High* 3B 158
Fortuneswell. *Dors* 5B 14
Fort William. *High* 1F 141
Forty Green. *Buck* 1A 38
Forty Hill. *G Lon* 1E 39
Forward Green. *Suff* 5C 66
Fosbury. *Wilts* 1B 24
Foscot. *Oxon* 3H 49
Fosdyke. *Linc* 2C 76
Foss. *Per* 3E 143
Fossebridge. *Glos* 4F 49
Foster Street. *Essx* 5E 53
Foston. *Derbs* 2F 73
Foston. *Leics* 1D 62
Foston. *Linc* 1F 75
Foston. *N Yor* 3A 100
Foston on the Wolds. *E Yor* 4F 101
Fotherby. *Linc* 1C 88
Fothergill. *Cumb* 1B 102
Fotheringhay. *Nptn* 1H 63
Foubister. *Orkn* 7E 172
Foula Airport. *Shet* 8A 173
Foul Anchor. *Cambs* 4D 76
Foulbridge. *Cumb* 5F 113
Foulden. *Norf* 1G 65
Foulden. *Bord* 4F 131
Foul Mile. *E Sus* 4H 27
Foulridge. *Lanc* 5A 98
Foulsham. *Norf* 3C 78
Fountainhall. *Bord* 5H 129
The Four Alls. *Shrp* 2A 72
Four Ashes. *Staf*
nr. Cannock 5D 72
nr. Kinver 2C 60
Four Ashes. *Suff* 3C 66
Four Crosses. *Powy*
nr. Llanerfyl 5C 70
nr. Llanymynech 4E 71
Four Crosses. *Staf* 5D 72
Four Elms. *Kent* 1F 27
Four Forks. *Som* 3F 21
Four Gotes. *Cambs* 4D 76
Four Lane End. *S Yor* 4C 92
Four Lane Ends. *Lanc* 4E 97
Four Lanes. *Corn* 5A 6
Fourlanes End. *Ches E* 5C 84
Four Marks. *Hants* 3E 25
Four Mile Bridge. *IOA* 3B 80
Four Oaks. *E Sus* 3C 28
Four Oaks. *Glos* 3B 48
Four Oaks. *W Mid* 2G 61
Four Roads. *Carm* 5E 45
Four Roads. *IOM* 5B 108
Fourstones. *Nmbd* 3B 114
Four Throws. *Kent* 3B 28
Fovant. *Wilts* 4F 23
Foveran. *Abers* 1G 153
Fowey. *Corn* 3F 7
Fowlershill. *Aber* 2G 153
Fowley Common. *Warr* 1A 84
Fowlis. *Ang* 5C 144
Fowlis Wester. *Per* 1B 136
Fowlmere. *Cambs* 1E 53
Fownhope. *Here* 2A 48
Fox Corner. *Surr* 5A 38
Foxcote. *Glos* 4F 49
Foxcote. *Som* 1C 22
Foxdale. *IOM* 4B 108
Foxearth. *Essx* 1B 54
Foxfield. *Cumb* 1B 96
Foxham. *Wilts* 4E 35
Fox Hatch. *Essx* 1G 39
Foxhole. *Corn* 3D 6
Foxholes. *N Yor* 2E 101
Foxhunt Green. *E Sus* 4G 27
Fox Lane. *Hants* 1G 25
Foxley. *Norf* 3C 78
Foxley. *Nptn* 5D 62
Foxley. *Wilts* 3D 35
Foxlydiate. *Worc* 4E 61
Fox Street. *Essx* 3D 54
Foxt. *Staf* 1E 73
Foxton. *Cambs* 1E 53
Foxton. *Dur* 2A 106
Foxton. *Leics* 2D 62
Foxton. *N Yor* 5B 106
Foxup. *N Yor* 2A 98
Foxwist Green. *Ches W* 4A 84
Foxwood. *Shrp* 3A 60
Foy. *Here* 3A 48
Foyers. *High* 1G 149
Foynesfield. *High* 3C 158
Fraddam. *Corn* 3C 4
Fraddon. *Corn* 3D 6
Fradley. *Staf* 4F 73
Fradley South. *Staf* 4F 73
Fradswell. *Staf* 2D 73
Fraisthorpe. *E Yor* 3F 101
Framfield. *E Sus* 3F 27
Framingham Earl. *Norf* 5E 79
Framingham Pigot. *Norf* 5E 79
Framlingham. *Suff* 4E 67
Frampton. *Dors* 3B 14
Frampton. *Linc* 2C 76
Frampton Cotterell. *S Glo* 3B 34
Frampton Mansell. *Glos* 5E 49
Frampton on Severn. *Glos* 5C 48
Frampton West End. *Linc* 1B 76
Framsden. *Suff* 5D 66
Framwellgate Moor. *Dur* 5F 115
Franche. *Worc* 3C 60
Frandley. *Ches W* 3A 84
Frankby. *Mers* 2E 83
Frankfort. *Norf* 3F 79
Frankley. *Worc* 2D 61
Frank's Bridge. *Powy* 5D 58
Frankton. *Warw* 3B 62
Frankwell. *Shrp* 4G 71
Frant. *E Sus* 2G 27
Fraserburgh. *Abers* 2G 161
Frating Green. *Essx* 3D 54
Fratton. *Port* 2E 17
Freathy. *Corn* 3A 8
Freckenham. *Suff* 3F 65
Freckleton. *Lanc* 2C 90
Freeby. *Leics* 3F 75
Freefolk Priors. *Hants* 2C 24
Freehay. *Staf* 1E 73
Freeland. *Oxon* 4C 50
Freester. *Shet* 6F 173
Freethorpe. *Norf* 5G 79
Freiston. *Linc* 1C 76
Freiston Shore. *Linc* 1C 76
Fremington. *Devn* 3F 19
Fremington. *N Yor* 5D 104
Frenchay. *S Glo* 4B 34
Frenchbeer. *Devn* 4G 11
Frenich. *Stir* 3D 134
Frensham. *Surr* 2G 25
Frenze. *Norf* 2D 66
Fresgoe. *High* 2B 168
Freshfield. *Mers* 4A 90
Freshford. *Bath* 5C 34
Freshwater. *IOW* 4B 16
Freshwater Bay. *IOW* 4B 16
Freshwater East. *Pemb* 5E 43
Fressingfield. *Suff* 3E 67
Freston. *Suff* 2E 55
Freswick. *High* 2F 169
Fretherne. *Glos* 5C 48
Frettenham. *Norf* 4E 79
Freuchie. *Fife* 3E 137
Freystrop. *Pemb* 3D 42
Friar's Gate. *E Sus* 2F 27
Friar Waddon. *Dors* 4B 14
Friday Bridge. *Cambs* 5D 76
Friday Street. *E Sus* 5H 27
Friday Street. *Surr* 1C 26
Fridaythorpe. *E Yor* 4C 100
Friden. *Derbs* 4F 85
Friern Barnet. *G Lon* 1D 39
Friesthorpe. *Linc* 2H 87
Frieston. *Linc* 1G 75
Frieth. *Buck* 2F 37
Friezeland. *Notts* 5B 86
Frilford. *Oxon* 2C 36
Frilsham. *W Ber* 4D 36
Frimley. *Surr* 1G 25
Frimley Green. *Surr* 1G 25
Frindsbury. *Medw* 4B 40
Fring. *Norf* 2G 77
Fringford. *Oxon* 3E 50
Frinsted. *Kent* 5C 40
Frinton-on-Sea. *Essx* 4F 55
Friockheim. *Ang* 4E 145
Friog. *Gwyn* 4F 69
Frisby. *Leics* 5E 74
Frisby on the Wreake
Leics 4D 74
Friskney. *Linc* 5D 88
Friskney Eaudyke. *Linc* 5D 88
Friston. *E Sus* 5G 27
Friston. *Suff* 4G 67
Fritchley. *Derbs* 5A 86
Fritham. *Hants* 1H 15
Frith Bank. *Linc* 1C 76
Frith Common. *Worc* 4A 60
Frithelstock. *Devn* 1E 11
Frithelstock Stone. *Devn* 1E 11
Frithsden. *Herts* 5A 52
Frithville. *Linc* 5C 88
Frittenden. *Kent* 1C 28
Frittiscombe. *Devn* 4E 9
Fritton. *Norf*
nr. Great Yarmouth 5G 79
nr. Long Stratton 1E 67
Fritwell. *Oxon* 3D 50
Frizinghall. *W Yor* 1B 92
Frizington. *Cumb* 3B 102
Frobost. *W Isl* 6C 170
Frocester. *Glos* 5C 48
Frochas. *Powy* 5D 70
Frodesley. *Shrp* 5H 71
Frodingham. *N Lin* 3C 94
Frodsham. *Ches W* 3H 83
Froggatt. *Derbs* 3G 85
Froghall. *Staf* 1E 73
Frogham. *Hants* 1G 15
Frogham. *Kent* 5G 41
Frogmore. *Devn* 4D 8
Frogmore. *Hants* 5G 37
Frogmore. *Herts* 5B 52
Frognall. *Linc* 4A 76
Frogshall. *Norf* 2E 79
Frogwell. *Corn* 2H 7
Frolesworth. *Leics* 1C 62
Frome. *Som* 2C 22
Fromefield. *Som* 2C 22
Frome St Quintin. *Dors* 2A 14
Fromes Hill. *Here* 1B 48
Fron. *Gwyn* 2C 68
Fron. *Powy*
nr. Llandrindod Wells 4C 58
nr. Newtown 1D 58
nr. Welshpool 5E 71
Y Fron. *Gwyn* 5E 81
Froncysyllte. *Wrex* 1E 71
Frongoch. *Gwyn* 2B 70
Fron Isaf. *Wrex* 1E 71
Fronoleu. *Gwyn* 2G 69
Frosterley. *Dur* 1D 104
Frotoft. *Orkn* 5D 172
Froxfield. *C Beds* 2H 51
Froxfield. *Wilts* 5A 36
Froxfield Green. *Hants* 4F 25
Fryern Hill. *Hants* 4C 24
Fryerning. *Essx* 5G 53
Fryton. *N Yor* 2A 100
Fugglestone St Peter
Wilts 3G 23
Fulbeck. *Linc* 5G 87
Fulbourn. *Cambs* 5E 65
Fulbrook. *Oxon* 4A 50
Fulflood. *Hants* 3C 24
Fulford. *Som* 4F 21
Fulford. *Staf* 2D 72
Fulford. *York* 5A 100
Fulham. *G Lon* 3D 38
Fulking. *W Sus* 4D 26
Fuller's Moor. *Ches W* 5G 83
Fuller Street. *Essx* 4H 53
Fullerton. *Hants* 3B 24
Fulletby. *Linc* 3B 88
Full Sutton. *E Yor* 4B 100
Fullwood. *E Ayr* 4F 127
Fulmer. *Buck* 2A 38
Fulmodestone. *Norf* 2B 78
Fulnetby. *Linc* 3H 87
Fulney. *Linc* 3B 76
Fulstow. *Linc* 1C 88
Fulthorpe. *Stoc T* 2B 106
Fulwell. *Tyne* 4G 115
Fulwood. *Lanc* 1D 90
Fulwood. *Notts* 5B 86
Fulwood. *Som* 1F 13
Fulwood. *S Yor* 2G 85
Fundenhall. *Norf* 1D 66
Funtington. *W Sus* 2G 17
Funtley. *Hants* 2D 16
Funzie. *Shet* 2H 173
Furley. *Devn* 2F 13
Furnace. *Arg* 3H 133
Furnace. *Carm* 5F 45
Furnace. *Cdgn* 1F 57
Furner's Green. *E Sus* 3F 27
Furness Vale. *Derbs* 2E 85
Furneux Pelham. *Herts* 3E 53
Furzebrook. *Dors* 4E 15
Furzehill. *Devn* 2H 19
Furzehill. *Dors* 2F 15
Furzeley Corner. *Hants* 1E 17
Furzey Lodge. *Hants* 2B 16
Furzley. *Hants* 1A 16
Fyfield. *Essx* 5F 53
Fyfield. *Glos* 5H 49
Fyfield. *Hants* 2A 24
Fyfield. *Oxon* 2C 36
Fyfield. *Wilts* 5G 35
The Fylde. *Lanc* 1B 90

Fylingthorpe. N Yor 4G 107
Fyning. W Sus 4G 25
Fyvie. Abers 5E 161

G

Gabhsann bho Dheas W Isl 2G 171
Gabhsann bho Thuath W Isl 2G 171
Gabroc Hill. E Ayr 4F 127
Gadbrook. Surr 1D 26
Gaddesby. Leics 4D 74
Gadfa. IOA 2D 80
Gadgirth. S Ayr 2D 116
Gaer. Powy 3E 47
Gaerwen. IOA 3D 81
Gagingwell. Oxon 3C 50
Gaick Lodge. High 5B 150
Gailey. Staf 4D 72
Gainford. Dur 3E 105
Gainsborough. Linc 1F 87
Gainsborough. Suff 1E 55
Gainsford End. Essx 2H 53
Gairletter. Arg 1C 126
Gairloch. Abers 3E 153
Gairloch. High 1H 155
Gairlochy. High 5D 148
Gairney Bank. Per 4D 136
Gairnshiel Lodge. Abers 3G 151
Gaisgill. Cumb 4H 103
Gaitsgill. Cumb 5E 113
Galashiels. Bord 1G 119
Galgate. Lanc 4D 97
Galhampton. Som 4B 22
Gallatown. Fife 4E 137
Galley Common. Warw 1H 61
Galleyend. Essx 5H 53
Galleywood. Essx 5H 53
Gallin. Per 4C 142
Gallowfauld. Ang 4D 144
Gallowhill. Per 5A 144
Gallowhill. Ren 3F 127
Gallowhills. Abers 3H 161
Gallows Green. Staf 1E 73
Gallows Green. Worc 4D 60
Gallowstree Common Oxon 3E 37
Galltair. High 1G 147
Gallt Melyd. Den 2C 82
Galmington. Som 4F 21
Galmisdale. High 5C 146
Galmpton. Devn 4C 8
Galmpton. Torb 3E 9
Galmpton Warborough Torb 3E 9
Galphay. N Yor 2E 99
Galston. E Ayr 1D 117
Galton. Dors 4C 14
Galtrigill. High 3A 154
Gamblesby. Cumb 1H 103
Gamelsby. Cumb 4D 112
Gamesley. Derbs 1E 85
Gamlingay. Cambs 5B 64
Gamlingay Cinques. Cambs 5B 64
Gamlingay Great Heath Cambs 5B 64
Gammaton. Devn 4E 19
Gammersgill. N Yor 1C 98
Gamston. Notts
nr. Nottingham 2D 74
nr. Retford 3E 86
Ganarew. Here 4A 48
Ganavan. Arg 5C 140
Ganborough. Glos 3G 49
Gang. Corn 2H 7
Ganllwyd. Gwyn 3G 69
Gannochy. Ang 1E 145
Gannochy. Per 1D 136
Gansclet. High 4F 169
Ganstead. E Yor 1E 95
Ganthorpe. N Yor 2A 100
Ganton. N Yor 2D 101
Gants Hill. G Lon 2F 39
Gappah. Devn 5B 12
Garafad. High 2D 155
Garboldisham. Norf 2C 66
Garden City. Flin 4F 83
Gardeners Green. Wok 5G 37
Gardenstown. Abers 2F 161
Garden Village. S Yor 1G 85
Garden Village. Swan 3E 31
Garderhouse. Shet 7E 173
Gardham. E Yor 5D 100
Gardie. Shet
on Papa Stour 5C 173
on Unst 1H 173
Gardie Ho. Shet 7F 173
Gare Hill. Wilts 2C 22
Garelochhead. Arg 4B 134
Garford. Oxon 2C 36
Garforth. W Yor 1E 93
Gargrave. N Yor 4B 98
Gargunnock. Stir 4G 135
Garleffin. S Ayr 1F 109
Garlieston. Dum 5B 110
Garlinge Green. Kent 5F 41
Garlogie. Abers 3E 153
Garmelow. Staf 3B 72
Garmond. Abers 3F 161
Garmondsway. Dur 1A 106
Garmony. Arg 4A 140
Garmouth. Mor 2H 159
Garmston. Shrp 5A 72
Garnant. Carm 4G 45
Garndiffaith. Torf 5F 47
Garndolbenmaen. Gwyn 1D 69
Garnett Bridge. Cumb 5G 103
Garnfadryn. Gwyn 2B 68
Garnkirk. N Lan 3H 127
Garnlydan. Blae 4E 47
Garnsgate. Linc 3D 76
Garnswllt. Swan 5G 45
Garn yr Erw. Torf 4F 47
Garrabost. W Isl 4H 171
Garrallan. E Ayr 3E 117
Garras. Corn 4E 5
Garreg. Gwyn 1F 69
Garrigill. Cumb 5A 114
Garriston. N Yor 5E 105
Garrogie Lodge. High 2H 149
Garros. High 2D 155
Garrow. Per 4F 143
Garsdale. Cumb 1G 97
Garsdale Head. Cumb 5A 104
Garsdon. Wilts 3E 35
Garshall Green. Staf 2D 72
Garsington. Oxon 5D 50
Garstang. Lanc 5D 97
Garston. Mers 2G 83
Garswood. Mers 1H 83
Gartcosh. N Lan 3H 127
Garth. B'end 2B 32
Garth. Cdgn 2F 57
Garth. Gwyn 2E 69
Garth. IOM 4C 108
Garth. Powy
nr. Builth Wells 1C 46
nr. Knighton 3E 59
Garth. Shet
nr. Sandness 6D 173
nr. Skellister 6F 173
Garth. Wrex 1E 71
Garthamlock. Glas 3H 127
Garthbrengy. Powy 2D 46
Gartheli. Cdgn 5E 57
Garthmyl. Powy 1D 58
Garthorpe. Leics 3F 75
Garthorpe. N Lin 3B 94
Garth Owen. Powy 1D 58
Garth Place. Cphy 3E 33
Garth Row. Cumb 5G 103
Gartly. Abers 5C 160
Gartmore. Stir 4E 135
Gartness. N Lan 3A 128
Gartness. Stir 1G 127
Gartocharn. W Dun 1F 127
Garton. E Yor 1F 95
Garton-on-the-Wolds. E Yor 4D 101
Gartsherrie. N Lan 3A 128
Gartymore. High 2H 165
Garvagh. Caus 2E 175
Garvald. E Lot 2B 130
Garvamore. High 4H 149
Garvard. Arg 4A 132
Garvault. High 5H 167
Garve. High 2F 157
Garvestone. Norf 5C 78
Garvie. Arg 4H 133
Garvock. Abers 1G 145
Garvock. Inv 2D 126
Garway. Here 3H 47
Garway Common. Here 3H 47
Garway Hill. Here 3H 47
Garwick. Linc 1A 76
Gaskan. High 1C 140
Gasper. Wilts 3C 22
Gastard. Wilts 5D 35
Gasthorpe. Norf 2B 66
Gatcombe. IOW 4C 16
Gateacre. Mers 2G 83
Gatebeck. Cumb 1E 97
Gate Burton. Linc 2F 87
Gateforth. N Yor 2F 93
Gatehead. E Ayr 1C 116
Gate Helmsley. N Yor 4A 100
Gatehouse. Nmbd 1A 114
Gatehouse of Fleet. Dum 4D 110
Gatelawbridge. Dum 5B 118
Gateley. Norf 3B 78
Gatenby. N Yor 1F 99
Gatesgarth. Cumb 3C 102
Gateshead. Tyne 3F 115
Gatesheath. Ches W 4G 83
Gateside. Ang
nr. Forfar 4D 144
nr. Kirriemuir 4C 144
Gateside. Fife 3D 136
Gateside. N Ayr 4E 127
Gathurst. G Man 4D 90
Gatley. G Man 2C 84
Gatton. Surr 5D 39
Gattonside. Bord 1H 119
Gatwick Airport. W Sus 1D 26
Gaufron. Powy 4B 58
Gaulby. Leics 5D 74
Gauldry. Fife 1F 137
Gaultree. Norf 5D 77
Gaunt's Common. Dors 2F 15
Gaunt's Earthcott. S Glo 3B 34
Gautby. Linc 3A 88
Gavinton. Bord 4D 130
Gawber. S Yor 4D 92
Gawcott. Buck 2E 51
Gawsworth. Ches E 4C 84
Gawthorpe. W Yor 2C 92
Gawthrop. Cumb 1F 97
Gawthwaite. Cumb 1B 96
Gay Bowers. Essx 5A 54
Gaydon. Warw 5A 62
Gayfield. Orkn 2D 172
Gayhurst. Mil 1G 51
Gayle. N Yor 1A 98
Gayles. N Yor 4E 105
Gay Street. W Sus 3B 26
Gayton. Mers 2E 83
Gayton. Norf 4G 77
Gayton. Nptn 5E 62
Gayton. Staf 3D 73
Gayton le Marsh. Linc 2D 88
Gayton le Wold. Linc 2B 88
Gayton Thorpe. Norf 4G 77
Gaywood. Norf 3F 77
Gazeley. Suff 4G 65
Geanies. High 1C 158
Gearraidh Bhailteas. W Isl 6C 170
Gearraidh Bhaird. W Isl 6F 171
Gearraidh ma Monadh W Isl 7C 170
Gearraidh na h-Aibhne W Isl 4E 171
Geary. High 2B 154
Geddes. High 3C 158
Gedding. Suff 5B 66
Geddington. Nptn 2F 63
Gedintailor. High 5E 155
Gedling. Notts 1D 74
Gedney. Linc 3D 76
Gedney Broadgate. Linc 3D 76
Gedney Drove End. Linc 3D 76
Gedney Dyke. Linc 3D 76
Gedney Hill. Linc 4C 76
Gee Cross. G Man 1D 84
Geeston. Rut 5G 75
Geilston. Arg 2E 127
Geirinis. W Isl 4C 170
Geise. High 2D 168
Geisiadar. W Isl 4D 171
Gelder Shiel. Abers 5G 151
Geldeston. Norf 1F 67
Gell. Cnwy 4A 82
Gelli. Rhon 2C 32
Gellifor. Den 4D 82
Gelli-gaer. Cphy 2E 33
Y Gelli Gandryll. Powy 1F 47
Gellilydan. Gwyn 2F 69
Gellinudd. Neat 5H 45
Gelly. Pemb 3E 43
Gellyburn. Per 5H 143
Gelly-wen. Carm 2G 43
Gelston. Dum 4E 111
Gelston. Linc 1G 75
Gembling. E Yor 4F 101
Geneva. Cdgn 5D 56
Gentleshaw. Staf 4E 73
Geocrab. W Isl 8D 171
George Best Belfast City Airport Bel 4H 175
George Green. Buck 2A 38
Georgeham. Devn 3E 19
George Nympton. Devn 4H 19
Georgetown. Blae 5E 47
Georgetown. Ren 3F 127
Georth. Orkn 5C 172
Gerlan. Gwyn 4F 81
Germansweek. Devn 3E 11
Germoe. Corn 4C 4
Gerrans. Corn 5C 6
Gerrard's Bromley. Staf 2B 72
Gerrards Cross. Buck 2A 38
Gerston. High 3D 168
Gestingthorpe. Essx 2B 54
Gethsemane. Pemb 1A 44
Geuffordd. Powy 4E 70
Gibraltar. Buck 4F 51
Gibraltar. Linc 5E 89
Gibraltar. Suff 5D 66
Gibsmere. Notts 1E 74
Giddeahall. Wilts 4D 34
Gidea Park. G Lon 2G 39
Gidleigh. Devn 4G 11
Giffnock. E Ren 4G 127
Gifford. E Lot 3B 130
Giffordtown. Fife 2E 137
Giggetty. Staf 1C 60
Giggleswick. N Yor 3H 97
Gignog. Pemb 2C 42
Gilberdyke. E Yor 2B 94
Gilbert's End. Worc 1D 48
Gilbert's Green. Warw 3F 61
Gilchriston. E Lot 3A 130
Gilcrux. Cumb 1C 102
Gildersome. W Yor 2C 92
Gildingwells. S Yor 2C 86
Gilesgate Moor. Dur 5F 115
Gileston. V Glam 5D 32
Gilfach. Cphy 2E 33
Gilfach Goch. Rhon 3C 32
Gilfachreda. Cdgn 5D 56
Gilford. Arm 5F 175
Gilgarran. Cumb 2B 102
Gillamoor. N Yor 5D 107
Gillan. Corn 4E 5
Gillar's Green. Mers 1G 83
Gillen. High 3B 154
Gilling East. N Yor 2A 100
Gillingham. Dors 4D 22
Gillingham. Medw 4B 40
Gillingham. Norf 1G 67
Gilling West. N Yor 4E 105
Gillock. High 3E 169
Gillow Heath. Staf 5C 84
Gills. High 1F 169
Gill's Green. Kent 2B 28
Gilmanscleuch. Bord 2F 119
Gilmerton. Edin 3F 129
Gilmerton. Per 1A 136
Gilmonby. Dur 3C 104
Gilmorton. Leics 2C 62
Gilsland. Nmbd 3H 113
Gilston. Bord 4H 129
Giltbrook. Notts 1B 74
Gilwern. Mon 4F 47
Gimingham. Norf 2E 79
Giosla. W Isl 5D 171
Gipping. Suff 4C 66
Gipsey Bridge. Linc 1B 76
Gipton. W Yor 1D 92
Girdle Toll. N Ayr 5E 127
Girlsta. Shet 6F 173
Girsby. N Yor 4A 106
Girthon. Dum 4D 110
Girton. Cambs 4D 64
Girton. Notts 4F 87
Girvan. S Ayr 5A 116
Gisburn. Lanc 5H 97
Gisleham. Suff 2H 67
Gislingham. Suff 3C 66
Gissing. Norf 2D 66
Gittisham. Devn 3E 13
Gladestry. Powy 5E 59
Gladsmuir. E Lot 2A 130
Glaichbea. High 5H 157
Glais. Swan 5H 45
Glaisdale. N Yor 4E 107
Glame. High 4E 155
Glamis. Ang 4C 144
Glanaman. Carm 4G 45
Glan-Conwy. Cnwy 5H 81
Glandford. Norf 1C 78
Glanduar. Carm 1F 45
Glandwr. Blae 5F 47
Glandwr. Pemb 2F 43
Glan-Dwyfach. Gwyn 1D 69
Glandy Cross. Carm 2F 43
Glandyfi. Cdgn 1F 57
Glangrwyney. Powy 4F 47
Glanmule. Powy 1D 58
Glan-rhyd. Pemb 1F 43
Glan-rhyd. Powy 5A 46
Glanrhyd. Gwyn 2B 68
Glan-rhyd. Pemb 1B 44
Glanton. Nmbd 3E 121
Glanton Pyke. Nmbd 3E 121
Glanvilles Wootton. Dors 2B 14
Glan-y-don. Flin 3D 82
Glan-y-nant. Powy 2B 58
Glanyrafon. Gwyn 1C 70
Glanyrafon. IOA 2F 81
Glan-yr-afon. Powy 5C 70
Glan-y-wern. Gwyn 2F 69
Glapthorn. Nptn 1H 63
Glapwell. Derbs 4B 86
Glas Aird. Arg 4A 132
Glas-allt Shiel. Abers 5G 151
Glasbury. Powy 2E 47
Glaschoil. High 5E 159
Glascoed. Den 3B 82
Glascoed. Mon 5G 47
Glascote. Staf 5G 73
Glascwm. Powy 5D 58
Glasfryn. Cnwy 5B 82
Glasgow. Glas 3G 127
Glasgow Airport. Ren 3F 127
Glasgow Prestwick Airport S Ayr 2C 116
Glashvin. High 2D 154
Glasinfryn. Gwyn 4E 81
Glas na Cardaich. High 4E 147

Glasnacardoch. High 4E 147
Glasnakille. High 2D 146
Glaspwll. Cdgn 1G 57
Glassburn. High 5F 157
Glassenbury. Kent 2B 28
Glasserton. Dum 5B 110
Glassford. S Lan 5A 128
Glassgreen. Mor 2G 159
Glasshouse. Glos 3C 48
Glasshouses. N Yor 3D 98
Glasson. Cumb 3D 112
Glasson. Lanc 4D 96
Glassonby. Cumb 1G 103
Glasterlaw. Ang 3E 145
Glaston. Rut 5F 75
Glastonbury. Som 3H 21
Glatton. Cambs 2A 64
Glazebrook. Warr 1A 84
Glazebury. Warr 1A 84
Glazeley. Shrp 2B 60
Gleadless. S Yor 2A 86
Gleadsmoss. Ches E 4C 84
Gleann Dail bho Dheas
W Isl 7C 170
Gleann Tholastaidh. W Isl 3H 171
Gleann Uige. High 1A 140
Gleaston. Cumb 2B 96
Glecknabae. Arg 3B 126
Gledrid. Shrp 2E 71
Gleiniant. Powy 1B 58
Glemsford. Suff 1B 54
Glen. Dum 4C 110
Glenancross. High 4E 147
Glen Auldyn. IOM 2D 108
Glenavy. Lis 4G 175
Glenbarr. Arg 2A 122
Glenbeg. High 2G 139
Glen Bernisdale. High 4D 154
Glenbervie. Abers 5E 153
Glenboig. N Lan 3A 128
Glenborrodale. High 2A 140
Glenbranter. Arg 4A 134
Glenbreck. Bord 2C 118
Glenbrein Lodge. High 2G 149
Glenbrittle. High 1C 146
Glenbuchat Lodge. Abers 2H 151
Glenbuck. E Ayr 2G 117
Glenburn. Ren 3F 127
Glencalvie Lodge. High 5B 164
Glencaple. Dum 3A 112
Glencarron Lodge. High 3C 156
Glencarse. Per 1D 136
Glencassley Castle. High 3B 164
Glencat. Abers 4C 152
Glencoe. High 3F 141
Glen Cottage. High 5E 147
Glencraig. Fife 4D 136
Glendale. High 4A 154
Glendevon. Per 3B 136
Glendoebeg. High 3G 149
Glendoick. Per 1E 136
Glendoune. S Ayr 5A 116
Glenduckie. Fife 2E 137
Gleneagles. Per 3B 136
Glenegedale. Arg 4B 124
Glenegedale Lots. Arg 4B 124
Glenelg. High 2G 147
Glenernie. Mor 4E 159
Glenesslin. Dum 1F 111
Glenfarg. Per 2D 136
Glenfarquhar Lodge
Abers 5E 152
Glenferness Mains. High 4D 158
Glenfeshie Lodge. High 4C 150
Glenfiddich Lodge. Mor 5H 159
Glenfield. Leics 5C 74
Glenfinnan. High 5B 148
Glenfintaig Lodge. High 5E 148
Glenfoot. Per 2D 136
Glenfyne Lodge. Arg 2B 134
Glengap. Dum 4D 110
Glengarnock. N Ayr 4E 126
Glengolly. High 2D 168
Glengorm Castle. Arg 3F 139
Glengrasco. High 4D 154
Glenhead Farm. Ang 2B 144
Glenholm. Bord 1D 118
Glen House. Bord 1E 119
Glenhurich. High 2C 140
Glenkerry. Bord 3E 119
Glenkiln. Dum 2F 111
Glenkindie. Abers 2B 152
Glenkinglass Lodge. Arg 5F 141
Glenkirk. Bord 2C 118
Glenlean. Arg 1B 126
Glenlee. Dum 1D 110
Glenleraig. High 5B 166
Glenlichorn. Per 2G 135
Glenlivet. Mor 1F 151
Glenlochar. Dum 3E 111
Glenlochsie Lodge. Per 1H 143
Glenluce. Dum 4G 109
Glenmarksie. High 3F 157
Glenmassan. Arg 1C 126
Glenmavis. N Lan 3A 128
Glen Maye. IOM 4B 108
Glenmazeran Lodge. High 1B 150
Glenmidge. Dum 1F 111
Glen Mona. IOM 3D 108
Glenmore. High
nr. Glenborrodale 2G 139
nr. Kingussie 3D 151
on Isle of Skye 4D 154
Glenmoy. Ang 2D 144
Glennoe. Arg 5E 141
Glen of Coachford. Abers 4B 160
Glenogil. Ang 2D 144
Glen Parva. Leics 1C 62
Glenprosen Village. Ang 2C 144
Glenree. N Ayr 3D 122
Glenridding. Cumb 3E 103
Glenrosa. N Ayr 2E 123
Glenrothes. Fife 3E 137
Glensanda. High 4C 140
Glensaugh. Abers 1F 145
Glenshero Lodge. High 4H 149
Glensluain. Arg 4H 133
Glenstockadale. Dum 3F 109
Glenstriven. Arg 2B 126
Glen Tanar House. Abers 4B 152
Glentham. Linc 1H 87
Glenton. Abers 1D 152
Glentress. Bord 1E 119
Glentromie Lodge. High 4B 150
Glentrool Lodge. Dum 1B 110
Glentrool Village. Dum 2A 110
Glentruim House. High 4A 150
Glentworth. Linc 2G 87
Glenuig. High 1A 140
Glen Village. Falk 2B 128
Glen Vine. IOM 4C 108
Glenwhilly. Dum 2G 109
Glenzierfoot. Dum 2E 113
Glespin. S Lan 2H 117
Gletness. Shet 6F 173
Glewstone. Here 3A 48
Glib Cheois. W Isl 5F 171
Glinton. Pet 5A 76
Glooston. Leics 1E 63
Glossop. Derbs 1E 85
Gloster Hill. Nmbd 4G 121
Gloucester. Glos 4D 48
Gloucestershire Airport
Glos 3D 49
Gloup. Shet 1G 173
Glusburn. N Yor 5C 98
Glutt Lodge. High 5B 168
Glutton Bridge. Derbs 4E 85
Gluvian. Corn 2D 6
Glympton. Oxon 3C 50
Glyn. Cnwy 3A 82
Glynarthen. Cdgn 1D 44
Glynbrochan. Powy 2B 58
Glyn Ceiriog. Wrex 2E 70
Glyncoch. Rhon 2D 32
Glyncorrwg. Neat 2B 32
Glynde. E Sus 5F 27
Glyndebourne. E Sus 4F 27
Glyndyfrdwy. Den 1D 70
Glyn Ebwy. Blae 5E 47
Glynllan. B'end 3C 32
Glyn-neath. Neat 5B 46
Glynogwr. B'end 3C 32
Glyntaff. Rhon 3D 32
Glyntawe. Powy 4B 46
Glynteg. Carm 2D 44
Gnosall. Staf 3C 72
Gnosall Heath. Staf 3C 72
Goadby. Leics 1E 63
Goadby Marwood. Leics 3E 75
Goatacre. Wilts 4F 35
Goathill. Dors 1B 14
Goathland. N Yor 4F 107
Goathurst. Som 3F 21
Goathurst Common. Kent 5F 39
Goat Lees. Kent 1E 28
Gobernuisgach Lodge
High 4E 167
Gobernuisgeach. High 5B 168
Gobhaig. W Isl 7C 171
Gobowen. Shrp 2F 71
Godalming. Surr 1A 26
Goddard's Corner. Suff 4E 67
Goddard's Green. Kent
nr. Benenden 2C 28
nr. Cranbrook 2B 28
Goddards' Green. W Sus 3D 27
Godford Cross. Devn 2E 13
Godleybrook. Staf 1D 73
Godmanchester. Cambs 3B 64
Godmanstone. Dors 3B 14
Godmersham. Kent 5E 41
Godolphin Cross. Corn 3D 4
Godre'r-graig. Neat 5A 46
Godshill. Hants 1G 15
Godshill. IOW 4D 16
Godstone. Staf 2E 73
Godstone. Surr 5E 39
Goetre. Mon 5G 47
Goff's Oak. Herts 5D 52
Gogar. Edin 2E 129
Goginan. Cdgn 2F 57
Golan. Gwyn 1E 69
Golant. Corn 3F 7
Golberdon. Corn 5D 10
Golborne. G Man 1A 84
Golcar. W Yor 3A 92
Goldcliff. Newp 3G 33
Golden Cross. E Sus 4G 27
Golden Green. Kent 1H 27
Golden Grove. Carm 4F 45
Golden Grove. N Yor 4F 107
Golden Hill. Pemb 2D 43
Goldenhill. Stoke 5C 84
Golden Pot. Hants 2F 25
Golden Valley. Glos 3E 49
Golders Green. G Lon 2D 38
Goldhanger. Essx 5C 54
Gold Hill. Norf 1E 65
Golding. Shrp 5H 71
Goldington. Bed 5H 63
Goldsborough. N Yor
nr. Harrogate 4F 99
nr. Whitby 3F 107
Goldsithney. Corn 3C 4
Goldstone. Kent 4G 41
Goldstone. Shrp 3B 72
Goldthorpe. S Yor 4E 93
Goldworthy. Devn 4D 19
Golfa. Powy 3D 70
Gollanfield. High 3C 158
Gollinglith Foot. N Yor 1D 98
Golsoncott. Som 3D 20
Golspie. High 4F 165
Gomeldon. Wilts 3G 23
Gomersal. W Yor 2C 92
Gometra House. Arg 4E 139
Gomshall. Surr 1B 26
Gonalston. Notts 1D 74
Gonerby Hill Foot. Linc 2G 75
Gonfirth. Shet 5E 173
Good Easter. Essx 4G 53
Gooderstone. Norf 5G 77
Goodleigh. Devn 3G 19
Goodmanham. E Yor 5C 100
Goodmayes. G Lon 2F 39
Goodnestone. Kent
nr. Aylesham 5G 41
nr. Faversham 4E 41
Goodrich. Here 4A 48
Goodrington. Torb 3E 9
Goodshaw. Lanc 2G 91
Goodshaw Fold. Lanc 2G 91
Goodstone. Devn 5A 12
Goodwick. Pemb 1D 42
Goodworth Clatford. Hants 2B 24
Goole. E Yor 2H 93
Goom's Hill. Worc 5E 61
Goonabarn. Corn 3D 6
Goonbell. Corn 4B 6
Goonhavern. Corn 3B 6
Goonlaze. Corn 5B 6
Goonvrea. Corn 4B 6
Goose Green. Cumb 1E 97
Goose Green. S Glo 3C 34
Gooseham. Corn 1C 10
Goosewell. Plym 3B 8
Goosey. Oxon 2B 36
Goosnargh. Lanc 1D 90
Goostrey. Ches E 3B 84
Gorcott Hill. Warw 4E 61
Gord. Shet 9F 173
Gordon. Bord 5C 130
Gordonbush. High 3F 165
Gordonstown. Abers
nr. Cornhill 3C 160
nr. Fyvie 5E 160
Gorebridge. Midl 3G 129
Gorefield. Cambs 4D 76
Gores. Wilts 1G 23
Gorgie. Edin 2F 129
Goring. Oxon 3E 36
Goring-by-Sea. W Sus 5C 26
Goring Heath. Oxon 4E 37
Gorleston-on-Sea. Norf 5H 79
Gornalwood. W Mid 1D 60
Gorran Churchtown. Corn 4D 6
Gorran Haven. Corn 4E 6
Gorran High Lanes. Corn 4D 6
Y Gors. Cdgn 3F 57
Gorsedd. Flin 3D 82
Gorseinon. Swan 3E 31
Gorseness. Orkn 6D 172
Gorseybank. Derbs 5G 85
Gors-goch. Cdgn 5D 57
Gors-las. Carm 4F 45
Gorsley. Glos 3B 48
Gorsley Common. Here 3B 48
Gorstan. High 2F 157
Gorstella. Ches W 4F 83
Gorsty Common. Here 2H 47
Gorsty Hill. Staf 3F 73
Gortantaoid. Arg 2B 124
Gorteneorn. High 2A 140
Gortenfern. High 2A 140
Gorton. G Man 1C 84
Gosbeck. Suff 5D 66
Gosberton. Linc 2B 76
Gosberton Cheal. Linc 3B 76
Gosberton Clough. Linc 3A 76
Goseley Dale. Derbs 3H 73
Gosfield. Essx 3A 54
Gosford. Oxon 4D 50
Gosforth. Cumb 4B 102
Gosforth. Tyne 3F 115
Gosmore. Herts 3B 52
Gospel End. Staf 1C 60
Gosport. Hants 3E 16
Gossabrough. Shet 3G 173
Gossington. Glos 5C 48
Gossops Green. W Sus 2D 26
Goswick. Nmbd 5G 131
Gotham. Notts 2C 74
Gotherington. Glos 3E 49
Gott. Arg 4B 138
Gott. Shet 7F 173
Goudhurst. Kent 2B 28
Goulceby. Linc 3B 88
Gourdon. Abers 1H 145
Gourock. Inv 2D 126
Govan. Glas 3G 127
Govanhill. Glas 3G 127
Goverton. Notts 1E 74
Goveton. Devn 4D 8
Govilon. Mon 4F 47
Gowanhill. Abers 2H 161
Gowdall. E Yor 2G 93
Gowerton. Swan 3E 31
Gowkhall. Fife 1D 128
Gowthorpe. E Yor 4B 100
Goxhill. E Yor 5F 101
Goxhill. N Lin 2E 94
Goxhill Haven. N Lin 2E 94
Goytre. Neat 3A 32
Grabhair. W Isl 6F 171
Graby. Linc 3H 75
Graffham. W Sus 4A 26
Grafham. Cambs 4A 64
Grafham. Surr 1B 26
Grafton. Here 2H 47
Grafton. N Yor 3G 99
Grafton. Oxon 5A 50
Grafton. Shrp 4G 71
Grafton. Worc
nr. Evesham 2E 49
nr. Leominster 4H 59
Grafton Flyford. Worc 5D 60
Grafton Regis. Nptn 1F 51
Grafton Underwood. Nptn 2G 63
Grafty Green. Kent 1C 28
Graianrhyd. Den 5E 82
Graig. Carm 5E 45
Graig. Cnwy 3H 81
Graig. Den 3C 82
Graigfechan. Den 5D 82
Graig Penllyn. V Glam 4C 32
Grain. Medw 3C 40
Grainsby. Linc 1B 88
Grainthorpe. Linc 1C 88
Grainthorpe Fen. Linc 1C 88
Graiselound. N Lin 1E 87
Gramasdail. W Isl 3D 170
Grampound. Corn 4D 6
Grampound Road. Corn 3D 6
Granborough. Buck 3F 51
Granby. Notts 2E 75
Grandborough. Warw 4B 62
Grandpont. Oxon 5D 50
Grandtully. Per 3G 143
Grange. Cumb 3D 102
Grange. E Ayr 1D 116
Grange. Here 3G 59
Grange. Mers 2E 82
Grange. Per 1E 137
The Grange. N Yor 5C 106
Grange Crossroads. Mor 3B 160
Grange Hill. Essx 1F 39
Grangemill. Derbs 5G 85
Grange Moor. W Yor 3C 92
Grangemouth. Falk 1C 128
Grange of Lindores. Fife 2E 137
Grange-over-Sands. Cumb 2D 96
Grangepans. Falk 1D 128
Grangetown. Card 4E 33
Grangetown. Red C 2C 106
Grange Villa. Dur 4F 115
Granish. High 2C 150
Gransmoor. E Yor 4F 101
Granston. Pemb 1C 42
Grantchester. Cambs 5D 64
Grantham. Linc 2G 75
Grantley. N Yor 3E 99
Grantlodge. Abers 2E 152
Granton. Edin 2F 129
Grantown-on-Spey. High 1E 151
Grantshouse. Bord 3E 130
Grappenhall. Warr 2A 84
Grasby. Linc 4D 94
Grasmere. Cumb 4E 103
Grasscroft. G Man 4H 91

Grassendale. *Mers* 2F 83
Grassgarth. *Cumb* 5E 113
Grassholme. *Dur* 2C 104
Grassington. *N Yor* 3C 98
Grassmoor. *Derbs* 4B 86
Grassthorpe. *Notts* 4E 87
Grateley. *Hants* 2A 24
Gratton. *Devn* 1D 11
Gratton. *Staf* 5D 84
Gratwich. *Staf* 2E 73
Graveley. *Cambs* 4B 64
Graveley. *Herts* 3C 52
Gravelhill. *Shrp* 4G 71
Gravel Hole. *G Man* 4H 91
Gravelly Hill. *W Mid* 1F 61
Graven. *Shet* 4F 173
Graveney. *Kent* 4E 41
Gravesend. *Kent* 3H 39
Grayingham. *Linc* 1G 87
Grayrigg. *Cumb* 5G 103
Grays. *Thur* 3H 39
Grayshott. *Hants* 3G 25
Grayson Green. *Cumb* 2A 102
Grayswood. *Surr* 2A 26
Graythorp. *Hart* 2C 106
Grazeley. *Wok* 5E 37
Grealin. *High* 2E 155
Greasbrough. *S Yor* 1B 86
Greasby. *Mers* 2E 83
Great Abington. *Cambs* 1F 53
Great Addington. *Nptn* 3G 63
Great Alne. *Warw* 5F 61
Great Altcar. *Lanc* 4B 90
Great Amwell. *Herts* 4D 52
Great Asby. *Cumb* 3H 103
Great Ashfield. *Suff* 4B 66
Great Ayton. *N Yor* 3C 106
Great Baddow. *Essx* 5H 53
Great Bardfield. *Essx* 2G 53
Great Barford. *Bed* 5A 64
Great Barr. *W Mid* 1E 61
Great Barrington. *Glos* 4H 49
Great Barrow. *Ches W* 4G 83
Great Barton. *Suff* 4A 66
Great Barugh. *N Yor* 2B 100
Great Bavington. *Nmbd* 1C 114
Great Bealings. *Suff* 1F 55
Great Bedwyn. *Wilts* 5A 36
Great Bentley. *Essx* 3E 54
Great Billing. *Nptn* 4F 63
Great Bircham. *Norf* 2G 77
Great Blakenham. *Suff* 5D 66
Great Blencow. *Cumb* 1F 103
Great Bolas. *Telf* 3A 72
Great Bookham. *Surr* 5C 38
Great Bosullow. *Corn* 3B 4
Great Bourton. *Oxon* 1C 50
Great Bowden. *Leics* 2E 63
Great Bradley. *Suff* 5F 65
Great Braxted. *Essx* 4B 54
Great Bricett. *Suff* 5C 66
Great Brickhill. *Buck* 2H 51
Great Bridgeford. *Staf* 3C 72
Great Brington. *Nptn* 4D 62
Great Bromley. *Essx* 3D 54
Great Broughton. *Cumb* 1B 102
Great Broughton. *N Yor* 4C 106
Great Budworth. *Ches W* 3A 84
Great Burdon. *Darl* 3A 106
Great Burstead. *Essx* 1A 40
Great Busby. *N Yor* 4C 106
Great Canfield. *Essx* 4F 53
Great Carlton. *Linc* 2D 88
Great Casterton. *Rut* 5G 75
Great Chalfield. *Wilts* 5D 34
Great Chart. *Kent* 1D 28
Great Chatwell. *Staf* 4B 72
Great Chesterford. *Essx* 1F 53
Great Cheverell. *Wilts* 1E 23
Great Chilton. *Dur* 1F 105
Great Chishill. *Cambs* 2E 53
Great Clacton. *Essx* 4E 55
Great Cliff. *W Yor* 3D 92
Great Clifton. *Cumb* 2B 102
Great Coates. *NE Lin* 3F 95
Great Comberton. *Worc* 1E 49
Great Corby. *Cumb* 4F 113
Great Cornard. *Suff* 1B 54
Great Cowden. *E Yor* 5G 101
Great Coxwell. *Oxon* 2A 36
Great Crakehall. *N Yor* 5F 105
Great Cransley. *Nptn* 3F 63
Great Cressingham. *Norf* 5A 78
Great Crosby. *Mers* 4B 90
Great Cubley. *Derbs* 2F 73
Great Dalby. *Leics* 4E 75
Great Doddington. *Nptn* 4F 63
Great Doward. *Here* 4A 48
Great Dunham. *Norf* 4A 78
Great Dunmow. *Essx* 3G 53
Great Durnford. *Wilts* 3G 23
Great Easton. *Essx* 3G 53
Great Easton. *Leics* 1F 63
Great Eccleston. *Lanc* 5D 96
Great Edstone. *N Yor* 1B 100
Great Ellingham. *Norf* 1C 66
Great Elm. *Som* 2C 22
Great Eppleton. *Tyne* 5G 115
Great Eversden. *Cambs* 5C 64
Great Fencote. *N Yor* 5F 105
Great Finborough. *Suff* 5C 66
Greatford. *Linc* 4H 75
Great Fransham. *Norf* 4A 78
Great Gaddesden. *Herts* 4A 52
Great Gate. *Staf* 1E 73
Great Gidding. *Cambs* 2A 64
Great Givendale. *E Yor* 4C 100
Great Glemham. *Suff* 4F 67
Great Glen. *Leics* 1D 62
Great Gonerby. *Linc* 2F 75
Great Gransden. *Cambs* 5B 64
Great Green. *Norf* 2E 67
Great Green. *Suff*
nr. Lavenham 5B 66
nr. Palgrave 3D 66
Great Habton. *N Yor* 2B 100
Great Hale. *Linc* 1A 76
Great Hallingbury. *Essx* 4F 53
Greatham. *Hants* 3F 25
Greatham. *Hart* 2B 106
Greatham. *W Sus* 4B 26
Great Hampden. *Buck* 5G 51
Great Harrowden. *Nptn* 3F 63
Great Harwood. *Lanc* 1F 91
Great Haseley. *Oxon* 5E 51
Great Hatfield. *E Yor* 5F 101
Great Haywood. *Staf* 3D 73
Great Heath. *W Mid* 2H 61
Great Heck. *N Yor* 2F 93
Great Henny. *Essx* 2B 54
Great Hinton. *Wilts* 1E 23
Great Hockham. *Norf* 1B 66
Great Holland. *Essx* 4F 55
Great Horkesley. *Essx* 2C 54
Great Hormead. *Herts* 2E 53
Great Horton. *W Yor* 1B 92
Great Horwood. *Buck* 2F 51
Great Houghton. *Nptn* 5E 63
Great Houghton. *S Yor* 4E 93
Great Hucklow. *Derbs* 3F 85
Great Kelk. *E Yor* 4F 101
Great Kendale. *E Yor* 3E 101
Great Kimble. *Buck* 5G 51
Great Kingshill. *Buck* 2G 37
Great Langdale. *Cumb* 4D 102
Great Langton. *N Yor* 5F 105
Great Leighs. *Essx* 4H 53
Great Limber. *Linc* 4E 95
Great Linford. *Mil* 1G 51
Great Livermere. *Suff* 3A 66
Great Longstone. *Derbs* 3G 85
Great Lumley. *Dur* 5F 115
Great Lyth. *Shrp* 5G 71
Great Malvern. *Worc* 1C 48
Great Maplestead. *Essx* 2B 54
Great Marton. *Bkpl* 1B 90
Great Massingham. *Norf* 3G 77
Great Melton. *Norf* 5D 78
Great Milton. *Oxon* 5E 51
Great Missenden. *Buck* 5G 51
Great Mitton. *Lanc* 1F 91
Great Mongeham. *Kent* 5H 41
Great Moulton. *Norf* 1D 66
Great Munden. *Herts* 3D 52
Great Musgrave. *Cumb* 3A 104
Great Ness. *Shrp* 4F 71
Great Notley. *Essx* 3H 53
Great Oak. *Mon* 5G 47
Great Oakley. *Essx* 3E 55
Great Oakley. *Nptn* 2F 63
Great Offley. *Herts* 3B 52
Great Ormside. *Cumb* 3A 104
Great Orton. *Cumb* 4E 113
Great Ouseburn. *N Yor* 3G 99
Great Oxendon. *Nptn* 2E 63
Great Oxney Green. *Essx* 5G 53
Great Parndon. *Essx* 5E 53
Great Paxton. *Cambs* 4B 64
Great Plumpton. *Lanc* 1B 90
Great Plumstead. *Norf* 4F 79
Great Ponton. *Linc* 2G 75
Great Potheridge. *Devn* 1F 11
Great Preston. *W Yor* 2E 93
Great Raveley. *Cambs* 2B 64
Great Rissington. *Glos* 4G 49
Great Rollright. *Oxon* 2B 50
Great Ryburgh. *Norf* 3B 78
Great Ryle. *Nmbd* 3E 121
Great Ryton. *Shrp* 5G 71
Great Saling. *Essx* 3H 53
Great Salkeld. *Cumb* 1G 103
Great Sampford. *Essx* 2G 53
Great Sankey. *Warr* 2H 83
Great Saredon. *Staf* 5D 72
Great Saxham. *Suff* 4G 65
Great Shefford. *W Ber* 4B 36
Great Shelford. *Cambs* 5D 64
Great Shoddesden. *Hants* 2A 24
Great Smeaton. *N Yor* 4A 106
Great Snoring. *Norf* 2B 78
Great Somerford. *Wilts* 3E 35
Great Stainton. *Darl* 2A 106
Great Stambridge. *Essx* 1C 40
Great Staughton. *Cambs* 4A 64
Great Steeping. *Linc* 4D 88
Great Stonar. *Kent* 5H 41
Greatstone-on-Sea. *Kent* 3E 29
Great Strickland. *Cumb* 2G 103
Great Stukeley. *Cambs* 3B 64
Great Sturton. *Linc* 3B 88
Great Sutton. *Ches W* 3F 83
Great Sutton. *Shrp* 2H 59
Great Swinburne. *Nmbd* 2C 114
Great Tew. *Oxon* 3B 50
Great Tey. *Essx* 3B 54
Great Thirkleby. *N Yor* 2G 99
Great Thorness. *IOW* 3C 16
Great Thurlow. *Suff* 5F 65
Great Torr. *Devn* 4C 8
Great Torrington. *Devn* 1E 11
Great Tosson. *Nmbd* 4E 121
Great Totham North. *Essx* 4B 54
Great Totham South. *Essx* 4B 54
Great Tows. *Linc* 1B 88
Great Urswick. *Cumb* 2B 96
Great Wakering. *Essx* 2D 40
Great Waldingfield. *Suff* 1C 54
Great Walsingham. *Norf* 2B 78
Great Waltham. *Essx* 4G 53
Great Warley. *Essx* 1G 39
Great Washbourne. *Glos* 2E 49
Great Wenham. *Suff* 2D 54
Great Whelnetham. *Suff* 5A 66
Great Whittington. *Nmbd* 2D 114
Great Wigborough. *Essx* 4C 54
Great Wilbraham. *Cambs* 5E 65
Great Wilne. *Derbs* 2B 74
Great Wishford. *Wilts* 3F 23
Great Witchingham. *Norf* 3D 78
Great Witcombe. *Glos* 4E 49
Great Witley. *Worc* 4B 60
Great Wolford. *Warw* 2H 49
Greatworth. *Nptn* 1D 50
Great Wratting. *Suff* 1G 53
Great Wymondley. *Herts* 3C 52
Great Wyrley. *Staf* 5D 73
Great Wytheford. *Shrp* 4H 71
Great Yarmouth. *Norf* 5H 79
Great Yeldham. *Essx* 2A 54
Grebby. *Linc* 4D 88
Greeba Castle. *IOM* 3C 108
The Green. *Cumb* 1A 96
The Green. *Wilts* 3D 22
Greenbank. *Shet* 1G 173
Greenbottom. *Corn* 4B 6
Greenburn. *W Lot* 3C 128
Greencroft. *Dur* 4E 115
Greendown. *Som* 1A 22
Greendykes. *Nmbd* 2E 121
Green End. *Bed*
nr. Bedford 1A 52
nr. Little Staughton 4A 64
Green End. *Herts*
nr. Buntingford 2D 52
nr. Stevenage 3D 52
Green End. *N Yor* 4F 107
Green End. *Warw* 2G 61
Greenfield. *Arg* 4B 134
Greenfield. *C Beds* 2A 52
Greenfield. *Flin* 3D 82
Greenfield. *G Man* 4H 91
Greenfield. *Oxon* 2F 37
Greenfoot. *N Lan* 3A 128
Greenford. *G Lon* 2C 38
Greengairs. *N Lan* 2A 128
Greengate. *Norf* 4C 78
Greengill. *Cumb* 1C 102
Greenhalgh. *Lanc* 1C 90
Greenham. *Dors* 2H 13
Greenham. *Som* 4D 20
Greenham. *W Ber* 5C 36
Green Hammerton. *N Yor* 4G 99
Greenhaugh. *Nmbd* 1A 114
Greenhead. *Nmbd* 3H 113
Green Heath. *Staf* 4D 73
Greenhill. *Dum* 2C 112
Greenhill. *Falk* 2B 128
Greenhill. *Kent* 4F 41
Greenhill. *S Yor* 2H 85
Greenhill. *Worc* 3C 60
Greenhills. *N Ayr* 4E 127
Greenhithe. *Kent* 3G 39
Greenholm. *E Ayr* 1E 117
Greenhow Hill. *N Yor* 3D 98
Greenigoe. *Orkn* 7D 172
Greenland. *High* 2E 169
Greenland Mains. *High* 2E 169
Greenlands. *Worc* 4E 61
Green Lane. *Shrp* 3A 72
Green Lane. *Worc* 4E 61
Greenlaw. *Bord* 5D 130
Greenlea. *Dum* 2B 112
Greenloaning. *Per* 3H 135
Greenmount. *G Man* 3F 91
Greenmow. *Shet* 9F 173
Greenock. *Inv* 2D 126
Greenock Mains. *E Ayr* 2F 117
Greenodd. *Cumb* 1C 96
Green Ore. *Som* 1A 22
Greenrow. *Cumb* 4C 112
Greens. *Abers* 4F 161
Greensgate. *Norf* 4D 78
Greenside. *Tyne* 3E 115
Greensidehill. *Nmbd* 3D 121
Greens Norton. *Nptn* 1E 51
Greenstead Green. *Essx* 3B 54
Greensted Green. *Essx* 5F 53
Green Street. *Herts* 1C 38
Green Street. *Suff* 3D 66
Green Street Green. *G Lon* 4F 39
Green Street Green. *Kent* 3G 39
Greenstreet Green. *Suff* 1D 54
Green Tye. *Herts* 4E 53
Greenwall. *Orkn* 7E 172
Greenway. *Pemb* 1E 43
Greenway. *V Glam* 4D 32
Greenwell. *Cumb* 4G 113
Greenwich. *G Lon* 3E 39
Greet. *Glos* 2F 49
Greete. *Shrp* 3H 59
Greetham. *Linc* 3C 88
Greetham. *Rut* 4G 75
Greetland. *W Yor* 2A 92
Gregson Lane. *Lanc* 2D 90
Grein. *W Isl* 8B 170
Greinetobht. *W Isl* 1D 170
Greinton. *Som* 3H 21
Gremista. *Shet* 7F 173
Grenaby. *IOM* 4B 108
Grendon. *Nptn* 4F 63
Grendon. *Warw* 1G 61
Grendon Common. *Warw* 1G 61
Grendon Green. *Here* 5H 59
Grendon Underwood. *Buck* 3E 51
Grenofen. *Devn* 5E 11
Grenoside. *S Yor* 1H 85
Greosabhagh. *W Isl* 8D 171
Gresford. *Wrex* 5F 83
Gresham. *Norf* 2D 78
Greshornish. *High* 3C 154
Gressenhall. *Norf* 4B 78
Gressingham. *Lanc* 3E 97
Greta Bridge. *Dur* 3D 105
Gretna. *Dum* 3E 112
Gretna Green. *Dum* 3E 112
Gretton. *Glos* 2F 49
Gretton. *Nptn* 1G 63
Gretton. *Shrp* 1H 59
Grewelthorpe. *N Yor* 2E 99
Greyabbey. *Ards* 4J 175
Greygarth. *N Yor* 2D 98
Grey Green. *N Lin* 4A 94
Greylake. *Som* 3G 21
Greysouthen. *Cumb* 2B 102
Greysteel. *Caus* 1D 174
Greystoke. *Cumb* 1F 103
Greystoke Gill. *Cumb* 2F 103
Greystone. *Ang* 4E 145
Greystones. *S Yor* 2H 85
Greywell. *Hants* 1F 25
Griais. *W Isl* 3G 171
Grianan. *W Isl* 4G 171
Gribthorpe. *E Yor* 1A 94
Gribun. *Arg* 5F 139
Griff. *Warw* 2A 62
Griffithstown. *Torf* 2F 33
Griffydam. *Leics* 4B 74
Griggs Green. *Hants* 3G 25
Grimbister. *Orkn* 6C 172
Grimeford Village. *Lanc* 3E 90
Grimeston. *Orkn* 6C 172
Grimethorpe. *S Yor* 4E 93
Griminis. *W Isl*
on Benbecula 3C 170
on North Uist 1C 170
Grimister. *Shet* 2F 173
Grimley. *Worc* 4C 60
Grimness. *Orkn* 8D 172
Grimoldby. *Linc* 2C 88
Grimpo. *Shrp* 3F 71
Grimsargh. *Lanc* 1D 90
Grimsbury. *Oxon* 1C 50
Grimsby. *NE Lin* 4F 95
Grimscote. *Nptn* 5D 62
Grimscott. *Corn* 2C 10
Grimshaw. *Bkbn* 2F 91
Grimshaw Green. *Lanc* 3C 90
Grimsthorpe. *Linc* 3H 75
Grimston. *E Yor* 1F 95
Grimston. *Leics* 3D 74
Grimston. *Norf* 3G 77
Grimston. *York* 4A 100
Grimstone. *Dors* 3B 14
Grimstone End. *Suff* 4B 66
Grinacombe Moor. *Devn* 3E 11
Grindale. *E Yor* 2F 101
Grindhill. *Devn* 3E 11
Grindiscol. *Shet* 8F 173
Grindle. *Shrp* 5B 72
Grindleford. *Derbs* 3G 85

Grindleton. *Lanc* 5G 97
Grindley. *Staf* 3E 73
Grindley Brook. *Shrp* 1H 71
Grindlow. *Derbs* 3F 85
Grindon. *Nmbd* 5F 131
Grindon. *Staf* 5E 85
Gringley on the Hill. *Notts* 1E 87
Grinsdale. *Cumb* 4E 113
Grinshill. *Shrp* 3H 71
Grinton. *N Yor* 5D 104
Griomsidar. *W Isl* 5G 171
Grishipoll. *Arg* 3C 138
Grisling Common. *E Sus* 3F 27
Gristhorpe. *N Yor* 1E 101
Griston. *Norf* 1B 66
Gritley. *Orkn* 7E 172
Grittenham. *Wilts* 3F 35
Grittleton. *Wilts* 3D 34
Grizebeck. *Cumb* 1B 96
Grizedale. *Cumb* 5E 103
Grobister. *Orkn* 5F 172
Grobsness. *Shet* 5E 173
Groby. *Leics* 5C 74
Groes. *Cnwy* 4C 82
Groes. *Neat* 3A 32
Groes-faen. *Rhon* 3D 32
Groesffordd. *Gwyn* 2B 68
Groesffordd. *Powy* 3D 46
Groeslon. *Gwyn* 5D 81
Groes-lwyd. *Powy* 4E 70
Groes-wen. *Cphy* 3E 33
Grogport. *Arg* 5G 125
Groigearraidh. *W Isl* 4C 170
Gromford. *Suff* 5F 67
Gronant. *Flin* 2C 82
Groombridge. *E Sus* 2G 27
Grosmont. *Mon* 3H 47
Grosmont. *N Yor* 4F 107
Groton. *Suff* 1C 54
Grove. *Dors* 5B 14
Grove. *Kent* 4G 41
Grove. *Notts* 3E 87
Grove. *Oxon* 2B 36
The Grove. *Dum* 2A 112
The Grove. *Worc* 1D 48
Grovehill. *E Yor* 1D 94
Grove Park. *G Lon* 3F 39
Grovesend. *Swan* 5F 45
Grub Street. *Staf* 3B 72
Grudie. *High* 2F 157
Gruids. *High* 3C 164
Gruinard House. *High* 4D 162
Gruinart. *Arg* 3A 124
Grulinbeg. *Arg* 3A 124
Gruline. *Arg* 4G 139
Grummore. *High* 5G 167
Grundisburgh. *Suff* 5E 66
Gruting. *Shet* 7D 173
Grutness. *Shet* 10F 173
Gualachulain. *High* 4F 141
Gualin House. *High* 3D 166
Guardbridge. *Fife* 2G 137
Guarlford. *Worc* 1D 48
Guay. *Per* 4H 143
Gubblecote. *Herts* 4H 51
Guestling Green. *E Sus* 4C 28
Guestling Thorn. *E Sus* 4C 28
Guestwick. *Norf* 3C 78
Guestwick Green. *Norf* 3C 78
Guide. *Bkbn* 2F 91
Guide Post. *Nmbd* 1F 115
Guilden Down. *Shrp* 2F 59
Guilden Morden. *Cambs* 1C 52
Guilden Sutton. *Ches W* 4G 83
Guildford. *Surr* 1A 26
Guildtown. *Per* 5A 144
Guilsborough. *Nptn* 3D 62
Guilsfield. *Powy* 4E 70
Guineaford. *Devn* 3F 19
Guisborough. *Red C* 3D 106
Guiseley. *W Yor* 5D 98
Guist. *Norf* 3B 78
Guiting Power. *Glos* 3F 49
Gulberwick. *Shet* 8F 173
Gullane. *E Lot* 1A 130
Gulling Green. *Suff* 5H 65
Gulval. *Corn* 3B 4
Gulworthy. *Devn* 5E 11
Gumfreston. *Pemb* 4F 43
Gumley. *Leics* 1D 62
Gunby. *E Yor* 1H 93
Gunby. *Linc* 3G 75
Gundleton. *Hants* 3E 24
Gun Green. *Kent* 2B 28
Gun Hill. *E Sus* 4G 27
Gunn. *Devn* 3G 19
Gunnerside. *N Yor* 5C 104
Gunnerton. *Nmbd* 2C 114
Gunness. *N Lin* 3B 94
Gunnislake. *Corn* 5E 11
Gunnista. *Shet* 7F 173
Gunsgreenhill. *Bord* 3F 131
Gunstone. *Staf* 5C 72
Gunthorpe. *Norf* 2C 78
Gunthorpe. *N Lin* 1F 87
Gunthorpe. *Notts* 1D 74
Gunthorpe. *Pet* 5A 76
Gunville. *IOW* 4C 16
Gupworthy. *Som* 3C 20
Gurnard. *IOW* 3C 16
Gurney Slade. *Som* 2B 22
Gurnos. *Powy* 5A 46
Gussage All Saints. *Dors* 1F 15
Gussage St Andrew. *Dors* 1E 15
Gussage St Michael. *Dors* 1E 15
Guston. *Kent* 1H 29
Gutcher. *Shet* 2G 173
Guthram Gowt. *Linc* 3A 76
Guthrie. *Ang* 3E 145
Guyhirn. *Cambs* 5D 76
Guyhirn Gull. *Cambs* 5C 76
Guy's Head. *Linc* 3D 77
Guy's Marsh. *Dors* 4D 22
Guyzance. *Nmbd* 4G 121
Gwaelod-y-garth. *Card* 3E 32
Gwaenynog Bach. *Den* 4C 82
Gwaenysgor. *Flin* 2C 82
Gwalchmai. *IOA* 3C 80
Gwastad. *Pemb* 2E 43
Gwauncaegurwen. *Neat* 4H 45
Gwbert. *Cdgn* 1B 44
Gweek. *Corn* 4E 5
Gwehelog. *Mon* 5G 47
Gwenddwr. *Powy* 1D 46
Gwennap. *Corn* 4B 6
Gwenter. *Corn* 5E 5
Gwernaffield. *Flin* 4E 82
Gwernesney. *Mon* 5H 47
Gwernogle. *Carm* 2F 45
Gwern-y-go. *Powy* 1E 58
Gwernymynydd. *Flin* 4E 82
Gwersyllt. *Wrex* 5F 83
Gwespyr. *Flin* 2D 82
Gwinear. *Corn* 3C 4
Gwithian. *Corn* 2C 4
Gwredog. *IOA* 2D 80
Gwyddelwern. *Den* 1C 70
Gwyddgrug. *Carm* 2E 45
Gwynfryn. *Wrex* 5E 83
Gwystre. *Powy* 4C 58
Gwytherin. *Cnwy* 4A 82
Gyfelia. *Wrex* 1F 71
Gyffin. *Cnwy* 3G 81

H

Haa of Houlland. *Shet* 1G 173
Habberley. *Shrp* 5G 71
Habblesthorpe. *Notts* 2E 87
Habergham. *Lanc* 1G 91
Habin. *W Sus* 4G 25
Habrough. *NE Lin* 3E 95
Haceby. *Linc* 2H 75
Hacheston. *Suff* 5F 67
Hackenthorpe. *S Yor* 2B 86
Hackford. *Norf* 5C 78
Hackforth. *N Yor* 5F 105
Hackland. *Orkn* 5C 172
Hackleton. *Nptn* 5F 63
Hackman's Gate. *Worc* 3C 60
Hackness. *N Yor* 5G 107
Hackness. *Orkn* 8C 172
Hackney. *G Lon* 2E 39
Hackthorn. *Linc* 2G 87
Hackthorpe. *Cumb* 2G 103
Haclait. *W Isl* 4D 170
Haconby. *Linc* 3A 76
Hadden. *Bord* 1B 120
Haddenham. *Buck* 5F 51
Haddenham. *Cambs* 3D 64
Haddenham End Field
  Cambs 3D 64
Haddington. *E Lot* 2B 130
Haddington. *Linc* 4G 87
Haddiscoe. *Norf* 1G 67
Haddo. *Abers* 5F 161
Haddon. *Cambs* 1A 64
Hademore. *Staf* 5F 73
Hadfield. *Derbs* 1E 85
Hadham Cross. *Herts* 4E 53
Hadham Ford. *Herts* 3E 53
Hadleigh. *Essx* 2C 40
Hadleigh. *Suff* 1D 54
Hadleigh Heath. *Suff* 1C 54
Hadley. *Telf* 4A 72
Hadley. *Worc* 4C 60
Hadley End. *Staf* 3F 73
Hadley Wood. *G Lon* 1D 38
Hadlow. *Kent* 1H 27
Hadlow Down. *E Sus* 3G 27
Hadnall. *Shrp* 3H 71
Hadstock. *Essx* 1F 53
Hadston. *Nmbd* 4G 121
Hady. *Derbs* 3A 86
Hadzor. *Worc* 4D 60
Haffenden Quarter. *Kent* 1C 28
Haggate. *Lanc* 1G 91
Haggbeck. *Cumb* 2F 113
Haggersta. *Shet* 7E 173
Haggerston. *Nmbd* 5G 131
Haggrister. *Shet* 4E 173
Hagley. *Here* 1A 48
Hagley. *Worc* 2D 60
Hagnaby. *Linc* 4C 88
Hagworthingham. *Linc* 4C 88
Haigh. *G Man* 4E 90
Haigh Moor. *W Yor* 2C 92
Haighton Green. *Lanc* 1D 90
Haile. *Cumb* 4B 102
Hailes. *Glos* 2F 49
Hailey. *Herts* 4D 52
Hailey. *Oxon* 4B 50
Hailsham. *E Sus* 5G 27
Hail Weston. *Cambs* 4A 64
Hainault. *G Lon* 1F 39
Hainford. *Norf* 4E 78
Hainton. *Linc* 2A 88
Hainworth. *W Yor* 1A 92
Haisthorpe. *E Yor* 3F 101
Hakin. *Pemb* 4C 42
Halam. *Notts* 5D 86
Halbeath. *Fife* 1E 129
Halberton. *Devn* 1D 12
Halcro. *High* 2E 169
Hale. *Cumb* 2E 97
Hale. *G Man* 2B 84
Hale. *Hal* 2G 83
Hale. *Hants* 1G 15
Hale. *Surr* 2G 25
Hale Bank. *Hal* 2G 83
Halebarns. *G Man* 2B 84
Hales. *Norf* 1F 67
Hales. *Staf* 2B 72
Halesgate. *Linc* 3C 76
Hales Green. *Derbs* 1F 73
Halesowen. *W Mid* 2D 60
Hale Street. *Kent* 1A 28
Halesworth. *Suff* 3F 67
Halewood. *Mers* 2G 83
Halford. *Shrp* 2G 59
Halford. *Warw* 1A 50
Halfpenny. *Cumb* 1E 97
Halfpenny Furze. *Carm* 3G 43
Halfpenny Green. *Staf* 1C 60
Halfway. *Carm*
  nr. Llandeilo 2G 45
  nr. Llandovery 2B 46
Halfway. *S Yor* 2B 86
Halfway. *W Ber* 5C 36
Halfway House. *Shrp* 4F 71
Halfway Houses. *Kent* 3D 40
Halgabron. *Corn* 4A 10
Halifax. *W Yor* 2A 92
Halistra. *High* 3B 154
Halket. *E Ayr* 4F 127
Halkirk. *High* 3D 168
Halkyn. *Flin* 3E 82
Hall. *E Ren* 4F 127
Hallam Fields. *Derbs* 1B 74
Halland. *E Sus* 4G 27
The Hallands. *N Lin* 2D 94
Hallaton. *Leics* 1E 63
Hallatrow. *Bath* 1B 22
Hallbank. *Cumb* 5H 103
Hallbankgate. *Cumb* 4G 113
Hall Dunnerdale. *Cumb* 5D 102
Hallen. *S Glo* 3A 34
Hall End. *Bed* 1A 52
Hallgarth. *Dur* 5G 115
Hall Green. *Ches E* 5C 84
Hall Green. *Norf* 2D 66
Hall Green. *W Mid* 2F 61
Hall Green. *W Yor* 3D 92
Hall Green. *Wrex* 1G 71
Halliburton. *Bord* 5C 130
Hallin. *High* 3B 154
Halling. *Medw* 4B 40
Hallington. *Linc* 2C 88
Hallington. *Nmbd* 2C 114
Halloughton. *Notts* 5D 86
Hallow. *Worc* 5C 60
Hallow Heath. *Worc* 5C 60
Hallowsgate. *Ches W* 4H 83
Hallsands. *Devn* 5E 9
Hall's Green. *Herts* 3C 52
Hallspill. *Devn* 4E 19
Hallthwaites. *Cumb* 1A 96
Hall Waberthwaite. *Cumb* 5C 102
Hallwood Green. *Glos* 2B 48
Hallworthy. *Corn* 4B 10
Hallyne. *Bord* 5E 129
Halmer End. *Staf* 1C 72
Halmond's Frome. *Here* 1B 48
Halmore. *Glos* 5B 48
Halnaker. *W Sus* 5A 26
Halsall. *Lanc* 3B 90
Halse. *Nptn* 1D 50
Halse. *Som* 4E 21
Halsetown. *Corn* 3C 4
Halsham. *E Yor* 2F 95
Halsinger. *Devn* 3F 19
Halstead. *Essx* 2B 54
Halstead. *Kent* 4F 39
Halstead. *Leics* 5E 75
Halstock. *Dors* 2A 14
Halsway. *Som* 3E 21
Haltcliff Bridge. *Cumb* 1E 103
Haltham. *Linc* 4B 88
Haltoft End. *Linc* 1C 76
Halton. *Buck* 5G 51
Halton. *Hal* 2H 83
Halton. *Lanc* 3E 97
Halton. *Nmbd* 3C 114
Halton. *W Yor* 1D 92
Halton. *Wrex* 2F 71
Halton East. *N Yor* 4C 98
Halton Fenside. *Linc* 4D 88
Halton Gill. *N Yor* 2A 98
Halton Holegate. *Linc* 4D 88
Halton Lea Gate. *Nmbd* 4H 113
Halton Moor. *W Yor* 1D 92
Halton Shields. *Nmbd* 3D 114
Halton West. *N Yor* 4H 97
Haltwhistle. *Nmbd* 3A 114
Halvergate. *Norf* 5G 79
Halwell. *Devn* 3D 9
Halwill. *Devn* 3E 11
Halwill Junction. *Devn* 3E 11
Ham. *Devn* 2F 13
Ham. *Glos* 2B 34
Ham. *G Lon* 3C 38
Ham. *High* 1E 169
Ham. *Kent* 5H 41
Ham. *Plym* 3A 8
Ham. *Shet* 8A 173
Ham. *Som*
  nr. Ilminster 1F 13
  nr. Taunton 4F 21
  nr. Wellington 4E 21
Ham. *Wilts* 5B 36
Hambleden. *Buck* 3F 37
Hambledon. *Hants* 1E 17
Hambledon. *Surr* 2A 26
Hamble-le-Rice. *Hants* 2C 16
Hambleton. *Lanc* 5C 96
Hambleton. *N Yor* 1F 93
Hambridge. *Som* 4G 21
Hambrook. *S Glo* 4B 34
Hambrook. *W Sus* 2F 17
Ham Common. *Dors* 4D 22
Hameringham. *Linc* 4C 88
Hamerton. *Cambs* 3A 64
Ham Green. *Here* 1C 48
Ham Green. *Kent* 4C 40
Ham Green. *N Som* 4A 34
Ham Green. *Worc* 4E 61
Ham Hill. *Kent* 4A 40
Hamilton. *Leic* 5D 74
Hamilton. *S Lan* 4A 128
Hamister. *Shet* 5G 173
Hammer. *W Sus* 3G 25
Hammersmith. *G Lon* 3D 38
Hammerwich. *Staf* 5E 73
Hammerwood. *E Sus* 2F 27
Hammill. *Kent* 5G 41
Hammond Street. *Herts* 5D 52
Hammoon. *Dors* 1D 14
Hamnavoe. *Shet*
  nr. Braehoulland 3D 173
  nr. Burland 8E 173
  nr. Lunna 4F 173
  on Yell 3F 173
Hamp. *Som* 3G 21
Hampden Park. *E Sus* 5G 27
Hampen. *Glos* 4F 49
Hamperden End. *Essx* 2F 53
Hamperley. *Shrp* 2G 59
Hampnett. *Glos* 4F 49
Hampole. *S Yor* 3F 93
Hampreston. *Dors* 3F 15
Hampstead. *G Lon* 2D 38
Hampstead Norreys
  W Ber 4D 36
Hampsthwaite. *N Yor* 4E 99
Hampton. *Devn* 3F 13
Hampton. *G Lon* 3C 38
Hampton. *Kent* 4F 41
Hampton. *Shrp* 2B 60
Hampton. *Swin* 2G 35
Hampton. *Worc* 1F 49
Hampton Bishop. *Here* 2A 48
Hampton Fields. *Glos* 2D 35
Hampton Hargate. *Pet* 1A 64
Hampton Heath. *Ches W* 1H 71
Hampton in Arden. *W Mid* 2G 61
Hampton Loade. *Shrp* 2B 60
Hampton Lovett. *Worc* 4C 60
Hampton Lucy. *Warw* 5G 61
Hampton Magna. *Warw* 4G 61
Hampton on the Hill
  Warw 4G 61
Hampton Poyle. *Oxon* 4D 50
Hampton Wick. *G Lon* 4C 38
Hamptworth. *Wilts* 1H 15
Hamrow. *Norf* 3B 78
Hamsey. *E Sus* 4F 27
Hamsey Green. *Surr* 5E 39
Hamstall Ridware. *Staf* 4F 73
Hamstead. *IOW* 3C 16

Hamstead. W Mid 1E 61
Hamstead Marshall
W Ber 5C 36
Hamsterley. Dur
nr. Consett 4E 115
nr. Wolsingham 1E 105
Hamsterley Mill. Dur 4E 115
Ham Street. Som 3A 22
Hamstreet. Kent 2E 28
Hamworthy. Pool 3E 15
Hanbury. Staf 3F 73
Hanbury. Worc 4D 60
Hanbury Woodend. Staf 3F 73
Hanby. Linc 2H 75
Hanchurch. Staf 1C 72
Hand and Pen. Devn 3D 12
Handbridge. Ches W 4G 83
Handcross. W Sus 2D 26
Handforth. Ches E 2C 84
Handley. Ches W 5G 83
Handley. Derbs 4A 86
Handsacre. Staf 4E 73
Handsworth. S Yor 2B 86
Handsworth. W Mid 1E 61
Handy Cross. Buck 2G 37
Hanford. Dors 1D 14
Hanford. Stoke 1C 72
Hangersley. Hants 2G 15
Hanging Houghton. Nptn 3E 63
Hanging Langford. Wilts 3F 23
Hangleton. Brig 5D 26
Hangleton. W Sus 5B 26
Hanham. S Glo 4B 34
Hanham Green. S Glo 4B 34
Hankelow. Ches E 1A 72
Hankerton. Wilts 2E 35
Hankham. E Sus 5H 27
Hanley. Stoke 1C 72
Hanley Castle. Worc 1D 48
Hanley Childe. Worc 4A 60
Hanley Swan. Worc 1D 48
Hanley William. Worc 4A 60
Hanlith. N Yor 3B 98
Hanmer. Wrex 2G 71
Hannaborough. Devn 2F 11
Hannaford. Devn 4G 19
Hannah. Linc 3E 89
Hannington. Hants 1D 24
Hannington. Nptn 3F 63
Hannington. Swin 2G 35
Hannington Wick. Swin 2G 35
Hanscombe End. C Beds 2B 52
Hanslope. Mil 1G 51
Hanthorpe. Linc 3H 75
Hanwell. G Lon 2C 38
Hanwell. Oxon 1C 50
Hanwood. Shrp 5G 71
Hanworth. G Lon 3C 38
Hanworth. Norf 2D 78
Happas. Ang 4D 144
Happendon. S Lan 1A 118
Happisburgh. Norf 2F 79
Happisburgh Common
Norf 3F 79
Hapsford. Ches W 3G 83
Hapton. Lanc 1F 91
Hapton. Norf 1D 66
Harberton. Devn 3D 9
Harbertonford. Devn 3D 9
Harbledown. Kent 5F 41
Harborne. W Mid 2E 61
Harborough Magna. Warw 3B 62
Harbottle. Nmbd 4D 120
Harbourneford. Devn 2D 8
Harbours Hill. Worc 4D 60
Harbridge. Hants 1G 15
Harbury. Warw 4A 62
Harby. Leics 2E 75
Harby. Notts 3F 87
Harcombe. Devn 3E 13
Harcombe Bottom. Devn 3G 13
Harcourt. Corn 5C 6
Harden. W Yor 1A 92
Hardenhuish. Wilts 4E 35
Hardgate. Abers 3E 153
Hardgate. Dum 3F 111
Hardham. W Sus 4B 26
Hardingham. Norf 5C 78
Hardingstone. Nptn 5E 63
Hardings Wood. Staf 5C 84
Hardington. Som 1C 22
Hardington Mandeville. Som 1A 14
Hardington Marsh. Som 2A 14
Hardington Moor. Som 1A 14
Hardley. Hants 2C 16
Hardley Street. Norf 5F 79
Hardmead. Mil 1H 51
Hardraw. N Yor 5B 104
Hardstoft. Derbs 4B 86
Hardway. Hants 2E 16
Hardway. Som 3C 22
Hardwick. Buck 4G 51
Hardwick. Cambs 5C 64
Hardwick. Norf 2E 66
Hardwick. Nptn 4F 63
Hardwick. Oxon
nr. Bicester 3D 50
nr. Witney 5B 50
Hardwick. Shrp 1F 59
Hardwick. S Yor 2B 86
Hardwick. Stoc T 2B 106
Hardwick. W Mid 1E 61
Hardwicke. Glos
nr. Cheltenham 3E 49
nr. Gloucester 4C 48
Hardwicke. Here 1F 47
Hardwick Village. Notts 3D 86
Hardy's Green. Essx 3C 54
Hare. Som 1F 13
Hareby. Linc 4C 88
Hareden. Lanc 4F 97
Harefield. G Lon 1B 38
Hare Green. Essx 3D 54
Hare Hatch. Wok 4G 37
Harehill. Derbs 2F 73
Harehills. W Yor 1D 92
Harehope. Nmbd 2E 121
Harelaw. Dum 2F 113
Harelaw. Dur 4E 115
Hareplain. Kent 2C 28
Haresceugh. Cumb 5H 113
Harescombe. Glos 4D 48
Haresfield. Glos 4D 48
Haresfinch. Mers 1H 83
Hareshaw. N Lan 3B 128
Hare Street. Essx 5E 53
Hare Street. Herts 3D 53
Harewood. W Yor 5F 99
Harewood End. Here 3A 48
Harford. Devn 3C 8
Hargate. Norf 1D 66
Hargatewall. Derbs 3F 85
Hargrave. Ches W 4G 83
Hargrave. Nptn 3H 63
Hargrave. Suff 5G 65
Harker. Cumb 3E 113
Harkland. Shet 3F 173
Harkstead. Suff 2E 55
Harlaston. Staf 4G 73
Harlaxton. Linc 2F 75
Harlech. Gwyn 2E 69
Harlequin. Notts 2D 74
Harlescott. Shrp 4H 71
Harleston. Devn 4D 9
Harleston. Norf 2E 67
Harleston. Suff 4C 66
Harlestone. Nptn 4E 62
Harley. Shrp 5H 71
Harley. S Yor 1A 86
Harling Road. Norf 2B 66
Harlington. C Beds 2A 52
Harlington. G Lon 3B 38
Harlington. S Yor 4E 93
Harlosh. High 4B 154
Harlow. Essx 4E 53
Harlow Hill. Nmbd 3D 115
Harlsey Castle. N Yor 5B 106
Harlthorpe. E Yor 1H 93
Harlton. Cambs 5C 64
Harlyn Bay. Corn 1C 6
Harman's Cross. Dors 4E 15
Harmby. N Yor 1D 98
Harmer Green. Herts 4C 52
Harmer Hill. Shrp 3G 71
Harmondsworth. G Lon 3B 38
Harmston. Linc 4G 87
Harnage. Shrp 5H 71
Harnham. Nmbd 1D 115
Harnham. Wilts 4G 23
Harnhill. Glos 5F 49
Harold Hill. G Lon 1G 39
Haroldston West. Pemb 3C 42
Haroldswick. Shet 1H 173
Harold Wood. G Lon 1G 39
Harome. N Yor 1A 100
Harpenden. Herts 4B 52
Harpford. Devn 3D 12
Harpham. E Yor 3E 101
Harpley. Norf 3G 77
Harpley. Worc 4A 60
Harpole. Nptn 4D 62
Harpsdale. High 3D 168
Harpsden. Oxon 3F 37
Harpswell. Linc 2G 87
Harpurhey. G Man 4G 91
Harpur Hill. Derbs 3E 85
Harraby. Cumb 4F 113
Harracott. Devn 4F 19
Harrapool. High 1E 147
Harrapul. High 1E 147
Harrietfield. Per 1B 136
Harrietsham. Kent 5C 40
Harrington. Cumb 2A 102
Harrington. Linc 3C 88
Harrington. Nptn 2E 63
Harringworth. Nptn 1G 63
Harriseahead. Staf 5C 84
Harriston. Cumb 5C 112
Harrogate. N Yor 4F 99
Harrold. Bed 5G 63
Harrop Dale. G Man 4A 92
Harrow. G Lon 2C 38
Harrowbarrow. Corn 2H 7
Harrowden. Bed 1A 52
Harrowgate Hill. Darl 3F 105
Harrow on the Hill. G Lon 2C 38
Harrow Weald. G Lon 1C 38
Harry Stoke. S Glo 4B 34
Harston. Cambs 5D 64
Harston. Leics 2F 75
Harswell. E Yor 5C 100
Hart. Hart 1B 106
Hartburn. Nmbd 1D 115
Hartburn. Stoc T 3B 106
Hartest. Suff 5H 65
Hartfield. E Sus 2F 27
Hartford. Cambs 3B 64
Hartford. Ches W 3A 84
Hartford. Som 4C 20
Hartford Bridge. Hants 1F 25
Hartford End. Essx 4G 53
Harthill. Ches W 5H 83
Harthill. N Lan 3C 128
Harthill. S Yor 2B 86
Hartington. Derbs 4F 85
Hartland. Devn 4C 18
Hartland Quay. Devn 4C 18
Hartle. Worc 3D 60
Hartlebury. Worc 3C 60
Hartlepool. Hart 1C 106
Hartley. Cumb 4A 104
Hartley. Kent
nr. Cranbrook 2B 28
nr. Dartford 4H 39
Hartley. Nmbd 2G 115
Hartley Green. Staf 3D 73
Hartley Mauditt. Hants 3F 25
Hartley Wespall. Hants 1E 25
Hartley Wintney. Hants 1F 25
Hartlip. Kent 4C 40
Hartmount Holdings
High 1B 158
Hartoft End. N Yor 5E 107
Harton. N Yor 3B 100
Harton. Shrp 2G 59
Harton. Tyne 3G 115
Hartpury. Glos 3D 48
Hartshead. W Yor 2B 92
Hartshill. Warw 1H 61
Hartshorne. Derbs 3H 73
Hartsop. Cumb 3F 103
Hart Station. Hart 1B 106
Hartswell. Som 4D 20
Hartwell. Nptn 5E 63
Hartwood. Lanc 3D 90
Hartwood. N Lan 4B 128
Harvel. Kent 4A 40
Harvington. Worc
nr. Evesham 1F 49
nr. Kidderminster 3C 60
Harwell. Oxon 3C 36
Harwich. Essx 2F 55
Harwood. Dur 1B 104
Harwood. G Man 3F 91
Harwood Dale. N Yor 5G 107
Harworth. Notts 1D 86
Hascombe. Surr 2A 26
Haselbech. Nptn 3E 62
Haselbury Plucknett
Som 1H 13
Haseley. Warw 4G 61
Hasfield. Glos 3D 48
Hasguard. Pemb 4C 42
Haskayne. Lanc 4B 90
Hasketon. Suff 5E 67
Hasland. Derbs 4A 86
Haslemere. Surr 2A 26
Haslingden. Lanc 2F 91
Haslingfield. Cambs 5D 64
Haslington. Ches E 5B 84
Hassall. Ches E 5B 84
Hassall Green. Ches E 5B 84
Hassell Street. Kent 1E 29
Hassendean. Bord 2H 119
Hassingham. Norf 5F 79
Hassness. Cumb 3C 102
Hassocks. W Sus 4E 27
Hassop. Derbs 3G 85
Haster. High 3F 169
Hasthorpe. Linc 4D 89
Hastigrow. High 2E 169
Hastingleigh. Kent 1E 29
Hastings. E Sus 5C 28
Hastingwood. Essx 5E 53
Hastoe. Herts 5H 51
Haston. Shrp 3H 71
Haswell. Dur 5G 115
Haswell Plough. Dur 5G 115
Hatch. C Beds 1B 52
Hatch Beauchamp. Som 4G 21
Hatch End. G Lon 1C 38
Hatch Green. Som 1G 13
Hatching Green. Herts 4B 52
Hatchmere. Ches W 3H 83
Hatch Warren. Hants 2E 24
Hatcliffe. NE Lin 4F 95
Hatfield. Here 5H 59
Hatfield. Herts 5C 52
Hatfield. S Yor 4G 93
Hatfield. Worc 5C 60
Hatfield Broad Oak. Essx 4F 53
Hatfield Garden Village
Herts 5C 52
Hatfield Heath. Essx 4F 53
Hatfield Hyde. Herts 4C 52
Hatfield Peverel. Essx 4A 54
Hatfield Woodhouse. S Yor 4G 93
Hatford. Oxon 2B 36
Hatherden. Hants 1B 24
Hatherleigh. Devn 2F 11
Hathern. Leics 3B 74
Hatherop. Glos 5G 49
Hathersage. Derbs 2G 85
Hathersage Booths. Derbs 2G 85
Hatherton. Ches E 1A 72
Hatherton. Staf 4D 72
Hatley St George. Cambs 5B 64
Hatt. Corn 2H 7
Hattersley. G Man 1D 85
Hattingley. Hants 3E 25
Hatton. Abers 5H 161
Hatton. Derbs 2G 73
Hatton. G Lon 3B 38
Hatton. Linc 3A 88
Hatton. Shrp 1G 59
Hatton. Warr 2A 84
Hatton. Warw 4G 61
Hattoncrook. Abers 1F 153
Hatton Heath. Ches W 4G 83
Hatton of Fintray. Abers 2F 153
Haugh. E Ayr 2D 117
Haugh. Linc 3D 88
Haugham. Linc 2C 88
Haugh Head. Nmbd 2E 121
Haughley. Suff 4C 66
Haughley Green. Suff 4C 66
Haugh of Ballechin. Per 3G 143
Haugh of Glass. Mor 5B 160
Haugh of Urr. Dum 3F 111
Haughton. Ches E 5H 83
Haughton. Notts 3D 86
Haughton. Shrp
nr. Bridgnorth 1A 60
nr. Oswestry 3F 71
nr. Shifnal 5B 72
nr. Shrewsbury 4H 71
Haughton. Staf 3C 72
Haughton Green. G Man 1D 84
Haughton le Skerne. Darl 3A 106
Haultwick. Herts 3D 52
Haunn. Arg 4E 139
Haunn. W Isl 7C 170
Haunton. Staf 4G 73
Hauxton. Cambs 5D 64
Havannah. Ches E 4C 84
Havant. Hants 2F 17
Haven. Here 5G 59
The Haven. W Sus 2B 26
Haven Bank. Linc 5B 88
Havenstreet. IOW 3D 16
Havercroft. W Yor 3D 93
Haverfordwest. Pemb 3D 42
Haverhill. Suff 1G 53
Haverigg. Cumb 2A 96
Havering-Atte-Bower
G Lon 1G 39
Havering's Grove. Essx 1A 40
Haversham. Mil 1G 51
Haverthwaite. Cumb 1C 96
Haverton Hill. Stoc T 2B 106
Havyatt. Som 3A 22
Hawarden. Flin 4F 83
Hawbridge. Worc 1E 49
Hawcoat. Cumb 2B 96
Hawcross. Glos 2C 48
Hawen. Cdgn 1D 44
Hawes. N Yor 1A 98
Hawes Green. Norf 1E 67
Hawick. Bord 3H 119
Hawkchurch. Devn 2G 13
Hawkedon. Suff 5G 65
Hawkenbury. Kent 1C 28
Hawkeridge. Wilts 1D 22
Hawkerland. Devn 4D 12
Hawkesbury. S Glo 3C 34
Hawkesbury. Warw 2A 62
Hawkesbury Upton. S Glo 3C 34
Hawkes End. W Mid 2G 61
Hawk Green. G Man 2D 84
Hawkhurst. Kent 2B 28
Hawkhurst Common
E Sus 4G 27
Hawkinge. Kent 1G 29
Hawkley. Hants 4F 25
Hawkridge. Som 3B 20
Hawksdale. Cumb 5E 113
Hawkshaw. G Man 3F 91
Hawkshead. Cumb 5E 103
Hawkshead Hill. Cumb 5E 103
Hawkswick. N Yor 2B 98

Hawksworth. *Notts* 1E 75
Hawksworth. *W Yor* 5D 98
Hawkwell. *Essx* 1C 40
Hawley. *Hants* 1G 25
Hawley. *Kent* 3G 39
Hawling. *Glos* 3F 49
Hawnby. *N Yor* 1H 99
Haworth. *W Yor* 1A 92
Hawstead. *Suff* 5A 66
Hawthorn. *Dur* 5H 115
Hawthorn Hill. *Brac* 4G 37
Hawthorn Hill. *Linc* 5B 88
Hawthorpe. *Linc* 3H 75
Hawton. *Notts* 5E 87
Haxby. *York* 4A 100
Haxey. *N Lin* 1E 87
Haybridge. *Shrp* 3A 60
Haybridge. *Som* 2A 22
Haydock. *Mers* 1H 83
Haydon. *Bath* 1B 22
Haydon. *Dors* 1B 14
Haydon. *Som* 4F 21
Haydon Bridge. *Nmbd* 3B 114
Haydon Wick. *Swin* 3G 35
Haye. *Corn* 2H 7
Hayes. *G Lon*
nr. Bromley 4F 39
Hayes. *G Lon*
nr. Uxbridge 2B 38
Hayfield. *Derbs* 2E 85
Hay Green. *Norf* 4E 77
Hayhill. *E Ayr* 3D 116
Haylands. *IOW* 3D 16
Hayle. *Corn* 3C 4
Hayley Green. *W Mid* 2D 60
Hayling Island. *Hants* 3F 17
Hayne. *Devn* 2B 12
Haynes. *C Beds* 1A 52
Haynes West End. *C Beds* 1A 52
Hay-on-Wye. *Powy* 1F 47
Hayscastle. *Pemb* 2C 42
Hayscastle Cross. *Pemb* 2D 42
Hayshead. *Ang* 4F 145
Hay Street. *Herts* 3D 53
Hayton. *Aber* 3G 153
Hayton. *Cumb*
nr. Aspatria 5C 112
nr. Brampton 4G 113
Hayton. *E Yor* 5C 100
Hayton. *Notts* 2E 87
Hayton's Bent. *Shrp* 2H 59
Haytor Vale. *Devn* 5A 12
Haytown. *Devn* 1D 11
Haywards Heath. *W Sus* 3E 27
Haywood. *S Lan* 4C 128
Hazelbank. *S Lan* 5B 128
Hazelbury Bryan. *Dors* 2C 14
Hazeleigh. *Essx* 5B 54
Hazeley. *Hants* 1F 25
Hazel Grove. *G Man* 2D 84
Hazelhead. *S Yor* 4B 92
Hazelslade. *Staf* 4E 73
Hazel Street. *Kent* 2A 28
Hazelton Walls. *Fife* 1F 137
Hazelwood. *Derbs* 1H 73
Hazlemere. *Buck* 2G 37
Hazler. *Shrp* 1G 59
Hazlerigg. *Tyne* 2F 115
Hazles. *Staf* 1E 73
Hazleton. *Glos* 4F 49
Hazon. *Nmbd* 4F 121
Heacham. *Norf* 2F 77
Headbourne Worthy. *Hants* 3C 24
Headcorn. *Kent* 1C 28
Headingley. *W Yor* 1C 92
Headington. *Oxon* 5D 50
Headlam. *Dur* 3E 105
Headless Cross. *Worc* 4E 61
Headley. *Hants*
nr. Haslemere 3G 25
nr. Kingsclere 5D 36
Headley. *Surr* 5D 38
Headley Down. *Hants* 3G 25
Headley Heath. *Worc* 3E 61
Headley Park. *Bris* 5A 34
Head of Muir. *Falk* 1B 128
Headon. *Notts* 3E 87
Heads Nook. *Cumb* 4F 113
Heage. *Derbs* 5A 86
Healaugh. *N Yor*
nr. Grinton 5D 104
nr. York 5H 99
Heald Green. *G Man* 2C 84
Heale. *Devn* 2G 19
Healey. *G Man* 3G 91
Healey. *Nmbd* 4D 114
Healey. *N Yor* 1D 98
Healeyfield. *Dur* 5D 114
Healing. *NE Lin* 3F 95
Heamoor. *Corn* 3B 4
Heanish. *Arg* 4B 138
Heanor. *Derbs* 1B 74
Heanton Punchardon. *Devn* 3F 19
Heapham. *Linc* 2F 87
Heartsease. *Powy* 4D 58
Heasley Mill. *Devn* 3H 19
Heaste. *High* 2E 147
Heath. *Derbs* 4B 86
The Heath. *Norf*
nr. Buxton 3E 79
nr. Fakenham 3B 78
nr. Hevingham 3D 78
The Heath. *Staf* 2E 73
The Heath. *Suff* 2E 55
Heath and Reach. *C Beds* 3H 51
Heath Common. *W Sus* 4C 26
Heathcote. *Derbs* 4F 85
Heath Cross. *Devn* 3H 11
Heathencote. *Nptn* 1F 51
Heath End. *Hants* 5D 36
Heath End. *Leics* 3A 74
Heath End. *W Mid* 5E 73
Heather. *Leics* 4A 74
Heatherfield. *High* 4D 155
Heatherton. *Derb* 2H 73
Heathfield. *Cambs* 1E 53
Heathfield. *Cumb* 5C 112
Heathfield. *Devn* 5B 12
Heathfield. *E Sus* 3G 27
Heathfield. *Ren* 3E 126
Heathfield. *Som*
nr. Lydeard St Lawrence 3E 21
nr. Norton Fitzwarren 4E 21
Heath Green. *Worc* 3E 61
Heathhall. *Dum* 2A 112
Heath Hayes. *Staf* 4E 73
Heath Hill. *Shrp* 4B 72
Heath House. *Som* 2H 21
Heathrow Airport. *G Lon* 3B 38
Heathstock. *Devn* 2F 13
Heathton. *Shrp* 1C 60
Heathtop. *Derbs* 2G 73
Heath Town. *W Mid* 1D 60
Heatley. *Staf* 3E 73
Heatley. *Warr* 2B 84
Heaton. *Lanc* 3D 96
Heaton. *Staf* 4D 84
Heaton. *Tyne* 3F 115
Heaton. *W Yor* 1B 92
Heaton Moor. *G Man* 1C 84
Heaton's Bridge. *Lanc* 3C 90
Heaverham. *Kent* 5G 39
Heavitree. *Devn* 3C 12
Hebburn. *Tyne* 3G 115
Hebden. *N Yor* 3C 98
Hebden Bridge. *W Yor* 2H 91
Hebden Green. *Ches W* 4A 84
Hebing End. *Herts* 3D 52
Hebron. *Carm* 2F 43
Hebron. *Nmbd* 1E 115
Heck. *Dum* 1B 112
Heckdyke. *Notts* 1E 87
Heckfield. *Hants* 5F 37
Heckfield Green. *Suff* 3D 66
Heckfordbridge. *Essx* 3C 54
Heckington. *Linc* 1A 76
Heckmondwike. *W Yor* 2C 92
Heddington. *Wilts* 5E 35
Heddle. *Orkn* 6C 172
Heddon. *Devn* 4G 19
Heddon-on-the-Wall
Nmbd 3E 115
Hedenham. *Norf* 1F 67
Hedge End. *Hants* 1C 16
Hedgerley. *Buck* 2A 38
Hedging. *Som* 4G 21
Hedley on the Hill. *Nmbd* 4D 115
Hednesford. *Staf* 4E 73
Hedon. *E Yor* 2E 95
Hegdon Hill. *Here* 5H 59
Heglibister. *Shet* 6E 173
Heighington. *Darl* 2F 105
Heighington. *Linc* 4H 87
Heightington. *Worc* 3B 60
Heights of Brae. *High* 2H 157
Heights of Fodderty. *High* 2H 157
Heights of Kinlochewe
High 2C 156
Heiton. *Bord* 1B 120
Hele. *Devn*
nr. Exeter 2C 12
nr. Holsworthy 3D 10
nr. Ilfracombe 2F 19
Hele. *Torb* 2F 9
Helensburgh. *Arg* 1D 126
Helford. *Corn* 4E 5
Helhoughton. *Norf* 3A 78
Helions Bumpstead. *Essx* 1G 53
Helland. *Corn* 5A 10
Helland. *Som* 4G 21
Hellandbridge. *Corn* 5A 10
Hellesdon. *Norf* 4E 78
Hellesveor. *Corn* 2C 4
Hellidon. *Nptn* 5C 62
Hellifield. *N Yor* 4A 98
Hellingly. *E Sus* 4G 27
Hellington. *Norf* 5F 79
Hellister. *Shet* 7E 173
Helmdon. *Nptn* 1D 50
Helmingham. *Suff* 5D 66
Helmington Row. *Dur* 1E 105
Helmsdale. *High* 2H 165
Helmshore. *Lanc* 2F 91
Helmsley. *N Yor* 1A 100
Helperby. *N Yor* 3G 99
Helperthorpe. *N Yor* 2D 100
Helpringham. *Linc* 1A 76
Helpston. *Pet* 5A 76
Helsby. *Ches W* 3G 83
Helsey. *Linc* 3E 89
Helston. *Corn* 4D 4
Helstone. *Corn* 4A 10
Helton. *Cumb* 2G 103
Helwith. *N Yor* 4D 105
Helwith Bridge. *N Yor* 3H 97
Helygain. *Flin* 3E 82
The Hem. *Shrp* 5B 72
Hemblington. *Norf* 4F 79
Hemel Hempstead. *Herts* 5A 52
Hemerdon. *Devn* 3B 8
Hemingbrough. *N Yor* 1G 93
Hemingby. *Linc* 3B 88
Hemingfield. *S Yor* 4D 93
Hemingford Abbots. *Cambs* 3B 64
Hemingford Grey. *Cambs* 3B 64
Hemingstone. *Suff* 5D 66
Hemington. *Leics* 3B 74
Hemington. *Nptn* 2H 63
Hemington. *Som* 1C 22
Hemley. *Suff* 1F 55
Hemlington. *Midd* 3B 106
Hempholme. *E Yor* 4E 101
Hempnall. *Norf* 1E 67
Hempnall Green. *Norf* 1E 67
Hempriggs. *High* 4F 169
Hemp's Green. *Essx* 3C 54
Hempstead. *Essx* 2G 53
Hempstead. *Medw* 4B 40
Hempstead. *Norf*
nr. Holt 2D 78
nr. Stalham 3G 79
Hempsted. *Glos* 4D 48
Hempton. *Norf* 3B 78
Hempton. *Oxon* 2C 50
Hemsby. *Norf* 4G 79
Hemswell. *Linc* 1G 87
Hemswell Cliff. *Linc* 2G 87
Hemsworth. *Dors* 2E 15
Hemsworth. *W Yor* 3E 93
Hemyock. *Devn* 1E 13
Henallt. *Carm* 3E 45
Henbury. *Bris* 4A 34
Henbury. *Ches E* 3C 84
Hendomen. *Powy* 1E 58
Hendon. *G Lon* 2D 38
Hendon. *Tyne* 4H 115
Hendra. *Corn* 3D 6
Hendre. *B'end* 3C 32
Hendreforgan. *Rhon* 3C 32
Yr Hendy. *Carm* 5F 45
Heneglwys. *IOA* 3D 80
Henfeddau Fawr. *Pemb* 1G 43
Henfield. *S Glo* 4B 34
Henfield. *W Sus* 4D 26
Henford. *Devn* 3D 10
Hengoed. *Cphy* 2E 33
Hengoed. *Shrp* 2E 71
Hengrave. *Suff* 4H 65
Henham. *Essx* 3F 53
Heniarth. *Powy* 5D 70
Henlade. *Som* 4F 21
Henley. *Dors* 2B 14
Henley. *Shrp*
nr. Church Stretton 2G 59
nr. Ludlow 3H 59
Henley. *Som* 3H 21
Henley. *Suff* 5D 66
Henley. *W Sus* 4G 25
Henley Down. *E Sus* 4B 28
Henley-in-Arden. *Warw* 4F 61
Henley-on-Thames. *Oxon* 3F 37
Henley Street. *Kent* 4A 40
Henllan. *Cdgn* 1D 44
Henllan. *Den* 4C 82
Henllan. *Mon* 3F 47
Henllan Amgoed. *Carm* 3F 43
Henllys. *Torf* 2F 33
Henlow. *C Beds* 2B 52
Hennock. *Devn* 4B 12
Henny Street. *Essx* 2B 54
Henryd. *Cnwy* 3G 81
Henry's Moat. *Pemb* 2E 43
Hensall. *N Yor* 2F 93
Henshaw. *Nmbd* 3A 114
Hensingham. *Cumb* 3A 102
Henstead. *Suff* 2G 67
Hensting. *Hants* 4C 24
Henstridge. *Som* 1C 14
Henstridge Ash. *Som* 4C 22
Henstridge Bowden
Som 4B 22
Henstridge Marsh
Som 4C 22
Henton. *Oxon* 5F 51
Henton. *Som* 2H 21
Henwood. *Corn* 5C 10
Heogan. *Shet* 7F 173
Heolgerrig. *Mer T* 5D 46
Heolsenni. *Powy* 3C 46
Heol-y-cyw. *B'end* 3C 32
Hepburn. *Nmbd* 2E 121
Hepple. *Nmbd* 4D 121
Hepscott. *Nmbd* 1F 115
Heptonstall. *W Yor* 2H 91
Hepworth. *Suff* 3B 66
Hepworth. *W Yor* 4B 92
Herbrandston. *Pemb* 4C 42
Hereford. *Here* 2A 48
Heribusta. *High* 1D 154
Heriot. *Bord* 4H 129
Hermiston. *Edin* 2E 129
Hermitage. *Dors* 2B 14
Hermitage. *Bord* 5H 119
Hermitage. *W Ber* 4D 36
Hermitage. *W Sus* 2F 17
Hermon. *Carm*
nr. Llandeilo 3G 45
nr. Newcastle Emlyn 2D 44
Hermon. *IOA* 4C 80
Hermon. *Pemb* 1G 43
Herne. *Kent* 4F 41
Herne Bay. *Kent* 4F 41
Herne Common. *Kent* 4F 41
Herne Pound. *Kent* 5A 40
Herner. *Devn* 4F 19
Hernhill. *Kent* 4E 41
Herodsfoot. *Corn* 2G 7
Heronden. *Kent* 5G 41
Herongate. *Essx* 1H 39
Heronsford. *S Ayr* 1G 109
Heronsgate. *Herts* 1B 38
Heron's Ghyll. *E Sus* 3F 27
Herra. *Shet* 2H 173
Herriard. *Hants* 2E 25
Herringfleet. *Suff* 1G 67
Herringswell. *Suff* 4G 65
Herrington. *Tyne* 4G 115
Hersden. *Kent* 4G 41
Hersham. *Corn* 2C 10
Hersham. *Surr* 4C 38
Herstmonceux. *E Sus* 4H 27
Herston. *Dors* 5F 15
Herston. *Orkn* 8D 172
Hertford. *Herts* 4D 52
Hertford Heath. *Herts* 4D 52
Hertingfordbury. *Herts* 4D 52
Hesketh. *Lanc* 2C 90
Hesketh Bank. *Lanc* 2C 90
Hesketh Lane. *Lanc* 5F 97
Hesket Newmarket. *Cumb* 1E 103
Heskin Green. *Lanc* 3D 90
Hesleden. *Dur* 1B 106
Hesleyside. *Nmbd* 1B 114
Heslington. *York* 4A 100
Hessay. *York* 4H 99
Hessenford. *Corn* 3H 7
Hessett. *Suff* 4B 66
Hessilhead. *N Ayr* 4E 127
Hessle. *E Yor* 2D 94
Hestaford. *Shet* 6D 173
Hest Bank. *Lanc* 3D 96
Hester's Way. *Glos* 3E 49
Hestinsetter. *Shet* 7D 173
Heston. *G Lon* 3C 38
Hestwall. *Orkn* 6B 172
Heswall. *Mers* 2E 83
Hethe. *Oxon* 3D 50
Hethelpit Cross. *Glos* 3C 48
Hethersett. *Norf* 5D 78
Hethersgill. *Cumb* 3F 113
Hetherside. *Cumb* 3F 113
Hethpool. *Nmbd* 2C 120
Hett. *Dur* 1F 105
Hetton. *N Yor* 4B 98
Hetton-le-Hole. *Tyne* 5G 115
Hetton Steads. *Nmbd* 1E 121
Heugh. *Nmbd* 2D 115
Heugh-head. *Abers* 2A 152
Heveningham. *Suff* 3F 67
Hever. *Kent* 1F 27
Heversham. *Cumb* 1D 97
Hevingham. *Norf* 3D 78
Hewas Water. *Corn* 4D 6
Hewelsfield. *Glos* 5A 48
Hewish. *N Som* 5H 33
Hewish. *Som* 2H 13
Hewood. *Dors* 2G 13
Heworth. *York* 4A 100
Hexham. *Nmbd* 3C 114
Hextable. *Kent* 3G 39
Hexton. *Herts* 2B 52
Hexworthy. *Devn* 5G 11
Heybridge. *Essx*
nr. Brentwood 1H 39
nr. Maldon 5B 54
Heybridge Basin. *Essx* 5B 54
Heybrook Bay. *Devn* 4A 8
Heydon. *Cambs* 1E 53
Heydon. *Norf* 3D 78

Heydour. Linc 2H 75
Heylipol. Arg 4A 138
Heyop. Powy 3E 59
Heysham. Lanc 3D 96
Heyshott. W Sus 1G 17
Heytesbury. Wilts 2E 23
Heythrop. Oxon 3B 50
Heywood. G Man 3G 91
Heywood. Wilts 1D 22
Hibaldstow. N Lin 4C 94
Hickleton. S Yor 4E 93
Hickling. Norf 3G 79
Hickling. Notts 3D 74
Hickling Green. Norf 3G 79
Hickling Heath. Norf 3G 79
Hickstead. W Sus 3D 26
Hidcote Bartrim. Glos 1G 49
Hidcote Boyce. Glos 1G 49
Higford. Shrp 5B 72
High Ackworth. W Yor 3E 93
Higham. Derbs 5A 86
Higham. Kent 3B 40
Higham. Lanc 1G 91
Higham. S Yor 4D 92
Higham. Suff
nr. Ipswich 2D 54
nr. Newmarket 4G 65
Higham Dykes. Nmbd 2E 115
Higham Ferrers. Nptn 4G 63
Higham Gobion. C Beds 2B 52
Higham on the Hill. Leics 1A 62
Highampton. Devn 2E 11
Higham Wood. Kent 1H 27
High Angerton. Nmbd 1D 115
High Auldgirth. Dum 1G 111
High Bankhill. Cumb 5G 113
High Banton. N Lan 1A 128
High Barnet. G Lon 1D 38
High Beech. Essx 1F 39
High Bentham. N Yor 3F 97
High Bickington. Devn 4G 19
High Biggins. Cumb 2E 97
High Birkwith. N Yor 2G 97
High Blantyre. S Lan 4H 127
High Bonnybridge. Falk 2B 128
High Borrans. Cumb 4F 103
High Bradfield. S Yor 1G 85
High Bray. Devn 3G 19
Highbridge. Cumb 5E 113
Highbridge. High 5E 148
Highbridge. Som 2G 21
Highbrook. W Sus 2E 27
High Brooms. Kent 1G 27
High Bullen. Devn 4F 19
Highburton. W Yor 3B 92
Highbury. Som 2B 22
High Buston. Nmbd 4G 121
High Callerton. Nmbd 2E 115
High Carlingill. Cumb 4H 103
High Catton. E Yor 4B 100
High Church. Nmbd 1E 115
Highclere. Hants 5C 36
Highcliffe. Dors 3H 15
High Cogges. Oxon 5B 50
High Common. Norf 5B 78
High Coniscliffe. Darl 3F 105
High Crosby. Cumb 4F 113
High Cross. Hants 4F 25
High Cross. Herts 4D 52
High Easter. Essx 4G 53
High Eggborough. N Yor 2F 93
High Ellington. N Yor 1D 98
Higher Alham. Som 2B 22
Higher Ansty. Dors 2C 14
Higher Ashton. Devn 4B 12
Higher Ballam. Lanc 1B 90
Higher Bartle. Lanc 1D 90
Higher Bockhampton. Dors 3C 14
Higher Bojewyan. Corn 3A 4
High Ercall. Telf 4H 71
Higher Cheriton. Devn 2E 12
Higher Clovelly. Devn 4D 18
Higher Compton. Plym 3A 8
Higher Dean. Devn 2D 8
Higher Dinting. Derbs 1E 85
Higher Dunstone. Devn 5H 11
Higher End. G Man 4D 90
Higherford. Lanc 5A 98
Higher Gabwell. Devn 2F 9
Higher Halstock Leigh. Dors 2A 14
Higher Heysham. Lanc 3D 96
Higher Hurdsfield. Ches E 3D 84
Higher Kingcombe. Dors 3A 14
Higher Kinnerton. Flin 4F 83
Higher Melcombe. Dors 2C 14
Higher Penwortham. Lanc 2D 90
Higher Porthpean. Corn 3E 7
Higher Poynton. Ches E 2D 84
Higher Shotton. Flin 4F 83
Higher Shurlach. Ches W 3A 84
Higher Slade. Devn 2F 19
Higher Tale. Devn 2D 12
Higher Town. IOS 1B 4
Higher Town. Som 2C 20
Highertown. Corn 4C 6
Higher Vexford. Som 3E 20
Higher Walton. Lanc 2D 90
Higher Walton. Warr 2H 83
Higher Whatcombe. Dors 2D 14
Higher Wheelton. Lanc 2E 90
Higher Whiteleigh. Corn 3C 10
Higher Whitley. Ches W 2A 84
Higher Wincham. Ches W 3A 84
Higher Wraxall. Dors 2A 14
Higher Wych. Ches W 1G 71
Higher Yalberton. Torb 3E 9
High Etherley. Dur 2E 105
High Ferry. Linc 1C 76
Highfield. E Yor 1H 93
Highfield. N Ayr 4E 126
Highfield. Tyne 4E 115
Highfields Caldecote
Cambs 5C 64
High Gallowhill. E Dun 2H 127
High Garrett. Essx 3A 54
Highgate. G Lon 2D 39
Highgate. N Ayr 4E 127
Highgate. Powy 1D 58
High Grange. Dur 1E 105
High Green. Cumb 4F 103
High Green. Norf 5D 78
High Green. Shrp 2B 60
High Green. S Yor 1H 85
High Green. W Yor 3B 92
High Green. Worc 1D 49
Highgreen Manor. Nmbd 5C 120
High Halden. Kent 2C 28
High Halstow. Medw 3B 40
High Ham. Som 3H 21
High Harrington. Cumb 2B 102
High Haswell. Dur 5G 115
High Hatton. Shrp 3A 72
High Hawsker. N Yor 4G 107
High Hesket. Cumb 5F 113
High Hesleden. Dur 1B 106
High Hoyland. S Yor 3C 92
High Hunsley. E Yor 1C 94
High Hurstwood. E Sus 3F 27
High Hutton. N Yor 3B 100
High Ireby. Cumb 1D 102
High Keil. Arg 5A 122
High Kelling. Norf 2D 78
High Kilburn. N Yor 2H 99
High Knipe. Cumb 3G 103
High Lands. Dur 2E 105
The Highlands. Shrp 2A 60
High Lane. G Man 2D 84
High Lane. Worc 4A 60
Highlane. Ches E 4C 84
Highlane. Derbs 2B 86
High Laver. Essx 5F 53
Highlaws. Cumb 5C 112
Highleadon. Glos 3C 48
High Legh. Ches E 2B 84
Highleigh. W Sus 3G 17
High Leven. Stoc T 3B 106
Highley. Shrp 2B 60
High Littleton. Bath 1B 22
High Longthwaite. Cumb 5D 112
High Lorton. Cumb 2C 102
High Marishes. N Yor 2C 100
High Marnham. Notts 3F 87
High Melton. S Yor 4F 93
High Mickley. Nmbd 3D 115
High Moor. Lanc 3D 90
Highmoor. Cumb 5D 112
Highmoor. Oxon 3F 37
Highmoor Cross. Oxon 3F 37
Highmoor Hill. Mon 3H 33
Highnam. Glos 4C 48
High Newport. Tyne 4G 115
High Newton. Cumb 1D 96
High Newton-by-the-Sea
Nmbd 2G 121
High Nibthwaite. Cumb 1B 96
High Offley. Staf 3B 72
High Ongar. Essx 5F 53
High Onn. Staf 4C 72
High Orchard. Glos 4D 48
High Park. Mers 3B 90
High Roding. Essx 4G 53
High Row. Cumb 1E 103
High Salvington. W Sus 5C 26
High Scales. Cumb 5C 112
High Shaw. N Yor 5B 104
High Shincliffe. Dur 5F 115
High Side. Cumb 1D 102
High Spen. Tyne 3E 115
Highsted. Kent 4D 40
High Stoop. Dur 5E 115
High Street. Corn 3D 6
High Street. Suff
nr. Aldeburgh 5G 67
nr. Bungay 2F 67
nr. Yoxford 3G 67
High Street Green. Suff 5C 66
Highstreet Green. Essx 2A 54
Highstreet Green. Surr 2A 26
Hightae. Dum 2B 112
High Throston. Hart 1B 106
High Town. Staf 4D 73
Hightown. Ches E 4C 84
Hightown. Mers 4A 90
Hightown Green. Suff 5B 66
High Toynton. Linc 4B 88
High Trewhitt. Nmbd 4E 121
High Valleyfield. Fife 1D 128
Highway. Here 1H 47
Highweek. Devn 5B 12
High Westwood. Dur 4E 115
Highwood. Staf 2E 73
Highwood. Worc 4A 60
High Worsall. N Yor 4A 106
Highworth. Swin 2H 35
High Wray. Cumb 5E 103
High Wych. Herts 4E 53
High Wycombe. Buck 2G 37
Hilborough. Norf 5H 77
Hilcott. Wilts 1G 23
Hildenborough. Kent 1G 27
Hildersham. Cambs 1F 53
Hilderstone. Staf 2D 72
Hilderthorpe. E Yor 3F 101
Hilfield. Dors 2B 14
Hilgay. Norf 1F 65
Hill. S Glo 2B 34
Hill. Warw 4B 62
Hill. Worc 1E 49
The Hill. Cumb 1A 96
Hillam. N Yor 2F 93
Hillbeck. Cumb 3A 104
Hillberry. IOM 4C 108
Hillborough. Kent 4G 41
Hillbourne. Pool 3F 15
Hillbrae. Abers
nr. Aberchirder 4D 160
nr. Inverurie 1E 153
nr. Methlick 5F 161
Hill Brow. Hants 4F 25
Hillbutts. Dors 2E 15
Hillclifflane. Derbs 1G 73
Hillcommon. Som 4E 21
Hill Deverill. Wilts 2D 22
Hilldyke. Linc 1C 76
Hill End. Dur 1D 104
Hill End. Fife 4C 136
Hill End. N Yor 4C 98
Hillend. Fife 1E 129
Hillend. N Lan 3B 128
Hillend. Shrp 1C 60
Hillend. Swan 3D 30
Hillersland. Glos 4A 48
Hillerton. Devn 3H 11
Hillesden. Buck 3E 51
Hillesley. Glos 3C 34
Hillfarrance. Som 4E 21
Hill Gate. Here 3H 47
Hill Green. Essx 2E 53
Hill Green. W Ber 4C 36
Hill Head. Hants 2D 16
Hillhead. Abers 5C 160
Hillhead. Devn 3F 9
Hillhead. S Ayr 3D 116
Hillhead of Auchentumb
Abers 3G 161
Hilliard's Cross. Staf 4F 73
Hilliclay. High 2D 168
Hillingdon. G Lon 2B 38
Hillington. Glas 3G 127
Hillington. Norf 3G 77
Hillmorton. Warw 3C 62
Hill of Beath. Fife 4D 136
Hill of Fearn. High 1C 158
Hill of Fiddes. Abers 1G 153
Hill of Keillor. Ang 4B 144
Hill of Overbrae. Abers 2F 161
Hill Ridware. Staf 4E 73
Hillsborough. Lis 5G 175
Hillsborough. S Yor 1H 85
Hill Side. W Yor 3B 92
Hillside. Abers 4G 153
Hillside. Ang 2G 145
Hillside. Devn 2D 8
Hillside. Mers 3B 90
Hillside. Orkn 5C 172
Hillside. Shet 5F 173
Hillside. Shrp 2A 60
Hillside. Worc 4B 60
Hillside of Prieston. Ang 5C 144
Hill Somersal. Derbs 2F 73
Hillstown. Derbs 4B 86
Hillstreet. Hants 1B 16
Hillswick. Shet 4D 173
Hill Top. Dur
nr. Barnard Castle 2C 104
nr. Durham 5F 115
nr. Stanley 4E 115
Hill View. Dors 3E 15
Hillwell. Shet 10E 173
Hill Wootton. Warw 4H 61
Hillyland. Per 1C 136
Hilmarton. Wilts 4F 35
Hilperton. Wilts 1D 22
Hilperton Marsh. Wilts 1D 22
Hilsea. Port 2E 17
Hilston. E Yor 1F 95
Hiltingbury. Hants 4C 24
Hilton. Cambs 4B 64
Hilton. Cumb 2A 104
Hilton. Derbs 2G 73
Hilton. Dors 2C 14
Hilton. Dur 2E 105
Hilton. High 5E 165
Hilton. Shrp 1B 60
Hilton. Staf 5E 73
Hilton. Stoc T 3B 106
Hilton of Cadboll. High 1C 158
Himbleton. Worc 5D 60
Himley. Staf 1C 60
Hincaster. Cumb 1E 97
Hinchwick. Glos 3G 49
Hinckley. Leics 1B 62
Hinderclay. Suff 3C 66
Hinderwell. N Yor 3E 107
Hindford. Shrp 2F 71
Hindhead. Surr 3G 25
Hindley. G Man 4E 90
Hindley. Nmbd 4D 114
Hindley Green. G Man 4E 91
Hindlip. Worc 5C 60
Hindolveston. Norf 3C 78
Hindon. Wilts 3E 23
Hindringham. Norf 2B 78
Hingham. Norf 5C 78
Hinksford. Staf 2C 60
Hinstock. Shrp 3A 72
Hintlesham. Suff 1D 54
Hinton. Hants 3H 15
Hinton. Here 2G 47
Hinton. Nptn 5C 62
Hinton. Shrp 5G 71
Hinton. S Glo 4C 34
Hinton Ampner. Hants 4D 24
Hinton Blewett. Bath 1A 22
Hinton Charterhouse. Bath 1C 22
Hinton-in-the-Hedges. Nptn 2D 50
Hinton Martell. Dors 2F 15
Hinton on the Green. Worc 1F 49
Hinton Parva. Swin 3H 35
Hinton St George. Som 1H 13
Hinton St Mary. Dors 1C 14
Hinton Waldrist. Oxon 2B 36
Hints. Shrp 3A 60
Hints. Staf 5F 73
Hinwick. Bed 4G 63
Hinxhill. Kent 1E 29
Hinxton. Cambs 1E 53
Hinxworth. Herts 1C 52
Hipley. Hants 1E 16
Hipperholme. W Yor 2B 92
Hipsburn. Nmbd 3G 121
Hipswell. N Yor 5E 105
Hiraeth. Carm 2F 43
Hirn. Abers 3E 153
Hirnant. Powy 3C 70
Hirst. N Lan 3B 128
Hirst. Nmbd 1F 115
Hirst Courtney. N Yor 2G 93
Hirwaen. Den 4D 82
Hirwaun. Rhon 5C 46
Hiscott. Devn 4F 19
Histon. Cambs 4D 64
Hitcham. Suff 5B 66
Hitchin. Herts 3B 52
Hittisleigh. Devn 3H 11
Hittisleigh Barton. Devn 3H 11
Hive. E Yor 1B 94
Hixon. Staf 3E 73
Hoaden. Kent 5G 41
Hoar Cross. Staf 3F 73
Hoarwithy. Here 3A 48
Hoath. Kent 4G 41
Yr Hôb. Flin 5F 83
Hobarris. Shrp 3F 59
Hobbister. Orkn 7C 172
Hobbles Green. Suff 5G 65
Hobbs Cross. Essx 1F 39
Hobkirk. Bord 3H 119
Hobson. Dur 4E 115
Hoby. Leics 4D 74
Hockering. Norf 4C 78
Hockering Heath. Norf 4C 78
Hockerton. Notts 5E 86
Hockley. Essx 1C 40
Hockley. Staf 5G 73
Hockley. W Mid 3G 61
Hockley Heath. W Mid 3F 61
Hockliffe. C Beds 3H 51
Hockwold cum Wilton
Norf 2G 65
Hockworthy. Devn 1D 12
Hoddesdon. Herts 5D 52
Hoddlesden. Bkbn 2F 91
Hoddomcross. Dum 2C 112
Hodgeston. Pemb 5E 43
Hodley. Powy 1D 58
Hodnet. Shrp 3A 72
Hodsoll Street. Kent 4H 39
Hodson. Swin 3G 35
Hodthorpe. Derbs 3C 86

Hoe. *Norf* 4B 78
The Hoe. *Plym* 3A 8
Hoe Gate. *Hants* 1E 17
Hoff. *Cumb* 3H 103
Hoffleet Stow. *Linc* 2B 76
Hogaland. *Shet* 4E 173
Hogben's Hill. *Kent* 5E 41
Hoggard's Green. *Suff* 5A 66
Hoggeston. *Buck* 3G 51
Hoggrill's End. *Warw* 1G 61
Hogha Gearraidh. *W Isl* 1C 170
Hoghton. *Lanc* 2E 90
Hoghton Bottoms. *Lanc* 2E 91
Hognaston. *Derbs* 5G 85
Hogsthorpe. *Linc* 3E 89
Hogstock. *Dors* 2E 15
Holbeach. *Linc* 3C 76
Holbeach Bank. *Linc* 3C 76
Holbeach Clough. *Linc* 3C 76
Holbeach Drove. *Linc* 4C 76
Holbeach Hurn. *Linc* 3C 76
Holbeach St Johns. *Linc* 4C 76
Holbeach St Marks. *Linc* 2C 76
Holbeach St Matthew. *Linc* 2D 76
Holbeck. *Notts* 3C 86
Holbeck. *W Yor* 1C 92
Holbeck Woodhouse. *Notts* 3C 86
Holberrow Green. *Worc* 5E 61
Holbeton. *Devn* 3C 8
Holborn. *G Lon* 2E 39
Holbrook. *Derbs* 1A 74
Holbrook. *S Yor* 2B 86
Holbrook. *Suff* 2E 55
Holburn. *Nmbd* 1E 121
Holbury. *Hants* 2C 16
Holcombe. *Devn* 5C 12
Holcombe. *G Man* 3F 91
Holcombe. *Som* 2B 22
Holcombe Brook. *G Man* 3F 91
Holcombe Rogus. *Devn* 1D 12
Holcot. *Nptn* 4E 63
Holden. *Lanc* 5G 97
Holdenby. *Nptn* 4D 62
Holder's Green. *Essx* 3G 53
Holdgate. *Shrp* 2H 59
Holdingham. *Linc* 1H 75
Holditch. *Dors* 2G 13
Holemoor. *Devn* 2E 11
Hole Street. *W Sus* 4C 26
Holford. *Som* 2E 21
Holker. *Cumb* 2C 96
Holkham. *Norf* 1A 78
Hollacombe. *Devn* 2D 11
Holland. *Orkn*
on Papa Westray 2D 172
on Stronsay 5F 172
Holland Fen. *Linc* 1B 76
Holland Lees. *Lanc* 4D 90
Holland-on-Sea. *Essx* 4F 55
Holland Park. *W Mid* 5E 73
Hollandstoun. *Orkn* 2G 172
Hollesley. *Suff* 1G 55
Hollinfare. *Warr* 1A 84
Hollingbourne. *Kent* 5C 40
Hollingbury. *Brig* 5E 27
Hollingdon. *Buck* 3G 51
Hollingrove. *E Sus* 3A 28
Hollington. *Derbs* 2G 73
Hollington. *E Sus* 4B 28
Hollington. *Staf* 2E 73
Hollington Grove. *Derbs* 2G 73
Hollingwood B3 86
Hollingworth. *G Man* 1E 85
Hollins. *Derbs* 3H 85
Hollins. *G Man*
nr. Bury 4G 91
nr. Middleton 4G 91
Hollinsclough. *Staf* 4E 85
Hollinswood. *Telf* 5B 72
Hollinthorpe. *W Yor* 1D 93
Hollinwood. *G Man* 4H 91
Hollinwood. *Shrp* 2H 71
Hollocombe. *Devn* 1G 11
Holloway. *Derbs* 5H 85
Hollowell. *Nptn* 3D 62
Hollow Meadows. *S Yor* 2G 85
Hollows. *Dum* 2E 113
Hollybush. *Cphy* 5E 47
Hollybush. *E Ayr* 3C 116
Hollybush. *Worc* 2C 48
Holly End. *Norf* 5D 77
Holly Hill. *N Yor* 4E 105
Hollyhurst. *Shrp* 1H 71
Hollym. *E Yor* 2G 95
Hollywood. *Worc* 3E 61
Holmacott. *Devn* 4F 19
Holmbridge. *W Yor* 4B 92
Holmbury St Mary. *Surr* 1C 26
Holmbush. *Corn* 3E 7
Holmcroft. *Staf* 3D 72
Holme. *Cambs* 2A 64
Holme. *Cumb* 2E 97
Holme. *N Lin* 4C 94
Holme. *N Yor* 1F 99
Holme. *Notts* 5F 87
Holme. *W Yor* 4B 92
Holmebridge. *Dors* 4D 15
Holme Chapel. *Lanc* 2G 91
Holme Hale. *Norf* 5A 78
Holme Lacy. *Here* 2A 48
Holme Marsh. *Here* 5F 59
Holmend. *Dum* 4C 118
Holme next the Sea. *Norf* 1G 77
Holme-on-Spalding-Moor
E Yor 1B 94
Holme on the Wolds. *E Yor* 5D 100
Holme Pierrepont. *Notts* 2D 74
Holmer. *Here* 1A 48
Holmer Green. *Buck* 1A 38
Holmes. *Lanc* 3C 90
Holme St Cuthbert. *Cumb* 5C 112
Holmes Chapel. *Ches E* 4B 84
Holmesfield. *Derbs* 3H 85
Holmeswood. *Lanc* 3C 90
Holmewood. *Derbs* 4B 86
Holmfirth. *W Yor* 4B 92
Holmhead. *E Ayr* 2E 117
Holmisdale. *High* 4A 154
Holm of Drumlanrig. *Dum* 5H 117
Holmpton. *E Yor* 2G 95
Holmrook. *Cumb* 5B 102
Holmsgarth. *Shet* 7F 173
Holmside. *Dur* 5F 115
Holmwrangle. *Cumb* 5G 113
Holne. *Devn* 2D 8
Holsworthy. *Devn* 2D 10
Holsworthy Beacon. *Devn* 2D 10
Holt. *Dors* 2F 15
Holt. *Norf* 2C 78
Holt. *Wilts* 5D 34
Holt. *Worc* 4C 60
Holt. *Wrex* 5G 83
Holtby. *York* 4A 100
Holt End. *Hants* 3E 25
Holt End. *Worc* 4E 61
Holt Fleet. *Worc* 4C 60
Holt Green. *Lanc* 4B 90
Holt Heath. *Dors* 2F 15
Holt Heath. *Worc* 4C 60
Holton. *Oxon* 5D 50
Holton. *Som* 4B 22
Holton. *Suff* 3F 67
Holton cum Beckering. *Linc* 2A 88
Holton Heath. *Dors* 3E 15
Holton le Clay. *Linc* 4F 95
Holton le Moor. *Linc* 1H 87
Holton St Mary. *Suff* 2D 54
Holt Pound. *Hants* 2G 25
Holtsmere End. *Herts* 4A 52
Holtye. *E Sus* 2F 27
Holwell. *Dors* 1C 14
Holwell. *Herts* 2B 52
Holwell. *Leics* 3E 75
Holwell. *Oxon* 5H 49
Holwell. *Som* 2C 22
Holwick. *Dur* 2C 104
Holworth. *Dors* 4C 14
Holybourne. *Hants* 2F 25
Holy City. *Devn* 2G 13
Holy Cross. *Worc* 3D 60
Holyfield. *Essx* 5D 53
Holyhead. *IOA* 2B 80
Holy Island. *Nmbd* 5H 131
Holymoorside. *Derbs* 4H 85
Holyport. *Wind* 4G 37
Holystone. *Nmbd* 4D 120
Holytown. *N Lan* 3A 128
Holywell. *Cambs* 3C 64
Holywell. *Corn* 3B 6
Holywell. *Dors* 2A 14
Holywell. *Flin* 3D 82
Holywell. *Glos* 2C 34
Holywell. *Nmbd* 2G 115
Holywell. *Warw* 4F 61
Holywell Green. *W Yor* 3A 92
Holywell Lake. *Som* 4E 20
Holywell Row. *Suff* 3G 65
Holywood. *Ards* 4H 175
Holywood. *Dum* 1G 111
Homer. *Shrp* 5A 72
Homer Green. *Mers* 4B 90
Homersfield. *Suff* 2E 67
Hom Green. *Here* 3A 48
Homington. *Wilts* 4G 23
Honeyborough. *Pemb* 4D 42
Honeybourne. *Worc* 1G 49
Honeychurch. *Devn* 2G 11
Honeydon. *Bed* 5A 64
Honey Hill. *Kent* 4F 41
Honey Street. *Wilts* 5G 35
Honey Tye. *Suff* 2C 54
Honeywick. *C Beds* 3H 51
Honiley. *Warw* 3G 61
Honing. *Norf* 3F 79
Honingham. *Norf* 4D 78
Honington. *Linc* 1G 75
Honington. *Suff* 3B 66
Honington. *Warw* 1A 50
Honiton. *Devn* 2E 13
Honley. *W Yor* 3B 92
Honnington. *Telf* 4B 72
Hoo. *Suff* 5E 67
Hoobrook. *Worc* 3C 60
Hood Green. *S Yor* 4D 92
Hooe. *E Sus* 5A 28
Hooe. *Plym* 3B 8
Hooe Common. *E Sus* 4A 28
Hoo Green. *Ches E* 2B 84
Hoohill. *Bkpl* 1B 90
Hook. *Cambs* 1D 64
Hook. *E Yor* 2A 94
Hook. *G Lon* 4C 38
Hook. *Hants*
nr. Basingstoke 1F 25
nr. Fareham 2D 16
Hook. *Pemb* 3D 43
Hook. *Wilts* 3F 35
Hook-a-Gate. *Shrp* 5G 71
Hook Bank. *Worc* 1D 48
Hooke. *Dors* 2A 14
Hooker Gate. *Tyne* 4E 115
Hookgate. *Staf* 2B 72
Hook Green. *Kent*
nr. Lamberhurst 2A 28
nr. Meopham 4H 39
nr. Southfleet 3H 39
Hook Norton. *Oxon* 2B 50
Hook's Cross. *Herts* 3C 52
Hook Street. *Glos* 2B 34
Hookway. *Devn* 3B 12
Hookwood. *Surr* 1D 26
Hoole. *Ches W* 4G 83
Hooley. *Surr* 5D 39
Hooley Bridge. *G Man* 3G 91
Hooley Brow. *G Man* 3G 91
Hoo St Werburgh. *Medw* 3B 40
Hooton. *Ches W* 3F 83
Hooton Levitt. *S Yor* 1C 86
Hooton Pagnell. *S Yor* 4E 93
Hooton Roberts. *S Yor* 1B 86
Hoove. *Shet* 7E 173
Hope. *Derbs* 2F 85
Hope. *Flin* 5F 83
Hope. *High* 2E 167
Hope. *Powy* 5E 71
Hope. *Shrp* 5F 71
Hope. *Staf* 5F 85
Hope Bagot. *Shrp* 3H 59
Hope Bowdler. *Shrp* 1G 59
Hopedale. *Staf* 5F 85
Hope Green. *Ches E* 2D 84
Hopeman. *Mor* 2F 159
Hope Mansell. *Here* 4B 48
Hopesay. *Shrp* 2F 59
Hope's Green. *Essx* 2B 40
Hopetown. *W Yor* 2D 93
Hope under Dinmore. *Here* 5H 59
Hopley's Green. *Here* 5F 59
Hopperton. *N Yor* 4G 99
Hop Pole. *Linc* 4A 76
Hopstone. *Shrp* 1B 60
Hopton. *Derbs* 5G 85
Hopton. *Powy* 1E 59
Hopton. *Shrp*
nr. Oswestry 3F 71
nr. Wem 3H 71
Hopton. *Staf* 3D 72
Hopton. *Suff* 3B 66
Hopton Cangeford. *Shrp* 2H 59
Hopton Castle. *Shrp* 3F 59
Hopton Heath. *Staf* 3D 72
Hoptonheath. *Shrp* 3F 59
Hopton on Sea. *Norf* 5H 79
Hopton Wafers. *Shrp* 3A 60
Hopwas. *Staf* 5F 73
Hopwood. *Worc* 3E 61
Horam. *E Sus* 4G 27
Horbling. *Linc* 2A 76
Horbury. *W Yor* 3C 92
Horcott. *Glos* 5G 49
Horden. *Dur* 5H 115
Horderley. *Shrp* 2G 59
Hordle. *Hants* 3A 16
Hordley. *Shrp* 2F 71
Horeb. *Carm*
nr. Brechfa 3F 45
nr. Llanelli 5E 45
Horeb. *Cdgn* 1D 45
Horfield. *Bris* 4A 34
Horgabost. *W Isl* 8C 171
Horham. *Suff* 3E 66
Horkstow. *N Lin* 3C 94
Horley. *Oxon* 1C 50
Horley. *Surr* 1D 27
Horn Ash. *Dors* 2G 13
Hornblotton Green. *Som* 3A 22
Hornby. *Lanc* 3E 97
Hornby. *N Yor*
nr. Appleton Wiske 4A 106
nr. Catterick Garrison
5F 105
Horncastle. *Linc* 4B 88
Hornchurch. *G Lon* 2G 39
Horncliffe. *Nmbd* 5F 131
Horndean. *Hants* 1F 17
Horndean. *Bord* 5E 131
Horndon. *Devn* 4F 11
Horndon on the Hill. *Thur* 2A 40
Horne. *Surr* 1E 27
Horner. *Som* 2C 20
Horning. *Norf* 4F 79
Horninghold. *Leics* 1F 63
Horninglow. *Staf* 3G 73
Horningsea. *Cambs* 4D 65
Horningsham. *Wilts* 2D 22
Horningtoft. *Norf* 3B 78
Hornsbury. *Som* 1G 13
Hornsby. *Cumb* 4G 113
Hornsbygate. *Cumb* 4G 113
Horns Corner. *Kent* 3B 28
Horns Cross. *Devn* 4D 19
Hornsea. *E Yor* 5G 101
Hornsea Burton. *E Yor* 5G 101
Hornsey. *G Lon* 2E 39
Hornton. *Oxon* 1B 50
Horpit. *Swin* 3H 35
Horrabridge. *Devn* 2B 8
Horringer. *Suff* 4H 65
Horringford. *IOW* 4D 16
Horrocks Fold. *G Man* 3F 91
Horrocksford. *Lanc* 5G 97
Horsbrugh Ford. *Bord* 1E 119
Horsebridge. *Devn* 5E 11
Horsebridge. *Hants* 3B 24
Horsebrook. *Staf* 4C 72
Horsecastle. *N Som* 5H 33
Horsehay. *Telf* 5A 72
Horseheath. *Cambs* 1G 53
Horsehouse. *N Yor* 1C 98
Horsell. *Surr* 5A 38
Horseman's Green. *Wrex* 1G 71
Horsenden. *Buck* 5F 51
Horseway. *Cambs* 2D 64
Horsey. *Norf* 3G 79
Horsey. *Som* 3G 21
Horsford. *Norf* 4D 78
Horsforth. *W Yor* 1C 92
Horsham. *W Sus* 2C 26
Horsham. *Worc* 5B 60
Horsham St Faith. *Norf* 4E 78
Horsington. *Linc* 4A 88
Horsington. *Som* 4C 22
Horsley. *Derbs* 1A 74
Horsley. *Glos* 2D 34
Horsley. *Nmbd*
nr. Prudhoe 3D 115
nr. Rochester 5C 120
Horsley Cross. *Essx* 3E 54
Horsleycross Street. *Essx* 3E 54
Horsleyhill. *Bord* 3H 119
Horsleyhope. *Dur* 5D 114
Horsley Woodhouse
Derbs 1A 74
Horsmonden. *Kent* 1A 28
Horspath. *Oxon* 5D 50
Horstead. *Norf* 4E 79
Horsted Keynes. *W Sus* 3E 27
Horton. *Buck* 4H 51
Horton. *Dors* 2F 15
Horton. *Lanc* 4A 98
Horton. *Nptn* 5F 63
Horton. *Shrp* 2G 71
Horton. *Som* 1G 13
Horton. *S Glo* 3C 34
Horton. *Staf* 5D 84
Horton. *Swan* 4D 30
Horton. *Wilts* 5F 35
Horton. *Wind* 3B 38
Horton Cross. *Som* 1G 13
Horton-cum-Studley. *Oxon* 4D 50
Horton Grange. *Nmbd* 2F 115
Horton Green. *Ches W* 1G 71
Horton Heath. *Hants* 1C 16
Horton in Ribblesdale *N Yor* 2H 97
Horton Kirby. *Kent* 4G 39
Hortonwood. *Telf* 4A 72
Horwich. *G Man* 3E 91
Horwich End. *Derbs* 2E 85
Horwood. *Devn* 4F 19
Hoscar. *Lanc* 3C 90
Hose. *Leics* 3E 75
Hosh. *Per* 1A 136
Hosta. *W Isl* 1C 170
Hoswick. *Shet* 9F 173
Hotham. *E Yor* 1B 94
Hothfield. *Kent* 1D 28
Hoton. *Leics* 3C 74
Houbie. *Shet* 2H 173
Hough. *Arg* 4A 138
Hough. *Ches E*
nr. Crewe 5B 84
nr. Wilmslow 3C 84
Hougham. *Linc* 1F 75
Hough Green. *Hal* 2G 83
Hough-on-the-Hill. *Linc* 1G 75
Houghton. *Cambs* 3B 64
Houghton. *Cumb* 4F 113
Houghton. *Hants* 3B 24
Houghton. *Nmbd* 3E 115
Houghton. *Pemb* 4D 43

Houghton. *W Sus* 4B **26**
Houghton Bank. *Darl* 2F **105**
Houghton Conquest. *C Beds* 1A **52**
Houghton Green. *E Sus* 3D **28**
Houghton-le-Side. *Darl* 2F **105**
Houghton-le-Spring. *Tyne* 4G **115**
Houghton on the Hill. *Leics* 5D **74**
Houghton Regis. *C Beds* 3A **52**
Houghton St Giles. *Norf* 2B **78**
Houlland. *Shet*
on Mainland 6E **173**
on Yell 4G **173**
Houlsyke. *N Yor* 4E **107**
Houlton. *Warw* 3C **62**
Hound. *Hants* 2C **16**
Hound Green. *Hants* 1F **25**
Houndslow. *Bord* 5C **130**
Houndsmoor. *Som* 4E **21**
Houndwood. *Bord* 3E **131**
Hounsdown. *Hants* 1B **16**
Hounslow. *G Lon* 3C **38**
Housabister. *Shet* 6F **173**
Housay. *Shet* 4H **173**
Househill. *High* 3C **158**
Housetter. *Shet* 3E **173**
Houss. *Shet* 8E **173**
Houston. *Ren* 3F **127**
Housty. *High* 5D **168**
Houton. *Orkn* 7C **172**
Hove. *Brig* 5D **27**
Hoveringham. *Notts* 1D **74**
Hoveton. *Norf* 4F **79**
Hovingham. *N Yor* 2A **100**
How. *Cumb* 4G **113**
How Caple. *Here* 2B **48**
Howden. *E Yor* 2H **93**
Howden-le-Wear. *Dur* 1E **105**
Howe. *High* 2F **169**
Howe. *Norf* 5E **79**
Howe. *N Yor* 1F **99**
The Howe. *Cumb* 1D **96**
The Howe. *IOM* 5A **108**
Howe Green. *Essx* 5H **53**
Howe Green. *Warw* 2H **61**
Howegreen. *Essx* 5B **54**
Howell. *Linc* 1A **76**
How End. *C Beds* 1A **52**
Howe of Teuchar. *Abers* 4E **161**
Howes. *Dum* 3C **112**
Howe Street. *Essx*
nr. Chelmsford 4G **53**
nr. Finchingfield 2G **53**
Howey. *Powy* 5C **58**
Howgate. *Midl* 4F **129**
Howgill. *Lanc* 5H **97**
Howgill. *N Yor* 4C **98**
How Green. *Kent* 1F **27**
How Hill. *Norf* 4F **79**
Howick. *Nmbd* 3G **121**
Howle. *Telf* 3A **72**
Howle Hill. *Here* 3B **48**
Howleigh. *Som* 1F **13**
Howlett End. *Essx* 2F **53**
Howley. *Som* 2F **13**
Howley. *Warr* 2A **84**
Hownam. *Bord* 3B **120**
Howsham. *N Lin* 4D **94**
Howsham. *N Yor* 3B **100**
Howtel. *Nmbd* 1C **120**
Howt Green. *Kent* 4C **40**
Howton. *Here* 3H **47**
Howwood. *Ren* 3E **127**
Hoxne. *Suff* 3D **66**
Hoylake. *Mers* 2E **82**
Hoyland. *S Yor* 4D **92**
Hoylandswaine. *S Yor* 4C **92**
Hoyle. *W Sus* 4A **26**
Hubberholme. *N Yor* 2B **98**
Hubberston. *Pemb* 4C **42**
Hubbert's Bridge. *Linc* 1B **76**
Huby. *N Yor*
nr. Harrogate 5E **99**
nr. York 3H **99**
Hucclecote. *Glos* 4D **48**
Hucking. *Kent* 5C **40**
Hucknall. *Notts* 1C **74**
Huddersfield. *W Yor* 3B **92**
Huddington. *Worc* 5D **60**
Huddlesford. *Staf* 5F **73**
Hudswell. *N Yor* 4E **105**
Huggate. *E Yor* 4C **100**
Hugglescote. *Leics* 4B **74**
Hughenden Valley. *Buck* 2G **37**
Hughley. *Shrp* 1H **59**
Hughton. *High* 4G **157**
Hugh Town. *IOS* 1B **4**
Hugus. *Corn* 4B **6**
Huish. *Devn* 1F **11**
Huish. *Wilts* 5G **35**
Huish Champflower. *Som* 4D **20**
Huish Episcopi. *Som* 4H **21**
Huisinis. *W Isl* 6B **171**
Hulcote. *Nptn* 1F **51**
Hulcott. *Buck* 4G **51**
Hulham. *Devn* 4D **12**
Hull. *Hull* 2E **94**
Hulland. *Derbs* 1G **73**
Hulland Moss. *Derbs* 1G **73**
Hulland Ward. *Derbs* 1G **73**
Hullavington. *Wilts* 3D **35**
Hullbridge. *Essx* 1C **40**
Hulme. *G Man* 1C **84**
Hulme. *Staf* 1D **72**
Hulme End. *Staf* 5F **85**
Hulme Walfield. *Ches E* 4C **84**
Hulverstone. *IOW* 4B **16**
Hulver Street. *Suff* 2G **67**
Humber. *Devn* 5C **12**
Humber. *Here* 5H **59**
Humber Bridge. *N Lin* 2D **94**
Humberside Airport. *N Lin* 3D **94**
Humberston. *NE Lin* 4G **95**
Humberstone. *Leic* 5D **74**
Humbie. *E Lot* 3A **130**
Humbleton. *E Yor* 1F **95**
Humbleton. *Nmbd* 2D **121**
Humby. *Linc* 2H **75**
Hume. *Bord* 5D **130**
Humshaugh. *Nmbd* 2C **114**
Huna. *High* 1F **169**
Huncoat. *Lanc* 1F **91**
Huncote. *Leics* 1C **62**
Hundall. *Derbs* 3A **86**
Hunderthwaite. *Dur* 2C **104**
Hundleby. *Linc* 4C **88**
Hundle Houses. *Linc* 5B **88**
Hundleton. *Pemb* 4D **42**
Hundon. *Suff* 1H **53**
The Hundred. *Here* 4H **59**
Hundred Acres. *Hants* 1D **16**
Hundred House. *Powy* 5D **58**
Hungarton. *Leics* 5D **74**
Hungerford. *Hants* 1G **15**
Hungerford. *Shrp* 2H **59**
Hungerford. *Som* 2D **20**
Hungerford. *W Ber* 5B **36**
Hungerford Newtown
W Ber 4B **36**
Hunger Hill. *G Man* 4E **91**
Hungerton. *Linc* 2F **75**
Hungladder. *High* 1C **154**
Hungryhatton. *Shrp* 3A **72**
Hunmanby. *N Yor* 2E **101**
Hunmanby Sands. *N Yor* 2F **101**
Hunningham. *Warw* 4A **62**
Hunnington. *Worc* 2D **60**
Hunny Hill. *IOW* 4C **16**
Hunsdon. *Herts* 4E **53**
Hunsdonbury. *Herts* 4E **53**
Hunsingore. *N Yor* 4G **99**
Hunslet. *W Yor* 1D **92**
Hunslet Carr. *W Yor* 1D **92**
Hunsonby. *Cumb* 1G **103**
Hunspow. *High* 1E **169**
Hunstanton. *Norf* 1F **77**
Hunstanworth. *Dur* 5C **114**
Hunston. *Suff* 4B **66**
Hunston. *W Sus* 2G **17**
Hunstrete. *Bath* 5B **34**
Hunt End. *Worc* 4E **61**
Hunterfield. *Midl* 3G **129**
Hunters Forstal. *Kent* 4F **41**
Hunter's Quay. *Arg* 2C **126**
Huntham. *Som* 4G **21**
Hunthill Lodge. *Ang* 1D **144**
Huntingdon. *Cambs* 3B **64**
Huntingfield. *Suff* 3F **67**
Huntingford. *Wilts* 4D **22**
Huntington. *Ches W* 4G **83**
Huntington. *E Lot* 2A **130**
Huntington. *Here* 5E **59**
Huntington. *Staf* 4D **72**
Huntington. *Telf* 5A **72**
Huntington. *York* 4A **100**
Huntingtower. *Per* 1C **136**
Huntley. *Glos* 4C **48**
Huntley. *Staf* 1E **73**
Huntly. *Abers* 5C **160**
Huntlywood. *Bord* 5C **130**
Hunton. *Hants* 3C **24**
Hunton. *Kent* 1B **28**
Hunton. *N Yor* 5E **105**
Hunton Bridge. *Herts* 1B **38**
Hunt's Corner. *Norf* 2C **66**
Huntscott. *Som* 2C **20**
Hunt's Cross. *Mers* 2G **83**
Hunts Green. *Warw* 1F **61**
Huntsham. *Devn* 4D **20**
Huntshaw. *Devn* 4F **19**
Huntspill. *Som* 2G **21**
Huntstile. *Som* 3F **21**
Huntworth. *Som* 3G **21**
Hunwick. *Dur* 1E **105**
Hunworth. *Norf* 2C **78**
Hurcott. *Som*
nr. Ilminster 1G **13**
nr. Somerton 4A **22**
Hurdcott. *Wilts* 3G **23**
Hurdley. *Powy* 1E **59**
Hurdsfield. *Ches E* 3D **84**
Hurlet. *Glas* 3G **127**
Hurley. *Warw* 1G **61**
Hurley. *Wind* 3G **37**
Hurlford. *E Ayr* 1D **116**
Hurliness. *Orkn* 9B **172**
Hurlston Green. *Lanc* 3C **90**
Hurn. *Dors* 3G **15**
Hursey. *Dors* 2H **13**
Hursley. *Hants* 4C **24**
Hurst. *G Man* 4H **91**
Hurst. *N Yor* 4D **104**
Hurst. *Som* 1H **13**
Hurst. *Wok* 4F **37**
Hurstbourne Priors. *Hants* 2C **24**
Hurstbourne Tarrant. *Hants* 1B **24**
Hurst Green. *Ches E* 1H **71**
Hurst Green. *E Sus* 3B **28**
Hurst Green. *Essx* 4D **54**
Hurst Green. *Lanc* 1E **91**
Hurst Green. *Surr* 5E **39**
Hurstley. *Here* 1G **47**
Hurstpierpoint. *W Sus* 4D **27**
Hurstway Common. *Here* 1G **47**
Hurst Wickham. *W Sus* 4D **27**
Hurstwood. *Lanc* 1G **91**
Hurtmore. *Surr* 1A **26**
Hurworth-on-Tees. *Darl* 3A **106**
Hurworth Place. *Darl* 4F **105**
Hury. *Dur* 3C **104**
Husbands Bosworth. *Leics* 2D **62**
Husborne Crawley. *C Beds* 2H **51**
Husthwaite. *N Yor* 2H **99**
Hutcherleigh. *Devn* 3D **9**
Hut Green. *N Yor* 2F **93**
Huthwaite. *Notts* 5B **86**
Huttoft. *Linc* 3E **89**
Hutton. *Cumb* 2F **103**
Hutton. *E Yor* 4E **101**
Hutton. *Essx* 1H **39**
Hutton. *Lanc* 2C **90**
Hutton. *N Som* 1G **21**
Hutton. *Bord* 4F **131**
Hutton Bonville. *N Yor* 4A **106**
Hutton Buscel. *N Yor* 1D **100**
Hutton Conyers. *N Yor* 2F **99**
Hutton Cranswick. *E Yor* 4E **101**
Hutton End. *Cumb* 1F **103**
Hutton Gate. *Red C* 3C **106**
Hutton Henry. *Dur* 1B **106**
Hutton-le-Hole. *N Yor* 1B **100**
Hutton Magna. *Dur* 3E **105**
Hutton Mulgrave. *N Yor* 4F **107**
Hutton Roof. *Cumb*
nr. Kirkby Lonsdale 2E **97**
nr. Penrith 1E **103**
Hutton Rudby. *N Yor* 4B **106**
Huttons Ambo. *N Yor* 3B **100**
Hutton Sessay. *N Yor* 2G **99**
Hutton Village. *Red C* 3D **106**
Hutton Wandesley. *N Yor* 4H **99**
Huxham. *Devn* 3C **12**
Huxham Green. *Som* 3A **22**
Huxley. *Ches W* 4H **83**
Huxter. *Shet*
on Mainland 6C **173**
on Whalsay 5G **173**
Huyton. *Mers* 1G **83**
Hwlffordd. *Pemb* 3D **42**
Hycemoor. *Cumb* 1A **96**
Hyde. *Glos*
nr. Stroud 5D **49**
nr. Winchcombe 3F **49**
Hyde. *G Man* 1D **84**
Hyde Heath. *Buck* 5H **51**
Hyde Lea. *Staf* 4D **72**
Hyde Park. *S Yor* 4F **93**
Hydestile. *Surr* 1A **26**
Hyndford Bridge. *S Lan* 5C **128**
Hynish. *Arg* 5A **138**
Hyssington. *Powy* 1F **59**
Hythe. *Hants* 2C **16**
Hythe. *Kent* 2F **29**
Hythe End. *Wind* 3B **38**
Hythie. *Abers* 3H **161**
Hyton. *Cumb* 1A **96**

I

Ianstown. *Mor* 2B **160**
Iarsiadar. *W Isl* 4D **171**
Ibberton. *Dors* 2C **14**
Ible. *Derbs* 5G **85**
Ibrox. *Glas* 3G **127**
Ibsley. *Hants* 2G **15**
Ibstock. *Leics* 4B **74**
Ibstone. *Buck* 2F **37**
Ibthorpe. *Hants* 1B **24**
Iburndale. *N Yor* 4F **107**
Ibworth. *Hants* 1D **24**
Icelton. *N Som* 5G **33**
Ichrachan. *Arg* 5E **141**
Ickburgh. *Norf* 1H **65**
Ickenham. *G Lon* 2B **38**
Ickenthwaite. *Cumb* 1C **96**
Ickford. *Buck* 5E **51**
Ickham. *Kent* 5G **41**
Ickleford. *Herts* 2B **52**
Icklesham. *E Sus* 4C **28**
Ickleton. *Cambs* 1E **53**
Icklingham. *Suff* 3G **65**
Ickwell. *C Beds* 1B **52**
Icomb. *Glos* 3H **49**
Idbury. *Oxon* 4H **49**
Iddesleigh. *Devn* 2F **11**
Ide. *Devn* 3B **12**
Ideford. *Devn* 5B **12**
Ide Hill. *Kent* 5F **39**
Iden. *E Sus* 3D **28**
Iden Green. *Kent*
nr. Benenden 2C **28**
nr. Goudhurst 2B **28**
Idle. *W Yor* 1B **92**
Idless. *Corn* 4C **6**
Idlicote. *Warw* 1A **50**
Idmiston. *Wilts* 3G **23**
Idole. *Carm* 4E **45**
Idridgehay. *Derbs* 1G **73**
Idrigill. *High* 2C **154**
Idstone. *Oxon* 3A **36**
Iffley. *Oxon* 5D **50**
Ifield. *W Sus* 2D **26**
Ifieldwood. *W Sus* 2D **26**
Ifold. *W Sus* 2B **26**
Iford. *E Sus* 5F **27**
Ifton Heath. *Shrp* 2F **71**
Ightfield. *Shrp* 2H **71**
Ightham. *Kent* 5G **39**
Iken. *Suff* 5G **67**
Ilam. *Staf* 5F **85**
Ilchester. *Som* 4A **22**
Ilderton. *Nmbd* 2E **121**
Ilford. *G Lon* 2F **39**
Ilford. *Som* 1G **13**
Ilfracombe. *Devn* 2F **19**
Ilkeston. *Derbs* 1B **74**
Ilketshall St Andrew. *Suff* 2F **67**
Ilketshall St Lawrence. *Suff* 2F **67**
Ilketshall St Margaret. *Suff* 2F **67**
Ilkley. *W Yor* 5D **98**
Illand. *Corn* 5C **10**
Illey. *W Mid* 2D **61**
Illidge Green. *Ches E* 4B **84**
Illington. *Norf* 2B **66**
Illingworth. *W Yor* 2A **92**
Illogan. *Corn* 4A **6**
Illogan Highway. *Corn* 4A **6**
Illston on the Hill. *Leics* 1E **62**
Ilmer. *Buck* 5F **51**
Ilmington. *Warw* 1H **49**
Ilminster. *Som* 1G **13**
Ilsington. *Devn* 5A **12**
Ilsington. *Dors* 3C **14**
Ilston. *Swan* 3E **31**
Ilton. *N Yor* 2D **98**
Ilton. *Som* 1G **13**
Imachar. *N Ayr* 5G **125**
Imber. *Wilts* 2E **23**
Immingham. *NE Lin* 3E **95**
Immingham Dock. *NE Lin* 3F **95**
Impington. *Cambs* 4D **64**
Ince. *Ches W* 3G **83**
Ince Blundell. *Mers* 4B **90**
Ince-in-Makerfield. *G Man* 4D **90**
Inchbae Lodge. *High* 2G **157**
Inchbare. *Ang* 2F **145**
Inchberry. *Mor* 3H **159**
Inchbraoch. *Ang* 3G **145**
Inchbrook. *Glos* 5D **48**
Incheril. *High* 2C **156**
Inchinnan. *Ren* 3F **127**
Inchlaggan. *High* 3D **148**
Inchmichael. *Per* 1E **137**
Inchnadamph. *High* 1G **163**
Inchree. *High* 2E **141**
Inchture. *Per* 1E **137**
Inchyra. *Per* 1D **136**
Indian Queens. *Corn* 3D **6**
Ingatestone. *Essx* 1H **39**
Ingbirchworth. *S Yor* 4C **92**
Ingestre. *Staf* 3D **73**
Ingham. *Linc* 2G **87**
Ingham. *Norf* 3F **79**
Ingham. *Suff* 3A **66**
Ingham Corner. *Norf* 3F **79**
Ingleborough. *Norf* 4D **76**
Ingleby. *Derbs* 3H **73**
Ingleby Arncliffe. *N Yor* 4B **106**
Ingleby Barwick. *Stoc T* 3B **106**
Ingleby Greenhow. *N Yor* 4C **106**
Ingleigh Green. *Devn* 2G **11**
Inglemire. *Hull* 1D **94**
Inglesbatch. *Bath* 5C **34**
Ingleton. *Dur* 2E **105**
Ingleton. *N Yor* 2F **97**
Inglewhite. *Lanc* 5E **97**
Ingoe. *Nmbd* 2D **114**
Ingol. *Lanc* 1D **90**
Ingoldisthorpe. *Norf* 2F **77**
Ingoldmells. *Linc* 4E **89**

Ingoldsby. *Linc* 2H **75**
Ingon. *Warw* 5G **61**
Ingram. *Nmbd* 3E **121**
Ingrave. *Essx* 1H **39**
Ingrow. *W Yor* 1A **92**
Ings. *Cumb* 5F **103**
Ingst. *S Glo* 3A **34**
Ingthorpe. *Rut* 5G **75**
Ingworth. *Norf* 3D **78**
Inkberrow. *Worc* 5E **61**
Inkford. *Worc* 3E **61**
Inkpen. *W Ber* 5B **36**
Inkstack. *High* 1E **169**
Innellan. *Arg* 3C **126**
Inner Hope. *Devn* 5C **8**
Innerleith. *Fife* 2E **137**
Innerleithen. *Bord* 1F **119**
Innerleven. *Fife* 3F **137**
Innermessan. *Dum* 3F **109**
Innerwick. *E Lot* 2D **130**
Innerwick. *Per* 4C **142**
Innsworth. *Glos* 3D **48**
Insch. *Abers* 1D **152**
Insh. *High* 3C **150**
Inshegra. *High* 3C **166**
Inshore. *High* 1D **166**
Inskip. *Lanc* 1C **90**
Instow. *Devn* 3E **19**
Intwood. *Norf* 5D **78**
Inver. *Abers* 4G **151**
Inver. *High* 5F **165**
Inver. *Per* 4H **143**
Inverailort. *High* 5F **147**
Inveralligin. *High* 3H **155**
Inverallochy. *Abers* 2H **161**
Inveramsay. *Abers* 1E **153**
Inveran. *High* 4C **164**
Inveraray. *Arg* 3H **133**
Inverarish. *High* 5E **155**
Inverarity. *Ang* 4D **144**
Inverarnan. *Stir* 2C **134**
Inverarnie. *High* 5A **158**
Inverbeg. *Arg* 4C **134**
Inverbervie. *Abers* 1H **145**
Inverboyndie. *Abers* 2D **160**
Invercassley. *High* 3B **164**
Invercharnan. *High* 4F **141**
Inverchoran. *High* 3E **157**
Invercreran. *Arg* 4E **141**
Inverdruie. *High* 2D **150**
Inverebrie. *Abers* 5G **161**
Invereck. *Arg* 1C **126**
Inveresk. *E Lot* 2G **129**
Inveresragan. *Arg* 5D **141**
Inverey. *Abers* 5E **151**
Inverfarigaig. *High* 1H **149**
Invergarry. *High* 3F **149**
Invergeldie. *Per* 1G **135**
Invergordon. *High* 2B **158**
Invergowrie. *Per* 5C **144**
Inverguseran. *High* 3F **147**
Inverharroch. *Mor* 5A **160**
Inverie. *High* 3F **147**
Inverinan. *Arg* 2G **133**
Inverinate. *High* 1B **148**
Inverkeilor. *Ang* 4F **145**
Inverkeithing. *Fife* 1E **129**
Inverkeithny. *Abers* 4D **160**
Inverkip. *Inv* 2D **126**
Inverkirkaig. *High* 2E **163**
Inverlael. *High* 5F **163**
Inverliever Lodge. *Arg* 3F **133**
Inverliver. *Arg* 5E **141**
Inverlochlarig. *Stir* 2D **134**
Inverlochy. *High* 1F **141**
Inverlussa. *Arg* 1E **125**
Inver Mallie. *High* 5D **148**
Invermarkie. *Abers* 5B **160**
Invermoriston. *High* 2G **149**
Invernaver. *High* 2H **167**
Inverneil House. *Arg* 1G **125**
Inverness. *High* 4A **158**
Inverness Airport. *High* 3B **158**
Invernettie. *Abers* 4H **161**
Inverpolly Lodge. *High* 2E **163**
Inverquhomery. *Abers* 4H **161**
Inverroy. *High* 5E **149**
Inversanda. *High* 3D **140**
Invershiel. *High* 2B **148**
Invershin. *High* 4C **164**
Invershore. *High* 5E **169**
Inversnaid. *Stir* 3C **134**
Inverugie. *Abers* 4H **161**
Inveruglas. *Arg* 3C **134**
Inverurie. *Abers* 1E **153**
Invervar. *Per* 4D **142**
Inverythan. *Abers* 4E **161**
Inwardleigh. *Devn* 3F **11**
Inworth. *Essx* 4B **54**
Iochdar. *W Isl* 4C **170**
Iping. *W Sus* 4G **25**
Ipplepen. *Devn* 2E **9**
Ipsden. *Oxon* 3E **37**
Ipstones. *Staf* 1E **73**
Ipswich. *Suff* 1E **55**
Irby. *Mers* 2E **83**
Irby in the Marsh. *Linc* 4D **88**
Irby upon Humber. *NE Lin* 4E **95**
Irchester. *Nptn* 4G **63**
Ireby. *Cumb* 1D **102**
Ireby. *Lanc* 2F **97**
Ireland. *Shet* 9E **173**
Ireleth. *Cumb* 2B **96**
Ireshopeburn. *Dur* 1B **104**
Ireton Wood. *Derbs* 1G **73**
Irlam. *G Man* 1B **84**
Irnham. *Linc* 3H **75**
Iron Acton. *S Glo* 3B **34**
Iron Bridge. *Cambs* 1D **65**
Ironbridge. *Telf* 5A **72**
Iron Cross. *Warw* 5E **61**
Ironville. *Derbs* 5B **86**
Irstead. *Norf* 3F **79**
Irthington. *Cumb* 3F **113**
Irthlingborough. *Nptn* 3G **63**
Irton. *N Yor* 1E **101**
Irvine. *N Ayr* 1C **116**
Irvine Mains. *N Ayr* 1C **116**
Irvinestown. *Ferm* 5B **174**
Isabella Pit. *Nmbd* 1G **115**
Isauld. *High* 2B **168**
Isbister. *Orkn* 6C **172**
Isbister. *Shet*
 on Mainland 2E **173**
 on Whalsay 5G **173**
Isfield. *E Sus* 4F **27**
Isham. *Nptn* 3F **63**
Island Carr. *N Lin* 4C **94**
Islay Airport. *Arg* 4B **124**
Isle Abbotts. *Som* 4G **21**
Isle Brewers. *Som* 4G **21**
Isleham. *Cambs* 3F **65**
Isle of Man Airport. *IOM* 5B **108**
Isle of Thanet. *Kent* 4H **41**
Isle of Whithorn. *Dum* 5B **110**
Isle of Wight. *IOW* 4C **16**
Isleornsay. *High* 2F **147**
Islesburgh. *Shet* 5E **173**
Isles of Scilly Airport. *IOS* 1B **4**
Islesteps. *Dum* 2A **112**
Isleworth. *G Lon* 3C **38**
Isley Walton. *Leics* 3B **74**
Islibhig. *W Isl* 5B **171**
Islington. *G Lon* 2E **39**
Islington. *Telf* 3B **72**
Islip. *Nptn* 3G **63**
Islip. *Oxon* 4D **50**
Isombridge. *Telf* 4A **72**
Istead Rise. *Kent* 4H **39**
Itchen. *Sotn* 1C **16**
Itchen Abbas. *Hants* 3D **24**
Itchenor. *W Sus* 2F **17**
Itchen Stoke. *Hants* 3D **24**
Itchingfield. *W Sus* 3C **26**
Itchington. *S Glo* 3B **34**
Itlaw. *Abers* 3D **160**
Itteringham. *Norf* 2D **78**
Itteringham Common. *Norf* 3D **78**
Itton. *Devn* 3G **11**
Itton Common. *Mon* 2H **33**
Ivegill. *Cumb* 5F **113**
Ivelet. *N Yor* 5C **104**
Iverchaolain. *Arg* 2B **126**
Iver Heath. *Buck* 2B **38**
Iveston. *Dur* 4E **115**
Ivetsey Bank. *Staf* 4C **72**
Ivinghoe. *Buck* 4H **51**
Ivinghoe Aston. *Buck* 4H **51**
Ivington. *Here* 5G **59**
Ivington Green. *Here* 5G **59**
Ivybridge. *Devn* 3C **8**
Ivychurch. *Kent* 3E **29**
Ivy Hatch. *Kent* 5G **39**
Ivy Todd. *Norf* 5A **78**
Iwade. *Kent* 4D **40**
Iwerne Courtney. *Dors* 1D **14**
Iwerne Minster. *Dors* 1D **14**
Ixworth. *Suff* 3B **66**
Ixworth Thorpe. *Suff* 3B **66**

J

Jackfield. *Shrp* 5A **72**
Jack Hill. *N Yor* 4D **98**
Jacksdale. *Notts* 5B **86**
Jackton. *S Lan* 4G **127**
Jacobstow. *Corn* 3B **10**
Jacobstowe. *Devn* 2F **11**
Jacobs Well. *Surr* 5A **38**
Jameston. *Pemb* 5E **43**
Jamestown. *Dum* 5F **119**
Jamestown. *Fife* 1E **129**
Jamestown. *High* 3G **157**
Jamestown. *W Dun* 1E **127**
Janetstown. *High*
 nr. Thurso 2C **168**
 nr. Wick 3F **169**
Jarrow. *Tyne* 3G **115**
Jarvis Brook. *E Sus* 3G **27**
Jasper's Green. *Essx* 3H **53**
Jaywick. *Essx* 4E **55**
Jedburgh. *Bord* 2A **120**
Jeffreyston. *Pemb* 4E **43**
Jemimaville. *High* 2B **158**
Jenkins Park. *High* 3F **149**
Jersey Marine. *Neat* 3G **31**
Jesmond. *Tyne* 3F **115**
Jevington. *E Sus* 5G **27**
Jingle Street. *Mon* 4H **47**
Jockey End. *Herts* 4A **52**
Jodrell Bank. *Ches E* 3B **84**
Johnby. *Cumb* 1F **103**
John O'Gaunts. *W Yor* 2D **92**
John o' Groats. *High* 1F **169**
John's Cross. *E Sus* 3B **28**
Johnshaven. *Abers* 2G **145**
Johnson Street. *Norf* 4F **79**
Johnston. *Pemb* 3D **42**
Johnstone. *Ren* 3F **127**
Johnstonebridge. *Dum* 5C **118**
Johnstown. *Carm* 4E **45**
Johnstown. *Wrex* 1F **71**
Joppa. *Edin* 2G **129**
Joppa. *S Ayr* 3D **116**
Jordan Green. *Norf* 3C **78**
Jordans. *Buck* 1A **38**
Jordanston. *Pemb* 1D **42**
Jump. *S Yor* 4D **93**
Jumpers Common. *Dors* 3G **15**
Juniper. *Nmbd* 4C **114**
Juniper Green. *Edin* 3E **129**
Jurby East. *IOM* 2C **108**
Jurby West. *IOM* 2C **108**
Jury's Gap. *E Sus* 4D **28**

K

Kaber. *Cumb* 3A **104**
Kaimend. *S Lan* 5C **128**
Kaimes. *Edin* 3F **129**
Kaimrig End. *Bord* 5D **129**
Kames. *Arg* 2A **126**
Kames. *E Ayr* 2F **117**
Kea. *Corn* 4C **6**
Keadby. *N Lin* 3B **94**
Keady. *Arm* 6E **175**
Keal Cotes. *Linc* 4C **88**
Kearsley. *G Man* 4F **91**
Kearsney. *Kent* 1G **29**
Kearstwick. *Cumb* 1F **97**
Kearton. *N Yor* 5C **104**
Kearvaig. *High* 1C **166**
Keasden. *N Yor* 3G **97**
Keason. *Corn* 2H **7**
Keckwick. *Hal* 2H **83**
Keddington. *Linc* 2C **88**
Keddington Corner. *Linc* 2C **88**
Kedington. *Suff* 1H **53**
Kedleston. *Derbs* 1H **73**
Kedlock Feus. *Fife* 2F **137**
Keekle. *Cumb* 3B **102**
Keelby. *Linc* 3E **95**
Keele. *Staf* 1C **72**
Keeley Green. *Bed* 1A **52**
Keeston. *Pemb* 3D **42**
Keevil. *Wilts* 1E **23**
Kegworth. *Leics* 3B **74**
Kehelland. *Corn* 2D **4**
Keig. *Abers* 2D **152**
Keighley. *W Yor* 5C **98**
Keilarsbrae. *Clac* 4A **136**
Keillmore. *Arg* 1E **125**
Keillor. *Per* 4B **144**
Keillour. *Per* 1B **136**
Keills. *Arg* 3C **124**
Keiloch. *Abers* 4F **151**
Keils. *Arg* 3D **124**
Keinton Mandeville. *Som* 3A **22**
Keir Mill. *Dum* 5A **118**
Keirsleywell Row. *Nmbd* 4A **114**
Keisby. *Linc* 3H **75**
Keisley. *Cumb* 2A **104**
Keiss. *High* 2F **169**
Keith. *Mor* 3B **160**
Keith Inch. *Abers* 4H **161**
Kelbrook. *Lanc* 5B **98**
Kelby. *Linc* 1H **75**
Keld. *Cumb* 3G **103**
Keld. *N Yor* 4B **104**
Keldholme. *N Yor* 1B **100**
Kelfield. *N Lin* 4B **94**
Kelfield. *N Yor* 1F **93**
Kelham. *Notts* 5E **87**
Kellacott. *Devn* 4E **11**
Kellan. *Arg* 4G **139**
Kellas. *Ang* 5D **144**
Kellas. *Mor* 3F **159**
Kellaton. *Devn* 5E **9**
Kelleth. *Cumb* 4H **103**
Kelling. *Norf* 1C **78**
Kellingley. *N Yor* 2F **93**
Kellington. *N Yor* 2F **93**
Kelloe. *Dur* 1A **106**
Kelloholm. *Dum* 3G **117**
Kells. *Cumb* 3A **102**
Kells. *ME Ant* 3G **175**
Kelly. *Devn* 4D **11**
Kelly Bray. *Corn* 5D **10**
Kelmarsh. *Nptn* 3E **63**
Kelmscott. *Oxon* 2H **35**
Kelsale. *Suff* 4F **67**
Kelsall. *Ches W* 4H **83**
Kelshall. *Herts* 2D **52**
Kelsick. *Cumb* 4C **112**
Kelso. *Bord* 1B **120**
Kelstedge. *Derbs* 4H **85**
Kelstern. *Linc* 1B **88**
Kelsterton. *Flin* 3E **83**
Kelston. *Bath* 5C **34**
Keltneyburn. *Per* 4E **143**
Kelton. *Dum* 2A **112**
Kelton Hill. *Dum* 4E **111**
Kelty. *Fife* 4D **136**
Kelvedon. *Essx* 4B **54**
Kelvedon Hatch. *Essx* 1G **39**
Kelvinside. *Glas* 3G **127**
Kelynack. *Corn* 3A **4**
Kemback. *Fife* 2G **137**
Kemberton. *Shrp* 5B **72**
Kemble. *Glos* 2E **35**
Kemerton. *Worc* 2E **49**
Kemeys Commander
 Mon 5G **47**
Kemnay. *Abers* 2E **153**
Kempe's Corner. *Kent* 1E **29**
Kempley. *Glos* 3B **48**
Kempley Green. *Glos* 3B **48**
Kempsey. *Worc* 1D **48**
Kempsford. *Glos* 2G **35**
Kemps Green. *Warw* 3F **61**
Kempshott. *Hants* 2E **24**
Kempston. *Bed* 1A **52**
Kempston Hardwick. *Bed* 1A **52**
Kempton. *Shrp* 2F **59**
Kemp Town. *Brig* 5E **27**
Kemsing. *Kent* 5G **39**
Kemsley. *Kent* 4D **40**
Kenardington. *Kent* 2D **28**
Kenchester. *Here* 1H **47**
Kencot. *Oxon* 5A **50**
Kendal. *Cumb* 5G **103**
Kendleshire. *S Glo* 4B **34**
Kendray. *S Yor* 4D **92**
Kenfig. *B'end* 3B **32**
Kenfig Hill. *B'end* 3B **32**
Kengharair. *Arg* 4F **139**
Kenilworth. *Warw* 3G **61**
Kenknock. *Stir* 5B **142**
Kenley. *G Lon* 5E **39**
Kenley. *Shrp* 5H **71**
Kenmore. *High* 3G **155**
Kenmore. *Per* 4E **143**
Kenn. *Devn* 4C **12**
Kenn. *N Som* 5H **33**
Kennacraig. *Arg* 3G **125**
Kenneggy Downs. *Corn* 4C **4**
Kennerleigh. *Devn* 2B **12**
Kennet. *Clac* 4B **136**
Kennethmont. *Abers* 1C **152**
Kennett. *Cambs* 4G **65**
Kennford. *Devn* 4C **12**
Kenninghall. *Norf* 2C **66**
Kennington. *Kent* 1E **28**
Kennington. *Oxon* 5D **50**
Kennoway. *Fife* 3F **137**
Kennyhill. *Suff* 3F **65**
Kennythorpe. *N Yor* 3B **100**
Kenovay. *Arg* 4A **138**
Kensaleyre. *High* 3D **154**
Kensington. *G Lon* 3D **38**
Kenstone. *Shrp* 3H **71**
Kensworth. *C Beds* 4A **52**
Kensworth Common
 C Beds 4A **52**
Kentallen. *High* 3E **141**
Kentchurch. *Here* 3H **47**
Kentford. *Suff* 4G **65**
Kentisbeare. *Devn* 2D **12**
Kentisbury. *Devn* 2G **19**
Kentisbury Ford. *Devn* 2G **19**
Kentmere. *Cumb* 4F **103**
Kenton. *Devn* 4C **12**
Kenton. *G Lon* 2C **38**
Kenton. *Suff* 4D **66**
Kenton Bankfoot. *Tyne* 3F **115**
Kentra. *High* 2A **140**
Kentrigg. *Cumb* 5G **103**
Kents Bank. *Cumb* 2C **96**
Kent's Green. *Glos* 3C **48**
Kent's Oak. *Hants* 4B **24**
Kent Street. *E Sus* 4B **28**
Kent Street. *Kent* 5A **40**
Kent Street. *W Sus* 3D **26**
Kenwick. *Shrp* 2G **71**
Kenwyn. *Corn* 4C **6**
Kenyon. *Warr* 1A **84**
Keoldale. *High* 2D **166**
Keppoch. *High* 1B **148**

Kepwick. N Yor 5B 106
Keresley. W Mid 2H 61
Keresley Newland. Warw 2H 61
Keristal. IOM 4C 108
Kerne Bridge. Here 4A 48
Kerridge. Ches E 3D 84
Kerris. Corn 4B 4
Kerrow. High 5F 157
Kerry. Powy 2D 58
Kerrycroy. Arg 3C 126
Kerry's Gate. Here 2G 47
Kersall. Notts 4E 86
Kersbrook. Devn 4D 12
Kerse. Ren 4E 127
Kersey. Suff 1D 54
Kershopefoot. Cumb 1F 113
Kersoe. Worc 1E 49
Kerswell. Devn 2D 12
Kerswell Green. Worc 1D 48
Kesgrave. Suff 1F 55
Kessingland. Suff 2H 67
Kessingland Beach. Suff 2H 67
Kestle. Corn 4D 6
Kestle Mill. Corn 3C 6
Keston. G Lon 4F 39
Keswick. Cumb 2D 102
Keswick. Norf
nr. North Walsham 2F 79
nr. Norwich 5E 78
Ketsby. Linc 3C 88
Kettering. Nptn 3F 63
Ketteringham. Norf 5D 78
Kettins. Per 5B 144
Kettlebaston. Suff 5B 66
Kettlebridge. Fife 3F 137
Kettlebrook. Staf 5G 73
Kettleburgh. Suff 4E 67
Kettleholm. Dum 2C 112
Kettleness. N Yor 3F 107
Kettleshulme. Ches E 3D 85
Kettlesing. N Yor 4E 98
Kettlesing Bottom. N Yor 4E 99
Kettlestone. Norf 2B 78
Kettlethorpe. Linc 3F 87
Kettletoft. Orkn 4F 172
Kettlewell. N Yor 2B 98
Ketton. Rut 5G 75
Kew. G Lon 3C 38
Kewaigue. IOM 4C 108
Kewstoke. N Som 5G 33
Kexbrough. S Yor 4C 92
Kexby. Linc 2F 87
Kexby. York 4B 100
Keyford. Som 2C 22
Key Green. Ches E 4C 84
Key Green. N Yor 4F 107
Keyham. Leics 5D 74
Keyhaven. Hants 3B 16
Keyhead. Abers 3H 161
Keyingham. E Yor 2F 95
Keymer. W Sus 4E 27
Keynsham. Bath 5B 34
Keysoe. Bed 4H 63
Keysoe Row. Bed 4H 63
Key's Toft. Linc 5D 89
Keyston. Cambs 3H 63
Key Street. Kent 4C 40
Keyworth. Notts 2D 74
Kibblesworth. Tyne 4F 115
Kibworth Beauchamp. Leics 1D 62
Kibworth Harcourt. Leics 1D 62
Kidbrooke. G Lon 3F 39
Kidburngill. Cumb 2B 102
Kiddemore Green. Staf 5C 72
Kidderminster. Worc 3C 60
Kiddington. Oxon 3C 50
Kidd's Moor. Norf 5D 78
Kidlington. Oxon 4C 50
Kidmore End. Oxon 4E 37
Kidnal. Ches W 1G 71
Kidsgrove. Staf 5C 84
Kidstones. N Yor 1B 98
Kidwelly. Carm 5E 45
Kiel Crofts. Arg 5D 140
Kielder. Nmbd 5A 120
Kilbagie. Fife 4B 136
Kilbarchan. Ren 3F 127
Kilbeg. High 3E 147
Kilberry. Arg 3F 125
Kilbirnie. N Ayr 4E 126
Kilbride. Arg 1F 133
Kilbride. High 1D 147
Kilbucho Place. Bord 1C 118
Kilburn. Derbs 1A 74
Kilburn. G Lon 2D 38
Kilburn. N Yor 2H 99
Kilby. Leics 1D 62
Kilchattan. Arg 4A 132
Kilchattan Bay. Arg 4C 126
Kilchenzie. Arg 3A 122
Kilcheran. Arg 5C 140
Kilchiaran. Arg 3A 124
Kilchoan. High
nr. Inverie 4F 147
nr. Tobermory 2F 139
Kilchoman. Arg 3A 124
Kilchrenan. Arg 1H 133
Kilconquhar. Fife 3G 137
Kilcot. Glos 3B 48
Kilcoy. High 3H 157
Kilcreggan. Arg 1D 126
Kildale. N Yor 4D 106
Kildary. High 1B 158
Kildermorie Lodge. High 1H 157
Kildonan. Dum 4F 109
Kildonan. High
nr. Helmsdale 1G 165
on Isle of Skye 3C 154
Kildonan. N Ayr 3E 123
Kildonnan. High 5C 146
Kildrummy. Abers 2B 152
Kildwick. N Yor 5C 98
Kilfillan. Dum 4H 109
Kilfinan. Arg 2H 125
Kilfinnan. High 4E 149
Kilgetty. Pemb 4F 43
Kilgour. Fife 3E 136
Kilgrammie. S Ayr 4B 116
Kilham. E Yor 3E 101
Kilham. Nmbd 1C 120
Kilkeel. New M 6H 175
Kilkenneth. Arg 4A 138
Kilkhampton. Corn 1C 10
Killamarsh. Derbs 2B 86
Killandrist. Arg 4C 140
Killay. Swan 3F 31
Killean. Arg 5E 125
Killearn. Stir 1G 127
Killellan. Arg 4A 122
Killen. High 3A 158
Killerby. Darl 3E 105
Killichonan. Per 3C 142
Killiechronan. Arg 4G 139
Killiecrankie. Per 2G 143
Killilan. High 5B 156
Killimster. High 3F 169
Killin. Stir 5C 142
Killinghall. N Yor 4E 99
Killington. Cumb 1F 97
Killingworth. Tyne 2F 115
Killin Lodge. High 3H 149
Killinochonoch. Arg 4F 133
Killochyett. Bord 5A 130
Killundine. High 4G 139
Killyleagh. New M 5J 175
Kilmacolm. Inv 3E 127
Kilmahog. Stir 3F 135
Kilmahumaig. Arg 4E 133
Kilmalieu. High 3C 140
Kilmaluag. High 1D 154
Kilmany. Fife 1F 137
Kilmarie. High 2D 146
Kilmarnock. E Ayr 1D 116
Kilmaron. Fife 2F 137
Kilmartin. Arg 4F 133
Kilmaurs. E Ayr 5F 127
Kilmelford. Arg 2F 133
Kilmeny. Arg 3B 124
Kilmersdon. Som 1B 22
Kilmeston. Hants 4D 24
Kilmichael Glassary. Arg 4F 133
Kilmichael of Inverlussa
Arg 1F 125
Kilmington. Devn 3F 13
Kilmington. Wilts 3C 22
Kilmoluaig. Arg 4A 138
Kilmorack. High 4G 157
Kilmore. Arg 1F 133
Kilmore. High 3E 147
Kilmory. Arg 2F 125
Kilmory. High
nr. Kilchoan 1G 139
on Rùm 3B 146
Kilmory. N Ayr 3D 122
Kilmory Lodge. Arg 3E 132
Kilmote. High 2G 165
Kilmuir. High
nr. Dunvegan 4B 154
nr. Invergordon 1B 158
nr. Inverness 4A 158
nr. Uig 1C 154
Kilmun. Arg 1C 126
Kilnave. Arg 2A 124
Kilncadzow. S Lan 5B 128
Kilndown. Kent 2B 28
Kiln Green. Here 4B 48
Kiln Green. Wok 4G 37
Kilnhill. Cumb 1D 102
Kilnhurst. S Yor 1B 86
Kilninian. Arg 4E 139
Kilninver. Arg 1F 133
Kiln Pit Hill. Nmbd 4D 114
Kilnsea. E Yor 3H 95
Kilnsey. N Yor 3B 98
Kilnwick. E Yor 5D 101
Kiloran. Arg 4A 132
Kilpatrick. N Ayr 3D 122
Kilpeck. Here 2H 47
Kilpin. E Yor 2A 94
Kilpin Pike. E Yor 2A 94
Kilrea. Caus 2F 175
Kilrenny. Fife 3H 137
Kilsby. Nptn 3C 62
Kilspindie. Per 1E 136
Kilsyth. N Lan 2A 128
Kiltarlity. High 4H 157
Kilton. Som 2E 21
Kilton Thorpe. Red C 3D 107
Kilvaxter. High 2C 154
Kilve. Som 2E 21
Kilvington. Notts 1F 75
Kilwinning. N Ayr 5D 126
Kimberley. Norf 5C 78
Kimberley. Notts 1B 74
Kimblesworth. Dur 5F 115
Kimble Wick. Buck 5G 51
Kimbolton. Cambs 4H 63
Kimbolton. Here 4H 59
Kimcote. Leics 2C 62
Kimmeridge. Dors 5E 15
Kimmerston. Nmbd 1D 120
Kimpton. Hants 2A 24
Kimpton. Herts 4B 52
Kinbeachie. High 2A 158
Kinbrace. High 5A 168
Kinbuck. Stir 3G 135
Kincaple. Fife 2G 137
Kincardine. Fife 1C 128
Kincardine. High 5D 164
Kincardine Bridge. Falk 1C 128
Kincardine O'Neil. Abers 4C 152
Kinchrackine. Arg 1A 134
Kincorth. Aber 3G 153
Kincraig. High 3C 150
Kincraigie. Per 4G 143
Kindallachan. Per 3G 143
Kineton. Glos 3F 49
Kineton. Warw 5H 61
Kinfauns. Per 1D 136
Kingairloch. High 3C 140
Kingarth. Arg 4B 126
Kingcoed. Mon 5H 47
King Edward. Abers 3E 160
Kingerby. Linc 1H 87
Kingham. Oxon 3A 50
Kingholm Quay. Dum 2A 112
Kinghorn. Fife 1F 129
Kingie. High 3D 148
Kinglassie. Fife 4E 137
Kingledores. Bord 2D 118
King o' Muirs. Clac 4A 136
Kingoodie. Per 1F 137
King's Acre. Here 1H 47
Kingsand. Corn 3A 8
Kingsash. Buck 5G 51
Kingsbarns. Fife 2H 137
Kingsbridge. Devn 4D 8
Kingsbridge. Som 3C 20
King's Bromley. Staf 4F 73
Kingsburgh. High 3C 154
Kingsbury. G Lon 2C 38
Kingsbury. Warw 1G 61
Kingsbury Episcopi. Som 4H 21
Kings Caple. Here 3A 48
Kingscavil. W Lot 2D 128
Kingsclere. Hants 1D 24
King's Cliffe. Nptn 1H 63
Kings Clipstone. Notts 4D 86
Kingscote. Glos 2D 34
Kingscott. Devn 1F 11
Kings Coughton. Warw 5E 61
Kingscross. N Ayr 3E 123
Kingsdon. Som 4A 22
Kingsdown. Kent 1H 29
Kingsdown. Swin 3G 35
Kingsdown. Wilts 5D 34
Kingseat. Fife 4D 136
Kingsey. Buck 5F 51
Kingsfold. Lanc 2D 90
Kingsfold. W Sus 2C 26
Kingsford. E Ayr 5F 127
Kingsford. Worc 2C 60
Kingsforth. N Lin 3D 94
Kingsgate. Kent 3H 41
King's Green. Glos 2C 48
Kingshall Street. Suff 4B 66
Kingsheanton. Devn 3F 19
King's Heath. W Mid 2E 61
Kings Hill. Kent 5A 40
Kingsholm. Glos 4D 48
Kingshouse. High 3G 141
Kingshouse. Stir 1E 135
Kingshurst. W Mid 2F 61
Kingskerswell. Devn 2E 9
Kingskettle. Fife 3F 137
Kingsland. Here 4G 59
Kingsland. IOA 2B 80
Kings Langley. Herts 5A 52
Kingsley. Ches W 3H 83
Kingsley. Hants 3F 25
Kingsley. Staf 1E 73
Kingsley Green. W Sus 3G 25
Kingsley Holt. Staf 1E 73
King's Lynn. Norf 3F 77
King's Meaburn. Cumb 2H 103
Kings Moss. Mers 4D 90
Kings Muir. Bord 1E 119
Kingsmuir. Ang 4D 145
Kingsmuir. Fife 3H 137
King's Newnham. Warw 3B 62
King's Newton. Derbs 3A 74
Kingsnorth. Kent 2E 28
Kingsnorth. Medw 3C 40
King's Norton. Leics 5D 74
Kings Norton. W Mid 3E 61
King's Nympton. Devn 1G 11
King's Pyon. Here 5G 59
Kings Ripton. Cambs 3B 64
King's Somborne. Hants 3B 24
King's Stag. Dors 1C 14
King's Stanley. Glos 5D 48
King's Sutton. Nptn 2C 50
Kingstanding. W Mid 1E 61
Kingsteignton. Devn 5B 12
Kingsteps. High 3D 158
King Sterndale. Derbs 3E 85
King's Thorn. Here 2A 48
Kingsthorpe. Nptn 4E 63
Kingston. Cambs 5C 64
Kingston. Devn 4C 8
Kingston. Dors
nr. Sturminster Newton 2C 14
nr. Swanage 5E 15
Kingston. E Lot 1B 130
Kingston. Hants 2G 15
Kingston. IOW 4C 16
Kingston. Kent 5F 41
Kingston. Mor 2H 159
Kingston. W Sus 5B 26
Kingston Bagpuize. Oxon 2C 36
Kingston Blount. Oxon 2F 37
Kingston by Sea. W Sus 5D 26
Kingston Deverill. Wilts 3D 22
Kingstone. Here 2H 47
Kingstone. Som 1G 13
Kingstone. Staf 3E 73
Kingston Lisle. Oxon 3B 36
Kingston Maurward. Dors 3C 14
Kingston near Lewes. E Sus 5E 27
Kingston on Soar. Notts 3C 74
Kingston Russell. Dors 3A 14
Kingston St Mary. Som 4F 21
Kingston Seymour. N Som 5H 33
Kingston Stert. Oxon 5F 51
Kingston upon Hull. Hull 2E 94
Kingston upon Thames
G Lon 4C 38
King's Walden. Herts 3B 52
Kingswear. Devn 3E 9
Kingswells. Aber 3F 153
Kingswinford. W Mid 2C 60
Kingswood. Buck 4E 51
Kingswood. Glos 2C 34
Kingswood. Here 5E 59
Kingswood. Kent 5C 40
Kingswood. Per 5H 143
Kingswood. Powy 5E 71
Kingswood. Som 3E 20
Kingswood. S Glo 4B 34
Kingswood. Surr 5D 38
Kingswood. Warw 3F 61
Kingswood Common. Staf 5C 72
Kings Worthy. Hants 3C 24
Kingthorpe. Linc 3A 88
Kington. Here 5E 59
Kington. S Glo 2B 34
Kington. Worc 5D 61
Kington Langley. Wilts 4E 35
Kington Magna. Dors 4C 22
Kington St Michael. Wilts 4E 35
Kingussie. High 3B 150
Kingweston. Som 3A 22
Kinharrachie. Abers 5G 161
Kinhrive. High 1A 158
Kinkell Bridge. Per 2B 136
Kinknockie. Abers 4H 161
Kinkry Hill. Cumb 2G 113
Kinlet. Shrp 2B 60
Kinloch. High
nr. Lochaline 3A 140
nr. Loch More 5D 166
on Rùm 4B 146
Kinloch. Per 4A 144
Kinlochard. Stir 3D 134
Kinlochbervie. High 3C 166
Kinlocheil. High 1D 140
Kinlochewe. High 2C 156
Kinloch Hourn. High 3B 148
Kinloch Laggan. High 5H 149
Kinlochleven. High 2F 141
Kinloch Lodge. High 3F 167
Kinlochmoidart. High 1B 140
Kinlochmore. High 2F 141
Kinloch Rannoch. Per 3D 142
Kinlochspelve. Arg 1D 132
Kinloid. High 5E 147
Kinloss. Mor 2E 159
Kinmel Bay. Cnwy 2B 82
Kinmuck. Abers 2F 153

Kinnadie. *Abers* 4G 161
Kinnaird. *Per* 1E 137
Kinneff. *Abers* 1H 145
Kinnelhead. *Dum* 4C 118
Kinnell. *Ang* 3F 145
Kinnerley. *Shrp* 3F 71
Kinnernie. *Abers* 3E 152
Kinnersley. *Here* 1G 47
Kinnersley. *Worc* 1D 48
Kinnerton. *Powy* 4E 59
Kinnerton. *Shrp* 1F 59
Kinnesswood. *Per* 3D 136
Kinninvie. *Dur* 2D 104
Kinnordy. *Ang* 3C 144
Kinoulton. *Notts* 2D 74
Kinross. *Per* 3D 136
Kinrossie. *Per* 5A 144
Kinsbourne Green. *Herts* 4B 52
Kinsey Heath. *Ches E* 1A 72
Kinsham. *Here* 4F 59
Kinsham. *Worc* 2E 49
Kinsley. *W Yor* 3E 93
Kinson. *Bour* 3F 15
Kintbury. *W Ber* 5B 36
Kintessack. *Mor* 2E 159
Kintillo. *Per* 2D 136
Kinton. *Here* 3G 59
Kinton. *Shrp* 4F 71
Kintore. *Abers* 2E 153
Kintour. *Arg* 4C 124
Kintra. *Arg* 2B 132
Kintraw. *Arg* 3F 133
Kinveachy. *High* 2D 150
Kinver. *Staf* 2C 60
Kinwarton. *Warw* 5F 61
Kiplingcotes. *E Yor* 5D 100
Kippax. *W Yor* 1E 93
Kippen. *Stir* 4F 135
Kippford. *Dum* 4F 111
Kipping's Cross. *Kent* 1H 27
Kirbister. *Orkn*
nr. Hobbister 7C 172
nr. Quholm 6B 172
Kirbuster. *Orkn* 5F 172
Kirby Bedon. *Norf* 5E 79
Kirby Bellars. *Leics* 4E 74
Kirby Cane. *Norf* 1F 67
Kirby Cross. *Essx* 3F 55
Kirby Fields. *Leics* 5C 74
Kirby Green. *Norf* 1F 67
Kirby Grindalythe. *N Yor* 3D 100
Kirby Hill. *N Yor*
nr. Richmond 4E 105
nr. Ripon 3F 99
Kirby Knowle. *N Yor* 1G 99
Kirby-le-Soken. *Essx* 3F 55
Kirby Misperton. *N Yor* 2B 100
Kirby Muxloe. *Leics* 5C 74
Kirby Sigston. *N Yor* 5B 106
Kirby Underdale. *E Yor* 4C 100
Kirby Wiske. *N Yor* 1F 99
Kirdford. *W Sus* 3B 26
Kirk. *High* 3E 169
Kirkabister. *Shet*
on Bressay 8F 173
on Mainland 6F 173
Kirkandrews. *Dum* 5D 110
Kirkandrews-on-Eden
Cumb 4E 113
Kirkapol. *Arg* 4B 138
Kirkbampton. *Cumb* 4E 112
Kirkbean. *Dum* 4A 112
Kirk Bramwith. *S Yor* 3G 93
Kirkbride. *Cumb* 4D 112
Kirkbridge. *N Yor* 5F 105
Kirkbuddo. *Ang* 4E 145
Kirkburn. *E Yor* 4D 101
Kirkburton. *W Yor* 3B 92
Kirkby. *Linc* 1H 87
Kirkby. *Mers* 1G 83
Kirkby. *N Yor* 4C 106
Kirkby Fenside. *Linc* 4C 88
Kirkby Fleetham. *N Yor* 5F 105
Kirkby Green. *Linc* 5H 87
Kirkby-in-Ashfield. *Notts* 5C 86
Kirkby-in-Furness. *Cumb* 1B 96
Kirkby la Thorpe. *Linc* 1A 76
Kirkby Lonsdale. *Cumb* 2F 97
Kirkby Malham. *N Yor* 3A 98
Kirkby Mallory. *Leics* 5B 74
Kirkby Malzeard. *N Yor* 2E 99
Kirkby Mills. *N Yor* 1B 100
Kirkbymoorside. *N Yor* 1A 100
Kirkby on Bain. *Linc* 4B 88
Kirkby Overblow. *N Yor* 5F 99
Kirkby Stephen. *Cumb* 4A 104
Kirkby Thore. *Cumb* 2H 103
Kirkby Underwood. *Linc* 3H 75
Kirkby Wharfe. *N Yor* 5H 99
Kirkcaldy. *Fife* 4E 137
Kirkcambeck. *Cumb* 3G 113
Kirkcolm. *Dum* 3F 109
Kirkconnel. *Dum* 3G 117
Kirkconnell. *Dum* 3A 112
Kirkcowan. *Dum* 3A 110
Kirkcudbright. *Dum* 4D 111
Kirkdale. *Mers* 1F 83
Kirk Deighton. *N Yor* 4F 99
Kirk Ella. *E Yor* 2D 94
Kirkfieldbank. *S Lan* 5B 128
Kirkforthar Feus. *Fife* 3E 137
Kirkgunzeon. *Dum* 3F 111
Kirk Hallam. *Derbs* 1B 74
Kirkham. *Lanc* 1C 90
Kirkham. *N Yor* 3B 100
Kirkhamgate. *W Yor* 2C 92
Kirk Hammerton. *N Yor* 4G 99
Kirkharle. *Nmbd* 1D 114
Kirkheaton. *Nmbd* 2D 114
Kirkheaton. *W Yor* 3B 92
Kirkhill. *Ang* 2F 145
Kirkhill. *High* 4H 157
Kirkhope. *S Lan* 4B 118
Kirkhouse. *Bord* 1F 119
Kirkibost. *High* 2D 146
Kirkinch. *Ang* 4C 144
Kirkinner. *Dum* 4B 110
Kirkintilloch. *E Dun* 2H 127
Kirk Ireton. *Derbs* 5G 85
Kirkland. *Cumb*
nr. Cleator Moor 3B 102
nr. Penrith 1H 103
nr. Wigton 5D 112
Kirkland. *Dum*
nr. Kirkconnel 3G 117
nr. Moniaive 5H 117
Kirkland Guards. *Cumb* 5C 112
Kirk Langley. *Derbs* 2G 73
Kirklauchline. *Dum* 4F 109
Kirkleatham. *Red C* 2C 106
Kirklevington. *Stoc T* 4B 106
Kirkley. *Suff* 1H 67
Kirklington. *N Yor* 1F 99
Kirklington. *Notts* 5D 86
Kirklinton. *Cumb* 3F 113
Kirkliston. *Edin* 2E 129
Kirkmabreck. *Dum* 4B 110
Kirkmaiden. *Dum* 5E 109
Kirk Merrington. *Dur* 1F 105
Kirk Michael. *IOM* 2C 108
Kirkmichael. *Per* 2H 143
Kirkmichael. *S Ayr* 4C 116
Kirkmuirhill. *S Lan* 5A 128
Kirknewton. *Nmbd* 1D 120
Kirknewton. *W Lot* 3E 129
Kirkney. *Abers* 5C 160
Kirk of Shotts. *N Lan* 3B 128
Kirkoswald. *Cumb* 5G 113
Kirkoswald. *S Ayr* 4B 116
Kirkpatrick. *Dum* 5B 118
Kirkpatrick Durham. *Dum* 2E 111
Kirkpatrick-Fleming. *Dum* 2D 112
Kirk Sandall. *S Yor* 4G 93
Kirksanton. *Cumb* 1A 96
Kirk Smeaton. *N Yor* 3F 93
Kirkstall. *W Yor* 1C 92
Kirkstile. *Dum* 5F 119
Kirkstyle. *High* 1F 169
Kirkthorpe. *W Yor* 2D 92
Kirkton. *Abers*
nr. Alford 2D 152
nr. Insch 1D 152
nr. Turriff 4F 161
Kirkton. *Ang*
nr. Dundee 5D 144
nr. Forfar 4D 144
nr. Tarfside 5B 152
Kirkton. *Dum* 1A 112
Kirkton. *Fife* 1F 137
Kirkton. *High*
nr. Golspie 4E 165
nr. Kyle of Lochalsh 1G 147
nr. Lochcarron 4B 156
Kirkton. *Bord* 3H 119
Kirkton. *S Lan* 2B 118
Kirktonhill. *W Dun* 2E 127
Kirkton Manor. *Bord* 1E 118
Kirkton of Airlie. *Ang* 3C 144
Kirkton of Auchterhouse
Ang 5C 144
Kirkton of Bourtie. *Abers* 1F 153
Kirkton of Collace. *Per* 5A 144
Kirkton of Craig. *Ang* 3G 145
Kirkton of Culsalmond
Abers 5D 160
Kirkton of Durris. *Abers* 4E 153
Kirkton of Glenbuchat
Abers 2A 152
Kirkton of Glenisla. *Ang* 2B 144
Kirkton of Kingoldrum. *Ang* 3C 144
Kirkton of Largo. *Fife* 3G 137
Kirkton of Lethendy. *Per* 4A 144
Kirkton of Logie Buchan
Abers 1G 153
Kirkton of Maryculter
Abers 4F 153
Kirkton of Menmuir. *Ang* 2E 145
Kirkton of Monikie. *Ang* 5E 145
Kirkton of Oyne. *Abers* 1D 152
Kirkton of Rayne. *Abers* 5D 160
Kirkton of Skene. *Abers* 3F 153
Kirktown. *Abers*
nr. Fraserburgh 2G 161
nr. Peterhead 3H 161
Kirktown of Alvah. *Abers* 2D 160
Kirktown of Auchterless
Abers 4E 160
Kirktown of Deskford. *Mor* 2C 160
Kirktown of Fetteresso
Abers 5F 153
Kirktown of Mortlach. *Mor* 5H 159
Kirktown of Slains. *Abers* 1H 153
Kirkurd. *Bord* 5E 129
Kirkwall. *Orkn* 6D 172
Kirkwall Airport. *Orkn* 7D 172
Kirkwhelpington. *Nmbd* 1C 114
Kirk Yetholm. *Bord* 2C 120
Kirmington. *N Lin* 3E 94
Kirmond le Mire. *Linc* 1A 88
Kirn. *Arg* 2C 126
Kirriemuir. *Ang* 3C 144
Kirstead Green. *Norf* 1E 67
Kirtlebridge. *Dum* 2D 112
Kirtleton. *Dum* 2D 112
Kirtling. *Cambs* 5F 65
Kirtling Green. *Cambs* 5F 65
Kirtlington. *Oxon* 4D 50
Kirtomy. *High* 2H 167
Kirton. *Linc* 2C 76
Kirton. *Notts* 4D 86
Kirton. *Suff* 2F 55
Kirton End. *Linc* 1B 76
Kirton Holme. *Linc* 1B 76
Kirton in Lindsey. *N Lin* 1G 87
Kishorn. *High* 4H 155
Kislingbury. *Nptn* 5D 62
Kites Hardwick. *Warw* 4B 62
Kittisford. *Som* 4D 20
Kittle. *Swan* 4E 31
Kittybrewster. *Aber* 3G 153
Kitwood. *Hants* 3E 25
Kivernoll. *Here* 2H 47
Kiveton Park. *S Yor* 2B 86
Knaith. *Linc* 2F 87
Knaith Park. *Linc* 2F 87
Knaphill. *Surr* 5A 38
Knapp. *Hants* 4C 24
Knapp. *Per* 5B 144
Knapp. *Som* 4G 21
Knapperfield. *High* 3E 169
Knapton. *Norf* 2F 79
Knapton. *York* 4H 99
Knapton Green. *Here* 5G 59
Knapwell. *Cambs* 4C 64
Knaresborough. *N Yor* 4F 99
Knarsdale. *Nmbd* 4H 113
Knatts Valley. *Kent* 4G 39
Knaven. *Abers* 4F 161
Knayton. *N Yor* 1G 99
Knebworth. *Herts* 3C 52
Knedlington. *E Yor* 2H 93
Kneesall. *Notts* 4E 86
Kneesworth. *Cambs* 1D 52
Kneeton. *Notts* 1E 74
Knelston. *Swan* 4D 30
Knenhall. *Staf* 2D 72
Knightacott. *Devn* 3G 19
Knightcote. *Warw* 5B 62
Knightcott. *N Som* 1G 21
Knightley. *Staf* 3C 72
Knightley Dale. *Staf* 3C 72
Knightlow Hill. *Warw* 3B 62
Knighton. *Devn* 4B 8
Knighton. *Dors* 1B 14
Knighton. *Leic* 5C 74
Knighton. *Powy* 3E 59
Knighton. *Som* 2E 21
Knighton. *Staf*
nr. Eccleshall 3B 72
nr. Woore 1B 72
Knighton. *Wilts* 4A 36
Knighton. *Worc* 5E 61
Knighton Common. *Worc* 3A 60
Knight's End. *Cambs* 1D 64
Knightswood. *Glas* 3G 127
Knightwick. *Worc* 5B 60
Knill. *Here* 4E 59
Knipton. *Leics* 2F 75
Knitsley. *Dur* 5E 115
Kniveton. *Derbs* 5G 85
Knock. *Arg* 5G 139
Knock. *Cumb* 2H 103
Knock. *Mor* 3C 160
Knockally. *High* 5D 168
Knockan. *Arg* 1B 132
Knockan. *High* 2G 163
Knockandhu. *Mor* 1G 151
Knockando. *Mor* 4F 159
Knockarthur. *High* 3E 165
Knockbain. *High* 3A 158
Knockbreck. *High* 2B 154
Knockdee. *High* 2D 168
Knockdolian. *S Ayr* 1G 109
Knockdon. *S Ayr* 3C 116
Knockdown. *Glos* 3D 34
Knockenbaird. *Abers* 1D 152
Knockenkelly. *N Ayr* 3E 123
Knockentiber. *E Ayr* 1C 116
Knockfarrel. *High* 3H 157
Knockglass. *High* 2C 168
Knockholt. *Kent* 5F 39
Knockholt Pound. *Kent* 5F 39
Knockie Lodge. *High* 2G 149
Knockin. *Shrp* 3F 71
Knockinlaw. *E Ayr* 1D 116
Knockinnon. *High* 5D 169
Knockrome. *Arg* 2D 124
Knocksharry. *IOM* 3B 108
Knockshinnoch. *E Ayr* 3D 116
Knockvennie. *Dum* 2E 111
Knockvologan. *Arg* 3B 132
Knodishall. *Suff* 4G 67
Knole. *Som* 4H 21
Knollbury. *Mon* 3H 33
Knolls Green. *Ches E* 3C 84
Knolton. *Wrex* 2F 71
Knook. *Wilts* 2E 23
Knossington. *Leics* 5F 75
Knott. *High* 3C 154
Knott End-on-Sea. *Lanc* 5C 96
Knotting. *Bed* 4H 63
Knotting Green. *Bed* 4H 63
Knottingley. *W Yor* 2E 93
Knotts. *Cumb* 2F 103
Knotty Ash. *Mers* 1G 83
Knotty Green. *Buck* 1A 38
Knowbury. *Shrp* 3H 59
Knowe. *Dum* 2A 110
Knowefield. *Cumb* 4F 113
Knowehead. *Dum* 5F 117
Knowes. *E Lot* 2C 130
Knowesgate. *Nmbd* 1C 114
Knoweside. *S Ayr* 3B 116
Knowes of Elrick. *Abers* 3D 160
Knowle. *Bris* 4B 34
Knowle. *Devn*
nr. Braunton 3E 19
nr. Budleigh Salterton 4D 12
nr. Crediton 2A 12
Knowle. *Shrp* 3H 59
Knowle. *W Mid* 3F 61
Knowle Green. *Lanc* 1E 91
Knowle St Giles. *Som* 1G 13
Knowlesands. *Shrp* 1B 60
Knowle Village. *Hants* 2D 16
Knowl Hill. *Wind* 4G 37
Knowlton. *Kent* 5G 41
Knowsley. *Mers* 1G 83
Knowstone. *Devn* 4B 20
Knucklas. *Powy* 3E 59
Knuston. *Nptn* 4G 63
Knutsford. *Ches E* 3B 84
Knypersley. *Staf* 5C 84
Krumlin. *W Yor* 3A 92
Kuggar. *Corn* 5E 5
Kyleakin. *High* 1F 147
Kyle of Lochalsh. *High* 1F 147
Kylerhea. *High* 1F 147
Kylesku. *High* 5C 166
Kyles Lodge. *W Isl* 1E 170
Kylesmorar. *High* 4G 147
Kylestrome. *High* 5C 166
Kymin. *Mon* 4A 48
Kynaston. *Here* 2B 48
Kynaston. *Shrp* 3F 71
Kynnersley. *Telf* 4A 72
Kyre Green. *Worc* 4A 60
Kyre Park. *Worc* 4A 60
Kyrewood. *Worc* 4A 60

L

Labost. *W Isl* 3E 171
Lacasaidh. *W Isl* 5F 171
Lacasdail. *W Isl* 4G 171
Laceby. *NE Lin* 4F 95
Lacey Green. *Buck* 5G 51
Lach Dennis. *Ches W* 3B 84
Lache. *Ches W* 4F 83
Lackford. *Suff* 3G 65
Lacock. *Wilts* 5E 35
Ladbroke. *Warw* 5B 62
Laddingford. *Kent* 1A 28
Lade Bank. *Linc* 5C 88
Ladock. *Corn* 3C 6
Lady. *Orkn* 3F 172
Ladybank. *Fife* 2F 137
Ladycross. *Corn* 4D 10
Lady Green. *Mers* 4B 90
Lady Hall. *Cumb* 1A 96
Ladykirk. *Bord* 5E 131
Ladysford. *Abers* 2G 161
Ladywood. *W Mid* 2E 61
Ladywood. *Worc* 4C 60
Laga. *High* 2A 140
Lagavulin. *Arg* 5C 124
Lagg. *Arg* 2D 125
Lagg. *N Ayr* 3D 122
Laggan. *Arg* 4A 124

Laggan – Lee Mill

Laggan. *High*
nr. Fort Augustus 4E 149
nr. Newtonmore 4A 150
Laggan. *Mor* 5H 159
Lagganlia. *High* 3C 150
Lagganulva. *Arg* 4F 139
Laglingarten. *Arg* 3A 134
Lagness. *W Sus* 2G 17
Laid. *High* 3E 166
Laide. *High* 4C 162
Laigh Fenwick. *E Ayr* 5F 127
Laindon. *Essx* 2A 40
Lairg. *High* 3C 164
Lairg Muir. *High* 3C 164
Laithes. *Cumb* 1F 103
Laithkirk. *Dur* 2C 104
Lake. *Devn* 3F 19
Lake. *IOW* 4D 16
Lake. *Wilts* 3G 23
Lakenham. *Norf* 5E 79
Lakenheath. *Suff* 2G 65
Lakesend. *Norf* 1E 65
Lakeside. *Cumb* 1C 96
Laleham. *Surr* 4B 38
Laleston. *B'end* 3B 32
Lamancha. *Bord* 4F 129
Lamarsh. *Essx* 2B 54
Lamas. *Norf* 3E 79
Lamb Corner. *Essx* 2D 54
Lambden. *Bord* 5D 130
Lamberhead Green. *G Man* 4D 90
Lamberhurst. *Kent* 2A 28
Lamberhurst Quarter. *Kent* 2A 28
Lamberton. *Bord* 4F 131
Lambeth. *G Lon* 3E 39
Lambfell Moar. *IOM* 3B 108
Lambhill. *Glas* 3G 127
Lambley. *Nmbd* 4H 113
Lambley. *Notts* 1D 74
Lambourn. *W Ber* 4B 36
Lambourne End. *Essx* 1F 39
Lambourn Woodlands
W Ber 4B 36
Lambs Green. *Dors* 3E 15
Lambs Green. *W Sus* 2D 26
Lambston. *Pemb* 3D 42
Lamellion. *Corn* 2G 7
Lamerton. *Devn* 5E 11
Lamesley. *Tyne* 4F 115
Laminess. *Orkn* 4F 172
Lamington. *High* 1B 158
Lamington. *S Lan* 1B 118
Lamlash. *N Ayr* 2E 123
Lamonby. *Cumb* 1F 103
Lamorick. *Corn* 2E 7
Lamorna. *Corn* 4B 4
Lamorran. *Corn* 4C 6
Lampeter. *Cdgn* 1F 45
Lampeter Velfrey. *Pemb* 3F 43
Lamphey. *Pemb* 4E 43
Lamplugh. *Cumb* 2B 102
Lamport. *Nptn* 3E 63
Lamyatt. *Som* 3B 22
Lana. *Devn*
nr. Ashwater 3D 10
nr. Holsworthy 2D 10
Lanark. *S Lan* 5B 128
Lanarth. *Corn* 4E 5
Lancaster. *Lanc* 3D 97
Lanchester. *Dur* 5E 115
Lancing. *W Sus* 5C 26
Landbeach. *Cambs* 4D 65
Landcross. *Devn* 4E 19
Landerberry. *Abers* 3E 153
Landford. *Wilts* 1A 16
Land Gate. *G Man* 4D 90
Landhallow. *High* 5D 169
Landimore. *Swan* 3D 30
Landkey. *Devn* 3F 19
Landkey Newland. *Devn* 3F 19
Landore. *Swan* 3F 31
Landport. *Port* 2E 17
Landrake. *Corn* 2H 7
Landscove. *Devn* 2D 9
Land's End Airport. *Corn* 4A 4
Landshipping. *Pemb* 3E 43
Landulph. *Corn* 2A 8
Landywood. *Staf* 5D 73
Lane. *Corn* 2C 6
Laneast. *Corn* 4C 10
Lane Bottom. *Lanc* 1G 91
Lane End. *Buck* 2G 37
Lane End. *Hants* 4D 24
Lane End. *IOW* 4E 17
Lane End. *Wilts* 2D 22
Lane Ends. *Derbs* 2G 73
Lane Ends. *Dur* 1E 105
Lane Ends. *Lanc* 4G 97
Laneham. *Notts* 3F 87
Lane Head. *Dur*
nr. Hutton Magna 3E 105
nr. Woodland 2D 105
Lane Head. *G Man* 1A 84
Lane Head. *W Yor* 4B 92
Lanehead. *Dur* 5B 114
Lanehead. *Nmbd* 1A 114
Lane Heads. *Lanc* 1C 90
Lanercost. *Cumb* 3G 113
Laneshaw Bridge. *Lanc* 5B 98
Laney Green. *Staf* 5D 72
Langais. *W Isl* 2D 170
Langal. *High* 2B 140
Langar. *Notts* 2E 74
Langbank. *Ren* 2E 127
Langbar. *N Yor* 4C 98
Langburnshiels. *Bord* 4H 119
Langcliffe. *N Yor* 3H 97
Langdale End. *N Yor* 5G 107
Langdon. *Corn* 3C 10
Langdon Beck. *Dur* 1B 104
Langdon Cross. *Corn* 4D 10
Langdon Hills. *Essx* 2A 40
Langdown. *Hants* 2C 16
Langdyke. *Fife* 3F 137
Langenhoe. *Essx* 4D 54
Langford. *C Beds* 1B 52
Langford. *Devn* 2D 12
Langford. *Essx* 5B 54
Langford. *Notts* 5F 87
Langford. *Oxon* 5H 49
Langford. *Som* 4F 21
Langford Budville. *Som* 4E 20
Langham. *Dors* 4C 22
Langham. *Essx* 2D 54
Langham. *Norf* 1C 78
Langham. *Rut* 4F 75
Langham. *Suff* 4B 66
Langho. *Lanc* 1F 91
Langholm. *Dum* 1E 113
Langland. *Swan* 4F 31
Langleeford. *Nmbd* 2D 120
Langley. *Ches E* 3D 84
Langley. *Derbs* 1B 74
Langley. *Essx* 2E 53
Langley. *Glos* 3F 49
Langley. *Hants* 2C 16
Langley. *Herts* 3C 52
Langley. *Kent* 5C 40
Langley. *Nmbd* 3B 114
Langley. *Slo* 3B 38
Langley. *Som* 4D 20
Langley. *Warw* 4F 61
Langley. *W Sus* 4G 25
Langley Burrell. *Wilts* 4E 35
Langleybury. *Herts* 5A 52
Langley Common. *Derbs* 2G 73
Langley Green. *Derbs* 2G 73
Langley Green. *Norf* 5F 79
Langley Green. *Warw* 4F 61
Langley Green. *W Sus* 2D 26
Langley Heath. *Kent* 5C 40
Langley Marsh. *Som* 4D 20
Langley Moor. *Dur* 5F 115
Langley Park. *Dur* 5F 115
Langley Street. *Norf* 5F 79
Langney. *E Sus* 5H 27
Langold. *Notts* 2C 86
Langore. *Corn* 4C 10
Langport. *Som* 4H 21
Langrick. *Linc* 1B 76
Langridge. *Bath* 5C 34
Langridgeford. *Devn* 4F 19
Langrigg. *Cumb* 5C 112
Langrish. *Hants* 4F 25
Langsett. *S Yor* 4C 92
Langshaw. *Bord* 1H 119
Langstone. *Hants* 2F 17
Langthorne. *N Yor* 5F 105
Langthorpe. *N Yor* 3F 99
Langthwaite. *N Yor* 4D 104
Langtoft. *E Yor* 3E 101
Langtoft. *Linc* 4A 76
Langton. *Dur* 3E 105
Langton. *Linc*
nr. Horncastle 4B 88
nr. Spilsby 3C 88
Langton. *N Yor* 3B 100
Langton by Wragby. *Linc* 3A 88
Langton Green. *Kent* 2G 27
Langton Herring. *Dors* 4B 14
Langton Long Blandford
Dors 2D 15
Langton Matravers. *Dors* 5E 15
Langtree. *Devn* 1E 11
Langwathby. *Cumb* 1G 103
Langwith. *Derbs* 3C 86
Langworth. *Linc* 3H 87
Lanivet. *Corn* 2E 7
Lanjeth. *Corn* 3D 6
Lank. *Corn* 5A 10
Lanlivery. *Corn* 3E 7
Lanner. *Corn* 5B 6
Lanreath. *Corn* 3F 7
Lansallos. *Corn* 3F 7
Lansdown. *Bath* 5C 34
Lansdown. *Glos* 3E 49
Lanteglos Highway. *Corn* 3F 7
Lanton. *Nmbd* 1D 120
Lanton. *Bord* 2A 120
Lapford. *Devn* 2H 11
Lapford Cross. *Devn* 2H 11
Laphroaig. *Arg* 5B 124
Lapley. *Staf* 4C 72
Lapworth. *Warw* 3F 61
Larachbeg. *High* 4A 140
Larbert. *Falk* 1B 128
Larden Green. *Ches E* 5H 83
Larel. *High* 3D 169
Largie. *Abers* 5D 160
Largiemore. *Arg* 1H 125
Largoward. *Fife* 3G 137
Largs. *N Ayr* 4D 126
Largue. *Abers* 4D 160
Largybeg. *N Ayr* 3E 123
Largymeanoch. *N Ayr* 3E 123
Largymore. *N Ayr* 3E 123
Larkfield. *Inv* 2D 126
Larkfield. *Kent* 5B 40
Larkhall. *Bath* 5C 34
Larkhall. *S Lan* 4A 128
Larkhill. *Wilts* 2G 23
Larling. *Norf* 2B 66
Larne. *ME Ant* 2H 175
Larport. *Here* 2A 48
Lartington. *Dur* 3D 104
Lary. *Abers* 3H 151
Lasham. *Hants* 2E 25
Lashenden. *Kent* 1C 28
Lasswade. *Midl* 3G 129
Lastingham. *N Yor* 5E 107
Latchford. *Herts* 3D 53
Latchford. *Oxon* 5E 51
Latchingdon. *Essx* 5B 54
Latchley. *Corn* 5E 11
Latchmere Green. *Hants* 1E 25
Lathbury. *Mil* 1G 51
Latheron. *High* 5D 169
Latheronwheel. *High* 5D 169
Lathom. *Lanc* 4C 90
Lathones. *Fife* 3G 137
Latimer. *Buck* 1B 38
Latteridge. *S Glo* 3B 34
Lattiford. *Som* 4B 22
Latton. *Wilts* 2F 35
Laudale House. *High* 3B 140
Lauder. *Bord* 5B 130
Laugharne. *Carm* 3H 43
Laughterton. *Linc* 3F 87
Laughton. *E Sus* 4G 27
Laughton. *Leics* 2D 62
Laughton. *Linc*
nr. Gainsborough 1F 87
nr. Grantham 2H 75
Laughton Common. *S Yor* 2C 86
Laughton en le Morthen
S Yor 2C 86
Launcells. *Corn* 2C 10
Launceston. *Corn* 4D 10
Launcherley. *Som* 2A 22
Launton. *Oxon* 3E 50
Laurencekirk. *Abers* 1G 145
Laurieston. *Dum* 3D 111
Laurieston. *Falk* 2C 128
Lavendon. *Mil* 5G 63
Lavenham. *Suff* 1C 54
Laverhay. *Dum* 5D 118
Laversdale. *Cumb* 3F 113
Laverstock. *Wilts* 3G 23
Laverstoke. *Hants* 2C 24
Laverton. *Glos* 2F 49
Laverton. *N Yor* 2E 99
Laverton. *Som* 1C 22
Lavister. *Wrex* 5F 83
Law. *S Lan* 4B 128
Lawers. *Per* 5D 142
Lawford. *Essx* 2D 54
Lawhitton. *Corn* 4D 10
Lawkland. *N Yor* 3G 97
Lawley. *Telf* 5A 72
Lawnhead. *Staf* 3C 72
Lawrenny. *Pemb* 4E 43
Lawshall. *Suff* 5A 66
Lawton. *Here* 5G 59
Laxey. *IOM* 3D 108
Laxfield. *Suff* 3E 67
Laxfirth. *Shet* 6F 173
Laxo. *Shet* 5F 173
Laxton. *E Yor* 2A 94
Laxton. *Nptn* 1G 63
Laxton. *Notts* 4E 86
Laycock. *W Yor* 5C 98
Layer Breton. *Essx* 4C 54
Layer-de-la-Haye. *Essx* 3C 54
Layer Marney. *Essx* 4C 54
Laymore. *Dors* 2G 13
Laysters Pole. *Here* 4H 59
Layter's Green. *Buck* 1A 38
Laytham. *E Yor* 1H 93
Lazenby. *Red C* 3C 106
Lazonby. *Cumb* 1G 103
Lea. *Derbs* 5H 85
Lea. *Here* 3B 48
Lea. *Linc* 2F 87
Lea. *Shrp*
nr. Bishop's Castle 2F 59
nr. Shrewsbury 5G 71
Lea. *Wilts* 3E 35
Leabrooks. *Derbs* 5B 86
Leac a Li. *W Isl* 8D 171
Leachd. *Arg* 4H 133
Leachkin. *High* 4A 158
Leachpool. *Pemb* 3D 42
Leadburn. *Midl* 4F 129
Leadenham. *Linc* 5G 87
Leaden Roding. *Essx* 4F 53
Leaderfoot. *Bord* 1H 119
Leadgate. *Cumb* 5A 114
Leadgate. *Dur* 4E 115
Leadgate. *Nmbd* 4E 115
Leadhills. *S Lan* 3A 118
Leadingcross Green. *Kent* 5C 40
Lea End. *Worc* 3E 61
Leafield. *Oxon* 4B 50
Leagrave. *Lutn* 3A 52
Lea Hall. *W Mid* 2F 61
Lea Heath. *Staf* 3E 73
Leake. *N Yor* 5B 106
Leake Common Side. *Linc* 5C 88
Leake Fold Hill. *Linc* 5D 88
Leake Hurn's End. *Linc* 1D 76
Lealholm. *N Yor* 4E 107
Lealt. *Arg* 4D 132
Lealt. *High* 2E 155
Leam. *Derbs* 3G 85
Lea Marston. *Warw* 1G 61
Leamington Hastings. *Warw* 4B 62
Leamington Spa, Royal
Warw 4H 61
Leamonsley. *Staf* 5F 73
Leamside. *Dur* 5G 115
Leargybreck. *Arg* 2D 124
Lease Rigg. *N Yor* 4F 107
Leasgill. *Cumb* 1D 97
Leasingham. *Linc* 1H 75
Leasingthorne. *Dur* 1F 105
Leasowe. *Mers* 1E 83
Leatherhead. *Surr* 5C 38
Leathley. *N Yor* 5E 99
Leaths. *Dum* 3E 111
Leaton. *Shrp* 4G 71
Leaton. *Telf* 4A 72
Lea Town. *Lanc* 1C 90
Leaveland. *Kent* 5E 40
Leavenheath. *Suff* 2C 54
Leavening. *N Yor* 3B 100
Leaves Green. *G Lon* 4F 39
Lea Yeat. *Cumb* 1G 97
Leazes. *Dur* 4E 115
Lebberston. *N Yor* 1E 101
Lechlade on Thames. *Glos* 2H 35
Leck. *Lanc* 2F 97
Leckford. *Hants* 3B 24
Leckfurin. *High* 3H 167
Leckgruinart. *Arg* 3A 124
Leckhampstead. *Buck* 2F 51
Leckhampstead. *W Ber* 4C 36
Leckhampton. *Glos* 4E 49
Leckmelm. *High* 4F 163
Leckwith. *V Glam* 4E 33
Leconfield. *E Yor* 5E 101
Ledaig. *Arg* 5D 140
Ledburn. *Buck* 3H 51
Ledbury. *Here* 2C 48
Ledgemoor. *Here* 5G 59
Ledgowan. *High* 3D 156
Ledicot. *Here* 4G 59
Ledmore. *High* 2G 163
Lednabirichen. *High* 4E 165
Lednagullin. *High* 2A 168
Ledsham. *Ches W* 3F 83
Ledsham. *W Yor* 2E 93
Ledston. *W Yor* 2E 93
Ledstone. *Devn* 4D 8
Ledwell. *Oxon* 3C 50
Lee. *Devn*
nr. Ilfracombe 2E 19
nr. South Molton 4B 20
Lee. *G Lon* 3E 39
Lee. *Hants* 1B 16
Lee. *Lanc* 4E 97
Lee. *Shrp* 2G 71
The Lee. *Buck* 5H 51
Leeans. *Shet* 7E 173
Leebotten. *Shet* 9F 173
Leebotwood. *Shrp* 1G 59
Lee Brockhurst. *Shrp* 3H 71
Leece. *Cumb* 3B 96
Leechpool. *Mon* 3A 34
Lee Clump. *Buck* 5H 51
Leeds. *Kent* 5C 40
Leeds. *W Yor* 1C 92
Leeds Bradford Airport
W Yor 5E 99
Leedstown. *Corn* 3D 4
Leegomery. *Telf* 4A 72
Lee Head. *Derbs* 1E 85
Leek. *Staf* 5D 85
Leekbrook. *Staf* 5D 85
Leek Wootton. *Warw* 4G 61
Lee Mill. *Devn* 3B 8

Leeming – Little Dalby

Leeming. N Yor 1E 99
Leeming Bar. N Yor 5F 105
Lee Moor. Devn 2B 8
Lee Moor. W Yor 2D 92
Lee-on-the-Solent. Hants 2D 16
Lees. Derbs 2G 73
Lees. G Man 4H 91
Lees. W Yor 1A 92
The Lees. Kent 5E 40
Leeswood. Flin 4E 83
Leetown. Per 1E 136
Leftwich. Ches W 3A 84
Legbourne. Linc 2C 88
Legburthwaite. Cumb 3E 102
Legerwood. Bord 5B 130
Legsby. Linc 2A 88
Leicester. Leic 5C 74
Leicester Forest East. Leics 5C 74
Leigh. Dors 2B 14
Leigh. G Man 4E 91
Leigh. Kent 1G 27
Leigh. Shrp 5F 71
Leigh. Surr 1D 26
Leigh. Wilts 2F 35
Leigh. Worc 5B 60
The Leigh. Glos 3D 48
Leigham. Plym 3B 8
Leigh Beck. Essx 2C 40
Leigh Common. Som 4C 22
Leigh Delamere. Wilts 4D 35
Leigh Green. Kent 2D 28
Leighland Chapel. Som 3D 20
Leigh-on-Sea. S'end 2C 40
Leigh Park. Hants 2F 17
Leigh Sinton. Worc 5B 60
Leighterton. Glos 2D 34
Leighton. N Yor 2D 98
Leighton. Powy 5E 71
Leighton. Shrp 5A 72
Leighton. Som 2C 22
Leighton Bromswold. Cambs 3A 64
Leighton Buzzard. C Beds 3H 51
Leigh-upon-Mendip. Som 2B 22
Leinthall Earls. Here 4G 59
Leinthall Starkes. Here 4G 59
Leintwardine. Here 3G 59
Leire. Leics 1C 62
Leirinmore. High 2E 166
Leishmore. High 4G 157
Leiston. Suff 4G 67
Leitfie. Per 4B 144
Leith. Edin 2F 129
Leitholm. Bord 5D 130
Lelant. Corn 3C 4
Lelant Downs. Corn 3C 4
Lelley. E Yor 1F 95
Lem Hill. Shrp 3B 60
Lemington. Tyne 3E 115
Lempitlaw. Bord 1B 120
Lemsford. Herts 4C 52
Lenacre. Cumb 1F 97
Lenchie. Abers 5C 160
Lenchwick. Worc 1F 49
Lendalfoot. S Ayr 1G 109
Lendrick. Stir 3E 135
Lenham. Kent 5C 40
Lenham Heath. Kent 1D 28
Lenimore. N Ayr 5G 125
Lennel. Bord 5E 131
Lennoxtown. E Dun 2H 127
Lenton. Linc 2H 75
Lentran. High 4H 157
Lenwade. Norf 4C 78
Lenzie. E Dun 2H 127
Leochel Cushnie. Abers 2C 152
Leogh. Shet 1B 172
Leominster. Here 5G 59
Leonard Stanley. Glos 5D 48
Lepe. Hants 3C 16
Lephenstrath. Arg 5A 122
Lephin. High 4A 154
Lephinchapel. Arg 4G 133
Lephinmore. Arg 4G 133
Leppington. N Yor 3B 100
Lepton. W Yor 3C 92
Lerryn. Corn 3F 7
Lerwick. Shet 7F 173
Lerwick (Tingwall) Airport
Shet 7F 173
Lesbury. Nmbd 3G 121
Leslie. Abers 1C 152
Leslie. Fife 3E 137
Lesmahagow. S Lan 1H 117
Lesnewth. Corn 3B 10
Lessingham. Norf 3F 79
Lessonhall. Cumb 4D 112
Leswalt. Dum 3F 109
Letchmore Heath. Herts 1C 38
Letchworth Garden City
Herts 2C 52
Letcombe Bassett. Oxon 3B 36
Letcombe Regis. Oxon 3B 36
Letham. Ang 4E 145
Letham. Falk 1B 128
Letham. Fife 2F 137
Lethanhill. E Ayr 3D 116
Lethenty. Abers 4F 161
Letheringham. Suff 5E 67
Letheringsett. Norf 2C 78
Lettaford. Devn 4H 11
Lettan. Orkn 3G 172
Letter. Abers 2E 153
Letterewe. High 1B 156
Letterfearn. High 1A 148
Lettermore. Arg 4F 139
Letters. High 5F 163
Letterston. Pemb 2D 42
Letton. Here
nr. Kington 1G 47
nr. Leintwardine 3F 59
Letty Green. Herts 4C 52
Letwell. S Yor 2C 86
Leuchars. Fife 1G 137
Leumrabhagh. W Isl 6F 171
Leusdon. Devn 5H 11
Levaneap. Shet 5F 173
Levedale. Staf 4C 72
Leven. E Yor 5F 101
Leven. Fife 3F 137
Levencorroch. N Ayr 3E 123
Levenhall. E Lot 2G 129
Levens. Cumb 1D 97
Levens Green. Herts 3D 52
Levenshulme. G Man 1C 84
Levenwick. Shet 9F 173
Leverburgh. W Isl 9C 171
Leverington. Cambs 4D 76
Leverton. Linc 1C 76
Leverton. W Ber 4B 36
Leverton Lucasgate. Linc 1D 76
Leverton Outgate. Linc 1D 76
Levington. Suff 2F 55
Levisham. N Yor 5F 107
Levishie. High 2G 149
Lew. Oxon 5B 50
Lewaigue. IOM 2D 108
Lewannick. Corn 4C 10
Lewdown. Devn 4E 11
Lewes. E Sus 4F 27
Leweston. Pemb 2D 42
Lewisham. G Lon 3E 39
Lewiston. High 1H 149
Lewistown. B'end 3C 32
Lewknor. Oxon 2F 37
Leworthy. Devn
nr. Barnstaple 3G 19
nr. Holsworthy 2D 10
Lewson Street. Kent 4D 40
Lewthorn Cross. Devn 5A 12
Lewtrenchard. Devn 4E 11
Ley. Corn 2F 7
Leybourne. Kent 5A 40
Leyburn. N Yor 5E 105
Leycett. Staf 1B 72
Leyfields. Staf 5G 73
Ley Green. Herts 3B 52
Ley Hill. Buck 5H 51
Leyland. Lanc 2D 90
Leylodge. Abers 2E 153
Leymoor. W Yor 3B 92
Leys. Per 5B 144
Leysdown-on-Sea. Kent 3E 41
Leysmill. Ang 4F 145
Leyton. G Lon 2E 39
Leytonstone. G Lon 2F 39
Lezant. Corn 5D 10
Leziate. Norf 4F 77
Lhanbryde. Mor 2G 159
The Lhen. IOM 1C 108
Liatrie. High 5E 157
Libanus. Powy 3C 46
Libberton. S Lan 5C 128
Libbery. Worc 5D 60
Liberton. Edin 3F 129
Liceasto. W Isl 8D 171
Lichfield. Staf 5F 73
Lickey. Worc 3D 61
Lickey End. Worc 3D 60
Lickfold. W Sus 3A 26
Liddaton. Devn 4E 11
Liddington. Swin 3H 35
Liddle. Orkn 9D 172
Lidgate. Suff 5G 65
Lidgett. Notts 4D 86
Lidham Hill. E Sus 4C 28
Lidlington. C Beds 2H 51
Lidsey. W Sus 5A 26
Lidstone. Oxon 3B 50
Lienassie. High 1B 148
Liff. Ang 5C 144
Lifford. W Mid 2E 61
Lifton. Devn 4D 11
Liftondown. Devn 4D 10
Lighthorne. Warw 5H 61
Light Oaks. Stoke 5D 84
Lightwater. Surr 4A 38
Lightwood. Staf 1E 73
Lightwood. Stoke 1D 72
Lightwood Green. Ches E 1A 72
Lightwood Green. Wrex 1F 71
Lilbourne. Nptn 3C 62
Lilburn Tower. Nmbd 2E 121
Lillesdon. Som 4G 21
Lilleshall. Telf 4B 72
Lilley. Herts 3B 52
Lilliesleaf. Bord 2H 119
Lillingstone Dayrell. Buck 2F 51
Lillingstone Lovell. Buck 1F 51
Lillington. Dors 1B 14
Lilstock. Som 2E 21
Lilybank. Inv 2E 126
Lilyhurst. Shrp 4B 72
Limavady. Caus 1D 174
Limbrick. Lanc 3E 90
Limbury. Lutn 3A 52
Limekilnburn. S Lan 4A 128
Limekilns. Fife 1D 129
Limerigg. Falk 2B 128
Limestone Brae. Nmbd 5A 114
Lime Street. Worc 2D 48
Limington. Som 4A 22
Limpenhoe. Norf 5F 79
Limpley Stoke. Wilts 5C 34
Limpsfield. Surr 5F 39
Limpsfield Chart. Surr 5F 39
Linburn. W Lot 3E 129
Linby. Notts 5C 86
Linchmere. W Sus 3G 25
Lincluden. Dum 2A 112
Lincoln. Linc 3G 87
Lincomb. Worc 4C 60
Lindale. Cumb 1D 96
Lindal in Furness. Cumb 2B 96
Lindean. Bord 1G 119
Linden. Glos 4D 48
Lindfield. W Sus 3E 27
Lindford. Hants 3G 25
Lindores. Fife 2E 137
Lindridge. Worc 4A 60
Lindsell. Essx 3G 53
Lindsey. Suff 1C 54
Lindsey Tye. Suff 1C 54
Linford. Hants 2G 15
Linford. Thur 3A 40
Lingague. IOM 4B 108
Lingdale. Red C 3D 106
Lingen. Here 4F 59
Lingfield. Surr 1E 27
Lingreabhagh. W Isl 9C 171
Lingwood. Norf 5F 79
Lingy Close. Cumb 4E 113
Linicro. High 2C 154
Linkend. Worc 2D 48
Linkenholt. Hants 1B 24
Linkinhorne. Corn 5D 10
Linklater. Orkn 9D 172
Linksness. Orkn 6E 172
Linktown. Fife 4E 137
Linkwood. Mor 2G 159
Linley. Shrp
nr. Bishop's Castle 1F 59
nr. Bridgnorth 1A 60
Linley Green. Here 5A 60
Linlithgow. W Lot 2C 128
Linlithgow Bridge. Falk 2C 128
Linneraineach. High 3F 163
Linshiels. Nmbd 4C 120
Linsiadar. W Isl 4E 171
Linsidemore. High 4C 164
Linslade. C Beds 3H 51
Linstead Parva. Suff 3F 67
Linstock. Cumb 4F 113
Linthwaite. W Yor 3B 92
Lintlaw. Bord 4E 131
Lintmill. Mor 2C 160
Linton. Cambs 1F 53
Linton. Derbs 4G 73
Linton. Here 3B 48
Linton. Kent 1B 28
Linton. N Yor 3B 98
Linton. Bord 2B 120
Linton. W Yor 5F 99
Linton Colliery. Nmbd 5G 121
Linton Hill. Here 3B 48
Linton-on-Ouse. N Yor 3G 99
Lintzford. Dur 4E 115
Lintzgarth. Dur 5C 114
Linwood. Hants 2G 15
Linwood. Linc 2A 88
Linwood. Ren 3F 127
Lionacleit. W Isl 4C 170
Lionacro. High 2C 154
Lionacuidhe. W Isl 4C 170
Lional. W Isl 1H 171
Liphook. Hants 3G 25
Lipley. Shrp 2B 72
Lipyeate. Som 1B 22
Liquo. N Lan 4B 128
Lisbellaw. Ferm 5C 174
Lisburn. Lis 4G 175
Liscard. Mers 1F 83
Liscombe. Som 3B 20
Liskeard. Corn 2G 7
Lisle Court. Hants 3B 16
Lisnaskea. Ferm 6C 174
Liss. Hants 4F 25
Lissett. E Yor 4F 101
Liss Forest. Hants 4F 25
Lissington. Linc 2A 88
Liston. Essx 1B 54
Lisvane. Card 3E 33
Liswerry. Newp 3G 33
Litcham. Norf 4A 78
Litchard. B'end 3C 32
Litchborough. Nptn 5D 62
Litchfield. Hants 1C 24
Litherland. Mers 1F 83
Litlington. Cambs 1D 52
Litlington. E Sus 5G 27
Littemill. Nmbd 3G 121
Litterty. Abers 3E 161
Little Abington. Cambs 1F 53
Little Addington. Nptn 3G 63
Little Airmyn. N Yor 2H 93
Little Alne. Warw 4F 61
Little Ardo. Abers 5F 161
Little Asby. Cumb 4H 103
Little Aston. Staf 5E 73
Little Atherfield. IOW 4C 16
Little Ayton. N Yor 3C 106
Little Baddow. Essx 5A 54
Little Badminton. S Glo 3D 34
Little Ballinluig. Per 3G 143
Little Bampton. Cumb 4D 112
Little Bardfield. Essx 2G 53
Little Barford. Bed 5A 64
Little Barningham. Norf 2D 78
Little Barrington. Glos 4H 49
Little Barrow. Ches W 4G 83
Little Barugh. N Yor 2B 100
Little Bavington. Nmbd 2C 114
Little Bealings. Suff 1F 55
Littlebeck. Cumb 3H 103
Little Bedwyn. Wilts 5A 36
Little Bentley. Essx 3E 54
Little Berkhamsted. Herts 5C 52
Little Billing. Nptn 4F 63
Little Billington. C Beds 3H 51
Little Birch. Here 2A 48
Little Bispham. Bkpl 5C 96
Little Blakenham. Suff 1E 54
Little Blencow. Cumb 1F 103
Little Bognor. W Sus 3B 26
Little Bolas. Shrp 3A 72
Little Bollington. Ches E 2B 84
Little Bookham. Surr 5C 38
Littleborough. Devn 1B 12
Littleborough. G Man 3H 91
Littleborough. Notts 2F 87
Littlebourne. Kent 5G 41
Little Bourton. Oxon 1C 50
Little Bowden. Leics 2E 63
Little Bradley. Suff 5F 65
Little Brampton. Shrp 2F 59
Little Brechin. Ang 2E 145
Littlebredy. Dors 4A 14
Little Brickhill. Mil 2H 51
Little Bridgeford. Staf 3C 72
Little Brington. Nptn 4D 62
Little Bromley. Essx 3D 54
Little Broughton. Cumb 1B 102
Little Budworth. Ches W 4H 83
Little Burstead. Essx 1A 40
Little Burton. E Yor 5F 101
Littlebury. Essx 2F 53
Littlebury Green. Essx 2E 53
Little Bytham. Linc 4H 75
Little Canfield. Essx 3F 53
Little Canford. Dors 3F 15
Little Carlton. Linc 2C 88
Little Carlton. Notts 5E 87
Little Casterton. Rut 5H 75
Little Catwick. E Yor 5F 101
Little Catworth. Cambs 3A 64
Little Cawthorpe. Linc 2C 88
Little Chalfont. Buck 1A 38
Little Chart. Kent 1D 28
Little Chesterford. Essx 1F 53
Little Cheverell. Wilts 1E 23
Little Chishill. Cambs 2E 53
Little Clacton. Essx 4E 55
Little Clanfield. Oxon 5A 50
Little Clifton. Cumb 2B 102
Little Coates. NE Lin 4F 95
Little Comberton. Worc 1E 49
Little Common. E Sus 5B 28
Little Compton. Warw 2A 50
Little Cornard. Suff 2B 54
Littlecote. Buck 3G 51
Littlecott. Wilts 1G 23
Little Cowarne. Here 5A 60
Little Coxwell. Oxon 2A 36
Little Crakehall. N Yor 5F 105
Little Crawley. Mil 1H 51
Little Creich. High 5D 164
Little Cressingham. Norf 5A 78
Little Crosby. Mers 4B 90
Little Crosthwaite. Cumb 2D 102
Little Cubley. Derbs 2F 73
Little Dalby. Leics 4E 75

Little Dawley. *Telf* ... 5A **72**
Littledean. *Glos* ... 4B **48**
Little Dens. *Abers* ... 4H **161**
Little Dewchurch. *Here* ... 2A **48**
Little Ditton. *Cambs* ... 5F **65**
Little Down. *Hants* ... 1B **24**
Little Downham. *Cambs* ... 2E **65**
Little Drayton. *Shrp* ... 2A **72**
Little Driffield. *E Yor* ... 4E **101**
Little Dunham. *Norf* ... 4A **78**
Little Dunkeld. *Per* ... 4H **143**
Little Dunmow. *Essx* ... 3G **53**
Little Easton. *Essx* ... 3G **53**
Little Eaton. *Derbs* ... 1A **74**
Little Eccleston. *Lanc* ... 5D **96**
Little Ellingham. *Norf* ... 1C **66**
Little Elm. *Som* ... 2C **22**
Little End. *Essx* ... 5F **53**
Little Everdon. *Nptn* ... 5C **62**
Little Eversden. *Cambs* ... 5C **64**
Little Faringdon. *Oxon* ... 5H **49**
Little Fencote. *N Yor* ... 5F **105**
Little Fenton. *N Yor* ... 1F **93**
Littleferry. *High* ... 4F **165**
Little Fransham. *Norf* ... 4B **78**
Little Gaddesden. *Herts* ... 4H **51**
Little Garway. *Here* ... 3H **47**
Little Gidding. *Cambs* ... 2A **64**
Little Glemham. *Suff* ... 5F **67**
Little Glenshee. *Per* ... 5G **143**
Little Gransden
Cambs ... 5B **64**
Little Green. *Suff* ... 3C **66**
Little Green. *Wrex* ... 1G **71**
Little Grimsby. *Linc* ... 1C **88**
Little Habton. *N Yor* ... 2B **100**
Little Hadham. *Herts* ... 3E **53**
Little Hale. *Linc* ... 1A **76**
Little Hallingbury. *Essx* ... 4E **53**
Littleham. *Devn*
nr. Bideford ... 4E **19**
nr. Exmouth ... 4D **12**
Little Hampden. *Buck* ... 5G **51**
Littlehampton. *W Sus* ... 5B **26**
Little Haresfield. *Glos* ... 5D **48**
Little Harrowden. *Nptn* ... 3F **63**
Little Haseley. *Oxon* ... 5E **51**
Little Hatfield. *E Yor* ... 5F **101**
Little Hautbois. *Norf* ... 3E **79**
Little Haven. *Pemb* ... 3C **42**
Little Hay. *Staf* ... 5F **73**
Little Hayfield. *Derbs* ... 2E **85**
Little Haywood. *Staf* ... 3E **73**
Little Heath. *W Mid* ... 2H **61**
Little Heck. *N Yor* ... 2F **93**
Littlehempston. *Devn* ... 2E **9**
Little Herbert's. *Glos* ... 4E **49**
Little Hereford. *Here* ... 4H **59**
Little Horkesley. *Essx* ... 2C **54**
Little Hormead. *Herts* ... 3D **53**
Little Horsted. *E Sus* ... 4F **27**
Little Horton. *W Yor* ... 1B **92**
Little Horwood. *Buck* ... 2F **51**
Little Houghton. *Nptn* ... 5F **63**
Little Houghton. *S Yor* ... 4E **93**
Littlehoughton. *Nmbd* ... 3G **121**
Little Hucklow. *Derbs* ... 3F **85**
Little Hulton. *G Man* ... 4F **91**
Little Irchester. *Nptn* ... 4G **63**
Little Kelk. *E Yor* ... 3E **101**
Little Kimble. *Buck* ... 5G **51**
Little Kineton. *Warw* ... 5H **61**
Little Kingshill. *Buck* ... 2G **37**
Little Langdale. *Cumb* ... 4E **102**
Little Langford. *Wilts* ... 3F **23**
Little Laver. *Essx* ... 5F **53**
Little Lawford. *Warw* ... 3B **62**
Little Leigh. *Ches W* ... 3A **84**
Little Leighs. *Essx* ... 4H **53**
Little Leven. *E Yor* ... 5E **101**
Little Lever. *G Man* ... 4F **91**
Little Linford. *Mil* ... 1G **51**
Little London. *Buck* ... 4E **51**
Little London. *E Sus* ... 4G **27**
Little London. *Hants*
nr. Andover ... 2B **24**
nr. Basingstoke ... 1E **24**
Little London. *Linc*
nr. Long Sutton ... 3D **76**
nr. Spalding ... 3B **76**
Little London. *Norf*
nr. North Walsham ... 2E **79**
nr. Northwold ... 1G **65**
nr. Saxthorpe ... 2D **78**
nr. Southery ... 1F **65**
Little London. *Powy* ... 2C **58**
Little Longstone. *Derbs* ... 3F **85**
Little Malvern. *Worc* ... 1C **48**
Little Maplestead. *Essx* ... 2B **54**
Little Marcle. *Here* ... 2B **48**
Little Marlow. *Buck* ... 3G **37**
Little Massingham. *Norf* ... 3G **77**
Little Melton. *Norf* ... 5D **78**
Little Mill. *Mon* ... 5G **47**
Littlemill. *Abers* ... 4H **151**
Littlemill. *E Ayr* ... 3D **116**
Littlemill. *High* ... 4D **158**
Little Milton. *Oxon* ... 5E **50**
Little Missenden. *Buck* ... 1A **38**
Littlemoor. *Derbs* ... 4A **86**
Littlemoor. *Dors* ... 4B **14**
Littlemore. *Oxon* ... 5D **50**
Little Mountain. *Flin* ... 4E **83**
Little Musgrave. *Cumb* ... 3A **104**
Little Ness. *Shrp* ... 4G **71**
Little Neston. *Ches W* ... 3E **83**
Little Newcastle. *Pemb* ... 2D **43**
Little Newsham. *Dur* ... 3E **105**
Little Oakley. *Essx* ... 3F **55**
Little Oakley. *Nptn* ... 2F **63**
Little Onn. *Staf* ... 4C **72**
Little Ormside. *Cumb* ... 3A **104**
Little Orton. *Cumb* ... 4E **113**
Little Orton. *Leics* ... 5H **73**
Little Ouse. *Cambs* ... 2F **65**
Little Ouseburn. *N Yor* ... 3G **99**
Littleover. *Derb* ... 2H **73**
Little Packington. *Warw* ... 2G **61**
Little Paxton. *Cambs* ... 4A **64**
Little Petherick. *Corn* ... 1D **6**
Little Plumpton. *Lanc* ... 1B **90**
Little Plumstead. *Norf* ... 4F **79**
Little Ponton. *Linc* ... 2G **75**
Littleport. *Cambs* ... 2E **65**
Little Posbrook. *Hants* ... 2D **16**
Little Potheridge. *Devn* ... 1F **11**
Little Preston. *Nptn* ... 5C **62**
Little Raveley. *Cambs* ... 3B **64**
Little Reynoldston. *Swan* ... 4D **31**
Little Ribston. *N Yor* ... 4F **99**
Little Rissington. *Glos* ... 4G **49**
Little Rogart. *High* ... 3E **165**
Little Rollright. *Oxon* ... 2A **50**
Little Ryburgh. *Norf* ... 3B **78**
Little Ryle. *Nmbd* ... 3E **121**
Little Ryton. *Shrp* ... 5G **71**
Little Salkeld. *Cumb* ... 1G **103**
Little Sampford. *Essx* ... 2G **53**
Little Sandhurst. *Brac* ... 5G **37**
Little Saredon. *Staf* ... 5D **72**
Little Saxham. *Suff* ... 4G **65**
Little Scatwell. *High* ... 3F **157**
Little Shelford. *Cambs* ... 5D **64**
Little Shoddesden. *Hants* ... 2A **24**
Little Singleton. *Lanc* ... 1B **90**
Little Smeaton. *N Yor* ... 3F **93**
Little Snoring. *Norf* ... 2B **78**
Little Sodbury. *S Glo* ... 3C **34**
Little Somborne. *Hants* ... 3B **24**
Little Somerford. *Wilts* ... 3E **35**
Little Soudley. *Shrp* ... 3B **72**
Little Stainforth. *N Yor* ... 3H **97**
Little Stainton. *Darl* ... 3A **106**
Little Stanney. *Ches W* ... 3G **83**
Little Staughton. *Bed* ... 4A **64**
Little Steeping. *Linc* ... 4D **88**
Littlester. *Shet* ... 3G **173**
Little Stoke. *Staf* ... 2D **72**
Littlestone-on-Sea. *Kent* ... 3E **29**
Little Stonham. *Suff* ... 4D **66**
Little Stretton. *Leics* ... 5D **74**
Little Stretton. *Shrp* ... 1G **59**
Little Strickland. *Cumb* ... 3G **103**
Little Stukeley. *Cambs* ... 3B **64**
Little Sugnall. *Staf* ... 2C **72**
Little Sutton. *Ches W* ... 3F **83**
Little Sutton. *Linc* ... 3D **76**
Little Swinburne. *Nmbd* ... 2C **114**
Little Tew. *Oxon* ... 3B **50**
Little Tey. *Essx* ... 3B **54**
Little Thetford. *Cambs* ... 3E **65**
Little Thirkleby. *N Yor* ... 2G **99**
Little Thornage. *Norf* ... 2C **78**
Little Thornton. *Lanc* ... 5C **96**
Little Thorpe. *W Yor* ... 2B **92**
Littlethorpe. *Leics* ... 1C **62**
Littlethorpe. *N Yor* ... 3F **99**
Little Thurlow. *Suff* ... 5F **65**
Little Thurrock. *Thur* ... 3H **39**
Littleton. *Ches W* ... 4G **83**
Littleton. *Hants* ... 3C **24**
Littleton. *Som* ... 3H **21**
Littleton. *Surr*
nr. Guildford ... 1A **26**
nr. Staines ... 4B **38**
Littleton Drew. *Wilts* ... 3D **34**
Littleton Pannell. *Wilts* ... 1F **23**
Littleton-upon-Severn
S Glo ... 3A **34**
Little Torboll. *High* ... 4E **165**
Little Torrington. *Devn* ... 1E **11**
Little Totham. *Essx* ... 4B **54**
Little Town. *Cumb* ... 3D **102**
Little Town. *Lanc* ... 1E **91**
Littletown. *Dur* ... 5G **115**
Littletown. *High* ... 5E **165**
Little Twycross. *Leics* ... 5H **73**
Little Urswick. *Cumb* ... 2B **96**
Little Wakering. *Essx* ... 2D **40**
Little Walden. *Essx* ... 1F **53**
Little Waldingfield. *Suff* ... 1C **54**
Little Walsingham. *Norf* ... 2B **78**
Little Waltham. *Essx* ... 4H **53**
Little Warley. *Essx* ... 1H **39**
Little Weighton. *E Yor* ... 1C **94**
Little Wenham. *Suff* ... 2D **54**
Little Wenlock. *Telf* ... 5A **72**
Little Whelnetham. *Suff* ... 4A **66**
Little Whittingham Green
Suff ... 3E **67**
Littlewick Green. *Wind* ... 4G **37**
Little Wilbraham. *Cambs* ... 5E **65**
Littlewindsor. *Dors* ... 2H **13**
Little Wisbeach. *Linc* ... 2A **76**
Little Witcombe. *Glos* ... 4E **49**
Little Witley. *Worc* ... 4B **60**
Little Wittenham. *Oxon* ... 2D **36**
Little Wolford. *Warw* ... 2A **50**
Littleworth. *Bed* ... 1A **52**
Littleworth. *Glos* ... 2G **49**
Littleworth. *Oxon* ... 2B **36**
Littleworth. *Staf*
nr. Cannock ... 4E **73**
nr. Eccleshall ... 3B **72**
nr. Stafford ... 3D **72**
Littleworth. *W Sus* ... 3C **26**
Littleworth. *Worc*
nr. Redditch ... 4D **61**
nr. Worcester ... 5C **60**
Little Wratting. *Suff* ... 1G **53**
Little Wymondley. *Herts* ... 3C **52**
Little Wyrley. *Staf* ... 5E **73**
Little Yeldham. *Essx* ... 2A **54**
Littley Green. *Essx* ... 4G **53**
Litton. *Derbs* ... 3F **85**
Litton. *N Yor* ... 2B **98**
Litton. *Som* ... 1A **22**
Litton Cheney. *Dors* ... 3A **14**
Liurbost. *W Isl* ... 5F **171**
Liverpool. *Mers* ... 1F **83**
Liverpool John Lennon
Airport. *Mers* ... 2G **83**
Liversedge. *W Yor* ... 2B **92**
Liverton. *Devn* ... 5B **12**
Liverton. *Red C* ... 3E **107**
Liverton Mines. *Red C* ... 3E **107**
Livingston. *W Lot* ... 3D **128**
Livingston Village. *W Lot* ... 3D **128**
Lixwm. *Flin* ... 3D **82**
Lizard. *Corn* ... 5E **5**
Llain-goch. *IOA* ... 2B **80**
Llaithddu. *Powy* ... 2C **58**
Llampha. *V Glam* ... 4C **32**
Llan. *Powy* ... 5A **70**
Llanaber. *Gwyn* ... 4F **69**
Llanaelhaearn. *Gwyn* ... 1C **68**
Llanaeron. *Cdgn* ... 4D **57**
Llanafan. *Cdgn* ... 3F **57**
Llanafan-fawr. *Powy* ... 5B **58**
Llanallgo. *IOA* ... 2D **81**
Llanandras. *Powy* ... 4F **59**
Llananno. *Powy* ... 3C **58**
Llanarmon. *Gwyn* ... 2D **68**
Llanarmon Dyffryn Ceiriog
Wrex ... 2D **70**
Llanarmon-yn-Ial. *Den* ... 5D **82**
Llanarth. *Cdgn* ... 5D **56**
Llanarth. *Mon* ... 4G **47**
Llanarthne. *Carm* ... 3F **45**
Llanasa. *Flin* ... 2D **82**
Llanbabo. *IOA* ... 2C **80**
Llanbadarn Fawr. *Cdgn* ... 2F **57**
Llanbadarn Fynydd. *Powy* ... 3D **58**
Llanbadarn-y-garreg. *Powy* ... 1E **46**
Llanbadoc. *Mon* ... 5G **47**
Llanbadrig. *IOA* ... 1C **80**
Llanbeder. *Newp* ... 2G **33**
Llanbedr. *Gwyn* ... 3E **69**
Llanbedr. *Powy*
nr. Crickhowell ... 3F **47**
nr. Hay-on-Wye ... 1E **47**
Llanbedr Dyffryn Clwyd
Den ... 5D **82**
Llanbedr-goch. *IOA* ... 2E **81**
Llanbedrog. *Gwyn* ... 2C **68**
Llanbedr Pont Steffan. *Cdgn* ... 1F **45**
Llanbedrycennin. *Cnwy* ... 4G **81**
Llanberis. *Gwyn* ... 4E **81**
Llanbethery. *V Glam* ... 5D **32**
Llanbister. *Powy* ... 3D **58**
Llanblethian. *V Glam* ... 4C **32**
Llanboidy. *Carm* ... 2G **43**
Llanbradach. *Cphy* ... 2E **33**
Llanbrynmair. *Powy* ... 5A **70**
Llanbydderi. *V Glam* ... 5D **32**
Llancadle. *V Glam* ... 5D **32**
Llancarfan. *V Glam* ... 4D **32**
Llancatal. *V Glam* ... 5D **32**
Llancayo. *Mon* ... 5G **47**
Llancloudy. *Here* ... 3H **47**
Llancoch. *Powy* ... 3E **58**
Llancynfelyn. *Cdgn* ... 1F **57**
Llandaff. *Card* ... 4E **33**
Llandanwg. *Gwyn* ... 3E **69**
Llandarcy. *Neat* ... 3G **31**
Llandawke. *Carm* ... 3G **43**
Llanddaniel-fab. *IOA* ... 3D **81**
Llanddarog. *Carm* ... 4F **45**
Llanddeiniol. *Cdgn* ... 3E **57**
Llanddeiniolen. *Gwyn* ... 4E **81**
Llandderfel. *Gwyn* ... 2B **70**
Llanddeusant. *Carm* ... 3A **46**
Llanddeusant. *IOA* ... 2C **80**
Llan-ddew. *Powy* ... 2D **46**
Llanddewi. *Swan* ... 4D **30**
Llanddewi Brefi. *Cdgn* ... 5F **57**
Llanddewi'r Cwm. *Powy* ... 1D **46**
Llanddewi Rhydderch. *Mon* ... 4G **47**
Llanddewi Velfrey. *Pemb* ... 3F **43**
Llanddewi Ystradenni
Powy ... 4D **58**
Llanddoged. *Cnwy* ... 4H **81**
Llanddona. *IOA* ... 3E **81**
Llanddowror. *Carm* ... 3G **43**
Llanddulas. *Cnwy* ... 3B **82**
Llanddwywe. *Gwyn* ... 3E **69**
Llanddyfnan. *IOA* ... 3E **81**
Llandecwyn. *Gwyn* ... 2F **69**
Llandefaelog Fach. *Powy* ... 2D **46**
Llandefaelog-tre'r-graig
Powy ... 2E **47**
Llandefalle. *Powy* ... 2E **46**
Llandegfan. *IOA* ... 3E **81**
Llandegla. *Den* ... 5D **82**
Llandegley. *Powy* ... 4D **58**
Llandegveth. *Mon* ... 2G **33**
Llandeilo. *Carm* ... 3G **45**
Llandeilo Graban. *Powy* ... 1D **46**
Llandeilo'r Fan. *Powy* ... 2B **46**
Llandeloy. *Pemb* ... 2C **42**
Llandenny. *Mon* ... 5H **47**
Llandevaud. *Newp* ... 2H **33**
Llandevenny. *Mon* ... 3H **33**
Llandilo. *Pemb* ... 2F **43**
Llandinabo. *Here* ... 3A **48**
Llandinam. *Powy* ... 2C **58**
Llandissilio. *Pemb* ... 2F **43**
Llandogo. *Mon* ... 5A **48**
Llandough. *V Glam*
nr. Cowbridge ... 4C **32**
nr. Penarth ... 4E **33**
Llandovery. *Carm* ... 2A **46**
Llandow. *V Glam* ... 4C **32**
Llandre. *Cdgn* ... 2F **57**
Llandrillo. *Den* ... 2C **70**
Llandrillo-yn-Rhos. *Cnwy* ... 2H **81**
Llandrindod. *Powy* ... 4C **58**
Llandrindod Wells. *Powy* ... 4C **58**
Llandrinio. *Powy* ... 4E **71**
Llandudno. *Cnwy* ... 2G **81**
Llandudno Junction. *Cnwy* ... 3G **81**
Llandudoch. *Pemb* ... 1B **44**
Llandw. *V Glam* ... 4C **32**
Llandwrog. *Gwyn* ... 5D **80**
Llandybie. *Carm* ... 4G **45**
Llandyfaelog. *Carm* ... 4E **45**
Llandyfan. *Carm* ... 4G **45**
Llandyfriog. *Cdgn* ... 1D **44**
Llandyfrydog. *IOA* ... 2D **80**
Llandygai. *Gwyn* ... 3F **81**
Llandygwydd. *Cdgn* ... 1C **44**
Llandynan. *Den* ... 1D **70**
Llandyrnog. *Den* ... 4D **82**
Llandysilio. *Powy* ... 4E **71**
Llandyssil. *Powy* ... 1D **58**
Llandysul. *Cdgn* ... 1E **45**
Llanedeyrn. *Card* ... 3F **33**
Llaneglwys. *Powy* ... 2D **46**
Llanegryn. *Gwyn* ... 5F **69**
Llanegwad. *Carm* ... 3F **45**
Llaneilian. *IOA* ... 1D **80**
Llanelian-yn-Rhos. *Cnwy* ... 3A **82**
Llanelidan. *Den* ... 5D **82**
Llanelieu. *Powy* ... 2E **47**
Llanellen. *Mon* ... 4G **47**
Llanelli. *Carm* ... 3E **31**
Llanelltyd. *Gwyn* ... 4G **69**
Llanelly. *Mon* ... 4F **47**
Llanelly Hill. *Mon* ... 4F **47**
Llanelwedd. *Powy* ... 5C **58**
Llan-Elwy. *Den* ... 3C **82**
Llanenddwyn. *Gwyn* ... 3E **69**
Llanengan. *Gwyn* ... 3B **68**
Llanerch. *Powy* ... 1F **59**
Llanerchymedd. *IOA* ... 2D **80**
Llanerfyl. *Powy* ... 5C **70**
Llaneuddog. *IOA* ... 2D **80**
Llanfachraeth. *IOA* ... 2C **80**
Llanfachreth. *Gwyn* ... 3G **69**
Llanfaelog. *IOA* ... 3C **80**
Llanfaelrhys. *Gwyn* ... 3B **68**
Llanfaenor. *Mon* ... 4H **47**
Llanfaes. *IOA* ... 3F **81**
Llan-faes. *Powy* ... 3D **46**
Llanfaethlu. *IOA* ... 2C **80**
Llanfaglan. *Gwyn* ... 4D **80**
Llanfair. *Gwyn* ... 3E **69**
Llanfair. *Here* ... 1F **47**
Llanfair Caereinion. *Powy* ... 5D **70**
Llanfair Clydogau. *Cdgn* ... 5F **57**

Llanfair Dyffryn Clwyd. *Den* 5D **82**
Llanfairfechan. *Cnwy* 3F **81**
Llanfair-Nant-Gwyn. *Pemb* 1F **43**
Llanfair Pwllgwyngyll. *IOA* 3E **81**
Llanfair Talhaiarn. *Cnwy* 3B **82**
Llanfair Waterdine. *Shrp* 3E **59**
Llanfair-ym-Muallt. *Powy* 5C **58**
Llanfairynghornwy. *IOA* 1C **80**
Llanfair-yn-Neubwll. *IOA* 3C **80**
Llanfallteg. *Carm* 3F **43**
Llanfallteg West. *Carm* 3F **43**
Llanfaredd. *Powy* 5C **58**
Llanfarian. *Cdgn* 3E **57**
Llanfechain. *Powy* 3D **70**
Llanfechan. *Powy* 5B **58**
Llanfechell. *IOA* 1C **80**
Llanfendigaid. *Gwyn* 5E **69**
Llanferres. *Den* 4D **82**
Llan Ffestiniog. *Gwyn* 1G **69**
Llanfflewyn. *IOA* 2C **80**
Llanfihangel-ar-Arth. *Carm* 2E **45**
Llanfihangel Glyn Myfyr
Cnwy 1B **70**
Llanfihangel Nant Bran
Powy 2C **46**
Llanfihangel-Nant-Melan
Powy 5D **58**
Llanfihangel near Rogiet
Mon 3H **33**
Llanfihangel Rhydithon
Powy 4D **58**
Llanfihangel Tal-y-llyn. *Powy* 3E **46**
Llanfihangel-uwch-Gwili
Carm 3E **45**
Llanfihangel-y-Creuddyn
Cdgn 3F **57**
Llanfihangel-yng-Ngwynfa
Powy 4C **70**
Llanfihangel yn Nhowyn. *IOA* 3C **80**
Llanfihangel-y-pennant. *Gwyn*
nr. Golan 1E **69**
nr. Tywyn 5F **69**
Llanfihangel Ystum
Llewern. *Mon* 4H **47**
Llanfihangel-y-traethau. *Gwyn* 2E **69**
Llanfilo. *Powy* 2E **46**
Llanfleiddan. *V Glam* 4C **32**
Llanfoist. *Mon* 4F **47**
Llanfor. *Gwyn* 2B **70**
Llanfrechfa. *Torf* 2G **33**
Llanfrothen. *Gwyn* 1F **69**
Llanfrynach. *Powy* 3D **46**
Llanfwrog. *Den* 5D **82**
Llanfwrog. *IOA* 2C **80**
Llanfyllin. *Powy* 4D **70**
Llanfynydd. *Carm* 3F **45**
Llanfynydd. *Flin* 5E **83**
Llanfyrnach. *Pemb* 1G **43**
Llangadfan. *Powy* 4C **70**
Llangadog. *Carm*
nr. Llandovery 3H **45**
nr. Llanelli 5E **45**
Llangadwaladr. *IOA* 4C **80**
Llangadwaladr. *Powy* 2D **70**
Llangaffo. *IOA* 4D **80**
Llan-gain. *Carm* 4D **45**
Llangammarch Wells. *Powy* 1C **46**
Llangan. *V Glam* 4C **32**
Llangarron. *Here* 3A **48**
Llangasty-Talyllyn. *Powy* 3E **47**
Llangathen. *Carm* 3F **45**
Llangattock. *Powy* 4F **47**
Llangattock Lingoed. *Mon* 3G **47**
Llangattock-Vibon-Avel. *Mon* 4H **47**
Llangedwyn. *Powy* 3D **70**
Llangefni. *IOA* 3D **80**
Llangeinor. *B'end* 3C **32**
Llangeitho. *Cdgn* 5F **57**
Llangeler. *Carm* 2D **44**
Llangelynin. *Gwyn* 5E **69**
Llangendeirne. *Carm* 4E **45**
Llangennech. *Carm* 5F **45**
Llangennith. *Swan* 3D **30**
Llangenny. *Powy* 4F **47**
Llangernyw. *Cnwy* 4A **82**
Llangian. *Gwyn* 3B **68**
Llangiwg. *Neat* 5H **45**
Llangloffan. *Pemb* 1D **42**
Llanglydwen. *Carm* 2F **43**
Llangoed. *IOA* 3F **81**
Llangoedmor. *Cdgn* 1B **44**
Llangollen. *Den* 1E **70**
Llangolman. *Pemb* 2F **43**
Llan-gors. *Powy* 3E **47**
Llangorwen. *Cdgn* 2F **57**
Llangovan. *Mon* 5H **47**
Llangower. *Gwyn* 2B **70**
Llangranog. *Cdgn* 5C **56**
Llangristiolus. *IOA* 3D **80**
Llangrove. *Here* 4A **48**
Llangua. *Mon* 3G **47**
Llangunllo. *Powy* 3E **58**
Llangunnor. *Carm* 3E **45**
Llangurig. *Powy* 3B **58**
Llangwm. *Cnwy* 1B **70**
Llan-gwm. *Mon* 5H **47**
Llangwm. *Pemb* 4D **43**
Llan-gwm-isaf. *Mon* 5H **47**
Llangwnnadl. *Gwyn* 2B **68**
Llangwyfan. *Den* 4D **82**
Llangwyfan-isaf. *IOA* 4C **80**
Llangwyllog. *IOA* 3D **80**
Llangwyryfon. *Cdgn* 3E **57**
Llangybi. *Cdgn* 5F **57**
Llangybi. *Gwyn* 1D **68**
Llangybi. *Mon* 2G **33**
Llangyfelach. *Swan* 3F **31**
Llangynhafal. *Den* 4D **82**
Llangynidr. *Powy* 4E **47**
Llangynin. *Carm* 3G **43**
Llangynog. *Carm* 3H **43**
Llangynog. *Powy* 3C **70**
Llangynwyd. *B'end* 3B **32**
Llanhamlach. *Powy* 3D **46**
Llanharan. *Rhon* 3D **32**
Llanharry. *Rhon* 3D **32**
Llanhennock. *Mon* 2G **33**
Llanhilleth. *Blae* 5F **47**
Llanidloes. *Powy* 2B **58**
Llaniestyn. *Gwyn* 2B **68**
Llanigon. *Powy* 1F **47**
Llanilar. *Cdgn* 3F **57**
Llanilid. *Rhon* 3C **32**
Llanilltud Fawr. *V Glam* 5C **32**
Llanishen. *Card* 3E **33**
Llanishen. *Mon* 5H **47**
Llanllawddog. *Carm* 3E **45**
Llanllechid. *Gwyn* 4F **81**
Llanllowell. *Mon* 2G **33**
Llanllugan. *Powy* 5C **70**
Llan-llwch. *Carm* 4D **45**
Llanllwchaiarn. *Powy* 1D **58**
Llanllwni. *Carm* 2E **45**
Llanllyfni. *Gwyn* 5D **80**
Llanmadoc. *Swan* 3D **30**
Llanmaes. *V Glam* 5C **32**
Llanmartin. *Newp* 3G **33**
Llanmerwig. *Powy* 1D **58**
Llanmihangel. *V Glam* 4C **32**
Llan-mill. *Pemb* 3F **43**
Llanmiloe. *Carm* 4G **43**
Llanmorlais. *Swan* 3E **31**
Llannefydd. *Cnwy* 3B **82**
Llan-non. *Cdgn* 4E **57**
Llan-non. *Carm* 5F **45**
Llannor. *Gwyn* 2C **68**
Llanover. *Mon* 5G **47**
Llanpumsaint. *Carm* 3E **45**
Llanrhaeadr. *Den* 4C **82**
Llanrhaeadr-ym-Mochnant
Powy 3D **70**
Llanrhian. *Pemb* 1C **42**
Llanrhidian. *Swan* 3D **31**
Llanrhos. *Cnwy* 2G **81**
Llanrhyddlad. *IOA* 2C **80**
Llanrhystud. *Cdgn* 4E **57**
Llanrothal. *Here* 4H **47**
Llanrug. *Gwyn* 4E **81**
Llanrumney. *Card* 3F **33**
Llanrwst. *Cnwy* 4G **81**
Llansadwrn. *Carm* 2G **45**
Llansadwrn. *IOA* 3E **81**
Llansadwrnen. *Carm* 3G **43**
Llan-saint. *Carm* 5D **45**
Llansamlet. *Swan* 3F **31**
Llansanffraid Glan Conwy
Cnwy 3H **81**
Llansannan. *Cnwy* 4B **82**
Llansannor. *V Glam* 4C **32**
Llansantffraed. *Cdgn* 4E **57**
Llansantffraed. *Powy* 3E **46**
Llansantffraed
Cwmdeuddwr. *Powy* 4B **58**
Llansantffraed-in-Elwel
Powy 5C **58**
Llansantffraid-ym-Mechain
Powy 3E **70**
Llansawel. *Carm* 2G **45**
Llansawel. *Neat* 3G **31**
Llansilin. *Powy* 3E **70**
Llansoy. *Mon* 5H **47**
Llanspyddid. *Powy* 3D **46**
Llanstadwell. *Pemb* 4D **42**
Llansteffan. *Carm* 4D **44**
Llanstephan. *Powy* 1E **46**
Llantarnam. *Torf* 2G **33**
Llanteg. *Pemb* 3F **43**
Llanthony. *Mon* 3F **47**
Llantilio Crossenny. *Mon* 4G **47**
Llantilio Pertholey. *Mon* 4G **47**
Llantood. *Pemb* 1B **44**
Llantrisant. *Mon* 2G **33**
Llantrisant. *Rhon* 3D **32**
Llantrithyd. *V Glam* 4D **32**
Llantwit Fardre. *Rhon* 3D **32**
Llantwit Major. *V Glam* 5C **32**
Llanuwchllyn. *Gwyn* 2A **70**
Llanvaches. *Newp* 2H **33**
Llanvair Discoed. *Mon* 2H **33**
Llanvapley. *Mon* 4G **47**
Llanvetherine. *Mon* 4G **47**
Llanveynoe. *Here* 2G **47**
Llanvihangel Crucorney
Mon 3G **47**
Llanvihangel Gobion. *Mon* 5G **47**
Llanwarne. *Here* 3A **48**
Llanwddyn. *Powy* 4C **70**
Llanwenarth. *Mon* 4F **47**
Llanwenog. *Cdgn* 1E **45**
Llan-wern. *Newp* 3G **33**
Llanwinio. *Carm* 2G **43**
Llanwnda. *Gwyn* 5D **80**
Llanwnda. *Pemb* 1D **42**
Llanwnnen. *Cdgn* 1F **45**
Llanwnog. *Powy* 1C **58**
Llanwrda. *Carm* 2H **45**
Llanwrin. *Powy* 5G **69**
Llanwrthwl. *Powy* 4B **58**
Llanwrtud. *Powy* 1B **46**
Llanwrtyd. *Powy* 1B **46**
Llanwrtyd Wells. *Powy* 1B **46**
Llanwyddelan. *Powy* 5C **70**
Llanyblodwel. *Shrp* 3E **71**
Llan-y-bri. *Carm* 3H **43**
Llanybydder. *Carm* 1F **45**
Llan-y-cefn. *Pemb* 2E **43**
Llanychaer. *Pemb* 1D **43**
Llanycil. *Gwyn* 2B **70**
Llanymawddwy. *Gwyn* 4B **70**
Llanymddyfri. *Carm* 2A **46**
Llanymynech. *Powy* 3E **71**
Llanynghenedl. *IOA* 2C **80**
Llanynys. *Den* 4D **82**
Llan-y-pwll. *Wrex* 5F **83**
Llanyrafon. *Torf* 2G **33**
Llanyre. *Powy* 4C **58**
Llanystumdwy. *Gwyn* 2D **68**
Llan-y-wern. *Powy* 3E **46**
Llawhaden. *Pemb* 3E **43**
Llawndy. *Flin* 2D **82**
Llawnt. *Shrp* 2E **71**
Llawr Dref. *Gwyn* 3B **68**
Llawr-y-glyn. *Powy* 1B **58**
Llay. *Wrex* 5F **83**
Llechfaen. *Powy* 3D **46**
Llechryd. *Cphy* 5E **46**
Llechryd. *Cdgn* 1C **44**
Llechrydau. *Wrex* 2E **71**
Lledrod. *Cdgn* 3F **57**
Llethid. *Swan* 3E **31**
Llidiad-Nenog. *Carm* 2F **45**
Llidiardau. *Gwyn* 2A **70**
Llidiart y Parc. *Den* 1D **70**
Llithfaen. *Gwyn* 1C **68**
Lloc. *Flin* 3D **82**
Llong. *Flin* 4E **83**
Llowes. *Powy* 1E **47**
Lloyney. *Powy* 3E **59**
Llundain-fach. *Cdgn* 5E **57**
Llwydcoed. *Rhon* 5C **46**
Llwyncelyn. *Cdgn* 5D **56**
Llwyncelyn. *Swan* 5G **45**
Llwyndafydd. *Cdgn* 5C **56**
Llwynderw. *Powy* 5E **70**
Llwyn-du. *Mon* 4F **47**
Llwyngwril. *Gwyn* 5E **69**
Llwynhendy. *Carm* 3E **31**
Llwynmawr. *Wrex* 2E **71**
Llwyn-on Village. *Mer T* 4D **46**
Llwyn-têg. *Carm* 5F **45**
Llwyn-y-brain. *Carm* 3F **43**
Llwynygog. *Powy* 1A **58**
Llwyn-y-groes. *Cdgn* 5E **57**
Llwynypia. *Rhon* 2C **32**
Llynclys. *Shrp* 3E **71**
Llynfaes. *IOA* 3D **80**
Llysfaen. *Cnwy* 3A **82**
Llys-wen. *Powy* 2E **47**
Llysworney. *V Glam* 4C **32**
Llys-y-fran. *Pemb* 2E **43**
Llywel. *Powy* 2B **46**
Llywernog. *Cdgn* 2G **57**
Loan. *Falk* 2C **128**
Loanend. *Nmbd* 4F **131**
Loanhead. *Midl* 3F **129**
Loaningfoot. *Dum* 4A **112**
Loanreoch. *High* 1A **158**
Loans. *S Ayr* 1C **116**
Loansdean. *Nmbd* 1E **115**
Lobb. *Devn* 3E **19**
Lobhillcross. *Devn* 4E **11**
Lochaber. *Mor* 3E **159**
Loch a Charnain. *W Isl* 4D **170**
Loch a Ghainmhich. *W Isl* 5E **171**
Lochailort. *High* 5F **147**
Lochaline. *High* 4A **140**
Lochans. *Dum* 4F **109**
Locharbriggs. *Dum* 1A **112**
Lochardil. *High* 4A **158**
Lochassynt Lodge. *High* 1F **163**
Lochavich. *Arg* 2G **133**
Lochawe. *Arg* 1A **134**
Loch Baghasdail. *W Isl* 7C **170**
Lochboisdale. *W Isl* 7C **170**
Lochbuie. *Arg* 1D **132**
Lochcarron. *High* 5A **156**
Loch Choire Lodge. *High* 5G **167**
Lochdochart House. *Stir* 1D **134**
Lochdon. *Arg* 5B **140**
Lochearnhead. *Stir* 1E **135**
Lochee. *D'dee* 5C **144**
Lochend. *High*
nr. Inverness 5H **157**
nr. Thurso 2E **169**
Locherben. *Dum* 5B **118**
Loch Euphort. *W Isl* 2D **170**
Lochfoot. *Dum* 2F **111**
Lochgair. *Arg* 4G **133**
Lochgarthside. *High* 2H **149**
Lochgelly. *Fife* 4D **136**
Lochgilphead. *Arg* 1G **125**
Lochgoilhead. *Arg* 3A **134**
Loch Head. *Dum* 5A **110**
Lochhill. *Mor* 2G **159**
Lochindorb Lodge. *High* 5D **158**
Lochinver. *High* 1E **163**
Lochlane. *Per* 1H **135**
Loch Lomond. *Arg* 3C **134**
Loch Loyal Lodge. *High* 4G **167**
Lochluichart. *High* 2F **157**
Lochmaben. *Dum* 1B **112**
Lochmaddy. *W Isl* 2E **170**
Loch nam Madadh. *W Isl* 2E **170**
Lochore. *Fife* 4D **136**
Lochportain. *W Isl* 1E **170**
Lochranza. *N Ayr* 4H **125**
Loch Sgioport. *W Isl* 5D **170**
Lochside. *Abers* 2G **145**
Lochside. *High*
nr. Achentoul 5A **168**
nr. Nairn 3C **158**
Lochslin. *High* 5F **165**
Lochstack Lodge. *High* 4C **166**
Lochton. *Abers* 4E **153**
Lochty. *Fife* 3H **137**
Lochuisge. *High* 3B **140**
Lochussie. *High* 3G **157**
Lochwinnoch. *Ren* 4E **127**
Lochyside. *High* 1F **141**
Lockengate. *Corn* 2E **7**
Lockerbie. *Dum* 1C **112**
Lockeridge. *Wilts* 5G **35**
Lockerley. *Hants* 4A **24**
Lockhills. *Cumb* 5G **113**
Locking. *N Som* 1G **21**
Lockington. *E Yor* 5D **101**
Lockington. *Leics* 3B **74**
Lockleywood. *Shrp* 3A **72**
Locksgreen. *IOW* 3C **16**
Locks Heath. *Hants* 2D **16**
Lockton. *N Yor* 5F **107**
Loddington. *Leics* 5E **75**
Loddington. *Nptn* 3F **63**
Loddiswell. *Devn* 4D **8**
Loddon. *Norf* 1F **67**
Lode. *Cambs* 4E **65**
Loders. *Dors* 3H **13**
Lodsworth. *W Sus* 3A **26**
Lofthouse. *N Yor* 2D **98**
Lofthouse. *W Yor* 2D **92**
Lofthouse Gate. *W Yor* 2D **92**
Loftus. *Red C* 3E **107**
Logan. *E Ayr* 2E **117**
Loganlea. *W Lot* 3C **128**
Logaston. *Here* 5F **59**
Loggerheads. *Den* 4D **82**
Loggerheads. *Staf* 2B **72**
Loggie. *High* 4F **163**
Logie. *Ang* 2F **145**
Logie. *Fife* 1G **137**
Logie. *Mor* 3E **159**
Logie Coldstone. *Abers* 3B **152**
Logie Pert. *Ang* 2F **145**
Logierait. *Per* 3G **143**
Login. *Carm* 2F **43**
Lolworth. *Cambs* 4C **64**
Lonbain. *High* 3F **155**
Londesborough. *E Yor* 5C **100**
London. *G Lon* 2E **39**
London Apprentice. *Corn* 3E **6**
London Ashford Airport. *Kent* 3E **29**
London City Airport. *G Lon* 2F **39**
London Colney. *Herts* 5B **52**
Londonderry. *Derr* 2C **174**
Londonderry. *N Yor* 1F **99**
London Gatwick Airport
W Sus 1D **26**
London Heathrow Airport
G Lon 3B **38**
London Luton Airport. *Lutn* 3B **52**
London Southend Airport
Essx 2C **40**
London Stansted Airport
Essx 3F **53**
Londonthorpe. *Linc* 2G **75**
Londubh. *High* 5C **162**
Lone. *High* 4D **166**
Lonemore. *High*
nr. Dornoch 5E **165**
nr. Gairloch 1G **155**

Long Ashton – Low Worsall

Long Ashton. *N Som* 4A 34
Long Bank. *Worc* 3B 60
Longbar. *N Ayr* 4E 127
Long Bennington. *Linc* 1F 75
Longbenton. *Tyne* 3F 115
Longborough. *Glos* 3G 49
Long Bredy. *Dors* 3A 14
Longbridge. *Warw* 4G 61
Longbridge. *W Mid* 3E 61
Longbridge Deverill. *Wilts* 2D 22
Long Buckby. *Nptn* 4D 62
Long Buckby Wharf. *Nptn* 4D 62
Longburgh. *Cumb* 4E 112
Longburton. *Dors* 1B 14
Long Clawson. *Leics* 3E 74
Longcliffe. *Derbs* 5G 85
Long Common. *Hants* 1D 16
Long Compton. *Staf* 3C 72
Long Compton. *Warw* 2A 50
Longcot. *Oxon* 2A 36
Long Crendon. *Buck* 5E 51
Long Crichel. *Dors* 1E 15
Longcroft. *Cumb* 4D 112
Longcroft. *Falk* 2A 128
Longcross. *Surr* 4A 38
Longdale. *Cumb* 4H 103
Longdales. *Cumb* 5G 113
Longden. *Shrp* 5G 71
Longden Common. *Shrp* 5G 71
Long Ditton. *Surr* 4C 38
Longdon. *Staf* 4E 73
Longdon. *Worc* 2D 48
Longdon Green. *Staf* 4E 73
Longdon on Tern. *Telf* 4A 72
Longdown. *Devn* 3B 12
Longdowns. *Corn* 5B 6
Long Drax. *N Yor* 2G 93
Long Duckmanton. *Derbs* 3B 86
Long Eaton. *Derbs* 2B 74
Longfield. *Kent* 4H 39
Longfield. *Shet* 10E 173
Longfield Hill. *Kent* 4H 39
Longford. *Derbs* 2G 73
Longford. *Glos* 3D 48
Longford. *G Lon* 3B 38
Longford. *Shrp* 2A 72
Longford. *Telf* 4B 72
Longford. *W Mid* 2A 62
Longforgan. *Per* 5C 144
Longformacus. *Bord* 4C 130
Longframlington. *Nmbd* 4F 121
Long Gardens. *Essx* 2B 54
Long Green. *Ches W* 3G 83
Long Green. *Worc* 2D 48
Longham. *Dors* 3F 15
Longham. *Norf* 4B 78
Long Hanborough. *Oxon* 4C 50
Longhedge. *Wilts* 2D 22
Longhill. *Abers* 3H 161
Longhirst. *Nmbd* 1F 115
Longhope. *Glos* 4B 48
Longhope. *Orkn* 8C 172
Longhorsley. *Nmbd* 5F 121
Longhoughton. *Nmbd* 3G 121
Long Itchington. *Warw* 4B 62
Longlands. *Cumb* 1D 102
Long Lane. *Telf* 4A 72
Longlane. *Derbs* 2G 73
Longlane. *W Ber* 4C 36
Long Lawford. *Warw* 3B 62
Long Lease. *N Yor* 4G 107
Longley Green. *Worc* 5B 60
Long Load. *Som* 4H 21
Longmanhill. *Abers* 2E 161
Long Marston. *Herts* 4G 51
Long Marston. *N Yor* 4H 99
Long Marston. *Warw* 1G 49
Long Marton. *Cumb* 2H 103
Long Meadow. *Cambs* 4E 65
Long Meadowend. *Shrp* 2G 59
Long Melford. *Suff* 1B 54
Longmoor Camp. *Hants* 3F 25
Longmorn. *Mor* 3G 159
Longmoss. *Ches E* 3C 84
Long Newnton. *Glos* 2E 35
Long Newton. *Stoc T* 3A 106
Longnewton. *Bord* 2H 119
Longney. *Glos* 4C 48
Longniddry. *E Lot* 2H 129
Longnor. *Shrp* 5G 71
Longnor. *Staf*
nr. Leek 4E 85
nr. Stafford 4C 72
Longparish. *Hants* 2C 24
Longpark. *Cumb* 3F 113
Long Preston. *N Yor* 4H 97
Longridge. *Lanc* 1E 90
Longridge. *Staf* 4D 72
Longridge. *W Lot* 3C 128
Longriggend. *N Lan* 2B 128
Long Riston. *E Yor* 5F 101
Longrock. *Corn* 3C 4
Longsdon. *Staf* 5D 84
Longshaw. *G Man* 4D 90
Longshaw. *Staf* 1E 73
Longside. *Abers* 4H 161
Longslow. *Shrp* 2A 72
Longstanton. *Cambs* 4C 64
Longstock. *Hants* 3B 24
Longstowe. *Cambs* 5C 64
Long Stratton. *Norf* 1D 66
Long Street. *Mil* 1F 51
Longstreet. *Wilts* 1G 23
Long Sutton. *Hants* 2F 25
Long Sutton. *Linc* 3D 76
Long Sutton. *Som* 4H 21
Longthorpe. *Pet* 1A 64
Long Thurlow. *Suff* 4C 66
Longthwaite. *Cumb* 2F 103
Longton. *Lanc* 2C 90
Longton. *Stoke* 1D 72
Longtown. *Cumb* 3E 113
Longtown. *Here* 3G 47
Longville in the Dale. *Shrp* 1H 59
Long Whatton. *Leics* 3B 74
Longwick. *Buck* 5F 51
Long Wittenham. *Oxon* 2D 36
Longwitton. *Nmbd* 1D 115
Longworth. *Oxon* 2B 36
Longyester. *E Lot* 3B 130
Lonmore. *High* 4B 154
Looe. *Corn* 3G 7
Loose. *Kent* 5B 40
Loosegate. *Linc* 3C 76
Loosley Row. *Buck* 5G 51
Lopcombe Corner. *Wilts* 3A 24
Lopen. *Som* 1H 13
Loppington. *Shrp* 3G 71
Lorbottle. *Nmbd* 4E 121
Lordington. *W Sus* 2F 17
Loscoe. *Derbs* 1B 74
Loscombe. *Dors* 3A 14
Losgaintir. *W Isl* 8C 171
Lossiemouth. *Mor* 2G 159
Lossit. *Arg* 4A 124
Lostock Gralam. *Ches W* 3A 84
Lostock Green. *Ches W* 3A 84
Lostock Hall. *Lanc* 2D 90
Lostock Junction. *G Man* 4E 91
Lostwithiel. *Corn* 3F 7
Lothbeg. *High* 2G 165
Lothersdale. *N Yor* 5B 98
Lothianbridge. *Midl* 3G 129
Lothianburn. *Midl* 3F 129
Lothmore. *High* 2G 165
Lottisham. *Som* 3A 22
Loudwater. *Buck* 1A 38
Loughborough. *Leics* 4C 74
Loughor. *Swan* 3E 31
Loughton. *Essx* 1F 39
Loughton. *Mil* 2G 51
Loughton. *Shrp* 2A 60
Lound. *Linc* 4H 75
Lound. *Notts* 2D 86
Lound. *Suff* 1H 67
Lount. *Leics* 4A 74
Louth. *Linc* 2C 88
Love Clough. *Lanc* 2G 91
Lovedean. *Hants* 1E 17
Lover. *Wilts* 4H 23
Loversall. *S Yor* 1C 86
Loves Green. *Essx* 5G 53
Loveston. *Pemb* 4E 43
Lovington. *Som* 3A 22
Low Ackworth. *W Yor* 3E 93
Low Angerton. *Nmbd* 1D 115
Low Ardwell. *Dum* 5F 109
Low Ballochdowan. *S Ayr* 2F 109
Lowbands. *Glos* 2C 48
Low Barlings. *Linc* 3H 87
Low Bell End. *N Yor* 5E 107
Low Bentham. *N Yor* 3F 97
Low Borrowbridge. *Cumb* 4H 103
Low Bradfield. *S Yor* 1G 85
Low Bradley. *N Yor* 5C 98
Low Braithwaite. *Cumb* 5F 113
Low Brunton. *Nmbd* 2C 114
Low Burnham. *N Lin* 4A 94
Lowca. *Cumb* 2A 102
Low Catton. *E Yor* 4B 100
Low Coniscliffe. *Darl* 3F 105
Low Coylton. *S Ayr* 3D 116
Low Crosby. *Cumb* 4F 113
Low Dalby. *N Yor* 1C 100
Lowdham. *Notts* 1D 74
Low Dinsdale. *Darl* 3A 106
Lowe. *Shrp* 2H 71
Low Ellington. *N Yor* 1E 98
Lower Amble. *Corn* 1D 6
Lower Ansty. *Dors* 2C 14
Lower Arboll. *High* 5F 165
Lower Arncott. *Oxon* 4E 50
Lower Ashton. *Devn* 4B 12
Lower Assendon. *Oxon* 3F 37
Lower Auchenreath. *Mor* 2A 160
Lower Badcall. *High* 4B 166
Lower Ballam. *Lanc* 1B 90
Lower Basildon. *W Ber* 4E 36
Lower Beeding. *W Sus* 3D 26
Lower Benefield. *Nptn* 2G 63
Lower Bentley. *Worc* 4D 61
Lower Beobridge. *Shrp* 1B 60
Lower Bockhampton. *Dors* 3C 14
Lower Boddington. *Nptn* 5B 62
Lower Bordean. *Hants* 4E 25
Lower Brailes. *Warw* 2B 50
Lower Breakish. *High* 1E 147
Lower Broadheath. *Worc* 5C 60
Lower Brynaman. *Neat* 4H 45
Lower Bullingham. *Here* 2A 48
Lower Bullington. *Hants* 2C 24
Lower Burgate. *Hants* 1G 15
Lower Cam. *Glos* 5C 48
Lower Catesby. *Nptn* 5C 62
Lower Chapel. *Powy* 2D 46
Lower Cheriton. *Devn* 2E 12
Lower Chicksgrove. *Wilts* 3E 23
Lower Chute. *Wilts* 1B 24
Lower Clopton. *Warw* 5F 61
Lower Common. *Hants* 2E 25
Lower Crossings. *Derbs* 2E 85
Lower Cumberworth. *W Yor* 4C 92
Lower Darwen. *Bkbn* 2E 91
Lower Dean. *Bed* 4H 63
Lower Dean. *Devn* 2D 8
Lower Diabaig. *High* 2G 155
Lower Dicker. *E Sus* 4G 27
Lower Dounreay. *High* 2B 168
Lower Down. *Shrp* 2F 59
Lower Dunsforth. *N Yor* 3G 99
Lower East Carleton. *Norf* 5D 78
Lower Egleton. *Here* 1B 48
Lower Ellastone. *Staf* 1F 73
Lower End. *Nptn* 4F 63
Lower Everleigh. *Wilts* 1G 23
Lower Eype. *Dors* 3H 13
Lower Failand. *N Som* 4A 34
Lower Faintree. *Shrp* 2A 60
Lower Farringdon. *Hants* 3F 25
Lower Foxdale. *IOM* 4B 108
Lower Frankton. *Shrp* 2F 71
Lower Froyle. *Hants* 2F 25
Lower Gabwell. *Devn* 2F 9
Lower Gledfield. *High* 4C 164
Lower Godney. *Som* 2H 21
Lower Gravenhurst. *C Beds* 2B 52
Lower Green. *Essx* 2E 53
Lower Green. *Norf* 2B 78
Lower Green. *W Ber* 5B 36
Lower Halstow. *Kent* 4C 40
Lower Hardres. *Kent* 5F 41
Lower Hardwick. *Here* 5G 59
Lower Hartshay. *Derbs* 5A 86
Lower Hawthwaite. *Cumb* 1B 96
Lower Haysden. *Kent* 1G 27
Lower Hayton. *Shrp* 2H 59
Lower Hergest. *Here* 5E 59
Lower Heyford. *Oxon* 3C 50
Lower Heysham. *Lanc* 3D 96
Lower Higham. *Kent* 3B 40
Lower Holbrook. *Suff* 2E 55
Lower Holditch. *Dors* 2G 13
Lower Hordley. *Shrp* 3F 71
Lower Horncroft. *W Sus* 4B 26
Lower Horsebridge. *E Sus* 4G 27
Lower Kilcott. *Glos* 3C 34
Lower Killeyan. *Arg* 5A 124
Lower Kingcombe. *Dors* 3A 14
Lower Kingswood. *Surr* 5D 38
Lower Kinnerton. *Ches W* 4F 83
Lower Langford. *N Som* 5H 33
Lower Largo. *Fife* 3G 137
Lower Layham. *Suff* 1D 54
Lower Ledwyche. *Shrp* 3H 59
Lower Leigh. *Staf* 2E 73
Lower Lemington. *Glos* 2H 49
Lower Lenie. *High* 1H 149
Lower Ley. *Glos* 4C 48
Lower Llanfadog. *Powy* 4B 58
Lower Lode. *Glos* 2D 49
Lower Lovacott. *Devn* 4F 19
Lower Loxhore. *Devn* 3G 19
Lower Loxley. *Staf* 2E 73
Lower Lydbrook. *Glos* 4A 48
Lower Lye. *Here* 4G 59
Lower Machen. *Newp* 3F 33
Lower Maes-coed. *Here* 2G 47
Lower Meend. *Glos* 5A 48
Lower Midway. *Derbs* 3H 73
Lower Milovaig. *High* 3A 154
Lower Moor. *Worc* 1E 49
Lower Morton. *S Glo* 2B 34
Lower Mountain. *Flin* 5F 83
Lower Nazeing. *Essx* 5D 53
Lower Netchwood. *Shrp* 1A 60
Lower Nyland. *Dors* 4C 22
Lower Oakfield. *Fife* 4D 136
Lower Oddington. *Glos* 3H 49
Lower Ollach. *High* 5E 155
Lower Penarth. *V Glam* 5E 33
Lower Penn. *Staf* 1C 60
Lower Pennington. *Hants* 3B 16
Lower Peover. *Ches W* 3B 84
Lower Pilsley. *Derbs* 4B 86
Lower Pitkerrie. *High* 1C 158
Lower Place. *G Man* 3H 91
Lower Quinton. *Warw* 1G 49
Lower Rainham. *Medw* 4C 40
Lower Raydon. *Suff* 2D 54
Lower Seagry. *Wilts* 3E 35
Lower Shelton. *C Beds* 1H 51
Lower Shiplake. *Oxon* 4F 37
Lower Shuckburgh. *Warw* 4B 62
Lower Sketty. *Swan* 3F 31
Lower Slade. *Devn* 2F 19
Lower Slaughter. *Glos* 3G 49
Lower Soudley. *Glos* 4B 48
Lower Stanton St Quintin
Wilts 3E 35
Lower Stoke. *Medw* 3C 40
Lower Stondon. *C Beds* 2B 52
Lower Stonnall. *Staf* 5E 73
Lower Stow Bedon. *Norf* 1B 66
Lower Street. *Norf* 2E 79
Lower Strensham. *Worc* 1E 49
Lower Sundon. *C Beds* 3A 52
Lower Swanwick. *Hants* 2C 16
Lower Swell. *Glos* 3G 49
Lower Tale. *Devn* 2D 12
Lower Tean. *Staf* 2E 73
Lower Thurlton. *Norf* 1G 67
Lower Thurnham. *Lanc* 4D 96
Lower Thurvaston. *Derbs* 2G 73
Lower Town. *Here* 1B 48
Lower Town. *IOS* 1B 4
Lower Town. *Pemb* 1D 42
Lowertown. *Corn* 4D 4
Lowertown. *Orkn* 8D 172
Lower Tysoe. *Warw* 1B 50
Lower Upham. *Hants* 1D 16
Lower Upnor. *Medw* 3B 40
Lower Vexford. *Som* 3E 20
Lower Walton. *Warr* 2A 84
Lower Wear. *Devn* 4C 12
Lower Weare. *Som* 1H 21
Lower Welson. *Here* 5E 59
Lower Whatcombe. *Dors* 2D 14
Lower Whitley. *Ches W* 3A 84
Lower Wield. *Hants* 2E 25
Lower Withington. *Ches E* 4C 84
Lower Woodend. *Buck* 3G 37
Lower Woodford. *Wilts* 3G 23
Lower Wraxall. *Dors* 2A 14
Lower Wych. *Ches W* 1G 71
Lower Wyche. *Worc* 1C 48
Lowesby. *Leics* 5E 74
Lowestoft. *Suff* 1H 67
Loweswater. *Cumb* 2C 102
Low Etherley. *Dur* 2E 105
Lowfield Heath. *W Sus* 1D 26
Lowford. *Hants* 1C 16
Low Fulney. *Linc* 3B 76
Low Gate. *Nmbd* 3C 114
Lowgill. *Cumb* 5H 103
Lowgill. *Lanc* 3F 97
Low Grantley. *N Yor* 2E 99
Low Green. *N Yor* 4E 98
Low Habberley. *Worc* 3C 60
Low Ham. *Som* 4H 21
Low Hameringham. *Linc* 4C 88
Low Hawsker. *N Yor* 4G 107
Low Hesket. *Cumb* 5F 113
Low Hesleyhurst. *Nmbd* 5E 121
Lowick. *Cumb* 1B 96
Lowick. *Nptn* 2G 63
Lowick. *Nmbd* 1E 121
Lowick Bridge. *Cumb* 1B 96
Lowick Green. *Cumb* 1B 96
Low Knipe. *Cumb* 2G 103
Low Leighton. *Derbs* 2E 85
Low Lorton. *Cumb* 2C 102
Low Marishes. *N Yor* 2C 100
Low Marnham. *Notts* 4F 87
Low Mill. *N Yor* 5D 106
Low Moor. *Lanc* 5G 97
Low Moor. *W Yor* 2B 92
Low Moorsley. *Tyne* 5G 115
Low Newton-by-the-Sea
Nmbd 2G 121
Lownie Moor. *Ang* 4D 145
Lowood. *Bord* 1H 119
Low Row. *Cumb*
nr. Brampton 3G 113
nr. Wigton 5C 112
Low Row. *N Yor* 5C 104
Lowsonford. *Warw* 4F 61
Low Street. *Norf* 5C 78
Lowther. *Cumb* 2G 103
Lowthorpe. *E Yor* 3E 101
Lowton. *Devn* 2G 11
Lowton. *G Man* 1A 84
Lowton. *Som* 1E 13
Lowton Common. *G Man* 1A 84
Low Torry. *Fife* 1D 128
Low Toynton. *Linc* 3B 88
Low Valleyfield. *Fife* 1C 128
Low Westwood. *Dur* 4E 115
Low Whinnow. *Cumb* 4E 112
Low Wood. *Cumb* 1C 96
Low Worsall. *N Yor* 4A 106

Low Wray. *Cumb* 4E 103
Loxbeare. *Devn* 1C 12
Loxhill. *Surr* 2B 26
Loxhore. *Devn* 3G 19
Loxley. *S Yor* 2H 85
Loxley. *Warw* 5G 61
Loxley Green. *Staf* 2E 73
Loxton. *N Som* 1G 21
Loxwood. *W Sus* 2B 26
Lubcroy. *High* 3A 164
Lubenham. *Leics* 2E 62
Lubinvullin. *High* 2F 167
Luccombe. *Som* 2C 20
Luccombe Village. *IOW* 4D 16
Lucker. *Nmbd* 1F 121
Luckett. *Corn* 5D 11
Luckington. *Wilts* 3D 34
Lucklawhill. *Fife* 1G 137
Luckwell Bridge. *Som* 3C 20
Lucton. *Here* 4G 59
Ludag. *W Isl* 7C 170
Ludborough. *Linc* 1B 88
Ludchurch. *Pemb* 3F 43
Luddenden. *W Yor* 2A 92
Luddenden Foot. *W Yor* 2A 92
Luddenham. *Kent* 4D 40
Ludderburn. *Cumb* 5F 103
Luddesdown. *Kent* 4A 40
Luddington. *N Lin* 3B 94
Luddington. *Warw* 5F 61
Luddington in the Brook
Nptn 2A 64
Ludford. *Linc* 2A 88
Ludford. *Shrp* 3H 59
Ludgershall. *Buck* 4E 51
Ludgershall. *Wilts* 1A 24
Ludgvan. *Corn* 3C 4
Ludham. *Norf* 4F 79
Ludlow. *Shrp* 3H 59
Ludstone. *Shrp* 1C 60
Ludwell. *Wilts* 4E 23
Ludworth. *Dur* 5G 115
Luffenhall. *Herts* 3C 52
Luffincott. *Devn* 3D 10
Lugar. *E Ayr* 2E 117
Luggate Burn. *E Lot* 2C 130
Lugg Green. *Here* 4G 59
Luggiebank. *N Lan* 2A 128
Lugton. *E Ayr* 4F 127
Lugwardine. *Here* 1A 48
Luib. *High* 1D 146
Luib. *Stir* 1D 135
Lulham. *Here* 1H 47
Lullington. *Derbs* 4G 73
Lullington. *E Sus* 5G 27
Lullington. *Som* 1C 22
Lulsgate Bottom. *N Som* 5A 34
Lulsley. *Worc* 5B 60
Lulworth Camp. *Dors* 4D 14
Lumb. *Lanc* 2G 91
Lumby. *N Yor* 1E 93
Lumphanan. *Abers* 3C 152
Lumphinnans. *Fife* 4D 136
Lumsdaine. *Bord* 3E 131
Lumsden. *Abers* 1B 152
Lunan. *Ang* 3F 145
Lunanhead. *Ang* 3D 145
Luncarty. *Per* 1C 136
Lund. *E Yor* 5D 100
Lund. *N Yor* 1G 93
Lundie. *Ang* 5B 144
Lundin Links. *Fife* 3G 137
Lundy Green. *Norf* 1E 67
Lunna. *Shet* 5F 173
Lunning. *Shet* 5G 173
Lunnon. *Swan* 4E 31
Lunsford. *Kent* 5A 40
Lunsford's Cross. *E Sus* 4B 28
Lunt. *Mers* 4B 90
Luppitt. *Devn* 2E 13
Lupridge. *Devn* 3D 8
Lupset. *W Yor* 3D 92
Lupton. *Cumb* 1E 97
Lurgan. *Arm* 5F 175
Lurgashall. *W Sus* 3A 26
Lurley. *Devn* 1C 12
Lusby. *Linc* 4C 88
Luscombe. *Devn* 3D 9
Luson. *Devn* 4C 8
Luss. *Arg* 4C 134
Lussagiven. *Arg* 1E 125
Lusta. *High* 3B 154
Lustleigh. *Devn* 4A 12
Luston. *Here* 4G 59
Luthermuir. *Abers* 2F 145
Luthrie. *Fife* 2F 137
Lutley. *Staf* 2C 60
Luton. *Devn*
nr. Honiton 2D 12
nr. Teignmouth 5C 12
Luton. *Lutn* 3A 52
Luton Airport. *Lutn* 3B 52
Lutterworth. *Leics* 2C 62
Lutton. *Devn*
nr. Ivybridge 3B 8
nr. South Brent 2C 8
Lutton. *Linc* 3D 76
Lutton. *Nptn* 2A 64
Lutton Gowts. *Linc* 3D 76
Lutworthy. *Devn* 1A 12
Luxborough. *Som* 3C 20
Luxley. *Glos* 3B 48
Luxulyan. *Corn* 3E 7
Lybster. *High* 5E 169
Lydbury North. *Shrp* 2F 59
Lydcott. *Devn* 3G 19
Lydd. *Kent* 3E 29
Lydd Airport. *Kent* 3E 29
Lydden. *Kent*
nr. Dover 1G 29
nr. Margate 4H 41
Lyddington. *Rut* 1F 63
Lydd-on-Sea. *Kent* 3E 29
Lydeard St Lawrence. *Som* 3E 21
Lyde Green. *Hants* 1F 25
Lydford. *Devn* 4F 11
Lydford Fair Place. *Som* 3A 22
Lydgate. *G Man* 4H 91
Lydgate. *W Yor* 2H 91
Lydham. *Shrp* 1F 59
Lydiard Millicent. *Wilts* 3F 35
Lydiate. *Mers* 4B 90
Lydiate Ash. *Worc* 3D 61
Lydlinch. *Dors* 1C 14
Lydmarsh. *Som* 2G 13
Lydney. *Glos* 5B 48
Lydstep. *Pemb* 5E 43
Lye. *W Mid* 2D 60
The Lye. *Shrp* 1A 60
Lye Green. *Buck* 5H 51
Lye Green. *E Sus* 2G 27
Lye Head. *Worc* 3B 60
Lyford. *Oxon* 2B 36
Lyham. *Nmbd* 1E 121
Lylestone. *N Ayr* 5E 127
Lymbridge Green. *Kent* 1F 29
Lyme Regis. *Dors* 3G 13
Lyminge. *Kent* 1F 29
Lymington. *Hants* 3B 16
Lyminster. *W Sus* 5B 26
Lymm. *Warr* 2A 84
Lymore. *Hants* 3A 16
Lympne. *Kent* 2F 29
Lympsham. *Som* 1G 21
Lympstone. *Devn* 4C 12
Lynaberack Lodge. *High* 4B 150
Lynbridge. *Devn* 2H 19
Lynch. *Som* 2C 20
Lynchat. *High* 3B 150
Lynch Green. *Norf* 5D 78
Lyndhurst. *Hants* 2B 16
Lyndon. *Rut* 5G 75
Lyne. *Bord* 5F 129
Lyne. *Surr* 4B 38
Lyneal. *Shrp* 2G 71
Lyne Down. *Here* 2B 48
Lyneham. *Oxon* 3A 50
Lyneham. *Wilts* 4F 35
Lyneholmeford. *Cumb* 2G 113
Lynemouth. *Nmbd* 5G 121
Lyne of Gorthleck. *High* 1H 149
Lyne of Skene. *Abers* 2E 153
Lynesack. *Dur* 2D 105
Lyness. *Orkn* 8C 172
Lyng. *Norf* 4C 78
Lyngate. *Norf*
nr. North Walsham 2E 79
nr. Worstead 3F 79
Lynmouth. *Devn* 2H 19
Lynn. *Staf* 5E 73
Lynn. *Telf* 4B 72
Lynsted. *Kent* 4D 40
Lynstone. *Corn* 2C 10
Lynton. *Devn* 2H 19
Lynwilg. *High* 2C 150
Lyon's Gate. *Dors* 2B 14
Lyonshall. *Here* 5F 59
Lytchett Matravers. *Dors* 3E 15
Lytchett Minster. *Dors* 3E 15
Lyth. *High* 2E 169
Lytham. *Lanc* 2B 90
Lytham St Anne's. *Lanc* 2B 90
Lythe. *N Yor* 3F 107
Lythes. *Orkn* 9D 172
Lythmore. *High* 2C 168

M

Mabe Burnthouse. *Corn* 5B 6
Mabie. *Dum* 2A 112
Mablethorpe. *Linc* 2E 89
Macbiehill. *Bord* 4E 129
Macclesfield. *Ches E* 3D 84
Macclesfield Forest. *Ches E* 3D 84
Macduff. *Abers* 2E 160
Machan. *S Lan* 4A 128
Macharioch. *Arg* 5B 122
Machen. *Cphy* 3F 33
Machrie. *N Ayr* 2C 122
Machrihanish. *Arg* 3A 122
Machroes. *Gwyn* 3C 68
Machynlleth. *Powy* 5G 69
Mackerye End. *Herts* 4B 52
Mackworth. *Derb* 2H 73
Macmerry. *E Lot* 2H 129
Madderty. *Per* 1B 136
Maddington. *Wilts* 2F 23
Maddiston. *Falk* 2C 128
Madehurst. *W Sus* 4A 26
Madeley. *Staf* 1B 72
Madeley. *Telf* 5A 72
Madeley Heath. *Staf* 1B 72
Madeley Heath. *Worc* 3D 60
Madford. *Devn* 1E 13
Madingley. *Cambs* 4C 64
Madley. *Here* 2H 47
Madresfield. *Worc* 1D 48
Madron. *Corn* 3B 4
Maenaddwyn. *IOA* 2D 80
Maenclochog. *Pemb* 2E 43
Maendy. *V Glam* 4D 32
Maenporth. *Corn* 4E 5
Maentwrog. *Gwyn* 1F 69
Maen-y-groes. *Cdgn* 5C 56
Maer. *Staf* 2B 72
Maerdy. *Carm* 3G 45
Maerdy. *Cnwy* 1C 70
Maerdy. *Rhon* 2C 32
Maesbrook. *Shrp* 3F 71
Maesbury. *Shrp* 3F 71
Maesbury Marsh. *Shrp* 3F 71
Maes-glas. *Flin* 3D 82
Maesgwyn-Isaf. *Powy* 4D 70
Maes-hafn. *Den* 4E 82
Maes-llyn. *Cdgn* 1D 44
Maesmynis. *Powy* 1D 46
Maesteg. *B'end* 2B 32
Maestir. *Cdgn* 1F 45
Maesybont. *Carm* 4F 45
Maesycrugiau. *Carm* 1E 45
Maesycwmmer. *Cphy* 2E 33
Maesyrhandir. *Powy* 1C 58
Magdalen Laver. *Essx* 5F 53
Maggieknockater. *Mor* 4H 159
Maghaberry. *Lis* 4G 175
Magham Down. *E Sus* 4H 27
Maghera. *M Ulst* 2E 175
Magherafelt. *M Ulst* 3E 175
Magheralin. *Arm* 5G 175
Maghull. *Mers* 4B 90
Magna Park. *Leics* 2C 62
Magor. *Mon* 3H 33
Magpie Green. *Suff* 3C 66
Magwyr. *Mon* 3H 33
Maidenbower. *W Sus* 2D 27
Maiden Bradley. *Wilts* 3D 22
Maidencombe. *Torb* 2F 9
Maidenhayne. *Devn* 3F 13
Maidenhead. *Wind* 3G 37
Maiden Law. *Dur* 5E 115
Maiden Newton. *Dors* 3A 14
Maidens. *S Ayr* 4B 116
Maiden's Green. *Brac* 4G 37
Maidensgrove. *Oxon* 3F 37
Maidenwell. *Corn* 5B 10
Maidenwell. *Linc* 3C 88
Maiden Wells. *Pemb* 5D 42
Maidford. *Nptn* 5D 62
Maids Moreton. *Buck* 2F 51
Maidstone. *Kent* 5B 40
Maidwell. *Nptn* 3E 63
Mail. *Shet* 9F 173
Maindee. *Newp* 3G 33
Mainsforth. *Dur* 1A 106
Mains of Auchindachy
Mor 4B 160
Mains of Auchnagatt
Abers 4G 161
Mains of Drum. *Abers* 4F 153
Mains of Edingight. *Mor* 3C 160
Mainsriddle. *Dum* 4G 111
Mainstone. *Shrp* 2E 59
Maisemore. *Glos* 3D 48
Major's Green. *Worc* 3F 61
Makeney. *Derbs* 1A 74
Makerstoun. *Bord* 1A 120
Malacleit. *W Isl* 1C 170
Malaig. *High* 4E 147
Malaig Bheag. *High* 4E 147
Malborough. *Devn* 5D 8
Malcoff. *Derbs* 2E 85
Malcolmburn. *Mor* 3A 160
Malden Rushett. *G Lon* 4C 38
Maldon. *Essx* 5B 54
Malham. *N Yor* 3B 98
Maligar. *High* 2D 155
Malinslee. *Telf* 5A 72
Mallaig. *High* 4E 147
Malleny Mills. *Edin* 3E 129
Mallows Green. *Essx* 3E 53
Malltraeth. *IOA* 4D 80
Mallwyd. *Gwyn* 4A 70
Malmesbury. *Wilts* 3E 35
Malmsmead. *Devn* 2A 20
Malpas. *Ches W* 1G 71
Malpas. *Corn* 4C 6
Malpas. *Newp* 2G 33
Malswick. *Glos* 3C 48
Maltby. *S Yor* 1C 86
Maltby. *Stoc T* 3B 106
Maltby le Marsh. *Linc* 2D 88
Malt Lane. *Arg* 3H 133
Maltman's Hill. *Kent* 1D 28
Malton. *N Yor* 2B 100
Malvern Link. *Worc* 1C 48
Malvern Wells. *Worc* 1C 48
Mamble. *Worc* 3A 60
Mamhilad. *Mon* 5G 47
Manaccan. *Corn* 4E 5
Manafon. *Powy* 5D 70
Manais. *W Isl* 9D 171
Manaton. *Devn* 4A 12
Manby. *Linc* 2C 88
Mancetter. *Warw* 1H 61
Manchester. *G Man* 1C 84
Manchester Airport. *G Man* 2C 84
Mancot. *Flin* 4F 83
Manea. *Cambs* 2D 65
Maney. *W Mid* 1F 61
Manfield. *N Yor* 3F 105
Mangotsfield. *S Glo* 4B 34
Mangurstadh. *W Isl* 4C 171
Mankinholes. *W Yor* 2H 91
Manley. *Ches W* 3H 83
Man-moel. *Cphy* 5E 47
Mannal. *Arg* 4A 138
Mannerston. *Falk* 2D 128
Manningford Bohune
Wilts 1G 23
Manningford Bruce. *Wilts* 1G 23
Manningham. *W Yor* 1B 92
Mannings Heath. *W Sus* 3D 26
Mannington. *Dors* 2F 15
Manningtree. *Essx* 2E 54
Mannofield. *Aber* 3G 153
Manorbier. *Pemb* 5E 43
Manorbier Newton. *Pemb* 5E 43
Manordeilo. *Carm* 3G 45
Manorowen. *Pemb* 1D 42
Manor Park. *G Lon* 2F 39
Mansell Gamage. *Here* 1G 47
Mansell Lacy. *Here* 1H 47
Mansergh. *Cumb* 1F 97
Mansewood. *Glas* 3G 127
Mansfield. *E Ayr* 3F 117
Mansfield. *Notts* 4C 86
Mansfield Woodhouse
Notts 4C 86
Mansriggs. *Cumb* 1B 96
Manston. *Dors* 1D 14
Manston. *Kent* 4H 41
Manston. *W Yor* 1D 92
Manswood. *Dors* 2E 15
Manthorpe. *Linc*
nr. Bourne 4H 75
nr. Grantham 2G 75
Manton. *N Lin* 4C 94
Manton. *Notts* 3C 86
Manton. *Rut* 5F 75
Manton. *Wilts* 5G 35
Manuden. *Essx* 3E 53
Maperton. *Som* 4B 22
Maplebeck. *Notts* 4E 86
Maple Cross. *Herts* 1B 38
Mapledurham. *Oxon* 4E 37
Mapledurwell. *Hants* 1E 25
Maplehurst. *W Sus* 3C 26
Maplescombe. *Kent* 4G 39
Mapleton. *Derbs* 1F 73
Mapperley. *Derbs* 1B 74
Mapperley. *Nott* 1C 74
Mapperley Park. *Nott* 1C 74
Mapperton. *Dors*
nr. Beaminster 3A 14
nr. Poole 3E 15
Mappleborough Green
Warw 4E 61
Mappleton. *E Yor* 5G 101
Mapplewell. *S Yor* 4D 92
Mappowder. *Dors* 2C 14
Maraig. *W Isl* 7E 171
Marazion. *Corn* 3C 4
Marbhig. *W Isl* 6G 171
Marbury. *Ches E* 1H 71
March. *Cambs* 1D 64
Marcham. *Oxon* 2C 36
Marchamley. *Shrp* 3H 71
Marchington. *Staf* 2F 73
Marchington Woodlands
Staf 3F 73
Marchwiel. *Wrex* 1F 71
Marchwood. *Hants* 1B 16
Marcross. *V Glam* 5C 32
Marden. *Here* 1A 48
Marden. *Kent* 1B 28
Marden. *Wilts* 1F 23
Marden Beech. *Kent* 1B 28
Marden Thorn. *Kent* 1B 28
Mardu. *Shrp* 2E 59

Mardy – Mepal

Mardy. Mon 4G 47
Marefield. Leics 5E 75
Mareham le Fen. Linc 4B 88
Mareham on the Hill. Linc 4B 88
Marehay. Derbs 1B 74
Marehill. W Sus 4B 26
Maresfield. E Sus 3F 27
Marfleet. Hull 2E 95
Marford. Wrex 5F 83
Margam. Neat 3A 32
Margaret Marsh. Dors 1D 14
Margaret Roding. Essx 4F 53
Margaretting. Essx 5G 53
Margaretting Tye. Essx 5G 53
Margate. Kent 3H 41
Margery. Surr 5D 38
Margnaheglish. N Ayr 2E 123
Marham. Norf 5G 77
Marhamchurch. Corn 2C 10
Marholm. Pet 5A 76
Marian Cwm. Den 3C 82
Mariandyrys. IOA 2F 81
Marian-glas. IOA 2E 81
Mariansleigh. Devn 4H 19
Marian-y-de. Gwyn 2C 68
Marian-y-mor. Gwyn 2C 68
Marine Town. Kent 3D 40
Marishader. High 2D 155
Marjoriebanks. Dum 1B 112
Mark. Dum 4G 109
Mark. Som 2G 21
Markbeech. Kent 1F 27
Markby. Linc 3D 89
Mark Causeway. Som 2G 21
Mark Cross. E Sus 2G 27
Markeaton. Derb 2H 73
Market Bosworth. Leics 5B 74
Market Deeping. Linc 4A 76
Market Drayton. Shrp 2A 72
Market End. Warw 2H 61
Market Harborough. Leics 2E 63
Markethill. Arm 6F 175
Markethill. Per 5B 144
Market Lavington. Wilts 1F 23
Market Overton. Rut 4F 75
Market Rasen. Linc 2A 88
Market Stainton. Linc 2B 88
Market Weighton. E Yor 5C 100
Market Weston. Suff 3B 66
Markfield. Leics 4B 74
Markham. Cphy 5E 47
Markinch. Fife 3E 137
Markington. N Yor 3E 99
Marksbury. Bath 5B 34
Mark's Corner. IOW 3C 16
Marks Tey. Essx 3C 54
Markwell. Corn 3H 7
Markyate. Herts 4A 52
Marlborough. Wilts 5G 35
Marlcliff. Warw 5E 61
Marldon. Devn 2E 9
Marle Green. E Sus 4G 27
Marlesford. Suff 5F 67
Marley Green. Ches E 1H 71
Marley Hill. Tyne 4F 115
Marlingford. Norf 5D 78
Mar Lodge. Abers 5E 151
Marloes. Pemb 4B 42
Marlow. Buck 3G 37
Marlow. Here 3F 59
Marlow Bottom. Buck 3G 37
Marlow Common. Buck 3G 37
Marlpit Hill. Kent 1F 27
Marlpits. E Sus 3F 27
Marlpool. Derbs 1B 74
Marnhull. Dors 1C 14
Marnoch. Abers 3C 160
Marnock. N Lan 3A 128
Marple. G Man 2D 84
Marr. S Yor 4F 93
Marrel. High 2H 165
Marrick. N Yor 5D 105
Marrister. Shet 5G 173
Marros. Carm 4G 43
Marsden. Tyne 3G 115
Marsden. W Yor 3A 92
Marsett. N Yor 1B 98
Marsh. Buck 5G 51
Marsh. Devn 1F 13
The Marsh. Powy 1F 59
The Marsh. Shrp 3A 72
Marshall Meadows. Nmbd 4F 131
Marshalsea. Dors 2G 13
Marshalswick. Herts 5B 52
Marsham. Norf 3D 78
Marshaw. Lanc 4E 97
Marsh Baldon. Oxon 2D 36
Marsh Benham. W Ber 5C 36
Marshborough. Kent 5H 41
Marshbrook. Shrp 2G 59
Marshchapel. Linc 1C 88
Marshfield. Newp 3F 33
Marshfield. S Glo 4C 34
Marshgate. Corn 3B 10
Marsh Gibbon. Buck 3E 51
Marsh Green. Devn 3D 12
Marsh Green. Kent 1F 27
Marsh Green. Staf 5C 84
Marsh Green. Telf 4A 72
Marsh Lane. Derbs 3B 86
Marsh Side. Norf 1G 77
Marshside. Kent 4G 41
Marshside. Mers 3B 90
Marsh Street. Som 2C 20
Marshwood. Dors 3G 13
Marske. N Yor 4E 105
Marske-by-the-Sea
Red C 2D 106
Marston. Ches W 3A 84
Marston. Here 5F 59
Marston. Linc 1F 75
Marston. Oxon 5D 50
Marston. Staf
nr. Stafford 3D 72
nr. Wheaton Aston 4C 72
Marston. Warw 1G 61
Marston. Wilts 1E 23
Marston Doles. Warw 5B 62
Marston Green. W Mid 2F 61
Marston Hill. Glos 2G 35
Marston Jabbett. Warw 2A 62
Marston Magna. Som 4A 22
Marston Meysey. Wilts 2G 35
Marston Montgomery
Derbs 2F 73
Marston Moretaine. C Beds 1H 51
Marston on Dove. Derbs 3G 73
Marston St Lawrence. Nptn 1D 50
Marston Stannett. Here 5H 59
Marston Trussell. Nptn 2D 62
Marstow. Here 4A 48
Marsworth. Buck 4H 51
Marten. Wilts 1A 24
Marthall. Ches E 3C 84
Martham. Norf 4G 79
Marthwaite. Cumb 5H 103
Martin. Hants 1F 15
Martin. Kent 1H 29
Martin. Linc
nr. Horncastle 4B 88
nr. Metheringham 5A 88
Martindale. Cumb 3F 103
Martin Dales. Linc 4A 88
Martin Drove End. Hants 4F 23
Martinhoe. Devn 2G 19
Martinhoe Cross. Devn 2G 19
Martin Hussingtree. Worc 4C 60
Martin Mill. Kent 1H 29
Martinscroft. Warr 2A 84
Martin's Moss. Ches E 4C 84
Martinstown. Dors 4B 14
Martlesham. Suff 1F 55
Martlesham Heath. Suff 1F 55
Martletwy. Pemb 3E 43
Martley. Worc 4B 60
Martock. Som 1H 13
Marton. Ches E 4C 84
Marton. Cumb 2B 96
Marton. E Yor
nr. Bridlington 3G 101
nr. Hull 1E 95
Marton. Linc 2F 87
Marton. Midd 3C 106
Marton. N Yor
nr. Boroughbridge 3G 99
nr. Pickering 1B 100
Marton. Shrp
nr. Myddle 3G 71
nr. Worthen 5E 71
Marton. Warw 4B 62
Marton Abbey. N Yor 3H 99
Marton-le-Moor. N Yor 2F 99
Martyr's Green. Surr 5B 38
Martyr Worthy. Hants 3D 24
Marwick. Orkn 5B 172
Marwood. Devn 3F 19
Marybank. High
nr. Dingwall 3G 157
nr. Invergordon 1B 158
Maryburgh. High 3H 157
Maryfield. Corn 3A 8
Maryhill. Glas 3G 127
Marykirk. Abers 2F 145
Marylebone. G Lon 2D 39
Marylebone. G Man 4D 90
Marypark. Mor 5F 159
Maryport. Cumb 1B 102
Maryport. Dum 5E 109
Marystow. Devn 4E 11
Mary Tavy. Devn 5F 11
Maryton. Ang
nr. Kirriemuir 3C 144
nr. Montrose 3F 145
Marywell. Abers 4C 152
Marywell. Ang 4F 145
Masham. N Yor 1E 98
Mashbury. Essx 4G 53
Masongill. N Yor 2F 97
Masons Lodge. Abers 3F 153
Mastin Moor. Derbs 3B 86
Mastrick. Aber 3G 153
Matching. Essx 4F 53
Matching Green. Essx 4F 53
Matching Tye. Essx 4F 53
Matfen. Nmbd 2D 114
Matfield. Kent 1A 28
Mathern. Mon 2A 34
Mathon. Here 1C 48
Mathry. Pemb 1C 42
Matlaske. Norf 2D 78
Matlock. Derbs 5G 85
Matlock Bath. Derbs 5G 85
Matterdale End. Cumb 2E 103
Mattersey. Notts 2D 86
Mattersey Thorpe. Notts 2D 86
Mattingley. Hants 1F 25
Mattishall. Norf 4C 78
Mattishall Burgh. Norf 4C 78
Mauchline. E Ayr 2D 117
Maud. Abers 4G 161
Maudlin. Corn 2E 7
Maugersbury. Glos 3G 49
Maughold. IOM 2D 108
Maulden. C Beds 2A 52
Maulds Meaburn. Cumb 3H 103
Maunby. N Yor 1F 99
Maund Bryan. Here 5H 59
Mautby. Norf 4G 79
Mavesyn Ridware. Staf 4E 73
Mavis Enderby. Linc 4C 88
Mawbray. Cumb 5B 112
Mawdesley. Lanc 3C 90
Mawdlam. B'end 3B 32
Mawgan. Corn 4E 5
Mawgan Porth. Corn 2C 6
Maw Green. Ches E 5B 84
Mawla. Corn 4B 6
Mawnan. Corn 4E 5
Mawnan Smith. Corn 4E 5
Mawsley Village. Nptn 3E 63
Mawthorpe. Linc 3D 88
Maxey. Pet 5A 76
Maxstoke. Warw 2G 61
Maxted Street. Kent 1F 29
Maxton. Kent 1G 29
Maxton. Bord 1A 120
Maxwellheugh. Bord 1B 120
Maxwelltown. Dum 2A 112
Maxworthy. Corn 3C 10
Mayals. Swan 4F 31
Maybole. S Ayr 3C 116
Maybush. Sotn 1B 16
Mayes Green. Surr 2C 26
Mayfield. E Sus 3G 27
Mayfield. Midl 3G 129
Mayfield. Per 1C 136
Mayfield. Staf 1F 73
Mayford. Surr 5A 38
Mayhill. Swan 3F 31
Mayland. Essx 5C 54
Maylandsea. Essx 5C 54
Maynard's Green. E Sus 4G 27
Maypole. IOS 1B 4
Maypole. Kent 4G 41
Maypole. Mon 4H 47
Maypole Green. Norf 1G 67
Maypole Green. Suff 5B 66
Maywick. Shet 9E 173
Mead. Devn 1C 10
Meadgate. Bath 1B 22
Meadle. Buck 5G 51
Meadowbank. Ches W 4A 84
Meadowfield. Dur 1F 105
Meadow Green. Here 5B 60
Meadowmill. E Lot 2H 129
Meadows. Nott 2C 74
Meadowtown. Shrp 5F 71
Meadwell. Devn 4E 11
Meaford. Staf 2C 72
Mealabost. W Isl nr. Borgh 2G 171
nr. Stornoway 4G 171
Mealasta. W Isl 5B 171
Meal Bank. Cumb 5G 103
Mealrigg. Cumb 5C 112
Mealsgate. Cumb 5D 112
Meanwood. W Yor 1C 92
Mearbeck. N Yor 3H 97
Meare. Som 2H 21
Meare Green. Som
nr. Curry Mallet 4F 21
nr. Stoke St Gregory 4G 21
Mears Ashby. Nptn 4F 63
Measham. Leics 4H 73
Meath Green. Surr 1D 27
Meathop. Cumb 1D 96
Meaux. E Yor 1D 94
Meavy. Devn 2B 8
Medbourne. Leics 1E 63
Medburn. Nmbd 2E 115
Meddon. Devn 1C 10
Meden Vale. Notts 4C 86
Medlam. Linc 5C 88
Medlicott. Shrp 1G 59
Medmenham. Buck 3G 37
Medomsley. Dur 4E 115
Medstead. Hants 3E 25
Medway Towns. Medw 4B 40
Meerbrook. Staf 4D 85
Meer End. W Mid 3G 61
Meers Bridge. Linc 2D 89
Meesden. Herts 2E 53
Meeson. Telf 3A 72
Meeth. Devn 2F 11
Meeting Green. Suff 5G 65
Meeting House Hill. Norf 3F 79
Meidrim. Carm 2G 43
Meifod. Powy 4D 70
Meigle. Per 4B 144
Meikle Earnock. S Lan 4A 128
Meikle Kilchattan Butts. Arg 4B 126
Meikleour. Per 5A 144
Meikle Tarty. Abers 1G 153
Meikle Wartle. Abers 5E 160
Meinciau. Carm 4E 45
Meir. Stoke 1D 72
Meir Heath. Staf 1D 72
Melbourn. Cambs 1D 53
Melbourne. Derbs 3A 74
Melbourne. E Yor 5B 100
Melbury Abbas. Dors 4D 23
Melbury Bubb. Dors 2A 14
Melbury Osmond. Dors 2A 14
Melbury Sampford. Dors 2A 14
Melby. Shet 6C 173
Melchbourne. Bed 4H 63
Melcombe Bingham. Dors 2C 14
Melcombe Regis. Dors 4B 14
Meldon. Devn 3F 11
Meldon. Nmbd 1E 115
Meldreth. Cambs 1D 53
Melfort. Arg 2F 133
Melgarve. High 4G 149
Meliden. Den 2C 82
Melinbyrhedyn. Powy 1H 57
Melincourt. Neat 5B 46
Melin-y-coed. Cnwy 4H 81
Melin-y-ddol. Powy 5C 70
Melin-y-wig. Den 1C 70
Melkington. Nmbd 5E 131
Melkinthorpe. Cumb 2G 103
Melkridge. Nmbd 3A 114
Melksham. Wilts 5E 35
Mellangaun. High 5C 162
Melldalloch. Arg 2H 125
Mellguards. Cumb 5F 113
Melling. Lanc 2E 97
Melling. Mers 4B 90
Melling Mount. Mers 4C 90
Mellis. Suff 3C 66
Mellon Charles. High 4C 162
Mellon Udrigle. High 4C 162
Mellor. G Man 2D 85
Mellor. Lanc 1E 91
Mellor Brook. Lanc 1E 91
Mells. Som 2C 22
Melmerby. Cumb 1H 103
Melmerby. N Yor
nr. Middleham 1C 98
nr. Ripon 2F 99
Melplash. Dors 3H 13
Melrose. Bord 1H 119
Melsetter. Orkn 9B 172
Melsonby. N Yor 4E 105
Meltham. W Yor 3B 92
Meltham Mills. W Yor 3B 92
Melton. E Yor 2C 94
Melton. Suff 5E 67
Meltonby. E Yor 4B 100
Melton Constable. Norf 2C 78
Melton Mowbray. Leics 4E 75
Melton Ross. N Lin 3D 94
Melvaig. High 5B 162
Melverley. Shrp 4F 71
Melverley Green. Shrp 4F 71
Melvich. High 2A 168
Membury. Devn 2F 13
Memsie. Abers 2G 161
Memus. Ang 3D 144
Menabilly. Corn 3E 7
Menai Bridge. IOA 3E 81
Mendham. Suff 2E 67
Mendlesham. Suff 4D 66
Mendlesham Green. Suff 4C 66
Menethorpe. N Yor 3B 100
Menheniot. Corn 2G 7
Menithwood. Worc 4B 60
Menna. Corn 3D 6
Mennock. Dum 4H 117
Menston. W Yor 5D 98
Menstrie. Clac 4H 135
Menthorpe. N Yor 1H 93
Mentmore. Buck 4H 51
Meole Brace. Shrp 4G 71
Meols. Mers 1E 83
Meon. Hants 2D 16
Meonstoke. Hants 1E 16
Meopham. Kent 4H 39
Meopham Green. Kent 4H 39
Meopham Station. Kent 4H 39
Mepal. Cambs 2D 64

Meppershall. C Beds 2B 52
Merbach. Here 1G 47
Mercaston. Derbs 1G 73
Merchiston. Edin 2F 129
Mere. Ches E 2B 84
Mere. Wilts 3D 22
Mere Brow. Lanc 3C 90
Mereclough. Lanc 1G 91
Mere Green. W Mid 1F 61
Mere Green. Worc 4D 60
Mere Heath. Ches W 3A 84
Mereside. Bkpl 1B 90
Meretown. Staf 3B 72
Mereworth. Kent 5A 40
Meriden. W Mid 2G 61
Merkadale. High 5C 154
Merkland. S Ayr 5B 116
Merkland Lodge. High 1A 164
Merley. Pool 3F 15
Merlin's Bridge. Pemb 3D 42
Merridge. Som 3F 21
Merrington. Shrp 3G 71
Merrion. Pemb 5D 42
Merriott. Som 1H 13
Merrivale. Devn 5F 11
Merrow. Surr 5B 38
Merrybent. Darl 3F 105
Merry Lees. Leics 5B 74
Merrymeet. Corn 2G 7
Mersham. Kent 2E 29
Merstham. Surr 5D 39
Merston. W Sus 2G 17
Merstone. IOW 4D 16
Merther. Corn 4C 6
Merthyr. Carm 3D 44
Merthyr Cynog. Powy 2C 46
Merthyr Dyfan. V Glam 4E 32
Merthyr Mawr. B'end 4B 32
Merthyr Tudful. Mer T 5D 46
Merthyr Tydfil. Mer T 5D 46
Merthyr Vale. Mer T 2D 32
Merton. Devn 1F 11
Merton. G Lon 4D 38
Merton. Norf 1B 66
Merton. Oxon 4D 50
Meshaw. Devn 1A 12
Messing. Essx 4B 54
Messingham. N Lin 4B 94
Metcombe. Devn 3D 12
Metfield. Suff 2E 67
Metherell. Corn 2A 8
Metheringham. Linc 4H 87
Methil. Fife 4F 137
Methilhill. Fife 4F 137
Methley. W Yor 2D 93
Methley Junction. W Yor 2D 93
Methlick. Abers 5F 161
Methven. Per 1C 136
Methwold. Norf 1G 65
Methwold Hythe. Norf 1G 65
Mettingham. Suff 2F 67
Metton. Norf 2D 78
Mevagissey. Corn 4E 6
Mexborough. S Yor 4E 93
Mey. High 1E 169
Meysey Hampton. Glos 2G 35
Miabhag. W Isl 8D 171
Miabhaig. W Isl
nr. Cliasmol 7C 171
nr. Timsgearraidh 4C 171
Mial. High 1G 155
Michaelchurch. Here 3A 48
Michaelchurch Escley. Here 2G 47
Michaelchurch-on-Arrow
Powy 5E 59
Michaelston-le-Pit. V Glam 4E 33
Michaelston-y-Fedw. Newp 3F 33
Michaelstow. Corn 5A 10
Michelcombe. Devn 2C 8
Micheldever. Hants 3D 24
Micheldever Station. Hants 2D 24
Michelmersh. Hants 4B 24
Mickfield. Suff 4D 66
Micklebring. S Yor 1C 86
Mickleby. N Yor 3F 107
Micklefield. W Yor 1E 93
Micklefield Green. Herts 1B 38
Mickleham. Surr 5C 38
Mickleover. Derb 2H 73
Micklethwaite. Cumb 4D 112
Micklethwaite. W Yor 5D 98
Mickleton. Dur 2C 104
Mickleton. Glos 1G 49
Mickletown. W Yor 2D 93
Mickle Trafford. Ches W 4G 83
Mickley. N Yor 2E 99
Mickley Green. Suff 5H 65
Mickley Square. Nmbd 3D 115
Mid Ardlaw. Abers 2G 161
Midbea. Orkn 3D 172
Mid Beltie. Abers 3D 152
Mid Calder. W Lot 3D 129
Mid Clyth. High 5E 169
Middle Assendon. Oxon 3F 37
Middle Aston. Oxon 3C 50
Middle Barton. Oxon 3C 50
Middlebie. Dum 2D 112
Middle Chinnock. Som 1H 13
Middle Claydon. Buck 3F 51
Middlecliffe. S Yor 4E 93
Middlecott. Devn 4H 11
Middle Drums. Ang 3E 145
Middle Duntisbourne. Glos 5E 49
Middle Essie. Abers 3H 161
Middleforth Green. Lanc 2D 90
Middleham. N Yor 1D 98
Middle Handley. Derbs 3B 86
Middle Harling. Norf 2B 66
Middlehope. Shrp 2G 59
Middle Littleton. Worc 1F 49
Middle Maes-coed. Here 2G 47
Middlemarsh. Dors 2B 14
Middle Marwood. Devn 3F 19
Middle Mayfield. Staf 1F 73
Middlemoor. Devn 5E 11
Middlemuir. Abers
nr. New Deer 4F 161
nr. Strichen 3G 161
Middle Rainton. Tyne 5G 115
Middle Rasen. Linc 2H 87
The Middles. Dur 4F 115
Middlesbrough. Midd 3B 106
Middlesceugh. Cumb 5E 113
Middleshaw. Cumb 1E 97
Middlesmoor. N Yor 2C 98
Middlestone. Dur 1F 105
Middlestone Moor. Dur 1F 105
Middle Stoughton. Som 2H 21
Middlestown. W Yor 3C 92
Middle Street. Glos 5C 48
Middle Taphouse. Corn 2F 7
Middleton. Ang 4E 145
Middleton. Arg 4A 138
Middleton. Cumb 1F 97
Middleton. Derbs
nr. Bakewell 4F 85
nr. Wirksworth 5G 85
Middleton. Essx 2B 54
Middleton. G Man 4G 91
Middleton. Hants 2C 24
Middleton. Hart 1C 106
Middleton. Here 4H 59
Middleton. IOW 4B 16
Middleton. Lanc 4D 96
Middleton. Midl 4G 129
Middleton. Norf 4F 77
Middleton. Nptn 2F 63
Middleton. Nmbd
nr. Belford 1F 121
nr. Morpeth 1D 114
Middleton. N Yor
nr. Ilkley 5D 98
nr. Pickering 1B 100
Middleton. Per 3D 136
Middleton. Shrp
nr. Ludlow 3H 59
nr. Oswestry 3F 71
Middleton. Suff 4G 67
Middleton. Swan 4D 30
Middleton. Warw 1F 61
Middleton. W Yor 2C 92
Middleton Cheney. Nptn 1D 50
Middleton Green. Staf 2D 73
Middleton-in-Teesdale. Dur 2C 104
Middleton One Row. Darl 3A 106
Middleton-on-Leven. N Yor 4B 106
Middleton-on-Sea. W Sus 5A 26
Middleton on the Hill. Here 4H 59
Middleton-on-the-Wolds
E Yor 5D 100
Middleton Priors. Shrp 1A 60
Middleton Quernhow. N Yor 2F 99
Middleton St George. Darl 3A 106
Middleton Scriven. Shrp 2A 60
Middleton Stoney. Oxon 3D 50
Middleton Tyas. N Yor 4F 105
Middle Town. IOS 1B 4
Middletown. Cumb 4A 102
Middletown. Powy 4F 71
Middle Tysoe. Warw 1B 50
Middle Wallop. Hants 3A 24
Middlewich. Ches E 4B 84
Middle Winterslow. Wilts 3H 23
Middlewood. Corn 5C 10
Middlewood. S Yor 1H 85
Middle Woodford. Wilts 3G 23
Middlewood Green. Suff 4C 66
Middleyard. Glos 5D 48
Middlezoy. Som 3G 21
Middridge. Dur 2F 105
Midelney. Som 4H 21
Midfield. High 2F 167
Midford. Bath 5C 34
Mid Garrary. Dum 2C 110
Midge Hall. Lanc 2D 90
Midgeholme. Cumb 4H 113
Midgham. W Ber 5D 36
Midgley. W Yor
nr. Halifax 2A 92
nr. Horbury 3C 92
Mid Ho. Shet 2G 173
Midhopestones. S Yor 1G 85
Midhurst. W Sus 4G 25
Mid Kirkton. N Ayr 4C 126
Mid Lambrook. Som 1H 13
Midland. Orkn 7C 172
Mid Lavant. W Sus 2G 17
Midlem. Bord 2H 119
Midney. Som 4A 22
Midsomer Norton. Bath 1B 22
Midton. Inv 2D 126
Midtown. High
nr. Poolewe 5C 162
nr. Tongue 2F 167
Midville. Linc 5C 88
Mid Walls. Shet 7C 173
Mid Yell. Shet 2G 173
Migdale. High 4D 164
Migvie. Abers 3B 152
Milborne Port. Som 1B 14
Milborne St Andrew. Dors 3D 14
Milborne Wick. Som 4B 22
Milbourne. Nmbd 2E 115
Milbourne. Wilts 3E 35
Milburn. Cumb 2H 103
Milbury Heath. S Glo 2B 34
Milby. N Yor 3G 99
Milcombe. Oxon 2C 50
Milden. Suff 1C 54
Mildenhall. Suff 3G 65
Mildenhall. Wilts 5H 35
Milebrook. Powy 3F 59
Milebush. Kent 1B 28
Mile End. Cambs 2F 65
Mile End. Essx 3C 54
Mileham. Norf 4B 78
Mile Oak. Brig 5D 26
Miles Green. Staf 5C 84
Miles Hope. Here 4H 59
Milesmark. Fife 1D 128
Mile Town. Kent 3D 40
Milfield. Nmbd 1D 120
Milford. Derbs 1A 74
Milford. Devn 4C 18
Milford. Powy 1C 58
Milford. Staf 3D 72
Milford. Surr 1A 26
Milford Haven. Pemb 4D 42
Milford on Sea. Hants 3A 16
Milkwall. Glos 5A 48
Milkwell. Wilts 4E 23
Milland. W Sus 4G 25
Mill Bank. W Yor 2A 92
Millbank. High 2D 168
Millbeck. Cumb 2D 102
Millbounds. Orkn 4E 172
Millbreck. Abers 4H 161
Millbridge. Surr 2G 25
Millbrook. C Beds 2A 52
Millbrook. Corn 3A 8
Millbrook. G Man 1D 85
Millbrook. Sotn 1B 16
Mill Common. Suff 2G 67
Mill Corner. E Sus 3C 28
Milldale. Staf 5F 85
Millden Lodge. Ang 1E 145
Milldens. Ang 3E 145
Millearn. Per 2B 136
Mill End. Buck 3F 37
Mill End. Cambs 5F 65
Mill End. Glos 4G 49
Mill End. Herts 2D 52
Millend. Glos 2C 34
Millerhill. Midl 3G 129
Miller's Dale. Derbs 3F 85
Millers Green. Derbs 5G 85
Millerston. Glas 3H 127
Millfield. Abers 4B 152
Millfield. Pet 5A 76
Millgate. Lanc 3G 91
Mill Green. Essx 5G 53
Mill Green. Norf 2D 66
Mill Green. Shrp 3A 72
Mill Green. Staf 3E 73
Mill Green. Suff 1C 54
Millhalf. Here 1F 47
Millhall. E Ren 4G 127
Millhayes. Devn
nr. Honiton 2F 13
nr. Wellington 1E 13
Millhead. Lanc 2D 97
Millheugh. S Lan 4A 128
Mill Hill. Bkbn 2E 91
Mill Hill. G Lon 1D 38
Millholme. Cumb 5G 103
Millhouse. Arg 2A 126
Millhouse. Cumb 1E 103
Millhousebridge. Dum 1C 112
Millhouses. S Yor 2H 85
Millikenpark. Ren 3F 127
Millington. E Yor 4C 100
Millington Green. Derbs 1G 73
Millisle. Ards 4J 175
Mill Knowe. Arg 3B 122
Mill Lane. Hants 1F 25
Millmeece. Staf 2C 72
Mill of Craigievar. Abers 2C 152
Mill of Fintray. Abers 2F 153
Mill of Haldane. W Dun 1F 127
Millom. Cumb 1A 96
Millow. C Beds 1C 52
Millpool. Corn 5B 10
Millport. N Ayr 4C 126
Mill Side. Cumb 1D 96
Mill Street. Norf
nr. Lyng 4C 78
nr. Swanton Morley 4C 78
Millthorpe. Derbs 3H 85
Millthorpe. Linc 2A 76
Millthrop. Cumb 5H 103
Milltimber. Aber 3F 153
Milltown. Abers
nr. Corgarff 3G 151
nr. Lumsden 2B 152
Milltown. Corn 3F 7
Milltown. Derbs 4A 86
Milltown. Devn 3F 19
Milltown. Dum 2E 113
Milltown of Aberdalgie. Per 1C 136
Milltown of Auchindoun
Mor 4A 160
Milltown of Campfield
Abers 3D 152
Milltown of Edinvillie. Mor 4G 159
Milltown of Rothiemay
Mor 4C 160
Milltown of Towie. Abers 2B 152
Milnacraig. Ang 3B 144
Milnathort. Per 3D 136
Milngavie. E Dun 2G 127
Milnholm. Stir 1A 128
Milnrow. G Man 3H 91
Milnthorpe. Cumb 1D 97
Milnthorpe. W Yor 3D 92
Milson. Shrp 3A 60
Milstead. Kent 5D 40
Milston. Wilts 2G 23
Milthorpe. Nptn 1D 50
Milton. Ang 4C 144
Milton. Cambs 4D 65
Milton. Cumb
nr. Brampton 3G 113
nr. Crooklands 1E 97
Milton. Derbs 3H 73
Milton. Dum
nr. Crocketford 2F 111
nr. Glenluce 4H 109
Milton. Glas 3G 127
Milton. High
nr. Achnasheen 3F 157
nr. Applecross 4G 155
nr. Drumnadrochit 5G 157
nr. Invergordon 1B 158
nr. Inverness 4H 157
nr. Wick 3F 169
Milton. Mor
nr. Cullen 2C 160
nr. Tomintoul 2F 151
Milton. N Som 5G 33
Milton. Notts 3E 86
Milton. Oxon
nr. Bloxham 2C 50
nr. Didcot 2C 36
Milton. Pemb 4E 43
Milton. Port 3E 17
Milton. Som 4H 21
Milton. S Ayr 2D 116
Milton. Stir
nr. Aberfoyle 3E 135
nr. Drymen 4D 134
Milton. Stoke 5D 84
Milton. W Dun 2F 127
Milton Abbas. Dors 2D 14
Milton Abbot. Devn 5E 11
Milton Auchlossan. Abers 3C 152
Milton Bridge. Midl 3F 129
Milton Bryan. C Beds 2H 51
Milton Clevedon. Som 3B 22
Milton Coldwells. Abers 5G 161
Milton Combe. Devn 2A 8
Milton Common. Oxon 5E 51
Milton Damerel. Devn 1D 11
Miltonduff. Mor 2F 159
Milton End. Glos 5G 49
Milton Ernest. Bed 5H 63
Milton Green. Ches W 5G 83
Milton Hill. Devn 5C 12
Milton Hill. Oxon 2C 36
Milton Keynes. Mil 2G 51
Milton Keynes Village. Mil 2G 51
Milton Lilbourne. Wilts 5G 35
Milton Malsor. Nptn 5E 63
Milton Morenish. Per 5D 142
Milton of Auchinhove
Abers 3C 152
Milton of Balgonie. Fife 3F 137
Milton of Barras. Abers 1H 145
Milton of Campsie. E Dun 2H 127
Milton of Cultoquhey. Per 1A 136
Milton of Cushnie. Abers 2C 152

Milton of Finavon. Ang 3D 145
Milton of Gollanfield. High 3B 158
Milton of Lesmore. Abers 1B 152
Milton of Leys. High 4A 158
Milton of Tullich. Abers 4A 152
Milton on Stour. Dors 4C 22
Milton Regis. Kent 4C 40
Milton Street. E Sus 5G 27
Milton-under-Wychwood
Oxon 4A 50
Milverton. Som 4E 20
Milverton. Warw 4H 61
Milwich. Staf 2D 72
Mimbridge. Surr 4A 38
Minard. Arg 4G 133
Minchington. Dors 1E 15
Minchinhampton. Glos 5D 48
Mindrum. Nmbd 1C 120
Minehead. Som 2C 20
Minera. Wrex 5E 83
Minety. Wilts 2F 35
Minffordd. Gwyn 2E 69
Mingarrypark. High 2A 140
Mingary. High 2G 139
Mingearraidh. W Isl 6C 170
Miningsby. Linc 4C 88
Minions. Corn 5C 10
Minishant. S Ayr 3C 116
Minllyn. Gwyn 4A 70
Minnigaff. Dum 3B 110
Minorca. IOM 3D 108
Minskip. N Yor 3F 99
Minstead. Hants 1A 16
Minsted. W Sus 4G 25
Minster. Kent
nr. Ramsgate 4H 41
Minster. Kent
nr. Sheerness 3D 40
Minsteracres. Nmbd 4D 114
Minsterley. Shrp 5F 71
Minster Lovell. Oxon 4B 50
Minsterworth. Glos 4C 48
Minterne Magna. Dors 2B 14
Minterne Parva. Dors 2B 14
Minting. Linc 3A 88
Mintlaw. Abers 4H 161
Minto. Bord 2H 119
Minton. Shrp 1G 59
Minwear. Pemb 3E 43
Minworth. W Mid 1F 61
Miodar. Arg 4B 138
Mirbister. Orkn 5C 172
Mirehouse. Cumb 3A 102
Mireland. High 2F 169
Mirfield. W Yor 3C 92
Miserden. Glos 5E 49
Miskin. Rhon 3D 32
Misson. Notts 1D 86
Misterton. Leics 2C 62
Misterton. Notts 1E 87
Misterton. Som 2H 13
Mistley. Essx 2E 54
Mistley Heath. Essx 2E 55
Mitcham. G Lon 4D 39
Mitcheldean. Glos 4B 48
Mitchell. Corn 3C 6
Mitchel Troy. Mon 4H 47
Mitcheltroy Common. Mon 5H 47
Mitford. Nmbd 1E 115
Mithian. Corn 3B 6
Mitton. Staf 4C 72
Mixbury. Oxon 2E 50
Mixenden. W Yor 2A 92
Mixon. Staf 5E 85
Moaness. Orkn 7B 172
Moarfield. Shet 1G 173
Moat. Cumb 2F 113
Moats Tye. Suff 5C 66
Mobberley. Ches E 3B 84
Mobberley. Staf 1E 73
Moccas. Here 1G 47
Mochdre. Cnwy 3H 81
Mochdre. Powy 2C 58
Mochrum. Dum 5A 110
Mockbeggar. Hants 2G 15
Mockerkin. Cumb 2B 102
Modbury. Devn 3C 8
Moddershall. Staf 2D 72
Modsarie. High 2G 167
Moelfre. Cnwy 3B 82
Moelfre. IOA 2E 81
Moelfre. Powy 3D 70
Moffat. Dum 4C 118
Moggerhanger. C Beds 1B 52
Mogworthy. Devn 1B 12
Moira. Leics 4H 73
Moira. Lis 4G 175
Molash. Kent 5E 41
Mol-chlach. High 2C 146
Mold. Flin 4E 83
Molehill Green. Essx 3F 53
Molescroft. E Yor 5E 101
Molesden. Nmbd 1E 115
Molesworth. Cambs 3H 63
Moll. High 1D 146
Molland. Devn 4B 20
Mollington. Ches W 3F 83
Mollington. Oxon 1C 50
Mollinsburn. N Lan 2A 128
Monachty. Cdgn 4E 57
Monachyle. Stir 2D 135
Monar Lodge. High 4E 156
Monaughty. Powy 4E 59
Monewden. Suff 5E 67
Moneydie. Per 1C 136
Moneymore. M Ulst 3E 175
Moneyrow Green. Wind 4G 37
Moniaive. Dum 5G 117
Monifieth. Ang 5E 145
Monikie. Ang 5E 145
Monimail. Fife 2E 137
Monington. Pemb 1B 44
Monk Bretton. S Yor 4D 92
Monken Hadley. G Lon 1D 38
Monk Fryston. N Yor 2F 93
Monk Hesleden. Dur 1B 106
Monkhide. Here 1B 48
Monkhill. Cumb 4E 113
Monkhopton. Shrp 1A 60
Monkland. Here 5G 59
Monkleigh. Devn 4E 19
Monknash. V Glam 4C 32
Monkokehampton. Devn 2F 11
Monkseaton. Tyne 2G 115
Monks Eleigh. Suff 1C 54
Monk's Gate. W Sus 3D 26
Monk's Heath. Ches E 3C 84
Monk Sherborne. Hants 1E 24
Monkshill. Abers 4E 161
Monksilver. Som 3D 20
Monks Kirby. Warw 2B 62
Monk Soham. Suff 4E 66
Monk Soham Green. Suff 4E 66
Monkspath. W Mid 3F 61
Monks Risborough. Buck 5G 51
Monksthorpe. Linc 4D 88
Monk Street. Essx 3G 53
Monkswood. Mon 5G 47
Monkton. Devn 2E 13
Monkton. Kent 4G 41
Monkton. Pemb 4D 42
Monkton. S Ayr 2C 116
Monkton Combe. Bath 5C 34
Monkton Deverill. Wilts 3D 22
Monkton Farleigh. Wilts 5D 34
Monkton Heathfield. Som 4F 21
Monktonhill. S Ayr 2C 116
Monkton Up Wimborne
Dors 1F 15
Monkton Wyld. Dors 3G 13
Monkwearmouth. Tyne 4G 115
Monkwood. Dors 3H 13
Monkwood. Hants 3E 25
Monmarsh. Here 1A 48
Monmouth. Mon 4A 48
Monnington on Wye. Here 1G 47
Monreith. Dum 5A 110
Montacute. Som 1H 13
Montford. Arg 3C 126
Montford. Shrp 4G 71
Montford Bridge. Shrp 4G 71
Montgarrie. Abers 2C 152
Montgarswood. E Ayr 2E 117
Montgomery. Powy 1E 58
Montgreenan. N Ayr 5E 127
Montrave. Fife 3F 137
Montrose. Ang 3G 145
Monxton. Hants 2B 24
Monyash. Derbs 4F 85
Monymusk. Abers 2D 152
Monzie. Per 1A 136
Moodiesburn. N Lan 2H 127
Moon's Green. Kent 3C 28
Moonzie. Fife 2F 137
Moor. Som 1H 13
The Moor. Kent 3B 28
Moor Allerton. W Yor 1C 92
Moorbath. Dors 3H 13
Moorbrae. Shet 3F 173
Moorby. Linc 4B 88
Moorcot. Here 5F 59
Moor Crichel. Dors 2E 15
Moor Cross. Devn 3C 8
Moordown. Bour 3F 15
Moore. Hal 2H 83
Moor End. E Yor 1B 94
Moorend. Dum 2D 112
Moorend. Glos
nr. Dursley 5C 48
nr. Gloucester 4D 48
Moorends. S Yor 3G 93
Moorgate. S Yor 1B 86
Moor Green. Wilts 5D 34
Moorgreen. Hants 1C 16
Moorgreen. Notts 1B 74
Moorhaigh. Notts 4C 86
Moorhall. Derbs 3H 85
Moorhampton. Here 1G 47
Moorhouse. Cumb
nr. Carlisle 4E 113
nr. Wigton 4D 112
Moorhouse. Notts 4E 87
Moorhouse. Surr 5F 39
Moorhouses. Linc 5B 88
Moorland. Som 3G 21
Moorlinch. Som 3H 21
Moor Monkton. N Yor 4H 99
Moor of Granary. Mor 3E 159
Moor Row. Cumb
nr. Whitehaven 3B 102
nr. Wigton 5D 112
Moorsholm. Red C 3D 107
Moorside. Dors 1C 14
Moorside. G Man 4H 91
Moortown. Devn 3D 10
Moortown. Hants 2G 15
Moortown. IOW 4C 16
Moortown. Linc 1H 87
Moortown. Telf 4A 72
Moortown. W Yor 1D 92
Morangie. High 5E 165
Morar. High 4E 147
Morborne. Cambs 1A 64
Morchard Bishop. Devn 2A 12
Morcombelake. Dors 3H 13
Morcott. Rut 5G 75
Morda. Shrp 3E 71
Morden. G Lon 4D 38
Mordiford. Here 2A 48
Mordon. Dur 2A 106
More. Shrp 1F 59
Morebath. Devn 4C 20
Morebattle. Bord 2B 120
Morecambe. Lanc 3D 96
Morefield. High 4F 163
Moreleigh. Devn 3D 8
Morenish. Per 5C 142
Moresby Parks. Cumb 3A 102
Morestead. Hants 4D 24
Moreton. Dors 4D 14
Moreton. Essx 5F 53
Moreton. Here 4H 59
Moreton. Mers 1E 83
Moreton. Oxon 5E 51
Moreton. Staf 4B 72
Moreton Corbet. Shrp 3H 71
Moretonhampstead. Devn 4A 12
Moreton-in-Marsh. Glos 2H 49
Moreton Jeffries. Here 1B 48
Moreton Morrell. Warw 5H 61
Moreton on Lugg. Here 1A 48
Moreton Pinkney. Nptn 1D 50
Moreton Say. Shrp 2A 72
Moreton Valence. Glos 5C 48
Morfa. Cdgn 5C 56
Morfa Bach. Carm 4D 44
Morfa Bychan. Gwyn 2E 69
Morfa Glas. Neat 5B 46
Morfa Nefyn. Gwyn 1B 68
Morganstown. Card 3E 33
Morgan's Vale. Wilts 4G 23
Morham. E Lot 2B 130
Moriah. Cdgn 3F 57
Morland. Cumb 2G 103
Morley. Ches E 2C 84
Morley. Derbs 1A 74
Morley. Dur 2E 105
Morley. W Yor 2C 92
Morley St Botolph. Norf 1C 66
Morningside. Edin 2F 129
Morningside. N Lan 4B 128
Morningthorpe. Norf 1E 66
Morpeth. Nmbd 1F 115
Morrey. Staf 4F 73
Morridge Side. Staf 5E 85
Morridge Top. Staf 4E 85
Morrington. Dum 1F 111
Morris Green. Essx 2H 53
Morriston. Swan 3F 31
Morston. Norf 1C 78
Mortehoe. Devn 2E 19
Morthen. S Yor 2B 86
Mortimer. W Ber 5E 37
Mortimer's Cross. Here 4G 59
Mortimer West End. Hants 5E 37
Mortomley. S Yor 1H 85
Morton. Cumb
nr. Calthwaite 1F 103
nr. Carlisle 4E 113
Morton. Derbs 4B 86
Morton. Linc
nr. Bourne 3H 75
nr. Gainsborough 1F 87
nr. Lincoln 4F 87
Morton. Norf 4D 78
Morton. Notts 5E 87
Morton. Shrp 3E 71
Morton. S Glo 2B 34
Morton Bagot. Warw 4F 61
Morton Mill. Shrp 3H 71
Morton-on-Swale. N Yor 5A 106
Morton Tinmouth. Dur 2E 105
Morvah. Corn 3B 4
Morval. Corn 3G 7
Morvich. High
nr. Golspie 3E 165
nr. Shiel Bridge 1B 148
Morvil. Pemb 1E 43
Morville. Shrp 1A 60
Morwenstow. Corn 1C 10
Morwick. Nmbd 4G 121
Mosborough. S Yor 2B 86
Moscow. E Ayr 5F 127
Mose. Shrp 1B 60
Mosedale. Cumb 1E 103
Moseley. W Mid
nr. Birmingham 2E 61
nr. Wolverhampton 5D 72
Moseley. Worc 5C 60
Moss. Arg 4A 138
Moss. High 2A 140
Moss. S Yor 3F 93
Moss. Wrex 5F 83
Mossatt. Abers 2B 152
Moss Bank. Mers 1H 83
Mossbank. Shet 4F 173
Mossblown. S Ayr 2D 116
Mossbrow. G Man 2B 84
Mossburnford. Bord 3A 120
Mossdale. Dum 2D 110
Mossedge. Cumb 3F 113
Mossend. N Lan 3A 128
Mossgate. Staf 2D 72
Moss Lane. Ches E 3D 84
Mossley. Ches E 4C 84
Mossley. G Man 4H 91
Mossley Hill. Mers 2F 83
Moss of Barmuckity. Mor 2G 159
Mosspark. Glas 3G 127
Mosspaul. Bord 5G 119
Moss Side. Cumb 4C 112
Moss Side. G Man 1C 84
Moss Side. Lanc
nr. Blackpool 1B 90
nr. Preston 2D 90
Moss Side. Mers 4B 90
Moss-side. High 3C 158
Moss-side of Cairness
Abers 2H 161
Mosstodloch. Mor 2H 159
Mosswood. Nmbd 4D 114
Mossy Lea. Lanc 3D 90
Mosterton. Dors 2H 13
Moston. Shrp 3H 71
Moston Green. Ches E 4B 84
Mostyn. Flin 2D 82
Mostyn Quay. Flin 2D 82
Motcombe. Dors 4D 22
Mothecombe. Devn 4C 8
Motherby. Cumb 2F 103
Motherwell. N Lan 4A 128
Mottingham. G Lon 3F 39
Mottisfont. Hants 4B 24
Mottistone. IOW 4C 16
Mottram in Longdendale
G Man 1D 85
Mottram St Andrew. Ches E 3C 84
Mott's Mill. E Sus 2G 27
Mouldsworth. Ches W 3H 83
Moulin. Per 3G 143
Moulsecoomb. Brig 5E 27
Moulsford. Oxon 3D 36
Moulsoe. Mil 1H 51
Moulton. Ches W 4A 84
Moulton. Linc 3C 76
Moulton. Nptn 4E 63
Moulton. N Yor 4F 105
Moulton. Suff 4F 65
Moulton. V Glam 4D 32
Moulton Chapel. Linc 4B 76
Moulton Eaugate. Linc 4C 76
Moulton St Mary. Norf 5F 79
Moulton Seas End. Linc 3C 76
Mount. Corn
nr. Bodmin 2F 7
nr. Newquay 3B 6
Mountain Ash. Rhon 2D 32
Mountain Cross. Bord 5E 129
Mountain Street. Kent 5E 41
Mountain Water. Pemb 2D 42
Mount Ambrose. Corn 4B 6
Mountbenger. Bord 2F 119
Mountblow. W Dun 2F 127
Mount Bures. Essx 2C 54
Mountfield. E Sus 3B 28
Mountgerald. High 2H 157
Mount Hawke. Corn 4B 6
Mount High. High 2A 158
Mountjoy. Corn 2C 6
Mount Lothian. Midl 4F 129
Mountnessing. Essx 1H 39
Mounton. Mon 2A 34
Mount Pleasant. Buck 2E 51
Mount Pleasant. Ches E 5C 84
Mount Pleasant. Derbs
nr. Derby 1H 73
nr. Swadlincote 4G 73
Mount Pleasant. E Sus 4F 27
Mount Pleasant. Hants 3A 16
Mount Pleasant. Norf 1B 66

Mount Skippett. Oxon 4B 50
Mountsorrel. Leics 4C 74
Mount Stuart. Arg 4C 126
Mousehole. Corn 4B 4
Mouswald. Dum 2B 112
Mow Cop. Ches E 5C 84
Mowden. Darl 3F 105
Mowhaugh. Bord 2C 120
Mowmacre Hill. Leic 5C 74
Mowsley. Leics 2D 62
Moy. High 5B 158
Moy. M Ulst 5E 175
Moygashel. M Ulst 4E 175
Moylgrove. Pemb 1B 44
Moy Lodge. High 5G 149
Muasdale. Arg 5E 125
Muchalls. Abers 4G 153
Much Birch. Here 2A 48
Much Cowarne. Here 1B 48
Much Dewchurch. Here 2H 47
Muchelney. Som 4H 21
Muchelney Ham. Som 4H 21
Much Hadham. Herts 4E 53
Much Hoole. Lanc 2C 90
Muchlarnick. Corn 3G 7
Much Marcle. Here 2B 48
Muchrachd. High 5E 157
Much Wenlock. Shrp 5A 72
Mucking. Thur 2A 40
Muckle Breck. Shet 5G 173
Muckleford. Dors 3B 14
Mucklestone. Staf 2B 72
Muckleton. Norf 2H 77
Muckleton. Shrp 3H 71
Muckley. Shrp 1A 60
Muckley Corner. Staf 5E 73
Muckton. Linc 2C 88
Mudale. High 5F 167
Muddiford. Devn 3F 19
Mudeford. Dors 3G 15
Mudford. Som 1A 14
Mudgley. Som 2H 21
Mugdock. Stir 2G 127
Mugeary. High 5D 154
Muggington. Derbs 1G 73
Muggintonlane End. Derbs 1G 73
Muggleswick. Dur 4D 114
Mugswell. Surr 5D 38
Muie. High 3D 164
Muirden. Abers 3E 160
Muirdrum. Ang 5E 145
Muiredge. Per 1E 137
Muirend. Glas 3G 127
Muirhead. Ang 5C 144
Muirhead. Fife 3E 137
Muirhead. N Lan 3H 127
Muirhouses. Falk 1D 128
Muirkirk. E Ayr 2F 117
Muir of Alford. Abers 2C 152
Muir of Fairburn. High 3G 157
Muir of Fowlis. Abers 2C 152
Muir of Miltonduff. Mor 3F 159
Muir of Ord. High 3H 157
Muir of Tarradale. High 3H 157
Muirshearlich. High 5D 148
Muirtack. Abers 5G 161
Muirton. High 2B 158
Muirton. Per 1D 136
Muirton of Ardblair. Per 4A 144
Muirtown. Per 2B 136
Muiryfold. Abers 3E 161
Muker. N Yor 5C 104
Mulbarton. Norf 5D 78
Mulben. Mor 3A 160
Mulindry. Arg 4B 124
Mulla. Shet 5F 173
Mullach Charlabhaigh
W Isl 3E 171
Mullacott. Devn 2F 19
Mullion. Corn 5D 5
Mullion Cove. Corn 5D 4
Mumbles. Swan 4F 31
Mumby. Linc 3E 89
Munderfield Row. Here 5A 60
Munderfield Stocks. Here 5A 60
Mundesley. Norf 2F 79
Mundford. Norf 1H 65
Mundham. Norf 1F 67
Mundon. Essx 5B 54
Munerigie. High 3E 149
Muness. Shet 1H 173
Mungasdale. High 4D 162
Mungrisdale. Cumb 1E 103
Munlochy. High 3A 158
Munsley. Here 1B 48
Munslow. Shrp 2H 59
Murchington. Devn 4G 11
Murcot. Worc 1F 49
Murcott. Oxon 4D 50
Murdishaw. Hal 2H 83
Murieston. W Lot 3D 128
Murkle. High 2D 168
Murlaggan. High 4C 148
Murra. Orkn 7B 172
The Murray. S Lan 4H 127
Murrayfield. Edin 2F 129
Murrell Green. Hants 1F 25
Murroes. Ang 5D 144
Murrow. Cambs 5C 76
Mursley. Buck 3G 51
Murthly. Per 5H 143
Murton. Cumb 2A 104
Murton. Dur 5G 115
Murton. Nmbd 5F 131
Murton. Swan 4E 31
Murton. York 4A 100
Musbury. Devn 3F 13
Muscoates. N Yor 1A 100
Muscott. Nptn 4D 62
Musselburgh. E Lot 2G 129
Muston. Leics 2F 75
Muston. N Yor 2E 101
Mustow Green. Worc 3C 60
Muswell Hill. G Lon 2D 39
Mutehill. Dum 5D 111
Mutford. Suff 2G 67
Muthill. Per 2A 136
Mutterton. Devn 2D 12
Muxton. Telf 4B 72
Y Mwmbwls. Swan 4F 31
Mybster. High 3D 168
Myddfai. Carm 2A 46
Myddle. Shrp 3G 71
Mydroilyn. Cdgn 5D 56
Myerscough. Lanc 1C 90
Mylor Bridge. Corn 5C 6
Mylor Churchtown. Corn 5C 6
Mynachlog-ddu. Pemb 1F 43
Mynydd-bach. Mon 2H 33
Mynydd Isa. Flin 4E 83
Mynyddislwyn. Cphy 2E 33
Mynydd Llandegai. Gwyn 4F 81
Mynydd Mechell. IOA 1C 80
Mynydd-y-briw. Powy 3D 70
Mynydd y Garreg. Carm 5E 45
Mynytho. Gwyn 2C 68
Myrebird. Abers 4E 153
Myrelandhorn. High 3E 169
Mytchett. Surr 1G 25
The Mythe. Glos 2D 49
Mytholmroyd. W Yor 2A 92
Myton-on-Swale. N Yor 3G 99
Mytton. Shrp 4G 71

N

Naast. High 5C 162
Na Buirgh. W Isl 8C 171
Naburn. York 5H 99
Nab Wood. W Yor 1B 92
Nackington. Kent 5F 41
Nacton. Suff 1F 55
Nafferton. E Yor 4E 101
Na Gearrannan. W Isl 3D 171
Nailbridge. Glos 4B 48
Nailsbourne. Som 4F 21
Nailsea. N Som 4H 33
Nailstone. Leics 5B 74
Nailsworth. Glos 2D 34
Nairn. High 3C 158
Nalderswood. Surr 1D 26
Nancegollan. Corn 3D 4
Nancledra. Corn 3B 4
Nangreaves. G Man 3G 91
Nanhyfer. Pemb 1E 43
Nannerch. Flin 4D 82
Nanpantan. Leics 4C 74
Nanpean. Corn 3D 6
Nansledan C2 6
Nanstallon. Corn 2E 7
Nant-ddu. Powy 4D 46
Nanternis. Cdgn 5C 56
Nantgaredig. Carm 3E 45
Nantgarw. Rhon 3E 33
Nant Glas. Powy 4B 58
Nantglyn. Den 4C 82
Nantgwyn. Powy 3B 58
Nantlle. Gwyn 5E 81
Nantmawr. Shrp 3E 71
Nantmel. Powy 4C 58
Nantmor. Gwyn 1F 69
Nantperis. Gwyn 5F 81
Nantwich. Ches E 5A 84
Nant-y-bai. Carm 1A 46
Nant-y-bwch. Blae 4E 47
Nant-y-Derry. Mon 5G 47
Nant-y-dugoed. Powy 4B 70
Nant-y-felin. Cnwy 3F 81
Nantyffyllon. B'end 2B 32
Nant-y-glo. Blae 4E 47
Nant-y-meichiaid. Powy 4D 70
Nant-y-moel. B'end 2C 32
Nant-y-pandy. Cnwy 3F 81
Naphill. Buck 2G 37
Nappa. N Yor 4A 98
Napton on the Hill. Warw 4B 62
Narberth. Pemb 3F 43
Narberth Bridge. Pemb 3F 43
Narborough. Leics 1C 62
Narborough. Norf 4G 77
Narkurs. Corn 3H 7
The Narth. Mon 5A 48
Narthwaite. Cumb 5A 104
Nasareth. Gwyn 5D 80
Naseby. Nptn 3D 62
Nash. Buck 2F 51
Nash. Here 4F 59
Nash. Kent 5G 41
Nash. Newp 3G 33
Nash. Shrp 3A 60
Nash Lee. Buck 5G 51
Nassington. Nptn 1H 63
Nasty. Herts 3D 52
Natcott. Devn 4C 18
Nateby. Cumb 4A 104
Nateby. Lanc 5D 96
Nately Scures. Hants 1F 25
Natland. Cumb 1E 97
Naughton. Suff 1D 54
Naunton. Glos 3G 49
Naunton. Worc 2D 49
Naunton Beauchamp. Worc 5D 60
Navenby. Linc 5G 87
Navestock. Essx 1G 39
Navestock Side. Essx 1G 39
Navidale. High 2H 165
Nawton. N Yor 1A 100
Nayland. Suff 2C 54
Nazeing. Essx 5E 53
Neacroft. Hants 3G 15
Nealhouse. Cumb 4E 113
Neal's Green. Warw 2H 61
Near Sawrey. Cumb 5E 103
Neasden. G Lon 2D 38
Neasham. Darl 3A 106
Neath. Neat 2A 32
Neath Abbey. Neat 3G 31
Neatishead. Norf 3F 79
Neaton. Norf 5B 78
Nebo. Cdgn 4E 57
Nebo. Cnwy 5H 81
Nebo. Gwyn 5D 81
Nebo. IOA 1D 80
Necton. Norf 5A 78
Nedd. High 5B 166
Nedderton. Nmbd 1F 115
Nedging. Suff 1D 54
Nedging Tye. Suff 1D 54
Needham. Norf 2E 67
Needham Market. Suff 5C 66
Needham Street. Suff 4G 65
Needingworth. Cambs 3C 64
Needwood. Staf 3F 73
Neen Savage. Shrp 3A 60
Neen Sollars. Shrp 3A 60
Neenton. Shrp 2A 60
Nefyn. Gwyn 1C 68
Neilston. E Ren 4F 127
Neithrop. Oxon 1C 50
Nelly Andrews Green. Powy 5E 71
Nelson. Cphy 2E 32
Nelson. Lanc 1G 91
Nelson Village. Nmbd 2F 115
Nemphlar. S Lan 5B 128
Nempnett Thrubwell. Bath 5A 34
Nene Terrace. Linc 5B 76
Nenthall. Cumb 5A 114
Nenthead. Cumb 5A 114
Nenthorn. Bord 1A 120
Nercwys. Flin 4E 83
Neribus. Arg 4A 124
Nerston. S Lan 4H 127
Nesbit. Nmbd 1D 121
Nesfield. N Yor 5C 98
Ness. Ches W 3F 83
Nesscliffe. Shrp 4F 71
Ness of Tenston. Orkn 6B 172
Neston. Ches W 3E 83
Neston. Wilts 5D 34
Nethanfoot. S Lan 5B 128
Nether Alderley. Ches E 3C 84
Netheravon. Wilts 2G 23
Nether Blainslie. Bord 5B 130
Netherbrae. Abers 3E 161
Netherbrough. Orkn 6C 172
Nether Broughton. Leics 3D 74
Netherburn. S Lan 5B 128
Nether Burrow. Lanc 2F 97
Netherbury. Dors 3H 13
Netherby. Cumb 2E 113
Nether Careston. Ang 3E 145
Nether Cerne. Dors 3B 14
Nether Compton. Dors 1A 14
Nethercote. Glos 3G 49
Nethercote. Warw 4C 62
Nethercott. Devn 3E 19
Nethercott. Oxon 3C 50
Nether Dallachy. Mor 2A 160
Nether Durdie. Per 1E 136
Nether End. Derbs 3G 85
Netherend. Glos 5A 48
Nether Exe. Devn 2C 12
Netherfield. E Sus 4B 28
Netherfield. Notts 1D 74
Nethergate. Norf 3C 78
Netherhampton. Wilts 4G 23
Nether Handley. Derbs 3B 86
Nether Haugh. S Yor 1B 86
Nether Heage. Derbs 5A 86
Nether Heyford. Nptn 5D 62
Netherhouses. Cumb 1B 96
Nether Howcleugh S Lan 3C 118
Nether Kellet. Lanc 3E 97
Nether Kinmundy. Abers 4H 161
Netherland Green. Staf 2F 73
Nether Langwith. Notts 3C 86
Netherlaw. Dum 5E 111
Netherley. Abers 4F 153
Nethermill. Dum 1B 112
Nethermills. Mor 3C 160
Nether Moor. Derbs 4A 86
Nether Padley. Derbs 3G 85
Netherplace. E Ren 4G 127
Nether Poppleton. York 4H 99
Netherseal. Derbs 4G 73
Nether Silton. N Yor 5B 106
Nether Stowey. Som 3E 21
Nether Street. Essx 4F 53
Netherstreet. Wilts 5E 35
Netherthird. E Ayr 3E 117
Netherthong. W Yor 4B 92
Netherton. Ang 3E 145
Netherton. Cumb 1B 102
Netherton. Devn 5B 12
Netherton. Hants 1B 24
Netherton. Here 3A 48
Netherton. Mers 1F 83
Netherton. N Lan 4A 128
Netherton. Nmbd 4D 121
Netherton. Per 3A 144
Netherton. Shrp 2B 60
Netherton. Stir 2G 127
Netherton. W Mid 2D 60
Netherton. W Yor
nr. Armitage Bridge 3B 92
nr. Horbury 3C 92
Netherton. Worc 1E 49
Nethertown. Cumb 4A 102
Nethertown. High 1F 169
Nethertown. Staf 4F 73
Nether Urquhart. Fife 3D 136
Nether Wallop. Hants 3B 24
Nether Wasdale. Cumb 4C 102
Nether Welton. Cumb 5E 113
Nether Westcote. Glos 3H 49
Nether Whitacre. Warw 1G 61
Nether Winchendon. Buck 4F 51
Netherwitton. Nmbd 5F 121
Nether Worton. Oxon 2C 50
Nethy Bridge. High 1E 151
Netley. Shrp 5G 71
Netley Abbey. Hants 2C 16
Netley Marsh. Hants 1B 16
Nettlebed. Oxon 3F 37
Nettlebridge. Som 2B 22
Nettlecombe. Dors 3A 14
Nettlecombe. IOW 5D 16
Nettleden. Herts 4A 52
Nettleham. Linc 3H 87
Nettlestead. Kent 5A 40
Nettlestead Green. Kent 5A 40
Nettlestone. IOW 3E 16
Nettlesworth. Dur 5F 115
Nettleton. Linc 4E 94
Nettleton. Wilts 4D 34
Netton. Devn 4B 8
Netton. Wilts 3G 23
Neuadd. Powy 5C 70
The Neuk. Abers 4E 153
Nevendon. Essx 1B 40
Nevern. Pemb 1E 43
New Abbey. Dum 3A 112
New Aberdour. Abers 2F 161
New Addington. G Lon 4E 39
Newall. W Yor 5E 98
New Alresford. Hants 3D 24
New Alyth. Per 4B 144
Newark. Orkn 3G 172
Newark. Pet 5B 76
Newark-on-Trent. Notts 5E 87
New Arley. Warw 2G 61
Newarthill. N Lan 4A 128
New Ash Green. Kent 4H 39
New Balderton. Notts 5F 87
New Barn. Kent 4H 39
New Barnetby. N Lin 3D 94
Newbattle. Midl 3G 129
New Bewick. Nmbd 2E 121
Newbie. Dum 3C 112
Newbiggin. Cumb
nr. Appleby 2H 103
nr. Barrow-in-Furness 3B 96
nr. Cumrew 5G 113
nr. Penrith 2F 103
nr. Seascale 5B 102
Newbiggin. Dur
nr. Consett 5E 115
nr. Holwick 2C 104
Newbiggin. Nmbd 5C 114

Newbiggin – Newtown

Newbiggin. N Yor
nr. Askrigg 5C 104
nr. Filey 1F 101
nr. Thoralby 1B 98
Newbiggin-by-the-Sea Nmbd 1G 115
Newbigging. Ang
nr. Monikie 5D 145
nr. Newtyle 4B 144
nr. Tealing 5D 144
Newbigging. Edin 2E 129
Newbigging. S Lan 5D 128
Newbiggin-on-Lune Cumb 4A 104
Newbold. Derbs 3A 86
Newbold. Leics 4B 74
Newbold on Avon. Warw 3B 62
Newbold on Stour. Warw 1H 49
Newbold Pacey. Warw 5G 61
Newbold Verdon. Leics 5B 74
New Bolingbroke. Linc 5C 88
Newborough. IOA 4D 80
Newborough. Pet 5B 76
Newborough. Staf 3F 73
Newbottle. Nptn 2D 50
Newbottle. Tyne 4G 115
New Boultham. Linc 3G 87
Newbourne. Suff 1F 55
New Brancepeth. Dur 5F 115
New Bridge. Dum 2G 111
Newbridge. Cphy 2F 33
Newbridge. Cdgn 5E 57
Newbridge. Corn 3B 4
Newbridge. Edin 2E 129
Newbridge. Hants 1A 16
Newbridge. IOW 4C 16
Newbridge. N Yor 1C 100
Newbridge. Pemb 1D 42
Newbridge. Wrex 1E 71
Newbridge Green. Worc 2D 48
Newbridge on Usk. Mon 2G 33
Newbridge on Wye. Powy 5C 58
New Brighton. Flin 4E 83
New Brighton. Hants 2F 17
New Brighton. Mers 1F 83
New Brinsley. Notts 5B 86
Newbrough. Nmbd 3B 114
New Broughton. Wrex 5F 83
New Buckenham. Norf 1C 66
New Buildings. Derr 2C 174
Newbuildings. Devn 2A 12
Newburgh. Abers 1G 153
Newburgh. Fife 2E 137
Newburgh. Lanc 3C 90
Newburn. Tyne 3E 115
Newbury. W Ber 5C 36
Newbury. Wilts 2D 22
Newby. Cumb 2G 103
Newby. N Yor
nr. Ingleton 2G 97
nr. Scarborough 1E 101
nr. Stokesley 3C 106
Newby Bridge. Cumb 1C 96
Newby Cote. N Yor 2G 97
Newby East. Cumb 4F 113
Newby Head. Cumb 2G 103
New Byth. Abers 3F 161
Newby West. Cumb 4E 113
Newby Wiske. N Yor 1F 99
Newcastle. B'end 3B 32
Newcastle. Mon 4H 47
Newcastle. New M 6H 175
Newcastle. Shrp 2E 59
Newcastle Emlyn. Carm 1D 44
Newcastle International Airport Tyne 2E 115
Newcastleton. Bord 1F 113
Newcastle-under-Lyme Staf 1C 72
Newcastle upon Tyne. Tyne 3F 115
Newchapel. Pemb 1G 43
Newchapel. Powy 2B 58
Newchapel. Staf 5C 84
Newchapel. Surr 1E 27
New Cheriton. Hants 4D 24
Newchurch. Carm 3D 45
Newchurch. Here 5F 59
Newchurch. IOW 4D 16
Newchurch. Kent 2E 29
Newchurch. Lanc 2G 91
Newchurch. Mon 2H 33
Newchurch. Powy 5E 58
Newchurch. Staf 3F 73
Newchurch in Pendle. Lanc 1G 91
New Costessey. Norf 4D 78
Newcott. Devn 2F 13
New Cowper. Cumb 5C 112
Newcraighall. Edin 2G 129
New Crofton. W Yor 3D 93
New Cross. Cdgn 3F 57
New Cross. Som 1H 13
New Cumnock. E Ayr 3F 117
New Deer. Abers 4F 161
New Denham. Buck 2B 38
Newdigate. Surr 1C 26
New Duston. Nptn 4E 62
New Earswick. York 4A 100
New Edlington. S Yor 1C 86
New Elgin. Mor 2G 159
New Ellerby. E Yor 1E 95
Newell Green. Brac 4G 37
New Eltham. G Lon 3F 39
New End. Warw 4F 61
New End. Worc 5E 61
Newenden. Kent 3C 28
New England. Essx 1H 53
New England. Pet 5A 76
Newent. Glos 3C 48
New Ferry. Mers 2F 83
Newfield. Dur
nr. Chester-le-Street 4F 115
nr. Willington 1F 105
Newfound. Hants 1D 24
New Fryston. W Yor 2E 93
Newgale. Pemb 2C 42
New Galloway. Dum 2D 110
Newgate. Norf 1C 78
Newgate Street. Herts 5D 52
New Greens. Herts 5B 52
New Grimsby. IOS 1A 4
New Hainford. Norf 4E 78
Newhall. Ches E 1A 72
Newhall. Derbs 3G 73
Newham. Nmbd 2F 121
New Hartley. Nmbd 2G 115
Newhaven. Derbs 4F 85
Newhaven. E Sus 5F 27
Newhaven. Edin 2F 129
New Haw. Surr 4B 38
New Hedges. Pemb 4F 43
New Herrington. Tyne 4G 115
Newhey. G Man 3H 91
New Holkham. Norf 2A 78
New Holland. N Lin 2D 94
Newholm. N Yor 3F 107
New Houghton. Derbs 4C 86
New Houghton. Norf 3G 77
Newhouse. N Lan 3A 128
New Houses. N Yor 2H 97
New Hutton. Cumb 5G 103
New Hythe. Kent 5B 40
Newick. E Sus 3F 27
Newingreen. Kent 2F 29
Newington. Edin 2F 129
Newington. Kent
nr. Folkestone 2F 29
nr. Sittingbourne 4C 40
Newington. Notts 1D 86
Newington. Oxon 2E 36
Newington Bagpath. Glos 2D 34
New Inn. Carm 2E 45
New Inn. Mon 5H 47
New Inn. N Yor 2H 97
New Inn. Torf 2G 33
New Invention. Shrp 3E 59
New Kelso. High 4B 156
New Lanark. S Lan 5B 128
Newland. Glos 5A 48
Newland. Hull 1D 94
Newland. N Yor 2G 93
Newland. Som 3B 20
Newland. Worc 1C 48
Newlandrig. Midl 3G 129
Newlands. Cumb 1E 103
Newlands. High 4B 158
Newlands. Nmbd 4D 115
Newlands. Staf 3E 73
Newlands of Geise. High 2C 168
Newlands of Tynet. Mor 2A 160
Newlands Park. IOA 2B 80
New Lane. Lanc 3C 90
New Lane End. Warr 1A 84
New Langholm. Dum 1E 113
New Leake. Linc 5D 88
New Leeds. Abers 3G 161
New Lenton. Nott 2C 74
New Longton. Lanc 2D 90
Newlot. Orkn 6E 172
New Luce. Dum 3G 109
Newlyn. Corn 4B 4
Newmachar. Abers 2F 153
Newmains. N Lan 4B 128
New Mains of Ury. Abers 5F 153
New Malden. G Lon 4D 38
Newman's Green. Suff 1B 54
Newmarket. Suff 4F 65
Newmarket. W Isl 4G 171
New Marske. Red C 2D 106
New Marton. Shrp 2F 71
New Micklefield. W Yor 1E 93
New Mill. Abers 4E 160
New Mill. Corn 3B 4
New Mill. Herts 4H 51
New Mill. W Yor 4B 92
New Mill. Wilts 5G 35
Newmill. Mor 3B 160
Newmill. Bord 3G 119
Newmillerdam. W Yor 3D 92
New Mills. Corn 3C 6
New Mills. Derbs 2E 85
New Mills. Mon 5A 48
New Mills. Powy 5C 70
Newmills. Fife 1D 128
Newmills. High 2A 158
Newmiln. Per 5A 144
Newmilns. E Ayr 1E 117
New Milton. Hants 3H 15
New Mistley. Essx 2E 54
New Moat. Pemb 2E 43
Newmore. High
nr. Dingwall 3H 157
nr. Invergordon 1A 158
Newnham. Cambs 5D 64
Newnham. Glos 4B 48
Newnham. Hants 1F 25
Newnham. Herts 2C 52
Newnham. Kent 5D 40
Newnham. Nptn 5C 62
Newnham. Warw 4F 61
Newnham Bridge. Worc 4A 60
New Ollerton. Notts 4D 86
New Oscott. W Mid 1E 61
New Park. N Yor 4E 99
Newpark. Fife 2G 137
New Pitsligo. Abers 3F 161
New Polzeath. Corn 1D 6
Newport. Corn 4D 10
Newport. Devn 3F 19
Newport. E Yor 1B 94
Newport. Essx 2F 53
Newport. Glos 2B 34
Newport. High 1H 165
Newport. IOW 4D 16
Newport. Newp 3G 33
Newport. Norf 4H 79
Newport. Pemb 1E 43
Newport. Som 4G 21
Newport. Telf 4B 72
Newport-on-Tay. Fife 1G 137
Newport Pagnell. Mil 1G 51
Newpound Common W Sus 3B 26
New Prestwick. S Ayr 2C 116
New Quay. Cdgn 5C 56
Newquay. Corn 2C 6
Newquay Cornwall Airport Corn 2C 6
New Rackheath. Norf 4E 79
New Radnor. Powy 4E 58
New Rent. Cumb 1F 103
New Ridley. Nmbd 4D 114
New Romney. Kent 3E 29
New Rossington. S Yor 1D 86
New Row. Cdgn 3G 57
Newry. New M 6F 175
New Sauchie. Clac 4A 136
Newsbank. Ches E 4C 84
Newseat. Abers 5E 160
Newsham. Lanc 1D 90
Newsham. Nmbd 2G 115
Newsham. N Yor
nr. Richmond 3E 105
nr. Thirsk 1F 99
New Sharlston. W Yor 2D 93
Newsholme. E Yor 2H 93
Newsholme. Lanc 4H 97
New Shoreston. Nmbd 1F 121
New Springs. G Man 4D 90
Newstead. Notts 5C 86
Newstead. Bord 1H 119
New Stevenston. N Lan 4A 128
New Street. Here 5F 59
Newstreet Lane. Shrp 2A 72
New Swanage. Dors 4F 15
New Swannington. Leics 4B 74
Newthorpe. N Yor 1E 93
Newthorpe. Notts 1B 74
Newton. Arg 4H 133
Newton. B'end 4B 32
Newton. Cambs
nr. Cambridge 1E 53
nr. Wisbech 4D 76
Newton. Ches W
nr. Chester 4G 83
nr. Tattenhall 5H 83
Newton. Cumb 2B 96
Newton. Derbs 5B 86
Newton. Dors 1C 14
Newton. Dum
nr. Annan 2D 112
nr. Moffat 5D 118
Newton. G Man 1D 84
Newton. Here
nr. Ewyas Harold 2G 47
nr. Leominster 5H 59
Newton. High
nr. Cromarty 2B 158
nr. Inverness 4B 158
nr. Kylestrome 5C 166
nr. Wick 4F 169
Newton. Lanc
nr. Blackpool 1B 90
nr. Carnforth 2E 97
nr. Clitheroe 4F 97
Newton. Linc 2H 75
Newton. Mers 2E 83
Newton. Mor 2F 159
Newton. Norf 4H 77
Newton. Nptn 2F 63
Newton. Nmbd 3D 114
Newton. Notts 1D 74
Newton. Bord 2A 120
Newton. Shet 8E 173
Newton. Shrp
nr. Bridgnorth 1B 60
nr. Wem 2G 71
Newton. Som 3E 20
Newton. S Lan
nr. Glasgow 3H 127
nr. Lanark 1B 118
Newton. Staf 3E 73
Newton. Suff 1C 54
Newton. Swan 4F 31
Newton. Warw 3C 62
Newton. W Lot 2D 129
Newton. Wilts 4H 23
Newton Abbot. Devn 5B 12
Newtonairds. Dum 1F 111
Newton Arlosh. Cumb 4D 112
Newton Aycliffe. Dur 2F 105
Newton Bewley. Hart 2B 106
Newton Blossomville. Mil 5G 63
Newton Bromswold. Nptn 4G 63
Newton Burgoland. Leics 5A 74
Newton by Toft. Linc 2H 87
Newton Ferrers. Devn 4B 8
Newton Flotman. Norf 1E 66
Newtongrange. Midl 3G 129
Newton Green. Mon 2A 34
Newton Hall. Dur 5F 115
Newton Hall. Nmbd 3D 114
Newton Harcourt. Leics 1D 62
Newton Heath. G Man 4G 91
Newton Hill. W Yor 2D 92
Newtonhill. Abers 4G 153
Newtonhill. High 4H 157
Newton Ketton. Darl 2A 106
Newton Kyme. N Yor 5G 99
Newton-le-Willows. Mers 1H 83
Newton-le-Willows. N Yor 1E 98
Newton Longville. Buck 2G 51
Newton Mearns. E Ren 4G 127
Newtonmore. High 4B 150
Newton Morrell. N Yor 4F 105
Newton Mulgrave. N Yor 3E 107
Newton of Ardtoe. High 1A 140
Newton of Balcanquhal Per 2D 136
Newton of Beltrees. Ren 4E 127
Newton of Falkland. Fife 3E 137
Newton of Mountblairy Abers 3D 160
Newton of Pitcairns. Per 2C 136
Newton-on-Ouse. N Yor 4H 99
Newton-on-Rawcliffe N Yor 5F 107
Newton on the Hill. Shrp 3G 71
Newton-on-the-Moor Nmbd 4F 121
Newton on Trent. Linc 3F 87
Newton Poppleford. Devn 4D 12
Newton Purcell. Oxon 2E 51
Newton Regis. Warw 5G 73
Newton Reigny. Cumb 1F 103
Newton Rigg. Cumb 1F 103
Newton St Cyres. Devn 3B 12
Newton St Faith. Norf 4E 78
Newton St Loe. Bath 5C 34
Newton St Petrock. Devn 1E 11
Newton Solney. Derbs 3G 73
Newton Stacey. Hants 2C 24
Newton Stewart. Dum 3B 110
Newton Toney. Wilts 2H 23
Newton Tony. Wilts 2H 23
Newton Tracey. Devn 4F 19
Newton under Roseberry Red C 3C 106
Newton upon Ayr. S Ayr 2C 116
Newton upon Derwent E Yor 5B 100
Newton Valence. Hants 3F 25
Newton-with-Scales. Lanc 1C 90
New Town. Dors 1E 15
New Town. E Lot 2H 129
New Town. Lutn 3A 52
New Town. W Yor 2E 93
Newtown. Abers 2E 160
Newtown. Cambs 4H 63
Newtown. Corn 5C 10
Newtown. Cumb
nr. Aspatria 5B 112
nr. Brampton 3G 113
nr. Penrith 2G 103
Newtown. Derbs 2D 85
Newtown. Devn 4A 20
Newtown. Dors 2H 13
Newtown. Falk 1C 128
Newtown. Glos
nr. Lydney 5B 48
nr. Tewkesbury 2E 49

Newtown. *Hants*
nr. Bishop's Waltham 1D 16
nr. Liphook 3G 25
nr. Lyndhurst 1A 16
nr. Newbury 5C 36
nr. Romsey 4B 24
nr. Warsash 2C 16
nr. Wickham 1E 16
Newtown. *Here*
nr. Little Dewchurch 2A 48
nr. Stretton Grandison 1B 48
Newtown. *High* 3F 149
Newtown. *IOM* 4C 108
Newtown. *IOW* 3C 16
Newtown. *Lanc* 3D 90
Newtown. *Nmbd*
nr. Rothbury 4E 121
nr. Wooler 2E 121
Newtown. *Pool* 3F 15
Newtown. *Powy* 1D 58
Newtown. *Rhon* 2D 32
Newtown. *Shet* 3F 173
Newtown. *Shrp* 2G 71
Newtown. *Som* 1F 13
Newtown. *Staf*
nr. Biddulph 4D 84
nr. Cannock 5D 73
nr. Longnor 4E 85
Newtown. *Wilts* 4E 23
Newtownabbey. *Ant* 3H 175
Newtownards. *Ards* 4H 175
Newtown-in-St Martin. *Corn* 4E 5
Newtown Linford. *Leics* 5C 74
Newtown St Boswells. *Bord* 1H 119
Newtownstewart. *Derr* 3C 174
Newtown Unthank. *Leics* 5B 74
New Tredegar. *Cphy* 5E 47
Newtyle. *Ang* 4B 144
New Village. *E Yor* 1D 94
New Village. *S Yor* 4F 93
New Walsoken. *Cambs* 5D 76
New Waltham. *NE Lin* 4F 95
New Winton. *E Lot* 2H 129
New World. *Cambs* 1C 64
New Yatt. *Oxon* 4B 50
Newyears Green. *G Lon* 2B 38
New York. *Linc* 5B 88
New York. *Tyne* 2G 115
Nextend. *Here* 5F 59
Neyland. *Pemb* 4D 42
Nib Heath. *Shrp* 4G 71
Nicholashayne. *Devn* 1E 12
Nicholaston. *Swan* 4E 31
Nidd. *N Yor* 3F 99
Niddrie. *Edin* 2G 129
Niddry. *W Lot* 2D 129
Nigg. *Aber* 3G 153
Nigg. *High* 1C 158
Nigg Ferry. *High* 2B 158
Nightcott. *Som* 4B 20
Nimmer. *Som* 1G 13
Nine Ashes. *Essx* 5F 53
Ninebanks. *Nmbd* 4A 114
Nine Elms. *Swin* 3G 35
Ninemile Bar. *Dum* 2F 111
Nine Mile Burn. *Midl* 4E 129
Ninfield. *E Sus* 4B 28
Ningwood. *IOW* 4C 16
Nisbet. *Bord* 2A 120
Nisbet Hill. *Bord* 4D 130
Niton. *IOW* 5D 16
Nitshill. *Glas* 3G 127
Niwbwrch. *IOA* 4D 80
Noak Hill. *G Lon* 1G 39
Nobold. *Shrp* 4G 71
Nobottle. *Nptn* 4D 62
Nocton. *Linc* 4H 87
Nogdam End. *Norf* 5F 79
Noke. *Oxon* 4D 50
Nolton. *Pemb* 3C 42
Nolton Haven. *Pemb* 3C 42
No Man's Heath. *Ches W* 1H 71
No Man's Heath. *Warw* 5G 73
Nomansland. *Devn* 1B 12
Nomansland. *Wilts* 1A 16
Noneley. *Shrp* 3G 71
Noness. *Shet* 9F 173
Nonikiln. *High* 1A 158
Nonington. *Kent* 5G 41
Nook. *Cumb*
nr. Longtown 2F 113
nr. Milnthorpe 1E 97
Noranside. *Ang* 2D 144
Norbreck. *Bkpl* 5C 96
Norbridge. *Here* 1C 48
Norbury. *Ches E* 1H 71
Norbury. *Derbs* 1F 73
Norbury. *Shrp* 1F 59
Norbury. *Staf* 3B 72
Norby. *N Yor* 1G 99
Norby. *Shet* 6C 173
Norcross. *Lanc* 5C 96
Nordelph. *Norf* 5E 77
Norden. *G Man* 3G 91
Nordley. *Shrp* 1A 60
Norham. *Nmbd* 5F 131
Norland Town. *W Yor* 2A 92
Norley. *Ches W* 3H 83
Norleywood. *Hants* 3B 16
Normanby. *N Lin* 3B 94
Normanby. *N Yor* 1B 100
Normanby. *Red C* 3C 106
Normanby-by-Spital. *Linc* 2H 87
Normanby le Wold. *Linc* 1A 88
Norman Cross. *Cambs* 1A 64
Normandy. *Surr* 5A 38
Norman's Bay. *E Sus* 5A 28
Norman's Green. *Devn* 2D 12
Normanton. *Derb* 2H 73
Normanton. *Leics* 1F 75
Normanton. *Notts* 5E 86
Normanton. *W Yor* 2D 93
Normanton le Heath. *Leics* 4A 74
Normanton-on-Cliffe. *Linc* 1G 75
Normanton on Soar. *Notts* 3C 74
Normanton-on-the-Wolds
Notts 2D 74
Normanton on Trent. *Notts* 4E 87
Normoss. *Lanc* 1B 90
Norrington Common. *Wilts* 5D 35
Norris Green. *Mers* 1F 83
Norris Hill. *Leics* 4H 73
Norristhorpe. *W Yor* 2C 92
Northacre. *Norf* 1B 66
Northall. *Buck* 3H 51
Northallerton. *N Yor* 5A 106
Northam. *Devn* 4E 19
Northam. *Sotn* 1C 16
Northampton. *Nptn* 4E 63
North Anston. *S Yor* 2C 86
North Ascot. *Brac* 4A 38
North Aston. *Oxon* 3C 50
Northaw. *Herts* 5C 52
Northay. *Som* 1F 13
North Baddesley. *Hants* 4B 24
North Balfern. *Dum* 4B 110
North Ballachulish. *High* 2E 141
North Barrow. *Som* 4B 22
North Barsham. *Norf* 2B 78
Northbeck. *Linc* 1H 75
North Benfleet. *Essx* 2B 40
North Bersted. *W Sus* 5A 26
North Berwick. *E Lot* 1B 130
North Bitchburn. *Dur* 1E 105
North Blyth. *Nmbd* 1G 115
North Boarhunt. *Hants* 1E 16
North Bockhampton. *Dors* 3G 15
Northborough. *Pet* 5A 76
Northbourne. *Kent* 5H 41
Northbourne. *Oxon* 3D 36
North Bovey. *Devn* 4H 11
North Bowood. *Dors* 3H 13
North Bradley. *Wilts* 1D 22
North Brentor. *Devn* 4E 11
North Brewham. *Som* 3C 22
Northbrook. *Oxon* 3C 50
North Brook End. *Cambs* 1C 52
North Broomhill. *Nmbd* 4G 121
North Buckland. *Devn* 2E 19
North Burlingham. *Norf* 4F 79
North Cadbury. *Som* 4B 22
North Carlton. *Linc* 3G 87
North Cave. *E Yor* 1B 94
North Cerney. *Glos* 5F 49
North Chailey. *E Sus* 3E 27
Northchapel. *W Sus* 3A 26
North Charford. *Hants* 1G 15
North Charlton. *Nmbd* 2F 121
North Cheriton. *Som* 4B 22
North Chideock. *Dors* 3H 13
Northchurch. *Herts* 5H 51
North Cliffe. *E Yor* 1B 94
North Clifton. *Notts* 3F 87
North Close. *Dur* 1F 105
North Cockerington. *Linc* 1C 88
North Coker. *Som* 1A 14
North Collafirth. *Shet* 3E 173
North Common. *E Sus* 3E 27
North Commonty. *Abers* 4F 161
North Coombe. *Devn* 1B 12
North Cornelly. *B'end* 3B 32
North Cotes. *Linc* 4G 95
Northcott. *Devn*
nr. Boyton 3D 10
nr. Culmstock 1D 12
Northcourt. *Oxon* 2D 36
North Cove. *Suff* 2G 67
North Cowton. *N Yor* 4F 105
North Craigo. *Ang* 2F 145
North Crawley. *Mil* 1H 51
North Cray. *G Lon* 3F 39
North Creake. *Norf* 2A 78
North Curry. *Som* 4G 21
North Dalton. *E Yor* 4D 100
North Deighton. *N Yor* 4F 99
North Dronley. *Ang* 5C 144
North Duffield. *N Yor* 1G 93
Northdyke. *Orkn* 5B 172
Northedge. *Derbs* 4A 86
North Elkington. *Linc* 1B 88
North Elmham. *Norf* 3B 78
North Elmsall. *W Yor* 3E 93
North End. *E Yor* 1F 95
North End. *Essx*
nr. Great Dunmow 4G 53
nr. Great Yeldham 2A 54
North End. *Hants* 5C 36
North End. *Leics* 4C 74
North End. *Linc* 1B 76
North End. *Norf* 1B 66
North End. *N Som* 5H 33
North End. *Port* 2E 17
North End. *W Sus* 5C 26
North End. *Wilts* 2F 35
Northend. *Buck* 2F 37
Northend. *Warw* 5A 62
North Erradale. *High* 5B 162
North Evington. *Leic* 5D 74
North Fambridge. *Essx* 1C 40
North Fearns. *High* 5E 155
North Featherstone. *W Yor* 2E 93
North Feorline. *N Ayr* 3D 122
North Ferriby. *E Yor* 2C 94
Northfield. *Aber* 3F 153
Northfield. *E Yor* 2D 94
Northfield. *Som* 3F 21
Northfield. *W Mid* 3E 61
Northfleet. *Kent* 3H 39
North Frodingham. *E Yor* 4F 101
Northgate. *Linc* 3A 76
North Gluss. *Shet* 4E 173
North Gorley. *Hants* 1G 15
North Green. *Norf* 2E 66
North Green. *Suff*
nr. Framlingham 4F 67
nr. Halesworth 3F 67
nr. Saxmundham 4F 67
North Greetwell. *Linc* 3H 87
North Grimston. *N Yor* 3C 100
North Halling. *Medw* 4B 40
North Hayling. *Hants* 2F 17
North Hazelrigg. *Nmbd* 1E 121
North Heasley. *Devn* 3H 19
North Heath. *W Sus* 3B 26
North Hill. *Corn* 5C 10
North Holmwood. *Surr* 1C 26
North Huish. *Devn* 3D 8
North Hykeham. *Linc* 4G 87
Northiam. *E Sus* 3C 28
Northill. *C Beds* 1B 52
Northington. *Hants* 3D 24
North Kelsey. *Linc* 4D 94
North Kelsey Moor. *Linc* 4D 94
North Kessock. *High* 4A 158
North Killingholme. *N Lin* 3E 95
North Kilvington. *N Yor* 1G 99
North Kilworth. *Leics* 2D 62
North Kyme. *Linc* 5A 88
North Lancing. *W Sus* 5C 26
Northlands. *Linc* 5C 88
Northleach. *Glos* 4G 49
North Lee. *Buck* 5G 51
North Lees. *N Yor* 2E 99
North Leigh. *Kent* 1F 29
North Leigh. *Oxon* 4B 50
Northleigh. *Devn*
nr. Barnstaple 3G 19
nr. Honiton 3E 13
North Leverton. *Notts* 2E 87
Northlew. *Devn* 3F 11
North Littleton. *Worc* 1F 49
North Lopham. *Norf* 2C 66
North Luffenham. *Rut* 5G 75
North Marden. *W Sus* 1G 17
North Marston. *Buck* 3F 51
North Middleton. *Midl* 4G 129
North Middleton. *Nmbd* 2E 121
North Molton. *Devn* 4H 19
North Moor. *N Yor* 1D 100
Northmoor. *Oxon* 5C 50
Northmoor Green. *Som* 3G 21
North Moreton. *Oxon* 3D 36
Northmuir. *Ang* 3C 144
North Mundham. *W Sus* 2G 17
North Murie. *Per* 1E 137
North Muskham. *Notts* 5E 87
North Ness. *Orkn* 8C 172
North Newbald. *E Yor* 1C 94
North Newington. *Oxon* 2C 50
North Newnton. *Wilts* 1G 23
North Newton. *Som* 3F 21
Northney. *Hants* 2F 17
North Nibley. *Glos* 2C 34
North Oakley. *Hants* 1D 24
North Ockendon. *G Lon* 2G 39
Northolt. *G Lon* 2C 38
Northop. *Flin* 4E 83
Northop Hall. *Flin* 4E 83
North Ormesby. *Midd* 3C 106
North Ormsby. *Linc* 1B 88
Northorpe. *Linc*
nr. Bourne 4H 75
nr. Donington 2B 76
nr. Gainsborough 1F 87
North Otterington. *N Yor* 1F 99
Northover. *Som*
nr. Glastonbury 3H 21
nr. Yeovil 4A 22
North Owersby. *Linc* 1H 87
Northowram. *W Yor* 2B 92
North Perrott. *Som* 2H 13
North Petherton. *Som* 3F 21
North Petherwin. *Corn* 4C 10
North Pickenham. *Norf* 5A 78
North Piddle. *Worc* 5D 60
North Poorton. *Dors* 3A 14
North Port. *Arg* 1H 133
Northport. *Dors* 4E 15
North Queensferry. *Fife* 1E 129
North Radworthy. *Devn* 3A 20
North Rauceby. *Linc* 1H 75
Northrepps. *Norf* 2E 79
North Rigton. *N Yor* 5E 99
North Rode. *Ches E* 4C 84
North Roe. *Shet* 3E 173
North Ronaldsay Airport
Orkn 2G 172
North Row. *Cumb* 1D 102
North Runcton. *Norf* 4F 77
North Sannox. *N Ayr* 5B 126
North Scale. *Cumb* 2A 96
North Scarle. *Linc* 4F 87
North Seaton. *Nmbd* 1F 115
North Seaton Colliery
Nmbd 1F 115
North Sheen. *G Lon* 3C 38
North Shian. *Arg* 4D 140
North Shields. *Tyne* 3G 115
North Shoebury. *S'end* 2D 40
North Shore. *Bkpl* 1B 90
North Side. *Cumb* 2B 102
North Skelton. *Red C* 3D 106
North Somercotes. *Linc* 1D 88
North Stainley. *N Yor* 2E 99
North Stainmore. *Cumb* 3B 104
North Stifford. *Thur* 2H 39
North Stoke. *Bath* 5C 34
North Stoke. *Oxon* 3E 36
North Stoke. *W Sus* 4B 26
Northstowe. *Cambs* 4D 64
North Street. *Hants* 3E 25
North Street. *Kent* 5E 40
North Street. *Medw* 3C 40
North Street. *W Ber* 4E 37
North Sunderland. *Nmbd* 1G 121
North Tamerton. *Corn* 3D 10
North Tawton. *Devn* 2G 11
North Thoresby. *Linc* 1B 88
North Tidworth. *Wilts* 2H 23
North Town. *Devn* 2F 11
North Town. *Shet* 10E 173
Northtown. *Orkn* 8D 172
North Tuddenham. *Norf* 4C 78
North Walbottle. *Tyne* 3E 115
Northwall. *Orkn* 3G 172
North Walney. *Cumb* 3A 96
North Walsham. *Norf* 2E 79
North Waltham. *Hants* 2D 24
North Warnborough. *Hants* 1F 25
North Water Bridge. *Ang* 2F 145
North Watten. *High* 3E 169
Northway. *Glos* 2E 49
Northway. *Swan* 4E 31
North Weald Bassett. *Essx* 5F 53
North Weston. *N Som* 4H 33
North Weston. *Oxon* 5E 51
North Wheatley. *Notts* 2E 87
North Whilborough. *Devn* 2E 9
Northwich. *Ches W* 3A 84
North Wick. *Bath* 5A 34
Northwick. *Som* 2G 21
Northwick. *S Glo* 3A 34
North Widcombe. *Bath* 1A 22
North Willingham. *Linc* 2A 88
North Wingfield. *Derbs* 4B 86
North Witham. *Linc* 3G 75
Northwold. *Norf* 1G 65
Northwood. *Derbs* 4G 85
Northwood. *G Lon* 1B 38
Northwood. *IOW* 3C 16
Northwood. *Kent* 4H 41
Northwood. *Shrp* 2G 71
Northwood. *Stoke* 1C 72
Northwood Green. *Glos* 4C 48
North Wootton. *Dors* 1B 14
North Wootton. *Norf* 3F 77
North Wootton. *Som* 2A 22
North Wraxall. *Wilts* 4D 34
North Wroughton. *Swin* 3G 35
North Yardhope. *Nmbd* 4D 120
Norton. *Devn* 3E 9
Norton. *Glos* 3D 48
Norton. *Hal* 2H 83
Norton. *Herts* 2C 52
Norton. *IOW* 4B 16
Norton. *Mon* 3H 47
Norton. *Nptn* 4D 62
Norton. *Notts* 3C 86
Norton. *Powy* 4F 59

Norton. *Shrp*
nr. Ludlow 2G 59
nr. Madeley 5B 72
nr. Shrewsbury 5H 71
Norton. *S Yor*
nr. Askern 3F 93
nr. Sheffield 2A 86
Norton. *Stoc T* 2B 106
Norton. *Suff* 4B 66
Norton. *Swan* 4F 31
Norton. *W Sus*
nr. Selsey 3G 17
nr. Westergate 5A 26
Norton. *Wilts* 3D 35
Norton. *Worc*
nr. Evesham 1F 49
nr. Worcester 5C 60
Norton Bavant. *Wilts* 2E 23
Norton Bridge. *Staf* 2C 72
Norton Canes. *Staf* 5E 73
Norton Canon. *Here* 1G 47
Norton Corner. *Norf* 3C 78
Norton Disney. *Linc* 5F 87
Norton East. *Staf* 5E 73
Norton Ferris. *Wilts* 3C 22
Norton Fitzwarren. *Som* 4F 21
Norton Green. *IOW* 4B 16
Norton Green. *Stoke* 5D 84
Norton Hawkfield. *Bath* 5A 34
Norton Heath. *Essx* 5F 53
Norton in Hales. *Shrp* 2B 72
Norton in the Moors. *Stoke* 5C 84
Norton-Juxta-Twycross
Leics 5H 73
Norton-le-Clay. *N Yor* 2G 99
Norton Lindsey. *Warw* 4G 61
Norton Little Green. *Suff* 4B 66
Norton Malreward. *Bath* 5B 34
Norton Mandeville. *Essx* 5F 53
Norton-on-Derwent. *N Yor* 2B 100
Norton St Philip. *Som* 1C 22
Norton Subcourse. *Norf* 1G 67
Norton sub Hamdon. *Som* 1H 13
Norton Woodseats. *S Yor* 2A 86
Norwell. *Notts* 4E 87
Norwell Woodhouse. *Notts* 4E 87
Norwich. *Norf* 5E 79
Norwich Airport. *Norf* 4E 79
Norwick. *Shet* 1H 173
Norwood. *Derbs* 2B 86
Norwood Green. *W Yor* 2B 92
Norwood Hill. *Surr* 1D 26
Norwood Park. *Som* 3A 22
Norwoodside. *Cambs* 1D 64
Noseley. *Leics* 1E 63
Noss. *Shet* 10E 173
Noss Mayo. *Devn* 4B 8
Nosterfield. *N Yor* 1E 99
Nostie. *High* 1A 148
Notgrove. *Glos* 3G 49
Nottage. *B'end* 4B 32
Nottingham. *Nott* 1C 74
Nottington. *Dors* 4B 14
Notton. *Dors* 3B 14
Notton. *W Yor* 3D 92
Notton. *Wilts* 5E 35
Nounsley. *Essx* 4A 54
Noutard's Green. *Worc* 4B 60
Nox. *Shrp* 4G 71
Noyadd Trefawr. *Cdgn* 1C 44
Nuffield. *Oxon* 3E 37
Nunburnholme. *E Yor* 5C 100
Nuncargate. *Notts* 5C 86
Nunclose. *Cumb* 5F 113
Nuneaton. *Warw* 1A 62
Nuneham Courtenay. *Oxon* 2D 36
Nun Monkton. *N Yor* 4H 99
Nunnerie. *S Lan* 3B 118
Nunney. *Som* 2C 22
Nunnington. *N Yor* 2A 100
Nunnykirk. *Nmbd* 5E 121
Nunsthorpe. *NE Lin* 4F 95
Nunthorpe. *Midd* 3C 106
Nunthorpe. *York* 4H 99
Nunton. *Wilts* 4G 23
Nunwick. *Nmbd* 2B 114
Nunwick. *N Yor* 2F 99
Nupend. *Glos* 5C 48
Nursling. *Hants* 1B 16
Nursted. *Hants* 4F 25
Nursteed. *Wilts* 5F 35
Nurston. *V Glam* 5D 32
Nutbourne. *W Sus*
nr. Chichester 2F 17
nr. Pulborough 4B 26
Nutfield. *Surr* 5E 39
Nuthall. *Notts* 1C 74
Nuthampstead. *Herts* 2E 53
Nuthurst. *Warw* 3F 61
Nuthurst. *W Sus* 3C 26
Nutley. *E Sus* 3F 27
Nuttall. *G Man* 3F 91
Nutwell. *S Yor* 4G 93
Nybster. *High* 2F 169
Nyetimber. *W Sus* 3G 17
Nyewood. *W Sus* 4G 25
Nymet Rowland. *Devn* 2H 11
Nymet Tracey. *Devn* 2H 11
Nympsfield. *Glos* 5D 48
Nynehead. *Som* 4E 21
Nyton. *W Sus* 5A 26

O

Oadby. *Leics* 5D 74
Oad Street. *Kent* 4C 40
Oakamoor. *Staf* 1E 73
Oakbank. *Arg* 5B 140
Oakbank. *W Lot* 3D 129
Oakdale. *Cphy* 2E 33
Oakdale. *Pool* 3F 15
Oake. *Som* 4E 21
Oaken. *Staf* 5C 72
Oakenclough. *Lanc* 5E 97
Oakengates. *Telf* 4A 72
Oakenholt. *Flin* 3E 83
Oakenshaw. *Dur* 1F 105
Oakenshaw. *W Yor* 2B 92
Oakerthorpe. *Derbs* 5A 86
Oakford. *Cdgn* 5D 56
Oakford. *Devn* 4C 20
Oakfordbridge. *Devn* 4C 20
Oakgrove. *Ches E* 4D 84
Oakham. *Rut* 5F 75
Oakhanger. *Ches E* 5B 84
Oakhanger. *Hants* 3F 25
Oakhill. *Som* 2B 22
Oakington. *Cambs* 4D 64
Oaklands. *Powy* 5C 58
Oakle Street. *Glos* 4C 48
Oakley. *Bed* 5H 63
Oakley. *Buck* 4E 51
Oakley. *Fife* 1D 128
Oakley. *Hants* 1D 24
Oakley. *Suff* 3D 66
Oakley Green. *Wind* 3A 38
Oakley Park. *Powy* 2B 58
Oakmere. *Ches W* 4H 83
Oakridge Lynch. *Glos* 5E 49
Oaks. *Shrp* 5G 71
Oaksey. *Wilts* 2E 35
Oaks Green. *Derbs* 2F 73
Oakshaw Ford. *Cumb* 2G 113
Oakshott. *Hants* 4F 25
Oakthorpe. *Leics* 4H 73
Oak Tree. *Darl* 3A 106
Oakwood. *Derb* 2A 74
Oakwood. *W Yor* 1D 92
Oakwoodhill. *Surr* 2C 26
Oakworth. *W Yor* 1A 92
Oape. *High* 3B 164
Oare. *Kent* 4E 40
Oare. *Som* 2B 20
Oare. *W Ber* 4D 36
Oare. *Wilts* 5G 35
Oareford. *Som* 2B 20
Oasby. *Linc* 2H 75
Oath. *Som* 4G 21
Oathlaw. *Ang* 3D 145
Oatlands. *N Yor* 4F 99
Oban. *Arg* 1F 133
Oban. *W Isl* 7D 171
Oborne. *Dors* 1B 14
Obsdale. *High* 2A 158
Obthorpe. *Linc* 4H 75
Occlestone Green. *Ches W* 4A 84
Occold. *Suff* 3D 66
Ochiltree. *E Ayr* 2E 117
Ochtermuthill. *Per* 2H 135
Ochtertyre. *Per* 1H 135
Ockbrook. *Derbs* 2B 74
Ockeridge. *Worc* 4B 60
Ockham. *Surr* 5B 38
Ockle. *High* 1G 139
Ockley. *Surr* 1C 26
Ocle Pychard. *Here* 1A 48
Octofad. *Arg* 4A 124
Octomore. *Arg* 4A 124
Octon. *E Yor* 3E 101
Odcombe. *Som* 1A 14
Odd Down. *Bath* 5C 34
Oddingley. *Worc* 5D 60
Oddington. *Oxon* 4D 50
Oddsta. *Shet* 2G 173
Odell. *Bed* 5G 63
Odie. *Orkn* 5F 172
Odiham. *Hants* 1F 25
Odsey. *Cambs* 2C 52
Odstock. *Wilts* 4G 23
Odstone. *Leics* 5A 74
Offchurch. *Warw* 4A 62
Offenham. *Worc* 1F 49
Offenham Cross. *Worc* 1F 49
Offerton. *G Man* 2D 84
Offerton. *Tyne* 4G 115
Offham. *E Sus* 4E 27
Offham. *Kent* 5A 40
Offham. *W Sus* 5B 26
Offleyhay. *Staf* 3C 72
Offley Hoo. *Herts* 3B 52
Offleymarsh. *Staf* 3B 72
Offord Cluny. *Cambs* 4B 64
Offord D'Arcy. *Cambs* 4B 64
Offton. *Suff* 1D 54
Offwell. *Devn* 3E 13
Ogbourne Maizey. *Wilts* 4G 35
Ogbourne St Andrew. *Wilts* 4G 35
Ogbourne St George. *Wilts* 4H 35
Ogden. *G Man* 3H 91
Ogle. *Nmbd* 2E 115
Ogmore. *V Glam* 4B 32
Ogmore-by-Sea. *V Glam* 4B 32
Ogmore Vale. *B'end* 2C 32
Okeford Fitzpaine. *Dors* 1D 14
Okehampton. *Devn* 3F 11
Okehampton Camp. *Devn* 3F 11
Okraquoy. *Shet* 8F 173
Okus. *Swin* 3G 35
Old. *Nptn* 3E 63
Old Aberdeen. *Aber* 3G 153
Old Alresford. *Hants* 3D 24
Oldany. *High* 5B 166
Old Arley. *Warw* 1G 61
Old Basford. *Nott* 1C 74
Old Basing. *Hants* 1E 25
Oldberrow. *Warw* 4F 61
Old Bewick. *Nmbd* 2E 121
Old Bexley. *G Lon* 3F 39
Old Blair. *Per* 2F 143
Old Bolingbroke. *Linc* 4C 88
Oldborough. *Devn* 2A 12
Old Brampton. *Derbs* 3H 85
Old Bridge of Tilt. *Per* 2F 143
Old Bridge of Urr. *Dum* 3E 111
Old Brumby. *N Lin* 4B 94
Old Buckenham. *Norf* 1C 66
Old Burghclere. *Hants* 1C 24
Oldbury. *Shrp* 1B 60
Oldbury. *Warw* 1H 61
Oldbury. *W Mid* 2D 61
Oldbury-on-Severn. *S Glo* 2B 34
Oldbury on the Hill. *Glos* 3D 34
Old Byland. *N Yor* 1H 99
Old Cassop. *Dur* 1A 106
Oldcastle. *Mon* 3G 47
Oldcastle Heath. *Ches W* 1G 71
Old Catton. *Norf* 4E 79
Old Clee. *NE Lin* 4F 95
Old Cleeve. *Som* 2D 20
Old Colwyn. *Cnwy* 3A 82
Oldcotes. *Notts* 2C 86
Old Coulsdon. *G Lon* 5E 39
Old Dailly. *S Ayr* 5B 116
Old Dalby. *Leics* 3D 74
Old Dam. *Derbs* 3F 85
Old Deer. *Abers* 4G 161
Old Dilton. *Wilts* 2D 22
Old Down. *S Glo* 3B 34
Oldeamere. *Cambs* 1C 64
Old Edlington. *S Yor* 1C 86
Old Eldon. *Dur* 2F 105
Old Ellerby. *E Yor* 1E 95
Old Fallings. *W Mid* 5D 72
Oldfallow. *Staf* 4D 73
Old Felixstowe. *Suff* 2G 55
Oldfield. *Shrp* 2A 60
Oldfield. *Worc* 4C 60
Old Fletton. *Pet* 1A 64
Oldford. *Som* 1C 22
Old Forge. *Here* 4A 48
Old Glossop. *Derbs* 1E 85
Old Goole. *E Yor* 2H 93
Old Gore. *Here* 3B 48
Old Graitney. *Dum* 3E 112
Old Grimsby. *IOS* 1A 4
Oldhall. *High* 3E 169
Old Hall Street. *Norf* 2F 79
Oldham. *G Man* 4H 91
Oldhamstocks. *E Lot* 2D 130
Old Heathfield. *E Sus* 3G 27
Old Hill. *W Mid* 2D 60
Old Hunstanton. *Norf* 1F 77
Oldhurst. *Cambs* 3B 64
Old Hutton. *Cumb* 1E 97
Old Kea. *Corn* 4C 6
Old Kilpatrick. *W Dun* 2F 127
Old Kinnernie. *Abers* 3E 152
Old Knebworth. *Herts* 3C 52
Oldland. *S Glo* 4B 34
Old Laxey. *IOM* 3D 108
Old Leake. *Linc* 5D 88
Old Lenton. *Nott* 2C 74
Old Llanberis. *Gwyn* 5F 81
Old Malton. *N Yor* 2B 100
Oldmeldrum. *Abers* 1F 153
Old Micklefield. *W Yor* 1E 93
Old Mill. *Corn* 5D 10
Oldmixon. *N Som* 1G 21
Old Monkland. *N Lan* 3A 128
Old Newton. *Suff* 4C 66
Old Park. *Telf* 5A 72
Old Pentland. *Midl* 3F 129
Old Philpstoun. *W Lot* 2D 128
Old Quarrington. *Dur* 1A 106
Old Radnor. *Powy* 5E 59
Old Rayne. *Abers* 1D 152
Oldridge. *Devn* 3B 12
Old Romney. *Kent* 3E 29
Old Scone. *Per* 1D 136
Oldshore Beg. *High* 3B 166
Oldshoremore. *High* 3C 166
Old Snydale. *W Yor* 2E 93
Old Sodbury. *S Glo* 3C 34
Old Somerby. *Linc* 2G 75
Old Spital. *Dur* 3C 104
Oldstead. *N Yor* 1H 99
Old Stratford. *Nptn* 1F 51
Old Swan. *Mers* 1F 83
Old Swarland. *Nmbd* 4F 121
Old Tebay. *Cumb* 4H 103
Old Town. *Cumb* 5F 113
Old Town. *E Sus* 5G 27
Old Town. *IOS* 1B 4
Old Town. *Nmbd* 5C 120
Oldtown. *High* 5C 164
Old Trafford. *G Man* 1C 84
Old Tupton. *Derbs* 4A 86
Oldwall. *Cumb* 3F 113
Oldwalls. *Swan* 3D 31
Old Warden. *C Beds* 1B 52
Oldways End. *Som* 4B 20
Old Westhall. *Abers* 1D 152
Old Weston. *Cambs* 3H 63
Oldwhat. *Abers* 3F 161
Old Windsor. *Wind* 3A 38
Old Wives Lees. *Kent* 5E 41
Old Woking. *Surr* 5B 38
Oldwood Common. *Worc* 4H 59
Old Woodstock. *Oxon* 4C 50
Olgrinmore. *High* 3C 168
Oliver's Battery. *Hants* 4C 24
Ollaberry. *Shet* 3E 173
Ollerton. *Ches E* 3B 84
Ollerton. *Notts* 4D 86
Ollerton. *Shrp* 3A 72
Olmarch. *Cdgn* 5F 57
Olmstead Green. *Cambs* 1G 53
Olney. *Mil* 5F 63
Olrig. *High* 2D 169
Olton. *W Mid* 2F 61
Olveston. *S Glo* 3B 34
Omagh. *Ferm* 4C 174
Ombersley. *Worc* 4C 60
Ompton. *Notts* 4D 86
Omunsgarth. *Shet* 7E 173
Onchan. *IOM* 4D 108
Onecote. *Staf* 5E 85
Onehouse. *Suff* 5C 66
Onen. *Mon* 4H 47
Ongar Hill. *Norf* 3E 77
Ongar Street. *Here* 4F 59
Onibury. *Shrp* 3G 59
Onich. *High* 2E 141
Onllwyn. *Neat* 4B 46
Onneley. *Staf* 1B 72
Onslow Green. *Essx* 4G 53
Onslow Village. *Surr* 1A 26
Onthank. *E Ayr* 1D 116
Openwoodgate. *Derbs* 1A 74
Opinan. *High*
nr. Gairloch 1G 155
nr. Laide 4C 162
Orasaigh. *W Isl* 6F 171
Orbost. *High* 4B 154
Orby. *Linc* 4D 89
Orchard Hill. *Devn* 4E 19
Orchard Portman. *Som* 4F 21
Orcheston. *Wilts* 2F 23
Orcop. *Here* 3H 47
Orcop Hill. *Here* 3H 47
Ord. *High* 2E 147
Ordale. *Shet* 1H 173
Ordhead. *Abers* 2D 152
Ordie. *Abers* 3B 152
Ordiquish. *Mor* 3H 159
Ordley. *Nmbd* 4C 114
Ordsall. *Notts* 3E 86
Ore. *E Sus* 4C 28
Oreton. *Shrp* 2A 60
Orford. *Suff* 1H 55
Orford. *Warr* 1A 84
Organford. *Dors* 3E 15
Orgil. *Orkn* 7B 172
Orgreave. *Staf* 4F 73
Oridge Street. *Glos* 3C 48
Orlestone. *Kent* 2D 28
Orleton. *Here* 4G 59
Orleton. *Worc* 4A 60
Orleton Common. *Here* 4G 59
Orlingbury. *Nptn* 3F 63
Ormacleit. *W Isl* 5C 170
Ormathwaite. *Cumb* 2D 102
Ormesby. *Red C* 3C 106
Ormesby St Margaret. *Norf* 4G 79
Ormesby St Michael. *Norf* 4G 79
Ormiscaig. *High* 4C 162
Ormiston. *E Lot* 3H 129
Ormsaigbeg. *High* 2F 139
Ormsaigmore. *High* 2F 139

Ormsary – Passenham

Entry	Ref
Ormsary. Arg	2F 125
Ormsgill. Cumb	2A 96
Ormskirk. Lanc	4C 90
Orphir. Orkn	7C 172
Orpington. G Lon	4F 39
Orrell. G Man	4D 90
Orrell. Mers	1F 83
Orrisdale. IOM	2C 108
Orsett. Thur	2H 39
Orslow. Staf	4C 72
Orston. Notts	1E 75
Orthwaite. Cumb	1D 102
Orton. Cumb	4H 103
Orton. Mor	3H 159
Orton. Nptn	3F 63
Orton. Staf	1C 60
Orton Longueville. Pet	1A 64
Orton-on-the-Hill. Leics	5H 73
Orton Waterville. Pet	1A 64
Orton Wistow. Pet	1A 64
Orwell. Cambs	5C 64
Osbaldeston. Lanc	1E 91
Osbaldwick. York	4A 100
Osbaston. Leics	5B 74
Osbaston. Shrp	3F 71
Osbournby. Linc	2H 75
Osclay. High	5E 169
Oscroft. Ches W	4H 83
Ose. High	4C 154
Osgathorpe. Leics	4B 74
Osgodby. Linc	1H 87
Osgodby. N Yor	
nr. Scarborough	1E 101
nr. Selby	1G 93
Oskaig. High	5E 155
Oskamull. Arg	5F 139
Osleston. Derbs	2G 73
Osmaston. Derbs	2A 74
Osmaston. Derbs	1G 73
Osmington. Dors	4C 14
Osmington Mills. Dors	4C 14
Osmondthorpe. W Yor	1D 92
Osmondwall. Orkn	9C 172
Osmotherley. N Yor	5B 106
Osnaburgh. Fife	2G 137
Ospisdale. High	5E 164
Ospringe. Kent	4E 40
Ossett. W Yor	2C 92
Ossington. Notts	4E 87
Ostend. Essx	1D 40
Ostend. Norf	2F 79
Osterley. G Lon	3C 38
Oswaldkirk. N Yor	2A 100
Oswaldtwistle. Lanc	2F 91
Oswestry. Shrp	3E 71
Otby. Linc	1A 88
Otford. Kent	5G 39
Otham. Kent	5B 40
Otherton. Staf	4D 72
Othery. Som	3G 21
Otley. Suff	5E 66
Otley. W Yor	5E 98
Otterbourne. Hants	4C 24
Otterburn. Nmbd	5C 120
Otterburn. N Yor	4A 98
Otterburn Camp. Nmbd	5C 120
Otterburn Hall. Nmbd	5C 120
Otter Ferry. Arg	1H 125
Otterford. Som	1F 13
Otterham. Corn	3B 10
Otterhampton. Som	2F 21
Otterham Quay. Medw	4C 40
Ottershaw. Surr	4B 38
Otterspool. Mers	2F 83
Otterswick. Shet	3G 173
Otterton. Devn	4D 12
Otterwood. Hants	2C 16
Ottery St Mary. Devn	3D 12
Ottinge. Kent	1F 29
Ottringham. E Yor	2F 95
Oughterby. Cumb	4D 112
Oughtershaw. N Yor	1A 98
Oughterside. Cumb	5C 112
Oughtibridge. S Yor	1H 85
Oughtrington. Warr	2A 84
Oulston. N Yor	2H 99
Oulton. Cumb	4D 112
Oulton. Norf	3D 78
Oulton. Staf	
nr. Gnosall Heath	3B 72
nr. Stone	2D 72
Oulton. Suff	1H 67
Oulton. W Yor	2D 92
Oulton Broad. Suff	1H 67
Oulton Street. Norf	3D 78
Oundle. Nptn	2H 63
Ousby. Cumb	1H 103
Ousdale. High	2H 165
Ousden. Suff	5G 65
Ousefleet. E Yor	2B 94
Ouston. Dur	4F 115
Ouston. Nmbd	
nr. Bearsbridge	4A 114
nr. Stamfordham	2D 114
Outer Hope. Devn	4C 8
Outertown. Orkn	6B 172
Outgate. Cumb	5E 103
Outhgill. Cumb	4A 104
Outlands. Staf	2B 72
Outlane. W Yor	3A 92
Out Newton. E Yor	2G 95
Out Rawcliffe. Lanc	5D 96
Outwell. Norf	5E 77
Outwick. Hants	1G 15
Outwood. Surr	1E 27
Outwood. W Yor	2D 92
Outwood. Worc	3D 60
Outwoods. Leics	4B 74
Outwoods. Staf	4B 72
Ouzlewell Green. W Yor	2D 92
Ovenden. W Yor	2A 92
Over. Cambs	3C 64
Over. Ches W	4A 84
Over. Glos	4D 48
Over. S Glo	3A 34
Overbister. Orkn	3F 172
Over Burrows. Derbs	2G 73
Overbury. Worc	2E 49
Overcombe. Dors	4B 14
Over Compton. Dors	1A 14
Over End. Cambs	1H 63
Over Finlarg. Ang	4D 144
Over Green. Warw	1F 61
Overgreen. Derbs	3H 85
Over Haddon. Derbs	4G 85
Over Hulton. G Man	4E 91
Over Kellet. Lanc	2E 97
Over Kiddington. Oxon	3C 50
Overleigh. Som	3H 21
Overley. Staf	4F 73
Over Monnow. Mon	4A 48
Over Norton. Oxon	3B 50
Over Peover. Ches E	3B 84
Overpool. Ches W	3F 83
Overscaig. High	1B 164
Overseal. Derbs	4G 73
Over Silton. N Yor	5B 106
Oversland. Kent	5E 41
Overstone. Nptn	4F 63
Over Stowey. Som	3E 21
Overstrand. Norf	1E 79
Over Stratton. Som	1H 13
Over Street. Wilts	3F 23
Overthorpe. Nptn	1C 50
Overton. Aber	2F 153
Overton. Ches W	3H 83
Overton. Hants	2D 24
Overton. High	5E 169
Overton. Lanc	4D 96
Overton. N Yor	4H 99
Overton. Shrp	
nr. Bridgnorth	2A 60
nr. Ludlow	3H 59
Overton. Swan	4D 30
Overton. W Yor	3C 92
Overton. Wrex	1F 71
Overtown. Lanc	2F 97
Overtown. N Lan	4B 128
Overtown. Swin	4G 35
Over Wallop. Hants	3A 24
Over Whitacre. Warw	1G 61
Over Worton. Oxon	3C 50
Oving. Buck	3F 51
Oving. W Sus	5A 26
Ovingdean. Brig	5E 27
Ovingham. Nmbd	3D 115
Ovington. Dur	3E 105
Ovington. Essx	1A 54
Ovington. Hants	3D 24
Ovington. Norf	5B 78
Ovington. Nmbd	3D 114
Owen's Bank. Staf	3G 73
Ower. Hants	
nr. Holbury	2C 16
nr. Totton	1B 16
Owermoigne. Dors	4C 14
Owlbury. Shrp	1F 59
Owler Bar. Derbs	3G 85
Owlerton. S Yor	1H 85
Owlsmoor. Brac	5G 37
Owlswick. Buck	5F 51
Owmby. Linc	4D 94
Owmby-by-Spital. Linc	2H 87
Ownham. W Ber	4C 36
Owrytn. Wrex	1F 71
Owslebury. Hants	4D 24
Owston. Leics	5E 75
Owston. S Yor	3F 93
Owston Ferry. N Lin	4B 94
Owstwick. E Yor	1F 95
Owthorne. E Yor	2G 95
Owthorpe. Notts	2D 74
Owton Manor. Hart	2B 106
Oxborough. Norf	5G 77
Oxbridge. Dors	3H 13
Oxcombe. Linc	3C 88
Oxen End. Essx	3G 53
Oxenhall. Glos	3C 48
Oxenholme. Cumb	5G 103
Oxenhope. W Yor	1A 92
Oxen Park. Cumb	1C 96
Oxenpill. Som	2H 21
Oxenton. Glos	2E 49
Oxenwood. Wilts	1B 24
Oxford. Oxon	5D 50
Oxgangs. Edin	3F 129
Oxhey. Herts	1C 38
Oxhill. Warw	1B 50
Oxley. W Mid	5D 72
Oxley Green. Essx	4C 54
Oxley's Green. E Sus	3A 28
Oxlode. Cambs	2D 65
Oxnam. Bord	3B 120
Oxshott. Surr	4C 38
Oxspring. S Yor	4C 92
Oxted. Surr	5E 39
Oxton. Mers	2F 83
Oxton. N Yor	5H 99
Oxton. Notts	5D 86
Oxton. Bord	4A 130
Oxwich. Swan	4D 31
Oxwich Green. Swan	4D 31
Oxwick. Norf	3B 78
Oykel Bridge. High	3A 164
Oyne. Abers	1D 152
Oystermouth. Swan	4F 31
Ozleworth. Glos	2C 34

P

Entry	Ref
Pabail Iarach. W Isl	4H 171
Pabail Uarach. W Isl	4H 171
Pachesham Park. Surr	5C 38
Packers Hill. Dors	1C 14
Packington. Leics	4A 74
Packmoor. Stoke	5C 84
Packmores. Warw	4G 61
Packwood. W Mid	3F 61
Packwood Gullet. W Mid	3F 61
Padanaram. Ang	3D 144
Padbury. Buck	2F 51
Paddington. G Lon	2D 38
Paddington. Warr	2A 84
Paddlesworth. Kent	2F 29
Paddock. Kent	5D 40
Paddockhole. Dum	1D 112
Paddock Wood. Kent	1A 28
Paddolgreen. Shrp	2H 71
Padeswood. Flin	4E 83
Padiham. Lanc	1F 91
Padside. N Yor	4D 98
Padson. Devn	3F 11
Padworth. W Ber	5E 36
Page Bank. Dur	1F 105
Pagham. W Sus	3G 17
Paglesham Churchend. Essx	1D 40
Paglesham Eastend. Essx	1D 40
Paibeil. W Isl	
on North Uist	2C 170
on Taransay	8C 171
Paiblesgearraidh. W Isl	2C 170
Paignton. Torb	2E 9
Pailton. Warw	2B 62
Paine's Corner. E Sus	3H 27
Painleyhill. Staf	2E 73
Painscastle. Powy	1E 47
Painshawfield. Nmbd	3D 114
Painsthorpe. E Yor	4C 100
Painswick. Glos	5D 48
Painter's Forstal. Kent	5D 40
Painthorpe. W Yor	3D 92
Pairc Shiaboist. W Isl	3E 171
Paisley. Ren	3F 127
Pakefield. Suff	1H 67
Pakenham. Suff	4B 66
Pale. Gwyn	2B 70
Palehouse Common. E Sus	4F 27
Palestine. Hants	2A 24
Paley Street. Wind	4G 37
Palgowan. Dum	1A 110
Palgrave. Suff	3D 66
Pallington. Dors	3C 14
Palmarsh. Kent	2F 29
Palmer Moor. Derbs	2F 73
Palmers Cross. W Mid	5C 72
Palmerstown. V Glam	5E 33
Palnackie. Dum	4F 111
Palnure. Dum	3B 110
Palterton. Derbs	4B 86
Pamber End. Hants	1E 24
Pamber Green. Hants	1E 24
Pamber Heath. Hants	5E 36
Pamington. Glos	2E 49
Pamphill. Dors	2E 15
Pampisford. Cambs	1E 53
Panborough. Som	2H 21
Panbride. Ang	5E 145
Pancrasweek. Devn	2C 10
Pandy. Gwyn	
nr. Bala	2A 70
nr. Tywyn	5F 69
Pandy. Mon	3G 47
Pandy. Powy	5B 70
Pandy. Wrex	2D 70
Pandy Tudur. Cnwy	4A 82
Panfield. Essx	3H 53
Pangbourne. W Ber	4E 37
Pannal. N Yor	4F 99
Pannal Ash. N Yor	4E 99
Pannanich. Abers	4A 152
Pant. Shrp	3E 71
Pant. Wrex	1E 71
Pantasaph. Flin	3D 82
Pant-glas. Gwyn	1D 68
Pant-glas. Shrp	2E 71
Pantgwyn. Carm	3F 45
Pantgwyn. Cdgn	1C 44
Pant-lasau. Swan	5G 45
Panton. Linc	3A 88
Pant-pastynog. Den	4C 82
Pantperthog. Gwyn	5G 69
Pant-teg. Carm	3E 45
Pant-y-Caws. Carm	2F 43
Pant-y-dwr. Powy	3B 58
Pant-y-ffridd. Powy	5D 70
Pantyffynnon. Carm	4G 45
Pantygasseg. Torf	5F 47
Pant-y-llyn. Carm	4G 45
Pant-yr-awel. B'end	3C 32
Panty y Wacco. Flin	3D 82
Panxworth. Norf	4F 79
Papa Stour Airport. Shet	6C 173
Papa Westray Airport	
Orkn	2D 172
Papcastle. Cumb	1C 102
Papigoe. High	3F 169
Papil. Shet	8E 173
Papple. E Lot	2B 130
Papplewick. Notts	5C 86
Papworth Everard. Cambs	4B 64
Papworth St Agnes. Cambs	4B 64
Par. Corn	3E 7
Paramour Street. Kent	4G 41
Parbold. Lanc	3C 90
Parbrook. Som	3A 22
Parbrook. W Sus	3B 26
Parc. Gwyn	2A 70
Parc-llyn. Cdgn	5B 56
Parc Seymour. Newp	2H 33
Pardown. Hants	2D 24
Pardshaw. Cumb	2B 102
Parham. Suff	4F 67
Park. Abers	4E 153
Park. Arg	4D 140
Park. Dum	5B 118
Park Bottom. Corn	4A 6
Parkburn. Abers	5E 161
Park Corner. E Sus	2G 27
Park Corner. Oxon	3E 37
Park End. Nmbd	2B 114
Parkend. Glos	5B 48
Parkeston. Essx	2F 55
Parkfield. Corn	2H 7
Park Gate. Hants	2D 16
Park Gate. Worc	3D 60
Parkgate. Ches W	3E 83
Parkgate. Cumb	5D 112
Parkgate. Dum	1B 112
Parkgate. Surr	1D 26
Parkhall. W Dun	2F 127
Parkham. Devn	4D 19
Parkham Ash. Devn	4D 18
Parkhead. Cumb	5E 113
Parkhead. Glas	3H 127
Park Hill. Mers	4C 90
Parkhouse. Mon	5A 48
Parkhurst. IOW	3C 16
Park Lane. G Man	4F 91
Park Lane. Staf	5C 72
Park Mill. W Yor	3C 92
Parkmill. Swan	4E 31
Parkneuk. Abers	1G 145
Parkside. N Lan	4B 128
Parkstone. Pool	3F 15
Park Street. Herts	5B 52
Park Street. W Sus	2C 26
Park Town. Oxon	5D 50
Park Village. Nmbd	3H 113
Parkway. Here	2C 48
Parley Cross. Dors	3F 15
Parmoor. Buck	3F 37
Parr. Mers	1H 83
Parracombe. Devn	2G 19
Parrog. Pemb	1E 43
Parsonage Green. Essx	4H 53
Parsonby. Cumb	1C 102
Parson Cross. S Yor	1H 85
Parson Drove. Cambs	5C 76
Partick. Glas	3G 127
Partington. G Man	1B 84
Partney. Linc	4D 88
Parton. Cumb	
nr. Whitehaven	2A 102
nr. Wigton	4D 112
Parton. Dum	2D 111
Partridge Green. W Sus	4C 26
Parwich. Derbs	5F 85
Passenham. Nptn	2F 51

Passfield – Peterhead

Passfield. Hants 3G 25
Passingford Bridge. Essx 1G 39
Paston. Norf 2F 79
Pasturefields. Staf 3D 73
Patchacott. Devn 3E 11
Patcham. Brig 5E 27
Patchetts Green. Herts 1C 38
Patching. W Sus 5B 26
Patchole. Devn 2G 19
Patchway. S Glo 3B 34
Pateley Bridge. N Yor 3D 98
Pathe. Som 3G 21
Pathfinder Village. Devn 3B 12
Pathhead. Abers 2G 145
Pathhead. E Ayr 3F 117
Pathhead. Fife 4E 137
Pathhead. Midl 3G 129
Pathlow. Warw 5F 61
Path of Condie. Per 2C 136
Pathstruie. Per 2C 136
Patmore Heath. Herts 3E 53
Patna. E Ayr 3D 116
Patney. Wilts 1F 23
Patrick. IOM 3B 108
Patrick Brompton. N Yor 5F 105
Patrington. E Yor 2G 95
Patrington Haven. E Yor 2G 95
Patrixbourne. Kent 5F 41
Patterdale. Cumb 3E 103
Pattiesmuir. Fife 1D 129
Pattingham. Staf 1C 60
Pattishall. Nptn 5D 62
Pattiswick. Essx 3B 54
Patton Bridge. Cumb 5G 103
Paul. Corn 4B 4
Paulerspury. Nptn 1F 51
Paull. E Yor 2E 95
Paulton. Bath 1B 22
Pauperhaugh. Nmbd 5F 121
Pave Lane. Telf 4B 72
Pavenham. Bed 5G 63
Pawlett. Som 2F 21
Pawston. Nmbd 1C 120
Paxford. Glos 2G 49
Paxton. Bord 4F 131
Payhembury. Devn 2D 12
Paythorne. Lanc 4H 97
Payton. Som 4E 20
Peacehaven. E Sus 5F 27
Peak Dale. Derbs 3E 85
Peak Forest. Derbs 3F 85
Peak Hill. Linc 4B 76
Peakirk. Pet 5A 76
Pearsie. Ang 3C 144
Peasedown St John. Bath 1C 22
Peaseland Green. Norf 4C 78
Peasemore. W Ber 4C 36
Peasenhall. Suff 4F 67
Pease Pottage. W Sus 2D 26
Peaslake. Surr 1B 26
Peasley Cross. Mers 1H 83
Peasmarsh. E Sus 3C 28
Peasmarsh. Som 1G 13
Peasmarsh. Surr 1A 26
Peaston. E Lot 3H 129
Peastonbank. E Lot 3H 129
Peathill. Abers 2G 161
Peat Inn. Fife 3G 137
Peatling Magna. Leics 1C 62
Peatling Parva. Leics 2C 62
Peaton. Arg 1D 126
Peaton. Shrp 2H 59
Peats Corner. Suff 4D 66
Pebmarsh. Essx 2B 54
Pebworth. Worc 1G 49
Pecket Well. W Yor 2H 91
Peckforton. Ches E 5H 83
Peckham Bush. Kent 5A 40
Peckleton. Leics 5B 74
Pedair-ffordd. Powy 3D 70
Pedham. Norf 4F 79
Pedlinge. Kent 2F 29
Pedmore. W Mid 2D 60
Pedwell. Som 3H 21
Peebles. Bord 5F 129
Peel. IOM 3B 108
Peel. Bord 1G 119
Peel Common. Hants 2D 16
Peening Quarter. Kent 3C 28
Peggs Green. Leics 4B 74
Pegsdon. C Beds 2B 52
Pegswood. Nmbd 1F 115
Peinchorran. High 5E 155
Peinlich. High 3D 154
Pelaw. Tyne 3F 115
Pelcomb Bridge. Pemb 3D 42
Pelcomb Cross. Pemb 3D 42
Peldon. Essx 4C 54
Pelsall. W Mid 5E 73
Pelton. Dur 4F 115
Pelutho. Cumb 5C 112
Pelynt. Corn 3G 7
Pemberton. Carm 5F 45
Pembrey. Carm 5E 45
Pembridge. Here 5F 59
Pembroke. Pemb 4D 43
Pembroke Dock. Pemb 4D 42
Pembroke Ferry. Pemb 4D 42
Pembury. Kent 1H 27
Pen-allt. Mon 4A 48
Penally. Pemb 5F 43
Penalt. Here 3A 48
Penalum. Pemb 5F 43
Penare. Corn 4D 6
Penarth. V Glam 4E 33
Penbeagle. Corn 3C 4
Penberth. Corn 4B 4
Pen-bont Rhydybeddau
  Cdgn 2F 57
Penbryn. Cdgn 5B 56
Pencader. Carm 2E 45
Pen-cae. Cdgn 5D 56
Pencaenewydd. Gwyn 1D 68
Pencaerau. Neat 3G 31
Pencaitland. E Lot 3H 129
Pencarnisiog. IOA 3C 80
Pencarreg. Carm 1F 45
Pencarrow. Corn 4B 10
Pencelli. Powy 3D 46
Pen-clawdd. Swan 3E 31
Pencoed. B'end 3C 32
Pencombe. Here 5H 59
Pencraig. Here 3A 48
Pencraig. Powy 3C 70
Pendeen. Corn 3A 4
Pendeford. W Mid 5C 72
Penderyn. Rhon 5C 46
Pendine. Carm 4G 43
Pendlebury. G Man 4F 91
Pendleton. G Man 1C 84
Pendleton. Lanc 1F 91
Pendock. Worc 2C 48
Pendoggett. Corn 5A 10
Pendomer. Som 1A 14
Pendoylan. V Glam 4D 32
Pen-dre. B'end 3C 32
Penegoes. Powy 5G 69
Penelewey. Corn 4C 6
Penffordd. Pemb 2E 43
Penffordd-Lâs. Powy 1A 58
Penfro. Pemb 4D 43
Pengam. Cphy 2E 33
Pengam. Card 4F 33
Penge. G Lon 4E 39
Pengelly. Corn 4A 10
Pengenffordd. Powy 2E 47
Pengersick. Corn 4C 4
Pengorffwysfa. IOA 1D 80
Pengover Green. Corn 2G 7
Pengwern. Den 3C 82
Penhale. Corn
  nr. Mullion 5D 5
  nr. St Austell 3D 6
Penhale Camp. Corn 3B 6
Penhallow. Corn 3B 6
Penhalvean. Corn 5B 6
Penhelig. Gwyn 1F 57
Penhill. Swin 3G 35
Penhow. Newp 2H 33
Penhurst. E Sus 4A 28
Peniarth. Gwyn 5F 69
Penicuik. Midl 3F 129
Peniel. Carm 3E 45
Penifiler. High 4D 155
Peninver. Arg 3B 122
Penisa'r-waun. Gwyn 4E 81
Penistone. S Yor 4C 92
Penketh. Warr 2H 83
Penkill. S Ayr 5B 116
Penkridge. Staf 4D 72
Penley. Wrex 2G 71
Penllech. Gwyn 2B 68
Penllergaer. Swan 3F 31
Pen-llyn. IOA 2C 80
Penmachno. Cnwy 5G 81
Penmaen. Swan 4E 31
Penmaenmawr. Cnwy 3G 81
Penmaenpool. Gwyn 4F 69
Penmaen Rhos. Cnwy 3A 82
Pen-marc. V Glam 5D 32
Penmark. V Glam 5D 32
Penmarth. Corn 5B 6
Penmon. IOA 2F 81
Penmorfa. Gwyn 1E 69
Penmynydd. IOA 3E 81
Penn. Buck 1A 38
Penn. Dors 3G 13
Penn. W Mid 1C 60
Pennal. Gwyn 5G 69
Pennan. Abers 2F 161
Pennant. Cdgn 4E 57
Pennant. Den 2C 70
Pennant. Gwyn 3B 70
Pennant. Powy 1A 58
Pennant Melangell. Powy 3C 70
Pennar. Pemb 4D 42
Pennard. Swan 4E 31
Pennerley. Shrp 1F 59
Pennington. Cumb 2B 96
Pennington. G Man 1A 84
Pennington. Hants 3B 16
Pennorth. Powy 3E 46
Penn Street. Buck 1A 38
Pennsylvania. Devn 3C 12
Pennsylvania. S Glo 4C 34
Penny Bridge. Cumb 1C 96
Pennycross. Plym 3A 8
Pennygate. Norf 3F 79
Pennyghael. Arg 1C 132
Penny Hill. Linc 3C 76
Pennylands. Lanc 4C 90
Pennymoor. Devn 1B 12
Pennyvenie. E Ayr 4D 117
Pennywell. Tyne 4G 115
Pen-parc. Cdgn 1C 44
Penparcau. Cdgn 2E 57
Pen-pedair-heol. Cphy 2E 33
Penperlleni. Mon 5G 47
Penpillick. Corn 3E 7
Penpol. Corn 5C 6
Penpoll. Corn 3F 7
Penponds. Corn 3D 4
Penpont. Corn 5A 10
Penpont. Dum 5H 117
Pen-pont. Powy 3C 46
Pen-prysg. B'end 3C 32
Penquit. Devn 3C 8
Penrherber. Carm 1G 43
Penrhiw. Pemb 1C 44
Penrhiwceiber. Rhon 2D 32
Pen-Rhiw-fawr. Neat 4H 45
Penrhiw-llan. Cdgn 1D 44
Penrhiwpal. Cdgn 1D 44
Penrhos. Gwyn 2C 68
Penrhos. Here 5F 59
Penrhos. IOA 2B 80
Pen-rhos. Mon 4H 47
Pen-rhos. Powy 4B 46
Penrhosgarnedd. Gwyn 3E 81
Penrhyn. IOA 1C 80
Penrhyn Bay. Cnwy 2H 81
Penrhyn-coch. Cdgn 2F 57
Penrhyndeudraeth. Gwyn 2F 69
Penrhyn-side. Cnwy 2H 81
Penrice. Swan 4D 31
Penrith. Cumb 2G 103
Penrose. Corn 1C 6
Penruddock. Cumb 2F 103
Penryn. Corn 5B 6
Pen-sarn. Carm 4E 45
Pen-sarn. Gwyn 3E 69
Pensax. Worc 4B 60
Pensby. Mers 2E 83
Penselwood. Som 3C 22
Pensford. Bath 5B 34
Pensham. Worc 1E 49
Penshaw. Tyne 4G 115
Penshurst. Kent 1G 27
Pensilva. Corn 2G 7
Pensnett. W Mid 2D 60
Penston. E Lot 2H 129
Penstone. Devn 2A 12
Pentewan. Corn 4E 6
Pentir. Gwyn 4E 81
Pentire. Corn 2B 6
Pentlepoir. Pemb 4F 43
Pentlow. Essx 1B 54
Pentney. Norf 4G 77
Penton Mewsey. Hants 2B 24
Pentraeth. IOA 3E 81
Pentre. Powy
  nr. Church Stoke 1E 59
  nr. Kerry 2D 58
  nr. Mochdre 2C 58
Pentre. Rhon 2C 32
Pentre. Shrp 4F 71
Pentre. Wrex
  nr. Chirk 1E 71
  nr. Llanarmon Dyffryn Ceiriog
  2D 70
Pentre-bach. Cdgn 1F 45
Pentre-bach. Powy 2C 46
Pentrebach. Carm 2B 46
Pentre-bach. Mer T 5D 46
Pentre-bach. Swan 5G 45
Pentre Berw. IOA 3D 80
Pentre-bont. Cnwy 5G 81
Pentrecagal. Carm 1D 44
Pentrecelyn. Den 5D 82
Pentre-clawdd. Shrp 2E 71
Pentreclwydau. Neat 5B 46
Pentre-cwrt. Carm 2D 45
Pentre Dolau Honddu
  Powy 1C 46
Pentre-dwr. Swan 3F 31
Pentrefelin. Carm 3F 45
Pentrefelin. Cdgn 1G 45
Pentrefelin. Cnwy 3H 81
Pentrefelin. Gwyn 2E 69
Pentrefoelas. Cnwy 5A 82
Pentre Galar. Pemb 1F 43
Pentregat. Cdgn 5C 56
Pentregwenlais. Carm 4G 45
Pentre Gwynfryn. Gwyn 3E 69
Pentre Halkyn. Flin 3E 82
Pentre Hodre. Shrp 3F 59
Pentre-Llanrhaeadr. Den 4C 82
Pentre Llifior. Powy 1D 58
Pentrellwyn. IOA 2E 81
Pentre-llwyn-llwyd. Powy 5B 58
Pentre-llyn-cymmer. Cnwy 5B 82
Pentre Meyrick. V Glam 4C 32
Pentre-piod. Gwyn 2A 70
Pentre-poeth. Newp 3F 33
Pentre'r beirdd. Powy 4D 70
Pentre'r-felin. Powy 2C 46
Pentre-tafarn-y-fedw
  Cnwy 4H 81
Pentre-ty-gwyn. Carm 2B 46
Pentre-uchaf. Gwyn 2C 68
Pentrich. Derbs 5A 86
Pentridge. Dors 1F 15
Pen-twyn. Cphy 5F 47
Pen-twyn. Cphy 5E 46
Pentwyn. Card 3F 33
Pentyrch. Card 3E 32
Pentywyn. Carm 4G 43
Pen-uwch. Cdgn 4E 57
Penwithick. Corn 3E 7
Pen-wyllt. Powy 4B 46
Pen-y-banc. Carm 3G 45
Pen-y-banc. Carm 4G 45
Pen-y-bont. Carm 2H 43
Pen-y-bont. Powy 3E 70
Pen-y-bont. Powy 4D 58
Pen-y-Bont Ar Ogwr
  B'end 3C 32
Pen-y-bont-fawr. Powy 3C 70
Pen-y-bryn. Pemb 1B 44
Pen-y-bryn. Wrex 1E 71
Pen-y-bryn. Cphy 2E 33
Pen-y-cae. Powy 4B 46
Penycae. Wrex 1E 71
Pen-y-cae mawr. Mon 2H 33
Penycaerau. Gwyn 3A 68
Pen-y-cefn. Flin 3D 82
Pen-y-clawdd. Mon 5H 47
Penycoedcae. Rhon 3D 32
Pen-y-cwm. Pemb 2C 42
Penydarren. Mer T 5D 46
Pen-y-fai. B'end 3B 32
Pen-y-ffordd. Flin 2D 82
Pen-y-ffordd. Flin 4F 83
Pen-y-ffridd. Gwyn 5E 81
Pen-y-garn. Cdgn 2F 57
Pen-y-garnedd. IOA 3E 81
Penygarnedd. Powy 3D 70
Pen-y-graig. Gwyn 2B 68
Pen-y-graig. Rhon 2C 32
Penygraigwen. IOA 2D 80
Pen-y-groes. Carm 4F 45
Pen-y-groes. Gwyn 5D 80
Penygroes. Pemb 1F 43
Pen-y-Mynydd. Carm 5E 45
Penymynydd. Flin 4F 83
Pen-yr-heol. Mon 4H 47
Penyrheol. Cphy 3E 33
Penyrheol. Swan 3E 31
Pen-y-sarn. IOA 1D 80
Pen-y-stryt. Den 5D 82
Pen-y-waun. Rhon 5C 46
Penzance. Corn 3B 4
Peopleton. Worc 5D 60
Peover Heath. Ches E 3B 84
Peper Harow. Surr 1A 26
Peplow. Shrp 3A 72
Pepper Arden. N Yor 4F 105
Perceton. N Ayr 5E 127
Percyhorner. Abers 2G 161
Perham Down. Wilts 2A 24
Periton. Som 2C 20
Perkinsville. Dur 4F 115
Perlethorpe. Notts 3D 86
Perranarworthal. Corn 5B 6
Perranporth. Corn 3B 6
Perranuthnoe. Corn 4C 4
Perranwell. Corn 5B 6
Perranzabuloe. Corn 3B 6
Perrott's Brook. Glos 5F 49
Perry. W Mid 1E 61
Perry Barr. W Mid 1E 61
Perry Crofts. Staf 5G 73
Perry Green. Essx 3B 54
Perry Green. Herts 4E 53
Perry Green. Wilts 3E 35
Perry Street. Kent 3H 39
Perry Street. Som 2G 13
Perrywood. Kent 5E 41
Pershall. Staf 3C 72
Pershore. Worc 1E 49
Pertenhall. Bed 4H 63
Perth. Per 1D 136
Perthy. Shrp 2F 71
Perton. Staf 1C 60
Pertwood. Wilts 3D 23
Peterborough. Pet 1A 64
Peterburn. High 5B 162
Peterchurch. Here 2G 47
Peterculter. Aber 3F 153
Peterhead. Abers 4H 161

Peterlee. *Dur* 5H 115
Petersfield. *Hants* 4F 25
Petersfinger. *Wilts* 4G 23
Peters Green. *Herts* 4B 52
Peters Marland. *Devn* 1E 11
Peterstone Wentlooge *Newp* 3F 33
Peterston-super-Ely *V Glam* 4D 32
Peterstow. *Here* 3A 48
Peters Village. *Kent* 4B 40
Peter Tavy. *Devn* 5F 11
Petertown. *Orkn* 7C 172
Petham. *Kent* 5F 41
Petherwin Gate. *Corn* 4C 10
Petrockstowe. *Devn* 2F 11
Petsoe End. *Mil* 1G 51
Pett. *E Sus* 4C 28
Pettaugh. *Suff* 5D 66
Pett Bottom. *Kent* 5F 41
Petteridge. *Kent* 1A 28
Pettinain. *S Lan* 5C 128
Pettistree. *Suff* 5E 67
Petton. *Devn* 4D 20
Petton. *Shrp* 3G 71
Petts Wood. *G Lon* 4F 39
Pettycur. *Fife* 1F 129
Pettywell. *Norf* 3C 78
Petworth. *W Sus* 3A 26
Pevensey. *E Sus* 5H 27
Pevensey Bay. *E Sus* 5A 28
Pewsey. *Wilts* 5G 35
Pheasants Hill. *Buck* 3F 37
Philadelphia. *Tyne* 4G 115
Philham. *Devn* 4C 18
Philiphaugh. *Bord* 2G 119
Phillack. *Corn* 3C 4
Philleigh. *Corn* 5C 6
Philpstoun. *W Lot* 2D 128
Phocle Green. *Here* 3B 48
Phoenix Green. *Hants* 1F 25
Pibsbury. *Som* 4H 21
Pibwrlwyd. *Carm* 4E 45
Pica. *Cumb* 2B 102
Piccadilly. *Warw* 1G 61
Piccadilly Corner. *Norf* 2E 67
Piccotts End. *Herts* 5A 52
Pickering. *N Yor* 1B 100
Picket Piece. *Hants* 2B 24
Picket Post. *Hants* 2G 15
Pickford. *W Mid* 2G 61
Pickhill. *N Yor* 1F 99
Picklenash. *Glos* 3C 48
Picklescott. *Shrp* 1G 59
Pickletillem. *Fife* 1G 137
Pickmere. *Ches E* 3A 84
Pickstock. *Telf* 3B 72
Pickwell. *Devn* 2E 19
Pickwell. *Leics* 4E 75
Pickworth. *Linc* 2H 75
Pickworth. *Rut* 4G 75
Picton. *Ches W* 3G 83
Picton. *Flin* 2D 82
Picton. *N Yor* 4B 106
Pict's Hill. *Som* 4H 21
Piddinghoe. *E Sus* 5F 27
Piddington. *Buck* 2G 37
Piddington. *Nptn* 5F 63
Piddington. *Oxon* 4E 51
Piddlehinton. *Dors* 3C 14
Piddletrenthide. *Dors* 2C 14
Pidley. *Cambs* 3C 64
Pidney. *Dors* 2C 14
Pie Corner. *Here* 4A 60
Piercebridge. *Darl* 3F 105
Pierowall. *Orkn* 3D 172
Pigdon. *Nmbd* 1E 115
Pightley. *Som* 3F 21
Pikehall. *Derbs* 5F 85
Pikeshill. *Hants* 2A 16
Pilford. *Dors* 2F 15
Pilgrims Hatch. *Essx* 1G 39
Pilham. *Linc* 1F 87
Pill. *N Som* 4A 34
The Pill. *Mon* 3H 33
Pillaton. *Corn* 2H 7
Pillaton. *Staf* 4D 72
Pillerton Hersey. *Warw* 1B 50
Pillerton Priors. *Warw* 1A 50
Pilleth. *Powy* 4E 59
Pilley. *Hants* 3B 16
Pilley. *S Yor* 4D 92
Pillgwenlly. *Newp* 3G 33
Pilling. *Lanc* 5D 96
Pilling Lane. *Lanc* 5C 96
Pillowell. *Glos* 5B 48
Pillwell. *Dors* 1C 14
Pilning. *S Glo* 3A 34
Pilsbury. *Derbs* 4F 85
Pilsdon. *Dors* 3H 13
Pilsgate. *Pet* 5H 75
Pilsley. *Derbs*
nr. Bakewell 3G 85
nr. Clay Cross 4B 86
Pilson Green. *Norf* 4F 79
Piltdown. *E Sus* 3F 27
Pilton. *Edin* 2F 129
Pilton. *Nptn* 2H 63
Pilton. *Rut* 5G 75
Pilton. *Som* 2A 22
Pilton Green. *Swan* 4D 30
Pimperne. *Dors* 2E 15
Pinchbeck. *Linc* 3B 76
Pinchbeck Bars. *Linc* 3A 76
Pinchbeck West. *Linc* 3B 76
Pinfold. *Lanc* 3B 90
Pinford End. *Suff* 5H 65
Pinged. *Carm* 5E 45
Pinhoe. *Devn* 3C 12
Pinkerton. *E Lot* 2D 130
Pinkneys Green. *Wind* 3G 37
Pinley. *W Mid* 3A 62
Pinley Green. *Warw* 4G 61
Pinmill. *Suff* 2F 55
Pinmore. *S Ayr* 5B 116
Pinner. *G Lon* 2C 38
Pins Green. *Worc* 1C 48
Pinsley Green. *Ches E* 1H 71
Pinvin. *Worc* 1E 49
Pinwherry. *S Ayr* 1G 109
Pinxton. *Derbs* 5B 86
Pipe and Lyde. *Here* 1A 48
Pipe Aston. *Here* 3G 59
Pipe Gate. *Shrp* 1B 72
Pipehill. *Staf* 5E 73
Piperhill. *High* 3C 158
Pipe Ridware. *Staf* 4E 73
Pipers Pool. *Corn* 4C 10
Pipewell. *Nptn* 2F 63
Pippacott. *Devn* 3F 19
Pipton. *Powy* 2E 47
Pirbright. *Surr* 5A 38
Pirnmill. *N Ayr* 5G 125
Pirton. *Herts* 2B 52
Pirton. *Worc* 1D 49
Pisgah. *Stir* 3G 135
Pishill. *Oxon* 3F 37
Pistyll. *Gwyn* 1C 68
Pitagowan. *Per* 2F 143
Pitcairn. *Per* 3F 143
Pitcairngreen. *Per* 1C 136
Pitcalnie. *High* 1C 158
Pitcaple. *Abers* 1E 152
Pitchcombe. *Glos* 5D 48
Pitchcott. *Buck* 3F 51
Pitchford. *Shrp* 5H 71
Pitch Green. *Buck* 5F 51
Pitch Place. *Surr* 5A 38
Pitcombe. *Som* 3B 22
Pitcox. *E Lot* 2C 130
Pitcur. *Per* 5B 144
Pitfichie. *Abers* 2D 152
Pitgrudy. *High* 4E 165
Pitkennedy. *Ang* 3E 145
Pitlessie. *Fife* 3F 137
Pitlochry. *Per* 3G 143
Pitmachie. *Abers* 1D 152
Pitmaduthy. *High* 1B 158
Pitmedden. *Abers* 1F 153
Pitminster. *Som* 1F 13
Pitnacree. *Per* 3G 143
Pitney. *Som* 4H 21
Pitroddie. *Per* 1E 136
Pitscottie. *Fife* 2G 137
Pitsea. *Essx* 2B 40
Pitsford. *Nptn* 4E 63
Pitsford Hill. *Som* 3E 20
Pitsmoor. *S Yor* 2A 86
Pitstone. *Buck* 4H 51
Pitt. *Hants* 4C 24
Pitt Court. *Glos* 2C 34
Pittentrail. *High* 3E 164
Pittenweem. *Fife* 3H 137
Pittington. *Dur* 5G 115
Pitton. *Swan* 4D 30
Pitton. *Wilts* 3H 23
Pittswood. *Kent* 1H 27
Pittulie. *Abers* 2G 161
Pittville. *Glos* 3E 49
Pitversie. *Per* 2D 136
Pity Me. *Dur* 5F 115
Pityme. *Corn* 1D 6
Pixey Green. *Suff* 3E 67
Pixley. *Here* 2B 48
Place Newton. *N Yor* 2C 100
Plaidy. *Abers* 3E 161
Plaidy. *Corn* 3G 7
Plain Dealings. *Pemb* 3E 43
Plains. *N Lan* 3A 128
Plainsfield. *Som* 3E 21
Plaish. *Shrp* 1H 59
Plaistow. *Here* 2B 48
Plaistow. *W Sus* 2B 26
Plaitford. *Wilts* 1A 16
Plastow Green. *Hants* 5D 36
Plas yn Cefn. *Den* 3C 82
The Platt. *E Sus* 2G 27
Platt Bridge. *G Man* 4E 90
Platt Lane. *Shrp* 2H 71
Platts Common. *S Yor* 4D 92
Platt's Heath. *Kent* 5C 40
Plawsworth. *Dur* 5F 115
Plaxtol. *Kent* 5H 39
Playden. *E Sus* 3D 28
Playford. *Suff* 1F 55
Play Hatch. *Oxon* 4F 37
Playing Place. *Corn* 4C 6
Playley Green. *Glos* 2C 48
Plealey. *Shrp* 5G 71
Plean. *Stir* 1B 128
Pleasington. *Bkbn* 2E 91
Pleasley. *Derbs* 4C 86
Pledgdon Green. *Essx* 3F 53
Plenmeller. *Nmbd* 3A 114
Pleshey. *Essx* 4G 53
Plockton. *High* 5H 155
Plocrapol. *W Isl* 8D 171
Ploughfield. *Here* 1G 47
Plowden. *Shrp* 2F 59
Ploxgreen. *Shrp* 5F 71
Pluckley. *Kent* 1D 28
Plucks Gutter. *Kent* 4G 41
Plumbland. *Cumb* 1C 102
Plumgarths. *Cumb* 5F 103
Plumley. *Ches E* 3B 84
Plummers Plain. *W Sus* 3D 26
Plumpton. *Cumb* 1F 103
Plumpton. *E Sus* 4E 27
Plumpton. *Nptn* 1D 50
Plumpton Foot. *Cumb* 1F 103
Plumpton Green. *E Sus* 4E 27
Plumpton Head. *Cumb* 1G 103
Plumstead. *G Lon* 3F 39
Plumstead. *Norf* 2D 78
Plumtree. *Notts* 2D 74
Plumtree Park. *Notts* 2D 74
Plungar. *Leics* 2E 75
Plush. *Dors* 2C 14
Plushabridge. *Corn* 5D 10
Plwmp. *Cdgn* 5C 56
Plymouth. *Plym* 3A 8
Plympton. *Plym* 3B 8
Plymstock. *Plym* 3B 8
Plymtree. *Devn* 2D 12
Pockley. *N Yor* 1A 100
Pocklington. *E Yor* 5C 100
Pode Hole. *Linc* 3B 76
Podimore. *Som* 4A 22
Podington. *Bed* 4G 63
Podmore. *Staf* 2B 72
Poffley End. *Oxon* 4B 50
Point Clear. *Essx* 4D 54
Pointon. *Linc* 2A 76
Pokesdown. *Bour* 3G 15
Polbae. *Dum* 2H 109
Polbain. *High* 3E 163
Polbathic. *Corn* 3H 7
Polbeth. *W Lot* 3D 128
Polbrock. *Corn* 2E 6
Polchar. *High* 3C 150
Polebrook. *Nptn* 2H 63
Pole Elm. *Worc* 1D 48
Polegate. *E Sus* 5G 27
Pole Moor. *W Yor* 3A 92
Poles. *High* 4E 165
Polesworth. *Warw* 5G 73
Polglass. *High* 3E 163
Polgooth. *Corn* 3D 6
Poling. *W Sus* 5B 26
Poling Corner. *W Sus* 5B 26
Polio. *High* 1B 158
Polkerris. *Corn* 3E 7
Polla. *High* 3D 166
Pollard Street. *Norf* 2F 79
Pollicott. *Buck* 4F 51
Pollington. *E Yor* 3G 93
Polloch. *High* 2B 140
Pollok. *Glas* 3G 127
Pollokshaws. *Glas* 3G 127
Pollokshields. *Glas* 3G 127
Polmaily. *High* 5G 157
Polmassick. *Corn* 4D 6
Polmont. *Falk* 2C 128
Polnessan. *E Ayr* 3D 116
Polnish. *High* 5F 147
Polperro. *Corn* 3G 7
Polruan. *Corn* 3F 7
Polscoe. *Corn* 2F 7
Polsham. *Som* 2A 22
Polskeoch. *Dum* 4F 117
Polstead. *Suff* 2C 54
Polstead Heath. *Suff* 1C 54
Poltesco. *Corn* 5E 5
Poltimore. *Devn* 3C 12
Polton. *Midl* 3F 129
Polwarth. *Bord* 4D 130
Polyphant. *Corn* 4C 10
Polzeath. *Corn* 1D 6
Ponde. *Powy* 2E 46
Pondersbridge. *Cambs* 1B 64
Ponders End. *G Lon* 1E 39
Pond Street. *Essx* 2E 53
Pondtail. *Hants* 1G 25
Ponsanooth. *Corn* 5B 6
Ponsongath. *Corn* 5E 5
Ponsworthy. *Devn* 5H 11
Pontamman. *Carm* 4G 45
Pontantwn. *Carm* 4E 45
Pontardawe. *Neat* 5H 45
Pontarddulais. *Swan* 5F 45
Pontarfynach. *Cdgn* 3G 57
Pont-ar-gothi. *Carm* 3F 45
Pont ar Hydfer. *Powy* 3B 46
Pontarllechau. *Carm* 3H 45
Pont-ar-sais. *Carm* 3E 45
Pontblyddyn. *Flin* 4E 83
Pontbren Llwyd. *Rhon* 5C 46
Pont-Cyfyng. *Cnwy* 5G 81
Pontdolgoch. *Powy* 1C 58
Pontefract. *W Yor* 2E 93
Ponteland. *Nmbd* 2E 115
Ponterwyd. *Cdgn* 2G 57
Pontesbury. *Shrp* 5G 71
Pontesford. *Shrp* 5G 71
Pontfadog. *Wrex* 2E 71
Pont-Faen. *Shrp* 2E 71
Pont-faen. *Powy* 2C 46
Pont-faen. *Pemb* 1E 43
Pontgarreg. *Cdgn* 5C 56
Pont-Henri. *Carm* 5E 45
Ponthir. *Torf* 2G 33
Ponthirwaun. *Cdgn* 1C 44
Pont-iets. *Carm* 5E 45
Pontllan-fraith. *Cphy* 2E 33
Pontlliw. *Swan* 5G 45
Pont Llogel. *Powy* 4C 70
Pontllyfni. *Gwyn* 5D 80
Pontlottyn. *Cphy* 5E 46
Pontneddfechan. *Powy* 5C 46
Pont-newydd. *Carm* 5E 45
Pont-newydd. *Flin* 4D 82
Pontnewydd. *Torf* 2F 33
Ponton. *Shet* 6E 173
Pont Pen-y-benglog. *Gwyn* 4F 81
Pontrhydfendigaid. *Cdgn* 4G 57
Pont Rhyd-y-cyff. *B'end* 3B 32
Pontrhydyfen. *Neat* 2A 32
Pont-rhyd-y-groes. *Cdgn* 3G 57
Pontrhydyrun. *Torf* 2F 33
Pont-Rhythallt. *Gwyn* 4E 81
Pontrilas. *Here* 3G 47
Pontrilas Road. *Here* 3G 47
Pontrobert. *Powy* 4D 70
Pont-rug. *Gwyn* 4E 81
Ponts Green. *E Sus* 4A 28
Pontshill. *Here* 3B 48
Pont-Sian. *Cdgn* 1E 45
Pontsticill. *Mer T* 4D 46
Pont-tyweli. *Carm* 2E 45
Pont-Walby. *Neat* 5B 46
Pontwgan. *Cnwy* 3G 81
Pontyates. *Carm* 5E 45
Pontyberem. *Carm* 4F 45
Pontybodkin. *Flin* 5E 83
Pont-y-clun. *Rhon* 3D 32
Pontycymer. *B'end* 2C 32
Pontyglazier. *Pemb* 1F 43
Pontygwaith. *Rhon* 2D 32
Pont-y-pant. *Cnwy* 5G 81
Pontypool. *Torf* 2F 33
Pontypridd. *Rhon* 3D 32
Pontypwl. *Torf* 2F 33
Pont-y-waun. *Cphy* 2F 33
Pooksgreen. *Hants* 1B 16
Pool. *Corn* 4A 6
Pool. *W Yor* 5E 99
Poole. *N Yor* 2E 93
Poole. *Pool* 3F 15
Poole. *Som* 4E 21
Poole Keynes. *Glos* 2E 35
Poolend. *Staf* 5D 84
Poolewe. *High* 5C 162
Pooley Bridge. *Cumb* 2F 103
Poolfold. *Staf* 5C 84
Pool Head. *Here* 5H 59
Pool Hey. *Lanc* 3B 90
Poolhill. *Glos* 3C 48
Poolmill. *Here* 3A 48
Pool o' Muckhart. *Clac* 3C 136
Pool Quay. *Powy* 4E 71
Poolsbrook. *Derbs* 3B 86
Pool Street. *Essx* 2A 54
Pootings. *Kent* 1F 27
Pope Hill. *Pemb* 3D 42
Pope's Hill. *Glos* 4B 48
Popeswood. *Brac* 5G 37
Popham. *Hants* 2D 24
Poplar. *G Lon* 2E 39
Popley. *Hants* 1E 25
Porchfield. *IOW* 3C 16
Porin. *High* 3F 157
Poringland. *Norf* 5E 79
Porkellis. *Corn* 5A 6
Porlock. *Som* 2B 20
Porlock Weir. *Som* 2B 20
Portachoillan. *Arg* 4F 125
Port Adhair Bheinn na Faoghla. *W Isl* 3C 170
Port Adhair Thirlodh. *Arg* 4B 138
Portadown. *Arm* 5F 175

Portaferry – Queen Adelaide

Portaferry. Ards 5J 175
Port Ann. Arg 1H 125
Port Appin. Arg 4D 140
Port Asgaig. Arg 3C 124
Port Askaig. Arg 3C 124
Portavadie. Arg 3H 125
Portavogie. Ards 4J 175
Portballintrae. Caus 1F 175
Port Bannatyne. Arg 3B 126
Portbury. N Som 4A 34
Port Carlisle. Cumb 3D 112
Port Charlotte. Arg 4A 124
Portchester. Hants 2E 16
Port Clarence. Stoc T 2B 106
Port Driseach. Arg 2A 126
Port Dundas. Glas 3G 127
Port Ellen. Arg 5B 124
Port Elphinstone. Abers 1E 153
Portencalzie. Dum 2F 109
Portencross. N Ayr 5C 126
Port Erin. IOM 5A 108
Port Erroll. Abers 5H 161
Porter's Fen Corner. Norf 5E 77
Portesham. Dors 4B 14
Portessie. Mor 2B 160
Port e Vullen. IOM 2D 108
Port-Eynon. Swan 4D 30
Portfield. Som 4H 21
Portfield Gate. Pemb 3D 42
Portgate. Devn 4E 11
Port Gaverne. Corn 4A 10
Port Glasgow. Inv 2E 127
Portglenone. ME Ant 2F 175
Portgordon. Mor 2A 160
Portgower. High 2H 165
Porth. Corn 2C 6
Porth. Rhon 2D 32
Porthaethwy. IOA 3E 81
Porthallow. Corn
nr. Looe 3G 7
nr. St Keverne 4E 5
Porthcawl. B'end 4B 32
Porthceri. V Glam 5D 32
Porthcothan. Corn 1C 6
Porthcurno. Corn 4A 4
Port Henderson. High 1G 155
Porth-gain. Pemb 1C 42
Porthgwarra. Corn 4A 4
Porthill. Shrp 4G 71
Porthkerry. V Glam 5D 32
Porthleven. Corn 4D 4
Porthllechog. IOA 1D 80
Porthmadog. Gwyn 2E 69
Porthmeor. Corn 3B 4
Porth Navas. Corn 4E 5
Portholland. Corn 4D 6
Porthoustock. Corn 4F 5
Porthtowan. Corn 4A 6
Porth Tywyn. Carm 5E 45
Porthyfelin. IOA 2B 80
Porth-y-rhyd. Carm
nr. Carmarthen 4F 45
nr. Llandovery 2H 45
Porth-y-waen. Shrp 3E 71
Portincaple. Arg 4B 134
Portington. E Yor 1A 94
Portinnisherrich. Arg 2G 133
Portinscale. Cumb 2D 102
Port Isaac. Corn 1D 6
Portishead. N Som 4H 33
Portknockie. Mor 2B 160
Port Lamont. Arg 2B 126
Portlethen. Abers 4G 153
Portlethen Village. Abers 4G 153
Portling. Dum 4F 111
Port Lion. Pemb 4D 43
Portloe. Corn 5D 6
Port Logan. Dum 5F 109
Portmahomack. High 5G 165
Portmead. Swan 3F 31
Portmeirion. Gwyn 2E 69
Portmellon. Corn 4E 6
Port Mholair. W Isl 4H 171
Port Mor. High 1F 139
Portmore. Hants 3B 16
Port Mulgrave. N Yor 3E 107
Portnacroish. Arg 4D 140
Portnahaven. Arg 4A 124
Portnalong. High 5C 154
Portnaluchaig. High 5E 147
Portnancon. High 2E 167
Port Nan Giuran. W Isl 4H 171
Port nan Long. W Isl 1D 170
Port Nis. W Isl 1H 171
Portobello. Edin 2G 129
Portobello. W Yor 3D 92
Port of Menteith. Stir 3E 135
Porton. Wilts 3G 23
Portormin. High 5D 168
Portpatrick. Dum 4F 109
Port Quin. Corn 1D 6
Port Ramsay. Arg 4C 140
Portreath. Corn 4A 6
Portree. High 4D 155
Port Righ. High 4D 155
Portrush. Caus 1E 175
Port St Mary. IOM 5B 108
Portscatho. Corn 5C 6
Portsea. Port 2E 17
Port Seton. E Lot 2H 129
Portskerra. High 2A 168
Portskewett. Mon 3A 34
Portslade-by-Sea. Brig 5D 26
Portsmouth. Port 2E 17
Portsmouth. W Yor 2H 91
Port Soderick. IOM 4C 108
Port Solent. Port 2E 17
Portsonachan. Arg 1H 133
Portsoy. Abers 2C 160
Portstewart. Caus 1E 175
Port Sunlight. Mers 2F 83
Portswood. Sotn 1C 16
Port Talbot. Neat 3A 32
Porttannachy. Mor 2A 160
Port Tennant. Swan 3F 31
Portuairk. High 2F 139
Portway. Here 1H 47
Portway. Worc 3E 61
Port Wemyss. Arg 4A 124
Port William. Dum 5A 110
Portwrinkle. Corn 3H 7
Poslingford. Suff 1A 54
Postbridge. Devn 5G 11
Postcombe. Oxon 2F 37
Post Green. Dors 3E 15
Postling. Kent 2F 29
Postlip. Glos 3F 49
Post-Mawr. Cdgn 5D 56
Postwick. Norf 5E 79
Potarch. Abers 4D 152
Potsgrove. C Beds 3H 51
Potten End. Herts 5A 52
Potter Brompton. N Yor 2D 101
Pottergate Street. Norf 1D 66
Potterhanworth. Linc 4H 87
Potterhanworth Booths
Linc 4H 87
Potter Heigham. Norf 4G 79
Potter Hill. Leics 3E 75
The Potteries. Stoke 1C 72
Potterne. Wilts 1E 23
Potterne Wick. Wilts 1F 23
Potternewton. W Yor 1D 92
Potters Bar. Herts 5C 52
Potters Brook. Lanc 4D 97
Potter's Cross. Staf 2C 60
Potters Crouch. Herts 5B 52
Potter Somersal. Derbs 2F 73
Potterspury. Nptn 1F 51
Potter Street. Essx 5E 53
Potterton. Abers 2G 153
Potthorpe. Norf 3B 78
Pottle Street. Wilts 2D 22
Potto. N Yor 4B 106
Potton. C Beds 1C 52
Pott Row. Norf 3G 77
Pott Shrigley. Ches E 3D 84
Poughill. Corn 2C 10
Poughill. Devn 2B 12
Poulner. Hants 2G 15
Poulshot. Wilts 1E 23
Poulton. Glos 5G 49
Poulton-le-Fylde. Lanc 1B 90
Pound Bank. Worc 3B 60
Poundbury. Dors 3B 14
Poundfield. E Sus 2G 27
Poundgate. E Sus 3F 27
Pound Green. E Sus 3G 27
Pound Green. Suff 5G 65
Pound Hill. W Sus 2D 27
Poundland. S Ayr 1G 109
Poundon. Buck 3E 51
Poundsgate. Devn 5H 11
Poundstock. Corn 3C 10
Pound Street. Hants 5C 36
Pounsley. E Sus 3G 27
Powburn. Nmbd 3E 121
Powderham. Devn 4C 12
Powerstock. Dors 3A 14
Powfoot. Dum 3C 112
Powick. Worc 5C 60
Powmill. Per 4C 136
Poxwell. Dors 4C 14
Poyle. Slo 3B 38
Poynings. W Sus 4D 26
Poyntington. Dors 4B 22
Poynton. Ches E 2D 84
Poynton. Telf 4H 71
Poynton Green. Telf 4H 71
Poystreet Green. Suff 5B 66
Praa Sands. Corn 4C 4
Pratt's Bottom. G Lon 4F 39
Praze-an-Beeble. Corn 3D 4
Prees. Shrp 2H 71
Preesall. Lanc 5C 96
Preesall Park. Lanc 5C 96
Prees Green. Shrp 2H 71
Prees Higher Heath. Shrp 2H 71
Prendergast. Pemb 3D 42
Prendwick. Nmbd 3E 121
Pren-gwyn. Cdgn 1E 45
Pren-teg. Gwyn 1E 69
Prenton. Mers 2F 83
Prescot. Mers 1G 83
Prescott. Devn 1D 12
Prescott. Shrp 3G 71
Preshute. Wilts 5G 35
Pressen. Nmbd 1C 120
Prestatyn. Den 2C 82
Prestbury. Ches E 3D 84
Prestbury. Glos 3E 49
Presteigne. Powy 4F 59
Presthope. Shrp 1H 59
Prestleigh. Som 2B 22
Preston. Brig 5E 27
Preston. Devn 5B 12
Preston. Dors 4C 14
Preston. E Lot
nr. East Linton 2B 130
nr. Prestonpans 2G 129
Preston. E Yor 1E 95
Preston. Glos 5F 49
Preston. Herts 3B 52
Preston. Kent
nr. Canterbury 4G 41
nr. Faversham 4E 41
Preston. Lanc 2D 90
Preston. Nmbd 2F 121
Preston. Rut 5F 75
Preston. Bord 4D 130
Preston. Shrp 4H 71
Preston. Suff 5B 66
Preston. Wilts
nr. Aldbourne 4A 36
nr. Lyneham 4F 35
Preston Bagot. Warw 4F 61
Preston Bissett. Buck 3E 51
Preston Bowyer. Som 4E 21
Preston Brockhurst. Shrp 3H 71
Preston Brook. Hal 2H 83
Preston Candover. Hants 2E 24
Preston Capes. Nptn 5C 62
Preston Cross. Glos 2B 48
Preston Gubbals. Shrp 4G 71
Preston-le-Skerne. Dur 2A 106
Preston Marsh. Here 1A 48
Prestonmill. Dum 4A 112
Preston on Stour. Warw 1H 49
Preston on the Hill. Hal 2H 83
Preston on Wye. Here 1G 47
Prestonpans. E Lot 2G 129
Preston Plucknett. Som 1A 14
Preston-under-Scar. N Yor 5D 104
Preston upon the Weald
Moors. Telf 4A 72
Preston Wynne. Here 1A 48
Prestwich. G Man 4G 91
Prestwick. Nmbd 2E 115
Prestwick. S Ayr 2C 116
Prestwold. Leics 3C 74
Prestwood. Buck 5G 51
Prestwood. Staf 1F 73
Price Town. B'end 2C 32
Prickwillow. Cambs 2E 65
Priddy. Som 1A 22
Priestcliffe. Derbs 3F 85
Priesthill. Glas 3G 127
Priest Hutton. Lanc 2E 97
Priestland. E Ayr 1E 117
Priest Weston. Shrp 1E 59
Priestwood. Brac 4G 37
Priestwood. Kent 4A 40
Primethorpe. Leics 1C 62
Primrose Green. Norf 4C 78
Primrose Hill. Glos 5B 48
Primrose Hill. Lanc 4B 90
Primrose Valley. N Yor 2F 101
Primsidemill. Bord 2C 120
Princes Gate. Pemb 3F 43
Princes Risborough. Buck 5G 51
Princethorpe. Warw 3B 62
Princetown. Devn 5F 11
Prinsted. W Sus 2F 17
Prion. Den 4C 82
Prior Muir. Fife 2H 137
Prior's Frome. Here 2A 48
Priors Halton. Shrp 3G 59
Priors Hardwick. Warw 5B 62
Priorslee. Telf 4B 72
Priors Marston. Warw 5B 62
Prior's Norton. Glos 3D 48
The Priory. W Ber 5B 36
Priory Wood. Here 1F 47
Priston. Bath 5B 34
Pristow Green. Norf 2D 66
Prittlewell. S'end 2C 40
Privett. Hants 4E 25
Prixford. Devn 3F 19
Probus. Corn 4C 6
Prospect. Cumb 5C 112
Prospect Village. Staf 4E 73
Provanmill. Glas 3H 127
Prudhoe. Nmbd 3D 115
Publow. Bath 5B 34
Puckeridge. Herts 3D 53
Puckington. Som 1G 13
Pucklechurch. S Glo 4B 34
Puckrup. Glos 2D 49
Puddinglake. Ches W 4B 84
Puddington. Ches W 3F 83
Puddington. Devn 1B 12
Puddlebrook. Glos 4B 48
Puddledock. Norf 1C 66
Puddletown. Dors 3C 14
Pudleston. Here 5H 59
Pudsey. W Yor 1C 92
Pulborough. W Sus 4B 26
Puleston. Telf 3B 72
Pulford. Ches W 5F 83
Pulham. Dors 2C 14
Pulham Market. Norf 2D 66
Pulham St Mary. Norf 2E 66
Pulley. Shrp 5G 71
Pulloxhill. C Beds 2A 52
Pulpit Hill. Arg 1F 133
Pulverbatch. Shrp 5G 71
Pumpherston. W Lot 3D 128
Pumsaint. Carm 1G 45
Puncheston. Pemb 2E 43
Puncknowle. Dors 4A 14
Punnett's Town. E Sus 3H 27
Purbrook. Hants 2E 17
Purfleet-on-Thames. Thur 3G 39
Puriton. Som 2G 21
Purleigh. Essx 5B 54
Purley. G Lon 4E 39
Purley on Thames. W Ber 4E 37
Purlogue. Shrp 3E 59
Purl's Bridge. Cambs 2D 65
Purse Caundle. Dors 1B 14
Purslow. Shrp 2F 59
Purston Jaglin. W Yor 3E 93
Purtington. Som 2G 13
Purton. Glos
nr. Lydney 5B 48
nr. Sharpness 5B 48
Purton. Wilts 3F 35
Purton Stoke. Wilts 2F 35
Pury End. Nptn 1F 51
Pusey. Oxon 2B 36
Putley. Here 2B 48
Putney. G Lon 3D 38
Putsborough. Devn 2E 19
Puttenham. Herts 4G 51
Puttenham. Surr 1A 26
Puttock End. Essx 1B 54
Puttock's End. Essx 4F 53
Puxey. Dors 1C 14
Puxton. N Som 5H 33
Pwll. Carm 5E 45
Pwll. Powy 5D 70
Pwllcrochan. Pemb 4D 42
Pwll-glas. Den 5D 82
Pwllgloyw. Powy 2D 46
Pwllheli. Gwyn 2C 68
Pwllmeyric. Mon 2A 34
Pwlltrap. Carm 3G 43
Pwll-y-glaw. Neat 2A 32
Pyecombe. W Sus 4D 27
Pye Corner. Herts 4E 53
Pye Corner. Newp 3G 33
Pye Green. Staf 4D 73
Pyewipe. NE Lin 3F 95
Pyle. B'end 3B 32
Pyle. IOW 5C 16
Pyle Hill. Surr 5A 38
Pylle. Som 3B 22
Pymoor. Cambs 2D 65
Pymore. Dors 3H 13
Pyrford. Surr 5B 38
Pyrford Village. Surr 5B 38
Pyrton. Oxon 2E 37
Pytchley. Nptn 3F 63
Pyworthy. Devn 2D 10

Q

Quabbs. Shrp 2E 58
Quadring. Linc 2B 76
Quadring Eaudike. Linc 2B 76
Quainton. Buck 3F 51
Quaking Houses. Dur 4E 115
Quarley. Hants 2A 24
Quarndon. Derbs 1H 73
Quarrendon. Buck 4G 51
Quarrier's Village. Inv 3E 127
Quarrington. Linc 1H 75
Quarrington Hill. Dur 1A 106
The Quarry. Glos 2C 34
Quarry Bank. W Mid 2D 60
Quarrywood. Mor 2F 159
Quartalehouse. Abers 4G 161
Quarter. N Ayr 3C 126
Quarter. S Lan 4A 128
Quatford. Shrp 1B 60
Quatt. Shrp 2B 60
Quebec. Dur 5E 115
Quedgeley. Glos 4D 48
Queen Adelaide. Cambs 2E 65

Queenborough. Kent 3D 40
Queen Camel. Som 4A 22
Queen Charlton. Bath 5B 34
Queen Dart. Devn 1B 12
Queenhill. Worc 2D 48
Queen Oak. Dors 3C 22
Queensbury. W Yor 1B 92
Queensferry. Flin 4F 83
Queensferry Crossing
Edin 2E 129
Queenstown. Bkpl 1B 90
Queen Street. Kent 1A 28
Queenzieburn. N Lan 2H 127
Quemerford. Wilts 5F 35
Quendale. Shet 10E 173
Quendon. Essx 2F 53
Queniborough. Leics 4D 74
Quenington. Glos 5G 49
Quernmore. Lanc 3E 97
Quethiock. Corn 2H 7
Quholm. Orkn 6B 172
Quick's Green. W Ber 4D 36
Quidenham. Norf 2C 66
Quidhampton. Hants 1D 24
Quidhampton. Wilts 3G 23
Quilquox. Abers 5G 161
Quina Brook. Shrp 2H 71
Quindry. Orkn 8D 172
Quine's Hill. IOM 4C 108
Quinton. Nptn 5E 63
Quinton. W Mid 2D 61
Quintrell Downs. Corn 2C 6
Quixhill. Staf 1F 73
Quoditch. Devn 3E 11
Quorn. Leics 4C 74
Quorndon. Leics 4C 74
Quothquan. S Lan 1B 118
Quoyloo. Orkn 5B 172
Quoyness. Orkn 7B 172
Quoys. Shet
on Mainland 5F 173
on Unst 1H 173

R

Rableyheath. Herts 4C 52
Raby. Cumb 4C 112
Raby. Mers 3F 83
Rachan Mill. Bord 1D 118
Rachub. Gwyn 4F 81
Rack End. Oxon 5C 50
Rackenford. Devn 1B 12
Rackham. W Sus 4B 26
Rackheath. Norf 4E 79
Racks. Dum 2B 112
Rackwick. Orkn
on Hoy 8B 172
on Westray 3D 172
Radbourne. Derbs 2G 73
Radcliffe. G Man 4F 91
Radcliffe. Nmbd 4G 121
Radcliffe on Trent. Notts 2D 74
Radclive. Buck 2E 51
Radernie. Fife 3G 137
Radfall. Kent 4F 41
Radford. Bath 1B 22
Radford. Nott 1C 74
Radford. Oxon 3C 50
Radford. W Mid 2H 61
Radford. Worc 5E 61
Radford Semele. Warw 4H 61
Radipole. Dors 4B 14
Radlett. Herts 1C 38
Radley. Oxon 2D 36
Radnage. Buck 2F 37
Radstock. Bath 1B 22
Radstone. Nptn 1D 50
Radway. Warw 1B 50
Radway Green. Ches E 5B 84
Radwell. Bed 5H 63
Radwell. Herts 2C 52
Radwinter. Essx 2G 53
Radyr. Card 3E 33
RAF Coltishall. Norf 3E 79
Rafford. Mor 3E 159
Ragdale. Leics 4D 74
Ragdon. Shrp 1G 59
Ragged Appleshaw. Hants 2B 24
Raggra. High 4F 169
Raglan. Mon 5H 47
Ragnall. Notts 3F 87
Raigbeg. High 1C 150
Rainford. Mers 4C 90
Rainford Junction. Mers 4C 90
Rainham. G Lon 2G 39
Rainham. Medw 4C 40
Rainhill. Mers 1G 83
Rainow. Ches E 3D 84
Rainton. N Yor 2F 99
Rainworth. Notts 5C 86
Raisbeck. Cumb 4H 103
Raise. Cumb 5A 114
Rait. Per 1E 137
Raithby. Linc 2C 88
Raithby by Spilsby. Linc 4C 88
Raithwaite. N Yor 3F 107
Rake. W Sus 4G 25
Rake End. Staf 4E 73
Rakeway. Staf 1E 73
Rakewood. G Man 3H 91
Ralia. High 4B 150
Ram Alley. Wilts 5H 35
Ramasaig. High 4A 154
Rame. Corn
nr. Millbrook 4A 8
nr. Penryn 5B 6
Ram Lane. Kent 1D 28
Ramnageo. Shet 1H 173
Rampisham. Dors 2A 14
Rampside. Cumb 3B 96
Rampton. Cambs 4D 64
Rampton. Notts 3E 87
Ramsbottom. G Man 3F 91
Ramsburn. Mor 3C 160
Ramsbury. Wilts 4A 36
Ramscraigs. High 1H 165
Ramsdean. Hants 4F 25
Ramsdell. Hants 1D 24
Ramsden. Oxon 4B 50
Ramsden. Worc 1E 49
Ramsden Bellhouse. Essx 1B 40
Ramsden Heath. Essx 1B 40
Ramsey. Cambs 2B 64
Ramsey. Essx 2F 55
Ramsey. IOM 2D 108
Ramsey Forty Foot. Cambs 2C 64
Ramsey Heights. Cambs 2B 64
Ramsey Island. Essx 5C 54
Ramsey Mereside. Cambs 2B 64
Ramsey St Mary's. Cambs 2B 64
Ramsgate. Kent 4H 41
Ramsgill. N Yor 2D 98
Ramshaw. Dur 5C 114
Ramshorn. Staf 1E 73
Ramsley. Devn 3G 11
Ramsnest Common. Surr 2A 26
Ramstone. Abers 2D 152
Ranais. W Isl 5G 171
Ranby. Linc 3B 88
Ranby. Notts 2D 86
Rand. Linc 3A 88
Randalstown. Ant 3F 175
Randwick. Glos 5D 48
Ranfurly. Ren 3E 127
Rangag. High 4D 169
Rangemore. Staf 3F 73
Rangeworthy. S Glo 3B 34
Rankinston. E Ayr 3D 116
Rank's Green. Essx 4H 53
Ranmore Common. Surr 5C 38
Rannoch Station. Per 3B 142
Ranochan. High 5G 147
Ranskill. Notts 2D 86
Ranton. Staf 3C 72
Ranton Green. Staf 3C 72
Ranworth. Norf 4F 79
Raploch. Stir 4G 135
Rapness. Orkn 3E 172
Rapps. Som 1G 13
Rascal Moor. E Yor 1B 94
Rascarrel. Dum 5E 111
Rasharkin. Caus 2F 175
Rashfield. Arg 1C 126
Rashwood. Worc 4D 60
Raskelf. N Yor 2G 99
Rassau. Blae 4E 47
Rastrick. W Yor 2B 92
Ratagan. High 2B 148
Ratby. Leics 5C 74
Ratcliffe Culey. Leics 1H 61
Ratcliffe on Soar. Notts 3B 74
Ratcliffe on the Wreake
Leics 4D 74
Rathen. Abers 2H 161
Rathfriland. Arm 6G 175
Rathillet. Fife 1F 137
Rathmell. N Yor 3H 97
Ratho. Edin 2E 129
Ratho Station. Edin 2E 129
Rathven. Mor 2B 160
Ratley. Hants 4B 24
Ratley. Warw 1B 50
Ratlinghope. Shrp 1G 59
Rattar. High 1E 169
Ratten Row. Cumb 5E 113
Ratten Row. Lanc 5D 96
Rattery. Devn 2D 8
Rattlesden. Suff 5B 66
Ratton Village. E Sus 5G 27
Rattray. Abers 3H 161
Rattray. Per 4A 144
Raughton. Cumb 5E 113
Raughton Head. Cumb 5E 113
Raunds. Nptn 3G 63
Ravenfield. S Yor 1B 86
Ravenfield Common. S Yor 1B 86
Ravenglass. Cumb 5B 102
Ravenhills Green. Worc 5B 60
Raveningham. Norf 1F 67
Ravenscar. N Yor 4G 107
Ravensdale. IOM 2C 108
Ravensden. Bed 5H 63
Ravenseat. N Yor 4B 104
Ravenshead. Notts 5C 86
Ravensmoor. Ches E 5A 84
Ravensthorpe. Nptn 3D 62
Ravensthorpe. W Yor 2C 92
Ravenstone. Leics 4B 74
Ravenstone. Mil 5F 63
Ravenstonedale. Cumb 4A 104
Ravenstown. Cumb 2C 96
Ravenstruther. S Lan 5C 128
Ravensworth. N Yor 4E 105
Raw. N Yor 4G 107
Rawcliffe. E Yor 2G 93
Rawcliffe. York 4H 99
Rawcliffe Bridge. E Yor 2G 93
Rawdon. W Yor 1C 92
Rawgreen. Nmbd 4C 114
Rawmarsh. S Yor 1B 86
Rawnsley. Staf 4E 73
Rawreth. Essx 1B 40
Rawridge. Devn 2F 13
Rawson Green. Derbs 1A 74
Rawtenstall. Lanc 2G 91
Raydon. Suff 2D 54
Raylees. Nmbd 5D 120
Rayleigh. Essx 1C 40
Raymond's Hill. Devn 3G 13
Rayne. Essx 3H 53
Rayners Lane. G Lon 2C 38
Reach. Cambs 4E 65
Read. Lanc 1F 91
Reading. Read 4F 37
Reading Green. Suff 3D 66
Reading Street. Kent 2D 28
Readymoney. Corn 3F 7
Reagill. Cumb 3H 103
Rearquhar. High 4E 165
Rearsby. Leics 4D 74
Reasby. Linc 3H 87
Reaseheath. Ches E 5A 84
Reaster. High 2E 169
Reawick. Shet 7E 173
Reay. High 2B 168
Rechullin. High 3A 156
Reculver. Kent 4G 41
Redberth. Pemb 4E 43
Redbourn. Herts 4B 52
Redbourne. N Lin 4C 94
Redbrook. Glos 5A 48
Redbrook. Wrex 1H 71
Redburn. High 4D 158
Redburn. Nmbd 3A 114
Redcar. Red C 2D 106
Redcastle. High 4H 157
Redcliffe Bay. N Som 4H 33
Red Dial. Cumb 5D 112
Redding. Falk 2C 128
Reddingmuirhead. Falk 2C 128
The Reddings. Glos 3E 49
Reddish. G Man 1C 84
Redditch. Worc 4E 61
Rede. Suff 5H 65
Redenhall. Norf 2E 67
Redesdale Camp. Nmbd 5C 120
Redesmouth. Nmbd 1B 114
Redford. Ang 4E 145
Redford. Dur 1D 105
Redford. W Sus 4G 25
Redfordgreen. Bord 3F 119
Redgate. Corn 2G 7
Redgrave. Suff 3C 66
Red Hill. Warw 5F 61
Red Hill. W Yor 2E 93
Redhill. Abers 3E 153
Redhill. Herts 2C 52
Redhill. N Som 5A 34
Redhill. Shrp 4B 72
Redhill. Surr 5D 39
Redhouses. Arg 3B 124
Redisham. Suff 2G 67
Redland. Bris 4A 34
Redland. Orkn 5C 172
Redlingfield. Suff 3D 66
Red Lodge. Suff 3F 65
Redlynch. Som 3C 22
Redlynch. Wilts 4H 23
Redmain. Cumb 1C 102
Redmarley. Worc 4B 60
Redmarley D'Abitot. Glos 2C 48
Redmarshall. Stoc T 2A 106
Redmile. Leics 2E 75
Redmire. N Yor 5D 104
Rednal. Shrp 3F 71
Redpath. Bord 1H 119
Redpoint. High 2G 155
Red Post. Corn 2C 10
Red Rock. G Man 4D 90
Red Roses. Carm 3G 43
Red Row. Nmbd 5G 121
Redruth. Corn 4B 6
Red Street. Staf 5C 84
Redvales. G Man 4G 91
Red Wharf Bay. IOA 2E 81
Redwick. Newp 3H 33
Redwick. S Glo 3A 34
Redworth. Darl 2F 105
Reed. Herts 2D 52
Reed End. Herts 2D 52
Reedham. Linc 5B 88
Reedham. Norf 5G 79
Reedness. E Yor 2B 94
Reeds Beck. Linc 4B 88
Reemshill. Abers 4E 161
Reepham. Linc 3H 87
Reepham. Norf 3C 78
Reeth. N Yor 5D 104
Regaby. IOM 2D 108
Regil. N Som 5A 34
Regoul. High 3C 158
Reiff. High 2D 162
Reigate. Surr 5D 38
Reighton. N Yor 2F 101
Reilth. Shrp 2E 59
Reinigeadal. W Isl 7E 171
Reisque. Abers 2F 153
Reiss. High 3F 169
Rejerrah. Corn 3B 6
Releath. Corn 5A 6
Relubbus. Corn 3C 4
Relugas. Mor 4D 159
Remenham. Wok 3F 37
Remenham Hill. Wok 3F 37
Rempstone. Notts 3C 74
Rendcomb. Glos 5F 49
Rendham. Suff 4F 67
Rendlesham. Suff 5F 67
Renfrew. Ren 3G 127
Renhold. Bed 5H 63
Renishaw. Derbs 3B 86
Rennington. Nmbd 3G 121
Renton. W Dun 2E 127
Renwick. Cumb 5G 113
Repps. Norf 4G 79
Repton. Derbs 3H 73
Rescassa. Corn 4D 6
Rescobie. Ang 3E 145
Rescorla. Corn
nr. Penwithick 3E 7
nr. Sticker 4D 6
Resipole. High 2B 140
Resolfen. Neat 5B 46
Resolis. High 2A 158
Resolven. Neat 5B 46
Rest and be thankful. Arg 3B 134
Reston. Bord 3E 131
Restrop. Wilts 3F 35
Retford. Notts 2E 86
Retire. Corn 2E 6
Rettendon. Essx 1B 40
Revesby. Linc 4B 88
Rew. Devn 5D 8
Rewe. Devn 3C 12
Rew Street. IOW 3C 16
Rexon. Devn 4E 11
Reybridge. Wilts 5E 35
Reydon. Suff 3H 67
Reymerston. Norf 5C 78
Reynalton. Pemb 4E 43
Reynoldston. Swan 4D 31
Rezare. Corn 5D 10
Rhadyr. Mon 5G 47
Rhaeadr Gwy. Powy 4B 58
Rhandir-mwyn. Carm 1A 46
Rhayader. Powy 4B 58
Rheindown. High 4H 157
Rhemore. High 3G 139
Rhenetra. High 3D 154
Rhewl. Den
nr. Llangollen 1D 70
nr. Ruthin 4D 82
Rhewl. Shrp 2F 71
Rhewl-Mostyn. Flin 2D 82
Rhian. High 2C 164
Rhian Breck. High 3C 164
Rhicarn. High 1E 163
Rhiconich. High 3C 166
Rhicullen. High 1A 158
Rhidorroch. High 4F 163
Rhifail. High 4H 167
Rhigos. Rhon 5C 46
Rhilochan. High 3E 165
Rhiroy. High 5F 163
Rhitongue. High 3G 167
Rhiw. Gwyn 3B 68
Rhiwabon. Wrex 1F 71
Rhiwbina. Card 3E 33
Rhiwbryfdir. Gwyn 1F 69
Rhiwderin. Newp 3F 33
Rhiwlas. Gwyn
nr. Bala 2B 70
nr. Bangor 4E 81
Rhiwlas. Powy 2D 70
Rhodes. G Man 4G 91
Rhodesia. Notts 2C 86
Rhodes Minnis. Kent 1F 29
Rhodiad-y-Brenin. Pemb 2B 42
Rhondda. Rhon 2C 32

Rhonehouse – Rotherfield Peppard

Rhonehouse. Dum 4E 111
Rhoose. V Glam 5D 32
Rhos. Carm 2D 45
Rhos. Neat 5H 45
The Rhos. Pemb 3E 43
Rhosaman. Carm 4H 45
Rhoscefnhir. IOA 3E 81
Rhoscolyn. IOA 3B 80
Rhos Common. Powy 4E 71
Rhoscrowther. Pemb 4D 42
Rhos-ddu. Gwyn 2B 68
Rhosdylluan. Gwyn 3A 70
Rhosesmor. Flin 4E 82
Rhos-fawr. Gwyn 2C 68
Rhosgadfan. Gwyn 5E 81
Rhosgoch. IOA 2D 80
Rhos-goch. Powy 1E 47
Rhos Haminiog. Cdgn 4E 57
Rhos-hill. Pemb 1B 44
Rhoshirwaun. Gwyn 3A 68
Rhos-lan. Gwyn 1D 69
Rhoslefain. Gwyn 5E 69
Rhosllanerchrugog. Wrex 1E 71
Rhôs Lligwy. IOA 2D 81
Rhos-maen. Carm 3G 45
Rhos-meirch. IOA 3D 80
Rhosneigr. IOA 3C 80
Rhôs-on-Sea. Cnwy 2H 81
Rhossili. Swan 4D 30
Rhosson. Pemb 2B 42
Rhostrenwfa. IOA 3D 80
Rhostryfan. Gwyn 5D 81
Rhostyllen. Wrex 1F 71
Rhoswiel. Shrp 2E 71
Rhosybol. IOA 2D 80
Rhosybrithdir. Powy 3D 70
Rhos-y-garth. Cdgn 3F 57
Rhosygwaliau. Gwyn 2B 70
Rhos-y-llan. Gwyn 2B 68
Rhos-y-meirch. Powy 4E 59
Rhu. Arg 1D 126
Rhualt. Den 3C 82
Rhubha Stoer. High 1E 163
Rhubodach. Arg 2B 126
Rhuddall Heath. Ches W 4H 83
Rhuddlan. Cdgn 1E 45
Rhuddlan. Den 3C 82
Rhue. High 4E 163
Rhulen. Powy 1E 47
Rhunahaorine. Arg 5F 125
Rhuthun. Den 5D 82
Rhuvoult. High 3C 166
Y Rhws. V Glam 5D 32
Rhyd. Gwyn 1F 69
Rhydaman. Carm 4G 45
Rhydargaeau. Carm 3E 45
Rhydcymerau. Carm 2F 45
Rhydd. Worc 1D 48
Rhyd-Ddu. Gwyn 5E 81
Rhydding. Neat 3G 31
Rhydfudr. Cdgn 4E 57
Rhydlanfair. Cnwy 5H 81
Rhydlewis. Cdgn 1D 44
Rhydlios. Gwyn 2A 68
Rhydlydan. Cnwy 5A 82
Rhyd-meirionydd. Cdgn 2F 57
Rhydowen. Cdgn 1E 45
Rhydroser. Cdgn 4E 57
Rhydspence. Here 1F 47
Rhydtalog. Flin 5E 83
Rhyduchaf. Gwyn 2B 70
Rhyd-wyn. IOA 2C 80
Rhydyclafdy. Gwyn 2C 68
Rhydycroesau. Powy 2E 71
Rhydyfelin. Cdgn 3E 57
Rhydyfelin. Rhon 3D 32
Rhyd-y-foel. Cnwy 3B 82
Rhyd-y-fro. Neat 5H 45
Rhyd-y-main. Gwyn 3H 69
Rhyd-y-meudwy. Den 5D 82
Rhydymwyn. Flin 4E 82
Rhydyronnen. Gwyn 5F 69
Rhyd-y-sarn. Gwyn 1F 69
Rhyl. Den 2C 82
Rhymney. Cphy 5E 46
Rhymni. Cphy 5E 46
Rhynd. Per 1D 136
Rhynie. Abers 1B 152
Ribbesford. Worc 3B 60
Ribbleton. Lanc 1D 90
Ribby. Lanc 1C 90
Ribchester. Lanc 1E 91
Riber. Derbs 5H 85
Ribigill. High 3F 167
Riby. Linc 4E 95
Riccall. N Yor 1G 93
Riccarton. E Ayr 1D 116
Richards Castle. Here 4G 59
Richborough Port. Kent 4H 41
Richhill. Arm 5F 175
Richings Park. Buck 3B 38
Richmond. G Lon 3C 38
Richmond. N Yor 4E 105
Rickarton. Abers 5F 153
Rickerby. Cumb 4F 113
Rickerscote. Staf 3D 72
Rickford. N Som 1H 21
Rickham. Devn 5D 8
Rickinghall. Suff 3C 66
Rickleton. Tyne 4F 115
Rickling. Essx 2E 53
Rickling Green. Essx 3F 53
Rickmansworth. Herts 1B 38
Riddings. Derbs 5B 86
Riddlecombe. Devn 1G 11
Riddlesden. W Yor 5C 98
Ridge. Dors 4E 15
Ridge. Herts 5C 52
Ridge. Wilts 3E 23
Ridgebourne. Powy 4C 58
Ridge Lane. Warw 1G 61
Ridgeway. Derbs
nr. Alfreton 5A 86
nr. Sheffield 2B 86
Ridgeway. Staf 5C 84
Ridgeway Cross. Here 1C 48
Ridgeway Moor. Derbs 2B 86
Ridgewell. Essx 1H 53
Ridgewood. E Sus 3F 27
Ridgmont. C Beds 2H 51
Ridgwardine. Shrp 2A 72
Riding Mill. Nmbd 3D 114
Ridley. Kent 4H 39
Ridley. Nmbd 3A 114
Ridlington. Norf 2F 79
Ridlington. Rut 5F 75
Ridsdale. Nmbd 1C 114
Riemore Lodge. Per 4H 143
Rievaulx. N Yor 1H 99
Rift House. Hart 1B 106
Rigg. Dum 3D 112
Riggend. N Lan 2A 128
Rigsby. Linc 3D 88
Rigside. S Lan 1A 118
Riley Green. Lanc 2E 90
Rileyhill. Staf 4F 73
Rilla Mill. Corn 5C 10
Rillington. N Yor 2C 100
Rimington. Lanc 5H 97
Rimpton. Som 4B 22
Rimsdale. High 4H 167
Rimswell. E Yor 2G 95
Ringasta. Shet 10E 173
Ringford. Dum 4D 111
Ringing Hill. Leics 4B 74
Ringinglow. S Yor 2G 85
Ringland. Norf 4D 78
Ringlestone. Kent 5C 40
Ringmer. E Sus 4F 27
Ringmore. Devn
nr. Kingsbridge 4C 8
nr. Teignmouth 5C 12
Ring o' Bells. Lanc 3C 90
Ring's End. Cambs 5C 76
Ringsfield. Suff 2G 67
Ringsfield Corner. Suff 2G 67
Ringshall. Buck 4H 51
Ringshall. Suff 5C 66
Ringshall Stocks. Suff 5C 66
Ringstead. Norf 1G 77
Ringstead. Nptn 3G 63
Ringwood. Hants 2G 15
Ringwould. Kent 1H 29
Rinmore. Abers 2B 152
Rinnigill. Orkn 8C 172
Rinsey. Corn 4C 4
Riof. W Isl 4D 171
Ripe. E Sus 4G 27
Ripley. Derbs 5B 86
Ripley. Hants 3G 15
Ripley. N Yor 3E 99
Ripley. Surr 5B 38
Riplingham. E Yor 1C 94
Ripon. N Yor 2F 99
Rippingale. Linc 3H 75
Ripple. Kent 1H 29
Ripple. Worc 2D 48
Ripponden. W Yor 3A 92
Rireavach. High 4E 163
Risabus. Arg 5B 124
Risbury. Here 5H 59
Risby. E Yor 1D 94
Risby. N Lin 3C 94
Risby. Suff 4G 65
Risca. Cphy 2F 33
Rise. E Yor 5F 101
Riseden. E Sus 2H 27
Riseden. Kent 2B 28
Rise End. Derbs 5G 85
Risegate. Linc 3B 76
Riseholme. Linc 3G 87
Riseley. Bed 4H 63
Riseley. Wok 5F 37
Rishangles. Suff 4D 66
Rishton. Lanc 1F 91
Rishworth. W Yor 3A 92
Risley. Derbs 2B 74
Risley. Warr 1A 84
Risplith. N Yor 3E 99
Rispond. High 2E 167
Rivar. Wilts 5B 36
Rivenhall. Essx 4B 54
Rivenhall End. Essx 4B 54
River. Kent 1G 29
River. W Sus 3A 26
River Bank. Cambs 4E 65
Riverhead. Kent 5G 39
Rivington. Lanc 3E 91
Roach Bridge. Lanc 2D 90
Roachill. Devn 4B 20
Roade. Nptn 5E 63
Road Green. Norf 1E 67
Roadhead. Cumb 2G 113
Roadmeetings. S Lan 5B 128
Roadside. High 2D 168
Roadside of Catterline
Abers 1H 145
Roadside of Kinneff. Abers 1H 145
Roadwater. Som 3D 20
Road Weedon. Nptn 5D 62
Roag. High 4B 154
Roa Island. Cumb 3B 96
Roath. Card 4E 33
Roberton. Bord 3G 119
Roberton. S Lan 2B 118
Robertsbridge. E Sus 3B 28
Robertstown. Mor 4G 159
Robertstown. Rhon 5C 46
Roberttown. W Yor 2B 92
Robeston Back. Pemb 3E 43
Robeston Wathen. Pemb 3E 43
Robeston West. Pemb 4C 42
Robin Hood. Lanc 3D 90
Robin Hood. W Yor 2D 92
Robinhood End. Essx 2H 53
Robin Hood's Bay. N Yor 4G 107
Roborough. Devn
nr. Great Torrington 1F 11
nr. Plymouth 2B 8
Rob Roy's House. Arg 2A 134
Roby Mill. Lanc 4D 90
Rocester. Staf 2F 73
Roch. Pemb 2C 42
Rochdale. G Man 3G 91
Roche. Corn 2D 6
Rochester. Medw 4B 40
Rochester. Nmbd 5C 120
Rochford. Essx 1C 40
Rock. Corn 1D 6
Rock. Nmbd 2G 121
Rock. W Sus 4C 26
Rock. Worc 3B 60
Rockbeare. Devn 3D 12
Rockbourne. Hants 1G 15
Rockcliffe. Cumb 3E 113
Rockcliffe. Dum 4F 111
Rockcliffe Cross. Cumb 3E 113
Rock Ferry. Mers 2F 83
Rockfield. High 5G 165
Rockfield. Mon 4H 47
Rockford. Hants 2G 15
Rockgreen. Shrp 3H 59
Rockhampton. S Glo 2B 34
Rockhead. Corn 4A 10
Rockingham. Nptn 1F 63
Rockland All Saints. Norf 1B 66
Rockland St Mary. Norf 5F 79
Rockland St Peter. Norf 1B 66
Rockley. Wilts 4G 35
Rockwell End. Buck 3F 37
Rockwell Green. Som 1E 13
Rodborough. Glos 5D 48
Rodbourne. Wilts 3E 35
Rodd. Here 4F 59
Roddam. Nmbd 2E 121
Rodden. Dors 4B 14
Roddenloft. E Ayr 2D 117
Roddymoor. Dur 1E 105
Rode. Som 1D 22
Rode Heath. Ches E 5C 84
Rodeheath. Ches E 4C 84
Rodel. W Isl 9C 171
Roden. Telf 4H 71
Rodhuish. Som 3D 20
Rodington. Telf 4H 71
Rodington Heath. Telf 4H 71
Rodley. Glos 4C 48
Rodmarton. Glos 2E 35
Rodmell. E Sus 5F 27
Rodmersham. Kent 4D 40
Rodmersham Green. Kent 4D 40
Rodney Stoke. Som 2H 21
Rodsley. Derbs 1G 73
Rodway. Som 3F 21
Rodway. Telf 4A 72
Rodwell. Dors 5B 14
Roecliffe. N Yor 3F 99
Roe Green. Herts 2D 52
Roehampton. G Lon 3D 38
Roesound. Shet 5E 173
Roffey. W Sus 2C 26
Rogart. High 3E 165
Rogate. W Sus 4G 25
Roger Ground. Cumb 5E 103
Rogerstone. Newp 3F 33
Rogiet. Mon 3H 33
Rogue's Alley. Cambs 5C 76
Roke. Oxon 2E 37
Rokemarsh. Oxon 2E 36
Roker. Tyne 4H 115
Rollesby. Norf 4G 79
Rolleston. Leics 5E 75
Rolleston. Notts 5E 87
Rolleston on Dove. Staf 3G 73
Rolston. E Yor 5G 101
Rolvenden. Kent 2C 28
Rolvenden Layne. Kent 2C 28
Romaldkirk. Dur 2C 104
Roman Bank. Shrp 1H 59
Romanby. N Yor 5A 106
Romannobridge. Bord 5E 129
Romansleigh. Devn 4H 19
Romers Common. Worc 4H 59
Romesdal. High 3D 154
Romford. Dors 2F 15
Romford. G Lon 2G 39
Romiley. G Man 1D 84
Romsey. Hants 4B 24
Romsley. Shrp 2B 60
Romsley. Worc 3D 60
Ronague. IOM 4B 108
Ronaldsvoe. Orkn 8D 172
Rookby. Cumb 3B 104
Rookhope. Dur 5C 114
Rooking. Cumb 3F 103
Rookley. IOW 4D 16
Rooks Bridge. Som 1G 21
Rooksey Green. Suff 5B 66
Rook's Nest. Som 3D 20
Rookwood. W Sus 3F 17
Roos. E Yor 1F 95
Roosebeck. Cumb 3B 96
Roosecote. Cumb 3B 96
Rootfield. High 3H 157
Rootham's Green. Bed 5A 64
Rootpark. S Lan 4C 128
Ropley. Hants 3E 25
Ropley Dean. Hants 3E 25
Ropsley. Linc 2G 75
Rora. Abers 3H 161
Rorandle. Abers 2D 152
Rorrington. Shrp 5F 71
Rose. Corn 3B 6
Roseacre. Lanc 1C 90
Rose Ash. Devn 4A 20
Rosebank. S Lan 5B 128
Rosebush. Pemb 2E 43
Rosedale Abbey. N Yor 5E 107
Roseden. Nmbd 2E 121
Rose Green. Essx 3B 54
Rose Green. Suff 1C 54
Rosehall. High 3B 164
Rosehearty. Abers 2G 161
Rose Hill. E Sus 4F 27
Rose Hill. Lanc 1G 91
Rosehill. Shrp
nr. Market Drayton 2A 72
nr. Shrewsbury 4G 71
Roseisle. Mor 2F 159
Rosemarket. Pemb 4D 42
Rosemarkie. High 3B 158
Rosemary Lane. Devn 1E 13
Rosemount. Per 4A 144
Rosenannon. Corn 2D 6
Roser's Cross. E Sus 3G 27
Rosevean. Corn 3E 6
Rosewell. Midl 3F 129
Roseworth. Stoc T 2B 106
Roseworthy. Corn 3D 4
Rosgill. Cumb 3G 103
Roshven. High 1B 140
Roskhill. High 4B 154
Roskorwell. Corn 4E 5
Rosley. Cumb 5E 112
Roslin. Midl 3F 129
Rosliston. Derbs 4G 73
Rosneath. Arg 1D 126
Ross. Dum 5D 110
Ross. Nmbd 1F 121
Ross. Per 1G 135
Ross. Bord 3F 131
Rossendale. Lanc 2F 91
Rossett. Wrex 5F 83
Rossington. S Yor 1D 86
Rosskeen. High 2A 158
Rossland. Ren 2F 127
Ross-on-Wye. Here 3B 48
Roster. High 5E 169
Rostherne. Ches E 2B 84
Rostholme. S Yor 4F 93
Rosthwaite. Cumb 3D 102
Roston. Derbs 1F 73
Rostrevor. New M 6G 175
Rosudgeon. Corn 4C 4
Rosyth. Fife 1E 129
Rothbury. Nmbd 4E 121
Rotherby. Leics 4D 74
Rotherfield. E Sus 3G 27
Rotherfield Greys. Oxon 3F 37
Rotherfield Peppard. Oxon 3F 37

A-Z Great Britain Road Atlas 237

Rotherham. S Yor 1B 86
Rothersthorpe. Nptn 5E 62
Rotherwick. Hants 1F 25
Rothes. Mor 4G 159
Rothesay. Arg 3B 126
Rothienorman. Abers 5E 160
Rothiesholm. Orkn 5F 172
Rothley. Leics 4C 74
Rothley. Nmbd 1D 114
Rothwell. Linc 1A 88
Rothwell. Nptn 2F 63
Rothwell. W Yor 2D 92
Rotsea. E Yor 4E 101
Rottal. Ang 2C 144
Rotten End. Suff 4F 67
Rotten Row. Norf 4C 78
Rotten Row. W Ber 4D 36
Rotten Row. W Mid 3F 61
Rottingdean. Brig 5E 27
Rottington. Cumb 3A 102
Roud. IOW 4D 16
Rougham. Norf 3H 77
Rougham. Suff 4B 66
Rough Close. Staf 2D 72
Rough Common. Kent 5F 41
Roughcote. Staf 1D 72
Rough Haugh. High 4H 167
Rough Hay. Staf 3G 73
Roughlee. Lanc 5H 97
Roughley. W Mid 1F 61
Roughsike. Cumb 2G 113
Roughton. Linc 4B 88
Roughton. Norf 2E 78
Roughton. Shrp 1B 60
Roundbush Green. Essx 4F 53
Roundham. Som 2H 13
Roundhay. W Yor 1D 92
Round Hill. Torb 2E 9
Roundhurst. W Sus 2A 26
Round Maple. Suff 1C 54
Round Oak. Shrp 2F 59
Roundstreet Common. W Sus 3B 26
Roundthwaite. Cumb 4H 103
Roundway. Wilts 5F 35
Roundyhill. Ang 3C 144
Rousdon. Devn 3F 13
Rousham. Oxon 3C 50
Rous Lench. Worc 5E 61
Routh. E Yor 5E 101
Rout's Green. Buck 2F 37
Row. Corn 5A 10
Row. Cumb
nr. Kendal 1D 96
nr. Penrith 1H 103
The Row. Lanc 2D 96
Rowanburn. Dum 2F 113
Rowanhill. Abers 3H 161
Rowardennan. Stir 4C 134
Rowarth. Derbs 2E 85
Row Ash. Hants 1D 16
Rowberrow. Som 1H 21
Rowde. Wilts 5E 35
Rowden. Devn 3G 11
Rowen. Cnwy 3G 81
Rowfoot. Nmbd 3H 113
Row Green. Essx 3H 53
Row Heath. Essx 4E 55
Rowhedge. Essx 3D 54
Rowhook. W Sus 2C 26
Rowington. Warw 4G 61
Rowland. Derbs 3G 85
Rowlands Castle. Hants 1F 17
Rowlands Gill. Tyne 4E 115
Rowledge. Hants 2G 25
Rowley. Dur 5D 115
Rowley. E Yor 1C 94
Rowley. Shrp 5F 71
Rowley Hill. W Yor 3B 92
Rowley Regis. W Mid 2D 60
Rowlstone. Here 3G 47
Rowly. Surr 1B 26
Rowner. Hants 2D 16
Rowney Green. Worc 3E 61
Rownhams. Hants 1B 16
Rowrah. Cumb 3B 102
Rowsham. Buck 4G 51
Rowsley. Derbs 4G 85
Rowstock. Oxon 3C 36
Rowston. Linc 5H 87
Rowthorne. Derbs 4B 86
Rowton. Ches W 4G 83
Rowton. Shrp
nr. Ludlow 2G 59
nr. Shrewsbury 4F 71
Rowton. Telf 4A 72
Row Town. Surr 4B 38
Roxburgh. Bord 1B 120
Roxby. N Lin 3C 94
Roxby. N Yor 3E 107
Roxton. Bed 5A 64
Roxwell. Essx 5G 53
Royal Leamington Spa
Warw 4H 61
Royal Oak. Darl 2F 105
Royal Oak. Lanc 4C 90
Royal Oak. N Yor 2F 101
Royal's Green. Ches E 1A 72
Royal Sutton Coldfield
W Mid 1F 61
Royal Tunbridge Wells
Kent 2G 27
Royal Wootton Bassett
Wilts 3F 35
Roybridge. High 5E 149
Roydon. Essx 4E 53
Roydon. Norf
nr. Diss 2C 66
nr. King's Lynn 3G 77
Roydon Hamlet. Essx 5E 53
Royston. Herts 1D 52
Royston. S Yor 3D 92
Royston Water. Som 1F 13
Royton. G Man 4H 91
Ruabon. Wrex 1F 71
Ruaig. Arg 4B 138
Ruan High Lanes. Corn 5D 6
Ruan Lanihorne. Corn 4C 6
Ruan Major. Corn 5E 5
Ruan Minor. Corn 5E 5
Ruarach. High 1B 148
Ruardean. Glos 4B 48
Ruardean Hill. Glos 4B 48
Ruardean Woodside. Glos 4B 48
Rubery. Worc 3D 61
Ruchazie. Glas 3H 127
Ruckcroft. Cumb 5G 113
Ruckinge. Kent 2E 29
Ruckland. Linc 3C 88
Rucklers Lane. Herts 5A 52
Ruckley. Shrp 5H 71
Rudbaxton. Pemb 2D 42
Rudby. N Yor 4B 106
Ruddington. Notts 2C 74
Rudford. Glos 3C 48
Rudge. Shrp 1C 60
Rudge. Wilts 1D 22
Rudge Heath. Shrp 1B 60
Rudgeway. S Glo 3B 34
Rudgwick. W Sus 2B 26
Rudhall. Here 3B 48
Rudheath. Ches W 3A 84
Rudley Green. Essx 5B 54
Rudloe. Wilts 4D 34
Rudry. Cphy 3F 33
Rudston. E Yor 3E 101
Rudyard. Staf 5D 84
Rufford. Lanc 3C 90
Rufforth. York 4H 99
Rugby. Warw 3C 62
Rugeley. Staf 4E 73
Ruglen. S Ayr 4B 116
Ruilick. High 4H 157
Ruisaurie. High 4G 157
Ruishton. Som 4F 21
Ruisigearraidh. W Isl 1E 170
Ruislip. G Lon 2B 38
Ruislip Common. G Lon 2B 38
Rumbling Bridge. Per 4C 136
Rumburgh. Suff 2F 67
Rumford. Corn 1C 6
Rumford. Falk 2C 128
Rumney. Card 4F 33
Rumwell. Som 4E 21
Runcorn. Hal 2H 83
Runcton. W Sus 2G 17
Runcton Holme. Norf 5F 77
Rundlestone. Devn 5F 11
Runfold. Surr 2G 25
Runhall. Norf 5C 78
Runham. Norf 4G 79
Runnington. Som 4E 20
Runshaw Moor. Lanc 3D 90
Runswick. N Yor 3F 107
Runtaleave. Ang 2B 144
Runwell. Essx 1B 40
Ruscombe. Wok 4F 37
Rushall. Here 2B 48
Rushall. Norf 2D 66
Rushall. W Mid 5E 73
Rushall. Wilts 1G 23
Rushbrooke. Suff 4A 66
Rushbury. Shrp 1H 59
Rushden. Herts 2D 52
Rushden. Nptn 4G 63
Rushenden. Kent 3D 40
Rushford. Devn 5E 11
Rushford. Suff 2B 66
Rush Green. Herts 3C 52
Rushlake Green. E Sus 4H 27
Rushmere. Suff 2G 67
Rushmere St Andrew. Suff 1F 55
Rushmoor. Surr 2G 25
Rushock. Worc 3C 60
Rusholme. G Man 1C 84
Rushton. Ches W 4H 83
Rushton. Nptn 2F 63
Rushton. Shrp 5A 72
Rushton Spencer. Staf 4D 84
Rushwick. Worc 5C 60
Rushyford. Dur 2F 105
Ruskie. Stir 3F 135
Ruskington. Linc 5H 87
Rusland. Cumb 1C 96
Rusper. W Sus 2D 26
Ruspidge. Glos 4B 48
Russell's Water. Oxon 3F 37
Russel's Green. Suff 3E 67
Russ Hill. Surr 1D 26
Russland. Orkn 6C 172
Rusthall. Kent 2G 27
Rustington. W Sus 5B 26
Ruston. N Yor 1D 100
Ruston Parva. E Yor 3E 101
Ruswarp. N Yor 4F 107
Rutherglen. S Lan 3H 127
Ruthernbridge. Corn 2E 6
Ruthin. Den 5D 82
Ruthin. V Glam 4C 32
Ruthrieston. Aber 3G 153
Ruthven. Abers 4C 160
Ruthven. Ang 4B 144
Ruthven. High
nr. Inverness 5C 158
nr. Kingussie 4B 150
Ruthvoes. Corn 2D 6
Ruthwaite. Cumb 1D 102
Ruthwell. Dum 3C 112
Ruxton Green. Here 4A 48
Ruyton-XI-Towns. Shrp 3F 71
Ryal. Nmbd 2D 114
Ryall. Dors 3H 13
Ryall. Worc 1D 48
Ryarsh. Kent 5A 40
Rychraggan. High 5G 157
Rydal. Cumb 4E 103
Ryde. IOW 3D 16
Rye. E Sus 3D 28
Ryecroft Gate. Staf 4D 84
Ryeford. Here 3B 48
Rye Foreign. E Sus 3D 28
Rye Harbour. E Sus 4D 28
Ryehill. E Yor 2F 95
Rye Street. Worc 2C 48
Ryhall. Rut 4H 75
Ryhill. W Yor 3D 93
Ryhope. Tyne 4H 115
Ryhope Colliery. Tyne 4H 115
Rylands. Notts 2C 74
Rylstone. N Yor 4B 98
Ryme Intrinseca. Dors 1A 14
Ryther. N Yor 1F 93
Ryton. Glos 2C 48
Ryton. N Yor 2B 100
Ryton. Shrp 5B 72
Ryton. Tyne 3E 115
Ryton. Warw 2B 62
Ryton-on-Dunsmore. Warw 3A 62
Ryton Woodside. Tyne 3E 115

S

Saasaig. High 3E 147
Sabden. Lanc 1F 91
Sacombe. Herts 4D 52
Sacriston. Dur 5F 115
Sadberge. Darl 3A 106
Saddell. Arg 2B 122
Saddington. Leics 1D 62
Saddle Bow. Norf 4F 77
Saddlescombe. W Sus 4D 26
Saddleworth. G Man 4H 91
Sadgill. Cumb 4F 103
Saffron Walden. Essx 2F 53
Sageston. Pemb 4E 43
Saham Hills. Norf 5B 78
Saham Toney. Norf 5A 78
Saighdinis. W Isl 2D 170
Saighton. Ches W 4G 83
Sain Dunwyd. V Glam 5C 32
Sain Hilari. V Glam 4D 32
St Abbs. Bord 3F 131
St Agnes. Corn 3B 6
St Albans. Herts 5B 52
St Allen. Corn 3C 6
St Andrews. Fife 2H 137
St Andrews Major. V Glam 4E 33
St Anne's. Lanc 2B 90
St Ann's. Dum 5C 118
St Ann's Chapel. Corn 5E 11
St Ann's Chapel. Devn 4C 8
St Anthony. Corn 5C 6
St Anthony-in-Meneage
Corn 4E 5
St Arvans. Mon 2A 34
St Asaph. Den 3C 82
Sain Tathan. V Glam 5D 32
St Athan. V Glam 5D 32
St Austell. Corn 3E 6
St Bartholomew's Hill. Wilts 4E 23
St Bees. Cumb 3A 102
St Blazey. Corn 3E 7
St Blazey Gate. Corn 3E 7
St Boswells. Bord 1H 119
St Breock. Corn 1D 6
St Breward. Corn 5A 10
St Briavels. Glos 5A 48
St Brides. Pemb 3B 42
St Brides Major. V Glam 4B 32
St Bride's Netherwent. Mon 3H 33
St Bride's-super-Ely. V Glam 4D 32
St Brides Wentlooge. Newp 3F 33
St Budeaux. Plym 3A 8
Saintbury. Glos 2G 49
St Buryan. Corn 4B 4
St Catherine. Bath 4C 34
St Catherines. Arg 3A 134
St Clears. Carm 3G 43
St Cleer. Corn 2G 7
St Clement. Corn 4C 6
St Clether. Corn 4C 10
St Colmac. Arg 3B 126
St Columb Major. Corn 2D 6
St Columb Minor. Corn 2C 6
St Columb Road. Corn 3D 6
St Combs. Abers 2H 161
St Cross. Hants 4C 24
St Cross South Elmham
Suff 2E 67
St Cyrus. Abers 2G 145
St David's. Per 1B 136
St Davids. Pemb 2B 42
St Day. Corn 4B 6
St Dennis. Corn 3D 6
St Dogmaels. Pemb 1B 44
St Dominick. Corn 2H 7
St Donat's. V Glam 5C 32
St Edith's Marsh. Wilts 5E 35
St Endellion. Corn 1D 6
St Enoder. Corn 3C 6
St Erme. Corn 4C 6
St Erney. Corn 3H 7
St Erth. Corn 3C 4
St Erth Praze. Corn 3C 4
St Ervan. Corn 1C 6
St Eval. Corn 2C 6
St Ewe. Corn 4D 6
St Fagans. Card 4E 32
St Fergus. Abers 3H 161
Saintfield. New M 5H 175
St Fillans. Per 1F 135
St Florence. Pemb 4E 43
St Gennys. Corn 3B 10
St George. Cnwy 3B 82
St George's. N Som 5G 33
St Georges. V Glam 4D 32
St George's Hill. Surr 4B 38
St Germans. Corn 3H 7
St Giles in the Wood. Devn 1F 11
St Giles on the Heath. Devn 3D 10
St Giles's Hill. Hants 4C 24
St Gluvias. Corn 5B 6
St Harmon. Powy 3B 58
St Helena. Warw 5G 73
St Helen Auckland. Dur 2E 105
St Helen's. E Sus 4C 28
St Helens. Cumb 1B 102
St Helens. IOW 4E 17
St Helens. Mers 1H 83
St Hilary. Corn 3C 4
St Hilary. V Glam 4D 32
Saint Hill. Devn 2D 12
Saint Hill. W Sus 2E 27
St Illtyd. Blae 5F 47
St Ippolyts. Herts 3B 52
St Ishmael. Carm 5D 44
St Ishmael's. Pemb 4C 42
St Issey. Corn 1D 6
St Ive. Corn 2H 7
St Ives. Cambs 3C 64
St Ives. Corn 2C 4
St Ives. Dors 2G 15
St James' End. Nptn 4E 63
St James South Elmham
Suff 2F 67
St Jidgey. Corn 2D 6
St John. Corn 3A 8
St John's. IOM 3B 108
St John's. Worc 5C 60
St John's Chapel. Devn 4F 19
St John's Chapel. Dur 1B 104
St John's Fen End. Norf 4E 77
St John's Town of Dalry
Dum 1D 110
St Judes. IOM 2C 108
St Just. Corn 3A 4
St Just in Roseland. Corn 5C 6
St Katherines. Abers 5E 161
St Keverne. Corn 4E 5
St Kew. Corn 5A 10
St Kew Highway. Corn 5A 10
St Keyne. Corn 2G 7
St Lawrence. Corn 2E 7
St Lawrence. Essx 5C 54
St Lawrence. IOW 5D 16
St Leonards. Buck 5H 51
St Leonards. Dors 2G 15
St Leonards. E Sus 5B 28
St Levan. Corn 4A 4
St Lythans. V Glam 4E 32

St Mabyn. Corn 5A 10
St Madoes. Per 1D 136
St Margaret's. Herts 4A 52
St Margaret's. Wilts 5H 35
St Margarets. Here 2G 47
St Margarets. Herts 4D 53
St Margaret's at Cliffe. Kent 1H 29
St Margaret's Hope. Orkn 8D 172
St Margaret South Elmham
Suff 2F 67
St Mark's. IOM 4B 108
St Martin. Corn
nr. Helston 4E 5
nr. Looe 3G 7
St Martin's. Shrp 2F 71
St Martins. Per 5A 144
St Mary Bourne. Hants 1C 24
St Mary Church. V Glam 4D 32
St Marychurch. Torb 2F 9
St Mary Cray. G Lon 4F 39
St Mary Hill. V Glam 4C 32
St Mary Hoo. Medw 3C 40
St Mary in the Marsh. Kent 3E 29
St Mary's. Orkn 7D 172
St Mary's Airport. IOS 1B 4
St Mary's Bay. Kent 3E 29
St Marys Platt. Kent 5H 39
St Maughan's Green. Mon 4H 47
St Mawes. Corn 5C 6
St Mawgan. Corn 2C 6
St Mellion. Corn 2H 7
St Mellons. Card 3F 33
St Merryn. Corn 1C 6
St Mewan. Corn 3D 6
St Michael Caerhays. Corn 4D 6
St Michael Penkevil. Corn 4C 6
St Michaels. Kent 2C 28
St Michaels. Torb 3E 9
St Michaels. Worc 4H 59
St Michael's on Wyre. Lanc 5D 96
St Michael South Elmham
Suff 2F 67
St Minver. Corn 1D 6
St Monans. Fife 3H 137
St Neot. Corn 2F 7
St Neots. Cambs 4A 64
St Newlyn East. Corn 3C 6
St Nicholas. Pemb 1C 42
St Nicholas. V Glam 4D 32
St Nicholas at Wade. Kent 4G 41
St Nicholas South Elmham
Suff 2F 67
St Ninians. Stir 4G 135
St Olaves. Norf 1G 67
St Osyth. Essx 4E 54
St Osyth Heath. Essx 4E 55
St Owen's Cross. Here 3A 48
St Paul's Cray. G Lon 4F 39
St Paul's Walden. Herts 3B 52
St Peter's. Kent 4H 41
St Peter The Great. Worc 5C 60
St Petrox. Pemb 5D 42
St Pinnock. Corn 2G 7
St Quivox. S Ayr 2C 116
St Ruan. Corn 5E 5
St Stephen. Corn 3D 6
St Stephens. Corn
nr. Launceston 4D 10
nr. Saltash 3A 8
St Teath. Corn 4A 10
St Thomas. Devn 3C 12
St Thomas. Swan 3F 31
St Tudy. Corn 5A 10
St Twynnells. Pemb 5D 42
St Veep. Corn 3F 7
St Vigeans. Ang 4F 145
St Wenn. Corn 2D 6
St Weonards. Here 3H 47
St Winnolls. Corn 3H 7
St Winnow. Corn 3F 7
Salcombe. Devn 5D 8
Salcombe Regis. Devn 4E 13
Salcott. Essx 4C 54
Sale. G Man 1B 84
Saleby. Linc 3D 88
Sale Green. Worc 5D 60
Salehurst. E Sus 3B 28
Salem. Carm 3G 45
Salem. Cdgn 2F 57
Salen. Arg 4G 139
Salen. High 2A 140
Salesbury. Lanc 1E 91
Saleway. Worc 5D 60
Salford. C Beds 2H 51
Salford. G Man 1C 84
Salford. Oxon 3A 50
Salford Priors. Warw 5E 61
Salfords. Surr 1D 27
Salhouse. Norf 4F 79
Saligo. Arg 3A 124
Saline. Fife 4C 136
Salisbury. Wilts 3G 23
Salkeld Dykes. Cumb 1G 103
Sallachan. High 2D 141
Sallachy. High
nr. Lairg 3C 164
nr. Stromeferry 5B 156
Salle. Norf 3D 78
Salmonby. Linc 3C 88
Salmond's Muir. Ang 5E 145
Salperton. Glos 3F 49
Salph End. Bed 5H 63
Salsburgh. N Lan 3B 128
Salt. Staf 3D 72
Salta. Cumb 5B 112
Saltaire. W Yor 1B 92
Saltash. Corn 3A 8
Saltburn. High 2B 158
Saltburn-by-the-Sea. Red C 2D 106
Saltby. Leics 3F 75
Saltcoats. Cumb 5B 102
Saltcoats. N Ayr 5D 126
Saltdean. Brig 5E 27
Salt End. E Yor 2E 95
Salter. Lanc 3F 97
Salterforth. Lanc 5A 98
Salters Lode. Norf 5E 77
Salterswall. Ches W 4A 84
Salterton. Wilts 3G 23
Saltfleet. Linc 1D 88
Saltfleetby All Saints. Linc 1D 88
Saltfleetby St Clements. Linc 1D 88
Saltfleetby St Peter. Linc 2D 88
Saltford. Bath 5B 34
Salthouse. Norf 1C 78
Saltmarshe. E Yor 2A 94
Saltness. Orkn 9B 172
Saltness. Shet 7D 173
Saltney. Flin 4F 83
Salton. N Yor 2B 100
Saltrens. Devn 4E 19
Saltwick. Nmbd 2E 115
Saltwood. Kent 2F 29
Salum. Arg 4B 138
Salwarpe. Worc 4C 60
Salwayash. Dors 3H 13
Samalaman. High 1A 140
Sambourne. Warw 4E 61
Sambourne. Wilts 2D 22
Sambrook. Telf 3B 72
Samhia. W Isl 2C 170
Samlesbury. Lanc 1D 90
Samlesbury Bottoms. Lanc 2E 90
Sampford Arundel. Som 1E 12
Sampford Brett. Som 2D 20
Sampford Courtenay. Devn 2G 11
Sampford Peverell. Devn 1D 12
Sampford Spiney. Devn 5F 11
Samsonslane. Orkn 5F 172
Samuelston. E Lot 2A 130
Sanaigmore. Arg 2A 124
Sancreed. Corn 4B 4
Sancton. E Yor 1C 94
Sand. High 4D 162
Sand. Shet 7E 173
Sand. Som 2H 21
Sandaig. Arg 4A 138
Sandaig. High 3F 147
Sandale. Cumb 5D 112
Sandal Magna. W Yor 3D 92
Sandavore. High 5C 146
Sanday Airport. Orkn 3F 172
Sandbach. Ches E 4B 84
Sandbank. Arg 1C 126
Sandbanks. Pool 4F 15
Sandend. Abers 2C 160
Sanderstead. G Lon 4E 39
Sandfields. Neat 3G 31
Sandford. Cumb 3A 104
Sandford. Devn 2B 12
Sandford. Dors 4E 15
Sandford. Hants 2G 15
Sandford. IOW 4D 16
Sandford. N Som 1H 21
Sandford. Shrp
nr. Oswestry 3F 71
nr. Whitchurch 2H 71
Sandford. S Lan 5A 128
Sandfordhill. Abers 4H 161
Sandford-on-Thames. Oxon 5D 50
Sandford Orcas. Dors 4B 22
Sandford St Martin. Oxon 3C 50
Sandgate. Kent 2F 29
Sandgreen. Dum 4C 110
Sandhaven. Abers 2G 161
Sandhead. Dum 4F 109
Sandhill. Cambs 2E 65
Sandhills. Dors 1B 14
Sandhills. Oxon 5D 50
Sandhills. Surr 2A 26
Sandhoe. Nmbd 3C 114
Sand Hole. E Yor 1B 94
Sandholme. E Yor 1B 94
Sandholme. Linc 2C 76
Sandhurst. Brac 5G 37
Sandhurst. Glos 3D 48
Sandhurst. Kent 3B 28
Sandhurst Cross. Kent 3B 28
Sand Hutton. N Yor 4A 100
Sandhutton. N Yor 1F 99
Sandiacre. Derbs 2B 74
Sandilands. Linc 2E 89
Sandiway. Ches W 3A 84
Sandleheath. Hants 1G 15
Sandling. Kent 5B 40
Sandlow Green. Ches E 4B 84
Sandness. Shet 6C 173
Sandon. Essx 5H 53
Sandon. Herts 2D 52
Sandon. Staf 3D 72
Sandonbank. Staf 3D 72
Sandown. IOW 4D 16
Sandplace. Corn 3G 7
Sandridge. Herts 4B 52
Sandringham. Norf 3F 77
The Sands. Surr 2G 25
Sandsend. N Yor 3F 107
Sandside. Cumb 2C 96
Sandsound. Shet 7E 173
Sandtoft. N Lin 4H 93
Sandvoe. Shet 2E 173
Sandway. Kent 5C 40
Sandwich. Kent 5H 41
Sandwick. Cumb 3F 103
Sandwick. Orkn
on Mainland 6B 172
on South Ronaldsay 9D 172
Sandwick. Shet
on Mainland 9F 173
on Whalsay 5G 173
Sandwith. Cumb 3A 102
Sandy. Carm 5E 45
Sandy. C Beds 1B 52
Sandy Bank. Linc 5B 88
Sandycroft. Flin 4F 83
Sandy Cross. Here 5A 60
Sandygate. Devn 5B 12
Sandygate. IOM 2C 108
Sandy Haven. Pemb 4C 42
Sandyhills. Dum 4F 111
Sandylands. Lanc 3D 96
Sandy Lane. Wilts 5E 35
Sandylane. Swan 4E 31
Sandystones. Bord 2H 119
Sandyway. Here 3H 47
Sangobeg. High 2E 167
Sangomore. High 2E 166
Sankyn's Green. Worc 4B 60
Sanna. High 2F 139
Sanndabhaig. W Isl
on Isle of Lewis 4G 171
on South Uist 4D 170
Sannox. N Ayr 5B 126
Sanquhar. Dum 3G 117
Santon. Cumb 4B 102
Santon Bridge. Cumb 4C 102
Santon Downham. Suff 2H 65
Sapcote. Leics 1B 62
Sapey Common. Here 4B 60
Sapiston. Suff 3B 66
Sapley. Cambs 3B 64
Sapperton. Derbs 2F 73
Sapperton. Glos 5E 49
Sapperton. Linc 2H 75
Saracen's Head. Linc 3C 76
Sarclet. High 4F 169
Sardis. Carm 5F 45
Sardis. Pemb
nr. Milford Haven 4D 42
nr. Tenby 4F 43
Sarisbury Green. Hants 2D 16
Sarn. B'end 3C 32
Sarn. Powy 1E 58
Sarnau. Carm 3E 45
Sarnau. Cdgn 5C 56
Sarnau. Gwyn 2B 70
Sarnau. Powy
nr. Brecon 2D 46
nr. Welshpool 4E 71
Sarn Bach. Gwyn 3C 68
Sarnesfield. Here 5F 59
Sarn Meyllteyrn. Gwyn 2B 68
Saron. Carm
nr. Ammanford 4G 45
nr. Newcastle Emlyn 2D 45
Saron. Gwyn
nr. Bethel 4E 81
nr. Bontnewydd 5D 80
Sarratt. Herts 1B 38
Sarre. Kent 4G 41
Sarsden. Oxon 3A 50
Satley. Dur 5E 115
Satron. N Yor 5C 104
Satterleigh. Devn 4G 19
Satterthwaite. Cumb 5E 103
Satwell. Oxon 3F 37
Sauchen. Abers 2D 152
Saucher. Per 5A 144
Saughall. Ches W 3F 83
Saughtree. Bord 5H 119
Saul. Glos 5C 48
Saundby. Notts 2E 87
Saundersfoot. Pemb 4F 43
Saunderton. Buck 5F 51
Saunderton Lee. Buck 2G 37
Saunton. Devn 3E 19
Sausthorpe. Linc 4C 88
Saval. High 3C 164
Saverley Green. Staf 2D 72
Sawbridge. Warw 4C 62
Sawbridgeworth. Herts 4E 53
Sawdon. N Yor 1D 100
Sawley. Derbs 2B 74
Sawley. Lanc 5G 97
Sawley. N Yor 3E 99
Sawston. Cambs 1E 53
Sawtry. Cambs 2A 64
Saxby. Leics 3F 75
Saxby. Linc 2H 87
Saxby All Saints. N Lin 3C 94
Saxelby. Leics 3D 74
Saxelbye. Leics 3D 74
Saxham Street. Suff 4C 66
Saxilby. Linc 3F 87
Saxlingham. Norf 2C 78
Saxlingham Green. Norf 1E 67
Saxlingham Nethergate. Norf 1E 67
Saxlingham Thorpe. Norf 1E 66
Saxmundham. Suff 4F 67
Saxondale. Notts 1D 74
Saxon Street. Cambs 5F 65
Saxtead. Suff 4E 67
Saxtead Green. Suff 4E 67
Saxthorpe. Norf 2D 78
Saxton. N Yor 1E 93
Sayers Common. W Sus 4D 26
Scackleton. N Yor 2A 100
Scadabhagh. W Isl 8D 171
Scaftworth. Notts 1D 86
Scagglethorpe. N Yor 2C 100
Scaitcliffe. Lanc 2F 91
Scaladal. W Isl 6D 171
Scalasaig. Arg 4A 132
Scalby. E Yor 2B 94
Scalby. N Yor 5H 107
Scalby Mills. N Yor 5H 107
Scaldwell. Nptn 3E 63
Scaleby. Cumb 3F 113
Scaleby Hill. Cumb 3F 113
Scale Houses. Cumb 5G 113
Scales. Cumb
nr. Barrow-in-Furness 2B 96
nr. Keswick 2E 103
Scalford. Leics 3E 75
Scaling. N Yor 3E 107
Scaling Dam. Red C 3E 107
Scalloway. Shet 8F 173
Scalpaigh. W Isl 8E 171
Scalpay House. High 1E 147
Scamblesby. Linc 3B 88
Scamodale. High 1C 140
Scampston. N Yor 2C 100
Scampton. Linc 3G 87
Scaniport. High 5A 158
Scapa. Orkn 7D 172
Scapegoat Hill. W Yor 3A 92
Scar. Orkn 3F 172
Scarasta. W Isl 8C 171
Scarborough. N Yor 1E 101
Scarcliffe. Derbs 4B 86
Scarcroft. W Yor 5F 99
Scardroy. High 3E 156
Scarfskerry. High 1E 169
Scargill. Dur 3D 104
Scarinish. Arg 4B 138
Scarisbrick. Lanc 3B 90
Scarning. Norf 4B 78
Scarrington. Notts 1E 75
Scarth Hill. Lanc 4C 90
Scartho. NE Lin 4F 95
Scarvister. Shet 7E 173
Scatness. Shet 10E 173
Scatwell. High 3F 157
Scaur. Dum 4F 111
Scawby. N Lin 4C 94
Scawby Brook. N Lin 4C 94
Scawsby. S Yor 4F 93
Scawton. N Yor 1H 99
Scaynes Hill. W Sus 3E 27
Scethrog. Powy 3E 46
Scholar Green. Ches E 5C 84
Scholes. G Man 4D 90
Scholes. W Yor
nr. Bradford 2B 92
nr. Holmfirth 4B 92
nr. Leeds 1D 93
Scholey Hill. W Yor 2D 93
School Aycliffe. Darl 2F 105
School Green. Ches W 4A 84
School Green. Essx 2H 53
Scissett. W Yor 3C 92
Scleddau. Pemb 1D 42
Scofton. Notts 2D 86
Scole. Norf 3D 66
Scolpaig. W Isl 1C 170
Scolton. Pemb 2D 43
Scone. Per 1D 136
Sconser. High 5E 155
Scoonie. Fife 3F 137
Scopwick. Linc 5H 87

Scoraig. *High* 4E **163**
Scorborough. *E Yor* 5E **101**
Scorrier. *Corn* 4B **6**
Scorriton. *Devn* 2D **8**
Scorton. *Lanc* 5E **97**
Scorton. *N Yor* 4F **105**
Sco Ruston. *Norf* 3E **79**
Scotbheinn. *W Isl* 3D **170**
Scotby. *Cumb* 4F **113**
Scotch Corner. *N Yor* 4F **105**
Scotforth. *Lanc* 3D **97**
Scot Hay. *Staf* 1C **72**
Scothern. *Linc* 3H **87**
Scotland End. *Oxon* 2B **50**
Scotlandwell. *Per* 3D **136**
Scot Lane End. *G Man* 4E **91**
Scotsburn. *High* 1B **158**
Scotsburn. *Mor* 2G **159**
Scotsdike. *Cumb* 2E **113**
Scot's Gap. *Nmbd* 1D **114**
Scotstoun. *Glas* 3G **127**
Scotstown. *High* 2C **140**
Scotswood. *Tyne* 3F **115**
Scottas. *High* 3F **147**
Scotter. *Linc* 4B **94**
Scotterthorpe. *Linc* 4B **94**
Scottlethorpe. *Linc* 3H **75**
Scotton. *Linc* 1F **87**
Scotton. *N Yor*
nr. Catterick Garrison 5E **105**
nr. Harrogate 4F **99**
Scottow. *Norf* 3E **79**
Scoulton. *Norf* 5B **78**
Scounslow Green. *Staf* 3E **73**
Scourie. *High* 4B **166**
Scourie More. *High* 4B **166**
Scousburgh. *Shet* 10E **173**
Scout Green. *Cumb* 4G **103**
Scouthead. *G Man* 4H **91**
Scrabster. *High* 1C **168**
Scrafield. *Linc* 4C **88**
Scrainwood. *Nmbd* 4D **121**
Scrane End. *Linc* 1C **76**
Scraptoft. *Leics* 5D **74**
Scratby. *Norf* 4H **79**
Scrayingham. *N Yor* 3B **100**
Scredington. *Linc* 1H **75**
Scremby. *Linc* 4D **88**
Scremerston. *Nmbd* 5G **131**
Screveton. *Notts* 1E **75**
Scrivelsby. *Linc* 4B **88**
Scriven. *N Yor* 4F **99**
Scronkey. *Lanc* 5D **96**
Scrooby. *Notts* 1D **86**
Scropton. *Derbs* 2F **73**
Scrub Hill. *Linc* 5B **88**
Scruton. *N Yor* 5F **105**
Scuggate. *Cumb* 2F **113**
Sculamus. *High* 1E **147**
Sculcoates. *Hull* 1D **94**
Sculthorpe. *Norf* 2B **78**
Scunthorpe. *N Lin* 3B **94**
Scurlage. *Swan* 4D **30**
Sea. *Som* 1G **13**
Seaborough. *Dors* 2H **13**
Seabridge. *Staf* 1C **72**
Seabrook. *Kent* 2F **29**
Seaburn. *Tyne* 3H **115**
Seacombe. *Mers* 1F **83**
Seacroft. *Linc* 4E **89**
Seacroft. *W Yor* 1D **92**
Seadyke. *Linc* 2C **76**
Seafield. *High* 5G **165**
Seafield. *Midl* 3F **129**
Seafield. *S Ayr* 2C **116**
Seafield. *W Lot* 3D **128**
Seaford. *E Sus* 5F **27**
Seaforth. *Mers* 1F **83**
Seagrave. *Leics* 4D **74**
Seaham. *Dur* 5H **115**
Seahouses. *Nmbd* 1G **121**
Seal. *Kent* 5G **39**
Sealand. *Flin* 4F **83**
Seale. *Surr* 2G **25**
Seamer. *N Yor*
nr. Scarborough 1E **101**
nr. Stokesley 3B **106**
Seamill. *N Ayr* 5D **126**
Sea Mills. *Bris* 4A **34**
Sea Palling. *Norf* 3G **79**
Searby. *Linc* 4D **94**
Seasalter. *Kent* 4E **41**
Seascale. *Cumb* 4B **102**
Seaside. *Per* 1E **137**
Seater. *High* 1F **169**
Seathorne. *Linc* 4E **89**
Seathwaite. *Cumb*
nr. Buttermere 3D **102**
nr. Ulpha 5D **102**
Seatle. *Cumb* 1C **96**
Seatoller. *Cumb* 3D **102**
Seaton. *Corn* 3H **7**
Seaton. *Cumb* 1B **102**
Seaton. *Devn* 3F **13**
Seaton. *Dur* 4G **115**
Seaton. *E Yor* 5F **101**
Seaton. *Nmbd* 2G **115**
Seaton. *Rut* 1G **63**
Seaton Burn. *Tyne* 2F **115**
Seaton Carew. *Hart* 2C **106**
Seaton Delaval. *Nmbd* 2G **115**
Seaton Junction. *Devn* 3F **13**
Seaton Ross. *E Yor* 5B **100**
Seaton Sluice. *Nmbd* 2G **115**
Seatown. *Abers* 2C **160**
Seatown. *Dors* 3H **13**
Seatown. *Mor*
nr. Cullen 2C **160**
nr. Lossiemouth 1G **159**
Seave Green. *N Yor* 4C **106**
Seaview. *IOW* 3E **17**
Seaville. *Cumb* 4C **112**
Seavington St Mary. *Som* 1H **13**
Seavington St Michael. *Som* 1H **13**
Seawick. *Essx* 4E **55**
Sebastopol. *Torf* 2F **33**
Sebergham. *Cumb* 5E **113**
Seckington. *Warw* 5G **73**
Second Coast. *High* 4D **162**
Sedbergh. *Cumb* 5H **103**
Sedbury. *Glos* 2A **34**
Sedbusk. *N Yor* 5B **104**
Sedgeberrow. *Worc* 2F **49**
Sedgebrook. *Linc* 2F **75**
Sedgefield. *Dur* 2A **106**
Sedgeford. *Norf* 2G **77**
Sedgehill. *Wilts* 4D **22**
Sedgley. *W Mid* 1D **60**
Sedgwick. *Cumb* 1E **97**
Sedlescombe. *E Sus* 4B **28**
Seend. *Wilts* 5E **35**
Seend Cleeve. *Wilts* 5E **35**
Seer Green. *Buck* 1A **38**
Seething. *Norf* 1F **67**
Sefster. *Shet* 6E **173**
Sefton. *Mers* 4B **90**
Sefton Park. *Mers* 2F **83**
Segensworth. *Hants* 2D **16**
Seggat. *Abers* 4E **161**
Seghill. *Nmbd* 2F **115**
Seifton. *Shrp* 2G **59**
Seighford. *Staf* 3C **72**
Seilebost. *W Isl* 8C **171**
Seisdon. *Staf* 1C **60**
Seisiadar. *W Isl* 4H **171**
Selattyn. *Shrp* 2E **71**
Selborne. *Hants* 3F **25**
Selby. *N Yor* 1G **93**
Selham. *W Sus* 3A **26**
Selkirk. *Bord* 2G **119**
Sellack. *Here* 3A **48**
Sellafirth. *Shet* 2G **173**
Sellick's Green. *Som* 1F **13**
Sellindge. *Kent* 2F **29**
Selling. *Kent* 5E **41**
Sells Green. *Wilts* 5E **35**
Selly Oak. *W Mid* 2E **61**
Selmeston. *E Sus* 5G **27**
Selsdon. *G Lon* 4E **39**
Selsey. *W Sus* 3G **17**
Selsfield Common. *W Sus* 2E **27**
Selside. *Cumb* 5G **103**
Selside. *N Yor* 2G **97**
Selsley. *Glos* 5D **48**
Selsted. *Kent* 1G **29**
Selston. *Notts* 5B **86**
Selworthy. *Som* 2C **20**
Semblister. *Shet* 6E **173**
Semer. *Suff* 1D **54**
Semington. *Wilts* 5D **35**
Semley. *Wilts* 4D **23**
Sempringham. *Linc* 2A **76**
Send. *Surr* 5B **38**
Send Marsh. *Surr* 5B **38**
Senghenydd. *Cphy* 2E **32**
Sennen. *Corn* 4A **4**
Sennen Cove. *Corn* 4A **4**
Sennybridge. *Powy* 3C **46**
Serlby. *Notts* 2D **86**
Sessay. *N Yor* 2G **99**
Setchey. *Norf* 4F **77**
Setley. *Hants* 2B **16**
Setter. *Shet* 3F **173**
Settiscarth. *Orkn* 6C **172**
Settle. *N Yor* 3H **97**
Settrington. *N Yor* 2C **100**
Seven Ash. *Som* 3E **21**
Sevenhampton. *Glos* 3F **49**
Sevenhampton. *Swin* 2H **35**
Sevenoaks. *Kent* 5G **39**
Sevenoaks Weald. *Kent* 5G **39**
Seven Sisters. *Neat* 5B **46**
Seven Springs. *Glos* 4E **49**
Severn Beach. *S Glo* 3A **34**
Severn Stoke. *Worc* 1D **48**
Sevington. *Kent* 1E **29**
Sewards End. *Essx* 2F **53**
Sewardstone. *Essx* 1E **39**
Sewell. *C Beds* 3H **51**
Sewerby. *E Yor* 3G **101**
Seworgan. *Corn* 5B **6**
Sewstern. *Leics* 3F **75**
Sgallairidh. *W Isl* 9B **170**
Sgarasta Mhor. *W Isl* 8C **171**
Sgiogarstaigh. *W Isl* 1H **171**
Sgreadan. *Arg* 4A **132**
Shabbington. *Buck* 5E **51**
Shackerley. *Shrp* 5C **72**
Shackerstone. *Leics* 5A **74**
Shackleford. *Surr* 1A **26**
Shadforth. *Dur* 5G **115**
Shadingfield. *Suff* 2G **67**
Shadoxhurst. *Kent* 2D **28**
Shadsworth. *Bkbn* 2F **91**
Shadwell. *Norf* 2B **66**
Shadwell. *W Yor* 1D **92**
Shaftesbury. *Dors* 4D **22**
Shafton. *S Yor* 3D **93**
Shafton Two Gates. *S Yor* 3D **93**
Shaggs. *Dors* 4D **14**
Shakesfield. *Glos* 2B **48**
Shalbourne. *Wilts* 5B **36**
Shalcombe. *IOW* 4B **16**
Shalden. *Hants* 2E **25**
Shaldon. *Devn* 5C **12**
Shalfleet. *IOW* 4C **16**
Shalford. *Essx* 3H **53**
Shalford. *Surr* 1B **26**
Shalford Green. *Essx* 3H **53**
Shallowford. *Devn* 2H **19**
Shallowford. *Staf* 3C **72**
Shalmsford Street. *Kent* 5E **41**
Shalstone. *Buck* 2E **51**
Shamley Green. *Surr* 1B **26**
Shandon. *Arg* 1D **126**
Shandwick. *High* 1C **158**
Shangton. *Leics* 1E **62**
Shankhouse. *Nmbd* 2F **115**
Shanklin. *IOW* 4D **16**
Shannochie. *N Ayr* 3D **123**
Shap. *Cumb* 3G **103**
Shapwick. *Dors* 2E **15**
Shapwick. *Som* 3H **21**
Sharcott. *Wilts* 1G **23**
Shardlow. *Derbs* 2B **74**
Shareshill. *Staf* 5D **72**
Sharlston. *W Yor* 3D **93**
Sharlston Common. *W Yor* 3D **93**
Sharnal Street. *Medw* 3B **40**
Sharnbrook. *Bed* 5G **63**
Sharneyford. *Lanc* 2G **91**
Sharnford. *Leics* 1B **62**
Sharnhill Green. *Dors* 2C **14**
Sharoe Green. *Lanc* 1D **90**
Sharow. *N Yor* 2F **99**
Sharpenhoe. *C Beds* 2A **52**
Sharperton. *Nmbd* 4D **120**
Sharpness. *Glos* 5B **48**
Sharp Street. *Norf* 3F **79**
Sharpthorne. *W Sus* 2E **27**
Sharrington. *Norf* 2C **78**
Shatterford. *Worc* 2B **60**
Shatton. *Derbs* 2F **85**
Shaugh Prior. *Devn* 2B **8**
Shavington. *Ches E* 5B **84**
Shaw. *G Man* 4H **91**
Shaw. *W Ber* 5C **36**
Shaw. *Wilts* 5D **35**
Shawbirch. *Telf* 4A **72**
Shawbury. *Shrp* 3H **71**
Shawell. *Leics* 2C **62**
Shawford. *Hants* 4C **24**
Shawforth. *Lanc* 2G **91**
Shaw Green. *Lanc* 3D **90**
Shawhead. *Dum* 2F **111**
Shaw Mills. *N Yor* 3E **99**
Shawwood. *E Ayr* 2E **117**
Shearington. *Dum* 3B **112**
Shearsby. *Leics* 1D **62**
Shearston. *Som* 3F **21**
Shebbear. *Devn* 2E **11**
Shebdon. *Staf* 3B **72**
Shebster. *High* 2C **168**
Sheddocksley. *Aber* 3F **153**
Shedfield. *Hants* 1D **16**
Shedog. *N Ayr* 2D **122**
Sheen. *Staf* 4F **85**
Sheepbridge. *Derbs* 3A **86**
Sheep Hill. *Dur* 4E **115**
Sheepscar. *W Yor* 1D **92**
Sheepscombe. *Glos* 4D **49**
Sheepstor. *Devn* 2B **8**
Sheepwash. *Devn* 2E **11**
Sheepwash. *Nmbd* 1F **115**
Sheepway. *N Som* 4H **33**
Sheepy Magna. *Leics* 5H **73**
Sheepy Parva. *Leics* 5H **73**
Sheering. *Essx* 4F **53**
Sheerness. *Kent* 3D **40**
Sheerwater. *Surr* 4B **38**
Sheet. *Hants* 4F **25**
Sheffield. *S Yor* 2A **86**
Sheffield Bottom. *W Ber* 5E **37**
Sheffield Green. *E Sus* 3F **27**
Shefford. *C Beds* 2B **52**
Shefford Woodlands. *W Ber* 4B **36**
Sheigra. *High* 2B **166**
Sheinton. *Shrp* 5A **72**
Shelderton. *Shrp* 3G **59**
Sheldon. *Derbs* 4F **85**
Sheldon. *Devn* 2E **12**
Sheldon. *W Mid* 2F **61**
Sheldwich. *Kent* 5E **40**
Sheldwich Lees. *Kent* 5E **40**
Shelf. *W Yor* 2B **92**
Shelfanger. *Norf* 2D **66**
Shelfield. *Warw* 4F **61**
Shelfield. *W Mid* 5E **73**
Shelford. *Notts* 1D **74**
Shelford. *Warw* 2B **62**
Shell. *Worc* 5D **60**
Shelley. *Suff* 2D **54**
Shelley. *W Yor* 3C **92**
Shell Green. *Hal* 2H **83**
Shellingford. *Oxon* 2B **36**
Shellow Bowells. *Essx* 5G **53**
Shelsley Beauchamp. *Worc* 4B **60**
Shelsley Walsh. *Worc* 4B **60**
Shelthorpe. *Leics* 4C **74**
Shelton. *Bed* 4H **63**
Shelton. *Norf* 1E **67**
Shelton. *Notts* 1E **75**
Shelton. *Shrp* 4G **71**
Shelton Green. *Norf* 1E **67**
Shelton Lock. *Derb* 2A **74**
Shelve. *Shrp* 1F **59**
Shelwick. *Here* 1A **48**
Shelwick Green. *Here* 1A **48**
Shenfield. *Essx* 1H **39**
Shenington. *Oxon* 1B **50**
Shenley. *Herts* 5B **52**
Shenley Brook End. *Mil* 2G **51**
Shenleybury. *Herts* 5B **52**
Shenley Church End. *Mil* 2G **51**
Shenmore. *Here* 2G **47**
Shennanton. *Dum* 3A **110**
Shenstone. *Staf* 5F **73**
Shenstone. *Worc* 3C **60**
Shenstone Woodend. *Staf* 5F **73**
Shenton. *Leics* 5A **74**
Shenval. *Mor* 1G **151**
Shepeau Stow. *Linc* 4C **76**
Shephall. *Herts* 3C **52**
Shepherd's Bush. *G Lon* 2D **38**
Shepherd's Gate. *Norf* 4E **77**
Shepherd's Green. *Oxon* 3F **37**
Shepherd's Port. *Norf* 2F **77**
Shepherdswell. *Kent* 1G **29**
Shepley. *W Yor* 4B **92**
Sheppardstown. *High* 4D **169**
Shepperdine. *S Glo* 2B **34**
Shepperton. *Surr* 4B **38**
Shepreth. *Cambs* 1D **53**
Shepshed. *Leics* 4B **74**
Shepton Beauchamp. *Som* 1H **13**
Shepton Mallet. *Som* 2B **22**
Shepton Montague. *Som* 3B **22**
Shepway. *Kent* 5B **40**
Sheraton. *Dur* 1B **106**
Sherborne. *Dors* 1B **14**
Sherborne. *Glos* 4G **49**
Sherborne. *Som* 1A **22**
Sherborne Causeway. *Dors* 4D **22**
Sherborne St John. *Hants* 1E **24**
Sherbourne. *Warw* 4G **61**
Sherburn. *Dur* 5G **115**
Sherburn. *N Yor* 2D **100**
Sherburn Hill. *Dur* 5G **115**
Sherburn in Elmet. *N Yor* 1E **93**
Shere. *Surr* 1B **26**
Shereford. *Norf* 3A **78**
Sherfield English. *Hants* 4A **24**
Sherfield on Loddon. *Hants* 1E **25**
Sherford. *Devn* 4D **9**
Sherford. *Dors* 3E **15**
Sherford. *Plym* 3B **8**
Sheriffhales. *Shrp* 4B **72**
Sheriff Hutton. *N Yor* 3A **100**
Sheriffston. *Mor* 2G **159**
Sheringham. *Norf* 1D **78**
Sherington. *Mil* 1G **51**
Shermanbury. *W Sus* 4D **26**
Shernal Green. *Worc* 4D **60**
Shernborne. *Norf* 2G **77**
Sherrington. *Wilts* 3E **23**
Sherston. *Wilts* 3D **34**
Sherwood. *Nott* 1C **74**
Sherwood Green. *Devn* 4F **19**
Shettleston. *Glas* 3H **127**
Shevington. *G Man* 4D **90**
Shevington Moor. *G Man* 3D **90**
Shevington Vale. *G Man* 4D **90**
Sheviock. *Corn* 3H **7**
Shide. *IOW* 4C **16**
Shiel Bridge. *High* 2B **148**
Shieldaig. *High*
nr. Charlestown 1H **155**
nr. Torridon 3H **155**
Shieldhill. *Dum* 1B **112**
Shieldhill. *Falk* 2B **128**

Shieldhill. *S Lan* 5D **128**
Shieldmuir. *N Lan* 4A **128**
Shielfoot. *High* 1A **140**
Shielhill. *Abers* 3H **161**
Shielhill. *Ang* 3D **144**
Shifnal. *Shrp* 5B **72**
Shilbottle. *Nmbd* 4F **121**
Shilbottle Grange. *Nmbd* 4G **121**
Shildon. *Dur* 2F **105**
Shillford. *E Ren* 4F **127**
Shillingford. *Devn* 4C **20**
Shillingford. *Oxon* 2D **36**
Shillingford St George. *Devn* 4C **12**
Shillingstone. *Dors* 1D **14**
Shillington. *C Beds* 2B **52**
Shillmoor. *Nmbd* 4C **120**
Shilton. *Oxon* 5A **50**
Shilton. *Warw* 2B **62**
Shilvinghampton. *Dors* 4B **14**
Shilvington. *Nmbd* 1E **115**
Shimpling. *Norf* 2D **66**
Shimpling. *Suff* 5A **66**
Shimpling Street. *Suff* 5A **66**
Shincliffe. *Dur* 5F **115**
Shiney Row. *Tyne* 4G **115**
Shinfield. *Wok* 5F **37**
Shingay. *Cambs* 1D **52**
Shingham. *Norf* 5G **77**
Shingle Street. *Suff* 1G **55**
Shinner's Bridge. *Devn* 2D **9**
Shinness. *High* 2C **164**
Shipbourne. *Kent* 5G **39**
Shipdham. *Norf* 5B **78**
Shipham. *Som* 1H **21**
Shiphay. *Torb* 2E **9**
Shiplake. *Oxon* 4F **37**
Shipley. *Derbs* 1B **74**
Shipley. *Nmbd* 3F **121**
Shipley. *Shrp* 1C **60**
Shipley. *W Sus* 3C **26**
Shipley. *W Yor* 1B **92**
Shipley Bridge. *Surr* 1E **27**
Shipmeadow. *Suff* 2F **67**
Shippon. *Oxon* 2C **36**
Shipston-on-Stour. *Warw* 1A **50**
Shipton. *Buck* 3F **51**
Shipton. *Glos* 4F **49**
Shipton. *N Yor* 4H **99**
Shipton. *Shrp* 1H **59**
Shipton Bellinger. *Hants* 2H **23**
Shipton Gorge. *Dors* 3H **13**
Shipton Green. *W Sus* 3G **17**
Shipton Moyne. *Glos* 3D **35**
Shipton-on-Cherwell. *Oxon* 4C **50**
Shiptonthorpe. *E Yor* 5C **100**
Shipton-under-Wychwood
Oxon 4A **50**
Shirburn. *Oxon* 2E **37**
Shirdley Hill. *Lanc* 3B **90**
Shire. *Cumb* 1H **103**
Shirebrook. *Derbs* 4C **86**
Shiregreen. *S Yor* 1A **86**
Shirehampton. *Bris* 4A **34**
Shiremoor. *Tyne* 2G **115**
Shirenewton. *Mon* 2H **33**
Shireoaks. *Notts* 2C **86**
Shires Mill. *Fife* 1D **128**
Shirkoak. *Kent* 2D **28**
Shirland. *Derbs* 5A **86**
Shirley. *Derbs* 1G **73**
Shirley. *Sotn* 1B **16**
Shirley. *W Mid* 3F **61**
Shirleywich. *Staf* 3D **73**
Shirl Heath. *Here* 5G **59**
Shirrell Heath. *Hants* 1D **16**
Shirwell. *Devn* 3F **19**
Shiskine. *N Ayr* 3D **122**
Shobdon. *Here* 4F **59**
Shobnall. *Staf* 3G **73**
Shobrooke. *Devn* 2B **12**
Shoby. *Leics* 3D **74**
Shocklach. *Ches W* 1G **71**
Shoeburyness. *S'end* 2D **40**
Sholden. *Kent* 5H **41**
Sholing. *Sotn* 1C **16**
Sholver. *G Man* 4H **91**
Shoot Hill. *Shrp* 4G **71**
Shop. *Corn*
nr. Bude 1C **10**
nr. Padstow 1C **6**
Shop. *Devn* 1D **11**
Shopford. *Cumb* 2G **113**
Shoreditch. *G Lon* 2E **39**
Shoreditch. *Som* 4F **21**
Shoregill. *Cumb* 4A **104**
Shoreham. *Kent* 4G **39**
Shoreham-by-Sea. *W Sus* 5D **26**
Shoresdean. *Nmbd* 5F **131**
Shoreswood. *Nmbd* 5F **131**
Shorncote. *Glos* 2F **35**
Shorne. *Kent* 3A **40**
Shorne Ridgeway. *Kent* 3A **40**
Shortacombe. *Devn* 4F **11**
Shortbridge. *E Sus* 3F **27**
Shortgate. *E Sus* 4F **27**
Short Green. *Norf* 2C **66**
Shorthampton. *Oxon* 3B **50**
Short Heath. *Derbs* 4H **73**
Short Heath. *W Mid*
nr. Erdington 1E **61**
nr. Wednesfield 5D **73**
Shortlanesend. *Corn* 4C **6**
Shorton. *Torb* 2E **9**
Shortstown. *Bed* 1A **52**
Shortwood. *S Glo* 4B **34**
Shorwell. *IOW* 4C **16**
Shoscombe. *Bath* 1C **22**
Shotesham. *Norf* 1E **67**
Shotgate. *Essx* 1B **40**
Shotley. *Suff* 2F **55**
Shotley Bridge. *Dur* 4D **115**
Shotleyfield. *Nmbd* 4D **114**
Shotley Gate. *Suff* 2F **55**
Shottenden. *Kent* 5E **41**
Shottermill. *Surr* 3G **25**
Shottery. *Warw* 5F **61**
Shotteswell. *Warw* 1C **50**
Shottisham. *Suff* 1G **55**
Shottle. *Derbs* 1H **73**
Shotton. *Dur*
nr. Peterlee 1B **106**
nr. Sedgefield 2A **106**
Shotton. *Flin* 4F **83**
Shotton. *Nmbd*
nr. Morpeth 2F **115**
nr. Town Yetholm 1C **120**
Shotton Colliery. *Dur* 5G **115**
Shotts. *N Lan* 3B **128**
Shotwick. *Ches W* 3F **83**
Shouldham. *Norf* 5F **77**
Shouldham Thorpe. *Norf* 5F **77**
Shoulton. *Worc* 5C **60**
Shrawardine. *Shrp* 4G **71**
Shrawley. *Worc* 4C **60**
Shreding Green. *Buck* 2B **38**
Shrewley. *Warw* 4G **61**
Shrewsbury. *Shrp* 4G **71**
Shrewton. *Wilts* 2F **23**
Shripney. *W Sus* 5A **26**
Shrivenham. *Oxon* 3H **35**
Shropham. *Norf* 1B **66**
Shroton. *Dors* 1D **14**
Shrub End. *Essx* 3C **54**
Shucknall. *Here* 1A **48**
Shudy Camps. *Cambs* 1G **53**
Shulishadermor. *High* 4D **155**
Shulista. *High* 1D **154**
Shurdington. *Glos* 4E **49**
Shurlock Row. *Wind* 4G **37**
Shurrery. *High* 3C **168**
Shurton. *Som* 2F **21**
Shustoke. *Warw* 1G **61**
Shute. *Devn*
nr. Axminster 3F **13**
nr. Crediton 2B **12**
Shutford. *Oxon* 1B **50**
Shut Heath. *Staf* 3C **72**
Shuthonger. *Glos* 2D **49**
Shutlanehead. *Staf* 1C **72**
Shutlanger. *Nptn* 1F **51**
Shutt Green. *Staf* 5C **72**
Shuttington. *Warw* 5G **73**
Shuttlewood. *Derbs* 3B **86**
Shuttleworth. *G Man* 3G **91**
Siabost. *W Isl* 3E **171**
Siabost bho Dheas. *W Isl* 3E **171**
Siabost bho Thuath. *W Isl* 3E **171**
Siadar. *W Isl* 2F **171**
Siadar Uarach. *W Isl* 2F **171**
Sibbaldbie. *Dum* 1C **112**
Sibbertoft. *Nptn* 2D **62**
Sibdon Carwood. *Shrp* 2G **59**
Sibertswold. *Kent* 1G **29**
Sibford Ferris. *Oxon* 2B **50**
Sibford Gower. *Oxon* 2B **50**
Sible Hedingham. *Essx* 2A **54**
Sibsey. *Linc* 5C **88**
Sibsey Fen Side. *Linc* 5C **88**
Sibson. *Cambs* 1H **63**
Sibson. *Leics* 5A **74**
Sibster. *High* 3F **169**
Sibthorpe. *Notts* 1E **75**
Sibton. *Suff* 4F **67**
Sicklesmere. *Suff* 4A **66**
Sicklinghall. *N Yor* 5F **99**
Sid. *Devn* 4E **13**
Sidbury. *Devn* 3E **13**
Sidbury. *Shrp* 2A **60**
Sidcot. *N Som* 1H **21**
Sidcup. *G Lon* 3F **39**
Siddick. *Cumb* 1B **102**
Siddington. *Ches E* 3C **84**
Siddington. *Glos* 2F **35**
Side of the Moor. *G Man* 3F **91**
Sidestrand. *Norf* 2E **79**
Sidford. *Devn* 3E **13**
Sidlesham. *W Sus* 3G **17**
Sidley. *E Sus* 5B **28**
Sidlow. *Surr* 1D **26**
Sidmouth. *Devn* 4E **13**
Sigford. *Devn* 5A **12**
Sigglesthorne. *E Yor* 5F **101**
Sighthill. *Edin* 2E **129**
Sigingstone. *V Glam* 4C **32**
Signet. *Oxon* 4H **49**
Silchester. *Hants* 5E **37**
Sildinis. *W Isl* 6E **171**
Sileby. *Leics* 4D **74**
Silecroft. *Cumb* 1A **96**
Silfield. *Norf* 1D **66**
Silian. *Cdgn* 5E **57**
Silkstone. *S Yor* 4C **92**
Silkstone Common. *S Yor* 4C **92**
Silksworth. *Tyne* 4G **115**
Silk Willoughby. *Linc* 1H **75**
Silloth. *Cumb* 4C **112**
Sills. *Nmbd* 4C **120**
Sillyearn. *Mor* 3C **160**
Silpho. *N Yor* 5G **107**
Silsden. *W Yor* 5C **98**
Silsoe. *C Beds* 2A **52**
Silverbank. *Abers* 4E **152**
Silverburn. *Midl* 3F **129**
Silverdale. *Lanc* 2D **96**
Silverdale. *Staf* 1C **72**
Silverdale Green. *Lanc* 2D **96**
Silver End. *Essx* 4B **54**
Silver End. *W Mid* 2D **60**
Silvergate. *Norf* 3D **78**
Silver Green. *Norf* 1E **67**
Silverhillocks. *Abers* 2E **161**
Silverley's Green. *Suff* 3E **67**
Silverstone. *Nptn* 1E **51**
Silverton. *Devn* 2C **12**
Silverton. *W Dun* 2F **127**
Silvington. *Shrp* 3A **60**
Simm's Cross. *Hal* 2H **83**
Simm's Lane End. *Mers* 4D **90**
Simonburn. *Nmbd* 2B **114**
Simonsbath. *Som* 3A **20**
Simonstone. *Lanc* 1F **91**
Simprim. *Bord* 5E **131**
Simpson. *Pemb* 3C **42**
Simpson Cross. *Pemb* 3C **42**
Sinclairston. *E Ayr* 3D **116**
Sinclairtown. *Fife* 4E **137**
Sinderby. *N Yor* 1F **99**
Sinderhope. *Nmbd* 4B **114**
Sindlesham. *Wok* 5F **37**
Sinfin. *Derb* 2H **73**
Singleborough. *Buck* 2F **51**
Singleton. *Kent* 1D **28**
Singleton. *Lanc* 1B **90**
Singleton. *W Sus* 1G **17**
Singlewell. *Kent* 3A **40**
Sinkhurst Green. *Kent* 1C **28**
Sinnahard. *Abers* 2B **152**
Sinnington. *N Yor* 1B **100**
Sinton Green. *Worc* 4C **60**
Sion Mills. *Derr* 3C **174**
Sipson. *G Lon* 3B **38**
Sirhowy. *Blae* 4E **47**
Sisland. *Norf* 1F **67**
Sissinghurst. *Kent* 2B **28**
Siston. *S Glo* 4B **34**
Sithney. *Corn* 4D **4**
Sittingbourne. *Kent* 4D **40**
Six Ashes. *Staf* 2B **60**
Six Bells. *Blae* 5F **47**
Six Hills. *Leics* 3D **74**
Sixhills. *Linc* 2A **88**
Six Mile Bottom. *Cambs* 5E **65**
Sixpenny Handley. *Dors* 1E **15**
Sizewell. *Suff* 4G **67**
Skail. *High* 4H **167**
Skaill. *Orkn* 6B **172**
Skaills. *Orkn* 7E **172**
Skares. *E Ayr* 3E **117**
Skateraw. *E Lot* 2D **130**
Skaw. *Shet* 5G **173**
Skeabost. *High* 4D **154**
Skeabrae. *Orkn* 5B **172**
Skeeby. *N Yor* 4E **105**
Skeffington. *Leics* 5E **75**
Skeffling. *E Yor* 3G **95**
Skegby. *Notts*
nr. Mansfield 4B **86**
nr. Tuxford 3E **87**
Skegness. *Linc* 4E **89**
Skelberry. *Shet*
nr. Boddam 10E **173**
nr. Housetter 3E **173**
Skelbo. *High* 4E **165**
Skelbo Street. *High* 4E **165**
Skelbrooke. *S Yor* 3F **93**
Skeldyke. *Linc* 2C **76**
Skelfhill. *Bord* 4G **119**
Skellingthorpe. *Linc* 3G **87**
Skellister. *Shet* 6F **173**
Skellorn Green. *Ches E* 2D **84**
Skellow. *S Yor* 3F **93**
Skelmanthorpe. *W Yor* 3C **92**
Skelmersdale. *Lanc* 4C **90**
Skelmorlie. *N Ayr* 3C **126**
Skelpick. *High* 3H **167**
Skelton. *Cumb* 1F **103**
Skelton. *E Yor* 2A **94**
Skelton. *N Yor*
nr. Richmond 4D **105**
nr. Ripon 3F **99**
Skelton. *Red C* 3D **106**
Skelton. *York* 4H **99**
Skelton Green. *Red C* 3D **106**
Skelwick. *Orkn* 3D **172**
Skelwith Bridge. *Cumb* 4E **103**
Skendleby. *Linc* 4D **88**
Skendleby Psalter. *Linc* 3D **88**
Skenfrith. *Mon* 3H **47**
Skerne. *E Yor* 4E **101**
Skeroblingarry. *Arg* 3B **122**
Skerray. *High* 2G **167**
Skerricha. *High* 3C **166**
Skerries Airport. *Shet* 4H **173**
Skerton. *Lanc* 3D **97**
Sketchley. *Leics* 1B **62**
Sketty. *Swan* 3F **31**
Skewen. *Neat* 3G **31**
Skewsby. *N Yor* 2A **100**
Skeyton. *Norf* 3E **79**
Skeyton Corner. *Norf* 3E **79**
Skiall. *High* 2C **168**
Skidbrooke. *Linc* 1D **88**
Skidbrooke North End. *Linc* 1D **88**
Skidby. *E Yor* 1D **94**
Skilgate. *Som* 4C **20**
Skillington. *Linc* 3F **75**
Skinburness. *Cumb* 4C **112**
Skinflats. *Falk* 1C **128**
Skinidin. *High* 4B **154**
Skinnet. *High* 2F **167**
Skinningrove. *Red C* 3E **107**
Skipness. *Arg* 4G **125**
Skippool. *Lanc* 5C **96**
Skiprigg. *Cumb* 5E **113**
Skipsea. *E Yor* 4F **101**
Skipsea Brough. *E Yor* 4F **101**
Skipton. *N Yor* 4B **98**
Skipton-on-Swale. *N Yor* 2F **99**
Skipwith. *N Yor* 1G **93**
Skirbeck. *Linc* 1C **76**
Skirbeck Quarter. *Linc* 1C **76**
Skirlaugh. *E Yor* 1E **95**
Skirling. *Bord* 1C **118**
Skirmett. *Buck* 2F **37**
Skirpenbeck. *E Yor* 4B **100**
Skirwith. *Cumb* 1H **103**
Skirwith. *N Yor* 2G **97**
Skirza. *High* 2F **169**
Skitby. *Cumb* 3F **113**
Skitham. *Lanc* 5D **96**
Skittle Green. *Buck* 5F **51**
Skroo. *Shet* 1B **172**
Skulamus. *High* 1E **147**
Skullomie. *High* 2G **167**
Skyborry Green. *Shrp* 3E **59**
Skye Green. *Essx* 3B **54**
Skye of Curr. *High* 1D **151**
Slack. *W Yor* 2H **91**
The Slack. *Dur* 2E **105**
Slackhall. *Derbs* 2E **85**
Slack Head. *Cumb* 2D **97**
Slackhead. *Mor* 2B **160**
Slackholme End. *Linc* 3E **89**
Slacks of Cairnbanno
Abers 4F **161**
Slad. *Glos* 5D **48**
Slade. *Swan* 4D **31**
The Slade. *W Ber* 5D **36**
Slade End. *Oxon* 2D **36**
Slade Field. *Cambs* 2C **64**
Slade Green. *G Lon* 3G **39**
Slade Heath. *Staf* 5D **72**
Slade Hooton. *S Yor* 2C **86**
Sladesbridge. *Corn* 5A **10**
Slaggyford. *Nmbd* 4H **113**
Slaidburn. *Lanc* 4G **97**
Slaid Hill. *W Yor* 5F **99**
Slaithwaite. *W Yor* 3A **92**
Slaley. *Derbs* 5G **85**
Slaley. *Nmbd* 4C **114**
Slamannan. *Falk* 2B **128**
Slapton. *Buck* 3H **51**
Slapton. *Devn* 4E **9**
Slapton. *Nptn* 1E **51**
Slattocks. *G Man* 4G **91**
Slaugham. *W Sus* 3D **26**
Slaughterbridge. *Corn* 4B **10**
Slaughterford. *Wilts* 4D **34**
Slawston. *Leics* 1E **63**
Sleaford. *Hants* 3G **25**
Sleaford. *Linc* 1H **75**
Sleagill. *Cumb* 3G **103**
Sleap. *Shrp* 3G **71**
Sledmere. *E Yor* 3D **100**
Sleightholme. *Dur* 3C **104**
Sleights. *N Yor* 4F **107**
Slepe. *Dors* 3E **15**
Slickly. *High* 2E **169**
Sliddery. *N Ayr* 3D **122**
Sligachan. *High* 1C **146**

Slimbridge – South Woodham Ferrers

Place	Ref
Slimbridge. *Glos*	5C 48
Slindon. *Staf*	2C 72
Slindon. *W Sus*	5A 26
Slinfold. *W Sus*	2C 26
Slingsby. *N Yor*	2A 100
Slip End. *C Beds*	4A 52
Slipton. *Nptn*	3G 63
Slitting Mill. *Staf*	4E 73
Slochd. *High*	1C 150
Slockavullin. *Arg*	4F 133
Sloley. *Norf*	3E 79
Sloncombe. *Devn*	4H 11
Sloothby. *Linc*	3D 89
Slough. *Slo*	3A 38
Slough Green. *Som*	4F 21
Slough Green. *W Sus*	3D 27
Sluggan. *High*	1C 150
Slyne. *Lanc*	3D 97
Smailholm. *Bord*	1A 120
Smallbridge. *G Man*	3H 91
Smallbrook. *Devn*	3B 12
Smallburgh. *Norf*	3F 79
Smallburn. *E Ayr*	2F 117
Smalldale. *Derbs*	3E 85
Small Dole. *W Sus*	4D 26
Smalley. *Derbs*	1B 74
Smallfield. *Surr*	1E 27
Small Heath. *W Mid*	2E 61
Smallholm. *Dum*	2C 112
Small Hythe. *Kent*	2C 28
Smallrice. *Staf*	2D 72
Smallridge. *Devn*	2G 13
Smallwood Hey. *Lanc*	5C 96
Smallworth. *Norf*	2C 66
Smannell. *Hants*	2B 24
Smardale. *Cumb*	4A 104
Smarden. *Kent*	1C 28
Smarden Bell. *Kent*	1C 28
Smart's Hill. *Kent*	1G 27
Smeatharpe. *Devn*	1F 13
Smeeth. *Kent*	2E 29
The Smeeth. *Norf*	4E 77
Smeeton Westerby. *Leics*	1D 62
Smeircleit. *W Isl*	7C 170
Smerral. *High*	5D 168
Smestow. *Staf*	1C 60
Smethwick. *W Mid*	2E 61
Smirisary. *High*	1A 140
Smisby. *Derbs*	4H 73
Smitham Hill. *Bath*	1A 22
Smith End Green. *Worc*	5B 60
Smithfield. *Cumb*	3F 113
Smith Green. *Lanc*	4D 97
The Smithies. *Shrp*	1A 60
Smithincott. *Devn*	1D 12
Smith's Green. *Essx*	3F 53
Smithstown. *High*	1G 155
Smithton. *High*	4B 158
Smithwood Green. *Suff*	5B 66
Smithy Bridge. *G Man*	3H 91
Smithy Green. *Ches E*	3B 84
Smithy Lane Ends. *Lanc*	3C 90
Smockington. *Leics*	2B 62
Smoogro. *Orkn*	7C 172
Smythe's Green. *Essx*	4C 54
Snaigow House. *Per*	4H 143
Snailbeach. *Shrp*	5F 71
Snailwell. *Cambs*	4F 65
Snainton. *N Yor*	1D 100
Snaith. *E Yor*	2G 93
Snape. *N Yor*	1E 99
Snape. *Suff*	5F 67
Snape Green. *Lanc*	3B 90
Snapper. *Devn*	3F 19
Snarestone. *Leics*	5H 73
Snarford. *Linc*	2H 87
Snargate. *Kent*	3D 28
Snave. *Kent*	3E 28
Sneachill. *Worc*	5D 60
Snead. *Powy*	1F 59
Snead Common. *Worc*	4B 60
Sneaton. *N Yor*	4F 107
Sneatonthorpe. *N Yor*	4G 107
Snelland. *Linc*	2H 87
Snelston. *Derbs*	1F 73
Snetterton. *Norf*	1B 66
Snettisham. *Norf*	2F 77
Snibston. *Leics*	4B 74
Sniseabhal. *W Isl*	5C 170
Snitter. *Nmbd*	4E 121
Snitterby. *Linc*	1G 87
Snitterfield. *Warw*	5G 61
Snitton. *Shrp*	3H 59
Snodhill. *Here*	1G 47
Snodland. *Kent*	4B 40
Snods Edge. *Nmbd*	4D 114
Snowshill. *Glos*	2F 49
Snow Street. *Norf*	2C 66
Snydale. *W Yor*	2E 93
Soake. *Hants*	1E 17
Soar. *Carm*	3G 45
Soar. *Gwyn*	2F 69
Soar. *IOA*	3C 80
Soar. *Powy*	2C 46
Soberton. *Hants*	1E 16
Soberton Heath. *Hants*	1E 16
Sockbridge. *Cumb*	2G 103
Sockburn. *Darl*	4A 106
Sodom. *Den*	3C 82
Sodom. *Shet*	5G 173
Soham. *Cambs*	3E 65
Soham Cotes. *Cambs*	3E 65
Solas. *W Isl*	1D 170
Soldon Cross. *Devn*	1D 10
Soldridge. *Hants*	3E 25
Solent Breezes. *Hants*	2D 16
Sole Street. *Kent* nr. Meopham	4A 40
nr. Waltham	1E 29
Solihull. *W Mid*	2F 61
Sollers Dilwyn. *Here*	5G 59
Sollers Hope. *Here*	2B 48
Sollom. *Lanc*	3C 90
Solva. *Pemb*	2B 42
Somerby. *Leics*	4E 75
Somerby. *Linc*	4D 94
Somercotes. *Derbs*	5B 86
Somerford. *Dors*	3G 15
Somerford. *Staf*	5C 72
Somerford Keynes. *Glos*	2F 35
Somerley. *W Sus*	3G 17
Somerleyton. *Suff*	1G 67
Somersal Herbert. *Derbs*	2F 73
Somersby. *Linc*	3C 88
Somersham. *Cambs*	3C 64
Somersham. *Suff*	1D 54
Somerton. *Oxon*	3C 50
Somerton. *Som*	4H 21
Somerton. *Suff*	5H 65
Sompting. *W Sus*	5C 26
Sonning. *Wok*	4F 37
Sonning Common. *Oxon*	3F 37
Sonning Eye. *Oxon*	4F 37
Sookholme. *Notts*	4C 86
Sopley. *Hants*	3G 15
Sopworth. *Wilts*	3D 34
Sorbie. *Dum*	5B 110
Sordale. *High*	2D 168
Sorisdale. *Arg*	2D 138
Sorn. *E Ayr*	2E 117
Sornhill. *E Ayr*	1E 117
Sortat. *High*	2E 169
Sotby. *Linc*	3B 88
Sots Hole. *Linc*	4A 88
Sotterley. *Suff*	2G 67
Soudley. *Shrp* nr. Church Stretton	1G 59
nr. Market Drayton	3B 72
Soughton. *Flin*	4E 83
Soulbury. *Buck*	3G 51
Soulby. *Cumb* nr. Appleby	3A 104
nr. Penrith	2F 103
Souldern. *Oxon*	2D 50
Souldrop. *Bed*	4G 63
Sound. *Ches E*	1A 72
Sound. *Shet* nr. Lerwick	7F 173
nr. Tresta	6E 173
Soundwell. *S Glo*	4B 34
Sourhope. *Bord*	2C 120
Sourin. *Orkn*	4D 172
Sour Nook. *Cumb*	5E 113
Sourton. *Devn*	3F 11
Soutergate. *Cumb*	1B 96
South Acre. *Norf*	4H 77
Southall. *G Lon*	3C 38
South Allington. *Devn*	5D 9
South Alloa. *Falk*	4A 136
Southam. *Glos*	3E 49
Southam. *Warw*	4B 62
South Ambersham. *W Sus*	3A 26
Southampton. *Sotn*	1C 16
Southampton Airport. *Hants*	1C 16
Southannan. *N Ayr*	4D 126
South Anston. *S Yor*	2C 86
South Ascot. *Wind*	4A 38
South Baddesley. *Hants*	3B 16
South Balfern. *Dum*	4B 110
South Ballachulish. *High*	3E 141
South Bank. *Red C*	2C 106
South Barrow. *Som*	4B 22
South Benfleet. *Essx*	2B 40
South Bents. *Tyne*	3H 115
South Bersted. *W Sus*	5A 26
Southborough. *Kent*	1G 27
Southbourne. *Bour*	3G 15
Southbourne. *W Sus*	2F 17
South Bowood. *Dors*	3H 13
South Brent. *Devn*	3C 8
South Brewham. *Som*	3C 22
South Broomage. *Falk*	1B 128
South Broomhill. *Nmbd*	5G 121
Southburgh. *Norf*	5B 78
South Burlingham. *Norf*	5F 79
Southburn. *E Yor*	4D 101
South Cadbury. *Som*	4B 22
South Carlton. *Linc*	3G 87
South Cave. *E Yor*	1C 94
South Cerney. *Glos*	2F 35
South Chailey. *E Sus*	4E 27
South Chard. *Som*	2G 13
South Charlton. *Nmbd*	2F 121
South Cheriton. *Som*	4B 22
Southchurch. *S'end*	2D 40
South Cleatlam. *Dur*	3E 105
South Cliffe. *E Yor*	1B 94
South Clifton. *Notts*	3F 87
South Clunes. *High*	4H 157
South Cockerington. *Linc*	2C 88
South Common. *Devn*	2G 13
South Cornelly. *B'end*	3B 32
Southcott. *Devn* nr. Great Torrington	1E 11
nr. Okehampton	3F 11
Southcott. *Wilts*	1G 23
Southcourt. *Buck*	4G 51
South Cove. *Suff*	2G 67
South Creagan. *Arg*	4D 141
South Creake. *Norf*	2A 78
South Crosland. *W Yor*	3B 92
South Croxton. *Leics*	4D 74
South Dalton. *E Yor*	5D 100
South Darenth. *Kent*	4G 39
Southdean. *Bord*	4A 120
Southdown. *Bath*	5C 34
South Duffield. *N Yor*	1G 93
Southease. *E Sus*	5F 27
South Elkington. *Linc*	2B 88
South Elmsall. *W Yor*	3E 93
South End. *Cumb*	3B 96
South End. *N Lin*	2E 94
Southend. *Arg*	5A 122
Southend. *Glos*	2C 34
Southend. *W Ber*	4D 36
Southend Airport. *Essx*	2C 40
Southend-on-Sea. *S'end*	2C 40
Southerfield. *Cumb*	5C 112
Southerhouse. *Shet*	8E 173
Southerly. *Devn*	4F 11
Southernden. *Kent*	1C 28
Southerndown. *V Glam*	4B 32
Southerness. *Dum*	4A 112
South Erradale. *High*	1G 155
Southerton. *Devn*	3D 12
Southery. *Norf*	1F 65
Southey Green. *Essx*	2A 54
South Fambridge. *Essx*	1C 40
South Fawley. *W Ber*	3B 36
South Feorline. *N Ayr*	3D 122
South Ferriby. *N Lin*	2C 94
South Field. *E Yor*	2D 94
Southfleet. *Kent*	3H 39
South Garvan. *High*	1D 141
Southgate. *Cdgn*	2E 57
Southgate. *G Lon*	1E 39
Southgate. *Norf* nr. Aylsham	3D 78
nr. Fakenham	2A 78
Southgate. *Swan*	4E 31
South Gluss. *Shet*	4E 173
South Godstone. *Surr*	1E 27
South Gorley. *Hants*	1G 15
South Green. *Essx* nr. Billericay	1A 40
nr. Colchester	4D 54
South Green. *Kent*	4C 40
South Hanningfield. *Essx*	1B 40
South Harting. *W Sus*	1F 17
South Hayling. *Hants*	3F 17
South Hazelrigg. *Nmbd*	1E 121
South Heath. *Buck*	5H 51
South Heath. *Essx*	4E 54
South Heighton. *E Sus*	5F 27
South Hetton. *Dur*	5G 115
South Hiendley. *W Yor*	3D 93
South Hill. *Corn*	5D 10
South Hill. *Som*	4H 21
South Hinksey. *Oxon*	5D 50
South Hole. *Devn*	4C 18
South Holme. *N Yor*	2B 100
South Holmwood. *Surr*	1C 26
South Hornchurch. *G Lon*	2G 39
South Huish. *Devn*	4C 8
South Hykeham. *Linc*	4G 87
South Hylton. *Tyne*	4G 115
Southill. *C Beds*	1B 52
Southington. *Hants*	2D 24
South Kelsey. *Linc*	1H 87
South Kessock. *High*	4A 158
South Killingholme. *N Lin*	3E 95
South Kilvington. *N Yor*	1G 99
South Kilworth. *Leics*	2D 62
South Kirkby. *W Yor*	3E 93
South Kirkton. *Abers*	3E 153
South Knighton. *Devn*	5B 12
South Kyme. *Linc*	1A 76
South Lancing. *W Sus*	5C 26
South Ledaig. *Arg*	5D 140
South Leigh. *Oxon*	5B 50
Southleigh. *Devn*	3F 13
South Leverton. *Notts*	2E 87
South Littleton. *Worc*	1F 49
South Lopham. *Norf*	2C 66
South Luffenham. *Rut*	5G 75
South Malling. *E Sus*	4F 27
South Marston. *Swin*	3G 35
South Middleton. *Nmbd*	2D 121
South Milford. *N Yor*	1E 93
South Milton. *Devn*	4D 8
South Mimms. *Herts*	5C 52
Southminster. *Essx*	1D 40
South Molton. *Devn*	4H 19
South Moor. *Dur*	4E 115
Southmoor. *Oxon*	2B 36
South Moreton. *Oxon*	3D 36
South Mundham. *W Sus*	2G 17
South Muskham. *Notts*	5E 87
South Newbald. *E Yor*	1C 94
South Newington. *Oxon*	2C 50
South Newsham. *Nmbd*	2G 115
South Newton. *N Ayr*	4H 125
South Newton. *Wilts*	3F 23
South Normanton. *Derbs*	5B 86
South Norwood. *G Lon*	4E 39
South Nutfield. *Surr*	1E 27
South Ockendon. *Thur*	2G 39
Southoe. *Cambs*	4A 64
Southolt. *Suff*	4D 66
South Ormsby. *Linc*	3C 88
Southorpe. *Pet*	5H 75
South Otterington. *N Yor*	1F 99
South Owersby. *Linc*	1H 87
Southowram. *W Yor*	2B 92
South Oxhey. *Herts*	1C 38
South Perrott. *Dors*	2H 13
South Petherton. *Som*	1H 13
South Petherwin. *Corn*	4D 10
South Pickenham. *Norf*	5A 78
South Pool. *Devn*	4D 9
South Poorton. *Dors*	3A 14
South Port. *Arg*	1H 133
Southport. *Mers*	3B 90
Southpunds. *Shet*	10F 173
South Queensferry. *Edin*	2E 129
South Radworthy. *Devn*	3A 20
South Rauceby. *Linc*	1H 75
South Raynham. *Norf*	3A 78
Southrepps. *Norf*	2E 79
South Reston. *Linc*	2D 88
Southrey. *Linc*	4A 88
Southrop. *Glos*	5G 49
South Runcton. *Norf*	5F 77
South Scarle. *Notts*	4F 87
Southsea. *Port*	3E 17
South Shields. *Tyne*	3G 115
South Shore. *Bkpl*	1B 90
Southside. *Orkn*	5E 172
South Somercotes. *Linc*	1D 88
South Stainley. *N Yor*	3F 99
South Stainmore. *Cumb*	3B 104
South Stifford. *Thur*	3G 39
South Stoke. *Bath*	5C 34
South Stoke. *Oxon*	3D 36
South Stoke. *W Sus*	5B 26
South Street. *E Sus*	4E 27
South Street. *Kent* nr. Faversham	5E 41
nr. Whitstable	4F 41
South Tawton. *Devn*	3G 11
South Thoresby. *Linc*	3D 88
South Tidworth. *Wilts*	2H 23
South Town. *Devn*	4C 12
South Town. *Hants*	3E 25
Southtown. *Norf*	5H 79
Southtown. *Orkn*	8D 172
South View. *Shet*	7E 173
Southwaite. *Cumb*	5F 113
South Walsham. *Norf*	4F 79
South Warnborough. *Hants*	2F 25
Southwater. *W Sus*	3C 26
Southwater Street. *W Sus*	3C 26
Southway. *Som*	2A 22
South Weald. *Essx*	1G 39
South Weirs. *Hants*	2A 16
Southwell. *Dors*	5B 14
Southwell. *Notts*	5E 86
South Weston. *Oxon*	2F 37
South Wheatley. *Corn*	3C 10
South Wheatley. *Notts*	2E 87
Southwick. *Hants*	2E 17
Southwick. *Nptn*	1H 63
Southwick. *Tyne*	4G 115
Southwick. *W Sus*	5D 26
Southwick. *Wilts*	1D 22
South Widcombe. *Bath*	1A 22
South Wigston. *Leics*	1C 62
South Willingham. *Linc*	2A 88
South Wingfield. *Derbs*	5A 86
South Witham. *Linc*	4G 75
Southwold. *Suff*	3H 67
South Wonston. *Hants*	3C 24
Southwood. *Norf*	5F 79
Southwood. *Som*	3A 22
South Woodham Ferrers. *Essx*	1C 40

South Wootton. Norf 3F 77
South Wraxall. Wilts 5D 34
South Zeal. Devn 3G 11
Soval Lodge. W Isl 5F 171
Sowerby. N Yor 1G 99
Sowerby. W Yor 2A 92
Sowerby Bridge. W Yor 2A 92
Sowerby Row. Cumb 5E 113
Sower Carr. Lanc 5C 96
Sowley Green. Suff 5G 65
Sowood. W Yor 3A 92
Sowton. Devn 3C 12
Soyal. High 4C 164
Soyland Town. W Yor 2A 92
Spacey Houses. N Yor 4F 99
Spa Common. Norf 2E 79
Spalding. Linc 3B 76
Spaldington. E Yor 1A 94
Spaldwick. Cambs 3A 64
Spalford. Notts 4F 87
Spanby. Linc 2H 75
Sparham. Norf 4C 78
Sparhamhill. Norf 4C 78
Spark Bridge. Cumb 1C 96
Sparket. Cumb 2F 103
Sparkford. Som 4B 22
Sparkwell. Devn 3B 8
Sparrow Green. Norf 4B 78
Sparrowpit. Derbs 2E 85
Sparrow's Green. E Sus 2H 27
Sparsholt. Hants 3C 24
Sparsholt. Oxon 3B 36
Spartylea. Nmbd 5B 114
Spath. Staf 2E 73
Spaunton. N Yor 1B 100
Spaxton. Som 3F 21
Spean Bridge. High 5E 149
Spear Hill. W Sus 4C 26
Speen. Buck 2G 37
Speen. W Ber 5C 36
Speeton. N Yor 2F 101
Speke. Mers 2G 83
Speldhurst. Kent 1G 27
Spellbrook. Herts 4E 53
Spelsbury. Oxon 3B 50
Spencers Wood. Wok 5F 37
Spennithorne. N Yor 1D 98
Spennymoor. Dur 1F 105
Spernall. Warw 4E 61
Spetchley. Worc 5C 60
Spetisbury. Dors 2E 15
Spexhall. Suff 2F 67
Speybank. High 3C 150
Spey Bay. Mor 2A 160
Speybridge. High 1E 151
Speyview. Mor 4G 159
Spilsby. Linc 4D 88
Spindlestone. Nmbd 1F 121
Spinkhill. Derbs 3B 86
Spinney Hills. Leic 5D 74
Spinningdale. High 5D 164
Spital. Mers 2F 83
Spitalhill. Derbs 1F 73
Spital in the Street. Linc 1G 87
Spithurst. E Sus 4F 27
Spittal. Dum 4A 110
Spittal. E Lot 2A 130
Spittal. High 3D 168
Spittal. Nmbd 4G 131
Spittal. Pemb 2D 43
Spittalfield. Per 4A 144
Spittal of Glenmuick. Abers 5H 151
Spittal of Glenshee. Per 1A 144
Spittal-on-Rule. Bord 2H 119
Spixworth. Norf 4E 79
Splatt. Corn 4C 10
Spofforth. N Yor 4F 99
Spondon. Derb 2B 74
Spon End. W Mid 3H 61
Spooner Row. Norf 1C 66
Sporle. Norf 4H 77
Spott. E Lot 2C 130
Spratton. Nptn 3E 62
Spreakley. Surr 2G 25
Spreyton. Devn 3H 11
Spridlington. Linc 2H 87
Springburn. Glas 3H 127
Springfield. Dum 3E 113
Springfield. Fife 2F 137
Springfield. High 2A 158
Springfield. W Mid 2E 61
Spring Hill. W Mid 1C 60
Springhill. Staf 5D 73
Springholm. Dum 3F 111
Springside. N Ayr 1C 116
Springthorpe. Linc 2F 87
Spring Vale. IOW 3E 16
Spring Valley. IOM 4C 108
Springwell. Tyne 4F 115
Sproatley. E Yor 1E 95
Sproston Green. Ches W 4B 84
Sprotbrough. S Yor 4F 93
Sproughton. Suff 1E 54
Sprouston. Bord 1B 120
Sprowston. Norf 4E 79
Sproxton. Leics 3F 75
Sproxton. N Yor 1A 100
Sprunston. Cumb 5F 113
Spurstow. Ches E 5H 83
Squires Gate. Bkpl 1B 90
Sraid Ruadh. Arg 4A 138
Srannda. W Isl 9C 171
Sron an t-Sithein. High 2C 140
Sronphadruig Lodge. Per 1E 142
Sruth Mor. W Isl 2E 170
Stableford. Shrp 1B 60
Stackhouse. N Yor 3H 97
Stackpole. Pemb 5D 43
Stackpole Elidor. Pemb 5D 43
Stacksford. Norf 1C 66
Stacksteads. Lanc 2G 91
Staddiscombe. Plym 3B 8
Staddlethorpe. E Yor 2B 94
Staddon. Devn 2D 10
Stadhampton. Oxon 2E 36
Stadhlaigearraidh. W Isl 5C 170
Stafainn. High 2D 155
Staffield. Cumb 5G 113
Staffin. High 2D 155
Stafford. Staf 3D 72
Stafford Park. Telf 5B 72
Stagden Cross. Essx 4G 53
Stagsden. Bed 1H 51
Stag's Head. Devn 4G 19
Stainburn. Cumb 2B 102
Stainburn. N Yor 5E 99
Stainby. Linc 3G 75
Staincliffe. W Yor 2C 92
Staincross. S Yor 3D 92
Staindrop. Dur 2E 105
Staines-upon-Thames. Surr 3B 38
Stainfield. Linc
nr. Bourne 3H 75
nr. Lincoln 3A 88
Stainforth. N Yor 3H 97
Stainforth. S Yor 3G 93
Staining. Lanc 1B 90
Stainland. W Yor 3A 92
Stainsacre. N Yor 4G 107
Stainton. Cumb
nr. Carlisle 4E 113
nr. Kendal 1E 97
nr. Penrith 2F 103
Stainton. Dur 3D 104
Stainton. Midd 3B 106
Stainton. N Yor 5E 105
Stainton. S Yor 1C 86
Stainton by Langworth. Linc 3H 87
Staintondale. N Yor 5G 107
Stainton le Vale. Linc 1A 88
Stainton with Adgarley. Cumb 2B 96
Stair. Cumb 2D 102
Stair. E Ayr 2D 116
Stairhaven. Dum 4H 109
Staithes. N Yor 3E 107
Stakeford. Nmbd 1F 115
Stake Pool. Lanc 5D 96
Stakes. Hants 2E 17
Stalbridge. Dors 1C 14
Stalbridge Weston. Dors 1C 14
Stalham. Norf 3F 79
Stalham Green. Norf 3F 79
Stalisfield Green. Kent 5D 40
Stallen. Dors 1B 14
Stallingborough. NE Lin 3F 95
Stalling Busk. N Yor 1B 98
Stallington. Staf 2D 72
Stalmine. Lanc 5C 96
Stalybridge. G Man 1D 84
Stambourne. Essx 2H 53
Stamford. Linc 5H 75
Stamford. Nmbd 3G 121
Stamford Bridge. Ches W 4G 83
Stamford Bridge. E Yor 4B 100
Stamfordham. Nmbd 2D 115
Stamperland. E Ren 4G 127
Stanah. Lanc 5C 96
Stanborough. Herts 4C 52
Stanbridge. C Beds 3H 51
Stanbridge. Dors 2F 15
Stanbury. W Yor 1A 92
Stand. N Lan 3A 128
Standburn. Falk 2C 128
Standeford. Staf 5D 72
Standen. Kent 1C 28
Standen Street. Kent 2C 28
Standerwick. Som 1D 22
Standford. Hants 3G 25
Standford Bridge. Telf 3B 72
Standingstone. Cumb 5D 112
Standish. Glos 5D 48
Standish. G Man 3D 90
Standish Lower Ground
G Man 4D 90
Standlake. Oxon 5B 50
Standon. Hants 4C 24
Standon. Herts 3D 53
Standon. Staf 2C 72
Standon Green End. Herts 4D 52
Stane. N Lan 4B 128
Stanecastle. N Ayr 1C 116
Stanfield. Norf 3B 78
Stanfield. Suff 5G 65
Stanford. C Beds 1B 52
Stanford. Kent 2F 29
Stanford Bishop. Here 5A 60
Stanford Bridge. Worc 4B 60
Stanford Dingley. W Ber 4D 36
Stanford in the Vale. Oxon 2B 36
Stanford-le-Hope. Thur 2A 40
Stanford on Avon. Nptn 3C 62
Stanford on Soar. Notts 3C 74
Stanford on Teme. Worc 4B 60
Stanford Rivers. Essx 5F 53
Stanfree. Derbs 3B 86
Stanghow. Red C 3D 107
Stanground. Pet 1B 64
Stanhoe. Norf 2H 77
Stanhope. Dur 1C 104
Stanhope. Bord 2D 118
Stanion. Nptn 2G 63
Stanley. Derbs 1B 74
Stanley. Dur 4E 115
Stanley. Per 5A 144
Stanley. Shrp 2B 60
Stanley. Staf 5D 84
Stanley. W Yor 2D 92
Stanley Common. Derbs 1B 74
Stanley Crook. Dur 1E 105
Stanley Hill. Here 1B 48
Stanlow. Ches W 3G 83
Stanmer. Brig 5E 27
Stanmore. G Lon 1C 38
Stanmore. Hants 4C 24
Stanmore. W Ber 4C 36
Stannersburn. Nmbd 1A 114
Stanningfield. Suff 5A 66
Stannington. Nmbd 2F 115
Stannington. S Yor 2H 85
Stansbatch. Here 4F 59
Stanshope. Staf 5F 85
Stanstead. Suff 1B 54
Stanstead Abbotts. Herts 4D 53
Stansted. Kent 4H 39
Stansted Airport. Essx 3F 53
Stansted Mountfitchet. Essx 3F 53
Stanthorne. Ches W 4A 84
Stanton. Derbs 4G 73
Stanton. Glos 2F 49
Stanton. Nmbd 5F 121
Stanton. Staf 1F 73
Stanton. Suff 3B 66
Stanton by Bridge. Derbs 3A 74
Stanton-by-Dale. Derbs 2B 74
Stanton Chare. Suff 3B 66
Stanton Drew. Bath 5A 34
Stanton Fitzwarren. Swin 2G 35
Stanton Harcourt. Oxon 5C 50
Stanton Hill. Notts 4B 86
Stanton in Peak. Derbs 4G 85
Stanton Lacy. Shrp 3G 59
Stanton Long. Shrp 1H 59
Stanton-on-the-Wolds. Notts 2D 74
Stanton Prior. Bath 5B 34
Stanton St Bernard. Wilts 5F 35
Stanton St John. Oxon 5D 50
Stanton St Quintin. Wilts 4E 35
Stanton Street. Suff 4B 66
Stanton under Bardon. Leics 4B 74
Stanton upon Hine Heath
Shrp 3H 71
Stanton Wick. Bath 5B 34
Stanwardine in the Fields
Shrp 3G 71
Stanwardine in the Wood
Shrp 3G 71
Stanway. Essx 3C 54
Stanway. Glos 2F 49
Stanwell. Surr 3B 38
Stanwell Green. Suff 3D 66
Stanwell Moor. Surr 3B 38
Stanwick. Nptn 3G 63
Stanydale. Shet 6D 173
Staoinebrig. W Isl 5C 170
Stape. N Yor 5E 107
Stapehill. Dors 2F 15
Stapeley. Ches E 1A 72
Stapenhill. Staf 3G 73
Staple. Kent 5G 41
Staple Cross. Devn 4D 20
Staplecross. E Sus 3B 28
Staplefield. W Sus 3D 27
Staple Fitzpaine. Som 1F 13
Stapleford. Cambs 5D 64
Stapleford. Herts 4D 52
Stapleford. Leics 4F 75
Stapleford. Linc 5F 87
Stapleford. Notts 2B 74
Stapleford. Wilts 3F 23
Stapleford Abbotts. Essx 1G 39
Stapleford Tawney. Essx 1G 39
Staplegrove. Som 4F 21
Staplehay. Som 4F 21
Staple Hill. S Glo 4B 34
Staplehurst. Kent 1B 28
Staplers. IOW 4D 16
Stapleton. Bris 4B 34
Stapleton. Cumb 2G 113
Stapleton. Here 4F 59
Stapleton. Leics 1B 62
Stapleton. N Yor 3F 105
Stapleton. Shrp 5G 71
Stapleton. Som 4H 21
Stapley. Som 1E 13
Staploe. Bed 4A 64
Staplow. Here 1B 48
Star. Fife 3F 137
Star. Pemb 1G 43
Starbeck. N Yor 4F 99
Starbotton. N Yor 2B 98
Starcross. Devn 4C 12
Stareton. Warw 3H 61
Starkholmes. Derbs 5H 85
Starling. G Man 3F 91
Starling's Green. Essx 2E 53
Starston. Norf 2E 67
Start. Devn 4E 9
Startforth. Dur 3D 104
Start Hill. Essx 3F 53
Startley. Wilts 3E 35
Stathe. Som 4G 21
Stathern. Leics 2E 75
Station Town. Dur 1B 106
Staughton Green. Cambs 4A 64
Staughton Highway. Cambs 4A 64
Staunton. Glos
nr. Cheltenham 3C 48
nr. Monmouth 4A 48
Staunton in the Vale. Notts 1F 75
Staunton on Arrow. Here 4F 59
Staunton on Wye. Here 1G 47
Staveley. Cumb 5F 103
Staveley. Derbs 3B 86
Staveley. N Yor 3F 99
Staveley-in-Cartmel. Cumb 1C 96
Staverton. Devn 2D 9
Staverton. Glos 3D 49
Staverton. Nptn 4C 62
Staverton. Wilts 5D 34
Stawell. Som 3G 21
Stawley. Som 4D 20
Staxigoe. High 3F 169
Staxton. N Yor 2E 101
Staylittle. Powy 1A 58
Staynall. Lanc 5C 96
Staythorpe. Notts 5E 87
Stean. N Yor 2C 98
Stearsby. N Yor 2A 100
Steart. Som 2F 21
Stebbing. Essx 3G 53
Stebbing Green. Essx 3G 53
Stedham. W Sus 4G 25
Steel. Nmbd 4C 114
Steel Cross. E Sus 2G 27
Steelend. Fife 4C 136
Steele Road. Bord 5H 119
Steel Heath. Shrp 2H 71
Steen's Bridge. Here 5H 59
Steep. Hants 4F 25
Steep Lane. W Yor 2A 92
Steeple. Dors 4E 15
Steeple. Essx 5C 54
Steeple Ashton. Wilts 1E 23
Steeple Aston. Oxon 3C 50
Steeple Barton. Oxon 3C 50
Steeple Bumpstead. Essx 1G 53
Steeple Claydon. Buck 3E 51
Steeple Gidding. Cambs 2A 64
Steeple Langford. Wilts 3F 23
Steeple Morden. Cambs 1C 52
Steeton. W Yor 5C 98
Stein. High 3B 154
Steinmanhill. Abers 4E 161
Stelling Minnis. Kent 1F 29
Stembridge. Som 4H 21
Stemster. High
nr. Halkirk 2D 169
nr. Westfield 2C 168
Stenalees. Corn 3E 6
Stenhill. Devn 1D 12
Stenhouse. Edin 2F 129
Stenhousemuir. Falk 1B 128
Stenigot. Linc 2B 88
Stenscholl. High 2D 155
Stenso. Orkn 5C 172
Stenson. Derbs 3H 73
Stenson Fields. Derbs 2H 73
Stenton. E Lot 2C 130
Stenwith. Linc 2F 75
Steòrnabhagh. W Isl 4G 171
Stepaside. Pemb 4F 43
Stepford. Dum 1F 111
Stepney. G Lon 2E 39
Steppingley. C Beds 2A 52
Stepps. N Lan 3H 127
Sterndale Moor. Derbs 4F 85
Sternfield. Suff 4F 67
Stert. Wilts 1F 23
Stetchworth. Cambs 5F 65
Stevenage. Herts 3C 52

Stevenston. *N Ayr* 5D **126**
Stevenstone. *Devn* 1F **11**
Steventon. *Hants* 2D **24**
Steventon. *Oxon* 2C **36**
Steventon End. *Essx* 1F **53**
Stevington. *Bed* 5G **63**
Stewartby. *Bed* 1A **52**
Stewarton. *Arg* 4A **122**
Stewarton. *E Ayr* 5F **127**
Stewkley. *Buck* 3G **51**
Stewkley Dean. *Buck* 3G **51**
Stewley. *Som* 1G **13**
Stewton. *Linc* 2C **88**
Steyning. *W Sus* 4C **26**
Steynton. *Pemb* 4D **42**
Stibb. *Corn* 1C **10**
Stibbard. *Norf* 3B **78**
Stibb Cross. *Devn* 1E **11**
Stibb Green. *Wilts* 5H **35**
Stibbington. *Cambs* 1H **63**
Stichill. *Bord* 1B **120**
Sticker. *Corn* 3D **6**
Stickford. *Linc* 4C **88**
Sticklepath. *Devn* 3G **11**
Sticklinch. *Som* 3A **22**
Stickling Green. *Essx* 2E **53**
Stickney. *Linc* 5C **88**
Stiffkey. *Norf* 1B **78**
Stifford's Bridge. *Here* 1C **48**
Stileway. *Som* 2H **21**
Stillingfleet. *N Yor* 5H **99**
Stillington. *N Yor* 3H **99**
Stillington. *Stoc T* 2A **106**
Stilton. *Cambs* 2A **64**
Stinchcombe. *Glos* 2C **34**
Stinsford. *Dors* 3C **14**
Stiperstones. *Shrp* 5F **71**
Stirchley. *Telf* 5B **72**
Stirchley. *W Mid* 2E **61**
Stirling. *Abers* 4H **161**
Stirling. *Stir* 4G **135**
Stirton. *N Yor* 4B **98**
Stisted. *Essx* 3A **54**
Stitchcombe. *Wilts* 5H **35**
Stithians. *Corn* 5B **6**
Stittenham. *High* 1A **158**
Stivichall. *W Mid* 3H **61**
Stixwould. *Linc* 4A **88**
Stoak. *Ches W* 3G **83**
Stobo. *Bord* 1D **118**
Stobo Castle. *Bord* 1D **118**
Stoborough. *Dors* 4E **15**
Stoborough Green. *Dors* 4E **15**
Stobs Castle. *Bord* 4H **119**
Stobswood. *Nmbd* 5G **121**
Stock. *Essx* 1A **40**
Stockbridge. *Hants* 3B **24**
Stockbridge. *W Yor* 5C **98**
Stockbury. *Kent* 4C **40**
Stockcross. *W Ber* 5C **36**
Stockdalewath. *Cumb* 5E **113**
Stocker's Head. *Kent* 5D **40**
Stockerston. *Leics* 1F **63**
Stock Green. *Worc* 5D **61**
Stocking. *Here* 2B **48**
Stockingford. *Warw* 1H **61**
Stocking Green. *Essx* 2F **53**
Stocking Pelham. *Herts* 3E **53**
Stockland. *Devn* 2F **13**
Stockland Bristol. *Som* 2F **21**
Stockleigh English. *Devn* 2B **12**
Stockleigh Pomeroy. *Devn* 2B **12**
Stockley. *Wilts* 5F **35**
Stocklinch. *Som* 1G **13**
Stockport. *G Man* 2C **84**
The Stocks. *Kent* 3D **28**
Stocksbridge. *S Yor* 1G **85**
Stocksfield. *Nmbd* 3D **114**
Stockstreet. *Essx* 3B **54**
Stockton. *Here* 4H **59**
Stockton. *Norf* 1F **67**
Stockton. *Shrp*
nr. Bridgnorth 1B **60**
nr. Chirbury 5E **71**
Stockton. *Telf* 4B **72**
Stockton. *Warw* 4B **62**
Stockton. *Wilts* 3E **23**
Stockton Brook. *Staf* 5D **84**
Stockton Cross. *Here* 4H **59**
Stockton Heath. *Warr* 2A **84**
Stockton-on-Tees. *Stoc T* 3B **106**
Stockton on Teme. *Worc* 4B **60**
Stockton-on-the-Forest
York 4A **100**
Stockwell Heath. *Staf* 3E **73**
Stock Wood. *Worc* 5E **61**
Stockwood. *Bris* 5B **34**
Stodmarsh. *Kent* 4G **41**
Stody. *Norf* 2C **78**
Stoer. *High* 1E **163**
Stoford. *Som* 1A **14**
Stoford. *Wilts* 3F **23**
Stogumber. *Som* 3D **20**
Stogursey. *Som* 2F **21**
Stoke. *Devn* 4C **18**
Stoke. *Hants*
nr. Andover 1C **24**
nr. South Hayling 2F **17**
Stoke. *Medw* 3C **40**
Stoke. *W Mid* 3A **62**
Stoke Abbott. *Dors* 2H **13**
Stoke Albany. *Nptn* 2F **63**
Stoke Ash. *Suff* 3D **66**
Stoke Bardolph. *Notts* 1D **74**
Stoke Bliss. *Worc* 4A **60**
Stoke Bruerne. *Nptn* 1F **51**
Stoke by Clare. *Suff* 1H **53**
Stoke-by-Nayland. *Suff* 2C **54**
Stoke Canon. *Devn* 3C **12**
Stoke Charity. *Hants* 3C **24**
Stoke Climsland. *Corn* 5D **10**
Stoke Cross. *Here* 5A **60**
Stoke D'Abernon. *Surr* 5C **38**
Stoke Doyle. *Nptn* 2H **63**
Stoke Dry. *Rut* 1F **63**
Stoke Edith. *Here* 1B **48**
Stoke Farthing. *Wilts* 4F **23**
Stoke Ferry. *Norf* 5G **77**
Stoke Fleming. *Devn* 4E **9**
Stokeford. *Dors* 4D **14**
Stoke Gabriel. *Devn* 3E **9**
Stoke Gifford. *S Glo* 4B **34**
Stoke Golding. *Leics* 1A **62**
Stoke Goldington. *Mil* 1G **51**
Stokeham. *Notts* 3E **87**
Stoke Hammond. *Buck* 3G **51**
Stoke Heath. *Shrp* 3A **72**
Stoke Holy Cross. *Norf* 5E **79**
Stokeinteignhead. *Devn* 5C **12**
Stoke Lacy. *Here* 1B **48**
Stoke Lyne. *Oxon* 3D **50**
Stoke Mandeville. *Buck* 4G **51**
Stokenchurch. *Buck* 2F **37**
Stoke Newington. *G Lon* 2E **39**
Stokenham. *Devn* 4E **9**
Stoke on Tern. *Shrp* 3A **72**
Stoke-on-Trent. *Stoke* 1C **72**
Stoke Orchard. *Glos* 3E **49**
Stoke Pero. *Som* 2B **20**
Stoke Poges. *Buck* 2A **38**
Stoke Prior. *Here* 5H **59**
Stoke Prior. *Worc* 4D **60**
Stoke Rivers. *Devn* 3G **19**
Stoke Rochford. *Linc* 3G **75**
Stoke Row. *Oxon* 3E **37**
Stoke St Gregory. *Som* 4G **21**
Stoke St Mary. *Som* 4F **21**
Stoke St Michael. *Som* 2B **22**
Stoke St Milborough. *Shrp* 2H **59**
Stokesay. *Shrp* 2G **59**
Stokesby. *Norf* 4G **79**
Stokesley. *N Yor* 4C **106**
Stoke sub Hamdon. *Som* 1H **13**
Stoke Talmage. *Oxon* 2E **37**
Stoke Town. *Stoke* 1C **72**
Stoke Trister. *Som* 4C **22**
Stoke Wake. *Dors* 2C **14**
Stolford. *Som* 2F **21**
Stondon Massey. *Essx* 5F **53**
Stone. *Buck* 4F **51**
Stone. *Glos* 2B **34**
Stone. *Kent* 3G **39**
Stone. *Som* 3A **22**
Stone. *Staf* 2D **72**
Stone. *Worc* 3C **60**
Stonea. *Cambs* 1D **64**
Stoneacton. *Shrp* 1H **59**
Stone Allerton. *Som* 1H **21**
Ston Easton. *Som* 1B **22**
Stonebridge. *N Som* 1G **21**
Stonebridge. *Surr* 1C **26**
Stone Bridge Corner. *Pet* 5B **76**
Stonebroom. *Derbs* 5B **86**
Stonebyres Holdings. *S Lan* 5B **128**
Stone Chair. *W Yor* 2B **92**
Stone Cross. *E Sus* 5H **27**
Stone Cross. *Kent* 2G **27**
Stone-edge Batch. *N Som* 4H **33**
Stoneferry. *Hull* 1D **94**
Stonefield. *Arg* 5D **140**
Stonefield. *S Lan* 4H **127**
Stonegate. *E Sus* 3A **28**
Stonegate. *N Yor* 4E **107**
Stonegrave. *N Yor* 2A **100**
Stonehall. *Worc* 1D **49**
Stonehaugh. *Nmbd* 2A **114**
Stonehaven. *Abers* 5F **153**
Stone Heath. *Staf* 2D **72**
Stone Hill. *Kent* 2E **29**
Stone House. *Cumb* 1G **97**
Stonehouse. *Glos* 5D **48**
Stonehouse. *Nmbd* 4H **113**
Stonehouse. *S Lan* 5A **128**
Stone in Oxney. *Kent* 3D **28**
Stoneleigh. *Warw* 3H **61**
Stoneley Green. *Ches E* 5A **84**
Stonely. *Cambs* 4A **64**
Stonepits. *Worc* 5E **61**
Stoner Hill. *Hants* 4F **25**
Stonesby. *Leics* 3F **75**
Stonesfield. *Oxon* 4B **50**
Stones Green. *Essx* 3E **55**
Stone Street. *Kent* 5G **39**
Stone Street. *Suff* nr. Boxford 2C **54**
nr. Halesworth 2F **67**
Stonethwaite. *Cumb* 3D **102**
Stoneyburn. *W Lot* 3C **128**
Stoney Cross. *Hants* 1A **16**
Stoneyford. *Devn* 2D **12**
Stoneygate. *Leic* 5D **74**
Stoneyhills. *Essx* 1D **40**
Stoneykirk. *Dum* 4F **109**
Stoney Middleton. *Derbs* 3G **85**
Stoney Stanton. *Leics* 1B **62**
Stoney Stoke. *Som* 3C **22**
Stoney Stratton. *Som* 3B **22**
Stoney Stretton. *Shrp* 5F **71**
Stoneywood. *Aber* 2F **153**
Stonham Aspal. *Suff* 5D **66**
Stonnall. *Staf* 5E **73**
Stonor. *Oxon* 3F **37**
Stonton Wyville. *Leics* 1E **63**
Stonybreck. *Shet* 1B **172**
Stony Cross. *Devn* 4F **19**
Stony Cross. *Here*
nr. Great Malvern 1C **48**
nr. Leominster 4H **59**
Stony Houghton. *Derbs* 4B **86**
Stony Stratford. *Mil* 1F **51**
Stoodleigh. *Devn*
nr. Barnstaple 3G **19**
nr. Tiverton 1C **12**
Stopham. *W Sus* 4B **26**
Stopsley. *Lutn* 3B **52**
Stoptide. *Corn* 1D **6**
Storeton. *Mers* 2F **83**
Stormontfield. *Per* 1D **136**
Stornoway. *W Isl* 4G **171**
Stornoway Airport. *W Isl* 4G **171**
Storridge. *Here* 1C **48**
Storrington. *W Sus* 4B **26**
Storrs. *Cumb* 5E **103**
Storth. *Cumb* 1D **97**
Storwood. *E Yor* 5B **100**
Stotfield. *Mor* 1G **159**
Stotfold. *C Beds* 2C **52**
Stottesdon. *Shrp* 2A **60**
Stoughton. *Leics* 5D **74**
Stoughton. *Surr* 5A **38**
Stoughton. *W Sus* 1G **17**
Stoul. *High* 4F **147**
Stoulton. *Worc* 1E **49**
Stourbridge. *W Mid* 2C **60**
Stourpaine. *Dors* 2D **14**
Stourport-on-Severn. *Worc* 3C **60**
Stour Provost. *Dors* 4C **22**
Stour Row. *Dors* 4D **22**
Stourton. *Staf* 2C **60**
Stourton. *Warw* 2A **50**
Stourton. *W Yor* 1D **92**
Stourton. *Wilts* 3C **22**
Stourton Caundle. *Dors* 1C **14**
Stove. *Orkn* 4F **172**
Stove. *Shet* 9F **173**
Stoven. *Suff* 2G **67**
Stow. *Linc*
nr. Billingborough 2H **75**
nr. Gainsborough 2F **87**
Stow. *Bord* 5A **130**
Stow Bardolph. *Norf* 5F **77**
Stow Bedon. *Norf* 1B **66**
Stowbridge. *Norf* 5F **77**
Stow cum Quy. *Cambs* 4E **65**
Stowe. *Glos* 5A **48**
Stowe. *Shrp* 3F **59**
Stowe. *Staf* 4F **73**
Stowe-by-Chartley. *Staf* 3E **73**
Stowell. *Som* 4B **22**
Stowey. *Bath* 1A **22**
Stowford. *Devn*
nr. Colaton Raleigh 4D **12**
nr. Combe Martin 2G **19**
nr. Tavistock 4E **11**
Stowlangtoft. *Suff* 4B **66**
Stow Longa. *Cambs* 3A **64**
Stow Maries. *Essx* 1C **40**
Stowmarket. *Suff* 5C **66**
Stow-on-the-Wold. *Glos* 3G **49**
Stowting. *Kent* 1F **29**
Stowupland. *Suff* 5C **66**
Straad. *Arg* 3B **126**
Strabane. *Derr* 3C **174**
Strachan. *Abers* 4D **152**
Stradbroke. *Suff* 3E **67**
Stradishall. *Suff* 5G **65**
Stradsett. *Norf* 5F **77**
Stragglethorpe. *Linc* 5G **87**
Stragglethorpe. *Notts* 2D **74**
Straid. *S Ayr* 5A **116**
Straight Soley. *Wilts* 4B **36**
Straiton. *Midl* 3F **129**
Straiton. *S Ayr* 4C **116**
Straloch. *Per* 2H **143**
Stramshall. *Staf* 2E **73**
Strang. *IOM* 4C **108**
Strangford. *Here* 3A **48**
Stranraer. *Dum* 3F **109**
Strata Florida. *Cdgn* 4G **57**
Stratfield Mortimer. *W Ber* 5E **37**
Stratfield Saye. *Hants* 5E **37**
Stratfield Turgis. *Hants* 1E **25**
Stratford. *G Lon* 2E **39**
Stratford. *Worc* 2D **49**
Stratford St Andrew. *Suff* 4F **67**
Stratford St Mary. *Suff* 2D **54**
Stratford sub Castle. *Wilts* 3G **23**
Stratford Tony. *Wilts* 4F **23**
Stratford-upon-Avon
Warw 5G **61**
Strath. *High*
nr. Gairloch 1G **155**
nr. Wick 3E **169**
Strathan. *High*
nr. Fort William 4B **148**
nr. Lochinver 1E **163**
nr. Tongue 2F **167**
Strathan Skerray. *High* 2G **167**
Strathaven. *S Lan* 5A **128**
Strathblane. *Stir* 2G **127**
Strathcanaird. *High* 3F **163**
Strathcarron. *High* 4B **156**
Strathcoil. *Arg* 5A **140**
Strathdon. *Abers* 2A **152**
Strathkinness. *Fife* 2G **137**
Strathmashie House. *High* 4H **149**
Strathmiglo. *Fife* 2E **136**
Strathmore Lodge. *High* 4D **168**
Strathpeffer. *High* 3G **157**
Strathrannoch. *High* 1F **157**
Strathtay. *Per* 3G **143**
Strathvaich Lodge. *High* 1F **157**
Strathwhillan. *N Ayr* 2E **123**
Strathy. *High*
nr. Invergordon 1A **158**
nr. Melvich 2A **168**
Strathyre. *Stir* 2E **135**
Stratton. *Corn* 2C **10**
Stratton. *Dors* 3B **14**
Stratton. *Glos* 5F **49**
Stratton Audley. *Oxon* 3E **50**
Stratton-on-the-Fosse. *Som* 1B **22**
Stratton St Margaret. *Swin* 3G **35**
Stratton St Michael. *Norf* 1E **66**
Stratton Strawless. *Norf* 3E **78**
Stravithie. *Fife* 2H **137**
Stream. *Som* 3D **20**
Streat. *E Sus* 4E **27**
Streatham. *G Lon* 3E **39**
Streatley. *C Beds* 3A **52**
Streatley. *W Ber* 3D **36**
Street. *Corn* 3C **10**
Street. *Lanc* 4E **97**
Street. *N Yor* 4E **107**
Street. *Som*
nr. Chard 2G **13**
Street. *Som*
nr. Glastonbury 3H **21**
Street Ash. *Som* 1F **13**
Street Dinas. *Shrp* 2F **71**
Street End. *Kent* 5F **41**
Street End. *W Sus* 3G **17**
Streetgate. *Tyne* 4F **115**
Streethay. *Staf* 4F **73**
Streethouse. *W Yor* 2D **93**
Streetlam. *N Yor* 5A **106**
Street Lane. *Derbs* 1A **74**
Streetly. *W Mid* 1E **61**
Streetly End. *Cambs* 1G **53**
Street on the Fosse. *Som* 3B **22**
Strefford. *Shrp* 2G **59**
Strelley. *Notts* 1C **74**
Strensall. *York* 3A **100**
Strensall Camp. *York* 4A **100**
Stretcholt. *Som* 2F **21**
Strete. *Devn* 4E **9**
Stretford. *G Man* 1C **84**
Stretford. *Here* 5H **59**
Strethall. *Essx* 2E **53**
Stretham. *Cambs* 3E **65**
Stretton. *Ches W* 5G **83**
Stretton. *Derbs* 4A **86**
Stretton. *Rut* 4G **75**
Stretton. *Staf*
nr. Brewood 4C **72**
nr. Burton upon Trent 3G **73**
Stretton. *Warr* 2A **84**
Stretton en le Field. *Leics* 4H **73**
Stretton Grandison. *Here* 1B **48**
Stretton Heath. *Shrp* 4F **71**
Stretton-on-Dunsmore
Warw 3B **62**
Stretton-on-Fosse. *Warw* 2H **49**
Stretton Sugwas. *Here* 1H **47**
Stretton under Fosse. *Warw* 2B **62**
Stretton Westwood. *Shrp* 1H **59**
Strichen. *Abers* 3G **161**
Strines. *G Man* 2D **84**
Stringston. *Som* 2E **21**
Strixton. *Nptn* 4G **63**
Stroanfreggan. *Dum* 5F **117**

T

Tallington. *Linc* 5H 75
Talmine. *High* 2F 167
Talog. *Carm* 2H 43
Talsarn. *Carm* 3A 46
Talsarn. *Cdgn* 5E 57
Talsarnau. *Gwyn* 2F 69
Talskiddy. *Corn* 2D 6
Talwrn. *IOA* 3D 81
Talwrn. *Wrex* 1E 71
Tal-y-Bont. *Cnwy* 4G 81
Tal-y-bont. *Cdgn* 2F 57
Tal-y-bont. *Gwyn*
  nr. Bangor 3F 81
  nr. Barmouth 3E 69
Talybont-on-Usk. *Powy* 3E 46
Tal-y-cafn. *Cnwy* 3G 81
Tal-y-coed. *Mon* 4H 47
Tal-y-llyn. *Gwyn* 5G 69
Tal-y-llyn. *Powy* 3E 46
Talysarn. *Gwyn* 5D 81
Tal-y-waenydd. *Gwyn* 1F 69
Talywain. *Torf* 5F 47
Tal-y-Wern. *Powy* 5H 69
Tamerton Foliot. *Plym* 2A 8
Tamworth. *Staf* 5G 73
Tamworth Green. *Linc* 1C 76
Tandlehill. *Ren* 3F 127
Tandragee. *Arm* 5F 175
Tandridge. *Surr* 5E 39
Tanerdy. *Carm* 3E 45
Tanfield. *Dur* 4E 115
Tanfield Lea. *Dur* 4E 115
Tangasdal. *W Isl* 8B 170
Tang Hall. *York* 4A 100
Tangiers. *Pemb* 3D 42
Tangley. *Hants* 1B 24
Tangmere. *W Sus* 5A 26
Tangwick. *Shet* 4D 173
Tankerness. *Orkn* 7E 172
Tankersley. *S Yor* 1H 85
Tankerton. *Kent* 4F 41
Tan-lan. *Cnwy* 4G 81
Tan-lan. *Gwyn* 1F 69
Tannach. *High* 4F 169
Tannadice. *Ang* 3D 145
Tanner's Green. *Worc* 3E 61
Tannington. *Suff* 4E 67
Tannochside. *N Lan* 3A 128
Tan Office Green. *Suff* 5G 65
Tansley. *Derbs* 5H 85
Tansley Knoll. *Derbs* 4H 85
Tansor. *Nptn* 1H 63
Tantobie. *Dur* 4E 115
Tanton. *N Yor* 3C 106
Tanvats. *Linc* 4A 88
Tanworth-in-Arden. *Warw* 3F 61
Tan-y-bwlch. *Gwyn* 1F 69
Tan-y-fron. *Cnwy* 4B 82
Tanyfron. *Wrex* 5E 83
Tanygrisiau. *Gwyn* 1F 69
Tan-y-groes. *Cdgn* 1C 44
Tan-y-pistyll. *Powy* 3C 70
Tan-yr-allt. *Den* 2C 82
Taobh a Chaolais. *W Isl* 7C 170
Taobh a Deas Loch Aineort
  W Isl 6C 170
Taobh a Ghlinne. *W Isl* 6F 171
Taobh a Tuath Loch Aineort
  W Isl 6C 170
Taplow. *Buck* 2A 38
Tapton. *Derbs* 3A 86
Tarbert. *Arg*
  on Jura 1E 125
  on Kintyre 3G 125
Tarbert. *W Isl* 8D 171
Tarbet. *Arg* 3C 134
Tarbet. *High*
  nr. Mallaig 4F 147
  nr. Scourie 4B 166
Tarbock Green. *Mers* 2G 83
Tarbolton. *S Ayr* 2D 116
Tarbrax. *S Lan* 4D 128
Tardebigge. *Worc* 4D 61
Tarfside. *Ang* 1D 145
Tarland. *Abers* 3B 152
Tarleton. *Lanc* 2C 90
Tarlogie. *High* 5E 165
Tarlscough. *Lanc* 3C 90
Tarlton. *Glos* 2E 35
Tarnbrook. *Lanc* 4E 97
Tarnock. *Som* 1G 21
Tarns. *Cumb* 5C 112
Tarporley. *Ches W* 4H 83
Tarpots. *Essx* 2B 40
Tarr. *Som* 3E 20
Tarrant Crawford. *Dors* 2E 15
Tarrant Gunville. *Dors* 1E 15
Tarrant Hinton. *Dors* 1E 15
Tarrant Keyneston. *Dors* 2E 15
Tarrant Launceston. *Dors* 2E 15
Tarrant Monkton. *Dors* 2E 15
Tarrant Rawston. *Dors* 2E 15
Tarrant Rushton. *Dors* 2E 15
Tarrel. *High* 5F 165
Tarring Neville. *E Sus* 5F 27
Tarrington. *Here* 1B 48
Tarsappie. *Per* 1D 136
Tarscabhaig. *High* 3D 147
Tarskavaig. *High* 3D 147
Tarves. *Abers* 5F 161
Tarvie. *High* 3G 157
Tarvin. *Ches W* 4G 83
Tasburgh. *Norf* 1E 66
Tasley. *Shrp* 1A 60
Taston. *Oxon* 3B 50
Tatenhill. *Staf* 3G 73
Tathall End. *Mil* 1G 51
Tatham. *Lanc* 3F 97
Tathwell. *Linc* 2C 88
Tatling End. *Buck* 2B 38
Tatsfield. *Surr* 5F 39
Tattenhall. *Ches W* 5G 83
Tatterford. *Norf* 3A 78
Tattersett. *Norf* 2H 77
Tattershall. *Linc* 5B 88
Tattershall Bridge. *Linc* 5A 88
Tattershall Thorpe. *Linc* 5B 88
Tattingstone. *Suff* 2E 55
Tattingstone White Horse
  Suff 2E 55
Tattle Bank. *Warw* 4F 61
Tatworth. *Som* 2G 13
Taunton. *Som* 4F 21
Taverham. *Norf* 4D 78
Taverners Green. *Essx* 4F 53
Tavernspite. *Pemb* 3F 43
Tavistock. *Devn* 5E 11
Tavool House. *Arg* 1B 132
Taw Green. *Devn* 3G 11
Tawstock. *Devn* 4F 19
Taxal. *Derbs* 2E 85
Tayinloan. *Arg* 5E 125
Taynish. *Arg* 1F 125
Taynton. *Glos* 3C 48
Taynton. *Oxon* 4H 49
Taynuilt. *Arg* 5E 141
Tayport. *Fife* 1G 137
Tay Road Bridge. *D'dee* 1G 137
Tayvallich. *Arg* 1F 125
Tealby. *Linc* 1A 88
Tealing. *Ang* 5D 144
Teams. *Tyne* 3F 115
Teangue. *High* 3E 147
Teanna Mhachair. *W Isl* 2C 170
Tebay. *Cumb* 4H 103
Tebworth. *C Beds* 3H 51
Tedburn St Mary. *Devn* 3B 12
Teddington. *Glos* 2E 49
Teddington. *G Lon* 3C 38
Tedsmore. *Shrp* 3F 71
Tedstone Delamere. *Here* 5A 60
Tedstone Wafer. *Here* 5A 60
Teesport. *Red C* 2C 106
Teesside. *Stoc T* 2C 106
Teeton. *Nptn* 3D 62
Teffont Evias. *Wilts* 3E 23
Teffont Magna. *Wilts* 3E 23
Tegryn. *Pemb* 1G 43
Teigh. *Rut* 4F 75
Teigncombe. *Devn* 4G 11
Teigngrace. *Devn* 5B 12
Teignmouth. *Devn* 5C 12
Telford. *Telf* 4A 72
Telham. *E Sus* 4B 28
Tellisford. *Som* 1D 22
Telscombe. *E Sus* 5F 27
Telscombe Cliffs. *E Sus* 5E 27
Tempar. *Per* 3D 142
Templand. *Dum* 1B 112
Temple. *Corn* 5B 10
Temple. *Glas* 3G 127
Temple. *Midl* 4G 129
Temple Balsall. *W Mid* 3G 61
Temple Bar. *Carm* 4F 45
Temple Bar. *Cdgn* 5E 57
Temple Cloud. *Bath* 1B 22
Templecombe. *Som* 4C 22
Temple Ewell. *Kent* 1G 29
Temple Grafton. *Warw* 5F 61
Temple Guiting. *Glos* 3F 49
Templehall. *Fife* 4E 137
Temple Hirst. *N Yor* 2G 93
Temple Normanton. *Derbs* 4B 86
Templepatrick. *Ant* 3G 175
Temple Sowerby. *Cumb* 2H 103
Templeton. *Devn* 1B 12
Templeton. *Pemb* 3F 43
Templeton. *W Ber* 5B 36
Templetown. *Dur* 5E 115
Tempsford. *C Beds* 5A 64
Tenandry. *Per* 2G 143
Tenbury Wells. *Worc* 4H 59
Tenby. *Pemb* 4F 43
Tendring. *Essx* 3E 55
Tendring Green. *Essx* 3E 55
Tenga. *Arg* 4G 139
Ten Mile Bank. *Norf* 1F 65
Tenterden. *Kent* 2C 28
Terfyn. *Cnwy* 3B 82
Terhill. *Som* 3E 21
Terling. *Essx* 4A 54
Ternhill. *Shrp* 2A 72
Terregles. *Dum* 2G 111
Terrick. *Buck* 5G 51
Terrington. *N Yor* 2A 100
Terrington St Clement. *Norf* 3E 77
Terrington St John. *Norf* 4E 77
Terry's Green. *Warw* 3F 61
Teston. *Kent* 5B 40
Testwood. *Hants* 1B 16
Tetbury. *Glos* 2D 35
Tetbury Upton. *Glos* 2D 35
Tetchill. *Shrp* 2F 71
Tetcott. *Devn* 3D 10
Tetford. *Linc* 3C 88
Tetney. *Linc* 4G 95
Tetney Lock. *Linc* 4G 95
Tetsworth. *Oxon* 5E 51
Tettenhall. *W Mid* 5C 72
Teversal. *Notts* 4B 86
Teversham. *Cambs* 5D 65
Teviothead. *Bord* 4G 119
Tewel. *Abers* 5F 153
Tewin. *Herts* 4C 52
Tewkesbury. *Glos* 2D 49
Teynham. *Kent* 4D 40
Teynham Street. *Kent* 4D 40
Thackthwaite. *Cumb* 2F 103
Thakeham. *W Sus* 4C 26
Thame. *Oxon* 5F 51
Thames Ditton. *Surr* 4C 38
Thames Haven. *Thur* 2B 40
Thamesmead. *G Lon* 2F 39
Thamesport. *Medw* 3C 40
Thanington Without. *Kent* 5F 41
Thankerton. *S Lan* 1B 118
Tharston. *Norf* 1D 66
Thatcham. *W Ber* 5D 36
Thatto Heath. *Mers* 1H 83
Thaxted. *Essx* 2G 53
Theakston. *N Yor* 1F 99
Thealby. *N Lin* 3B 94
Theale. *Som* 2H 21
Theale. *W Ber* 4E 37
Thearne. *E Yor* 1D 94
Theberton. *Suff* 4G 67
Theddingworth. *Leics* 2D 62
Theddlethorpe All Saints
  Linc 2D 88
Theddlethorpe St Helen
  Linc 2D 89
Thelbridge Barton. *Devn* 1A 12
Thelnetham. *Suff* 3C 66
Thelveton. *Norf* 2D 66
Thelwall. *Warr* 2A 84
Themelthorpe. *Norf* 3C 78
Thenford. *Nptn* 1D 50
Therfield. *Herts* 2D 52
Thetford. *Linc* 4A 76
Thetford. *Norf* 2A 66
Thethwaite. *Cumb* 5E 113
Theydon Bois. *Essx* 1F 39
Thick Hollins. *W Yor* 3B 92
Thickwood. *Wilts* 4D 34
Thimbleby. *Linc* 4B 88
Thimbleby. *N Yor* 5B 106
Thingwall. *Mers* 2E 83
Thirlby. *N Yor* 1G 99
Thirlestane. *Bord* 5B 130
Thirn. *N Yor* 1E 98
Thirsk. *N Yor* 1G 99
Thirtleby. *E Yor* 1E 95
Thistleton. *Lanc* 1C 90
Thistleton. *Rut* 4G 75
Thistley Green. *Suff* 3F 65
Thixendale. *N Yor* 3C 100
Thockrington. *Nmbd* 2C 114
Tholomas Drove. *Cambs* 5D 76
Tholthorpe. *N Yor* 3G 99
Thomas Chapel. *Pemb* 4F 43
Thomas Close. *Cumb* 5F 113
Thomastown. *Abers* 4E 160
Thomastown. *Rhon* 3D 32
Thompson. *Norf* 1B 66
Thomshill. *Mor* 3G 159
Thong. *Kent* 3A 40
Thongsbridge. *W Yor* 4B 92
Thoralby. *N Yor* 1C 98
Thoresby. *Notts* 3D 86
Thoresway. *Linc* 1A 88
Thorganby. *Linc* 1B 88
Thorganby. *N Yor* 5A 100
Thorgill. *N Yor* 5E 107
Thorington. *Suff* 3G 67
Thorington Street. *Suff* 2D 54
Thorlby. *N Yor* 4B 98
Thorley. *Herts* 4E 53
Thorley Street. *Herts* 4E 53
Thorley Street. *IOW* 4B 16
Thormanby. *N Yor* 2G 99
Thorn. *Powy* 4E 59
Thornaby-on-Tees. *Stoc T* 3B 106
Thornage. *Norf* 2C 78
Thornborough. *Buck* 2F 51
Thornborough. *N Yor* 2E 99
Thornbury. *Devn* 2E 11
Thornbury. *Here* 5A 60
Thornbury. *S Glo* 2B 34
Thornby. *Cumb* 4D 112
Thornby. *Nptn* 3D 62
Thorncliffe. *Staf* 5E 85
Thorncombe. *Dors* 2G 13
Thorncombe Street. *Surr* 1A 26
Thorncote Green. *C Beds* 1B 52
Thorndon. *Suff* 4D 66
Thorndon Cross. *Devn* 3F 11
Thorne. *S Yor* 3G 93
Thornehillhead. *Devn* 1E 11
Thorner. *W Yor* 5F 99
Thorne St Margaret. *Som* 4D 20
Thorney. *Notts* 3F 87
Thorney. *Pet* 5B 76
Thorney. *Som* 4H 21
Thorney Hill. *Hants* 3G 15
Thorney Toll. *Cambs* 5C 76
Thornfalcon. *Som* 4F 21
Thornford. *Dors* 1B 14
Thorngrafton. *Nmbd* 3A 114
Thorngrove. *Som* 3G 21
Thorngumbald. *E Yor* 2F 95
Thornham. *Norf* 1G 77
Thornham Magna. *Suff* 3D 66
Thornham Parva. *Suff* 3D 66
Thornhaugh. *Pet* 5H 75
Thornhill. *Cphy* 3E 33
Thornhill. *Cumb* 4B 102
Thornhill. *Derbs* 2F 85
Thornhill. *Dum* 5A 118
Thornhill. *Sotn* 1C 16
Thornhill. *Stir* 4F 135
Thornhill. *W Yor* 3C 92
Thornhill Lees. *W Yor* 3C 92
Thornhills. *W Yor* 2B 92
Thornholme. *E Yor* 3F 101
Thornicombe. *Dors* 2D 14
Thornington. *Nmbd* 1C 120
Thornley. *Dur*
  nr. Durham 1A 106
  nr. Tow Law 1E 105
Thornley Gate. *Nmbd* 4B 114
Thornliebank. *E Ren* 3G 127
Thornroan. *Abers* 5F 161
Thorns. *Suff* 5G 65
Thornsett. *Derbs* 2E 85
Thornthwaite. *Cumb* 2D 102
Thornthwaite. *N Yor* 4D 98
Thornton. *Ang* 4C 144
Thornton. *Buck* 2F 51
Thornton. *E Yor* 5B 100
Thornton. *Fife* 4E 137
Thornton. *Lanc* 5C 96
Thornton. *Leics* 5B 74
Thornton. *Linc* 4B 88
Thornton. *Mers* 4B 90
Thornton. *Midd* 3B 106
Thornton. *Nmbd* 5F 131
Thornton. *Pemb* 4D 42
Thornton. *W Yor* 1A 92
Thornton Curtis. *N Lin* 3D 94
Thorntonhall. *S Lan* 4G 127
Thornton Heath. *G Lon* 4E 39
Thornton Hough. *Mers* 2F 83
Thornton-in-Craven. *N Yor* 5B 98
Thornton in Lonsdale. *N Yor* 2F 97
Thornton-le-Beans. *N Yor* 5A 106
Thornton-le-Clay. *N Yor* 3A 100
Thornton-le-Dale. *N Yor* 1C 100
Thornton le Moor. *Linc* 1H 87
Thornton-le-Moor. *N Yor* 1F 99
Thornton-le-Moors. *Ches W* 3G 83
Thornton-le-Street. *N Yor* 1G 99
Thorntonloch. *E Lot* 2D 130
Thornton Rust. *N Yor* 1B 98
Thornton Steward. *N Yor* 1D 98
Thornton Watlass. *N Yor* 1E 99
Thornwood Common. *Essx* 5E 53
Thornythwaite. *Cumb* 2E 103
Thoroton. *Notts* 1E 75
Thorp Arch. *W Yor* 5G 99
Thorpe. *Derbs* 5F 85
Thorpe. *E Yor* 5D 101
Thorpe. *Linc* 2D 89
Thorpe. *Norf* 1G 67
Thorpe. *N Yor* 3C 98
Thorpe. *Notts* 1E 75
Thorpe. *Surr* 4B 38
Thorpe Abbotts. *Norf* 3D 66
Thorpe Acre. *Leics* 3C 74
Thorpe Arnold. *Leics* 3E 75
Thorpe Audlin. *W Yor* 3E 93
Thorpe Bassett. *N Yor* 2C 100
Thorpe Bay. *S'end* 2D 40
Thorpe by Water. *Rut* 1F 63
Thorpe Common. *S Yor* 1A 86
Thorpe Common. *Suff* 2F 55
Thorpe Constantine. *Staf* 5G 73
Thorpe End. *Norf* 4E 79
Thorpe Fendike. *Linc* 4D 88
Thorpe Green. *Essx* 3E 55
Thorpe Green. *Suff* 5B 66

Thorpe Hall – Tortington

Thorpe Hall. N Yor 2H 99
Thorpe Hamlet. Norf 5E 79
Thorpe Hesley. S Yor 1A 86
Thorpe in Balne. S Yor 3F 93
Thorpe in the Fallows. Linc 2G 87
Thorpe Langton. Leics 1E 63
Thorpe Larches. Dur 2A 106
Thorpe Latimer. Linc 1A 76
Thorpe-le-Soken. Essx 3E 55
Thorpe le Street. E Yor 5C 100
Thorpe Malsor. Nptn 3F 63
Thorpe Mandeville. Nptn 1D 50
Thorpe Market. Norf 2E 79
Thorpe Marriott. Norf 4D 78
Thorpe Morieux. Suff 5B 66
Thorpeness. Suff 5G 67
Thorpe on the Hill. Linc 4G 87
Thorpe on the Hill. W Yor 2D 92
Thorpe St Andrew. Norf 5E 79
Thorpe St Peter. Linc 4D 89
Thorpe Salvin. S Yor 2C 86
Thorpe Satchville. Leics 4E 75
Thorpe Thewles. Stoc T 2A 106
Thorpe Tilney. Linc 5A 88
Thorpe Underwood. N Yor 4G 99
Thorpe Waterville. Nptn 2H 63
Thorpe Willoughby. N Yor 1F 93
Thorpland. Norf 5F 77
Thorrington. Essx 3D 54
Thorverton. Devn 2C 12
Thrandeston. Suff 3D 66
Thrapston. Nptn 3G 63
Thrashbush. N Lan 3A 128
Threapland. Cumb 1C 102
Threapland. N Yor 3B 98
Threapwood. Ches W 1G 71
Threapwood. Staf 1E 73
Three Ashes. Here 3A 48
Three Bridges. Linc 2D 88
Three Bridges. W Sus 2D 27
Three Burrows. Corn 4B 6
Three Chimneys. Kent 2C 28
Three Cocks. Powy 2E 47
Three Crosses. Swan 3E 31
Three Cups Corner. E Sus 3H 27
Threehammer Common
Norf 3F 79
Three Holes. Norf 5E 77
Threekingham. Linc 2H 75
Three Leg Cross. E Sus 2A 28
Three Legged Cross. Dors 2F 15
Three Mile Cross. Wok 5F 37
Threemilestone. Corn 4B 6
Three Oaks. E Sus 4C 28
Threlkeld. Cumb 2E 102
Threshfield. N Yor 3B 98
Thrigby. Norf 4G 79
Thringarth. Dur 2C 104
Thringstone. Leics 4B 74
Thrintoft. N Yor 5A 106
Thriplow. Cambs 1E 53
Throckenholt. Linc 5C 76
Throcking. Herts 2D 52
Throckley. Tyne 3E 115
Throckmorton. Worc 1E 49
Throop. Bour 3G 15
Throphill. Nmbd 1E 115
Thropton. Nmbd 4E 121
Throsk. Stir 4A 136
Througham. Glos 5E 49
Throughgate. Dum 1F 111
Throwleigh. Devn 3G 11
Throwley. Kent 5D 40
Throwley Forstal. Kent 5D 40
Throxenby. N Yor 1E 101
Thrumpton. Notts 2C 74
Thrumster. High 4F 169
Thrunton. Nmbd 3E 121
Thrupp. Glos 5D 48
Thrupp. Oxon 4C 50
Thrushelton. Devn 4E 11
Thrushgill. Lanc 3F 97
Thrussington. Leics 4D 74
Thruxton. Hants 2A 24
Thruxton. Here 2H 47
Thrybergh. S Yor 1B 86
Thulston. Derbs 2B 74
Thundergay. N Ayr 5G 125
Thundersley. Essx 2B 40
Thundridge. Herts 4D 52
Thurcaston. Leics 4C 74
Thurcroft. S Yor 2B 86
Thurdon. Corn 1C 10
Thurgarton. Norf 2D 78
Thurgarton. Notts 1D 74
Thurgoland. S Yor 4C 92
Thurlaston. Leics 1C 62
Thurlaston. Warw 3B 62
Thurlbear. Som 4F 21
Thurlby. Linc
nr. Alford 3D 89
nr. Baston 4A 76
nr. Lincoln 4G 87
Thurleigh. Bed 5H 63
Thurlestone. Devn 4C 8
Thurloxton. Som 3F 21
Thurlstone. S Yor 4C 92
Thurlton. Norf 1G 67
Thurmaston. Leics 5D 74
Thurnby. Leics 5D 74
Thurne. Norf 4G 79
Thurnham. Kent 5C 40
Thurning. Norf 3C 78
Thurning. Nptn 2H 63
Thurnscoe. S Yor 4E 93
Thursby. Cumb 4E 113
Thursford. Norf 2B 78
Thursford Green. Norf 2B 78
Thursley. Surr 2A 26
Thurso. High 2D 168
Thurso East. High 2D 168
Thurstaston. Mers 2E 83
Thurston. Suff 4B 66
Thurston End. Suff 5G 65
Thurstonfield. Cumb 4E 112
Thurstonland. W Yor 3B 92
Thurton. Norf 5F 79
Thurvaston. Derbs
nr. Ashbourne 2F 73
nr. Derby 2G 73
Thuxton. Norf 5C 78
Thwaite. Dur 3D 104
Thwaite. N Yor 5B 104
Thwaite. Suff 4D 66
Thwaite Head. Cumb 5E 103
Thwaites. W Yor 5C 98
Thwaite St Mary. Norf 1F 67
Thwing. E Yor 2E 101
Tibbermore. Per 1C 136
Tibberton. Glos 3C 48
Tibberton. Telf 3A 72
Tibberton. Worc 5D 60
Tibenham. Norf 2D 66
Tibshelf. Derbs 4B 86
Tibthorpe. E Yor 4D 100
Ticehurst. E Sus 2A 28
Tichborne. Hants 3D 24
Tickencote. Rut 5G 75
Tickenham. N Som 4H 33
Tickhill. S Yor 1C 86
Ticklerton. Shrp 1G 59
Ticknall. Derbs 3A 74
Tickton. E Yor 5E 101
Tidbury Green. W Mid 3F 61
Tidcombe. Wilts 1A 24
Tiddington. Oxon 5E 51
Tiddington. Warw 5G 61
Tiddleywink. Wilts 4D 34
Tidebrook. E Sus 3H 27
Tideford. Corn 3H 7
Tideford Cross. Corn 2H 7
Tidenham. Glos 2A 34
Tideswell. Derbs 3F 85
Tidmarsh. W Ber 4E 37
Tidmington. Warw 2A 50
Tidpit. Hants 1F 15
Tidworth. Wilts 2H 23
Tidworth Camp. Wilts 2H 23
Tiers Cross. Pemb 3D 42
Tiffield. Nptn 5D 62
Tifty. Abers 4E 161
Tigerton. Ang 2E 145
Tighnabruaich. Arg 2A 126
Tigley. Devn 2D 8
Tilbrook. Cambs 4H 63
Tilbury. Thur 3H 39
Tilbury Green. Essx 1H 53
Tilbury Juxta Clare. Essx 1A 54
Tile Hill. W Mid 3G 61
Tilehurst. Read 4E 37
Tilford. Surr 2G 25
Tilgate Forest Row. W Sus 2D 26
Tillathrowie. Abers 5B 160
Tillers Green. Glos 2B 48
Tillery. Abers 1G 153
Tilley. Shrp 3H 71
Tillicoultry. Clac 4B 136
Tillingham. Essx 5C 54
Tillington. Here 1H 47
Tillington. W Sus 3A 26
Tillington Common. Here 1H 47
Tillybirloch. Abers 3D 152
Tillyfourie. Abers 2D 152
Tilmanstone. Kent 5H 41
Tilney All Saints. Norf 4E 77
Tilney Fen End. Norf 4E 77
Tilney High End. Norf 4E 77
Tilney St Lawrence. Norf 4E 77
Tilshead. Wilts 2F 23
Tilstock. Shrp 2H 71
Tilston. Ches W 5G 83
Tilstone Fearnall. Ches W 4H 83
Tilsworth. C Beds 3H 51
Tilton on the Hill. Leics 5E 75
Tiltups End. Glos 2D 34
Timberland. Linc 5A 88
Timbersbrook. Ches E 4C 84
Timberscombe. Som 2C 20
Timble. N Yor 4D 98
Timperley. G Man 2B 84
Timsbury. Bath 1B 22
Timsbury. Hants 4B 24
Timsgearraidh. W Isl 4C 171
Timworth Green. Suff 4A 66
Tincleton. Dors 3C 14
Tindale. Cumb 4H 113
Tindale Crescent. Dur 2F 105
Tingewick. Buck 2E 51
Tingrith. C Beds 2A 52
Tingwall. Orkn 5D 172
Tinhay. Devn 4D 11
Tinshill. W Yor 1C 92
Tinsley. S Yor 1B 86
Tinsley Green. W Sus 2D 27
Tintagel. Corn 4A 10
Tintern. Mon 5A 48
Tintinhull. Som 1H 13
Tintwistle. Derbs 1E 85
Tinwald. Dum 1B 112
Tinwell. Rut 5H 75
Tippacott. Devn 2A 20
Tipperty. Abers 1G 153
Tipps End. Cambs 1E 65
Tiptoe. Hants 3A 16
Tipton. W Mid 1D 60
Tipton St John. Devn 3D 12
Tiptree. Essx 4B 54
Tiptree Heath. Essx 4B 54
Tirabad. Powy 1B 46
Tircoed Forest Village
Swan 5G 45
Tiree Airport. Arg 4B 138
Tirinie. Per 2F 143
Tirley. Glos 3D 48
Tiroran. Arg 1B 132
Tir-Phil. Cphy 5E 47
Tirril. Cumb 2G 103
Tirryside. High 2C 164
Tir-y-dail. Carm 4G 45
Tisbury. Wilts 4E 23
Tisman's Common. W Sus 2B 26
Tissington. Derbs 5F 85
Titchberry. Devn 4C 18
Titchfield. Hants 2D 16
Titchmarsh. Nptn 3H 63
Titchwell. Norf 1G 77
Tithby. Notts 2D 74
Titley. Here 5F 59
Titlington. Nmbd 3E 121
Titsey. Surr 5F 39
Titson. Corn 2C 10
Tittensor. Staf 2C 72
Tittleshall. Norf 3A 78
Titton. Worc 4C 60
Tiverton. Ches W 4H 83
Tiverton. Devn 1C 12
Tivetshall St Margaret
Norf 2D 66
Tivetshall St Mary. Norf 2D 66
Tivington. Som 2C 20
Tixall. Staf 3D 73
Tixover. Rut 5G 75
Toab. Orkn 7E 172
Toab. Shet 10E 173
Toadmoor. Derbs 5A 86
Tobermory. Arg 3G 139
Toberonochy. Arg 3E 133
Tobha Beag. W Isl 5C 170
Tobha-Beag. W Isl 1E 170
Tobha Mor. W Isl 5C 170
Tobhtarol. W Isl 4D 171
Tobson. W Isl 4D 171
Tocabhaig. High 2E 147
Tocher. Abers 5D 160
Tockenham. Wilts 4F 35
Tockenham Wick. Wilts 3F 35
Tockholes. Bkbn 2E 91
Tockington. S Glo 3B 34
Tockwith. N Yor 4G 99
Todber. Dors 4D 22
Todding. Here 3G 59
Toddington. C Beds 3A 52
Toddington. Glos 2F 49
Todenham. Glos 2H 49
Todhills. Cumb 3E 113
Todmorden. W Yor 2H 91
Todwick. S Yor 2B 86
Toft. Cambs 5C 64
Toft. Linc 4H 75
Toft Hill. Dur 2E 105
Toft Monks. Norf 1G 67
Toft next Newton. Linc 2H 87
Toftrees. Norf 3A 78
Tofts. High 2F 169
Toftwood. Norf 4B 78
Togston. Nmbd 4G 121
Tokavaig. High 2E 147
Tokers Green. Oxon 4F 37
Tolastadh a Chaolais
W Isl 4D 171
Tolladine. Worc 5C 60
Tolland. Som 3E 20
Tollard Farnham. Dors 1E 15
Tollard Royal. Wilts 1E 15
Toll Bar. S Yor 4F 93
Toller Fratrum. Dors 3A 14
Toller Porcorum. Dors 3A 14
Tollerton. N Yor 3H 99
Tollerton. Notts 2D 74
Toller Whelme. Dors 2A 14
Tollesbury. Essx 4C 54
Tolleshunt D'Arcy. Essx 4C 54
Tolleshunt Knights. Essx 4C 54
Tolleshunt Major. Essx 4C 54
Tollie. High 3H 157
Tollie Farm. High 1A 156
Tolm. W Isl 4G 171
Tolpuddle. Dors 3C 14
Tolstadh bho Thuath
W Isl 3H 171
Tolworth. G Lon 4C 38
Tomachlaggan. Mor 1F 151
Tomaknock. Per 1A 136
Tomatin. High 1C 150
Tombuidhe. Arg 3H 133
Tomdoun. High 3D 148
Tomich. High
nr. Cannich 1F 149
nr. Invergordon 1B 158
nr. Lairg 3D 164
Tomintoul. Mor 2F 151
Tomnavoulin. Mor 1G 151
Tomsléibhe. Arg 5A 140
Ton. Mon 2G 33
Tonbridge. Kent 1G 27
Ton-du. B'end 3B 32
Tonedale. Som 4E 21
Tonfanau. Gwyn 5E 69
Tong. Shrp 5B 72
Tonge. Leics 3B 74
Tong Forge. Shrp 5B 72
Tongham. Surr 2G 25
Tongland. Dum 4D 111
Tong Norton. Shrp 5B 72
Tongue. High 3F 167
Tongue End. Linc 4A 76
Tongwynlais. Card 3E 33
Ton-mawr. Neat 2B 32
Tonna. Neat 2A 32
Tonnau. Neat 2A 32
Ton Pentre. Rhon 2C 32
Ton-Teg. Rhon 3D 32
Tonwell. Herts 4D 52
Tonypandy. Rhon 2C 32
Tonyrefail. Rhon 3D 32
Toot Baldon. Oxon 5D 50
Toot Hill. Essx 5F 53
Toothill. Hants 1B 16
Topcliffe. N Yor 2G 99
Topcliffe. W Yor 2C 92
Topcroft. Norf 1E 67
Topcroft Street. Norf 1E 67
Toppesfield. Essx 2H 53
Toppings. G Man 3F 91
Toprow. Norf 1D 66
Topsham. Devn 4C 12
Torbay. Torb 2F 9
Torbeg. N Ayr 3C 122
Torbothie. N Lan 4B 128
Torbryan. Devn 2E 9
Torcross. Devn 4E 9
Tore. High 3A 158
Torgyle. High 2F 149
Torinturk. Arg 3G 125
Torksey. Linc 3F 87
Torlum. W Isl 3C 170
Torlundy. High 1F 141
Tormarton. S Glo 4C 34
Tormitchell. S Ayr 5B 116
Tormore. High 3E 147
Tormore. N Ayr 2C 122
Tornagrain. High 4B 158
Tornaveen. Abers 3D 152
Torness. High 1H 149
Toronto. Dur 1E 105
Torpenhow. Cumb 1D 102
Torphichen. W Lot 2C 128
Torphins. Abers 3D 152
Torpoint. Corn 3A 8
Torquay. Torb 2F 9
Torr. Devn 3B 8
Torra. Arg 4B 124
Torran. High 4E 155
Torrance. E Dun 2H 127
Torrans. Arg 1B 132
Torranyard. N Ayr 5E 127
Torre. Som 3D 20
Torre. Torb 2F 9
Torridon. High 3B 156
Torrin. High 1D 147
Torrisdale. Arg 2B 122
Torrisdale. High 2G 167
Torrish. High 2G 165
Torrisholme. Lanc 3D 96
Torroble. High 3C 164
Torroy. High 4C 164
Torry. Aber 3G 153
Torryburn. Fife 1D 128
Torthorwald. Dum 2B 112
Tortington. W Sus 5B 26

Tortworth – Tullochgorm

Tortworth. S Glo 2C 34
Torvaig. High 4D 155
Torver. Cumb 5D 102
Torwood. Falk 1B 128
Torworth. Notts 2D 86
Toscaig. High 5G 155
Toseland. Cambs 4B 64
Tosside. N Yor 4G 97
Tostock. Suff 4B 66
Totaig. High 3A 154
Totardor. High 5C 154
Tote. High 4D 154
Totegan. High 2A 168
Tothill. Linc 2D 88
Totland. IOW 4B 16
Totley. S Yor 3H 85
Totnell. Dors 2B 14
Totnes. Devn 2E 9
Toton. Notts 2B 74
Totronald. Arg 3C 138
Totscore. High 2C 154
Tottenham. G Lon 1E 39
Tottenhill. Norf 4F 77
Tottenhill Row. Norf 4F 77
Totteridge. G Lon 1D 38
Totternhoe. C Beds 3H 51
Tottington. G Man 3F 91
Totton. Hants 1B 16
Touchen-end. Wind 4G 37
Toulvaddie. High 5F 165
The Towans. Corn 3C 4
Toward. Arg 3C 126
Towcester. Nptn 1E 51
Towednack. Corn 3B 4
Tower End. Norf 4F 77
Tower Hill. Mers 4C 90
Tower Hill. W Sus 3C 26
Towersey. Oxon 5F 51
Towie. Abers 2B 152
Towiemore. Mor 4A 160
Tow Law. Dur 1E 105
The Town. IOS 1A 4
Town End. Cambs 1D 64
Town End. Cumb
nr. Ambleside 4F 103
nr. Kirkby Thore 2H 103
nr. Lindale 1D 96
nr. Newby Bridge 1C 96
Town End. Mers 2G 83
Townend. W Dun 2F 127
Townfield. Dur 5C 114
Towngate. Cumb 5G 113
Towngate. Linc 4A 76
Town Green. Lanc 4C 90
Town Head. Cumb
nr. Grasmere 4E 103
nr. Great Asby 3H 103
Townhead. Cumb
nr. Lazonby 1G 103
nr. Maryport 1B 102
nr. Ousby 1H 103
Townhead. Dum 5D 111
Townhead of Greenlaw
Dum 3E 111
Townhill. Fife 1E 129
Townhill. Swan 3F 31
Town Kelloe. Dur 1A 106
Town Littleworth. E Sus 4F 27
Town Row. E Sus 2G 27
Towns End. Hants 1D 24
Townsend. Herts 5B 52
Townshend. Corn 3C 4
Town Street. Suff 2G 65
Town Yetholm. Bord 2C 120
Towthorpe. E Yor 3D 100
Towthorpe. York 4A 100
Towton. N Yor 1E 93
Towyn. Cnwy 3B 82
Toxteth. Mers 2F 83
Toynton All Saints. Linc 4C 88
Toynton Fen Side. Linc 4C 88
Toynton St Peter. Linc 4D 88
Toy's Hill. Kent 5F 39
Trabboch. E Ayr 2D 116
Traboe. Corn 4E 5
Tradespark. High 3C 158
Tradespark. Orkn 7D 172
Trafford Park. G Man 1B 84
Trallong. Powy 3C 46
Y Trallwng. Powy 5E 70
Tranent. E Lot 2H 129
Tranmere. Mers 2F 83
Trantlebeg. High 3A 168
Trantlemore. High 3A 168
Tranwell. Nmbd 1E 115
Trapp. Carm 4G 45
Traquair. Bord 1F 119
Trash Green. W Ber 5E 37
Trawden. Lanc 1H 91
Trawscoed. Powy 2D 46
Trawsfynydd. Gwyn 2G 69
Trawsgoed. Cdgn 3F 57
Treaddow. Here 3A 48
Trealaw. Rhon 2D 32
Treales. Lanc 1C 90
Trearddur. IOA 3B 80
Treaslane. High 3C 154
Treator. Corn 1D 6
Trebanog. Rhon 2D 32
Trebanos. Neat 5H 45
Trebarber. Corn 2C 6
Trebartha. Corn 5C 10
Trebarwith. Corn 4A 10
Trebetherick. Corn 1D 6
Treborough. Som 3D 20
Trebudannon. Corn 2C 6
Trebullett. Corn 5D 10
Treburley. Corn 5D 10
Treburrick. Corn 1C 6
Trebyan. Corn 2E 7
Trecastle. Powy 3B 46
Trecenydd. Cphy 3E 33
Trecott. Devn 2G 11
Trecwn. Pemb 1D 42
Trecynon. Rhon 5C 46
Tredaule. Corn 4C 10
Tredavoe. Corn 4B 4
Tredegar. Blae 5E 47
Trederwen. Powy 4E 71
Tredington. Glos 3E 49
Tredington. Warw 1A 50
Tredinnick. Corn
nr. Bodmin 2F 7
nr. Looe 3G 7
nr. Padstow 1D 6
Tredogan. V Glam 5D 32
Tredomen. Powy 2E 46
Tredunnock. Mon 2G 33
Tredustan. Powy 2E 47
Treen. Corn
nr. Land's End 4A 4
nr. St Ives 3B 4
Treeton. S Yor 2B 86
Trefaldwyn. Powy 1E 58
Trefasser. Pemb 1C 42
Trefdraeth. IOA 3D 80
Trefdraeth. Pemb 1E 43
Trefecca. Powy 2E 47
Trefechan. Mer T 5D 46
Trefeglwys. Powy 1B 58
Trefenter. Cdgn 4F 57
Treffgarne. Pemb 2D 42
Treffynnon. Flin 3D 82
Treffynnon. Pemb 2C 42
Trefil. Blae 4E 46
Trefilan. Cdgn 5E 57
Tre-fin. Pemb 1C 42
Treflach. Shrp 3E 71
Trefnant. Den 3C 82
Trefonen. Shrp 3E 71
Trefor. Gwyn 1C 68
Trefor. IOA 2C 80
Treforest. Rhon 3D 32
Trefrew. Corn 4B 10
Trefriw. Cnwy 4G 81
Tref-y-Clawdd. Powy 3E 59
Trefynwy. Mon 4A 48
Tregada. Corn 4D 10
Tregadillett. Corn 4C 10
Tregare. Mon 4H 47
Tregarne. Corn 4E 5
Tregaron. Cdgn 5F 57
Tre-garth. Gwyn 4F 81
Tregear. Corn 3C 6
Tregeare. Corn 4C 10
Tregeiriog. Wrex 2D 70
Tregele. IOA 1C 80
Tregeseal. Corn 3A 4
Tregiskey. Corn 4E 6
Tregole. Corn 3B 10
Tregolwyn. V Glam 4C 32
Tregonetha. Corn 2D 6
Tregonhawke. Corn 3A 8
Tregony. Corn 4D 6
Tregoodwell. Corn 4B 10
Tregorrick. Corn 3E 6
Tregoss. Corn 2D 6
Tregowris. Corn 4E 5
Tregoyd. Powy 2E 47
Tregrehan Mills. Corn 3E 7
Tre-groes. Cdgn 1E 45
Tregullon. Corn 2E 7
Tregurrian. Corn 2C 6
Tregynon. Powy 1C 58
Trehafod. Rhon 2D 32
Trehan. Corn 3A 8
Treharris. Mer T 2D 32
Treherbert. Rhon 2C 32
Trehunist. Corn 2H 7
Trekenner. Corn 5D 10
Trekenning. Corn 2D 6
Treknow. Corn 4A 10
Trelales. B'end 3B 32
Trelan. Corn 5E 5
Trelash. Corn 3B 10
Trelassick. Corn 3C 6
Trelawnyd. Flin 3C 82
Tre-lech. Carm 1G 43
Treleddyd-fawr. Pemb 2B 42
Trelewis. Mer T 2E 32
Treligga. Corn 4A 10
Trelights. Corn 1D 6
Trelill. Corn 5A 10
Trelissick. Corn 5C 6
Trellech. Mon 5A 48
Trelleck Grange. Mon 5H 47
Trelogan. Flin 2D 82
Trelystan. Powy 5E 71
Tremadog. Gwyn 1E 69
Tremail. Corn 4B 10
Tre-main. Cdgn 1C 44
Tremaine. Corn 4C 10
Tremar. Corn 2G 7
Trematon. Corn 3H 7
Tremeirchion. Den 3C 82
Tremore. Corn 2E 6
Tremorfa. Card 4F 33
Trenance. Corn
nr. Newquay 2C 6
nr. Padstow 1D 6
Trenarren. Corn 4E 7
Trench. Telf 4A 72
Trencreek. Corn 2C 6
Trendeal. Corn 3C 6
Trenear. Corn 5A 6
Treneglos. Corn 4C 10
Trenewan. Corn 3F 7
Trengune. Corn 3B 10
Trent. Dors 1A 14
Trentham. Stoke 1C 72
Trentishoe. Devn 2G 19
Trentlock. Derbs 2B 74
Treoes. V Glam 4C 32
Treorchy. Rhon 2C 32
Treorci. Rhon 2C 32
Tre'r-ddol. Cdgn 1F 57
Tre'r llai. Powy 5E 71
Trerulefoot. Corn 3H 7
Tre-saith. Cdgn 5B 56
Trescott. Staf 1C 60
Trescowe. Corn 3C 4
Tresham. Glos 2C 34
Tresigin. V Glam 4C 32
Tresillian. Corn 4C 6
Tresimwn. V Glam 4D 32
Tresinney. Corn 4B 10
Treskillard. Corn 5A 6
Treskinnick Cross. Corn 3C 10
Tresmeer. Corn 4C 10
Tresparrett. Corn 3B 10
Tresparrett Posts. Corn 3B 10
Tressady. High 3D 164
Tressait. Per 2F 143
Tresta. Shet
on Fetlar 2H 173
on Mainland 6E 173
Treswell. Notts 3E 87
Treswithian. Corn 3D 4
Tre Taliesin. Cdgn 1F 57
Trethomas. Cphy 3E 33
Trethosa. Corn 3D 6
Trethurgy. Corn 3E 7
Tretio. Pemb 2B 42
Tretire. Here 3A 48
Tretower. Powy 3E 47
Treuddyn. Flin 5E 83
Trevadlock. Corn 5C 10
Trevalga. Corn 4A 10
Trevalyn. Wrex 5F 83
Trevance. Corn 1D 6
Trevanger. Corn 1D 6
Trevanson. Corn 1D 6
Trevarrack. Corn 3B 4
Trevarren. Corn 2D 6
Trevarrian. Corn 2C 6
Trevarrick. Corn 4D 6
Trevaughan. Carm
nr. Carmarthen 3E 45
nr. Whitland 3F 43
Treveighan. Corn 5A 10
Trevellas. Corn 3B 6
Trevelmond. Corn 2G 7
Treverva. Corn 5B 6
Trevescan. Corn 4A 4
Trevethin. Torf 5F 47
Trevia. Corn 4A 10
Trevigro. Corn 2H 7
Trevilley. Corn 4A 4
Treviscoe. Corn 3D 6
Trevivian. Corn 4B 10
Trevone. Corn 1C 6
Trevor. Wrex 1E 71
Trevor Uchaf. Den 1E 71
Trew. Corn 4D 4
Trewalder. Corn 4A 10
Trewarlett. Corn 4D 10
Trewarmett. Corn 4A 10
Trewassa. Corn 4B 10
Treween. Corn 4C 10
Trewellard. Corn 3A 4
Trewen. Corn 4C 10
Trewennack. Corn 4D 5
Trewern. Powy 4E 71
Trewetha. Corn 5A 10
Trewidland. Corn 3G 7
Trewint. Corn 3B 10
Trewithian. Corn 5C 6
Trewoofe. Corn 4B 4
Trewoon. Corn 3D 6
Treworthal. Corn 5C 6
Trewyddel. Pemb 1B 44
Treyarnon. Corn 1C 6
Treyford. W Sus 1G 17
Triangle. Staf 5E 73
Triangle. W Yor 2A 92
Trickett's Cross. Dors 2F 15
Trimdon. Dur 1A 106
Trimdon Colliery. Dur 1A 106
Trimdon Grange. Dur 1A 106
Trimingham. Norf 2E 79
Trimley Lower Street. Suff 2F 55
Trimley St Martin. Suff 2F 55
Trimley St Mary. Suff 2F 55
Trimpley. Worc 3B 60
Trimsaran. Carm 5E 45
Trimstone. Devn 2F 19
Trinafour. Per 2E 143
Trinant. Cphy 2F 33
Tring. Herts 4H 51
Trinity. Ang 2F 145
Trinity. Edin 2F 129
Trisant. Cdgn 3G 57
Triscombe. Som 3E 21
Trislaig. High 1E 141
Trispen. Corn 3C 6
Tritlington. Nmbd 5G 121
Trochry. Per 4G 143
Troedrhiwdalar. Powy 5B 58
Troedrhiwfuwch. Cphy 5E 47
Troedrhiw-gwair. Blae 5E 47
Troed-yr-aur. Cdgn 1D 44
Troed-y-rhiw. Mer T 5D 46
Trondavoe. Shet 4E 173
Troon. Corn 5A 6
Troon. S Ayr 1C 116
Troqueer. Dum 2A 112
Troston. Suff 3A 66
Trottiscliffe. Kent 4H 39
Trotton. W Sus 4G 25
Troutbeck. Cumb
nr. Ambleside 4F 103
nr. Penrith 2E 103
Troutbeck Bridge. Cumb 4F 103
Troway. Derbs 3A 86
Trowbridge. Wilts 1D 22
Trowell. Notts 2B 74
Trowle Common. Wilts 1D 22
Trowley Bottom. Herts 4A 52
Trowse Newton. Norf 5E 79
Trudoxhill. Som 2C 22
Trull. Som 4F 21
Trumaisgearraidh. W Isl 1D 170
Trumpan. High 2B 154
Trumpet. Here 2B 48
Trumpington. Cambs 5D 64
Trumps Green. Surr 4A 38
Trunch. Norf 2E 79
Trunnah. Lanc 5C 96
Truro. Corn 4C 6
Trusham. Devn 4B 12
Trusley. Derbs 2G 73
Trusthorpe. Linc 2E 89
Tryfil. IOA 2D 80
Trysull. Staf 1C 60
Tubney. Oxon 2C 36
Tuckenhay. Devn 3E 9
Tuckhill. Shrp 2B 60
Tuckingmill. Corn 4A 6
Tuckton. Bour 3G 15
Tuddenham. Suff 3G 65
Tuddenham St Martin. Suff 1E 55
Tudeley. Kent 1H 27
Tudhoe. Dur 1F 105
Tudhoe Grange. Dur 1F 105
Tudorville. Here 3A 48
Tudweiliog. Gwyn 2B 68
Tuesley. Surr 1A 26
Tufton. Hants 2C 24
Tufton. Pemb 2E 43
Tugby. Leics 5E 75
Tugford. Shrp 2H 59
Tughall. Nmbd 2G 121
Tulchan. Per 1B 136
Tullibardine. Per 2B 136
Tullibody. Clac 4A 136
Tullich. Arg 2H 133
Tullich. High
nr. Lochcarron 4B 156
nr. Tain 1C 158
Tullich. Mor 4H 159
Tullich Muir. High 1B 158
Tulliemet. Per 3G 143
Tulloch. Abers 5F 161
Tulloch. High
nr. Bonar Bridge 4D 164
nr. Fort William 5F 149
nr. Grantown-on-Spey 2D 151
Tulloch. Per 1C 136
Tullochgorm. Arg 4G 133

Tullybeagles Lodge. Per 5H 143
Tullymurdoch. Per 3B 144
Tullynessle. Abers 2C 152
Tumble. Carm 4F 45
Tumbler's Green. Essx 3B 54
Tumby. Linc 4B 88
Tumby Woodside. Linc 5B 88
Tummel Bridge. Per 3E 143
Tunbridge Wells, Royal
Kent 2G 27
Tunga. W Isl 4G 171
Tungate. Norf 3E 79
Tunley. Bath 1B 22
Tunstall. E Yor 1G 95
Tunstall. Kent 4C 40
Tunstall. Lanc 2F 97
Tunstall. Norf 5G 79
Tunstall. N Yor 5F 105
Tunstall. Staf 3B 72
Tunstall. Stoke 5C 84
Tunstall. Suff 5F 67
Tunstall. Tyne 4G 115
Tunstead. Derbs 3F 85
Tunstead. Norf 3E 79
Tunstead Milton. Derbs 2E 85
Tunworth. Hants 2E 25
Tupsley. Here 1A 48
Tupton. Derbs 4A 86
Turfholm. S Lan 1H 117
Turfmoor. Devn 2F 13
Turgis Green. Hants 1E 25
Turkdean. Glos 4G 49
Turkey Island. Hants 1D 16
Tur Langton. Leics 1E 62
Turleigh. Wilts 5D 34
Turlin Moor. Pool 3E 15
Turnastone. Here 2G 47
Turnberry. S Ayr 4B 116
Turnchapel. Plym 3A 8
Turnditch. Derbs 1G 73
Turners Hill. W Sus 2E 27
Turners Puddle. Dors 3D 14
Turnford. Herts 5D 52
Turnhouse. Edin 2E 129
Turnworth. Dors 2D 14
Turriff. Abers 4E 161
Tursdale. Dur 1A 106
Turton Bottoms. Bkbn 3F 91
Turtory. Mor 4C 160
Turves Green. W Mid 3E 61
Turvey. Bed 5G 63
Turville. Buck 2F 37
Turville Heath. Buck 2F 37
Turweston. Buck 2E 50
Tushielaw. Bord 3F 119
Tutbury. Staf 3G 73
Tutnall. Worc 3D 61
Tutshill. Glos 2A 34
Tuttington. Norf 3E 79
Tutts Clump. W Ber 4D 36
Tutwell. Corn 5D 11
Tuxford. Notts 3E 87
Twatt. Orkn 5B 172
Twatt. Shet 6E 173
Twechar. E Dun 2H 127
Tweedale. Telf 5B 72
Tweedbank. Bord 1H 119
Tweedmouth. Nmbd 4F 131
Tweedsmuir. Bord 2C 118
Twelveheads. Corn 4B 6
Twemlow Green. Ches E 4B 84
Twenty. Linc 3A 76
Twerton. Bath 5C 34
Twickenham. G Lon 3C 38
Twigworth. Glos 3D 48
Twineham. W Sus 4D 26
Twinhoe. Bath 1C 22
Twinstead. Essx 2B 54
Twinstead Green. Essx 2B 54
Twiss Green. Warr 1A 84
Twiston. Lanc 5H 97
Twitchen. Devn 3A 20
Twitchen. Shrp 3F 59
Two Bridges. Devn 5G 11
Two Bridges. Glos 5B 48
Two Dales. Derbs 4G 85
Two Gates. Staf 5G 73
Two Mile Oak. Devn 2E 9
Twycross. Leics 5H 73
Twyford. Buck 3E 51
Twyford. Derbs 3H 73
Twyford. Dors 1D 14
Twyford. Hants 4C 24
Twyford. Leics 4E 75
Twyford. Norf 3C 78
Twyford. Wok 4F 37
Twyford Common. Here 2A 48
Twynholm. Dum 4D 110
Twyning. Glos 2D 49
Twyning Green. Glos 2E 49
Twynllanan. Carm 3A 46
Twynysheriff. Mon 5H 47
Twywell. Nptn 3G 63
Tyberton. Here 2G 47
Tyburn. W Mid 1F 61
Tyby. Norf 3C 78
Tycroes. Carm 4G 45
Tycrwyn. Powy 4D 70
Tyddewi. Pemb 2B 42
Tydd Gote. Linc 4D 76
Tydd St Giles. Cambs 4D 76
Tydd St Mary. Linc 4D 76
Tye. Hants 2F 17
Tye Green. Essx
nr. Bishop's Stortford 3F 53
nr. Braintree 3A 54
nr. Saffron Walden 2F 53
Tyersal. W Yor 1B 92
Ty Issa. Powy 2D 70
Tyldesley. G Man 4E 91
Tyler Hill. Kent 4F 41
Tyler's Green. Essx 5F 53
Tylers Green. Buck 2G 37
Tylorstown. Rhon 2D 32
Tylwch. Powy 2B 58
Y Tymbl. Carm 4F 45
Ty-nant. Cnwy 1B 70
Tyndrum. Stir 5H 141
Tyneham. Dors 4D 15
Tynehead. Midl 4G 129
Tynemouth. Tyne 3G 115
Tyneside. Tyne 3F 115
Tyne Tunnel. Tyne 3G 115
Tynewydd. Rhon 2C 32
Tyninghame. E Lot 2C 130
Tynron. Dum 5H 117
Ty'n-y-bryn. Rhon 3D 32
Tyn-y-celyn. Wrex 2D 70
Tyn-y-cwm. Swan 5G 45
Tyn-y-ffridd. Powy 2D 70
Tynygongl. IOA 2E 81
Tyn-y-graig. Cdgn 4F 57
Ty'n-y-groes. Cnwy 3G 81
Ty'n-yr-eithin. Cdgn 4F 57
Tyn-y-rhyd. Powy 4C 70
Tyn-y-wern. Powy 3C 70
Tyrie. Abers 2G 161
Tyringham. Mil 1G 51
Tythecott. Devn 1E 11
Tythegston. B'end 4B 32
Tytherington. Ches E 3D 84
Tytherington. Som 2C 22
Tytherington. S Glo 3B 34
Tytherington. Wilts 2E 23
Tytherleigh. Devn 2G 13
Tywardreath. Corn 3E 7
Tywardreath Highway. Corn 3E 7
Tywyn. Cnwy 3G 81
Tywyn. Gwyn 5E 69

U

Uachdar. W Isl 3D 170
Uags. High 5G 155
Ubbeston Green. Suff 3F 67
Ubley. Bath 1A 22
Uckerby. N Yor 4F 105
Uckfield. E Sus 3F 27
Uckinghall. Worc 2D 48
Uckington. Glos 3E 49
Uckington. Shrp 5H 71
Uddingston. S Lan 3H 127
Uddington. S Lan 1A 118
Udimore. E Sus 4C 28
Udny Green. Abers 1F 153
Udny Station. Abers 1G 153
Udston. S Lan 4H 127
Udstonhead. S Lan 5A 128
Uffcott. Wilts 4G 35
Uffculme. Devn 1D 12
Uffington. Linc 5H 75
Uffington. Oxon 3B 36
Uffington. Shrp 4H 71
Ufford. Pet 5H 75
Ufford. Suff 5E 67
Ufton. Warw 4A 62
Ufton Nervet. W Ber 5E 37
Ugadale. Arg 3B 122
Ugborough. Devn 3C 8
Ugford. Wilts 3F 23
Uggeshall. Suff 2G 67
Ugglebarnby. N Yor 4F 107
Ugley. Essx 3F 53
Ugley Green. Essx 3F 53
Ugthorpe. N Yor 3E 107
Uidh. W Isl 9B 170
Uig. Arg 3C 138
Uig. High
nr. Balgown 2C 154
nr. Dunvegan 3A 154
Uigshader. High 4D 154
Uisken. Arg 2A 132
Ulbster. High 4F 169
Ulcat Row. Cumb 2F 103
Ulceby. Linc 3D 88
Ulceby. N Lin 3E 94
Ulceby Skitter. N Lin 3E 94
Ulcombe. Kent 1C 28
Uldale. Cumb 1D 102
Uley. Glos 2C 34
Ulgham. Nmbd 5G 121
Ullapool. High 4F 163
Ullenhall. Warw 4F 61
Ulleskelf. N Yor 1F 93
Ullesthorpe. Leics 2C 62
Ulley. S Yor 2B 86
Ullingswick. Here 5H 59
Ullinish. High 5C 154
Ullock. Cumb 2B 102
Ulpha. Cumb 5C 102
Ulrome. E Yor 4F 101
Ulsta. Shet 3F 173
Ulting. Essx 5B 54
Ulva House. Arg 5F 139
Ulverston. Cumb 2B 96
Ulwell. Dors 4F 15
Umberleigh. Devn 4G 19
Unapool. High 5C 166
Underbarrow. Cumb 5F 103
Undercliffe. W Yor 1B 92
Underdale. Shrp 4H 71
Underhoull. Shet 1G 173
Underriver. Kent 5G 39
Under Tofts. S Yor 2H 85
Underton. Shrp 1A 60
Underwood. Newp 3G 33
Underwood. Notts 5B 86
Underwood. Plym 3B 8
Undley. Suff 2F 65
Undy. Mon 3H 33
Union Mills. IOM 4C 108
Union Street. E Sus 2B 28
Unstone. Derbs 3A 86
Unstone Green. Derbs 3A 86
Unthank. Cumb
nr. Carlisle 5E 113
nr. Gamblesby 5H 113
nr. Penrith 1F 103
Unthank End. Cumb 1F 103
Upavon. Wilts 1G 23
Up Cerne. Dors 2B 14
Upchurch. Kent 4C 40
Upcott. Devn 2F 11
Upcott. Here 5F 59
Upend. Cambs 5F 65
Up Exe. Devn 2C 12
Upgate. Norf 4D 78
Upgate Street. Norf 1C 66
Uphall. Dors 2A 14
Uphall. W Lot 2D 128
Uphall Station. W Lot 2D 128
Upham. Devn 2B 12
Upham. Hants 4D 24
Uphampton. Here 4F 59
Uphampton. Worc 4C 60
Up Hatherley. Glos 3E 49
Uphill. N Som 1G 21
Up Holland. Lanc 4D 90
Uplawmoor. E Ren 4F 127
Upleadon. Glos 3C 48
Upleatham. Red C 3D 106
Uplees. Kent 4D 40
Uploders. Dors 3A 14
Uplowman. Devn 1D 12
Uplyme. Devn 3G 13
Up Marden. W Sus 1F 17
Upminster. G Lon 2G 39
Up Nately. Hants 1E 25
Upottery. Devn 2F 13
Uppat. High 3F 165
Upper Affcot. Shrp 2G 59
Upper Arley. Worc 2B 60
Upper Armley. W Yor 1C 92
Upper Arncott. Oxon 4E 50
Upper Astrop. Nptn 2D 50
Upper Badcall. High 4B 166
Upper Bangor. Gwyn 3E 81
Upper Basildon. W Ber 4D 36
Upper Batley. W Yor 2C 92
Upper Beeding. W Sus 4C 26
Upper Benefield. Nptn 2G 63
Upper Bentley. Worc 4D 61
Upper Bighouse. High 3A 168
Upper Boddam. Abers 5D 160
Upper Boddington. Nptn 5B 62
Upper Bogside. Mor 3G 159
Upper Booth. Derbs 2F 85
Upper Borth. Cdgn 2F 57
Upper Boyndlie. Abers 2G 161
Upper Brailes. Warw 1B 50
Upper Breinton. Here 1H 47
Upper Broughton. Notts 3D 74
Upper Brynaman. Carm 4H 45
Upper Bucklebury. W Ber 5D 36
Upper Bullington. Hants 2C 24
Upper Burgate. Hants 1G 15
Upper Caldecote. C Beds 1B 52
Upper Canterton. Hants 1A 16
Upper Catesby. Nptn 5C 62
Upper Chapel. Powy 1D 46
Upper Cheddon. Som 4F 21
Upper Chicksgrove. Wilts 4E 23
Upper Church Village
Rhon 3D 32
Upper Chute. Wilts 1A 24
Upper Clatford. Hants 2B 24
Upper Coberley. Glos 4E 49
Upper Coedcae. Torf 5F 47
Upper Cound. Shrp 5H 71
Upper Cudworth. S Yor 4D 93
Upper Cumberworth. W Yor 4C 92
Upper Cuttlehill. Abers 4B 160
Upper Cwmbran. Torf 2F 33
Upper Dallachy. Mor 2A 160
Upper Dean. Bed 4H 63
Upper Denby. W Yor 4C 92
Upper Derraid. High 5E 159
Upper Diabaig. High 2H 155
Upper Dicker. E Sus 5G 27
Upper Dinchope. Shrp 2G 59
Upper Dochcarty. High 2H 157
Upper Dounreay. High 2B 168
Upper Dovercourt. Essx 2F 55
Upper Dunsforth. N Yor 3G 99
Upper Dunsley. Herts 4H 51
Upper Eastern Green. W Mid 2G 61
Upper Elkstone. Staf 5E 85
Upper Ellastone. Staf 1F 73
Upper End. Derbs 3E 85
Upper Enham. Hants 2B 24
Upper Farmcote. Shrp 1B 60
Upper Farringdon. Hants 3F 25
Upper Framilode. Glos 4C 48
Upper Froyle. Hants 2F 25
Upper Gills. High 1F 169
Upper Glenfintaig. High 5E 149
Upper Godney. Som 2H 21
Upper Gravenhurst. C Beds 2B 52
Upper Green. Essx 2E 53
Upper Green. W Ber 5B 36
Upper Green. W Yor 2C 92
Upper Grove Common. Here 3A 48
Upper Hackney. Derbs 4G 85
Upper Hale. Surr 2G 25
Upper Halliford. Surr 4B 38
Upper Halling. Medw 4A 40
Upper Hambleton. Rut 5G 75
Upper Hardres Court. Kent 5F 41
Upper Hardwick. Here 5G 59
Upper Hartfield. E Sus 2F 27
Upper Haugh. S Yor 1B 86
Upper Hayton. Shrp 2H 59
Upper Heath. Shrp 2H 59
Upper Hellesdon. Norf 4E 78
Upper Helmsley. N Yor 4A 100
Upper Hengoed. Shrp 2E 71
Upper Hergest. Here 5E 59
Upper Heyford. Nptn 5D 62
Upper Heyford. Oxon 3C 50
Upper Hill. Here 5G 59
Upper Hindhope. Bord 4B 120
Upper Hopton. W Yor 3B 92
Upper Howsell. Worc 1C 48
Upper Hulme. Staf 4E 85
Upper Inglesham. Swin 2H 35
Upper Kilcott. S Glo 3C 34
Upper Killay. Swan 3E 31
Upper Kirkton. Abers 5E 161
Upper Kirkton. N Ayr 4C 126
Upper Knockando. Mor 4F 159
Upper Knockchoilum. High 2G 149
Upper Lambourn. W Ber 3B 36
Upper Langford. N Som 1H 21
Upper Langwith. Derbs 4C 86
Upper Largo. Fife 3G 137
Upper Latheron. High 5D 169
Upper Layham. Suff 1D 54
Upper Leigh. Staf 2E 73
Upper Lenie. High 1H 149
Upper Lochton. Abers 4D 152
Upper Longdon. Staf 4E 73
Upper Longwood. Shrp 5A 72
Upper Lybster. High 5E 169
Upper Lydbrook. Glos 4B 48
Upper Lye. Here 4F 59
Upper Maes-coed. Here 2G 47
Upper Midway. Derbs 3G 73
Uppermill. G Man 4H 91
Upper Millichope. Shrp 2H 59
Upper Milovaig. High 4A 154
Upper Minety. Wilts 2F 35
Upper Mitton. Worc 3C 60
Upper Nash. Pemb 4E 43
Upper Neepaback. Shet 3G 173
Upper Netchwood. Shrp 1A 60
Upper Nobut. Staf 2E 73
Upper North Dean. Buck 2G 37
Upper Norwood. W Sus 4A 26
Upper Nyland. Dors 4C 22
Upper Oddington. Glos 3H 49
Upper Ollach. High 5E 155
Upper Outwoods. Staf 3G 73
Upper Padley. Derbs 3G 85
Upper Pennington. Hants 3B 16
Upper Poppleton. York 4H 99
Upper Quinton. Warw 1G 49
Upper Rissington. Glos 4H 49
Upper Rochford. Worc 4A 60
Upper Rusko. Dum 3C 110

Upper Sandaig. High 2F 147
Upper Sanday. Orkn 7E 172
Upper Sapey. Here 4A 60
Upper Seagry. Wilts 3E 35
Upper Shelton. C Beds 1H 51
Upper Sheringham. Norf 1D 78
Upper Skelmorlie. N Ayr 3C 126
Upper Slaughter. Glos 3G 49
Upper Sonachan. Arg 1H 133
Upper Soudley. Glos 4B 48
Upper Staploe. Bed 5A 64
Upper Stoke. Norf 5E 79
Upper Stondon. C Beds 2B 52
Upper Stowe. Nptn 5D 62
Upper Street. Hants 1G 15
Upper Street. Norf
nr. Horning 4F 79
nr. Hoveton 4F 79
Upper Street. Suff 2E 55
Upper Strensham. Worc 2E 49
Upper Studley. Wilts 1D 22
Upper Sundon. C Beds 3A 52
Upper Swell. Glos 3G 49
Upper Tankersley. S Yor 1H 85
Upper Tean. Staf 2E 73
Upperthong. W Yor 4B 92
Upperthorpe. N Lin 4A 94
Upper Thurnham. Lanc 4D 96
Upper Tillyrie. Per 3D 136
Upperton. W Sus 3A 26
Upper Tooting. G Lon 3D 39
Upper Town. Derbs
nr. Bonsall 5G 85
nr. Hognaston 5G 85
Upper Town. Here 1A 48
Upper Town. N Som 5A 34
Uppertown. Derbs 4H 85
Uppertown. High 1F 169
Uppertown. Nmbd 2B 114
Uppertown. Orkn 8D 172
Upper Tysoe. Warw 1B 50
Upper Upham. Wilts 4H 35
Upper Upnor. Medw 3B 40
Upper Urquhart. Fife 3D 136
Upper Wardington. Oxon 1C 50
Upper Weald. Mil 2F 51
Upper Weedon. Nptn 5D 62
Upper Wellingham. E Sus 4F 27
Upper Whiston. S Yor 2B 86
Upper Wield. Hants 3E 25
Upper Winchendon. Buck 4F 51
Upperwood. Derbs 5G 85
Upper Woodford. Wilts 3G 23
Upper Wootton. Hants 1D 24
Upper Wraxall. Wilts 4D 34
Upper Wyche. Worc 1C 48
Uppincott. Devn 2B 12
Uppingham. Rut 1F 63
Uppington. Shrp 5A 72
Upsall. N Yor 1G 99
Upsettlington. Bord 5E 131
Upshire. Essx 5E 53
Up Somborne. Hants 3B 24
Upstreet. Kent 4G 41
Up Sydling. Dors 2B 14
Upthorpe. Suff 3B 66
Upton. Buck 4F 51
Upton. Cambs 3A 64
Upton. Ches W 4G 83
Upton. Corn
nr. Bude 2C 10
nr. Liskeard 5C 10
Upton. Cumb 1E 102
Upton. Devn
nr. Honiton 2D 12
nr. Kingsbridge 4D 8
Upton. Dors
nr. Poole 3E 15
nr. Weymouth 4C 14
Upton. E Yor 4F 101
Upton. Hants
nr. Andover 1B 24
nr. Southampton 1B 16
Upton. IOW 3D 16
Upton. Leics 1A 62
Upton. Linc 2F 87
Upton. Mers 2E 83
Upton. Norf 4F 79
Upton. Nptn 4E 62
Upton. Notts
nr. Retford 3E 87
nr. Southwell 5E 87
Upton. Oxon 3D 36
Upton. Pemb 4E 43
Upton. Pet 5A 76
Upton. Slo 3A 38
Upton. Som
nr. Somerton 4H 21
nr. Wiveliscombe 4C 20
Upton. Warw 5F 61
Upton. W Yor 3E 93
Upton. Wilts 3D 22
Upton Bishop. Here 3B 48
Upton Cheyney. S Glo 5B 34
Upton Cressett. Shrp 1A 60
Upton Crews. Here 3B 48
Upton Cross. Corn 5C 10
Upton End. C Beds 2B 52
Upton Grey. Hants 2E 25
Upton Heath. Ches W 4G 83
Upton Hellions. Devn 2B 12
Upton Lovell. Wilts 2E 23
Upton Magna. Shrp 4H 71
Upton Noble. Som 3C 22
Upton Pyne. Devn 3C 12
Upton St Leonards. Glos 4D 48
Upton Scudamore. Wilts 2D 22
Upton Snodsbury. Worc 5D 60
Upton upon Severn. Worc 1D 48
Upton Warren. Worc 4D 60
Upwaltham. W Sus 4A 26
Upware. Cambs 3E 65
Upwell. Norf 5E 77
Upwey. Dors 4B 14
Upwick Green. Herts 3E 53
Upwood. Cambs 2B 64
Urafirth. Shet 4E 173
Uragaig. Arg 4A 132
Urchany. High 4C 158
Urchfont. Wilts 1F 23
Urdimarsh. Here 1A 48
Ure. Shet 4D 173
Ure Bank. N Yor 2F 99
Urgha. W Isl 8D 171
Urlay Nook. Stoc T 3B 106
Urmston. G Man 1B 84
Urquhart. Mor 2G 159
Urra. N Yor 4C 106
Urray. High 3H 157
Usan. Ang 3G 145
Ushaw Moor. Dur 5F 115
Usk. Mon 5G 47
Usselby. Linc 1H 87
Usworth. Tyne 4G 115
Utkinton. Ches W 4H 83
Uton. Devn 3B 12
Utterby. Linc 1C 88
Uttoxeter. Staf 2E 73
Uwchmynydd. Gwyn 3A 68
Uxbridge. G Lon 2B 38
Uyeasound. Shet 1G 173
Uzmaston. Pemb 3D 42

V

Valley. IOA 3B 80
Valley End. Surr 4A 38
Valley Truckle. Corn 4B 10
Valsgarth. Shet 1H 173
Valtos. High 2E 155
Van. Powy 2B 58
Vange. Essx 2B 40
Varteg. Torf 5F 47
Vatsetter. Shet 3G 173
Vatten. High 4B 154
Vaul. Arg 4B 138
The Vauld. Here 1A 48
Vaynor. Mer T 4D 46
Veensgarth. Shet 7F 173
Vellow. Som 3D 20
Velly. Devn 4C 18
Veness. Orkn 5E 172
Venhay. Devn 1A 12
Venn. Devn 4D 8
Venngreen. Devn 1D 11
Vennington. Shrp 5F 71
Venn Ottery. Devn 3D 12
Venn's Green. Here 1A 48
Venny Tedburn. Devn 3B 12
Venterdon. Corn 5D 10
Ventnor. IOW 5D 16
Vernham Dean. Hants 1B 24
Vernham Street. Hants 1B 24
Vernolds Common. Shrp 2G 59
Verwood. Dors 2F 15
Veryan. Corn 5D 6
Veryan Green. Corn 5D 6
Vicarage. Devn 4F 13
Vickerstown. Cumb 3A 96
Victoria. Corn 2D 6
Vidlin. Shet 5F 173
Viewpark. N Lan 3A 128
Vigo. W Mid 5E 73
Vigo Village. Kent 4H 39
Vinehall Street. E Sus 3B 28
Vine's Cross. E Sus 4G 27
Viney Hill. Glos 5B 48
Virginia Water. Surr 4A 38
Virginstow. Devn 3D 11
Vobster. Som 2C 22
Voe. Shet
nr. Hillside 5F 173
nr. Swinister 3E 173
Vole. Som 2G 21
Vowchurch. Here 2G 47
Voxter. Shet 4E 173
Voy. Orkn 6B 172
Vulcan Village. Mers 1H 83

W

Waberthwaite. Cumb 5C 102
Wackerfield. Dur 2E 105
Wacton. Norf 1D 66
Wadbister. Shet 7F 173
Wadborough. Worc 1E 49
Wadbrook. Devn 2G 13
Waddesdon. Buck 4F 51
Waddeton. Devn 3E 9
Waddicar. Mers 1F 83
Waddingham. Linc 1G 87
Waddington. Lanc 5G 97
Waddington. Linc 4G 87
Waddon. Devn 5B 12
Wadebridge. Corn 1D 6
Wadeford. Som 1G 13
Wadenhoe. Nptn 2H 63
Wadesmill. Herts 4D 52
Wadhurst. E Sus 2H 27
Wadshelf. Derbs 3H 85
Wadsley. S Yor 1H 85
Wadsley Bridge. S Yor 1H 85
Wadswick. Wilts 5D 34
Wadwick. Hants 1C 24
Wadworth. S Yor 1C 86
Waen. Den
nr. Llandymog 4D 82
nr. Nantglyn 4B 82
Waen. Powy 1B 58
Waen Goleugoed. Den 3C 82
Wag. High 1H 165
Wainfleet All Saints. Linc 5D 89
Wainfleet Bank. Linc 5D 88
Wainfleet St Mary. Linc 5D 89
Wainhouse Corner. Corn 3B 10
Wainscott. Medw 3B 40
Wainstalls. W Yor 2A 92
Waitby. Cumb 4A 104
Waithe. Linc 4F 95
Wakefield. W Yor 2D 92
Wakerley. Nptn 1G 63
Wakes Colne. Essx 3B 54
Walberswick. Suff 3G 67
Walberton. W Sus 5A 26
Walbottle. Tyne 3E 115
Walby. Cumb 3F 113
Walcombe. Som 2A 22
Walcot. Linc 2H 75
Walcot. N Lin 2B 94
Walcot. Swin 3G 35
Walcot. Telf 4H 71
Walcot. Warw 5F 61
Walcote. Leics 2C 62
Walcot Green. Norf 2D 66
Walcott. Linc 5A 88
Walcott. Norf 2F 79
Walden. N Yor 1C 98
Walden Head. N Yor 1B 98
Walden Stubbs. N Yor 3F 93
Walderslade. Medw 4B 40
Walderton. W Sus 1F 17
Walditch. Dors 3H 13
Waldley. Derbs 2F 73
Waldridge. Dur 4F 115
Waldringfield. Suff 1F 55
Waldron. E Sus 4G 27
Wales. S Yor 2B 86
Walesby. Linc 1A 88
Walesby. Notts 3D 86
Walford. Here
nr. Leintwardine 3F 59
nr. Ross-on-Wye 3A 48
Walford. Shrp 3G 71
Walford. Staf 2C 72
Walford Heath. Shrp 4G 71
Walgherton. Ches E 1A 72
Walgrave. Nptn 3F 63
Walhampton. Hants 3B 16
Walkden. G Man 4F 91
Walker. Tyne 3F 115
Walkerburn. Bord 1F 119
Walker Fold. Lanc 5F 97
Walkeringham. Notts 1E 87
Walkerith. Linc 1E 87
Walkern. Herts 3C 52
Walker's Green. Here 1A 48
Walkerton. Fife 3E 137
Walkerville. N Yor 5F 105
Walkford. Dors 3H 15
Walkhampton. Devn 2B 8
Walkington. E Yor 1C 94
Walkley. S Yor 2H 85
Walk Mill. Lanc 1G 91
Wall. Corn 3D 4
Wall. Nmbd 3C 114
Wall. Staf 5F 73
Wallaceton. Dum 1F 111
Wallacetown. Shet 6E 173
Wallacetown. S Aymr. Ayr 2C 116
nr. Dailly 4B 116
Wallands Park. E Sus 4F 27
Wallasey. Mers 1E 83
Wallaston Green. Pemb 4D 42
Wallbrook. W Mid 1D 60
Wallcrouch. E Sus 2A 28
Wall End. Cumb 1B 96
Wallend. Medw 3C 40
Wall Heath. W Mid 2C 60
Wallingford. Oxon 3E 36
Wallington. G Lon 4D 39
Wallington. Hants 2D 16
Wallington. Herts 2C 52
Wallis. Pemb 2E 43
Wallisdown. Bour 3F 15
Walliswood. Surr 2C 26
Wall Nook. Dur 5F 115
Walls. Shet 7D 173
Wallsend. Tyne 3G 115
Wallsworth. Glos 3D 48
Wall under Heywood. Shrp 1H 59
Wallyford. E Lot 2G 129
Walmer. Kent 5H 41
Walmer Bridge. Lanc 2C 90
Walmersley. G Man 3G 91
Walmley. W Mid 1F 61
Walnut Grove. Per 1D 136
Walpole. Suff 3F 67
Walpole Cross Keys. Norf 4E 77
Walpole Gate. Norf 4E 77
Walpole Highway. Norf 4E 77
Walpole Marsh. Norf 4D 77
Walpole St Andrew. Norf 4E 77
Walpole St Peter. Norf 4E 77
Walsall. W Mid 1E 61
Walsall Wood. W Mid 5E 73
Walsden. W Yor 2H 91
Walsgrave on Sowe
W Mid 2A 62
Walsham le Willows. Suff 3C 66
Walshaw. G Man 3F 91
Walshford. N Yor 4G 99
Walsoken. Norf 4D 76
Walston. S Lan 5D 128
Walsworth. Herts 2B 52
Walter's Ash. Buck 2G 37
Walterston. V Glam 4D 32
Walterstone. Here 3G 47
Waltham. Kent 1F 29
Waltham. NE Lin 4F 95
Waltham Abbey. Essx 5D 53
Waltham Chase. Hants 1D 16
Waltham Cross. Herts 5D 52
Waltham on the Wolds. Leics 3F 75
Waltham St Lawrence. Wind 4G 37
Waltham's Cross. Essx 2G 53
Walthamstow. G Lon 2E 39
Walton. Cumb 3G 113
Walton. Derbs 4A 86
Walton. Leics 2C 62
Walton. Mers 1F 83
Walton. Mil 2G 51
Walton. Pet 5A 76
Walton. Powy 5E 59
Walton. Som 3H 21
Walton. Staf
nr. Eccleshall 3C 72
nr. Stone 2C 72
Walton. Suff 2F 55
Walton. Telf 4H 71
Walton. Warw 5G 61
Walton. W Yor
nr. Wakefield 3D 92
nr. Wetherby 5G 99
Walton Cardiff. Glos 2E 49
Walton East. Pemb 2E 43
Walton Elm. Dors 1C 14
Walton Highway. Norf 4D 77
Walton in Gordano. N Som 4H 33
Walton-le-Dale. Lanc 2D 90
Walton-on-Thames. Surr 4C 38
Walton on the Hill. Surr 5D 38
Walton-on-the-Hill. Staf 3D 72
Walton-on-the-Naze. Essx 3F 55
Walton on the Wolds. Leics 4C 74
Walton-on-Trent. Derbs 4G 73
Walton West. Pemb 3C 42
Walwick. Nmbd 2C 114
Walworth. Darl 3F 105
Walworth Gate. Darl 2F 105
Walwyn's Castle. Pemb 3C 42
Wambrook. Som 2F 13
Wampool. Cumb 4D 112
Wanborough. Surr 1A 26
Wanborough. Swin 3H 35
Wandel. S Lan 2B 118
Wandsworth. G Lon 3D 38
Wangford. Suff
nr. Lakenheath 2G 65
nr. Southwold 3G 67
Wanlip. Leics 4C 74
Wanlockhead. Dum 3A 118
Wannock. E Sus 5G 27
Wansford. E Yor 4E 101
Wansford. Pet 1H 63
Wanshurst Green. Kent 1B 28
Wanstead. G Lon 2F 39
Wanstrow. Som 2C 22
Wanswell. Glos 5B 48

Wantage. *Oxon* 3C **36**
Wapley. *S Glo* 4C **34**
Wappenbury. *Warw* 4A **62**
Wappenham. *Nptn* 1E **51**
Warbleton. *E Sus* 4H **27**
Warblington. *Hants* 2F **17**
Warborough. *Oxon* 2D **36**
Warboys. *Cambs* 2C **64**
Warbreck. *Bkpl* 1B **90**
Warbstow. *Corn* 3C **10**
Warburton. *G Man* 2B **84**
Warcop. *Cumb* 3A **104**
Warden. *Kent* 3E **40**
Warden. *Nmbd* 3C **114**
Ward End. *W Mid* 2F **61**
Ward Green. *Suff* 4C **66**
Ward Green Cross. *Lanc* 1E **91**
Wardhedges. *C Beds* 2A **52**
Wardhouse. *Abers* 5C **160**
Wardington. *Oxon* 1C **50**
Wardle. *Ches E* 5A **84**
Wardle. *G Man* 3H **91**
Wardley. *Rut* 5F **75**
Wardley. *W Sus* 4G **25**
Wardlow. *Derbs* 3F **85**
Wardsend. *Ches E* 2D **84**
Wardy Hill. *Cambs* 2D **64**
Ware. *Herts* 4D **52**
Ware. *Kent* 4G **41**
Wareham. *Dors* 4E **15**
Warehorne. *Kent* 2D **28**
Warenford. *Nmbd* 2F **121**
Waren Mill. *Nmbd* 1F **121**
Warenton. *Nmbd* 1F **121**
Wareside. *Herts* 4D **53**
Waresley. *Cambs* 5B **64**
Waresley. *Worc* 4C **60**
Warfield. *Brac* 4G **37**
Warfleet. *Devn* 3E **9**
Wargate. *Linc* 2B **76**
Wargrave. *Wok* 4F **37**
Warham. *Norf* 1B **78**
Waringstown. *Arm* 5G **175**
Wark. *Nmbd*
nr. Coldstream 1C **120**
nr. Hexham 2B **114**
Warkleigh. *Devn* 4G **19**
Warkton. *Nptn* 3F **63**
Warkworth. *Nptn* 1C **50**
Warkworth. *Nmbd* 4G **121**
Warlaby. *N Yor* 5A **106**
Warland. *W Yor* 2H **91**
Warleggan. *Corn* 2F **7**
Warlingham. *Surr* 5E **39**
Warmanbie. *Dum* 3C **112**
Warmfield. *W Yor* 2D **93**
Warmingham. *Ches E* 4B **84**
Warminghurst. *W Sus* 4C **26**
Warmington. *Nptn* 1H **63**
Warmington. *Warw* 1C **50**
Warminster. *Wilts* 2D **23**
Warmley. *S Glo* 4B **34**
Warmsworth. *S Yor* 4F **93**
Warmwell. *Dors* 4C **14**
Warndon. *Worc* 5C **60**
Warners End. *Herts* 5A **52**
Warnford. *Hants* 4E **24**
Warnham. *W Sus* 2C **26**
Warningcamp. *W Sus* 5B **26**
Warninglid. *W Sus* 3D **26**
Warren. *Ches E* 3C **84**
Warren. *Pemb* 5D **42**
Warrenby. *Red C* 2C **106**
Warren Corner. *Hants*
nr. Aldershot 2G **25**
nr. Petersfield 4F **25**
Warrenpoint. *New M* 6G **175**
Warren Row. *Wind* 3G **37**
Warren Street. *Kent* 5D **40**
Warrington. *Mil* 5F **63**
Warrington. *Warr* 2A **84**
Warsash. *Hants* 2C **16**
Warse. *High* 1F **169**
Warslow. *Staf* 5E **85**
Warsop. *Notts* 4C **86**
Warsop Vale. *Notts* 4C **86**
Warter. *E Yor* 4C **100**
Warthermarske. *N Yor* 2E **98**
Warthill. *N Yor* 4A **100**
Wartling. *E Sus* 5A **28**
Wartnaby. *Leics* 3E **74**
Warton. *Lanc*
nr. Carnforth 2D **97**
nr. Freckleton 2C **90**
Warton. *Nmbd* 4E **121**
Warton. *Warw* 5G **73**
Warwick. *Warw* 4G **61**
Warwick Bridge. *Cumb* 4F **113**
Warwick-on-Eden. *Cumb* 4F **113**
Warwick Wold. *Surr* 5E **39**
Wasbister. *Orkn* 4C **172**
Wasdale Head. *Cumb* 4C **102**
Wash. *Derbs* 2E **85**
Washaway. *Corn* 2E **7**
Washbourne. *Devn* 3D **9**
Washbrook. *Suff* 1E **54**
Wash Common. *W Ber* 5C **36**
Washerwall. *Staf* 1D **72**
Washfield. *Devn* 1C **12**
Washfold. *N Yor* 4D **104**
Washford. *Som* 2D **20**
Washford Pyne. *Devn* 1B **12**
Washingborough. *Linc* 3H **87**
Washington. *Tyne* 4G **115**
Washington. *W Sus* 4C **26**
Washington Village. *Tyne* 4G **115**
Waskerley. *Dur* 5D **114**
Wasperton. *Warw* 5G **61**
Wasp Green. *Surr* 1E **27**
Wasps Nest. *Linc* 4H **87**
Wass. *N Yor* 2H **99**
Watchet. *Som* 2D **20**
Watchfield. *Oxon* 2H **35**
Watchgate. *Cumb* 5G **103**
Watchhill. *Cumb* 5C **112**
Watcombe. *Torb* 2F **9**
Watendlath. *Cumb* 3D **102**
Water. *Devn* 4A **12**
Water. *Lanc* 2G **91**
Waterbeach. *Cambs* 4D **65**
Waterbeach. *W Sus* 2G **17**
Waterbeck. *Dum* 2D **112**
Waterditch. *Hants* 3G **15**
Water End. *C Beds* 2A **52**
Water End. *E Yor* 1A **94**
Water End. *Essx* 1F **53**
Water End. *Herts*
nr. Hatfield 5C **52**
nr. Hemel Hempstead 4A **52**
Waterfall. *Staf* 5E **85**
Waterfoot. *E Ren* 4G **127**
Waterfoot. *Lanc* 2G **91**
Waterford. *Herts* 4D **52**
Water Fryston. *W Yor* 2E **93**
Waterhead. *Cumb* 4E **103**
Waterhead. *E Ayr* 3E **117**
Waterhead. *S Ayr* 5C **116**
Waterheads. *Bord* 4F **129**
Waterhouses. *Dur* 5E **115**
Waterhouses. *Staf* 5E **85**
Wateringbury. *Kent* 5A **40**
Waterlane. *Glos* 5E **49**
Waterlip. *Som* 2B **22**
Waterloo. *Cphy* 3E **33**
Waterloo. *Corn* 5B **10**
Waterloo. *Here* 1G **47**
Waterloo. *High* 1E **147**
Waterloo. *Mers* 1F **83**
Waterloo. *Norf* 4E **78**
Waterloo. *N Lan* 4B **128**
Waterloo. *Pemb* 4D **42**
Waterloo. *Per* 5H **143**
Waterloo. *Pool* 3F **15**
Waterloo. *Shrp* 2G **71**
Waterlooville. *Hants* 2E **17**
Watermead. *Buck* 4G **51**
Watermillock. *Cumb* 2F **103**
Water Newton. *Cambs* 1A **64**
Water Orton. *Warw* 1F **61**
Waterperry. *Oxon* 5E **51**
Waterrow. *Som* 4D **20**
Watersfield. *W Sus* 4B **26**
Waterside. *Buck* 5H **51**
Waterside. *Cambs* 3F **65**
Waterside. *Cumb* 5D **112**
Waterside. *E Ay*mr. Ayr 4D **116**
nr. Kilmarnock 5F **127**
Waterside. *E Dun* 2H **127**
Waterstein. *High* 4A **154**
Waterstock. *Oxon* 5E **51**
Waterston. *Pemb* 4D **42**
Water Stratford. *Buck* 2E **51**
Waters Upton. *Telf* 4A **72**
Water Yeat. *Cumb* 1B **96**
Watford. *Herts* 1C **38**
Watford. *Nptn* 4D **62**
Wath. *Cumb* 4H **103**
Wath. *N Yor*
nr. Pateley Bridge 3D **98**
nr. Ripon 2F **99**
Wath Brow. *Cumb* 3B **102**
Wath upon Dearne. *S Yor* 4E **93**
Watlington. *Norf* 4F **77**
Watlington. *Oxon* 2E **37**
Watten. *High* 3E **169**
Wattisfield. *Suff* 3C **66**
Wattisham. *Suff* 5C **66**
Wattlesborough Heath. *Shrp* 4F **71**
Watton. *Dors* 3H **13**
Watton. *E Yor* 4E **101**
Watton. *Norf* 5B **78**
Watton at Stone. *Herts* 4C **52**
Wattston. *N Lan* 2A **128**
Wattstown. *Rhon* 2D **32**
Wattsville. *Cphy* 2F **33**
Wauldby. *E Yor* 2C **94**
Waulkmill. *Abers* 4D **152**
Waun. *Powy* 4E **71**
Y Waun. *Wrex* 2E **71**
Waunarlwydd. *Swan* 3F **31**
Waun-fach. *Powy* 4E **70**
Waunfawr. *Cdgn* 2F **57**
Waunfawr. *Gwyn* 5E **81**
Waungilwen. *Carm* 1H **43**
Waun-Lwyd. *Blae* 5E **47**
Waun y Clyn. *Carm* 5E **45**
Wavendon. *Mil* 2H **51**
Waverbridge. *Cumb* 5D **112**
Waverley. *Surr* 2G **25**
Waverton. *Ches W* 4G **83**
Waverton. *Cumb* 5D **112**
Wavertree. *Mers* 2F **83**
Wawne. *E Yor* 1D **94**
Waxham. *Norf* 3G **79**
Waxholme. *E Yor* 2G **95**
Wayford. *Som* 2H **13**
Way Head. *Cambs* 2D **65**
Waytown. *Dors* 3H **13**
Way Village. *Devn* 1B **12**
Wdig. *Pemb* 1D **42**
Wealdstone. *G Lon* 2C **38**
Weardley. *W Yor* 5E **99**
Weare. *Som* 1H **21**
Weare Giffard. *Devn* 4E **19**
Wearhead. *Dur* 1B **104**
Wearne. *Som* 4H **21**
Weasdale. *Cumb* 4H **103**
Weasenham All Saints
Norf 3H **77**
Weasenham St Peter. *Norf* 3A **78**
Weaverham. *Ches W* 3A **84**
Weaverthorpe. *N Yor* 2D **100**
Webheath. *Worc* 4E **61**
Webton. *Here* 2H **47**
Wedderlairs. *Abers* 5F **161**
Weddington. *Warw* 1A **62**
Wedhampton. *Wilts* 1F **23**
Wedmore. *Som* 2H **21**
Wednesbury. *W Mid* 1D **61**
Wednesfield. *W Mid* 5D **72**
Weecar. *Notts* 4F **87**
Weedon. *Buck* 4G **51**
Weedon Bec. *Nptn* 5D **62**
Weedon Lois. *Nptn* 1E **50**
Weeford. *Staf* 5F **73**
Week. *Devn*
nr. Barnstaple 4F **19**
nr. Okehampton 2G **11**
nr. South Molton 1H **11**
nr. Totnes 2D **9**
Week. *Som* 3C **20**
Weeke. *Devn* 2A **12**
Weeke. *Hants* 3C **24**
Week Green. *Corn* 3C **10**
Weekley. *Nptn* 2F **63**
Week St Mary. *Corn* 3C **10**
Weel. *E Yor* 1D **94**
Weeley. *Essx* 3E **55**
Weeley Heath. *Essx* 3E **55**
Weem. *Per* 4F **143**
Weeping Cross. *Staf* 3D **72**
Weethly. *Warw* 5E **61**
Weeting. *Norf* 2G **65**
Weeton. *E Yor* 2G **95**
Weeton. *Lanc* 1B **90**
Weeton. *N Yor* 5E **99**
Weetwood Hall. *Nmbd* 2E **121**
Weir. *Lanc* 2G **91**
Welborne. *Norf* 4C **78**
Welbourn. *Linc* 5G **87**
Welburn. *N Yor*
nr. Kirkbymoorside 1A **100**
nr. Malton 3B **100**
Welbury. *N Yor* 4A **106**
Welby. *Linc* 2G **75**
Welches Dam. *Cambs* 2D **64**
Welcombe. *Devn* 1C **10**
Weld Bank. *Lanc* 3D **90**
Weldon. *Nptn* 2G **63**
Weldon. *Nmbd* 5F **121**
Welford. *Nptn* 2D **62**
Welford. *W Ber* 4C **36**
Welford-on-Avon. *Warw* 5F **61**
Welham. *Leics* 1E **63**
Welham. *Notts* 2E **87**
Welham Green. *Herts* 5C **52**
Well. *Hants* 2F **25**
Well. *Linc* 3D **88**
Well. *N Yor* 1E **99**
Welland. *Worc* 1C **48**
Wellbank. *Ang* 5D **144**
Well Bottom. *Dors* 1E **15**
Welldale. *Dum* 3C **112**
Wellesbourne. *Warw* 5G **61**
Well Hill. *Kent* 4F **39**
Wellhouse. *W Ber* 4D **36**
Welling. *G Lon* 3F **39**
Wellingborough. *Nptn* 4F **63**
Wellingham. *Norf* 3A **78**
Wellingore. *Linc* 5G **87**
Wellington. *Cumb* 4B **102**
Wellington. *Here* 1H **47**
Wellington. *Som* 4E **21**
Wellington. *Telf* 4A **72**
Wellington Heath. *Here* 1C **48**
Wellow. *Bath* 1C **22**
Wellow. *IOW* 4B **16**
Wellow. *Notts* 4D **86**
Wellpond Green. *Herts* 3E **53**
Wells. *Som* 2A **22**
Wellsborough. *Leics* 5A **74**
Wells Green. *Ches E* 5A **84**
Wells-next-the-Sea. *Norf* 1B **78**
Wellswood. *Torb* 2F **9**
Wellwood. *Fife* 1D **129**
Welney. *Norf* 1E **65**
Welsford. *Devn* 4C **18**
Welshampton. *Shrp* 2G **71**
Welsh End. *Shrp* 2H **71**
Welsh Frankton. *Shrp* 2F **71**
Welsh Hook. *Pemb* 2D **42**
Welsh Newton. *Here* 4H **47**
Welsh Newton Common
Here 4A **48**
Welshpool. *Powy* 5E **70**
Welsh St Donats. *V Glam* 4D **32**
Welton. *Bath* 1B **22**
Welton. *Cumb* 5E **113**
Welton. *E Yor* 2C **94**
Welton. *Linc* 2H **87**
Welton. *Nptn* 4C **62**
Welton Hill. *Linc* 2H **87**
Welton le Marsh. *Linc* 4D **88**
Welton le Wold. *Linc* 2B **88**
Welwick. *E Yor* 2G **95**
Welwyn. *Herts* 4C **52**
Welwyn Garden City. *Herts* 4C **52**
Wem. *Shrp* 3H **71**
Wembdon. *Som* 3F **21**
Wembley. *G Lon* 2C **38**
Wembury. *Devn* 4B **8**
Wembworthy. *Devn* 2G **11**
Wemyss Bay. *Inv* 2C **126**
Wenallt. *Cdgn* 3F **57**
Wenallt. *Gwyn* 1B **70**
Wendens Ambo. *Essx* 2F **53**
Wendlebury. *Oxon* 4D **50**
Wendling. *Norf* 4B **78**
Wendover. *Buck* 5G **51**
Wendron. *Corn* 5A **6**
Wendy. *Cambs* 1D **52**
Wenfordbridge. *Corn* 5A **10**
Wenhaston. *Suff* 3G **67**
Wennington. *Cambs* 3B **64**
Wennington. *G Lon* 2G **39**
Wennington. *Lanc* 2F **97**
Wensley. *Derbs* 4G **85**
Wensley. *N Yor* 1C **98**
Wentbridge. *W Yor* 3E **93**
Wentnor. *Shrp* 1F **59**
Wentworth. *Cambs* 3D **65**
Wentworth. *S Yor* 1A **86**
Wenvoe. *V Glam* 4E **32**
Weobley. *Here* 5G **59**
Weobley Marsh. *Here* 5G **59**
Wepham. *W Sus* 5B **26**
Wereham. *Norf* 5F **77**
Wergs. *W Mid* 5C **72**
Wern. *Gwyn* 1E **69**
Wern. *Powy*
nr. Brecon 4E **46**
nr. Guilsfield 4E **71**
nr. Llangadfan 4B **70**
nr. Llanymynech 3E **71**
Wernffrwd. *Swan* 3E **31**
Wernyrheolydd. *Mon* 4G **47**
Werrington. *Corn* 4D **10**
Werrington. *Pet* 5A **76**
Werrington. *Staf* 1D **72**
Wervin. *Ches W* 3G **83**
Wesham. *Lanc* 1C **90**
Wessington. *Derbs* 5A **86**
West Aberthaw. *V Glam* 5D **32**
West Acre. *Norf* 4G **77**
West Allerdean. *Nmbd* 5F **131**
West Alvington. *Devn* 4D **8**
West Amesbury. *Wilts* 2G **23**
West Anstey. *Devn* 4B **20**
West Appleton. *N Yor* 5F **105**
West Ardsley. *W Yor* 2C **92**
West Arthurlie. *E Ren* 4F **127**
West Ashby. *Linc* 3B **88**
West Ashling. *W Sus* 2G **17**
West Ashton. *Wilts* 1D **23**
West Auckland. *Dur* 2E **105**
West Ayton. *N Yor* 1D **101**
West Bagborough. *Som* 3E **21**
West Bank. *Hal* 2H **83**
West Barkwith. *Linc* 2A **88**
West Barnby. *N Yor* 3F **107**
West Barns. *E Lot* 2C **130**
West Barsham. *Norf* 2B **78**
West Bay. *Dors* 3H **13**
West Beckham. *Norf* 2D **78**
West Bennan. *N Ayr* 3D **123**
Westbere. *Kent* 4F **41**
West Bergholt. *Essx* 3C **54**
West Bexington. *Dors* 4A **14**
West Bilney. *Norf* 4G **77**
West Blackdene. *Dur* 1B **104**

West Blatchington – West Town

West Blatchington. *Brig* 5D 27
Westborough. *Linc* 1F 75
Westbourne. *Bour* 3F 15
Westbourne. *W Sus* 2F 17
West Bowling. *W Yor* 1B 92
West Brabourne. *Kent* 1E 29
West Bradford. *Lanc* 5G 97
West Bradley. *Som* 3A 22
West Bretton. *W Yor* 3C 92
West Bridgford. *Notts* 2C 74
West Briggs. *Norf* 4F 77
West Bromwich. *W Mid* 1E 61
Westbrook. *Here* 1F 47
Westbrook. *Kent* 3H 41
Westbrook. *Wilts* 5E 35
West Buckland. *Devn*
  nr. Barnstaple 3G 19
  nr. Thurlestone 4C 8
West Buckland. *Som* 4E 21
West Burnside. *Abers* 1G 145
West Burrafirth. *Shet* 6D 173
West Burton. *N Yor* 1C 98
West Burton. *W Sus* 4B 26
Westbury. *Buck* 2E 50
Westbury. *Shrp* 5F 71
Westbury. *Wilts* 1D 22
Westbury Leigh. *Wilts* 1D 22
Westbury-on-Severn. *Glos* 4C 48
Westbury on Trym. *Bris* 4A 34
Westbury-sub-Mendip. *Som* 2A 22
West Butsfield. *Dur* 5E 115
West Butterwick. *N Lin* 4B 94
Westby. *Linc* 3G 75
West Byfleet. *Surr* 4B 38
West Caister. *Norf* 4H 79
West Calder. *W Lot* 3D 128
West Camel. *Som* 4A 22
West Carr. *N Lin* 4H 93
West Chaldon. *Dors* 4C 14
West Challow. *Oxon* 3B 36
West Charleton. *Devn* 4D 8
West Chelborough. *Dors* 2A 14
West Chevington. *Nmbd* 5G 121
West Chiltington. *W Sus* 4B 26
West Chiltington Common
  W Sus 4B 26
West Chinnock. *Som* 1H 13
West Chisenbury. *Wilts* 1G 23
West Clandon. *Surr* 5B 38
West Cliffe. *Kent* 1H 29
Westcliff-on-Sea. *S'end* 2C 40
West Clyne. *High* 3F 165
West Coker. *Som* 1A 14
Westcombe. *Som*
  nr. Evercreech 3B 22
  nr. Somerton 4H 21
West Compton. *Dors* 3A 14
West Compton. *Som* 2A 22
West Cornforth. *Dur* 1A 106
Westcot. *Oxon* 3B 36
Westcott. *Buck* 4F 51
Westcott. *Devn* 2D 12
Westcott. *Surr* 1C 26
Westcott Barton. *Oxon* 3C 50
West Cowick. *E Yor* 2G 93
West Cranmore. *Som* 2B 22
West Croftmore. *High* 2D 150
West Cross. *Swan* 4F 31
West Cullerlie. *Abers* 3E 153
West Culvennan. *Dum* 3H 109
West Curry. *Corn* 3C 10
West Curthwaite. *Cumb* 5E 113
West Dean. *W Sus* 1G 17
West Dean. *Wilts* 4A 24
Westdean. *E Sus* 5G 27
West Deeping. *Linc* 5A 76
West Derby. *Mers* 1F 83
West Dereham. *Norf* 5F 77
West Down. *Devn* 2F 19
Westdowns. *Corn* 4A 10
West Drayton. *G Lon* 3B 38
West Drayton. *Notts* 3E 86
West Dunnet. *High* 1E 169
West Ella. *E Yor* 2D 94
West End. *Bed* 5G 63
West End. *Cambs* 1D 64
West End. *Dors* 2E 15
West End. *E Yor*
  nr. Kilham 3E 101
  nr. Preston 1E 95
  nr. South Cove 1C 94
  nr. Ulrome 4F 101
West End. *G Lon* 2D 39
West End. *Hants* 1C 16
West End. *Herts* 5C 52
West End. *Kent* 4F 41
West End. *Lanc* 3D 96
West End. *Linc* 1C 76
West End. *Norf* 4H 79
West End. *N Som* 5H 33
West End. *N Yor* 4D 98
West End. *S Glo* 3C 34
West End. *S Lan* 5C 128
West End. *Surr* 4A 38
West End. *Wilts* 4E 23
West End. *Wind* 4G 37
West End Green. *Hants* 5E 37
Westenhanger. *Kent* 2F 29
Wester Aberchalder. *High* 2H 149
Wester Balgedie. *Per* 3D 136
Wester Brae. *High* 2A 158
Wester Culbeuchly. *Abers* 2D 160
Westerdale. *High* 3D 168
Westerdale. *N Yor* 4D 106
Wester Dechmont. *W Lot* 2D 128
Wester Fearn. *High* 5D 164
Westerfield. *Suff* 1E 55
Wester Galcantray. *High* 4C 158
Westergate. *W Sus* 5A 26
Wester Gruinards. *High* 4C 164
Westerham. *Kent* 5F 39
Westerleigh. *S Glo* 4C 34
Westerloch. *High* 3F 169
Wester Mandally. *High* 3E 149
Wester Quarff. *Shet* 8F 173
Wester Rarichie. *High* 1C 158
Wester Shian. *Per* 5F 143
Wester Skeld. *Shet* 7D 173
Westerton. *Ang* 3F 145
Westerton. *Dur* 1F 105
Westerton. *W Sus* 2G 17
Westerwick. *Shet* 7D 173
West Farleigh. *Kent* 5B 40
West Farndon. *Nptn* 5C 62
West Felton. *Shrp* 3F 71
Westfield. *Cumb* 2A 102
Westfield. *E Sus* 4C 28
Westfield. *High* 2C 168
Westfield. *Norf* 5B 78
Westfield. *N Lan* 2A 128
Westfield. *W Lot* 2C 128
Westfields. *Dors* 2C 14
Westfields of Rattray. *Per* 4A 144
West Fleetham. *Nmbd* 2F 121
Westford. *Som* 4E 20
West Garforth. *W Yor* 1D 93
Westgate. *Dur* 1C 104
Westgate. *Norf* 1B 78
Westgate. *N Lin* 4A 94
Westgate on Sea. *Kent* 3H 41
West Ginge. *Oxon* 3C 36
West Grafton. *Wilts* 5H 35
West Green. *Hants* 1F 25
West Grimstead. *Wilts* 4H 23
West Grinstead. *W Sus* 3C 26
West Haddlesey. *N Yor* 2F 93
West Haddon. *Nptn* 3D 62
West Hagbourne. *Oxon* 3D 36
West Hagley. *Worc* 2D 60
West Hall. *Cumb* 3G 113
Westhall. *Suff* 2G 67
West Hallam. *Derbs* 1B 74
Westhall Terrace. *Ang* 5D 144
West Halton. *N Lin* 2C 94
West Ham. *G Lon* 2E 39
Westham. *Dors* 5B 14
Westham. *E Sus* 5H 27
Westham. *Som* 2H 21
Westhampnett. *W Sus* 2G 17
West Handley. *Derbs* 3A 86
West Hanney. *Oxon* 2C 36
West Hanningfield. *Essx* 1B 40
West Hardwick. *W Yor* 3E 93
West Harptree. *Bath* 1A 22
West Harting. *W Sus* 4F 25
West Harton. *Tyne* 3G 115
West Hatch. *Som* 4F 21
Westhay. *Som* 2H 21
West Head. *Norf* 5E 77
Westhead. *Lanc* 4C 90
West Heath. *Hants*
  nr. Basingstoke 1D 24
  nr. Farnborough 1G 25
West Helmsdale. *High* 2H 165
West Hendred. *Oxon* 3C 36
West Heogaland. *Shet* 4D 173
West Heslerton. *N Yor* 2D 100
West Hewish. *N Som* 5G 33
Westhide. *Here* 1A 48
West Hill. *Devn* 3D 12
West Hill. *E Yor* 3F 101
West Hill. *N Som* 4H 33
West Hill. *W Sus* 2E 27
Westhill. *Abers* 3F 153
Westhill. *High* 4B 158
West Hoathly. *W Sus* 2E 27
West Holme. *Dors* 4D 15
Westhope. *Here* 5G 59
Westhope. *Shrp* 2G 59
West Horndon. *Essx* 2H 39
Westhorp. *Nptn* 5C 62
Westhorpe. *Linc* 2B 76
Westhorpe. *Suff* 4C 66
West Horrington. *Som* 2A 22
West Horsley. *Surr* 5B 38
West Horton. *Nmbd* 1E 121
West Hougham. *Kent* 1G 29
Westhoughton. *G Man* 4E 91
West Houlland. *Shet* 6D 173
Westhouse. *N Yor* 2F 97
Westhouses. *Derbs* 5B 86
West Howe. *Bour* 3F 15
Westhumble. *Surr* 5C 38
West Huntspill. *Som* 2G 21
West Hyde. *Herts* 1B 38
West Hynish. *Arg* 5A 138
West Hythe. *Kent* 2F 29
West Ilsley. *W Ber* 3C 36
Westing. *Shet* 1G 173
West Keal. *Linc* 4C 88
West Kennett. *Wilts* 5G 35
West Kilbride. *N Ayr* 5D 126
West Kingsdown. *Kent* 4G 39
West Kington. *Wilts* 4D 34
West Kirby. *Mers* 2E 82
West Knapton. *N Yor* 2C 100
West Knighton. *Dors* 4C 14
West Knoyle. *Wilts* 3D 22
West Kyloe. *Nmbd* 5G 131
Westlake. *Devn* 3C 8
West Lambrook. *Som* 1H 13
West Langdon. *Kent* 1H 29
West Langwell. *High* 3D 164
West Lavington. *W Sus* 4G 25
West Lavington. *Wilts* 1F 23
West Layton. *N Yor* 4E 105
West Leake. *Notts* 3C 74
West Learmouth. *Nmbd* 1C 120
West Leigh. *Devn* 2G 11
Westleigh. *Devn*
  nr. Bideford 4E 19
  nr. Tiverton 1D 12
Westleigh. *G Man* 4E 91
West Leith. *Herts* 4H 51
Westleton. *Suff* 4G 67
West Lexham. *Norf* 4H 77
Westley. *Shrp* 5F 71
Westley. *Suff* 4H 65
Westley Waterless. *Cambs* 5F 65
West Lilling. *N Yor* 3A 100
West Lingo. *Fife* 3G 137
Westlington. *Buck* 4F 51
West Linton. *Bord* 4E 129
Westlinton. *Cumb* 3E 113
West Littleton. *S Glo* 4C 34
West Looe. *Corn* 3G 7
West Lulworth. *Dors* 4D 14
West Lutton. *N Yor* 3D 100
West Lydford. *Som* 3A 22
West Lyng. *Som* 4G 21
West Lynn. *Norf* 4F 77
West Mains. *Per* 2B 136
West Malling. *Kent* 5A 40
West Malvern. *Worc* 1C 48
Westmancote. *Worc* 2E 49
West Marden. *W Sus* 1F 17
West Markham. *Notts* 3E 86
West Marsh. *NE Lin* 4F 95
Westmarsh. *Kent* 4G 41
West Marton. *N Yor* 4A 98
West Meon. *Hants* 4E 25
West Mersea. *Essx* 4D 54
Westmeston. *E Sus* 4E 27
Westmill. *Herts*
  nr. Buntingford 3D 52
  nr. Hitchin 2B 52
West Milton. *Dors* 3A 14
Westminster. *G Lon* 3D 39
West Molesey. *Surr* 4C 38
West Monkton. *Som* 4F 21
Westmoor End. *Cumb* 1B 102
West Moors. *Dors* 2F 15
West Morden. *Dors* 3E 15
West Muir. *Ang* 2E 145
Westmuir. *Ang* 3C 144
West Murkle. *High* 2D 168
West Ness. *N Yor* 2A 100
Westness. *Orkn* 5C 172
West Newton. *E Yor* 1E 95
West Newton. *Norf* 3F 77
West Newton. *Som* 4F 21
Westnewton. *Cumb* 5C 112
Westnewton. *Nmbd* 1D 120
West Norwood. *G Lon* 3E 39
Westoe. *Tyne* 3G 115
West Ogwell. *Devn* 2E 9
Weston. *Bath* 5C 34
Weston. *Ches E*
  nr. Crewe 5B 84
  nr. Macclesfield 3C 84
Weston. *Devn*
  nr. Honiton 2E 13
  nr. Sidmouth 4E 13
Weston. *Dors*
  nr. Weymouth 5B 14
  nr. Yeovil 2A 14
Weston. *Hal* 2H 83
Weston. *Hants* 4F 25
Weston. *Here* 5F 59
Weston. *Herts* 2C 52
Weston. *Linc* 3B 76
Weston. *Nptn* 1D 50
Weston. *Notts* 4E 87
Weston. *Shrp*
  nr. Bridgnorth 1H 59
  nr. Knighton 3F 59
  nr. Wem 3H 71
Weston. *S Lan* 5D 128
Weston. *Staf* 3D 73
Weston. *Suff* 2G 67
Weston. *W Ber* 4B 36
Weston Bampfylde. *Som* 4B 22
Weston Beggard. *Here* 1A 48
Westonbirt. *Glos* 3D 34
Weston by Welland. *Nptn* 1E 63
Weston Colville. *Cambs* 5F 65
Westoncommon. *Shrp* 3G 71
Weston Coyney. *Stoke* 1D 72
Weston Ditch. *Suff* 3F 65
Weston Favell. *Nptn* 4E 63
Weston Green. *Cambs* 5F 65
Weston Green. *Norf* 4D 78
Weston Heath. *Shrp* 4B 72
Weston Hills. *Linc* 4B 76
Weston in Arden. *Warw* 2A 62
Westoning. *C Beds* 2A 52
Weston in Gordano. *N Som* 4H 33
Weston Jones. *Staf* 3B 72
Weston Longville. *Norf* 4D 78
Weston Lullingfields. *Shrp* 3G 71
Weston-on-Avon. *Warw* 5F 61
Weston-on-the-Green. *Oxon* 4D 50
Weston-on-Trent. *Derbs* 3B 74
Weston Patrick. *Hants* 2E 25
Weston Rhyn. *Shrp* 2E 71
Weston-sub-Edge. *Glos* 1G 49
Weston-super-Mare
  N Som 5G 33
Weston Town. *Som* 2C 22
Weston Turville. *Buck* 4G 51
Weston under Lizard. *Staf* 4C 72
Weston under Penyard. *Here* 3B 48
Weston under Wetherley
  Warw 4A 62
Weston Underwood. *Derbs* 1G 73
Weston Underwood. *Mil* 5F 63
Westonzoyland. *Som* 3G 21
West Orchard. *Dors* 1D 14
West Overton. *Wilts* 5G 35
Westow. *N Yor* 3B 100
Westown. *Per* 1E 137
West Panson. *Devn* 3D 10
West Park. *Hart* 1B 106
West Parley. *Dors* 3F 15
West Peckham. *Kent* 5H 39
West Pelton. *Dur* 4F 115
West Pennard. *Som* 3A 22
West Pentire. *Corn* 2B 6
West Perry. *Cambs* 4A 64
West Pitcorthie. *Fife* 3H 137
West Plean. *Stir* 1B 128
West Poringland. *Norf* 5E 79
West Porlock. *Som* 2B 20
Westport. *Som* 1G 13
West Putford. *Devn* 1D 10
West Quantoxhead. *Som* 2E 20
Westra. *V Glam* 4E 33
West Rainton. *Dur* 5G 115
West Rasen. *Linc* 2H 87
West Ravendale. *NE Lin* 1B 88
Westray Airport. *Orkn* 2D 172
West Raynham. *Norf* 3A 78
Westrigg. *W Lot* 3C 128
West Rounton. *N Yor* 4B 106
West Row. *Suff* 3F 65
West Rudham. *Norf* 3H 77
West Runton. *Norf* 1D 78
Westruther. *Bord* 4C 130
Westry. *Cambs* 1C 64
West Saltoun. *E Lot* 3A 130
West Sandford. *Devn* 2B 12
West Sandwick. *Shet* 3F 173
West Scrafton. *N Yor* 1C 98
Westside. *Orkn* 5C 172
West Sleekburn. *Nmbd* 1F 115
West Somerton. *Norf* 4G 79
West Stafford. *Dors* 4C 14
West Stockwith. *Notts* 1E 87
West Stoke. *W Sus* 2G 17
West Stonesdale. *N Yor* 4B 104
West Stoughton. *Som* 2H 21
West Stour. *Dors* 4C 22
West Stourmouth. *Kent* 4G 41
West Stow. *Suff* 3H 65
West Stowell. *Wilts* 5G 35
West Strathan. *High* 2F 167
West Stratton. *Hants* 2D 24
West Street. *Kent* 5D 40
West Tanfield. *N Yor* 2E 99
West Taphouse. *Corn* 2F 7
West Tarbert. *Arg* 3G 125
West Thirston. *Nmbd* 4F 121
West Thorney. *W Sus* 2F 17
West Thurrock. *Thur* 3G 39
West Tilbury. *Thur* 3A 40
West Tisted. *Hants* 4E 25
West Tofts. *Norf* 1H 65
West Torrington. *Linc* 2A 88
West Town. *Bath* 5A 34
West Town. *Hants* 3F 17

West Town – Wigan

West Town. N Som 5H 33
West Tytherley. Hants 4A 24
West Tytherton. Wilts 4E 35
West View. Hart 1B 106
Westville. Notts 1C 74
West Walton. Norf 4D 76
Westward. Cumb 5D 112
Westward Ho!. Devn 4E 19
Westwell. Kent 1D 28
Westwell. Oxon 5H 49
Westwell Leacon. Kent 1D 28
West Wellow. Hants 1A 16
West Wemyss. Fife 4F 137
West Wick. N Som 5G 33
Westwick. Cambs 4D 64
Westwick. Dur 3D 104
Westwick. Norf 3E 79
West Wickham. Cambs 1G 53
West Wickham. G Lon 4E 39
West Williamston. Pemb 4E 43
West Willoughby. Linc 1G 75
West Winch. Norf 4F 77
West Winterslow. Wilts 3H 23
West Wittering. W Sus 3F 17
West Witton. N Yor 1C 98
Westwood. Devn 3D 12
Westwood. Kent 4H 41
Westwood. Pet 5A 76
Westwood. S Lan 4H 127
Westwood. Wilts 1D 22
West Woodburn. Nmbd 1B 114
West Woodhay. W Ber 5B 36
West Woodlands. Som 2C 22
West Woodside. Cumb 5E 112
Westwoodside. N Lin 1E 87
West Worldham. Hants 3F 25
West Worlington. Devn 1A 12
West Worthing. W Sus 5C 26
West Wratting. Cambs 5F 65
West Wycombe. Buck 2G 37
West Wylam. Nmbd 3E 115
West Yatton. Wilts 4D 34
West Yell. Shet 3F 173
West Youlstone. Corn 1C 10
Wetheral. Cumb 4F 113
Wetherby. W Yor 5G 99
Wetherden. Suff 4C 66
Wetheringsett. Suff 4D 66
Wethersfield. Essx 2H 53
Wethersta. Shet 5E 173
Wetherup Street. Suff 4D 66
Wetley Rocks. Staf 1D 72
Wettenhall. Ches E 4A 84
Wetton. Staf 5F 85
Wetwang. E Yor 4D 100
Wetwood. Staf 2B 72
Wexcombe. Wilts 1A 24
Wexham Street. Buck 2A 38
Weybourne. Norf 1D 78
Weybourne. Surr 2G 25
Weybread. Suff 2E 67
Weybridge. Surr 4B 38
Weycroft. Devn 3G 13
Weydale. High 2D 168
Weyhill. Hants 2B 24
Weymouth. Dors 5B 14
Weythel. Powy 5E 59
Whaddon. Buck 2G 51
Whaddon. Cambs 1D 52
Whaddon. Glos 4D 48
Whaddon. Wilts 4G 23
Whale. Cumb 2G 103
Whaley. Derbs 3C 86
Whaley Bridge. Derbs 2E 85
Whaley Thorns. Derbs 3C 86
Whalley. Lanc 1F 91
Whalton. Nmbd 1E 115
Whaplode. Linc 3C 76
Whaplode Drove. Linc 4C 76
Whaplode St Catherine
Linc 3C 76
Wharfe. N Yor 3G 97
Wharles. Lanc 1C 90
Wharley End. C Beds 1H 51
Wharncliffe Side. S Yor 1G 85
Wharram-le-Street. N Yor 3C 100
Wharton. Ches W 4A 84
Wharton. Here 5H 59
Whashton. N Yor 4E 105
Whasset. Cumb 1E 97
Whatcote. Warw 1B 50
Whateley. Warw 1G 61
Whatfield. Suff 1D 54
Whatley. Som
nr. Chard 2G 13
nr. Frome 2C 22
Whatlington. E Sus 4B 28
Whatmore. Shrp 3A 60
Whatstandwell. Derbs 5H 85
Whatton. Notts 2E 75
Whauphill. Dum 5B 110
Whaw. N Yor 4C 104
Wheatacre. Norf 1G 67
Wheatcroft. Derbs 5A 86
Wheathampstead. Herts 4B 52
Wheathill. Shrp 2A 60
Wheatley. Devn 3B 12
Wheatley. Hants 2F 25
Wheatley. Oxon 5E 50
Wheatley. S Yor 4F 93
Wheatley. W Yor 2A 92
Wheatley Hill. Dur 1A 106
Wheatley Lane. Lanc 1G 91
Wheatley Park. S Yor 4F 93
Wheaton Aston. Staf 4C 72
Wheatstone Park. Staf 5C 72
Wheddon Cross. Som 3C 20
Wheelerstreet. Surr 1A 26
Wheelock. Ches E 5B 84
Wheelock Heath. Ches E 5B 84
Wheelton. Lanc 2E 90
Wheldrake. York 5A 100
Whelford. Glos 2G 35
Whelpley Hill. Buck 5H 51
Whelpo. Cumb 1E 102
Whelston. Flin 3E 82
Whenby. N Yor 3A 100
Whepstead. Suff 5H 65
Wherstead. Suff 1E 55
Wherwell. Hants 2B 24
Wheston. Derbs 3F 85
Whetsted. Kent 1A 28
Whetstone. G Lon 1D 38
Whetstone. Leics 1C 62
Whicham. Cumb 1A 96
Whichford. Warw 2B 50
Whickham. Tyne 3F 115
Whiddon. Devn 2E 11
Whiddon Down. Devn 3G 11
Whigstreet. Ang 4D 145
Whilton. Nptn 4D 62
Whimble. Devn 2D 10
Whimple. Devn 3D 12
Whimpwell Green. Norf 3F 79
Whinburgh. Norf 5C 78
Whin Lane End. Lanc 5C 96
Whinney Hill. Stoc T 3A 106
Whinnyfold. Abers 5H 161
Whippingham. IOW 3D 16
Whipsnade. C Beds 4A 52
Whipton. Devn 3C 12
Whirlow. S Yor 2H 85
Whisby. Linc 4G 87
Whissendine. Rut 4F 75
Whissonsett. Norf 3B 78
Whisterfield. Ches E 3C 84
Whistley Green. Wok 4F 37
Whiston. Mers 1G 83
Whiston. Nptn 4F 63
Whiston. S Yor 1B 86
Whiston. Staf
nr. Cheadle 1E 73
nr. Penkridge 4C 72
Whiston Cross. Shrp 5B 72
Whiston Eaves. Staf 1E 73
Whitacre Heath. Warw 1G 61
Whitbeck. Cumb 1A 96
Whitbourne. Here 5B 60
Whitburn. Tyne 3H 115
Whitburn. W Lot 3C 128
Whitburn Colliery. Tyne 3H 115
Whitby. Ches W 3F 83
Whitby. N Yor 3F 107
Whitbyheath. Ches W 3F 83
Whitchester. Bord 4D 130
Whitchurch. Bath 5B 34
Whitchurch. Buck 3F 51
Whitchurch. Card 4E 33
Whitchurch. Devn 5E 11
Whitchurch. Hants 2C 24
Whitchurch. Here 4A 48
Whitchurch. Pemb 2B 42
Whitchurch. Shrp 1H 71
Whitchurch Canonicorum
Dors 3G 13
Whitchurch Hill. Oxon 4E 37
Whitchurch-on-Thames
Oxon 4E 37
Whitcombe. Dors 4C 14
Whitcot. Shrp 1F 59
Whitcott Keysett. Shrp 2E 59
Whiteash Green. Essx 2A 54
Whitebog. High 2B 158
Whitebridge. High 2G 149
Whitebrook. Mon 5A 48
Whitecairns. Abers 2G 153
Whitechapel. Lanc 5E 97
Whitechurch. Pemb 1F 43
White Colne. Essx 3B 54
White Coppice. Lanc 3E 90
White Corries. High 3G 141
Whitecraig. E Lot 2G 129
Whitecroft. Glos 5B 48
White Cross. Corn 4D 5
Whitecross. Corn 1D 6
Whitecross. Falk 2C 128
White End. Worc 2C 48
Whiteface. High 5E 164
Whitefarland. N Ayr 5G 125
Whitefaulds. S Ayr 4B 116
Whitefield. Dors 3E 15
Whitefield. G Man 4G 91
Whitefield. Som 4D 20
Whiteford. Abers 1E 152
Whitegate. Ches W 4A 84
Whitehall. Devn 1E 12
Whitehall. Hants 1F 25
Whitehall. Orkn 5F 172
Whitehall. W Sus 3C 26
Whitehaven. Cumb 3A 102
Whitehaven. Shrp 3E 71
Whitehill. Hants 3F 25
Whitehill. N Ayr 4D 126
Whitehills. Abers 2D 160
Whitehills. Ang 3D 144
White Horse Common
Norf 3F 79
Whitehough. Derbs 2E 85
Whitehouse. Abers 2D 152
Whitehouse. Arg 3G 125
Whiteinch. Glas 3G 127
Whitekirk. E Lot 1B 130
White Kirkley. Dur 1D 104
White Lackington. Dors 3C 14
Whitelackington. Som 1G 13
White Ladies Aston. Worc 5D 60
White Lee. W Yor 2C 92
Whiteley. Hants 2D 16
Whiteley Bank. IOW 4D 16
Whiteley Village. Surr 4B 38
Whitemans Green. W Sus 3E 27
White Mill. Carm 3E 45
Whitemire. Mor 3D 159
Whitemoor. Corn 3D 6
Whitenap. Hants 4B 24
Whiteness. Shet 7F 173
White Notley. Essx 4A 54
Whiteoak Green. Oxon 4B 50
Whiteparish. Wilts 4H 23
White Pit. Linc 3C 88
Whiterashes. Abers 1F 153
White Rocks. Here 3H 47
White Roding. Essx 4F 53
Whiterow. High 4F 169
Whiterow. Mor 3E 159
Whiteshill. Glos 5D 48
Whiteside. Nmbd 3A 114
Whiteside. W Lot 3C 128
Whitesmith. E Sus 4G 27
Whitestaunton. Som 1F 13
White Stone. Here 1A 48
Whitestone. Abers 4D 152
Whitestone. Devn 3B 12
Whitestones. Abers 3F 161
Whitestreet Green. Suff 2C 54
Whitewall Corner. N Yor 2B 100
White Waltham. Wind 4G 37
Whiteway. Glos 4E 49
Whitewell. Lanc 5F 97
Whitewell Bottom. Lanc 2G 91
Whiteworks. Devn 5G 11
Whitewreath. Mor 3G 159
Whitfield. D'dee 5D 144
Whitfield. Kent 1H 29
Whitfield. Nptn 2E 50
Whitfield. Nmbd 4A 114
Whitfield. S Glo 2B 34
Whitford. Devn 3F 13
Whitford. Flin 3D 82
Whitgift. E Yor 2B 94
Whitgreave. Staf 3C 72
Whithorn. Dum 5B 110
Whiting Bay. N Ayr 3E 123
Whitkirk. W Yor 1D 92
Whitland. Carm 3G 43
Whitleigh. Plym 3A 8
Whitletts. S Ayr 2C 116
Whitley. N Yor 2F 93
Whitley. Wilts 5D 35
Whitley Bay. Tyne 2G 115
Whitley Chapel. Nmbd 4C 114
Whitley Heath. Staf 3C 72
Whitley Lower. W Yor 3C 92
Whitley Thorpe. N Yor 2F 93
Whitlock's End. W Mid 3F 61
Whitminster. Glos 5C 48
Whitmore. Dors 2F 15
Whitmore. Staf 1C 72
Whitnage. Devn 1D 12
Whitnash. Warw 4H 61
Whitney. Here 1F 47
Whitrigg. Cumb
nr. Kirkbride 4D 112
nr. Torpenhow 1D 102
Whitsbury. Hants 1G 15
Whitsome. Bord 4E 131
Whitson. Newp 3G 33
Whitstable. Kent 4F 41
Whitstone. Corn 3C 10
Whittingham. Nmbd 3E 121
Whittingslow. Shrp 2G 59
Whittington. Derbs 3B 86
Whittington. Glos 3F 49
Whittington. Lanc 2F 97
Whittington. Norf 1G 65
Whittington. Shrp 2F 71
Whittington. Staf
nr. Kinver 2C 60
nr. Lichfield 5F 73
Whittington. Warw 1G 61
Whittington. Worc 5C 60
Whittington Barracks. Staf 5F 73
Whittlebury. Nptn 1E 51
Whittleford. Warw 1H 61
Whittle-le-Woods. Lanc 2D 90
Whittlesey. Cambs 1B 64
Whittlesford. Cambs 1E 53
Whittlestone Head. Bkbn 3F 91
Whitton. N Lin 2C 94
Whitton. Nmbd 4E 121
Whitton. Powy 4E 59
Whitton. Bord 2B 120
Whitton. Shrp 3H 59
Whitton. Stoc T 2A 106
Whittonditch. Wilts 4A 36
Whittonstall. Nmbd 4D 114
Whitway. Hants 1C 24
Whitwell. Derbs 3C 86
Whitwell. Herts 3B 52
Whitwell. IOW 5D 16
Whitwell. N Yor 5F 105
Whitwell. Rut 5G 75
Whitwell-on-the-Hill
N Yor 3B 100
Whitwick. Leics 4B 74
Whitwood. W Yor 2E 93
Whitworth. Lanc 3G 91
Whixall. Shrp 2H 71
Whixley. N Yor 4G 99
Whoberley. W Mid 3H 61
Whorlton. Dur 3E 105
Whorlton. N Yor 4B 106
Whygate. Nmbd 2A 114
Whyle. Here 4H 59
Whyteleafe. Surr 5E 39
Wibdon. Glos 2A 34
Wibtoft. Warw 2B 62
Wichenford. Worc 4B 60
Wichling. Kent 5D 40
Wick. Bour 3G 15
Wick. Devn 2E 13
Wick. High 3F 169
Wick. Shet
on Mainland 8F 173
on Unst 1G 173
Wick. Som
nr. Bridgwater 2F 21
nr. Burnham-on-Sea 1G 21
nr. Somerton 4H 21
Wick. S Glo 4C 34
Wick. V Glam 4C 32
Wick. W Sus 5B 26
Wick. Wilts 4G 23
Wick. Worc 1E 49
Wick Airport. High 3F 169
Wicken. Cambs 3E 65
Wicken. Nptn 2F 51
Wicken Bonhunt. Essx 2E 53
Wickenby. Linc 2H 87
Wicken Green Village
Norf 2H 77
Wickersley. S Yor 1B 86
Wicker Street Green. Suff 1C 54
Wickford. Essx 1B 40
Wickham. Hants 1D 16
Wickham. W Ber 4B 36
Wickham Bishops. Essx 4B 54
Wickhambreaux. Kent 5G 41
Wickhambrook. Suff 5G 65
Wickhamford. Worc 1F 49
Wickham Green. Suff 4C 66
Wickham Heath. W Ber 5C 36
Wickham Market. Suff 5F 67
Wickhampton. Norf 5G 79
Wickham St Paul. Essx 2B 54
Wickham Skeith. Suff 4C 66
Wickham Street. Suff 4C 66
Wick Hill. Wok 5F 37
Wicklewood. Norf 5C 78
Wickmere. Norf 2D 78
Wick St Lawrence. N Som 5G 33
Wickwar. S Glo 3C 34
Widdington. Essx 2F 53
Widdrington. Nmbd 5G 121
Widdrington Station
Nmbd 5G 121
Widecombe in the Moor
Devn 5H 11
Widegates. Corn 3G 7
Widemouth Bay. Corn 2C 10
Wide Open. Tyne 2F 115
Widewall. Orkn 8D 172
Widford. Essx 5G 53
Widford. Herts 4E 53
Widham. Wilts 3F 35
Widmer End. Buck 2G 37
Widmerpool. Notts 3D 74
Widnes. Hal 2H 83
Widworthy. Devn 3F 13
Wigan. G Man 4D 90

Wigbeth. *Dors* 2F **15**
Wigborough. *Som* 1H **13**
Wiggaton. *Devn* 3E **12**
Wiggenhall St Germans *Norf* 4E **77**
Wiggenhall St Mary Magdalen. *Norf* 4E **77**
Wiggenhall St Mary the Virgin. *Norf* 4E **77**
Wiggenhall St Peter. *Norf* 4F **77**
Wiggens Green. *Essx* 1G **53**
Wigginton. *Herts* 4H **51**
Wigginton. *Oxon* 2B **50**
Wigginton. *Staf* 5G **73**
Wigginton. *York* 4H **99**
Wigglesworth. *N Yor* 4H **97**
Wiggonby. *Cumb* 4D **112**
Wiggonholt. *W Sus* 4B **26**
Wighill. *N Yor* 5G **99**
Wighton. *Norf* 2B **78**
Wightwick. *W Mid* 1C **60**
Wigley. *Hants* 1B **16**
Wigmore. *Here* 4G **59**
Wigmore. *Medw* 4B **40**
Wigsley. *Notts* 3F **87**
Wigsthorpe. *Nptn* 2H **63**
Wigston. *Leics* 1D **62**
Wigtoft. *Linc* 2B **76**
Wigton. *Cumb* 5D **112**
Wigtown. *Dum* 4B **110**
Wike. *W Yor* 5F **99**
Wilbarston. *Nptn* 2F **63**
Wilberfoss. *E Yor* 4B **100**
Wilburton. *Cambs* 3D **65**
Wilby. *Norf* 2C **66**
Wilby. *Nptn* 4F **63**
Wilby. *Suff* 3E **67**
Wilcot. *Wilts* 5G **35**
Wilcott. *Shrp* 4F **71**
Wilcove. *Corn* 3A **8**
Wildboarclough. *Ches E* 4D **85**
Wilden. *Bed* 5H **63**
Wilden. *Worc* 3C **60**
Wildern. *Hants* 1C **16**
Wilderspool. *Warr* 2A **84**
Wilde Street. *Suff* 3G **65**
Wildhern. *Hants* 1B **24**
Wildmanbridge. *S Lan* 4B **128**
Wildmoor. *Worc* 3D **60**
Wildsworth. *Linc* 1F **87**
Wildwood. *Staf* 3D **72**
Wilford. *Nott* 2C **74**
Wilkesley. *Ches E* 1A **72**
Wilkhaven. *High* 5G **165**
Wilkieston. *W Lot* 3E **129**
Wilksby. *Linc* 4B **88**
Willand. *Devn* 1D **12**
Willaston. *Ches E* 5A **84**
Willaston. *Ches W* 3F **83**
Willaston. *IOM* 4C **108**
Willen. *Mil* 1G **51**
Willenhall. *W Mid*
nr. Coventry 3A **62**
nr. Wolverhampton 1D **60**
Willerby. *E Yor* 1D **94**
Willerby. *N Yor* 2E **101**
Willersey. *Glos* 2G **49**
Willersley. *Here* 1G **47**
Willesborough. *Kent* 1E **28**
Willesborough Lees. *Kent* 1E **29**
Willesden. *G Lon* 2D **38**
Willesley. *Wilts* 3D **34**
Willett. *Som* 3E **20**
Willey. *Shrp* 1A **60**
Willey. *Warw* 2B **62**
Willey Green. *Surr* 5A **38**
Williamscot. *Oxon* 1C **50**
Williamsetter. *Shet* 9E **173**
Willian. *Herts* 2C **52**
Willingale. *Essx* 5F **53**
Willingdon. *E Sus* 5G **27**
Willingham. *Cambs* 3D **64**
Willingham by Stow. *Linc* 2F **87**
Willingham Green. *Cambs* 5F **65**
Willington. *Bed* 1B **52**
Willington. *Derbs* 3G **73**
Willington. *Dur* 1E **105**
Willington. *Tyne* 3G **115**
Willington. *Warw* 2A **50**
Willington Corner. *Ches W* 4H **83**
Willisham Tye. *Suff* 5C **66**
Willitoft. *E Yor* 1H **93**
Williton. *Som* 2D **20**
Willoughbridge. *Staf* 1B **72**
Willoughby. *Linc* 3D **88**
Willoughby. *Warw* 4C **62**
Willoughby-on-the-Wolds *Notts* 3D **74**
Willoughby Waterleys. *Leics* 1C **62**
Willoughton. *Linc* 1G **87**
Willow Green. *Worc* 5B **60**
Willows Green. *Essx* 4H **53**
Willsbridge. *S Glo* 4B **34**
Willslock. *Staf* 2E **73**
Wilmcote. *Warw* 5F **61**
Wilmington. *Bath* 5B **34**
Wilmington. *Devn* 3F **13**
Wilmington. *E Sus* 5G **27**
Wilmington. *Kent* 3G **39**
Wilmslow. *Ches E* 2C **84**
Wilnecote. *Staf* 5G **73**
Wilney Green. *Norf* 2C **66**
Wilpshire. *Lanc* 1E **91**
Wilsden. *W Yor* 1A **92**
Wilsford. *Linc* 1H **75**
Wilsford. *Wilts*
nr. Amesbury 3G **23**
nr. Devizes 1F **23**
Wilsill. *N Yor* 3D **98**
Wilsley Green. *Kent* 2B **28**
Wilson. *Here* 3A **48**
Wilson. *Leics* 3B **74**
Wilsontown. *S Lan* 4C **128**
Wilstead. *Bed* 1A **52**
Wilsthorpe. *E Yor* 3F **101**
Wilsthorpe. *Linc* 4H **75**
Wilstone. *Herts* 4H **51**
Wilton. *Cumb* 3B **102**
Wilton. *N Yor* 1C **100**
Wilton. *Red C* 3C **106**
Wilton. *Bord* 3H **119**
Wilton. *Wilts*
nr. Marlborough 5A **36**
nr. Salisbury 3F **23**
Wimbish. *Essx* 2F **53**
Wimbish Green. *Essx* 2G **53**
Wimblebury. *Staf* 4E **73**
Wimbledon. *G Lon* 3D **38**
Wimblington. *Cambs* 1D **64**
Wimboldsley. *Ches W* 4A **84**
Wimborne Minster. *Dors* 2F **15**
Wimborne St Giles. *Dors* 1F **15**
Wimbotsham. *Norf* 5F **77**
Wimpole. *Cambs* 1D **52**
Wimpstone. *Warw* 1H **49**
Wincanton. *Som* 4C **22**
Winceby. *Linc* 4C **88**
Wincham. *Ches W* 3A **84**
Winchburgh. *W Lot* 2D **129**
Winchcombe. *Glos* 3F **49**
Winchelsea. *E Sus* 4D **28**
Winchelsea Beach. *E Sus* 4D **28**
Winchester. *Hants* 4C **24**
Winchet Hill. *Kent* 1B **28**
Winchfield. *Hants* 1F **25**
Winchmore Hill. *Buck* 1A **38**
Winchmore Hill. *G Lon* 1E **39**
Wincle. *Ches E* 4D **84**
Windermere. *Cumb* 5F **103**
Winderton. *Warw* 1B **50**
Windhill. *High* 4H **157**
Windle Hill. *Ches W* 3F **83**
Windlesham. *Surr* 4A **38**
Windley. *Derbs* 1H **73**
Windmill. *Derbs* 3F **85**
Windmill Hill. *E Sus* 4H **27**
Windmill Hill. *Som* 1G **13**
Windrush. *Glos* 4G **49**
Windsor. *Wind* 3A **38**
Windsor Green. *Suff* 5A **66**
Windyedge. *Abers* 4F **153**
Windygates. *Fife* 3F **137**
Windyharbour. *Ches E* 3C **84**
Windyknowe. *W Lot* 3C **128**
Wineham. *W Sus* 3D **26**
Winestead. *E Yor* 2G **95**
Winfarthing. *Norf* 2D **66**
Winford. *IOW* 4D **16**
Winford. *N Som* 5A **34**
Winforton. *Here* 1F **47**
Winfrith Newburgh. *Dors* 4D **14**
Wing. *Buck* 3G **51**
Wing. *Rut* 5F **75**
Wingate. *Dur* 1B **106**
Wingates. *G Man* 4E **91**
Wingates. *Nmbd* 5F **121**
Wingerworth. *Derbs* 4A **86**
Wingfield. *C Beds* 3A **52**
Wingfield. *Suff* 3E **67**
Wingfield. *Wilts* 1D **22**
Wingfield Park. *Derbs* 5A **86**
Wingham. *Kent* 5G **41**
Wingmore. *Kent* 1F **29**
Wingrave. *Buck* 4G **51**
Winkburn. *Notts* 5E **86**
Winkfield. *Brac* 3A **38**
Winkfield Row. *Brac* 4G **37**
Winkhill. *Staf* 5E **85**
Winklebury. *Hants* 1E **24**
Winkleigh. *Devn* 2G **11**
Winksley. *N Yor* 2E **99**
Winkton. *Dors* 3G **15**
Winlaton. *Tyne* 3E **115**
Winlaton Mill. *Tyne* 3E **115**
Winless. *High* 3F **169**
Winmarleigh. *Lanc* 5D **96**
Winnal Common. *Here* 2H **47**
Winnard's Perch. *Corn* 2D **6**
Winnersh. *Wok* 4F **37**
Winnington. *Ches W* 3A **84**
Winnington. *Staf* 2B **72**
Winnothdale. *Staf* 1E **73**
Winscales. *Cumb* 2B **102**
Winscombe. *N Som* 1H **21**
Winsford. *Ches W* 4A **84**
Winsford. *Som* 3C **20**
Winsham. *Devn* 3E **19**
Winsham. *Som* 2G **13**
Winshill. *Staf* 3G **73**
Winsh-wen. *Swan* 3F **31**
Winskill. *Cumb* 1G **103**
Winslade. *Hants* 2E **25**
Winsley. *Wilts* 5D **34**
Winslow. *Buck* 3F **51**
Winson. *Glos* 5F **49**
Winson Green. *W Mid* 2E **61**
Winsor. *Hants* 1B **16**
Winster. *Cumb* 5F **103**
Winster. *Derbs* 4G **85**
Winston. *Dur* 3E **105**
Winston. *Suff* 4D **66**
Winstone. *Glos* 5E **49**
Winswell. *Devn* 1E **11**
Winterborne Clenston *Dors* 2D **14**
Winterborne Herringston *Dors* 4B **14**
Winterborne Houghton *Dors* 2D **14**
Winterborne Kingston *Dors* 3D **14**
Winterborne Monkton *Dors* 4B **14**
Winterborne St Martin *Dors* 4B **14**
Winterborne Stickland *Dors* 2D **14**
Winterborne Whitechurch *Dors* 2D **14**
Winterborne Zelston. *Dors* 3D **15**
Winterbourne. *S Glo* 3B **34**
Winterbourne. *W Ber* 4C **36**
Winterbourne Abbas. *Dors* 3B **14**
Winterbourne Bassett *Wilts* 4G **35**
Winterbourne Dauntsey *Wilts* 3G **23**
Winterbourne Earls. *Wilts* 3G **23**
Winterbourne Gunner *Wilts* 3G **23**
Winterbourne Monkton *Wilts* 4G **35**
Winterbourne Steepleton *Dors* 4B **14**
Winterbourne Stoke. *Wilts* 2F **23**
Winterbrook. *Oxon* 3E **36**
Winterburn. *N Yor* 4B **98**
Winter Gardens. *Essx* 2B **40**
Winterhay Green. *Som* 1G **13**
Winteringham. *N Lin* 2C **94**
Winterley. *Ches E* 5B **84**
Wintersett. *W Yor* 3D **93**
Winterton. *N Lin* 3C **94**
Winterton-on-Sea. *Norf* 4G **79**
Winthorpe. *Linc* 4E **89**
Winthorpe. *Notts* 5F **87**
Winton. *Bour* 3F **15**
Winton. *Cumb* 3A **104**
Winton. *E Sus* 5G **27**
Wintringham. *N Yor* 2C **100**
Winwick. *Cambs* 2A **64**
Winwick. *Nptn* 3D **62**
Winwick. *Warr* 1A **84**
Wirksworth. *Derbs* 5G **85**
Wirswall. *Ches E* 1H **71**
Wisbech. *Cambs* 4D **76**
Wisbech St Mary. *Cambs* 5D **76**
Wisborough Green. *W Sus* 3B **26**
Wiseton. *Notts* 2E **86**
Wishaw. *N Lan* 4A **128**
Wishaw. *Warw* 1F **61**
Wisley. *Surr* 5B **38**
Wispington. *Linc* 3B **88**
Wissenden. *Kent* 1D **28**
Wissett. *Suff* 3F **67**
Wistanstow. *Shrp* 2G **59**
Wistanswick. *Shrp* 3A **72**
Wistaston. *Ches E* 5A **84**
Wiston. *Pemb* 3E **43**
Wiston. *S Lan* 1B **118**
Wiston. *W Sus* 4C **26**
Wistow. *Cambs* 2B **64**
Wistow. *N Yor* 1F **93**
Wiswell. *Lanc* 1F **91**
Witcham. *Cambs* 2D **64**
Witchampton. *Dors* 2E **15**
Witchford. *Cambs* 3E **65**
Witham. *Essx* 4B **54**
Witham Friary. *Som* 2C **22**
Witham on the Hill. *Linc* 4H **75**
Witham St Hughs. *Linc* 4F **87**
Withcall. *Linc* 2B **88**
Witherenden Hill. *E Sus* 3H **27**
Withergate. *Norf* 3E **79**
Witheridge. *Devn* 1B **12**
Witheridge Hill. *Oxon* 3E **37**
Witherley. *Leics* 1H **61**
Withermarsh Green. *Suff* 2D **54**
Withern. *Linc* 2D **88**
Withernsea. *E Yor* 2G **95**
Withernwick. *E Yor* 5F **101**
Withersdale Street. *Suff* 2E **67**
Withersfield. *Suff* 1G **53**
Witherslack. *Cumb* 1D **96**
Withiel. *Corn* 2D **6**
Withiel Florey. *Som* 3C **20**
Withington. *Glos* 4F **49**
Withington. *G Man* 1C **84**
Withington. *Here* 1A **48**
Withington. *Shrp* 4H **71**
Withington. *Staf* 2E **73**
Withington Green. *Ches E* 3C **84**
Withington Marsh. *Here* 1A **48**
Withleigh. *Devn* 1C **12**
Withnell. *Lanc* 2E **91**
Withnell Fold. *Lanc* 2E **90**
Withybrook. *Warw* 2B **62**
Withycombe. *Som* 2D **20**
Withycombe Raleigh. *Devn* 4D **12**
Withyham. *E Sus* 2F **27**
Withypool. *Som* 3B **20**
Witley. *Surr* 1A **26**
Witnesham. *Suff* 5D **66**
Witney. *Oxon* 4B **50**
Wittering. *Pet* 5H **75**
Wittersham. *Kent* 3C **28**
Witton. *Norf* 5F **79**
Witton. *Worc* 4C **60**
Witton Bridge. *Norf* 2F **79**
Witton Gilbert. *Dur* 5F **115**
Witton-le-Wear. *Dur* 1E **105**
Witton Park. *Dur* 1E **105**
Wiveliscombe. *Som* 4D **20**
Wivelrod. *Hants* 3E **25**
Wivelsfield. *E Sus* 3E **27**
Wivelsfield Green. *E Sus* 4E **27**
Wivenhoe. *Essx* 3D **54**
Wiveton. *Norf* 1C **78**
Wix. *Essx* 3E **55**
Wixford. *Warw* 5E **61**
Wixhill. *Shrp* 3H **71**
Wixoe. *Suff* 1H **53**
Woburn. *C Beds* 2H **51**
Woburn Sands. *Mil* 2H **51**
Woking. *Surr* 5B **38**
Wokingham. *Wok* 5G **37**
Wolborough. *Devn* 5B **12**
Woldingham. *Surr* 5E **39**
Wold Newton. *E Yor* 2E **101**
Wold Newton. *NE Lin* 1B **88**
Wolferlow. *Here* 4A **60**
Wolferton. *Norf* 3F **77**
Wolfhill. *Per* 5A **144**
Wolf's Castle. *Pemb* 2D **42**
Wolfsdale. *Pemb* 2D **42**
Wolgarston. *Staf* 4D **72**
Wollaston. *Nptn* 4G **63**
Wollaston. *Shrp* 4F **71**
Wollaston. *W Mid* 2C **60**
Wollaton. *Nott* 1C **74**
Wollerton. *Shrp* 2A **72**
Wollescote. *W Mid* 2D **60**
Wolseley Bridge. *Staf* 3E **73**
Wolsingham. *Dur* 1D **105**
Wolstanton. *Staf* 1C **72**
Wolston. *Warw* 3B **62**
Wolsty. *Cumb* 4C **112**
Wolterton. *Norf* 2D **78**
Wolvercote. *Oxon* 5C **50**
Wolverhampton. *W Mid* 1D **60**
Wolverley. *Shrp* 2G **71**
Wolverley. *Worc* 3C **60**
Wolverton. *Hants* 1D **24**
Wolverton. *Mil* 1G **51**
Wolverton. *Warw* 4G **61**
Wolverton. *Wilts* 3C **22**
Wolverton Common. *Hants* 1D **24**
Wolvesnewton. *Mon* 2H **33**
Wolvey. *Warw* 2B **62**
Wolvey Heath. *Warw* 2B **62**
Wolviston. *Stoc T* 2B **106**
Womaston. *Powy* 4E **59**
Wombleton. *N Yor* 1A **100**
Wombourne. *Staf* 1C **60**
Wombwell. *S Yor* 4D **93**
Womenswold. *Kent* 5G **41**
Womersley. *N Yor* 3F **93**
Wonersh. *Surr* 1B **26**
Wonson. *Devn* 4G **11**
Wonston. *Dors* 2C **14**
Wonston. *Hants* 3C **24**
Wooburn. *Buck* 2A **38**
Wooburn Green. *Buck* 2A **38**
Wood. *Pemb* 2C **42**
Woodacott. *Devn* 2D **11**
Woodale. *N Yor* 2C **98**
Woodall. *S Yor* 2B **86**
Woodbank. *Ches W* 3F **83**
Woodbastwick. *Norf* 4F **79**
Woodbeck. *Notts* 3E **87**

Woodborough. *Notts* 1D 74
Woodborough. *Wilts* 1G 23
Woodbridge. *Devn* 3E 13
Woodbridge. *Dors* 1C 14
Woodbridge. *Suff* 1F 55
Wood Burcote. *Nptn* 1E 51
Woodbury. *Devn* 4D 12
Woodbury Salterton. *Devn* 4D 12
Woodchester. *Glos* 5D 48
Woodchurch. *Kent* 2D 28
Woodchurch. *Mers* 2E 83
Woodcock Heath. *Staf* 3E 73
Woodcombe. *Som* 2C 20
Woodcote. *Oxon* 3E 37
Woodcote Green. *Worc* 3D 60
Woodcott. *Hants* 1C 24
Woodcroft. *Glos* 2A 34
Woodcutts. *Dors* 1E 15
Wood Dalling. *Norf* 3C 78
Woodditton. *Cambs* 5F 65
Wood Eaton. *Staf* 4C 72
Woodeaton. *Oxon* 4D 50
Wood End. *Bed* 4H 63
Wood End. *Herts* 3D 52
Wood End. *Warw*
nr. Bedworth 2G 61
nr. Dordon 1G 61
nr. Tanworth-in-Arden 3F 61
Woodend. *Cumb* 5C 102
Woodend. *Nptn* 1E 50
Woodend. *Staf* 3F 73
Woodend. *W Sus* 2G 17
Wood Enderby. *Linc* 4B 88
Woodend Green. *Essx* 3F 53
Woodfalls. *Wilts* 4G 23
Woodfield. *Oxon* 3D 50
Woodfields. *Lanc* 1E 91
Woodford. *Corn* 1C 10
Woodford. *Devn* 3D 9
Woodford. *Glos* 2B 34
Woodford. *G Lon* 1E 39
Woodford. *G Man* 2C 84
Woodford. *Nptn* 3G 63
Woodford. *Plym* 3B 8
Woodford Green. *G Lon* 1F 39
Woodford Halse. *Nptn* 5C 62
Woodgate. *Norf* 4C 78
Woodgate. *W Mid* 2D 61
Woodgate. *W Sus* 5A 26
Woodgate. *Worc* 4D 60
Wood Green. *G Lon* 1D 39
Woodgreen. *Hants* 1G 15
Woodgreen. *Oxon* 4B 50
Woodhall. *Inv* 2E 127
Woodhall. *Linc* 4B 88
Woodhall. *N Yor* 5C 104
Woodhall Spa. *Linc* 4A 88
Woodham. *Surr* 4B 38
Woodham Ferrers. *Essx* 1B 40
Woodham Mortimer. *Essx* 5B 54
Woodham Walter. *Essx* 5B 54
Woodhaven. *Fife* 1G 137
Wood Hayes. *W Mid* 5D 72
Woodhead. *Abers*
nr. Fraserburgh 2G 161
nr. Fyvie 5E 161
Woodhill. *N Som* 4H 33
Woodhill. *Shrp* 2B 60
Woodhill. *Som* 4G 21
Woodhorn. *Nmbd* 1F 115
Woodhouse. *Leics* 4C 74
Woodhouse. *S Yor* 2B 86
Woodhouse. *W Yor* nr. Leeds 1C 92
nr. Normanton 2D 93
Woodhouse Eaves. *Leics* 4C 74
Woodhouses. *Ches W* 3H 83
Woodhouses. *G Man*
nr. Failsworth 4H 91
nr. Sale 1B 84
Woodhouses. *Staf* 4F 73
Woodhuish. *Devn* 3F 9
Woodhurst. *Cambs* 3C 64
Woodingdean. *Brig* 5E 27
Woodland. *Devn* 2D 9
Woodland. *Dur* 2D 104
Woodland Head. *Devn* 3A 12
Woodlands. *Abers* 4E 153
Woodlands. *Dors* 2F 15
Woodlands. *Hants* 1B 16
Woodlands. *Kent* 4G 39
Woodlands. *N Yor* 4F 99
Woodlands. *S Yor* 4F 93
Woodlands Park. *Wind* 4G 37
Woodlands St Mary. *W Ber* 4B 36
Woodlane. *Shrp* 3A 72
Woodlane. *Staf* 3F 73
Woodleigh. *Devn* 4D 8
Woodlesford. *W Yor* 2D 92
Woodley. *G Man* 1D 84
Woodley. *Wok* 4F 37
Woodmancote. *Glos*
nr. Cheltenham 3E 49
nr. Cirencester 5F 49
Woodmancote. *W Sus*
nr. Chichester 2F 17
nr. Henfield 4D 26
Woodmancote. *Worc* 1E 49
Woodmancott. *Hants* 2D 24
Woodmansey. *E Yor* 1D 94
Woodmansgreen. *W Sus* 4G 25
Woodmansterne. *Surr* 5D 38
Woodmanton. *Devn* 4D 12
Woodmill. *Staf* 3F 73
Woodminton. *Wilts* 4F 23
Woodnesborough. *Kent* 5H 41
Woodnewton. *Nptn* 1H 63
Woodnook. *Linc* 2G 75
Wood Norton. *Norf* 3C 78
Woodplumpton. *Lanc* 1D 90
Woodrising. *Norf* 5B 78
Wood Row. *W Yor* 2D 93
Woodrow. *Cumb* 5D 112
Woodrow. *Dors*
nr. Fifehead Neville 1C 14
nr. Hazelbury Bryan 2C 14
Woods Eaves. *Here* 1F 47
Woodseaves. *Shrp* 2A 72
Woodseaves. *Staf* 3C 72
Woodsend. *Wilts* 4H 35
Woodsetts. *S Yor* 2C 86
Woodsford. *Dors* 3C 14
Wood's Green. *E Sus* 2H 27
Woodshaw. *Wilts* 3F 35
Woodside. *Aber* 3G 153
Woodside. *Brac* 3A 38
Woodside. *Derbs* 1A 74
Woodside. *Dum* 2B 112
Woodside. *Dur* 2E 105
Woodside. *Fife* 3G 137
Woodside. *Herts* 5C 52
Woodside. *Per* 5B 144
Wood Stanway. *Glos* 2F 49
Woodstock. *Oxon* 4C 50
Woodstock Slop. *Pemb* 2E 43
Woodston. *Pet* 1A 64
Wood Street. *Norf* 3F 79
Wood Street Village. *Surr* 5A 38
Woodthorpe. *Derbs* 3B 86
Woodthorpe. *Leics* 4C 74
Woodthorpe. *Linc* 2D 88
Woodthorpe. *Notts* 1C 74
Woodthorpe. *York* 5H 99
Woodton. *Norf* 1E 67
Woodtown. *Devn*
nr. Bideford 4E 19
nr. Littleham 4E 19
Woodvale. *Mers* 3B 90
Woodville. *Derbs* 4H 73
Woodwalton. *Cambs* 2B 64
Woodwick. *Orkn* 5C 172
Woodyates. *Dors* 1F 15
Woody Bay. *Devn* 2G 19
Woofferton. *Shrp* 4H 59
Wookey. *Som* 2A 22
Wookey Hole. *Som* 2A 22
Wool. *Dors* 4D 14
Woolacombe. *Devn* 2E 19
Woolage Green. *Kent* 1G 29
Woolage Village. *Kent* 5G 41
Woolaston. *Glos* 2A 34
Woolavington. *Som* 2G 21
Woolbeding. *W Sus* 4G 25
Woolcotts. *Som* 3C 20
Wooldale. *W Yor* 4B 92
Wooler. *Nmbd* 2D 121
Woolfardisworthy. *Devn*
nr. Bideford 4D 18
nr. Crediton 2B 12
Woolfords. *S Lan* 4D 128
Woolgarston. *Dors* 4E 15
Woolhampton. *W Ber* 5D 36
Woolhope. *Here* 2B 48
Woolland. *Dors* 2C 14
Woollard. *Bath* 5B 34
Woolley. *Bath* 5C 34
Woolley. *Cambs* 3A 64
Woolley. *Corn* 1C 10
Woolley. *Derbs* 4A 86
Woolley. *W Yor* 3D 92
Woolley Green. *Wilts* 5D 34
Woolmere Green. *Worc* 4D 60
Woolmer Green. *Herts* 4C 52
Woolminstone. *Som* 2H 13
Woolpit. *Suff* 4B 66
Woolridge. *Glos* 3D 48
Woolscott. *Warw* 4B 62
Woolsery. *Devn* 4D 18
Woolsington. *Tyne* 3E 115
Woolstaston. *Shrp* 1G 59
Woolsthorpe By Belvoir. *Linc* 2F 75
Woolsthorpe-by-
Colsterworth. *Linc* 3G 75
Woolston. *Devn* 4D 8
Woolston. *Shrp*
nr. Church Stretton 2G 59
nr. Oswestry 3F 71
Woolston. *Som* 4B 22
Woolston. *Sotn* 1C 16
Woolston. *Warr* 2A 84
Woolstone. *Glos* 2E 49
Woolstone. *Oxon* 3A 36
Woolston Green. *Devn* 2D 9
Woolton. *Mers* 2G 83
Woolton Hill. *Hants* 5C 36
Woolverstone. *Suff* 2E 55
Woolverton. *Som* 1C 22
Woolwell. *Devn* 2B 8
Woolwich. *G Lon* 3F 39
Woonton. *Here*
nr. Kington 5F 59
nr. Leominster 4H 59
Wooperton. *Nmbd* 2E 121
Woore. *Shrp* 1B 72
Wooth. *Dors* 3H 13
Wooton. *Shrp* 2B 60
Wootton. *Bed* 1A 52
Wootton. *Hants* 3H 15
Wootton. *IOW* 3D 16
Wootton. *Kent* 1G 29
Wootton. *Nptn* 5E 63
Wootton. *N Lin* 3D 94
Wootton. *Oxon*
nr. Abingdon 5C 50
nr. Woodstock 4C 50
Wootton. *Shrp*
nr. Ludlow 3G 59
nr. Oswestry 3F 71
Wootton. *Staf*
nr. Eccleshall 3C 72
nr. Ellastone 1F 73
Wootton Bassett, Royal
Wilts 3F 35
Wootton Bridge. *IOW* 3D 16
Wootton Common. *IOW* 3D 16
Wootton Courtenay. *Som* 2C 20
Wootton Fitzpaine. *Dors* 3G 13
Wootton Rivers. *Wilts* 5G 35
Wootton St Lawrence
Hants 1D 24
Wootton Wawen. *Warw* 4F 61
Worcester. *Worc* 5C 60
Worcester Park. *G Lon* 4D 38
Wordsley. *W Mid* 2C 60
Worfield. *Shrp* 1B 60
Work. *Orkn* 6D 172
Workhouse Green. *Suff* 2C 54
Workington. *Cumb* 2A 102
Worksop. *Notts* 3C 86
Worlaby. *N Lin* 3D 94
World's End. *W Ber* 4C 36
World's End. *W Sus* 4E 27
Worlds End. *Hants* 1E 17
Worlds End. *W Mid* 2F 61
Worldsend. *Shrp* 1G 59
Worle. *N Som* 5G 33
Worleston. *Ches E* 5A 84
Worlingham. *Suff* 2G 67
Worlington. *Suff* 3F 65
Worlingworth. *Suff* 4E 67
Wormbridge. *Here* 2H 47
Wormegay. *Norf* 4F 77
Wormelow Tump. *Here* 2H 47
Wormhill. *Derbs* 3F 85
Wormingford. *Essx* 2C 54
Worminghall. *Buck* 5E 51
Wormington. *Glos* 2F 49
Worminster. *Som* 2A 22
Wormit. *Fife* 1F 137
Wormleighton. *Warw* 5B 62
Wormley. *Herts* 5D 52
Wormley. *Surr* 2A 26
Wormshill. *Kent* 5C 40
Wormsley. *Here* 1H 47
Worplesdon. *Surr* 5A 38
Worrall. *S Yor* 1H 85
Worsbrough. *S Yor* 4D 92
Worsley. *G Man* 4F 91
Worstead. *Norf* 3F 79
Worsthorne. *Lanc* 1G 91
Worston. *Lanc* 5G 97
Worth. *Kent* 5H 41
Worth. *W Sus* 2D 27
Wortham. *Suff* 3C 66
Worthen. *Shrp* 5F 71
Worthenbury. *Wrex* 1G 71
Worthing. *Norf* 4B 78
Worthing. *W Sus* 5C 26
Worthington. *Leics* 3B 74
Worth Matravers. *Dors* 5E 15
Worting. *Hants* 1E 24
Wortley. *Glos* 2C 34
Wortley. *S Yor* 1H 85
Wortley. *W Yor* 1C 92
Worton. *N Yor* 1B 98
Worton. *Wilts* 1E 23
Wortwell. *Norf* 2E 67
Wotherton. *Shrp* 5E 71
Wothorpe. *Pet* 5H 75
Wotter. *Devn* 2B 8
Wotton. *Glos* 4D 48
Wotton. *Surr* 1C 26
Wotton-under-Edge. *Glos* 2C 34
Wotton Underwood. *Buck* 4E 51
Wouldham. *Kent* 4B 40
Wrabness. *Essx* 2E 55
Wrafton. *Devn* 3E 19
Wragby. *Linc* 3A 88
Wragby. *W Yor* 3E 93
Wramplingham. *Norf* 5D 78
Wrangbrook. *W Yor* 3E 93
Wrangle. *Linc* 5D 88
Wrangle Lowgate. *Linc* 5D 88
Wrangway. *Som* 1E 13
Wrantage. *Som* 4G 21
Wrawby. *N Lin* 4D 94
Wraxall. *N Som* 4H 33
Wraxall. *Som* 3B 22
Wray. *Lanc* 3F 97
Wraysbury. *Wind* 3B 38
Wrayton. *Lanc* 2F 97
Wrea Green. *Lanc* 1B 90
Wreay. *Cumb*
nr. Carlisle 5F 113
nr. Penrith 2F 103
Wrecclesham. *Surr* 2G 25
Wrecsam. *Wrex* 5F 83
Wrekenton. *Tyne* 4F 115
Wrelton. *N Yor* 1B 100
Wrenbury. *Ches E* 1H 71
Wreningham. *Norf* 1D 66
Wrentham. *Suff* 2G 67
Wrenthorpe. *W Yor* 2D 92
Wrentnall. *Shrp* 5G 71
Wressle. *E Yor* 1H 93
Wressle. *N Lin* 4C 94
Wrestlingworth. *C Beds* 1C 52
Wretton. *Norf* 1F 65
Wrexham. *Wrex* 5F 83
Wreyland. *Devn* 4A 12
Wrickton. *Shrp* 2A 60
Wrightington Bar. *Lanc* 3D 90
Wright's Green. *Essx* 4F 53
Wrinehill. *Staf* 1B 72
Wrington. *N Som* 5H 33
Writtle. *Essx* 5G 53
Wrockwardine. *Telf* 4A 72
Wroot. *N Lin* 4H 93
Wrotham. *Kent* 5H 39
Wrotham Heath. *Kent* 5H 39
Wroughton. *Swin* 3G 35
Wroxall. *IOW* 4D 16
Wroxall. *Warw* 3G 61
Wroxeter. *Shrp* 5H 71
Wroxham. *Norf* 4F 79
Wroxton. *Oxon* 1C 50
Wyaston. *Derbs* 1F 73
Wyatt's Green. *Essx* 1G 39
Wybers Wood. *NE Lin* 4F 95
Wyberton. *Linc* 1C 76
Wyboston. *Bed* 5A 64
Wybunbury. *Ches E* 1A 72
Wychbold. *Worc* 4D 60
Wych Cross. *E Sus* 2F 27
Wychnor. *Staf* 4F 73
Wychnor Bridges. *Staf* 4F 73
Wyck. *Hants* 3F 25
Wyck Hill. *Glos* 3G 49
Wyck Rissington. *Glos* 3G 49
Wycliffe. *Dur* 3E 105
Wycombe Marsh. *Buck* 2G 37
Yr Wyddgrug. *Flin* 4E 83
Wyddial. *Herts* 2D 52
Wye. *Kent* 1E 29
Wyesham. *Mon* 4A 48
Wyfold. *Oxon* 3E 37
Wyfordby. *Leics* 4E 75
The Wyke. *Shrp* 5B 72
Wyke. *Devn* 3B 12
Wyke. *Dors* 4C 22
Wyke. *Shrp* 5A 72
Wyke. *Surr* 5A 38
Wyke. *W Yor* 2B 92
Wyke Champflower. *Som* 3B 22
Wykeham. *Linc* 3B 76
Wykeham. *N Yor*
nr. Malton 2C 100
nr. Scarborough 1D 100
Wyken. *Shrp* 1B 60
Wyken. *W Mid* 2A 62
Wyke Regis. *Dors* 5B 14
Wykey. *Shrp* 3F 71
Wykin. *Leics* 1B 62
Wylam. *Nmbd* 3E 115
Wylde Green. *W Mid* 1F 61
Wylye. *Wilts* 3F 23
Wymering. *Port* 2E 17
Wymeswold. *Leics* 3D 74
Wymington. *Bed* 4G 63
Wymondham. *Leics* 4F 75
Wymondham. *Norf* 5D 78
Wyndham. *B'end* 2C 32
Wynford Eagle. *Dors* 3A 14
Wyng. *Orkn* 8C 172
Wynyard Village. *Stoc T* 2B 106
Wyre Piddle. *Worc* 1E 49
Wysall. *Notts* 3D 74
Wyson. *Here* 4H 59
Wythall. *Worc* 3E 61
Wytham. *Oxon* 5C 50
Wythenshawe. *G Man* 2C 84

Wythop Mill – Zouch

Wythop Mill. *Cumb*	2C 102
Wyton. *Cambs*	3B 64
Wyton. *E Yor*	1E 95
Wyverstone. *Suff*	4C 66
Wyverstone Street. *Suff*	4C 66
Wyville. *Linc*	3F 75
Wyvis Lodge. *High*	1G 157

Y

Yaddlethorpe. *N Lin*	4B 94
Yafford. *IOW*	4C 16
Yafforth. *N Yor*	5A 106
Yalding. *Kent*	5A 40
Yanley. *N Som*	5A 34
Yanwath. *Cumb*	2G 103
Yanworth. *Glos*	4F 49
Yapham. *E Yor*	4B 100
Yapton. *W Sus*	5A 26
Yarburgh. *Linc*	1C 88
Yarcombe. *Devn*	2F 13
Yarde. *Som*	3D 20
Yardley. *W Mid*	2F 61
Yardley Gobion. *Nptn*	1F 51
Yardley Hastings. *Nptn*	5F 63
Yardley Wood. *W Mid*	2F 61
Yardro. *Powy*	5E 59
Yarhampton. *Worc*	4B 60
Yarkhill. *Here*	1B 48
Yarlet. *Staf*	3D 72
Yarley. *Som*	2A 22
Yarlington. *Som*	4B 22
Yarm. *Stoc T*	3B 106
Yarmouth. *IOW*	4B 16
Yarnbrook. *Wilts*	1D 22
Yarnfield. *Staf*	2C 72
Yarnscombe. *Devn*	4F 19
Yarnton. *Oxon*	4C 50
Yarpole. *Here*	4G 59
Yarrow. *Nmbd*	1A 114
Yarrow. *Bord*	2F 119
Yarrow. *Som*	2G 21
Yarrow Feus. *Bord*	2F 119
Yarrow Ford. *Bord*	1G 119
Yarsop. *Here*	1H 47
Yarwell. *Nptn*	1H 63
Yate. *S Glo*	3C 34
Yateley. *Hants*	5G 37
Yatesbury. *Wilts*	4F 35
Yattendon. *W Ber*	4D 36
Yatton. *Here*	
nr. Leominster	4G 59
nr. Ross-on-Wye	2B 48
Yatton. *N Som*	5H 33
Yatton Keynell. *Wilts*	4D 34
Yaverland. *IOW*	4E 16
Yawl. *Devn*	3G 13
Yaxham. *Norf*	4C 78
Yaxley. *Cambs*	1A 64
Yaxley. *Suff*	3D 66
Yazor. *Here*	1H 47
Yeading. *G Lon*	2C 38
Yeadon. *W Yor*	5E 98
Yealand Conyers. *Lanc*	2E 97
Yealand Redmayne. *Lanc*	2E 97
Yealand Storrs. *Lanc*	2D 97
Yealmpton. *Devn*	3B 8
Yearby. *Red C*	2D 106
Yearngill. *Cumb*	5C 112
Yearsett. *Here*	5B 60
Yearsley. *N Yor*	2H 99
Yeaton. *Shrp*	4G 71
Yeaveley. *Derbs*	1F 73
Yeavering. *Nmbd*	1D 120
Yedingham. *N Yor*	2C 100
Yeldersley Hollies. *Derbs*	1G 73
Yelford. *Oxon*	5B 50
Yelland. *Devn*	3E 19
Yelling. *Cambs*	4B 64
Yelsted. *Kent*	4C 40
Yelvertoft. *Nptn*	3C 62
Yelverton. *Devn*	2B 8
Yelverton. *Norf*	5E 79
Yenston. *Som*	4C 22
Yeoford. *Devn*	3A 12
Yeolmbridge. *Corn*	4D 10
Yeo Mill. *Devn*	4B 20
Yeovil. *Som*	1A 14
Yeovil Marsh. *Som*	1A 14
Yeovilton. *Som*	4A 22
Yerbeston. *Pemb*	4E 43
Yesnaby. *Orkn*	6B 172
Yettington. *Nmbd*	4E 121
Yetminster. *Dors*	1A 14
Yett. *N Lan*	4A 128
Yett. *S Ayr*	2D 116
Yettington. *Devn*	4D 12
Yetts o' Muckhart. *Clac*	3C 136
Yielden. *Bed*	4H 63
Yieldshields. *S Lan*	4B 128
Yiewsley. *G Lon*	2B 38
Yinstay. *Orkn*	6E 172
Ynysboeth. *Rhon*	2D 32
Ynysddu. *Cphy*	2E 33
Ynysforgan. *Swan*	3F 31
Ynyshir. *Rhon*	2D 32
Ynys-Ias. *Cdgn*	1F 57
Ynysmaerdy. *Rhon*	3D 32
Ynysmeudwy. *Neat*	5H 45
Ynystawe. *Swan*	5G 45
Ynys-wen. *Rhon*	2C 32
Ynyswen. *Powy*	4B 46
Ynys y Barri. *V Glam*	5E 32
Ynysybwl. *Rhon*	2D 32
Ynysymaerdy. *Neat*	3G 31
Yockenthwaite. *N Yor*	2B 98
Yockleton. *Shrp*	4G 71
Yokefleet. *E Yor*	2B 94
Yoker. *Glas*	3G 127
Yonder Bognie. *Abers*	4C 160
Yonderton. *Abers*	5G 161
York. *York*	4A 100
Yorkletts. *Kent*	4E 41
Yorkley. *Glos*	5B 48
Yorton. *Shrp*	3H 71
Yorton Heath. *Shrp*	3H 71
Youlgreave. *Derbs*	4G 85
Youlthorpe. *E Yor*	4B 100
Youlton. *N Yor*	3G 99
Young's End. *Essx*	4H 53
Young Wood. *Linc*	3A 88
Yoxall. *Staf*	4F 73
Yoxford. *Suff*	4F 67
Ysbyty Cynfyn. *Cdgn*	3G 57
Ysbyty Ifan. *Cnwy*	1H 69
Ysbyty Ystwyth. *Cdgn*	3G 57
Ysceifiog. *Flin*	3D 82
Yspitty. *Carm*	3E 31
Ystalyfera. *Neat*	5A 46
Ystrad. *Rhon*	2C 32
Ystradaeron. *Cdgn*	5E 57
Ystradfellte. *Powy*	4C 46
Ystradffin. *Carm*	1A 46
Ystradgynlais. *Powy*	4A 46
Ystradmeurig. *Cdgn*	4G 57
Ystrad Mynach. *Cphy*	2E 33
Ystradowen. *Carm*	4A 46
Ystradowen. *V Glam*	4D 32
Ystumtuen. *Cdgn*	3G 57
Ythanbank. *Abers*	5G 161
Ythanwells. *Abers*	5D 160

Z

Zeal Monachorum. *Devn*	2H 11
Zeals. *Wilts*	3C 22
Zelah. *Corn*	3C 6
Zennor. *Corn*	3B 4
Zouch. *Notts*	3C 74

Published by Geographers' A-Z Map Company Limited
An imprint of HarperCollins Publishers
Westerhill Road
Bishopbriggs
Glasgow
G64 2QT

www.az.co.uk
a-z.maps@harpercollins.co.uk

HarperCollinsPublishers
Macken House, 39/40 Mayor Street Upper, Dublin 1, D01 C9W8, Ireland

33rd edition 2024

© Collins Bartholomew Ltd 2024

This product uses map data licenced from Ordnance Survey
© Crown copyright and database rights 2023 OS AC0000808974

AZ, A-Z and AtoZ are registered trademarks of Geographers' A-Z Map Company Limited

Northern Ireland: This is based upon Crown copyright and is reproduced with the permission of Land & Property Services underdelegated authority from the Controller of Her Majesty's Stationery Office, © Crown copyright and database right 2020 PMLPA No 100508. The inclusion of parts or all of the Republic of Ireland is by permission of the Government of Ireland who retain copyright in the data used. © Ordnance Survey Ireland and Government of Ireland.

Base relief by Geo-Innovations, © www.geoinnovations.co.uk

The Shopmobility logo is a registered symbol of The National Federation of Shopmobility

All rights reserved. No part of this publication may be reproduced, stored in a retrieval system, or transmitted, in any form or by any means, electronic, mechanical, photocopying, recording or otherwise without the prior permission in writing of the publisher and copyright owners.

Every care has been taken in the preparation of this atlas. However, the Publisher accepts no responsibility whatsover for any loss, damage, injury or inconvenience sustained or caused as a result of using this atlas. The representation of a road, track or footpath is no evidence of a right of way.

A catalogue record for this book is available from the British Library.

ISBN 978-0-00-865293-7

10 9 8 7 6 5 4 3 2 1

Printed in Malaysia

This book contains FSC™ certified paper and other controlled sources to ensure responsible forest management.

For more information visit: www.harpercollins.co.uk/green